中国压力容器发展史

(上册)

主 编 张立权
副主编 邓立文
主 审 陈学东

机械工业出版社

本书由中国机械工程学会压力容器分会有关专家撰写，对我国压力容器行业的发展进行了全面、系统的总结，是一部反映我国压力容器行业建立、发展和技术进步历史的系统资料汇集。全书共分为十篇，分别为化肥、炼油、石化和煤化工等压力容器篇，大型储存容器篇，移动式压力容器篇，核电压力容器篇，压力容器重要零部件篇，压力容器安全监察篇，压力容器高等教育篇，部分压力容器制造企业篇，压力容器安全工程科技重大创新成果篇，以及中国机械工程学会压力容器分会（中国压力容器学会）历届理事长简介篇。

本书适合压力容器行业管理者、政策制定者阅读，亦可作为从业者了解技术发展历史的参考资料。

图书在版编目（CIP）数据

中国压力容器发展史. 上册 / 张立权主编. —北京：机械工业出版社，2024.12
ISBN 978-7-111-71233-6

Ⅰ. ①中… Ⅱ. ①张… Ⅲ. ①压力容器－工业史－中国 Ⅳ. ①F426.41

中国版本图书馆 CIP 数据核字（2022）第 125602 号

机械工业出版社（北京市百万庄大街 22 号　邮政编码 100037）
策划编辑：刘本明　　　　　　责任编辑：刘本明
责任校对：陈　越　李　婷　　责任印制：邝　敏
中煤（北京）印务有限公司印刷
2024 年 12 月第 1 版第 1 次印刷
184mm×260mm・32.75 印张・2 插页・789 千字
标准书号：ISBN 978-7-111-71233-6
定价：329.00 元（含上下册）

电话服务　　　　　　　　　网络服务
客服电话：010-88361066　　机　工　官　网：www.cmpbook.com
　　　　　010-88379833　　机　工　官　博：weibo.com/cmp1952
　　　　　010-68326294　　金　书　网：www.golden-book.com
封底无防伪标均为盗版　机工教育服务网：www.cmpedu.com

前　言

　　压力容器是一种盛装压力介质的密闭容器。压力容器的应用范围极为广泛，在国民经济各个部门和军事工业、科研领域中起着重要的作用，在人们的日常生活中也不可缺少，是化工、炼油、石化、核能、轻工、交通、食品、制药、冶金、城建、海洋工程、航天工程等部门的关键设备。

　　在我国，习惯将压力容器分为固定式和移动式两大类。这两类压力容器在结构、使用和安全方面有不同的要求，因此各自有自己的安全技术规程，即《固定式压力容器安全技术监察规程》和《移动式压力容器安全技术监察规程》。核能工业中的固定式压力容器由国家核安全局归口管理，有专用的技术规范。由于压力容器在承压状态下工作，所处理的介质多为高温、低温或易爆品，有的还有毒性，一旦发生事故，将造成灾难性破坏，所以我国将压力容器作为特种设备予以强制性管理，世界各国也均如此。

　　新中国成立后，随着国民经济的发展，压力容器行业经历了从无到有、从小到大的艰辛历程。今天，我国已成为压力容器制造大国，并稳步向着压力容器制造强国迈进。压力容器行业的发展历史也是新中国不断成长壮大发展历史的一个缩影。

　　本书由原机械工业部陆燕荪副部长倡议，中国机械工程学会压力容器分会第八届理事会理事长、中国机械工业集团有限公司副总经理、总工程师陈学东院士组织编写队伍并兼任主审。中国机械工程学会压力容器分会荣誉理事长、合肥通用机械研究院有限公司原总工程师张立权教授级高工任主编，中国机械工程学会压力容器分会原秘书长邓立文教授级高工任副主编，压力容器分会秘书处负责联络组织协调。合肥通用机械研究院有限公司崔军教授级高工具体负责稿件的编审及出版联系等工作，并撰写了部分内容。

　　本书记载了新中国成立以来压力容器相关方面奋斗发展的历史过程、成就和经验，是一部反映我国压力容器行业建立、发展和技术进步历史的系统资料汇集。本书的编写工作得到了压力容器分会理事，分会下设的各个委员会的委员，压力容器行业的资深专家、老教授，国家政府有关部门及中石化等各有关业务主管部门的领导，全国压力容器制造、使用企业，科研院所，工程公司，压力容器安全监察机构，从事压力容器教学的有关高等院校以及与压力容器相关的钢铁生产企业，压力容器零部件生产企业等众多单位的大力支持。他们积极承担了撰写、编制和提供史料等工作。哈尔滨锅炉厂有限责任公司、兰州兰石重型装备股份有限公司、中国一重集团有限公司、大连金州重型机器集团有限公司、中石化南京化工机械有限公司、二重（德阳）重型装备有限公司等100余家企业提供了各自单位压力容器发展历史和现状的有关资料。中国机械工程学会压力容器分会副理事长、中石化徐钢主任还专门组织召开中石化系统专家座谈会，讨论研究本书中化工、炼油、石化压力容器发展史的编写任务。本书主编所在单位合肥通用机械研究院有限公司对本书的编写出版给予人力和财力的全方位支持。在此，一并表示衷心感谢！

本书的编写思路是以时间为序，以产品为中心，抓住因国家经济建设发展需要而研制的典型或关键压力容器产品，记叙围绕这些产品开展的科研、设计、制造、检验、标准、质量管理、安全监察、使用维护等方面的历史成果，以及相关时期发生的重大压力容器事件，力求史料真实，期望基本上能清晰地反映我国压力容器发展的历史面貌。本书共分十篇：

第一篇　化肥、炼油、石化和煤化工等压力容器篇
第二篇　大型储存容器篇
第三篇　移动式压力容器篇
第四篇　核电压力容器篇
第五篇　压力容器重要零部件篇
第六篇　压力容器安全监察篇
第七篇　压力容器高等教育篇
第八篇　部分压力容器制造企业篇
第九篇　压力容器安全工程科技重大创新成果篇
第十篇　中国机械工程学会压力容器分会（中国压力容器学会）历届理事长简介篇

本书不包括航天工程、海洋工程、动力工程、医疗工程和军工等领域内的压力容器发展史。

压力容器是跨学科、跨行业、跨部门的产品，本书各章节的撰稿人来自不同的单位，均亲身经历过相关压力容器重大历史事件或掌握了相关的历史资料，并且得到了所在单位及行业的大力支持。在撰写过程中，撰稿人在查阅史料、座谈收集、走访调查等工作中，付出了大量的艰辛劳动，力保撰写内容准确真实。但是，由于历史年代久远，时间跨度很大，相关人员以及企业变动大，加之历史档案缺失，调研核实工作量大；此外，在编写过程中对大部分原始稿件的内容、结构进行了补充、修改与调整。因此，本书各篇章节内容难免存在错误或不足之处，也可能存在少许重复，恳请读者批评指正。另外需要说明的是，由于书中所述内容时间跨度较大，有些企业、组织等的名称已多次发生变化，本书在提及相应名称时原则上以当时的情况为准。

本书由陈学东院士审定定稿。

编　者

目 录

前 言

第一篇 化肥、炼油、石化和煤化工等压力容器篇

第1章 概 述 ·· 3
1.1 基本概念 ·· 3
1.2 我国压力容器发展概况 ··· 4

第2章 我国化肥工业压力容器发展史 ··· 7
2.1 我国首台多层包扎式高压容器的试制 ····································· 7
2.2 氮肥高压容器国产化探索 ·· 8
2.3 两次全国氮肥会议促进压力容器的进一步技术攻关 ·················· 11
  2.3.1 第一次全国氮肥会议 ··· 11
  2.3.2 第二次全国氮肥会议 ··· 12
  2.3.3 中小型氮肥高压容器的攻关 ·· 12
2.4 压力容器用低合金钢 ·· 14
2.5 小化肥厂用高压容器的发展 ··· 18
2.6 引进13套大化肥装置 ··· 20
2.7 首套30万t/年大型合成氨和24万t/年尿素装置国产化 ·············· 22
2.8 我国化肥重大技术装备国产化成功实现 ································· 29
2.9 结语 ·· 31

第3章 我国炼油工业压力容器发展史 ··· 32
3.1 概述 ·· 32
3.2 高压加氢反应器技术攻关和发展历史 ···································· 34
  3.2.1 概述 ·· 34
  3.2.2 第一阶段——冷壁加氢反应器的技术发展 ···················· 37
  3.2.3 第二阶段——2.25Cr-1Mo 材料热壁加氢反应器技术开发 ······ 38
  3.2.4 第三阶段——加钒铬钼钢加氢反应器的开发 ················· 45

3.2.5 第四阶段——超大直径、超大壁厚锻焊结构加氢反应器的开发 …… 49
3.2.6 加氢反应器制造工艺技术及装备的发展 …… 51
3.2.7 结语 …… 55
3.3 重整反应器技术攻关和发展历史 …… 55
3.3.1 概述 …… 55
3.3.2 重整反应器技术发展历史 …… 60
3.3.3 重整反应器产品发展历史回顾 …… 61
3.3.4 结语 …… 65
3.4 高压螺纹锁紧环式换热器技术攻关和发展历史 …… 66
3.4.1 概述 …… 66
3.4.2 螺纹锁紧环式换热器国产化历史进程 …… 66
3.4.3 结语 …… 70
3.5 高压加氢空冷式换热器技术攻关和发展历史 …… 70
3.5.1 概述 …… 70
3.5.2 高压加氢空冷器的发展历史 …… 71
3.5.3 结语 …… 78
3.6 重整板壳式换热器技术攻关和发展历史 …… 78
3.6.1 概述 …… 78
3.6.2 板壳式换热器的技术攻关和发展历史 …… 79
3.6.3 结语 …… 82
3.7 大型塔式容器的发展历史 …… 83
3.7.1 概述 …… 83
3.7.2 常减压塔的发展历史 …… 83
3.7.3 二甲苯塔和吸附塔的发展历史 …… 84
3.7.4 丙烯精馏塔 …… 86
3.7.5 塔内件 …… 87
3.7.6 塔器共性技术 …… 90
3.7.7 结语 …… 92
3.8 延迟焦化装置焦炭塔技术攻关和发展历史 …… 92
3.8.1 概述 …… 92
3.8.2 焦炭塔的发展历史 …… 93
3.8.3 结语 …… 99
3.9 催化裂化装置沉降器和再生器发展历史 …… 99
3.9.1 概述 …… 99
3.9.2 沉降器和再生器的发展历史 …… 100
3.9.3 结语 …… 111

第4章 我国石油化工压力容器发展史 …… 112

4.1 概述 …… 112

4.2	乙烯裂解炉——北方炉（CBL）的开发历史	117
	4.2.1　概述	117
	4.2.2　北方炉的特点	119
	4.2.3　耐热合金炉管	121
4.3	乙烯冷箱技术	128
	4.3.1　概述	128
	4.3.2　乙烯冷箱的发展历史	129
	4.3.3　结语	131
4.4	乙烯装置急冷换热器技术发展历史	132
	4.4.1　概述	132
	4.4.2　急冷换热器的国产化发展历史	135
	4.4.3　结语	137
4.5	EO/EG 装置环氧乙烷反应器技术发展历史	137
	4.5.1　概述	137
	4.5.2　EO 反应器技术发展历程	140
	4.5.3　结语	147
4.6	聚丙烯装置多区循环反应器技术发展历史	147
	4.6.1　概述	147
	4.6.2　多区循环反应器简介	149
	4.6.3　多区循环反应器攻关发展历史	151
	4.6.4　结语	153
4.7	PTA 蒸汽管回转圆筒干燥机技术发展历史	154
	4.7.1　概述	154
	4.7.2　技术攻关历史	155
	4.7.3　结语	158
4.8	苯乙烯脱氢反应器技术发展历史	158
	4.8.1　概述	158
	4.8.2　脱氢反应器国产化技术发展历史	161
	4.8.3　结语	164
4.9	气相法聚乙烯反应器技术发展历史	164
	4.9.1　概述	164
	4.9.2　气相法聚乙烯反应器的发展历史	166
	4.9.3　结语	168
4.10	丁基橡胶装置聚合反应器技术发展历史	168
	4.10.1　概述	168
	4.10.2　丁基橡胶装置聚合反应器的研发	170
	4.10.3　结语	171
4.11	LDPE 装置高压循环气冷却器技术发展历史	172
	4.11.1　概述	172

####### 4.11.2 LDPE 固定管板式高压循环气冷却器国产化 ························ 173
####### 4.11.3 高压发夹式热交换器 ·· 175
####### 4.11.4 结语 ·· 179

第5章 我国现代煤化工设备技术的高速发展历史 ························ 180

5.1 概述 ·· 180
####### 5.1.1 前言 ·· 180
####### 5.1.2 我国煤气化技术的发展历史过程 ···································· 180
####### 5.1.3 "十一五"期间完成的新煤化工技术 ································ 182

5.2 煤气化装置气化炉的发展历史 ·· 184
####### 5.2.1 壳牌粉煤气化炉 ··· 184
####### 5.2.2 GE 水煤浆气化炉 ·· 185
####### 5.2.3 中石化具有自主知识产权的干煤粉气化技术——
　　　　　"SE-东方炉" ··· 187
####### 5.2.4 中石化具有自主知识产权的水煤浆气化技术——
　　　　　"SE-水煤浆气化炉" ··· 187
####### 5.2.5 结语 ·· 188

5.3 甲醇合成反应器的发展历史 ·· 188
####### 5.3.1 概述 ·· 188
####### 5.3.2 甲醇合成反应器结构的发展历史 ···································· 189
####### 5.3.3 大型甲醇反应器国产化设计及制造 ·································· 190
####### 5.3.4 结语 ·· 193

5.4 变换炉（CO 变换反应器）的发展历史 ································ 193
####### 5.4.1 概述 ·· 193
####### 5.4.2 我国变换炉的发展历史 ··· 196
####### 5.4.3 结语 ·· 197

5.5 费托合成反应器的发展历史 ·· 198
####### 5.5.1 概述 ·· 198
####### 5.5.2 我国费托合成反应器的开发历史 ···································· 199
####### 5.5.3 费托合成反应器的制造与吊装 ······································ 199
####### 5.5.4 结语 ·· 201

5.6 缠绕管式热交换器的发展历史 ·· 202
####### 5.6.1 概述 ·· 202
####### 5.6.2 我国缠绕管式热交换器的发展历史 ·································· 204
####### 5.6.3 结语 ·· 213

5.7 特种材料压力容器的发展历史 ·· 214
####### 5.7.1 概述 ·· 214
####### 5.7.2 特种材料压力容器初始使用 ··· 214
####### 5.7.3 特种材料压力容器技术开发和推广使用 ····························· 214
####### 5.7.4 特种材料压力容器技术全面研发和广泛使用 ······················· 216

5.7.5　结语 ………………………………………………………………………… 230
第6章　在用压力容器与管道安全评估与检测监控 …………………………………… 231
　6.1　概述 …………………………………………………………………………………… 231
　6.2　断裂力学在压力容器与管道上的应用 …………………………………………… 231
　　　6.2.1　ϕ1010 氨合成塔和 570t/h 大型锅炉汽包的安全评估 ………………… 231
　　　6.2.2　断裂力学理论在工程中的发展及应用 ……………………………………… 232
　　　6.2.3　《压力容器缺陷评定规范》（CVDA—1984）的试验研究、
　　　　　　编制及推广应用 …………………………………………………………… 233
　　　6.2.4　GB/T 19624—2004《在用含缺陷压力容器安全评定》
　　　　　　标准的制/修订 ……………………………………………………………… 238
　　　6.2.5　GB/T 35013—2018《承压设备合于使用评价》标准的制定 ………… 239
　　　6.2.6　承压设备安全评定典型案例 …………………………………………… 241
　6.3　基于风险的检验、在线监控等技术研究与推广应用 …………………………… 250
　　　6.3.1　基于风险的检验（RBI）技术 …………………………………………… 250
　　　6.3.2　在线检测监控技术 ……………………………………………………… 261

第二篇　大型储存容器篇

第1章　我国球形储罐发展史 …………………………………………………………… 279
　1.1　概述 ………………………………………………………………………………… 279
　1.2　球罐用强度钢及低温钢体系的建立 ……………………………………………… 280
　　　1.2.1　JB 1117—1968 标准中的球壳用钢 …………………………………… 281
　　　1.2.2　GB 12337—1990 标准中的球壳用钢 ………………………………… 281
　　　1.2.3　GB 12337—1998 标准中的球壳用钢 ………………………………… 283
　　　1.2.4　GB/T 12337—2014 标准中的球壳用钢 ……………………………… 283
　1.3　球罐建造技术的发展 ……………………………………………………………… 287
　　　1.3.1　球片压制工艺 …………………………………………………………… 287
　　　1.3.2　整体热处理工艺 ………………………………………………………… 287
　　　1.3.3　检测工艺 ………………………………………………………………… 288
　　　1.3.4　球罐自动焊技术的探索 ………………………………………………… 289
　　　1.3.5　设计技术 ………………………………………………………………… 290
　　　1.3.6　球罐的设计、制造和安装单位 ………………………………………… 292
　1.4　球罐标准 GB 12337 和 CVDA—1984《压力容器缺陷评定规范》 …………… 294
　　　1.4.1　球罐标准 GB 12337 ……………………………………………………… 294
　　　1.4.2　CVDA—1984《压力容器缺陷评定规范》在球罐上的应用 ………… 295
　1.5　球罐首台套、引进及国产化 ……………………………………………………… 295
　　　1.5.1　国内首台球罐 …………………………………………………………… 295
　　　1.5.2　国内首台引进球壳板球罐 ……………………………………………… 295
　　　1.5.3　首台国产 16MnR 钢制球罐 …………………………………………… 296

1.5.4	首次采用进口钢板制造球罐	296
1.5.5	首批建造1000m³液态烃球罐	296
1.5.6	首批大量引进球罐	296
1.5.7	首台国产2000m³球罐	297
1.5.8	引进FG43钢板制造球罐及教训	297
1.5.9	9Ni钢球罐的引进及教训（1980—1998年）	298
1.5.10	大型天然气球罐的引进（1986年）	298
1.5.11	首台国产4000m³球罐（1989年）	299
1.5.12	大型高参数球罐/钢板的大量引进	299
1.5.13	高参数球罐的国产化	300
1.5.14	各种特殊类型球罐	303

1.6 球罐发展历史的经验教训 305
   1.6.1 球罐破裂及爆炸事故 305
   1.6.2 1980—1990年间的开罐检查 306
   1.6.3 恢复建立压力容器安全监察制度和体系 307
   1.6.4 1997年至今的球罐爆炸事故 308

第2章 立式圆筒形钢制储罐发展史 310

2.1 概述 310
2.2 常温储罐发展史 322
   2.2.1 积累阶段 322
   2.2.2 发展阶段 326
   2.2.3 腾飞阶段 337
2.3 低温储罐发展史 342
   2.3.1 局部积累阶段 343
   2.3.2 逐步提高与快速发展阶段 345
2.4 9Ni钢板的国产化 351
2.5 储罐的本质安全 352
   2.5.1 一些典型案例 352
   2.5.2 本质安全 356
2.6 致储罐工作者 356
   2.6.1 研究课题 357
   2.6.2 盛装极度和高度危害介质时储罐设计的建议 360
2.7 结语 360

第三篇 移动式压力容器篇

第1章 概述 363

第 2 章	铁路罐车发展史	364
2.1	安全技术规范和标准发展历程	364
2.2	典型产品发展历程	367
	2.2.1 铁路罐车典型产品发展历程	367
	2.2.2 液化气体铁路罐车典型产品	369
	2.2.3 60t级铁路罐车典型产品发展历程	370
	2.2.4 70t级铁路罐车典型产品发展历程	375
2.3	铁路罐车制造工艺发展历程	381

第 3 章	汽车罐车发展史	382
3.1	安全技术规范和标准发展历程	382
3.2	典型产品发展历程	384
	3.2.1 液化气体汽车罐车	384
	3.2.2 冷冻液化气体汽车罐车	388

第 4 章	罐式集装箱发展史	400
4.1	安全技术规范和标准发展历程	400
4.2	典型产品发展历程	402
	4.2.1 液化气体罐式集装箱	402
	4.2.2 冷冻液化气体罐式集装箱	405
	4.2.3 液体危险货物罐式集装箱	412

第 5 章	长管拖车、管束式集装箱发展史	417
5.1	安全技术规范和标准发展历程	417
5.2	典型产品及开发历程	418

第 6 章	移动式压力容器法规、安全技术规范、标准体系建设	427

第 7 章	思考与展望	429

第四篇　核电压力容器篇

第 1 章	概述	433

第 2 章	核电压力容器技术发展历史	436
2.1	反应堆压力容器	436
	2.1.1 反应堆压力容器功能概述	436
	2.1.2 反应堆压力容器研制历程	437
	2.1.3 反应堆压力容器主要技术	442
	2.1.4 反应堆压力容器设计制造	444

		2.1.5 获奖情况 ································· 447
	2.2	蒸汽发生器 ································· 448
		2.2.1 蒸汽发生器功能概述 ································· 448
		2.2.2 蒸汽发生器研制历程 ································· 449
		2.2.3 蒸汽发生器主要设计技术 ································· 459
		2.2.4 蒸汽发生器设计制造 ································· 460
		2.2.5 获奖情况 ································· 462
	2.3	稳压器 ································· 462
		2.3.1 稳压器功能概述 ································· 462
		2.3.2 稳压器研制历程 ································· 462
		2.3.3 稳压器主要技术 ································· 466
		2.3.4 稳压器设计制造 ································· 467
		2.3.5 稳压器获奖情况 ································· 468
	2.4	钢制安全壳 ································· 468
		2.4.1 钢制安全壳功能概述 ································· 468
		2.4.2 钢制安全壳的发展 ································· 469
		2.4.3 钢制安全壳主要技术 ································· 470
		2.4.4 钢制安全壳设计制造 ································· 471
		2.4.5 结语 ································· 472
	2.5	其他容器和换热器 ································· 472
		2.5.1 秦山 300MW 压水堆核电站 ································· 472
		2.5.2 巴基斯坦恰希玛一期核电站 ································· 474
		2.5.3 CAP1400 示范工程项目 ································· 475

第 3 章 核电主要设备的在役检查 ································· 479

3.1	概况 ································· 479	
3.2	在役检查的目的和必要性 ································· 479	
3.3	在役检查对设备安全性起到的作用 ································· 479	
3.4	核电厂在役检查大纲要求 ································· 480	
	3.4.1 前言 ································· 480	
	3.4.2 依据的法规和标准 ································· 480	
	3.4.3 在役检查的基本要求 ································· 481	
	3.4.4 在役检查方法 ································· 482	
	3.4.5 在役检查的实施 ································· 483	
	3.4.6 在役检查的显示处理 ································· 485	
	3.4.7 在役检查与其他相关工作的接口管理 ································· 486	
	3.4.8 核电厂在役检查质量保证 ································· 487	
3.5	秦山核电厂在役检查论述 ································· 488	
	3.5.1 背景 ································· 488	

3.5.2　在役检查回顾 ……………………………………………………………… 488

第4章　我国核电压力容器技术标准规范发展历史 ……………………………… 492
4.1　概况 ……………………………………………………………………………… 492
4.2　重要标准情况介绍 ……………………………………………………………… 492
　　4.2.1　常规压力容器设计、分析标准在核电中的应用 ……………………… 492
　　4.2.2　压水堆核电厂核岛机械设备设计规范 ………………………………… 493
　　4.2.3　核电厂反应堆压力容器的其他规范 …………………………………… 493

第5章　我国核电压力容器质量管理和运行监察组织机构的演变历史 ………… 495
5.1　起步探索（1950—1984年）…………………………………………………… 495
5.2　监管体系初创（1984年7月—1998年2月）………………………………… 496
　　5.2.1　组织架构 ………………………………………………………………… 496
　　5.2.2　主要职能 ………………………………………………………………… 497
5.3　监管机构的整合（1998年3月—2008年2月）……………………………… 499
　　5.3.1　整合理顺管理体制 ……………………………………………………… 500
　　5.3.2　基本健全法规体系 ……………………………………………………… 501
　　5.3.3　逐步完善监管制度 ……………………………………………………… 501
　　5.3.4　大力提升监管成效 ……………………………………………………… 502
5.4　监管机构的快速发展（2008年3月至今）…………………………………… 503
　　5.4.1　监管机构扩充 …………………………………………………………… 503
　　5.4.2　健全法规体系 …………………………………………………………… 504
　　5.4.3　监督管理强化 …………………………………………………………… 505
5.5　结语 ……………………………………………………………………………… 508

第一篇

化肥、炼油、石化和煤化工等压力容器篇

第1章 概 述

1.1 基本概念

压力容器是盛装压力介质的密封容器的统称，实际上就是过程静设备（如塔器、换热器、反应器、搅拌器、蒸发器等）的外壳，即它们可以看成由压力容器外壳及装入外壳内能满足过程工艺要求的内件所构成，其内部可以进行过程反应（物理的或化学的）。

由于压力容器是在承压状态下工作，所处理的介质多为高温、低温或易爆品，有的介质还带有毒性，一旦发生事故，不仅使容器本身遭到破坏，而且往往会诱发一连串恶性事故，破坏其他设备和建筑设施，危及人员的生命和健康，污染环境，给国民经济造成重大损失。因此，世界各国均将压力容器作为特种设备予以强制性管理，设置专门机构负责安全监察或监管工作。

从安全管理的角度出发，压力容器可分为固定式和移动式两大类。移动式压力容器有槽车、气瓶、船舶上的专用容器等，专门运输气体（或液化气体）和液体，其结构、使用和安全方面均有特殊的要求。固定式压力容器和移动式压力容器均有自己的安全技术规程，即《固定式压力容器安全技术监察规程》和《移动式压力容器安全技术监察规程》。核能工业中的固定式压力容器由我国另一行政部门国家核安全局归口管理。

压力容器的应用十分广泛，它是化工、炼油、石化、核能、轻工、交通、食品、制药、冶金、城建、海洋工程、航天工程等部门的关键设备，在民用、军事工业等多个部门及科学研究多个领域都起着重要作用，特别是与人们吃、穿、用的需要紧密相连。

固定式压力容器的分类方法很多，常见的有按压力、承压方式、制造方法、筒体结构、外形、材料、安装和操作分类等数种。

按压力高低进行分类，根据《固定式压力容器安全技术监察规程》将压力容器分为低压、中压、高压、超高压四个等级，这是基于安全和管理方面的考虑；

按承压方式进行分类，压力容器可分为内压容器和外压容器两大类；

按制造方法进行分类，压力容器可分为焊接容器、锻造容器、铸造容器及铆接容器四大类；

按筒体结构进行分类，压力容器可分为板焊容器、锻焊容器、多层式容器（包括多层筒节包扎、多层整体包扎、多层套合、扁平绕带、绕板、型槽绕带等）、铸造容器等；

按外形进行分类，压力容器可分为圆筒形（或称圆柱形）容器、球形容器、圆锥形容器及组合形容器；

按材料进行分类，压力容器可分为钢制容器、有色金属容器、非金属容器三类。

我国《固定式压力容器安全技术监察规程》中，为便于安全技术管理和监督检查，根据容器压力高低、容积大小、介质的危害程度以及它们在生产过程中的作用，将容器分为三类：Ⅰ类容器、Ⅱ类容器、Ⅲ类容器。此外，"监察规程"还根据容器在生产工艺过程中的作用原理和功能将其分为四类：

（1）反应压力容器　主要用于完成介质的物理、化学反应的压力容器，例如各种反应器、聚合釜、合成塔、变换炉、煤气发生炉等。

（2）换热压力容器　主要用于完成介质热量交换的压力容器，例如各种换热器、冷却器、冷凝器、蒸发器等。

（3）分离压力容器　主要用于完成介质的流体压力平衡、缓冲和气体净化、分离的压力容器，例如各种分离器、过滤器、集油器、洗涤器、吸收塔、铜液塔、干燥塔、汽提塔、分气罐、除氧器等。

（4）储存压力容器　主要用于储存或者盛装气体、液体、液化气体等介质的压力容器，例如各种形式的储罐等。

1.2　我国压力容器发展概况

旧中国的压力容器基本空白。新中国成立前，我国的化学、炼油、石化等工业均十分落后，产量少、品种少、质量差、水平低。相关的企业只有寥寥几家，这些企业所用压力容器都是从国外进口的，我国连一些重要零部件都不能生产制造，只能做些小修小补的修配工作。

新中国成立以后，我们面临着解决人民群众的粮食、衣料和能源等问题，需要迅速发展化肥、石化和燃油工业，发展这些工业需要大量的压力容器设备，从而为我国压力容器发展提供了机遇和动力。回顾历史，我国压力容器的发展历程大致可分为起步、发展、高速发展、自主创新四个时期。

1. 起步时期

新中国成立初期，主要是进口苏联的成套化工装备，如化肥厂、化工厂、染料厂、制药厂等。在第一个和第二个五年计划中，从苏联进口了三套年产 2.5 万 t 的氮肥设备。在引进的同时，国内也开展了合成氨设备的科研工作，经技术分析，关键设备就是氨合成塔等高压容器，因其承受 32MPa 介质压力，壳体的壁厚一般都大于 100mm，在当时其结构设计、制造和检验都十分困难。因此，动员了全国力量进行高压容器的攻关研制。

1955 年，国务院第三办公室连续两次召开氮肥工业用高压容器会议，推动了我国高压容器研究试制工作。

1956 年，第一台高压容器在永利宁厂（中国石化集团南京化学工业公司化工机械厂前身）研制成功，《人民日报》以《自己动手制造更多的工业设备》为题发表社论，从而揭开了高压容器攻关和压力容器研制的序幕。为了适应国内化肥工业发展要求，必须由更多的单位制造更多的高压容器和其他压力容器，随后哈尔滨锅炉厂、大连工矿车辆厂、上海四方锅炉厂、上海锅炉厂、一机部通用机械研究所等十几个单位成功进行了多层包扎式高压容器、套合式高压容器、型槽绕带式高压容器、铸钢高压容器等多种结构高压容器的研制和试验工作，取得了丰硕成果，并由此在国内初步形成了具有一定规模的压力容器制造行业。经历各种高压容器结构探索比较，多层式高压容器更适合我国当时的国情，成为化肥高压设备的主要结构。同时，压力容器用材从碳钢改为低合金钢，制造工艺从手工焊迈向自动焊等。在此基础上，一机部、化工部、石油部和劳动部于1959年在南京召开的会议上讨论并通过了由一机部通用机械研究所提出的我国最早的一个高压容器技术标准《多层包扎式高压容器设计、制造、检验规程》。此时，对一般中低压容器、塔器、换热器等产品也进行了研究和批量生产。1959年，由一机部、化工部、石油部共同批准的《化工设备零部件》标准以及由一机部通用机械研究所提出的 TH2—1959《列管式换热器》系列标准和TH42—1963《列管式换热器制造验收技术条件》等标准的实施，推动了一般压力容器技术的发展。

各类压力容器研制成功和一些重要技术标准的建立，表明我国已能生产制造氮肥装置所需的各种压力容器，并具备了一定的生产制造能力，迈开了压力容器发展的第一步，为后续的发展奠定了基础。

2. 发展时期

20世纪50年代后期到70年代中后期，我国为解决人民的"吃饭、穿衣"问题，大力发展氮肥和维纶工业。这个时期，我国压力容器行业面临的主要任务是大量制造成套的氮肥设备和维纶设备中的各种压力容器，以满足当时国民经济发展的需要。在中央部门和地方政府的精心组织与规划下，全国多个单位合作，组织联合设计、联合攻关，成功制造生产了各种规模的中小氮肥装置和万吨维纶装置所需的压力容器与不锈钢容器，批量制造了千余套氮肥设备，实现了中央要求的每县都有一个小化肥厂的目标。通过压力容器试制、攻关，还带动了化工、军工、能源等领域的压力容器发展。在这个时期，我国压力容器数量、种类、质量和技术都得到了迅速的提高，能批量生产各种结构型式（如多层包扎式、自主创新的扁平绕带式、绕板式、套合式、锻焊式等）的高压容器，以及各种材料（如碳钢、不锈钢、铝及其他有色金属等）的中低压容器，形成了一定规模的制造行业，为国民经济的发展做出了巨大的贡献。

70年代初我国开始重视带缺陷压力容器（包括在制压力容器和在役压力容器）安全研究，开始了断裂力学在压力容器上应用的探索，由合肥通用机械研究所、浙江大学等几十家单位共同合作，通过大量的试验研究和实物容器研究，以"合于使用"为原则，建立了一套压力容器缺陷评定方法，并得到了法规的认可。从在制压力容器安全的研究进展到在役压力容器安全的研究是这个时期又一亮点，它给压力容器技术发展增加了新的内容。

3. 高速发展时期

20世纪70年代中期以后，我国大型氮肥工业和炼油、石化工业有了突飞猛进的发展。70年代中引进了一批30万t/年大型合成氨、48万～52万t/年尿素成套装置和11万t/年、30万t/年大型乙烯成套装置，1980年以后又两次引进大型乙烯石化装置，大大促进了我国压力容器的发展。引进装置的特点是装置规模大型化、操作周期长。

随着新工艺、新材料的不断涌现，生产原料的多样化和劣质化，促使压力容器向高参数、极端化发展，即压力容器服役条件更苛刻，面临着更高温度或更低温度、更高压力或更高真空度、更强更复杂的腐蚀环境，或多种因素的联合作用；同时，压力容器几何尺寸的极端化，即更大直径、更大壁厚、更大高度或长度，给压力容器行业带来了前所未有的挑战，但同时也给压力容器行业带来了无限的动力和活力。这个时期，我国压力容器发展的主要任务是积极开展关键设备的国产化工作，以适应发展形势的要求。当时，在国家战略发展规划的安排下，由科研、设计、制造单位和使用部门联合攻关，取得了一批重大科技成果，如

30万t/年氨合成塔、尿素合成塔、裂解炉、加氢反应器、翅片式空冷器、大型板壳式换热器、各类反应器等，在关键的压力容器、换热器等产品的国产化方面取得了巨大成功。与此同时，我国压力容器行业采用了先进的设计理念、先进的制造装备和工艺，出现了现场组装、现场工厂等新的制造模式；开发和使用了大量的新型压力容器用材，如各种类型的高强度钢、铬钼钢、不同等级不锈钢、有色金属材料等；完善了压力容器标准规范，建立了较为完整的压力容器标准体系；不断改进压力容器安全监察的法律、法规、条例等制度，提高压力容器检验、检测水平，安全检测手段等也获得了相应的发展。由此，使我国大型化肥设备、炼油设备、石化设备的国产化率和水平不断地得到提升。

4. 自主创新时期

20世纪70年代中至80年代末，我国三次批量引进国外的大型成套装置以后，千万吨级炼油、百万吨级乙烯及其后续装置、60万t/年合成氨装置等不断涌现，我国的炼油、化肥、石化、化工装置更注重规模化、高效化、低能耗、长周期运行，压力容器发展面临着持续大型化和服役条件日益苛刻的挑战。同时，经过消化、吸收以及关键设备的攻关研制，我国压力容器行业有了长足的进步和提高，压力容器技术发展进入了自主创新时期。

20世纪末至21世纪初，石化、化工和核电行业迎来了新一轮的发展，除了石化、炼油、化肥等行业的稳步发展外，大型现代煤化工和大型核电装置的快速发展成了新的亮点，它们需要大量高要求的大型、重型压力容器。由于国内钢材不够，曾出现世界各大钢厂都在为我国生产煤化工装置中压力容器用的钢材，甚至还供不应求的情况，这一形势给压力容器行业的发展提供了新的动力和机会。

在这个时期，我国压力容器发展主要体现在自行设计和技术水平的明显提高，自主研究开发了一批具有先进水平的产品，并具有自主知识产权，如2000t的煤液化反应器及其他千吨级的加氢反应器、百万千瓦级"华龙一号"换热反应器、蒸发器、60万t/年羟基合成醋酸装置中锆钢复合板制反应釜、60多米长的锆制吸收塔、世界上第一台镍基合金B-3制的闪蒸罐、多种结构的大型煤气炉、各类大型换热器（板翅式、板壳式、缠绕管式、螺纹锁紧式等）、各类合成反应器、裂解炉、大型球罐和储罐等，这些产品贯彻了"压力容器基于风险的全寿命设计"的新理念，保证了产品的质量和水平，成果令人鼓舞，为提高各行业大型装备的国产化率做出了贡献。

这个时期，为适应压力容器大型化、重型化发展形势，我国已形成了一批现代化压力容器制造基地，它们拥有制造生产大型容器的重型厂房和起重设备，拥有先进的大型冷热加工设备，拥有一批高素质的技术人才和工匠，掌握了大型设备的制造技术，拥有完备的检测设备和手段，并且正在逐步推进生产制造过程和管理的数字化、自动化和智能化，为我国压力容器行业的持续发展打下了基础。

经过70多年的发展，我国压力容器行业已拥有一支庞大的建造队伍和人数众多的技术人才，建立了较为完善的压力容器安全监督法律、法规、条例等制度，制定了较为完善的标准体系。我国正由世界压力容器大国向世界压力容器强国迈进。

（本章由合肥通用机械研究院有限公司张立权、邓立文撰写）

第 2 章　我国化肥工业压力容器发展史

2.1　我国首台多层包扎式高压容器的试制

旧中国的化学、石油、石化工业等十分落后。全国解放时，只有 1933 年由日本建的大连化工厂（到东北解放时，合成氨生产能力最高只有 5 万 t），所用高压容器等设备由日本制造。1935 年由民族资本家创建的塘沽永利制碱厂及南京永利宁化工厂，合成氨规模也只有 1.25 万 t，而且所用设备全部由美国制造。1937 年永利宁厂 1 号合成氨装置的氨合成塔是锻造式壳体，1947 年引进的 2 号装置的氨合成塔是 A.O.Smith 的多层包扎式壳体。石油、石化行业几乎无从谈起，只有 1939 年投入勘探开发的玉门油田，占我国石油产量的 95%，而其本身产量就很少，在石化方面只有 1937 年开始建设、1939 年投产的抚顺石油三厂。工业基础如此薄弱，而为其制造设备的机械制造业更差，当时国内仅可修配，到 1949 年全国化工、石油、石化设备的年产量只有 200t。

新中国成立后，我们面临着解决与人民群众温饱和能源息息相关的粮食、衣料、能源所谓"二白一黑"大事，急需大量的化肥、石化和燃油产品，这就引发了我国要迅速发展化工、石油、石化工业和装备制造业的历史进程，为我国压力容器行业的发展提供了机遇和动力。

新中国成立初期，主要是依靠进口苏联成套化工装备，在第一个和第二个五年计划期间，从苏联进口了三套年产 2.5 万 t 的成套氮肥设备，分别建在吉林、兰州、太原。所用高压容器等是由苏联制造的锻造容器，其氨合成塔的设计压力为 32MPa，内径为 800mm，壳体壁厚为 95mm，材料为强度级别 650MPa 的合金钢锻件。在此期间，在现有的高等院校和院系调整的高等院校中设立了化工机械专业，1951 年大连工学院成为国内高等院校中第一个培养化工机械专门人才的学校，1952 年及随后华东化工学院、浙江大学也设立了化工机械专业。同时，相应的科研机构也应运而生，1955 年一机部筹建我国第一个石油化工通用机械行业科研机构，一机部通用机械研究所于 1956 年 4 月在北京正式成立，共有 70 余人，设有化工炼油设备、流体机械、轻工机械、采油机械和自动化、真空机械、橡塑机械等专业，是我国石油化工通用机械科研中心，负责全国化工设备新技术开发归口工作，接着化工部也成立了化工部化工机械研究所。从此我国压力容器研究的科研工作有了专门的机构。

我国在进口苏联成套氮肥设备期间，也开展了合成氨关键设备氨合成塔的科技攻关工作。氨合成塔因其承受 32MPa 的高压，壳体厚度一般要在 100mm 左右，这在当时设计、制造和检验等都是十分困难的。因此，研制高压容器成了氮肥设备的重点任务之一。1956 年在当时永利宁厂总工程师姜圣阶的领导下，由永利宁厂、化工部化工设计院、一机部通用机械研究所、兰州石油化工机器厂、抚顺石油三厂等单位参加，在永利宁厂试制成功我国第一台高压容器（见图1.2-1），并先后进行了两次爆破试验。1956年3月进行了第一台容器的爆破试验，试验容器采用内径482mm、壁厚34.5mm的多层包扎结构，内筒材料为20G，层板为G25钢板，采用手工焊接，工作压力为13MPa，爆破试验时在46MPa压力下有渗漏现象，未能爆破。同年7月又爆破了第二台多层容器，内径为584mm，壁厚为112mm，内筒材料为20G，层板为G3钢板，

图1.2-1　1956年试制成功我国第一台高压容器

采用手工焊接，工作压力为32MPa，容器爆破压力为126.5MPa，爆破试验结果证明了试制的多层包扎式高压容器是成功的。1956年10月25日《人民日报》以《自己动手制造更多的工业设备》为题发表社论报道了这一成果。社论指出今天本报发表了化学工业部所属永利宁厂试制成功三百二十个大气压的高压容器的消息，对于这件事，国务院曾做专门指示并颁发奖金，奖励参加试制的有关人员和协作单位。这种设备是在永利宁厂技术人员倡议之下进行试制的，并且是他们自己设计，利用现有比较简单的设备进行制造，克服重重困难之后获得成功的。制造这种设备的技术要求比较高，过去国内从未制造过，但由于各级领导的大力支持，各有关部门的协作配合，发挥了技术人员高度的积极性和创造性，终于试制成功。

1957年，南京永利宁厂又制造了国内第一台以铬镍不锈钢即苏联18-8型铬镍不锈钢为内筒的尿素合成塔（多层包扎结构），并用于1958年南京化肥厂建立的尿素试验车间。

2.2　氮肥高压容器国产化探索

1956年，中共中央在全国农业发展纲要中提出：中央和地方都应当积极发展化学肥料的生产工业，争取到1962年生产化学肥料500万～700万t，1967年生产化学肥料1500万t左右。而当时全国化学肥料（农用化肥）年产量只有73万t。

三年困难时期，全国粮食产量由1957年的3900亿斤下降到1960年的2870亿斤，1000亿斤粮食减产严重地威胁着国计民生。为了发展农业生产、增加粮食产量，中央决定把加速发展化肥工业列为工业支援农业的重要任务之一，并提出农业要化肥化、水利化。1960年，中央成立化肥领导小组，由陈云副总理负责抓化肥工业。这样化肥设备的制造就成为我国机械工业的急迫任务。

由于氮肥工业发展要求能制造更多的高压容器，虽然1956年我国试制成功第一台高压容器，但只有一家，独树难成林，远远不能满足氮肥设备的需要。为此，在国内有十多个企业根据各自特点先后研制成功各种结构高压容器。一机部通用机械研究所为此成立高压容器研究组，解决氮肥高压容器国产化的技术问题也成为该所的首要任务。

国务院非常重视氮肥高压容器设备的国产化，早在1955年第三办公室就召开过氮肥高压设备的会议，决定自行发展氮肥高压设备，组织全国的机械制造力量实现氮肥设备国

产化，不少军工企业亦加入到行列中。

　　1957年3月，一机部在北京召开了氮肥设备制造会议，会上决定：哈尔滨锅炉厂承担高压容器制造任务，并在1958年3月进行容器爆破试验。哈尔滨锅炉厂于同年12月5日正式投料试制，于1958年2月16日及21日分别完成一台多层包扎式高压容器。其中一台是按照南京永利宁厂制造的第一台多层包扎式高压容器的手工焊工艺进行试制的。为了提高生产率，改善多层环焊缝焊接的热作用过程，降低热应力，另一台层板纵缝采用半自动焊，筒体环缝采用自动焊工艺。容器内径800mm，内筒壁厚19mm，层板厚6mm，筒体壁厚169mm，长度6440mm，内筒和层板材料均为20G，工作压力为32MPa，总重量为34.4t。在前两次爆破手工焊容器时，均由于在封头环缝处断裂，未能爆破，在环焊缝断面上均发现有一条较长的蓝黑色大裂纹，重换封头后第三次在167MPa压力下爆破。自动焊容器在150MPa压力下爆破。1958年3月5日经一机部和化工部组成的联合鉴定委员会鉴定，认为自动焊容器爆破试验结果证明，采用自动焊工艺基本达到产品设计要求，并正式将自动焊用于批量生产中。之后又试制了内径400mm、壁厚50mm、长4080mm、设计压力32MPa、壳体材料为20G用作蓄力器的单层卷焊高压容器，以及内径900mm、单层筒壁厚42.5mm、长4400mm、材料为20G的双层套合高压容器。由于套合容器爆破试验中测量数据不足，而未能在实际生产中得到应用。

　　为了节省材料，减轻容器重量，降低容器壁厚，采用价廉而强度高的材料制造容器。1958年6月大连工矿车辆厂采用了国产ST52（相当于16Mn）钢板作内筒和层板，试制内径600mm、壁厚97mm、用国产67-1型碱性焊条焊接环焊缝、工作压力为32MPa的多层包扎式高压容器。容器的爆破压力为152MPa，超过按第四强度理论计算值14%，超过按第一强度理论计算值4%。爆破试验证明在良好的工艺条件下，用新钢种制造的高压容器的质量是良好的。采用新钢种与原来钢种相比较，可节约25%钢材。

　　在多层高压容器包扎时，层板与层板之间不可能100%紧贴，总有松动面积的存在。南京永利宁厂和哈尔滨锅炉厂试制的多层高压容器的松动面积在0.33%～14%之间，由于尚未了解松动面积对容器承载能力的影响，对多层高压容器允许松动面积大小意见不能统一。为此进行了试验，将一台容器在层板包扎时随意包扎，使其松动面积达4.54%～27%，该容器在1958年6月进行爆破试验，爆破压力达155MPa，爆破试验成功。试验表明层板间的松动面积大小对容器承载能力影响不大。

　　上海四方锅炉厂于1958年试制了一台内径420mm、壁厚85mm、内筒材料为20K（20G）、层板用A3镇静钢、工作压力为32MPa的多层包扎式高压容器。试制中由于充分吸取过去试制的经验，严格控制各道工序的制造质量，采用国产低氢碱性焊条焊接环焊缝，同时焊接时采取了合理的预热及焊后退火等工艺，于同年6月21日进行容器爆破试验，容器的爆破压力达154.4MPa，超过理论计算值7%。上海《解放日报》为此做了现场专题报道。同时，研制第二台多层容器，其内径为600mm、筒体壁厚为145mm、内筒和层板材料均采用20K（20G）。

　　1958年南京第二化工机械厂制造了内径为420mm、壁厚为91mm、内筒材料为20G、层板材料为A3钢的多层包扎式高压容器，装备了我国第一个年产2000t合成氨的丹阳化肥厂（见图1.2-2），同时还为该厂提供部分中低压容器。

　　上海锅炉厂于1959年试制了内径600mm、材质为20G的多层包扎式高压容器，并成功地进行了爆破试验。随后又完成盘管式氨蒸发器、多层包扎式冷凝器、套管式水冷器等产品试制,为年产2.5万t合成氨厂提供成套高压设备。

金州重型机器厂于1959年6月研制了一台直径为600mm、以20G和16Mn板材为内筒和层板、工作压力为32MPa、环焊缝采用碱性焊条手工焊的多层包扎式氨分离器,爆破试验获得成功。

图1.2-2 我国最早建设的小化肥厂——丹阳化肥厂

在多层包扎式高压容器试制取得一定经验的同时,国内不少单位进行了其他结构型式高压容器的研制工作,以便寻求符合国情、多快好省的高压容器,满足氮肥工业不断发展的需要。一机部通用机械研究所在1958—1959年间,先后试制了容器内径400mm、长2.2m、壁厚为60.2mm的型槽绕带式高压容器,绕带材料为ST52钢带,断面尺寸为48mm×4.5mm,共绕9层,容器的爆破压力达122.5MPa。爆破试验所测得的多种试验数据证明容器的制造质量完全符合设计要求,《人民日报》对此进行了报道。通用所据此为中国科学院提供了一台内径390mm、总壁厚39.6mm(内筒厚6mm,钢带厚4.8mm×7)、长2200mm、设计压力32MPa、内筒材料为20G、钢带为ST52钢的型槽绕带式高压容器;在此基础上,又试制成功内径257mm、总壁厚163mm(内筒厚33.5mm,钢带厚4.8mm×27)、长2102mm、内筒材料为20G、绕带材料为ST52钢带、工作压力150MPa的小型超高压型槽绕带容器。通过试验研究,初步掌握了冷轧钢带轧制工艺、技术要求以及钢带缠绕工艺等技术,同时也着手进行大型绕带式高压容器的试验和生产准备工作。金州重型机器厂也进行了型槽绕带高压容器的试制,并引进了相应大型绕带机床,1964年完成了我国第一台直径为800mm的型槽绕带式尿素合成塔,后又制造成功直径为1000mm的型槽绕带式氨合成塔壳体。

此外,广州重型机器厂、上海汽轮机厂、上海大隆机器厂、上海四方锅炉厂、锦西化工机械厂、哈尔滨锅炉厂等单位在1958年至1959年先后试制成功铸钢高压容器。其中最大容器内径420mm、壁厚100mm、长1700mm、设计压力为32MPa、材料为LoMn25,采用电渣焊方法,容器爆破压力达143MPa。在小型铸钢高压容器的试验基础上连续试制了内径为700mm、工作压力为25MPa的铸钢高压容器,大型铸钢高压容器在个别小氮肥厂得到应用。上海汽轮机厂试制的铸钢高压容器,容器内径420mm、筒体壁厚100mm、长2320mm,材料用抗拉强度≥600MPa的LoMn25钢(C=0.18%～0.25%,Mn=1.30%～1.70%),筒体铸件用砂模立铸,于1958年6月23日在上海进行爆破试验,试验压力升到163.5MPa,筒体外径膨胀到638mm,因爆破装置的压力限制,中止试验,后运到哈尔滨锅炉厂继续进行试验,最终爆破压力为199MPa,爆破试验成功。上海大隆机器厂试制了铸锻式高压容器,容器内径为300mm、筒体壁厚为66mm、材料为20LM。筒体在八面金属模中铸成后,再经2t龙门汽锤锻打,锻造比仅1.8。1958年6月26日进行试制容器的爆破试验,爆破压力为159.5MPa,爆破试验成功。

上海中铸钢铁厂试制了铸钢高压容器,内径290mm、筒体壁厚63.5mm、长1090mm、材料为LoMn25加钒钢。筒体铸件从砂模取出后,发现有表面裂纹,用γ射线检验内部缺陷，超过 ASTM 标准允许值。1958 年 7 月 28 日进行试制容器的爆破试验，当压力升至 126MPa 时，听到容器有开裂的金属响声，继续升压到 150MPa，发现压力迅速下降，无法升压，把压力降到 30MPa 进行检查，发现筒体上有一个肉眼难以看出的小裂口在喷雾，爆破试验失败。

1958 年 4 月 410 厂利用铸造飞机涡轮机外壳的离心机试制铸钢高压容器筒体，连续进行了 8 次试验，虽然不断改进离心铸造工艺，但始终未能解决铸件筒体表面裂纹而终止试验工作。

724 厂在水压机上用热冲压方法制造高压容器，共试制两台，其内径为 320mm，筒体的壁厚分别为 55mm 和 50mm，材料为 20×φ 钢。1958 年 6 月 1 日进行了壁厚为 55mm 的容器爆破试验，爆破压力为 140MPa，爆破口在筒体上，有 8 块碎片飞出。1958 年 6 月 2 日进行壁厚为 50mm 的容器爆破试验，爆破压力为 117MPa，爆破口在筒体上，有明显膨胀，爆破口处的外圆周长增长了 60mm，筒体无碎片，两次试验均未成功。进行热冲压高压容器研制的还有上海炼钢三厂。

此外，国内相关单位对小型绕丝式高压容器也曾进行过试验研究。

几种结构型式高压容器的试制和爆破试验，表明多层包扎式高压容器的技术是比较成熟的，并积累了比较丰富的经验，因而得到广泛的应用。型槽绕带式高压容器虽然在技术上是可行的，但在经济上不合理。铸钢高压容器、套合高压容器当时在技术上尚不成熟，安全性欠缺，因此未能得到发展。这段时间，我国主要在探索各种高压容器的研制路径以及寻求符合当时国情的高压容器结构型式。

在高压容器试制成功的基础上，1959 年 5 月一机部、化工部、石油部和劳动部在南京召开会议，讨论并通过了由一机部通用机械研究所提出的《多层包扎式高压容器设计、制造、检验规程》，这是我国最早的一个高压容器技术标准，对提高我国高压容器设计水平、保证产品质量起到了积极的推动作用。

同时，对一般中低压容器、塔器、换热器等产品也进行了研究和批量生产。1959 年由一机部、化工部、石油部共同批准的《化工设备零部件》标准以及由一机部通用机械研究所提出的 TH2—1959《列管式换热器》系列标准和 TH42—1963《列管式换热器制造验收技术条件》等标准的实施，推动了一般设备制造技术的发展。

为了加快氮肥工业的发展，一机部通用机械研究所自 1961 年 9 月提出年产 2.5 万 t 合成氨用高压容器定型设计修改方案，经过 3 个月时间完成定型设计，于 1962 年 2 月 25 日在上海召开了高压容器定型设计审查会议。另外与化工部第一设计院、上海医药工业设计院及有关制造厂等单位，共同完成 136 种中低压设备图样的标定工作。同时制定了 TH41—1962《焊接容器技术条件》，由一机部、化工部、石油部和劳动部共同批准实施，这对保证并提高中低压容器的制造质量起到了积极的作用。

2.3 两次全国氮肥会议促进压力容器的进一步技术攻关

2.3.1 第一次全国氮肥会议

1962 年浙江衢州化工厂和上海吴泾化工厂建成的 2.5 万 t/年合成氨厂投入生产。在这两个化肥厂试生产的基础上，为了及时总结经验，提高成套氮肥设备的技术水平，

1963年2月21日至3月2日，一机部、化工部和上海市相关单位在上海共同召开了第一次全国成套氮肥设备制造技术工作会议，参加会议的有设计、研究、制造和使用等方面100多个单位200余人。会议之前，一机部、化工部、上海市共同组成检查小组，对吴泾和衢州两个化肥厂的设备和试生产情况做了详细的调查，并检查了上海市一些主要氮肥设备制造厂的产品质量情况，针对暴露出来的技术问题，草拟了解决这些技术问题的具体意见。会议讨论了当时氮肥设备生产中存在的有关设计、制造、标准等方面的技术问题，并制订了《关于氮肥设备设计、制造及验收中若干技术管理问题的暂行规定》。会后，由国家科委化工机械专业组抓总，组织设计、工厂、学校、研究等科技力量，开展了高压合成塔筒体结构和制造工艺的研究，高压密封结构、性能试验和密封材料的研究，深环焊缝焊接和超声波探伤技术的研究，不锈钢晶间腐蚀和焊缝铁素体含量的研究，大型锻件超声波探伤的研究，容器爆破试验研究以及合成塔内件氢腐蚀的试验研究等。完成了部分新产品试制，如上海锅炉厂1963年底为上海吴泾化工厂试制尿素合成塔。

一机部通用机械研究所于1963年研制成功压力150MPa、工作温度300℃、内径150mm、长1400mm的25L聚乙烯反应釜，釜体材料为34CrNi3MoA，用于上海高桥化工厂。1963年由一机部一局、一机部机械科学研究院、一机部通用机械研究所、哈尔滨焊接研究所、北京金属结构厂和化工部第一设计院共同组成工作组，到广州重型机器厂推广不锈钢焊接技术和晶间腐蚀检验方法，解决加压硝酸、醋酸等不锈钢设备的生产技术问题。

1963年，国家对生产化工工艺设备的压力容器制造厂进行了调整，由调整前的22个变成23个，它们是：北京金属结构厂、金州重型机器厂、沈阳化工机械厂、上海化工机械厂、苏州化工机械厂、合肥化工机械厂、广州重型机器厂、江门机械厂、许昌通用机械厂、重庆华中机械厂、邯郸石油化工机械厂、沈阳铸锻厂、大连耐酸泵厂、吉林石油化工机械厂、大连橡胶塑料机械厂、江西化工石油机械厂、兰州石油化工机器厂、哈尔滨锅炉厂、上海锅炉厂、上海四方锅炉厂、上海新建机器厂、天津冶炼机械厂、化工部所属化工机械厂（南化公司化工机械厂、锦西化工机械厂等）。

2.3.2　第二次全国氮肥会议

1964年5月28日至6月13日，在上海由一机部、化工部和上海市联合召开第二次全国氮肥设备制造技术会议，参加会议的有设计、研究、制造和使用等方面194个单位的276位代表，冶金部也派员参加了会议。会议在检查1963年氮肥会议文件执行情况的基础上，重点讨论研究了：1）年产2.5万t合成氨成套氮肥设备完善化问题；2）年产5万～10万t合成氨成套设备联合设计与部分新产品设计试制工作；3）氮肥设备材料立足国内的问题。这次会议不仅较系统地清理了年产2.5万t合成氨设备中存在的问题，而且安排了年产5万t合成氨大型机组试制工作，从而加速了我国氮肥工业向大系列方向发展。

2.3.3　中小型氮肥高压容器的攻关

经过两次全国氮肥会议后，国内开始组织进行5万～10万t合成氨成套设备的联合设计和其中关键产品高压容器的攻关工作，如1965年南化公司化工机械厂研制成功直径800mm和直径1000mm系列的带内置式余热回收器的氨合成塔，以及带中置式余热锅炉的直径1000mm的氨合成塔；1966年上海锅炉厂试制成功直径1000mm、壁厚127mm、设计压力32MPa的多层包扎式氨合成塔。1966年由国内自行设计、自行制造的5万t/年合成氨和8万t/年尿素成套设备在石家庄化肥厂建成投产；南京化学工业公司化工机械厂与一机部通用机械研究所合作在1968年成功研制采用A4钢（0Cr17Mn14Mo2N）无Ni不锈钢板作内衬里的直径800mm尿素合成塔，开创了不锈钢板作衬里式的尿素合成塔的制造新工艺。同年，一机部通用机械研究所、化工部第一设计院、上海锅炉厂、南京化学工业公司化工机械厂、兰州石油化工机器厂、哈尔滨锅炉厂、金州重型机器厂和东方锅炉厂组成6万t/年合成氨厂用高压设备联合设计工作组，完成了直径1000mm氨合成塔等9台高压容器设计，原料可用煤、焦油、天然气、油田气等，并作为定型设计，对以后新建的化肥厂以及编制新的技术标准起到了促进作用。从此，这些压力容器制造厂开始批量生产直径1000mm的氨合成塔、直径800mm的冷凝器、直径700mm的电滤器和氨冷器、直径1500mm的氨蒸发器、直径1500mm的余热回收器以及套管式水冷器。

在中型氮肥厂上马的同时，小化肥企业纷纷上马，压力容器行业处在快速发展中，通过全国压力容器行业的共同努力，进行了很多的技术攻关和研制实践，均取得了可喜成绩。

1965年浙江大学提出了扁平钢带倾角错绕高压容器结构原理，1966年由浙江大学、一机部通用机械研究所和南京第二化工机械厂共同研制成功我国独创的扁平钢带倾角错绕高压容器，内径为500mm，壁厚为74mm（内筒厚18mm，材料为20G），钢带规格为80mm×4mm，材料为A3F。1966—1968年试制ϕ1000mm×108mm、设计压力32MPa、内筒和钢带均为16Mn的高压容器，成功地进行了爆破试验，并研制了绕带机床（包括钢带预应力形成和预变形控制装置），为该种结构型式向高压、更大直径发展提供了科学依据。随后一机部通用机械研究所与天津锅炉厂及青岛通用机械厂等单位联合试制，进行了爆破试验，并均取得了成功。由于该种高压容器制造工艺简便、效率高、材料利用率高、安全性好，便于推广，在试制ϕ1000mm试验容器之初，一机部通用机械研究所即与南京第二化工机械厂、浙江大学（后因"文革"未参加）合作在浙大实验室等地进一步进行了扁平钢带式高压容器基础性研究，探索了不同绕带壁厚和内壁厚度之比（3:1、4:1、5:1、6.6:1）、绕带倾角（30°、40°、60°），以及绕带工艺和绕带机床（包括绕带预紧力、钢带贴合质量、钢带间隙等）对容器承载能力的影响，从而为绕带容器带层的厚度、缠绕倾角等参数的确定提供了试验依据。根据基础试验数据以及多次爆破试验的结果，扁平绕带高压容器结构参数、设计方法、制造工艺以及装备得以确定、定型，正式由南京第二化工机械厂、上海四方锅炉厂、杭州锅炉厂、天津锅炉厂、青岛通用机械厂、合肥化工机械厂等单位作为产品生产，用于合成氨、尿素、甲醇的合成塔以及水压机的蓄水器等。到1972年已生产的产品超过500台。这种结构的高压容器，制造设备简单，切削加工量极少，生产周期短，材料利用率高，产品质量较可靠，成为当时小化肥厂氨合成塔的定型产品。"扁平钢带倾角错绕高压容器的设计"获得1981年国家技术发明奖三等奖。经过多个企业的生产，该容器技术日趋成熟，一机部于1973年批准了该结构容器的标准JB 1149—1973《扁平钢带压力容器技术条件》，并且冶金部也批准了钢带的标准GB 5681—1985《压力容器用热轧钢带》，此标准中仅列举一个钢号16MnR，厚度为4mm，宽度为80mm。由于钢带厚度只有4mm，国内当厚度小于5mm时无冲击试样标准，因此，未要求做冲击试验,而是通过规定抗拉强度上限及进行钢坯低倍组织检验来控制钢带质量。

2.4 压力容器用低合金钢

由于现代工业生产过程不少是在高温、高压、低温和具有强腐蚀性介质条件下进行的,因此对压力容器用材就有一些特殊要求,需要一批性能优良的材料来适应压力容器的发展,国外大多数采用镍铬系的材料。由于我国镍、铬资源较缺乏,从我国的实际情况出发,在第二次全国氮肥设备制造技术工作会议之后,冶金部提出发展高强度低合金元素的锰钒系钢,来代替镍铬系钢,为压力容器用材立足国内打下了基础。

20世纪50年代,我国压力容器用钢沿用苏联的技术,基本上采用普通碳素钢(相当于现在的A3F和A3)和碳素锅炉钢(相当于现在的20G),不锈耐酸钢主要采用1Cr18Ni9Ti钢,其中碳素锅炉钢和不锈耐酸钢主要依靠进口。

1957年我国研制成功了16Mn低合金钢。1958年大连工矿车辆厂采用16Mn钢板试制内径600mm、设计压力32MPa的多层式高压容器,并成功地进行了爆破试验。之后,金州重型机器厂也做了相同的容器,后来由于钢材价格、供应以及高压容器产品制造质量等一系列问题,低合金钢没有得到推广应用,即使是高压容器仍然采用碳素钢,如2.5万t/年合成氨的氨合成塔外壳,为多层结构,内筒和层板均采用20G钢板,筒体壁厚达151mm。

1965年底开始,冶金部大力推广应用低合金钢。1966年初,国家经委主持召开了低合金钢生产和使用会议。会后由一机部通用机械研究所负责组织了化工、炼油及通用设备行业低合金钢宣传、推广工作,调查组于1966年上半年调查了14个压力容器制造厂,召开了有干部、工人、技术人员及管理人员1300多人参加的各种类型座谈会,编写、印发了500多份介绍低合金钢的简要材料,讨论制订了推广使用规划,同时还走访了10多个钢厂、焊条厂及科研设计单位。为了切实做好钢材的正确选择工作,在掌握了钢种研制及性能情况、钢厂生产条件等基础上,结合压力容器制造工艺特点及使用要求,提出了16Mn、15MnV、18MnMoNb等为压力容器重点推广使用及试验研究钢种。如小化肥氨合成塔(压力32MPa、内径500mm),采用16Mn作内筒和层板,容器的壁厚可由20G的97mm减小到61mm。1966—1967年,南京化学工业公司化工机械厂和上海锅炉厂相继制造了年产6万t合成氨用氨合成塔,其内径为1000mm、压力为32MPa、采用多层包扎结构和15MnTi低合金钢,筒体壁厚为127mm,若采用20G钢板,则筒体壁厚达199mm。这两台合成塔分别用于石家庄化肥厂和大庆化肥厂。同时还用16MnR制造了内径6100mm的储氧球罐和内径15700mm的丁烯、丁二烯球罐。1966年,兰州石油化工机器厂选用18MnMoNb特厚钢板制造年产11万t尿素合成塔,其内径1400mm,压力20MPa,单层卷焊结构,壁厚115mm,于1968年试制成功,1972年前相继又生产10台,用于株洲、刘家峡、安阳等化肥厂。1969年哈尔滨锅炉厂选用18MnMoNbR和14MnMoVg为本溪、迁安、川化、广化制造了尿素合成塔。

1967年底在兰州召开了化工、炼油设备制造行业推广低合金钢经验交流技术会议,参加会议的有一机部、化工部、石油部及冶金部的98个单位、270多名代表。会议总结了经验,交流了信息,讨论了有关技术问题,拟定了有69个单位参加的17项科研项目,如钢种的常规力学性能、工艺性能以及基础技术的试验研究等。1968年上半年又相继在天津、上海、广州和哈尔滨召开了京津、上海、中西南地区压力容器协作小组会议和高压容器用低合金钢会议,进一步落实和协调了兰州会议上提出的科研项目。

在年产 6 万 t 合成氨厂高压容器定型设计中,氨合成塔外壳采用多层包扎和单层卷焊两种结构。在多层包扎结构中,一种是内筒和层板均采用 15MnV 钢,壁厚为 97mm,另一种是内筒采用 15MnV 钢,层板采用 14MnMoVBRe 钢,壁厚 85mm;单层卷焊结构采用 18MnMoNb 钢,壁厚为 90mm。此后,上海锅炉厂、南京化学工业公司化工机械厂、兰州石油化工机器厂、哈尔滨锅炉厂和东方锅炉厂等分别制造了上述设备。

1970 年哈尔滨焊接研究所和冶金部北京钢铁研究院研究成功屈服极限为 400~600MPa 的低合金钢用焊条,经一机部、冶金部鉴定通过,纳入标准。在压力容器行业的要求和配合下,冶金部先后制定了高压容器层板标准 YB 363—1964 和压力容器用钢板标准 YB 536—1965,由于低合金钢的大力推广应用,1969 年修订了上述两项压力容器钢板专用标准,即 YB 363—1969《多层式高压容器用碳素钢及普通低合金钢钢板技术条件》和 YB 536—1969《压力容器用碳素钢及普通低合金钢热轧厚钢板技术条件》。

1970 年以后,兰州石油化工机器厂和东方锅炉厂对 18MnMoNb 单层卷焊厚壁容器采用调质工艺,来代替正火加回火热处理,提高钢材强度,使内径 1400mm 的年产 11 万 t 尿素合成塔筒体壁厚由原来的 115mm 减小到 90mm。由于低合金钢的研制和推广应用,我国压力容器用钢的技术水平有了很大提高。

在国内自行设计制造的年产 15 万 t 和 30 万 t 合成氨成套设备中,18MnMoNb 钢用于大型套合高压容器和中温抗氢容器。1973 年,上海锅炉厂选用 18MnMoNb 制造了年产 30 万 t 合成氨用氨合成塔,其内径为 3200mm,压力为 15.0MPa,采用三层套合结构,壁厚为 150mm(每层 50mm)。同时,完成了 ϕ2000mm 的冷交换器,采用 18MnMoNb,双层套合结构,壁厚为 100mm(每层 50mm)。日本对同类产品,采用 $\sigma_s \geq 50\text{kgf/mm}^2$、$\sigma_b \geq 62\text{kgf/mm}^2$ 的 K-TEN62M 钢板,多层包扎结构,壁厚 165mm。1975 年,兰州石油化工机器厂制造的年产 15 万 t 合成氨用氨合成塔,其内径 1600mm,压力 32MPa,双层套合结构,选用 18MnMoNb,在 100mm 厚的内筒上再套合一层 45mm 厚的外筒,于 1975 年试制成功。

在低合金钢广泛用于制造压力容器的同时,为了做好钢材的科学使用,合肥通用机械研究所重点开展了一些基础技术的试验研究工作。

1)钢材的高温力学性能是压力容器设计及使用的重要依据。由一机部机械科学研究院、冶金部北京钢铁研究院和合肥通用机械研究所负责,组织了一机部、冶金部、化工部和石油系统 20 多个单位,对 16Mn、15MnV、18MnMoNb 等钢号进行高温力学性能测试,并积累了 3000 多组数据,为确定这些钢号的许用应力值提供了科学依据。

2)1978 年 3 月的压力容器技术交流会上,诸多单位要求对我国当时采用的国内外压力容器用钢进行再热裂纹敏感性的试验。同年 7 月在合肥召开了由合肥通用机械研究所牵头的课题协作组会议,对 10 个钢种的分工和多种试验方法的确立落实到位。1978 年 11 月,由一机部通用局和冶金部钢铁司以〔78〕石技字 130 号文联合下达此科研任务。这是我国首次为容器用钢防止焊接裂纹组织如此大规模(有科研单位、高校、制造厂等 15 个单位参加)的联合攻关,参加单位有合肥通用机械研究所、冶金部钢铁研究院、上海锅炉厂、西安交通大学、上海交通大学、兰州石油化工机器厂、东方锅炉厂、哈尔滨锅炉厂、南京第二化工机械厂、上海钢铁研究所、武汉钢铁研究所、冶金部建筑研究院、728工程研究设计院等。

经三年的共同努力，协作组选择14MnMoNbB、18MnMoNb、18MnMoNbCu、18MnMoNbNi、14MnMoV、2.25Cr1Mo、15MnVN、15MnVNCu、BHW35和BHW38等10种钢，采用6种方法进行试验，完成了再热裂纹敏感性评价、分级及防控等研究工作。这是国内首次大规模由科研单位和高校共同采用电子显微镜对有关钢种再热裂纹的形成机制、影响因素等进行深入的探讨，对当时和随后的设备用钢的成分控制、钢号选择、焊接和焊后热处理规范的实施等具有指导意义，也对压力容器的安全运行起了强化作用。对裂纹敏感性高的14MnMoNbB和BHW38钢，在随后的工程建设中被淘汰。当年研究完善的一些试验方法如今仍在沿用，对20世纪80年代开发的球罐用CF-62钢和21世纪加氢设备用铬钼加钒钢的再热裂纹敏感性评定及防止措施研究等均有借鉴意义。

3）压力容器焊后热处理是压力容器用低合金钢使用中的一个基础性技术问题。其中，对15MnV和16Mn钢需热处理厚度具体界限值争论较大，为此业内组织了由武汉锅炉厂、化工部第四设计院、上海第一冷冻机厂和上海医药工业设计院参加的"三结合"小组进行有关试验研究工作，得出了30mm厚的15MnV钢和32mm厚的16Mn钢制造的压力容器，焊后可以不进行热处理的结论，为其推广应用创造了有利条件。

4）对钢材应变时效冲击性能的要求是压力容器用钢中一个长期未能解决的基础性技术问题，若不恰当地要求钢材的应变时效性能，将给钢厂增加很大的检验工作量，甚至造成钢材的不合理判废，反之则可能影响压力容器安全使用。为此，合肥通用机械研究所对16Mn、15MnV及18MnMoNb等几种常用钢进行试验研究，得出了这一性能要求与压力容器制造工艺过程密切相关的相应结论，初步解决了有关钢材合理使用的技术问题。

5）围绕压力容器用钢脆断问题，开展了评定钢材脆性的无塑性转变温度和断裂韧性的试验研究，同时为减少或避免焊接裂纹，进行了延迟裂纹和再热裂纹试验研究。对16Mn、15MnV、18MnMoNb、14MnMoNbB、06MnNb等十多个钢号进行了无塑性转变温度（NDT）的测定，这些数据已用于评定钢材及制造工艺质量，并为压力容器水压试验温度的选择及压力容器最低使用温度的确定提供了依据。测定了16Mn、15MnV、18MnMoNb、14MnMoVB、14MnMoNbB、09MnTiCuRE等钢的母材及焊接接头的断裂韧性，这些数据已初步用于压力容器的安全分析及材料与工艺质量的评定，如15MnV和14MnMoVB的数据已用于上海锅炉厂制造的五台年产6万t氨合成塔的安全分析。

6）为了适应压力容器向大型化发展的需要，在冶金部北京钢铁研究院、太原钢铁公司、金州重型机器厂、东方锅炉厂的共同努力下，基本完成了屈服极限≥700MPa的14MnMoNbB钢的试验研究工作，其中包括单层、双层套合及多层包扎三种结构型式的4台高压容器的爆破试验。

经过十多年的科技攻关工作，通过降低钢材中的S、P含量，控制抗拉强度的上限，用夏比V型缺口替代U型缺口冲击试样等技术措施，提高了钢结构的安全性能，初步建立了从屈服极限≥240MPa的A3碳素钢到屈服极限≥500MPa的18MnMoNb低合金压力容器用钢系列，并已列入《钢制石油化工压力容器设计规定》中作为标准执行。

与此同时，在其他材料的研究和应用方面也开展了工作。

在不锈钢及复合钢板方面，1963年开始进行了铬不锈钢（0Cr13、0Cr17Ti）在化工设备中应用的研究工作。1966 年哈尔滨锅炉厂和哈尔滨焊接研究所焊接了超低碳不锈钢和低碳钢复合板大型化工容器。上海新建机器厂采用了 1Cr18Ni9Ti+A3 的不锈钢复合板，制造内径 2000mm、高度 21431mm 的立式筛板塔，用于年产 1 万 t 维纶设备中。1969 年兰州石油化工机器厂、哈尔滨锅炉厂和上海锅炉厂分别试制成功大型衬里尿素合成塔，其衬里材料为超低碳含铝不锈钢 00Cr18Ni12Mo2（316L）、00Cr18Ni12Mo3（317L）。1969 年南京化学工业公司化工机械厂成功地将国内研制的 1Cr17Mn13Mo2N（A4）钢用于试制内径 800mm 的 A4 钢衬里尿素合成塔。

在钛材料应用方面，除尿素设备外，1967 年锦西化工机械厂为电解法制烧碱系统制造了一台钛制溴氯气冷却器，冷却器直径为 325mm，用 $\phi25mm\times1.25mm\times3000mm$ 的钛管，传热面积为 168m^2，封头与管板采用钛复合板。上海新建机器厂 1969 年制造了一批钛制冷却器，其直径为 485mm，用 $\phi25mm\times1.25mm$ 的钛管，管板为钛复合板。哈尔滨锅炉厂为上海涤纶厂制造了钛材套管加热器，为茂名化工厂制造了钛氧化塔，为锦州石油六厂制造了钛中和釜，为北京有色金属设计院制造了钛压力釜，为台州电厂制造了大型钛冷凝器，还为年产 24 万 t 尿素装置制造了衬钛二氧化碳汽提塔。

在低温钢方面，1966 年开展了 −196～−40℃ 低温用低合金钢的试验研究工作，并用于试制低温压力容器。上海、东北两大协作组，以及兰州石油机械研究所、合肥通用机械研究所、兰州化工机械研究所、天津大学等单位进行了大量的小样试验和约 50 个容器的爆破试验。1969 年由哈尔滨焊接研究所、上海医药工业设计院等单位参加，在上海四方锅炉厂成功地进行了 −70℃、09Mn2V 钢低温容器爆破试验，其容器内径为 600mm、厚度为 14mm、长度为 1200mm，爆破了三台容器。在爆破试验基础上，上海四方锅炉厂制造了一台 09Mn2V 钢制压力容器——乙烯蒸馏塔，在上海高桥化工厂首次使用。1972 年，一机部在上海召开了由杭州制氧机研究所、合肥通用机械研究所、兰州石油机械研究所、哈尔滨焊接研究所、上海材料研究所等单位参加的低温钢协调会，讨论和落实了有关研制任务，结合国内低温钢生产和试验实践，制定了《铁素体钢制焊接低温压力容器暂行技术规定》，1982 年冶金部制定了第三个压力容器钢板的专用标准，1983 年批准颁布，标准名称为 GB 3531—1983《低温压力容器用低合金钢厚钢板 技术条件》，这三个标准均纳入了 1985 年出版的《钢制石油化工压力容器设计规定》中。

为配合大型城市煤气设施的建设，1983 年 12 月机械部以〔83〕机通函字 2054 号文发出《关于召开城市煤气加压气化成套设备前期技术准备会议的通知》；1984 年 5 月以〔84〕通化字 184 号文下达《关于召开城市煤气低温及大型球罐用钢选材和制造工艺规范研究专项论证会的通知》，要求合肥通用机械研究所负责，中国通用机械成套公司协助做好课题论证。1984 年 8 月在安徽歙县召开了有 27 个单位近 60 名代表参加的论证会。1984 年 12 月国家科学技术委员会协调攻关局和机械部石化通用局将"加压气化炉及关键设备——低温用 16MnDR、15MnNiDR、3.5Ni 等钢的应用研究"，列入"六五攻关"国家重大技术装置科技攻关项目。其中，3.5Ni 钢的应用研究（编号 19-1-2-3-2）由合肥通用机械研究所负责，参加单位有金州重型机器厂、兰州石油化工机器厂、冶金部建筑研究总院、西安交通大学、太原钢铁公司、宜昌电焊条厂等。

该课题分两步实施：

第一步：对进口钢板和焊材各项综合性能进行试验和评定，并以此性能作为设备制造技术国产化的攻关目标；

第二步：同步对试制的国产钢板和焊材进行鉴定，将其与进口钢板和焊材做全面对比试验，找出差距，为钢板和焊材的国产化提供借鉴。

攻关主要内容：

1）钢材、配套焊材和锻件及其焊接接头综合性能的试验与评定，特别是断裂韧性和无塑性转变温度等止裂性能的测定。

2）设备的制造成形工艺，主要是钢材和焊接接头经冷、热成形后的变化规律及恢复措施。

3）焊接性和焊接工艺试验：经多种抗裂和热模拟试验，探测产生各种裂纹的可能性及敏感性；通过焊接工艺试验，推荐出最佳焊接规范。

4）钢材及焊接接头的焊后热处理试验：通过不同热处理规范的选择，考察消除应力的程度以及改善韧性的效果。

经三年多的共同努力，课题组不仅完成全部试验内容，为"3.5Ni 钢制低温压力容器制造技术指导性文件"提交了全套设备制造数据，而且在 1988 年底金州重型机器厂完成了中间产品——脱甲烷氢塔的制造。该塔设计压力约 4MPa，总高 34m（标高 20m 以上深冷段设计温度为 –101℃，采用手工焊；20m 以下冷凝器设计温度为 –80℃，采用埋弧自动焊和氩弧焊）。这是国内首次用多种焊接方法制造乙烯深冷分离工艺中温度最低的大型 3.5Ni 设备。近年来，3.5Ni（08Ni3DR）钢板已实现国产化，最大厚度达 100mm 以上，鞍钢、太钢、南钢、舞钢等厂均能生产。"六五"低温用钢应用研究，不仅满足了煤气化项目的需要，也为我国随后建造的乙烯、合成氨等大型装置中的低温设备自行设计、国产化制造提供了借鉴。

"七五""八五"期间，除完善"六五"低温钢开发项目外，又增加了 –70℃级 09MnNiDR 钢的开发。

引进国外的成套设备中，不少设计温度 –70～–45℃的设备采用 3.5Ni 钢，很不经济。为实现设计温度 –70～–40℃设备的国产化，1985 年中国通用机械成套公司筹划 –70℃低温钢的研制，并于 1988 年在国家共性技术专题立项，随后与合肥通用机械研究所、武汉钢铁（集团）公司和长沙化工机械厂等单位进行"–70℃级低温压力容器研制"以及系统的试验工作。1991 年 12 月，机电部在长沙主持召开武钢 09MnNiDR 钢板制造的首台产品——液氯储罐鉴定会。1997—1998 年，合肥通用机械研究所为昆山化学原料厂建造了两台设计温度为 –65℃的低温乙烯球罐。

完善后的低温钢 16MnDR、15MnNiDR、09MnNiDR、08Ni3DR 先后纳入 GB 3531《低温压力容器用钢板》、GB 150《压力容器》等标准，并得到广泛应用。

2.5　小化肥厂用高压容器的发展

小化肥厂是根据我国国情自力更生发展起来的，是解决我国重大经济问题的重要决策。由于小化肥厂规模小，设备容易制造，建设快，投资少，因而得到了迅速发展。到 1965 年已建成 2000t、5000t 化肥厂 34 个，生产能力达 12.7 万 t。自 1964 年 5000t/ 年氮肥厂高压容器定型之后，经过几年的生产实践和使用，外壳、内件以及工艺均有了较大的发展和改进。随着钢铁工业的迅速发展,出现了各种低合金钢,各制造厂先后自行修改了定型设计,有些单位还采用了副产蒸汽的新工艺流程。在几年的时间里压力容器的制造水平有了较大提高,制造能力也有了长足的提升。

根据进行 5000t/年氮肥厂高压容器定型图纸修改设计通知的要求和"哈尔滨会议"精神,由一机部通用机械研究所负责组织,南京第二化工机械厂、上海四方锅炉厂、杭州锅炉厂、金州重型机器厂、化工部第四设计院等单位参加的联合设计组,于 1968 年对原 5000t/年氮肥厂高压容器定型设计进行了一次全面修改。其修改原则是:①外壳材料应采用普通低合金钢 16Mn(16MnCu);②根据国内生产情况,外壳结构有多层式、单层式和扁平钢带式,底部封头有球形封头和大型锻件等,密封结构有带铝垫双锥环、C 形环,密封连接形式有主螺栓和无主螺栓等,定型设计采用多种结构分别出图,以便制造厂根据具体生产条件进行选择;③扁平钢带倾角错绕式高压容器的结构已基本成熟,在定型设计中采用。在这次设计中采用球形封头是一大成绩,它不仅节省材料,改善了应力状态,同时解决了当时锻件供应紧张的问题。其后,在研制中解决了球形封头冲压工艺等,并进行过多层球形封头(二层或三层)的压制技术研究。设计中另一特点是采用无主螺栓连接结构,它不仅减小了上部法兰和顶盖的锻件尺寸,更便于供货,同时解决了精度高的主螺栓孔加工困难的问题。

南京第二化工机械厂于 1970 年自行设计制造了"油分、冷交、氨分三合一"高压容器,并在昆山化肥厂进行了工艺试验。这种高压容器的结构,是将原油分离器、冷交换器和氨分离器三台设备内件共同装在一个扁平绕带高压容器的外筒内,其内径 500mm,总高 8500mm。工艺试验表明:该容器运转良好,可使合成氨由原年产 5000t 提高到年产 9000t,制造成本降低 40%,节约钢材 30%,同时也使厂区生产面积大为减小。

1971 年杭州锅炉厂与浙江化工学院等单位组成使用、科研、制造三结合小组,试制成功"四合一"高压容器。该容器是将原来小化肥厂高压容器中的油分离器、冷交换器、2 台氨分离器的内件,装在一个扁平绕带高压容器外筒内,来代替原来的 4 台设备。1971 年在良渚化肥厂进行了生产性试验,合成氨生产能力从原年产 3000t 提高到 5000t,同时设备制造成本降低 27%,机械加工工作量减少 33%。"四合一"高压容器内径 450mm,总高约 7500mm,大大减小了占地面积。在这一时期,很多制造厂与用户或设计院开发了很多改进的合成塔内件,使其产量得到了提高,实现了降低压降、改善温度分布、提高转化率等。

到 1973 年,全国已建成投产的小化肥厂达到 900 多个,加上正在建设的,共达 1100 个左右,其中年产 3000t 的约 850 个,年产 5000t 的约 250 个,合成氨年生产能力约为 400 万 t。小型化肥厂具有投资少、建设快的优点,但能耗很大。为此,从 1974 年开始,对已建成投产的 900 多个小型化肥厂进行技术改造,主要内容是节约能源,降低电耗、煤耗,增加产量。在上海市和湖北省分别进行了 3000t/年和 5000t/年小化肥厂的技术改造。通过技术改造可使 3000t 逐步达到 5000t,5000t 逐步达到 10000t。经过五年时间,分批改造了 700 个小化肥厂(其中 3000t/年的 500 个,5000t/年的 200 个)。1974 年改造 100 个,1975 年至 1978 年的四年中每年改造 150 个,改造后可新增合成氨生产能力 200 万 t。改造所需的 25 种关键设备由上海市成批制造,一般设备由各地自行制造。此外,对少数建厂条件较好,但设备制造能力不足而又急需化肥的地区,在 1975 年至 1978 年,每年新建

3000t/年合成氨成套装置20套，这些设备仍由上海市成套供应。

小化肥厂的迅速发展和技术改进，促进了压力容器技术的发展，压力容器制造企业不断增加，制造装备不断增强，制造技术和质量不断提升，人员素质也有了明显提高，使压力容器上了一个新台阶。为了保证产品质量，机械部、化工部、石油部联合编制、发布和实行相关标准，例如《多层式高压容器技术条件》（JB 754—1965）、《单层高压容器技术条件》（JB 1148—1973）、《焊缝金属及焊接接头的机械性能试验》（JB 303—1962）、《扁平钢带高压容器技术条件》（JB 1149—1973）、《高压紧固件磁粉探伤方法》（Q/TH 52—1965）、《焊缝射线探伤》（JB 928—1967）、《压力容器锻件技术条件》（JB 755—1973）、《压力容器用钢板超声波探伤》（JB 1150—1973）、《钢制压力容器对接焊缝超声波探伤》（JB 1152—1973）等，为今后压力容器系列标准的形成奠定了基础。但由于当时"文革"造成的混乱，一机部、化工部两部的科技力量被削弱，有关科研、设计、制造等工作停滞不前，大系列合成氨、氨加工新技术开发受到严重影响，成套化肥装置的更新改造等问题被长期搁置，造成了20世纪70年代大量进口30万t/年合成氨成套设备的局面。

2.6 引进13套大化肥装置

20世纪70年代初，为满足国家经济发展要求，国家决定继50年代从苏联、东欧国家大规模引进技术设备之后，第二次大规模引进成套技术设备，共有26个项目，包括4套化学纤维装置（即上海石化总厂、辽阳石油化纤总厂、四川维尼纶厂、天津石油化纤厂）、3套石化装置（即北京石油化工厂的30万t/年乙烯装置，吉林石化公司的11.5万t/年乙烯及配套项目，北京化工二厂的氯乙烯设备）、13套大化肥装置（具有年产30万t合成氨、48万t或52万t尿素生产能力，分别建在河北的沧州化肥厂、辽宁的辽河化肥厂、黑龙江的大庆化肥厂、江苏南京的栖霞山化肥厂、安徽的安庆化肥厂、山东淄博的齐鲁第二化肥厂、湖南的洞庭氮肥厂、广东的广州化肥厂、四川成都的四川化工厂、四川泸州的泸州天然气化工厂、贵州的赤水河天然气化肥厂、云南水富的云南天然气化工厂、湖北枝江的湖北化肥厂）、1个烷基苯项目（南京烷基苯厂）、3个大型电站项目、2个钢铁项目，另外还有43套机械化综合采煤机组等。

这些成套技术设备的引进，大大地提高了我国化肥产量，促进了压力容器技术的发展，缩短了我国压力容器与世界先进水平的差距，起到了承前启后、率先开拓的作用。1973年引进美国和荷兰的8套、日本的2套大化肥装置，压力是15MPa，氨合成塔直径为3200mm（酒瓶式）；1974年从法国引进的3套大化肥装置，压力是24MPa，氨合成塔直径为2040mm。部分装置的具体技术参数见表1.2-1、表1.2-2。

引进装置在使用过程中也出现过问题。其中，南京栖霞山化肥厂从法国引进的30万t/年合成氨装置中氨合成塔的无垫双锥密封结构，在生产过程中由于高压密封的泄漏，影响了工厂的正常生产并危及人身安全。对此，法国进口商束手无策，无法解决。合肥通用机械研究所利用自行发明的新型镶丝双锥密封技术，将其双锥环镶上两道银丝后，解决了泄漏问题，工厂的生产得以正常进行，避免了一次重大损失。其后又相继解决了安庆石化总厂氨合成塔以及广州石化厂氨合成塔的大直径密封的泄漏问题。新型镶丝双锥密封结构这一成果，荣获1981年国家科委颁发的国家发明四等奖。

表 1.2-1 凯洛格型氨合成塔的技术参数

参数名称	美国装置				日本装置
	大庆化肥厂	湖北化肥厂	洞庭氮肥厂	九江石化厂	齐鲁第二化肥厂
设计压力 /MPa	15.1	15.1	15.1	12.0	24.99
操作压力 /MPa	13.4	13.21	13.4	11.2	17.34
水压试验压力 /MPa	22.6	22.6	22.6	15.0	37.49
设计温度 /℃	204/315（副线接管：538）	204/315	204/315（副线接管：538）	−15/299	205/371
操作温度 /℃	141/332	145/284	145/332	249	136/323
腐蚀裕度 /mm	1.6	1.6	1.6	1.5	1.5
塔型结构	二床、床间换热器、径向塔	二床、床间换热器、径向塔	二床、床间换热器、径向塔	三床、床间换热器、轴向卧塔	三床、床间换热器、径向塔
塔高 /mm	总高 27381	总高 27381	总高 27381	28609.3	总高 25700
塔内径 /mm× 厚度 /mm	ϕ3188×165	ϕ3188×165	ϕ3188×165	ϕ2700×93.5	ϕ3188×212
筒体结构	多层包扎	多层包扎	多层包扎	单层板焊	多层包扎
层板材质	K-TEN62M	K-TEN62M	K-TEN62M	SA-302 Gr.B	NK-HTEN62
内筒材质	K-TEN62M	K-TEN62M	K-TEN62M		SA-516 Gr.70
塔外壳重量 /kg	248618	248618	248614	385000	
安装重量 /kg	353469	353469	353469	326000	380000
操作重量 /kg	521037	521037	521037	515000	445000
充满水重量 /kg	614969	614969	614969	395000	550000
制造厂家	日本神钢	日本神钢	日本神钢	日本日立	日本神钢

表 1.2-2 高压筒体主要设计参数和结构参数

	塔型使用厂	法型厂			日Ⅱ型厂
		托普索 S-200			托普索 S-200
	参数名称	金陵石化公司	安庆石化公司	南化氮肥厂	镇海炼化公司
设计参数	设计压力 /MPa	28.91	28.91	15.4	24.5
	操作压力 /MPa	26.36	26.36	13.8	22.9
	试验压力 /MPa	43.3	43.3	19.7	36.75
	设计温度 /℃	260/360	260/360	370/480	260/355
	操作温度 /℃	150/340	150/315	246	131/343
	焊接接头系数	1	1	1	0.97
	腐蚀裕度 /mm	1	1	1.6	1
主要结构参数	塔型结构	二床层、层间换热器、径向塔	二床层、层间换热器、径向塔	二床层、层间换热器、径向塔	二床层、层间换热器、径向塔
	塔高 /mm	切线高 17600	切线高 17600	21555，切线高 17670	20382，切线高 16700
	内径 /mm× 厚度 /mm	ϕ2035×153	ϕ2035×153	ϕ2330×102	ϕ2035×147.2
	筒体结构及壁厚组成（内筒厚 /mm+ 板厚 /mm× 层数）	多层套合 39+38×3=153	多层套合 39+38×3=153	多层包扎 12+6（盲层）+7×12=102	多层包扎 12+3.2（过渡层）+12×11=147.2

（续）

参数名称	塔型使用厂	法型厂 托普索 S-200			日Ⅱ型厂 托普索 S-200
		金陵石化公司	安庆石化公司	南化氮肥厂	镇海炼化公司
主要结构参数	层板材质	SA-302 Gr.C	SA-302 Gr.C	SA-724 Gr.B（盲层 SA-285 Gr.C）	SPV50（过渡层 SS41）
	内筒材质	SA-302 Gr.C	SA-302 Gr.C	SA-387 Gr.12 Cl.2	SB49M
	塔外壳重量 /kg	213000	213000	165300	208000
	安装重量 /kg	213000	213000	165300	243000
	操作重量 /kg	355000	355000	355700	321000
	充满水重量 /kg	329000	329000	345300	263000
	制造厂	法 -C.M.P	法 -C.M.P	南化机	日本神钢

2.7 首套 30 万 t/ 年大型合成氨和 24 万 t/ 年尿素装置国产化

1972年，国家决定在引进国外大型化肥厂（30万t/年）成套装置的同时，安排一机部、燃化部开展国内大型化肥成套设备的研制工作。氮肥厂成套设备大型化是20世纪60年代初开始的，有生产能力大、占地面积小、节能效果好、劳动生产率高、产品成本低等显著优点。

国家计委以〔74〕计字99号文确定将第一套研制的合成氨、尿素成套装置建于上海吴泾化工厂。工艺设计由上海化工设计院（原上海市化工局设计室）、化工部第四设计院和吴泾化工厂组成的工艺联合设计组承担，上海化工设计院为负责单位。通用及关键化工设备的设计，以承担制造任务的工厂为主，一机部、燃化部两部有关科研、设计部门和高等院校等单位参加，组成设计小组进行设计。合成氨设备中高压容器、废热锅炉由上海锅炉厂负责制造，设计由合肥通用机械研究所与上海锅炉厂、兰州化机所组成联合设计组承担，合肥通用机械研究所负责。研制工作中的试验工作由合肥通用机械研究所和上海锅炉厂等单位共同进行。尿素装置的设计，由化工部第四设计院负责，有关制造单位参加。1974年8月7日，该工程的扩初设计在上海市审查完毕，并下达了成套设备的设计、研究及试制工作。以上海市为主，负责承担合成氨成套设备的制造任务。主要的工业汽轮机由杭州汽轮机厂试制。尿素的高压设备主要由哈尔滨锅炉厂、金州重型机器厂等单位负责制造。

在国内第一套年产30万t合成氨成套设备项目中，合肥通用机械研究所发挥了综合性研究所的作用，承担了十分繁重的任务，同时也经受了一次深刻的锻炼。当时正值该所由北京搬迁到合肥不久，试验基地正在建设，试验条件不具备，可谓困难重重。但广大工程技术人员为了使我国第一家大型化肥厂早日建成投产，排除各种干扰，克服了重重困难，利用一切可以利用的条件，收集国内外有关资料，进行了艰苦的试验研究工作。同时派出一批人员协助上海市有关制造厂进行研制，得到了上海市有关领导部门的表彰。

为了迅速实现国产第一套年产30万t合成氨工程的建成投产，一机部针对成套设备的关键技术，狠抓了以下几项工作：

1. 狠抓设备用材料立足国内

根据工艺要求，在分析国外资料的基础上，制定了材料检验标准，落实了 30 万 t/年合成氨工艺设备用材料 4780t，24 万 t/年尿素工艺设备用材料 530 多 t，大部分立足国内，基本上解决了成套设备材料的难题。比如，30 万 t/年合成氨装置中的 ϕ3200mm 氨合成塔和 ϕ4000mm 变换炉，均采用国产 18MnMoNb 低合金高强度钢。为了确保产品质量，合肥通用机械研究所和上海锅炉厂对该钢种进行了综合试验研究，其内容包括材料性能试验和几种厚度的钢板经不同规范热处理以及按产品生产工艺经一系列热循环之后性能变化的试验。同时，在已有试验和生产实践的基础上，对该钢种进行了可焊性试验、手工焊试验、埋弧自动焊试验、电渣焊试验及模拟套合容器环焊缝焊接试验。又如，ϕ1800mm 的二氧化碳汽提塔是尿素装置中的关键设备，内表面要求衬钛，装有 1407 根 ϕ31mm×3mm 的钛管，设备总重 57t，用钛材料制造这样大的设备在国内还是首次，有一系列的技术难题需要解决，其中最突出的是钛材的加工、焊接和热保护等。哈尔滨锅炉厂、宝鸡有色金属研究所和合肥通用机械研究所等单位，针对二氧化碳汽提塔的关键技术问题，开展了攻关试验研究工作，如大型钛-钢复合板的爆炸复合工艺、钛-钢复合板封头的热压成形工艺、钛材高温成形表面保护工艺、钛材等离子焊接工艺、钛材氩弧焊接工艺、钛-钢锻件氩箱炉中钎焊工艺、钛管和钛复合管板自动钨极氩弧焊工艺、钛-钢银钎焊工艺等。通过上述试验研究，在取得成果的基础上再将产品投入试制，加快了产品的制造进度。

2. 狠抓科研试验工作和关键设备的研制工作

针对关键设备的技术问题，1974 年组织了全国 12 个省、市 52 个工厂、研究所和大专院校进行 56 个重点科研项目的试验研究工作，如大型高压容器（氨合成塔、尿素合成塔、二氧化碳汽提塔、高压冷凝器）的结构、工艺、密封性能研究，以及高温高压废热锅炉的结构、气体分配器的选型、管端热负荷的试验研究，并将上述试验研究成果用于产品。

早在 1971 年，合肥通用机械研究所就组织力量，调研并整理了有关大型高压容器的国外技术发展水平及趋势的资料，搜集了国外高温、高压废热锅炉的情况并总结了国内的生产使用经验，分析了合成氨大型化带来的技术难题及解决的途径等。

（1）氨合成塔　氨合成塔的设计壁厚达 150mm 左右，这一厚度已超出当时国内厚板轧机及卷板机的能力，单层卷焊结构已不适用。多层包扎结构虽可制造大型高压容器，但直径为 3200mm，周长为 10053mm，根据当时层板宽度需要 5～6 块板，这么多块板卧包十分困难，竖包又无相应装备，再加上其工艺较为复杂，加工周期长，也不适用。因此，合成塔的外壳结构决定采用机械化程度、劳动生产率、材料利用率高，各层筒的纵焊缝均可 100% 无损探伤，技术上有一定基础，利于确保产品质量的表面不经机械加工套合结构型式，双层套合应是首选。但当时国内板厚大于 50mm 时，性能难以保证，因此决定采用三层套合结构。由上海锅炉厂、合肥通用机械研究所、化工部化工机械研究所、华东石油学院等单位参加的研制组，针对上海锅炉厂的具体情况和产品结构要求，进行了直径 3200mm 的套合筒节试验，掌握了套合面不经机械加工的三层套合筒节的制造工艺；控制圆度的合理工艺及其对套合质量的影响；控制过盈量的合理工艺及其对质量的影响；各加工工序的规律性及合理的加工工艺过程；测定预应力状态及热处理后的残余应力状态以及 ϕ350mm 三层套合模拟容器的疲劳试验等，为制造直径 3200mm 的氨合成塔采用套合结构提供了科学依据。1976 年上海锅炉厂试制成功直径 3200mm、壁厚 150mm、重量 285t 的氨合成塔（见图 1.2-3），同时研制出了包括直径 2000mm 双层套合的冷交换器在内的全部高压容器。

国内研制表面不经机械加工的套合容器是有前期技术储备的。1959 年，哈尔滨锅炉厂试用消除应力热处理而不进行表面机械加工的方法制造套合容器，取得了一定的成绩和经验。由于试验中测试数据不够完善，从安全使用角度考虑，未能在实践中推广应用。1973 年，一机部责成东方锅炉厂、哈尔滨锅炉厂和合肥通用机械研究所开展套合容器试验研究，为大型高压容器的研制做准备，四川省第一化工设计院、化工部化工机械研究所参加了试验研究工作。东方锅炉厂等单位在一年多的时间里，进行了几种钢材（20、18MnMoNb、14MnMoNbB）消除套合预应力的热处理规范、不同过盈量对套合预应力的影响以及热处理后套合残余应力水平、设计方法和制造工艺、测定应力分布和耐压强度、中间产品试制等基础试验研究，取得了一定的成果。同时，在哈尔滨锅炉厂、兰州石油化工机器厂、天津锅炉厂也进行过套合高压容器的试验研究。1974 年夏，一机部在四川省自贡市召开了套合容器座谈会，认为上述研制工作基本上是成功的，套合高压容器可以投入制造和使用。1977 年一机部给东方锅炉厂下达高压储氢罐新产品的试制任务，这为大型套合高压容器生产制造打下了基础。

图 1.2-3　直径 3200mm、重量 285t 的氨合成塔

氨合成塔采用了国内较成熟的双锥密封结构代替国外的八角垫密封，结合 70 年代初合肥通用机械研究所开展的双锥密封的试验研究成果及所提出的双锥密封的设计计算方法和双锥环的尺寸系列，为 30 万 t/年合成氨用大直径高压密封设计提供了必要的参数和科学依据。20 世纪 70 年代起，合肥通用机械研究所运用 ϕ1000mm 试验台，通过对内径为 ϕ900mm 的四种不同结构尺寸的双锥环在不同预紧力下进行预紧阶段、工作阶段以及水、气压密封试验的研究，测定了不同预紧力下的密封泄漏压力、泄漏速率，完善了双锥密封的设计计算方法，研究了不同的预紧工具、预紧顺序对密封性能的影响，1979 年又发明了新型镶丝双锥密封结构。

（2）第一废热锅炉　鉴于国内对大型氮肥厂能量综合利用（特别是蒸汽动力回收）越来越重视，废热锅炉研制的重要性凸显。为此，合肥通用机械研究所和上海锅炉厂、清华大学合作研制了全部废热锅炉（包括第一、二、三废热锅炉），并开展了第一废热锅炉（也称转换气废热锅炉）气体分布器选型研究。

吴泾化工厂 30 万 t/年合成氨装置第一废热锅炉由吴泾化工厂、合肥通用机械研究所和清华大学电力系锅炉教研组协作进行设计，采用插入管形式方案（见图 1.2-4a），转换气由水平管道供送，流进垂直安装的废热锅炉。由于气体水平流动惯性的作用，在废热锅炉壳程发生脱体涡流，流动状况如图 1.2-4b 所示，在相当高的一段壳程筒体中既有向上流动的气体，又有向下回流的气体，造成壳程筒体截面上气体流速分布很不均匀。而废热锅炉的插入管端部热负荷相当高，在该端部截面上，高温转换气流速过高可能引起管端烧坏。因此，转换气流速分布的均匀程度对设备的安全运行有直接影响。

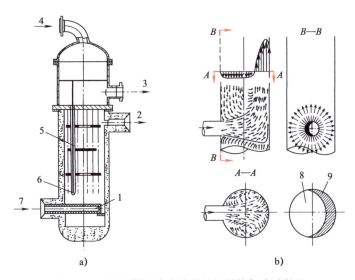

图 1.2-4 插入管形式废热锅炉及转换气流动状况

1—气体分配器 2—转化气出口 3—水汽出口 4—水进口 5—插入管
6—插入管端部 7—转化气入口 8—向下回流区 9—向上流动区

为均匀分布转换气，国内外经验都是采用装设入口气体分配器的措施加以解决。衡量气体分配器的性能有两个核心指标：最大流速不均匀系数和流动阻力系数。但是，当时国内对气体分配器的设计经验不足，国外相关资料也较少。因此，开展气体分配器的试验研究工作是有实际意义的；且通过试验测定插入管端部截面的气体流速分布规律所得到的数据可以作为该处选材和计算壁温的依据。

为此，清华大学于1979年底开展了气体分配器的选型试验，共对比了三种型式的气体分配器：多孔管式（见图 1.2-5）、开槽管式（见图 1.2-6）和孔板式（见图 1.2-7）。试验与分析结果表明开槽管式气体分配器在两个核心指标上均优于其他两种，在此基础上初步形成了开槽管式气体分配器设计计算方法，并被用于实际产品中。设计过程中，相关单位又对开槽长度及高温操作状态下开槽管的变形控制等进行了针对性的改进，最终交由上海锅炉厂制造成功。

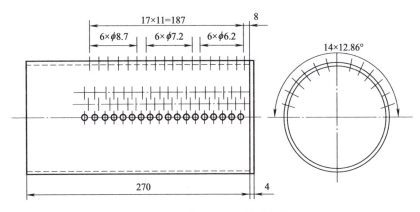

图 1.2-5 多孔管式气体分配器

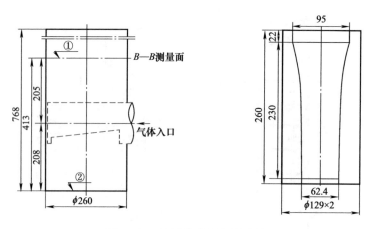

图 1.2-6 开槽管式气体分配器

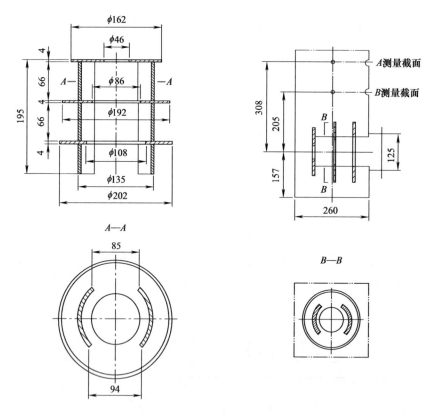

图 1.2-7 孔板式气体分配器

（3）尿素合成塔和二氧化碳汽提塔 24万 t/年尿素装置中的尿素合成塔（见图1.2-8）和二氧化碳汽提塔（见图1.2-9），由哈尔滨锅炉厂于1976年试制成功，合肥通用机械研究所和化工部第四设计院参加了设计和试制工作。尿素合成塔为直径2100mm、壁厚95mm、总长31000mm、设备总重163t、单层卷焊内衬316L超低碳不锈钢的高压容器。容器制造完毕后，经检验合格，交付用户使用。

图 1.2-8 φ2100mm 尿素合成塔

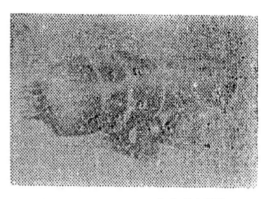
图 1.2-9 φ1800mm 二氧化碳汽提塔

φ1800mm 的二氧化碳汽提塔，由于腐蚀性强，国外采用一种特殊耐蚀钢 Cr25Ni22Mo2，这种钢冶炼难度较大，我国没有生产过。为此，国内通过试验决定采用钛材衬里来代替进口的超低碳高铬镍不锈钢，由宝鸡有色金属研究所承担大面积平板钛-钢爆炸复合的试验研究工作。哈尔滨锅炉厂针对二氧化碳汽提塔的关键技术问题，组成了厂内外多种形式的三结合攻关小组，开展攻关试验研究工作，前后共进行了 10 个项目的工艺攻关。1975 年 8 月，在主要攻关试验项目取得成果的基础上，召开了有一机部、燃化部、冶金部等代表参加的制造工艺方案审查会，审查通过后启动产品试制，并于 1976 年试制成功。

（4）高压冷凝器　高压冷凝器是尿素装置中的关键设备之一，是一台近 17000mm 长的大型容器，其结构特点是管板厚（320mm）、管束长（12000mm），封头内壁衬 316L，装有 1410 根 φ25mm×2.5mm、材料为 316L 的管子。φ1800mm 的高压冷凝器，由金州重型机器厂于 1975 年试制成功。

3. 组织了技术服务和主要设备制造厂服务到现场

国产第一套大型化肥装置任务一经确定，合肥通用机械研究所便携带两年前收集的有关资料，向上海市机电一局、重机公司及有关制造厂介绍了凯洛格主流程中约 50 种化工工艺设备的技术情况，与有关单位共同讨论，确定氨合成塔、废热锅炉、离心式空气压缩机、离心式制冷机、能量回收涡轮机等关键设备技术参数，确定成套设备中全部阀门的选型方案，为了争取时间解决关键材料问题，协助设计和制造单位进行强度核算，分析确定全部选材规格数量，提出材料清单。此外，在上海除参加设计和试验研究工作的技术人员外，还派联络人员协助解决在工作进程中所出现的有关技术问题。

从 1974 年 8 月 7 日扩大初步设计审查起，到 1976 年的两年多时间里，大型关键设备氨合成塔等 13 项新产品相继试制成功，1979 年 12 月 16 日到 31 日，国产第一套 30 万 t/年合成氨及 24 万 t/年尿素大型成套设备在吴泾化工厂一次试车成功，并生产出合格产品（见图1.2-10）。试生产情况表明，这套大型化肥装置的工艺流程是可行的，主要设备特别是技术难度大、精度要求高的三台大功率离心压缩机组、大直径氨合成塔、废热锅炉、尿素合成塔和二氧化碳汽提塔等一批我国第一次试制的大型设备，经受了试车的考验，标志着我国化肥设备向高温、高压、高速、低耗、自动化和大型化高水平发展，压力容器科研、设计和制造的水平大大提高。

图 1.2-10 吴泾化工厂大型化肥装置鸟瞰图

同期，兰州石油化工机器厂于1975年成功研制15万t/年氨合成塔，内径为1600mm，设计温度为200℃，壁厚为145mm，（双层套合结构，内筒厚100mm，外筒厚45mm），材料为18MnMoNb，用于兰化公司302厂。

继国产第一家大型化肥厂建成后，南京化学工业公司化工机械厂和金州重型机器厂从1980年起分别为浙江镇海石油化工厂和新疆乌鲁木齐石油化工总厂年产52万t尿素装置制造了关键设备。南京化学工业公司化工机械厂制造了两台直径为2800mm的尿素合成塔（见图1.2-11），筒体壁厚124mm，长36118mm，重320t，采用多层包扎结构，内衬超低碳不锈钢，采用半球形封头。

图 1.2-11 直径为2800mm、重量为320t的尿素合成塔

金州重型机器厂采用技贸结合的形式，为年产52万t尿素装置制造了32台设备，包括1台高压洗涤器。在制造过程中，解决了球形封头的制造、管板深孔加工、带极堆焊、

管子管板全位置焊接、焊缝最终热处理等关键技术问题，使该厂具备了制造年产 52 万 t 尿素装置关键设备的能力。

1981 年合肥通用机械研究所技术人员引进了克虏伯公司的专利技术"全多层包扎容器"结构，1982 年开始了该结构压力容器的制造装备和结构强度的研究工作。研究所首先研制了小型包扎装置（虎钳式装置）和小型模拟爆破容器，考察了层板纵缝对容器强度的影响，测量了层板之间摩擦力的情况以验证其结构"自救作用"。该结构容器的特点是：

1）包扎用层板可直接选用按标准生产的钢板，其同板差以及几何尺寸要求比传统的包扎层板要求低，供货方便，价格低。

2）包扎层板的卷圆方向沿钢板的轧制方向，因此可用一张钢板卷成层板圆筒，无须像传统包扎那样取层板卷圆方向为垂直于轧制方向，提高了材料利用率。

3）包扎效率高，该结构包紧后一般只需要焊一条纵缝，而传统的结构需要多条纵缝。

4）该结构包扎层板的厚度为 10～18mm，而传统结构包扎层板的厚度为 6～8mm，这样制造效率可以大大提高。

5）该结构为整体包扎，因此可以避免深厚环缝，这比传统结构优越很多，消除了原结构的一大缺欠，使焊缝质量容易保证，返修容易，无损检测方便。

6）该结构的包扎工装采用专用的液压虎钳，无需大型的钢丝绳包扎装置，操作简便、可靠。

可见，该结构是一种优点十分明显的高压容器的结构，为多层容器大型化增加了一种新结构。为此，合肥通用机械研究所发表论文并在行业中进行技术交流，介绍该容器相关技术，为该结构容器的正式生产奠定了基础。20 世纪 90 年代，长沙化工机械厂、合肥化工机械厂等单位先后完成了产品研制和生产，随后在全国得到了推广，在 52 万 t/年尿素合成塔产品中广泛应用，并受到用户的好评。该结构也可以与套合工艺结合，制作筒体、多层法兰或整体多层容器。

2.8 我国化肥重大技术装备国产化成功实现

到"十五"期间，我国化肥重大技术装备国产化工作已经进行了四个阶段。第一个阶段是 20 世纪 70 年代中期，当时国内建设的 13 套大型合成氨装置大都采用了"成套引进"的方式；第二阶段是 20 世纪 70 年代末期，国家为逐步加大引进装置的国产化比重，将一些建设项目由"成套引进"方式改成了"一买三合作"（购买国外专利、合作技术、合作采购及合作制造），部分关键设备由国内供货，用这种做法成功地建设了镇海、新疆、宁夏三套 52 万 t/年二氧化碳汽提法尿素装置，设备国产化率达到 80% 以上；第三阶段是 20 世纪 80 年代中期，由国家统一安排，以国际通用的化工建设方式，即采用"引进技术专利（或基础设计）"，由国内工程公司（设计单位）总承包的方式建成了四川化工总厂 20 万 t/年合成氨装置，装置中一些关键设备均由国内企业制造，设备国产化率达 82%；第四阶段是 20 世纪 80 年代后期，许多大型化工装置大量使用国外卖方信贷（或附带条件的国际金融贷款）作为建设资金，以"成套引进，国内分交，外商总承包"的方式，把部分工程设计及设备制造从外商手中反包回来。

"十五"期间,国家将化肥重大技术装备国产化的依托工程落实在德州华鲁恒升集团公司的大化肥项目上,这意味着将20多年来有关部门针对大化肥生产装置关键技术问题几乎所有消化吸收、攻关课题及其攻关成果,在一个生产装置上全流程地系统化串联起来,最终实现以30万t/年合成氨装置为代表的化肥重大技术装备成套装置国产化。为此,"十五"期间大型化肥成套设备研制项目设5个课题、19个专题及5个子专题。主要研制内容:一是工艺软件开发研究课题,下设四喷嘴撞击流水煤浆气化软件包开发研究、低温甲醇洗和液氮洗工艺软件包开发研究、11.0MPa氨合成工艺软件包开发研究、水溶液全循环尿素装置改造工艺软件包开发研究,以及大型氮肥设备性能测试及考核5个专题;二是水煤浆气化关键设备研制(煤气化炉炉体研制、喷嘴研制和耐火材料研制3个子专题)、气化关键阀门研制、气化关键泵研制(含炭水循环泵、锁斗循环泵研制和澄清液槽泵、渣池泵研制2个子专题)和破渣机研制4个专题;三是合成气净化关键设备研制课题,下设二氧化碳汽提塔研制、H_2S浓缩塔研制,以及多股流大型绕管换热器和液氮洗冷箱研制3个专题;四是氨合成关键设备研制课题,下设氨合成塔研制、合成氨废热锅炉研制、合成氨蒸汽过热器研制、合成氨压缩机组研制和氨压缩机组研制5个专题;五是尿素装置关键设备课题,下设大颗粒尿素关键技术开发和关键设备研制,以及双金属管汽提塔研制2个专题。所有这些项目均在依托工程德州大化肥建设项目上进行研制和应用,并一次开车成功。

由于化肥生产流程长,多个不同的生产单元拼接过程中不确定因素较多,尽管各个研制课题都做了大量的前期工作,技术上有相当深厚的基础,但要真正付诸工程实践,还有大量的攻关研制和组织协调工作要做。因而德州华鲁恒升集团公司的大化肥项目可以算作是二十年来投资最大、规模最大、风险也最大的国产化项目,从重大技术装备研制角度出发,需要对水煤浆造气、低温净化、径向合成等生产工艺技术统一协调,统一负责,对每台研制设备都要进行施工图会审、现场监制、出厂前质量评审、安装调试过程中现场服务。此外,从工程建设项目管理角度出发,还要充分考虑重大装备研制进度与基本建设周期合理衔接。该项目于2002年9月开工建设,在长达26个月的建设期内,各方共同努力、协调,在第一套具有自主知识产权技术、完全由国内承担设计、制造、施工和监理工作的工程中,创造了10项全国第一,并于2004年12月一次性开车成功,生产出合格产品。至此历时达二十余年的我国化肥重大技术装备国产化终于取得了完全成功。

根据我国《石油和化学工业"十一五"发展规划纲要》,"十一五"期间中国化肥面临的最大任务是适应国家建设资源节约型社会所带来的产业结构调整,原料结构进一步从石油和天然气转向煤,开发先进的煤制合成氨生产技术。"十一五"期间,我国氮肥行业需要解决的关键技术:一是解决新型煤气化技术,包括使用劣质煤、高硫煤为原料的加压气化技术;二是解决先进的净化和合成技术,包括高效率的大型化脱硫脱碳、变换、气体精制、氨合成技术;三是解决电热联产技术,主要指采用循环流化床锅炉,利用造气炉渣、煤末、吹风器等资源,实现电热联产;四是努力提高锅炉压力等级,开展能源阶梯利用;五是45万t/年以上合成氨装置、60万t/年以上尿素装置的成套装备国产化。主要奋斗目标应是自主开发不同规模、煤种适应性广的现代洁净煤气化生产合成氨的成套技术和装备,并用节能型工艺生产尿素,同时要实施冷、热、电结合的能源综合利用技术,以实现节能减排。为此,我国的主攻方向是:研发干煤粉气化、冷热电相结合的大型合成氨成套技术和设备，以及低能耗的汽提法尿素成套技术和设备。在过去四个五年计划内，我国虽然在化肥重大装备国产化方面取得了许多重要成果，但就重大技术装备工作整体而言，与发达国家尚有不小的差距，产品在综合技术水平上达不到当代世界先进水平，有些设备国内尚不能制造，装备制造业的自主研发和成套设备集成能力差，交货周期和售后服务等方面不能满足国内用户的需求，部分产品的质量和可靠性尚不稳定，不能满足大型化工装备三年一大修的标准等。今后化工重大技术装备国产化工作的重点仍然是依托国内重点建设项目，通过有目的地引进关键技术和自主开发创新，提高重点装备的设计、制造和成套水平。化工装备制造行业应着眼于研发具有国际先进水平的关键设备，对现有生产的产品要主动按国际标准找差距，提高设计、制造和服务水平。这一切均在"十一五"计划的五年中得以实现。

2.9 结语

进入 21 世纪 20 年代，业内对国产化问题也有了更深的认识与思考。

首先，今后要彻底转变传统的国产化观念。国产化核心是提高自主能力，国产化就是消化、吸收外来技术，形成本国的技术研究和制造能力。过去所说的国产化，往往以国产化的比重（国产化率）作为主要衡量指标，现在国产化工作已经注重与国际惯例接轨，不再拘泥于国产化率，也不搞国产化的大而全、小而全，而是国内企业要在掌握自主权的基础上，有效地利用国内外先进技术及部件、材料，经加工及组装形成符合市场要求的先进设备。国产化是设计、制造、采购、工程项目的总承包以国内企业为主，但并不排除与国外企业联合承包，使用国外技术国际分包和国际采购。国产化的核心是自主化，即在自主引进技术、自主选择合作伙伴和自主采购的基础上，把国内资源和国外技术成果结合起来提高竞争力。国产化的评价指标应能反映提高自主能力所创造的价值。国产化要着眼于提高自主能力和竞争力，当然也要积极提高国产化率。在今后相当长的时间里，为缩短与国外的差距，我国仍需从国外引进大量先进技术，但必须处理好引进与创新的关系，要贯彻党的十五届五中全会"引进技术同自主创新相结合"的重要决策。其次，今后重大技术装备国产化要按国际标准和规范办事，按市场机制来运作，国产化的设备应是现代化的，是有竞争力的，国产化绝不意味着降低标准和质量。过去国产化工作过分依赖政府支持，从现在起应逐步建立起一套从过去的过度保护转向竞争和积极支持相结合政策，并形成一套相应的市场运作机制。国产化项目应采用以企业为主、政府适当支持的办法。另外，要注重形成一批走向世界的制造企业和具有国际先进水平的产品。目前的国有大型装备制造企业经过半个世纪的打造，基本上掌握吸收了国家几十年积累起来的科学技术和生产技术装备，当然也不能忽视正在崛起的民企和其他所有制企业，大家都要把打造具有国际先进水平产品的工作提到更高的高度。

（本章由合肥通用机械研究院有限公司张立权撰写）

第 3 章　我国炼油工业压力容器发展史

3.1　概述

所谓炼油，就是使原油在炼油装置中被加工变成轻质液体燃料（汽油、煤油、柴油）、重质液体燃料（重柴油、锅炉燃料等）、润滑油及各种用途的气体、液体、固体产品（气态烃、液态烃、溶剂油、化工原料、石蜡、焦炭等）。

1859 年美国小镇梯斯特维尔钻成了世界上第一口现代油井，从此拉开了现代石油工业的序幕。而在 1949 年以前，我国的石油工业几乎无从谈起，只有 1939 年投入勘探开发的玉门油田，它的产量很少，却占了我国石油产量的 95%。新中国成立以后，1951 年 2 月，锦州人造油厂生产出了第一滴人造油。该厂原是二战时期日本所建，以煤为原料，设计年产油 3 万 t，但还未等到开工，日本就投降了，工厂的资料被日本人带走或销毁，有些设备已损坏。解放后，在赵宗燠院士的带领下，经过一年多努力，工厂终于开工，我国炼油工业从此起步。

1952 年 8 月 1 日，由 8000 多名解放军战士集体改编成"中国石油师"开始了油田开发会战。1952 年底玉门油田原油产量达 14.26 万 t，1957 年产量达到 75.54 万 t，1957 年底新华社发布消息宣布新中国第一个石油基地在甘肃玉门建成。作为中国石油工业的大学校和大实验场所，玉门油田担负起了"出产品、出人才、出经验、出技术"的历史重任。一批批玉门人南下四川，北上大庆，东去庆阳，西进吐鲁番。20 世纪 50 年代，我国利用三年时间迅速恢复和扩大了玉门油田、陕西延长油田、新疆独山子油田和东北人造油厂的生产。

1953 年 5 月北京石油设计局成立，设计人员 200 多人，同期我国第一个专业科研机构抚顺石油研究所成立。1953 年 10 月，我国第一所石油高等院校北京石油学院成立。1958 年成立了北京石油科学研究院，建立了西安石油学院和四川石油学院，1961 年又建立了东北石油学院（后为大庆石油学院，现为东北石油大学），开始了我国石油领域内的科研和高级人才的培养工作。

1956 年开工、由苏联援建的兰州炼油厂于 1959 年正式投产，拥有包括 100 万 t/年炼油、化肥、合成橡胶等 16 套装置。

1959 年 9 月 26 日大庆油田正式产油，1963 年全国原油产量达到 648 万 t，同年 12 月周恩来总理宣布：中国需要的石油，现在已经可以基本自给了，中国人民使用洋油的时代即将一去不复返了。但当时国内的炼油工业跟不上形势发展的需要，日本人留下的大连石油化工厂规模很小，解放后进行了扩建，其能力也只有 50 万 t/年，技术落后，产品质量也差。为此，1961 年 2 月组织全国会战，成功地总结一套适合大庆石油炼制的工艺，并在全国推广。1962年大庆炼油厂开工建设,18个月后一期工程建成。由于我们缺乏设计能力,只能照搬由苏联引进的兰州炼油厂,因此处理量只有100万t/年。装置所用的压力容器几乎都是碳钢的,当设计温度超过碳钢允许温度时,则一律采用非金属衬里冷壁设计。高压厚壁容器采用多层包扎式,高压管道则用法兰将一截一截的高压钢管连接起来。1963年大庆炼油厂投产时,我们虽然在设计上采取了一些优化措施,用国产设备替代一些进口设备和落后设备,同时优化总图布置和装置设备的平面布置图等,但这些改进并不能解决当时炼油技术落后的问题,汽油辛烷值不能达标,汽油只能添加添加剂(四乙基铅),这就是众所周知的"含铅汽油"。因此,学习先进炼油技术是当时的重要课题。

1960年石油部派考察团去古巴考察,四周后在香山召开了全国性专家会议,提出了五项炼油技术攻关任务,即催化裂化、催化重整、延迟焦化、尿素脱蜡和新型常减压,后来把第五项"新型常减压"改成"炼油催化剂和添加剂技术",由此诞生了著名的"五朵金花"。会议提出的这五项技术都是当时中国炼油工业非常需要的关键技术:催化裂化是提高炼油厂轻质油收率和辛烷值的关键;催化重整是生产高辛烷值汽油和石油芳烃的关键;延迟焦化是因为大庆原油比较重,有大量的渣油需要深度加工;尿素脱蜡是生产低凝固点柴油的关键;第五项最初定的是古巴的常减压装置,因它比苏联的小很多,对炼油技术发展的影响比较小,而炼油催化剂、添加剂对我们更迫切和更重要,故做了修改。经过三年努力,到1965年"五朵金花"均开工运行成功。"五朵金花"使我国的炼油技术水平跟世界先进水平之间的差距缩短了一大截。1959年我国只有300多种石化产品,"五朵金花"投产成功以后,就增加到497种产品。

1963年虽然全国原油产量达到648万t,但因1960年7月苏联专家撤走,国家装备工业的发展遇到了很大困难。当时炼油设备国产化的主要任务仅在于消化和吸收苏联技术,逐步摆脱对苏联的技术依赖。经过两年的努力,到1965年底,全国炼油年加工能力达到1423万t,原油加工量突破了1000万t,汽油、煤油、柴油和润滑油等四大尖端产品产量达到617万t,石油产品的自给率达到100%,产品质量优良,合格率全部为100%。1965年不仅民用油品、军工油品、国防尖端油品完全自给,而且可以自己研究、自己设计、自己制造设备、自己施工安装建设炼油厂。但这时所需的压力容器几乎都由碳钢制造,低合金钢和不锈钢设备是极其罕见的。

20世纪70年代前后,国家在上海、克拉玛依、青海冷湖、兰州、大连、茂名、大庆、南京、淄博、北京、荆门、长岭等地建立炼油厂,使我国的大中型炼油厂数量达到十余个。1969年9月建成加工原油250万t/年的东方红炼油厂(现燕山石化),图1.3-1所示为1969年抚顺炼建工人在东方红炼油厂建设现场安装催化裂化装置的反应器、再生器和塔器。

20世纪70年代,我国炼油厂数量少,没有真

图1.3-1 东方红炼油厂建设现场

正意义上的石油化工厂,炼油厂的一般设备只能由国内少数化工机械厂制造,重大关键设备基本上依赖进口。1973年1月2日,国家计委提交《关于增加进口设备、扩大经济交流的请示报告》,规划在此后3~5年内引进43亿美元的成套设备,即"四三方案",其中包括金陵石化、扬子石化、茂名石化和金山石化四套加氢裂化装置。这次关键性的压力容器技术引进,为后续的中国石化加氢装置的加氢高压设备、加氢高压反应器国产化和工程建设奠定了基础。

1983年我国政府下发了国务院110号文《关于抓紧研制重大技术装备的决定》,要求用10年时间掌握对国民经济有重要影响的关键设备的设计制造技术,使我国今后的发展立足于自己的力量;提出要用适合我国情况的先进技术装备武装新建和扩建企业,决定在依靠自己技术的同时,积极引进国外先进技术,合作制造重点项目的技术装备,真正掌握核心技术。1983年110号文下达后,在国务院领导下,在国家各有关部门支持下,重大技术装备的研制工作有领导、有组织、有计划地进行。根据国内装备技术的实际情况,中国石化集团公司制定了"积极、稳妥、可靠、实事求是"的国产化方针。1983年成立重大技术装备国产化领导小组,并组建了重大装备国产化办公室。从1984年开始,组织科研、设计、制造、使用单位的专家陆续对炼油主要装置的关键设备国产化可行性进行调查研究,完成了包括加氢精制、加氢裂化、催化裂化、连续重整、缓和加氢裂化、非选择性叠合以及其他一部分石化装置的重大设备国产化可行性研究,并组织了专家论证,确定了一批重点研制项目,同时在机械部和中国石化集团共同组织下,对全国可以承担石化重大装备研制的制造企业进行了大规模调研,确定了一批有能力、技术基础较好的研制单位,以及优选一批科研设计单位开展前期技术攻关工作,依托石油石化重点基本建设和技术改造项目,采用自行开发和引进技术、合作设计、合作制造等方式,进行重大设备的攻关、研制。由于我国炼油生产工艺已基本成熟,对炼油设备比较熟悉,决定先从炼油设备国产化起步,这也是为了给乙烯装备国产化打下基础。

1985年11月,由中国石化总公司物资装备公司与机械部重大装备司协商,对镇海炼化公司80万t/年加氢裂化、80万t/年加氢精制以及洛阳、广州、武汉、石家庄石化厂40万~80万t/年加氢精制和催化重整7套装置中关键设备展开了国产化攻关研制,重点抓了催化裂化装置中的各种反应器、再生器,催化重整装置中的四合一反应器、立式换热器,加氢精制装置和加氢裂化装置中的加氢反应器、加氢分离器、加氢高压换热器、加氢空冷器等关键设备。其中加氢反应器技术代表了炼油设备技术的最高水平,被列为研制工作重点。

20世纪90年代起,随着炼油工艺技术的进步和以热壁加氢反应器为代表的炼油关键设备陆续实现国产化,我国的炼油工业有了飞速的发展,业已建成了众多的炼油厂,原油加工量位居世界前列。

(本节由中国石化建设工程公司张迎恺撰写,优恩沧审校)

3.2 高压加氢反应器技术攻关和发展历史

3.2.1 概述

炼油厂的加氢装置是采用加氢工艺技术改善油品质量、使重质油变成轻质油以及使煤变成油的工艺设施,可大致分为:

(1)加氢精制　主要是去除油品中的硫、氮等杂质,提高产品质量,如柴油、汽油、煤油精制装置。

(2)加氢裂化　主要是重馏分油轻质化,也是长链烃类裂解为短链烃类,增加轻质油收率,如蜡油加氢裂化装置。

(3)加氢处理　主要是脱除渣油中的硫、氮等杂质,为其他装置提供原料,其中也有裂解过程,如渣油加氢脱硫装置。

(4)煤液化　通过对碳加氢使煤变成油,是一种用煤代油的途径,如煤直接液化装置。

加氢反应器是以上各类加氢装置的核心设备,其内部装有内构件和催化剂,全部的加氢反应过程均在该设备中完成,通常在高温、高压和临氢环境下服役。典型的加氢裂化反应器设计温度为454℃,设计压力为15～19MPa;典型的煤液化反应器设计温度为482℃,设计压力为20MPa以上。因此,对反应器用材和设计、制造技术都提出了很高的要求,相应的造价也很昂贵。加氢反应器的设计、制造能力和核电压力容器一样,是体现一个国家机械工业技术水平的重要标志之一。加氢反应器在典型加氢装置流程中的位置见图1.3-2。

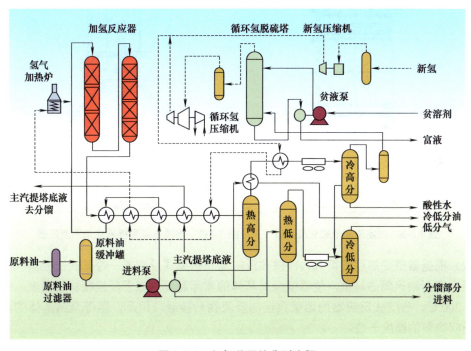

图1.3-2　加氢装置的典型流程

加氢反应器分类方法一般有三种:

(1)根据反应物流动状态可分为固定床反应器和沸腾床(悬浮床)反应器　固定床反应器,其反应所需催化剂被固定在反应器内部的床层上,反应物流自上而下或自下而上通过床层进行接触和反应;而沸腾床(悬浮床)反应器,反应所需催化剂在反应器内部处于沸腾状态或悬浮状态,在运动中与反应物流进行接触和反应。目前,石油产品加氢装置中普遍采用固定床反应器，沸腾床加氢反应器已研制多年，即将在工业化的加氢裂化装置中得到应用。煤直接液化装置采用内循环沸腾床反应器，煤浆、氢气和催化剂在运动状态下均匀接触，完成煤液化反应。一个典型的固定床加氢裂化反应器主要结构如图 1.3-3 所示，一个典型的沸腾床煤直接液化反应器主要结构如图 1.3-4 所示。

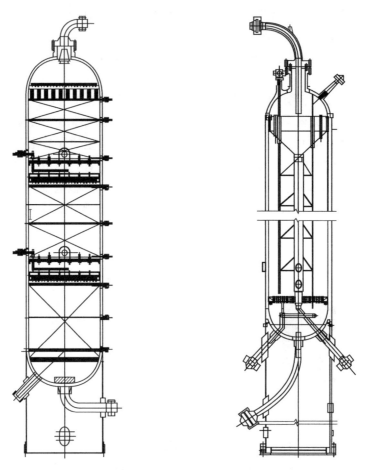

图 1.3-3　固定床加氢裂化反应器　　图 1.3-4　沸腾床煤直接液化加氢反应器

（2）根据器壁受热程度可分为冷壁式反应器和热壁式反应器　冷壁式反应器一般通过反应器内表面砌筑隔热衬里，使器壁金属基体的实际温度远低于反应物料的温度，一般为 100～200℃。热壁式反应器的器壁直接与反应物料接触，因此，器壁金属基体的温度几乎与反应物料的温度一致。

（3）根据反应器的主体材料结构类型可分为单层结构反应器和多层结构反应器　20 世纪 60～70 年代，由于受技术和装备能力限制，单层厚壁材料性能难以满足要求，采用过套合冷壁结构反应器。随着锻件材料和厚钢板的技术进步，20 世纪 80 年代以后的反应器均采用单层热壁结构。从壳体制作方法上可分为板焊式反应器和锻焊式反应器。板焊式反应器的筒节是由钢板卷成圆筒形焊接纵向焊缝形成，然后各筒节再组焊在一起；锻焊式反应器筒节是由锻件直接锻造形成，没有纵向焊缝。前者一般适用于规格较小、重量较轻的反应器，后者一般适用于规格较大、重量较大的反应器。

我国加氢反应器技术发展分为四个阶段。第一阶段：20世纪80年代以前，以冷壁加氢反应器为代表，是反应器发展初期，反应器均采用内表面衬非金属隔热衬里的冷壁结构；第二阶段：从20世纪80年代初到20世纪90年代末，是2.25Cr-1Mo材料热壁加氢反应器的技术开发及成熟期，以首台自行设计和制造的锻焊热壁加氢反应器为标志，随后加氢反应器实现国产化，替代进口并快速大型化；第三阶段：20世纪90年代初到2010年左右，是加钒铬钼钢材料加氢反应器的技术开发和成熟期，以3Cr-1Mo-1/4V、2.25Cr-1Mo-1/4V为代表的首台国产化加钒钢锻焊热壁反应器研制成功，特别是2.25Cr-1Mo-1/4V锻焊热壁反应器的发展和推广应用保持与国际水平同步，大大提升了我国加氢反应器制造业在国内外的竞争力；第四阶段：2010年至今，是超大直径、超大壁厚加氢反应器的技术开发和应用期，为反应器进一步大型化打下了基础，提供了保障。

3.2.2 第一阶段——冷壁加氢反应器的技术发展

1960年之前，国内没有自行设计和建造过加氢装置，只有日本在1945年投降前遗留下来的抚顺石油三厂一套加氢裂化装置。该装置于1937年建成，1939年投产，其中加氢反应器有两种规格，即$\phi1270$mm（外径）×136mm（厚）×10520mm（高）和$\phi1330$mm（外径）×190mm（厚）×15750mm（高），皆为锻焊式冷壁结构，材质为35CrNi2MoA，顶部和底部均采用伍德式密封，反应器均放置在防爆墙内。1960—1970年，石油工业部组织国内相关单位，包括抚顺石油设计院、北京石油设计院、北京钢铁研究总院、抚顺石油研究院、抚顺石油三厂、大庆炼油厂和兰州石油化工机器厂等单位联合攻关，于1966年建成了我国第一套加氢裂化装置，处理量为65万t/年。其中两台反应器是用当时欧洲某国库存的旧反应器改造而成。其直径为1800mm，材质为20CrMo9（德国钢号），采用锻焊式冷壁结构。

首套加氢裂化装置中新制的加氢反应器于1965年开始制造，该反应器为原石油工业部抚顺设计院和北京设计院共同设计，采用了单层卷焊式的冷壁衬里结构。对反应器内件结构型式的确定，经冷模试验和半工业性试验，开始采用螺旋喷嘴型分配器方案，后又改进为盘式溢流型分配器，还为方便卸下催化剂设计了斜式塔板结构。主体材料由鞍山钢铁厂负责研制，制造部分由机械部机械科学研究院、哈尔滨焊接研究所、一机部通用机械研究所与兰州石油化工机器厂共同研发，全部采用国产焊材及相应的焊接工艺技术。研制过程中，对主体材料的冶炼、轧制、热处理等进行了技术攻关，制造过程中突破了一系列难题，并对内部隔热衬里结构、隔热材料及配比进行了相关试验。首台冷壁加氢反应器于1966年成功制造完成，反应器主体材料是由鞍钢研制的20Cr3NiMoA（相当于德国钢号20CrMo9），内径1800mm，壁厚90mm，总长18000mm，总重160t。在冷壁反应器发展阶段，也设计、制造了另外一些板焊冷壁反应器，材质为德国的20CrMo9及日本的2.25Cr-1Mo，如燕山炼油厂的润滑油加氢反应器、荆门炼油厂的汽煤柴加氢反应器，以及阿尔巴尼亚的两台加氢精制反应器。

本阶段冷壁加氢反应器壳体以单层结构为主。1976年，由兰州石油化工机器厂为中国石油化工总公司抚顺石油三厂制造了一台双层板焊套合结构的冷壁加氢反应器（见图1.3-5）。反应器内径为2100mm，壁厚为160mm，长度为27000mm，重量为240t。经各项技术检验，包括31MPa水压试验和应变测定，并经原甘肃省机械厅组织鉴定，质量合格后投入使用。

图 1.3-5　套合结构冷壁加氢反应器（抚顺石油三厂）

3.2.3　第二阶段——2.25Cr-1Mo 材料热壁加氢反应器技术开发

3.2.3.1　锻焊热壁加氢反应器技术开发

1982 年，抚顺石油三厂需要制造一台加氢反应器，设计单位为石油工业部第二炼油设计研究院，考虑到热壁加氢反应器的技术尚在研究初期，一方面为推动热壁加氢反应器技术研究和试验，另一方面考虑到保证反应器的安全使用，设计院提出了按热壁设计、热壁制造的设计方案，主体材料采用 2.25Cr-1Mo 锻件材料替代原先冷壁方案的 18MnMoNb 材料，内壁仍然设隔热衬里，部分衬里容易破坏的部位如法兰顶盖、锥形过渡段等采用了局部双层堆焊的技术方案，这是国内第一台不锈钢带极堆焊的反应器。该反应器内径为 1800mm，由兰州石油化工机器厂制造，原北京金属结构厂采用电炉炼钢技术提供主体材料锻件。1983 年，这台采用国产 2.25Cr-1Mo 材料试制的锻焊结构加氢反应器出厂（见图 1.3-6），随后在抚顺石油三厂成功投入使用，并取得了良好效果，它为真正意义上的锻焊热壁加氢反应器的技术发展积累了宝贵经验。

图 1.3-6　2.25Cr-1Mo 材料试制的锻焊结构加氢反应器（抚顺石油三厂）

1983 年 1 月，由石油部设计规划院和机械部石化通用局正式组织成立了热壁加氢反应器联合攻关组，联合攻关组由中国石油化工总公司洛阳石油化工工程公司、第一重型机器厂、北京钢铁研究总院、中国石化总公司抚顺石油三厂和合肥通用机械研究所等单位组成。1983 年，中共中央、国务院发出通知，成立中国石油化工总公司，后中国石化总公司成立发展部,发展部和国产化办公室在热壁加氢反应器研制过程中的领导决策和对研制工作的支持等方面发挥了关键作用。

国产锻焊热壁加氢反应器攻关经历了从"实验室试验"到"工业性放大研制"和"筒体组合件(鉴证件)工业性试制攻关",最终完成首台"热壁加氢反应器研制"的过程。攻关组对引进的国外先进技术进行了深入研究,将国外在该技术发展和应用过程中的成功经验、出现的问题与对策作为借鉴,在研制中坚持科学态度,确保万无一失。从20世纪80年代初就开始了包括设计技术、主体材料冶炼技术、产品制造工艺技术和安全使用技术等主要内容的研究工作。特别是对于制造技术,首先进行实验室试验,进而开展工业性放大研制(含焊接材料),制作了外径为ϕ1.65m、长约2m、壁厚与实际产品相当、重约28t的筒体模拟环进行工业性试制攻关,在不到两年的时间内取得了3万多个数据,突破了2.25Cr-1Mo钢的冶炼、铸锭、锻造、热处理及各种焊接工艺和配套焊材(包括不锈钢焊接材料与配套焊剂)等主要技术难关。1984年9月,由冶金部、机械部和中国石化总公司有关主管局(部)联合召开专家评定会,对研制结果进行评定,一致认为"主要技术关键已突破,各项性能已达到或接近茂名石油公司由日本引进的反应器水平,可以应用攻关组的研制成果设计和试制石油三厂的热壁加氢反应器"。1989年3月,经过联合攻关组和相关参与人员的不懈努力,依靠集体智慧,充分发挥了研究、设计、制造和使用单位各自特长与优势,终于自行研究、设计、制造出了我国首台锻焊热壁加氢反应器(见图1.3-7和图1.3-8)。该反应器由洛阳石油化工工程公司设计,第一重型机器厂制造,在抚顺石油三厂成功投用并通过了专家鉴定。反应器主要技术参数:内径为1800mm,切线长度为22000mm,设计压力为20.6MPa,设计温度为450℃,壳体材料为2.25Cr-1Mo+TP347堆焊层(最小厚度3mm),筒体厚度为150mm,重量为220t。设计规范除执行国内有关标准外,还参照了ASME标准规范。该反应器自1989年投产至今一直在安全运行(见图1.3-9)。

图1.3-7 首台锻焊热壁加氢反应器制造工作会议人员合影

首台锻焊热壁加氢反应器的诞生,结束了锻焊热壁反应器依赖进口的局面,在我国压力容器发展史上树立了重要的里程碑。1990年10月23—25日,中国石化总公司在北京召开"锻焊结构高压热壁加氢反应器技术鉴定会",鉴定委员会由十五位国内专家组成,经过认真的评审、鉴定,鉴定委员会给予了高度的评价:"在此项技术开发过程中,进行了大量的科学试验工作,具有可靠的技术基础。通过各种检验、试验、测试数据和工业应用考核表明，设计方法先进可靠，制造工艺先进可行，锻件、研制焊材的性能优良及整个反应器质量优良。该反应器在技术上达到国外 80 年代中期的同类产品先进水平，填补了我国一项技术空白，标志着我国压力容器设计、制造技术上了一个台阶。可以实现高压锻焊热壁加氢反应器的国产化。"

图 1.3-8　首台锻焊热壁加氢反应器等待出厂

首台锻焊热壁加氢反应器的主要技术特点：

（1）采用"以应力分析为基础"的设计方法，提高设计的准确性和使用可靠性　研制组开发多项应力分析程序，采用有限单元法对反应器中可能出现高应力区的相关部位，按内压和内压与温差联合作用进行应力分析计算与应力评定，并满足有关规范要求，从设计方面保证了设备的安全使用。

（2）采用合理的设计结构　主要包括：法兰密封采用了梯形槽八角垫结构，梯形槽拐角处采用圆滑过渡等保证密封性能以及减小槽底拐角处的应力集中；内部催化剂支承环充分利用了锻造筒节的加工裕量；采用了整体锻环式裙座结构，锻环与裙座部分为对接焊缝连接，既保证了焊接质量，也有利于焊缝的无损检测及改善受力状况。

（3）采用先进的工艺技术和合理的冶炼工艺，使主体锻件材料获得纯洁、致密、均匀的品质和优异的性能　主要包括：结合我国当时尚未完全采用电炉冶炼的实际情况，成功地采用了碱性平炉和电炉冶炼，再在钢包炉中精炼（VCD），并通过真空浇注——即所谓双真空技术，冶炼出高纯度的 2.25Cr-1Mo 钢，其中产品 P 含量为 0.004%～0.011%，S 含量为

图 1.3-9　首台锻焊热壁加氢反应器
（抚顺石油三厂）

0.005%～0.014%，为保证锻件质量打下了牢固的基础；采用大变形度的强化锻造，充分利用高温下锻造时热扩散与机械扩散的叠加作用效应及严格控制总锻比和锻造变形度等多次控温加热和控温锻造的专项技术，使锻件获得了良好的致密性和均质性，并提高了材料抵抗回火脆性的能力，实际产品冲击吸收能量 KV（+10℃）为220～291J，筒节锻件J系数平均值为71.3，主体锻件材料的主要技术指标已接近或达到当时引进的日本反应器锻件材料的技术水平。

(4) 采用或开发先进焊接装备，探索多种焊接新工艺，保证和提高了焊接质量 主要有：成功研制和采用了与2.25Cr-1Mo钢配套的超低氢焊条、高纯度焊丝、脱渣性能好的高碱度烧结焊剂和适应单层堆焊的TP.347L焊带等；采用先进的自动焊机进行窄间隙焊接，提高焊接效率和质量；应用现代控制与焊接技术，成功研制深坡口接管自动埋弧焊机，实现接管与壳体连接的自动焊，提高了焊接效率和质量；采用了难度很大的TP.347L单层堆焊工艺，还研制出带极堆焊用自动移距装置及改进其磁场控制等，以保证稳定的堆焊质量，满足了设计要求，使堆焊层显现出较强的抗剥离性能。对研制的单层堆焊材料与日本双层材料（大电流高速焊接堆焊）的抗剥离试验结果表明，研制的单层347堆焊层与日本引进材料的堆焊层抗剥离性能相当。在锻焊热壁加氢反应器制造技术发展过程中，在完全自主开发的同时，作为另一途径，也通过"反承包"的方式学习了国外先进技术。前期研制成果取得的宝贵经验，使得第一重型机器厂在1986年通过了日本制钢所的考察，承接了中国石化总公司齐鲁石化公司胜利炼油厂重油加氢工程项目的反应器反承包制造任务，该项目由中国石化工程建设公司进行工程设计，共6台反应器，其中一台反包，反承包反应器制造质量完全由外商负责，外方安排第一重型机器厂的焊接、热处理等相关人员到外方厂内进行技术培训，并且在制造过程中，外方派来技术人员进行现场指导。经过双方的密切协作，于1988年按合同要求完成了反应器的制造，该反应器为2.25Cr-1Mo钢锻焊结构，内壁双层堆焊，内径3505mm，筒体壁厚231mm，反应器切线长度为4115mm，单重182t（见图1.3-10）。"反承包"方式使我们学习了先进的制造技术和经验，也有助于解决在自主开发过程中遇到的一些技术难点。

图1.3-10 "反承包"方式制造的锻焊热壁加氢反应器（胜利炼油厂）

在首台锻焊热壁加氢反应器取得成功经验的基础上，1990年，中国第一重型机械集团公司为镇海石化总厂成功生产了总重量为 386t 的加氢裂化反应器。该反应器内径为 3000mm，壁厚为 200mm，内壁堆焊 TP309L+TP347 双层不锈钢堆焊层，设计单位为洛阳石油化工工程公司。在制造中成功应用了真空精炼、真空碳脱氧铸锭、筒节收口锻造、毛坯热处理调质、筒体环缝窄间隙埋弧自动焊、接管焊缝自动焊、筒体高速带极堆焊等多项攻关成果，反应器整体水平达到了国际同类产品同期先进水平。

该反应器的主要技术特点包括：研制成功可焊接坡口深度达 300mm 的窄间隙焊的接管深坡口自动焊机。接管自动焊机可焊接直径 150～1500mm 的接管焊缝，返修率低，几乎无返修；堆焊层采用宽带极不锈钢大电流高速堆焊技术，实现堆焊的全自动化；采用了筒体锻造收口技术及提高筒体锻造精度的技术，减小了加工余量。

1995 年，中国第一重型机械集团公司制造、洛阳石油化工工程公司设计的近 400t 级锻焊热壁加氢反应器（见图 1.3-11）荣获国家科学技术进步奖一等奖。

图 1.3-11　400t 级锻焊热壁加氢反应器（镇海石化总厂）

国产 2.25Cr-1Mo 锻焊热壁加氢反应器技术研发成功后，在镇海石化公司、吉化公司、辽阳石化公司的加氢装置中先后得到推广应用，并且随着加氢装置的大型化，反应器规格也越来越大。在此阶段大型化代表性的产品是齐鲁石化公司 140 万 t/年加氢裂化装置中的加氢精制反应器。其规格为内径 3800mm，切线长度 26691mm，单台重近 1000t（见图 1.3-12），壳体材料为普通 2.25Cr-1Mo 锻钢，设计采用 JB 4732—1995《钢制压力容器——分析设计标准》。该反应器由中国石化北京设计院设计，由一重公司制造和运输，并于 2001 年投入使用，达到了设计和使用要求。"千吨级加氢反应器"项目获得 2003 年度中国石化总公司科技进步三等奖。

图 1.3-12　千吨级锻焊热壁加氢反应器（齐鲁石化公司）

3.2.3.2 板焊热壁加氢反应器技术开发

板焊式加氢反应器相对于锻焊式加氢反应器而言,增加了壳体纵缝,但钢材利用率高,机械加工量少,价格比同类锻件便宜,制造周期短,反应器制造总价低。20世纪90年代以前,板焊式反应器壳体均采用进口钢板,壁厚较小,因而板焊式反应器较锻焊式反应器技术开发难度小,开发进展相对较快。20世纪80年代初,由北京石油设计院、兰州石油化工机器厂、燕山石化东方红炼油厂、荆门炼油厂组成攻关课题组,克服了结构设计和材料选择的难题,开发了反应器内部耐蚀层所用的堆焊焊带和焊剂,同时掌握了大面积堆焊技术,1981—1982年相继完成了两台板焊热壁加氢反应器的设计与制造。其中一台用于燕山石化东方红炼油厂润滑油加氢装置上,其内径为1600mm;另一台用于荆门炼油厂蜡油加氢装置上,内径为1400mm。这两台设备设计条件均属于中温、中压,壳体材料皆为2.25Cr-1Mo钢板,厚度约为70～80mm。按现在的眼光看,这两台设备无论是规格还是操作条件的苛刻性都是比较低的,但在当时却有很大的意义,其研制成功填补了国内在热壁加氢反应器不同壳体结构建造上的空白。在此基础之上,国内自行设计和制造了多台较大型的板焊热壁反应器,结束了板焊热壁加氢反应器完全依赖进口的局面,同时也为国内研制大型热壁加氢反应器提供了借鉴,增强了自信心。

1986年5月,兰州石油化工机器厂为长岭炼油厂制造的大型板焊热壁加氢反应器出厂(见图1.3-13)。该反应器由中国石化总公司北京设计院设计,技术规格为内径2100mm,壁厚90mm,高度14m,重量82t,内壁带6mm不锈钢堆焊层。该反应器采用了窄间隙环缝自动焊等新制造工艺,1988年2月,通过甘肃省机械厅组织的鉴定,认为这台加氢反应器在设计、材料和制造工艺某些方面达到了20世纪80年代国外先进水平,并通过了国家"七五"重大专项鉴定。该反应器的成功制造和应用表明我国已初具设计、制造大型板焊热壁加氢反应器的能力。

图 1.3-13 板焊热壁加氢反应器(长岭炼油厂)

1990年,兰州石油化工机器厂承担了广州石化总厂的反应器制造任务,该反应器技术规格为内径2600mm,壁厚110mm,高度20m,重量139.6t,内壁带6mm不锈钢堆焊层。在研制中,对板焊式反应器的制造工艺进行了重大改进,把筒体的热卷工艺改为冷卷工艺,这也是我国首次对大型压力容器筒体采用冷卷工艺。1991年7月,该反应器通过了机电部和甘肃省机械工业总公司的科学技术成果鉴定并获得国家级新产品证书。专家鉴定认为该反应器完成并达到了"七五"重大技术装备科技攻关内容和目标,产品总体上达到了20世纪80年代的国外同类产品水平,可替代进口。

1991年,为推动2.25Cr-1Mo钢板的国产化,中国石化总公司发展部和冶金部科技司联合立项"国产2.25Cr-1Mo钢板焊结构临氢重整反应器的研制"科技开发项目,舞阳钢铁有限责任公司按项目要求成功研制出了用于制造临氢设备用的2.25Cr-1Mo中厚钢板,1997年通过成果鉴定,在临氢设备上逐步推广使用。2006年,中国石化集团公司组织河北钢铁集团舞阳钢铁有限责任公司、中石化洛阳石油化工工程公司、中国石化工程建设公司、兰州兰石机械设备有限责任公司、中石化洛阳分公司等展开"加氢设备钢板"课题研究,开始试制137mm厚的板焊结构用抗氢12Cr2Mo1R(H)钢板。课题组通过对国外同类抗氢钢板的分析研究,制订了抗氢12Cr2Mo1R(H)钢板试制的工艺技术方案。首批137mm厚度的12Cr2Mo1R(H)钢板于2006年6月完成试制,钢板质量评定试验合格。2006年10月,该课题通过了中国石化集团公司重大装备国产化办公室组织召开的国产137mm厚12Cr2Mo1R(H)钢板评审验收。评审结论指出:研制钢板达到的技术指标与质量状况表明,我国已具备了批量生产相近厚度的高温高压加氢设备用12Cr2Mo1R(H)钢板的能力。137mm厚12Cr2Mo1R(H)钢板的研制成功,满足了我国板焊式加氢反应器用材需求,降低了国内石化企业设备采购成本,缩短了材料采购周期,部分替代了国外进口,填补了加氢反应器用国产化钢板的空白,国产化的材料性能达到了国际先进水平。目前,以舞钢公司为代表的加氢厚钢板的研制取得了进一步的发展和提高。目前12Cr2Mo1R钢板实物的主要性能为:化学成分经实际产品分析$P \leqslant 0.005\%$,$S \leqslant 0.002\%$,$P+Sn \leqslant 0.008\%$;钢板回火脆性J系数$\leqslant 49$(平均值45.6),X系数$\leqslant 7.9 \times 10^{-6}$(平均值$7.5 \times 10^{-6}$)。2015年材料为12Cr2Mo1R(H)、规格为174mm×2020mm×17700mm、单重为49.285t的钢板,由舞钢公司供货,用于镇海炼化300万t/年柴油加氢精制反应器,为板焊式加氢反应器所应用的最大单重国产钢板。

2008年,由兰州兰石重型装备股份有限公司为中石化洛阳分公司制造了当时国内最大壁厚、最大直径的板焊式反应器(见图1.3-14)。该反应器由中国石化集团洛阳石油化工工程公司设计,规格为$\phi 4000mm \times 183mm \times 27010mm$,设备重量648t。设备主体材料选用2.25Cr-1Mo进口板材,由德国迪林根钢厂提供,筒体厚度为183mm。反应器由于受运输条件限制,采用现场组焊的方式制造。该大直径、大厚度板焊式加氢反应器的制造,主要困难在于壳体筒节成形、现场组焊制造及检验难度大等方面。反应器分段在兰石厂内制造,然后分段运到现场,再进行现场组装,现场总装焊缝焊接完成之后,使用兰石厂燃油卡式热处理炉对现场组焊焊缝进行最终消除应力热处理。该反应器现场焊缝的无损检测方法采用由兰石厂与合肥通用机械研究院合作实施的超声波衍射时差法(TOFD)检测技术。反应器研制主要克服的

图1.3-14 183mm厚板焊热壁加氢反应器
(中石化洛阳分公司)

技术难点包括：针对 2.25Cr-1Mo 钢板强度高、板材厚、成形困难的特点，制订专门的卷板工艺，制作了特殊工装；对大直径厚壁封头，采用了两次或三次冲压成形的工艺等。该反应器的研制成功，为大厚度板焊结构加氢反应器的推广应用起到了良好的示范作用。

2012 年，国内最重（重量 1100t）的板焊式反应器（催化剂支撑格栅处筒节为锻件）出厂，反应器内径 4100mm，壁厚 190mm，是目前国内最大重量的板焊式反应器。该反应器工程设计方为中国石油工程建设公司华东设计分公司，由抚顺机械设备制造有限公司和大连万阳重工有限公司联合设计、制造，用户为中石油广西石化分公司。

3.2.4 第三阶段——加钒铬钼钢加氢反应器的开发

自 20 世纪 60 年代开始，国外的临氢压力容器，特别是高压加氢反应器广泛地采用 2.25Cr-1Mo 钢进行制造，但在大量、长期使用过程中，逐步暴露出一些缺点。如长期在 371～575℃下操作会产生回火脆化倾向，其内表面上的防腐不锈钢堆焊层也会出现氢致剥离等问题。尽管人们不断地进行研究，从冶金技术入手，提高钢材的纯洁性和均质性等，材料的各项性能也确实有了很大改善，但在某些方面仍不能满足石化工业日益发展，特别是设备大型化对更高强度钢材的需要。为此，国外一些机构在原有多年使用经验的 2.25Cr-1Mo 钢基础上开发了改进型 Cr-Mo 钢，其中包括 3Cr-1Mo-0.25V-Ti-B 钢和 2.25Cr-1Mo-0.25V 钢。两种改进型的 Cr-Mo 钢与传统的 2.25Cr-1Mo 钢相比具有以下优点：

1）强度高：450℃下强度约比普通 2.25Cr-1Mo 钢高 10%，相同设计条件下，反应器重量可减轻 8%～10%。

2）抗氢性能大幅度提高：试验证明 2.25Cr-1Mo-0.25V 钢抗氢性能比普通 2.25Cr-1Mo 钢提高了约 50℃。

3）抗氢脆性能好：在钢中氢含量相近、室温抗拉强度相近的条件下，3Cr-1Mo-0.25V-Ti-B 钢的应力强度因子门槛值比一般 2.25Cr-1Mo 钢高得多，差不多是后者的 2 倍。

4）抗回火脆化能力显著改善："步冷"试验前后转变温度增量很小，无明显脆化倾向。

5）抗奥氏体不锈钢堆焊层氢致界面剥离性能优越，减缓或避免了氢致堆焊层剥离。

由于具有以上优点，改进型的铬钼钢材很快得到了广泛的应用。为了跟上世界在加氢用材方面发展的步伐，1994 年加钒铬钼钢应用项目正式列入了国家重大装备开发计划。在中国石化总公司国产化办公室领导下，由中国第一重型机械集团公司、中国石化工程建设公司、中国石化洛阳石化工程公司、抚顺石油三厂、克拉玛依石化厂等单位成立了攻关课题组，着手研发 3Cr-1Mo-0.25V-Ti-B、2.25Cr-1Mo-0.25V 钢材和用这些钢材制成的特大型加氢反应器。

3.2.4.1 3Cr-1Mo-0.25V 钢锻焊热壁加氢反应器开发

1991 年 5 月 21 日，国家经贸委以专题合同编号 99-315-04-01 下达了"3Cr-1Mo-0.25V 加氢反应器研制"的国家"九五"重点科技项目（攻关）计划，正式启动了我国首台 3Cr-1Mo-0.25V 钢加氢反应器的研制工作。

1995—1996 年，攻关组用两年多的时间研制了一个用 90t 钢锭锻制的内径 1800mm、壁厚 340mm、重量 42t 的 3Cr-1Mo-0.25V 筒体锻件作为模拟试验环。1998 年 7 月 12 日，由攻关组五家单位联合研制的"3Cr-1Mo-0.25V 材料开发及模拟环试验"项目通过国家技术鉴定。

1999年10月，一重公司为中石油克拉玛依石化厂生产的3Cr-1Mo-0.25V钢锻焊热壁加氢反应器出厂，反应器规格为ϕ2600mm×167mm×23016mm。首台3Cr-1Mo-0.25V锻焊热壁加氢反应器的主体锻件材料主要性能指标如下：实际产品分析P$\leq$0.005%，S$\leq$0.005%；最大焊后模拟热处理冲击吸收能量KV（三个试样平均值）$\geq$160J，最小焊后模拟热处理冲击吸收能量KV（三个试样平均值）$\geq$150J；实际产品筒节锻件J系数$\leq$88（平均值53.3），X系数$\leq$11×10^{-6}（平均值7.6×10^{-6}）。该课题获得了2002年度中国石化总公司科技进步三等奖。此后该钢材得到了推广使用，共设计制造了7台加氢反应器，投产后一直安全运行。

3.2.4.2　2.25Cr-1Mo-0.25V锻焊热壁加氢反应器开发

1999年初，由中国石油化工集团公司组织中国第一重型机械集团公司、中国石化集团洛阳石油化工工程公司、中国石化集团工程建设公司、中国石化集团镇海炼化分公司、中国石油抚顺石化设备检测监理研究中心等单位成立了联合攻关组，对"2.25 Cr-1Mo-0.25V材料开发及加氢反应器研制"课题进行攻关。

该攻关项目进行了两年的材料研发，进行了材料的热工艺性试验、焊接试验和工业性中间试验，按完全模拟实际产品的制造工艺研制了一个模拟环，模拟环的规格为内径1260mm，壁厚270mm，长度1500mm。将模拟环锻件母材和筒体环焊缝解剖，对其化学成分、物理性能、室温和高温力学性能、金相组织、晶粒度、非金属夹杂物、回火脆化特性和氢损伤（含堆焊层剥离）行为等进行了一系列的试验和测试。2000年10月18日，完成了"2.25Cr-1Mo-0.25V材料开发及模拟环试验"攻关课题，并通过了中石化集团公司组织的鉴定。该项攻关成果表明，一重公司可以采用2.25Cr-1Mo-0.25V钢制造锻焊热壁加氢反应器进行工业考核。

2000年12月，一重公司与镇海炼化签订首台2.25Cr-1Mo-0.25V钢热壁加氢反应器制造合同，由洛阳石化工程公司设计。该反应器主要设计参数为：设计压力11.68MPa，设计温度450℃，内径4000mm，切线长度23300mm，筒体厚度150mm，内壁设TP.309L+TP.347堆焊层，重量526t。产品焊接之前，根据反应器结构设计要求进行了完全能够覆盖所有焊接部位需要的22项焊接工艺评定。整个制造过程均严格执行各项工艺规程，且凭借着一重公司技术人员和工人多年来在反应器制造中积累的丰富经验，在攻关组的指导和共同努力下，使产品质量得到可靠保证，技术指标全部达到设计技术条件要求，特别是产品锻件的纯洁性和锻件母材与焊缝的综合力学性能比模拟环又有所提高。

2002年3月28日，我国首台2.25Cr-1Mo-0.25V锻焊热壁加氢反应器（见图1.3-15）在一重公司大连加氢反应器制造有限公司水压试验一次成功，经监造组和安全技术监察部门的检查，认定合格。同日，在大连召开了该项产品评定会，国家经贸委、中国机械工业联合会、中国石化集团公司及镇海炼化分公司有关领导和专家出席会议。该项目主要技术创新点包括：

1) 攻克了材料冶炼成分范围控制难关，冶炼成分控制范围窄、控制精度高，杂质元素工艺控制要求更严格，实际产品数据P$\leq$0.005%，S$\leq$0.003%，V=0.26%～0.30%。

2) 实现了大锻件的淬透性和力学性能的均质性，材料热处理的淬火和初始回火温度范围窄、控制精度高；筒节锻件冲击性能实际产品数据：最大焊后模拟热处理和最小焊后模拟热处理条件下，冲击吸收能量 KV（-18℃，三个试样平均值）均达到 200J 左右；锻件回火脆性控制值 J 系数≤62（平均值 49.7），X 系数≤$8.4×10^{-6}$（平均值 $7.3×10^{-6}$）。

3）攻克了材料加工技术难关。

4）攻克了焊接技术难关。

2009 年 12 月，"2.25Cr-1Mo-0.25V 材料开发及加氢反应器研制"获得中国机械工业联合会、中国机械工程学会颁发的科技进步一等奖；2010 年获得国家科技进步二等奖。

2004—2006 年中国石化工程建设公司和中国第一重型机械集团公司为神华集团设计和制造了两台煤直接液化反应器（见图 1.3-16）这两台反应器的操作条件和设计条件都比一般炼油厂的油品加氢反应器更加苛刻：设计温度为 482℃，设计压力为 20.36MPa，最低设计金属温度为 -29℃，水压试验压力（卧）为 32.23MPa。煤液化反应器研制难度高于一般油

图 1.3-15　首台 2.25Cr-1Mo-0.25V 锻焊热壁加氢反应器（镇海炼化分公司）

品加氢裂化反应器，该加氢反应器规格为：ϕ4800mm（内径）×334mm（壁厚）×62500mm（高）。考虑介质腐蚀和磨损，内部有 7.5mm 厚的不锈钢堆焊层，单体设计金属总重约 2100t。设计按 JB 4732—1995《钢制压力容器——分析设计标准》，并参考了 ASME、API 的相关规范或标准。这两台设备是当时世界上长度最大、重量最大的加氢反应器，其壳体所用锻钢的纯净度、均质性和综合力学性能都达到了世界先进水平，它们的制造完成是我国压力容器设计制造能力和技术发展的一个新里程碑。

反应器大型化的同时，也促进了无损检测标准和技术的发展。反应器设计完成时间为 2003 年，采用的超声检测标准为 JB 4730—1994《压力容器无损检测》，当时的检测母材厚度范围为 8～300mm，而该反应器厚度达到 334mm，为此一重向国家安全技术监察局提出申请报告，得到回复批文，同意将标准使用范围扩大到 400mm 内，并在 JB/T 4730—2005 中将对接焊接接头超声检测的使用范围扩大为 6～400mm。

受运输条件限制，该反应器绝大部分壳体环焊缝的焊接需要在现场进行。在现场进行 RT 检测，受设备、现场条件及安全等多方面的局限。当时，TOFD 检测技术的应用在国外日趋成熟，并初步推广使用 TOFD 代替 RT，但在国内尚处于探索阶段。为了解决该反应器在现场组焊后的检测难题，2004 年一重起草了 TOFD 企业标准并通过全国压力容器标准化技术委员会的审查和备案，2005 年将 TOFD 技术应用于该反应器的现场组焊焊缝的检测，实现了 TOFD 技术代替 RT 技术的初步应用。近年来，TOFD 技术的应用得到了快速发展，已经逐步在大型压力容器制造过程中采用 TOFD 技术代替 RT 检测。

图 1.3-16　神华煤直接液化项目 2044t 反应器

2000t 反应器的整体吊装也是一道很大的难题，号称"神州第一吊"。虽然当时我国已有成功吊装"千吨级"加氢反应器的业绩，但还没有吊起单台重 2000t、高度近 70m 这一庞然大物的装备和经验。为了起吊这两台反应器，业主曾邀请许多家国内外知名吊装公司进行技术交流，提出多个吊装方案，最后选中了荷兰的 MAMMOET 公司，采用旋转式起重机和机械化控制方案，实现了平稳、渐进地起吊。经测量，安装后设备垂直度和内部分布板的水平度都达到了设计要求。

3.2.4.3　2.25Cr-1Mo-0.25V 板焊热壁加氢反应器开发

虽然传统的 2.25Cr-1Mo 钢板材料能满足大部分板焊热壁加氢反应器用钢的要求，但近几年随着装置的操作条件更加苛刻以及超大型化（如加氢精制装置规模由过去的 100 万 t/年处理量提升到 400 万 t/年），使得板焊热壁加氢反应器壁厚大幅度增加，促进了炼油行业对加钒材料大型板焊式反应器的需求。比较具有代表性的产品包括：

2004 年，一重公司为中国石化湛江东兴石油化工有限公司加氢裂化装置制造完成两台 2.25Cr-1Mo-0.25V 板焊热壁加氢反应器，壳体用钢板为进口，该反应器由中石化工程建设公司设计，内径 3400mm，筒体壁厚 135mm，总重分别为 428t 和 327t。

2006 年，兰石公司为中国石化湛江东兴石油化工有限公司加氢裂化装置制造完成两台 2.25Cr-1Mo-0.25V 板焊热壁加氢反应器，壳体用钢板为进口，该反应器由中石化工程建设公司设计，内径 2200mm，筒体壁厚 140mm。

2012 年，国内最大重量（重量 1100t）的 2.25Cr-1Mo-0.25V 板焊热壁加氢反应器（催化剂支撑格栅处筒节为锻件）出厂，反应器内径 4100mm，壁厚 190mm，是当时国内最重的板焊结构反应器。该反应器工程设计方为中国石油工程建设公司华东设计分公司，由抚顺机械设备制造有限公司和大连万阳重工有限公司联合设计、制造，用户为中石油广西分公司。

3.2.5 第四阶段——超大直径、超大壁厚锻焊结构加氢反应器的开发

随着加氢装置超大型化的发展趋势，直径 5400mm 以上、壁厚 340mm 以上的锻焊热壁加氢反应器的设计、制造、焊接及检测等过程中尚存在一系列的技术难题急需解决。为了攻克这些难题，国内选择了两条技术路径：

1）继续研发超大壁厚筒体的材料冶炼、锻造、焊接、热处理和无损检测技术，完成超大型加氢反应器的建造。

2）开发轻量化设计技术，安全、合理地减小壁厚，化解或降低制造难度，完成超大型加氢反应器的建造。

3.2.5.1 依托超大壁厚锻件的锻焊结构加氢反应器技术研发

2011 年，中国石油化工股份有限公司设立了"超大直径超大壁厚加氢反应器国产化攻关"课题（简称"双超"课题），并以中石化扬子石化分公司和金陵石化分公司的渣油加氢装置中的加氢反应器作为目的研制产品。上述两批反应器由中石化洛阳（广州）工程有限公司设计，由中国第一重型机械集团公司和中国第二重型机械集团公司制造。同年，一重公司制造了两个内径 4800mm、壁厚 400mm 的 2.25Cr-1Mo-0.25V 锻件模拟环（试验环锻件毛坯每件用三包合浇的钢锭重 359t，锻造毛坯重 206t），并对其进行化学成分、室温拉伸、高温拉伸、低温夏比冲击、回火脆化倾向评定、晶粒度、非金属夹杂物等试验分析。分析结果表明：化学元素偏差很小，成分均匀，P、S 及 As、Sn、Sb 的含量都很低，具有好的抗回火脆性；锻件具有很好的各向同性，冲击吸收能量均值在 200J 以上。各项指标满足编制的技术条件的规定值。"双超"攻关组还对材料化学成分的优化设计和热工艺技术、双丝窄间隙埋弧焊技术、大型封头拼接焊缝自动焊接技术、单层堆焊技术、带堆焊层 90°整体弯管制造技术、超大壁厚焊缝探伤技术等进行了试验和研究，并取得了一系列技术成果。

2012—2013 年，一重公司和二重公司分别为中石化扬子分公司制造的"双超"课题锻焊热壁加氢反应器出厂，反应器内径为 5400mm，壁厚为 340mm（见图 1.3-17）。"双超"反应器的试制成功提高了加氢反应器的制造能力，推动了石化装备制造业的技术进步。随后，国内制造了多台超大直径超大壁厚的反应器。

2016 年，一重公司和二重公司分别为中石化金陵分公司制造的锻焊热壁加氢反应器出厂，反应器内径为 5600mm，反应器壁

图 1.3-17 "双超"课题反应器
（中石化扬子分公司）

厚达352mm，是当时国内壁厚最大的锻焊式加氢反应器。

2018年4月，由中石化洛阳（广州）工程有限公司设计，一重公司和二重公司为中石化镇海炼化公司分别制造的两台单重为2400t的沸腾床渣油加氢反应器出厂，这两台加氢反应器直径为4850mm，壁厚为322mm，总高70余米，是当时世界上重量最大的反应器。2018年6月，由中石化洛阳（广州）工程有限公司设计，一重公司和二重公司为浙江石油化工有限公司分别制造的首批渣油加氢反应器出厂，这批加氢反应器直径为5800mm，最大壁厚为352mm，是当时国内直径、壁厚最大的锻焊反应器。

3.2.5.2 依托轻量化设计技术的超大型锻焊结构加氢反应器开发

2009年12月1日正式实施的2009年版《固定式压力容器安全技术监察规程》（以下简称《固容规》），基于压力容器行业在建造、使用管理与维护等方面所取得的巨大技术进步，降低了设计安全系数。但规程实施后一年多的时间里，业内并未尝试采用调整后的安全系数设计加氢反应器。

2011年3月20日，在中石油及其下属公司广西石化、合肥通用机械研究院有限公司、中国特种设备检测研究院的推动下，中石油召集全国压力容器行业安全监察、研究开发、设计、制造、检验和使用单位二十余位专家，在北京就中石油广西石化公司加氢反应器采用调整后的安全系数进行轻量化设计进行了详细的技术论证和会商。与会各方专家一致认为：中石油广西石化公司400万t/年渣油加氢装置中的10台加氢反应器（技术参数见表1.3-1）可采用2009年版《固容规》规定的安全系数确定许用应力，基于分析设计方法进行建造；鉴于这是我国首次使用调整后的安全系数进行重型压力容器的轻量化设计，与会专家认为设计单位可根据设计计算结果，适当向上圆整厚度。由此拉开了我国加氢反应器及其他重型压力容器轻量化设计的序幕。

表1.3-1 广西石化400万t/年渣油加氢装置渣油加氢反应器基本参数

设备名称	数量	设计参数		
		设计压力/MPa	设计温度/℃	筒体直径/mm
第一反应器	2台	21.27	454	5200
第二反应器	2台	21.07	454	5200
第三反应器	2台	20.78	454	5200
第四反应器	2台	20.50	454	5200
第五反应器	2台	20.09	454	5200

中石油广西石化公司渣油加氢装置10台加氢反应器最终由中石化洛阳石化工程公司进行设计，中国一重集团有限公司承制，安全使用至今。由于设计时"适当向上圆整厚度"，广西石化10台加氢反应器未发掘出轻量化设计的全部潜力，即使这样也实现了减小筒体壁厚约8%、减重近千吨的效果。

广西石化加氢反应器轻量化设计的意义在于：
1）减轻了设备重量，降低了设备投资。
2）显著减小了筒体壁厚，化解或降低了超大壁厚筒体锻件制造、检验难题，为超厚、超大型压力容器的建造探索出了一条新路。

广西石化率先使用加氢反应器轻量化设计技术，在压力容器行业起到了积极的示范作用。其后，该技术在全国得到推广应用，如中石油广东石化蜡油加氢处理装置、中石油华北石化渣油加氢装置、中石油云南石化渣油加氢装置、山西南耀加氢装置等，并从初始的"适当向上圆整厚度"的部分轻量化设计逐渐走向"不向上圆整厚度"的完全轻量化设计，对应的设备壁厚减小比例从初始的约8%上升到约17%，重量减轻比例也从初始的约5%上升到约10%，取得了极大的社会效益和经济效益。

为保障轻量化设计技术的实施，2012—2014年，合肥通用机械研究院有限公司作为组织者和主要承担者，与华东理工大学、中国特种设备检测研究院、中国石化集团洛阳石油化工工程公司、中国石化工程建设公司、兰州兰石集团有限公司、中国第一重型机械集团公司、中国石化集团南京化学工业有限公司化工机械厂等单位合作，承担了国家高技术研究发展计划（863计划）"超大型压力容器轻量化的可靠性设计制造研究"。合肥通用机械研究院有限公司负责加氢反应器基于寿命的高温强度设计、焊丝和焊剂成分控制、焊接工艺筛选、热处理工艺优化、高可靠性的超声波检测等方面研究；华东理工大学负责建立适用于加钒钢加氢反应器的免于蠕变设计判定条件、蠕变疲劳交互作用损伤评估和寿命预测技术方法、基于寿命的高温强度设计方法；中国特种设备检测研究院参与加钒钢加氢反应器轻量化设计制造关键技术研究及国家或行业标准草案编制；中国石化集团洛阳石油化工工程公司、中国石化工程建设公司协助研究提出材料许用强度系数调整后加钒钢加氢反应器轻量化设计技术方法；兰州兰石集团有限公司、中国第一重型机械集团公司、中国石化集团南京化学工业有限公司化工机械厂协助研究提出材料许用强度系数调整后加钒钢加氢反应器轻量化制造技术方法；上述工程设计和设备制造单位还协助轻量化技术推广和示范应用工作。2017年该项目获国家科技进步二等奖、第七届绿色制造科技进步一等奖。

3.2.6 加氢反应器制造工艺技术及装备的发展

3.2.6.1 冶炼工艺

加氢反应器锻件用钢从最初的平炉粗炼+精炼炉精炼，逐步发展到通过碱性电炉粗炼（脱磷）、LF精炼炉精炼（脱氧、脱硫、调整合金成分）、真空脱气（VCD）+真空铸锭的双真空技术冶炼（脱除氧、氢、氮等有害气体）等先进工艺，达到保证钢水纯净度、有效控制材料化学成分的目的。目前国内主要反应器制造商所用锻件的冶炼水平，对磷、硫含量可控制在0.006%和0.004%以下，氧含量可控制在$30×10^{-6}$以下，氢含量可控制在$2×10^{-6}$以下，加氢反应器厚钢板的冶炼工艺采用了转炉或电炉粗炼、LF精炼炉精炼、真空脱气的冶炼工艺。对用钢锭生产，且材料纯净度和均匀致密度要求更高的大厚度钢板，舞钢公司等钢厂采用了电渣重熔技术进行冶炼，获得了很好的效果并已应用到实际产品上。

3.2.6.2 锻造技术及装备

（1）锻造装备　反应器用大型筒节锻件材料采用自由锻造水压机或油压机进行锻造，目前中国第一重型机械集团公司装备有15000t水压机，中国第二重型机械集团公司装备有 16000t 水压机，中信重工机械股份有限公司装备有 18500t 油压机，上海重型机器厂有限公司装备有 16500t 油压机。综合比较，国内锻造水压机/油压机的装备水平处于世界领先水平，大大提高了锻造质量和生产效率。为了控制筒节圆度，降低加工余量，一重公司还自主研发了筒节整形设备，筒节毛坯经过精整加工，余量可控制在 15mm 以内。

（2）缩口锻造技术　国内某些厂商开发了缩口筒节仿形锻造技术（见图 1.3-18），使金属流线得以保留，可提高锻件综合性能，得到了推广使用。

（3）锻件热处理冷却装置　长期试验证明，筒体锻件正火的冷却速度直接影响锻件力学性能的优劣。国内反应器锻件生产厂商不断对热处理装置进行改进，通过合理设计循环水冷却装置加大锻件冷却速度和保持锻件的均匀冷却。一重公司还自主设计、制造了筒体锻件性能热处理用喷淋装置，用高压水对筒节内外壁同时喷淋冷却，提高冷却速度，并可迅速去除氧化皮，消除激冷瞬间产生的水蒸汽隔膜。

图 1.3-18　反应器筒节锻造及缩口锻造

3.2.6.3　焊接技术

（1）壳体焊缝窄间隙自动焊接技术　国内窄间隙自动焊接技术已十分成熟，窄间隙焊机配有水平和高度跟踪系统，保证整个焊接过程中焊丝的距边量相同，焊缝成形规则，不容易出现咬边和夹渣（见图 1.3-19）。

（2）马鞍形接管自动焊接技术　反应器接管与筒体间焊接的接头，其焊缝呈空间马鞍形曲线，焊接难度较大。反应器技术开发初期采用手工焊接，经过不断努力研发，现已发展为成熟的大厚度工件自动焊技术。目前，国内主要加氢反应器制造厂均配备有马鞍形接管自动焊机。接管焊接深度最大可达 320mm，坡口宽度仅为 32mm 左右。马鞍形接管自动焊接技术具有焊接质量高、性能均匀、自动化程度和生产率高等优点。

（3）带极堆焊技术　反应器内壁堆焊均采用宽带极自动电渣堆焊或埋弧焊+电渣焊技术，电渣堆焊技术具有堆焊层表面光滑、

图 1.3-19　反应器环焊缝窄间隙自动焊接

平整，化学成分和铁素体含量均匀，抗剥离性能好等优点，主要钢带规格为 0.4mm×75mm 和 0.4mm×90mm。

首台锻焊热壁反应器研制时采用的是难度极大的单层堆焊技术（见图 1.3-20），并取得了成功，但是由于当时国际上发现了单层堆焊的反应器出现了氢致剥离现象，且未确定产生剥离的真正原因，因此大多数用户认为双层堆焊可能更加可靠，随后制造的加氢反应器基本上采用的是 TP.309L+TP.347L 的双层堆焊。但随着堆焊技术的进步以及反应器的大型化，工期要求更高，单层堆焊具有经济性好、焊接效率高等突出优点，因而单层堆焊技术仍然是目前国内堆焊技术的发展趋势。

球形封头堆焊是在变位机工作台上实施的，通过变位器旋转及翻转运动，使工件处于利于焊接的理想位置，与重型焊接操作机、焊接控制系统配合使用，组成自动焊接设备，进行自动堆焊，从而获得良好质量的堆焊层。

（4）接管内壁堆焊技术　目前，国内加氢反应器的接管、卸料管等内壁的堆焊一般采用自动 TIG 或自动 MIG 小管堆焊机来进行，最小内孔可堆焊 ϕ50mm，堆焊过程可一次完成。

图 1.3-20　反应器筒节宽带极堆焊

（5）整体弯管内壁堆焊技术　传统的 90°弯管焊接，一般均采用 3 个 30°弯管堆焊后进行组焊的工艺，采用整体弯管可以减少焊缝数量，提高弯管制造效率，难点在于整体弯管的堆焊技术。国内主要反应器制造厂已成功采用了整体弯管内壁堆焊层自动焊接技术，某厂采用哈焊所研制的弯管内壁自动堆焊设备（见图 1.3-21），90°弯管参数为：内径范围 ϕ250～ϕ800mm，弯管弯曲半径范围 R450～R1000mm，工件最大重量 1.5t。

（6）现场组焊技术　受我国境内公路、桥梁限重和限高条件的制约，尺寸、重量超

图 1.3-21　90°整体弯管内壁自动堆焊设备

限的反应器，无法实现制造厂内整体制造、整体发运。我国幅员辽阔，随着经济的不断发展，为解决内陆省份对油品的需求及煤化工等新兴产业的发展需要，发展反应器现场组焊技术变得十分迫切。

1996 年初，中国第一重型机械集团公司首次在中国石化总公司燕山石化现场成功组焊制造了两台内径为 3400mm 的锻焊热壁加氢反应器。反应器主体材料为 2.25Cr-1Mo，设计温度为 450℃，设计压力为 12MPa，反应器规格分别为 ϕ3400mm×144mm×17425mm 和 ϕ3400mm×144mm×12075mm，总重分别为 338t 和 242t。为解决现场组焊技术难题，一重公司研制了反应器升降用工装、组焊用活动基础、龙门式窄间隙焊机、环形热处理炉、

密封面机械加工动力头、射线检测现场防护等特殊装备。

随后，一重公司完成了多台现场组焊加氢反应器的制造，其中具有代表性的是世界首台 2000t 级的神华集团煤直接液化反应器。2010 年，一重公司完成伊朗 Arak 项目 5 台反应器的现场组焊，标志着国内的现场组焊技术走出国门（见图 1.3-22）。

图 1.3-22　现场组焊的加氢反应器

二重公司和兰石公司也完成了多台锻焊式及板焊式加氢反应器的现场制造。

3.2.6.4　大型卷板机

板焊式加氢反应器的大型化也促进了国内大型卷板装备的发展，兰州兰石重型装备股份有限公司（简称"兰石重装"）和抚顺机械设备制造有限公司（简称"抚机公司"）等分别装备了重型卷板机，并已分别卷制了 200mm 左右厚度的 2.25Cr-1Mo 材料的实际产品。抚机公司三辊重型卷板机参数如下：卷板最大宽度 3000mm；卷板最小直径 1600mm；对板厚 244mm、最大板宽 3000mm 的板材，最小卷筒直径为 4000mm。兰石重装重型四辊全液压卷板机（见图 1.3-23）参数如下：设备宽度 3200mm，卷板最小直径 1800mm；对板厚 225mm、最大板宽 3000mm 的板材，最小卷筒直径为 4000mm。国内大型卷板机的装备能力已经完全能够满足板焊式加氢反应器的制造需求。

图 1.3-23　重型四辊全液压卷板机

3.2.6.5　TOFD（衍射时差法超声检测）技术的应用

由于运输条件的限制，超大型加氢反应器必须在用户现场进行组焊和无损检测。但对于厚度大于 100mm 的焊接接头，在施工现场难以实施射线检测；对于厚度在 200mm 以上的焊接接头，无法实施射线检测。而且由于防护条件的限制，在现场实施射线检测还会对环境和人员的身体健康造成危害。2001年，中国第一重型机械集团公司与国家质量技术监督局锅炉压力容器检测研究中心成立课题组，联合开展了"自动化超声波检测在Ⅲ类压力容器厚壁环焊缝无损检验中的应用"的课题研究。2003年，一重公司购买了美国AIS公司八通道超声波检测设备NB2000-MC，该设备应用三种超声检测技术，即TOFD技术+爬波扫查+脉冲回波扫查（PE），其中以TOFD技术作为主体检测技术。2003年6月，一重公司对大庆龙凤炼油厂厚度为206mm的反应器B7焊缝和厚度为192mm的反应器B14焊缝进行了现场组焊和检测，采用TOFD检测替代射线检测。2003年7月，中国锅炉压力容器检验协会组织专家对课题进行了技术鉴定。2006年，TOFD技术应用于神华煤液化项目加氢反应器，该反应器在当时属于国内外最大的反应器，单个筒节运输，在现场进行组焊，壁厚达334mm。

经研究和实际检测对比，TOFD技术在缺陷的检出率及深度定位准确性方面要明显高于射线检测，且具有检测相对快捷和环保的特点，与射线检测相比，其局限性是存在检测盲区问题，检测结果不直观，其准确性与检测人员的水平和经验有关。接管部位及变径段部位的焊接接头的检测目前尚存在一定的困难。

目前，国内主要的加氢反应器制造商均掌握了TOFD技术，TOFD技术已广泛应用于制造商厂内及施工现场的无损检测。

3.2.7 结语

自1966年我国成功研制首台冷壁加氢反应器后，历经50余年的发展，在几代人的共同努力下，我国加氢反应器经历了一个从无到有、从小到大、从弱到强的过程，取得了长足的进步和巨大的成就。我国大型加氢反应器在设计、制造、运输和安装等各个方面，都达到了世界先进水平。

目前，我国石油化工及煤化工事业正处于一个蓬勃快速发展的高峰期，这也将对加氢设备的大型化和优质化提出更高的要求。新一代加氢设备的研发工程技术人员针对当前尚存在的不足，正持续开展研发工作，努力为我国的石化行业和制造行业的发展做出新的贡献。

（本节由中国石化工程建设公司仇恩沧、尹青峰，洛阳石化工程建设公司赵勇，合肥通用机械研究院有限公司卜华全、崔军撰写）

3.3 重整反应器技术攻关和发展历史

3.3.1 概述

直馏汽油给予分馏、加氢精制后，经加热进入重整反应器，在酸性环境铂-铼催化剂作用下，汽油组分发生脱氢、环化、异构化等反应，反应流出物经高压分离器分离出氢气后，进入稳定塔，生产出高辛烷值汽油组分。因此，重整反应器是催化重整装置的核心设备，它始终随着催化重整工艺技术的发展而不断地更新、完善和提高。

自1940年世界上第一套临氢重整工艺装置投产以来，催化重整工艺技术至今已经历了80余年的发展历程。催化重整工艺技术的发展主要包括两部分，即催化剂性能的改进和催化重整工艺水平的提高，二者相辅相成，缺一不可。

催化剂性能改进主要分为四个阶段：即铬、钼、钴金属氧化物重整催化剂，铂重整催化剂，双（多）金属重整催化剂和高铂铼比、铂-铼和铂-锡系列双（多）金属重整催化剂。

催化重整工艺发展经历了六个阶段：固定床临氢重整工艺、流化床临氢重整工艺、移动床催化重整工艺、半再生催化重整工艺、循环再生催化重整工艺和连续（再生）催化重整工艺。

重整反应器的操作条件根据不同阶段的催化剂性能、重整工艺和催化剂再生技术的需要不断变化，总体来讲主要分为早期高温、高压，半再生阶段的高温中压和连续（再生）重整阶段的高温低压等三种情况。三个阶段的操作条件见表1.3-2。

表1.3-2 重整反应器在各阶段的操作条件

阶 段	操作温度/℃	操作压力/MPa	介 质
早期重整	530～570	3.5	油气、氢气
半再生重整	480～530	1.5	油气、氢气
连续（再生）重整	480～550	0.7	油气、氢气

不同的重整工艺对反应器的要求不同。早期的催化重整，由于处理量低，多采用轴向反应器，反应器的主要矛盾是如何解决高温、高压、临氢工况下壳体的材料、设计和制造问题。随着处理量的增加和半再生重整技术的应用，径向反应器成为主流设备，内部结构和强度设计成为主要任务。随着市场需求的变化，大处理量、低压降和高苛刻度的连续（再生）重整技术的出现，设备大型化、内件精细化等问题应运而生，对重整反应器的要求上升到一个新的水平。

重整反应器作为重整装置的核心设备，不同重整工艺技术的反应器结构均不尽相同。按器壁内部有无隔热衬里来分，有冷壁和热壁两类；按油气在反应器内的流动方向来分，有轴向和径向两类；按催化剂在反应器内是否流动来分，有固定床和移动床两类；重整反应器一般有3～4台，其布置形式有并列式和重叠式。

1. 冷壁、热壁重整反应器

重整反应器的操作温度较高，通常为480～570℃，临氢条件下进行操作。高温氢环境会使碳钢发生氢腐蚀，导致设备破裂、失效。解决这个问题通常有两种方法：一是选用含铬和钼的抗氢低合金钢作为反应器壳体，这种反应器称为"热壁"反应器。在国外，由于铬钼低合金钢多，且"热壁"反应器结构简单，制造方便，安装容易，应用比较普遍。另一种是反应器内壁加隔热衬里，使反应器壁温降至200℃以下。由于温度降低，氢的活性下降，对碳钢基本没有腐蚀，反应器壳体可以选用碳钢，这种结构的反应器称为"冷壁"反应器。"冷壁"反应器隔热层施工难度大，质量不易保证，操作时如损坏，会形成局部超温。长期在超温状态下运行，用碳钢制造的壳体将会受到氢的腐蚀，最终可能导致器壁破裂。

我国在20世纪60～70年代建设的重整装置，因缺乏耐高温、抗氢腐蚀的铬钼低合金钢材料，而且又无法进口，反应器壳体多采用冷壁结构。80年代以后，从开始进口铬钼低合金钢材料，到自行生产，耐高温抗氢钢的材料问题得到解决，反应器壳体均采用热壁结构。

冷壁反应器的结构见图 1.3-24。将隔热衬里固定在反应器内壁上，可以按 300℃作为器壁的设计温度，实际壁温控制在 200℃以下，这样器壁可用碳钢制造，以节省投资和解决合金钢材料短缺问题。同时，为了监测反应器壁温变化，一般在外壁涂高温变色漆，当器壁温度超过 300℃时，涂漆颜色就会发生变化，说明内部衬里已经损坏，这也是冷壁反应器最为关注的问题。为了防止高温油气冲刷隔热衬里，降低衬里损坏的风险，反应器内一般安装不锈钢制作的内衬筒。热壁反应器的结构见图 1.3-25～图 1.3-27。热壁反应器既应用于固定床也应用于移动床，既有轴向结构也有径向结构。热壁反应器的壳体直接接触高温油气和氢气，材料需要具有优良的抗氢腐蚀和耐热性能。根据操作条件，受压件材料参照美国 API RP941 纳尔逊（Nelson）曲线，可选用 1Cr-0.5Mo（SA-387 Gr.12）、1.25Cr-0.5Mo-Si（SA-387 Gr.11）或 2.25Cr-1Mo（SA-387 Gr.22）低合金钢，与之对应的国产钢板材料为 15CrMoR、14Cr1MoR 和 12Cr2Mo1R。

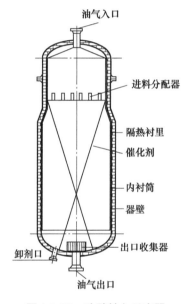

图 1.3-24 冷壁轴向反应器

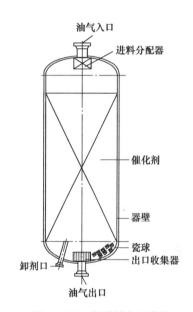

图 1.3-25 热壁轴向反应器

2. 轴向、径向重整反应器

轴向反应器结构见图 1.3-24、图 1.3-25，其原理是油气从顶部入口进入反应器，通过固定床催化剂进行反应，反应后的生成物及氢气自底部接管引出，全部油气和反应物沿设备轴向自上而下流动，其内件结构相对简单，一般入口设有进料（入口）分配器，出口设有出口收集器。其缺点是会引起较大的压降。在装置规模较小、催化剂装填量较少的早期重整和半再生重整装置中，反应器床层高度较低，通常采用内构件结构简单、安装容易的轴向反应器。我国 20 世纪 70 年代以前的重整反应器多为轴向反应器。

随着装置规模不断扩大（目前在建的重整装置规模超过 300 万 t/年），重整反应器需要装填的催化剂量大、床层高。另外，随着超低压连续重整工艺的运用，重整反应压力降低，要求反应系统的压降更小。为满足这些要求，径向重整反应器在现代重整装置中被广泛采用。径向重整反应器结构见图 1.3-26、图 1.3-27，有固定床和移动床两种。油气从上部（或侧面）进入反应器，通过扇形筒（或外筛网）沿径向通过催化剂床层，与催化剂反应后进入中心管，最后经出口引出设备。流动方式的改变，使油气流通面积加大，床层厚度减小，阻力和压降变小。

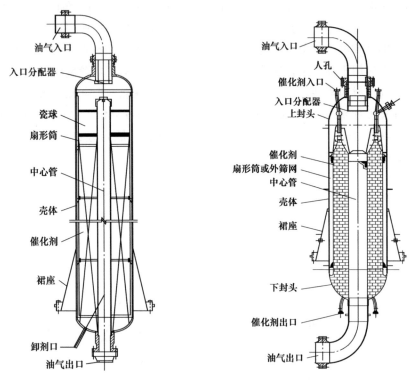

图 1.3-26　热壁径向反应器（固定床）　　图 1.3-27　热壁径向反应器（移动床）

径向反应器与轴向反应器的不同之处主要在于油气流动方向，油气流动方向由内构件的变化来实现。径向反应器内构件相对复杂，装配精度要求也更高，一般在中心设有中心管，在靠近器壁处沿圆周方向设有若干根扇形筒（或一个大型外筛网），以实现油气径向流动和催化剂自上而下的轴向流动（仅对于连续重整）。内构件主要的特点和功能简单介绍如下：

（1）中心管　各种形式的径向反应器都有一根中心管，它由开孔圆筒、外网和上下连接件（吊耳、盖板、支承座等）组成（见图 1.3-28），材料均为不锈钢。内部圆筒根据工艺要求开设一定面积的小孔，孔的大小、数量和布置是实现油气在催化剂床层中流动是否均匀、反应效果好坏的关键。中心管开孔圆筒外可以包外网，主要目的是防止催化剂从中心管中流失。早期外网选用不锈钢金属丝网，其特点是结构简单、制造容易、价格低，但压降大、强度低，易损坏漏剂。随着制造技术的日益提高和成熟，强度高、压降小、表面平整、光洁度高的焊接条形筛网已取代金属丝网，特别是在连续重整反应器中。焊接条形筛网示意图见图 1.3-29。

（2）扇形筒和大直径外筛网　径向反应器的周边可均匀布置若干扇形筒或安装一个大直径外筛网。扇形筒（见图 1.3-30）有两种结构型式，一种是用薄钢板（厚度为 1.2mm、1.5mm 或 2mm）冲孔后压制而成，另一种是用焊接条形筛网制成。薄板制扇形筒用得较普遍，但强度低、刚性差。焊接条形筛网制扇形筒强度高、刚性好、开孔率大，可减小催化剂磨损和流动阻力，有后来居上之势。大直径外筛网的基本构件是焊接条形筛网，外筛网缝隙均匀、死区小、与催化剂接触面光洁平整，筛网缝隙方向与催化剂流动方向一致，有利于催化剂流动，可减小催化剂磨损。大直径外筛网由于直径大、强度低、刚度相对较小，成形组装困难，尺寸公差不好控制，制造难度大，不易更换，目前应用较少。

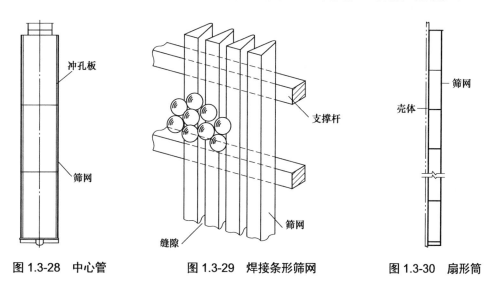

图 1.3-28　中心管　　　图 1.3-29　焊接条形筛网　　　图 1.3-30　扇形筒

3. 固定床、移动床重整反应器

固定床反应器的催化剂在反应器内不流动，催化剂再生时将反应系统置换干净，依次进行烧焦、氧氯化、干燥、还原等过程，反应器同时也是催化剂的再生器。催化剂也可进行"器外再生"，但须将催化剂从反应器卸出后送往催化剂厂再生处理。循环再生反应器也采用固定床结构，但多设一台反应器，在操作过程中，轮流有一台反应器切换出来，原位对催化剂进行再生，其他反应器照常运行，每台反应器运行的间隔时间从不到一周到一个月不等，以保持系统中的催化剂具有较好的活性和选择性。因此，反应器都要频繁地在正常操作的氢烃环境和催化剂再生时的含氧环境之间变换，要考虑疲劳设计。连续（再生）重整，即催化剂连续再生的重整工艺，采用移动床反应器，一般采用径向结构，且均为热壁反应器（见图 1.3-27）。催化剂在反应器内依靠重力自上而下流动，油气从反应器外侧环形空间（扇形筒或外筛网）横向穿过催化剂床层，进入中心管内。由于采用催化剂连续再生技术，催化剂生焦过快、失活的问题得到解决，重整反应器可不停工长周期稳定运行，因此在全世界范围内被迅速推广使用。连续（再生）重整反应器采用移动床径向结构，要考虑催化剂流动和油气密封问题，因此，结构比较复杂，制造难度大，安装要求高。

4. 并列、重叠布置重整反应器

早期，半再生和循环再生工艺技术的重整反应器均为并列布置。连续重整装置反应器的布置形式根据不同的重整工艺技术而不同，一种是四台重整反应器重叠布置（见图 1.3-31），另一种是四台重整反应器并列布置。近年来，规模大的连续重整装置（200 万 t/年以上）多采用两两重叠布置，可降低框架总高度，并有利于反应器稳定核算，降低投资。

重叠布置的反应器具有占地面积比较小、反应效率高、节省能源、反应器间催化剂靠重力流动、催化剂提升次数少和流程简单等优点，但内部结构复杂、尺寸公差和装配精度要求严格，设备比较高，反应器长径比较大，尤其需要注意稳定性核算。并列式布置的反应器，催化剂在反应器间的输送用气体提升，设备高度较小，维修比较方便，但占地面积相对较大，相关联的设备数量较多。以一套100万t/年连续重整装置为例，四台反应器重叠布置的总高度约为68.5m，而并列式布置的反应器最大高度约为16.4m。采用并列式，反应器金属总重量可节省约15%。

3.3.2 重整反应器技术发展历史

国内重整反应器的发展，经历了整体引进、部分引进、国内产品改造代替进口产品、全部国产到重整工艺技术和设备整体国产的历程。

早期，由于重整工艺技术由国外垄断，加上国内材料研发和制造水平的限制，作为核心设备的重整反应器被迫整体引进。随着国家整体技术水平和经济实力的提高，我国已经完全掌握了重整反应器的设计和制造技术。回顾重整反应器的发展历史，主要攻克了以下技术难点：

1）从原始的手工计算到采用计算机软件，从单一载荷到多项载荷组合计算，设计水平大大提高，设备安全性越来越高。对于特殊设备，如四合一重整反应器，由于长径比较大，根据强度和稳定性核算结果进行厚度分段考虑，提高经济性。采用有限元应力分析方法，对局部载荷较大或结构不连续处（如底封头、油气进出口、变径段等）进行核算，做到精确计算，提高了设备的可靠性。

2）重整反应器高温临氢操作，受压件材料通常选用1Cr-0.5Mo（SA-387 Gr.12）、1.25Cr-0.5Mo-Si（SA-387 Gr.11）或2.25Cr-1Mo（SA-387 Gr.22）三种低合金钢。但1Cr-0.5Mo（SA-387 Gr.12）钢长期在500℃以上使用时，在反应器开口和结构不连续处等应力集中区会发生蠕变裂纹，不宜使用。1.25Cr-0.5Mo-Si（SA-387 Gr.11）钢高温强度高、抗氢性能好，且回火脆化不敏感，虽然抗高温性能不如2.25Cr-1Mo（SA-387 Gr.22），在重整反应器上应用还是很普遍，但考虑到抗高温蠕变性能，宜选用SA-387 Gr.11 Cl.1，而不是常用的Cl.2。当反应器壁厚较大时，宜选用2.25Cr-1Mo（SA-387 Gr.22）钢，其抗高温蠕变裂纹能力好，在大于500℃时许用应力比1.25Cr-0.5Mo-Si（SA-387 Gr.11）高。但2.25Cr-1Mo（SA-387 Gr.22）钢的回火脆性较大，对材料中杂质元素和微量元素含量限制严格，制造要求也比较高，需要从设计、钢材冶炼、制造、热处理、无损检测等各个角

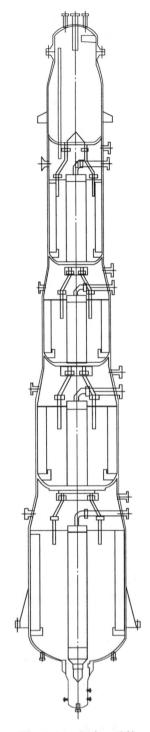

图1.3-31 四合一重整反应器

度进行考虑，提出详细的技术要求。

受当时炼钢水平所限，国内无法提供1.25Cr-0.5Mo-Si（SA-387 Gr.11）和2.25Cr-1Mo（SA-387 Gr.22）材料，长期依靠进口，无论是价格还是交货期均受制于国外供货商，制约了我国反应器的发展。随着国内炼钢技术的日益提高，与1.25Cr-0.5Mo-Si（SA-387 Gr.11）和2.25Cr-1Mo（SA-387 Gr.22）对应的国产钢板材料14Cr1MoR和12Cr2Mo1R陆续开发成功，且性能相当、供货周期短、价格便宜，已逐步取代了进口产品。目前，与14Cr1MoR和12Cr2Mo1R配套的焊接材料也取得了很大进步，正陆续取代进口产品。

3) 重整反应器内构件数量较多，装配精度高于一般压力容器，其制造质量和精度会影响到现场内件安装和操作稳定。从原来手工切割、打磨、焊接，到现在计算机控制的数控车、铣、钻床和自动焊机的应用，使不规则马鞍形开口接管的整体加工、法兰密封面在设备最终热处理以后的加工、裙座与反应器筒体的堆焊结构，从不可能变为可靠、易行。另外，TOFD和相控阵检测技术的逐步推广，减轻了现场无损检测的劳动强度、缩短了工期、增加了异形结构焊接接头检测的可靠性。制造装备和能力的提高，缩短了设备交货期、增加了设备安全性和可靠性，是装置长周期安全、稳定操作的保证。

4) 随着反应器结构的变化和处理量的增加，内件的要求越来越高。作为重整反应器主要内构件的扇形筒和中心管，也经过多次调整和变化，主要表现为冲孔技术的提高和焊接条形筛网制造技术的应用。

扇形筒最初为1mm厚不锈钢板冲1mm左右的长圆孔，厚径比为1:1，这对一般冲孔技术来讲不是很大的问题，关键是要保证冲孔尺寸的一致性和稳定性。随着要求的提高，钢板厚度逐步增加到1.2mm、1.5mm甚至2mm，厚径比达2:1，这已经突破了常规冲孔的极限。孔径尺寸不稳定、冲头折断、冲孔速度降低等，给扇形筒制造带来很大困难。后通过调整冲床、冲头形状和冲孔速度等多项整改措施，很快达到专利商的要求。

早期国内焊接条形筛网的制造水平不高，缝隙不均匀，连接强度低，表面质量差，甚至出现尚未开工就开焊的现象，影响国产部件使用和推广，特别是连续重整反应器焊接条形筛网部件都依靠进口。随着科研开发工作的深入进行，目前已完全达到国外产品的水平，且价格低、供货周期短、售后服务好，逐步取代进口产品。近期又开发了与传统接触焊接不同的激光焊接条形筛网，筛网连接强度高，中心管没有纵缝，超过了国外供货商的技术水平。

3.3.3 重整反应器产品发展历史回顾

重整反应器的发展取决于国家整体技术水平和经济实力。随着重整工艺技术、材料、设计、制造和检验水平的进步，重整反应器的技术水平也在不断提高，其产品发展历史中有一些具有里程碑意义的首台产品回顾如下：

1. 首台轴向冷壁重整反应器

1965年，被誉为"五朵金花"之一的大庆10万t/年催化重整装置建成投产。该装置采用固定床半再生重整工艺，反应器为操作压力2.0MPa、操作温度530～570℃、临氢操作的轴向反应器，由我国自行设计和制造。由于当时我国铬钼钢材料缺乏，外汇短缺，反应器采用冷壁结构，大大节省了投资，实现了重整反应器国产化。

2. 首台径向冷壁重整反应器

1970年,我国自行设计的燕山石化15万t/年重整装置投产,部分重整反应器开始采用压降较小、气流分布较好的径向冷壁反应器。反应器由碳钢壳体、不锈钢扇形筒、中心管及帽罩等内件组成,中心管与扇形筒之间的环形空间装入催化剂,油气由反应器顶部经扇形筒进入催化剂床层,经中心管流出。通过学习国外经验,结合国情,最终完成反应器的结构设计,为以后逐步推广使用打下了基础。

3. 首台径向热壁重整反应器

1977年,我国自行设计的大连石油七厂15万t/年重整装置投产,重整反应器均采用了压降较小、气流分布较好的径向热壁反应器。反应器原设计为轴向结构,但达不到循环氢系统低压降的要求,最终采用了径向热壁反应器。反应器由低合金钢壳体、不锈钢扇形筒、中心管及帽罩等内件组成,扇形筒开有1mm×12mm的长孔,中心管由内外两层套筒组成,内筒开有6mm直径圆孔,外筒密布1mm×12mm长孔。

4. 首台分置式连续重整反应器

抚顺石油三厂40万t/年连续重整装置于1987年10月动工,采用国外重整工艺技术,是1985年国家正式批准的中国石油化工总公司"三二九"方案中的重点建设项目。该装置1990年建成投产,是我国首次不用国外承包商,自行完成包括重整反应器在内的全部工程设计的连续重整装置。重整反应器采用内、外筛网式径向移动床热壁反应器,三台反应器并列布置。壳体选用2.25Cr-1Mo(SA-387 Gr.22)低合金钢,内件选用TP321不锈钢。由于受条件所限,壳体材质和内件进口,壳体国内制造。

5. 首台重叠式连续重整反应器

1997年,燕山石化60万t/年连续重整装置建成投产。该装置采用国外公司的连续重整专利技术,其中一个主要特点是采用了四台反应器重叠设置布局。以往,国内引进的连续重整装置使用的这种型式的反应器都是从国外引进,而该装置的重整反应器由中国石化工程建设公司负责设计,兰州兰石重型装备股份有限公司负责制造,大大地推进了我国连续重整装置国产化的进程。该重整反应器设计参数见表1.3-3,图1.3-32为该反应器发货时的照片。

表1.3-3 燕山石化重整反应器设计参数

设计压力/MPa	设计温度/℃	操作介质	设备规格/mm	主体材质
0.78	549	氢气、烃	φ1950/φ2000/φ2100/φ2600×39908	壳体:1.25Cr-0.5Mo-Si 内件:TP321

在该反应器国产化过程中,克服了许多困难,攻克了许多技术难关。主要关键点如下:

(1)油气进出口整体补强接管的加工 每台四合一重叠式反应器有8个DN550油气进出口和4个DN600人孔。这些开口均位于锥形壳体上,采用嵌入式补强结构,接管外边缘为一个不规则的马鞍形接口,加工难

图1.3-32 首台重叠式连续重整反应器

度大，需要采用一种专用的加工机床和特殊的加工方法，方能保证外边缘的加工精度和补强元件与壳体的平滑对接，确保焊接质量，降低使用时的应力集中。在此之前，国内还未曾有过用机械加工这样大型的马鞍形接管的先例，从而需要技术攻关，解决加工工艺难题。

（2）反应器的垂直度、圆度和同轴度　为了实现在反应器床层中油气的均匀分配，除了控制扇形筒和中心管的结构尺寸及其开孔率外，还必须控制催化剂床层厚度的均匀性，保持油气在催化剂床层中的压降均衡。为此对反应器壳体的圆度、垂直度和同轴度提出了严格的要求。

（3）扇形筒的设计与加工　扇形筒是一个壁厚仅 1.2mm、当量直径约 100mm、长度达 10m 的管状扁平零部件，其加工制造难度主要有以下三个方面：

——几何形状控制。扇形筒环焊缝接头处任意一点的最大错边量不得大于 0.6mm，扇形筒在整个长度上的直线度偏差值不得大于 5mm，扇形筒整个长度上的扭曲度应小于 5mm。要达到上述直线度和扭曲度要求，没有高度的加工技术和责任心是无法做到的。

——升气管与密封板的加工制造。重整反应器内有各种规格的扇形筒 100 根。升气管与密封板四周的间隙公差均为 ±0.1mm，配合精度要求高，还要有互换性，必须拥有特殊的加工装备并在加工工艺上采取特殊的措施，方能满足要求。

——扇形筒与催化剂的接触面须充满 1mm 左右宽的长圆孔，且不得有凹凸不平、毛刺等明显缺陷。在这台反应器 100 根扇形筒上总共需冲 280 多万个长圆孔，如此庞大而公差要求如此严格的长圆孔，没有特殊的专用精密装备和特殊的加工技巧，是难以满足这些要求的。

6. 连续重整反应器内构件国产化

2003 年，金陵石化公司 60 万 t/年催化重整装置第四重整反应器（R-204），由于进口外网损坏严重，以致不能正常生产，急需更换。于是，价格较低、交货期短的国产外网首次用于国外专利技术的工业装置上。图 1.3-33 为唐山丰南区世嘉筛网厂负责制作的外网。

图 1.3-33　金陵石化第四重整反应器更换用外网

重整反应器内件由中心管、外网和催化剂输送管及盖板等部件组成。油气从顶部油气入口进入，经外网外部径向流经催化剂床层进入中心管，从下部油气出口流出。催化剂从上部催化剂输送管进入，在催化剂床层中以每分钟约 10mm 的速度缓慢地通过床层，从下部催化剂输送管流出。内件材料为 0Cr18Ni10Ti，外网规格为 $\phi2350mm \times 6941mm$，采用焊接条形筛网结构。在设计外网之前，充分研究了进口外网的结构，分析了外网损坏的原因，并针对外网强度低、承受外压能力和抗冲击能力差的弱点，在设计中采取了相应的改进加强措施，提高了外网的强度、承受外压和抗冲击的能力。在一年多的工业运转考核中，经受了两次不正常的停车考验，仍保持完好无损，完全满足了生产的需要，实现了连续重整反应器内构件国产化。除此之外，焊接条形筛网制中心管也逐步实现了国产化，图 1.3-34 为中心管国产化试验产品中间检查的照片。

7. 连续重整反应器内构件改进研究

针对重整反应器中心管在使用过程中易出现不同程度的开裂或损坏，造成催化剂跑损，装置被迫停工，影响和制约了重整装置长周期安全平稳运行的问题，制造中采用先进的激光焊接工艺技术（见图1.3-35），避免了传统接触焊工艺制造的焊接条形筛网筒体必有的纵向焊接接头，提高了内构件运行的安全性、可靠性。2011年辽宁裕通生产的无纵向焊接接头焊接条形筛网内构件首次成功用于九江分公司连续重整反应器，取得了良好效果。

图1.3-34　中心管国产化中间检查

图1.3-35　激光焊接的无纵缝中心筒

8. 首台国内设计和制造的出口连续重整反应器

2006年，苏丹喀土穆炼油厂引进国外公司专利技术的40万t/年连续重整装置建成投产，这是我国首次承包国外连续重整项目，出口自行设计和制造的径向移动床热壁重整反应器，需要有内外套筒、催化剂输送管盖板、中心管和扇形筒组成的内件，由于受专利商限制，在国外采购。此装置反应器设计制造成功，为重整反应器出口打下了良好的基础，以后陆续有多台反应器出口，赢得了用户的好评。

9. 首台拥有自主知识产权的移动床连续重整反应器

2009年4月，中石化广州分公司100万t/年连续重整装置开车成功，标志着我国拥有了完全自主知识产权、达到世界先进水平的连续重整工艺技术。与传统工艺不同，中国石化技术的重整反应器采用两两重叠布置、Z形流道物流为上进下出（见图1.3-36）。重整第一、第二反应器重叠，重整第三、第四反应器重叠。反应器均为径向下流式移动床结构，内件采用焊接条形筛网中心管和冲孔板扇形筒。开发出新型反应器的顶部结构型式，既满足工艺过程需要，又具备了结构要求的科学性与经济性，兼顾了管道布置方便性。另外，围绕中心管顶部密封结构、底部

图1.3-36　2+2重整反应器

支撑结构开展了大量改进性和创新性工作。

10. 首台逆流移动床连续重整反应器

2013年9月，济南60万t/年逆流移动床连续重整装置开车成功，标志着我国在世界范围内拥有了完全自主知识产权、具有世界先进水平的成套逆流连续重整工艺技术。该项目是中国石化2011年度科技攻关"十条龙"项目之一，为世界首套逆流连续重整装置。四台重整反应器并列布置，均为径向热壁结构，内装焊接条形筛网扇形筒和中心管、内外套筒和入口分配器等不锈钢内件，反应器壳体和内件均国内供货。图1.3-37为正在施工中的济南重整装置反再框架，图1.3-38为济南重整反应器内件中间检查。

图1.3-37　连续重整反再框架

图1.3-38　重整反应器内件中间检查

继济南重整反应器成功开工和稳定运行后，泰州石化和燕山石化的100万t/年重整装置也相继采用了逆流连续重整工艺。逆流连续重整工艺逐渐被市场接受和认可，装置规模也在不断扩大，反应器结构和内构件也在不断进行设计优化。

3.3.4　结语

自第一台重整反应器自行研发成功至今已有50余年。无论是我国炼钢技术水平和材料多样化，还是设计工具和人员能力，以及制造装备、能力和检测技术水平都有了巨大的提高。从满足国内需要到出口国外，我国重整反应器技术已经达到国际先进水平，特别是中石化自主知识产权的逆流床连续重整技术的研发成功，挣脱了国外专利商的束缚，势必大量走向国际市场。

（本节由中国石化工程建设公司李啸东、许伟撰写，洛阳石化工程建设公司冯勇补充）

3.4 高压螺纹锁紧环式换热器技术攻关和发展历史

3.4.1 概述

螺纹锁紧环式换热器最早由美国标准石油公司于 1960 年完成技术开发，1966 年第一台螺纹锁紧环式换热器投入使用，开始主要由美国、日本和意大利的厂家制造生产。

高压螺纹锁紧环式换热器是引进的加氢装置中核心设备之一，主要用于加氢反应产物的换热。通常一套加氢装置会有多台高压换热器组成反应产物换热系统，螺纹锁紧环式换热器是其中最具特点的换热器。

螺纹锁紧环式换热器改变了常规管壳式换热器的大法兰密封结构，所有零部件都在同一个高压壳体内，尽可能减少了外泄漏点，省去了大型法兰、螺栓。高压密封为管箱端部的螺纹环密封结构，螺纹承压环与管箱内螺纹啮合以承受全部的轴向力，并通过螺纹承压环上的外圈螺栓压紧管箱密封垫片，管板密封垫片则由内部的顶压螺栓压紧，这样将元件承压和拧紧功能分开。该结构具有良好的操作性能，可在操作运行中不降温、不降压的状态下，随时拧紧螺栓压紧垫片，排除密封垫片的泄漏。该换热器可与进出口管道直接焊接相连，只要机械拆装换热器承压螺纹环等内件即可抽出管束进行维修，而不需拆除高压管道。但该换热器结构比较复杂，螺纹环的大螺纹加工以及管箱密封槽等部位加工都比较困难。此外，螺纹环的装拆不仅需要专用工具，同时也是比较困难的。典型的 H-H 型高压螺纹锁紧环式换热器如图 1.3-39 所示。

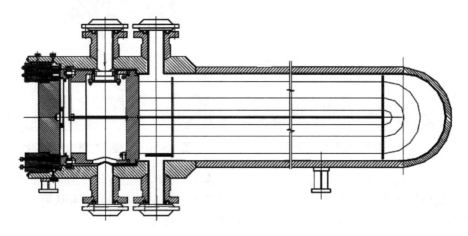

图 1.3-39 高压双壳程螺纹锁紧环式换热器

3.4.2 螺纹锁紧环式换热器国产化历史进程

1979 年我国引进了两套加氢裂化装置，一套建在茂名石化公司，一套建在南京金陵石化公司。这两套装置工艺专利商为美国联合油公司，工程公司为日本日挥公司。两套装置中高压热壁反应器、高压螺纹锁紧环式换热器、高压空冷器等重要设备均从日本引进。由此开始了螺纹锁紧环式换热器国产化攻关进程，它经历了三个阶段。

1. 第一阶段（1986—1999年）：起步期

1986年，中石化决定再引进一套与茂名项目规模相当的加氢裂化装置，建在镇海石化总厂。国家要求该项目设备尽可能全部国产化，1986年8月被列入国家"七五"重点科技项目第40项中设备事项进行攻关，攻关单位由中石化洛阳工程有限公司、中石化镇海炼油化工股份公司和兰州兰石重型装备股份有限公司组成。攻关目标是设计、制造一台特殊结构（螺纹锁紧环式）高压换热器用于镇海石化总厂80万t/年加氢裂化装置中，其主要技术指标达到或超过茂名石化公司1980年引进的相同设备所规定的技术性能。攻关设备的规格型号及技术参数见表1.3-4。

表1.3-4 镇海石化总厂80万t/年加氢裂化装置高压换热器技术参数

设备名称	规格型号及技术参数	
螺纹锁紧环式换热器	操作压力	壳程：18.7MPa/管程：17.0MPa
	操作温度	壳程：202℃（max）/管程：276℃（max）
	设计压力	壳程：19.7MPa/管程：17.9MPa
	设计温度	壳程：215℃/管程：290℃
	管束设计差压	3.6MPa
	水压试验差压	控制壳程/管程单侧5.4MPa
	介质	壳程：原料油/管程：反应流出物
	材质	壳程：BHW35/管程：20MnMoNb
	尺寸	φ1000mm（内径）×6525mm（总长）×82/210mm（壳体厚/管箱厚）

螺纹锁紧环式换热器的攻关研制采用双管齐下的方法。一方面，攻关组通过分析、消化吸收引进设备的技术资料，掌握了设备一些特殊部位的应力计算，通过应力分析确定了特殊部位的几何尺寸，于1987年11月完成了施工图的设计，设备的技术指标与由日本进口的相类似换热器相应的技术要求相同。同时开展了设备关键零部件的试制工作，兰州石油化工机器厂的技术人员和工人师傅对卧式车床进行技术改造，用它在废旧锻件上试验，成功完成了大螺纹的加工，以及其他加工工艺的试验，最终相继攻克了1157mm大螺纹加工技术、管箱密封槽加工技术、大平面金属垫片加工技术、局部热处理技术等多项技术难题。另外，为保证不锈钢元件的制造质量和使用安全，在国内首次添置了U形弯管固溶热处理专用设备，对U形管弯管部分实施单根固溶热处理。另一方面，与意大利的IMB公司采用技贸结合模式，将镇海石化总厂80万t/年加氢裂化的3台螺纹锁紧环式换热器，抽出一台反包给兰州石油化工机器厂制造，并由外方负责技术指导和质量保证。首台高压螺纹锁紧环式换热器（见图1.3-40）在1990年底研制成功，填补了我国此类高压换热器设计、制造技术的空白，

图1.3-40 首台国产螺纹锁紧环式换热器

实现了国产化。其技术指标达到20世纪80年代末期的国际先进水平。

完成并正式交付镇海炼化使用的第一台国产化高压螺纹锁紧环式换热器的公称直径为1000mm。这台高压螺纹锁紧环式换热器的成功制造交付，标志着从设计到制造这种换热器实现了国产化，填补了国内制造领域的空白。在"七五"期间，以镇海炼化炼油厂80万t/年加氢裂化装置为代表的天津炼油厂、辽化等7套加氢装置的相继投产、正常运行，其中的高压螺纹锁紧环式换热器均实现了国产化。

为了提高传热效率，结合双壳程换热器，北京设计院于20世纪90年代中期研发了双壳程螺纹锁紧环式换热器，首台国产双壳程螺纹锁紧环式换热器（DN1060）于1997年6月由兰州石油化工机器厂制造完成并交付天津炼油厂用于80万t/年加氢裂化装置。1998年12月兰州石油化工机器厂制造完成DN1400双壳程螺纹锁紧环式换热器（当时国内最大直径的螺纹锁紧环式换热器），并交付齐鲁石化炼油厂用于140万t/年加氢裂化装置。随着大量螺纹锁紧环式换热器的设计、制造和投用，表明国内产品完全可以替代进口产品。

2.第二阶段（2000—2005年）：成熟发展期

进入21世纪，伴随着国内石化行业的大发展，加氢装置得到了迅猛的增长，加氢装置类型和装置规模也不断增加，高压螺纹锁紧环式换热器已成为加氢装置中的"必备品"，国内制造厂家逐渐增多。国产螺纹锁紧环式换热器先后突破了DN1500和DN1600的规格，制造加工水平进一步提高。

2000年6月，兰州石油化工机器厂制造完成了DN1400双壳程螺纹锁紧环式换热器，交付燕山石化炼油厂用于130万t/年中压加氢裂化装置；

2001年6月和9月，兰州石油化工机器厂和抚顺机械设备制造有限公司分别制造完成了DN1400螺纹锁紧环式换热器，交付镇海炼化；

2003年9月，兰州石油化工机器厂制造完成了DN1400双壳程螺纹锁紧环式换热器，交付上海高桥石化用于140万t/年加氢裂化装置；

2004年6月，抚顺机械设备制造有限公司制造完成了DN1500双壳程螺纹锁紧环式换热器，交付金陵石化；

2005年4月，兰州石油化工机器厂制造完成了DN1500螺纹锁紧环式换热器，交付广州石化分公司；

2005年5月，兰州石油化工机器厂制造完成了DN1600螺纹锁紧环式换热器，交付齐鲁石化炼油厂用于260万t/年加氢精制装置。

3.第三阶段（2005—2014年）：自主创新研制期

随着炼油加氢装置的大型化，装置中的高压换热器直径要求越来越大，对大直径高压换热器的需求日益迫切。但是螺纹锁紧环式换热器国产化以来，设计、制造的最大公称直径为DN1600，对于更大直径的螺纹锁紧环式换热器，设计、制造都面临许多新的问题。

2005年中国石化集团立项开发研制大直径螺纹锁紧环式换热器，第一步是研制大直径螺纹模拟环，第二步是产品的试制和应用。中国石化工程建设公司相关的研制组成员首先对大直径螺纹环的主要参数进行了设计优化，包括大直径螺纹环设计参数的确定、螺纹模数的优化、螺纹环模拟环图样的设计、螺纹环应力分析及比较等。螺纹锁紧环式换热器最早由国外研制开发，其中承压螺纹的设计、制造均是按照ANSI B1.8 "Stub Acme Screw

Threads"梯形螺纹的相关要求。受当时的制造机具所限,螺纹环的承压螺纹模数采用的螺距是$\frac{15}{16}$in(相当于23.8125mm),而且这一模数一直被沿用。但是23.8125mm模数的螺纹主要存在问题是螺纹的啮合高度h较小,理论值(不考虑公差)为7.14375mm,考虑螺纹公差和螺纹圆角啮合高度h大约为5~6mm;操作时(特别是开停工时)螺纹承压环与螺纹筒节还存在温差,两者膨胀量不同,加上重力作用,实际螺纹啮合高度h可能仅为4mm左右。当换热器直径较大时,机械加工精度会下降,同样操作条件下,螺纹啮合高度会更小,螺纹可能局部屈服甚至脱离啮合造成事故。日本某炼油厂加氢装置螺纹锁紧环式换热器事故就是螺纹承压环啮合失效导致承压环和压盖飞出。结合国外的经验和国内的制造情况,经过优化,研制组提出了大直径(公称直径大于DN1600)的承压螺纹模数采用螺距为$1\frac{1}{4}$in(相当于31.75mm)的大模数,相应的与螺纹的啮合高度h理论值(不考虑公差)为9.525mm,增加了螺纹环的啮合量,提高了其使用的安全性。

同时,有关制造单位根据设计方案进行了大直径螺纹模拟环的研制工作。兰州石油化工机器厂主要进行了卧式镗铣床承重能力改造,采用卧式镗铣床代替车床,精加工矩形螺纹,并于2005年12月完成了DN1900螺纹模拟环的研制工作,螺纹尺寸满足精度要求,能够保证螺纹轻松、顺利地旋合拆装。青岛大炼油工程中的320万t/年加氢处理装置中的DN1700热高分气与混合氢换热器(1102-E-103)在国内首次采用了研制开发的大模数螺纹结构。2007年9月21日,在兰州石油化工机器厂对这台DN1700的螺纹锁紧环式换热器进行了出厂评审,2008年5月产品完成了试运行,投用以来一直运行安全,操作平稳(见图1.3-41)。DN1700螺纹锁紧环式换热器的成功研制荣获了中国石化集团2009年度科学技术进步奖二等奖。

继DN1700的大直径螺纹锁紧环式换热器的成功研制应用,中国石化工程建设公司于2012年设计了DN1800的大直径螺纹锁紧环式换热器,2013年3月在兰州石油化工机器厂出厂验收,2014年8月中化泉州260万t/年蜡油加氢裂化装置的第一段反应流出物/热原料油换热器(2314-E-102A/B)投入工业化运行,达到工艺操作需要,安全性良好。这是国内首次设计、制造并使用DN1800的螺纹锁紧环式换热器,也是世界同类换热器规格最大的产品之一,综合技术达到世界先进水平,如图1.3-42所示。

图1.3-41 青岛大炼油DN1700高压螺纹锁紧环式换热器

图1.3-42 中化泉州DN1800螺纹锁紧环式换热器

螺纹锁紧环式换热器的发展，也推动了制造厂的相关装备的升级，加工装备能力和精度均显著提高。用于加工螺纹锁紧环式换热器的大型数控立式车床（见图 1.3-43）、大型数控镗铣加工中心（见图 1.3-44）、数控深孔钻床和多头数控钻床（见图 1.3-45）等加工设备陆续装备各制造厂。

图 1.3-43　8m 数控立式车床

图 1.3-44　数控镗铣加工中心

图 1.3-45　6 轴数控钻床

3.4.3　结语

从第一台高压螺纹锁紧环式换热器国产化至今，已经 30 多年，近千台国产的螺纹锁紧环式换热器服役于全国众多加氢装置，保障着这些装置长期、稳定、安全地运行。经过多年的发展以及攻关组不懈的努力，国内制造加工能力和设计水平已经有了巨大的进步，达到国外同类产品先进水平。目前，高压螺纹锁紧环式换热器已经不是什么"高精尖"的设备，随着国家鼓励装备制造业发展政策的落实，已有更多的国内企业加入到了该设备的制造行列。

（本节由中国石化工程建设公司高晖、张迎恺，洛阳石化工程建设公司李群生撰写）

3.5　高压加氢空冷式换热器技术攻关和发展历史

3.5.1　概述

19 世纪末，为满足化工混合液体分离的需要，成功研制出了工业冷却器（冷凝器），因冷却介质是水，所以操作能耗大、安全性差、劳动强度也大。后受节能、节水及提高劳动效率要求的推动，德国 GEA 公司于 1920 年制造出世界第一台空冷式换热器（简称"空冷器"），其主要优势是以取之不尽的空气作为冷却介质。随着经济的繁荣和工业技术的进步，空气制冷行业得到极大的发展，各种新工艺、新材料及新型结构不断涌现。在石油化工行业，20 世纪 60 年代高压加氢炼油装置开始得到广泛工业化应用，由此催生了高压加氢空冷器制造和使用技术的发展。

高压加氢空冷式换热器（简称"高压空冷器"）是炼油各种加氢工艺装置中的关键设备之一，在工艺流程中设置于高压加氢换热器下游，承担着冷却反应产物或热高分气的作用，高压空冷器操作条件苛刻，处于高压、硫化氢氨及氯化氢氨腐蚀环境下，介质易燃易爆，危害级别高，密封可靠性要求高，故其设计和制造难度较大，设备价格昂贵，是计划研制的国产化设备之一。

3.5.2 高压加氢空冷器的发展历史

3.5.2.1 第一阶段（1983 年前）：高压加氢空冷器起步

哈尔滨空调器厂曾在 1966 年为大庆炼油厂加氢裂化装置制造过 8 台集合管式高压空冷器，见图 1.3-46。大庆原油的硫、氮等腐蚀介质含量都很低，因此对管束的腐蚀性很轻微，几乎不用检修。

随着各种油田的开发、进口原油多样性（尤其是高硫、高酸原油进口大幅增多）以及炼油深加工工艺的发展，某些炼油厂所加工的原油品种发生较大变化，空冷器进料中的硫化氢氨等腐蚀介质比以前普遍增多，其使用条件要比炼大庆油苛刻得多，老式集合管式高压空冷器已经难以满足加氢裂化工艺的发展要求。到 1991 年前，哈尔滨空调器厂为国内制造了 60 片，之后人们的关注点越来越集中在丝堵式空冷器上。丝堵式空冷器不仅可以避免集合管弯管焊接部位易冲蚀和振动破坏的缺点，能够提高设备长期运行的安全可靠性，而且方便维修。

图 1.3-46　大庆炼油厂加氢裂化装置集合管式高压空冷器

3.5.2.2 第二阶段（1983—2003 年）：碳钢丝堵式高压空冷器的攻关

20 世纪 70 年代末，随着我国对内经济体制改革和对外开放政策的实施，国民经济得到蓬勃发展。为加快适应发展的需要，适当引进国外先进的炼油技术和装置是十分必要的。当时石油部组织了国内相关专家赴法国、美国和日本等国家的十几家炼油厂进行考察学习，针对加氢装置中的高压设备，深感有较大的差距，其中包括加氢反应器、高压换热器、高压空冷器。

1979 年国家根据需要首先签订引进两套加氢裂化装置，两套装置工艺专利商为美国联合油公司，工程公司为日本日挥公司，其中重要设备如热壁加氢反应器、高压螺纹锁紧环式换热器、高压空冷器均从日本引进，一套建在茂名石化公司，另一套建在南京金陵石化公司。为了缩短与国外先进的炼油设备技术的差距，加快实施关键设备国产化进程，在充分分析我国制造技术和装备的水平后,从 1983 年元月起,原石油部和机械部有关主管部门组织相关研究、设计、制造单位以茂名引进的同类高压设备技术指标为验收标准,以它的实际水平为奋斗目标开展试验性研究工作。在相关技术人员通过多年消化吸收茂名、金陵引进丝堵式空冷器技术的基础上,中石化提出了在镇海石化总厂 80 万 t/年加氢裂化装置上进行国产化立项计划,研制两片丝堵式锻焊结构管箱的高压空冷器。1986 年 8 月该项目与热壁加氢反应器、高压换热器一起列入国家"七五"重点科技攻关项目。由中国石化洛阳工程有限公司、中国石化镇海炼油化工股份公司和哈尔滨空调器厂组成攻关小组,攻关目标为设计、制造两片丝堵结构(锻焊结构管箱)的高压空冷器,用于镇海石化总厂 80 万 t/年加氢裂化装置中,其主要技术指标达到或超过茂名石化公司 1980 年引进的相同设备所规定的技术性能(规格型号及技术参数见表 1.3-5)。

表 1.3-5　研制的高压空冷器规格型号及技术参数表

序号	设备名称	规格型号及技术参数	应用范围
1	高压空冷器 (A301E、F) (板焊结构管箱)	型号:GP10.5×3-5-197-17.65-23.4S/KL-V 操作压力:16.33MPa 操作温度:入口 146℃ / 出口 49℃ 设计压力:17.65MPa 设计温度:175℃ 水压试验差压:26.7MPa 介质:反应流出物 材质:碳钢	镇海石化总厂 80 万 t/年加氢裂化装置
2	高压空冷器 (A301G、H) (锻制结构管箱)	型号:GP10.5×3-5-197-17.65-23.4S/KL-V 操作压力:16.3MPa 操作温度:入口 146℃ / 出口 49℃ 设计压力:17.4MPa 设计温度:175℃ 水压试验差压:26.5MPa 介质:反应流出物 材质:碳钢	镇海石化总厂 80 万 t/年加氢裂化装置

镇海石化总厂 80 万 t/年加氢裂化装置有 8 片高压空冷器,介质为反应流出物,当时有专家建议管束采用蒙乃尔合金材料,但价格太贵,后经分析,采用碳钢也可以满足要求,最终确定管束采用碳钢材料,并采取对称布置、基管加厚及管端加不锈钢衬管等措施。为了确保高压空冷器国产化攻关成功并紧跟国际先进水平,同时采用了两套攻关模式:其一是 A301G、H 两片按照茂名石化从日本引进的锻制管箱结构型式进行国产化攻关;其二是采用"技贸"结合攻关模式,与法国 BTT 公司签订 6 片高压空冷器制造合同,同时要求 BTT 将其中两片 A301E、F 反包给哈空调进行联合制造,并负责技术指导、质量保证。这两片高压空冷器管箱为丝堵式板焊结构,当时为世界先进的制造结构方案。

1987 年 3 月签订此设备攻关子项合同后,攻关组立即对国内引进的高压加氢空冷器进行调查,针对反应流出物高压空冷器在国外加氢裂化、加氢脱硫等装置中使用过程易出现管子腐蚀穿孔问题,几经讨论确定了适应使用要求和国内制造能力的空冷器结构方案。A301G、H 两片按照茂名石化从日本引进的锻制管箱结构型式,需要在锻制管箱上开 3 个分程圆孔。根据当时的装备情况,同时开 3 个孔并保证直线度要求难度很大,尺寸偏差控制不容易实现。经专家评议,采用分解管箱,仅在锻制管箱上开 1 个圆孔的制造方案,这样较为妥当。经反复讨论,后来又经过设计方案的技术审查,终于在 1989 年初完成了施工图的设计和技术指标与茂名石化引进的高压空冷器相当的技术要求文件的编制。在结构方案确定后,即着手对 85(95)mm×3000mm 的深孔加工技术、管子与管箱深孔焊接技术及装备、防护衬套的制作技术、管箱开口接管特殊结构的无损探伤方法等开展针对性试验与攻关,并相继取得了预定的结果。攻关组主要工作包含如下三个方面:

(1)经调查研究和分析,定下管箱结构型式 1987 年组织攻关组成员对国内引进的高压加氢空冷器进行调研后,针对国外使用中易出现冲刷腐蚀的问题,结合当时国内现有的装备与技术水平,经过充分讨论,决定采用分离的锻制管箱型式(茂名石化引进的为整体锻制管箱),这样既能满足使用要求,又可适应工厂的制造能力。

(2)分析要点抓关键,开展技术攻关 为使空冷器研制能够成功,分析了难点,重点抓住了管箱深孔加工技术、管子-管箱深小孔内角焊接技术、管子入口耐冲/腐蚀衬套管制作技术等针对性攻关,经反复试验研究,通过了技术鉴定并应用于实际产品的制造上。

(3)消化吸收再改进,新辟缠绕工艺 茂名石化引进的空冷器,其翅片为镶嵌式,它具有适用温度高、传热效果好、连接牢靠等优点。在此次研制中,攻关组成功攻克了不同管箱型式(板焊、锻焊)、不同翅片(滚花、双金属轧制)型式的碳钢丝堵式高压空冷器,并首次在国内采用了滚花型(KLM 型)翅片,为国内开辟了一种新的缠绕工艺。

1991 年 2 月,国内第一台丝堵式高压空冷器研制成功,经检验质量、性能都达到了设计技术要求,填补了我国此类高压空冷器设计、制造技术的空白。

3.5.2.3 第三阶段(2003—2011 年):国产 825 合金材料高压空冷器成套技术开发

2003 年后,大量高压加氢装置陆续在国内投产,随着处理量增加,尤其是掺炼高硫原油比例的提高,在用高压加氢空冷器运行过程中出现了较多的问题。某公司 100 万 t/年中压加氢裂化装置的高压空冷器在 2006 年 4 月至 6 月连续发生 4 次泄漏,造成频繁的非计划停工,严重影响了企业的安全生产和经济效益。图 1.3-47、图 1.3-48 为腐蚀穿孔的空冷器管束。为此,中国石化集团公司《石化股份炼设函〔2006〕39 号》行文要求,以重点走访并配合广泛的问卷调查的方式,同时展开在用高压空冷器腐蚀情况调研。2006 年 7 月 20 日至 7 月 30 日,由炼油事业部、洛阳石化工程建设公司、中国石化工程建设公司及其他相关人员共同组成调研组,分为两路分别对齐鲁石化、上海石化、扬子石化、金陵石化、镇海炼化、茂名石化 6 家重点企业 12 套加氢裂化和加氢处理装置高压空冷器进行了现场调研;问卷调查表由炼油事业部于 2006 年 7 月 10 日下发至所有被调研企业,8 月底收到 9 家企业 15 套加氢装置的回复表,包括现场调研过的 12 套加氢装置。当时集团公司有加氢裂化和加氢处理装置约 20 套,在用的高压空冷器约 160 片,除齐鲁石化 150 万 t/年 VRDS 装置的两片高压空冷器管束材质为 Incoloy 825 外,其余管束材质大都为 20R、16MnR、16MnR(R-HIC)及相似国外牌号的钢板或锻件;换热管为 10、20 及相似国外牌号的钢管。其中,齐鲁石化分公司 VRDS 装置高压空冷器于 2003 年 3 月投用,换热管基管材料为 Incoloy 825,哈空调制造,系哈空调首次制造 Incoloy 825 高压加氢空冷器。

国外对于高压加氢空冷器系统的研究开始得比较早,并将此称作 REAC 系统腐蚀。

1975年NACE（T-8-1调查组）的研究可能是最早的权威性研究，该研究所得出的主要结论是：空冷器的腐蚀受大量不确切的因素和变量影响，但调查所收集的数据在很长时间内指导着工程实践。这些数据包括：Kp值、NH_4HS浓度、流速等统计数据。1996年Unocal/UOP公司进行了大规模调查研究，该调查并未在1975年NACE研究的基础上给出新的指导意见。但调查显示，虽然Kp值、NH_4HS浓度、流速增加意味着腐蚀性增加，但必须强调空冷器对称布置的重要性。且从趋势看，腐蚀表现出与冷高分水NH_4HS浓度及流速的关系更显著。上述研究减少了空冷器的腐蚀问题，但问题并未消除。1998年美国石油学会（API）又进行了大规模的调查，2002年发布的API 932-A成为REAC系统腐蚀问题新的研究性文献。在此基础上，2004年发布的API 932-B总结了控制REAC系统腐蚀的推荐性措施。

图 1.3-47　腐蚀穿孔的空冷器管束（1）

图 1.3-48　腐蚀穿孔的空冷器管束（2）

此次调研发现，高压空冷器的腐蚀泄漏具有普遍性，腐蚀泄漏几乎都发生在加工高硫原油的装置或改造后加工高硫原油的装置，部位集中于高压空冷器以及高压空冷器系统前后的换热器。虽然每个企业、每个装置的情况各不相同，即使同是加氢裂化装置，也各有各的特点，而且均或多或少出过问题。表面上看，这些都是空冷器或换热器等设备或管线的泄漏问题，然而实际上却是关系工艺条件、配管材质及结构布置、设备材质及要求、原料变化、防腐措施、操作等诸多方面的一个系统性问题。通过调查并结合API 932及国外专利商的技术要求，调研组从整个系统入手，对设计、制造、操作、管理等方面提出了一系列相应的建议措施。

中石化根据调研报告进行了系列决策，其中最重要的一条措施是：要求国内加工高硫原油的炼油厂，新上加氢裂化和渣油加氢装置高压空冷器管束主体材料采用Incoloy 825（等同于国内NS1402）耐蚀合金以保证高压空冷器长周期、安全操作。然而，当时825高合金钢管主要由欧、美、日的几家钢厂控制，国内用825高合金钢管全部进口，不仅花费国家大量外汇，也严重拖后设备制造周期。为此，2007年7月中石化科技开发部组织洛阳石化工程建设公司、中国钢研科技集团公司、攀钢集团四川长城特殊钢有限责任公司、兰州长征机械有限公司及中国石化长岭分公司为成员单位，成立了"国产825合金材料高压空冷器成套技术开发"课题组，首先针对825合金材料进行攻关。

自2007年7月以后，课题组成员单位进行了多次研讨、论证和评议，明确了各成员单位职责，陆续完成了课题的研制大纲编制、实验室研究和对比分析、小批量生产材料全面的性能试验研究，根据试验结果对工艺路线进行修正、多批次材料小批量生产及全面的性能试验研究、加工及焊接性能研究、应用设备的设计及制造技术文件编制、应用设备的制造检验与验收、产品使用考察等一系列工作，明确了攻关目标：国产 825 合金钢和钢管应用于石化产品的各项性能不低于国外同类产品。

1. 开发内容

1）材料主要合金元素的合理选择和优化以及产品化学成分的界定；

2）材料各项力学性能、物理性能、耐蚀性能、加工性能、焊接性能研究；

3）材料化学成分、力学性能、冷热加工、热处理对耐硫化物、氯化物腐蚀环境的影响分析等。

2. 材料研究关键工艺路线

（1）冶炼工艺　对材料的冶炼工艺路线、化学成分配比、管材和板材的轧制工艺进行了全面的实验室研究和对比分析，然后进行工业化试制和性能分析。

（2）锻造工艺　根据 Gleeble 热模拟试验，结合长城特钢厂的工装情况，制订了钢锭加热温度 1150±10℃，在 5t 电液锤上进行锻造开坯，保温时间 4h 的锻造工艺方案。

（3）冷热加工工艺　国产 825 高合金材料的热加工一直以来是冶金工艺面临的一个难题，主要问题是热变形抗力大，热塑性较好的加工温度区域很窄。因此，课题组把此项工艺作为重点工作进行全面研究和试验，围绕最佳热变形温度范围以及挤压参数如温度、变形速率等的确定，并且结合冶炼工艺、合金中微量元素对热加工性能的影响进行了充分研究，最终确定国产 825 合金钢材料的热加工工艺参数。管材制备经历的工序多、周期长，特别是对高精度、超常细管材的制备而言，冷加工面临的挑战更大。在较长的冷加工过程中，任何一道工序控制不严，就将引入额外的杂质，从而导致材料报废。此外，对冷加工道次间的退火酸洗工艺要求也十分苛刻。如果采用传统的退火酸洗工艺，很容易由于酸洗不彻底而导致材料局部增碳。因此，本次试制采取保护气氛光亮退火处理来保证研制产品的性能。

（4）热处理工艺　825 合金钢一个重要的性能指标就是要有很好的耐晶间腐蚀性能。为此，在确定材料化学成分时，从 C、Cr、Ti 等合金元素上给予了充分的考虑。冷加工时道次间的退火酸洗过程首先关注的也是会不会增碳的问题。根据实验室研究，此类材料，当中温敏化处理 760℃×1h，在晶界上将出现富 Cr 的 $M_{23}C_6$ 沉淀物，进而导致在沸腾 65%HNO_3 中的晶间腐蚀。因此，必须制订合适的热处理温度和保温时间，以利于合金形成 TiC 化合物，防止产生大量的 $M_{23}C_6$。另外，为保证最终产品的良好外观，保护气氛的氛围也是非常重要的因素，必须对保护气氛的湿度、纯净度进行严格控制。

3. 材料性能试验研究

按照研制大纲要求和实验室试验结果，长城特钢对国产 825 高合金钢材料进行了冶炼、轧制、热处理等各项工艺的产品试制及方案优化，试制产品均经过北京钢铁研究总院的全面试验分析。主要工作内容及结果如下：

1）化学成分合理优化。

2）力学性能满足指标要求：前两批次试制产品的高温拉伸性能不能满足技术指标的要求。通过优化化学成分配比和热处理工艺，直到第三批次材料试验，性能才完全达到了指标的要求。

3）耐晶间腐蚀性能：825 高合金材料和奥氏体不锈钢一样存在晶间腐蚀倾向，晶间腐蚀的机理主要是由于 $Cr_{23}C_6$ 型碳化物在晶界上析出，导致晶界附近铬的贫化，从而使晶界及其附近发生腐蚀。根据这一理论，影响材料发生晶间腐蚀的主要元素就是钢中的碳和铬含量。降低碳含量、增加铬含量，材料耐晶间腐蚀性能就好。根据国产825高合金材料对耐蚀性能要求高的特点，对国产825高合金化学成分的碳、铬等相关元素进行合理搭配，轧制工艺、热处理工艺的控制都进行了大量的研究和试验工作。按照ASTM 262 C法标准，与某进口厂商板材的腐蚀数据对比，表明国产825高合金材料板材和管材的平均腐蚀速率不仅远远低于技术指标值0.75mm/月，而且优于进口材料。

4）耐点腐蚀性：对试制材料、316L及进口川崎板材进行了点腐蚀对比试验。考虑到溶液pH值对点蚀的影响，试验首先按GB/T 17897进行，不调整pH值，然后对pH=7和pH=5的情况分别进行了试验。试验结果证明，在pH=5、6、7、8时，所试验的三种钢均不发生任何点腐蚀现象，试验前后没有任何质量损失。

5）晶粒度和非金属夹杂物检查与控制。

6）其他性能：对物理性能，如杨氏模量、剪切模量、泊松比、热导率、磁导率等参数进行详细的测量；板材的低倍检验；无缝钢管的水压、压扁、扩口、无损探伤及允许偏差检验等均满足研制大纲和相关标准的要求。

7）焊接性能：根据国产825高合金材料在石化行业的应用特点，采用进口焊接材料进行焊接试验，并对包括板和板、板和管、管和管以及不同的焊接方法成形的焊接接头的力学性能、耐蚀性能等进行了大量的试验工作。从所有的试验数据来看，国产825材料包括焊接接头的性能均满足研制大纲和相关标准的要求，达到了国外进口材料的性能指标。

4. 成果应用

2008年10月14日在北京进行了课题中期会议评审，评审组认为国产825合金材料可以应用于加氢高压空冷器的设计、制造，并建议尽快开展工业应用。

2010年2月2日由全国锅炉压力容器标准化技术委员会主持，在北京对攀钢集团江油长城特殊钢有限公司申报的课题研发的NS1402板、管材料（即国产825合金材料）进行了技术评审，评审认为长城特钢在装备和技术条件上已经具备了承压设备用NS1402板、管材料的生产条件。

2010年3月18日兰州长征机械有限公司承接了长岭分公司油品质量升级改造工程170万t/年渣油加氢处理装置中热高分气空冷器（0217-A-101）的制造合同。热高分气空冷器（0217-A-101）共计4片，介质为油气、氢气、H_2S、H_2O；操作条件为：温度131℃，压力15.3MPa；设计条件为：温度151℃，压力16.07MPa；管束及管箱板全部采用本课题开发的国产825合金材料。2011年10月，课题组攻关的首次4台国产825合金材料制高压空冷器投用在长岭分公司油品质量升级改造工程170万t/年渣油加氢处理装置，应用效果良好。图1.3-49所示为第一台国产825合金材料制热高分气空冷器进行水压试验。

图1.3-49 第一台国产825合金材料制热高分气空冷器（0217-A-101）水压试验

国产825合金材料高压空冷器成套技术

具有自主知识产权，该项目达到了以下目标：

1）研制的825板材和管材，不论冶金质量还是主要性能指标，均和进口材料相当，完全可以替代进口材料；

2）国产825板材和管材的研制成功，促使国外进口825材料价格大幅度降低（国产化之前825管材进口价格近50万元人民币/t），间接促进了石化行业用825合金材料制高压空冷器制造成本的大幅度降低，并极大缩短了工期；

3）通过对丝堵部位采取优化结构和制造控制措施，极大减少了825合金材料制造的高压空冷器发生丝堵泄漏事故的情况。

3.5.2.4 第四阶段（2011年至今）：国产化的深入发展

哈空调从2002年10月为齐鲁石化分公司VRDS装置制造高压空冷器起，到2011年完成了近150台高压加氢空冷器制造（材料Incoloy 825进口）；兰州长征机械有限公司自2007年9月为福建分公司230万t/年蜡油加氢裂化装置制造高压空冷器起，到2011年也完成了近40台进口825材料的高压加氢空冷器制造。采用825（NS1402）制造的高压空冷器在设备制造阶段和使用期间也出现了一些问题，主要表现就是管箱丝堵在设备水压试验过程和使用过程中出现泄漏现象。为此，中石化成立了"高压空冷器国外制造商技术考察团"，于2011年6月赴意大利、法国和美国对OLMI S.P.A、FBM Hudson、GEA BTT、USA Hudson四个空冷器设备制造厂进行了技术考察。通过考察，了解国外高压空冷器制造行业在装备、制造工艺、技术发展方向等方面的情况，在以下方面采取了控制措施：

1）管箱盖板硬度、丝堵硬度、丝堵垫片硬度三者的匹配关系；

2）丝堵和丝堵孔结构改进，丝堵垫片最小厚度要求；

3）丝堵和丝堵孔密封配合公差控制；

4）管箱盖板焊接变形控制。

通过国内制造企业的技术改造和技术进步，2011年之后生产的825（NS1402）高压空冷器很少再有丝堵泄漏现象发生了，高压空冷器的安全保障得到极大提升。

自从2011年10月4台国产825合金高压空冷器首次投用以来，以长城特钢、浙江久立等为代表的厂家生产的NS1402管材得到越来越多用户的认可，选用NS1402材料制造高压加氢空冷器的项目越来越多。到目前为止，哈空调和兰州长征机械有限公司等制造商出产的国产825合金制高压空冷器超过420台片，为中国项目建设节省了投资、加快了进度、促进了发展、做出了贡献！

至今，还开发了一些其他材料的高压加氢空冷器：

2010年，由中国石化工程建设公司、兰州长征机械有限公司、中石化武汉分公司共同组成项目组，联合对组合管箱结构高压空冷器进行工程技术开发，首次将大面积堆焊技术应用在高压空冷器上，2013年4月开车成功；

2010年中国石化工程建设公司、哈空调和石家庄炼化公司联合在中国石化重大办立项，于国内首次进行"加氢装置用双相不锈钢高压空冷器的研制"，2014年8月开车成功；

2012年，由中国石化工程建设公司、哈空调、中化泉州石化有限公司共同组成项目组，进行加氢裂化装置新型高压空冷器成套工程技术开发，首次将大面积带极堆焊技术应用在高压空冷器上，2014年8月开车成功；

2014 年，由中国石化工程建设公司、哈空调、中石化齐鲁分公司共同组成项目组，对双相钢超厚钢板制高压空冷器工程技术进行开发，2015 年 3 月开车成功。

多年来，根据高压空冷器的操作条件、设备规格以及耐蚀性能要求，陆续设计和制造了多种主体材料、多种丝堵结构型式的空冷器，这些设备在国内炼油加氢装置上遍地开花，国产高压空冷器已经完全达到世界先进水平。表现为：

主体材料多种：CS、15CrMo、2.25Cr-1Mo、S22053、S25073、Incoloy 825、Incoloy 625 等板、锻材料；

换热管材料多样：CS、15CrMo、1.25Cr-0.5Mo、2.25Cr-1Mo、300 系列不锈钢、S22053、S25073、Incoloy 825、Incoloy 625 等系列材料。

采用的丝堵结构型式有：单丝堵、双丝堵等，且丝堵部位加工精度越来越高，现在很少有丝堵泄漏情况发生。

苛刻的设计条件：设计压力最高达到 30MPa。

3.5.3 结语

空冷器研制攻关成功距今已有 30 多年的时间，"国产 825 合金材料高压空冷器成套技术开发"攻关成功也有 10 多年的时间。我国现在不仅已经掌握绝大多数炼油加氢装置的工艺专利技术，而且关键设备也几乎全部国产化，国内空冷器专业制造商现在可以制造覆盖炼油加氢装置所要求的多种主体材料、多种丝堵结构型式的高压加氢空冷器，为大量项目的建设降低了成本、缩短了周期、做出了贡献！

（本节由洛阳石化工程建设公司李群生撰写）

3.6 重整板壳式换热器技术攻关和发展历史

3.6.1 概述

重整装置中最大的换热器就是重整反应器进出料换热器，它也是该装置的关键设备之一。在装置生产过程中，重整进料与反应产物换热器对临氢系统压降和热能的高效利用影响较大。重整反应系统进料换热器热负荷占加热进料总热负荷的 80%～85%，而进料加热炉热负荷仅占 15%～20%，因此该换热器换热效率高低对装置的能耗影响较大。

20 世纪 80 年代之前的半再生重整装置规模较小，大多不超过 30 万 t/年，反应产物换热器采用的都是立式管壳式换热器，具有阻力降小、结构及制造简单等优点，但其传热效果差，所需传热面积大，又受其结构和大法兰密封限制，单台传热面积仅为 3800m^2，壳体内径不超过 2m，对于规模较大的重整装置就不得不采用双台并联的方式。但由于系统压降小，必须采取一系列措施保证并联两路物流均匀分配，且不能有偏流，所以国外连续重整装置反应产物换热器均采用一台大型的板壳式换热器，而避免采用两台并联的立式管壳式换热器。

为解决列管式换热器存在的上述问题，20 世纪 80 年代起，欧美国家开始在重整进出物料换热器上使用高效换热的板壳式换热器。板壳式换热器板束的波纹板具有"静搅拌"作用，能在很低的雷诺数下形成湍流，冷热物流以纯逆流的方式在板束中进行换热，换热效率比普通管壳式换热器换热效率高 1～3 倍。以一台 6000m^2 的歧化装置进出料换热器为例，按照年操作时间 8000h、燃料油的热值 41870kJ/kg、燃料油价格 2500 元 /t、管壳式换热器 10 年更新一次计算，在相同的工况下，采用板壳式换热器设备重量 178t，设备造价 1450 万元；管壳式换热器设备重量 420t，设备造价 3450 万元。与管壳式进料换热器相比，采用板壳式换热器可节约占地面积 30m²，多回收热量 2.69MW，节约燃料 1847.6t/ 年，节约燃料费 461.9 万元 / 年，节约框架和安装费 45 万元，节省总投资（20 年）14778 万元。图 1.3-50 为板壳式换热器结构示意图。

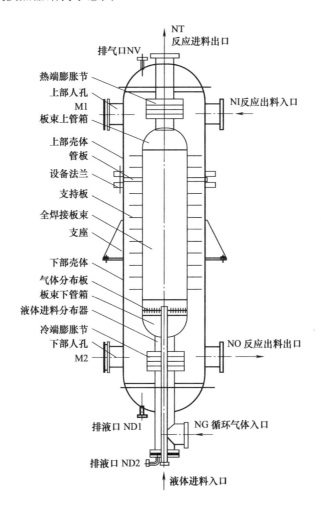

图 1.3-50　国产板壳式换热器结构简图

3.6.2　板壳式换热器的技术攻关和发展历史

欧美发达国家于 20 世纪 80 年代起开始竞相开发、研制各种形式的板壳式换热器。其中，具有代表性的为法国 Packinox 公司，该公司于 20 世纪 80 年代首次在催化重整装置中用一台大型板壳式换热器替代传统的管壳式换热器组。20 世纪 90 年代末期，Packinox 公司又将大型板壳式换热器用于加氢装置。该公司的产品得到 UOP 公司的认证，其产品主要用于催化重整及加氢装置。

板壳式换热器在中国起步比较晚。中国石化总公司北京设计院自 1974 年就开始与当时的兰州石油机械研究所合作进行了焊接板壳式换热器研究，1993 年研制的中试产品 55.6m^2 的板壳式换热器在兰州炼油化工总厂 10 万 t/年铂重整装置上投产成功，替代了原有的两台总传热面积 110m^2 的 U 形管式换热器。但由于当时板壳式换热器的制造装备能力较差，没有用于波纹板片成形的大吨位油压机、专用自动氩弧焊机及组装机具等，另外科研手段也较差，没有 CFD 数值模拟技术和有限元分析技术，以及分布器的冷模拟测试装置，故难以承接面积更大的板壳式换热器建造任务，也根本无法同国外厂商竞争。2000 年以前大型板壳式换热器基本都是依赖引进。

1999 年中国石化总公司北京设计院与兰州石油机械研究所共同研制成功 350m^2 板壳式换热器用于克拉玛依石化分公司、玉门石化 35 万 t/年催化重整装置的二段混氢换热器，采用 SR1 顺人字板型，成为第一代产品。该产品于 1999 年 5 月 8 日通过中国石化总公司鉴定。

第一代产品由于热膨胀和介质分布不均问题，相继在操作过程中失效，课题组进行了不断改进。为了避免与国外产品知识产权冲突，研制单位从板片成形、板管组对焊接、板束进出口结构、板束固定结构及板壳进出口结构等方面都进行了创新，设备研制成功，结束了重整大型板壳式换热器一直依赖进口的历史。在 2000—2005 年间形成了以 SR2 板型、中心直管分布器和板束上下膨胀节为改进结构的第二代技术。

2000 年研制成功 350m^2 板壳式换热器，用于克拉玛依炼油厂 30 万 t/年催化重整装置的二段混氢/重整产物换热器。采用第二代技术，600mm×6000mm（长）的板片在万吨油压机上分次步进压制，SR2 板型、无镶条的板束长边采用专用自动氩弧焊机焊接，板束上下均设置膨胀节，底部设置中心管分布器。同时大型板壳式换热器被国家经贸委认定为"2001 年度国家重点新产品"。

2001 年对用于乌鲁木齐石化分公司 60 万 t/年催化重整装置（由 40 万 t/年能力扩建而成）的二段混氢/重整产物换热器（E-201）采用第二代技术进行研制，换热面积为 3000m^2。该项目也列入"十五"国家重大技术装备研制项目，2002 年研制成功并通过了验收。为尽快将板壳式换热器产品转入产品化生产，兰州石油机械研究所投资数百万元研制了两台板管长焊缝和板束端头板管间横向焊缝的专用氩弧焊机，初步建成了大型板壳式换热器生产线。随后几年又为锦西石化公司生产了 5000m^2 板壳式换热器用于 60 万 t/年连续重整装置，为华北石化公司生产了 350m^2 板壳式换热器用于 30 万 t/年催化重整装置的二段混氢进料/反应产物换热器（E202），2004 年为中国石化洛阳分公司制造了 2704m^2 板壳式换热器用于 70 万 t/年催化重整装置的二段混氢进料/反应物换热器。

2006—2007 年，针对第二代产品传热效果不佳、梳齿板易错位变形、板束压紧板无柔性连接结构、中心直管分布器不能满足大型化要求、分布不均以及自动氩弧焊机落地支撑地基下陷等问题，以及 2/5 部分产品失效问题，又改进形成了以 RZ2、RZ3 软硬人字形波纹板型、梳齿板镶块结构和板束压紧板柔性连接结构为代表的第三代技术，并配套建设了 2 万 t 波纹板片专用油压机。

第一台第三代产品用于中国石化海南炼油厂 120 万 t/年连续重整装置，并于 2006 年成功开车。2006 年 10 月为苏丹喀土穆炼油厂制造了板壳式换热器（2000m^2），用于 40 万 t/年连续重整装置，其规格为 ϕ1700mm×14849mm，壳体材料为 1.25Cr-0.5Mo-Si，总重

38380kg，同时为中石油抚顺石油三厂60万t/年连续重整装置制造了2000m² 板壳式换热器。2007年为福建炼油厂制造了1200m² 板壳式换热器用于30万t/年连续重整装置，又为上海金山石化制造了1650m² 板壳式换热器用于20万t/年连续重整装置，为抚顺石油三厂的60万t/年连续重整装置又生产了一台2000m² 板壳式换热器。

2008—2009年，针对第三代产品传热效果好但压降过高、介质分布不均、板束柔性连接元件设置不合理以及2/4部分板束失效等技术缺陷，又改进形成了以RZ4板型、T型分布器、下部圆拱管箱改为天方地圆结构、改进的镶块结构、板片焊接升级为电阻焊+氩弧焊以及板片覆膜压制等为特征的第四代技术，并完善了板壳式进料换热器操作使用手册，严控开停车程序，使大型板壳式换热器的可靠性得到了大大提高。

2008年12月国产首台第四代5000m² 重整进料换热器在高桥石化80万t/年连续重整装置（由60万t/年能力扩建而成）上投产，管板由吊装结构改为设备法兰夹持结构，板束上下端均设置膨胀节。

甲苯歧化及烷基转移装置（简称歧化装置）是大型芳烃联合装置中的核心单元，其中的进料换热器则是该单元中回收装置热量的核心设备。该换热器热流进出口温差大、流量大、热负荷高、阻力降要求高，传统的管壳式换热器很难同时满足这些要求。而板壳式换热器由于具有传热效率高、端温差小、压降小、重量轻、占地面积小等优点，在国外多用于歧化装置进料换热器。2008年首次将国产板壳式换热器应用于金陵石化分公司60万t/年芳烃联合装置中歧化装置6000m² 的歧化反应进出料换热器，使国产板壳式换热器在连续重整装置之外得到了推广应用，并于2009年、2013年分别为乌鲁木齐石化分公司及海南炼化芳烃联合装置的异构化装置提供了产品。

该型板壳式换热器其后使用业绩有：

2009年为中国石化北京燕山分公司生产了5400m² 板壳式换热器用于80万t/年连续重整装置，热负荷达35.92MW，设备重量121t。如果采用管壳式换热器来完成同样的换热任务则需要7800m²，设备重量达420t。

2009年为中国石化上海金山石化分公司制造了7700m² 板壳式换热器用于60万t/年芳烃、100万t/年连续重整装置。

2009年5月为中国石化福建联合石油化工有限公司制造了10600m² 板壳式换热器用于140万t/年连续重整装置，热负荷达93MW。

2009年7月为乌鲁木齐石化分公司制造了10500m² 板壳式换热器用于100万t/年芳烃联合装置330万t/年异构化装置异构化进料换热器，图1.3-51为该设备的吊装图。该设备板片采用了RZ4板型，板束采用了专用自动程控焊机焊接。

2010年之后，随着第四代产品的应用，针对随装置操作波动，设备随机性整体刚性偏低，导致泄漏问题，课题组再次进行了改进：管束长边整体镶条、T型分布器改

图1.3-51　乌鲁木齐石化异构化装置的10500m² 异构化进料换热器

为L型、降板束上圆拱改为天圆地方结构，使板束整体刚性得到了大幅提高，可以有效地承受热冲击及温差引起的应力，大幅度提高了板束的抗操作波动可靠性，正在逐渐形成第五代技术。产品被广泛用于国内连续重整装置中，2011年为福建炼化制造了9200m^2板壳式换热器，用于连续重整装置，它具有优化的RZ4板型、独创的整板分次步进模压成形技术、独特的无泄漏密封整体可拆结构、新型进料分布器及独特的热膨胀保护结构。

2011年为中国石油宁夏石化、中国石油锦州石化、兰州石化各制造了5000m^2新型板壳式换热器，均用于连续重整装置。

2011年为哈萨克斯坦奇姆肯特炼油厂制造了4600m^2板壳式换热器，用于100万t/年连续重整装置，使国产的产品走出了国门。

2011年为中国石化荆门石化公司制造了8000m^2板壳式换热器，用于60万t/年连续重整装置。

2011年为中国石油广西北海石化制造了4200m^2板壳式换热器，用于60万t/年催化重整装置。

2011年为中国石油克拉玛依石化分公司制造了4400m^2板壳式换热器，用于60万t/年催化重整装置。

2011年为中国石化洛阳分公司制造了4400m^2板壳式换热器，用于70万t/年催化重整装置扩能改造的重整进料/反应产物换热器，板型改为了第四代RZ4型。

2011年3月为庆阳石化公司制造了4000m^2板壳式换热器（重整进料/反应产物换热器203-E-201），用于60万t/年连续重整装置。

2013年12月为中国石化国产化专项研制的10300m^2异构化超大板壳式换热器在海南炼化60万t/年芳烃联合装置投入运行，首次采用了改进的L型进料分布器，单台热负荷达107MW。

2017年6月为中国石油云南石化制造的12800m^2国产超大型板壳式换热器在240万t/年连续重整装置开工，该板片采用了改进的RZ4型。

2017年为中国石化安庆分公司制造6600m^2板壳式换热器，用于100万t/年连续重整装置。

2017年为山东昌邑公司制造7500m^2板壳式换热器，用于100万t/年连续重整装置。

3.6.3 结语

国产大型板壳式换热器的研发经历过失败，研发中曾经有一个开发团队，他们选择的技术路线是与国外相同的水下爆炸成形板片、板束镶条技术，但在水下爆炸成形板片的第一步就以失败告终，这个技术路线在当时条件下难度过大，难以在短期内突破。另一条完全不同于国外厂商的技术路线获得了成功。国产板壳式换热器与国外技术从换热器整体结构、板片成形、板束焊接结构、管壳程介质进出结构和管板支撑方式等方面完全不同，具有自主知识产权。

目前，单台超大型板壳式换热器已达12000m^2，已经接近国外单台超大型板壳式换热器16000m^2，基本满足国内大型化连续重整、歧化、异构化对大型板壳式换热器的需求，而且已经在哈萨克斯坦等"一带一路"沿线国家得到了应用。

从我国第一台板壳式换热器工业化开始计算，在中国石化科研开发、国产化和大型化的持续引领和资金支持下，历经 20 余年的不懈努力，持续地进行技术攻关、改进，国产大型板壳式换热器现已实现大型化目标，各项技术在不断改进中也日趋成熟，取得了许多宝贵的经验，可完全替代进口产品，并且可以在国际市场上与国外厂商展开同台竞争。它的成功开发与应用，对打破国外技术封锁、打造民族品牌、振兴装备制造业具有重要意义，可以载入中国压力容器发展史册。

（本节由中国石化工程建设公司张迎恺撰写、洛阳石化工程建设公司郭为民补充）

3.7 大型塔式容器的发展历史

3.7.1 概述

塔式容器是化工、石油化工和炼油等生产中最重要的设备之一。塔式容器能为气-液或液-液两相进行充分接触提供适宜的条件——充分的接触时间、分离空间和传质传热的面积，从而达到相际间质量和热量交换的目的，实现工艺所要求的生产过程，生产出合格的产品。所以塔式容器的性能对整个装置的产品产量、质量、生产能力和消耗定额以及三废处理和环境保护等方面都有着重大的影响。

塔式容器是一种工艺性很强的设备，塔式容器最关键的性能是效率高、阻力小。因此，塔式容器内件的制作、安装精度是十分重要的。随着装置规模的增大，塔式容器大型化已是十分明显的趋势，这对塔式容器的设计、制造、运输、吊装和现场检验均提出了挑战，大型塔式容器的国产化势在必行，也列入了国产化攻关项目。

大型塔式容器的共同特点是：长度（高度）大、直径大而壁薄、直径大且高而重、工艺性强。大型塔式容器技术体现在它的综合性，包括先进的传热传质理论、优化的工艺和性能优良的内件（高效填料、高效塔盘）。容器结构设计、失效模式的确定、现场安装（包括内件的安装、现场吊装等）和现场制造（包括现场组焊、现场热处理、现场水压试验、现场无损检测等）等方面的技术难点是大型塔式容器在国产化过程中需要攻关的内容。

大型塔式容器技术是一个国家化工分离工程的标志性技术，大型塔式容器的典型代表是：

1）高度最大的 60 万 t/年 PX 装置中的二甲苯塔和抽余液塔（塔径 $\phi 7000 \sim \phi 11800mm$）；

2）直径大而壁薄的 500 万～1000 万 t/年炼油行业中的常减压蒸馏塔（塔径 $\phi 6400 \sim \phi 13700mm$）；

3）直径大且高而重的 70 万～100 万 t/年乙烯行业中的丙烯蒸馏塔、汽油分馏塔（油洗塔）和水洗塔（塔径 $\phi 8000 \sim \phi 13200mm$）。

3.7.2 常减压塔的发展历史

常减压蒸馏装置是原油加工的第一道工序，在炼油厂加工总流程中有着重要作用。原油蒸馏一般包括常压蒸馏和减压蒸馏，因为常压塔只能拔出实沸点 360℃左右的馏分，若要进一步提高拔出率，则必须要有更高的汽化温度。原油中 350℃以上的高沸点馏分是润滑油馏分和催化裂化、加氢裂化原料，它们在高温下会发生裂解，在常压的操作条件下不能获得这些馏分，只能通过减压蒸馏在较低温度下取得。所以减压塔及其抽空系统在原油蒸馏装置中直接关系到减压产品的收率和质量，以及装置的安全、稳定运行。减压塔视其生产任务的不同，可分为润滑油减压塔和燃料型减压塔两种类型。

20世纪70年代以前，常减压装置中的减压塔内件采用的是塔盘型式；70年代中后期，开始将减压塔顶部的塔盘用填料取代，其他部位内件还是采用塔盘；80～90年代，南京炼油厂二套常减压装置和胜利炼油厂北常减压装置（原油加工能力250万t/年）的减压塔（$\phi4200mm/\phi6400mm/\phi4200mm$）先后进行了改造，将塔内塔盘全部用金属填料取代，称之为全填料"干式"减压塔。在此之后，国内250万t/年常减压装置的减压塔陆续进行了改造，全部采用填料取代了塔盘。

2000年以后，常减压蒸馏装置的单套加工规模从以往的200万～300万t/年扩大到500万t/年、800万t/年、1000万t/年、1200万t/年，减压塔的直径也从$\phi6400mm$逐步增大到$\phi7800mm$、$\phi8800mm$、$\phi9000mm$、$\phi9800mm$、$\phi10000mm$、$\phi10200mm$、$\phi10800mm$、$\phi11600mm$、$\phi13700mm$。减压塔直径的增大，使得内件的支撑由原来的工字钢梁改为桁架梁。桁架梁的特点是：在保证支撑作用、确保水平度要求的同时，可以大大减小为检修、安装提供的预留空间，降低塔的高度，减轻支撑梁自身的重量，并且可以保证塔内气液的流通面积，增加塔内气液的横向混合，减小气相流动阻力，降低塔内压降。大型塔盘的整体结构优化设计主要是指塔盘主梁和塔盘板的优化设计，主梁的优化设计是指桁架梁和空间网架的优化设计。

2001年，由中国石化所属某设计单位设计的全国第一套国产化高桥800万t/年润滑油型常减压蒸馏装置在上海成功投产。该单位设计的塔径为$\phi10.2m$的润滑油型减压塔是当时国内最大直径的减压塔，这也是国内首次对大型化减压塔内件大量采用桁架支撑设计，并以此为契机确立了大型化塔内件支撑的可靠计算方法和合理的结构型式，为今后各类装置的塔式容器大型化设计解决了一大难题。

3.7.3 二甲苯塔和吸附塔的发展历史

二甲苯塔的作用是从重整C_8+芳烃、异构化C_8+芳烃和歧化C_8+芳烃中分离出C_8芳烃作为吸附分离装置原料，塔底的C_9+芳烃送至重芳烃塔进一步处理。二甲苯塔由于处理物料多，设备规格大，尤其是生产邻二甲苯时，需将部分邻二甲苯压到塔底，造成分离难度加大，回流量增加、塔板数量增加，因此二甲苯塔高和塔径都很大。重整-芳烃联合装置工艺流程见图1.3-52。2010年前芳烃成套技术一直由国外两家公司所垄断，2011年后我国具有自主知识产权的芳烃成套技术取得突破，并且芳烃装置中的大型塔式容器的发展始终承载着我国自主知识产权的芳烃成套技术发展和进步。

2009年7月18日，由中国石化所属某设计单位负责设计的大连福佳大化石油化工有限公司芳烃项目实现投产一次成功。装置

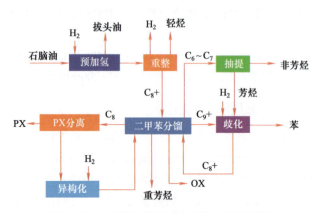

图 1.3-52　重整-芳烃联合装置工艺流程图

中最高点是二甲苯分馏装置中的二甲苯塔（C-803），该塔是当时国内同类设备中第一高塔，公称直径7.2m，切线高113m，总高129.15m，净重量约1340t（不含塔内件重690t），高径比$H/D \approx 18$；该塔采用工厂分段预制、现场组焊和热处理的施工方案，并有相应的防风振等技术措施。图1.3-53为二甲苯塔的图片。

2009年8月28日中石化集团公司工程部组织召开了"直属设计企业设备设计专题研讨会"，专门讨论了近来在不同装置中高径比较大的塔器上出现的共振问题（福建乙烯项目中的脱甲烷塔、上海石化C5装置的6台塔等设备的下封头与裙座连接焊缝出现了裂纹、封头母材开裂，甚至泄漏事故），国内不少单位开展了这方面的工作，并提出塔横风向共振失效的防范措施。实践证明当时的设计和采取的措施是可靠的、成功的和具有前瞻性的。通过该塔的设计，我国在塔器横

图1.3-53 大连福佳二甲苯塔雄姿

风共振、大型塔器的运输、热处理、现场组焊等方面积累了工程经验，这也为后续进行中国石化海南炼油化工有限公司60万t/年对二甲苯项目的大型高塔的工程设计提供了宝贵经验。

2011年10月，扬子石化承建的中国石化重大科研项目——芳烃吸附分离技术开发及工业示范装置产出合格产品。这标志着芳烃成套技术的最后一个技术堡垒取得重大突破，中国石化全面掌握了包括成套技术设计、工程建设、高效吸附剂生产技术在内的全套芳烃生产技术，成为全球第三个具有完全自主知识产权的大型化芳烃生产技术专利商和工程承包商，打破了国外公司在全球的长期垄断局面。

海南炼化60万t/年对二甲苯工程项目在2013年12月开车成功，它是中国石化自主知识产权的芳烃成套技术在大型工业化装置中首次应用。海南炼化芳烃项目中二甲苯塔（106-C-802）为多溢流板式芳烃精馏塔。其主体材料为Q345R，内装175层多溢流高效浮阀塔盘。该塔的特点是直径大、高度大［规格$\phi 9800mm/\phi 10600mm/\phi 11800mm \times 110550mm$（切线长），总高126.6m］，它是当时亚洲最大吨位的炼油化工装置特大型非标设备，也是海南炼化60万t/年对二甲苯项目的关键核心设备之一。这台特大型超限设备是由中国石化所属某设计单位进行工程设计，并由中石化宁波天翼石化重型设备制造有限公司承制的，制造加工总重量达5005t。这套设备超大、超厚、超重，均刷新了国内同类装置塔式容器的制造加工纪录。

吸附塔是对二甲苯装置的核心设备。该设备通过使用一种固体吸附剂、一种液相解析剂以及流体分配装置，从混合进料中以高收率获得高纯度对二甲苯抽出液。恒力石化2×225万t/年对二甲苯装置是恒力石化2000万t/年炼化一体化项目的重要组成部分。该对二甲苯装置中有4台吸附塔，设备壁厚84mm、直径9.7m、长度38.5m，单台重850t，

采用法国 Axens 公司专利技术。

吸附塔的主要制造难点在于满足专利商对清洁度和内部流体分配装置安装的要求。特殊的工艺流程决定了吸附塔内部结构的复杂性和超高的质量要求。2017 年 5 月中油七建承接该吸附塔制造项目，4 台吸附塔制造历时 1 年，攻克了一系列难关。在前期技术论证中，该公司确定了吸附塔环形室安装、焊接及接管方位的保证、中心管同轴度保证、壳体支持圈与中心管支持圈最终组焊后平面度保证为施工的重点及难点，编制了 20 项详尽的技术方案。吸附塔内部结构错综复杂，每台吸附塔环形室有 448 个接管，方位全部是不规则的角度，极难控制。此次施工人员采取工装定位和空中布线精确测量的方式，将所有接管方位偏差控制在 2mm 以内，达到国内相关产品制造的最高水平。

2018 年 6 月恒力石化 2×225 万 t/ 年对二甲苯装置吸附塔在黄岛码头装船发运。这是目前世界上同类型产品中年生产能力最大、设计最先进的设备（见图 1.3-54）。

如今具有完全自主知识产权的中国石化大型化高效环保芳烃成套技术不仅在海南成功应用，而且多项单元技术已推广至东南亚、东欧等地区。融合了芳烃成套技术的中国炼油和化工技术带动着国内相关制造产业的发展，未来将沿着"一带一路"走出去，成为一张亮丽的中国名片。

图 1.3-54　恒力石化 2×225 万 t/ 年对二甲苯装置吸附塔整装发运

3.7.4　丙烯精馏塔

乙烯装置是石油化工的核心装置。以原油处理后的石脑油和天然气、原油处理后的轻烃为原料的蒸汽裂解工艺是目前最重要的乙烯生成工艺，其主要产品乙烯和丙烯之比为 0.4～0.6。

汽油分馏塔（油洗塔）和水洗塔是乙烯装置急冷区中的关键塔式容器，为装置中直径最大的两个塔器，而丙烯精馏塔作为最重要的产品塔之一，为装置中最高、最重、塔盘数最多的塔式容器，用于分离丙烯与丙烷。由于丙烯和丙烷沸点及相对挥发度比较接近，分离要求塔板数高。在生产聚合级的丙烯产品时，丙烯精馏塔的实际塔板数大多在 200～240 块之间，为降低塔高，往往采用双塔丙烯精馏工艺流程。

我国乙烯工业 20 世纪 60 年代起步，从最初的兰州化学工业公司的 500t/ 年乙烯装置，到数十套 18 万～22 万 t/ 年小乙烯，再到 70 年代燕山石化引进第一套 30 万 t/ 年乙烯装置及经过改造达到 65 万～70 万 t/ 年的 27 套大乙烯，再后来则是新建大型乙烯合资项目扬巴一体化 70 万 t/ 年、赛科 90 万 t/ 年、壳牌和中海油的南海 80 万 t/ 年乙烯装置，天津、镇海 100 万 t/ 年乙烯装置，中海油惠州 120 万 t/ 年乙烯装置等，乙烯装置规模逐步大型化，丙烯塔的直径也随之增大。新建的大型乙烯装置中，丙烯塔的直径均不小于 6.5m。

2018 年 4 月开车成功的中海油惠州炼化二期项目 120 万 t/ 年乙烯装置中的丙烯精馏塔被称为亚洲第一大丙烯精馏塔，它的设计、制造、运输和吊装堪称典范。

在项目启动之初，专利商 Technip SW 给出基于常规塔内件选型的丙烯精馏塔的工艺条件，要求塔器内径为10.5m，切线高113.3m。若按照这一设计条件，对应塔体本身重量将达3000t，加上塔内件及外部附属件，整台塔的净重量将接近4800t，这无疑为制造、运输、吊装造成很大困难，并且成本巨大。经过与塔内件商UOP和Sulzer多轮技术谈判，设计技术人员经过反复计算，提出了不同设计方案的设备重量、概算对比结果，并完成了全面细致的丙烯精馏塔设计方案对比报告，为业主极大地节省了建造成本（仅设备费用就节省约40%），为该塔器实现制造厂整体制造、运输和吊装创造了条件，从根本上保证了制造质量、施工进度、人员安全。

2016年2月22日11时50分，由中石化所属某设计单位设计、宁波天翼制造的中海油惠州炼化二期120万t/年乙烯装置中的丙烯精馏塔历经15h，由中石化第十建设有限公司顺利完成吊装。

惠州炼化二期项目120万t/年乙烯装置中的丙烯精馏塔是目前全球石化行业"整体制造和运输"的最高、最重的设备。该塔公称直径8.8m，切线高度102.15m，总高120.35m，容积达到6573m^3；净重量3200多t（其中塔内件约800t），吊装重量达到2550.6t。这一巨型塔器从设计到制造、从运输到吊装，倾注了大量工程技术人员的心血，体现出了我国一流的工程设计和建造水平。惠州乙烯装置丙烯精馏塔采用了108轴SPMT整体滚装登船的运输方法，见图1.3-55。

图1.3-55 整体滚装登船的惠州乙烯装置丙烯精馏塔

由于该塔吨位巨大，吊耳设计、吊装方案制订难度很大，需要考虑吊装载荷及吊装产生的局部应力、最大变形量、设备整体刚性等各种因素；而且当地风压很大，也给吊装增加了很多不确定因素。设计单位、业主、吊装单位进行了大量的工程计算和设计优化工作，做了充分的前期准备，最终拟定采用3600t液压顶升装置主吊，750t履带起重机溜尾递送的吊装方案，为安全、顺利、稳妥吊装就位提供了充分的保障（见图1.3-56、图1.3-57）。

图1.3-56 丙烯精馏塔在中海油惠州现场吊装

图1.3-57 丙烯精馏塔在中海油惠州现场吊装完毕

3.7.5 塔内件

我国近20年开发了许多性能优良的板式塔和填料塔，已在石化、炼油装置中得到广泛应用。国内新型塔式容器的开发主要集中在气液接触元件、降液管及液体分布器结构改进、塔盘分离空间的利用等方面，部分塔盘、塔填料性能处于国际先进水平。其中，具有代表性的塔盘主要有：适宜处理高液体通量的 DJ 塔盘、适宜处理高气体通量的旋流塔盘、具有高操作弹性及高效率的立体传质塔盘、垂直筛孔塔盘、微分浮阀塔盘、船型浮阀塔盘、并流喷射式复合塔盘以及筛板 - 填料复合塔等。我国为洛阳和大庆 500 万 t/ 年润滑油型炼油厂分别配置的大型板式塔型和大型填料塔型的减压塔，直径达 8400mm，技术指标均达到国外同类设备先进水平。近期，我国研制的 ϕ10000mm 大型精馏塔也将投入使用。

清华大学化工系与中国石化公司巴陵分公司合作的新型转盘萃取塔研究开发与工业应用项目通过鉴定后，巴陵分公司对从荷兰帝斯曼公司引进的己内酰胺装置扩能改造时采用了这一技术，使生产能力由原设计的 5 万 t/ 年提高到 7 万 t/ 年。该项目为国家自然科学基金重大项目"化学工程中重大基础研究——传质分离过程与化学反应工程"子课题"液液萃取基本规律及其工程应用的研究"和国家自然科学基金重点项目"液液萃取分离技术基础性研究"的一部分。装有级间转动挡板的转盘萃取塔是清华大学多年研究形成的专利技术，主要成果包括：采用激光多普勒测速仪（LDV）和计算流体力学（CFD）软件，对转盘萃取塔（RDC）内的单相流流场进行了测量和模拟，发现塔内存在沟流和级间的旋涡流动，级间返混严重。与此同时，发明了一种装有级间转动挡板的新型转盘萃取塔（NRDC），有效抑制了沟流和级间旋涡流动，传质效率比 RDC 高 20%～40%，而液泛速度大致相当。根据扩能改造的要求，提出了采用 NRDC 的新方案，并在原塔外形尺寸不变的前提下达到扩能 140% 的要求，完成了 NRDC 的优化设计，塔底水相中己内酰胺含量也由设计值 0.5% 降低到 0.2%～0.3%，累计经济效益达 2.1 亿元。

天津大学开发的高效规整填料精馏塔技术，可使精馏装置处理能力提高 20%～30%，目前该成果已在石油化工、炼油、空分以及精细化学品的分离和纯化等领域得到广泛应用，近 5 年获经济效益累计超过 19 亿元。目前，国内外直接应用天津大学高效规整填料精馏塔技术建设的塔式容器已超过 6000 座，占据了国内市场的较大份额。获得国家科技进步二等奖的高效规整填料精馏塔技术，是对混合物进行分离的精馏过程中多项技术的系统综合。为解决大型精馏塔中流体流动与传质的合理分布问题，天津大学在国际上率先提出了计算传质学研究的新领域，在大型精馏塔中采用高效规整填料精馏塔的新设计计算方法，做到了合理地流动及传质，保证了高效运行。他们还对精馏技术和设备进行了新的改进，采用了多变参数分批精馏技术、具有新型塔内件的高效填料塔技术和高凝固点物料蒸发 - 冷凝精馏技术等具有专利技术的先进操作方式和高效分离设备，先后对从国外引进的大型精馏装置进行了改造，不仅提高了装置的处理能力，而且节省了单位产量的能耗、物耗，取得了巨大的经济效益和社会效益。天津大学还同时发展了新的规整填料和有关内件以及高性能液体分布器等，开发的新型系列波纹填料与相应型号的传统规整填料相比，在不增加能耗的前提下，分离效率、通量等技术指标均显著提高，并超过了世界公认的国际名牌填料，使我国的规整填料技术处于国际领先地位。

我国针对大型乙烯装置中直径最大、国际公认技术难度最高的塔式容器——汽油分馏急冷塔开发的大型乙烯装置汽油急冷关键技术，首次在齐鲁石化 45 万 t/ 年乙烯装置扩产至 72 万 t/ 年工程中应用成功。这项由天津大学精馏技术国家工程研究中心与中国石化工程建设公司、中石化齐鲁分公司合作开发的成果，将为我国"十一五"规划中的"重点建设十几套年产百万吨级大型乙烯装置"，提供具有自主知识产权的大型乙烯汽油分馏急冷关键技术和装备。课题组打破了大型汽油分馏急冷塔分离段长期以来使用填料塔技术的传统，创造性地开发和使用了导向三溢流复合塔盘、变截面变孔径管式预分布、组合桁架支撑和多进口环形折返进料分布技术，解决了大型汽油分馏急冷装置气液分布、结焦堵塞和长周期稳定运行的工程难题，首次将大型板式塔/填料塔组合集成技术成功应用于国内最大的乙烯装置——齐鲁石化72万t/年乙烯汽油分馏急冷塔中。课题组开发的大型乙烯装置汽油急冷关键技术又在茂名石化66万t/年乙烯装置以及多套小型乙烯装置中陆续推广应用，均取得良好效果。

继内蒙古苏里格天然气化工有限公司年产20万t甲醇技改使用之后，杭州林达化工技术工程有限公司的卧式水冷大甲醇技术又被中国泽楷集团所选用。位于赤峰元宝山区的大型煤制甲醇项目为中国泽楷集团投资40亿元的建设项目，设计能力年产100万t甲醇。该项目确定了走自主创新的国产化路线，全套采用国内研发的工艺技术与设备。林达公司开发的大甲醇技术，根据"均温、高效、节能、可靠、投资低、易大型化"的要求，以百万吨级大甲醇单台合成塔为目标，通过合理提高合成压力、降低循环比、大幅提高合成率来减小合成装置设备和管道的规模以及投资和能耗，集中突破了在高合成率、强反应热下的移热问题。

杭州林达公司开发的新一代专利技术产品——大型卧式水冷甲醇合成塔已在内蒙古苏里格天然气化工有限公司成功投运。运行结果显示，装置在满负荷生产情况下，精醇产量连续达到624t/天，超过原600t/天的设计值。该装置是世界上首次使用大型卧式水冷甲醇合成塔的工业装置，塔内径3.4m，重180t，由林达公司自主开发，2008年用于内蒙古苏天化年产20万t甲醇技改项目，以取代原来引进的日本三菱冷激式甲醇塔，运行中温差小，温度平稳均匀，改变了改造前温差高、床层温度波动大、运行不平稳的状况。卧式水冷塔在还原过程和投运过程中，调节温度方便，操作控制性能好，床层温差大幅下降。由于突破了传统合成反应的多项局限性，林达卧式水冷甲醇塔投运后显示了多方面优势：合成塔床层阻力很低，进出合成塔压差仅为0.02~0.03MPa，为一般合成塔的十分之一；换热管内外径承受的高压差已超过7MPa，按设计可承受高达9MPa的压差，为目前国内外水冷合成反应器所罕见，设计高压差为减小合成塔尺寸、提高生产能力提供了条件；低循环比，高甲醇净值。这台卧式水冷塔设计循环比为2.5，目前实际只有2.1左右，比通常情况降低50%。根据实际甲醇产量核算，醇净值可高达9%，为一般合成塔的2倍；换热面积可按反应过程放热大小设计，有强移热能力。低循环比为大型化提供了条件，单台卧式水冷塔可达产能100万t以上，已签约的年产60万t和100万t甲醇塔均为单台塔方案。

2009年7月24日，采用杭州林达化工技术工程公司卧式水冷甲醇合成塔技术的国内第一套工业装置，在内蒙古苏里格天然气化工股份有限公司通过72h运行考核。该装置高产、低循环比、高醇净值、低温差和低压降等各项经济技术指标都达到国际领先水平，标志着我国大型甲醇合成塔自主技术和装备研发并产业化已经走在了世界前列。卧式水冷甲醇合成塔技术已被授权中国发明专利。据了解，内蒙古苏天化公司以天然气为原料的年产18万t甲醇装置，采用ϕ3400mm卧式水冷甲醇合成塔替代原引进的日本三菱瓦斯公司冷激式甲醇合成塔，该合成塔于2008年6月全面投运，实现了长周期运行。这套装置曾使用过日本三菱瓦斯的冷激式塔和超转化率（SPC）反应器，三菱瓦斯SPC技术在我国曾开出2000万美元的天价技术费，而现在采用卧式水冷甲醇合成塔改造后，无论循环比、反应器甲醇含量还是日产量均优于三菱瓦斯。国家化工行业生产力促进中心表示，卧式水冷甲醇合成塔是甲醇合成技术一项革命性的突破，将循环比下降到 1.9，出塔气甲醇平均含量达 11.85%，这已优于世界先进水平，其结构新颖是另一亮点。该合成塔的醇净值高、压差小、温差小、结构合理，技术指标超过国外先进技术，装置年产能不仅可达 60 万 t，而且可达 180 万 t，循环比还可降到 0.5，液相催化存在的问题用气固相反应器可完全解决。杭州林达公司开发了拥有完全自主知识产权的甲醇合成塔技术，打破了长期被国外少数公司所垄断的局面。内蒙古苏天化公司最大程度地推进设备国产化，既保证了项目技术装备的国际领先水平，又节省了大量的资金。该项目创造了国内同类型、同规模项目建设工期最短、国产化率最高、投资最省、资源综合利用最优的新纪录，同时也极大地提振了我国甲醇行业未来大规模推广应用自主技术及装备的信心。

3.7.6 塔器共性技术

3.7.6.1 识别失效模式提高大型塔式容器的安全性

塔式容器由于几何尺寸的大型化以及服役环境的不同，存在多种失效形式。塔式容器的设计除了常规设计之外，还应考虑风载引起的共振，国内已有不少单位对此进行了研究，包括单塔、多塔之间的影响、风载引起的疲劳等，在海边等环境中还存在应力腐蚀以及疲劳加应力腐蚀的失效。

3.7.6.2 制作方式多样化

为了适应压力容器大型化、重型化的发展趋势，解决运输难的问题，有的企业开始了现场组装，即在现场空地搭建施工设施进行组焊（见图 1.3-58、图 1.3-59）。但随着大型容器数量增多，现场组装方式也不适应要求，于是在运输方便的海边、江边建厂。20 世纪 90 年代一重首先在大连棉花岛建立分厂，2008 年二重在镇江长江边建立分厂，2009 年兰石机械设备有限公司在山东黄岛建立分厂，抚顺机械设备制造有限公司在大连长兴岛建立分厂，张家港市化工机械有限公司在长江边建立码头和车间。这种方式可以解决材料和制造设备的水上运输问题，但这还未解决从到达的港口至施工现场的运输问题，从而更多的是采用将设备分段和分片在工厂制作完成后运至现场进行现场组焊的方式。2006 年张家港市化工机械有限公司承接内蒙古大唐国际煤化工煤制烯烃项目工程，将工厂和车间建到多伦的工地现场，进行现场制造，这种方式的特点是工种齐全，其加工设备可大型化、重型化，完全采用工厂化管理进行现场制造。到目前为止，我国采用现场组装、现场制造方式的大型塔式容器已经很多，积累了极其丰富的经验，这为大型塔式容器的制造提供了多种选择。

3.7.6.3 现场制造技术开发

1. 热处理技术

随着大型化压力容器所用材料等级的提高以及壁厚的加大，大量现场组焊设备的现场热处理是必然的，但是由于现场条件的限制，热处理情况总体上比制造厂内固定式炉处理差。目前现场热处理可采用积木式电加热炉、局部热处理用履带式加热炉，也可采用内燃法即利用压力容器壳体，在其内部加热。国内已有一批专业热处理企业，它们具有与现场热处理适应的专用设备,具有一支有技术、有经验的技术力量,在国内已完成了很多大型压力容器现场热处理。图 1.3-60 为现场搭建的热处理炉。

图 1.3-58　塔现场组焊施工　　图 1.3-59　现场施工的海南二甲苯塔　　图 1.3-60　现场搭建的热处理炉

2. TOFD 技术的发展与应用

现场制作焊件必须要有与其相应的无损检测方法,原先在工厂中的无损检测方法已很不适用,尤其是现场超高、超厚、超大直径大型压力容器,TOFD 无损检测技术是为解决这一难题应运而生的一项新技术。TOFD 技术是利用超声波衍射的时差对缺陷进行定位的新技术,最先在欧洲应用。结合爬波（CW）扫查与脉冲回波（RASTER）扫查（PE）,该技术具有对压力容器深厚焊缝的埋藏缺陷检测灵敏度高、缺陷定位和定量精度高、有成像记录可查、无须现场防护等优点,现已广泛用于现场大型塔式容器以及超厚、超大的其他设备上,并已制定了相应的检验标准。

3. 大型塔式容器的水压试验

刚性相对较弱的大型压力容器的水压试验是值得重视的问题,压力容器制作完后,按标准、规范进行水压试验是必需的,但大型塔式容器或者其他大型压力容器由于容积巨大,水的重量很大,如大唐国际的 C3 塔,直径 8m,高 100 多米,水的重量就有数千吨,还要加上压力容器的自重,就必须核算试验场地地基的承载能力,为此将大大增加建设成本。对大型塔式容器做卧式水压试验,除了对基础的处理和计算外,还需要对支撑鞍座的数量和放置位置进行计算,以确保压力容器产品的直线度和各截面的圆度,为内件的安装提供保障。但实践中有采用沙袋减小托架支承力的办法。此外,采用气液混合介质或气压试验也是一种选择,以减小自重。

4. 起重技术

起重技术是一项极为重要的技术。大型塔式容器的吊装,往往是制约整个工程进度、成本和安全的关键因素。2014 年 12 月,我国自主研发的 5000t 门式起重机研制成功。2018 年 3 月 28 日,5000t 门式起重机成功将重达 2638t 的二甲苯塔吊装就位。大型设备吊装采用集散控制技术的大型全液压门式起重机（见图 1.3-61），标志着我国吊装技术站在了世界吊装技术的先进行列。

图 1.3-61　门式液压顶升吊装装置在大型塔式容器吊装中的应用

对于直径较大、壁厚相对较小、刚性较小的塔式容器，另一种吊装方法是分段吊装组焊，这样可以降低对吊装起重能力的要求，环缝在横焊位焊接，国内现场安装公司多装备有横焊位的埋弧自动焊机，可以实现横位焊缝的自动焊接，但安装速度会慢一些。实践中这两种吊装方式均有采用。

3.7.7　结语

以 PX 装置中的二甲苯塔和抽余液塔、常减压装置中的常减压蒸馏塔、乙烯行业中的丙烯蒸馏塔、汽油分馏塔（油洗塔）和水洗塔为典型代表的大型塔式容器建造，一直推动着我国石油化工装备制造业的跨越发展，是我国石油化工设备打破国外技术垄断、进行自主创新的成功典范。与大型塔式容器相关的设备制造技术，作为我国高端装备制造业的核心竞争力的代表，必将推动我国制造装备业走向国际市场，为国内产业转型升级做出新的贡献。

（本节由中国石化工程建设公司张铁钢、杨良瑾、孔育红撰写）

3.8　延迟焦化装置焦炭塔技术攻关和发展历史

3.8.1　概述

延迟焦化装置是石油加工过程中的一种主要重油加工工艺装置，它是通过化学反应把低价值重质油转化为高价值轻质油，焦炭塔是焦化装置中的重要设备。来自加热炉的高温渣油在焦炭塔内发生热裂化和缩合反应，生成的高温油气从塔顶经冷却后进入分馏系统分离出气体、汽油、柴油、蜡油和重蜡油等馏分，气体和汽油进入气体回收部分进一步加工分离出干气、液化气和稳定汽油。生成的高温焦炭停留在焦炭塔内,用蒸汽和水把焦炭冷却到100℃左右,冷却后的焦炭采用高压水切除出塔,焦炭和水一起进入焦炭池,通过重力沉降使水和焦炭分离,焦炭采用抓斗起重机装入汽车、火车或带式输送机外送。含焦粉的切焦水进入切焦水处理系统处理,实现切焦水的循环利用。至此,焦炭塔就完成一个操作循环。为保证装置连续进料生产,通常一台加热炉对应两个焦炭塔,称为一个系列,一套延迟焦化装置由单系列或多系列组成,每个系列中的两个焦炭塔交替使用。国内加热炉及焦炭塔部分的典型流程见图1.3-62。每个焦炭塔在一个操作循环过程中都承受着压力和温度循环载荷的共同作用,其器壁经常出现鼓包、开裂等问题。焦炭塔内温度变化范围为100～500℃,操作压力变化范围为0.2MPa至常压,每个循环周期国内一般是36～48h,国外低于36h。

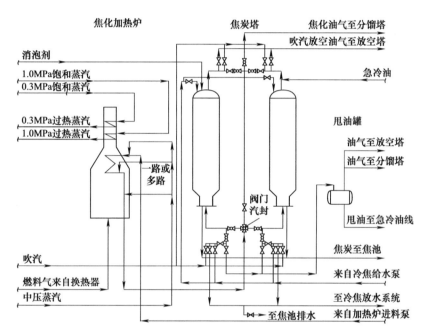

图1.3-62 加热炉及焦炭塔部分的延迟焦化典型流程图

3.8.2 焦炭塔的发展历史

如上所述,焦炭塔服役工况非常苛刻,承受温度和压力双重循环作用,属于低周疲劳容器。国内外都公认它是石化行业难度最高的设备之一,代表着一个国家压力容器的制造能力和水平。然而在新中国成立初期,我国的焦化技术可以说是一穷二白。1957年我国的焦化装置是釜式焦化、水平炉式焦化技术,还没有延迟焦化装置。釜式焦化的"釜"和水平炉式焦化的"炉"就相当于现在的焦炭塔。当时水平炉技术是美国的Hoynec炉型,结构上都是碳钢内衬耐火砖。焦化釜是用10～14mm厚的普通碳素钢板制成,规格只有$\phi3m×12m$和$\phi2.8m×8m$两种。

焦炭塔的发展是与焦化工艺技术发展紧密相关的,纵观我国焦炭塔的发展历史,大致可以分成三个阶段:

1. 第一阶段：1997年以前

1958年，在石油二厂投产了我国第一套延迟焦化装置，以页岩焦油为原料生产焦炭，这才有了焦炭塔。当时焦炭塔规格为ϕ4.6m×11m。而在此后近40年的时间里，焦炭塔技术一直处于停滞状态，具体体现在以下几个方面：

(1) 用材方面　该阶段，我国焦炭塔基本是由碳钢制造的，钢号为20G，其原因如下：

低碳钢板焊接较容易，制造难度小，国内有成熟的碳钢制压力容器的制造经验和使用经验；壳体钢板厚度较小时可不进行焊后热处理。当时的焦炭塔规格较小，其内径通常为ϕ6400mm，需要的钢板厚度在38mm以下，按规范要求，可免做焊后热处理。由于此时国内尚未普遍掌握现场热处理技术，而焦炭塔又绝大多数在现场制造，因此这是采用碳钢制造的重要理由之一；由于焦炭塔属疲劳容器，长期操作后易产生鼓包和裂纹，现场维修是不可避免的。从上述两条可以看出，用碳钢制造容易实现对缺陷进行焊接修补。受我国当时炼钢能力和水平的限制，铬钼钢板的生产较少，使用不普遍，若要使用通常需要花外汇从国外进口。综合考虑，由于该阶段焦炭塔规格较小，壁厚较小，采用碳钢制造在经济上也合理。

(2) 结构方面　这个阶段早期，焦炭塔结构设计也比较简单，开口接管大多采用补强板补强方式，支持裙座与壳体连接普遍采用搭接结构（见图1.3-63）。数年操作后，这部分焊缝经常出现裂纹，最严重者裙座与壳体的连接焊缝完全断开，俗称"脱裤子"。此阶段，另一个经常出现的事故是筒体发生鼓包现象，俗称"糖葫芦"，如图1.3-64所示。

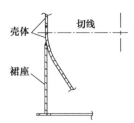

图1.3-63　焦炭塔裙座连接
（搭接型式）

图1.3-64　筒体发生鼓包的焦炭塔

（3）缺陷修复方面 该阶段对于缺陷通常采取下列方式处理：对浅表裂纹用砂轮彻底打磨后经磁粉检测；对深的裂纹采用手工补焊的方式进行修补，不进行焊后热处理；对严重鼓包、开裂的部位进行更换。有时也请有资质的单位进行安全评估，根据检测和评估结果给出能否继续使用和允许继续使用的年限。

2. 第二阶段：大约 1997—2000 年

在这个阶段，焦炭塔的材质和主体结构发生了巨大变化，用材方面开始采用铬钼钢制造焦炭塔。

1997 年上海石化股份有限公司新建 100 万 t/ 年延迟焦化装置，原设计方案为二炉四塔，焦炭塔规格为 ϕ6400mm×21000mm（切线）。1997 年 9 月，经可行性研究审批后，设计方案改为一炉二塔（见图 1.3-65），焦炭塔规格改为 ϕ8400mm×21000mm（切线）。经过计算，ϕ8400mm 焦炭塔如采用 20G 材质，腐蚀裕量取 6mm，则壁厚为 42～70mm，已超过不进行热处理的允许范围（38mm）。同时，由于壁厚太大，在热循环过程中产生的热应力也将增大，而若选用 15CrMoR 钢板，则壁厚仅为 20～36mm，操作时产生的热应力也会有所降低。另外考虑当时我国国情，炼钢装备和技术水平均有了很大提高，已能生产出符合焦炭塔要求的 15CrMoR 钢板。有关专家经过反复的论证，认为以此项目为依托开展铬钼钢制焦炭塔研发的时机已经成熟。因此，在中国石化集团公司国产化办公室的支持下，由中国石化工程建设公司和上海石化机械

图 1.3-65　一炉二塔布置的焦炭塔

制造有限公司组成课题组进行了铬钼钢制焦炭塔设计和制造技术的攻关。经过两年多的努力，完成了攻关内容，生产出了由 15CrMoR 钢板制造的 ϕ8400mm 焦炭塔，并于 2000 年 2 月 20 日在上海石化股份有限公司一次投产成功。考虑到介质中硫含量很高，为抵抗高温硫腐蚀，在焦炭塔塔顶至泡沫层以下 200mm 的这段壳体采用了国产的 15CrMoR+0Cr13Al 复合钢板。

在结构方面较之以前也进行了很大改进：

——支撑裙座与壳体连接用堆焊连接结构，且在裙座上开设槽孔（膨胀缝），如图 1.3-66 所示，此结构有利于焊缝全焊透，减小热应力；

——在筒体上不设开口接管，全部接管均布置在封头上，且所有接管均采用整体补强方式，而不用过去常用的补强板补强方式；

——在裙座上端设有热箱，以减小操作时的温度梯度，进而降低温差应力；

——采用可拆式背带保温结构，不在筒体上焊接保温钉，消除保温钉根部产生裂纹的风险，同时可拆式保温结构也便于在操作状态下对焊缝进行检查（见图 1.3-67）。

这两台铬钼钢制焦炭塔研制成功，结束了碳钢制焦炭塔在我国石化行业中占统治地位的时代，满足了延迟焦化装置大型化的需要，具有很高的经济效益和社会效益，因此该项

目获得了 2001 年度中石化科技进步三等奖，上海石化股份有限公司 100 万 t/年延迟焦化装置获得 2002 年全国第十届优秀工程设计项目金质奖。

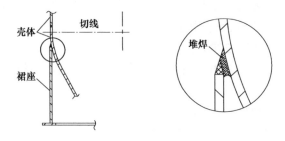

图 1.3-66　裙座与壳体的堆焊连接结构

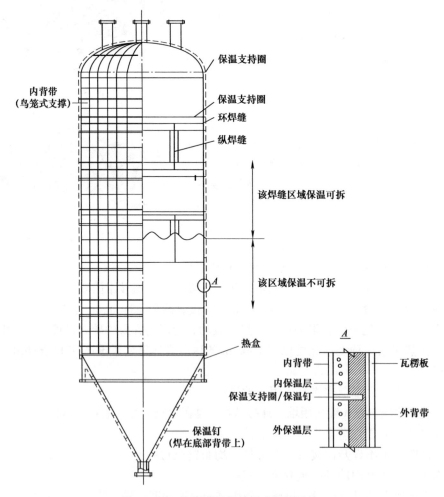

图 1.3-67　焦炭塔外部披挂式保温结构

3. 第三阶段：大约从 2000 年至今

这一时期，由于延迟焦化装置不断向大型化方向发展，使得焦炭塔也迅速大型化，主要体现在：

（1）大型铬钼钢制焦炭塔的推广使用　从 2000 年我国第一批铬钼钢焦炭塔，即上海石化公司两台 $\phi8400$mm 焦炭塔问世以来，国内新设计的焦炭塔基本都采用铬钼钢制造，而且规格也越来越大，最大已达 $\phi9800$mm。据不完全统计，到目前为止已有 100 多台铬钼钢焦炭塔投入使用，其中大型化的焦炭塔规格参数见表 1.3-6。

表 1.3-6　大型化的焦炭塔规格参数

序号	装置名称	设计压力/MPaG	设计温度/℃	主体材料	裙座与壳体连接结构型式	设备规格直径/mm×长度（总长）/mm×壁厚/mm	设备重量/t
1	上海金山石化 100 万 t/年延迟焦化装置	0.35	475	15CrMoR 上部 +0Cr13Al	堆焊式	DN8400×35008×36	198
2	上海高桥石化 140 万 t/年延迟焦化装置	0.35	490	15CrMoR 上部 +410S	锻焊式	DN8800×35387×40	246
3	中石化茂名 100 万 t/年延迟焦化装置	0.35	495	14Cr1MoR 上部 +410S	锻焊式	DN8600×35837×36	236
4	中石化九江 100 万 t/年延迟焦化装置	0.38	495	14Cr1MoR 上部 +410S	堆焊式	DN8400×35373×36	218
5	中石化青岛大炼油 250 万 t/年延迟焦化装置	0.35	495	1.25Cr-0.5Mo-Si 上部 +410S	锻焊式	DN9400×43413×42	322
6	中国海洋石油惠州炼油 420 万 t/年延迟焦化装置	0.41	490	SA-387 Gr.11 Cl.2 上部 +410S	锻焊式	DN9800×36600×44	341
7	中国石化镇海炼化分公司延迟焦化装置	0.69	505	全塔 SA-387 Gr.12 Cl.2+410S	热套式	DN9800×40774×（56+3）	580

（2）焦炭塔结构得到进一步的优化　在此阶段，除实现了焦炭塔大型化以外，在结构上也有很大的改进，其中包括采用锻焊过渡段的裙座与壳体连接结构的开发与应用。焦炭塔在长期使用过程中经常出现开裂的部位是塔体和裙座连接处，由于此处结构不连续，易造成应力集中而引起疲劳裂纹。企业为了提高装置的处理能力，焦化装置的生焦周期不断缩短，增加了焦炭塔的交变载荷循环次数，也是促使产生裂纹的原因之一。据统计，有些焦炭塔在运行大约 5 年后就开始产生裂纹，甚至着火。某厂焦炭塔裙座开裂情况见图 1.3-68，图中的 A、B、C、D、E 处均产生裂纹。为了避免这种现象，在裙座与壳体连接处改用锻焊过渡段，使裙座与壳体连接全部实现了对接焊，既能够实现全焊透，又便于进行 100% 射线和超声检测，确保了焊接质量，彻底克服了角接接头或搭接接头固有的缺点，结构见图 1.3-69。

国内第一批裙座与壳体连接采用锻焊过渡段的焦炭塔是中国石化股份有限公司上海高桥分公司炼油厂 140 万 t/年延迟焦化装置改造新增加的两台 $\phi8800$mm 焦炭塔，由中国石化建设工程公司设计，中石化第三建设公司制造。其过渡段大锻件由上海福勤公司制造。为了解决运输问题，整个锻焊过渡锻件沿圆周分成四段组焊，锻件毛坯最厚处有 250mm，四段钢坯在上海航标厂采用中温煨弯成形,经组焊和热处理后,在沪东造船厂 $\phi 9000\text{mm}$ 立式车床上完成了最后的机械加工。在多方配合下,中国石化第三建设公司整体交付了这两台焦炭塔,2002 年 12 月开车成功,获得用户的好评。自此之后,国内超过 $\phi 8000\text{mm}$ 焦炭塔裙座与壳体连接采用锻焊过渡段结构如雨后春笋般地迅速推广使用。

图 1.3-68　某厂焦炭塔裙座裂纹发生位置　　图 1.3-69　采用锻焊过渡段的裙座与壳体连接结构

保温结构也进一步改进。铬钼钢制焦炭塔保温通常采用背带结构,即将背带组件套在壳体上,背带上焊有保温钉和支持圈,保温材料及外保护层全部靠背带支撑。使用多年后发现,由于壳体和外保护层操作时温差较大,膨胀量不一致,而且随操作循环而变化,致使某些焦炭塔的外保护层(铝皮或铁皮)损坏脱落。为解决这个问题,又增设一层外背带来固定外保护层,内、外背带互不相连,这样内、外背带各自膨胀,互不影响,延长了保温结构的使用寿命。

(3) 焦炭塔选材与受力数学模型的研究与工业应用　延迟焦化装置焦炭塔的完整性和可靠性问题,多年来一直困扰着石油炼制工作者。为了进一步改进焦炭塔的设计、制造和操作水平,延长其使用寿命,中国石油化工集团总公司 2003 年起委托中国石化茂名分公司、中国石化工程建设公司,并以中国石化茂名分公司 120 万 t/年延迟焦化装置改造中新建的两台 $\phi 8600\text{mm}$ 焦炭塔为依托,进行"焦炭塔选材与受力数学模型的研究与工业应用"的课题研究。目的是在现有研究成果的基础上,开发焦炭塔的动态应力模型,并进行模拟试验,找出器壁上温度和应力分布及变化规律,为设计和安全操作提供技术支持,使得能在设计阶段就充分考虑各种因素,包括选材、强度计算、结构设计、制造和生产期间的监控措施等,使焦炭塔能够长期使用而不发生失效。同时,要求在生产期间监测塔壁重要部位的应变状态,找出最佳的焦炭塔升降温速度,以便在保证设备安全的前提下尽量降低生焦循环周期,提高装置处理量。

经过近两年的努力,华东理工大学完成了焦炭塔数学模型的建立及动态应力分析报告,初步确定出焦炭塔在升、降温阶段的高应变点位置。该装置于 2005 年 4 月开工投产,合肥通用机械研究院进行了在线高温应力测试,通过在数学模型中计算的高应力点贴应变片,获得这些部位在运行过程中的实际应力,修正焦炭塔数学模型,建立更为合理的焦炭塔数值分析方法,为调整操作工艺及安全分析提供了可靠依据。

根据应变测量结果,茂名两台焦炭塔于 2005 年 7 月开始生焦,时间由 24h 改为 20h 进行试验,试验结果表明,最大应力值未超过 0.9 倍材料屈服强度。为此,茂名石化公司从 2006 年开始加大焦化装置的处理量,把 24h 生焦时间正式改为 20h,一个焦炭塔的生产周期由 48h 缩短为 40h,装置处理量由 120 万 t/年提高到 140 万 t/年,创造了极大的经济效益。

(4)消化吸收国外先进技术　2007 年中国海洋石油公司惠州炼油厂新建 420 万 t/年延迟焦化装置,引进美国 FW 公司工艺包,采用两炉四塔工艺,焦炭塔直径 9800mm,是国内当时最大的焦炭塔,焦炭塔生焦时间 18h,循环周期 36h。焦炭塔采用的材质为全塔 SA-387 Gr.11 Cl.2+410S 复合板,基层相当于国产的 14Cr1MoR。基础设计审查后,取消了底部复合层。顶部、底部采用全自动卸盖机,原料从底部接管单相侧进料。该装置于 2009 年 4 月投产。焦炭塔顶、底部采用全自动卸盖机节省了操作时间,减轻了工人的劳动强度及手工卸盖造成的污染,提高了劳动效率且有利于环保。自此国内制造厂也开始研究自动卸盖机,并试制成功,推广使用。

(5)修复方法的探索　尽管在此阶段大型焦炭塔基本上都采用铬钼钢制造,但由于特殊的操作工况和生焦时间的缩短,经长期使用后,在塔壁和裙座上还是经常发生程度不同的开裂现象,需要现场修复。现在通常的做法是将缺陷清除干净后,用手工电弧焊进行补焊,严重的直接更换一段塔壁,最后进行焊后热处理。由于场地和检修工期的限制,在焦化装置现场进行热处理是很困难的,特别是对于较大面积的内部缺陷修复更是难上加难。现在有一家美国公司采用一种焦炭塔焊缝在线修复技术,对于大面积缺陷,也不用更换筒体。该技术是用激光自动测量裂纹深度,采用回火焊道工艺修补裂纹,避免焊后热处理,全自动施焊,节省了大量人力及时间。国内很多用户迫切需要这种技术,也有机械安装公司具有开发这种技术的意愿。相信在不远的将来,我国在焦炭塔裂纹修复技术上也会取得突破。

(6)中国的焦炭塔技术走出国门　2009 年伊朗霍尔木兹炼厂引进了我国的延迟焦化装置工艺包,焦炭塔直径 9800mm,中国石化工程建设公司完成了基础设计工作。中国石化第三建设公司也为印度某公司设计制造了 6 台焦炭塔。

3.8.3　结语

经过几十年的攻坚克难,不断进取,我国焦炭塔设计制造技术取得了巨大的进步。其规格从最大 ϕ4600mm 扩大到最大 ϕ9800mm;其用材从普通碳素钢跃升到耐热高强的铬钼钢;细部结构也进行了多方面改进,变得更加合理和安全可靠。因此,综合来看,我国焦炭塔设计制造技术已达到世界先进水平。但是我们不能有一点懈怠,科学技术发展是无止境的,应该一直瞄准世界在该领域的最高水平,永远保持"在路上"。随着焦化装置向更大型化发展,以及我国加工制造装备能力和智能化水平的不断提高,未来我们一定会建造出更大、更安全、更高水平的焦炭塔,以满足国内和国际市场的需要。

(本节由中国石化工程建设公司贾桂茹、仇恩沧撰写)

3.9　催化裂化装置沉降器和再生器发展历史

3.9.1　概述

催化裂化装置是主要的二次加工装置,在世界各国的炼油厂中都占有重要地位。自我国第一套流化催化裂化装置于1965年5月在抚顺投产以来，历经50余年的迅猛发展，已经取得了令人瞩目的成就。

催化裂化已成为我国重油加工的基本手段，是炼油企业经济效益最重要的支柱。催化裂化能最大量生产高辛烷值汽油组分；原料适应性广，从馏分油到重质原料油均可加工；转化深度大，轻质油品和液化气收率高；装置压力等级低，操作条件相对缓和，投资省；液化气中丙烯、丁烯等轻烯烃利用价值高。随着石油需求的增长，发展重油深度转化、增加轻质油品仍是炼油行业重大发展战略，流化催化裂化仍将是21世纪重要的转化技术。

我国的催化裂化技术发展历程大致分为以下几个阶段：

1965—1970年，这个阶段是密相流化催化裂化装置（Ⅳ型）的发展期，是中国流化催化裂化的开端，为我国催化裂化技术的发展奠定了坚实的基础。

1971—1982年是分子筛提升管催化裂化阶段，采用在活性、选择性、水热稳定性方面均比无定形催化剂优越的微球分子筛作为催化剂，进而导致了工艺、设备的更新，其特点是要求采用提升管催化裂化，并强化再生。

1982—1990年是重油催化裂化技术的开发阶段，该阶段对重油催化裂化进行了全面理论研究，经过工业试验，不断地总结经验，形成了中国特色的重油催化裂化技术。

1990—2000年是引进技术与消化吸收再创新阶段，1986年中石化从Stone&Webster引进5套重油催化裂化装置，在随后的几年中开展了大规模的消化吸收和再创新攻关。该阶段对重质油催化裂化的机理及工艺过程进一步研究和实践，开发了多种形式的两段再生工艺。在这一时期还开发了催化裂化家族技术，国内自主开发了一系列新工艺、新技术，如催化汽油降烯烃技术的MIP、FDFCC、TSRFCC，催化裂化多产烯烃技术的DCC-Ⅰ、DCC-Ⅱ、CPP、MCP等，使催化裂化产品质量不断提高、品种不断扩展。

进入21世纪后，随着国内油品市场和产业布局的发展，我国相继完成了多项千万吨级炼厂建设，重油催化裂化装置也达到了世界级的规模。

在催化裂化装置中，沉降器和再生器（以下简称催化两器或三器）是装置的核心设备，承担着催化剂的分离和再生等重任。催化裂化技术的发展史也是沉降器和再生器不断实践、完善、创新的历史，是广大科研工作者和工程技术人员智慧的结晶。

3.9.2 沉降器和再生器的发展历史

1. 开拓创业时期

1965年5月5日，被誉为炼油工业"五朵金花"之一的流化催化裂化（Ⅳ型）装置在抚顺石油二厂建成投产。该装置由石油工业部组织抚顺设计院、北京设计院、北京石油学院和兰州炼油厂联合攻关，石油部第一工程建设公司负责现场制造和吊装。各协同单位在极其困难的条件下，一举攻克了代表当时最先进炼油水平的Ⅳ型催化裂化装置，为我国催化裂化技术的发展打下了坚实的基础。图1.3-70为两器的部分设计人员，图1.3-71为部分赴古巴考察的工程师。该阶段主要取得了密相流化床反应与再生技术、催化剂密相输送技术等成就；成功开发了反应器、再生器、杜康型旋风分离器、风动单动滑阀、龟甲网隔热耐磨衬里等关键设备和材料。典型的密相流化催化裂化（Ⅳ型）装置两器结构示意图见图1.3-72。图1.3-73所示为东方红炼油厂第一套Ⅳ型催化裂化装置吊装，图中地面上摆放的是杜康型旋风分离器。在这一时期，还在胜利炼油厂设计了带管式反应器的三器。

图 1.3-70 站在催化两器前的设计人员

图 1.3-71 赴古巴考察的工程师

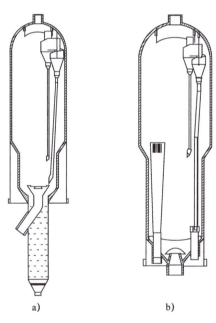

图 1.3-72 Ⅳ型催化裂化装置两器结构示意图
a) 沉降器 b) 再生器

图 1.3-73 东方红炼油厂第一套Ⅳ型催化裂化装置吊装

这一时期两器常见材料和结构为：反应沉降器壳体上部材料采用 A3R，为衬龟甲网型隔热耐磨双层衬里的冷壁结构；下部汽提段材料采用 20G，为外保温的热壁结构。旋风分离系统采用内集气室、两级杜康型旋风分离器，材质为 20G，一级悬挂于顶封头，二级升气管插入内集气室，一、二级料腿均安装翼阀，汽提段内采用人字挡板。再生器壳体材料为 A3R，为衬龟甲网型隔热耐磨双层衬里的冷壁结构，龟甲网材质为 1Cr13。旋风分离系统采用内集气室、两级杜康型旋风分离器，集气室和旋风分离器材质为 1Cr18Ni9Ti，一级悬挂于顶封头，二级升气管插入内集气室，一、二级料腿材质为 20G，二级料腿安装翼阀。分布板为带圆角的凹形结构，材质为 20G。

2. 发展提高时期

1974 年 8 月玉门炼油厂将 120 万 t/年Ⅳ型装置改造成国内第一套高低并列式提升管催

化裂化装置。1978年全新设计的60万t/年高低并列式分子筛催化剂提升管流化催化裂化装置在武汉石化厂建成。设计中采用了高空速（在提升管中进行）以提高反应温度、减小回炼比，新型快速分离器以减少催化剂和高温油气接触时间，从而减少二次反应的新技术；在再生部分采用提高再生温度和压力、完全再生等新技术，并以高低并列式提升管流化催化裂化装置取代同高并列式床层流化催化裂化装置。图1.3-74为经改造后的武汉石化厂60万t/年催化裂化装置。图1.3-75为分子筛催化剂提升管流化催化裂化装置两器结构示意图。

图1.3-74　改造后的武汉石化厂60万t/年催化裂化装置

该阶段形成了高低并列式催化裂化装置，开发了快速床高效再生技术、烧焦罐高效再生技术，以及提升管反应器、伞帽T形头等快速分离器、管式空气分布器、布埃尔型旋风分离器等催化裂化专用设备。

武汉石化厂60万t/年催化裂化装置反应沉降器壳体上部材料采用A3R，为衬龟甲网型隔热耐磨双层衬里的冷壁结构；下部汽提段材料采用12CrMo，汽提段内部采用人字挡板，为外保温的热壁结构。旋风分离系统采用内集气室、两级杜康型旋风分离器，材质为12CrMo，一级悬挂于顶封头，二级升气管插入内集气室，一、二级料腿均安装翼阀。再生器壳体材料为A3R，为衬龟甲网型隔热耐磨双层衬里的冷壁结构，龟甲网材质为1Cr13。旋风分离系统采用内集气室、两级杜康型旋风分离器，集气室和旋风分离器材质为1Cr18Ni9Ti，一级悬挂于顶封头，二级升气管插入内集气室，一、二级料腿材质为Cr5Mo，二级料腿安装翼阀。分布板为带圆角的凹形结构，材质为15CrMo。

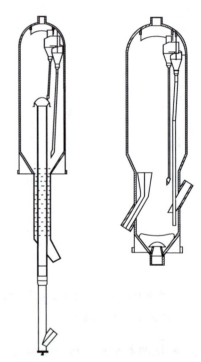

图1.3-75　提升管流化催化裂化装置两器结构示意图

武汉石化厂60万t/年催化裂化装置的科研课题"流化催化裂化工艺、设备"于1978年获全国科学大会奖。

在这一时期，还出现了两器上下串联的同轴式提升管催化裂化装置，该种结构为国内重要的另外一种典型的两器布置形式，为后继多套催化裂化及家族装置所采用。图1.3-76为同轴式催化裂化两器的典型结构。

自从国际上流化催化裂化反应技术由床层反应发展为分子筛催化剂提升管催化裂化反

应后，高效的再生技术便应运而生。1979 年国内第一套 100 万 t/年带外循环管的烧焦罐式高效再生流化催化裂化在荆门炼油厂改造成功，其特点是强化了再生过程，尽量降低再生催化剂的含碳量，以最大限度地恢复其活性。设计采用外循环管，在有效控制烧焦罐流化床密度和催化剂藏量的同时，使烧焦罐流化床线速比过去再生器床层线速成倍增加。设计上采用的另两项措施是在稀相管出口采用粗旋风分离器和在二密床通入适量空气并选择适当的旋分料腿插入高度，以降低催化剂单耗。图 1.3-77 为带外循环管的烧焦罐式高效再生流化催化裂化两器示意图。

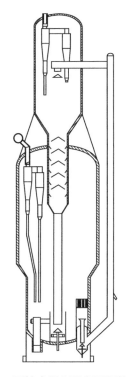
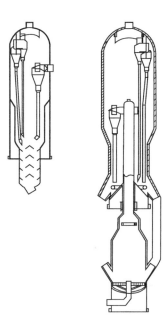

图 1.3-76　同轴式催化裂化两器的典型结构　　图 1.3-77　带外循环管的烧焦罐式高效再生流化催化裂化两器示意图

荆门炼油厂 100 万 t/年带外循环管的烧焦罐式高效再生流化催化裂化装置反应沉降器壳体上部材料采用 A3R，为衬龟甲网型隔热耐磨双层衬里的冷壁结构；下部汽提段材料采用 12CrMo，汽提段内部采用盘环型挡板，为外保温的热壁结构。旋风分离系统采用内集气室、两级杜康型旋风分离器，材质为 12CrMo，一级悬挂于顶封头，二级升气管插入内集气室，一、二级料腿均安装翼阀。再生器壳体材料为 A3R，为衬龟甲网型隔热耐磨双层衬里的冷壁结构，龟甲网材质为 1Cr18Ni9Ti。旋风分离系统采用内集气室、两级杜康型旋风分离器，集气室和旋风分离器材质为 1Cr18Ni9Ti，一级悬挂于顶封头，二级升气管插入内集气室，一、二级料腿材质为 1Cr18Ni9Ti，二级料腿安装翼阀，一级料腿安装防倒锥。稀相管、粗旋、粗旋料腿材质为 1Cr18Ni9Ti。二密松动风环管也采用了 1Cr18Ni9Ti。烧焦罐壳体材料为 A3R，为衬龟甲网型隔热耐磨双层衬里的冷壁结构，内件材料为 1Cr18Ni9Ti。可以明显地看出随着再生温度的提高，再生器的内件材质也升级了。该项目 1988 年获国家科学技术进步二等奖。

1982年，在带外循环管烧焦罐高效再生的基础上，发展了预混合提升管烧焦罐高效再生流化催化裂化技术。该技术重点解决了烧焦罐入口形式、提高起燃温度和实现罐内以活塞流快速烧焦，比返混床大大提高了再生速度，从而减小设备尺寸及系统中催化剂含量，降低了工程投资和操作费用。设计上选用了适当的预混合管高度并考虑了流化状态和某些部位的设备磨损。采用该技术的大港炼油厂5万t/年催化裂化装置于1982年开始立项，1986年顺利投产。图1.3-78为大港炼油厂5万t/年催化裂化装置两器示意图，图1.3-79为大港炼油厂5万t/年催化裂化装置。

大港炼油厂5万t/年催化裂化装置反应沉降器壳体上部材料采用A3R，为衬龟甲网型隔热耐磨双层衬里的冷壁结构；下部汽提段材料采用12CrMo，汽提段内部采用盘环挡板，为外保温的热壁结构。两级高效旋风分离器材质为12CrMo/20G，一级悬挂于顶封头，二级升气管直接固定并伸出顶封头，一、二级料腿均安装翼阀。内部提升管出口采用粗旋，提升管选用15CrMo，粗旋材质为20G。再生器、烧焦罐及下部预提升段壳体材料为A3R，为衬龟甲网型隔热耐磨双层衬里冷壁结构，龟甲网材质为1Cr13。两级高效旋风分离器材质为1Cr18Ni9Ti，一级悬挂于顶封头，二级升气管直接固定并伸出顶封头，一级料腿安装防倒锥，二级料腿安装翼阀。内部稀相管出口为粗旋，粗旋及料腿材质均为1Cr18Ni9Ti。预提升段出口为T型分布管结构，下部提升风管为内筒和分布板结构。该项目1990年获中石化科学技术进步二等奖；1991年获国家科学技术进步三等奖。

3. 重油加工技术探索期

从20世纪80年代初，国内进行了重油催化裂化技术的又一次大规模技术攻关，使我国的催化裂化装置可以加工大庆常压渣

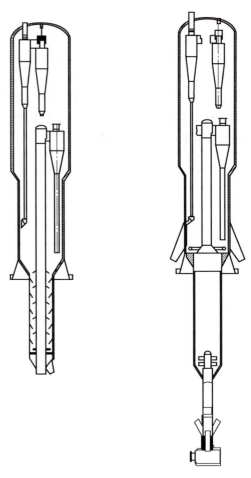

图1.3-78　大港炼油厂5万t/年催化裂化装置两器示意图

图1.3-79　大港炼油厂5万t/年催化裂化装置

油，大多数装置掺炼减压渣油，极大地拓宽了催化装置的原料范围，产生了巨大的经济效益。针对加工重油时装置突出的生焦率高、再生器热量过剩等问题开发了再生器内、外取热器技术。

1983年国内第一套100万t/年全常压渣油提升管流化催化裂化（改造）装置历经四次改造在石家庄炼厂投产，该装置采用两个再生器。图1.3-80为石家庄炼油厂100万t/年催化裂化装置。图1.3-81为该装置三器示意图。

图1.3-80　石家庄炼油厂100万t/年催化裂化装置

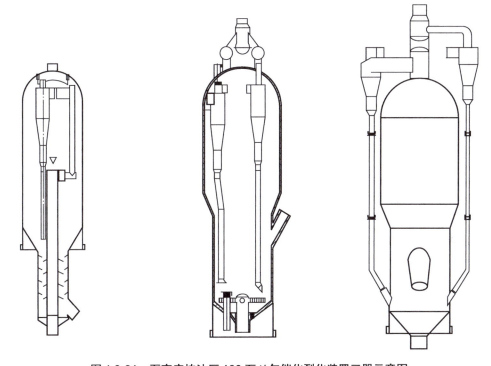

图1.3-81　石家庄炼油厂100万t/年催化裂化装置三器示意图

石家庄炼油厂100万t/年催化裂化装置反应沉降器壳体上部材料采用A3R，为衬龟甲网型隔热耐磨双层衬里的冷壁结构；下部汽提段材料采用12CrMo，汽提段内部采用盘环挡板，为外保温的热壁结构。旋风系统为弹射分离加单级高效旋风分离器，材质为12CrMo/20G，单级旋风升气管伸入内集气室，料腿安装翼阀。第一再生器壳体材料为A3R，为衬龟甲网型隔热耐磨双层衬里的冷壁结构，龟甲网材质为1Cr13。两级高效旋风分离器材质为1Cr18Ni9Ti，一级旋风通过吊座悬挂于顶封头，二级升气管直接固定并伸出顶封头，通入外集气室。一级料腿安装防倒锥，二级料腿安装翼阀。下部床层空气分布管为树枝结构，材质为1Cr18Ni9Ti。第二再生器壳体材料为A3R，为衬龟甲网型隔热耐磨双层衬里的冷壁结构。外部设有两级高效冷壁外旋风分离器，料腿从外部向下返回底部床层。

为加速渣油催化裂化工业化进程，在石家庄炼油厂100万t/年催化裂化装置改造过程中还开发了内取热器技术。取热器采用垂直管束，管束受催化剂冲击小，管内汽、水不分层，支撑简单，热补偿简便。取热管束的材料历经试验和调整，最终确定为Cr5Mo。该项目获国家科委"六五"重大科技攻关奖；1987年获国家科学技术进步一等奖。

20世纪90年代初期，为利用现有装置提高烧焦强度，还开发了高速床两段串联再生技术。其特点是采用高速床，烟气与催化剂并流通过稀相管进入二段烧焦罐。一、二段烧焦罐分别用主风控制其烧焦比。本技术烧焦强度高，催化剂藏量少，占地少，操作方便。采用高速床两段串联再生技术的沧州炼油厂50万t/年重油催化裂化装置于1992年投产，该装置可掺炼50%减压渣油。图1.3-82为该装置两器示意图，注意再生器下部为第二烧焦罐，第一烧焦罐位于再生器下方，本图未画出。

沧州炼油厂50万t/年重油催化裂化装置反应沉降器壳体上部材料采用16MnR/A3R，为衬龟甲网型隔热耐磨双层衬里冷壁结构；下部汽提段壳体材料采用16MnR，为衬龟甲网型隔热耐磨双层衬里的冷壁结构，内部为盘环型汽提挡板。旋风系统为粗旋风分离器加单级高效旋风分离器，材质为20G，单级旋风升气管深入内集气室，单级旋风料腿安装翼阀。再生器（含第二烧焦罐）壳体材料为20R/A3R，为衬龟甲网型隔热耐磨双层衬里的冷壁结构，龟甲网材质为0Cr13。两级高效旋风分离器材质为0Cr19Ni9，一级旋风通过吊座悬挂于顶封头，二级升气管直接固定并伸出顶封头，通入外集气室。一级料腿安装防倒锥，二级料腿安装翼阀。第二烧焦罐内件含T型分布器和空气环，材质为0Cr19Ni9。

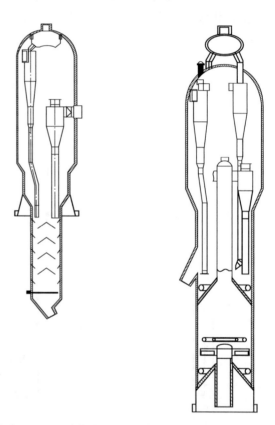

图1.3-82 沧州炼油厂50万t/年重油催化裂化两器示意图

4. 引进消化吸收期

1986年中国石化引进美国石伟公司重油催化裂化技术，建设和改造了国内五套重油催化裂化装置。经过随后不断的消化、吸收和创新，发展了多种形式的两段再生工艺－贫氧再生、富氧再生、烧焦比例控制、再生器取热等技术，开发了PV型高效旋风分离器，单层、双层高性能隔热耐磨衬里，高效原料油雾化喷嘴等专用设备，形成了满足重油催化裂化各种工艺技术的成套设备。

1992年，140万t/年并列式两段再生重油催化裂化装置在福建炼油厂投产，其技术特点是：一段 CO 部分燃烧，二段 CO 完全燃烧，根据生焦率调节一、二段烧焦比；催化剂水热失活条件缓和，有利于保持催化剂活性。图 1.3-83 为该装置沉降器、第一再生器和第二再生器（简称三器）示意图。

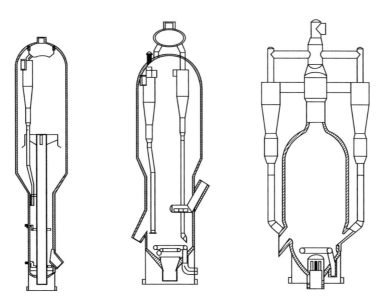

图 1.3-83 福建炼油厂 140 万 t/ 年重油催化裂化装置三器示意图

福建炼油厂 140 万 t/ 年并列式两段再生重油催化裂化装置反应沉降器壳体材料 20R，为衬龟甲网型隔热耐磨双层衬里冷壁结构，旋风系统为瓣式 T 型快分加单级高效旋风分离器，材质为 15CrMo/16MnR，单级旋风升气管深入内集气室，单级旋风料腿安装翼阀。下部汽提段为冷壁结构，取消盘环挡板，改为两级蒸汽环管。第一再生器壳体材料为 20R，为衬龟甲网型隔热耐磨双层衬里的冷壁结构，龟甲网材质为 0Cr13。两级高效旋风分离器材质为 0Cr18Ni9，一级旋风通过吊座悬挂于顶封头，二级升气管直接固定并伸出顶封头，通入外集气室。一级料腿安装防倒锥，二级料腿安装翼阀。下部床层空气分布管为大小双环结构，材质为 0Cr18Ni9。第二再生器壳体材料为 20R，为无龟甲网型隔热耐磨双层衬里的冷壁结构。外部设有单级高效冷壁外旋风分离器，料腿从外部向下返回底部床层。

5. 总结再创新期

经过多年实践和总结，1995 年首套 60 万 t/ 年同轴式两段再生催化裂化装置在武汉石油化工厂建成投产。该装置的第一和第二再生器采用上下同轴布置，第一再生器在上，第二再生器在下，二者之间设置分布板相隔，并设置外循环管相连。其技术特点是一段 CO 部分燃烧，二段高氧 CO 完全燃烧，二段再生烟气通过分布板进入一段，使二段烟气中的过剩氧供一段再生继续使用，以最大限度地减少主风消耗。图 1.3-84 为该装置外貌，图 1.3-85 为该装置两器示意图。

武汉石油化工厂 60 万 t/ 年重油催化裂化装置反应沉降器壳体材料采用 20R，为衬龟甲网型隔热耐磨双层衬里的冷壁结构，龟甲网材质为 0Cr13。旋风系统为瓣式 T 型快分加单级高效旋风分离器，材质为 Q235A/20R，单级旋风升气管深入内集气室，单级旋风料腿安装翼阀。下部汽提段为冷壁结构，设有盘环挡板，并设有汽提蒸汽环管。第一再生器壳体材料为 20R，为无龟甲网型隔热耐磨双层衬里的冷壁结构。两级高效旋风分离器材质为 0Cr19Ni9，一级旋风通过吊座悬挂于顶封头，二级升气管直接固定并伸出顶封头，通入外集气室。一级料腿安装防倒锥，二级料腿安装翼阀。下部床层空气分布管为圆环结构，材质为 0Cr19Ni9。第二再生器壳体材料为 20R，为无龟甲网型隔热耐磨双层衬里的冷壁结构。床层空气分布管为树枝结构，材质为 0Cr19Ni9。第一、二再生器之间设有大孔分布板，材质为 0Cr19Ni9，其上下两面设有高耐磨刚玉衬里。该项目 1998 年获中石化科学技术进步二等奖。

图 1.3-84　武汉石化 60 万 t/ 年重油催化裂化装置

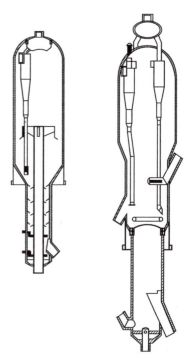

图 1.3-85　武汉石化 60 万 t/ 年重油催化裂化装置两器示意图

在这一时期，随着催化裂化原料的变重，尤其是掺炼减渣和焦化蜡油后，国内一些催化裂化装置的再生烟气系统设备壳体相继发生腐蚀开裂。这些裂纹大多发生在焊缝区，不少裂纹为贯穿性裂纹，且数量多，呈典型的应力腐蚀形态。以上情况对安全生产造成了严重威胁，中石油和中石化迅即开展了调查研究。研究表明，导致设备开裂的烟气由富氧操作产生，含一定量的 NO_x 和 SO_3，烟气冷凝水呈强酸性；另外，设备在现场拼焊过程中焊缝存在较高的残余应力。烟气中的水蒸汽和 SO_3 结合成硫酸蒸汽，这时的露点会提高到 90～180℃。当壁温低于露点时，就会发生应力腐蚀开裂。课题组据此提出了避免应力腐蚀开裂的对策，包括通过调整衬里性能提高壁温、用外部涂料提高壁温、使用硫转移剂、使用内涂层；通过焊后消除应力热处理降低焊缝的残余应力。随着这些措施的实行，在之后新建的重油催化裂化装置杜绝了此类事故的发生。

6. 家族技术及大型化发展期

20世纪90年代以来，国内外围绕着提升管反应器相继开展了许多方面的技术开发工作，催生了各种提升管反应新技术和新工艺，如催化汽油降烯烃技术的MIP、FDFCC、TSRFCC，催化裂化多产烯烃的DCC-Ⅰ、DCC-Ⅱ、CPP、MCP等，形成了催化裂化家族技术。但就承担着催化剂分离和再生功能的沉降器和再生器来说，现有的材料和结构都能满足这些新技术和新工艺的要求，本节不再赘述。

跨入新世纪，伴随着国民经济的快速发展，千万吨级大型炼厂快速崛起，也拉开了建设300万t级重油催化裂化装置的大幕。在历经30多年的生产实践，尤其是近20年多种两段再生技术的实践和总结，催化两器的结构型式已日臻成熟，并成功地解决了设备大型化所带来的问题和挑战。2003年6月兰州石化公司300万t/年重油催化裂化顺利投产。图1.3-86为该装置两器示意图，图1.3-87为该装置外貌。

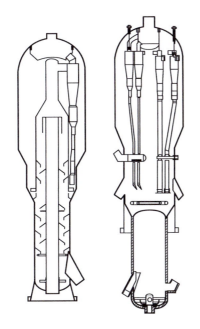

图1.3-86　兰州石化两器示意图　　图1.3-87　兰州石化300万t/年重油催化裂化装置

兰州石化公司300万t/年重油催化裂化反应沉降器壳体材料采用20R，为衬龟甲网型隔热耐磨双层衬里的冷壁结构，龟甲网材质为0Cr13。旋风系统为旋流快分直连高效旋风分离器，旋流快分系统材质为16MnR，高效旋风分离器材质为15CrMo，单级旋风升气管深入内集气室，单级旋风料腿安装翼阀。下部汽提段为冷壁结构，设有盘环挡板，并设有汽提蒸汽环管。第一再生器壳体材料为20R，为无龟甲网型隔热耐磨单层衬里的冷壁结构。两级高效旋风分离器材质为0Cr19Ni9，外圈两级旋风通过吊座悬挂于顶封头，二级升气管通入内集气室；内圈两级旋风悬挂于内集气室底部，二级升气管通入内集气室。一级料腿安装防倒锥，二级料腿安装翼阀。下部床层空气分布管为大小环结构，材质为0Cr19Ni9。第二再生器壳体材料为20R，为无龟甲网型隔热耐磨单层衬里的冷壁结构。床层空气分布管为树枝结构，材质为0Cr19Ni9。第一、二再生器之间设有大孔分布板，材质为0Cr19Ni9，其上下两面设有高耐磨刚玉衬里。2005年该项目获中国石化优秀工程设计一等奖。

装置的大型化必然会给两器的设计、制造、安装、检验带来一系列的新课题。在设计方面，设计规范从 JB 741—1965、JB 741—1973、JB 741—1980 到 GB 150—1989、GB 150—1998、GB 150.1～150.4—2011 不断完善，在材料要求、设计方法和制造验收等方面跟踪和应用了我国工业化水平的最新成果。随着设计手段的进步，ANSYS 类应力分析商用软件已全面得到应用，大量不规则形状零部件、超出规则设计范围的大开孔、蠕变工作范围部件的分析已不再是难题，使设计工作得到极大的完善。

在材料方面，两器壳体材料从 A3R、20R、16MnR 到目前普遍采用的 Q245R、Q345R，随着行业标准的不断进步，这些材料的性能稳步提高，完全能够满足 450 万～480 万 t/ 年级重油催化裂化两器的需要；内件选材上，15CrMo、0Cr18Ni9 仍满足目前所有重油催化沉降器和再生器工艺条件。在衬里方面，设计、科研、制造和施工单位团结协作，同样走过了一条探索、引进、吸收、提高、形成特色的道路。早在 1965 年，我国第一套流化催化裂化装置建设期间，由建设部建材研究院研制成功了矾土水泥-陶粒-蛭石隔热层衬里、矾土水泥-矾土熟料-矾土细粉耐磨层衬里和磷酸铝-刚玉高耐磨衬里；哈尔滨锅炉厂试制成功 1Cr13 龟甲网。这些材料基本满足了 60～70 年代催化裂化装置的设计需要。但到了 20 世纪 80 年代，随着重油催化裂化技术的出现，这些材料和结构的一些固有缺点也愈发明显：作为胶结剂的矾土水泥在温度高时容易出现失水收缩，造成衬里开裂；磷酸铝施工麻烦，要避免接触水和水汽；龟甲网结构在高温时膨胀，在停工时收缩，容易开裂和剥落。由此，对衬里材料和结构的改良和换代也提上了日程。中国石化在 20 世纪 80 年代中期引进石伟公司重油催化裂化技术的同时，也购买了 RESCO 公司的衬里产品，包括 RS-9、RS-17E 和 AA-22。这些产品的应用为国内衬里材料的更新换代提供了借鉴，国内相继开发了无龟甲网结构（掺钢丝纤维）的 BPDI-G、BPDI-D 等双层衬里，JA-95、TA-218 等高温高耐磨产品，及时地满足了新工艺对衬里材料的要求；进入新世纪后，在不断实践和总结的基础上，又开发了集隔热耐磨为一体的单层衬里，并配合中国特色的施工工艺，使长期困扰催化裂化装置长周期安全运行的壳体大面积超温问题从根本上得到解决，尤其适合装置大型化。如今，衬里产品已经标准化、系列化，为我国催化裂化事业的发展提供了坚实的支撑。

在制造方面，从 1965 年的第一套流化催化裂化装置开始，所有的两器零部件全部实现国产化。经过多年的实践，两器建造逐渐形成了中国特色的现场建造技术，即自动焊和手工焊相结合，立式组装成段，分段组焊成整体，内燃和电热带综合法整体消除应力热处理。无损检测采用 X 射线主检和超声波复验；对于大型装置则采用 γ 源中心曝光为主、X 射线检测为辅、超声波复检的检测工艺。近年来大型化的装置两器检测也在尝试 TOFD 技术取代射线探伤，以避免由于工序交叉所带来的影响。现场衬里经历了手工涂抹、喷涂到支模振捣的进化过程，用此法浇注的壳体衬里在济南 140 万 t/ 年重油催化裂化装置中实现了 10 年无大修的目标，目前是现场衬里施工的主流方法。

2017 年 10 月，国内单套处理量最大的重油催化裂化装置中海油惠州二期 480 万 t/ 年重油催化裂化装置顺利投产，标志着我国重油催化裂化的大型化又上了一个新台阶。图 1.3-88 为该装置外貌。

图 1.3-88　中海油惠州二期 480 万 t/年重油催化裂化装置

3.9.3　结语

我国催化裂化装置两器发展历史,就是一部自强不息、砥砺前行的发展史。20 世纪 60 年代,在极其艰苦困难的条件下发扬协作精神、为国奉献精神和敢为人先的创新精神,为我国的催化裂化事业打下了坚实的基础;70 年代,紧跟世界炼油技术发展的潮流,使我国催化裂化的技术水平步入新高度;80 年代,勇于探索,开创了重油加工多种途径的新格局;90 年代,引进、总结、吸收、再创新,形成中国特色技术路线;步入 21 世纪,形成催化裂化家族技术,世界级大型装置成为炼厂主力;如今,我国的催化裂化加工总能力居世界第二位,技术水平位于世界先进行列。

展望未来,催化裂化装置仍将发挥其作为主要二次加工装置的作用,沉降器和再生器作为核心设备仍在不断优化和发展。在可以预见的未来十年,多项新技术将使催化裂化技术得到进一步的提升。

(本节由中国石化工程建设公司程建民撰写)

第4章 我国石油化工压力容器发展史

4.1 概述

所谓石油化工,就是利用炼油之后的液体组合、炼油气以及天然气、油田气为原料,通过石化装置来生产基础化工原料(如乙烯、丙烯、丁二烯、苯、甲苯、乙苯、萘等)、基本有机原料、合成塑料、合成纤维、合成橡胶、合成氨及其他有机化工产品等。乙烯是石油化工中最重要的一种基础原料,因此人们常把乙烯生产看作石油化工发展的基础,并把它作为衡量石油化工发展水平的标准,而乙烯装置的规模反映了冶金、机械制造、化学工业、化学工程和设计技术、自控技术等方面的综合水平。

进入20世纪90年代,70~80年代引进的第一批乙烯装置需改建和扩建,经多年操作、摸索,国内对乙烯生产工艺及设备有了较深了解,乙烯生产技术和装备的神秘性被打破了。特别是有前十年炼油重大装备攻关研制的经验和成果,乙烯装备的国产化也实质性展开了。1993年国家批准了燕山石化45万t/年乙烯改造工程,之后,14万t/年聚乙烯工艺和主要设备也实现了国产化。90m^3聚合釜等一批关键设备自主研制成功,给石化重大装备国产化树立了信心。

1999年开始,中国石化陆续对燕山石化、扬子石化、上海石化、齐鲁石化、茂名石化乙烯进行第二轮改造,装置规模由45万t/年改造到70万~80万t/年。中国石化集团公司经过多次慎重研究,决定利用这轮改造,加大设备国产化力度。随后乙烯裂解炉、废热锅炉、乙烯冷箱、高压聚乙烯超高压管式反应器、聚乙烯装置立式反应器均采用国内外合作设计和制造的方法研制成功。

我国乙烯工业工程发展历经四个阶段:①20世纪80年代中期之前,为成套引进阶段;②80年代中期至90年代中期的十年,国内做基础设计、翻版国外基础设计,关键设备仍然引进;③90年代中期到2000年的五年,国内做基础设计、技术攻关、学做工艺包,压缩机和裂解炉陆续完成国产化任务;④2000年后,国内做工艺包、形成专利或专有技术,做特大型装置的基础设计,同时大大提高了乙烯装置压力容器国产化的占比。

我国的压力容器制造一直以来都是以国有大中型企业为主力军,乡镇企业和民企、私企作为补充力量。1984年是乡镇企业发展的转折点,这一年,随着中共中央1号和4号文件的颁布实施,农村企业发展滞后的局势得到了改观。尤其是中共中央4号文件,为农民自主联合办企业和农民个体办企业开了绿灯。这一时期乡镇企业主要集中在压力容器内的塔盘、塔内件生产上,乡镇企业工人亦工亦农,都是农民兼职进行简单工件的制造,加工设备简单,操作容易,他们的交货期是国有大厂根本无法实现的,仅湖北洪湖一带生产塔盘塔内件的小厂就有数十家,1984—1988年成为乡镇企业的首次飞跃期。

以邓小平 1992 年南方谈话为契机，乡镇企业迎来了又一次的大发展机遇（1992—1995 年）。这个时期乡镇企业生产的产品扩大到碳钢的小容器、换热器上，用小型卷板机和几个焊工就可完成简单的碳钢容器制造，乡镇企业借助在国家税收、农村廉价劳动力和农村土地等方面的优势实现快速发展，尤其在江浙一带和东北三省等地，在小型压力容器和换热器的制造和交货期上开始与国有企业形成了强有力的竞争。但是，1996 年国家继 1995 年后第二年实行适度从紧的财政货币政策，乡镇企业的资金紧缺现象日益明显。1997 年又遇到东南亚经济危机，出口增速减缓，国内市场疲软，使得一些生产压力容器的乡镇企业面临生存危机。1998 年亚洲金融危机的延续和国内特大洪涝灾害对乡镇企业也造成了不小的影响。1996—1999 年乡镇企业受到较大打击。1997 年众多乡镇、集体企业改制进程加快，其中实行产权制度改革的乡镇集体企业达 52 万个，占到乡镇集体企业总数的 33.5%。1998 年，改革力度进一步加大，大约有 80% 的乡镇集体企业实行了产权制度和经营方式的改革。就改制的选择看：较大型企业基本上选择股份制，中小型企业多选择股份合作制，而小型、微利、亏损企业则多选择出售。这一时期乡镇企业与外商及港、澳、台合资合作企业数量增多，到 1996 年，乡镇企业中外商合资与港、澳、台合资已几乎各占一半。这大大提高了乡镇企业和合资企业的人才、技术和管理实力，他们的很多压力容器产品可以远销国外。与此同时，在石化压力容器产品上已经开始向大型、高合金、高技术含量方向发展，像北海封头有限公司、上海森松压力容器公司、大连日立机械设备有限公司等合资企业借助国外技术、管理和人才优势迅速发展，形成了对国有大企业压力容器产品良好的补充和竞争局面。

2000 年以后，脱胎于"苏南模式"的"江阴板块"的民营企业、私营和合资企业逐步向现代企业转型，涌现了许多绩效优秀的上市公司。借助资本市场的巨大力量，他们在制造装备、人才、管理方面加大了投入，涌现了一大批锅炉压力容器及其原材料生产的"巨无霸"，例如张家港化工机械股份有限公司、江阴兴澄特种钢铁有限公司、浙江久立集团公司等，成为中国石化压力容器大型化、国产化的生力军。

1998 年，国务院决定实施石油石化战略大重组，原石油天然气总公司和石化总公司改组为两个大型石油石化集团公司，实现上下游、产供销、内外贸一体化经营，加上 1982 年新成立的海洋石油公司，基本实现了炼油、石化生产从政府管理向企业自主运营的转变。与此同时，中国经济持续高速发展，对能源的需求也急剧增加。经过改革重组，中国三大石油公司已具备良好的发展基础。"十五"期间，他们切实改变经济增长方式，坚持技术进步、技术创新、技术改造和产业升级；积极引进资金、技术和管理方式，实现产权多元化；为保证中国石化较强的市场竞争力，通过对技术装备的引进、消化吸收和研发创新，开发具有自主知识产权的技术装备。重大装备国产化"十五"的目标是：炼油装备技术达到 21 世纪初的国际水平，石化和石油勘探开发装备技术达到 20 世纪 90 年代末的国际水平，逐步实现装备大型化、高效化、成套化。按投资计算，炼油、石化、化纤、化肥和石油勘探开发设备的国产化率将分别达到 98%、80%、60%、95% 和 80% 的目标。

炼油厂规模和炼油装置大型化具有明显的经济效益，这是世界炼油发展的一个重要趋势。但要实现炼厂规模和炼油装置大型化必须首先实现石化设备的大型化，否则将是"无米之炊"。石化设备大型化给我国压力容器行业提出了许多新课题，促进了设备用材、制造技术、设计方法以及标准规范的发展或完善。1999 年中石化集团公司重大装备国产化办公室开始下达国产化任务，截止到"九五"末，中国石化重大技术装备的国产化，从20世纪80年代的完全靠引进、关键设备国产化为零，发展到炼油装置国产化率95%、石油化工装置国产化率70%、化纤装置国产化率60%。

原中国石油化工总公司石油和化工重大装备国产化经过20年努力，在"七五"期间有6个课题、310台（套）设备实现了国产化，"八五"期间35个攻关课题研制成果应用于生产，"九五"期间有30个攻关课题研制成果应用于生产。据不完全统计，从"七五"到"九五"，依托石化工程建设和技术改造项目研制和推广应用的国产化重大设备达927台，与同期引进设备相比，节约投资达43亿元人民币。

2000年以后，由于国家对气、煤、柴油排放的环保要求提高，中国石化加氢装置得到大发展。而此时中国一重的产能和交货期已显得十分紧张，难以在短期内完成数十台加氢反应器的交货任务。在中国石化集团公司的扶持下，2004年中国二重开展了对海南炼化项目7台临氢高压容器和反应器的制造进行技术攻关，中国石化派专家组对攻关的重点和难点进行了有力的技术支持。通过中石化国产化立项研究，二重掌握了临氢高压设备和加氢反应器的全套制造技术，为二重生产大型锻焊热壁加氢反应器打下了坚实基础。随后，二重又先后为齐鲁石化、海南炼化、上海石化、天津石化分公司、普光油田、洛阳石化、福建联合石化、长岭分公司、武汉分公司、安庆分公司、济南分公司等提供了上百台石化核心设备。产品也从普通碳锰钢发展到了铬钼钢、铬钼钒钢，重量从几十吨到上百吨直至近千吨。目前二重的产能已从当初年产5000t重型容器发展到现今年产25000t的能力，成为国内排名第二的大型锻焊式石化高压容器的主力供应商。

2006年6月26日国务院发布了《国务院关于加快振兴装备制造业的若干意见》（国发〔2006〕8号），提出在大型乙烯等化工成套设备、大型煤化工成套设备等16个领域的重点突破计划。为推进重大装备国产化，国家发改委重大装备办一直都在推行装备国产化与项目审批相捆绑的措施。相关政策提出，在铁路、石化、冶金等重大项目招标中，不得歧视国产装备，国内有能力的要优先考虑国产装备。该意见实施以来，石油化工容器国产化明显加快，重大技术装备自主创新能力显著提高，国际市场竞争力进一步提升，部分产品技术水平和市场占有率跃居世界前列。按照投资计算，在"十一五"计划末我国化工非标设备实现国产化率约为90%，乙烯设备国产化率约为70%。中国石化在重大装备国产化方面采取了"积极、稳妥、先进、可靠、实事求是"的国产化方针，取得了很大成绩并得到了国务院和发改委等部门的充分肯定。在2006年6月国务院召开的振兴装备制造业工作会议上受到了表扬，并指定中国石化作为振兴民族装备制造业的先进代表，介绍了重大装备国产化的成功经验。

2007年之前能够生产环氧乙烷反应器（EO反应器）的厂家主要有印度LT公司、日本IHI公司等少数容器制造巨头。国内环氧乙烷反应器基本依赖进口。2007年9月中国一重开始了环氧乙烷反应器的自主设计、研发工作，经过多年从无到有、从小到大不断研发，环氧乙烷反应器满足了大型化需求。2007—2009年，中国一重制造的环氧乙烷反应器内径最大为$\phi 5100mm$，单台重量为500t；2010年，国产化的大型环氧乙烷反应器内径已达$\phi 7400mm$，单台重量达975t。

2008年4月25日，时任国务院副总理李克强在中石化海南炼油化工有限公司考察。该公司于2006年正式投产，原油综合加工能力800万t/年，是一个拥有16套炼油化工一体化的现代化工厂，压力容器国产化率达 98% 以上。整个工厂的工程设计、容器制造、试车、开工完全由中国人自己完成，得到了李克强的高度评价。

2001 年起，"十五"和"十一五"期间，在中国石化集团公司党组的正确领导下，在国家有关部门的大力支持下，中国石化股份公司物资装备部围绕中国石化主营业务发展，以油气田勘探开发、大型炼油项目、大型乙烯项目为依托开展石化重大技术装备研制工作，在千万吨级炼油和百万吨级乙烯关键装备方面取得了突破性进展，一些技术要求高、制造难度大的核心重大装备被逐一攻克，形成了一系列具有自主知识产权的石油石化重大装备技术，国产化装备的性能和技术水平已达到国际同类装备的先进水平，增强了我国炼油和石油石化装备的国际竞争能力。

炼油方面，国内具备单线能力 800 万～1000 万 t/年常减压、300 万 t/年催化裂化、150 万 t（200 万 t）/年加氢裂化、410 万 t/年加氢精制、150 万 t/年连续重整、160 万 t/年延迟焦化等炼油装置的装备成套能力，装置中的重大关键装备均可立足国内设计、制造。通过开展 2.25Cr-1Mo-0.25V 钢锻焊热壁加氢反应器、直径 1700mm 的螺纹锁紧环高压换热器、1 万 m^2 级的板壳式换热器、四合一重整反应器、隔膜密封式高压换热器、直径 9800mm 的大型焦炭塔、大型硫磺回收余热锅炉等炼油装置关键装备研制，掌握了设计、制造等核心技术，攻关研制的装备在炼油企业得到广泛应用，解决了千万吨级炼油装置的大型化重大装备问题。

石油化工方面，主要开展了百万吨级乙烯冷箱、10 万～15 万 t/年裂解炉、30 万 t/年聚乙烯气相反应器、45 万 t/年聚丙烯多区循环反应器、20 万 t/年苯乙烯脱氢反应器、EO/EG 装置大型管壳式换热器、换热面积超过 1 万 m^2 的大型管壳式换热器、高温高压钛材换热器、结晶器以及聚酯装置反应器等石化装置关键装备的设计、制造技术研发，许多重大装备的设计、制造及成套技术等已达到国际先进水平，基本解决了百万吨级乙烯装置大型化重大装备的国产化问题。

此外，采用国产调质高强度钢 07MnNiMoVDR 建造的 2000m^3 低温乙烯球罐，在天津和镇海乙烯项目中使用。厚度达 198mm 的加氢铬钼钢板、高强度管线用钢、大线能量高强度储罐用钢、低温钢等长期依赖进口的钢材也实现了国产化。

2011 年，中石化"十二五"规划对炼油和石油化工工程装备技术的国产化、大型化研发提出了更高的要求：在油气储运工程装备技术方面，要重点进行 15 万 m^3 以上大型原油储罐、2 万～10 万 m^3 大型常压低温双壁储罐和混凝土全包容储罐、3000m^3 低温乙烯、丙烯球罐的设计及施工技术开发等。针对千万吨及以上炼油装置，重点开展 15m 大直径减压塔；200mm 厚度板焊、大直径（5400mm 以上）流化床以及超低硫柴油等加氢反应器及内件；大型重整装置反应器、新型水力除焦成套装备、1 万 m^2 以上超大型板壳式换热器、特大型螺纹锁紧环及缠绕管式换热器等设备研制。对于百万吨级乙烯及其下游装置，重点进行乙烯急冷废锅研制，开展提高、改进和完善乙烯冷箱等大型国产化设备性能研究，开展大型 EO 反应器等设备的应用研究，开展 30 万～45 万 t/年聚烯烃反应器、催化剂注入等打包成套单元设备以及工程聚酯料、碳纤维、己内酰胺等高附加值石化下游产品生产装置配套设备研制。

2010 年中国石化组织有关专家和中国一重、中国二重对"超大直径超大壁厚加氢反应器国产化"进行联合攻关。课题依托扬子石化 200 万 t/年和金陵石化 180 万 t/年渣油加氢装置的单系列反应器，解决 5400mm 大直径、壁厚达 340mm 以上的锻焊热壁加氢反应器设计、制造、焊接和无损检测等方面的技术难题，该课题已于 2018 年 4 月通过了中国石化集团公司组织的技术鉴定。

中国一重在与中国石化的国产化合作中，通过对加氢反应器的国产化研制和不断开发，已成为世界级加氢反应器制造基地。从 1989 年为中石化制造第一台加氢反应器开始，一重逐步掌握了加氢反应器钢材的冶炼、锻造及后续容器的焊接、热处理和无损检测等制造技术。截至 2009 年底，已生产加氢设备近 300 台，并在 2006 年制造了当时世界上最重的煤液化加氢反应器，累计创造产值 100 多亿元。目前中国一重已经成功打入国际市场，2007 年的加氢反应器合同有 40% 是国外订单，这标志着我国加氢反应器制造水平已达到世界先进水平。

2003—2015 年，我国共建成 8 个国家石油储备基地，总储备库容为 2860 万 m^3。中国石化为建设国家原油储备基地，需要采购大量原油储罐用高强度钢板，而此时进口钢板借机价格大幅上涨，且交货期无法满足工程建设进度要求，对国家原油储备基地建设带来非常不利的影响。2004 年国家发改委发文"发改办能源〔2004〕1379 号"，要求国家石油储备基地建设采用国产化钢板。为此，中国石化立即组织宝钢、武钢、舞阳钢厂和鞍钢等国内大型钢厂，进行高强度油罐用钢板国产化攻关，先后研制了 10 万 m^3、15 万 m^3 大型储罐用高强度钢板，并在镇海、黄岛、白沙湾等国家储备油库工程项目中广泛使用，与进口相比，每台 10 万 m^3 原油储罐节省采购费用约 100 万元，共节约采购资金 1 亿元。

乙烯冷箱国产化是中国压力容器从无到有、从小到大、从仿制到创新持续攻关的一个实例，相关单位攻关研发持续了近 30 年。在这 30 年中，国外建造技术也在飞速发展，早期已国产化成功的乙烯冷箱，很快就又落后了，需要不断挑战大型化和结构优化。1972—1982 年为乙烯冷箱国产化的初期阶段，对引进的冷箱进行分析、消化，但并未深入理解，也未形成工业化量产。1982—1992 年为中期阶段，只是乙烯冷箱简单的制造，缺乏传热计算、工业试验验证等基础性研究。1992—1999 年为后期阶段，乙烯冷箱的相关计算软件问题得到解决，引进了国外的设计技术和真空钎焊工艺技术，使产品制造工艺技术得到了飞跃发展。2001 年 11 月首台设计压力 4.4MPa 的 25 股流乙烯冷箱在中石化燕山石化公司 66 万 t/年乙烯装置开车成功，至 2002 年 7 月，金山、扬子、广州、天津、中原、辽化、兰化乙烯改造扩建用冷箱均使用了国产设备，截至 2016 年，镇海、天津的百万吨乙烯冷箱已完成了研制。

2000 年至 2016 年中国石化集团公司累计向炼油板块投入近 3000 亿元，大多用于油品质量升级。各炼油厂新建、改扩建了数十个加氢项目，全部压力容器实现了国产化建造。据统计，仅兰石重装 2014 年就制造了高压加氢反应器 55 台，总重 11392t；2015 年制造了高压加氢反应器 58 台，总重 10916t。

通过多年不懈的研发和坚持独立自主，中国石化在发展自身石化工艺技术的同时，大力提倡、促进石化用压力容器的国产化，助推了我国装备制造业做大做强、走出国门。在以乙烯冷箱、环氧乙烷反应器、高压厚壁加氢反应器为代表的压力容器国产化、大型化工作上取得了突出成绩。值得一提的是多年为中国石化制造加氢反应器的主力供应商——中国一重，在 2009 年出口印度 BROL 公司 BINA 炼油厂 6 台厚壁加氢反应器共计 2560t，出口伊朗国家石油工程建设公司 5 台厚壁加氢反应器共计 3905t。2010 年出口韩国大林公司／

伊朗某炼油厂 10 台厚壁加氢反应器共计 8958t，实现了走出国门的国际化发展道路。

中国石化的石油石化装备水平代表着我国石化装备的技术水平，油气田勘探开发、千万吨级炼油装置的装备国产化率已达 96%，百万吨级乙烯及其下游装置装备的国产化率已达 87.8% 以上。以千吨级 SE 东方炉、百万吨级煤液化反应器、180 万 t/ 年 MTO 反应器等关键核心设备国产化为代表的煤气化技术及煤化工装备处于世界领先水平；一些里程碑式的大型装备不断涌现，相继完成了 15 万 m^3 大型原油储罐和 3 万 m^3 常压低温乙烯储罐建造，2 万 m^3 常压低温丙烯储罐、2000m^3 低温乙烯球罐已建成投用，16 万 m^3LNG 罐也即将建成投用。所有这些为我国装备制造业的发展起到了强有力的引领和助推作用。

在中国石化压力容器国产化、大型化研制需求的引领下，我国压力容器装备制造业逐渐做强、做大。未来，石化装备的研发和制造将向高端化、大型化、高效紧凑、智能化方向发展，石化用压力容器将不断在新材料、新结构、新工艺、新技术方面创造新的奇迹。

制造业是强国之基、富国之本，没有强大的制造业支撑就不可能成为真正意义上的世界强国。先进制造业特别是其中的高端装备制造业已成为国际竞争的制高点。为落实《国家创新驱动发展战略纲要》《国家中长期科学和技术发展规划纲要（2006—2020 年）》和《"十三五"国家科技创新规划》，大力推进实施"中国制造 2025"国家战略和"互联网＋"行动计划，加速推动制造业由大变强的转型升级和跨越发展，目前，中国石化在多年的数字化、信息化的基础之上，又提出了过程工业的智能化工厂建设目标，在未来 5～15 年，在各种智能化自动化设备系统的基础上，智能化的石化厂将由工厂局部智能自动化，逐步分层次地发展到全厂智能化。

（本节由中国石化建设工程公司张迎恺撰写，仇恩沧校审）

4.2 乙烯裂解炉——北方炉（CBL）的开发历史

4.2.1 概述

1. 裂解炉在乙烯装置中的地位

裂解炉是乙烯装置的龙头，其不同的产品均是通过各种烃类在裂解炉辐射段炉管中的热裂解而获得。乙烯装置大部分能耗是裂解炉的燃料消耗，其能耗、物耗及操作费用对乙烯装置的效益起决定性作用。

2. 开发基础

我国从 20 世纪 50 年代后期至 60 年代就开始了对裂解技术、分离技术及裂解反应机理的研究，并建成了万吨级的工业装置。至 70 年代初期，随着乙烯装置的引进，研究单位、大专院校和设计单位开展了大量的研究、消化吸收工作，建成了模拟工业炉的裂解模拟装置和中试装置，对我国各种油品的裂解性能进行了大量的研究测试工作和反应动力学试验，并结合工业生产装置的实际测试，在取得了大量小试、中试、工业数据的基础上，建立了我们自己的裂解产物预测模型。集中各方面力量，采用集中会战的形式，初步确立了裂解炉设计的主要计算模型，并通过与引进装置的对照，初步确定了这些设计模型的实用性和精确度。目前，CBL 炉合作开发单位积累了 30 多年的国内外原料评价结果数据库、裂解反应模拟及收率预测软件、对流段模拟软件、急冷锅炉模拟软件，并建有采用计算机控制的先进的小型裂解模拟装置、燃烧器试验台，采用了计算流体力学（CFX）软件、工厂设计软件 PDS（3D）及各种工程设计软件，还进行了设备国产化研制。经过一个阶段的研究、消化吸收工作，培养了一批从事裂解技术研究的中坚力量，为我们开发自己的裂解技术从技术上、人员上做了充分的准备。

3. 工艺开发

从 20 世纪 60 年代以来，管式炉裂解制乙烯炉型发展很快，新炉型不断涌现，其总趋势是向高温、短停留时间、低烃分压，以提高裂解选择性、降低能耗和造价、方便管理的方向发展。世界上广泛使用的炉型所采用的炉管构型大体可分为大容量炉管和高选择性炉管两大类。

大容量的炉管每台炉的炉管组数较少（约 4～6 组），采用多程（4 程以上）大管径炉管（最大管径可达 8in），停留时间较长（0.35s 以上），裂解温度较低，炉管对结焦敏感性较小，压降较大，运转周期较长，裂解选择性较低，制造、安装、维修、管理比较方便。这种炉管又有等径多程不分枝炉管和多程分枝变径炉管两种。

等径多程不分枝炉管为第一代垂直双面辐射管，具有代表性的是 SRT-Ⅰ型炉、SW-M 型炉和 IFP 炉，每组炉管有 6～8 程。具有代表性的多程分枝变径管有鲁姆斯公司的 SRT-Ⅱ、SRT-Ⅲ、SRT-Ⅳ型炉，KTI 公司的 GK-Ⅱ、GK-Ⅲ型炉和林德公司的 LSCC2-2 型炉等，程数多为 4～6 程。

高选择性的裂解炉管一般停留时间均在 0.2s（最短达 0.1s）左右，每组炉管程数较少。一般采用两程，最少有单程，压降较小，采用的炉管管径较小，最大管径 4in，最小管径约 1in。每组炉管的处理量和乙烯产量较少，因此每台炉的炉管组数较多，裂解温度较高，炉管对结焦敏感性大，运转周期相应缩短。这种炉管一般多组炉管（4～12 组）采用一个进料系统，因此在各小组炉管入口处必须采用特殊结构（如临界流量文丘里管、小直径猪尾管或孔板）去均衡流量分配，因而各组炉管之间的裂解温度差别比大容量炉管大。但由于这种炉管裂解选择性高，可以适应乙烷到减压柴油所有优质原料裂解，因而被世界各国广泛采用。这种类型的炉管又可分为不分枝变径管、单程小直径炉管和两程分枝变径管几种。

斯通 - 韦勃斯特开发的 USC 炉（超选择性裂解炉）为典型的不分枝变径炉管——U 形炉管。

毫秒炉炉管为单程小直径炉管，每根炉管的总长只有 10～12m，管内径约 $\phi 25mm$，停留时间 0.1s，裂解温度高达 900℃，每根炉管的小时处理量只有 100 多公斤。由于管径小，所以对结焦敏感，操作周期短（只有 7～20 天），清焦频繁。

目前世界上应用最广泛的高选择性炉管是两程分枝变径管，其中有代表性的为我国 CBL-Ⅰ、Ⅱ、Ⅲ型炉，KTI 的 GK-Ⅴ型炉，林德公司的 LSCC1-1 型炉和布朗公司的 HSLR 炉采用的 2-1 型炉管，鲁姆斯公司推出的 8-1 型炉管和最近推出的 4-1 型炉管。该炉管裂解温度较高，停留时间约 0.2s，有良好的裂解选择性和合适的运转周期。

除此之外，国外于 20 世纪 80 年代至 90 年代还推出了一些强化传热炉管，如内螺旋管、内梅花管、外钉头管和内肋条管等。

我国的工业乙烯装置所采用的裂解技术主要都是从国外成套引进的技术，包括鲁姆斯公司、斯通 - 韦勃斯特、IFP 公司、林德公司和凯洛格公司等。

自中国石化总公司成立之后，即酝酿开发具有我国特色的裂解技术。1984 年 9 月在南京会议上成立了南北两个裂解炉开发小组，北组由中国石化工程建设公司（原北京石化工程公司）、北京化工研究院和天华化工机械及自动化研究设计院组成。在研究裂解原理和消化吸收国外引进裂解技术的基础上，提出了 2-1 型炉管构型、稀释蒸汽二次注入和二级急冷为代表的北方炉设想方案，并通过小试证实了这种设想的可行性。1987 年 5 月中国石化总公司和国务院重大技术装备领导小组办公室决定在辽阳石油化纤公司化工一厂和高桥化工厂各建设一台年产乙烯 2 万 t 的工业试验炉，经各方努力，这两台炉于 1988 年 10 月和 1989 年建成，分别投油试运行，经过 1989 年一年的运行、测试、标定，于 1990 年 1 月通过国家级鉴定，达到了原来设想的目标，主要技术指标达到了国际同类型裂解炉 80 年代先进水平。

为了使乙烯裂解技术更提高一步，CBL 炉开发组于 1993 年又开发了年产 4 万 t 的 CBL-Ⅱ型炉，分别于辽化化工一厂和抚顺石化乙烯厂各建一台。建在辽化的 CBL-Ⅱ型炉于 1995 年 11 月建成并投油成功，并于 1996 年通过鉴定。CBL-Ⅱ型炉比 CBL-Ⅰ型炉在技术上又有了新的提高，停留时间 0.228s，单组炉管的处理能力从 531.3kg/h 提高到 687.5kg/h，提高了 29.4%，三烯收率增加 1.18%，热效率也有提高。其主要技术指标较 CBL-Ⅰ型炉有较大提高，和国外引进的 90 年代裂解炉相当。建在抚顺的 CBL-Ⅱ型炉于 1996 年 9 月建成并投油成功。

从 1995 年开始，中国石油化工总公司又组织开发 CBL-Ⅲ、CBL-Ⅳ型炉，它们的规模均为年产 6 万 t 乙烯，分别建于燕化公司化工一厂和辽化化工一厂。CBL-Ⅲ型炉设计的原料为 NAP 和 AGO，于 1998 年 6 月建成，8 月一次投料成功。CBL-Ⅳ型炉设计的原料为 NAP 和 HVGO，于 1999 年 3 月建成，1994 年 4 月一次投料成功。

通过这十多年来的努力，不但利用我国自己开发的技术建成了一批裂解炉，而且还锻炼、培养和造就了一批从事裂解技术开发的人才，并不断地完善、充实和提高了裂解技术开发的各种软件和手段，使我国裂解技术跃至目前的国际先进水平。目前通过裂解炉炉管强化传热改善裂解炉性能的技术开发也取得了可喜的成果。

为配合大型乙烯装置（单条生产线能力在 60 万～100 万 t 乙烯/年之间）的建设，裂解炉也向大型化方向发展，单炉膛裂解能力大多为 10 万～12 万 t 乙烯/年，超过 12 万 t 的大型裂解炉采用双炉膛结构，比如两台 8 万 t 的单炉膛的裂解炉可以合成一台 16 万 t/年的双炉膛的裂解炉。为此，在总公司的组织下，于 1999 年在燕化建设两台 10 万 t 乙烯/年的裂解炉。于 2000 年 9 月一次开车成功并运行至今。此外，正在开发 15 万～18 万 t 乙烯/年的裂解炉。

4. 设备、材料研制

在 CBL 炉开发过程中，关键设备、材料的研制是很重要的内容。这些关键设备、材料主要有：辐射段炉管、对流段炉管、急冷锅炉、汽包、烧嘴、耐火材料等。正是这些关键设备、材料的研制成功，才确保了 CBL 炉的开发成功，并对国产化裂解炉的推广及降低引进裂解炉的成本起了积极作用。

4.2.2 北方炉的特点

1. 工艺

采用高选择性两程炉管：2-1、3-1、4-1、5-1 等。一程采用小直径炉管，可快速升温；

二程采用较大直径炉管，压降低，有利于降低烃分压。急冷方式：二级或一级。稀释蒸汽注入：一次（轻质油或重质油）/二次（重质油）。供热：底部与侧壁联合供热。热效率：高达93%～94%。

CBL炉工艺技术的核心是采用两程炉管。目前已采用并用于设计的炉管构型有2-1型及4-1型两程炉管，同时根据不同的原料和能力要求也提出了其他构型两程炉管。无论2-1型还是4-1型炉管，均有较大的比表面积，特别是第一程炉管的比表面积较大（75～95），加快了物料在入口端的升温速度，提高了炉管前端的管壁温度，缩小了整个炉管的管壁温差，有效地利用了整体炉管。

上述几种高选择性炉管都很好地体现了高温、停留时间短、低烃分压的特点，炉管构型参数选择符合世界裂解技术发展趋势，具有良好的裂解选择性和适宜的运行周期，几种不同炉管构型的选择性相近。

CBL炉根据不同的原料采用不同的稀释蒸汽注入方式：一次或二次稀释蒸汽注入。CBL炉有两种二次稀释蒸汽注入方法，两种方法所达到的目的不同。一种方法（CBL-Ⅰ型炉）的目的是为了提高横跨温度，降低燃料消耗：稀释蒸汽过热后分为两股，一股（一次）与原料混合使原料完全气化，另一股（二次）继续过热至800℃再与过热后的原料稀释蒸汽混合物混合使物料横跨温度进一步提高；另一种方法（CBL-Ⅳ型炉）的目的是为了防止重质油在对流段气化时发生结焦：一股不过热的稀释蒸汽（一次）与原料混合使原料部分气化，另一股（二次）过热至500℃左右，与进一步预热后的原料稀释蒸汽混合物混合使油品完全气化并过热。对于较轻质原料油既可采用稀释蒸汽二次注入方式，又可采用稀释蒸汽一次注入方式。

目前世界上裂解气的急冷主要有一级急冷及二级急冷两种方式。一级急冷具有压降低及布置简单的优点，二级急冷则具有能提高乙烯收率、快速终止二级反应及多回收超高压蒸汽的优点。

CBL-Ⅱ型炉的运转实践，证明改进后的二级急冷技术是成功的，它不但具有高位能热量回收多的优点，而且阻力降小，对裂解选择性影响小，使运转时间从CBL-Ⅰ型炉的40～50天延长到70天以上，大大提高了裂解炉的年开工率，也节省了燃料，减轻了劳动强度。运转实践表明，二级急冷系统结焦比较轻微，可在炉管蒸汽-空气烧焦时一并将所结的焦清除。二级急冷系统已运行230天以上，尚未进行过机械清焦，预计裂解石脑油时，二级急冷系统在两年之内无须进行机械清焦。此后在CBL-Ⅲ、CBL-Ⅳ型炉中进一步得到应用。

CBL炉的烧嘴为CBL开发组自行开发的低空气过剩系数烧嘴。采用侧壁与底部联合供热方式，这样可以保证炉膛温度均匀，侧壁与底部供热的比例可以根据具体情况进行调整。

2. 设备

急冷锅炉：高温裂解气的急冷可以采用两种方式，即一级急冷和二级急冷。二级急冷技术的优点是：目的烃损失少，节约原材料；结焦缓慢，运转周期长；回收热量多；可以不停炉清焦，开工率高。这些优点已经在CBL-Ⅰ、CBL-Ⅱ、CBL-Ⅲ、CBL-Ⅳ型裂解炉上充分体现出来。实践证明，对于常规裂解原料，采用二级急冷技术是十分成功的。对重质原料则推荐采用一级急冷锅炉。

燃烧器：CBL 炉的底部燃烧器一直采用天华化工机械及自动化设计研究院开发的带双重消音结构的底部油-气联合燃烧器和高辐射半预混式侧壁燃烧器。使用证明燃烧器性能良好，操作弹性大，风门调节灵活，过剩空气系数低，噪声小。底部燃烧器火焰刚直扁平，满足了 CBL 炉工艺要求。

急冷器选型：裂解炉选用的急冷油急冷器大致分为两种，一种为喷洒式，一种为溢流式。

引风机的选择：根据经验，引风机的设计需要一定的余量，而操作往往是在低于额定条件下操作，如果采用挡板进行调节，有一部分能量损失掉。为了节约能量和降低噪声，引风机选用单吸式变频调速的离心式引风机。

炉管平衡系统设计：在第一程炉管的入口处安装恒力弹簧，以使第一程炉管能够自由上下活动。此外，在炉管的底部设有导向杆，同时在炉膛底部设有导向孔，确保炉管上下移动。为了避免在第一程炉管向下移动时横跨管有阻碍作用，在设计上要考虑应使其有一定的柔性，即当第一程炉管向下移动时，它也应该向下移动。

3. CBL 炉使用情况

自 1984 年开始裂解炉开发以来，建设的各型 CBL 炉和合作炉总共达 21 台，总能力达 160 万 t 乙烯/年以上，详见表 1.4-1。

表 1.4-1 CBL 炉推广应用业绩

序号	裂解炉型号	能力/（万 t/年）	数量	应用单位	开车时间	原料	备注
1	CBL-Ⅰ	2.0	1	辽化化工一厂	1988 年 11 月	NAP、AGO	新建
2	CBL-Ⅰ	4.5	1	齐鲁石化乙烯厂	1992 年 2 月	NAP、AGO	新建
3	CBL-Ⅰ	3.0	1	吉化有机合成厂	1992 年 11 月	AGO	新建
4	CBL-Ⅱ	4.0	1	辽化化工一厂	1995 年 11 月	NAP、AGO	新建
5	CBL-Ⅱ	4.0	1	抚顺乙烯厂	1996 年 9 月	NAP	新建
6	CBL-Ⅲ	6.0	1	燕化化工一厂	1998 年 8 月	NAP、AGO	新建
7	CBL-Ⅳ	6.0	1	辽化化工一厂	1999 年 4 月	尾油、NAP	新建
8	CBL-Ⅲ	6.0	1	中原乙烯厂	2001 年 1 月	NAP	总承包
9	CBL-Ⅲ	6.0	1	天津联化厂	2001 年 5 月	NAP、HVGO	总承包
10	SL-Ⅰ	10.0	2	燕化化工一厂	2000 年 9 月	HVGO、HGO、NAP	新建
11	SL-Ⅱ	10.0	4	扬子石化	2002 年 9 月	C_2^0～HVGO	新建
12	SL-Ⅱ	10.0	4	上海石化	2002 年 4 月	C_2^0～NAP	新建
13	SL-Ⅱ	10.0	2	齐鲁石化	2003 年	NAP	新建

4.2.3 耐热合金炉管

乙烯裂解炉和制氢转化炉是百万吨乙烯、千万吨炼油装置制取乙烯、丙烯、氢气等基础化工原料的核心设备，而耐热合金炉管是完成裂解、转化反应的关键部件。典型乙烯裂解炉和制氢转化炉外观如图 1.4-1 和图 1.4-2 所示。

图 1.4-1　乙烯裂解炉　　　　　　　　图 1.4-2　制氢转化炉

耐热合金炉管采用中频冶炼炉冶炼、离心铸造方式制造。乙烯裂解炉一程管材质为 25Cr35NiNb+ 微合金、二程管材质为 35Cr45NiNb+ 微合金，炉管服役温度为 800～1100℃，压力为 0.055～0.3MPa，介质为石脑油、轻烃、加氢尾油、稀释蒸汽等。制氢转化炉管材质为 25Cr35NiNb+ 微合金，炉管服役温度为 850～950℃，压力为 0.5～4MPa，介质为甲烷、乙烷等。

4.2.3.1　乙烯裂解炉管材料发展历程

随着乙烯裂解装置的不断发展，乙烯裂解炉向大型化、高温、高压发展，裂解炉管的服役环境也日益恶劣。根据美国石油学会的 API 530 标准，乙烯裂解炉管的设计寿命一般为 10 万 h，但是在实际服役过程中，裂解炉管往往提前失效。由于操作条件的差异，裂解炉的大部分炉管在服役 3～8 年后退役。过烧、高温渗碳、蠕变和疲劳等因素造成了裂解炉管的提前失效。这就要求裂解炉管材料具有良好的高温强度和高温蠕变性能、优异的抗高温腐蚀性能以及良好的焊接性能。

为了延长裂解炉管的服役寿命，减小炉管提前失效带来的经济损失，国内外科研工作者不断地开发新的炉管材料，通过不断地提高合金中的 Cr、Ni 含量来提高合金的高温强度、抗渗碳以及抗氧化性能。

20 世纪 40 年代到 50 年代，第一代裂解炉管材质是锻造的铁基耐热合金 SUS304、310 以及 Incoloy 800。到 20 世纪 60 年代，HK40 高温合金出现并被广泛地应用于转化炉管和裂解炉管，成为第二代裂解炉管材质的代表性高温合金，最高允许服役温度可达 1050℃。在 HK40 的基础上，20 世纪 80 年代开发出了 HP40 高温合金，该合金具有较高的 Cr、Ni 含量，因此具有良好的抗氧化、抗蠕变能力，可以在 1100℃、4MPa 或 1000℃、10MPa 的恶劣环境下连续服役 10 万 h 以上。20 世纪 90 年代，裂解技术的发展对裂解炉管的综合性能提出了更高的要求，炉管的服役温度超过了 1050℃，在 HP40 合金基础上通过添加 Nb 等强化元素而衍生出来的一系列的合金开始全面替代 HK40 合金，微量强化元素的添加，提高了炉管的高温蠕变性能和高温组织稳定性。20 世纪 90 年代以后，裂解炉管材料又有了新的发展，为了提高裂解炉管的高温性能、抗氧化和抗渗碳性能，炉管合金中不断提高 Cr、Ni 含量，开发出了 35Cr45NiNb 类合金。Cr 含量的提高，有利于炉管高温氧化性能的提高，同时 Ni 含量的增加也可以提高合金的抗渗碳性能。目前，HP40Nb（25Cr35NiNb）及 35Cr45NiNb 类合金是我国乙烯裂解炉管中应用最广泛的两种材料。

4.2.3.2 制氢转化炉管材料发展历程

由于制氢转化反应是一个高温、高压的吸热反应，所以就对制氢转化炉炉管材料的性能要求较高，要求炉管材料必须具有较好的导热性能、抗渗碳性能、耐蚀性能、抗氧化性能、抗热疲劳性能、抗高温蠕变断裂性能，以及良好的铸造和焊接性能。

炉管材料的发展经历了好几个阶段，18Cr-8Ni 系列是最早使用的炉管材料，但是由于它的各项高温性能都不是很好，后来又对 18Cr-8Ni 中铬、镍的成分进行了好几次调整，结果发现 25Cr-20Ni 的热强度相对较好，为了更好地改善它的性能，把其中碳的含量由原来的 0.1% 提高到了 0.4%，从而得到了 HK40 型炉管。在 20 世纪 60、70 年代通过烃类水蒸汽转化法制氢所用的炉管材料差不多都是 HK40。但是经过一段时间的使用后发现，在 800℃的操作温度下 HK40 容易生成有害的 σ 相，后来又对 HK40 进行改良得到 HK40mod 炉管。20 世纪 80 年代期间又把 HP 系列高温合金用作烃类水蒸汽转化炉的炉管材料。HP 系列是在 HK 系列的基础上逐渐发展起来的，相比于 HK 系列其镍的含量提高了 15%，而镍的作用是用来形成和稳定奥氏体并扩大奥氏体相区，随着镍含量在奥氏体不锈钢中不断提高，σ 相也就越来越难以形成。由于 HP 系列和 HK 系列在具有相同碳含量的情况下，前者含有更多的共晶碳化物，所以 HP 系列比 HK 系列具有更高的抗蠕变断裂强度。为了进一步提高炉管在高温时的韧性和抗蠕变断裂强度，又把铌、钨、钛、钼等合金元素添加到 HP 中，从而形成了一系列新的合金炉管牌号，其中 HP40Nb 是目前制氢转化炉炉管中使用最多的材料。

4.2.3.3 耐热合金炉管主要失效机理研究

由于耐热合金炉管在高温、渗碳环境下服役，主要失效机理有蠕变、渗碳、腐蚀等。20 世纪 80 年代初，大连理工大学就对 HK40、HP40 材质炉管蠕变渗碳失效开展了大量分析工作，研究了晶粒尺寸、晶界碳化物及微合金元素 Nb 等对炉管蠕变断裂的影响，总结了符合实际渗碳情况的渗碳规律，研究了渗碳后组织变化规律以及合金元素 Si、Ni、Cr、Nb 的作用。华东理工大学针对服役 8 万 h 的 HP40NbW 乙烯裂解炉管进行研究，确定了炉管失效原因和蠕变损伤的极限状态，分析了蠕变空洞率与损伤的关系，提出将蠕变空洞率统计值作为判断炉管是否失效的参量。南京工业大学采用有限元软件 ABAQUS 对已存在结焦层的 HP40Nb 合金炉管开车过程中温度场和应力场分布进行数值分析，并对乙烯裂解炉管采用停车检修时的临界结焦厚度值进行了预测，发现 HP40Nb 合金炉管的传热性能随着结焦层的增加加速降低，最大环向应力位于结焦层与 HP40Nb 合金界面处，应力呈现出先增后减的变化趋势。合肥通用机械研究院针对炉管蠕变、渗碳、腐蚀等失效机理开展了大量失效分析，总结出导致失效的主要因素（如超温、疏松等）。

4.2.3.4 长寿命高可靠性耐热合金炉管开发

1. 长寿命高可靠性耐热合金炉管研究背景

近年来，伴随生产规模扩大和能源结构调整，石化装置不断大型化，介质日益苛刻化，耐热合金炉管面临极端服役温度和复杂腐蚀介质的双重考验，最高服役温度高达1100℃，介质含硫含氯含碳，长期服役容易引发蠕变、渗碳、鼓胀等失效模式。

2008年开始，合肥通用机械研究院开展中国石化炉管使用情况调研（见图1.4-3），乙烯裂解炉和制氢转化炉辐射段炉管使用寿命达不到设计要求，有的炉管只有设计寿命的1/3甚至更短，与国外炉管相比存在较大差距，且质量稳定性较差，意外失效事故频发。

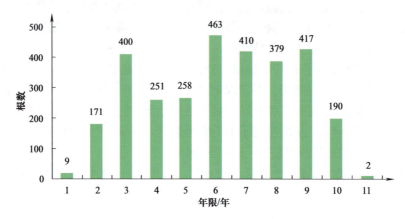

图1.4-3　中国石化4家百万吨乙烯企业更换炉管数统计

为了加强采购炉管的制造质量管理，进一步提高炼化装置炉管的使用寿命，为炼化装置长周期运行提供保证，中国石化决定成立"中国石化炉管质量检测检验与评估中心"（以下简称"炉管中心"）。2011年3月，炉管中心在合肥通用机械研究院有限公司成立。2012年2月，炉管中心复检办法发布。炉管中心主要工作任务如下：

1）接受中国石化的委托，编制离心浇铸炉管供应商现场考察办法，编制并完善离心浇铸炉管的检验、出厂验收和复检标准；

2）接受中国石化的委托，对中国石化炉管供应商从制造、研发、检验和质量保证体系等方面重新评估，对供应商的供货资格重新认定；

3）接受中国石化的委托，对各企业新采购炉管和现有库存炉管进行使用前复检，并出具检测报告；

4）按照中国石化的要求，接受制造供应商的委托，对供应商生产的炉管进行各项力学性能试验，并出具试验报告；

5）接受中国石化的委托，对企业在用炉管的使用状态进行检测，对炉管使用性能和剩余寿命进行评估，为炉管运行、检修和维护提供咨询意见。

2. 长寿命高可靠性耐热合金炉管研究

合肥通用机械研究院有限公司（炉管中心）联合卓然（靖江）设备制造有限公司、中国石油化工股份有限公司茂名分公司、大连理工大学等，采用产学研相结合的方式，通过国家科技支撑计划、863计划等课题支持，针对石油化工和煤化工企业乙烯裂解和制氢转化装置高温耐热合金炉管，开展失效模式、机理和损伤演化规律研究，甄别影响炉管长时服役性能的关键因素，建立性能检测评价技术方法；通过材料化学成分和微观组织调控，突破基于寿命的耐热合金炉管抗蠕变性能调控关键技术，开发出长寿命、高可靠性的国产乙烯裂解和制氢转化装置耐热合金炉管，进行产业化应用。主要成果如下：

1）识别在役炉管失效模式与机理。对茂名石化、燕山石化等国内 10 余家石化企业的 100 余台加热炉开展了炉管服役安全状况调研，掌握了加热炉管主要失效模式和机理，包括蠕变开裂、渗碳、鼓胀等，如图 1.4-4 所示。

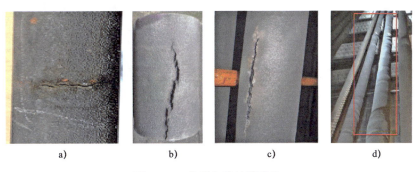

图 1.4-4　典型失效炉管照片

2）探明在役炉管的损伤演化规律。通过系统试验，探明了国产乙烯裂解和制氢转化高温耐热合金炉管蠕变、渗碳等失效机制的生成、演化和终止规律，编制形成高温耐热合金炉管化学成分、金相组织与蠕变、持久性能数据库。通过大量试验，研究发现杂质元素、微合金元素、组织形态是影响炉管损伤生成演化的关键因素，如图 1.4-5、图 1.4-6 所示。

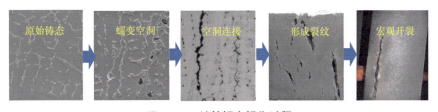

图 1.4-5　炉管蠕变损伤过程

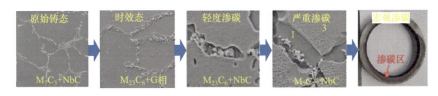

图 1.4-6　炉管渗碳损伤过程

3）建立炉管性能检测与评价方法。通过千余批次在役炉管性能检测，基于蠕变损伤演化规律，建立非线性损伤力学蠕变寿命评价方法，开发炉管蠕变渗碳损伤检测技术装备，为在役炉管的性能检测与评价提供了有效技术手段，如图 1.4-7、图 1.4-8 所示。

4）建立基于寿命的化学成分调控技术方法。探明了 S、Pb、Bi 等杂质元素和微合金元素 Ti、Zr 对高温耐热合金炉管及焊接接头蠕变性能的影响规律和 S、Pb、Bi 晶界偏聚机理及 Ti、Zr 的晶界强化微观机制，基于 8 年预期服役寿命需求，定量调控杂质元素 S、Pb、Bi 和微合金元素 Ti、Zr，提出元素含量控制指标，如图 1.4-9 所示。

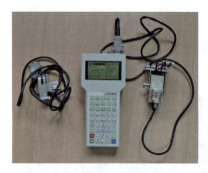
图1.4-7 炉管蠕变损伤检测设备

图1.4-8 炉管渗碳损伤检测设备

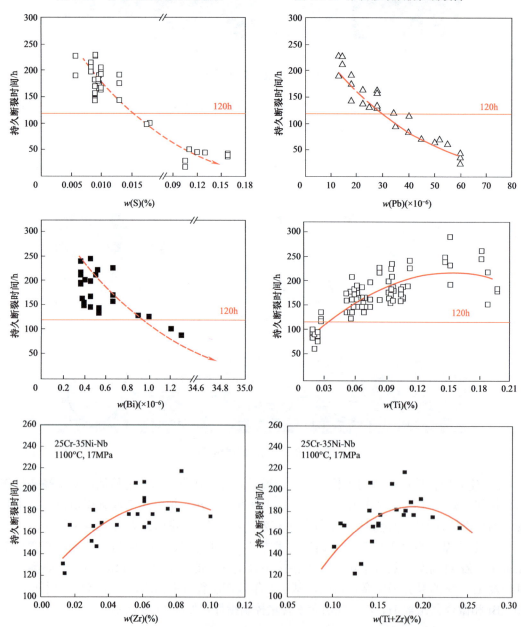
图1.4-9 炉管杂质元素及微合金元素含量对高温持久性能的影响规律

5）建立基于寿命的组织调控技术方法。揭示了晶型比例、铸态奥氏体晶粒度及初生碳化物析出形态对高温耐热合金炉管蠕变性能的影响规律。基于预期服役寿命需求，通过相平衡计算和试验验证，骨架状复合碳化物、晶粒度 5～6 级、柱状晶比例 70% 以上时，可显著增强晶界蠕变抗力，如图 1.4-10 所示。

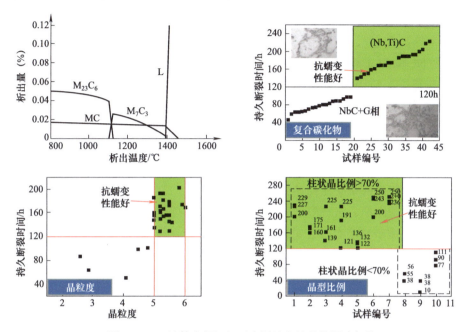

图 1.4-10　炉管金相组织对高温持久性能的影响规律

3. 长寿命高可靠性耐热合金炉管推广应用

基于寿命的炉管设计制造技术成果已在卓然靖江、烟台玛努尔、青岛新力通等全部国内炉管制造企业实现了产业化，累计生产耐热合金炉管约 3 万 t，装备乙烯裂解炉和制氢转化炉约 200 台套，使得国产炉管市场占有率达到 80% 以上。开发的长寿命高可靠性炉管已在茂名石化、上海石化、燕山石化、镇海炼化、扬子石化、四川石化、独山子石化、惠州石化、中海壳牌等中石化、中石油、中海油、神华、陕西延长等所属石油化工和煤化工企业广泛应用，并出口马来西亚、泰国、印度等国家。炉管自 2010 年安全服役至今，经历次停车检验，使用情况良好。

通过炉管抗蠕变、抗渗碳性能调控关键技术突破和产业化应用，打破了发达国家技术垄断，成果在卓然靖江、烟台玛努尔、青岛新力通、江苏久保联、青岛元鼎、烟台百思特等企业实现了产业化，带动了国内炉管装备制造业技术进步，保障了百万吨乙烯、千万吨炼油、大型煤化工等国家重大工程建设顺利进行；建立的耐热合金炉管性能检测与评价技术方法，已形成行业技术标准和产品技术协议，从根本上杜绝了不合格炉管进入石化企业，保障了石化企业乙烯装置和制氢装置的长周期安全稳定运行，为我国《特种设备安全法》的贯彻实施提供了技术支撑；在国际上率先建立基于寿命的炉管设计制造技术方法，得到了国际知名机构高度评价，提升了我国在该技术领域的国际话语权，为国际承压设备技术进步做出了贡献。

4.2.3.5 耐热合金炉管发展趋势

1. 耐热合金炉管材料研发

目前国内外对于耐热合金炉管的研发热点在于提高炉管抗结焦抗渗碳性能。美国 Kellogg 公司研发的一种新型炉管 HR160，其材质为 Ni-Co-Cr-Si 合金，可以有效地减少炉内结焦的发生。加拿大 Westain 表面工程产品公司通过在 35Cr45Ni 合金中添加了 Nb、Ti 和稀土元素，提高合金服役温度。德国 Schmidt+Clemens 公司开发了一种添加了微量 Al 和 Nb 的新型 Ni 基 Centralloy HTE 合金，可以在炉管内表面形成稳定 Al_2O_3 致密层，显著降低了结焦速率。法国玛努尔公司开发出了添加 Al 元素的合金并申请专利，在现有 Cr35Ni45Nb 类合金基础上进一步提高了抗渗碳和抗蠕变性能。青岛新力通工业有限责任公司研发出牌号为 NH1949 的加 Al 炉管，可提高炉管的抗渗碳性能，目前合肥通用机械研究院有限公司（炉管中心）正在对该牌号炉管的成分组织性能及长时高温持久寿命进行分析研究。

2. 基于材料基因组的炉管反向按需设计

近年来，材料基因组、云计算等新技术的发展极大促进了工业生产的信息化与智能化建设。合肥通用机械研究院有限公司针对离心铸造炉管，依托国家 863 课题研究成果，完善基于相图计算方法的合金相形成与演变预测准则，并利用析出相高温粗化模型，实现对高温服役条件下合金相预测及控制；完善基于凝固组织模拟的离心铸造工艺设计准则，实现炉管材料铸造工艺参数优化与凝固组织控制；完善基于机器学习方法的炉管高温服役性能预测准则，并通过优化算法实现对炉管材料组织、工艺及成分的反向按需设计。

3. 制氢转化炉管检测技术

超声波检测方法是制氢转化炉管工程应用较广的检测技术，但是存在一些问题有待改进，比如炉管服役后晶粒粗大、表面粗糙度等都会对超声检测的灵敏度有影响。大连理工大学项目组改进的数字、自动化超声检测系统检测出距管内壁径向长度大于 2.5mm 的蠕变裂纹，裂纹尖端的分辨率为 ±1.1mm。美国 H Scan International（HSI）采用的高温炉管检测技术利用超声波透过异常组织声波会发生衰减的原理，通过研究使超声波检测技术在蠕变裂纹尤其是早期蠕变缺陷上有更高的灵敏度，且改进探头设计使其水耦合用量比平常用量减少了 95%。合肥通用机械研究院有限公司联合中海油惠州石化有限公司开展了炉管蠕变损伤程度与超声波检测结果关联规律的初步研究。

（本节由中国石化建设工程公司等单位及合肥通用机械研究院有限公司陈涛撰写）

4.3 乙烯冷箱技术

4.3.1 概述

制取乙烯可以使用不同的原料（天然气、轻油等），有不同的制取工艺流程。但生产的产品混合气必须经过分离、提纯，才能最终得到所需的乙烯产品。在产品混合气分离过程中，低温分离是所有工艺都必须采用的方法。随着低温分离技术的进步，又区分了不同的工艺流程，因而低温分离的关键设备——乙烯冷箱，具有不同的结构型式和不同的技术要求。

目前乙烯分离技术主要有3种：顺序分离流程、前脱乙烷前加氢流程、前脱丙烷前加氢流程。燕山石化、扬子石化、齐鲁石化、天津石化、镇海炼化等乙烯分离装置应用的是顺序分离流程。产品气按步逐级被冷却，在确定的温度段，把已经被冷凝的产品气液体，通过气液分离器实现气液两相分离。未被冷凝的气相再继续被冷却，再分离，直到最后的甲烷、氢气两种组分的分离。

乙烯冷箱作为乙烯装置低温分离段中的关键设备，依靠制冷剂的蒸发来降低工艺物流的温度，达到低温回收乙烯和提浓氢气、降低甲烷/氢气浓度分子比以及提高乙烯回收率的目的。乙烯冷箱的工作温度一般在 $-170 \sim 40 ℃$ 范围内。乙烯冷箱的实质是将多台串、并联的板翅式换热器及必要的分离罐和连接管路，用一个钢制的保冷壳包装起来，钢制的箱体和上述设备的空间中填满珠光砂等绝热材料减少冷量损失。乙烯冷箱的核心是装在其中的多组铝制板翅式换热器。多股裂解后的烃类物料在此进行复杂的、有相变的热交换，实现低温分离的目的。乙烯装置规模不同，所用冷箱大小也相差较大。乙烯冷箱结构简图如图 1.4-11 所示。

乙烯冷箱的关键技术是其内部各个位号的铝制板翅式换热器（见图 1.4-12）的设计、制造技术。单个换热器中有 10 股以上的流体换热，而且大多为两相流传热。关键技术有三个方面，包括传热计算、机械结构设计及水力计算。三者需密切协调，完全满足工艺要求，并做到高效、耐压、节材、紧凑、流阻小、冷损小。

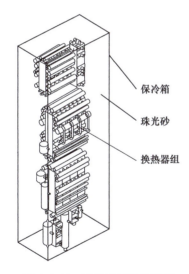

图 1.4-11　乙烯冷箱结构简图

图 1.4-12　乙烯冷箱内的板翅式换热器

4.3.2　乙烯冷箱的发展历史

我国在"九五"之前，乙烯成套装置几乎全部是从国外引进的。虽然我国自 20 世纪 70 年代就成立了乙烯冷箱攻关组，但工作进展缓慢。到 90 年代我国在引进乙烯装置进行第一次扩量改造时，所配用的乙烯冷箱仍然全部依靠国外进口。乙烯冷箱的设计、制造技术完全垄断在国外公司手中，价格昂贵。

20 世纪 70 年代初期，杭州杭氧股份有限公司（以下简称"杭氧"）通过技术攻关、完善工艺设备等方式，掌握了包括翅片成形技术、钎焊技术及检验方法在内的一整套板翅式换热器制造技术，使板翅式换热器的质量满足使用要求，打破了国外的技术封锁。同时还研制出较大规格的中压板翅式换热器，作为配件用于70年代初期进口的30万t/年乙烯冷箱中。

80年代末期，随着铝制板翅式换热器制造工艺的发展，国际上开发应用真空钎焊技术。杭氧于1992年引进了大型真空钎焊炉及设计工艺软件，并于1993年采用真空钎焊方法生产出接近国际水平的铝制板翅式换热器，陆续提供了部分乙烯冷箱的换热器，替代进口产品。

1999年11月5日，燕山石化66万t/年乙烯装置二期扩容改造的乙烯冷箱与杭州制氧机集团公司合同的签订，标志乙烯冷箱国产化从此正式拉开了序幕。经过主要承担企业（杭氧）和设计单位SEI（原BPEC）的共同努力，完成了国家重点科技项目攻关计划——乙烯冷箱成套国产化，2002年一次开车成功，技术指标达到90年代国外同期工程的水平：在同一换热器内有10股流体同时换热，其中多股为两相流，设计压力达5.2MPa，外形尺寸为6000mm（长）×1100mm（宽）×1054mm（高）。2003年12月，该项目通过了中国石化集团总公司、中国机械工业联合会、北京燕山石化的验收。

2003年中原石化20万t/年乙烯冷箱、天津石化20万t/年乙烯冷箱相继开车成功，实现国产成套乙烯冷箱替代进口，为国家节约大量投资。

"十五"期间，杭氧依托齐鲁石化72万t/年乙烯改造工程完成了国家重大技术装备研制项目（科技攻关）计划——"60万～80万t/年乙烯冷箱研制"。齐鲁石化乙烯冷箱于2003年签订合同，2004年设备制造完成，2006年装置开车，运行良好。

2004年杭氧与茂名石化签订冷箱合同，在茂名石化原36万t/年乙烯装置基础上新增一条64万t/年的乙烯装置，改造后总生产能力达到100万t/年，2006年初乙烯冷箱制造完成，2006年开车成功。由于受运输限制，乙烯冷箱分为两台制造，单个冷箱最大外形尺寸为6000mm×4000mm×30500mm，最高设计压力为3.96MPa。

2008年福建炼化80万t/年乙烯装置乙烯冷箱出厂，2009年装置一次开车成功。冷箱最大外形尺寸为6250mm×4000mm×30500mm，最高设计压力达5.4MPa，能满足14股流体同时换热。

以天津石化和镇海炼化100万t/年乙烯项目为依托工程的百万吨级乙烯冷箱的开发与研制项目，在国家科技部、中国石化集团公司的大力支持和具体指导下，于2007年6月通过专家论证，纳入国家"十一五"科技支撑计划。

天津石化100万t/年乙烯冷箱于2007年5月签订合同，2009年10月冷箱一次开车成功，冷箱最大外形尺寸为7400mm×4200mm×33000mm，最高设计压力为5.4MPa，能满足14股流体同时换热，见图1.4-13。

镇海炼化100万t/年乙烯冷箱于2007年8月签订合同，2010年4月20日装置一次开车成功，冷箱最大外形尺寸为8150mm×4750mm×35100mm，最高设计压力为6.0MPa，能满足16股流体同时换热，见图1.4-14。

2010年上海赛科120万t/年乙烯改造装置的乙烯冷箱出厂，冷箱最大外形尺寸为5500mm×4000mm×27200mm，最高设计压力达8.0MPa，2011年装置一次开车成功。

2005年，经中国机械工业科学技术奖评审委员会评审和中国机械工业科学技术奖管理委员会批准,"大型乙烯装置成套冷箱国产化攻关研制项目"被评为 2005 年度中国机械工业科学技术一等奖。

图 1.4-13　天津石化 100 万 t/年乙烯冷箱出厂

图 1.4-14　镇海炼化 100 万 t/年乙烯冷箱现场

中国石化"十一五"期间重大技术装备国产化项目——"百万吨级乙烯冷箱的开发与研制"获得 2014 年度中国石化集团公司科学技术进步三等奖。

4.3.3　结语

百万吨级乙烯冷箱的研制打破了国外少数公司在该市场上的垄断局面,为国家节约了大量外汇,降低了成套乙烯装置的投资成本,也为民族工业振兴做出了贡献。百万吨级乙烯冷箱的成功研制不仅对提高我国乙烯行业的装备水平有着重大意义,而且对天然气液化、大型化肥装置、CO 深冷分离等其他行业冷箱设备的研制也具有指导意义。

(本节由中国石化建设工程公司谢智刚撰写)

4.4 乙烯装置急冷换热器技术发展历史

4.4.1 概述

在乙烯生产过程中，由裂解炉出来的高温裂解气（约 750～850℃），为了防止因二次反应使乙烯、丙烯等的收率降低，要求必须在极短的时间内将裂解气快速冷却至裂解反应基本停止的温度（约 430～550℃）。使裂解气冷却的方法很多，以往采用比较简单的油淬冷或水淬冷方法。这两种方法的共同缺点是在急冷处结焦速度增长很快，影响裂解炉深度裂解的可能性，同时又使裂解气稀释，以致增加分离费用。其次，采用油淬冷，因为在裂解炉附近使用大量的冷却用油，就存在着发生火灾的危险性。采用水淬冷，淬冷后的水无法处理，只能作为污水排放，既损失热量，又引起公害，甚不合理。鉴于以上两种方法的不合理性，自 20 世纪 60 年代以来，就发展了采用高压水蒸发吸热以间接冷却裂解气的方法，这就是采用急冷换热器。

急冷换热器是乙烯裂解装置中工艺性非常强的关键设备，它担负着将裂解气迅速冷却和回收裂解气的热量产生高位热能的双重任务。为了更好地实现工艺目的，乙烯急冷换热器要求具备如下几点：

（1）高的质量流速　要求裂解气以很快的速度通过，避免重组分和二次反应物在管壁上沉积下来。

（2）高压力的水　避免裂解气中高沸点组分冷凝结焦，要求管壁温度高于裂解气中高沸点的露点。

（3）短的停留时间　主要是为了抑制二次反应。要求裂解气在 ≤0.05s 的时间内（最好在 0.015～0.03s 内）通过急冷换热器。

可以看出，急冷换热器必须同时承受高温、高压和高热流率等苛刻条件，因此，对急冷换热器在结构上提出了一些特殊要求。对于乙烯裂解来说，急冷换热器要与高温裂解气进行间接热交换，以往的做法是采用具有管板和管箱的管壳式热交换器。但是由于急冷换热器要承受高温高压，进口处的管板要承受很大的热应力，这样，就需要很厚的管板，而管板太厚又使管板两侧的温差应力增大，当温差应力大到一定程度时，则导致管板破裂。世界上曾发生过厚管板因温度梯度太大而造成横向断裂的事故。因此，急冷换热器无论从工艺上还是设备结构上都有特殊的要求。

从结构上讲，急冷换热器主要分为传统式急冷换热器和线性急冷换热器。具体采用哪种型式由裂解炉炉管出口型式决定。

根据急冷换热器的特点和要求，国外发展了各种不同的类型，主要有以下几种型式：

（1）DSG 型　DSG 型急冷换热器是最早使用的一种，由美国 FW 公司开发，结构为一般管壳式换热器。由于操作条件为高温高压，换热器的管板必定很厚。随着管板厚度的增加，管板两侧的温度梯度也随之增加，热应力的增加必然导致管板的破裂。因此，这种型式的急冷换热器要维持正常操作，必定要在管端和管板连接处采取适当的防护措施，并且管子和管板的连接也要采取特殊结构。随着乙烯工业的发展，新型管板形式取代了传统的换热器管板，因此，这种型式的急冷换热器已被淘汰。

（2）USX 型　这是一种夹套式结构，是美国 S&W 公司开发的。随着乙烯工艺和制造技术的发展，这种型式也在不断地改进。此型式由于结构比较简单，而且可以直接烧焦，故在很多乙烯装置上都得到了应用，我国大庆石化总厂引进的就是这种型式。此型式的最大缺点在于传热面积太小。以 30 万 t/年乙烯厂为例，每台裂解炉需配备 32 台急冷换热器，投资较高。

（3）Schmidt 型　该结构型式是德国 Schmidt 公司在 20 世纪 60 年代开发的专利，故一般称为 Schmidt 型。它是用椭圆形集流管代替传统的管板，椭圆形集流管彼此焊在一起组成上下管板，双套管分别焊在椭圆形集流管的上下两侧，故此结构又称为"双套管"型。高温裂解气自下而上从内管中通过，冷却水从较高位置的汽包中经过下降管进入下部椭圆集流管，然后沿着内外套管间的环形空间自下而上被加热。所产生的高压汽水混合物进入到上部椭圆集流管，然后通过上升管进入汽包。

该结构由于采用椭圆形集流管，避免了厚管板，因此结构比较简单，制造方便。再加上椭圆集流管在运行过程中能够吸收内外套管的热膨胀差，因此保证了运行过程中的稳妥可靠。由于这些优点，该结构在世界上很多乙烯厂得到了广泛的应用。我国燕山石化引进的就是这种型式。典型的椭圆集流管和双套管结构如图 1.4-15 所示。

1980 年，Schmidt 公司将椭圆集流管和双套管结构成功应用到线性急冷换热器的开发中。1996 年，Schmidt 公司又与 ABB Lummus 公司合作开发了快速急冷换热器，该型式换热器同时具备了线性急冷换热器入口停留时间短，以及传统式换热器换热面积大的优点。

（4）Borsig 型　该型式是德国 Borsig 公司在 1965 年开发成功的一种薄管板结构的急冷换热器，又称为 Tunnelflow 型。它的结构特点在于：为了减小裂解气入口端管板的温差应力，就必须要把管板做得很薄（10～15mm），而管板的强度则通过加强筋与薄管板后面的厚管板相连来满足。图 1.4-16 是薄管板与厚管板组装时的照片。这种型式成功解决了高温和高压对管板结构的不同要求，自 1993 年首次引入中国以来，供货数量将近 140 台。这种型式的缺点是不能直接烧焦，操作大约二至三个月需用高压水机械清焦一次。

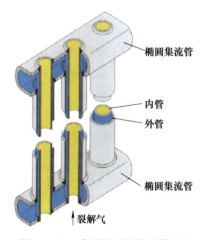

图 1.4-15　典型的椭圆集流管和双套管结构

图 1.4-16　薄管板与厚管板组装

1989 年，Borsig 成功开发了线性急冷换热器（BLQ），该型式具有如下特点：
1）裂解气入口带叉锥体采用三种不同的隔热衬里，使金属壁温由 900～1000℃快速均匀地降低至约 340℃；

2）独特的 C 形密封环结构，保护隔热衬里免受裂解气的侵蚀；

3）锅炉给水入口采用切向布置，形成涡流，避免杂质沉积。

至今，国内引入该型线性急冷换热器将近 500 台。

(5) M-TLX 型　该型式是日本三菱重工和三菱油化在 Schmidt 型的基础上联合开发的一种新型式。它由高压壳体、汽包、螺旋状冷却管、双套管以及进出口气体通道所组成。管程通裂解气，壳程通高压水及蒸汽混合物。由裂解炉出来的裂解气进入气体入口通道，入口通道具有特殊的结构，能使气体均匀地分配，进入阶梯排列的同心冷却管中。冷却管下部为双套管结构，上部为管壳式换热器结构，冷却后的裂解气由壳体顶部进入气体出口通道。

为了补偿冷却管在烧焦时产生的热应力，在壳体内的蒸发管弯成近乎半圆的螺旋状。高温裂解气由下而上，经过双套管的内管进入壳体内的蒸发管，管外用自然循环的冷却水间接冷却。

锅炉给水由上部的汽包中进入中心下降管，然后流入壳体四侧的四根下降管中，经由分水管、椭圆形集流环管，在双套管环隙及壳程被加热后上升至顶部汽包，分离蒸汽后又流入中心下降管，组成了自然循环。

该型式的最上部是一个高压汽包，内部设有二级分离装置，一般一级分离是迷宫式分离，二级分离是丝网分离，汽水混合物经过二级分离后，蒸汽由汽包顶部排出，水由中心管下降到壳体下部。

该型式结构紧凑，可直接烧焦，但结构复杂，换热部分又有高压壳体，造价较高。另外，由于结构复杂，检修、维护都比较困难，因此此型式自 70 年代上海金山石化引进过外，国内未再引进。

(6) OLMI 型　这种型式是意大利 OLMI 公司于 20 世纪 90 年代开发的一种新型式，该型式最主要的特点是裂解气入口端采用薄管板（厚度约 20～28mm），管板背面加工出 30～40mm 高的凸台，与换热管间通过内孔焊（inner bore welding）实现对接接头。这种结构除了具备薄管板的优点外，由于换热管与管板间采用对接形式，可以 100% 射线检测，能够保证焊接质量。且该对接焊缝完全处于壳程水侧的冷却环境中，又避免了裂解气的冲蚀，因此设备寿命得到保证。

自 1992 年，在意大利的埃尼化学工厂首次应用以来，该型式急冷换热器在世界范围内应用数量接近 150 台。其中，我国的燕山石化在 1999 年 6 万 t 裂解炉改造中首次引入了该型式急冷换热器。

随后，OLMI 公司又成功开发了独具特色的线性急冷换热器。在裂解气入口带叉锥体的设计上，为了保证从高温到低温的有效过渡，通常采用隔热衬里或蒸汽保护措施。这两种结构，由于容易在局部引起结焦，限制了叉体套筒的自由移动，最终引起套筒变形，一方面使得在叉体套筒与叉体壳体的连接部位产生高的二次应力引发蠕变-疲劳失效，另一方面也会导致隔热衬里遭受裂解气的侵蚀破坏。针对上述问题，OLMI 取消了隔热衬里或蒸汽保护等型式，采用裂解气入口与双套管直连的形式（见图 1.4-17）。同时，OLMI 通过选择不同的内外套管材料，避免了内外套管热膨胀差问题。这种型式于 2004 年首次用于美国 Equistar 公司。2013 年，福建脱瓶颈改造项目将该型式急冷换热器首次引入国内，运行良好。

4.4.2 急冷换热器的国产化发展历史

由于工艺和结构上的特殊要求，长期以来，急冷换热器一直需要从国外进口，不但花费了大量外汇，且供货周期较长。从 20 世纪 80 年代，我国引进燕山石化、齐鲁石化、扬子石化、金山石化等四套 30 万 t 乙烯装置开始，天华化工机械及自动化研究设计院有限公司（以下简称"天华院"）就着手研究急冷换热器的工艺计算、设计和制造。

1985 年中国石化总公司成立后，天华院作为 CBL 炉三家开发单位之一，承担了 CBL 炉用急冷换热器系统的研发和设计工作，并承担了制造的技术支持工作。

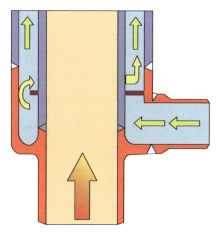

图 1.4-17 裂解气入口与双套管直连

第一台 CBL 炉采用二级急冷技术，因第一急冷换热器是套管式换热器，为了解决结构和强度问题，天华院在径向采用 1:1 的模型，制造了试验件，进行了应力测试和爆破试验。通过应力测试和爆破试验验证了设计的可靠性和设计余量。1988 年 10 月 10 日，8 台套管式第一急冷换热器和一台卧式挠性薄管板第二急冷换热器一次开车成功，实现了裂解单元急冷换热器国产化从无到有的突破。

从 1995 年开始，原中国石化总公司又组织开发单位开发出 6 万 t/ 年 CBL- Ⅲ 型、CBL- Ⅳ 型裂解炉技术，分别应用于燕山石化和辽阳石化，均采用二级急冷技术。与已有 CBL 炉不同的是，第二急冷换热器采用了上进下出的立式双套管结构。由于物流 - 水流呈逆流，物料入口端温度高，传热强度大，水侧上部含气率较高，热容较小，极易造成传热恶化，使入口管口损坏。天华院经过大量辐射及对流传热计算，开发出了在入口处加装 Incoloy 800 保护套管的特殊入口管口热保护结构，起到了良好的热保护作用。

进入 21 世纪，随着计算机技术的发展，天华院将有限元分析方法（FEA）和流体动力学方法（CFD）应用到了急冷换热器的研发之中，如急冷换热器入口端温度场的分析，管板、扁圆管、连接件等关键部件的应力分析，以及急冷换热器裂解气侧和水侧的流场分布研究等，尤其是确定急冷换热器入口段合理的流道结构。

2000 年，天华院开发出了线性急冷换热器。入口锥体由传统第一急冷换热器的蒸汽保护改为填塞非金属隔热材料。通过强度试验、有限元应力分析及入口温度场的模拟计算，完成了线性急冷换热器主要受压元件结构设计，确定了线性急冷换热器的工艺参数和设计参数。开发的线性急冷换热器具有绝热段停留时间短、易于多种炉型辐射段炉管匹配、热应力小、运转周期长等特点，广泛应用于乙烯裂解炉新建和改造项目中。后来针对线性急冷换热器入口部分易损坏的问题，锥体材料由 Incoloy 800 升级为高温强度、抗氧化性、渗碳性和高温耐蚀性更佳的 HP modified + Nb Low Carbon，并采用新型的入口连接结构以降低入口连接件和换热管热强度，这种改进的线性急冷换热器广泛应用于天津百万吨乙烯、镇海百万吨乙烯、武汉 80 万吨乙烯、惠州百万吨乙烯、舟山 140 万吨乙烯、湛江 80 万吨乙烯、泉州百万吨乙烯装置中。

2006 年，天华院成功研制新型大能力急冷换热器。该急冷换热器采用挠性薄管板和弹性连接件，利用其固有的弹性吸收了部分换热管和壳体之间的热膨胀差，利于管、壳程温差的热补偿。该急冷换热器具备质量流速低、阻力降小、出口温度低、蒸汽产量高、运行周期长的特点，结构简单安全，不仅能适应新建裂解炉的需要，也能满足改造裂解炉的需要，广泛应用于中石化、中石油、中海油、中化等企业装置中。

中国石化乙烯项目中急冷换热器的应用情况详见表 1.4-2。

表 1.4-2　中国石化乙烯项目中急冷换热器的应用情况

时间	项目名称	急冷换热器型式	急冷换热器供货商	备注
1988 年	辽阳化纤 2 万 t/年 CBL-Ⅰ型工业试验炉	二级急冷	兰州西牛	国产，8 台一级急冷，1 台管壳式二级急冷
1990 年	齐鲁烯烃厂 4.5 万 t/年 CBL-Ⅰ型裂解炉	二级急冷	兰州西牛	国产，16 台一级急冷，1 台管壳式二级急冷
1990 年	吉林有机合成厂 3 万 t/年 CBL-Ⅰ型裂解炉	二级急冷	兰州西牛	国产，12 台一级急冷，1 台管壳式二级急冷
1995 年	辽阳化纤 4 万 t/年 CBL-Ⅱ型裂解炉	二级急冷	兰州西牛	国产，12 台一级急冷，1 台管壳式二级急冷
1996 年	抚顺石化 4 万 t/年 CBL-Ⅱ型裂解炉	二级急冷	兰州西牛	国产，12 台一级急冷，1 台管壳式二级急冷
1998 年	燕山石化 6 万 t/年 CBL-Ⅲ型裂解炉	二级急冷	兰州西牛	国产，20 台一级急冷，1 台管壳式二级急冷
1999 年	辽阳化纤 6 万 t/年 CBL-Ⅳ型裂解炉	二级急冷	兰州西牛	国产，24 台一级急冷，1 台管壳式二级急冷
2000 年	中原石化 6 万 t/年 CBL-Ⅲ型裂解炉	Schmidt 型	南京大化机	国产，4 台
2000 年	燕山石化 10 万 t/年 SL-Ⅰ型裂解炉	浴缸式	Schmidt	进口，12 台
2001 年	天津石化 6 万 t/年 CBL-Ⅲ型裂解炉	Schmidt 型	南京大化机	国产，4 台
2002 年	齐鲁石化 9 万 t/年 CBL-Ⅲ型裂解炉	线性	兰州西牛	国产，16 台
2003 年	中原石化 5 万 t/年 CBL-Ⅴ型裂解炉改造	U 形	兰州西牛	国产，2 台
2005 年	天津石化 5 万 t/年 CBL-Ⅳ型裂解炉改造	双套管	Schmidt	进口，2 台
2005 年	齐鲁石化 6 万 t/年 CBL-Ⅲ型裂解炉	双套管	兰州西牛	国产，4 台
2005 年	茂名石化 80 万 t/年乙烯改扩建项目	Tunnelflow 型	Borsig	进口，共 27 台
		线性	哈尔滨电力设备总厂	国产，共 12 台
2006 年	齐鲁石化 8 万 t/年 CBL-Ⅲ型裂解炉	线性	兰州西牛	国产，3 台
2009 年	沈阳蜡化 50 万 t/年 CPP 装置	二级急冷	Borsig	进口，6 台线性一级急冷，1 台管壳式二级急冷

(续)

时间	项目名称	急冷换热器型式	急冷换热器供货商	备注
2010年	天津石化100万t/年乙烯装置	Tunnelflow型	Borsig	进口，共30台
		线性	哈尔滨电力设备总厂	国产，共36台
2010年	镇海炼化100万t/年乙烯装置	线性	Borsig	进口，共38台
		线性	哈尔滨电力设备总厂	国产，共30台
2012年	马来西亚TITAN新增裂解炉项目	线性	Borsig	共4台
2013年	福建脱瓶颈改造项目	线性	OLMI	进口，共16台
2013年	武汉石化80万t/年乙烯装置	线性	Borsig	进口，共30台
		线性	哈尔滨电力设备总厂	国产，共12台
		线性	茂名重力	国产，共6台
2014年	靖边150万t/年DCC装置	二级急冷	Borsig	进口，16台线性一级急冷，2台管壳式二级急冷

4.4.3 结语

随着乙烯裂解工艺的不断发展，对急冷换热器也不断提出新的要求。例如，为了更多地回收超高压蒸汽，近期多个乙烯项目要求采用二级，甚至三级急冷技术。其中，某乙烯项目的第二急冷换热器要求采用立式薄管板式急冷换热器，裂解气上进下出。虽然在以往国内设计的国产化CBL裂解炉中，当采用轻质原料时也使用过二级急冷换热器技术，但当时的换热管根数较少，且换热管较短，单台能力只适用于6万t/年以下的裂解炉。10万t/年以上的裂解炉要用一台第二急冷换热器，在设计和制造中会遇到很多新问题，如挠性薄管板的强度和结构设计、入口管板的下部如何避免形成"汽垫"、换热管与薄管板间的焊接如何消除间隙腐蚀、薄管板如何避免焊接变形等问题。此外，某项目的第三急冷换热器，工艺要求在分别冷却裂解气相原料或液相原料时，急冷换热器壳侧的水源是不同的，这就要求急冷换热器在壳侧结构上要同时满足不同水流传热的问题。总之，随着乙烯裂解工艺的不断发展，急冷换热器也在不断迎来新的挑战。而随着国内外更多的优秀厂商参与到急冷换热器的结构设计及制造中，必然为急冷换热器更好的发展和完善提供条件。

（本节由中国石化工程建设公司高翔撰写）

4.5 EO/EG装置环氧乙烷反应器技术发展历史

4.5.1 概述

环氧乙烷（EO）是重要的有机原料，广泛用于生产聚酯纤维、防冻剂、不饱和聚酯树脂、润滑剂、增塑剂、非离子表面活性剂以及炸药等。环氧乙烷还在医药、香料、染料、涂料和特种化纤油剂等方面市场潜力较大，国外环氧乙烷下游产品有5000多种，而我国仅有300多种。

20世纪50年代美国科学设计公司（SD）和荷兰壳牌公司（Shell）相续开发出各自的

直接氧化法专利技术，并建立大型生产装置，把 EO 技术向前推进了很大一步。

长期以来，生产技术主要由荷兰 Shell 和美国 SD、UCC 三家公司垄断，采用三家公司技术的生产能力占 EO 总生产能力的 90% 以上，此外美国陶氏化学公司、日本触媒化学工业公司、德国 Hvels 公司、BASF 公司和意大利 Snam 公司也有自己的专利技术。

世界上环氧乙烷的生产方法主要有氯醇法、空气氧化法和氧气氧化法三种。

氯醇法是乙烯与次氯酸反应生成氯乙醇、氯乙醇与氢氧化钙或氢氧化钠反应生成环氧乙烷的工艺路线。此技术由于原料单耗高、能耗大、污染严重，基本已被淘汰。

空气氧化法是用空气和乙烯作为原料，乙烯和氧气直接反应生成环氧乙烷的工艺路线。此技术无须另设空分装置，投资较低，但乙烯单耗较高。

氧气氧化法是用纯氧和乙烯作为原料，乙烯和氧气直接反应生成环氧乙烷的工艺路线。此技术需另设空分装置，投资虽然较高，但乙烯单耗大为降低。

目前，世界上的环氧乙烷/乙二醇装置普遍采用氧气氧化法。EO 反应器是环氧乙烷/乙二醇装置核心设备，乙烯和纯氧与循环气混合、加热后进入环氧乙烷反应器管程，管内装有固体含银催化剂，在此发生乙烯氧化反应生成环氧乙烷，同时发生副反应生成二氧化碳，并放出大量的热，部分反应热由反应器壳程中的沸水移除，水循环通过热虹吸来实现。离开反应器壳程的水和蒸汽两相混合物进入反应器汽包，水和蒸汽在此分离，产生的干蒸汽被送到中压蒸汽管网为下游用户提供热源，锅炉给水预热后补充至汽包。EO 反应器主要操作参数见表 1.4-3。

反应器进料中含有较高浓度的乙烯、氧气。乙烯与氧气的浓度越高，越有利于反应选择性的提高，并增大乙烯转化率。但乙烯与氧气浓度的最高值不能进入其混合物的爆炸极限区域，实际操作条件是非常接近爆炸极限范围的，因此 EO 反应器也是环氧乙烷/乙二醇装置最危险的设备之一。

表 1.4-3　EO 反应器主要操作参数

操作参数	管程	壳程
操作温度/℃	170～280	220～280
操作压力/MPa	1.6～2.3	2.3～6.3
介　　质	反应气体	锅炉给水

EO 反应器工艺流程如图 1.4-18 所示。

根据工艺包专利商的不同，EO 反应器的结构型式也有所不同：

（1）SD 工艺技术反应器　SD 工艺技术 EO 反应器是一台超大型立式管式反应器，上部为反应器，下部直连冷却器。其结构简图如图 1.4-19 所示。

反应器主要材料随着时间及规模的不同而有所不同，具体如下：

1）筒体：已引进的不同装置不同规模的 EO 反应器的壳体用板材按时间先后，有 SB49（日本牌号）、SA-516 Gr.70、SA-302 Gr.C 以及 SA-543 Type B-Cl.1 等。首次国产化 EO 反应器选用舞钢生产的 13MnNiMoR。13MnNiMoR 是低碳低合金高强度细晶粒钢，它在常温和中温下的强度比碳锰钢高，且塑性与韧性较好，具有较好的综合性能，适用于冷、热成形和焊接用构件，特别适用于制造金属温度不超过 400℃ 的压力容器。

2）列管（换热管）：EO 反应器的列管（换热管）用材按时间先后，有 STBA22（日本牌号）、SA-179、SA-334 Gr.1、2205（S31803）等。首次国产化 EO 反应器选用常熟华兴生产的 2205（S31803）。

3）管板锻件：EO 反应器的管板锻件用材按时间先后有 SA-508 Cl.3、SA-266 Cl.4、

SA-508 Gr.4N Cl.1 等。首次国产化 EO 反应器管板锻件选用了洛矿生产的 20MnMoNb 锻件。

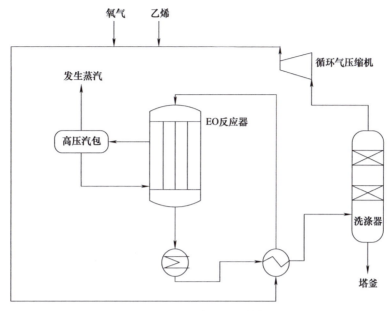

图 1.4-18　EO 反应器工艺流程简图

（2）Shell（BASF）工艺技术反应器　Shell 工艺技术 EO 反应器也是一台大型立式管式反应器，与 SD 技术相比显著不同的是反应器下部没有直连冷却器，所以其设计、制造等相对容易一些。Shell 工艺技术 EO 反应器结构简图如图 1.4-20 所示。

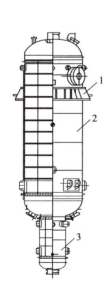

图 1.4-19　SD 工艺技术 EO 反应器结构简图
1—支座　2—反应器　3—冷却器

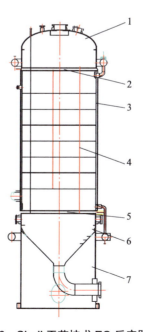

图 1.4-20　Shell 工艺技术 EO 反应器结构简图
1—上管箱　2—上管板　3—壳程　4—反应管
5—下管板　6—下管箱　7—支座

反应器主要材料为:

Shell 型 EO 反应器的壳体用板材:壳程壳体为 SA-302 Gr.C,上管箱筒体为 SA-516 Gr.70,下管箱筒体为 SA-516 Gr.70+S32168,列管(换热管)材料为 SA-210 Gr.A1 冷拔碳钢管,上下管板锻件材料为 SA-350 Gr.LF2。

4.5.2 EO 反应器技术发展历程

20 世纪 70 年代,EO 反应器完全依靠引进。以燕山石化 6 万 t/年乙二醇装置为例:该装置于 1973 年签订合同,引进美国 SD 公司技术,由日本日曹株式会社承建,1978 年建成投产。反应器由日本三井造船株式会社设计、制造。反应器主要参数见表 1.4-4。

80 年代仍然完全依靠引进,以扬子石化 20 万 t/年乙二醇装置为例。该装置引进美国 SD 公司技术,由日本日立株式会社设计、制造。反应器主要参数见表 1.4-5。

表 1.4-4 6 万 t/年 EO 反应器主要参数

设 计 参 数	管程	壳程
介 质	反应气	锅炉给水
设计压力 /MPa	2.35	0.70
操作压力 /MPa	2.14	0.28
设计温度 /℃	330	330
操作温度 /℃	233～282	273～280
设备筒体内径及壁厚 /mm	ϕ4425；δ=52	
换热管规格及数量	ϕ25mm×2mm；L=7700mm；13500 根	
管板外径及厚度 /mm	ϕ4529；δ=230	
换热面积 /m²	8164	
材 质	换热管:STBA22 SC 管 板:SA-516 Gr.70 筒 体:SB49 SR	

表 1.4-5 20 万 t/年 EO 反应器主要参数

设 计 参 数	管程	壳程
介 质	反应气	锅炉给水
设计压力 /MPa	2.32	6.64
操作压力 /MPa	2.11	5.60
设计温度 /℃	325	288
操作温度 /℃	275	271
设备筒体内径及壁厚 /mm	ϕ5160；δ=101	
换热管规格及数量	ϕ38.1mm×3.4mm；L=9900mm；8821 根	
管板外径及厚度 /mm	ϕ5362；δ=165+4.8	
换热面积 /m²	8973	
材 质	换热管:SA-179 管 板:SA-508 Cl.3 筒 体:SA-302 Gr.C	

90 年代,EO 反应器采用部件引进、国内组装焊接的方式生产,以吉化 10 万 t/年乙二醇装置为例。该装置引进美国 SD 公司技术,由日本三菱重工广岛机械厂设计、制造。反应器总重 535t,主要参数见表 1.4-6。

2000 年后,以扬子石化 18 万 t/年 EO 反应器国产化为依托,全面实现了设计制造国产化。反应器主要参数见表 1.4-7,反应器结构见图 1.4-21。

1. 主体材料的选用

在引进装置中 EO 反应器的壳体都是采用 ASME 材料,如 SA-516 Gr.70、SA-302 Gr.C 及 SA-543 Type B Cl.1。结合 EO 反应器的操作情况和设备大型化的特点,通过对国内钢板厂进行调研,选用国产高强度合金钢 13MnNiMoR,由舞阳钢铁公司生产。13MnNiMoR 板材是低碳低合金高强度细晶粒钢,它在常温和中温时的强度比碳锰钢高出许多,并且塑性与韧性很好，具有优良的综合性能，适用于冷、热成形和焊接用构件，特别适用于制造金属温度不超过400℃的压力容器和锅炉汽包。

表1.4-6 10万t/年EO反应器主要参数

设计参数	管程	壳程
介 质	反应气	锅炉给水
设计压力/MPa	2.34	6.54
操作压力/MPa	2.07	5.86
设计温度/℃	325	288
操作温度/℃	280	275
设备筒体内径及壁厚/mm	ϕ5380；δ=102	
换热管规格及数量	ϕ38.1mm×3.4mm；L=9900mm；9571根	
管板外径及厚度/mm	ϕ5584；δ=165+4.8	
换热面积/m²	1024	
材 质	换热管：SA-334 Gr.1 管　板：SA-266 Cl.4 筒　体：SA-302 Gr.C	

表1.4-7 18万t/年EO反应器主要参数

设计参数	管程	壳程
介 质	反应气	锅炉给水
设计压力/MPa	2.33	6.60
操作压力/MPa	2.07	5.85
设计温度/℃	325	288
操作温度/℃	280	275
设备筒体内径及壁厚/mm	ϕ6760；δ=110	
换热管规格及数量	ϕ38.1mm×2mm；L=12000mm；15843根	
管板外径及厚度/mm	ϕ6980；δ=180+5	
换热面积/m²	2055	
材 质	换热管：2205 管　板：20MnMoNb 筒　体：13MnNiMoR	

换热管材料，在以往小规模装置中采用SA-210 Gr.A1冷拔碳钢管，但考虑到碳钢管在每次装填和更换催化剂时，都需要对管内壁进行喷砂除锈处理，工作量非常巨大，而且喷砂处理还会造成换热管壁厚相应地减薄，通常碳钢换热管的壁厚取3.4mm。装置大型化后，反应器的直径也越来越大，换热管数量非常多。若采用碳钢管，不仅现场喷砂工作量巨大，而且造成反应器重量急剧增加。

图1.4-21 扬子石化SD技术18万t/年EO反应器

若采用奥氏体不锈钢管，虽然可解决管内壁处理的问题，但是由于奥氏体不锈钢管与壳程筒体的低合金钢材料在线膨胀系数方面相差较大，会造成管壳程各部件的温差应力很大，尤其是管板布管区外围的换热管承受的压应力很大，造成此处的换热管容易失稳。因此设计上采用S31803双相不锈钢，它既有奥氏体不锈钢的耐蚀性能，又有铁素体钢的强度，而且双相不锈钢与壳程筒体低合金钢的线膨胀系数也比较相近，从而保证换热管的强度和刚度。

反应段和气体冷却段上下管板的材料选用20MnMoNb锻件，按Ⅳ级要求。设计上对这种特大型管板锻件采用了三块拼焊结构。

2.设备设计

扬子EO反应器的直径为7760mm，其结构属于固定管板式换热器，而当时GB 151

标准中限制换热器的最大直径为 $\phi 2600mm$，即该反应器的尺寸已远远超出 GB 151 适用的范围。为了尽可能减小筒体厚度，以减轻设备重量，节省投资，设计上采用 JB 4732 对整个反应器进行分析设计。

在 EO 反应器的分析设计中，除了按 JB 4732 分析设计方法对各主要元件（如管箱、壳体、封头及开孔补强）进行计算外，同时采用 ANSYS 有限元分析软件对管板及管束建立合理的力学模型。

为了考察壳程筒体上的进出料管口对管板与筒体连接处的应力叠加等影响，进出料管口也一并建在力学模型中。通过对各种工况下管板中心、布管区周边、管板边缘的应力及换热管轴向应力进行分析，从而确保了管板结构的安全性和合理性。

采用 ANSYS 有限元软件分别对反应段部分和气体冷却段部分进行建模、加载和求解，对反应器筒体、接管、管板、管束等各部件的应力进行评定。

由于 EO 反应器净重量达 876t，若采用常规的耳式支座，会造成壳体和支座连接处壳体的局部应力和连接焊缝处应力过大，容易导致支座失效。因此设计上采用带有上下两圈刚性环的耳式支座结构，设有八个支座。

这种刚性环支座与壳体的连接焊缝长度显著增大，焊缝受力明显减小。为了达到强度要求，结构上要求上下环、筋板与壳体的焊缝都采用双面坡口，以保证全焊透。

EO 反应器的壳程介质为锅炉给水，气液两相共存，尤其是反应段换热管长 12m，数量达 15843 根。为了减小管束振动，管束之间采用了 10 层立体格栅支撑，其结构复杂，安装困难，对制造精度要求很高。

立体格栅支撑管束结构（见图 1.4-22）是将两组规格的格栅板分别按照换热管排列角度上下交叉固定，形成立体的菱形腔体用来支撑管束；格栅板交叉固定后每间隔 5～10 组对格栅板进行上下点焊，并与焊在壳体上的格栅固定元件进行固定。每两层格栅支撑件之间则通过拉杆、定距管等定位元件进行支撑定位。

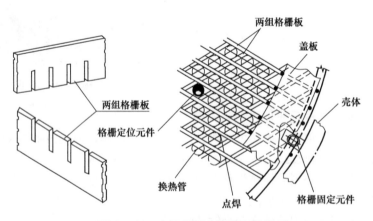

图 1.4-22　立体格栅支撑管束结构

格栅支撑板的精度和制造质量将直接关系到反应器换热管的装配。由于格栅支撑板刚性低，在起吊、移位过程中会产生较大挠度，因此制造时需要设计专门工装，保证格栅与工装为一整体，有足够的刚性，以便顺利有序地进行组装。

换热管与管板连接采用的是强度焊加贴胀。考虑到 EO 反应器的重要性，设计上提出对换热管与管板焊接角接头进行射线检测的严格要求，可有效控制焊接接头的内部质量。射线检测的方法见图 1.4-23。

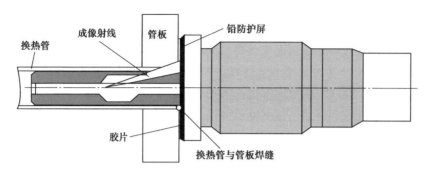

图 1.4-23　换热管与管板接头射线检测示意图

3. 制造技术

（1）大型管板锻件的锻制及管板拼接、堆焊、加工技术　EO 反应器管板直径 8012mm，厚度 350mm，材质为 20MnMoNb Ⅳ 锻件，每件管板分别由三块板条形锻件拼焊组成。此锻件的制造难度主要体现在：一是锻件的锻制要求高于 NB/T 47008《承压设备用碳素钢和低合金钢锻件》的要求；二是锻件本身重量大，锻制后的热处理加热过程中蓄热量大，要想达到力学性能要求必须提高冷却能力，但冷却速度过快会带来开裂风险；三是如此大厚度的拼接焊缝要求进行 RT、TOFD、UT 检测，对焊接质量要求高，若出现缺陷，返修非常困难，所以要保证焊缝检测一次合格，同时还要采取防变形措施控制焊接变形；四是对管板堆焊后的平面度要求高，要求堆焊后的平面度 ≤ 5mm，必须采取合理的焊接工艺及防变形措施；五是钻孔精度高于 GB 151—1999《管壳式换热器》的要求。

锻件锻造质量控制：

1）选用优质废钢和优质生铁，控制钢中 As、Sb、Sn 等有害元素，控制 S ≤ 0.05%、P ≤ 0.1%。

2）采用高功率 80t 偏心底电炉进行熔炼，炼钢过程中大量放渣，以利于脱磷，确保出钢前 P ≤ 0.003%。其他残余元素也满足工艺要求。同时，底部出钢完全避免了钢渣带入钢水。

3）熔炼后的钢水经 LF 炉进行精炼，充分脱氧、脱硫。

4）钢水经 LF 炉精炼之后，采用真空碳脱氧（VCD）以充分去除钢中的 H、O、N，且降低炼钢脱氧过程中带进 Al 氧化物的概率。

5）钢水经真空处理后，再进行真空浇注（VC），避免二次氧化，同时进一步脱氢、脱氧。

6）科学制订工艺参数，严格控制送进量及压下量。

7）加大水冒口切除量，保证运用钢锭最好的部分，冒口切除量约为钢锭总重的 20%，水口切除量约为钢锭总重的 8%。

8）增大变形量，保证锻造比 ≥ 3.5，该锻件锻造比为 4。

9）采用两次正火工艺，最大程度地提高晶粒度级别。

10）采取针对性的热处理措施，保证力学性能，主要是控制加热温度精确度。

管板锻制完成后，按采购要求在本体取样，并进行检验和无损检测，结果符合采购要求。

管板拼焊质量的控制（见图1.4-24）：

1）采用对称U型坡口、准窄间隙埋弧自动焊焊接方法减少填充金属的用量。

2）在管板拼焊过程中采用两面交替焊接来相互抵消变形。

3）在焊接过程中严格按焊接工艺施焊，控制焊接规范，不允许超规范焊接。进行焊前预热，预热温度≥200℃，控制层间温度≤300℃。

4）焊后热处理：在焊接后，按620±20℃×5h进行消应力热处理。

5）平面度和无损检测：RT、TOFD、UT合格。

图1.4-24 管板拼焊过程

管板堆焊质量的控制：

1）在堆焊过程中，由于焊道的收缩和堆焊产生的热应力的影响，管板堆焊面呈现球面状的向下内凹变形，因此在堆焊前根据管板的规格、尺寸先进行理论计算得出管板须加工反变形的龟背高度，再结合工程经验确定最终的管板龟背的加工高度 H，而且加工的龟背焊后的变形虽然使堆焊面变平，但背面产生变形，必须留有一定加工余量才能将背面加工成平面。

2）在堆焊过程中严格按焊接工艺施焊，控制焊接规范，进行焊前预热，预热温度150～200℃，控制层间温度≤150℃，控制焊剂层厚度和焊道搭接量。

3）焊后热处理：在过渡层堆焊完毕和耐蚀层堆焊完毕后分别根据堆焊面变形情况进行消应力热处理。

4）管板钻孔采用大型数控深孔钻镗床进行。

（2）大直径椭圆封头成形工艺　EO反应器上下封头为直径DN7760的椭圆封头，材质为13MnNiMoR+00Cr19Ni10复合板，厚度为（72+3）mm，采用分瓣冷压成形的方案。上封头分为1个顶圆板+10片瓜瓣成形，下封头分为10片瓜瓣成形。在封头的制作过程中，主要是要控制封头单个瓜瓣的成形尺寸及通过设计专用工装来控制各片瓜瓣在组焊过程中的变形，来确保封头的形状及几何尺寸。

1）每瓣瓜瓣成形后用立体样板进行检查，瓜瓣内表面曲率与立体样板的四周间隙≤3mm。

2）为了防止焊接过程中的收缩变形，各片瓜瓣二次下料时在大口端留 30mm 以上的调整余量。最后合拢的一片瓜瓣应根据其他几片瓜瓣组装后的尺寸再做调整，顶圆板的切割尺寸根据瓜瓣组装并二次下料切割后的实际尺寸确定。

3）设计并制作封头组对工装胎具，组对、焊接各瓜瓣，错边量≤1.5mm；外口焊缝余高≤2mm。

4）封头检测结果：合格。

（3）格栅制作技术　为了减小管束振动，换热管管束之间采用了 10 层立体格栅支撑，每层格栅是由数百根厚度为 3mm、宽度为 75mm、最大长度为 8000mm 的格栅板条组对。

1）采购厚 3mm、宽 75mm 的钢带卷，用专用整平机开平、校直；按长短规格下料，放余量待组对后二次下料。

2）为了保证格栅板条上长度为 37.5mm、夹角为 60°的格栅槽的加工精度，对现有的普通卧式铣床进行了技改攻关，改造成为数控万向铣床，采用半闭合双回路数控系统，不仅保证每个格栅槽的加工精度，还可以对任意两个格栅槽之间的公差进行修正，以确保每件格栅板条的累积误差在规定的范围内。图 1.4-25 所示为铣床加工格栅槽。

3）在铣格栅槽时选择合适的转速和进刀量，并规定每个槽的铣削进刀量，要求铣刀盘要勤换刀，确保槽宽尺寸。

4）用专用量具对加工后的格栅板条逐件检验：

深浅量尺：检查槽深 $h=37.5^{+0.5}_{+0.1}$ mm；

四齿量规：检验槽与槽之间的尺寸准确度，逐槽检验，平插、侧插均滑动自如；

数显游标卡尺：抽检单槽槽宽及任意一段槽间距，确保格栅条全长误差在要求范围内；

格栅条尺寸检测结果：合格。

（4）格栅的组对

1）设计并制作专用的组对模板和定位工装。

2）在模板上按照编号逐条装配格栅条，按照模板上环板内径基准线逐条划线，用专制的下料工具对格栅条进行二次下料。

3）按一定的顺序、在相应的点焊位置对格栅条进行点焊。焊接时应严格控制点焊的电流、速度、点焊长度，防止变形。

4）格栅组对后用专用的管束规检验（见图 1.4-26）：用单管管束规逐槽插检，以自由

图 1.4-25　铣床加工格栅槽

图 1.4-26　用六管管束规抽检格栅组

插入为准；用六管管束规抽检，以自由插入为准。

(5) 设备总装技术　EO 反应器结构复杂，上部是较大直径的反应器，下部是气体冷却器。设备的组装采用将设备分为反应器、冷却器两大段、六个部件制造，再将各部件进行合拢、组焊，最后进行反应器与冷却器的合拢、组焊的方案。图 1.4-27 为反应器六部件示意图。

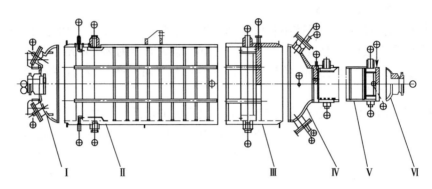

图 1.4-27　反应器六部件示意图

部件Ⅰ—反应器上封头部件　部件Ⅱ—反应器上管板部件　部件Ⅲ—反应器下管板部件　部件Ⅳ—冷却器上管板部件　部件Ⅴ—冷却器下管板部件　部件Ⅵ—冷却器下封头部件

整台设备合拢缝位于反应器和冷却器公共的管程壳体上，即反应器管箱筒节与冷却器管箱封头的连接焊缝。

反应器组装方案：

1）分别组对部件Ⅱ、Ⅲ壳体，控制长度、方位、错边量、直线度和同轴度；组焊接管、刚性支座、预焊件、预堆焊等，探伤合格；部件Ⅱ、Ⅲ进炉消应力热处理。

2）卧式组装部件Ⅱ的内件、格栅，穿入反应管，先组装溢流槽、第一节拉杆、定距管，然后依据方位线，采用工装把第一块格栅送入筒体内；按照格栅的方位线与管板的方位线、筒体内表面的方位线相一致原则，调整格栅管孔与相应管板管孔的同轴度，以此类推，组装第九块格栅，暂时紧固；从第九块格栅向反应器上管板穿入所有反应管。

3）组装部件Ⅲ的内件，与部件Ⅱ的控制措施相同，采取划线法控制格栅孔和管板管孔的同轴度；先组装导流筒，然后依据方位线，第十块格栅叠置于导流筒的盖板上，调整与下管板的平行度，再用较短的管子进行试穿，确保格栅孔与相应管板管孔的同轴度；最后把第十块格栅与导流筒的盖板进行固定。

4）组对部件Ⅱ和Ⅲ，部件Ⅱ和Ⅲ的壳程筒节按方位线进行卧式组对；换热管向上管板侧退出一定长度，保证部件Ⅱ与部件Ⅲ的组焊空间；调整错边量、直线度以及上、下管板的间距、平行度、扭曲度、同轴度等，施焊合拢焊缝，经过探伤合格，进行局部消应力热处理；根据第十块格栅的图面位置，现场实配第十块格栅的拉杆、定距管的长度，移动第十块格栅至图面位置，实配格栅支承板的实际高度，固定拉杆螺母；从上管板朝下管板方向穿入全部反应管；根据相关工艺，进行管子与管板的焊接、胀接、无损探伤、检漏试验等。

设备总装方案：

1）反应器与冷却器在壳程压力试验合格后，按方位线进行卧式组对，调整错边量、直线度，测量整台设备的总长度等。

2）根据相关工艺的要求施焊 3 条合拢缝、无损探伤、局部消应力热处理、压力试验、清洗等。

2011 年 9 月 22 日，中石化南化公司化工机械厂承制的扬子石化公司环氧乙烷系统改造工程项目核心设备——全国首台 18 万 t/年环氧乙烷反应器顺利竣工。这一成果填补了国内空白，结束了石化行业环氧乙烷反应器长期依赖进口的历史。"大型 EO 反应器研制"获得中国石化集团 2014 年度科技进步二等奖。

4.5.3 结语

环氧乙烷反应器的发展历史经历了整体引进（20 世纪 90 年代以前）、部件引进 + 国内组焊（20 世纪 90 年代），到扬子石化 EO 反应器从设计、原材料、制造等全部实现国产化。从此，结束了 EO 反应器进口的历史，为实现国家重大装备国产化做出了重要的贡献。

（本节由中国石化工程建设公司段瑞和中石化南化公司化机厂毛家才撰写）

4.6 聚丙烯装置多区循环反应器技术发展历史

4.6.1 概述

聚丙烯是以丙烯为单体聚合而成的聚合物，是合成树脂中最重要的品种之一，是合成材料中发展最快的一个品种。1954 年意大利 Natta 教授在实验室首次合成出聚丙烯，1957 年聚丙烯就实现了工业化。其后，由于资源丰富、生产工艺简单、成本低廉，聚丙烯已经成为产量最大、牌号最多、用途最广的合成树脂品种之一，近年来产量一直呈现上升趋势。

聚丙烯的生产工艺主要有 4 种，即溶液法、浆液法、本体法和气相法，比较先进的生产工艺主要是本体 - 气相组合工艺和气相法工艺。典型代表有：①中石化的 ST 和 Basell 公司的 Spheripol 本体 - 气相组合工艺技术；②DOW 公司的 Unipol 气相法聚丙烯工艺技术；③Lummus 公司的 Novolen 气相法聚丙烯工艺技术；④INEOS 公司的 Innovene 和 JPP 公司的 Horizone 气相法聚丙烯工艺技术；⑤Basell 公司的 Spherizone 气相法聚丙烯工艺技术。

我国的聚丙烯工业起步于 20 世纪 60 年代，间歇法小本体装置由原化工部北京化工研究院（现中石化北京化工研究院）开发成功。该装置因对丙烯原料要求低、工艺流程简单等，受到炼厂的欢迎。为了满足国内对聚丙烯日益增长的需求，从 20 世纪 80 年代初开始，我国在引进国外先进聚烯烃工艺技术的同时，就开始了大型聚烯烃装置的国产化开发设计工作。在"八五"之前，国内的聚丙烯装置多数规模较小并长期依赖于成套引进，在"八五"期间，北京石化工程公司（原 BPEC）在扬子聚丙烯（三井油化工艺）"一买三合作"的基础上，认真消化吸收国外引进装置资料，在大连有机合成厂建成了第一套国产化的聚丙烯装置，其中装置的关键设备——釜式反应器是在中国石油化工总公司的精心组织下，由设计、制造等单位联合攻关完成的，参加单位有北京石化工程公司、锦西化工机械厂、大连有机合成厂，前后经过三年时间的努力，攻克了大釜的整体抛光和大直径机械密封等技术难题，完成了攻关试验、设计、制造全过程，投入使用一次成功。此次的投产成功结束了我国聚丙烯装置长期依赖进口的局面，在我国聚丙烯装置发展史上具有里程碑的意义。"九五"期间，国家先后批准新建 8 套聚丙烯装置，工艺采用 Montell 环管技术，整个装置设计全部国产化。当时，中国石化集团公司决定装置中的关键设备——环管反应器同时实现国产化。1996 年初，北京石化工程公司、茂名石化公司机械厂、大连五二三厂组成联合攻关组，对 7 万 t/年聚丙烯环管反应器进行国产化攻关，经过两年的艰苦奋斗，顺利完成了设计及制造全过程，至 1998 年底，长岭、福建、九江、武汉、济南、大连、荆门等共 7 套聚丙烯装置全部一次投入使用成功，取得了极大的经济效益和社会效益。该反应器的国产化获得了 2001 年度省部级科技进步二等奖。在此基础上，中国石化集团公司委托中国石化工程建设公司又开发出具有自主知识产权的二代环管法聚丙烯技术（简称 ST 技术），中国石化工程建设公司联合茂名重力等制造单位先后完成了 10 万 t/年、14 万 t/年、20 万 t/年、30 万 t/年、35 万 t/年、40 万 t/年级环管反应器的国产化开发，分别获得中国石化集团公司优秀工程设计三等奖及科技进步三等奖。环管反应器国产化的成功，提升了国内装备制造业的水平，大幅度降低了材料、制造、运输成本，为国家节省了大量外汇。

进入 21 世纪，随着时代发展、社会进步及人们生活水平的提高，对聚丙烯新产品、新牌号的需求也越来越高，2006 年，中国石化集团公司决定引进 Basell 公司最新开发的 Spherizone 聚丙烯工艺技术。

Spherizone 聚丙烯工艺技术从 20 世纪 80 年代开始研发，前后经历 20 年，该技术是在 Spheripol 环管工艺基础上利用提升管反应器原理开发的一种新的聚丙烯工艺技术。该工艺采用提升管的多区循环反应器，在聚合反应器内可实现多区循环聚合，可生产具有更好性能的聚丙烯产品。流程简图如图 1.4-28 所示。

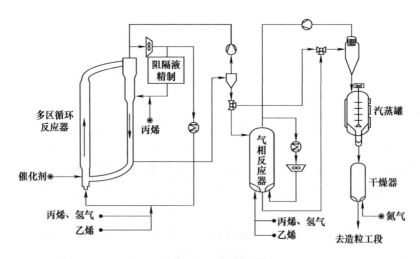

图 1.4-28　流程简图

相对于其他工艺技术，Spherizone 工艺中特殊的反应器设计使得聚丙烯产品有更多组合的可能，并且组分可以调整，技术优势明显，其开发出的新产品有以下几类：

1）高立构定向性能与宽分子量分布相结合而产生的高刚性均聚或抗冲共聚牌号；

2）极宽分子量分布的产品，用于发泡；

3）单无规（上升段无规共聚，下降段均聚）产品，用于 BOPP、热成型及纤维；

4）双无规（上升段较高乙烯含量，下降段较低乙烯含量）产品，其透明和抗冲性能同时得到了提高；

5）高乙烯含量无规共聚产品，用于膜料和注射成型；

6）单或双无规共聚结合抗冲共聚的产品，其透明度和抗冲性能同时得到了提高。

4.6.2 多区循环反应器简介

多区循环反应器是 Spherizone 工艺技术中的核心设备，该反应器是一台外形由多部件精密封闭连接的大型设备，主要由提升、沉降两个反应区组成，操作时催化剂连续加入多区循环反应器，增长的聚合物粒子在两个不同的反应区循环。在"提升段"反应区聚合物粒子被风机提供的气相单体夹带向上；然后，在反应器顶部，聚合物粒子经旋风分离式的汽提区后进入"沉降段"反应区，"沉降段"反应区聚合物粒子受重力作用密相柱塞流向下；在反应器底部，聚合物再循环进入"提升段"反应区。反应器能够根据氢气和共聚单体浓度在不同条件下操作，能够生产出多品质分子内结合的"大分子"双峰产品，也可以调整两个反应区在相同的反应条件下生产均聚和无规共聚物产品。反应器结构简图见图 1.4-29。

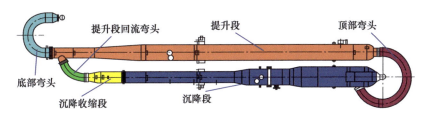

图 1.4-29 多区循环反应器结构简图

多区循环反应器整体示意图见图 1.4-30。它为立式设备，由两组 R201、R202 环管组成，每组是由四条或六条直段长度为 20m 以上夹套管、多个 180° 4200mm 大跨度弯头、一个 90° 弯头连接起来形成的一个循环整体。反应器内筒体规格为 $\phi 609.6mm \times 16mm$，夹套规格为内径 690mm，壁厚根据部位的不同而不同。每条夹套管本身既是反应器，又是设备框架的支承钢柱，受力情况复杂。环管底部大法兰用于连接轴流泵，以使物料在管内循环、搅拌发生反应。反应器内管需抛光，目的是防止反应物粘壁产生爆聚。反应器外设夹套，目的是带走反应热，夹套之间设有十条连接管，以使各夹套之间彼此相通。为防止操作温差、结构约束等原因产生的应力，在夹套和中间冷却水的连接管上设置膨胀节。夹套之间用多段 H 型钢连接，用以增加整个反应器的刚度、支承爬梯及九层空间平台。多条夹套管的基础环底面应位于一个平面上，则加大了设备设计、制造以及土建施工的难度。随着装置规模的加大，反应器的夹套管的根数和高度都增大，从最初的一组四条腿 22m 高增加到两组八条腿 45m 高。

此反应器内管最低设计温度为 −45℃，内管公差要求比较高，据了解在国内还无法达到技术条件中要求的公差。故内管选用国外的低温碳钢管，材料标准为 ASME SA-672 Gr.C70 Cl.22，并在 −50℃下做低温冲击试验。内管、弯头上所有的法兰和凸缘均由低温锻件加工而成。考虑到这些锻件规格不一、数量不多，从国外采购不太经济，况且国内低温锻件完全可以满足要求，故其材料选用 09MnNiD，应全部符合 NB/T 47009—2017《低温承压设备用合金钢锻件》Ⅲ级要求。

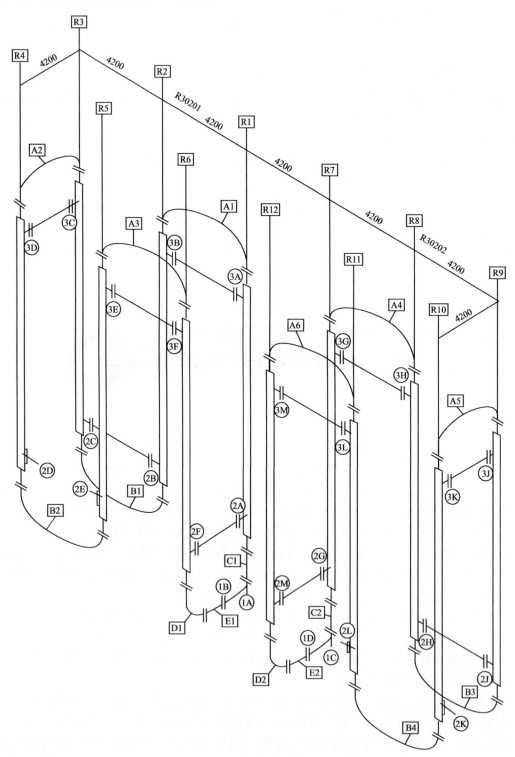

图 1.4-30　多区循环反应器整体示意图

夹套筒体内介质为脱盐冷却水，设计温度为 150℃，设计压力为 0.5MPa，夹套材料采用 16MnR；夹套上的接管材料采用 10 号钢管、法兰及凸缘材料采用 16Mn；支座材料选用 16MnR；连接梁材料选用 Q235B；膨胀节材料选用 0Cr18Ni9。为了有效地保证其制造质量及性能，膨胀节必须由国内专业厂家生产。

反应器本身既是反应容器，同时又是梯子平台框架的支承件。其结构特点决定了反应器受力情况的复杂性，给反应器的设计计算带来了很大的难度，需要考虑的影响因素很多，比如反应器内筒、夹套的内压及自重对强度及刚度的影响，框架（包括梯子、平台）重量的影响，内筒与夹套的温差、风载、地震载、雪载及操作物料重量的影响，吊装时风载的影响，以及各种因素的危险组合等。鉴于其结构的特殊性及受力复杂性，光靠压力容器设计计算软件是无法解决的。

反应器的密封性能要求很高，上、下主法兰需采用榫槽面连接，榫槽之间距相差仅 1.75mm，这对于确保 4200mm 跨度的大弯头与两直管的准确安装是非常困难的。另外，每段直管通过 12 根螺栓安装在土建基础上，1950mm 直径的环管底板和土建基础的不平度也会造成弯头与直管安装的公差，特别随着装置规模的加大，单腿高度由 22000mm 增大到 45000mm，稍有偏差就会造成安装不上或因安装不好而泄漏。因此，如何保证其顺利安装，并能满足制造的可行性，成了结构设计的关键。

为防止物料粘壁、爆聚，环管内壁需抛光，粗糙度要求 $Ra2.5\mu m$。内径为 $\phi 580mm$、长度最大为 51000mm 的直筒，以及弯曲半径为 2100mm 的 180°大弯头、弯曲半径为 914mm 的 90°弯头，内表面积大、形状复杂，抛光加工很困难。

4.6.3 多区循环反应器攻关发展历史

中石化天津分公司 2006 年引进国内第一套 Spherizone 工艺技术装置，规模为 45 万 t/年，是当时世界上单线能力最大的聚丙烯装置，该工艺技术中的核心设备多区循环反应器在国内首次应用。为了更好地消化吸收该工艺技术，摆脱国外公司对该反应器的垄断，在中石化物装部的组织下，由中国石化工程建设有限公司（SEI）牵头，与茂名重力合作，对国内第一套多区循环反应器进行了国产化攻关。

由于 Spherizone 工艺技术在国内首次引进，没有可以借鉴的相关经验，同时第一次对外商专利装置中反应器核心设备未经引进消化直接进行国产化，给各项工作带来很大困难。为实现该设备的设计、制造国产化，SEI 与茂名重力从 2007 年初就开展了反应器国产化的前期准备工作，针对该反应器的结构特点，有针对性地对反应器的低温厚板、厚壁锻件以及大直径弯管进行了材料调研，初步确定了进口材料、进口零部件的范围，2007 年 7 月 SEI 分别通过专业级评审以及项目级评审进一步明确了反应器的设计计算方法、国内外材料分交以及各专业的条件分工，成立了反应器设计开发小组，明确了各专业小组成员的职责分工，开发工作得到了有序推进。2008 年 5 月，SEI 完成了多区循环反应器的全部设计工作，并顺利通过专利商的设计审查。

4.6.3.1 设计开发

整个设计开发过程中，重点考虑并解决了以下几个方面的问题：
（1）整体应力分析　由于该反应器结构的特殊性，除了常规强度计算外，设计计算过程中采用了大量有限元分析计算，首先用壳单元对整个反应器进行整体分析，然后对局部关键部位采用三维实体单元分析。

（2）共振问题　整台反应器坐落在钢结构框架内，在设计时，考虑在地震工况下，与框架的联合作用，解决共振问题。

（3）异形结构设计　对于沉降段顶部切向弯管与筒体连接处根据实际3D模型精准放样。

4.6.3.2　制造攻关

通过对环管反应器的结构特点、工作原理、工艺特性、安装方法等进行反复分析研究，找出制造环管反应器的三个关键技术：

1）在保证低温材料焊接接头性能，特别是保证低温冲击性能的同时，如何提高制造工作效率；

2）如何制造出高精度要求的零部件，保证环管反应器的整体组装精度，从而满足环管反应器的密封性能要求；

3）如何实现环管反应器物料流程表面抛光至 $Ra2.5\mu m$，防止物料粘壁产生爆聚。

解决好这三个技术问题，是环管反应器设备国产化研制成功与否的关键。

为此，制造单位茂名重力根据反应器的研制要求，将反应器分为提升段、沉降段、旋风段、顶部250°大弯头、底部180°大弯头和内件等部件分别制造；针对各部分结构特点及相关制造精度要求，分别制订相应工艺方案，通过计算机精确放样和实体模型放样、专用工装及专用加工设备进行制造；利用组对模型、平台垂直投影、高精度测量仪器保证各部件的制造精度及质量；部件制造完成后，利用专用平台、组对模具等对各部分进行整体精密组装，从而确保各部件连接密封以及相关形位尺寸要求及安装尺寸要求。具体技术攻关工作如下：

1）进行低温材料自动埋弧焊技术攻关，解决手工焊效率低的问题；

2）完成了多种规格09MnNiDR钢制大直径管、小弯曲半径的大弯头制造（见表1.4-8）；

表1.4-8　弯头材质及规格表

序号	名称	材质	规格	最小壁厚/mm	弯曲半径/mm
1	顶部大弯头1	09MnNiDR	$\phi1400mm\times180°$	32	2.96D
2	顶部大弯头2	09MnNiDR	$\phi1400mm\times71.07°$	32	2.36D
3	底部大弯头	09MnNiDR	$\phi1600mm\times180°$	32	1.79D
4	回流口弯头	09MnNiDR	$\phi1200mm\times72°$	32	2.58D

3）通过计算机精确计算放样，保证厚壁筒体切向斜插大开孔的准确性，提高组对质量，减小焊接变形；

4）采用镗床来加工12条组焊完毕的夹套式筒体上法兰密封面，保证筒体法兰密封面及总长达到图样要求；

5）改造落地镗床，将落地镗床横向行程由现有的3.5m增大到4.5m，用镗床加工180°大弯头法兰密封面，通过一次装夹便可实现弯头两端法兰密封面一次加工完成，保证 180°大弯头两端法兰密封面在同一平面上；

6）设计专用工装，采用卧式整体预组装来检验环管反应器的装配质量，同时实施整体水压试验来检验设备的强度和密封性能；

7）研制特殊的机械抛光设备，代替原手工抛光，高速度、高质量地满足环管反应器对内壁表面粗糙度 $Ra2.5\mu m$ 的要求；

8）在车间进行整体预组装（见图 1.4-31）；

9）安全试压，实现一次成功（见图 1.4-32）。

经过各方共同努力，国内第一套天津 45 万 t/年聚丙烯多区循环反应器，于 2009 年 3 月通过了专家组、专利商代表的审查和验收，顺利出厂。

图 1.4-31　整体预组装

图 1.4-32　车间水压试验的环管反应器

4.6.4　结语

20 世纪 80 年代我国开发了 7 万 t/年聚丙烯环管反应器，它是由一组高 26m 的 6 条直腿组成的管式反应器，内管规格为 $\phi609.6mm \times 16mm$，顶部的 180°大弯头从国外进口；90 年代又开发了 10 万 t/年聚丙烯环管反应器，它是由两组高 22m 的 8 条直腿组成的管式反应器；随着聚丙烯装置规模的增大，2000 年又开发了 20 万 t/年的环管反应器，是由两组共 8 条腿组成的，每条腿高 39m，要求的直线度和垂直度不变，制造难度加大了，设计院与制造厂一起调研，顶部的 180°大弯头实现国产，该反应器荣获中国石油化工集团公司 2005 年度优秀工程设计三等奖（见图 1.4-33）；2008 年在茂名石化乙烯改造 30 万 t/年聚丙烯装置中开发了 30 万 t/年环管反应器，该反应器是由两组共 12 条腿组成的，每条腿高 39m，该反应器荣获 2009 年度中国石油化工集团公司科技进步三等奖；2012 年受中国石油化工集团公司委托开发了中天和创 35 万 t/年聚丙烯装置的环管反应器，该反应器是由两组共 12 条腿组成的，每条腿高 45m，两组环管之间的自支撑梁达到了 12 层，该项目一次开车成功，生产出合格产品。

到目前为止，国内已制造了多台环管反应器，其中 7 万 t/ 年、10 万 t/ 年、14 万 t/ 年、20 万 t/ 年、30 万 t/ 年、35 万 t/ 年均已投产运行，其中 35 万 t/ 年环管反应器已达到世界级规模，由我国设计的单线生产能力为 40 万 t/ 年聚丙烯装置（ST 技术）的工艺包已通过中国石化集团公司鉴定，环管反应器每条腿的法兰间距已接近 60m，加大了设计和制造难度。未来我们将继续开发装置规模更大的环管反应器，来满足大规模聚丙烯装置的需要，继续关注国外聚丙烯装置工艺技术的发展，与制造厂共同开发装置中的重要和大型的设备，与国内钢厂和制造厂密切联系，在低温有缝管的国产化上继续探索。

（本节由中国石化工程建设公司李芳、陈志敏撰写）

图 1.4-33　20 万 t/ 年环管反应器

4.7 PTA 蒸汽管回转圆筒干燥机技术发展历史

4.7.1 概述

在 PTA 装置生产工艺中，将二甲苯（PX）氧化生成粗对苯二甲酸（CTA），然后将 CTA 进一步提纯，进行加氢反应去杂质后，即可得到精对苯二甲酸（PTA），在这两个生产工序中，蒸汽管回转圆筒干燥机是其关键设备之一，其作用主要是将结晶、过滤后的 CTA 和 PTA 分别进行干燥，从而获得 CTA 和 PTA 的粉状产品。因此，每套 PTA 装置一般至少都要配套用于干燥 CTA 和用于干燥 PTA 两台蒸汽管回转圆筒干燥机。

PTA 蒸汽管回转圆筒干燥机是 PTA 装置中的关键设备。CTA 干燥中的挥发分为醋酸，腐蚀性强，对材质要求高；PTA 干燥中的挥发分为水，由于水的蒸发潜热比醋酸大，因此后者干燥所需的传热面积大。PTA 蒸汽管回转圆筒干燥机均为密闭型结构，在筒内安置了蒸汽加热管，加热管贯穿整个干燥机，以同心圆方式排成 1～6 圈，干燥过程中，被干燥物料在干燥机内部通过蒸汽加热管与其内部的饱和蒸汽间接换热，同时，由于干燥机设计有一定的倾斜角度，因此，被干燥物料在干燥机筒体的转动作用下，一边被加热干燥，一边向出料口移动，蒸发出来的挥发分由干燥机尾部或头部设置的尾气出口排出。密闭型蒸汽管回转圆筒干燥机主要由以下几大系统组成，其结构如图 1.4-34 所示。

1）筒体，主要有壳体、蒸汽管、蒸汽分配器及锤击器等部件；
2）进、出料端密封；
3）蒸汽旋转接头；

4）传动系统，包括电动机、减速机、齿轮、托轮及油路。

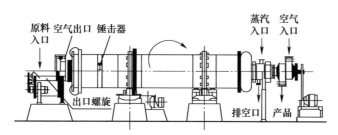

图 1.4-34　密闭型蒸汽管回转圆筒干燥机的结构示意图

早期国内 PTA 装置中的蒸汽管回转圆筒干燥机完全依赖进口，而进入 20 世纪 90 年代，国内对该干燥机有了一定的了解，并尝试进行国产化。在"八五"国家科技攻关计划中就列入了开发蒸汽管回转圆筒干燥机的计划，该技术的发展历程可以概括为国产化、大型化、国际化三个阶段。

4.7.2　技术攻关历史

1. 国产化阶段

由于蒸汽管回转圆筒干燥机不仅是 PTA 装置的关键设备，同时也是高密度聚乙烯（HDPE）装置的关键设备。天华化工机械及自动化研究设计院有限公司（以下简称"天华院"）是最早对蒸汽管回转圆筒干燥机进行攻关的单位之一，也是目前市场占有率最高的单位。早在 20 世纪 80 年代，天华院就先后赴日本、德国等进行了干燥设备的考察，对国外技术的发展状况做了深入的了解。1991 年，在中国石化总公司国产化办公室的组织下，天华院等单位对国内引进干燥设备进行了调研，收集了大量的资料。

1992 年，在中国石油化工总公司国产化办公室的主持下，天华院对 14 万 t/年 HDPE 蒸汽管回转圆筒干燥机进行消化吸收与攻关，掌握了干燥机的设备结构及技术核心，开发出一套完整的设计方法。

1994 年，天华院成功地为燕化公司开发出两台 460m^2 的 HDPE 蒸汽管回转圆筒干燥机，该项目通过中国石化总公司组织的鉴定，各项技术指标均达到或超过引进设备，获中国石化总公司科技进步二等奖、国家科技进步三等奖。该项目的成功标志着国内对 HDPE 蒸汽管回转圆筒干燥机的设计和制造完全实现了国产化，结束了完全依赖于进口的局面。

从 1994 年开始，天华院对蒸汽管回转圆筒干燥机的传动结构、蒸汽管管架支承结构、内圈蒸汽管的不凝气排放结构进行进一步攻关、再创新，取消笨重的机械式无级变速器，改为对主电动机的变频调速，并通过干燥工艺的放大设计，为兰化公司开发出了 560m^2 的 HDPE 蒸汽管回转圆筒干燥机，并于 1997 年投入运行。

1995 年 11 月，由中国成达化学工程公司设计、南化公司化工机械厂制造了一台规格为 ϕ3200mm×17500mm、换热面积为 700m^2 的 PTA 蒸汽管回转圆筒干燥机，在扬子石化公司 PTA 装置上实现了一次开车成功，填补了国产 PTA 干燥设备的空白，并于 1998 年 4 月通过了原化工部科技司组织的科学技术成果鉴定。

2. 大型化阶段

大型化阶段也是国内对蒸汽管回转圆筒干燥机再创新的阶段，同时，由于 PTA 干燥机的设备比较庞大,进行放大以后,需要在设计、制造、运输、安装各个环节解决很多技术难题。2000—2003年,天华院承担了国家"十五"重大技术装备研制项目——PTA蒸汽管回转圆筒干燥机研制,依托洛阳石化总厂30万t/年PTA装置扩能改造工程,研制了一台强制出料结构的PTA蒸汽管回转圆筒干燥机,设备投入工业生产,运行良好。该项目荣获中国石化集团科技进步三等奖。随后,天华院在以上开发经验的基础上,对进、出料端密封结构进行轻型化改造,同时,通过改变托轮与滚圈材质以提高其耐磨寿命。

2004年,天华院承担了中国石油化工股份有限公司科技开发项目大型PTA装置关键技术——大型PTA干燥机数学模型及关键技术研究,将扬子石化股份公司$\phi2400mm$的PTA干燥机改造为工业研究试验装置,在单位建立了一套蒸汽管回转圆筒干燥机试验装置(见图1.4-35)和一套直径4m的蒸汽凝液排放试验装置(见图1.4-36),进行数学模型及关键技术的研究开发,通过工业试验研究,建立了传热数学模型、物料在干燥机内停留时间数学模型、蒸汽-不凝气冷凝数学模型;解决了关键零部件可靠性设计、减缓CTA湿料粘壁等技术难题;并调研了国内多台蒸汽管回转圆筒干燥机的工业运行数据,结合试验研究及工业运行数据,建立了大型PTA干燥机数学模型和设计软件,为大型工业装置的设计及优化操作提供了理论计算依据。

图1.4-35　蒸汽管回转圆筒干燥机试验装置

图1.4-36　直径4m的蒸汽凝液排放试验装置

2005年,天华院与上海石化公司共同承担了中石化科技开发课题"PTA关键设备研制"回转干燥机子项的研究。

2006年,天华院为太原钢铁(集团)有限公司380t/h煤干燥系统研制了一台$\phi4200mm$、换热面积为2200m^2、用于煤粉干燥的超大型蒸汽管回转圆筒干燥机,并将该技术推广应用到宝钢、攀钢、国华电力等企业的煤粉干燥项目。天华院通过该技术的不断开发和应用,解决了双相不锈钢的焊接、加工等技术难题,同时也解决了超大型设备工程放大的设计、加工、运输等诸多技术难题,为百万吨PTA装置提供大型蒸汽管回转圆筒干燥机进行了充分的技术储备。

2007年,天华院先后为福建石狮市佳龙石化纺纤有限责任公司100万t/年PTA装置设计了一台$\phi3800mm×22000mm$的PTA蒸汽管回转圆筒干燥机和一台$\phi3800mm×28500mm$的CTA蒸汽管回转圆筒干燥机,换热面积分别为1295m^2和1917m^2。该项目的成功运行,证明了国内对百万吨级PTA蒸汽管回转圆筒干燥机的研制技术已经非常成熟。

2009年前后,天华院先后为浙江逸盛石化有限公司、嘉兴石化有限公司、翔鹭石化

（漳州）有限公司（一期）等的百万吨级 PTA 装置提供了多台 PTA 蒸汽管回转圆筒干燥机，标志着国内超大型 PTA 干燥机已经完全获得用户的认可（见图 1.4-37）。

2010 年 8 月，天华院设计，并在天华院的制造基地——南京天华化学工程有限公司制造车间成功下线的蒸汽管回转圆筒干燥机，其规格为直径 4.8m，长度 35m，设备总重量 660t，是当前国际上最大规模的 PTA 装置和单台设备最大规格的蒸汽管回转圆筒干燥机。这台干燥机曾经被中央电视台第二频道《经济信息联播》节目进行过专题报道（见图 1.4-38）。

图 1.4-37　国内首套百万吨级 PTA 干燥机组（浙江逸盛）

图 1.4-38　中央电视台播出的世界最大规格的干燥机出厂画面

该干燥机是为翔鹭石化（漳州）有限公司 400 万 t/年 PTA 装置研制的，单线处理能力最大达到 160 万 t/年，标志着我国在超大型 PTA 蒸汽管回转圆筒干燥机的设计和制造方面已经均领先于世界水平。

2011 年 6 月，中航黎明锦西化工机械（集团）有限责任公司和中国纺织工业设计院联合研发、设计制造的两台百万吨级 PTA/CTA 蒸汽管回转干燥机，通过由中国机械工业联合会组织的国产化首台（套）重大装备科技成果专家鉴定。这两台百万吨级 PTA/CTA 蒸汽管回转干燥机产能最大分别为 136t/h 和 138t/h，规格分别为直径 4.2m、长 32m 和直径 3.8m、长 27.5m，重量分别达到 390t 和 285t，这两台百万吨级 PTA/CTA 蒸汽管回转干燥机在重庆蓬威石化公司投用。

3. 国际化阶段

2009 年，BP 公司为旗下比利时吉尔工厂 PTA 装置采购 PTA 蒸汽管回转圆筒干燥机进行国际招标，天华院以技术优势顺利中标，标志着国内 PTA 蒸汽管回转圆筒干燥机技术水平已经达到或领先国际水平，并得到国际 PTA 工艺包开发商的认可（见图 1.4-39）。

截至 2017 年底，天华院已经为各类用户研制了近 100 台套蒸汽管回转圆筒干燥机，其中 ϕ4000mm 以上规格的有近 50 台套，目前已经占据了绝大部分百万吨级 PTA 干

图 1.4-39　为 BP 公司研制的干燥机正在进行出厂检验

燥机的市场。

4.7.3 结语

随着 PTA 装置规模从 45 万 t/年逐步扩大到 100 万 t/年，甚至到 400 万 t/年，所需要的 PTA 蒸汽管回转圆筒干燥机也经历了从小型（<ϕ2200mm）、中型（ϕ2400～ϕ3200mm）、大型（ϕ3200～ϕ3800mm）到超大型（ϕ4000～ϕ4800mm）的不断突破和发展。在此过程中，天华院与中石化及其各家分公司进行了广泛的合作，不断进行创新和研究，使国内 PTA 蒸汽管回转圆筒干燥机的发展在短短 20 多年时间从需要引进设备到自主研制，再到自主创新，最后将设备出口到国外。

天华院在蒸汽管回转圆筒干燥机的研究开发过程中，不断创新，拥有 32 项与蒸汽管回转圆筒干燥机相关的专利技术，其中有 14 项为发明专利，3 项为国外专利。同时，中国成达化学工程公司、中航黎明锦西化工机械（集团）有限责任公司、中国纺织工业设计院等单位也为 PTA 蒸汽管回转圆筒干燥机的国产化工作做出了不小的贡献。

（本节由天华化工机械及自动化研究设计院有限公司孙中心、张万尧、岳永飞，中国石化工程建设公司李胜利撰写）

4.8 苯乙烯脱氢反应器技术发展历史

4.8.1 概述

苯乙烯单体是一种重要的基本有机化工原料，主要用于生产聚苯乙烯（PS），也可用于制取苯乙烯-丁二烯（丁苯）橡胶（SBR）、丙烯腈-丁二烯-苯乙烯（ABS）和苯乙烯-丙烯脂（SAN）树脂、不饱和聚酯等，此外也是生产涂料、染料、合成医药的重要原料。

在 20 世纪 30 年代，美国的陶氏化学公司和德国的巴登苯胺染料公司（即目前的 BASF 公司）几乎同时开发出了苯乙烯的生产技术。陶氏化学公司苯乙烯的生产技术采用绝热脱氢工艺和一段绝热轴向反应器，巴登苯胺染料公司苯乙烯的生产技术采用等温脱氢工艺和等温管式反应器，产品苯乙烯的纯度都达到了 99.6%，足以满足聚合反应的要求。到 70 年代，美国 Lummus 公司首先提出了负压脱氢工艺，采用二段绝热中间再热式径向反应器，进一步降低了物耗和能耗，并逐步形成现代单系列大型化乙苯脱氢装置。

1. 等温脱氢工艺及反应器

等温反应器由许多耐高温的镍铬不锈钢或内衬以铜锰合金的耐热管组成，管径为 100～185mm，管内装催化剂，管外用烟道气加热。

等温脱氢反应中水蒸汽仅作为稀释剂使用，其与乙苯的用量比（摩尔比）为 (6～9):1。脱氢温度的控制与催化剂的活性有关。新催化剂温度一般控制在 580℃ 左右，随催化剂老化可提高至 620℃ 左右。要使反应器达到等温，沿反应管传热速率需与反应吸收的热量同步。但在一般情况下，往往是传给催化剂床层的热量大于反应所需的热量，故反应器的温度分布是沿催化床层逐渐增高，出口温度可能比入口温度高出数十度。

乙苯脱氢是吸热可逆反应，温度对动力学因素和热力学因素的影响是一致的，高温对两者均产生有利的影响。如从获得高反应速度考虑，采用等温反应器可获得较高的转化率。对反应选择性而言，一般在反应初期反应物浓度高，平行副反应剧烈，反应器入口温度低，有利于抑制活化能较高的平行副反应的进行。在反应中后期，反应产物浓度增高，连串副反应竞争逐渐加剧，如反应温度过高，将会使连串副反应加速，但如出口温度控制适宜，连串副反应也是能控制的。故通常采用等温反应器脱氢，一般转化率可达50%～70%，苯乙烯的选择性可达92%～95%。虽然采用多管等温脱氢反应时水蒸汽的消耗量约为绝热式反应器的1/2，但因等温反应器结构复杂，反应器制造费用高，故大规模的生产装置，都不采用等温脱氢反应工艺。

2. 绝热正压脱氢工艺及反应器

在陶氏化学公司单段绝热正压脱氢反应工艺中，循环乙苯和新鲜乙苯与约占总量10%的水蒸汽混合后，与高温脱氢产物进行热交换被加热至520～550℃，再与过热到720℃的其余90%的过热水蒸汽混合，然后进脱氢反应器，脱氢产物离开反应器时的温度约为585℃左右，经热交换器利用其热量后，再进一步冷却冷凝，凝液分离去水后，进粗苯乙烯贮槽，尾气90%左右是氢，可作燃料用或可用以制氢。

绝热脱氢时反应所需热量是由过热水蒸汽带入，故水蒸汽用量要比等温式大一倍左右。绝热脱氢反应的工艺条件为：压力138kPa左右，H_2O/乙苯=14/1（摩尔比），乙苯液空速0.4～0.6m^3/h。由于脱氢反应需吸收大量热量，反应器的进口温度必然比出口温度高，单段绝热反应器的进出口温差可大至65℃。这样的温度分布对脱氢反应速度和反应选择性都会产生不利的影响。由于反应器进口处乙苯浓度最高且温度高，就有较多平行副反应发生，而使选择性下降。出口温度低，对平衡不利，使反应速度减慢，限制了转化率的提高，故单段绝热反应器脱氢，存在着转化率较低（35%～40%）、选择性也较低（约90%）的特点，每吨苯乙烯消耗10t蒸汽。

绝热脱氢反应，由于采用大量的过热水蒸汽，工艺冷凝液量甚大，此冷凝液中含有少量芳烃和焦油，需经处理后方可用于产生水蒸汽而循环使用，既可节约工业用水，又能满足环保要求。

绝热反应器结构简单，制造和操作费用较低，生产能力大。一个大型单段绝热反应器，生产能力可达到每年数万吨，但是单段绝热反应器单程转化率过低，选择性较低，蒸汽消耗高。因此在60—70年代，又相继开发了段间蒸汽直接加热二段绝热反应器和段间蒸汽间接加热二段绝热反应器。

段间蒸汽直接加热二段绝热反应，主要特征是主操作和轴向流动，其工艺指标为：反应入口温度大于600℃，第一段反应器水烃比为1～2，第二段反应器水烃比为2.5～3，转化率为45%，每吨苯乙烯消耗蒸汽8t。段间蒸汽间接加热二段绝热反应器，就反应器的特征而言与直接加热流程相同，只是改变了加热流程，由直接加热改为间接加热，其工艺指标为：反应进口温度大于600℃，反应器水烃比为2～2.5，转化率约50%，每吨苯乙烯消耗蒸汽7.5t。

3. 绝热负压脱氢工艺及反应器

20世纪60年代中期，Lummus和Monsanto公司联合开发了乙苯负压脱氢工艺，采用负压脱氢能明显促进乙苯向苯乙烯平衡的移动，降低水烃比，节约蒸汽消耗。在Monsanto的试验装置工艺中，反应压力为负压，反应器入口温度在600℃以上，水烃比为1.5～2，转化率约60%，生产每吨苯乙烯消耗蒸汽4t。由于采取负压，反应器必须采用低阻力的反应器，因此采用径向反应器就成为一种必然的选择。

在 Lummus 和 Monsanto 的苯乙烯制造工艺中，乙苯脱氢反应器技术是 Lummus 公司开发的，并在工程设计和开发中不断地完善和发展（见图 1.4-40、图 1.4-41）。

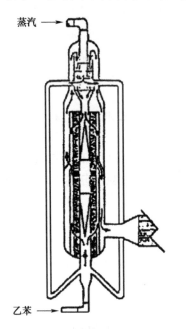

图 1.4-40　20 世纪 70 年代 Lummus 工业化负压乙苯脱氢径向反应器

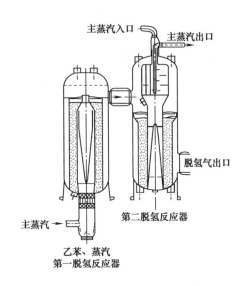

图 1.4-41　20 世纪 80 年代至今 Lummus 负压乙苯脱氢径向反应器

Lummus 的乙苯脱氢反应器技术在几十年的发展中总的结构型式不变，始终采用二段径向反应器，初期曾出现过一体化的二段径向反应器，最终还是采用二段分体式径向反应器的型式；在这个过程中，解决径向反应器沿轴向的流体均布问题采用了锥形分布器和宽流道的设计方案。我国 90 年代引进的 Fina/Badger 乙苯脱氢制苯乙烯工艺，采用了 Badger 的烃化和脱氢工艺，Fina 公司的径向反应器技术。Fina 公司对苯乙烯反应很有研究，但其脱氢反应器的技术是在 90 年代初形成的，Fina 公司同样采用锥形分布器解决径向流体的轴向均布问题，同时 Fina 公司认为对乙苯脱氢径向反应器的流体不但应沿轴向均布，而且也应考虑在周向流体均布。Fina 公司通过研究反应器进口管的结构型式对流体周向分布方面的影响，认为与反应器轴线成 90°的接管形式将导致流体在催化床周向的分布不均匀，因此将 90°连接的接管改成带过渡段的弯管（见图1.4-42），同时在弯管中解决气气的快速混合。但是这种情况，无论是引进的 Lummus 装置，还是国产化装置中都不采用此结构来实现流体均布和气气混合。

综上所述，在乙苯脱氢工艺中，为适应负压的要求采用低阻力的径向反应器已成为共识，轴向反应器和管式等温反应器不能满足负压工艺和装置大型化的要求。径向反应器的流体均布问题均采用中心锥形流体分布器来解决。目前国际上主要有 UOP/Lummus 技术和 Badger/Fina 技术，都采用负压脱氢工艺和径向反应器技术。

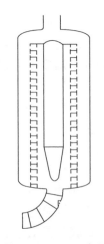

图 1.4-42　Fina 负压乙苯脱氢径向反应器

4.8.2 脱氢反应器国产化技术发展历史

20世纪80年代,由于我国经济的快速发展,国内苯乙烯处于严重短缺状态,进口量一直在50万t/年以上。80年代中期起我国燕山石化、齐鲁石化、茂名石化和扬子石化等企业引进Lummus技术,90年代我国中石化广州分公司、大庆石化、盘锦石化等苯乙烯装置引进Badger的技术。截止到1998年底,我国共引进了八套苯乙烯装置,但仍然满足不了国内市场的要求。为了避免重复引进,从90年代起,中石化总公司技术开发中心组织上海医药设计院、华东理工大学和上海石化研究院共同开发10万t/年苯乙烯的工艺包,同时研制工艺包的核心设备轴径向固定床苯乙烯脱氢反应器。

中石化组织研发的乙苯脱氢轴径向反应器是在研究径向反应器流体均布理论和掌握了轴径向反应器液体分布技术的基础上开发成功的。轴径向流动是在径向床顶部采用催化剂自封式结构,即集气管比分气管低一定的高度,以使催化床的上部造成轴径向二维流动,以催化剂层封高度的改变来调节通过其中流体的量,而在催化床的主体部分仍然以径向流动为主,如图1.4-43所示。轴径向反应器按流体的流向又可分为离心流动和向心流动、向下流动和向上流动、Π型流动和Z型流动等多种型式。

与Lummus和Fina的径向反应器(见图1.4-44)技术相比,轴径向反应器具有如下技术特征(见图1.4-45):

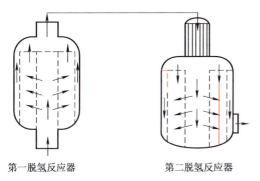

第一脱氢反应器　　第二脱氢反应器

图1.4-43　轴径向二维流动反应器结构简图

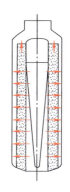

图1.4-44　径向反应器　　图1.4-45　轴径向反应器

1)采用轴径向流体二维流动技术,充分利用了催化剂层封,提高催化剂的利用率,有利于转化率的提高,减少或避免反应器局部催化剂结碳的发生;

2)简化了反应器的结构,用催化剂封替代了机械密封,装卸催化剂方便;

3)不同于Lummus公司和Fina公司的专利技术,除轴径向二维流动技术以外,装置流程和催化剂支承结构等自成特色,形成了独特的乙苯脱氢反应器先进技术。

1997年,大连石化公司10万t/年苯乙烯成套技术国产化列为中国石油总公司"十条龙"攻关项目之一,由华东理工大学和上海医药设计院承担年产10万t苯乙烯轴径向反应器的工艺设计、工程设计和研制工作。1999年,中国石油大连石化公司向国家经贸委递交了国家重点科技项目计划可行性论证报告,要将大连三苯联合装置中的关键设备国产化。国家经贸委于1999年10月15日下发国经贸技术〔1999〕969号文《关于大型乙烯成套设备第二批研制项目可行性研究报告的批复》,将"三苯联合装置成套设备研制"项目纳入"九五"国家重大技术研制和国产化计划。"苯乙烯装置第一、二脱氢反应器研制"

是成套设备研制计划之一，项目编号99-315-06～01，文件要求项目在2000年底完成并验收。

自主开发的10万t/年苯乙烯的工艺包，是以轴径向固定床苯乙烯脱氢反应器为核心的负压绝热脱氢工艺，与国外技术有不同之处。负压绝热脱氢反应工艺采用二段分体式反应器形式，在第一脱氢反应器和第二脱氢反应器之间设置中间换热器，为第二段脱氢反应提供热源。

国产化10万t/年苯乙烯装置中的中间换热器是一台典型的管壳式换热器，它的下管板与第二脱氢反应器壳体相连。管程介质是来自第一脱氢反应器的工艺气体，从顶部进入，由上而下，经过换热管加热后，从下管板流出，进入第二脱氢反应器。壳程介质是来自蒸汽过热炉的高温蒸汽，从侧面进入换热器壳程，顺着导流环向下至下管板上表面，然后在折流板之间流动，加热管子内的气体，随后从上部出口流出。装置的工作温度见表1.4-9。

材质的选用参照了引进设备，因为国内压力容器规范中的材料不适用于本设备的高温操作工况。换热器的主体材料选用304H，高温蒸汽入口部分及壳体下部约1/4长度的筒节采用Incoloy 800HT（见表1.4-10）。

表1.4-9　换热器工作温度

工作温度	入　口	出　口
管程温度/℃	564	645
壳程温度/℃	820	616

表1.4-10　换热器的部件材料

部　件	材　料
蒸汽入口接管	Incoloy 800HT
壳体筒节的1/4长度	Incoloy 800HT
导流筒	Incoloy 800HT
其余部件	304H

这台换热器与引进设备主要不同点在于：

1）国产设备过热蒸汽的入口温度比引进设备降低约50℃。原因是引进设备的加热介质和被加热介质是同方向流动的，而国产化设计的换热器，两种介质是逆向流动的。在气-气换热器中，并流换热器的效率远远低于逆流换热器。对于高温设备来说，介质温度降低意味着材料的许用应力提高。由于过热蒸汽温度降低，Incoloy 800HT的许用应力提高约30%，节省了高温用贵金属的使用量。

2）设备结构简单，换热器中没有使用耐高温衬里材料，也没有使用填料密封，便于换热器的焊接、组装、检验和试验，保证了换热器的制造质量。

3）蒸汽入口的导流筒同时也起着防冲挡板的作用，高温蒸汽不会直接冲击换热管。这一措施与蒸汽降温并举，彻底消除了换热管和管板受高温冲击而发生蠕变失效的危险。

苯乙烯脱氢反应是在高温、负压状态下进行的，反应器的本体设计温度为650℃，蒸汽入口处设计温度高达840℃，并在真空状态操作。

苯乙烯脱氢反应器的结构型式是固定床催化反应器，其结构特点是：反应器壳体内有多层同心圆筒，从轴心向外依次为锥形流体分布筒、催化剂内网、外网和外壳。由于制造上的圆度偏差和组装时的同心度偏差，易造成圆筒之间的环形流道宽窄不均匀，对反应效果影响很大。严格控制圆度偏差和同心度偏差是反应器设计、制造的难点所在。

大连石化公司10万t/年苯乙烯成套技术国产化项目建成后，运用该成功经验，进行放大规模和局部改进，又相继建成了齐鲁石化 20 万 t/ 年苯乙烯装置、江苏利士德 15 万 t/ 年苯乙烯装置等 20 套苯乙烯装置（见表 1.4-11）。典型脱氢反应器技术参数及对应设备见表 1.4-12、表 1.4-13 及其对应图片。

表 1.4-11 苯乙烯装置一览表

序号	企 业 名 称	生产能力 /（万 t/ 年）	投产或计划建成日期
1	大连石化公司	10	1999 年
2	齐鲁石化公司	20	2004 年
3	江苏利士德化工有限公司	15	2005 年
4	海南实华嘉盛化工有限公司	8	2006 年
5	中石油锦州石油化工公司	8	2006 年
6	华北石油管理局石油化工厂	8	2007 年
7	江苏利士德化工有限公司二期	15	2007 年
8	大庆中蓝石化有限公司	8	2008 年
9	辽宁化锦化工集团有限责任公司	15	2009 年
10	中石化安庆分公司	10	2009 年
11	山东华星石油化工集团有限公司	8	2009 年
12	中石油抚顺石化分公司	6	2011 年
13	中石化青岛炼化公司	8.5	2011 年
14	天津蓝星集团公司	20	2011 年
15	中石化集团巴陵石化分公司	12	2012 年
16	中石化湛江东兴石油化工有限公司	6	2013 年
17	中海油东方石化有限责任公司	12	2014 年
18	中海油宁波大榭 / 舟山石化有限公司	28	2016 年
19	中石化九江分公司	8	2017 年

表 1.4-12 第一脱氢反应器数据表

主要参数		容 器 内	蒸汽入口处
工作压力 /kPa		56	75
设计压力 /MPa		−0.1/0.21	−0.1/0.21
工作温度 /℃		620	808
设计温度 /℃		650	840
物料名称		乙苯，苯乙烯	过热蒸汽
全容积 /m³		75	—
设备规格 /mm		φ3000×16200	
主要受压元件材质	封头	304H	UNS N08811
	筒体	304H	304H/UNS N08811

表 1.4-13　第二脱氢反应器数据表

主要参数		容器及 换热器管程	换热器壳程 （蒸汽入口处）
工作压力 /kPa		40	168
设计压力 /MPa		−0.1/0.21	−0.1/0.21
工作温度 /℃		容器：625 管程入口：564 管程出口：645	入口：820 出口：616
设计温度 /℃		650	650 （蒸汽入口 840）
物料名称		乙苯，苯乙烯	过热蒸汽
全容积 /m³		112	—
设备规格 /mm		φ3250×19300	
主要受压元件 材质	封头	304H	UNS N08811
	筒体	304H	304H/UNS N08811

2005 年"大型苯乙烯第一、第二脱氢反应器国产化研制"获中国石油化工集团公司科技进步一等奖，2006 年"20 万 t/ 年苯乙烯成套技术开发"获中国石油化工集团公司科技进步一等奖，2008 年"大型径向流动反应装置开发与应用"获上海市科学技术一等奖，2009 年"乙苯脱氢制苯乙烯关键技术轴径向反应器和新型催化剂的研发及应用"获国家科学技术进步二等奖。

4.8.3　结语

国产苯乙烯脱氢反应工艺是在高温、负压状态下进行的，反应器的本体设计温度为 650℃，蒸汽入口处设计温度高达 870℃。从工程设计角度来说，对于苯乙烯脱氢反应器这样的承受高温的反应压力容器，国内没有特定设备的规范和标准，也缺乏成熟的设计、制造经验。本项目研制成功，为我国立足国内技术发展苯乙烯生产，提高在国内外市场的竞争能力奠定了坚实的基础，也为我国自行设计制造高温压力容器和耐高温材料的应用积累了宝贵的经验，在重大装备国产化道路上向前迈进了一步。

（本节由中石化上海工程有限公司钱小燕撰写）

4.9　气相法聚乙烯反应器技术发展历史

4.9.1　概述

随着我国经济发展的需要，各行各业对塑料制品的需求大大增加，进口聚乙烯产品已远远无法满足需求，我国多地的石油化工企业开始引进聚乙烯装置，以满足国内市场对塑料制品的需求。

气相流化床工艺因工艺流程短、设备台数少、占地面积小、设计条件温和、操作稳定性好、装置可靠性高、能耗物耗低、需要的操作和维修人员少、工程投资和操作成本低等突出的优点而被广泛选用。该工艺可以生产密度范围为 917～960kg/m³ 的全密度聚乙烯产品，产品覆盖薄膜、注塑、管材、电缆、中空吹塑、单丝等应用范围。

气相流化床反应器是聚合反应系统中的关键设备，工艺流程简图见图1.4-46。聚合催化剂以淤浆或固体的形式送入流化床反应器内，精制后的乙烯、共聚单体等原料气体以及助催化剂分别注入循环气管线中，跟循环气一起从流化床反应器底部进入，乙烯和共聚单体在催化剂的催化作用下发生聚合反应生成聚乙烯树脂。通过控制循环气体中共聚单体和氢分压等参数，以生成密度、熔融指数等性能符合要求的聚乙烯树脂。

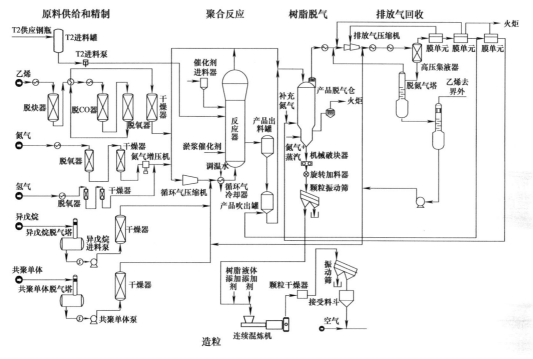

图1.4-46 气相法聚乙烯反应器工艺流程简图

循环气带动聚乙烯树脂在流化床反应器内流化，达到近似全混的状态，未反应完的气体携带部分细粉继续向上流动，在流化床反应器上部扩大段与细粉分离后，气体进入循环气压缩机增压，再经过循环气冷却器移除反应热后，返回到反应器底部。

流化床反应器底部设有两套产品排料系统。当反应器料位达到设定值后，开启排料阀，聚乙烯树脂和部分气体排出反应器，进入后续工艺系统。

该流化床反应器是一个裙座式圆筒容器，下部为直筒段，内部设有分布板，用于反应的发生，其顶部为扩大段，用于分离气体中的固体颗粒，反应器的操作压力约为2.3MPa，操作温度约为88℃，反应器主体材质为碳钢，见图1.4-47。

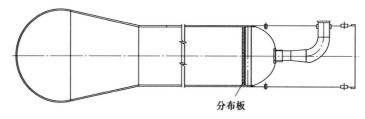

图1.4-47 气相法聚乙烯反应器外形

4.9.2 气相法聚乙烯反应器的发展历史

20世纪80年代末90年代初,我国多地的石油化工企业开始了聚乙烯装置的引进,其中以美国Univation气相法工艺流程生产聚乙烯产品居多,主要引进装置见表1.4-14。

表1.4-14　20世纪80年代末90年代初聚乙烯引进装置

石化企业名称	产品名称	产　能	生产工艺
齐鲁石化	高密度聚乙烯(HDPE)	14万t/年	美国Univation公司气相法
大庆石化	线性低密度聚乙烯(LLDPE)	6万t/年	美国Univation公司气相法
兰州石化	线性低密度聚乙烯(LLDPE)	6万t/年	美国Univation公司气相法
天津石化	线性低密度聚乙烯(LLDPE)	6万t/年	美国Univation公司气相法
中原石化	线性低密度聚乙烯(LLDPE)	12万t/年	美国Univation公司气相法
广州石化	线性低密度聚乙烯(LLDPE)	12万t/年	美国Univation公司气相法

在这一批引进装置中,全部的关键设备都是由专利商提供,由国外厂家设计和制造的,以中原石化12万t/年线性低密度聚乙烯装置反应器为例,该反应器为整体国外引进,反应器参数见表1.4-15。

表1.4-15　中原石化12万t/年线性低密度聚乙烯装置反应器参数

设计压力/MPa	2.8	主体材质	SA-516 Gr.70
设计温度/℃	170	操作介质	反应气及树脂
重量/t	200	容积/m³	350

经过近10年的潜心研究及消化吸收国外引进技术,加之中国制造行业材料发展和装备进步,在20世纪90年代末21世纪初,我国开始了一轮聚乙烯装置的升级改造工程,这次的改造是在没有专利商参与的情况下,独自完成的设计改造任务。在这一轮改造中,我们实现了除反应器外全部设备的国产化设计及制造,配合工艺改造,实现了一次开车顺利成功。主要改造装置见表1.4-16。

表1.4-16　20世纪90年代末21世纪初改造聚乙烯装置

石化企业名称	产品名称	改造后产能
中原石化	线性低密度聚乙烯(LLDPE)	18万t/年
天津石化	线性低密度聚乙烯(LLDPE)	10万t/年
广州石化	线性低密度聚乙烯(LLDPE)	18万t/年
齐鲁石化	高密度聚乙烯(HDPE)	20万t/年

21世纪初,大规模的聚乙烯装置在中国大地遍地开花,生产工艺除气相法外,也增加了淤浆法、溶液法以及高压聚乙烯工艺,其中气相法产品仍是主导产品,但装置规模大大增加。2006年中石油独山子石化引进了2×30万t/年全密度聚乙烯(FDPE)装置,该装置由中国石化下属设计单位担任详细设计方。

在方案设计阶段，我们就做好了充分的准备完成气相法聚乙烯反应器的国产化设计及制造。气相法聚乙烯反应器为聚乙烯装置的核心设备，是整个装置能否顺利运行的关键。该反应器为流化床反应器，是一个裙座式圆筒容器，顶部有扩大段，设计压力约为2.9MPa，设计温度为170℃，材料选用为碳钢。在与专利商谈判的过程中，Univation，要求至少反应器的核心部件分布板为国外引进，为保证装置的顺利开车，我们做出了让步，只是尝试反应器壳体的国产化设计及制造。气相法聚乙烯反应器的设计性能参数见表1.4-17。

表1.4-17 气相法聚乙烯反应器的设计性能参数

容器类别	III	焊接接头系数	1.0
设计压力/MPa	2.8	主体材质	16MnR（正火）
设计温度/℃	170	容积/m^3	730
操作介质	反应气及树脂	重量/t	405.4
设备规格/mm	ϕ8060/ϕ5000×43153×40/48/58/76/84		

该反应器的操作工况较为复杂，外部接口多达90多个，管口应力情况也较为复杂，需进行有限元分析设计。设备的外形尺寸较大，设计温度、压力均较高，承压元件的厚度范围大约为38～84mm。在国内类似的聚乙烯装置中，反应器的材料都是选用进口材料SA-516 Gr.70，本设计中反应器采用国产材料16MnR，经计算，壁厚最大处为变径段——84mm，这对板材质量是一个巨大的挑战。且反应器的最低设计温度为-19.4℃，对板材的冲击韧性亦有要求，如何确定材料的订货要求？经过参与设计的全体人员分析讨论，编制了《反应器技术要求》，作为设备材料采购，以及设备制造、检验、验收的依据。

从制造的方面来讲，制造单位也做了充分的准备，逐段分析制造难点，逐件准备工装。以焊接组对为例，变径锥段厚度达84mm，采用分片热压成形。由于该锥段无折边，因此其与上封头、下部筒体组对环缝处应力很大。为减小组对应力，封头、筒体焊接成形并经消除应力热处理后再根据封头、筒体的端口周长下锥段料，保证组对环缝处上下端口周长一致，最终使得反应器能满足专利商的要求，并顺利完成内件安装。

独山子聚乙烯装置反应器的顺利开车，增强了设计人员及石化企业的信心，在石化企业、设计单位、制造企业的共同努力下，我们国产化的步伐向前迈进了一大步。

为了加快化工装置工艺国产化的进程，中石化自主开发了30万t/年国产化聚乙烯工艺包，2008年为配合国产化工艺包，以天津石化30万t/年线性低密度聚乙烯（LLDPE）装置为依托，多家单位联合立项开发研制30万t/年国产化聚乙烯反应器。

这次研制的内容是包括反应器分布板在内的聚乙烯反应器国产化设计及制造。随着技术的进步，先进的计算方法和模拟技术在分布板的设计中得到了广泛的应用，参照国外技术文献，分析分布板的设计原理，通过CFX流场模拟，优化分布板的开孔设计。分布板制造与安装精度直接影响到反应器的使用性能，也是该设备制造的重点与最大难点所在。

1）由于国产厚板本身存在不平度，故分布板订料时应考虑预留加工余量，下料后用油压机对板材本身进行校平，然后焊接拼缝。焊接时尽量做到对称施焊，并严格控制焊接线能量。焊接完成后再对整板进行校平，合格后焊缝进行100%超声检测并单独进行炉内消除应力热处理。热处理后对上下表面及侧圆进行机械加工，并对拼接焊缝表面再进行 100% 磁粉检测。

2）分布板安装后与筒体内壁间距保证措施：分布板安装后要求分布板外侧任意一点与筒体内壁间距不得大于 9.5mm，这就对分布板安装位置筒体圆度和周长提出很高的要求。

3）分布板钻孔加工难度大：通过合理的钻孔工艺，保证开孔的垂直度等指标满足设计要求。

经近 2 年设计、制造，第一台具有完全自主知识产权的聚乙烯反应器在天津石化 30 万 t/年线性低密度聚乙烯（LLDPE）反应器现场完成吊装（见图 1.4-48），并于次年一次开车成功。

图 1.4-48　天津石化 30 万 t/年线性低密度聚乙烯（LLDPE）装置反应器吊装

4.9.3　结语

在最近 10 年中，40 万 t/年、45 万 t/年、50 万 t/年，甚至更大规模的聚乙烯装置层出不穷，中国的设计单位及制造单位已经有了充足的经验及把握，彻底改变了聚乙烯反应器从国外引进的历史，并作为自身的拳头产品出口海外。

（本节由中国石化工程建设公司胡伟旋撰写）

4.10　丁基橡胶装置聚合反应器技术发展历史

4.10.1　概述

丁基橡胶简称 IIR，是 Isobutylene Isoprene Rubber 的缩写，是合成橡胶的一种，由异丁烯和少量异戊二烯合成，具有良好的化学稳定性和热稳定性，最突出的是气密性和水密性。它对空气的透过率仅为天然橡胶的 1/7、丁苯橡胶的 1/5，而对蒸汽的透过率则为天然橡胶的 1/200、丁苯橡胶的 1/140，因此主要用于制造内胎、蒸汽管、水坝底层以及垫圈等各种橡胶制品。

1937 年，美国 Exxon 公司获得了丁基橡胶的专利，1939 年建成中试装置，最终于 1943 年首次实现工业化生产。1944 年，加拿大 Polysar 公司（后被德国 Bayer 公司兼并）也在美国建成投产。此后，各大公司对丁基橡胶进行了改性研究，发展了卤化丁基橡胶的工艺。首套卤化丁基橡胶的工业化装置于 1960 年由 Exxon 建成，Polysar 于 1971 年建成了溴化丁基橡胶装置。

由于丁基橡胶的生产工艺复杂，技术难度大，自其诞生 80 年来，Exxon 和 Bayer 等公司始终掌控着领先的生产技术和研发能力。

改革开放后，随着国民经济的飞速发展，我国也开始寻求发展丁基橡胶技术。20 世纪 90 年代，由于苏联生产基地关闭不得不寻求技术转让出路的意大利 Pressindustria（下文简称 PI）公司遇到了中石化，由 PI 提供工艺技术，中石化于 1999 年在燕山石化建成了

3万t/年的丁基橡胶装置，并于2000年投产。2006年，PI公司决定清盘解散，因此中石化买断了PI公司的工艺技术。接下来的两年里，结合燕山石化的生产经验，中石化对该技术进行了国产化研发，并做了大量改进，于2009年在燕山石化建成投产了3万t/年溴化丁基橡胶装置，于2013年建成投产了9万t/年丁基橡胶装置。

丁基橡胶聚合反应器是丁基橡胶装置的核心关键设备。由异丁烯和异戊二烯按一定比例配制的混合物料，在聚合反应器中与引发剂溶液发生共聚反应生成丁基橡胶，生成的丁基橡胶从反应器内的氯甲烷溶剂内析出，形成丁基橡胶淤浆。反应热由反应器内的管束中的 -115℃ 乙烯冷剂汽化带走。

丁基橡胶产品在聚合反应器内产生，可以说装置内的所有其他工艺设备都是围绕着聚合反应器，并为其服务：其上游有对循环氯甲烷溶剂和混合物料进行两级冷却的丙烯冷却器和乙烯冷却器，冷却至 -98℃ 送入聚合反应器；为了循环使用氯甲烷，设置了氯甲烷回收系统，回收的氯甲烷经恒温系统调温后溶解 $AlCl_3$，得到饱和的 $AlCl_3$ 溶液，再经氯甲烷溶解，配成稀 $AlCl_3$ 溶液，经两级冷却的丙烯冷却器和乙烯冷却器冷却至 -95℃ 送入聚合反应器。其下游有脱气釜和汽提釜，反应产生的丁基橡胶淤浆从聚合反应器顶部的溢流管线连续流入脱气釜，在搅拌下与热水接触，闪蒸出未反应单体和氯甲烷，同时加入分散剂和防老剂，形成的胶粒水送入汽提釜，在负压下脱除胶粒水中残留的氯甲烷和未反应单体，胶粒水再送至后处理系统加工成丁基橡胶产品。脱气釜和汽提釜中脱除的氯甲烷和未反应单体经压缩、干燥、回收循环使用。丁基橡胶工艺流程见图1.4-49。

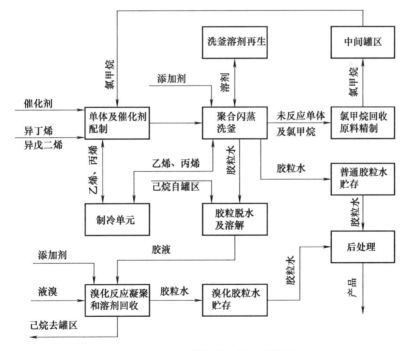

图1.4-49 丁基橡胶工艺流程简图

丁基橡胶聚合反应器反应温度低、反应速度快，同时放出大量热量，因此要求反应器混合能力强，传热、传质效率高，否则会因局部反应过热，造成反应器挂胶和堵塞。丁基橡胶聚合反应器主要有两种型式：轴流式强制循环列管式和多层多向搅拌内冷列管式。

Exxon 和 Bayer 采用轴流式强制循环列管式反应器。该反应器为比较传统的型式，聚合反应物料由底部进料，通过底部的推进式叶轮与扩散器推动在中心管内上升，通过周边管束快速循环，聚合反应产生的热量被管间流动的冷剂带走。

中石化的丁基橡胶聚合反应器采用的是源于 PI 技术的多层多向搅拌内冷列管式反应器。由于 PI 公司最初是以研制搅拌器起家，因此改变了搅拌器的型式，设置了由上至下贯通反应器的搅拌器，中间有若干组不同型式的搅拌桨叶。聚合反应物料由底部进料，在反应器内上升的过程中经过途中搅拌桨叶的推动，同时形成了径向、环向、轴向的流动，流经反应器内若干组的内冷管束的间隙，消除反应热并最终在反应器顶部溢流而出。与前述的轴流式强制循环列管式反应器相比，聚合反应物料虽然都是下进上出，但是反应物料在内冷管束外流动，与之截然相反，搅拌器的设置也完全不同。多层多向搅拌内冷列管式反应器如图 1.4-50 所示。

几十年来，丁基橡胶反应器的基本型式未发生过重大改变，技术提升的方向主要在以下几个方面：

1）反应淤浆稳定剂的升级研发；
2）反应引发溶剂的升级研发；
3）取代异戊二烯的第二单体的研发；
4）搅拌系统的升级研发；
5）内冷管束的升级研发。

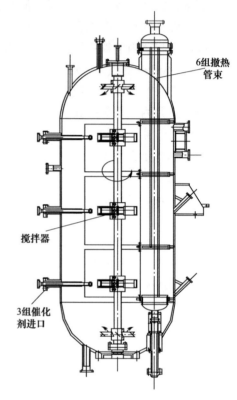

图 1.4-50　多层多向搅拌内冷列管式反应器

4.10.2　丁基橡胶装置聚合反应器的研发

燕山石化 3 万 t/年丁基橡胶装置于 2000 年开车成功投产以来，创造了巨大的经济效益。因产品一直供不应求，中石化公司于 2004 年决定启动丁基橡胶 4.5 万 t/年改扩建工程。

聚合反应器是丁基橡胶装置中的关键设备，原有聚合反应器常年处于满负荷运转状态。如果要实现 4.5 万 t 的产量，则必然要新增聚合釜。原有聚合反应器是作为 PI 的专利设备引进的，而 PI 公司同时作为丁基橡胶装置的工艺包提供商，对本装置的产量有着上限的要求。如果超过技术引进合同中的产量上限 4 万 t，每超过 100t，PI 公司都会相应收取高额的专利费用。同时，如果作为专利设备引进，PI 公司的报价非常高。因此，在当时的情况下，只能想办法实现聚合反应器的国产化，以绕开 PI 公司的技术壁垒。

针对聚合反应器国产化研制问题，2004 年中石化总公司重大装备国产化办公室决定单独立项，并确定由中国石化工程建设公司（Sinopec Engineering Incorporation，SEI）进行国产化设计工作，由燕华机械厂进行制造。SEI 负责总体设计和静设备部分，并负责和业主燕山石化方面的接口工作,对业主负责。燕华机械厂化机所承担聚合反应器中搅拌部分的设计任务。

SEI 为此成立了技术攻关小组,经过技术评审、应力计算、施工图设计等近 5 个月的工作后,在 2005 年 5 月完成了聚合反应器的初版设计图样。

正当此时,PI 公司与中石化接触,希望中石化能买断丁基橡胶的全套工艺技术。经过半年多的谈判,中石化与 PI 签订合同,买断丁基橡胶技术,扫除了聚合反应器国产化研制在知识产权方面的障碍。之后,在 2006 年 6 月,SEI 经过与业主燕山石化的交流,根据业主在使用原 PI 聚合反应器的意见对设计方案进行了改进;经过与制造方燕华机械厂的沟通,协助其制订了全套制造、检验方案,最终于 2006 年 6 月完成了终版设计。

2008 年 3 月,聚合反应器制造完成并在燕山石化现场安装,5 月随着改扩建装置一起一次开车成功,并产出合格丁基橡胶产品。6 月,中石化集团公司对聚合反应器进行了验收。

2009 年,丁基橡胶聚合反应器国产化开发获得了中石化集团公司科技进步二等奖。

如前所述,聚合反应器要求反应器混合能力强,传热、传质效率高,因此结构复杂、设备受力情况恶劣、制造难度大。为此,在技术攻关小组成立之初,就在消化吸收 PI 公司技术的基础上,重点分析聚合反应器在设计、制造上的难点,并一一找出对策。聚合反应器由于低温运行,整体采用不锈钢制造,其主要结构见图 1.4-51。

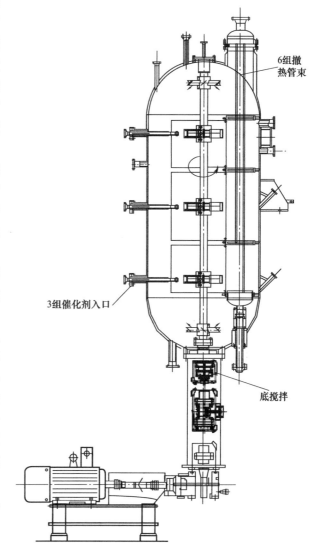

图 1.4-51 聚合反应器结构

4.10.3 结语

经过数年的艰苦研发,SEI 的技术人员在手头只有有限的技术资料的条件下,与制造厂和业主燕山石化紧密合作,终于为中石化研制出了具有完全自主知识产权、完全国产化的丁基橡胶聚合反应器,并一次开车成功,产出了合格的丁基橡胶产品。研发的聚合反应器突破了国外的技术壁垒,完全能替代进口设备,终于让我国有了自己完整的、接近国际先进水平的丁基橡胶生产技术,为我国合成橡胶工业的发展迈出了关键性的一步。

（本节由中国石化工程建设公司丁旭撰写）

4.11 LDPE装置高压循环气冷却器技术发展历史

4.11.1 概述

高压-低密度聚乙烯（Low Density Polyethylene，LDPE）与其他聚乙烯产品相比，具有良好的延展性、透明度及电绝缘性能，主要用于薄膜、注塑和挤出涂层及电缆护套。高压法聚乙烯生产的一些高性能产品还有：

（1）极性聚乙烯　低压法生产的聚乙烯由于低压聚合所用催化剂易被极性单体中毒，生产出的聚乙烯通常为非极性聚乙烯。高压共聚选用不同的共聚单体可生产各种特异用途的极性聚乙烯；

（2）可降解性乙烯共聚物　随着环保生态建设的需要，可降解聚乙烯产品的应用越来越重要。

LDPE生产均采用高压法生产，有的聚合反应压力达300MPa，装置的投资及维护费用较高。据统计，我国2017年LDPE装置的生产能力达293.5万t/年，有关情况见表1.4-18。

表1.4-18　国内LDPE生产情况

序号	生产工艺	生产商	生产线	产能/（万t/年）
1	美国埃克森美孚（Exxon Mobil）高压管式法	燕山石化	新LDPE装置	20
		中天合创	LDPE装置	25
2	日本住友化学（Sumitomo）高压釜式法	燕山石化	老LDPE装置一线	6
		燕山石化	老LDPE装置二线	6
		燕山石化	老LDPE装置三线	6
3	荷兰DSM公司无脉冲高压管式法	齐鲁石化	LDPE装置	14
4	日本三菱油化（BASF）高压管式法	上海石化	1PE装置一线	5
		上海石化	1PE装置二线	5
		上海石化	2PE装置	10
5	美国匡腾化学公司高压管式法	茂名石化	老LDPE装置	11
6	德国Basell管式法（Lupotech TS）	茂名石化	新LDPE装置	25
		兰州石化	LDPE装置	20
		大庆石化	新LDPE装置	20
		扬子-巴斯夫	LDPE装置	20
		中海壳牌	LDPE装置	25
		榆林神华能源	LDPE装置	30
		神华新疆	LDPE装置	27
7	美国埃克森美孚（Exxon Mobil）高压釜式法	中天合创	LDPE装置	12
8	德国伊姆豪森（Imhaussen）高压管式法	大庆石化	老LDPE装置	6.5

由于其特殊的生产工艺——操作压力 100～300MPa、操作温度 200～300℃ 及在引发剂作用下聚合，LDPE 具有卓越的产品性能，在某些应用领域是高密度聚乙烯（HDPE）和线性低密度聚乙烯（LLDPE）产品无法替代的，LDPE 在聚乙烯产品中约占 40% 的产量，在国际上是一个较为成熟的产品，其生产工艺主要分两种：管式法和釜式法。管式法因较高的转换率，被广泛应用，我国低密度聚乙烯生产大多采用引进管式法生产工艺。其生产的主要流程为：乙烯压缩→过氧化物的配制与注入→聚合反应→高低压循环气的处理→造粒。由于聚合反应的一次性转换率只有 30%，故未反应的高压循环气处理是 LDPE 生产中的重要环节。从反应器里出来的未反应的高压乙烯经过降压、分离后，仍具有较高的温度，需对其进行冷却，再输送至压缩机进行压缩，以供再用。高压循环气冷却器的性能对整个 LDPE 装置的稳定生产起着至关重要的作用。我国 LDPE 生产工艺依赖国外的专利技术，LDPE 装置中的主要设备均为进口。LDPE 装置中的高压循环气冷却器是承担高压循环气冷却处理的重要设备，由于其面临复杂的工况（高压、高温差），是典型的高端石化装备，目前国内大多数在用的高压循环气冷却器均从国外进口。

国际上提供 LDPE 高压循环气冷却器的公司主要有德国 Uhde 公司、英国 JND 公司、美国 R.W.Holland 公司。每个公司的高压循环气冷却器均有其自身的结构特点，有的采用固定管板式换热器加膨胀节，有的采用 U 形管式换热器，有的采用发夹式可拆换热器结构型式。高压密封结构迥异：唇形金属密封结构、多道非金属密封结构、异形金属密封结构。JND 公司的高压换热设备密封垫采用唇形金属密封垫，供应商为英国 Vector 公司；Uhde 公司的高压换热设备采用多道非金属垫片密封；R.W.Holland 公司循环气冷却器采用发夹式可拆结构，冷热流体为纯逆流方式，垫片为自行研制的异形金属垫片。

4.11.2　LDPE 固定管板式高压循环气冷却器国产化

2010 年，扬子石化-巴斯夫公司（简称扬-巴公司）LDPE 装置因生产需要增加两台高压循环气冷却器。由于国外公司制造产品周期长，费用也高，经过一番考察后，扬-巴公司联合合肥通用机械研究院、兰石重装公司开启了 LDPE 装置高压循环气冷却器的国产化研制工作。合肥通用机械研究院负责高压冷却器的设计工作，兰石重装公司承担高压冷却器的制造工作，扬-巴公司参与全过程质量见证，并负责换热管与管板连接接头的射线检测。该冷却器有关设计参数见表 1.4-19。

表 1.4-19　LDPE 高压循环气冷却器设计参数表

主要参数	壳程	管程
设计压力 /MPa	2.1/FV	37.5
设计温度 /℃	−14～250	−14～250
操作压力（进/出）/MPa	1.2/1.18	29.1/29
操作温度（进/出）/℃	90/140	190/120
介　质	水	高压工艺气体
腐蚀裕量 /mm	3.2	上管箱 3.2/ 下管箱 0
程　数	1	1

(续)

主要参数	壳　程	管　程
公称直径 /mm	\multicolumn{2}{c}{DN500}	
换热管规格 /mm	\multicolumn{2}{c}{$\phi 18\times 3$}	
换热面积 /m²	\multicolumn{2}{c}{约 235}	
主要受压元件材质	Q345R	SA-508 Gr.3 Cl.1+ 堆焊 316L
换热管材质	\multicolumn{2}{c}{SA-213 TP316/TP316L 双等级}	
紧固件材料	\multicolumn{2}{c}{PCrNi3MoVA}	
垫片类型	\multicolumn{2}{c}{Vector}	

该冷却器为立式高压固定管板换热器结构型式，壳程设置了多层膨胀节，其研制过程中的关键技术主要有以下几点：

（1）高压换热器的流场及温度场分析　研究高压换热器整体流场及温度场分布，预测整体结构在各工况下的热膨胀变形情况，确定合理的膨胀节型式，便于获取准确的膨胀节刚度参数参与换热器整体结构的各工况下力学分析。

（2）LDPE 高压循环气冷却器高压密封技术研究　研究高压状态下唇形金属密封垫的密封机理，以及密封垫、法兰、螺柱密封组件的成套设计方法。垫片示意图见图 1.4-52。

（3）LDPE 高压循环气冷却器整体设计技术研究　高压换热器工况复杂，承载情况多变，管箱为异形结构，换热管壁厚较厚，长度较大，整体结构设计时应避免过度的应力集中，经过不同工况下整体结构的强度分析，最终采用应力分析设计方法完成了此设备的设计。

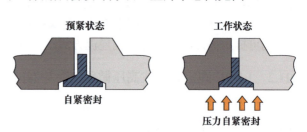

图 1.4-52　唇形垫片示意图

（4）LDPE 高压循环气冷却器关键制造技术研究　立足国产化供材原则，结合选定材料和高压换热器结构特点，进行制造过程中的关键技术研究，重点研究换热管和管板连接技术、小接管的内壁堆焊技术、细长换热管束的组装技术及管头的射线检测技术。

该项目执行过程的几个重要时间节点：

2010 年 7 月 13 日，项目在南京正式启动。

2010 年 8 月 18 日，扬 - 巴公司与合肥通用机械研究院签署合作技术协议。

2010 年 9 月 15 日—18 日，扬 - 巴公司、合肥通用机械研究院、兰州兰石重装在兰州开展高压冷却器研制技术交流。

2010 年 9 月 18 日—20 日，合肥通用机械研究院到内蒙古包头市北方重工公司考察紧固件的制造情况。

2010 年 10 月 19 日，合肥通用机械研究院组织在合肥召开高压冷却器设计评审会。

2010 年 12 月 9 日，合肥通用机械研究院交付全套设计文件。

后续在制造过程中扬 - 巴公司多次到兰石重装参加关键制造节点的见证，并负责换热管和管板连接接头的射线检测工作。图 1.4-53 为国产 LDPE 装置固定管板式高压循环气冷却器。

4.11.3 高压发夹式热交换器

1. 起源及简介

美国 R.W.Holland 公司在 20 世纪 70 年代早期开发了发夹热交换器技术，凭借发夹

图 1.4-53 LDPE 装置固定管板式高压循环气冷却器

热交换器对介质参数适应性强的优点，在全球迅速推广。Holland 公司推出了不同管程结构、不同壳程结构、全部可拆、部分可拆、不可拆、有翅片、无翅片等不同结构型式的发夹式热交换器。随后美国的 Koch 和 Alco 等公司相继研发了发夹式热交换器技术，并在世界范围内销售其发夹式热交换器产品。然而，Holland 公司的可拆结构、密封等独有技术却一直未被突破。

发夹式热交换器换热管和壳体均为 U 形（可简单地理解为一个单程的管壳式热交换器，在中间被折弯成发夹形状），由于其外形似发夹而得名。发夹式热交换器主要用于石油、石化、天然气和能源工业的介质加热或冷却场合，具有非常高的介质适应能力。

发夹式热交换器型式分为两种：套管型式和多换热管型式。套管式结构是一个发夹式壳体中只包含一根换热管；多换热管结构是一个发夹式壳体中设置多根小直径换热管。发夹热交换器的实际应用型式绝大部分为多换热管型式（见图 1.4-54）。单个发夹式热交换器适用于介质流量不太大的情况，若介质流量较大，可采用多个发夹式热交换器并联。

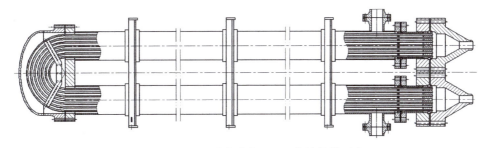

图 1.4-54 发夹式热交换器——多换热管型式

在发夹式热交换器的多种结构型式中，属高压工况的管壳程单独双密封完全可拆式结构最为巧妙（见图 1.4-55），此种结构的管程密封建立在管箱法兰和管板之间，密封元件为楔形密封圈，密封圈的压紧力通过管侧卡环、管侧松套法兰以及紧固件提供；楔形密封圈设置在管板侧面可以节省空间设置更多换热管，同时使法兰盘更小，结构更紧凑。壳侧密封建立在管板裙和壳侧法兰之间，同管程密封结构相同，采用楔形密封圈、卡环、松套法兰和紧固件建立密封。在发夹式热交换器的弯管端设置可拆式封头，就形成了管束完全可拆的高压高效换热结构。管束两端采用两块独立的管板，减小了管板直径，对于高压热交换器来说可以大大减小管板的厚度，降低设备成本。

发夹式热交换器被争相研究开发及在全世界应用，自然有其独特的优点：

1) 换热更接近纯逆流，允许极限温差；

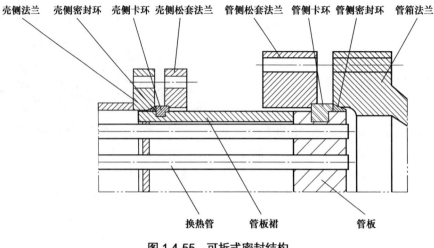

图 1.4-55 可拆式密封结构

2）整体传热效率高；

3）采用 U 形换热管，管束和壳体均可以自由伸缩，能很好地消除温差应力，无需膨胀节即可适用于高温差工况；

4）管程和壳程分别采用独立的密封面和密封紧固件，避免介质泄漏掺混；

5）对介质适应性强，可用于工况多变的条件，能处理几乎所有严苛工况条件；

6）管束可以抽出易于清洗，容易维护；

7）体积小，安装费用低，操作弹性大；

8）对于小流量的传热工况，可以提高管程和壳程内流体的流速，从而减少结垢，延长设备的使用周期；

9）高换热性能和结构紧凑性；

10）具有有效的密封结构；

11）独特的密封结构使得在相同壳体直径条件下可设置更多换热管，有效节省成本。

传统的管壳式热交换器只能实现部分逆流（如在一个双管程的热交换器中，只有一个管程是逆流；固定管板单管程热交换器由于壳体直径大，也不属于纯逆流），而发夹式热交换器壳体直径小，管束紧凑密集，管束总长度与壳体直径之比较大，相比传统热交换器更接近纯逆流换热。

而纯逆流换热带来的优点就是更高的传热效率。相比于传统热交换器，若达到同样的换热量，发夹式热交换器壳体可以做得更小，换热管数量更少，可显著降低制造成本。有研究人员对氢气-水的换热按照 TEMA 的 BEU 结构和发夹式热交换器结构进行了对比模拟分析，从模拟结果可以看出，在满足同样热载荷的情况下，发夹式热交换器的壳体尺寸仅为 BEU 热交换器壳体尺寸的 50%，而换热管数量还不到 BEU 热交换器的 50%，充分证明了发夹式热交换器的性能和成本优势。

发夹式热交换器在具有高效传热优势的同时，还具备管壳程自由膨胀的优势。发夹式热交换器采用 U 形换热管，其壳体也是 U 形结构，换热管端部与壳体端部之间留设足够间距，使管束自由伸缩，同时在壳体上设置导向支座，使壳体也可以自由伸缩，有效消除温差应力，满足高温差、高压差工况下的"弹性"要求，即使在最不利的压力和温度组合工况下，也无需膨胀节，克服了传统单管程热交换器对膨胀节的依赖。

2. 发夹式热交换器在我国的发展

20世纪90年代初期，我国石油石化企业从美国Holland公司引进了一批发夹式热交换器应用于高压LDPE装置。这批热交换器从壳体元件、换热元件到密封元件，均采用最普通的碳素钢，壳体和换热管均采用最普通的钢管，设计压力却可以达到数十兆帕。从最初引进高压发夹式热交换器到引进后的20年中，高压发夹式热交换器技术在我国仍是盲区。也正是由于我国不掌握高压发夹式热交换器技术，该批发夹式热交换器虽然是完全可拆结构，但由于担心拆装影响精密元件的密封性能，换热管束从未被拆下来过。出现换热管泄漏，需要通过对换热器进行压力试验，找到发生泄漏的换热管，然后进行堵管处理。从出现第一根换热管泄漏后的几年内，最早引进的发夹式热交换器堵管率达到33%，已无法满足工艺需要。

中国石油化工股份有限公司茂名分公司化工分部的一台乙烯冷却器就是这种高压发夹式热交换器。该热交换器是高压乙烯压缩机后的乙烯冷却器，通过与冷却水换热将乙烯的温度降低以满足工艺要求，在LDPE装置中起着重要作用。该热交换器乙烯侧设计压力30.34MPa，设计温度176.7℃，冷却水侧的工作压力0.45MPa，工作温度43℃。

这台老发夹式乙烯冷却器已在厂服役二十余年，与LDPE装置的其他设备配合顺畅，性能优良；设备场地和相连管道的接口设置均建立在老发夹式换热器的基础上，新设备必须与其配合；设备操作和维护人员熟悉发夹式乙烯冷却器性能和特点，需要新设备与老设备尽量保持一致。因此，建造一台与原设备尺寸和性能一致的发夹式乙烯冷却器成为技术、环境、情感方面的同一诉求。

然而若重新从国外采购发夹式热交换器，交货期长达10～12个月，将严重影响生产装置正常运行，而且国外采购价格昂贵。一边是不能间断的生产，一边是国外采购漫长的交货期。

与此同时，国内对高压热交换器在强度、结构和密封方面已有一定的研究积累，虽不是发夹式热交换器，但是对于发夹式热交换器的研究攻关，国内部分企业已做好准备。

在这种背景下，中国石油化工股份有限公司茂名分公司（以下简称茂名分公司）决定推进发夹式换热器的国产化工作。旧设备已到达使用临界点，若再发生换热管泄漏就要停工，国产化研制迫在眉睫。

合肥通用机械研究院有限公司（以下简称合肥通用院）传热技术与装备研究所对发夹式热交换器的国产化攻关进行了研判。作为LDPE装置的重要设备，高压发夹式热交换器是长期制约LDPE装备技术发展的重要因素。该设备国产化，可减少装置投资、降低设备供货周期、提高维保服务及时性，从而对LDPE装置正常运行起到良好的保障作用。若高压发夹式热交换器研制成功，将为国内石化及其他领域在高压和高温差条件下换热提供一种可靠的换热设备。目前国内对发夹式热交换器的需求呈现增高的态势，其应用领域从石油化工领域扩展到核电领域和光热发电领域，对发夹式热交换器的国产化研究势在必行。同时，合肥通用机械研究院有限公司对类似的高压热交换器已进行了一定程度的设计技术研究，包括高压密封技术、非标管板的设计等，都具有了一定的研制基础。凭借对高压容器和热交换器研究的技术积淀，合肥通用院传热技术与装备研究所能够承担此项任务。

为了帮助设计单位更好地理解新研制发夹式换热器需要满足的功能特点，茂名分公司与合肥通用院进行了多次深入交流，确保新研制热交换器满足装置对压力、温度、流量、介质、场地、管口对接等多方面的要求。

高压可拆式发夹式热交换器，技术难点如下：

1）由于发夹式热交换器的紧凑性特点，其大部分元件均为非标件，无法完全按照任何一个国内或国际标准进行设计。（2014年制定的标准API663《发夹式热交换器》，也只是关于发夹式热交换器的常规性标准，对关键件的设计制造没有任何指导作用。）

2）楔形密封结构是Holland公司的独有技术，在国内外文献上鲜有提及。需要在信息有限的情况下研制出性能不低于原有设备水平的高压密封结构。

3）管板结构特殊，在缩小换热管间距布置更多换热管，形成紧凑型管束的同时，管板侧面还要设置高压密封面、紧固卡环键槽，背面需要设置壳程管板裙，这些都需要摆脱对标准的依赖，采用新的思路，独立设计。

4）对应楔形密封结构，需要设置高压、高效、紧凑的法兰和密封紧固系统。

5）发夹式热交换器是细长型设备，卧式竖直放置，需要设计同时支持上下壳体、允许壳体自由伸缩的特殊支撑结构。

6）每个元件的设计都应经过精密考虑，确定制造偏差，以保证全设备的可拆性。

7）原设备换热管泄漏是引起设备失效的致命原因，国产设备研发需找出换热管失效的原因，并进行优化。

在明确研制难点和目标以后，研制项目组决定对难点进行逐个解决。对于结构非标无法参照标准的问题，要求每个人具有敏锐观察力，从类似设备结构上吸取经验，触类旁通。项目组成员在高压萃取釜方面有深入的研究和丰富的经验，熟悉高压密封的特点和机理。对于发夹式热交换器的楔形密封圈，从有限的资料上可以看到大致的轮廓，内侧面是圆柱面，外侧面看上去是圆锥面。项目组凭借对高压密封透镜垫的研究，第一直觉感知，看似圆锥面的外侧面应该是带有弧度的类球面。但是技术不能靠直觉，需要靠数据来说话，后来项目组对楔形密封圈按照锥面和类球面进行了建模及分析，结果和预判的一致。就这样，依据对其他高压设备的技术积累和对问题的准确判断，一个重要难点迎刃而解。

在攻克密封难题的同时，设备结构工程师及振动分析工程师对管板、管箱、紧固系统、管束、支撑系统进行细致缜密的分析计算和对比研究。在研究中发现，原设备的管束折流板设置不合理，致使管束存在振动，振动导致换热管的损坏泄漏。找到原因后，研发小组对国产化设备的折流板布置进行了优化设计，调整了折流板形状、间距，并在换热管的弯管处设置了支持结构，完全消除了换热管的振动。就这样，合肥通用院传热技术与装备研究所发夹式热交换器研制项目组细心谨慎地将发夹式热交换器国产化的重点难点逐个破解，在2019年4月份完成了发夹式热交换器国产化的第一份初版设计文件。

合肥通用院研制项目组在时间紧、难度大的情况下，紧紧抓住国产化设计的关键技术：从楔形高压密封到紧凑结构高压法兰，从密封管板到特殊支撑结构，处处包含着项目组不畏艰难的信心、对设计细节精益求精的执著以及对本职工作的热爱。

设计完成后，茂名分公司委托抚顺机械设备制造有限公司承担发夹式热交换器的国产化制造。对于首次进行的发夹式热交换器国产化制造，抚顺机械设备制造有限公司对设计文件进行了仔细的生产转化分析，对设备在材料采购、焊接和制造偏差等方面进行严格把控，并就生产中遇到的技术问题多次与合肥通用院传热所商讨并交换意见；同时，合肥通用院传热所也通过多种方式对发夹式热交换器制造技术要求进行了多次澄清和交底。在用户、设计单位和制造单位通力合作下，2019 年 8 月诞生了第一台国产化完全可拆高压发夹式热交换器，总长 9666mm，总高 1232mm，壳体直径 323.9mm（见图 1.4-56）。

本设备研制过程中几个重要的时间节点：

2018 年 9 月 11 日，茂名分公司向合肥通用院传热所提出了国产化的需求。

2018 年 9 月 18 日，合肥通用院传热所一行去茂名分公司现场调研，充分掌握 LDPE 装置高压发夹式换热器使用现状和存在问题，开启了高压发夹式换热器国产化的序幕。

2018 年 11 月 30 日，茂名分公司签署了 LDPE 高压换热器委托合肥通用院设计的意见。

2019 年 1 月 1 日，合肥通用院在茂名分公司开展了第二次现场技术交流。鉴于高压换热器现场的使用状况，这次交流进一步推进了高压发夹式国产化的进度。

2019 年 1 月 10 日，合肥通用院向茂名分公司提交了该换热器国产化制造的换热管订料技术文件。

2019 年 4 月 30 日，合肥通用院向茂名分公司提交了高压发夹式换热器全套初版设计文件。

2019 年 6 月 24 日，合肥通用院向茂名分公司提交了高压发夹式换热器全套终版设计文件。

图 1.4-56　国产化发夹式热交换器与原设备

4.11.4　结语

至此，LDPE 装置中高压固定管板式循环冷却器和可拆发夹式换热器已完成了国产化首台套研制工作，但多道非金属密封 LDPE 高压循环气冷却器仍从 Uhde 公司进口。探索高端换热设备国产化的步伐仍不能停顿，需要我们并肩携手、一路前行。

（本节由合肥通用机械研究院有限公司陈永东、吴晓红、耿永丰和中国石化撰写）

第 5 章 我国现代煤化工设备技术的高速发展历史

5.1 概述

5.1.1 前言

我国现代煤化工的发展，是在进入"十一五"和"十二五"后，这是因为我国的化肥和石化工业都面临着原料路线的调整。我国在 20 世纪 70 年代引进的 13 套大化肥装置中，已有 3 套装置被迫"油改煤"（洞氮、安庆、枝江等 3 个厂），有 3 套受原料、燃料（天然气）短缺的影响而整体搬迁，齐鲁第二化肥厂整体搬迁到四川达州，栖霞山化肥厂整体搬迁到新疆维吾尔自治区巴音郭楞蒙古自治州，广州石化化肥生产设备拆除后无偿赠送新疆阿克苏。

我国的煤炭资源相对于其他石化能源来说比较丰富，但人均资源占有量只有世界水平的 1/2 左右。我国是煤化工产业大国，以传统煤化工产品生产为主，焦炭、煤制化肥和甲醇等产品均居世界之首。当前，我国煤化工正由传统产业向现代煤化工产业转型，随着经济社会的发展，石油及石化产品需求迅速增长，而我国石油资源又相对匮乏，供需矛盾日益凸显，保障石油类产品稳定供给十分重要。因此，发展现代煤化工产业有利于实施石油替代战略，缓解石油供求矛盾，促进经济、社会平稳发展。

现代煤化工技术是一种洁净生产技术，即一种安全的、无污染或最小污染的、利用效率最高的煤炭开采、加工、气化、转化技术。煤炭洁净生产技术的应用，将促使人类社会在煤炭的综合利用和环境保护方面大大地迈进一步。现代煤化工可以称为以煤气化技术为核心的多联产技术，其要点是：以煤为原料，用纯氧或富氧气化后，生成以 $CO+H_2$ 为主要成分的合成气，合成气可直接用于生产合成氨、甲醇、液化烷烃和城市煤气。用合成氨生产尿素、硝酸、纯碱、甲胺、己内酰胺和丙烯腈等；用甲醇生产二甲醚、醋酸、甲醛、乙烯、丙烯和甲烷氯化物等；液化烷烃包括可以直接作为燃料的液化天然气、汽油、柴油、煤油，也包括作为其他产品原料的石脑油、石蜡等。城市煤气可以作为生活燃料直接消费，也可作为大型发电厂的工业燃料。上述产品还可以作为基本化工原料，生产其他下游化工产品。当然，传统的煤气化、焦化和电石聚氯乙烯生产技术等也可以通过现代煤气化技术的发展得到提升和创新发展。

5.1.2 我国煤气化技术的发展历史过程

我国化肥生产长期采用固定层常压间歇气化技术，煤炭利用率低，生产成本高，对环境污染严重。从 20 世纪 80 年代开始，我国陆续从德国鲁奇公司和美国德士古公司，分别引进了水煤浆气化技术和固定层连续气化技术。但是，这两种气化技术的核心设备——

气化炉采用的都是衬砖结构。由于炉温高，对煤的杂质成分要求非常严格。20世纪90年代，我国又引进了荷兰壳牌公司的煤粉气化技术，采用膜式壁气化空间和返回的工艺气体冷激，操作比较平稳，不但克服了由于耐火砖损坏更换带来的停炉检修影响装置生产的连续性问题，而且还可以使装置运行费用大大降低。用于冷却炉渣的废水采用封闭循环，可完全达到无污染排放。目前该技术存在的主要问题是设备及其内件造价太高。壳牌粉煤气化技术的关键设备是气化炉和废热锅炉，两台设备的造价约占煤气化工程总价的50%。目前湖北应城化工厂、广西柳州化肥厂、云南沾益化肥厂、安庆石油化工总厂、湖北枝江化肥厂、湖南洞庭化肥厂等十多个建设项目采用了煤粉气化成套工艺技术。为了降低工程造价，使煤粉气化技术在国内大、中型化肥新建和改造工程中得到推广，并使我国煤气化技术研究和我国煤化工装备制造业发展再上一个新台阶，研究和开发以气化炉和废热锅炉为代表的煤粉气化成套设备，并使之国产化已成为解决"十一五"化工装备行业关键技术问题中的重中之重。

我国在引进国外先进煤气化技术的同时，也着手自主研发了一批具有自主知识产权的新型洁净煤气化技术。从实验室、中试到专业示范装置，目前已逐步推广应用到大型、现代化的煤化工领域，在技术指标和投资上都比国外同类技术有明显的优势，有的还开始走出国门，参与国际市场竞争。例如华东理工大学的多喷嘴水煤浆气化技术在神华宁煤、江苏索普、宁波万华和安徽华谊等项目中，与美国GE煤气化技术竞标，最后都中标获胜。该技术在2006年和2007年两次受邀请参加国际煤气化年会交流，并开始参与国际煤化工项目与国外GE、壳牌等技术同台竞争，逐步为国际市场所接纳。2008年中国运载火箭技术研究院和北京航天动力研究所合资成立的工程技术公司，研制成功了煤化工项目的核心设备HT-L粉煤加压气化炉，即所谓"航天炉"，已经相继在河南濮阳和安徽临泉一次投料成功。这一气化技术被列入国家"十一五"循环经济高新技术产业化重大专项。该技术最大优势是其全部设备实现了国产化，可省投资1/3，缩短建设周期1/3，工艺流程操作更简便，且基本实现原料煤本地化。航天炉的研制成功意味着被国外长期垄断的煤制气技术已被打破，为我国今后的煤化工产业提速发展奠定了基础。

"十一五"期间，我国煤化工在科研、设计、生产、制造等方面均得到了全面发展，处于世界先进水平或领先水平。"十一五"期间，我国科研投入巨大，体现在资本和队伍的扩大，国家科技部对多种煤气化技术立项支持，从而使喷嘴气化、两段炉粉煤气化、熔渣-非熔渣气化、航天炉粉煤气化、多元料浆气化、灰熔聚气化等研究取得良好的成果，并投入生产行列。目前，我国拥有十几种气化技术，覆盖了水煤浆、粉煤、碎煤等原料的气化，部分技术已走向世界，包括引进技术在内，中国煤气化技术的知识和经验居世界第一。

中国科学院在实施产业化的过程中，开展了费托合成、甲醇制烯烃、甲醇制汽油、合成乙二醇等几项重大的煤化工科研项目，经过三十年的努力，其中两项在工业化示范中取得了令世界瞩目的成果。

1. 单项煤化工技术的突破

在国家科技部的支持下，国内煤化工企业在单项化工技术上取得了重大突破，包括气化、净化、合成气转化和加工、甲醇加工等多个单项技术。除了前述的气化技术以外，净化方面的低温甲醇洗、NHD（聚乙二醇二甲醚）脱硫脱碳技术开发出新流程，并成功地在装置上应用。在合成气加工方面，以费托合成为代表的煤制油技术，主要是以铁基浆态床技术，取得示范厂运行每吨催化剂可以合成 1200～1500t 油的先进指标，在世界上遥遥领先。在甲醇加工方面，研制了甲醇制烯烃催化剂以及相应的液态化工艺，甲醇制丙烯 SA-P018、SA-P034 液态化工艺（FMTP）以及甲醇制汽油的固定床 MIG 工艺，并将 DMTO 工艺运用到煤制烯烃的示范厂中。此外，还开展了煤加氢液化和合成乙二醇的示范研究，目前正在试运行。单项技术的突破为煤化工的发展奠定了基础。

2. 成套技术的示范应用

"十一五"期间，我国开展了一项特殊的研究，即建立以单元新工艺为主的成套示范装置，也就是大家熟悉的几个煤化工示范厂。它包括以费托合成为基础的三个煤制柴油装置（伊泰、潞安、神华）、煤直接液化装置、三个煤制烯烃装置（神华 MTO、宁煤和大唐 MTP）、煤制乙二醇装置、煤制甲醇 FMTG 装置，这些装置全部都已经开车运行，其中伊泰和潞安的煤制柴油装置已通过有关部门的考核和鉴定，其他都在进行一定负荷的运行，总体情况良好。

伊泰合成油装置是由水煤浆气化、低温甲醇洗、费托合成油、加氢炼制等单元组成的煤制柴油装置，年产 16 万 t 油品，目前已经达到"安全、稳定、长周期、满负荷"运行目标，吨油能耗为 110GJ，吨铁基合成催化剂工业合成油的能力在 1200～1500t，在世界上处于遥遥领先的地位，这是中国科学院三代科学家经过三十年努力的结果。像这样的示范厂在我国化学工业发展史上并不多见，因此伊泰合成油示范厂的"安、稳、长、满"运行是我国化学工业发展史上的里程碑。

"十一五"期间开始建设 4 个煤制甲烷工厂，总产能达到 $115\times10^8m^3$/年，这是一项大规模的民生工程，是煤化工行业对国家和人民的巨大奉献。十多年前煤制甲烷工艺不被煤化工行业接受，原因是我国天然气价格很低，在经济上煤制甲烷不合理，但是这个观念很快被改变，天然气的重要性已经被人们逐步认识，要保护我们的环境，解决 14 亿人民生活用燃料问题，天然气是非常理想的。由于我国天然气资源不足，从国外引进比较困难，用煤制甲烷作为补充是一个可靠的途径。

"十一五"期间甲醇和二甲醚产能明显上升，产能过剩再加上进口廉价天然气、甲醇的冲击，国内开工率不足 50%。因此，甲醇企业的结构调整势在必行。甲醇改制氢和甲烷或者延伸至 3M（MTO、MTP、MTG）工艺问题已提到议事日程上来。由此可见，3M 示范厂对甲醇行业结构调整极为重要。

"十一五"期间煤化工行业飞速发展为下一个五年计划打下了坚实基础。煤化工行业将以能源产品为主，建立若干个超大型煤制柴油、煤制甲醇工厂，适当兼顾煤制烯烃的 3M 装置。同时完善示范厂巩固基础，煤化工产品应突出重点指向民生，发展煤制油，煤制甲烷是煤化工发展重点和发展方向。

我国目前已有相当基础的煤化工装置，已经形成了一定生产能力，今后应该对其进行节能和增产改造。

5.1.3 "十一五"期间完成的新煤化工技术

1. 煤制化学品

神华包头煤制烯烃工程于 2008 年 8 月一次投料试车成功，生产出合格聚乙烯和聚丙烯。该工程是世界首套以煤为原料生产聚乙烯的项目。核心技术采用了具有自主知识产权的 DMTO 工艺及催化剂，通过煤气化制合成气、合成气净化、净化合成气制甲醇、甲醇转化制烯烃，烯烃经合成工艺生产聚烯烃。该项目包括 180 万 t/ 年煤基甲醇联合化工装置、180 万 t/ 年甲醇基聚烯烃联合化工装置及配套建设的热电站、公用工程装置、辅助生产设施和厂外工程，共六大系统 46 套装置单元。该项目成功开创了煤基能源化工产业新途径，奠定了我国在世界上煤基烯烃工业化产业中的领先地位。

由新一代煤（能源）化工产业技术创新战略联盟组织开发的流化床甲醇制丙烯（FMTP）工业技术开发项目，完成了 3 万 t/ 年工业性试验，开辟了我国煤制丙烯的新途径。

拥有自主知识产权的全球首个煤制乙二醇（20 万 t/ 年）工业示范项目打通全流程，该项目采用中科院福建物质结构研究所与上海金煤化工新技术有限公司共同研发出的以褐煤为原料的煤制乙二醇新技术。

2. 煤制油

我国自主开发并建设的世界上首套神华年产百万吨级油品的煤直接液化装置于 2008 年 12 月 30 日第一次试车，目前，该项目已进入长周期运行阶段。2010 年，该示范装置共生产出约 20 万 t 柴油、石脑油等油品。此外，我国创新开发的间接煤液化技术，相继在内蒙古鄂尔多斯和山西潞安等地建成了三套 16 万 t/ 年煤间接液化制油装置。

3. 煤气化

由兖矿集团有限公司和华东理工大学联合自主开发多喷嘴对置式水煤浆加压气化技术与德士古、壳牌等煤气化技术并驾齐驱，日处理量 2000t 级炉型已投入工业化运行。该技术创新性体现在以下几方面：①高效的预膜式喷嘴更有利于煤浆的雾化；②多喷嘴进料在炉内形成撞击流场，强化混合和热量传递；③喷淋和鼓泡复合床的合成气初步洗涤冷却系统，避免了合成气带水带灰；④采用分级净化思路的合成气系统，合成气净化效果好，系统能耗低；⑤黑水热回收与除渣单元采用蒸汽与返回灰水直接接触工艺，换热效果好，灰水温度高，蒸汽利用充分，而且避免了系统设备的结垢和堵灰。

4. 煤粉加压气化技术

由北京航天万源煤化工工程技术有限公司自主开发的航天（HT-L）粉煤加压气化技术进入世界领先行列，填补了国内大型煤气化空白，并在安徽、河南等地建成工业示范工程项目。该技术使有效气体成分、煤转化率、煤气化热效率等各项技术指标等同或优于国外同类炉。

5. 其他

在多联产方面，兖矿集团与中科院工程热物理所建成世界首套 24 万 t/ 年甲醇和 71.8MW·h 发电量的煤电联产工业示范装置，在发电、联产甲醇、煤炭洁净利用上起到了示范作用。

在我国现代煤化工的发展过程中，除了工艺流程开发外，设备的开发极大地助力了装置建设，已经和即将应用的煤气化设备主要如下：

单喷嘴（GE 德士古）水煤浆气化炉

多喷嘴（华东理工大学）水煤浆气化炉（国内技术）

壳牌干煤粉气化炉

Lurgi.Markiv 气化炉（鲁奇碎煤加压气化炉）

HT-L 粉煤气化炉（航天炉，国内技术）

西门子 GSP 气化炉

科林改进型水冷壁气化炉

单喷嘴冷壁式粉煤气化炉（SE-东方炉，国内技术）

高效粉煤气化炉（五环炉，国内技术）

灰融聚气化炉（国内技术）

两段式干煤粉加压气化炉（国内技术）

KBR TQIG（美国 KBR 气化炉）

清华炉（非融渣-融渣氧气分级气化技术，国内技术）

康菲公司的 E-Gas™ 技术及气化炉

美国 SES U-Gas 气化炉

齐耀柳化炉（塔型干煤粉进料、废热锅炉流程的煤气化炉，国内技术）

神华宁煤炉（水冷壁干煤粉气化炉，国内技术）

金重炉（DX）（新型粉煤加压气化炉，国内技术）

沈鼓干煤粉炉（新型粉煤加压气化炉，国内技术）

（本节由合肥通用机械研究院有限公司张立权撰写）

5.2 煤气化装置气化炉的发展历史

20世纪70～90年代，我国相继从国外引进了多套以轻油、渣油为原料的大型合成氨装置，这些装置集世界上各种先进的技术为一体，代表当时的国际水平。但随着原料价格的上涨，企业经济效益下滑，对原料结构进行调整已迫在眉睫，因此中石化引进了国际先进的煤气化技术，以煤为原料代替轻油、渣油生产合成气，降低成本，增加效益。其中引进最多和使用较广的两项技术为壳牌粉煤气化技术和 GE 水煤浆气化技术。同时国内煤化工技术也蓬勃发展，中石化也开发了具有自主知识产权的"SE-东方炉"粉煤加压气化技术和"SE-水煤浆"气化技术。

5.2.1 壳牌粉煤气化炉

2003年，中石化宁波工程有限公司（原兰州设计院）为中石化三套"煤代油"化肥装置进行工程化设计，分别是湖北化肥分公司、安庆分公司和岳阳合资公司。煤气化技术都采用壳牌粉煤气化工艺（Shell Coal Gasification Process，SCGP）。装置规模单炉投煤量约为 2000t/天（见表 1.5-1）。

表 1.5-1 三套煤代油装置气化炉参数

设备名称	装置名称	设计压力/MPa	设计温度/℃	主体材料	单炉投煤量/(t/天)	壁厚/mm	设备重量/t
壳牌粉煤气化炉	岳阳煤化	5.2/FV	350	SA-387 Gr.11 Cl.2	2000	95	785
	安庆煤化	5.2/FV	350	SA-387 Gr.11 Cl.2	2000	95	785
	湖北煤化	5.2/FV	350	SA-387 Gr.11 Cl.2	2000	95	785

壳牌粉煤气化工艺是以干煤粉为原料，以纯氧作为气化剂，液态排渣，加压气流床气化。干煤粉、氧气及蒸汽的混合物流经粉煤喷嘴喷入气化炉内在 4.2MPa 的压力、1400～1700℃的温度范围内发生非催化部分氧化反应，产生粗合成气（$CO+H_2$）。出气化炉的粗合成气温度约为 1500℃，用进入气化炉顶部的循环气体激冷冷却至 900℃后经输气导管进入合成气冷却器（废热锅炉）进一步换热冷却，并过热中压蒸汽及产生饱和中压蒸汽。

气化炉是煤气化装置核心设备。它主要由承压外壳、环形空间和膜式水冷壁内筒组成，高温气化反应在膜式水冷壁围成的内筒内进行。膜式水冷壁与承压外壳之间是环形空间，主要用于放置容纳水、蒸汽的输出、输入管线及联箱管、分配管；另外，环形空间也便于膜式水冷壁与承压外壳的连接安装及其以后的检查与检修。膜式水冷壁提高了 SCGP 的效率，不需额外加入蒸汽，并可副产中压蒸汽，同时也增强了工艺操作强度。另外，膜式水冷壁在壁内衬有一层耐火衬里，用"以渣抗渣"方式保护膜式水冷壁不受侵蚀。与其他结构型式气化炉相比，由于不需要耐火砖绝热层，使壳牌粉煤气化炉运转周期长，粉煤烧嘴操作寿命长，可单炉运行，不需要备用炉，可靠性高。

壳牌粉煤气化炉从运输和组装上又可分为气化反应器、导管、气体返回室和合成气冷却器（废热锅炉）4 部分，如图 1.5-1 所示。

壳牌粉煤气化炉属于超高、超宽、超重设备，各段运输尺寸和重量见表 1.5-2，整体包括内件和耐火衬里的总重量超过了 1000t。由于无法整体运输，需要将气化反应器、导管、气体返回室和合成气冷却器单独运至现场后再将各段焊接为一体。现场壳体组焊焊缝因无法进行水压试验，在现场组焊完毕后，必须对焊缝提出技术要求。

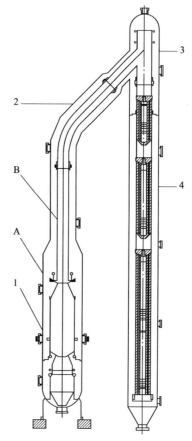

图 1.5-1 壳牌粉煤气化炉结构示意图
1—气化反应器 2—导管 3—气体返回室
4—合成气冷却器（废热锅炉）
A—压力容器外壳 B—内壳

表 1.5-2 2000t/ 天粉煤气化炉各段运输规格

参　数	气化反应器	导　管	气体返回室	合成气冷却器
尺寸 /m	φ4.6×31	φ3.0×12	φ3.4×9.7	φ3.4×40.5
重量 /t	426	83	205	460

5.2.2 GE 水煤浆气化炉

2004 年，中石化宁波工程有限公司为中国石化股份有限公司齐鲁分公司设计了一套气化能力为 10 万 m^3/h 的水焦浆气化制氢装置。气化技术采用 GE（原德士古）水煤浆气化技术（Texaco Coal Gasification Process，TCGP），单炉投煤量 750t/ 天。

GE水煤浆气化炉是一个非催化部分氧化反应器（见图1.5-2），在高温高压下，通过顶置单烧嘴喷入的水煤浆和气化剂（氧气+蒸汽）在炉膛受限空间内进行自发式气化反应，生成主要成分为一氧化碳和氢气的粗合成气。气化炉结构为立式，采用耳式支撑，内部空间可分为上下两室：上部燃烧反应室，内衬耐火隔热衬里；下部激冷室，设有激冷环、下降管、上升筒等内件，激冷室底部为排渣口。

气化炉属于Ⅲ类压力容器，工作压力为6.5MPa，气化反应温度为1100～1480℃，经过衬里隔热的燃烧室壳体设计温度为425℃。但燃烧室内衬的见火面耐火砖是一种消耗品，随着高温烧损、高速气流的磨蚀，减薄至一定程度时就需要更换。为了监控局部出现超温，燃烧室壳体外壁布满表面热电偶丝线，壳体表面不设外保温材料。激冷室内有一定高度的水浴，通过下降管引导的高温合成气在水浴中进行洗涤。

气化炉壳体材质：燃烧室材质为SA-387 Gr.11 Cl.2；激冷室考虑粗合成气中各种酸性气体在水浴溶解后可能对壳壁的腐蚀，采用SA-387 Gr.11 Cl.2+316L复合板；激冷室内件除与高温气体接触的材质选用镍基材料外，其余都为316L不锈钢。

同类装置：

1）2011年，中石化宁波工程有限公司为中国石化股份有限公司茂名分公司设计了一套煤（石油焦）制氢气装置，采用GE水煤浆气化技术，2开1备，20万m^3/h制氢，气化炉单炉投煤量1500t/天（见表1.5-3）。

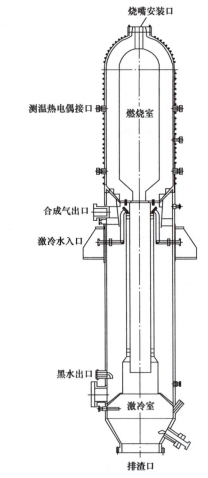

图1.5-2 GE水煤浆气化炉

表1.5-3 GE水煤浆气化炉相关参数

设备名称	装置名称	设计压力/MPa	设计温度/℃	主体材料	设备规格/mm	设备重量/t
GE水煤浆气化炉	广东茂名制氢项目	7.15/FV	455	SA-387 Gr.11 Cl.2	φ3200×φ3800×106	207
	中天合创煤化工项目	7.15/FV	455	SA-387 Gr.11 Cl.2	φ3200×φ4200×106	230

2）2012 年，中石化宁波工程有限公司为中天合创鄂尔多斯煤化工项目设计的煤气化装置，采用 GE 水煤浆气化技术，气化炉 10 开 4 备，气化炉单炉投煤量 1500t/ 天。

5.2.3 中石化具有自主知识产权的干煤粉气化技术——"SE- 东方炉"

"SE- 东方炉"干粉煤气化技术是由中石化宁波工程有限公司和华东理工大学合作研究开发。鉴于我国差煤多、好煤少的资源现状，SE- 东方炉针对化工合成气制备的工艺特点，集成了粉煤气化和水煤浆气化的优势，与现有国内外煤气化技术相比，可以更高温度操作，能气化高灰熔点煤、处理高灰分煤，从而扩宽了气化煤种的范围。

"SE- 东方炉"气化炉属非催化部分氧化反应器，见图 1.5-3。气化炉工作压力 4.0MPa，气化反应温度 1400～1700℃，燃烧室与激冷室壳体设计温度都为 350℃。气化炉结构上分为上部燃烧室和下部激冷洗涤室，烧嘴设置在燃烧室的顶部。燃烧室内安装有膜式水冷壁内件，膜式水冷壁与壳体之间预留安装检修空间。激冷洗涤室有激冷水分布器、下降管、鼓泡床等内件。在材质选择上，"SE- 东方炉"气化炉全部采用国产材料。燃烧室选用国产 14Cr1MoR；激冷室选用 14Cr1MoR+316L 复合板；激冷室内件除激冷水分布器、下降管采用镍基材料外，其余都选用 316L 不锈钢材料。

图 1.5-3　SE- 东方炉

推广情况：2011 年，首台 1000t 级"SE- 东方炉"落户扬子石化煤气化装置，一次投料成功，2016 年该装置又新建一台 1000t 级"SE- 东方炉"。2017 年，中石化宁波工程有限公司为中科炼化一体化项目设计了一套"SE- 东方炉"干粉煤气化装置，2000t 级"SE-东方炉"气化炉共 2 台，1 开 1 备（见表 1.5-4）。

表 1.5-4　SE- 东方炉气化炉参数

设备名称	装置名称	设计压力/MPa	设计温度/℃	主体材料	单炉投煤量/(t/ 天)	壳体壁厚/mm	设备重量/t
SE-东方炉	扬子煤化工项目	4.8/FV	350	14Cr1MoR	1000	78	170
	中安煤化工项目	4.8/FV	350	14Cr1MoR	1500	80	265
	中科煤化工项目	4.8/FV	350	14Cr1MoR	2000	82	290

5.2.4 中石化具有自主知识产权的水煤浆气化技术——"SE- 水煤浆气化炉"

2016 年，镇海炼化分公司制氢原料结构调整项目采用"SE- 水煤浆"气化技术，通过采用炼厂副产的低价高硫石油焦和煤作为原料，满足炼厂成品油加氢改质的需要，同时大幅度降低工业氢气的生产成本，提高企业的整体经济效益，增强企业的抗风险能力。气化炉采用 2 开 1 备，单炉投煤量 1000 t 级。该气化炉参数可见表 1.5-5。

表 1.5-5　SE- 水煤浆气化炉参数

设备名称	设计压力/MPa	设计温度/℃	主体材料	单炉投煤量/（t/天）	壳体壁厚/mm	设备重量/t
SE- 水煤浆气化炉	7.15/FV	425	14Cr1MoR	1000	92	175

SE- 水煤浆气化炉采用热壁耐火衬里结构（见图 1.5-4），能够承受高温和高压，整体分为上下两个室：上段为气化室，水煤浆在气化室中与气化剂氧气发生气化反应，生成粗合成气；下段为洗涤冷却室，利用引入的激冷水对气化反应生成的粗合成气进行激冷、洗涤和饱和，为下游粗合成气的初步净化创造条件。激冷室除激冷环、下降管等内件外，还有冷却除尘效果较好的复合式鼓泡床层。

图 1.5-4　SE- 水煤浆气化炉

5.2.5　结语

煤气化技术是适合我国国情的能源替代首选路线，而加压气流床技术是大型煤气化技术的主要发展方向，在我国完全拥有自主创新的粉煤加压气化商业化技术之前，由于国内相当区域范围的煤种（高灰熔点煤或难制浆褐煤）问题，我们还无法摆脱引进技术。

2014 年中国石化科技部组织专家对扬子 1000t 级"SE- 东方炉"粉煤气化技术进行了满负荷运行标定，结果显示有效气、比氧耗、比煤耗等各项技术经济指标达到单喷嘴粉煤气化技术的国际先进水平，这是自主创新的粉煤加压气化技术实现产业化的重大突破，其推广应用将为国家节省大量的外汇。

（本节由中石化宁波工程公司撰写）

5.3　甲醇合成反应器的发展历史

5.3.1　概述

甲醇俗称"木醇"，是重要的有机化工原料和液体燃料，广泛应用于有机合成、医药、涂料等行业。随着我国煤化工的迅速发展，尤其是煤气化经甲醇制烯烃路线、煤制乙二醇工艺路线、煤制二甲醚工艺路线的工业化成功应用，甲醇工业迎来了前所未有的发展机遇和长远的发展前景，在国民经济中占据了十分重要的地位。

我国甲醇工业始于 20 世纪 50 年代，在兰州、吉林、太原等地由苏联援建采用锌铬系催化剂制甲醇工艺装置；60～70 年代，上海吴泾化工厂建立了以焦炭和石脑油为原料的甲醇合成装置；70～80 年代，四川维尼纶厂引进了我国第一套以乙炔尾气为原料的 ICI 低压激冷式甲醇合成工艺装置，齐鲁二化引进了以渣油为原料的 Lurgi 低压甲醇合成装置；90 年代以后，甲醇需求快速增长，利用引进技术和自主技术建成了上百套甲醇装置，如格尔木的 10 万 t/年甲醇、上海焦化厂的 20 万 t/年低压甲醇装置的建设投产，使我国甲醇生产得到了前所未有的增长。

甲醇合成反应器是甲醇装置中的核心设备,其结构型式、移热能力、温度控制等是衡量反应器性能的主要因素。先进的甲醇反应器应具有结构可靠、热补偿性能优良、空间利用率高、移热能力强、温度分布均匀、催化剂装卸方便等特点。高效反应器结构离不开合理的工艺流程,而反应器的不同结构型式又决定了工艺流程的设置。

近年来,甲醇合成技术的发展呈以下几个趋势:原料路线多样化、生产规模大型化、合成压力多为低压、多采用铜基催化剂、充分利用余热,降低能耗。匹配的甲醇合成反应器按催化剂床型分为固定床、浆态床、流化床反应器;按气体流向分为轴向和径向反应器。

5.3.2 甲醇合成反应器结构的发展历史

1. 杭州林达甲醇合成反应器

林达公司先后开发了卧式水冷均温型(见图 1.5-5)、立式水冷均温型、JW 低压均温型甲醇合成反应器,在国内的中煤集团、陕煤渭化等企业中应用,生产规模多为年产 20 万 t、30 万 t、60 万 t。2016 年,该公司的绕管式水冷甲醇反应器(DN3600)在河南顺达化工科技有限公司 30 万 t/年甲醇项目上投运成功。

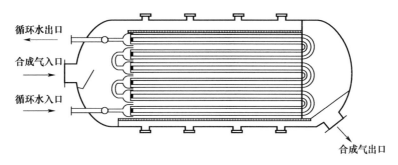

图 1.5-5 林达卧式水冷均温型反应器

2. 华东理工大学甲醇合成反应器

20 世纪 90 年代,华东理工大学与中石化兰州设计院(现宁波工程公司)共同开发等温列管式带绝热段甲醇反应器(见图 1.5-6),反应器由绝热段与管壳段组成,在管板上部设置 1m 左右高度的绝热层。催化剂装填在管内,管间充满循环沸水,汽水系统自然循环。该反应器床层温度优化分布,绝热层可在较低温度下进行反应,管壳层接近等温下反应,温度易于控制。

3. 中石化百万吨甲醇反应器技术开发

中石化从自有知识产权的 10 万 t/年甲醇反应器开始,不断进行研发工作。

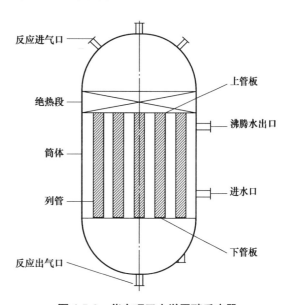

图 1.5-6 华东理工大学甲醇反应器

2011年，联合华东理工大学、南化集团研究院共同进行了百万吨级甲醇反应器的技术开发，研发成果通过了中石化院士等专家的评审。百万吨级反应器的突出特点包括浮动环形管板（见图1.5-7）、夹条式支撑格栅（见图1.5-8）等专利结构。

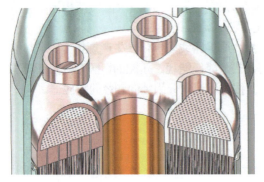

图1.5-7　浮动环形管板

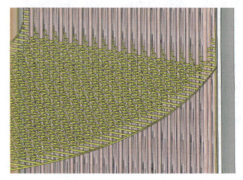

图1.5-8　夹条式支撑格栅

4.GC型轴径向低压甲醇合成塔

南京国昌化工科技有限公司研发的GC型轴径向低压甲醇合成塔，结构新颖，设计合理，技术水平居国内前列，填补了我国轴径向低压甲醇合成塔的空白。该塔造价低、易大型化，应用前景广阔。该技术于2003年底在山东久泰化工科技有限公司5万t/年低压甲醇装置上成功应用。其特点是采用轴径向多层组合成绝热催化床、层间冷激和层间换热复合移热方式，结构简单可靠，调节方便灵活。另外，该系统甲醇合成反应热通过废热锅炉和软水加热器进行两级回收并副产1.0MPa蒸汽，其能耗较低。

5.3.3　大型甲醇反应器国产化设计及制造

2008年，依托江苏索普集团公司60万t/年醋酸造气工艺技改项目，由中国五环工程公司设计、南京化学工业有限公司化工机械厂制造了2台甲醇反应器，技术参数见表1.5-6，于2009年1月交货。

表1.5-6　江苏索普集团公司甲醇反应器技术参数

项　目	技术参数	
	壳　程	管　程
设计压力/MPa	5.50	9.30
设计温度/℃	270	275
主体材质	20MnMoNi55钢板（法国迪林根） 20MnMo锻件（洛阳重恒、张家港江南） S32205换热管（Sandvik管坯、常熟华兴制管）	
换热面积/m²	约3998	
规格尺寸/mm	φ3800×（70/115/85）×14077	

2012年，依托中天合创鄂尔多斯煤化工项目，根据Lurgi专利商提供的工艺数据，中石化宁波工程有限公司、中天合创能源有限责任公司、中国石化集团南京化学工业有限公

司化工机械厂组成联合技术开发组,承担了 180 万 t/年的 Lurgi 水冷/气冷甲醇反应器的国产化设计与制造工作。通过技术开发,国产化反应器于 2015 年 9 月出厂(见图 1.5-9),2016 年 4 月装置中交(见图 1.5-10),同年 9 月 24 日产出合格甲醇,标志着大甲醇反应器国产化的成功。

甲醇反应器国产化工程中,先后解决了下列技术问题:

1. 反应器材料

在反应器的设计中,材料的选择是一

图 1.5-9 国产首台 Lurgi 甲醇反应器出厂

个很重要的考虑因素,因为合成甲醇原料气中含有大量的 H_2、CO、CO_2,合成过程除了生成甲醇外,还伴随有副反应生成甲酸、甲酸甲酯等酸性产物,存在高温氢腐蚀、一氧化碳腐蚀、有机酸腐蚀等多种腐蚀工况。因此反应器壳体、进出口管线等选择采用抗氢钢 1.25Cr-0.5Mo-Si,内部件多选用奥氏体不锈钢材料,水冷甲醇反应器的换热管选用双相钢材料,解决热膨胀应力问题。

图 1.5-10 装置中的国产 Lurgi 甲醇反应器

在早期的国内甲醇反应器设计中,由于其规模较小,壁厚较薄,如玉门甲醇反应器,壁厚 52mm,其壳体材料选用了 13MnNiMoNbR。随着甲醇反应器规模的扩大,以及对材料失效模式认知的深入,目前的甲醇反应器多采用 Cr-Mo 钢材料,如中天甲醇反应器,其厚度达到了 138mm,材料选择 1.25Cr-0.5Mo-Si。

2. 反应器模拟及计算

在早期的甲醇反应器设计过程中,基本不进行流场模拟计算。目前的反应器设计,流场模拟是必需的部分,图 1.5-11 为某反应器的气体分布流场模拟结果。在强度计算方面,以往多是按常规设计标准用通用软件进行,目前多是由 ANSYS 软件进行应力分析建模计算。图 1.5-12 为某甲醇反应器的应力分析计算模块。

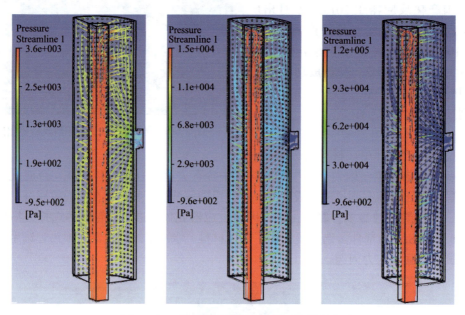

图 1.5-11　反应区不同阻力系数下流场分布

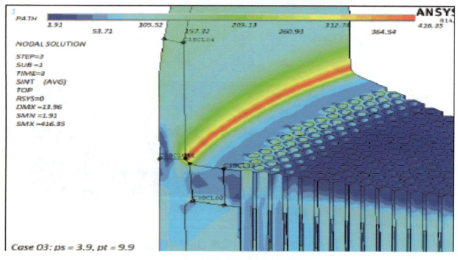

图 1.5-12　管板应力分析计算模块

3. 制造装备技术

自 20 世纪 90 年代以来,随着国民经济的发展,国内的制造装备及生产技术不断进步。图 1.5-13 所示为 1998 年当时国内最大的 10 万 t/年甲醇反应器车间制造情况。

甲醇装置的大型化,使得甲醇合成反应器的规模及壳体厚度不断增加,在卷板、钻孔、焊接、热处理、无损检测技术等方面提出了更高的要求。目前国内大型机械厂的装备能力提高较快，满足了大型甲醇反应器的制造要求。图 1.5-14 所示为大型数控机床加工甲醇反应器管板。

图 1.5-13　制造中的 10 万 t/年甲醇反应器

图 1.5-14　大型数控机床加工甲醇反应器管板

5.3.4　结语

近年来，我国甲醇产业发展迅速，目前的甲醇有效装置产能达 8000 万 t/年以上，全国甲醇装置约 192 套。其中最大规模单系列 180 万 t/年的中天合创甲醇及延安能化甲醇均已开车成功。随着国内科研开发、技术手段、制造装备等方面的不断进步，甲醇合成反应器技术持续提高。中石化从最初的 10 万 t/年规模甲醇反应器自有技术，到中天合创 180 万 t/年甲醇反应器的国产化成功，标志着我国的甲醇反应器设计制造能力达到了国际领先水平。

（本节由中石化宁波工程公司崔金栋撰写）

5.4　变换炉（CO 变换反应器）的发展历史

5.4.1　概述

变换炉是合成氨、煤化工、IGCC 等装置中的关键设备之一，在变换炉内一氧化碳和水蒸汽主要发生可逆放热化学反应。

大型变换炉是变换单元核心设备，该设备性能将直接影响到一氧化碳变换率、能耗、投资以及装置的长期稳定运行。

一氧化碳变换有中温变换和低温变换之分。对于低温变换，由于在这一过程中一氧化碳转化量少，催化床层温升小，仅需一段绝热催化剂反应即能满足生产工艺要求，因而低温变换炉的结构型式单一。而对于中温变换，由于一氧化碳转化量多，催化床层温升大，相应的中温变换工艺有所不同。

变换反应属强放热反应，受热力学控制，在工业生产中往往需要借助催化剂才能使反应顺利进行。根据热量回收的方式，变换炉可分为绝热变换炉和等温变换炉，目前工业上变换工艺中多采用绝热变换炉。

绝热变换炉仅有极少量的热损失，基本上与外界绝热。可逆放热的变换反应依靠自身释放出的反应热就能使反应气体温度逐步升高，相应的表观反应速率逐渐降低，同时催化剂床层温度应介于催化剂的起始活性温度与耐热温度之间。对于反应温升不大的工况，可采用单反应段,反之则采用多反应段。绝热变换炉根据内部结构型式,分为轴向变换炉、轴径向变换炉。轴向变换炉、轴径向变换炉在大型煤制油、煤化工项目应用较多,而等温变换炉在大型煤制油、煤化工项目应用较少。

1. 轴向变换炉

传统的变换炉多为轴向变换炉,因其结构简单、无需特殊维护、更换催化剂方便,在化工工业中使用最广泛、最可靠。

轴向变换炉内部沿气体流动方向,设有催化剂床层,流体轴向通过催化剂床层,轴向返混小,流体分布装置结构简单,为保证气体在床层气流有较好的分布,高径比一般为1.3~1.5,床层下部和上部铺设有瓷球和丝网,顶部气体入口附近设置有气体预分布器。由于催化剂上层除了进行变换反应之外,还要阻挡入口气体中夹带的灰、砷、汞等有毒物,易结块,导致催化剂床层压降上升较快,所以在催化剂装填时,一般考虑在床层之上装填少量的保护剂,用于捕集气体中夹带的灰尘及砷等对催化剂有毒害组分。该型变换炉结构简单,没有复杂的内件,投资省,仅控制入口温度,操作简单;但流体通道受设备横截面的限制,一般流通面积较小,催化剂床层较高,床层压降较大,低负荷及低水气比时,容易引起超温,对催化剂的强度要求也较高,同时催化剂颗粒较大,流体流速高,为保证变换反应深度,所需的催化剂装填量较多,在生产过程中易产生偏流。轴向变换炉结构见图1.5-15。

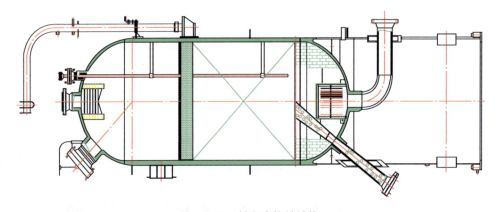

图 1.5-15　轴向变换炉结构

2. 轴径向变换炉

将轴径向结构应用于变换流程最先是由卡萨利公司提出,并于1988年首次应用在贵州赤天化股份有限公司的化肥厂。随着轴径向的内件投资降低及国产化,在大型化工项目中,轴径向结构变换炉的应用越来越多。

在轴径向变换炉中,壳体内部设置开孔的外筒和中心管,外筒和中心管之间装填催化剂,大部分气体沿径向从外筒进入催化剂床层,少部分气体从顶部沿轴向进入顶部催化剂,最后两股气体进入中心管汇集后,离开变换炉。轴径向变换炉中气流分布主要是通过外筒和中心筒上的开孔,以及顶部催化剂装填高度来实现,催化剂床层的流速低、压降小,即使负荷较低时,也能保证气体的均匀分布。

轴径向结构的主要目的是改变气体流动方向和增大流通面积,降低床层阻力降,提高单台设备气体处理能力。反应气通过入口分布器进入炉内,沿着壳体内壁分布,约90%的反应气均匀地沿着壳体直径方向穿过催化剂床层后,汇合于中心管送出,反应气流道长度缩短,阻力降低,同时变换炉壳体温度降低,在安全性和节能方面更突出。

轴径向变换炉有如下优点:①气体流通面积增加,速度低,减少冲刷,使入口催化剂颗粒不易破坏,与此同时,与传统的轴向床层相比,压降小得多。催化剂床层的粉尘容纳能力显著增加,床层阻力上升缓慢。②由于轴径向变换炉的气体均匀穿过床层,避免气体偏流、短路。压降主要集中在外分布器和中心管,而非催化剂上,所以变换炉压降非常稳定,减小了对生产的影响,并且压降很小,节约下游合成气压缩机功耗,且使催化剂免受转化气随二段炉热回收时夹带来的水滴浸蚀。③适合于装填不同体积的催化剂,一般可采用粒度更小、活性更高的催化剂。小颗粒催化剂降低内扩散阻力,比表面积大,活性好,接触面积大,寿命更长,在相同的装填量下生产能力更高。④由于催化剂床层变薄,易于传热,不易超温,降低了副反应的发生,同时催化剂升温、还原及硫化也更加容易,大大缩短开车时间。⑤气体从外向内流动,变换炉壳体处于相对低温状态,因此更加安全可靠,壳体使用寿命长,特别是对CO含量更高的粉煤加压气化工艺,出床层的高温变换气体只影响到设备中心管和出口管,所以在壳体选材时可以考虑冷热区分开,安全性和经济性都可得到保障,适合于大型工业装置。但同时也应注意到轴径向变换炉的缺点:①轴径向变换炉结构复杂,需要单独购买内件,内件为专利设备,投资较高;②内件结构较为复杂,且检修不便;③装催化剂的制备过程更苛刻。轴径向变换炉结构见图1.5-16。

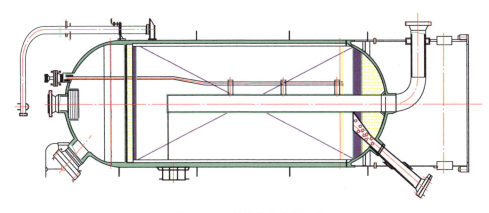

图1.5-16 轴径向变换炉结构

3. 等温变换炉

对于变换率要求较高的流程,因平衡常数的影响,单段绝热反应层难以达到要求,需要设置数个反应层。由于反应过程中产物不断增多,床层温度不断升高,表观转化率下降,温度到达一定范围内,就应该降低温度后再进入后续反应层继续变换,同时床层温度持续上升,会超出催化剂的适用温度范围,也要求设置多个反应段,使每个反应段均处于适宜温度下,兼顾变换率和经济性。这又带来的一个问题就是工艺流程长,换热网络复杂。为了简化工艺流程,国内外对等温变换和等温变换炉进行了进一步研究。

等温变换炉相当于在炉壳体内增设一台换热器,快速移走反应热,保持整体床层温度低且稳定,具有如下优点:①由于壳体内温度降低,平衡常数增大,利于变换反应,单程变换率更高，所需催化剂装填量最少。换热管内的汽/水循环保证了反应温度的恒定，催化剂床层接近于等温操作，床层温度易于控制，并可进行调节；另外，催化剂床层操作温度较低且变化梯度小，催化剂床层中温度分布趋于一致，更符合动力学理想参数，能够最大限度地发挥催化剂的效能。同时，针对变换装置开车引气过程中易超温的问题，可通过炉中的换热结构控制，避免设备超温。②反应器床层压降低，可以通过提高空速来提高产量。可以适度缩减等温变换炉的直径，通过加长轴向长度的方法，放大生产规模。③采用小颗粒催化剂，提高催化剂颗粒内效率因子，也即提高宏观反应速率。④在等温反应过程中，催化剂颗粒产生的应力小，延长了催化剂的使用寿命，降低了生产操作强度，且最大程度地发挥了催化剂的低温活性。不过因壳体内部增设了内件而导致了催化剂的装填系数降低，同时高位反应热只能副产饱和的中低压蒸汽，对装置的能效有一定的影响。

等温变换炉是在绝热轴径向变换炉的基础上发展而来的，如托普索公司开发了一种等温反应器，在反应器中插入许多列管，列管中装催化剂，管外用锅炉给水汽化带走热量，同时在催化剂床层中设有氢渗透薄膜管，同心设置于反应器管内，将生成的氢气渗透出，可以使反应程度加深，并且维持稳定的反应温度；北京航天万源煤化工工程技术有限公司通过将气-气换热器内置于变换炉中，使得变换反应产生的热量在产生之初就被换热管所吸收，此结构型式提高了换热效率，降低了压降，可大幅减小换热面积。

5.4.2　我国变换炉的发展历史

20世纪70年代以来，我国相继引进了多套天然气、轻油、渣油和煤等不同原料、各种不同工艺流程的1000t/日合成氨装置，采用的CO变换技术及催化剂主要为国外专利技术，变换炉主要依托进口。从70年代开始，我国在变换工艺、催化剂及变换炉方面，进行了大量的科研开发和技改工作，到80年代中期，随着国内中低温变换催化剂及宽温耐硫变换催化剂的研制成功，以及中低温变换工艺的研发，国内工厂均使用自有技术进行改造和建设，开始实现自主建造变换炉。南京化学工业公司化工机械厂于1988年为中原化肥厂制造了高温变换炉和低温变换炉。

宁波工程公司先后设计了中石化岳阳壳牌煤气化（2003年）、中石化湖北煤代油（2003年）、中石化安庆煤改油（2003年）、柳化合成氨改造（2004年）、九江分公司煤代油改造（2007年）、齐鲁资源优化（2007年）、华能绿色煤电（2009年）、伊泰煤制油（2006年）、福建炼油乙烯项目（2006年）、中石化茂名煤制氢（2012年）、扬子单喷嘴冷壁式粉煤加压气化工业化示范装置（2012年）、中天合创鄂尔多斯煤炭深加工示范项目（2014年）、镇海炼化制氢原料结构调整改造项目（2016年）和浙石化炼化一体化项目一期工程煤焦制气装置（2018年）等项目的多个变换炉。2008年，依托江苏索普集团公司60万t/年醋酸造气工艺技改项目，由中国五环工程公司设计、南京化学工业有限公司化工机械厂制造了一台变换炉，于2008年9月交货。表1.5-7为典型变换炉设计参数。

变换炉是临氢压力容器，其主体材料选用铬钼钢。由于其设计温度较高，其材料一般选用12Cr2Mo1R（SA-387 Gr.22 Cl.2），且应控制材料中化学成分，特别是P≤0.010%、S≤0.010%；回火脆化敏感性系数J≤100，X≤15×10^{-6}；分步冷却脆化处理后应VTr55+2.5ΔVTr55≤10℃。

国外CO变换技术的研究早于中国，该技术在国外的应用已有近百年的历史，广泛用于制氢、合成氨、合成甲醇、合成汽油以及城市煤气的生产中。国外的变换技术经过多年的工业应用，已经非常成熟。

表 1.5-7 典型变换炉设计参数

序号	装置名称	设计压力 /MPa	设计温度 /℃	主体材料	设备规格 /mm	变换炉结构	设备重量 /t
1	齐鲁资源优化项目	7.0	475	SA-387 Gr.22 Cl.2 堆焊 E309L、E347	DN3600×5800	轴向	169
2	福建炼油乙烯项目 Pox/Cogen 装置	6.0	520	SA-387 Gr.22 Cl.2 堆焊 E309L、E347	DN3800×4750	轴向	167
3	中石化茂名煤制氢气项目	7.0	500	12Cr2Mo1 堆焊 E309L、E347	DN4800×11600	轴向	444
4	单喷嘴冷壁式粉煤加压气化工业化示范装置	4.2	510	12Cr2Mo1R 堆焊 E309L、E347	DN2800×4800	轴向	60
5	中天合创鄂尔多斯煤炭深加工示范项目	7.0	480	SA-387 Gr.22 Cl.2 堆焊 E309L、E347	DN3600×9500	轴径向	181.5
6	镇海炼化制氢原料结构调整改造项目	7.0	495	12Cr2Mo1R 堆焊 E309L、E347	DN3600×10000	轴径向	178
7	浙石化炼化一体化项目一期工程煤焦制气装置	7.0	495	12Cr2Mo1R 堆焊 E309L、E347	DN4200×10000	轴径向	210
8	江苏索普集团公司 60 万 t/ 年醋酸造气工艺技改项目	6.6	450	SA-387 Gr.11 Cl.2 堆焊 E309L、E347	DN3200×10724	—	—

2012 年，中石化宁波工程有限公司发明了一种全径向等温变换炉，气体进出口均位于上封头，同时冷却介质从下封头进入，从变换炉侧面分为多个出口，该反应器具有结构简单、设备投资少、可控性强的特点；湖南安淳高新技术有限公司开发的恒温低温水管式变换炉、南京敦先化工科技有限公司开发的水移热等温变换炉、石家庄正元塔器设备有限公司开发的等温径向变换炉和华烁科技股份有限公司开发的移热控温变换炉，均具有结构简单、压降低的特点，已应用于中小型的化工装置中。

等温变换炉尽管优势明显，但目前仍处于工业优化和推广阶段，缺少大型化工装置应用业绩，主要难点在于设备结构复杂、尺寸大、制造难度较高、检修困难，且还要进一步解决开停车冷凝液腐蚀等问题。在设备设计、选材和制造成熟，同时具备丰富操作经验的条件下，等温变换炉及其技术将得到极大的推广，这也是变换技术主要的发展趋势之一。

5.4.3 结语

目前，随着节能降耗要求的提高，变换炉也由绝热变换炉向等温变换炉转变。

1）变换工艺技术的发展主要集中在新型催化剂的开发、新型结构变换炉的设计及相应的工艺流程设计等方面。

2）新型变换催化剂的研制主要是通过载体改良或找到其他性能更优的助剂或活性物质，研制出具备更佳的活性、强度及稳定性，同时低温活性好、再生能力强、抗毒物能力强、更宽的水气比和使用温度范围、耐低硫能力增加、重金属减少的催化剂。

3）更小颗粒尺寸和具有更大比表面积的异形变换催化剂可以促进气体在催化剂颗粒

内快速扩散，提高催化剂的表观活性，这也是变换催化剂的发展趋势之一。

4）由于轴径向变换炉和等温变换炉拥有众多无可比拟的优势，国内外研究单位对其越来越重视。对于现代大型化工装置，等温和轴径向结构的变换炉优势更为明显，未来的变换炉设计将会向着等温变换炉和轴径向变换炉的方向发展，并将得到广泛的应用。

5）等温变换工艺技术将是变换工艺技术主要发展趋势之一，但并不意味着等温变换工艺是最优选择。对于特定的项目或条件，选择最适合该项目特点的变换工艺技术才是最优的。

（本节由中石化宁波工程公司黄军锋、杨俊玲撰写）

5.5 费托合成反应器的发展历史

5.5.1 概述

1923年德国科学家Frans Fischer和Hans Tropsch发现合成气（$CO+H_2$）在铁基催化剂上可转化成液态燃料，后被称为F-T（费托）合成。1936年，费托合成油首先在德国实现工业化，这些装置以煤为原料制合成气。费托合成工业化后，经过三个阶段的发展，逐渐形成工业化规模的反应器和工艺技术。第一阶段是20世纪30～40年代，德国建设了九套装置，合计能力60万t/年，第二次世界大战后这些装置停产。第二阶段是20世纪50年代起，南非由于特殊的国际环境，大规模建设以廉价煤为原料的费托合成油装置，采用了两种工艺：① Synthol工艺，采用溶铁催化剂和循环流化床，主要生产汽油；② Arge工艺，使用沉淀铁催化剂和固定床反应器，主要生产蜡，后又建更大装置，总生产能力为480万t/年。第三阶段是20世纪80年代以后，由于石油危机的推动，合成油技术发展较快，而且原料也由煤转向天然气，新西兰的MTG装置和马来西亚的SMDS装置先后建成投产，南非也建成了以天然气为原料的Synthol装置和基于浆态床的SSPD示范装置。除已工业化工艺以外，国内外不少公司都致力于GTL技术的开发，如美国得州农工大学的天然气直接合成油工艺和中国石油大学的两段法合成油工艺等，都对合成油工业发展起了积极推动作用。

费托合成技术可分为高温费托合成（HTFT）和低温费托合成（LTFT）两种。前者使用铁基催化剂，合成产品经加工可以得到环境友好的汽油、柴油、溶剂油和烯烃等，这些油品和普通炼油厂生产的油品很接近，无硫但含芳烃；后者使用钴基催化剂，合成的产品石蜡原料可以加工成特种蜡，或经加氢裂化、异构化，生产优质柴油、润滑油、基础油、石脑油馏分等，产品既无硫又无芳烃。世界上未来的GTL工艺将集中在LTFT技术上，一般在1～4MPa和温度200～300℃下采用钴为催化剂进行反应，它可以根据需要生产出不同链长的烷烃和烯烃及乙醇等各种副产物。其主反应可用下式表示：

$$CO+2H_2 \rightarrow -CH_2+H_2O \quad -170kJ/mol$$

另外还有水气变换反应：

$$CO+H_2O \rightarrow -CO_2+2H_2 \quad -42kJ/mol$$

这些都是强放热反应，巨大的热量对反应器是一个严峻考验，反应器的好坏成为费托合成成败的关键因素之一。

在工业中使用过或接近工业化的费托反应器有下列几类：箱式反应器、列管式反应器、循环流化床、固定床和浆态床反应器等。其中箱式反应器在低空速条件下操作，由于产率太低而被淘汰。

5.5.2 我国费托合成反应器的开发历史

我国自 20 世纪 50 年代初，就由辽宁锦州石油六厂与中科院大连化学物理研究所开展了大量的合成油工艺研究，并建立了一套 300t/年的中压铁剂合成油车间，后因大庆油田的发现，试验终止。

20 世纪 80 年代初，中科院山西煤化所开始了煤基合成油的研究，开发了传统的费托合成与择形分子筛相结合的固定床两段法工艺技术（MFT）法。费托合成使用铁基催化剂，2 台串联的固定床反应器，反应温度为 230℃，压力为 3.0MPa，$H_2/CO=1$，碳空速为 $500h^{-1}$，CO 的转化率接近 90%，烃选择性 75%～80%。该所在山西代县和晋城进行了中试和工业试验，前者设计能力为 $3.6×10^6 t/$年，后者设计生产 80 号汽油 2000t/年，生产合成气时 C_5^+ 产率近 $100g/m^3$。前两年又制成了超细粒子铁锰催化剂，单管试验的 C_5^+ 收率可达 $140g/m^3$ 合成气。此外该所研究的钴基催化剂在 5mL 固定床小试装置上试验取得了较好的结果，性能接近壳牌公司 SMDS 工艺钴基催化剂（链增长概率 $\alpha > 0.90$）。该所还完成了浆态床 F-T/ZSM-5 两段法合成液体燃料工艺模拟试验，目前正在建立万吨级浆态床合成液体燃料工业放大试验装置。

中科院大连化物所开发的活性炭负载 Fe 系催化剂，已经完成了 1000h 立升级固定床单管放大试验，具有活性高、汽柴油选择性好及工艺简单等优点。中国石油大学催化重点实验室在成功开发了两段法甲烷催化部分氧化制合成气新工艺的基础上，研究开发了两类性能良好的钴基费托合成催化剂，一类以多产柴油为主，一类以高产固体石蜡为主。同时也开发了新型固定床反应器，进行了 300h 的连续试验并取得了良好效果，目前正积极进行中试放大的研究。

中国石油股份有限公司开发了费托合成径向反应器并获得了专利。它采用单层径向固定床结构，气体沿管壁上的螺旋式开孔分布器进入催化剂床层反应，这样传热效果好，催化剂温度均匀，能够满足大空速的要求，能否工业使用还有待进一步的试验。

2004 年 8 月 25 日，神华集团"煤制油"直接液化工业化装置（PDU）在内蒙古自治区鄂尔多斯市开工，中国煤制油第一次从实验室真正走上工业化生产。项目总建设规模为年产油品 500 万 t，2007 年建成第一条生产线，产量为 100 万 t/年。

2005 年 1 月，兖矿集团"万吨级低温费托合成中试装置"通过专家组评审鉴定，结论为"国际先进、国内领先水平"，费托合成使用的是固定流化床反应器。目前其煤炭间接制油技术向国家申报 16 项专利，已有 8 项获得授权生效。2006 年 4 月 21 日，兖矿集团煤制油项目在陕西榆林奠基，煤制油正式进入商业化生产阶段。一期工程于 2013 年建成，年产油品 500 万 t，后续可实现更高产量。

5.5.3 费托合成反应器的制造与吊装

山西潞安 16 万 t/年煤基合成油示范装置工程是国家"863"计划项目，该项目的核心设备费托反应器为浆化床式，于 2009 年由锦西化机厂制造成功，反应器直径 5.8m，高 48.291m，壁厚 97（94+3）mm，材质为 15CrMo+S321，总重为 880.872t，设备在厂内制造为三段，现场组装焊接两道环焊缝，经无损检测合格后，进行焊后热处理。

2012年，大连金州重机（集团）有限公司、张家港化机厂各承接了神华宁煤集团的年产400万t/年煤炭间接液化合成油品核心设备4台费托合成反应器，其参数为直径9.6m，筒体壁厚132mm，封头壁厚92mm，总高为61.5m，材质为SA-387 Gr.11 Cl.2正火+回火钢板。设备由21节筒节组成，封头由15块瓣片组成（见图1.5-17）。

2014年，兰石重装为伊泰新疆能源公司制造了直径9.6m、壁厚132mm、高度为60.971m的大型费托反应器；2015年又在内蒙古锡林郭勒盟制造一台费托反应器，其直径9.6m，高度为61.521m，壁厚130mm，材质为SA-387 Gr.11 Cl.2。

图1.5-17　神华宁煤集团费托合成反应器

同一时期，中航黎明锦西化工机械（集团）有限责任公司为伊泰杭锦旗120万t/年精细化学品项目费托合成单元制造了两台直径9.6m、壁厚136mm、筒体高度为50m、材质为SA-387 Gr.11 Cl.2的费托反应器。

费托反应器属大型、超重设备，上述设备制造均采用全部现场制造或工厂内部分预制、现场组焊的方式建造。建造过程中，在封头成形、筒节成形与壳体组装、吊装等工艺技术方面有所创新和进步，使我国大尺寸重型压力容器现场建造技术得到极大提升。

1. 封头成形

费托反应器封头采用两带（极带+温带）瓣片形式，先成形后组装（见图1.5-18）。瓣片采用的成形工艺有热模压成形（兰石重装用）和多点冷压成形（金重用）两种。制作过程中除需正确成形每一瓣片外，成形后瓣片的尺寸精度和组装后封头的形状精度也十分重要。为此，各制造单位基本上都采用了二次下料+预组装的方法加以控制；同时，为减小焊接变形，均对坡口形式及尺寸、焊接工艺参数及焊接顺序等进行了优化。

2. 筒节成形与壳体组装

因筒节直径和厚度大，受板幅和运输限制，无法选用锻造筒节，采用板卷筒节也只能是由三片圆弧形瓦片组焊制成。由于现场无相应的重型校圆设备，筒节难以校圆，加大了筒节周长尺寸和形状控制难度。为此，各制造单位在筒节成形与组装过程中采用了一系列工艺技术措施：

1）精确测试并考虑筒节板片成形碾长，严控下料尺寸和形状；

2）精确测试并计及筒节板片成形回弹，严控预弯成形尺寸和形状；

3）立式组装筒节板片，辅以内支撑工

图1.5-18　费托反应器封头

装保证筒节组装后的尺寸和形状；

4）优化坡口形式及尺寸、焊接方法、焊接工艺参数及焊接顺序等，控制焊接变形，提高筒节的组焊质量。

在壳体组装过程中，各制造单位均根据设备具体结构，对壳体进行了合理分段，确定合拢焊缝。基本工序为：完成各段筒体组焊并组焊完接管，经无损检测合格后分别进行各段筒体的焊后热处理；封头与一节筒节先行组焊，然后再组焊接管，经无损检测合格后进行焊后热处理；各分段部件合拢组焊，经无损检测合格后对各合拢焊缝分别进行局部焊后热处理。

3. 吊装

费托反应器单台设备重量达 2000t，吊装也是建造过程中的重要环节。不同的承接单位根据自身条件、现场状况和设备特点采用了不同的吊装方法。归纳为三种：

（1）伊泰新疆能源有限公司 4 台费托反应器吊装　中石化第十建设有限公司采用了传统的门架式液压提（顶）升吊装法。每台费托反应器分成上、下两段分别吊装，空中立式组焊。其中，先吊装的下段为裙座 + 下封头 + 部分筒体，总重 1960t。在对比多种方案后，选用液压提升装置（2600t/71.66m）为主吊、1000t 级履带式起重机溜尾的方法进行吊装就位。液压提升装置采用了液压同步提升技术，将下段直立、提升、就位；1000t 级履带式起重机采用直吊、履带行走的方式完成下段由卧态到直立的溜尾。液压提升装置的液压同步提升由计算机控制，具有全自动完成同步升降、负载均衡、姿态校正、应力控制、过程显示和故障报警等多种功能，保障吊装安全。

这 4 台费托反应器的吊装共用 35 天。

（2）神华宁煤煤炭间接液化项目费托反应器吊装　该设备由制造单位现场制造，直径 9.6m，高 54.4m，总重 1902t，采用徐工集团与中石化联合研发的 XGC88000 型履带起重机吊装。费托反应器分成上、下两段分别吊装，空中立式组焊。其中，先吊装的下段为裙座 + 下封头 + 部分筒体，选用 XGC88000 型履带起重机为主吊、M21000 型履带式起重机溜尾的方法进行吊装就位。本次吊装一改往日采用门架式液压提（顶）升装置的方式，直接选用了为重型压力容器吊装量身定制的、具有全球最大起重力矩的专用履带式起重机进行吊装，具有适应性强、场地不需特别额外处理、移动灵活、稳定性好、施工效率高等诸多优点。据现场实测，整个费托反应器下段吊装过程不超过 24h。

（3）山西潞安油化电热一体化示范项目费托反应器吊装　该设备分成上、下两段分别吊装，空中立式组焊。其中，先吊装的下段为裙座 + 下封头 + 部分筒体，总重 2200t。本次下段吊装中，中化二建集团有限公司采用了自行研发的介于传统的门架式液压提（顶）升吊装法和专用履带式起重机吊装法之间的新的技术——6400t 液压复式起重机主吊 +1600t 溜尾门架一体化吊装工艺。

5.5.4　结语

总体上看，经过多年的开发，我国费托反应器建造技术已趋于成熟，发展过程中积累的制造工艺技术及工程经验，为我国大尺寸、重型压力容器制造技术（特别是现场制造技术）的进一步提升打下了坚实的基础。

（本节由合肥通用机械研究院有限公司张立权撰写）

5.6 缠绕管式热交换器的发展历史

5.6.1 概述

缠绕管式热交换器简称绕管式换热器，英文缩写为 SWHE（Spiral Wound Heat Exchanger）或 CWHE（Coiled Wound Heat Exchanger），由德国林德公司发明。

从严格的科学意义上讲，缠绕管式热交换器是一种管壳式热交换器，但它又不同于传统的管壳式热交换器（如固定管板式热交换器、U 形管式热交换器、浮头式热交换器和填料函式热交换器）。缠绕管式热交换器是在与管板相连的中心筒上，以螺旋状交替缠绕数层小直径换热管形成管束，再将管束放入壳体内的一种热交换器。在管束和壳体之间常设置夹套以防止壳程流体短路。换热管的缠绕方向在各相邻管层中相反。第一层与中心筒之间、各层传热管之间由平垫条和异形垫条确定间距。一般情况下，换热管的直径为 6~25mm，垫条的厚度为 1~5mm，传热管的缠绕角为 5°~20°。

缠绕管式热交换器具有显著的特点：

（1）结构紧凑，单位容积具有较大的传热面积　对管径为 8~21mm 的换热管，$1m^3$ 容积的传热面积可达 100~170m^2，而普通管壳式热交换器，$1m^3$ 容积的传热面积只有 54~77m^2，是缠绕管式热交换器的 45% 左右。

（2）换热系数较高　由于管内螺旋流动的强化作用，使得管程的传热膜系数得到增加；缠绕管式热交换器层与层之间换热管反向缠绕，这种特殊结构极大地改变了流体流动状态，形成强烈的湍流效果；同时垫条等部件对壳程的流动不断扰动，三个方面的共同作用，使得缠绕管式热交换器的传热性能得以显著提高。

（3）抗振动、耐高温差性能好　缠绕管式热交换器内换热管与管板连接的管端部分存在一定长度的自由弯曲段，具有很好的挠性；高温差下螺旋缠绕的换热管的热膨胀又可部分自行补偿。反向绕制的换热管与垫条/管箍组合形成一个紧密、紧凑又抗振的结构。

（4）介质温度端差小　相比传统的管壳式热交换器，缠绕管式热交换器自身的不可逆性更小，另外其独特的螺旋缠绕结构使管程介质在换热管管束中停留了更长时间，热交换的充裕度更高。

（5）密封可靠性高、承压能力强　缠绕管式热交换器彻底改变了大型高压换热器的密封结构，不存在大法兰等密封件。管箱和壳体可以采用不同直径，管板的直径主要由管箱直径决定；管板与管箱的连接全部采用焊接，提高了密封可靠性。例如，换热面积达 2000m^2 的缠绕管式换热器壳体直径仅为 1400mm，而管板直径仅为 600mm，大大增加了壳程的承压能力和整个热交换器的密封性能。

（6）介质流畅、不存在换热死区　对于缠绕管式热交换器，管内流体以螺旋方式通过，降低了壁面附着的可能性以及结垢倾向。壳程流体逆流横向交叉通过绕管，在相邻管之间、层与层之间不断地分离和汇合，使壳体流体的湍流度加强，相同流速下也减小了沉积的概率。对于适宜的流体（一般指不含颗粒及纤维流体），缠绕管式换热器管壳程都表现出良好的抗垢性，介质流动通畅。

（7）多种介质同时参与换热且流动阻力合理、不同介质之间无压差要求　缠绕管式热交换器的这一点类似于板翅式热交换器，但比板翅式热交换器更优越的是换热管的承压能力高于板式换热元件,因此热交换器对不同介质压差的敏感性较低。但是缠绕管式热交换器的流道设计不如板翅式热交换器那样便捷,无论是多股热介质还是多股冷介质只能走管程,壳程的介质只能是一种介质。通过调整缠绕管式热交换器的绕管特性,可以寻找到管壳程阻力与换热之间的优化匹配关系。

(8) 易实现大型化 由于缠绕管式热交换器的比表面积大、承压能力强,比其他形式的热交换器更具有条件实现大型化。随着煤化工、石油化工、天然气等行业节能需求的提高,装置的大型化提高了对热交换设备的需求,缠绕管式热交换器表现得更加突出。煤化工低温甲醇洗工段贫甲醇冷却器的换热面积已达到 7000m^2,炼油化工芳烃装置的缠绕管式热交换器的换热面积已超过 20000m^2,世界上最大的 LNG 工厂主低温热交换器(铝制)已超过 50000m^2。

缠绕管式热交换器的结构型式一共有三种:单股流缠绕管式热交换器(见图1.5-19a),管程只有一种介质参与换热;整体管板结构的多股流缠绕管式热交换器(见图1.5-19b),带有小管板结构的多股流缠绕管式热交换器(见图1.5-19c)。后两种结构的多股流缠绕管式热交换器能实现多种管程介质参与换热。整体管板结构的缠绕管式换热器管板和壳体的直径相同,结构简单、制造过程简便。但在壳程压力较大时,管板厚度增厚,管板直接和管箱焊接。管程的介质超过三股时,管板上的管箱数很多,给管路系统的识别、分布和安装增加了难度。采用带有小管板结构的缠绕管式换热器最大的优点是没有整体锻造的厚管板,金属材料重量显著下降。根据不同管程介质流量的要求,管板以零散的小管板形式既可以和封头(或锥体)连接,也可以和筒节连接。图1.5-19c采用的是和筒节连接。但小管板结构增加了制造的难度,尤其是小管板和封头(或锥体)、筒节连接时要保证全焊透。另外,采用小管板结构时,管束引出的端部结构复杂,从芯体末端到小管板之间的换热管过渡段要求形体平滑,宜在柔性较好的有色金属材料场合使用。

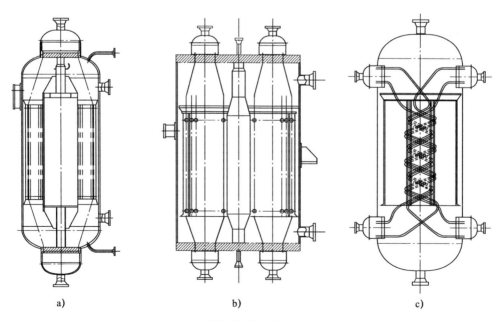

图 1.5-19 缠绕管式热交换器的结构型式
a) 单股流结构 b) 整体管板的多股流结构 c) 带有小管板的多股流结构

5.6.2 我国缠绕管式热交换器的发展历史

缠绕管式热交换器的工业应用始于 1895 年 5 月,Carlvon Linde 博士首次利用这种设备实现工业规模的空气液化。此后,该型热交换器的应用范围逐渐扩大到低温甲醇洗装置、炼油装置、芳烃装置、LNG 气化装置等。

我国于 20 世纪 70 年代开始使用缠绕管式热交换器,经历了引进—自主研发—推广使用三个阶段,实现了缠绕管式热交换器的国产化和产业化。

5.6.2.1 缠绕管式热交换器的引进

20 世纪 90 年代前,我国大型石油、石化、化工装置及大型空分装置所使用的缠绕管式热交换器均需从国外引进,供应商主要是德国林德公司(Linde)和美国空气产品公司(APCI)。其中,德国林德公司主要为大型石化装置低温甲醇洗工艺提供缠绕管式热交换器;美国空气产品公司主要为大型空分及工艺气体装置提供缠绕管式热交换器。进口产品价格高,交货期长,制约了国内项目的建设。

5.6.2.2 缠绕管式热交换器的自主研发

1. 缠绕管式热交换器的初期探索

为适应我国炼油、石化、化工工业发展的需要,国家于 20 世纪 90 年代启动缠绕管式热交换器研发工作。中国石化总公司于 1988 年和 1992 年下达了"8.5MPa 绕管式换热器研究""绕管式换热器热态并网试验研究"两个项目,1995 年 10 月在中国石化总公司科技开发部的主持下通过了鉴定。项目开发出缠绕管式换热器的设计软件,完成了一台甲醇换热器 1/6 的试验件,并在镇海炼化化肥厂通过了热态并网试验的考核,为缠绕管式换热器的国产化奠定了基础。

在上述研究成果的基础上,宁夏化工厂为满足生产装置的需求提出了更换甲醇换热器的要求,率先支持将该台换热器实现国产化替代进口设备。为了加快这一关键设备的国产化工作,中石化技术开发中心 1995 年 12 月 25 日下达了研究开发项目"绕管式换热器的工业应用试验",项目的参研单位有西安交通大学、中石化兰州设计院、宁夏化工厂以及开封空分集团有限公司。1996 年 1 月 10 日—11 日,在宁夏化工厂完成了对甲醇换热器工艺设计计算报告的审查,确定了换热器的传热面积及主要结构参数;1996 年 3 月 5 日,在中石化兰州设计院完成了对甲醇换热器施工图设计的审查,讨论修改了"绕管式换热器制造及检验技术规定";1996 年 6 月 10 日—13 日,在开封空分集团有限公司完成了对"绕管式换热器用无缝换热钢管对接焊接技术条件"的审定;1996 年 12 月 24 日—25 日,在开封空分集团有限公司召开了绕管式换热器制造质量专家评审会,对该台国产化换热器的制造质量进行了阶段性总结;1997 年 6 月,国产化的甲醇换热器在宁夏化工厂正式投用,这是我国自行设计的第一台单股流缠绕管式换热器。

1999 年初,镇海炼化化肥厂的甲醇换热器因碳钢壳体腐蚀,需要更换壳体,镇海炼化检修安装公司承担了此项任务。1999 年底,镇海炼化检修安装公司和镇海炼化化肥厂共同申报了"螺旋绕管式换热器研制"的科研项目,并于 2000 年 12 月完成了绕管换热器芯体的制造。2000 年 12 月 23 日,镇海炼化检修安装公司在宁波召开了绕管式换热器产品开发评审会。该台绕管式换热器换热管规格为 $\phi 18mm \times 2mm$,换热管根数为 131 根,其中最长换热管长度约为46m；由于当时国内焊接钢管的质量和标准限制，所有换热管采用3根16m长的无缝奥氏体不锈钢钢管对接焊接而成。262个对接接头经100%射线检测，一次合格率达到99.2%，所有对接焊缝余高均小于0.5mm，并经过0.85倍的内径通球试验检查合格。对焊接完成的换热管逐根进行16.8MPa的水压试验，全部一次合格。镇海炼化检修安装公司开发了专用绕管机，保证了缠绕过程定位准确、传动平稳、尺寸精确，最终绕制完毕后实测芯体直径偏差小于4mm。在绕制过程中，抽取10%数量的换热管用专用工装进行16.8MPa的水压试验，全部一次合格。最后分别经过管头泄漏试验、强度试验和致密性试验，成果通过验收。该台国产的缠绕管式热交换器和德国产品并列在装置上对比使用（见图1.5-20）。

镇海炼化检修安装公司以此为契机，与合肥通用机械研究所联合展开了深入的理论研究、试验研究、结构研究、零部件技术研究、应用研究，逐渐走上自主设计开发的道路。

2002年2月2日，浙江省科学技术厅在宁波主持召开了"缠绕管式换热器工程技术研究"科学技术成果鉴定会。鉴定委员会认为"该项目系统完成了从工艺设计到设备制造、安装、调试一条龙的技术路线，工程研究达到国际同类产品的技术水平，具有自主知识产权，为国家'十五'重大装备大型化肥成套设备国产化奠定了基础"。

图1.5-20　国产甲醇换热器和进口设备在装置中对比使用

2. 我国首台多股流缠绕管式换热器的研制

从1998年开始，德州化肥厂（山东华鲁恒升化工股份有限公司的前身）着力研究原料替代问题。经过历时两年的综合研究和论证，2000年公司提出用洁净煤气化技术实施年产30万t合成氨国产化的方案，建成后可实现以煤为原料生产合成氨及尿素技术的升级换代。该项目一经提出就得到行业专家和国家有关部门的大力支持。2001年12月29日—30日，受国家经贸委技术进步与装备司委托，中国石油和化学工业联合会会同中国机械工业联合会、山东省经贸委组织有关专家对"大型化肥成套设备研制项目"进行可行性论证，将"多股流缠绕管式换热器的研制"项目作为一个专题列入了"十五"国家重大技术装备研制计划。

2002年，中国石油天然气股份有限公司宁夏石化分公司因循环甲醇冷却器（多股流缠绕管式换热器）换热管泄漏已不能满足生产要求，提出了其循环甲醇冷却器国产化的需求。镇海炼化检修安装公司、合肥通用机械研究所和宁夏石化分公司立刻着手攻关，深入研究了多股流缠绕管式换热器的传热与流动计算方法、多股流整体管板的设计技术、多股流的组合技术、缠绕技术，开发了超长型奥氏体不锈钢焊接钢管生产线，于2004年3月完成了研制工作并立即投入安装及工程应用。这是我国第一台自主设计、建造的多股流缠绕管式换热器（见图1.5-21）。

图 1.5-21　我国第一台自主设计、建造的多股流缠绕管式换热器

2005 年 3 月 22 日，安徽省科学技术厅在合肥组织并主持了国家重大技术装备研制项目（科研攻关）计划专题"大型多股流缠绕管式换热器"成果鉴定会。鉴定委员会一致认为：项目已形成了缠绕管式换热器设计与制造的成套技术，具备自主知识产权，其总体水平为国际先进，经济和社会效益显著，具有广阔的推广应用前景，为国家重大技术装备大型化肥成套设备国产化做出了重大贡献。

大型多股流缠绕管式换热器进一步提振了山东德州华鲁恒升股份有限公司的信心，在其随后进行的二、三期及节能改造项目中大胆使用国产缠绕管式换热器。目前该公司投入正常运行的缠绕管式换热器共计 28 台，采用国产缠绕管式换热器 22 台，占比 78.6%。

3. 我国首台 LNG 领域缠绕管式换热器研制

2003 年 12 月，深圳美视电力工业有限公司（深圳南天电力有限公司前身）B 厂燃机改造项目提出 50000Nm³/h LNG 气化的需求，气化所用的热媒是热机循环水。当时的中国 LNG 气化主要采用多台组合的空温式气化器，受环境因素影响大，冬天容易结霜结冰，操作的稳定性较差。鉴于这种情况，合肥通用机械研究院提出了采用多股流缠绕管式换热器结构，其中一个管程作备用蒸汽通道使用，在该管程的换热管上设置了蒸汽泄放孔，当监测到壳程的水温接近冰点时，可以启动该管程迅速融冰。同时在壳程层间距的设计上，充分考虑了蒸汽和水直接接触的通道与混合空间。经过半年多的技术交流，2004 年 12 月镇海炼化检修安装公司获得制造订单，并确定最终的设计方案为 2×25000Nm³/h。半年后，设备投入正常运行（见图 1.5-22），用户反映系统流程顺畅，换热效果好、能力足，操作适应性强，国产化设备的质量值得信赖。

图 1.5-22　中国第一座 LNG 电厂主气化器

4. 世界第一台炼油装置用缠绕管式换热器研制

2004年年初，中石化镇海炼化分公司新建150万t/年加氢裂化装置，为大型缠绕管式换热器在炼油装置上的应用提供了新的契机。2004年8月26日，洛阳石化工程公司和镇海炼化检修安装公司向镇海炼化公司提出在新建的加氢裂化装置中采用缠绕管式换热器作为高压冷换。

2004年10月10日至12月7日，镇海炼化公司、镇海炼化检修安装公司、合肥通用机械研究院、洛阳石化工程公司对新加氢裂化装置高压换热器采用缠绕管式换热器的多种方案进行了反复的研讨分析，从安全性、经济性、设计制造的可行性等环节进行了对比，决定采用每个位号选用一台缠绕管式换热器、反应流出物走管程的方案。该方案在装置基础设计审查会上得到通过。经过多次优化设计后，明确了管壳程工艺介质的适应性、主要承压元件的材料、缠绕管式换热器主要部件结构的形式，提出了研制过程中的工作内容和技术难点，形成了研制大纲，提交中石化总部进行专家论证，并建议列入国产化攻关计划。2004年12月18日至2005年2月18日，中石化重大办在深圳、北京多次召开专家论证、审查会，确定将"加氢裂化高压高效缠绕管式换热器研制与工业应用"列入2005年度中国石化重大装备国产化项目。

中国石化重大装备国产化项目立项批准后，研制单位成立了联合攻关团队，由镇海炼化公司牵头，下设四个专业组：总体工艺设计组（洛阳石化工程公司负责）、高压冷换热力与结构设计组（合肥通用机械研究院负责）、制造关键技术专业组（镇海炼化检修安装公司负责）、应用操作与分析专业组（镇海炼化公司炼油五部负责）。

2005年3月3日至2005年4月19日，镇海炼化检修安装公司、合肥通用机械研究院、洛阳石化工程公司对工艺流程、技术方案进行了二次计算分析并优化，主要表现在三个方面：

1）镇海炼化检修安装公司完成了相关的试验，形成了一系列试验报告与试验结论；

2）合肥通用机械研究院提出了两相无滑移条件下传热与流动的设计结果，形成了加氢裂化高压冷换的热力计算方法；

3）洛阳石化工程公司提出了高压缠绕管式换热器主体材料、主要结构和主要制造工艺的技术要求。在此基础上中石化物装公司组织项目成员单位签订了"加氢裂化高压冷换缠绕管式换热器制造技术协议"，对相关研究结果进行确认，并签订了产品研制供货合同。

2005年6月21日—11月10日，中石化组织了国际招标，反应流出物混合进料换热器（E1001）壳体用钢板由日本神户制钢供货。E1001壳体由中石化南京化学工业公司化工机械厂制造。截至2006年8月，项目组先后完成了不锈钢换热管对接焊接的固溶处理工艺、对接接头性能测试及单管快速试压工装、不锈钢换热管应变时效分析研究、缠绕管式换热器焊缝试样残余应力测试、封筒焊缝残余应力研究、大厚度筒体封筒焊缝单面射线检测工艺及工装、大型绕管机、镍合金焊接工艺性能研究、镍基合金焊缝的超声波检测等任务，形成了一整套加氢裂化高压缠绕管式换热器的制造关键技术。2006年10月23日，加氢裂化高压冷换缠绕管式换热器完成制造、试压合格后出厂。2007年3月21日，镇海炼化分公司新建150万t/年加氢裂化装置开车正常（见图1.5-23）。2009年6月12日，中石化在北京组织了"加氢裂化高压高效缠绕管式换热器研制与工业应用"成果鉴定，鉴定委员会对项目给予了很高的评价，认为"采用高压高效缠绕管式换热器，可以简化加氢裂化的工艺路线，达到整套装置节能的目的。高压缠绕管式换热器换热效率高、运行稳定可靠，降低了加热炉的热负荷，燃料节省 19%，整体技术水平达到国际先进水平"。

图 1.5-23 世界首套用于加氢裂化装置的高压缠绕管式换热器

在研制加氢裂化高压缠绕管式换热器的同时，中国石化洛阳石化工程公司结合兵器工业部所属辽宁华锦集团 50 万 t/ 年连续重整装置提出了创新混合进料换热器的愿望。合肥通用机械研究院、中国石化洛阳石化工程公司、镇海石化建安工程有限公司三家联合着手进行深入的研究。其中最核心的问题是如何在保证传热性能的同时控制换热器管壳程的总流动阻力。由于连续重整装置是低压反应流程，换热器压降是整个系统压降的重要组成部分；如果换热器压降过大将关系到设备投用后整个系统能否有效运行，因此是该台设备的重要性能控制指标，而精确预测两相流体的压力降一直是国际上的难题。缠绕管式混合进料换热器管程压降主要包括换热管内的流动压降、气体分布板压降、进出管口和管箱中的压降等部分，而壳程压降由于其特有的流动截面积和旺盛掺混的流动方式，相对不会超标，因此研究聚焦于管程压降的控制，并着重研究换热管内和气体分布板的压降。单根换热管是螺旋缠绕在芯体上，介质以气液两相进入换热管，在管内呈螺旋式流动并逐渐被加热，其中的液相被气化，在出口端以气态流出。由于气液密度的差异，离心力的作用使流动中的气液两相发生滑移，导致气相和液相间发生摩擦，使实际流动阻力比无滑移的相同管径管长的管内流动阻力更大。因此，在无滑移研究的基础上，用 Pro II 计算方法进行了验证性计算，同时还采用了 CFD 方法进行了模拟和分析。在气体分布板压降研究过程中找到了分布板开孔率和压降的关系，同时研究了液体分布管的形式和压降情况，考查了气液夹带、漏液点流速，空塔速度与喷雾工况过渡点和液泛点，确保在各种工况下的气液均匀分布得以保证，且为前端气体输送设备预留一定的动力余量。在做完这些研究工作后，研制组决定再次以不同的换热管直径对两相状态下的传热与流动进行最后的核算，并做出了牺牲部分传热性能保证阻力的决策，将换热管的直径由 16mm 调整至 18mm，对已经加工完毕的管板进行一次扩钻。辽宁华锦集团50万t/年连续重整装置2009年12月10日正式投入运行，2010年7月10日对装置进行了满负荷标定。所研制的缠绕管式混合进料换热器标定数据表明换热效果良好，换热负荷、热端温差以及管壳程压降均达到了预期设计要求。这是世界首台应用于连续重整装置的高效缠绕管式换热器（见图1.5-24）。

图1.5-24　世界首台应用于连续重整装置的高效缠绕管式换热器

2010年9月30日，中国石油化工集团公司在北京总部举行了"连续重整高效缠绕管式换热器研制及工业应用"科学技术成果鉴定会，鉴定委员会对成果予以了较高的评价：项目开发了适用于连续重整装置反应进料与产物的缠绕管式换热器，形成了完备的设备结构设计和工艺传热计算方法，得出了两相流动介质的传热膜系数和阻力的准则方程，设计了管程进料均匀分布的气液分布器；重整装置使用缠绕管式换热器系国内外首次应用。缠绕管式换热器在辽宁华锦集团50万t/年连续重整装置连续运行10个多月的结果表明：该设备换热效率高、热端温差小、阻力降小、运行稳定可靠、抗垢性能好、抗干扰能力强；使用缠绕管式换热器后与列管式换热器相比，节省燃料气消耗1360t/年，经济效益和社会效益显著。与连续重整装置使用的板壳式换热器相比，传热效果相当，但设备造价约为进口板壳式换热器的一半。缠绕管式换热器整体技术水平达到国际同类产品的先进水平，具有自由运作权。

5. 聚丙烯装置的级间冷却器研制

"十一五"期间国家已开始实施"千万吨炼油、百万吨乙烯"规划，并顺利完成以中国石油广西石化1000万t/年炼油工程、中国石油抚顺石化公司扩建80万t/年乙烯工程、中国石油四川石化1000万t/年炼油与80万t/年乙烯炼化一体化工程为代表的一系列重大项目，新建成的超大型现代化炼厂拥有更加绿色、经济、高效的炼油、制烯烃技术，与之配套有更加先进的聚丙烯（Polypropylene，简称PP）大型生产装置，可将丙烯进一步转化为各种牌号的PP产品，但这些大型先进PP装置依赖国外技术设备，比如中国石油广西石化首次引进了美国Unipol PP工艺技术，该工艺设计简单、能效高、投资低、产量大、操作弹性大、工况切换灵活，可生产全范围 PP 产品且产品质量稳定均一。该技术可在 50 万 t/年以上 PP 装置上实施，其单线生产能力高于任何其他 PP 工艺，全球 50 多家 Unipol PP 装置生产了全世界约六分之一的 PP 产品。

PP 工艺气回收流程的正常运行是发挥 Unipol 工艺绿色、经济、高效优势的必要条件，制冷级间换热器 E5231 是 Unipol 工艺技术 PP 装置的关键设备，该型引进设备一般由林德等国际制造商供货。围绕这一引进设备国产化问题，在中国石油广西石化 1000 万 t/年炼油工程等重大项目支持下，合肥通用机械研究院联合镇海炼化检修安装公司，消化吸收国内外同行技术与经验，成功开发了 PP 工艺气回收多股流装置，完成了广西石化 20 万 t/年 PP 装置制冷级间换热器的首台套国产化研制与验证，并改进了流程将原工艺三台换热器级联设计优化为仅需一台多股流缠绕管式换热器，该优化设计也获得了工艺包方中国寰球工程公司的认可，在更大规模的抚顺石化 30 万 t/年 PP 装置和四川石化 45 万 t/年 PP 装置中陆续得到采用。

这项 PP 工艺气回收多股流装置技术，优化了引进工艺制冷级间换热器流程，将多级离散式换热器冷却流程集成在一个设备里，使回收流程更加便捷，可一次实现工艺气热物料冷凝，各股冷物料无须通过多个级间换热器逐级冷却工艺气热物料；淘汰了原引进设备型式，新的立式芯体小升角连续降膜冷凝管多物料集成式结构传热与流动设计，可保障三股冷物料共同提供冷量使得热物料工艺气一次连续均匀降膜冷凝完毕，克服了原引进工艺设备逐级冷凝带来的缺点；完成了机械完整性设计，多物料集成式或分布式管箱及独特的管箱筒体与单管板集成式封头之间的对接形式，使得对接接头应力集中小、受力好、能承受较大载荷、连接方式更加可靠，紧凑式设计最大程度简化了设备安装条件、节约了设备安装空间；实现了流程创新与装置创新的统一，具有节能、高效、集成、紧凑、稳定、可靠的特点，率先在国际先进 Unipol 工艺聚丙烯装置上使用了"中国资源"。

这项成果还在久泰能源甲醇深加工项目 35 万 t/年聚丙烯装置、联泓集团山东神达化工 100 万 t/年甲醇制烯烃工程 20 万 t/年聚丙烯装置、中煤蒙大新能源化工年产 50 万 t 工程塑料项目 30 万 t/年聚丙烯装置、张家港扬子江石化 40 万 t/年聚丙烯装置等项目上成功应用，为国家重大工程建设顺利进行提供了一份保障，为近年来聚丙烯产能超越聚乙烯并保持高速增长贡献了一份力量。

6. 大型 LNG 绕管式换热器研制

2013 年工信部下发海洋装备研制计划，由中海油气电集团、上海交通大学、哈尔滨工业大学等承担了工信部"大型 LNG 绕管式换热器研制"项目，开发适用于 LNG-FPSO 大型 LNG 绕管式换热器。这个项目的基础研究工作主要是上海交通大学、哈尔滨工业大学完成的；其中的"高效 LNG 绕管式换热器设计、制造和检验技术研究"由江苏中圣集团负责完成，"LNG 绕管式换热器设计、制造和检验技术研究"专题由开封空分集团有限公司负责。项目实施过程中，中圣集团研制出 300m 超长高效铝换热管样品；开封空分集团进行了大量的试验研究工作，包括多种铝合金管与复合管板焊接的拉脱试验、晃动工况对绕管体、管板、中心筒连接结构可靠性影响、晃动工况对换热性能影响、铝换热管与复合管板胀焊工艺、大型绕管芯体与筒体套装技术、壳程流体均布分布器的研究等。

2016 年 10 月 19 日，"高效 LNG 绕管式换热器设计、制造和检验技术研究"专题研究成果评审会在南京召开。2016 年 10 月 28 日，"LNG 绕管式换热器设计、制造和检验技术研究"专题在开封通过审查验收（见图1.5-25）。

图1.5-25　30万 m^3/天LNG绕管式换热器样机

为了深入开展混合冷剂在液化天然气工艺流程中的不同位置的热行为特性研究，研究不同循环中混合冷剂冷凝和蒸发的特征机理，上海交通大学和合肥通用机械研究院相继建设了多组分混合冷剂试验台（见图1.5-26），同时试验台还和晃动平台相结合，能够完成天然气液化工段不同位置以及FLNG不同晃动工况下的传热与流动的测试需求。上海交大随后还进行了板翅式换热器冷箱的相关试验研究工作，合肥通用机械研究院还承担了工信部海洋装备研制计划FLNG海水-混合冷剂换热器的研制，为我国天然气液化工艺与装备的研究奠定了坚实的基础。

图1.5-26　合肥通用机械研究院多组分混合冷剂试验台

7. 新能源领域的缠绕管式换热器

石岛湾核电站项目是国家科技重大专项。作为第四代核电技术的先进代表堆型，石岛湾200MW高温气冷堆核电站具有固有安全性好、发电效率高、用途广泛、小容量模块化建造等特点，是我国最新设计和开发的第一座具有完全自主知识产权、具备商用规模的模块式高温气冷堆示范型核电站。蒸汽发生器是高温气冷堆核电系统中最关键的设备之一，其作用是将核反应堆的热量转换成接近600℃的水蒸汽，推动汽轮发电机组产生电能，业内称之为"核电之肺"。这台球床模块式高温气冷堆核电蒸汽发生器，是我国第四代核电标志之作。高温气冷堆蒸汽发生器采用缠绕管式换热器结构，换热效率高、结构布置紧凑，设备总高约25m，最大外径约4.5m，总重接近500t。2018年10月31日哈电集团制造、助力国家四代核电自主化的"大国重器"——全球首台高温气冷堆蒸汽发生器在哈电集团（秦皇岛）重型装备公司顺利通过验收，运往高温气冷堆核电站示范工程华能石岛湾核电站。这台蒸汽发生器是国家科技重大专项、全球首台套，拥有完全自主知识产权。在国家科技重大专项高温气冷堆蒸汽发生器验收会上，中核集团宣读了蒸汽发生器出厂验收意见：蒸汽发生器及本体附件的数量、主要尺寸、外观质量和相关质量证明文件均满足采购合同和设计文件要求。验收组一致认为，所验收设备合格，同意出厂（见图 1.5-27）。

图 1.5-27　华能石岛湾核电站高温气冷堆蒸汽发生器组装及出厂产品图

5.6.2.3　不断进步的缠绕管式热交换器制造技术

在缠绕管式换热器应用领域不断拓宽的过程中，缠绕管式换热器的技术进步起到了很大的支撑作用。这种制造技术进步首先体现在超长传热元件上，在低温甲醇洗领域缠绕管式换热器国产化时，我国放弃了德国采用的低温低合金钢换热管技术路线，这不仅是因为我国没有配套的 -100℃ 等级低温低合金钢换热管，更主要的是甲醇洗在乏氧环境破坏后的腐蚀风险，因此一开始就采用了超长奥氏体不锈钢焊接钢管的技术路线。镇海石化建安工程有限公司成为国内仅有的既制造缠绕管式换热器，又有 4 条超长奥氏体不锈钢焊接钢管生产线的企业。正是由于他们在奥氏体不锈钢焊接钢管作为换热管在设计压力 6.4～10.0MPa 的应用上积累了丰富的经验和明确的例证，才使得 GB/T 150.2—2011《压力容器　第 2 部分：材料》将奥氏体不锈钢焊接钢管在非极度或高度危害介质场合上使用的设计压力提高到 <10.0MPa。对于高压加氢装置设计压力大于 10.0MPa 的使用环境，用户和工程公司还是担心带有纵缝的奥氏体不锈钢焊接钢管的可靠性，前几套装置的超长换热管多采用热交换器用奥氏体不锈钢钢管对接焊接而成。尽管在焊接质量和无损检测上保持了 100% 的 I 级合格，但换热管对接的环向接头仍是一个潜在的风险。为此，镇海石化建安工程有限公司和宜兴精密不锈钢股份有限公司联合开展了超长、小口径、高精度奥氏体不锈钢无缝精轧换热管制造技术的攻关，并一举取得了长度大于 120m、直径 10～25mm 的高精度奥氏体不锈钢无缝精轧换热管制造技术的突破，为高压加氢环境找到了高可靠性的传热元件。第二个技术进步体现在缠绕技术上，攻克了双侧管板同步驱动、特大型芯体的顶升移位、芯体的防扭转、防冲击、防止轴向窜动等技术难题，开发了双换热管自动送料机构，在芯体转动的同时，供给换热管并使之以与芯体转动速率对应的速度沿轴向移动，使换热管以拟定的螺距缠绕于芯体之上，其中送料机构的移动速率与芯

体转动的速率之间自动协调和保证。送料机构还设计有张紧换热管的设施，保证换热管在芯体上缠绕的松紧度达到设计要求。目前开发的工装，可绕制芯体直径达 6000mm、芯体单体重量达 500t、长度 / 高度超过 35m、单体换热面积高达 50000m^2。此外，还创新了芯体与壳体传统的组装模式，开发了一整套旨在保护绕管换热器芯体和设备壳体的无接触组装技术和工装设备，在芯体上设置滑道，避免芯体装入壳体内壁过程造成的损伤，保证了旋流强化换热设备大型化以后的组装质量（见图 1.5-28）。第三个技术进步是焊接和无损检测技术。发明了低焊接残余应力的对接焊接接头，有效改善耐热钢侧、低合金钢侧热影响区的应力分布状态。开发出旋流强化换热设备无损检测新技术，解决了焊缝中晶粒粗大、声波指向性不好、超声波衰减系数不一、粗大晶粒反射的杂波易被误判、不同材料或不同的焊接工艺声学性能会相差比较大等五大难题。为了实现换热管与管板焊接接头的事前控制和科学控制，克服 γ 源的不足，开发了换热管与管板焊接接头棒阳极射线检测技术，并建立了基于可靠性的换热管与管板焊接接头的评价准则。我国标准 GB/T 151—2014 规定"对无法更换的有缺陷换热管的热交换器，允许堵管。堵管根数不宜超过 1% 且总数不超过 2 根"。该项技术的实施，保证了旋流强化换热设备换热管与管板的焊接接头的不合格率控制在万分之一以下（累计），远高于标准的要求。这两项工作有效促进了我国承压设备无损检测技术标准的进步：NB/T 47013.2—2015《承压设备无损检测　第 2 部分：射线检测》将管子-管板角焊缝射线照相技术要求列入附录 A；NB/T 47013.3—2015《承压设备无损检测　第 3 部分：超声检测》将奥氏体不锈钢对接接头超声检测的适用厚度从 10～50mm 提高到 10～80mm。缠绕管式换热器制造技术的发展促进了我国换热管制造业和承压设备制造技术的进步，社会效益显著。

图 1.5-28　从自动供给、同步驱动到无接触组装

5.6.3　结语

缠绕管式换热器的发展是我国装备制造业弯道超越的一个典型例证，我国用了 20 余年的时间走完了西方发达国家近百年的发展道路。不仅打破了西方国家对我国化工、煤炭深加工等领域大型缠绕管式换热器的垄断，在加氢裂化、连续重整、芳烃异构化、气冷堆主蒸发器等领域的缠绕管式换热器技术已处于国际领先水平。用于恒逸文莱 PMB 项目换热面积达 3 万 m^2 的缠绕管式换热器已成为目前国际上单体最大的钢制旋流强化换热设备，这在占有我国过程工业 30% 投资的换热设备领域中具有里程碑式的意义。不仅实现了缠绕管式换热器由"中国制造"到"中国创造"，而且抢占了高端换热设备的战略制高点。未来一段时间，随着我国炼油、炼化一体化、煤炭深加工、低温深冷和核电等领域的不断

发展，缠绕管式换热器的应用前景十分可观；同时随着"一带一路"倡议的实施，我们有理由相信，在不久的将来大型液化天然气主低温换热器将会取得示范应用。

（本节由合肥通用机械研究院有限公司陈永东撰写）

5.7 特种材料压力容器的发展历史

5.7.1 概述

在压力容器行业，习惯将采用等级优于不锈钢材料制造的压力容器称为特种材料压力容器，主要包括使用镍、钛、锆、铌、钽及其合金与复合板制造的压力容器。

特种材料压力容器通常在强腐蚀介质环境下工作，具有设计、制造、检验技术难度大，造价高的特点。在工程上，除使用全部由特种材料制造的压力容器外，为降低设备造价，还广泛使用特种材料复合板、特种材料衬里压力容器，部分主要受压元件还会采用特种材料堆焊制成。

因特种材料压力容器使用的材料特殊，可用于核工业、军事装备研发等领域，工业发达国家进行了严密的技术封锁，使得我国特种材料压力容器发展经历了从无到有、从落后到赶超的艰辛历程。

按时间顺序，我国特种材料压力容器的发展大致可分为三个阶段：
1）特种材料压力容器初始使用；
2）特种材料压力容器技术开发和推广使用；
3）特种材料压力容器技术全面研发和广泛使用。

5.7.2 特种材料压力容器初始使用

20世纪70年代前，受制于技术和造价两个因素，我国特种材料压力容器技术发展缓慢，使用特种材料范围较为狭窄。镍材的使用主要集中于氯碱和氟化工装置，钛材、锆材的使用主要集中于农药和染料生产装置，镍材、钛材、锆材多作为容器的衬里或零部件，建造技术未形成完整的技术体系，也无统一的标准加以规范。

此阶段，特种材料压力容器虽然用量极少，但其优良的耐蚀性能已引起了行业的关注，为后续技术开发创造了良好氛围。

5.7.3 特种材料压力容器技术开发和推广使用

1972年，国家决定在引进国外30万t/年合成氨、48万t/年尿素等大型化肥成套装置的同时，安排一机部、燃化部开展国内大型化肥成套设备的研制工作，建设上海吴泾大型化肥成套装置。结合上海吴泾30万t/年合成氨、24万t/年尿素装置建设，为研制尿素装置二氧化碳汽提塔（技术参数见表1.5-8），合肥通用机械研究所、化工部第四设计院、哈尔滨锅炉厂、哈尔滨焊接研究所、宝鸡有色金属研究所、宝鸡有色金属加工厂等单位合作，对钛制压力容器技术进行了系统研发。

在一机部的统一协调下，参研单位密切配合，先后攻克了结构强度与设计，大型钛-钢复合板爆炸复合，钛-钢复合板封头加热保护和热压成形，钛材手工、自动氩弧焊、等离子焊接，钛与钢的钎焊，厚管板深孔加工，钛管和钛复合管板自动钨极氩弧焊等一系列技术难关，于 1975 年开始制造，1976 年完成试制（见图 1.5-29），1979 年 12 月在上海吴泾化工厂一次试车成功。

表 1.5-8　二氧化碳汽提塔主要技术参数

项　目	技术参数		项　目	技术参数	
	壳　程	管　程		壳　程	管　程
设计压力 /（kgf/cm²）	30	160	筒体内径 /mm	ϕ1800	ϕ1790
工作压力 /（kgf/cm²）	21	144	筒体厚度 /mm	32	85+10
设计温度 /℃	225	200	封头厚度 /mm	—	60+5
工作温度 /℃	216	200	传热面积 /m²	753	
介质	水蒸汽	CO_2、NH_3、尿素、甲铵液	总高度 /mm	12430	
主体材质	A3、1Cr18Ni9Ti	14MnMoV+TA1、TA2	总重量 /kg	约 57000	

二氧化碳汽提塔开创了中国大型压力容器使用钛材的先例，在同用途产品中也是世界首台。其连续运行天数曾创造 113 天的纪录，超过了法国公司制造的同用途设备。二氧化碳汽提塔获得了全国第一届科学大会奖和国家新产品成果奖。

其后，合肥通用机械研究所为响应国家推广钛材应用的号召，发挥自身技术优势，与哈尔滨锅炉厂、宝鸡有色金属加工厂、广州重型机器厂联合，组建了我国第一个跨省市地区、跨领导部门（成员分属冶金、机械两个部门领导）的中国四联钛设备设计制造公司（以下简称"四联钛公司"）。

图 1.5-29　国产首台钛复合板制二氧化碳汽提塔

四联钛公司于 1981 年 5 月在安徽黄山开会成立了筹备组，在此次会议上，公司成员单位一致同意将研制电厂钛冷凝器作为公司的第一项重要工作。在公司成员的积极努力下，同年 6 月四联钛公司获得了浙江省台州电厂钛冷凝器研制任务。该钛冷凝器为 12.5 万 kW 发电机组配套设备，结构为卧式直管式换热器，换热面积为 6750m²，冷却水量 19770t/h，水侧 2 行程，换热管规格为 ϕ25mm×0.6mm，材质为 TA2，外形尺寸为 10670mm×7375mm×9510mm（见图 1.5-30）。

自 1981 年 8 月起，启动相关工作，进行任务分工——宝鸡有色金属加工厂负责钛材供应，哈尔滨锅炉厂负责设计、制造与安装，合肥通用机械研究所负责组织、协调全面工作并协助哈尔滨锅炉厂进行设计，广州重型机器厂根据需要配合研制工作；1982 年 2 月，在哈尔滨锅炉厂召开钛冷凝器设计方案审查会，并检查有关制造工艺准备情况；1982 年 6 月，哈尔滨锅炉厂完成钛冷凝器的施工图设计与生产准备工作；1982 年 9 月，宝鸡有色金属加工厂经过多次试验，试制出直径 25.4mm、壁厚 0.6mm 的冷拔钛管；1983 年 2 月，钛冷凝器制造完毕；1983 年 8 月，完成现场安装；1983 年 8 月 26 日，钛冷凝器一次投运成功。1986 年该冷凝器获哈尔滨市科技进步二等奖和机械部科技进步二等奖。

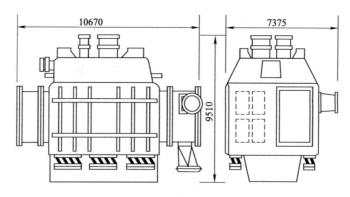

图 1.5-30 浙江省台州电厂钛冷凝器

钛冷凝器研制成功的意义在于：

1）自主完成了钛换热管的设计，结合二氧化碳汽提塔的设计，国内已初步摸索出不同类型钛制压力容器的设计方法；

2）成功研制钛换热管，使压力容器用钛材品种齐备；

3）通过钛管板拼焊、管子与管板的胀接加焊接，掌握了胀管技术、厚钛板焊接技术和全位置自动焊焊接技术，加上研制尿素装置二氧化碳汽提塔过程中积累的焊接技术，国内已可解决不同类型钛制压力容器的制造难题。

二氧化碳汽提塔和钛冷凝器的研制成功，极大地推动了钛制压力容器的推广使用，积累了相当数量的案例，催生了钛制压力容器标准的出现。1987年，钛制压力容器两项行业标准CD130A8—1987《钛制设备设计技术规定》（见图1.5-31）、CD130A9—1987《钛制设备技术条件》相继发布；1990年版《压力容器安全技术监察规程》也对钛制压力容器的材料、设计、制造、检验做出了规定。

钛制压力容器的开发，是我国特种材料压力容器建造技术系统性开发和推广应用的开端。虽然设计的材料仅限于钛材，但研发过程中积累的经验和教训，为特种材料压力容器技术的全面研发和广泛使用打下了坚实的基础。

图 1.5-31 钛制压力容器行业标准

5.7.4 特种材料压力容器技术全面研发和广泛使用

我国特种材料压力容器技术全面研发和广泛使用是伴随着醋酸（醋酐）产业的迅猛发展形成的。

生产醋酸的低压羰基合成工艺技术是已有数种醋酸生产工艺中最为经济的一种，具有成本低、产量高、产品质量好等突出优势，已为工业发达国家推广使用。我国早在20世纪70年代就已初步掌握低压羰基合成醋酸工艺技术，欲采用此先进的工艺方法生产醋酸，但在工程化的过程中却遇到了无法回避的设备难题——低压羰基合成工艺生产醋酸的操作温度较高，采用含碘催化剂，对设备的腐蚀极为强烈，合成与成品工段需大量采用镍基合金、锆等特种材料压力容器。这在当时是无法解决的难题。

20世纪90年代初，上海吴泾化工厂从英国BP公司引进工艺技术，建设10万t/年醋酸装置。该装置所有15台镍基合金、锆等特种材料压力容器全部进口，现场安装过程中镍基合金、锆管路的焊接也全部由国外工程公司承担。国外公司挟设备技术优势，开出了昂贵的设备价格（为后来国产设备造价的3倍以上），提出了严格的保密要求和限制（上海吴泾项目特种材料管道焊接现场禁止我方人员入内），这对压力容器行业产生了极大的触动。鉴于后续江苏镇江、重庆长寿等一批醋酸项目的建设，不可回避镍基合金、锆等特种材料压力容器、管道的建造、维修难题，研发镍基合金、锆等特种材料压力容器成为当务之急。

1991年，合肥通用机械研究所对国内特种材料压力容器相关情况进行了系统调研、分析，认为：虽然当时国内镍基合金、锆等特种材料压力容器方面没有生产过材料，没有设计、制造过大型压力容器，无相关标准，设计、制造、检验与验收无依据，基本处于空白状态，但以压力容器四十年发展打下的基础，充分利用有限的国外参考资料，有信心、也必须为国家攻克这一难题，并开始积极寻求研发契机。1992年9月21日，合肥通用机械研究所在江苏镇江化工厂、上海石化工程建设公司（集团）的支持下，承担了镇江化工厂醋酸工程（也称"921"工程）特种材料压力容器的技术开发工作，我国特种材料压力容器技术全面研发和广泛使用正式拉开序幕。

5.7.4.1 醋酸装置镍基合金制、锆制压力容器技术开发过程

5.7.4.1.1 技术开发的顶层设计

"921"工程特种材料压力容器技术开发是在严密、科学的顶层设计指导下，分步骤有序进行的。

"921"工程特种材料压力容器共计15台，材料包括镍基合金G-3、镍基合金B-2、锆R60700、锆R60702、锆R60705，设备类型涵盖热交换器、塔器、分离容器、反应容器，难度由大到小依次为锆-钢复合板反应器、镍基合金B-2闪蒸罐、锆R60702塔器、其他压力容器。鉴于当时国内薄弱的基础，指望国内短期内全部解决"921"工程特种材料压力容器全部技术问题是不现实的，必须结合工程项目建设分步推进；另一方面，通过特殊渠道完全进口特种材料压力容器也不可取，因生产过程总回避不了设备维修、更换问题，国内不研发、不制造也会使整个工程投产后处于完全受制于工业发达国家的尴尬境地。为规避工程风险，合肥通用机械研究所主导制订了在"921"工程中，国内先行研发部分特种材料压力容器，待成功后再行继续研发，最终攻克锆-钢复合板反应器，实现醋酸装置所有特种材料压力容器全部自主研发的步骤。具体为：

1）进行基础共性技术研究，完成部分特种材料压力容器研制；
2）进行现场挂片试验，优化选材、制造工艺；研制小型锆-钢复合板试验容器；
3）醋酸装置全部特种材料压力容器自主研制。

5.7.4.1.2 醋酸装置四台特种材料压力容器研制

"921"工程四台特种材料压力容器研制始于1992年，由合肥通用机械研究所、江苏镇江化工厂、上海石化工程建设公司（集团）和西安524厂承担。

1992年底,合肥通用机械研究所"921"工程项目组进驻上海古北路工人疗养院进行封闭设计。初步设计过程中,合肥通用机械研究所"921"工程项目组会同上海石化工程建设公司(集团)、江苏镇江化工厂的设备技术人员与预定制造单位西安524厂人员就国内制造特种材料设备课题设置、结构与工艺关联、制造主工艺路线等充分交换意见,形成较为完善、可行的初步设计。至1993年6月,"921"工程全部特种材料压力容器的初步设计完成。

1993年9月,化工部组织召开镇江化工厂醋酸项目初步设计审查会。会上,合肥通用机械研究所负责对工程项目涉及的设备问题进行技术论证,依据翔实的文献资料分析、调研结果,汇总特种材料设备初步设计过程中各专业的工作进展情况,对相关设备的关键技术问题进行了透彻的解剖,提出了化解设备难题的可行方案并获得了与会专家的认同。

初步设计审查通过后,合肥通用机械研究所、上海石化工程建设公司(集团)合作于1993年10月完成了"921"工程全部15台特种材料压力容器的施工设计,形成的设计文件除图样外,还包括特种材料压力容器建造过程中所涉及的所有技术文件——15台特种材料压力容器逐台的技术条件、材料订货技术规定、锆焊接技术条件、哈氏合金焊接技术条件、锆热处理技术规定、反应器机械密封技术条件等,并按国际上工程建设惯例编制了《"921"工程规范》,指导工程中所有特种材料及一般材料压力容器的建造。

施工设计完成后,合肥通用机械研究所、江苏镇江化工厂、上海石化工程建设公司(集团)组织召开设备设计人员联席会议,商讨确定国内首批研制特种材料压力容器的筛选问题。既要可行,保证国内在进行一定研究后能做出来,不影响工程建设进度;又要考虑到后续研发和使用维护的需要,最终实现全部特种材料压力容器国产化并完全自主使用维护的目标。经充分的分析、对比、权衡,最终选定闪蒸罐、初分塔、再生塔、汽提塔等四台设备(技术参数见表1.5-9)作为国内研发首选。此次会议之后,国内首批研发四台特种材料压力容器的阶段目标业已明确,主要工作转入解决制造、检验共性技术难题。

表1.5-9 "921"工程国内研制特种材料压力容器一览表

设备名称	主要技术参数			
	设计压力/MPa	设计温度/℃	主体材质	规格尺寸/mm
汽提塔	0.37/−0.1	194	镍基合金G-3(SB-582 N06985)	$\phi 400\times 6.35\times 12780$
再生塔	0.35/−0.1	173	镍基合金G-3(SB-582 N06985)	$\phi 600\times 6.35\times 19180$
闪蒸罐	0.35/−0.1	175	镍基合金B-2(SB-333 N10665)	$\phi 3200\times 9.5\times 8180$
初分塔	0.36/−0.1	162	锆R60702(SB-551 R60702)	$\phi 700\times 6.35/\phi 1700\times 7.9\times 22080$

注:"921"工程实施过程中,将"镍基合金"称"哈氏合金"。

1994年1月,镇江化工厂出资设立了"哈氏合金耐蚀性能试验装置、检验方法与合格判据""哈氏合金、锆的焊接技术"两个攻关课题,焊接课题由合肥通用机械研究所和西安524厂共同承担,腐蚀课题由合肥通用机械研究所独立承担,试验研究随即展开。同时,合肥通用机械研究所的哈氏合金机械加工试验和封头成形相关技术调研也按计划进行。

1994年下半年至1995年初,为解决岳阳石化公司橡胶厂小型锆制换热器问题,合肥通用机械研究所先后完成了换热器图样设计、技术条件编制等工作，并与宝鸡有色金属加工厂合作，使用国产锆（ZrO）完成了设备制造，在锆的结构设计、锆的机械加工、锆换热管与锆管板焊接等方面进行了前期探索。

1995年6月，腐蚀课题按计划完成并通过了课题鉴定，课题组建立了哈氏合金B-2、G-3、C-276三种材料的晶间腐蚀试验装置（见图1.5-32）和试验方法，对敏化与晶间腐蚀性能之间的关系进行了试验研究，在一定程度上验证了设计所提出的耐晶间腐蚀性能合格判据；初步解决了国内研发四台特种材料压力容器耐蚀性能评价这一核心问题，使哈氏合金材料各项制造工艺试验结果是否可用、产品最终的耐蚀性能能否满足要求等关键问题有了衡量尺度。

图1.5-32　哈氏合金B-2（G-3）晶间腐蚀试验装置

1995年12月，各参研单位在西安524厂召开了设计交底和焊接课题验收会。会上，合肥通用机械研究所、上海石化工程建设公司（集团）分别就国内制造的四台特种材料压力容器的主体结构、制造与检验关键技术要求等逐台进行说明；西安524厂汇报了特种材料压力容器制造准备、人员配置、质保体系运行情况及质量与进度计划；合肥通用机械研究所、西安524厂汇报了锆、哈氏合金焊接试验情况；合肥通用机械研究所汇报了哈氏合金机械加工试验、封头成形调研情况，哈氏合金晶间腐蚀试验研究结果等。综合已有工作，参研各方一致认为，启动四台特种材料压力容器制造时机已经成熟。在制造顺序的具体安排上，依"先易后难"的原则，即先制造技术难度相对较低的哈氏合金G-3汽提塔和再生塔，再制造技术难度大的哈氏合金B-2闪蒸罐和锆初分塔。

1996年3月，合肥通用机械研究所特材设备监制组进驻西安524厂，汽提塔封头投料成形，四台特种材料压力容器制造正式开始，历经9个月，于1996年12月顺利完成制造。在此期间，四家参研单位密切配合，攻克了多项技术难关：

1996年3月，采用冷压工艺成形小直径镍基合金G-3封头；

1996年5月，采用温旋压工艺成形镍基合金B-2封头；

1996年6月，对成形镍基合金B-2封头进行固溶处理，完成机械加工；

1996年7月，完成汽提塔、再生塔镍基合金G-3产品焊接试件的耐蚀性能检验，性能合格；

1996年8月，实现对锆材的保护，采用热压工艺成形锆封头；

1996年8月，完成闪蒸罐产品焊接试件的耐蚀性能检验，性能合格；

1996年9月，首创锆的水冷焊接工艺，并应用于锆制初分塔（见图1.5-33）的焊接；

1996年12月，完成锆塔的酸洗钝化。

这些共性技术的掌握，标志着国内已具备了建造镍基合金G系列、镍基合金B系列、镍基合金 C 系列（难度介于镍基合金 G-3 和镍基合金 B-2 之间）、锆制压力容器的能力。自主研发的锆的水冷焊接工艺技术系国内首创，自主建立的高温盐酸腐蚀试验装置试验结果也较国外准确，但是锆封头成形工艺技术尚不成熟、不稳定。

图 1.5-33　采用锆材 R60702 制造的初分塔

1996 年至 1997 年，合肥通用机械研究所与化工部第六化建公司合作，攻克"921"工程特种材料设备、管道现场安装过程中的焊接难题，国内也掌握了特种材料管道制备、焊接、检验技术。

5.7.4.1.3　醋酸装置现场挂片试验和 $\phi 600$ 锆-钢复合板试验釜研制

1. 挂片试验

为对国产四台特种材料压力容器的使用状况进行有效监测，探索醋酸装置更为合理的选材和新制造工艺的应用，验证和确定镍基合金 G-3、C-276、B-2 和 B-3 的耐蚀性能工程判据，实现醋酸装置特种材料压力容器全部自主建造。1997 年，合肥通用机械研究所在江苏索普（集团）有限公司（原江苏镇江化工厂，以下简称"江苏索普集团"）的支持和协作下，在"921"工程醋酸装置设备中进行了现场挂片试验。

此次挂片试验兼顾了设备腐蚀状况监测、选材、制造工艺筛选、材料耐蚀性能工程判据获取等目的，在详细分析装置工艺流程、操作参数、介质组成等因素后确定了挂片的设备和具体位置。挂片试验基本情况见表 1.5-10。

表 1.5-10　"921"工程醋酸装置挂片试验

挂片设备	挂片材料	挂片类型	挂片工艺状态	备注
锆-钢复合板反应器	锆 R60702、镍基合金 B-2、镍基合金 B-3	均匀腐蚀试样、点腐蚀试样（仅对锆 R60702）、晶间腐蚀试样、应力腐蚀试样	母材、手工电弧焊焊态、手工氩弧焊焊态、等离子焊焊态、返修焊态、手工氩弧焊+固溶处理（仅对镍基合金 B-2、镍基合金 B-3）	进口设备
闪蒸罐	镍基合金 B-2、镍基合金 B-3	均匀腐蚀试样、晶间腐蚀试样、应力腐蚀试样	母材、手工电弧焊焊态（分细晶板+细晶板和粗晶板+粗晶板两种）、手工氩弧焊焊态、等离子焊焊态、返修焊态、手工氩弧焊+固溶处理	国产设备
初分塔	锆 R60702	均匀腐蚀试样、点腐蚀试样、应力腐蚀试样	母材、手工氩弧焊焊态、水冷工艺焊接焊态、返修焊态	国产设备
再生塔	镍基合金 G-3、镍基合金 C-276	均匀腐蚀试样、应力腐蚀试样	母材、手工电弧焊焊态、手工氩弧焊焊态、返修焊态、背面无保护焊态	国产设备

1999 年，对挂片结果进行了第一次检查分析，得出以下初步结果：

1）锆 R60702、镍基合金 B-2、镍基合金 B-3 的母材、焊接接头的耐蚀性能适应锆-钢复合板反应器的操作条件；镍基合金 B-2、镍基合金 B-3 的母材、焊接接头的耐蚀性能适应闪蒸罐的操作条件；镍基合金 G-3 镍基合金 C-276 的母材、焊接接头的耐蚀性能适应

再生塔的操作条件;

2)等离子焊焊接接头的耐蚀性能与手工氩弧焊焊接接头相当,均优于手工电弧焊;

3)镍基合金 B-2 粗晶板母材、焊接接头的耐蚀性能低于同状态的细晶板,但仍可使用;

4)采用水冷工艺焊接的锆 R60702,其耐蚀性能与气冷相当;

5)返修焊态的锆 R60702,其耐蚀性能与气冷相当;返修焊态的镍基合金 B-2、镍基合金 B-3,其耐蚀性能略低于无返修焊态;

6)背面无保护的镍基合金 G-3、镍基合金 C-276 焊接接头(注:焊缝金属达到一定厚度方取消背面保护)耐蚀性能与有保护的相当;

7)手工氩弧焊+固溶处理的焊接接头,其耐蚀性能优于焊态,略低于母材。

上述结果,为其后国内醋酸装置特种材料设备的选材提升、结构和制造工艺优化打下了坚实的技术基础。据此,已拟在即将到来的江苏索普集团醋酸二期工程建设中,以镍基合金 B-3 替代镍基合金 B-2 建造闪蒸罐、以镍基合金 C-276 替代镍基合金 G-3 建造再生塔等七台设备。

1999 年,合肥通用机械研究所承接了上海宝钢化工公司古马隆管式反应器泄漏分析及备件供货项目,实施过程中尝试采用镍基合金 B-3 解决腐蚀问题,并与南京化学工业公司化工机械厂合作,成功地完成了该项目。在此过程中,先后进行了镍基合金 B-3 的机械加工、成形、焊接和热处理工艺试验,为国内建造大型镍基合金 B-3 压力容器进行了技术储备。

2. 锆-钢复合板试验釜研制

1999 年底,江苏索普集团醋酸中试装置需更新主反应器——$\phi 600$ 锆-钢复合板试验釜(以下简称"小釜",技术参数见表 1.5-11),委托合肥通用机械研究所为技术负责单位。合肥通用机械研究所与江苏索普集团、南京宝色钛业有限公司(以下简称"南京宝色")合作,开始了最为艰难的锆-钢复合板试验釜研发工作。

表 1.5-11 锆-钢复合板试验釜主要技术参数

设计压力 /MPa	3.4	工作压力 /MPa	2.9
设计温度 /℃	232	工作温度 /℃	190
介 质	CO、甲醇、醋酸、催化剂	主体材料	16MnR +TA2+ 锆 R60702
规格尺寸 /mm	$\phi 600 \times 18$(12+2+4)$\times 1546$		

在承接上海索普化工设计有限公司(原上海石化工程建设公司(集团),以下简称"索普设计公司")转交的基础设计资料后,合肥通用机械研究所于当年完成了施工图设计和订货技术条件、设备制造技术条件编制工作。其后,指导南京宝色先后完成了锆-钛-钢三层复合板爆炸复合、锆复合板封头成形、衬里焊接、热处理、衬里泄漏检验、热循环试验等工艺技术开发,于 2002 年完成小釜制造(见图 1.5-34)。需要说明的是,在研制小釜过程中特别安排了有限元分析、计算锆衬里结构应力的尝试,以及小釜热循环试验过程中衬里的高温应力测试等工作;刻意在结构设计、制造工艺上考虑设置了今后建造大型锆-钢复合板反应器所不可回避的相关技术问题。可见,从技术层面上说小釜的研制难度不亚

于建造大型锆-钢复合板反应器，因为对锆而言，小尺寸零件成形更易开裂，小空间内进行锆材焊接难度更大。小釜的研制成功表明建造大型锆-钢复合板反应器在技术上已不存在不可逾越的障碍，此举标志着国内已具备醋酸装置全部特种材料压力容器自主建造的能力。

5.7.4.1.4 醋酸装置特种材料设备的全部自主建造

图 1.5-34　高温应力测试中的锆-钢复合板试验釜

2000 年，江苏索普集团醋酸二期工程启动，确定合肥通用机械研究所作为技术负责单位，承担醋酸装置所有压力容器设计和制造过程中的技术指导和服务工作。

2000 年至 2002 年，合肥通用机械研究所相继完成了下列工作：

1）完成二期工程醋酸装置全部特种材料压力容器设计。在本次设计中，选用镍基合金 B-3 代替镍基合金 B-2 作为闪蒸罐主体材料，选用镍基合金 C-276 代替镍基合金 G-3 作为再生塔、汽提塔等五台压力容器主体材料。此后，英国 BP 公司、美国塞拉尼斯公司新建醋酸装置也相继修改了对应压力容器的选材。

2）通过更深入的调研、技术分析和高温拉伸试验，确定了锆封头的高温冲压成形工艺路线，并确定了 700～750℃ 的坯料加热温度范围。

3）扩建了腐蚀试验室，通过试验研究、标定试验，固化了镍基合金 B 系列、镍基合金 C 系列的耐蚀试验程序，显著提高了试验精确度；初步摸索出一套醋酸装置用锆材的耐蚀性能试验方法。

4）通过大量试验，初步确定 ASTM G28 B 法可以作为镍基合金 C 系列材料焊态的耐蚀性能试验方法，并给出了材料订货所使用的合格指标。

5）通过分析和试验，确定可采用锆 R60702 制造塔器内件，经高温膜化处理后替代 R60705 制塔内件。

2003 年，江苏索普集团醋酸二期工程特种材料压力容器制造全面铺开。制造分工为：西安 524 厂承制八台锆压力容器，南京大化机承制镍基合金 B-3 闪蒸罐，南京宝色承制五台镍基合金 C-276 压力容器，合肥通用机械研究所为技术负责单位与江苏索普集团、索普设计公司组成技术工作组进驻各厂。因特殊情况进口的锆-钢复合板主反应器，合肥通用机械研究所承担对外方设计文件、工艺文件、质量与检验计划的审核和产品中间过程检查和最终验收工作，利用一期工程和小釜研制积累的经验和技术指导建造。

2004 年，江苏索普集团醋酸二期工程特种材料压力容器制造完成。此次，特种材料压力容器的建造，已不再是跟踪国外技术，自主开发了一系列新结构、新工艺、新方法：

1）研发了锆复合板设备主体焊缝防泄漏的"双保险"衬里结构（见图 1.5-35），显著降低了主体焊缝覆层或衬里泄漏对基层的影响。

2）开发了锆封头的高温冲压成形工艺，通过提高坯料加热温度，同时控制保温时间的方式，在高温下冲压成形锆封头十余只，无一开裂，且耐蚀性能不受影响，晶粒无显著增大，满足工程使用要求，突破了国际上划定的锆封头成形温度"禁区"。

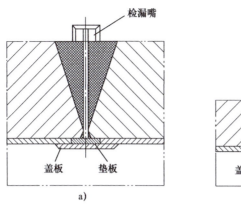
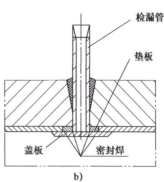

图 1.5-35 锆复合板设备主体焊缝防泄漏的"双保险"衬里结构

a) 传统结构 b) 新结构

3) 开发了恢复镍基合金耐蚀性能的热处理工艺技术,用于恢复制造封头和筒节的两张耐蚀性能不达标的镍基合金 B-3 板材的性能,使其达到了设计要求。

4) 将自主开发的醋酸装置用锆材的耐蚀性能试验方法用于锆封头成形等工艺的筛选和优化。通过母材与工艺过程试样的比对试验,确认了采用水冷工艺焊接的锆材焊接接头和采用高温冲压工艺成形的锆封头,其耐蚀性能与母材相当,为最终确定锆的水冷焊接工艺和锆封头的高温冲压成形工艺发挥了不可替代的作用。图 1.5-36 所示为醋酸装置用锆材的耐蚀性能试验装置和检验试样。

图 1.5-36 锆的耐蚀性能试验

a) 锆材耐蚀性能试验装置 b) 锆材检验试样

5) 根据母材、焊接工艺评定试件、封头焊接试件、产品焊接试件的耐蚀试验结果,确定了 ASTM G28 B 法作为镍基合金 C 系列材料耐蚀性能试验方法的合理性,据此所给出的材料订货合格指标也是科学的,结合"921"工程醋酸装置挂片试验后续结果,有望获取以 ASTM G28 B 法为基础的镍基合金 C 系列材料耐蚀性能工程判据。

6) 成功地将检验镍基合金 B-2 耐蚀性能的高温盐酸腐蚀试验方法推广到镍基合金 B-3。

通过优化腐蚀装置结构和材料、测温标定试验、不同截面晶界侵蚀深度比对试验，提高了试验的准确度，相关方法为镍基合金 B-3 材料专利生产商美国 Haynes 所认可、借鉴，并内定合肥通用机械研究所为该公司材料性能鉴定试验亚洲首选实验室。

7) 研究、完善了锆 - 钢复合板压力容器的热循环试验方法。通过热循环试验过程中的高温应力测试结果，分析了试验过程中锆覆层、衬里应力变化，发现热循环试验可同时起到调整锆覆层、衬里应力的作用。当试验参数匹配、试验压力和温度升降速率合理时，这一应力调整是有利容器承载的，并在一定程度上降低了使用过程锆覆层、衬里开裂的风险。据此优化的锆 - 钢复合板压力容器的热循环试验方法在后续相关工程项目中得到了应用，并取得了良好的效果。

8) 合肥通用机械研究所技术人员在西安 524 厂驻厂期间，还为企业提出了采用增加不锈钢过渡层的三层复合方式制备镍基合金 B-2 管板的合理建议，并在产品上得到应用。

上述成果，已超越了当时工业发达国家的技术水平，对应的镍基合金 G、C、B 三大系列材料压力容器产品耐蚀性能也高于工业发达国家同类产品（见表 1.5-12）。

表 1.5-12 镍基合金 G、C、B 三大系列材料压力容器产品耐蚀性能对比

序号	设备品种	状 态	评价指标	国外产品	国内产品
1	镍基合金 G-3 设备	焊后	年腐蚀速率	0.41mm/ 年	0.40mm/ 年
2	镍基合金 C-276 设备	焊后	年腐蚀速率	1.25mm/ 年	1.17mm/ 年
3	镍基合金 B-3 设备	焊后	晶间腐蚀深度	0.125mm	0.100mm
		焊后 + 热处理		0.09mm	0.09mm

注：镍基合金 B-3 设备国外产品数据为采用材料商提供试件试验获得的实测数据。

特别是研制成功的镍基合金 B-3 闪蒸罐（技术参数见表 1.5-13，产品见图 1.5-37），为世界上首台采用镍基合金 B-3 制造的大型压力容器。建造过程中自主开发的结构设计、耐蚀性能检验与评判、封头成形、机械加工、焊接、固溶热处理和恢复性能热处理、射线检测、酸洗钝化等技术，补充和完善了镍基合金 B 系列材料压力容器建造方法。攻克镍基合金中建造难度最大的 B 系列材料压力容器，标志着国内完全具备了自主建造镍基合金全系列材料压力容器的能力。

表 1.5-13 镍基合金 B-3 闪蒸罐主要技术参数

设计压力 /MPa	0.36/-0.1	工作压力 /MPa	≤ 0.13
设计温度 /℃	176	工作温度 /℃	≤ 127
介 质	醋酸、催化剂	主体材料	SB-333 N10675（镍基合金 B-3）
规格尺寸 /mm	$\phi 3700 \times 9.5 \times 8692$	总重量 /kg	11320

在江苏索普集团醋酸二期工程建设期间，2002 年起，合肥通用机械研究所承担了上海吴泾化工有限公司（以下简称"上海吴泾公司"）醋酸装置特种材料压力容器开发和使用维护技术支持工作。

2003 年，上海吴泾公司正式委托合肥通用机械研究所研制醋酸装置锆 - 钢复合板主反

应器（主要技术参数见表 1.5-14）。

2004 年，合肥通用机械研究所完成施工设计，提交了材料订货技术条件、封头订货技术条件、反应容器壳体基层技术规定、反应容器技术规定，并指导上海化工机械一厂、上海吴泾化工有限公司机械厂、上海电站辅机厂分别进行壳体基层组焊，覆层、衬里的制造和搅拌器安装口的机械加工，于 2006 年完成研制工作。这期间，合肥通用机械研究所、上海化工机械一厂、上海吴泾化工有限公司机械厂联合，对美国成形的锆-钢复合板封头进行了近两个月的整形修复，使其达到设计要求。可见，这台设备名义上是进口了封头，实质上是更具难度的国内自主建造。

图 1.5-37　世界首台镍基合金 B-3 制大型压力容器——闪蒸罐

表 1.5-14　上海吴泾公司醋酸装置锆-钢复合板主反应器主要技术参数

设计压力 /MPa	3.38	工作压力 /MPa	2.86
设计温度 /℃	232/-12	工作温度 /℃	195
介　　质	CO、甲醇、醋酸、催化剂	主体材料	SA-516 Gr.55+ 锆 R60700
规格尺寸 /mm	φ4000×80（76+4）×8260	总重量 /kg	64563

2005 年，合肥通用机械研究所及其下属的合肥通用特种材料设备有限公司（以下简称"合肥通用特材公司"）与云南云维集团达成战略合作协议，以合肥通用机械研究所为技术负责单位，共同实现醋酸装置全部特种材料压力容器国产化。具体分工为：

1）合肥通用机械研究所负责完成醋酸装置全部十六台特种材料压力容器的设计，提出特种材料订货和各容器制造、检验与验收技术要求；

2）向云南云维集团下属制造企业——云南大为化工装备制造有限公司（以下简称"云南大为"）输出镍基合金制、锆制压力容器设计、制造、检验成套技术；

3）为云南大为培养相关设计、工艺技术人员，培训镍基合金、锆材焊工；

4）合肥通用特材公司、云南大为各承制醋酸装置八台特种材料压力容器。

2008 年，合肥通用特材公司租用云南大为制造场地和设备，以现场制造的方式完成了云维集团醋酸装置锆-钢复合板主反应器（主要技术参数见表 1.5-15，产品见图 1.5-38）的制造。与此同时，云维集团醋酸装置其他十五台特种材料压力容器建造也相继完工。

表 1.5-15　云南云维集团醋酸装置锆-钢复合板主反应器主要技术参数

设计压力 /MPa	3.3/-0.1	工作压力 /MPa	3.1
设计温度 /℃	210/-12	工作温度 /℃	190
介　　质	CO、甲醇、醋酸、催化剂	主体材料	SA-516 Gr.55+ 锆 R60700
规格尺寸 /mm	φ3300×64（60+4）×8162	总重量 /kg	45000

云南云维集团醋酸装置锆-钢复合板主反应器在经历热循环试验后，采用氦质谱仪检查，其泄漏率不高于 $7×10^{-6}Pa·m^3/s$，达到了国外同类产品的最高水平。

至此，国内已自主研发成功两层复合、三层复合锆-钢复合板压力容器，直径 600～4000mm。最具难度的锆-钢复合板压力容器被最终攻破后，醋酸装置特种材料压力容器已全部实现国产化。

与此同时，合肥通用机械研究所、江苏索普集团与龙山管件公司合作，实现了多种规格锆、镍基合金管件的国产化。

图 1.5-38　云维集团醋酸装置锆-钢复合板主反应器

5.7.4.2　醋酐装置镍基合金制、锆制压力容器技术开发过程

我国采用低压羰基合成工艺的醋酐装置建设晚于醋酸装置，其工艺与低压羰基合成醋酸工艺相近，但介质腐蚀性相对较弱。醋酐装置中，除醋酐反应器外，其他特种材料压力容器（主要是镍基合金 C 系列制压力容器）均采用醋酸装置特种材料压力容器技术化解了设备建造难题。对于推动特种材料压力容器建造技术而言，研制醋酐反应器对技术的推动作用更为重要，但其技术难度要低于醋酸装置锆-钢复合板主反应器。

2001 年，合肥通用机械研究所承担江苏丹化集团有限责任公司（以下简称"江苏丹化集团"）醋酐反应器（主要技术参数见表 1.5-16）研制任务。

表 1.5-16　江苏丹化集团醋酐反应器主要技术参数

设计压力 /MPa	4.5	工作压力 /MPa	4.0
设计温度 /℃	220	工作温度 /℃	180
介　　质	CO、甲醇、醋酐、催化剂	主体材料	16MnR+SB-575 N06686（镍基合金 686）
规格尺寸 /mm	$\phi2800×55$（50+5）×5840	总重量 /kg	25854

2001 年底，合肥通用机械研究所完成醋酐反应器选材和施工设计，提出了特种材料订货和容器制造、检验与验收技术要求；2002 年 5 月，合肥通用机械研究所与西安 524 厂合作，依据 ASTM G28 A 法和 B 法腐蚀试验结果，确定了醋酐反应器制造主工艺路线；2002 年 8 月，江苏宜兴北海按合肥通用机械研究所提出的高温冲压工艺成形封头；2003 年，西安 524 厂完成国内首台醋酐反应器制造，研制工作获得成功。攻克醋酐反应器后，醋酐装置特种材料压力容器也已全部实现国产化。

本项研制工作，对特种材料压力容器技术的最大贡献是：

1）再次确认了 ASTM G28 B 法可用于镍基合金 C 材料焊态的耐蚀性能检验；

2）形成了镍基合金的高温成形工艺（见图 1.5-39）。工程实践证明，只要控制得当，镍基合金材料完全可以在中温敏化温度区成形，成形件的耐蚀性能可以达到工程使用要求。

5.7.4.3 镍基合金制、锆制压力容器的标准化

醋酸装置、醋酐装置镍基合金制、锆制特种材料压力容器建造技术开发的巨大成功，使我国完整地掌握了相关建造技术；装置安全、平稳运行，证明了相关技术的成熟性。以此为依托，2006 年，《镍及镍合金制压力容器》行业标准（见图 1.5-40）正式颁布；2010 年，《锆制压力容器》行业标准（见图 1.5-40）也颁布实施；2009 年版《固定式压力容器安全技术监察规程》将镍、锆制压力容器纳入，我国特种材料压力容器规范、标准体系正式形成。

图 1.5-39　高温冲压成形镍基合金封头

图 1.5-40　镍、锆制压力容器标准

5.7.4.4 铌制、钽制压力容器研制

2000 年后，随着国家经济的发展和综合国力的提升，环保等特定领域出现了对铌制压力容器和钽制压力容器的需求。南京宝色、南京斯麦柯、上海森松、西北有色金属研究院等单位，结合用户要求，借鉴锆制压力容器研发的经验和技术，相继完成了铌制压力容器和钽制压力容器（见图 1.5-41）的研制，使我国特种材料压力容器建造技术从材料品种上实现了全覆盖。

图 1.5-41　钽衬里反应器

5.7.4.5 特种材料压力容器的推广和广泛使用

特种材料压力容器推广使用是与建造技术开发同步进行的,大致可分为两个阶段:

1)1992—2010年,以合肥通用机械研究所为主导的特种材料压力容器在国内醋酸装置、醋酐装置上的应用;

2)2010年以后,国内压力容器行业参与推动的特种材料压力容器全面应用。

5.7.4.5.1 特种材料压力容器在国内醋酸装置、醋酐装置等上的应用

该阶段中,合肥通用机械研究所以自身突出的技术优势,参与了国内所有醋酸装置、醋酐装置(见表1.5-17)特种材料压力容器的技术工作,直接或间接地向所合作的制造单位输出了技术,其中包括西安524厂、南京大化机、南京宝色、南京斯麦柯、南京中圣、上海森松、上海吴泾化工公司机械厂、云南大为、溧阳云龙、江苏宜兴北海封头公司等,极大地推动了镍基合金、锆制压力容器的应用。

表1.5-17 合肥通用机械研究所主要推广项目一览表(截至2010年)

应用单位名称	应用技术	应用的起止时间	备注
江苏索普(集团)有限公司	特材设备设计、制造、检验	1992—2010年	
云南大为化工装备制造有限公司	特材设备设计、制造、检验	2005年12月—2010年12月	
江苏丹化醋酐有限公司	锆复合板设备设计、制造、检验	2006年12月—2010年12月	
河南顺达化工科技有限公司	特材设备设计、制造、检验	2007年12月—2010年12月	
江苏索普(集团)有限公司	特材设备设计、制造、检验	2003年1月—2010年12月	
上海宝钢化工有限公司	超级不锈钢设计、制造	2001年12月—2010年7月	
南京化学工业公司化工机械厂	镍基合金B-3设备设计	2007年4月—2007年12月	
大庆油田化工有限公司	特材设备设计、制造、检验	2005年3月—2007年3月	
山东华鲁恒升化工股份有限公司	特材设备设计、制造、检验	2007年1月—2009年3月	
河南省煤气(集团)有限责任公司义马气化厂	特材设备设计、制造、检验	2008年1月—2009年5月	
	镍基合金设备制造		
上海吴泾化工有限公司	锆设备制造	2003年4月—2010年12月	
	锆复合板设备设计、制造、检验		
	特材设备设计		
	锆设备制造(来料加工)		
中国纺织工业设计院	超低碳不锈钢、铁-镍基合金设备设计	2004年10月—2006年2月	
	镍基合金设备设计		
德国蒂森克虏伯VDM	镍基合金59耐蚀性能检验	2005年2月—2006年1月	
上海森松精细化工成套装备有限公司	镍基合金B-3耐蚀性能检验	2006年6月—2009年9月	
大连东方亿鹏设备制造有限公司	双相不锈钢堆焊层腐蚀试验	2005年12月—2006年5月	
宝鸡钛业股份有限公司	锆腐蚀试验	2007年6月—2008年12月	
上海太平洋化工(集团)公司焦化设计院	特材设备设计	2005年1月—2008年1月	
	锆复合板设备设计、制造、检验		

（续）

应用单位名称	应用技术	应用的起止时间	备注
安徽皖维高新材料有限公司	特材设备制造、检验	2008年6月—2010年12月	
	技术服务		
云南大为化工装备制造有限公司	特材设备设计、制造、检验技术转让	2005年1月—2008年12月	
	特材设备制造（来料加工）		
江苏索普（集团）有限公司	特材设备制造	2009年6月—2010年12月	

经历该阶段后，国内业已形成了具有相当规模的特种材料压力容器产业。

2004年，为降低特种材料压力容器制造价格，提高生产效率，合肥通用机械研究院（原合肥通用机械研究所）及其下属的合肥通用特材公司开始尝试将全自动等离子焊技术应用于特种材料的焊接。

2005年，自法国引进的SAF全自动等离子焊+全自动氩弧焊组合焊机安装就位后，即开始了等离子焊接特种材料试验。试验首先在不锈钢、锆的平板对接焊上取得成功（见图1.5-42），随即申报了锆的等离子焊发明专利（见图1.5-43）。

图1.5-42　锆的平板对接等离子焊试件

但将其应用于壳体环焊缝的焊接时，却遇到了极大的困难，特别是当焊接小直径筒体环焊缝时，经常出现焊穿或焊不透的现象，阻碍了等离子焊接技术在更大范围的应用。经反复试验、分析，发现产生这一现象的原因除焊接工艺参数和焊接操作因素外，筒体成形公差和组装质量不良是重要影响因素。经不断地试验、总结分析和改进，2009年在合肥通用特材公司和云南大为分别应用全自动等离子焊方法实现了锆塔壳体（见图1.5-44）、镍基合金B-3蒸发器壳体全部主体焊缝的焊接，获得了高质量的焊接接头。统计发现，采用全自动等离子焊的经济效益极其显著，与原来主要采用的手工焊相比，工效提升十倍以上，焊材消耗不到原来的十分之一，表面成形质量优异。

特种材料全自动等离子焊技术的推广，对特种材料压力容器的广泛使用提供了重要的工艺和工效保障，极大地提升了我国特种材料压力容器的国际竞争力。

图1.5-43　锆的等离子焊发明专利证书

2008年，合肥通用机械研究院受宝鸡钛业有限公司委托进行国产化工用锆的耐蚀性能检验，采用独创的醋酸装置用锆材的耐蚀性能试验方法，对美国华昌公司和宝鸡钛业有限公司生产的锆材进行比对试验。根据本次试验结果和"921"工程醋酸装置现场挂片结果分析认为：虽然国产锆材的耐蚀性能略低于美国华昌公司同类产品，但仍可满足醋酸装置使用；不能苛求初始开发的锆材达到成熟锆材的水准，应在国内率先使用，在使用中发现问题，使之不断改进趋于成

图 1.5-44　壳体全部采用全自动等离子焊方法焊接的锆塔

熟。秉承这一理念，合肥通用机械研究院在承担河南省煤气（集团）有限责任公司义马气化厂醋酸工程技术负责单位时，积极向用户推荐国产锆材，并在建造过程中以特定的技术措施，消弭国产锆材的性能短板；2009年，更是在自己承制的岳阳石化公司己内酰胺装置高温硝酸换热器中，选用国产锆管。上述两个项目中国产锆材的使用，推动了化工用锆材的国产化进程，降低了国外封锁对我国相关产业的影响，也相应地提升了我国锆制压力容器的国际竞争力。

5.7.4.5.2　特种材料压力容器的全面应用

2010年以后，国内经济高速增长，形成一定规模的需求，进一步带动了特种材料压力容器制造产业发展，企业数量激增，从业人员数量、产能、实际产量、产品质量等也上升到世界前列。在多重因素共同作用下，国内特种材料压力容器的应用全面铺开，产量和使用量均上升到世界首位。

此外，在WTO框架下，中国在特种材料压力容器建造方面的竞争优势逐渐显现，处于国内顶层的特种材料压力容器制造企业面向国际市场，承接了大量国外订单，中国成长为世界特种材料压力容器输出大国。

5.7.5　结语

中国特种材料压力容器发展历程是从一无所有发展到位居世界前列的艰苦创业历程，也是共和国蓬勃发展的一个缩影。

（本节由合肥通用机械研究院有限公司崔军、张立权撰写）

第6章 在用压力容器与管道安全评估与检测监控

6.1 概述

压力容器与管道的安全运行主要取决于建造质量和维护管理水平。压力容器与管道如人一样,高质量的建造赋予了压力容器与管道的"优生",使之具备承担相应功能的能力;高水平的维护管理实现了压力容器与管道的"养生",使之持续保持完成相应功能的能力。压力容器与管道在使用过程中经受温度、压力、介质等的作用和影响,难免会受到损伤,产生缺陷或使原有缺陷扩展为超标缺陷,需要采用"风险评估"做出分析预判;为了及时发现缺陷或缺陷扩展,则需要仰仗"检测监控";而"检测监控"探明的缺陷是否会导致压力容器与管道失效,则需要通过"安全评估"加以分析、判断,给出合理的处置措施,从而避免灾难性事故的发生。

我国在用压力容器与管道安全评估与检测监控技术的发展大体可分为两个阶段:

1) 20世纪70年代至21世纪初,以断裂力学在压力容器与管道上的应用为代表的安全评估技术研究与推广应用及其提升完善;

2) 21世纪初至今,基于风险的检验、在线检测监控技术的研究与推广应用。

6.2 断裂力学在压力容器与管道上的应用

6.2.1 $\phi1010$ 氨合成塔和570t/h大型锅炉汽包的安全评估

20世纪70年代,压力容器行业发生两起影响深远的事件:

1) 1972年,上海锅炉厂采用国内新试制的高强度低合金钢14MnMoVB制造的$\phi1010$氨合成塔层板纵焊缝发现有上千条横向裂纹,而高压容器制造规范规定不允许存在裂纹及裂纹类缺陷。该合成塔是化肥厂的心脏设备,已在安阳化肥厂、南昌化肥厂运行一年多,停止运行将导致全厂停产,从而造成重大损失。同时,胜利油田化肥厂氨合成塔也吊装到位,特别严重的是援助越南、阿尔巴尼亚化肥厂的同类氨合成塔也亟待科学结论。

2) 1976年,东方锅炉厂制造的570t/h大型锅炉汽包在出厂检验中发现电渣焊纵缝存在大量八字形裂纹(这些裂纹系锻造筒体、纵向电渣焊缝冷却时树枝状结晶,造成沿焊缝中心两侧分布呈八字形埋藏内部的斜裂纹),产品不能交付使用。

两起事件引起机械工业部的高度重视,经调查研究决定,分别由合肥通用机械研究所和浙江大学、上海锅炉厂,合肥通用机械研究所和东方锅炉厂共同攻关,解决难题。

1973年,机械工业部正式下达"$\phi1010$氨合成塔断裂安全试验研究"重点攻关课题,合肥通用机械研究所和浙江大学、上海锅炉厂组成了课题攻关组(见图1.6-1),先后解决了缺陷制备、材料断裂性能测试、带缺陷压力容器断裂试验装置和疲劳试验装置建设、裂纹张开位移和疲劳裂纹扩展速率测量等关键技术。得出了以下结论：

1) 带千条裂纹的$\phi1010$氨合成塔可以安全运行20年；

2) 将弹塑性断裂力学理论应用于带缺陷压力容器预测，得到的各类试验数据证实该理论具有工程实用性；

3) 课题提出一套缺陷容限判断及疲劳裂纹扩展寿命预测方法，具有广泛的工程应用前景。

该项目获得机械工业部科研攻关奖和1978年全国科学大会奖。

针对东方锅炉厂大型锅炉汽包及氨合成塔的八字形裂纹，课题组（见图1.6-2）经过一年多的试验研究，分别对母材和电渣焊缝进行了常温下的断裂韧性及裂纹扩展速率试验，其中包括13台带各类缺陷母材及焊缝模拟压力容器断裂试验、10台容器的疲劳试验，也进行了高压锅炉汽包工作温度350℃下的适应性能测试，在各种断裂韧性及斜裂纹疲劳试验的基础上，对其进行安全性评定和疲劳寿命分析后认为该产品可以承受水压试验载荷，在原设计使用条件下辅以定期监测可以继续使用。1978年，该项目经机械部推荐获全国科技大会奖。

两个工程实际问题的解决，显示出断裂力学在解决含缺陷压力容器安全评估（此时业内习惯称为"安全评定"）问题上的重要作用，断裂力学在压力容器与管道上的应用研究由此发端并得到了迅速发展。

图1.6-1　1975年"$\phi1010$氨合成塔安全评估"黄山审查会

图1.6-2　570t/h锅炉汽包八字形裂纹联合试验组

6.2.2　断裂力学理论在工程中的发展及应用

6.2.2.1　从"COD"理论到"CD"理论

裂纹尖端张开位移（COD）严格地说只是垂直于裂纹受力的张开型（Ⅰ型）的一种特例，实际上有一定的局限性，合肥通用机械研究所课题组经过进一步研究，提出以广义裂纹尖端位移"CD"理论替代"COD"理论，使之更加完善；对Ⅱ型及Ⅲ型受载分别用

"CSD"及"CTD"表示,这一"CD"理论得到了东方锅炉厂的十几台斜裂纹压力容器试验结果验证,应用于疲劳裂纹扩展上也得到了十几台压力容器疲劳试验结果的验证;同时,也得到了"COD"理论创始人 A.A.Wells 教授等国际同行的认可。"CD"理论的提出和完善,为采用断裂力学理论对压力容器与管道进行安全评估打下了良好的基础。

6.2.2.2 断裂力学在压力容器上的进一步工程应用

在相继完成 $\phi1010$ 氨合成塔和 570t/h 大型锅炉汽包的安全评估并获得肯定后,合肥通用机械研究所断裂力学课题组应用户邀请,先后解决了国内石化、冶金、机械、轻工、军工等领域一大批含缺陷压力容器的安全评估问题。

1976 年,北京燕山石化总厂从日本引进四台 1000m^3 乙烯球罐,尚未投产即发现球罐表面存在百余条裂纹,存在安全隐患。为此,国务院责令国家建委组织北京钢铁研究总院、合肥通用机械研究所、中国科学院力学研究所、浙江大学、劳动部锅炉局及天津大学等单位专家研究解决。专家组(见图 1.6-3)在现场日夜奋战,经检测、分析,包括日方在内的各相关方最后采纳了合肥通用机械研究所代表专家组提出的有关基础试验数据、通过断裂安全分析给出的球罐缺陷界限曲线和处理方案,将处于该曲线下方的浅、短缺陷打磨成平缓过渡的凹坑,将处于该曲线上方的缺陷全部返修。

1977 年,航天部火箭发射基地对发射火箭的燃料高压容器储罐进行检测时,发现了大量超标缺陷,航天部将"G87"高压试验实物容器运到合肥通用机械研究所,两家单位共同进行了一系列试验研究,最终给出了火箭高压储罐安全使用条件和缺陷处理方案,即将缺陷打磨成平缓过渡凹坑直接投用。

随后又对安徽淮南化肥厂的高压氨分离器、枝江氮肥厂氨合成塔、钢厂的高压储罐液化石油气球罐、三明造纸厂蒸锅等含缺陷压力容器进行了安全评估,保证了生产安全。

图 1.6-3 燕山石化 1000m^3 乙烯球罐安全评估专家组

6.2.3 《压力容器缺陷评定规范》(CVDA—1984)的试验研究、编制及推广应用

20 世纪 70 年代后期,"文革"期间建造的压力容器因设计、制造、检验和使用、维护等各方面均不甚规范,在生产过程陆续产生超出建造规范、标准的缺陷,若完全更换,在经济和时间上均不许可。如进行安全评估,一方面受制于人员不足,满足不了用户的迫切需求;另一方面因缺陷多样、操作条件多变,原有技术储备不足以化解所有问题。由此业内各相关方逐渐形成共识,认为必须制定一部以安全评估为主要内容、以"合于使用"为评判原则的标准,从技术层面对安全评估工作进行规范。有了标准的指导,也可缓解安

全评估技术人员不足的矛盾。

为此，1976 年合肥通用机械研究所成立了安全评估规范课题组，业内德高望重的浙江大学王仁东教授任组长；1977 年在第三届全国断裂会议上提出了安全评估规范相关研究课题的初步方案并在会上进行讨论，得到了与会专家的支持和参会各方的重点关注；1978 年在上海又召开了该课题的专家研讨会；最终，在国家科委机械强度与动力学科分组成立会上，该课题被单列为国家科委重点课题，责成合肥通用机械研究所及其合作单位负责提出编制压力容器缺陷评定规范的总体设想、主攻科研项目，并组织国内相关单位共同完成试验研究工作及国内第一部"合于使用"规范的制定。在此基础上，1979 年机械部、化工部、中国科学院在北京召开了"压力容器防脆断规范"协调会，并将相关意见、建议向国家科委进行了汇报，被国家科委列为重点攻关课题。1980 年底，合肥通用机械研究所与国家科委签订了科研合同，并得到了课题拨款，合肥通用机械研究所随即分别与各合作单位签订分合同，落实各项研究工作，承担任务的单位有浙江大学、大连工学院、华南工学院、天津大学、哈尔滨工业大学、太原重型机械学院及机械部通用机械技术设计成套公司等 20 余个单位、70 余名专家。

课题重点攻关的技术内容可归纳为 8 项：

1）压力容器常用钢材断裂韧性、裂纹扩展速率及测试方法的试验研究；
2）宽板试验研究；
3）压力容器几何不连续部分应变工程计算方法的试验研究；
4）不规则裂纹计算方法试验研究；
5）表面裂纹计算方法及疲劳扩展规范的试验研究；
6）压力容器疲劳试验研究；
7）焊接残余应力对压力容器断裂及疲劳影响的试验研究；
8）大型实物容器验证试验。

在这些课题中值得一提的是提出了高应变梯度拉伸异形试样（见图 1.6-4），它能更好地体现压力容器接管等几何不连续部分的实际情况，这一创新得到了国内外同行的认可。1988 年，在合肥通用机械研究所与意大利 ISPRA 欧共体联合研究中心的合作研究中，也得到了欧洲同行的认可和采纳，并获得很高评价，为当时欧洲核容器的相关研究做出了贡献。

此外，课题实施中所进行的大型实物容器试验，其验证项目之多、参与试验人数之多（50 多人）都是空前的（见图 1.6-5）。该实物试验容器为一台 ϕ2000mm 带接管的球罐及一台 ϕ1000mm×4500mm 带有不同结构类型接管的筒形压力容器，需分别对两台容器的母材及焊缝金属的化学成分、机械强度、断裂韧度及裂纹扩展速率进行测定，同时分别计算了各类缺陷部位应力及高应变下缺陷起裂压力与由声发射仪全过程监控裂纹部位尖端的起裂点数据进行对比，再与试验

图 1.6-4　合肥通用机械研究所首创的高应变梯度拉伸异形试样

后解剖缺陷的发蓝断口进行对比。课题组经过了半个月的努力,取得了大量的实物容器试验数据。

图 1.6-5　大型实物容器试验中的声发射监控和应变测量

上述 8 项重点攻关课题历时 4 年,试验研究所取得的科研成果及理论分析等形成约 200 篇论文、多篇研究报告,先后编辑印刷了九期《压力容器缺陷评定规范资料汇编》(见图 1.6-6),在参加课题的 20 多个单位内交流,为统一标准的编制思路打下了良好的基础。

压力容器缺陷评定规范共进行了五次大规模审查会审查。前两次分别是 1981 年冬在合肥(见图 1.6-7)、1982 年夏在上海(见图 1.6-8),主要是在课题组内部对合肥通用机械研究所为主提出的初稿进行讨论,逐字逐句审查、修改。经过两次审查、修改,规范大体框架已成型,并冠名"CPVI 压力容器缺陷评定规范"。

图 1.6-6　压力容器缺陷评定规范资料汇编

图 1.6-7　1981 年合肥第一次规范审查会　　　图 1.6-8　1982 年上海第二次规范审查会

与此同时，化工部化工机械研究院于 1982 年对国内压力容器使用现状进行了调查，发现近三分之一的压力容器与管道存在不同程度的各类超标缺陷，经申请在化工部立项，并于 1982 年在上海召集华东化工学院、浙江工学院、大连工学院等单位讨论编制"在役压力容器缺陷评定方法"，参会的许多单位也是机械部规范课题组成员。经协调，1982 年 9 月化工机械研究院在山东泰安召开的"化工机械学术讨论会"上邀请机械部规范课题组介绍了相关试验研究及规范编制进展情况。两个课题组在会上进行了进一步讨论，一致认为没有必要制定两部类似的规范，应通过合作，共同制定统一的规范。该方案经主管部门机械部、化工部同意，在国家科委的支持下，两个课题组工作合并，共同协调、组织了 1983 年在太原召开的第三次规范审查会（见图 1.6-9）、1984 年在杭州召开的第四次规范审查会，形成了规范送审稿，提供给机械部、机械科学研究院及化工部组织的、于 1984 年在黄山市召开的第五次"压力容器缺陷评定规范"审定会。

图 1.6-9　1983 年太原第三次规范审查会

"压力容器缺陷评定规范"审定会由机械部石化通用局主持，化工部、石油部、劳动部、轻工部等有关领导以及 78 位含学部委员在内的专家等参加了审定会。会议认为"压力容器缺陷评定规范"是我国压力容器及断裂力学应用研究领域中的一项重大科研成果，是国内首部"合于使用"的工程规范，达到了国际先进水平，通过审定。会后经再次修改将"CPVI"改为"CVDA"，完成了 CVDA—1984《压力容器缺陷评定规范》的编制工作。

1985 年，CVDA—1984《压力容器缺陷评定规范》以团体标准的形式在《压力容器》《机械强度》《石油化工设备》《化工机械》《化工设备设计》等五家期刊第一期上同时发表（见图 1.6-10），从此中国第一部"合于使用"的压力容器规范正式诞生。

图 1.6-10 CVDA—1984《压力容器缺陷评定规范》

1986 年,"压力容器缺陷评定的试验研究"项目获机械电子工业部科技进步一等奖。

"CVDA"规范形成后,国内亟待把科研成果迅速转化为生产力,解决含缺陷压力容器的工程实际难题,其推广应用成为核心工作。为此,机械部石化通用局下发〔84〕通技字 308 号文、化工部化工设备总公司下发〔84〕化工科字 412 号文,在安徽省科协的大力支持下,于 1985 年成立了以合肥通用机械研究所、化工机械研究院为负责单位,浙江大学、华东化工学院、大连工学院、中通公司、浙江工学院、华南工学院、北京化工学院等课题成员为参加单位的华夏压力容器安全评定技术咨询中心,专门从事压力容器安全评估工作,并根据地域,对各单位工作进行了分工:东北、华北地区由大连工学院、中通公司、北京化工学院、钢铁研究总院负责,工作覆盖北京燕山石化、辽阳石化、抚顺石化、大连石化、吉林石化等企业;西北地区以化工机械研究院与兰州石油机械研究所为首负责评估工作;华东、华中、华南等地区以合肥通用机械研究所、浙江大学、浙江工学院、华东化工学院、华南工学院为主进行推广应用工作。中心成立后仅仅两年的时间里,就先后完成了全国各地近百项重大工程压力容器的安全评估工作,取得了巨大的经济效益。

1985 年,劳动部听取各方建议,在《压力容器安全监察规程》中增加了第 78 条规定,为 CVDA 规范的推广提供法规依据,极大地推动了规范的推广应用进程。

与此同时,为使规范能在全国范围内迅速推广,主管全国压力容器的劳动部锅炉压力容器监察局,组织合肥通用机械研究所等单位编写了《断裂力学在锅炉及压力容器上的应用》上、下册及 700 多页规范宣贯讲义,以劳动部锅炉压力容器安全监察局的名义印刷,供广大业内技术人员学习。在每年举办的全国"锅炉压力容器培训班"上,CVDA 规范也被定为必须讲解的内容。除了劳动部组织的培训宣讲外,合肥通用机械研究所还先后在保定、南京、合肥、黄山、广州、兰州、大连、包头、吉林、柳州、天津、大庆、福州等地举办了多期针对全国各系统的 CVDA 规范学习班,这些宣讲对科研成果转化为实际生产力起到了推动作用。

1987 年,"压力容器缺陷评定规范推广应用"项目获化工部科技进步一等奖,1988 年获国家科技进步二等奖。

6.2.4　GB/T 19624—2004《在用含缺陷压力容器安全评定》标准的制/修订

CVDA—1984 在全国范围内进行了广泛的推广应用，使一大批含缺陷压力容器得到了治理。同时，也发现该规范尚有不足，如对体积型缺陷处理过于严格，致使焊接返修量过大；部分材料性能数据仍然缺乏等，需要进一步研究相关课题，提升和完善 CVDA—1984《压力容器缺陷评定规范》。

1991 年，由劳动部锅炉压力容器检测研究中心、合肥通用机械研究所共同牵头负责，组织全国 9 个系统的 46 家单位共 260 多名专家、教授和工程技术人员，承担了"八五"国家重点科技攻关课题"在役锅炉压力容器安全评估与爆炸预防技术研究"（编号：85-924-02），分 9 个专题逐一进行研究并取得进展或成果（见表 1.6-1）。

表 1.6-1　"在役锅炉压力容器安全评估与爆炸预防技术研究"专题一览表

编号	专题名称	提交成果形式及考核目标	负责单位
01	锅炉压力容器爆炸与失效案例、安全评估数据及其分析管理系统研究	1）提出系统的总体设计 2）建立锅炉压力容器的爆炸与失效案例库（含 1000 例）、常用材料断裂特性数据库、在役设备安全检验信息库（含 5000 台典型设备检验数据）并完成相应的计算机分析、应用、管理软件	劳动部锅炉压力容器检测研究中心
02	在役压力容器对接焊缝区面型缺陷弹塑性断裂分析与评定研究	提出面型缺陷安全评定推荐方法	华东化工学院
03	压力容器极限与安定性分析方法研究	提出在役压力容器常见体积型缺陷工程化安全评估与判废推荐方法	劳动部锅炉压力容器检测研究中心
04	在役压力容器接管角焊缝高应变区安全评估技术研究	提出在役压力容器接管角焊缝高应变区安全评估指导性方法	合肥通用机械研究所
05	在役压力容器综合安全评估与安全等级评定研究	1）提出带缺陷在役压力容器综合安全评估建议方法 2）提出带缺陷在役压力容器安全等级评定推荐方法 3）提交分析软件系统，使安全评估工作微机化	北京航空学院
06	在役压力容器危害性缺陷的超声检测可靠性研究	1）提出缺陷自身高度超声检测工程方法 2）对于危害性缺陷给出对应一定置信度的"缺陷尺寸—检出概率"曲线	劳动部锅炉压力容器检测研究中心
07	在役锅炉压力容器接管角焊缝超声检测技术研究与设备研制	1）提交角焊缝自动超声检测仪样机，其精度达到：缺陷定位误差≤ 10%，缺陷定量误差≤ 3 ～ 5mm 2）提出角焊缝超声检测推荐方法	哈尔滨焊接研究所
08	在役压力容器危险性缺陷声发射检测评估技术研究与设备研制	1）提高深埋裂纹声发射检测精度 20% 2）提出典型表面裂纹声发射信号鉴别方法与检测评估技术 3）提交适于气体、液体介质泄漏的声发射监测方法及设备样机 4）提交具有 20 世纪 80 年代中后期国际商品水平的 32 通道声发射仪样机	劳动部锅炉压力容器检测研究中心
09	压力容器防爆与抑爆技术研究	1）提供具有如下功能的新型组合式安全阀样品：①超压动作灵敏，泄放压力允差≤ ±5%，启闭压差< ±15%；②在线正常使用与动作后再闭合，密封不漏；③排放出的易燃易爆有毒介质去向安全 2）根据有关技术，对具有严重缺陷的在役压力容器通过适当加强措施达到抑爆要求；提交实施绕带加强防爆技术的设计与应用推荐方法	大连工学院 浙江大学

1996 年，由国家质检总局锅炉压力容器检测研究中心、合肥通用机械研究所共同负责，组织全国 7 个系统的 29 家单位共 130 多名专家、教授和工程技术人员，承担了"九五"国家重点科技攻关课题"在役含缺陷压力管道安全评定关键技术研究"。课题分为 4 个专题：

1）01 专题"压力管道危险源评价与失效原因诊断技术研究"；
2）02 专题"压力管道缺陷检测监测关键技术研究"；
3）03 专题"在役含缺陷压力管道安全评估关键技术研究"；
4）04 专题"在役重要压力管道寿命预测技术研究"。

通过研究，将我国压力容器安全评定技术延伸至压力管道，同时形成了压力管道寿命预测技术。

在 CVDA—1984《压力容器缺陷评定规范》及其推广使用获取的工程经验的基础上，结合"八五""九五"课题成果，并消化吸收了国外 EPRI、R6 失效评定图方法等，我国于 2004 年正式颁布了国家标准 GB/T 19624—2004《在用含缺陷压力容器安全评定》（见图 1.6-11），此举进一步推动了国内在役含缺陷压力容器、压力管道安全评定工作的开展。

为满足国家压水堆核电站标准体系建设规划要求，以 GB/T 19624—2004 为基础，结合核压力容器与管道服役环境，由核动力运行研究所牵头，中核武汉核电运行技术股份有限公司、华东理工大学、上海核工程研究设计院、合肥通用机械研究院等单位参与，编制形成了 NB/T 23012—2010《含缺陷核承压设备完整性评定》，为含缺陷核压力容器与管道安全保障提供了标准依据。

GB/T 19624—2004 实施十余年后，为适应国内压力容器与管道相关法规和规范的发展，结合近年来国内外在含缺陷压力容器安全评定方面取得的相关科研成果和工程实践经验，针对标准使用过程中发现的简化评定和常规评定反转、材料断裂韧度和含缺陷结构安全评定关键参量计算方法缺乏等问题，国内相关单位进行了认真研究、完善和补充，修订形成 GB/T 19624—2019，为含缺陷压力容器安全评定技术在实际工程中更好地实施提供了强有力的保障。

图 1.6-11　GB/T 19624—2004《在用含缺陷压力容器安全评定》

6.2.5　GB/T 35013—2018《承压设备合于使用评价》标准的制定

从适用性上看，GB/T 19624 更适应对制造缺陷的安全评定，而对很多压力容器在使用过程中，特定环境下产生的缺陷或损伤未能涉及。针对这一问题，国内相关单位进行了研究，主要有：

1. 腐蚀环境承压设备合于使用评价

为适应全球原油品质劣化带来的介质腐蚀问题，国家"九五"科技攻关课题针对应力腐蚀、腐蚀疲劳、氢损伤等失效模式，开展了大量试验研究，得到了典型介质环境下应力腐蚀开裂门槛条件、氢损伤发生机理及典型介质环境腐蚀疲劳加速因子，建立了以 ΔJ 为参量的应变疲劳寿命预测方法，提出了表面涂覆与断裂力学相结合的方法用于腐蚀环境压力容器的延寿。在随后的"十五""十一五"期间，针对硝酸盐应力腐蚀开裂、高温环烷酸腐蚀、碳酸盐应力腐蚀开裂开展了深入研究，建立了高温环烷酸腐蚀趋势检测及预测技术方法、焊缝金属氢致开裂缺陷检测与评价方法、焊接接头湿硫化氢腐蚀损伤评价方法等。近年来，又针对复杂腐蚀介质环境（如奥氏体不锈钢在 Cl^-、H_2S、CO_2、H_2O 等介质共存时、奥氏体不锈钢在 Cl^- 与碱环境共存时等），在试验研究和工程失效案例分析基础上，探明了不同介质参数单独或交互作用对材料腐蚀的影响规律，建立了复杂腐蚀介质环境主导失效模式的判别方法。这些工作为腐蚀环境压力容器与管道安全保障发挥了重要作用。

2. 高温压力容器与管道合于使用评价

针对高温环境下的寿命预测与安全性分析，合肥通用机械研究院有限公司、华东理工大学等国内科研机构在国家项目的支持下，"十五"期间开展了高温缺陷在线检测、中高温疲劳裂纹萌生和扩展、高温结构免于蠕变失效评定、稳态蠕变断裂及与时间相关的失效评定图（FAD）、材料蠕变疲劳交互作用机理及寿命预测等研究；"十一五"期间研究了多级和预拉伸应变等复杂加载条件下蠕变疲劳交互作用及评估方法；"十二五"期间，又针对高温重要压力容器与管道结构，开展了无缺陷构件蠕变疲劳裂纹萌生、含缺陷构件蠕变疲劳断裂起裂等研究。通过这些研究，积累了典型材料高温性能数据，提出了免于蠕变失效分析判定条件，建立了高温材料在单一和复杂加载条件下的蠕变疲劳寿命预测技术方法、高温无缺陷结构蠕变疲劳裂纹萌生评估方法、与时间相关的高温蠕变疲劳失效评定图技术方法。研究成果编制形成 JB/T 12746—2015《含缺陷高温压力管道和阀门安全评定方法》。近年来，又针对高温环境材料性能测试、多轴蠕变力加载开展了深入研究，发展形成了高温全场变形非接触式测量、高温蠕变裂纹分析测试、多轴蠕变断裂应变预测技术方法。初步解决了我国高温环境下压力容器的蠕变疲劳损伤评估、寿命预测、缺陷评定技术难题。

基于上述课题和国内 10 余年来在腐蚀减薄、火灾损伤、临氢损伤和蠕变损伤评价等方面取得的其他科研成果，参考 API 579-1/ASME FFS-1—2007 中的部分内容，并根据我国实际情况，于 2013 年启动了 GB/T 35013—2018《承压设备合于使用评价》的编制工作，并于 2018 年颁布。该标准给出了针对不同的缺陷类型或损伤模式的多级评价技术路线和评价方法，主要适用于腐蚀减薄（包括均匀减薄、局部减薄和点蚀），氢致开裂、氢鼓包和应力导向氢致开裂，凹陷和沟槽，错边、棱角和不圆，火灾损伤，蠕变损伤和脆性断裂倾向评价。该标准与 GB/T 19624 侧重点不同，两者在技术内容上互为补充、相辅相成，共同为合于使用评价、安全评定技术在国内的实施，提高我国压力容器与管道运行维护水平提供支撑。

（本节由合肥通用机械研究院有限公司李泽霞、董杰撰写）

6.2.6 承压设备安全评定典型案例

1. 重大承压设备安全保障

（1）催化再生器（见图1.6-12）　1998—2000年短短两三年时间，国内20余家炼油企业催化再生器相继发生硝酸盐应力腐蚀开裂，裂纹最长达5000mm，有的甚至贯穿内外表面，开裂范围广、时间集中，是石化企业前所未有的，许多企业猝不及防。在企业的大力支持下，合肥通用院运用国家"九五"科技攻关计划"在役重要压力容器寿命预测技术研究"中腐蚀环境下压力容器安全评定方法相关技术成果，对20多家企业的30余台再生器进行了检测、评估与处理，确保了设备安全运行。

（2）延迟焦化焦炭塔　焦炭塔（见图1.6-13）是炼化企业延迟焦化装置核心设备，长期在高温、交变载荷的严苛工况下运行，易产生腐蚀减薄、倾斜、鼓胀变形和热机械疲劳开裂。2000年以来，在中石化、中石油、中海油等大力支持下，合肥通用院基于高温在线应变测试、热机械疲劳试验、结构响应数值模拟等研究成果，对20多家石化企业的焦炭塔进行了检测、分析、评估，合理延长了设备使用周期，避免了设备不必要的报废（见图1.6-14）。

图1.6-12　催化再生器

图1.6-13　焦炭塔

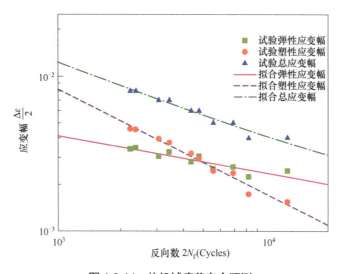

图1.6-14　热机械疲劳寿命预测

（3）变压吸附器　变压吸附器（见图 1.6-15）是典型的疲劳压力容器。国内 20 世纪 90 年代投用的变压吸附器已超设计寿命，剩余寿命有多长是用户关心的问题。2010 年以来，合肥通用院对齐鲁石化、胜利油田、大连西太（WEPEC）、大庆石化、辽阳石化等多家企业的数百台次变压吸附器进行了全面检验检测，结合数值模拟、全尺寸试验和疲劳评定结果，对变压吸附器进行了延寿分析，合理延长了设备使用寿命，避免了不必要的设备更新（见图 1.6-16）。

图 1.6-15　变压吸附器

图 1.6-16　全尺寸疲劳试验

（4）齐鲁石化二氧化碳冷凝器（见图 1.6-17）　1999 年，齐鲁石化公司 48 万 t/年尿素装置一台日本进口价值 1000 余万元的二氧化碳冷凝器在停工检修时发现大量应力腐蚀裂纹。当时国内石化企业无备品，而制造一台新设备大约需要 18 个月。若该容器不能投用，则全厂停产，其损失将高达 72 万元/天。合肥通用院基于"合于使用"的原则，对裂纹缺陷进行了分析评估，排除了设备隐患，延长设备 2 年使用时间，为企业更新设备赢得了时间，为国家挽回直接经济损失 4 亿多元。

图 1.6-17　齐鲁石化二氧化碳冷凝器

（5）大连西太加氢反应器等高温临氢设备（见图 1.6-18）　20 世纪 90 年代，大连西太从美国、日本进口了大量二手设备，有 9 台高温高压临氢设备在国外已使用了近 20 年，且存在裂纹等严重缺陷。若报废，将损失近 5000 万元，而且因停产造成的损失更难以估量。在国家锅炉压力容器安全监察局和大连西太的大力支持下，合肥通用院运用国家"九五"科技攻关计划"在役重要压力容器寿命预测技术研究"中临氢装置氢损伤及寿命预测技术方法相关技术成果,经 200 余天的检验、试验、分析、评估,消除了设备安全隐患,最大限度地延长了设备的使用寿命,避免了停产改造造成的损失,创造了巨大的经济效益。

图 1.6-18 大连西太高温临氢设备

(6)中石化长岭分公司加氢精制反应器(见图 1.6-19) 1995 年,中石化长岭分公司一台进口的加氢精制反应器(R201)内壁不锈钢堆焊层发现大面积的铁素体含量超标,Cr、Ni 元素含量低于设计规定的下限值,难以修复。合肥通用院对该加氢反应器进行了检验及安全评估,延长设备使用寿命近 20 年。

图 1.6-19 中石化长岭分公司加氢精制反应器

（7）兰州石化超高压反应釜（见图1.6-20） 兰州石化超高压聚乙烯装置7台超高压反应釜是20世纪60年代从英国引进的设备，设计压力225.4MPa，运行压力196MPa。至2001年，这7台反应釜已运行约40年，在国外早应报废，但由于生产需要，这7台设备还必须继续投入运行。为此，通过对这7台反应釜进行检验与评估，科学延长了设备安全运行周期，使该装置重新投入使用，为企业带来了可观的经济效益。

图1.6-20 兰州石化超高压反应釜

（8）镇海炼化R201预加氢反应器（见图1.6-21） 2000年，镇海炼化一车间三重整R201预加氢反应器开罐检验时发现一条环缝有4条垂直于焊缝的裂纹，位于基材和复合层界面处，而重新制造一台新反应器则需要18个月。通过对该带缺陷反应器进行安全评定，并在18个月时间内对这4条裂纹进行了共10次的定期监控，其中9次为高温在线检测（壁温280～300℃），为用户赢得了更新改造时间，保证了持续生产。

图1.6-21 镇海炼化R201预加氢反应器

(9) 乌鲁木齐石化二氧化碳汽提塔（见图 1.6-22） 2007 年，乌鲁木齐石化从奥地利进口的价值 2000 万美元的高温高压二氧化碳汽提塔在制造厂水压试验时发生开裂事故。国外制造商在失效原因不明的情况下提出修复后交货。受中石油委托，合肥通用院和中石油专家一起，经过大量取证、检测、分析和论证，提出国外原材料存在先天断裂韧性不足，即使修复后也不能保证设备在预定工况下（高温、高压，含 CO_2、NH_3、H_2O、甲铵等复杂介质）安全运行。之后，我方与美国 ASME 专家进行了长达半年针锋相对的技术谈判，否定了国外制造商提出的焊接修复后再用的意见，说服外方进行了更换和赔偿，为维护我国企业正当权益发挥了重要作用。

图 1.6-22　乌鲁木齐石化二氧化碳汽提塔

(10) 达州天然气净化有限公司主吸收塔（见图 1.6-23） 达州天然气净化有限公司是"川气东送"的气源地，是亚洲第一、世界第二大规模的百亿立方米级高含硫天然气净化厂。2016 年，该企业天然气生产核心设备 18 台厚壁（86mm、128mm）主吸收塔检验发现大量埋藏裂纹。时值春节临近，国内用气紧张，企业面临安全生产的巨大压力。合肥通用院急用户所急，通过现场取样开展系列试验，对设备主导失效模式、损伤机理进行了客观分析，对设备安全状况进行了科学评价，避免了不必要的返修和报废对企业生产造成的重大影响和经济损失，为保障"川气东送"工程正常运行发挥了重要作用。

(11) 秦山核电一回路压力管道　秦山第三核电有限公司 2005 年对 1 号机组进行第二次大修，在役检查中发现应急堆芯冷却系统及停堆冷却系统管道异种钢焊接接头存在超标缺陷。合肥通用院通过实物管道疲劳、极限载荷分析以及爆破试验验证，对管道超标缺陷进行了安全评定，确保了核电关键承压部件的安全运行（见图 1.6-24）。

图 1.6-23　达州天然气净化有限公司主吸收塔

图 1.6-24　秦山核电一回路压力管道缺陷安全评定

（12）某重要军用装备进口高压设备　2010年，我军某重要装备进口高压设备发生爆炸，造成装备严重损坏，险些酿成重大人员伤亡，受到军方高层高度关注。合肥通用院承担了此次设备爆炸原因分析以及同类设备的服役安全评估工作。在事故原因分析上，我方与外方发生了重大分歧。外方认为，爆炸原因是使用过程中发生了应力腐蚀开裂，我方应承担主要责任，且所有的同类装备应该停用。我方通过理论分析、数值模拟和实物试验验证等技术手段，认为这种设备用钢在实际服役环境中应力腐蚀并不敏感，失效是由先天存在的原始性陈旧缺陷导致，除带有原始缺陷的设备外，其余可以正常使用，外方应承担此次事故的主要责任。事后的检验证实我方的判断是正确的，引进的设备中有10%左右存在大量原始缺陷,外方专家在事实面前,不得不承认他们的错误。同时,合肥通用院克服了时间紧、任务重、现场检验条件不足、高温酷暑等困难,连续苦战 50 余天,对其余大量同类设备进行了彻底排查,确保了检验合格装备按时回装,为迅速恢复军队战斗力、确保同类设备安全做出了贡献,维护了国家和军队利益,受到军方高度称赞。

2. 重要社会活动特种设备安全保障

(1) 国家速滑馆制冰机组压力容器(见图 1.6-25) 国家速滑馆是北京 2022 年冬奥会标志性建筑。2020 年 10 月,国家速滑馆从国外进口的制冰机组关键装备 12 台压力容器焊缝检出多处超标缺陷,不符合我国压力容器相关法规标准的规定。时值冬奥会测试赛日期临近,无法对这 12 台容器全部进行更换。该速滑馆承担北京冬奥会速滑项目,一旦发生容器失效事故,将带来严重的后果。合肥通用院对这 12 台压力容器焊缝进行全面检测,结合容器设计、制造等情况,进行了科学分析评估,明确了缺陷对设备本质安全的影响,确定了设备安全运行工况,为保障冬奥会首次制冰以及测试赛顺利进行提供了关键技术支撑。

图 1.6-25 国家速滑馆制冰机组压力容器

(2) 上海石化环氧乙烷反应器 环氧乙烷反应器是化工生产中最大的反应器之一,是环氧乙烷生产装置中的关键设备,单重超过 1000t。上海石化乙二醇装置两台 90kg 级别高强钢制环氧乙烷反应器由美国 SD 公司设计、日本 IHI 公司制造,价值 1800 万美元,于 2007 年投产使用。在使用仅 1 年后,设备的环焊缝即发生开裂泄漏,检测发现上千条裂纹,日本制造商用了约 3 个月时间也只返修了近 4m 长的焊缝,对焊缝中剩余大量的裂纹无能为力。在国家质检总局的支持下,合肥通用院通过试验,揭示了不同介质应力腐蚀环境下高强钢裂纹扩展规律,并对设备开展了全面检测和安全评定,提出了安全监控措施,确保了设备带裂纹安全运行 7 年,特别是保障了上海世博会期间企业的生产安全,取得显著的经济和社会效益(见图 1.6-26)。

图 1.6-26　含裂纹环氧乙烷反应器安全评定

（3）广东珠海电厂高温压力管道　2010 年，广东珠海电厂高温管道检测发现 46 个三通角焊缝处存在超标缺陷（夹渣、未熔合、裂纹等），缺陷最长 320mm，最大高度 45mm。该管道于 2000 年投用，已运行 8 万 h，操作压力达 21.3MPa，操作温度接近 600℃。时值广州亚运会临近，企业安全生产压力巨大。合肥通用院运用高温领域的研究成果，对含缺陷管道进行了免于蠕变失效判定、断裂与塑性失效评定，合理给出了下次检验周期，为确保企业在广州亚运会期间的安全运行提供了技术支撑（见图 1.6-27）。

图 1.6-27　珠海电厂含缺陷压力管道安全评定

3. 重大灾害应急处置

（1）汶川地震后压力容器安全评估（见图 1.6-28）　2008 年，汶川地震对当地危险品储运设施的安全造成重大影响，当地人民群众和国家财产安全受到严重威胁，时间紧急、情况紧急、任务紧急。根据国家科技部国科函高〔2008〕96 号文的紧急部署，合肥通用院先后派出两支应急抢险突击队,历经近 2 个月时间,行程数百公里,对灾区压力容器等重要危化品储运设施进行了现场勘查检测,对设备的受损情况进行了摸底排查,并采用泄漏报警监控、缺陷检测和监测、应急修复、全面评估等措施进行了应急处置,很好地完成了灾区抗震抢险工作,防止了灾后再度发生二次灾害性事故,为保障灾区人民的生命和国家财产安全,及时恢复生产、重建家园发挥了巨大的作用。

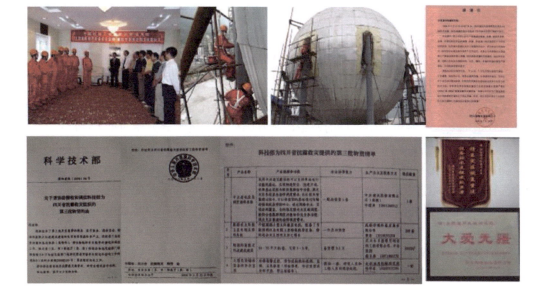

图 1.6-28　汶川地震后压力容器安全评估

（2）火灾后承压设备安全评价与快速恢复　企业发生火灾事故后,除须对事故进行原因分析外,还要快速有效地对暴露在火灾下的承压设备进行评价,以确定其是否可以继续安全服役或降级使用。为此,合肥通用院开展了承压设备典型材料热模拟试验研究,开发了火灾过烧后承压设备损伤状况检测评价方法,对中石化、中石油、中海油、恒逸石化等企业加氢裂化、焦化等重要装置,以及罐区、海上油气平台的火灾事故进行应急处置、检验和评估,为减小事故损失、帮助企业尽快恢复生产发挥了重要作用（见图 1.6-29）。

图 1.6-29　火灾后承压设备安全评估

（本节由合肥通用机械研究院有限公司董杰、王冰撰写）

6.3 基于风险的检验、在线监控等技术研究与推广应用

进入21世纪,系统安全工程、信息和网络技术与压力容器与管道安全相结合,催生出一系列新的技术和方法。除安全评估外,基于风险的检验、在线监控等技术在压力容器与管道上得到推广应用,对压力容器与管道的失效已从"事后处置"逐渐向"事前预防"前移。

6.3.1 基于风险的检验(RBI)技术

6.3.1.1 概述

化工、炼油、石化和煤化工行业在国民经济中占据着重要位置,如何确保装置中压力容器与管道的安全,避免危险事件的发生,是各国技术人员十分关注的重大课题。

20世纪80年代末,随着系统安全工程和信息技术的不断发展,风险评估技术开始兴起于美国。20世纪90年代初,美国石油学会(API)在20余家欧美石化企业的资助下,开始尝试将基于风险的检验技术应用于石化企业(主要是炼油厂)的研究,发现试用效果十分显著,各石化企业在有效确保装置压力容器与管道安全运行的前提下大幅降低了运行和检验成本。此后,从欧美发达国家到亚洲的韩国、日本乃至中国台湾地区等相关企业均纷纷开始尝试,在成套装置压力容器与管道系统中应用RBI技术,收效也同样颇为明显。

基于风险的检验方法是在对石化装置压力容器与管道系统中固有的或潜在的危险发生的可能性与后果进行科学分析的基础上,通过计算、评估给出每一压力容器与管道的风险等级,找出较高风险的压力容器与管道及其薄弱环节,确定需重点检测的压力容器与管道、检验时应关注的部位乃至应选择的检验项目和检验方法,从而优化检验策略的一种设备运行维护管理模式。而当通过计算、评估发现石化装置压力容器与管道系统处于低风险时,则可给出不需进行附加检验的策略。此时,可不停车检验,装置的安全运行周期得到延长,既增收又减支,创造出极其可观的经济和社会效益。

根据国际标准化组织(ISO)定义,一个事件的风险被定义为危险性事故发生的可能性与事故后果的乘积,即:

$$风险 = 可能性 \times 后果$$

根据事故发生可能性及后果,常按5×5的矩阵界定不同等级风险(见图1.6-30)。图1.6-30中,纵坐标为设备失效可能性的等级,横坐标则为失效后果等级。当每一个分析对象的失效可能性和后果等级确定后,就可在风险矩阵中确定其位置,风险等级也随之确定。

RBI方法可较为理想地协调石化企业的装置安全性和企业经济性之间的矛盾,做到合理、适度的检验。相比传统的检验方式,RBI方法在风险防控方面具有明显优势(见图1.6-31),可在完成同样检验量的前提下

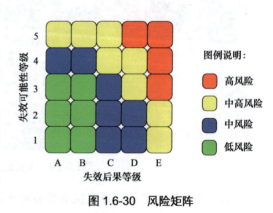

图1.6-30 风险矩阵

将压力容器与管道系统风险控制得更低；同时，若采用 RBI 方法，随着检验工作量的增加，可以更加有效地检查出装置中压力容器与管道的风险隐患。

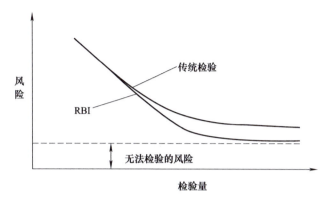

图 1.6-31 传统检验方式与 RBI 的比较

然而装置系统中的风险水平也并非一成不变，只要在装置压力容器与管道系统的全生命周期中合理评估风险并采取适当措施控制风险，即可有效确保其长周期服役（见图 1.6-32、图 1.6-33）。

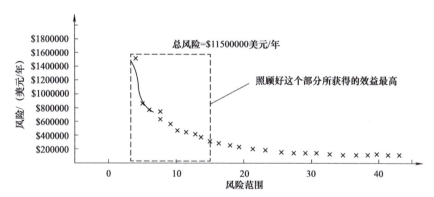

图 1.6-32 风险分布的"二八"原理

21 世纪初，借助国际科技合作平台，过程工业领域工程风险评估技术的研究与应用在我国兴起。自此之后近 20 年的时间里，RBI 及其他风险完整性管理技术方法在我国发展迅猛，研究应用也取得丰硕成果，为我国石化等过程工业装置连续运行周期的延长和万台设备事故率的持续下降奠定了坚实的基础。

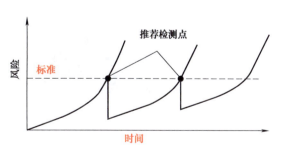

图 1.6-33 风险的演化规律与降险时间点

梳理 RBI 等风险完整性技术方法在我国的发展历程，可大致将其分为以下四个不同阶段（见图 1.6-34）：

1）2000—2006 年：引进试点阶段；
2）2006—2010 年：吸收、消化、自主创新阶段；

3）2010—2014 年：技术标准体系逐步形成阶段；

4）2014 年至今：优化升级和高速发展阶段。

6.3.1.2　引进试点阶段（2000—2006 年）

早在 20 世纪末至 21 世纪初，我国一些高校和研究机构就相继开展了 RBI 定性评估工作，并取得一定成效。但直到 2003 年合肥通用机械研究所和法国

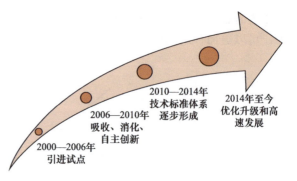

图 1.6-34　我国风险评估技术发展的四个阶段

国际检验局（BV）才首次尝试对在役石化装置展开 RBI 定量评估工作，真正实施了 RBI。本次工作受茂名石化委托完成，分别针对在役的乙烯裂解和加氢装置实施。通过定量 RBI 分析，企业针对即将进行的停工检修制订了检验策略。在制订检验策略时充分考虑各不同类型设备、管道的失效机理和可能性，有的放矢地重点检查。由此，企业将原来 3～6 年检验周期的设备与管道进行了科学合理分类，有的设备检验周期缩短了，有的则在规范标准允许范围内做了适当延长。通过这一系列调整，企业确保了装置压力容器与管道系统的安全，还有效降低了运行、检修成本。此后，RBI 技术的研究与应用在我国蓬勃兴起，并因其受到我国石化企业和业内专家的普遍认可而迅速被政府监管部门接受和认可。

自 2003 年茂名石化 RBI 项目开始，风险评估技术在国内迅速形成一股示范效应，特别是在中石化、中石油两大公司的大力支持下，在国家质检总局的关怀下，不仅开展 RBI 技术研究应用的公司越来越多，还自发形成了技术研讨队伍，到后来建立了工程风险评估技术研讨年会制，每两年开展一次全国范围内石化行业的 RBI 技术研讨交流（见图 1.6-35），为 RBI 技术的发扬光大奠定了坚实的基础。

图 1.6-35　工程风险评估技术研讨年会

2006年，在中石化、中石油的大力推动下，国家质检总局下发了在中国石化部分企业对压力容器与管道等进行基于风险的检测（RBI）试点的通知（国质检特〔2006〕198号文《关于开展基于风险的检验（RBI）技术试点应用工作的通知》），通知确定了全国范围内的两家试点机构为合肥通用机械研究院（简称"合肥通用院"）和中国特种设备检测研究院（简称"中国特检院"）。这标志着RBI技术研究应用的试点工作正式得到了我国政府压力容器与管道监管部门的认可和支持，这也是合肥通用院及其他研究机构多年努力的结果。

6.3.1.3 吸收、消化、自主创新阶段（2006—2010年）

通过尝试定量RBI技术在我国石化装置中的研究应用，相关技术人员也发现，这一引进技术在我国存在"水土不服"的现象。首先，RBI实施的初衷同我国"传统检验"思想导致的过度检验并不完全一致；其次，API等国外基础标准在制定时考虑的是设备建造合规、合法这一前提，但我国因历史原因存在大量携带超标缺陷服役的压力容器与管道；再者，很多石化装置压力容器与管道因腐蚀介质的多样性、影响因素的复杂性，在实际运行中存在着多种失效模式、失效机理的相互作用。这些方面都严重制约了RBI在我国的实施。

基于这一情况，合肥通用院开展了科技攻关，不断完善和提高RBI技术在我国石化装置中的研究应用水平，实现了引进、吸收基础上的消化和自主创新。针对我国部分压力容器与管道建造遗留缺陷严重与需要长期服役的特点，合肥通用院于2006年提出了"承压设备风险评价中以剩余寿命为表征变量的失效概率评价方法"（专利号ZL 200610039771.7），使RBI分析得到的失效概率更加合理，尤其是当设备的损伤退化机理与时间相关且与建造遗留超标缺陷共存时，这一研究成果提高了RBI分析结果的安全性。

另一方面，合肥通用院经过不断分析、凝练腐蚀损伤案例评估过程中所获取的工程经验，并陆续在大连西太平洋石化、大庆石化、福建炼化等企业开展RBI技术研究应用，于2010年提出了"多种失效机制共存环境下设备损伤因子的确定方法"（专利号ZL 201010206433.4），明确了典型压力容器用材料在复杂腐蚀环境下主导失效模式、损伤机理的判定方法，也明确了次要失效模式、次要因素的作用规律。基于这一成果，我国压力容器与管道技术领域建立了83种单一失效机制、20多种复杂失效模式的判别方法（见表1.6-2）。

表1.6-2 失效机理统计表

	国内外已知失效机制（66种）	新增17种单一失效机制（共83种）	新增20余种复杂失效机制
腐蚀减薄	盐酸腐蚀、硫酸腐蚀、磷酸腐蚀、保温层下腐蚀、高温硫化物腐蚀、环烷酸腐蚀	硝酸盐应力腐蚀 高温水应力腐蚀	环烷酸+硫 连多硫酸+Cl
环境开裂	氯化物SCC、碳酸盐SCC、连多硫酸SCC、胺开裂、氨开裂、湿硫化氢破坏、氢脆	应力松弛开裂 平面失稳 柱失稳	氯化铵+硫化氢 $NaOH+Cl+H_2O$ $CO_2+H_2S+Cl+H_2O$
材质劣化	渗氮、球化、石墨化、渗碳、脱碳、σ相脆化、475℃脆化、回火脆化	空泡腐蚀 微动磨损 接触疲劳	$H_2S+Cl+H_2O$ $H_2S+CO_2+H_2O$ $CO+CO_2+H_2O$
机械损伤	机械疲劳、热疲劳、振动疲劳、汽蚀、蠕变、热冲击、应变时效	机械磨损 黏着磨损	$Na_3PO_4+O+H_2O$ $NaOH+H_2S+H_2O$
其他	高温氢腐蚀、腐蚀疲劳、冲蚀、低温脆断、过热、蒸汽阻滞、耐火材料退化	辐照脆化 应变强化	Na_3PO_4+高温含氧H_2O $CO+CO_2+H_2S+H_2O$

以此为支撑，合肥通用院还建立了目前国际上最为齐全的损伤机制和失效概率数据库，数据库对各类损伤机制做出了详细描述和界定，其中包括每一种损伤机制的定义、形态、产生条件、扩展规律、受影响的材料、受影响的装置与设备、预防与减缓措施、检测监控手段和次要失效机制的影响等。以上自主创新体现了我国对 RBI 消化、吸收、创新的技术成果，为形成基于风险的检验技术标准体系、开发国产分析评估软件提供了强有力的支撑，也是我国压力容器与管道技术在安全系统工程领域实现跨越式发展，从跟跑跃升至并跑的重要标志。

6.3.1.4 技术标准体系逐步形成阶段（2010—2014年）

随着我国 RBI 技术研究应用水平的提升和应用范围的不断扩大，国内多家石化企业明确了在役压力容器与管道的检维修管理重点，并通过合理制订检验策略提高了压力容器与管道的安全性与检验工作的经济性。合肥通用院及中国特检院等研究机构也根据对有关压力容器与管道设计、制造企业的调研情况，提出了开展基于风险与寿命的设计、制造（RBD）的设想。在前期 RBI 技术成功应用所获得的宝贵工程经验和我国吸收引进技术后自主创新成果的强有力支撑下，基于风险的压力容器与管道设计、制造及检验的理念和方法得到了科技部、全国锅炉压力容器标准化技术委员会及中国石化等相关各方的支持。2009 年 12 月颁布实施的 TSG R0004—2009《固定式压力容器安全技术监察规程》（以下称"固容规"）增加了基于风险的压力容器设计、制造及检验的规定和针对在役容器开展 RBI 的要求；在 2011 年颁布实施的 GB/T 150—2011《压力容器》标准中，增加了基于风险的压力容器设计、制造及检验的具体规定。自此，基于风险的检验和基于风险的压力容器设计、制造及检验方法首次被纳入我国压力容器与管道法规和技术标准体系，这也意味着我国压力容器与管道领域的技术规范正式开始同国际接轨，由"传统建造和检验"模式开始向"基于风险和失效机理的建造和检验"模式转变。同时，"固容规"和 GB/T 150 针对第Ⅲ类压力容器明确提出了建造阶段即应进行风险防控的具体措施，如编制风险评估报告，在设计、制造和检验过程中落实风险评估报告中的技术措施等，这为此后国内研发极端条件下使用的压力容器与管道，并有效防控运行过程中的风险创造了良好的条件。

此后，RBI 技术经过不断的研究及在石化企业的大力推广应用，又取得了一系列新成果，其中包括基于 RBI 分析结果，适当延长压力容器和压力管道检验周期及安全阀的校验周期等。为固化以上技术成果，由合肥通用院等机构牵头，又制定了 GB/T 26610.1～5《承压设备系统基于风险的检验实施导则》等系列标准，其中 GB/T 26610.1 于 2011 年颁布实施，其余部分则在 2014 年颁布实施。GB/T 26610 是我国具有独立自主产权的原创性成果，针对我国石化装置压力容器与管道系统，对 RBI 风险评估过程做出了全面的规范约束，其中包括基于风险的检验策略、风险的定性分析方法、失效可能性定量分析方法、失效后果定量分析方法等内容。2014 年，我国还颁布实施了 GB/T 30579《承压设备损伤模式识别》，这一标准主要技术依据就是"多种失效机制共存环境下设备损伤因子的确定方法"的研究成果，标准中给出了压力容器与管道主要损伤模式的损伤描述及损伤机理、损伤形态、受影响的材料、主要影响因素、易发生损伤的装置或设备、主要预防措施、检测或监测方法、相关或伴随的其他损伤等，为压力容器与管道损伤检测、监测和预防控制提供了有效指导。2013 年新颁布的"容检规"和 2016 年修订的"大固容规"（已覆盖 2013 版"容检规")均在新的研究成果上,对 RBI 的适用范围、实施细则等做出了明确要求。截至目前,我国已经基本形成了石化装置压力容器与管道系统包括失效模式识别、RBI 实施导则、缺陷和损伤安全评定在内的一整套技术标准体系,如图 1.6-36 所示。

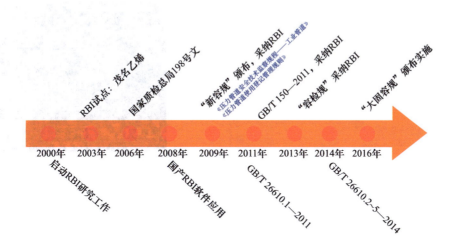

图 1.6-36　我国 RBI 技术标准化历程

RBI 技术体系形成的同时也转化了很多其他应用成果,RBI(及完整性评价)软件系统的国产化就是其中之一。软件系统的成功开发也代表了 RBI 技术引进、吸收和"本土化"的高水平。

在我国引进 RBI 技术之初,使用的分析系统无一例外都是进口软件,如 DNV 的 ORBIT Onshore 软件、法国 BV 的 RB.eye 软件等。北京化工大学就借助 DNV 的 ORBIT Onshore 软件对辽阳石化 550 万 t/年的常减压装置的压力容器、管道和安全阀进行了定量风险分析,得出风险评估结果,基于风险等级和失效机理制订了压力容器与管道的检验维修策略。合肥通用院首次在茂名石化开展风险评估应用借助的也是 BV 的 RB.eye 系统。客观上讲,采用进口分析软件在当时确实对 RBI 技术推广起到不可替代的积极作用,但其局限性也是显而易见的:

1)技术受制于国外,容易被"卡脖子";
2)软件价格昂贵,不利于大范围推广;
3)软件的数据库与我国石化行业的国情不相吻合,且升级十分缓慢。

在此背景下,合肥通用院借助 RBI 评估和检验检测的技术积累优势,开发了国内首套具有自主知识产权的风险评估软件"通用石化装置工程分析系统",界面如图 1.6-37 所示。

该软件是一个基于 API 581、GB/T 26610、GB/T 30578、GB/T 30579 等技术标准、分析方法和损伤失效机理数据库的软件,基本功能就是对工厂装置(库区)、设备(储罐等)基础数据的收集保存以及压力容器与管道损伤机理分析和风险计算。与进口评估分析系统明显不同的地方在于"通用石化装置工程分析系统"是一个全过程开放的软件,具有良好的用户界面,可在软件界面中任意输入、查看、调整装置设备(库区储罐)的设计数据、工艺数据和检验数据等,并可以根据装置本身的工艺特点添加腐蚀机理和实际腐蚀速率等参数。随着 RBI 技术应用研究的不断深化发展,软件也在不断更新升级,至今软件已更新至 V5.3.X 版，而软件系统本身也成为我国风险评价技术体系中的重要一环。

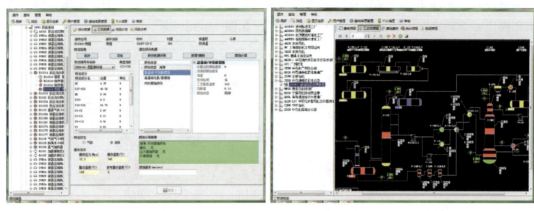

图 1.6-37　通用石化装置工程分析系统

6.3.1.5　优化升级与高速发展阶段（2014 年至今）

近年来，基于风险的检验（RBI）技术的发展主要表现在以下几个方面：

1. 完整性操作窗口技术的研究与应用

随着我国由"十二五"进入"十三五"时期，RBI 技术直接或间接地为我国石化企业带来的经济、社会效益就更加可观。但同时国内石化工程和过程工业的规模不断扩大，新型过程工业技术发展、节能减排与绿色设计的国家需求，以及信息化与传统压力容器设计制造融合的要求，带来了诸多新的挑战与机遇。面对新的装置、设备和工艺，RBI 实施中也暴露出一些问题，例如：成套装置非压力容器与管道对承压设备系统的影响也还没得到充分考虑；复杂环境中多种失效模式交互作用下动态风险演化规律没有完全掌握；风险的控制与人因可靠性的关联研究不够，如何将力学、化学等边界的控制转化为人为操作规程边界的控制亟待破题。

在此背景下，技术工作者们将风险评估和管理的技术方法推广到石化装置的全流程领域，通过延拓 RBI 理念的适用范围实现过程工业基于风险的完整性管理。合肥通用院与其他科研机构基于压力容器与管道损伤腐蚀特征安全参量与结构完整性关联规律方面的研究成果及 RBI 技术的成功应用，提出了在役装置系统状态运行风险控制的完整性操作技术方法，将压力容器与管道的安全边界转化为工艺操作边界，提出了从设备、工艺协同开展石化装置设备完整性管理的新思路，奠定了全生命周期设备完整性管理的基础。完整性操作技术方法被认为是 RBI 技术在石化装置系统全流程、全要素中的拓展，可通过识别设备失效模式与损伤机理，提取特征安全参量，建立操作工艺与特征安全参量的关联规律、边界值等级与响应时间对应关系，形成设备安全临界判别的方法，将在役设备系统状态信息转化为装置操作员、工艺员能够实时监控的操作参量，从操作层面解决了设备运行过程中的风险控制问题，弥补了当前国内基于风险的管理（RAM）技术在运行过程中的不足。其中，完整性操作边界值模型如图 1.6-38 所示。

基于这一技术创新成果，合肥通用院还开发了"通用完整性操作窗口软件"（GIOW）系统，如图 1.6-39 所示。

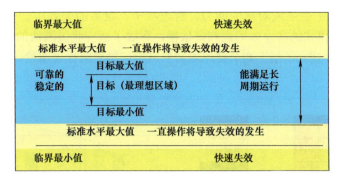

图 1.6-38 完整性操作边界值模型

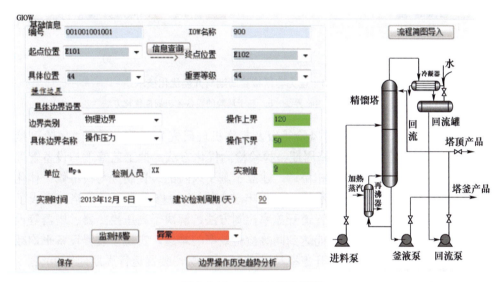

图 1.6-39 GIOW 系统界面

系统可通过 DCS、LIMS 等系统数据与压力容器和管道特征安全参量的数据融合,自动识别石化装置腐蚀回路与设备的损伤机理,并进行腐蚀分析与计算,实现操作值越界预警的功能。基于数据融合实现工艺操作与安全的自动预警,填补了压力容器与管道在线风险监控系统的空白。GIOW 系统在茂名石化、福建联合石化等数十家石化企业、80 余套石化装置的 1200 余条腐蚀流上开展应用,并取得积极效果。其中,福建联合石化大乙烯项目借助于这一系统实现了首检 5 年安全长周期运行目标。

2. 石化装置基于风险的检修周期和设备开盖优化方法的建立

传统的检验方式存在大量的无效检验、过度检验或检验不足现象,这些检验并未严格按照系统可能存在的失效模式而有针对性地实施,不仅无法保证设备的本质安全,也浪费了大量辅助工程费用,增加了石化企业的检修成本,而过于频繁的停工检修制约了企业的生产效益。随着检测技术的发展,以及石化行业绿色、安全、长周期运行需求的日益增长,合肥通用院等研究院所通过十多年的数据积累与分析,建立了一套系统的基于风险的检修周期、检验检测优化方法。

通过在 1000 余套石化装置上开展工程风险分析技术研究与应用,利用大量数据的统计分析，综合考虑了企业风险承受能力、管理水平、设备的失效可能性与失效后果等因素，提出基于失效模式的高失效因素判定依据，形成了适应我国国情的石化装置设备"风险可接受准则"，并建立了基于剩余使用寿命的风险可接受运行周期量化方法，如图1.6-40所示。

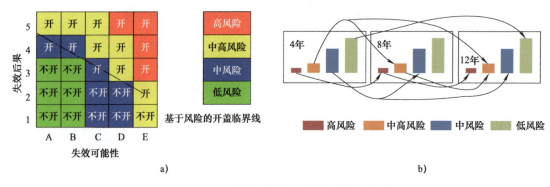

图 1.6-40　压力容器检验周期与开盖优化技术
a）基于风险的开盖临界线　b）基于风险的设备停机周期优化方法

以石化装置压力容器与管道风险等级及损伤机理研究为基础，采用"风险可接受准则"，提出了基于风险的装置检修周期、检验检测优化方法，把工艺管理与设备管理相结合，把设备目标风险与检验周期相协调，建立了基于风险的装置腐蚀与检维修一体化管理技术，制订了石化装置"4年（小修）～8年（大修）"检修周期管理策略，形成了装置停工腐蚀检查技术和压力容器与管道开盖率控制方法，解决了高压换热器、塔器等设备开盖检验成本高，而通过外部检验能达到同等检验效率的难题，实现了装置设备平均减小无效检验比例超过20%，降低设备开盖率超过25%～50%，装置运行周期延长20%。

3. 安全泄放装置和大型原油储罐群基于风险的检验与安全长周期运行保障技术的形成

通过基于风险和完整性管理方法技术研究与应用，合肥通用院等还在安全泄放装置及大型储罐群领域取得了重要研究成果。其中，安全泄放装置数量众多，又在压力容器、管道中起到举足轻重的压力泄放作用，一旦失效后果不堪设想。随着RBI技术的推广，接受风险评估的安全阀数量逐年上升，每年进行离线校验的安全阀数量却逐年下降，炼油及化工装置中安全阀4年一校的比例也已经接近或超过50%，结果如图1.6-41所示。

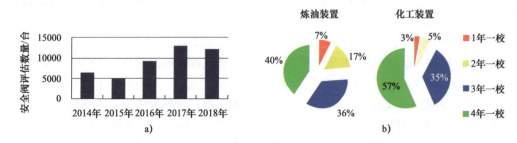

图 1.6-41　国内安全阀开展风险评估应用研究的趋势
a）2014—2018年我国进行风险评估的安全阀数量　b）炼化和化工装置中不同校验时间安全阀的比例

基于风险的检验技术在大型储罐群领域的应用研究也取得了重要进展。合肥通用院等通过大量储罐群的风险评估与检验检测，在国内建立了大型储罐风险评估与声发射检测等技术相结合的在线检验、评估与长周期运行保障技术，形成了国内首个常压储罐腐蚀数据库，修正了罐底板腐蚀速率评价方法，提出了罐底板电化学腐蚀、微生物腐蚀、杂散电流腐蚀等的关键影响因素，开发了国内首个大型常压储罐风险评估软件。还通过不同油品杂散信号门槛值研究，改进了储罐声发射检测干扰信号识别技术；采用储罐沉降变形数据的谐波化处理，优化了储罐沉降评价方法。最终形成了包含损伤机理识别、在线检测、风险识别与降险、检修策略优化、开罐验证、风险修正等过程的技术路线，确立了一套适合我国国情的大型储罐风险评估、在线检测技术与检修周期优化方法，如图1.6-42所示。

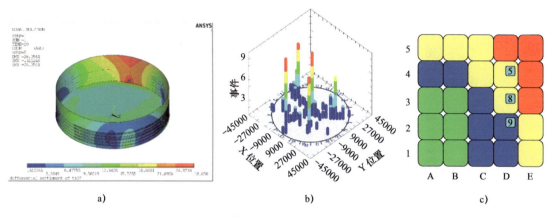

图1.6-42　大型常压储罐群基于风险的检验与评估

a）储罐应力数值模拟结果　b）储罐底板声发射检测结果　c）储罐群风险矩阵

该技术在国内第一次系统地解决了储罐群安全与长周期运行的问题，实现大型储罐运行周期突破10年甚至15年，并解决了原油储罐群管理与检修费用的矛盾，节约了大量的检修维护费用，为国内大型储罐管理乃至战略能源储备提供了一系列新思路、新技术。

4. 推广应用成果及未来展望

"大鹏一日同风起，扶摇直上九万里。"自2003年茂名石化首次尝试应用研究以来，RBI技术在我国过程工业领域的推广和发展形势一片大好，也为各大石化企业创造了良好的经济和社会效益。截至2018年，已有超过100家石化企业、2500套石油化工装置、25万余台压力容器与管道进行了RBI等技术的应用，涵盖中石化、中石油、中海油、中化等化工、石化集团的常减压、重油催化、加氢裂化、延迟焦化、加氢精制、乙烯、聚乙烯、重整、芳烃、煤气化等炼油与化工装置，设备类型包括塔器、反应器、换热器、过滤器、球罐等，如图1.6-43、图1.6-44所示。

近一半RBI研究应用工作由合肥通用院独立或牵头完成。另有中国特检院和3家地方级特种设备检测院所也获准开展RBI评估，并取得不俗业绩。此外，国内的部分企业和高校对RBI技术的应用、发展起到了积极的推动作用。

进入新时代，世界格局和能源结构急剧调整，压力容器与管道系统的服役工况日益极端化。随着装置规模的扩大和设备系统在役工况的拓展，过程工业企业将更注重基于风险与可靠性的设计，这是装置实现安全长周期运行的重要前提。同时，随着数字仿真技术的发展，过程工业数字孪生技术将广泛应用于石化装置的远程智能维护，通过在线的安全特征参数监测，实现传感器组建运维神经网络，结合企业的长周期安全运行目标，早期风险预判、预警，针对性实施基于风险的完整性干预和运维也将变为现实。

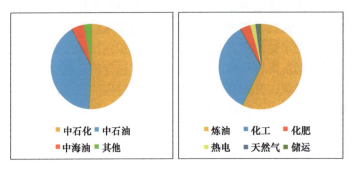

图 1.6-43　炼化公司及不同类型企业开展 RBI 技术应用的比例

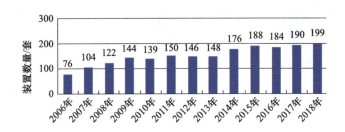

图 1.6-44　截至 2018 年国内石化装置开展 RBI 技术应用的趋势

我国技术人员在国家有关部门大力支持下，"产学研用"协同攻关，进一步突破了"拓边界、修准则、控风险"技术瓶颈，在国际上首次提出并建立了基于全生命周期风险控制的维护技术方法，并在有关技术领域取得领跑地位。我国石化等过程工业装置也实现了连续运行周期延长和万台设备失效事故率持续下降。在工业 4.0 背景下，借助于传感测量、工业互联网、物联网、大数据等技术快速发展，合肥通用院又瞄准了石化装置系统基于特征安全参量的在线监控预警方法的研发。这一方法，可有机结合压力容器与管道损伤腐蚀的特征安全参量与结构完整性的关联规律，确定设备是否临近失效状态，以达到控制和降低压力容器失效风险的目的。同时，还结合石化企业需求及装置运行中存在的安全性瓶颈，针对性地着眼于常减压及重油加氢装置，实现了危险源自动识别、风险评估、安全应急资源管理、多源数据融合分析等关键技术的重大突破，实现危险源及设备风险的动态监测，并对企业应急响应决策起到关键作用。以上成果初步实现了石化装置关键设备系统的早期风险预警和干预。此外，合肥通用院还针对热力电厂等其他工业装置，在以往基于风险的检验（RBI）等技术的应用研究基础上，搭建远程在线监测诊断预警和备品备件管理平台，这些应用实践不仅收获了较好的社会与经济效益，还充分延拓了以 RBI 技术为主要代表的完整性管理方法的适用范围。

"长风破浪会有时，直挂云帆济沧海"。面对新工艺、新设备和新问题，我国的技术人员不会满足，也不会停下创新的脚步，在《中国制造 2025》纲领指引下，合肥通用院还将团结和带领其他高校、研究院所积极开展工作，在前期 RBI 和完整性管理方法的研究应用基础上，借助 AI 和大数据、云计算，开展"失效自限""失效自控"技术探索，借助过程工艺参数调控，延缓装置系统失效发生，期望早日实现压力容器失效的精准判断和运行的自主优化，为实现我国石化装置压力容器与管道系统设计制造与运行维护的绿色化、智能化做出新的更大贡献。

（本节由合肥通用机械研究院有限公司陈炜撰写）

6.3.2 在线检测监控技术

6.3.2.1 概述

在用压力容器与管道不仅要承受着压力、温度的作用，还需要承受介质腐蚀。一旦失效，则会引发火灾甚至爆炸事故，给人民生命财产安全带来巨大损失。为了保障压力容器与管道安全，从 21 世纪初开始，借助于传感器技术、网络技术和新型软件的发展，压力容器与管道的在线检测监控逐渐发展起来。

6.3.2.2 压力容器与管道的在线检测与监控

1. 在线高温超声检测

无损检测是发现和探明压力容器与管道缺陷的重要手段。早期阶段，无损检测侧重于发现在制压力容器与管道在制造过程中产生的缺陷，故是在环境温度下进行检测。1994 年后，国内数十家炼油厂的 20 余套催化裂化装置的再生器、烟道及第三旋风分离器等设备内表面出现了大量裂纹，类型包括沿焊缝熔合线的纵向裂纹、焊缝热影响区裂纹、垂直于焊缝并延伸到母材的横向裂纹、保温钉热影响区裂纹等，裂纹往往迅速扩展穿透壳壁造成泄漏，严重地威胁到各大炼油厂正常生产，甚至影响成品油的供应；同样是在 1994 年，胜利油田发生多起稠油热采注蒸汽管道爆炸事故，损失达 3000 万元；2000 年 7 月首钢蒸汽管道爆炸，死亡 7 人。类似爆炸在美国、韩国、印度也相继发生。要解决上述压力容器与管道的失效分析和预防问题，首先是要能实现在线检测出危害性缺陷。

由于出现问题的装置甚多，不可能全部停产检测后进行分析、评估，提出了在线对这些压力容器进行检测的需求。合肥通用机械研究所为满足石化行业这一需要，开始了在线高温超声检测技术开发。在所承担的我国"九五"、"十五"及科技部社会公益基金项目中，均设立了专项，重点研究高温压力容器与管道的无损检测技术。

课题完成了高温环境下超声横波检测技术研究工作，有效地解决了在用压力容器与管道高温运行状态下缺陷检测的关键技术问题，掌握了压力容器与管道用碳素钢在高温环境下（50～450℃范围内）横波声速的变化规律，以及温度对测试精度造成的影响。掌握了固定频率下，超声横波在压力容器与管道用碳素钢随温度变化（50～450℃范围内）的衰减情况，以及对常用校准反射体的回波幅度变化情况。建立了高温环境下焊缝缺陷的超声横波检测灵敏度校正方法和检测方法，开发了可用于 50～450℃的高温耦合剂，见图 1.6-45～图 1.6-47。

课题研究的在线高温环境下焊缝缺陷的超声检测方法已经在中石化、中石油进行了现场应用。完成了 20 余台（套）再生器、沉降器、三旋、预加氢反应器的高温在线检测和数十公里压力管道的高温在线检测，为企业节约了大批资金，并保障了设备的安全运行，取得了巨大的社会效益和经济效益。

具有代表性的工程案例有：

1）催化再生器操作温度700℃左右，器壁温度在70～200℃之间，内有100～150mm耐磨隔热衬里，价格昂贵。企业从安全性、经济性两个方面出发，希望在设备运行状态下，对再生器是否存在裂纹、裂纹尺寸、现有裂纹有无扩展等情况有所了解。因此，合肥通用机械研究所采用250℃下带温、在线超声检测技术，从外壁不开罐、不打开内衬对沉降再生器内壁裂纹

图1.6-45　高温超声检测试验装置

进行检测。这种高温下催化装置再生器在线检测对于制订检修计划、确定停车检修时间以及确定拆除内衬的部位等十分重要，为生产厂家解决了亟待解决的实际问题。

图1.6-46　高温超声检测试验用部分试件

2）某炼油厂预加氢反应器（R201）的工作压力为2.70MPa，工作温度为330℃，壁厚：筒体（42+3）mm/封头（48+3）mm，规格为ϕ2800mm×13263mm，筒体材质为SA-387 Gr.11 Cl.2+SA-240 TP321，于1996年11月投入运行。在2000年9月的开罐检验中，发现W2环缝中有4条垂直于焊缝的裂纹，位于基材和复合层界面处。重新制造更换一台预加氢反应器的周期为一年，为了维

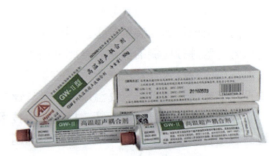

图1.6-47　高温超声耦合剂

持生产，厂方对带缺陷反应器进行了安全评定，并对这4条裂纹进行监控使用。合肥通用机械研究所对R201预加氢反应器环焊缝上4条裂纹进行跟踪超声检测及监测，自2001年3月开始，现场检测10次，其中9次为运行过程中高温（操作温度为330℃，实测壁温为280～300℃）检测，一次为检修期间的常温检测。高温检测仪器、探头为：高温楔块型号ABWVH-T7T（60°/480℃）、ABWVH-T7T（45°/480℃），探头型号A549S-SM，高温耦合剂SONO 950，仪器型号：PXUT-27数字式探伤仪。在严格监控、约束生产条件的

情况下，该反应器安全使用了一年零四个月，直至更换反应器。

3) 某公司 ARDS 装置 125 条工艺管线为利旧管道，许多管件如大小头、三通、弯头为旧管道拆除件，规格为 $\phi 48 \sim \phi 323$mm，壁厚为 7.1～32mm，操作温度为 40～430℃，材质有碳素钢、Cr-Mo 钢、不锈钢。厂方为了及时了解这些管件的使用情况，便于采购备件和安排检修计划，在运行过程中对管件及焊缝进行高温在线检测，并对其进行评估。2000 年 12 月，合肥通用机械研究所采用高温超声波技术对其进行了抽查，未发现裂纹类缺陷，帮助厂方确定了检修计划和检修时间。

4) 某己内酰胺产品部年产 7 万 t 己内酰胺工程中的 3000 装置转化气管道（RG3001），材质原为 15CrMo，操作压力 2.5MPa，操作温度 400℃，规格 $\phi 325$mm×10mm，介质为转化气（70% 氢气），1992 年投用。由于装置工艺提出管子内物料温度太高，需加锅炉水冷却降温，1997 年经设计院设计，增加锅炉水喷头，并将喷头附近一段管子（约 5m）材质改为不锈钢管（1Cr18Ni9Ti），于 1999 年 3 月停车检修时更换管段。运行数年后，在 F3001 至 R3004 之间转化气管道（RG3001）不锈钢管段上，管子本体出现长 15mm 的环向裂纹。合肥通用机械研究所对该管道泄漏点周围区域采用高温超声检测方法进行在线检测发现，在 4 个区域有大量的环向裂纹，其深度已超过壁厚的一半，通知厂方采取了保护措施并监控使用，消除了装置安全隐患。

对于在役压力容器与管道的使用管理，在线高温超声检测技术具有重要的意义。该技术可以在装置运行状态下，检测出压力容器与管道的壁厚及缺陷，帮助使用单位及时掌握压力容器与管道的状态；对于含缺陷的压力容器与管道，该技术可以对缺陷进行定期监控，确定缺陷是否扩展或扩展到何种程度。这两点对于使用单位保证压力容器与管道安全、合理制订停车检修计划来说都是至关重要的。

在线高温超声检测技术作为"在役重要压力容器寿命预测与安全保障技术研究"的重要创新点之一，于 2005 年获国家科技进步二等奖。

2. 在线红外热像检测与监控

20 世纪 90 年代，合肥通用机械研究所为在线查找宝钢化工公司热力管道的腐蚀减薄部位，尝试使用红外热像仪，通过热成像的差异寻找壁厚腐蚀减薄疑似部位，再以在线高温超声测厚加以确定。实践证明，该方法是一种有效的在线工程检测方法。

2000 年，北京科技大学采用红外热像仪对某炼油厂热壁加氢反应器进行了在线检测，获取了该加氢反应器的总体红外热成像图（见图 1.6-48）。通过对红外热成像图的分析，获取了不同部位的外表面温度，由此推算出对应部位的实际操作温度，分析、评估氢对材料的损伤。

2010 年前后，随着无人机的普及，环保部门和石化企业开发了携带红外热像仪的无人飞行平台及其配套的数据采集、传输和处理软件，可实现对化工、炼油、石化等压力容器与管道密集使用的企业泄漏和潜在故

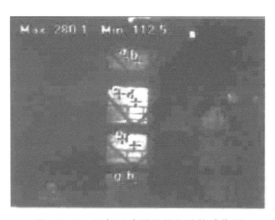

图 1.6-48 加氢反应器总体红外热成像图

障部位进行在线检测监控。

3.在线声发射检测与监控

材料或结构受外力作用产生变形或断裂,以弹性波形式释放出应变能的现象称为声发射,也叫应力波发射。声发射是一种动态无损检测方法,通过探测构件受力时材料内部发出的应力波来判断压力容器与管道内部的损伤程度。

材料的马氏体相变、裂纹扩展、应力腐蚀以及压力容器与管道的泄漏等,都有声发射现象,检测到声发射信号,就可以连续监视相关变化或失效的整个过程。在压力容器与管道的加载过程中(如水压试验、气密性试验、操作状态等),使用声发射检测仪器进行实时在线检测监控,及时发现声发射信号,通过分析其发出的部位、强度、事件特征等,可实现对启裂、缺陷扩展、泄漏等风险或失效进行预判。

合肥通用机械研究所是国内最早开始研究声发射检测技术的单位之一。1974年,合肥通用机械研究所和沈阳金属研究所分别研制了单通道声发射仪器,其后沈阳电子研究所、长春材料试验机研究所、沈阳计算机厂也研制了多通道声发射仪器(见图1.6-49)。北京材料工艺研究所、北京航空材料研究所、北京航空学院、上海交通大学、上海硅酸盐研究所等研究院所和高校进行了不同材料和构件的声发射检测技术研究。

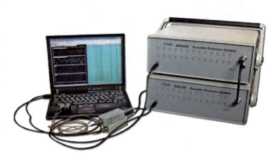

图1.6-49　多通道声发射检测仪

20世纪80年代,国外开始采用声发射技术对大型常压地面储罐因腐蚀导致的泄漏进行在线声发射检测研究和应用。2000年前后,国内也对泄漏源的声发射检测机理及现场应用进行了研究,主要是利用载荷变化时泄漏产生的湍流流动噪声、腐蚀减薄区产生一定的变形或由此引起的腐蚀层脱落与开裂产生的声发射信号,对罐底是否存在泄漏源或潜在泄漏源(对应局部或均匀腐蚀部位)做出判断,并确定其位置,从而对罐底的整体腐蚀状态做出在线实时初步判断,结合罐壁或罐顶的局部超声波测厚结果,最终对储罐的完整性做出安全评估。

合肥通用机械研究所通过对模拟立式储罐泄漏、腐蚀坑的声发射检测试验得知,在罐底泄漏和储罐液位变化的情况下,腐蚀坑会产生大量的声发射信号,并形成声发射定位源集团。用来评价泄漏和腐蚀坑严重程度的声发射信号,以泄漏和腐蚀坑变形中产生的声发射定位源信号为主。声发射信号特征参量主要有:幅度、计数、能量、持续时间和上升时间。分析声源信号的特征参量的取值范围及变化趋势,包括声速的设置、检测时机的选择、注意孤立的高幅度、计数、能量的声发射源等,可以为常压立式储罐声发射在线检测技术的应用提供依据。在开展基于风险的大型储罐检验检测技术研究和工程应用的基础上,合肥通用机械研究所建立了大量储罐腐蚀数据库,形成了适合中国国情的大型储罐风险评估方法,打破了大型储罐群基于风险管理的技术壁垒,优化了大型储罐检验周期,将大型原油储罐开罐检验周期由6~9年延长至10~15年,大大提高了大型储罐检验效率,有效解决了我国大量储罐到期需要开罐检验与生产运行无法安排开罐检验之间的矛盾,实现了大型储罐的安全长周期运行。据不完全统计,截至2020年已运用该成果累计对22家油库和石化企业、共计 572 台常压储罐进行了基于风险的在线检测,包括镇海国储、黄岛国储、北海商储、曹妃甸商储、天津商储、大榭岛油库、册子岛油库、黄岛油库、岚山油库、白沙湾输油站、魏岗输油站、武汉石化、福建联合石化等。

此项目获得中国机械工业科学技术奖二等奖(见图 1.6-50、图 1.6-51)。

图 1.6-50　大型储罐声发射在线检测现场　　图 1.6-51　大型储罐声发射在线检测项目获奖证书

"九五"计划期间,依托国家重点科技攻关课题"在役含缺陷压力管道安全评定关键技术研究"02 专题"压力管道缺陷检测监测关键技术研究",国家质检总局锅炉压力容器检测研究中心、大连理工大学等单位运用声发射技术,围绕确定压力管道是否存在泄漏和泄漏源的定位两个关键问题,采用试验研究+现场检测验证的方法,获取了泄漏信号特征和衰减规律,从而可通过对检测数据的计算分析判定是否泄漏,基于能量法可确定泄漏部位。同期,合肥通用机械研究所与四川石油管理局钻采设备技术研究院合作,将声发射技术用于 140MPa 气密封试验系统,实现了在线检测试件的泄漏并对微量泄漏形成的气泡进行计数。

除此之外,近年来在线声发射监控技术还应用在重要的压力容器、长输管道、城市燃气管道等诸多方面,对已经发现缺陷但无法及时修复或更换的设备进行在线实时监控,提高了压力容器与管道的安全性。

4. 在线高温应变测量与监控

2003 年,合肥通用机械研究所为解决关键压力容器与管道监控问题,在中石化的支持下,设立"高参数典型承压装备长期在线测量监控技术研究"课题。与此同时,中石化为探索焦炭塔鼓胀、开裂原因,寻找抑制对策,设立了"焦炭塔选材与受力数学模型研究及工业应用"课题,其中,对焦炭塔的在线高温应变(应力)测量和监控,是应用"高参数典型承压装备长期在线测量监控技术研究"课题所获得的研究成果完成的。

2003 年 1 月至 2007 年 12 月,合肥通用机械研究院筛选了粘贴、焊接式两种高温应变片,针对在线高温应变测量的两个核心问题——测试的稳定性和准确性,进行了基础试验研究(见图 1.6-52、图 1.6-53):

1)获取了应变片的粘贴(焊接)、封装方法,特别是粘贴式应变片的粘贴、固化与训片方法;

2)探明了粘贴式应变片的胶层效应及其影响;

图 1.6-52　粘贴式高温应变片基础试验

图 1.6-53　焊接式高温应变传感器基础试验

3）确定了两种形式应变片适用的温度范围和获得有效应变测量数据的时间跨度；

4）测定了几种典型材料在不同温度下的热输出应变，获取了相应的热输出应变曲线；

5）测定了电阻对测量应变的影响，提出了相应的修正方法；

6）摸清了电容、电感对测量应变的影响；

7）初步确定了两种形式应变片的有效应变测量范围。

通过规范应变片安装、封装、连接过程，约定应变测量部位温度测定要求，课题提出的在线高温应变测量与监控方法在实验室可获得误差约 4% 的测试精度，在现场可获得误差约 8% 的测试精度。

2004 年 9 月，课题组完成了相关基础试验，在线高温应变测量与监控装置及技术具备现场使用条件。2005 年 7 月开始使用，对 3 种典型压力容器与管道进行了应变测量与监控。

（1）茂名石化焦炭塔在线高温应变测量与监控（见图 1.6-54）

时间：2005 年 7 月起，持续 34 个月。

测点及传感器数量：3 个测点，8 只传感器。

测量构件基本参数：

设计压力：0.35MPa　　　　工作压力：0.18/0.25MPa

设计温度：475/495℃　　　工作温度：475/495℃
介　　质：油气、焦炭

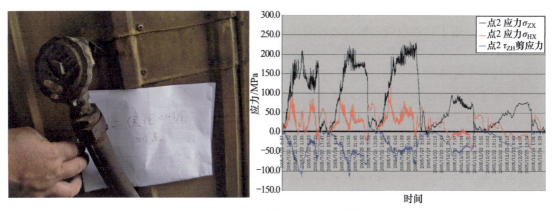

图 1.6-54　焦炭塔应变测量与监控

（2）茂名石化高温蒸汽管线在线高温应变测量与监控
时间：2005 年 10 月起，持续 30 个月。
测点及传感器数量：2 个测点，4 只传感器。
测量构件基本参数：
设计压力：12.96MPa　　　工作压力：11.7MPa
设计温度：520℃　　　工作温度：518℃
介　　质：蒸汽

（3）上海石化加氢反应器在线高温应变测量与监控（见图 1.6-55）
时间：2006 年 3 月起，持续 25 个月。
测点及传感器数量：3 个测点，8 只传感器。
测量构件基本参数：
设计压力：8.4MPa　　　工作压力：8.0MPa
设计温度：405℃　　　工作温度：390℃
介　　质：氢气等

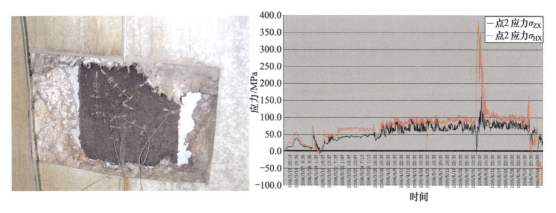

图 1.6-55　加氢反应器应变测量与监控

2018年，合肥通用机械研究院有限公司又对中海油惠州石化焦炭塔进行了在线高温应变测量与监控。

上述测量与监控均获得了有效的应变数据，工程应用结果表明，该项技术可作为有效的监控手段，用于对以应变为特征物理量的压力容器与管道进行监控。

2008年，"高参数典型承压装备长期在线应变测量监控技术"获中国石油和化学工业协会科技进步二等奖。

5. 基于现代网络和信息技术的压力容器与管道监控

传统的压力容器与管道运行监控，是通过整套装置的操作控制系统间接完成的（见图1.6-56）。压力容器与管道运行期间，装置中设置了诸多过程仪表或传感器，适时向操作控制系统传递数据，操作控制系统根据实测数据对操作过程参数进行控制与调节。一旦发生运行故障，会引起工艺过程参数异常或操作参数异常或超限。此时，操作控制系统会根据预先设定，发出参数调节或停车指令。可见，这种监控主要是针对操作参数的监控，实质是工艺监控（压力容器与管道的运行监控有时还依赖人工巡检），不能完全满足保证各压力容器与管道安全运行的要求。进入21世纪，因重要压力容器与管道的操作参数日趋苛刻，安全运行要求不断提高，提出了直接针对重要压力容器与管道进行运行监控的需求。

图1.6-56 操作控制系统

近年来，伴随传感器、无线网络、高性能计算等技术的快速发展，围绕压力容器与管道安全长周期运行的目标，国内相关单位研究将现代网络、信息技术应用于压力容器与管道的运行监控，实现压力容器与管道运维技术的数字化、网络化，并最终实现智能化。

远程在线监控预警已成为控制和降低在役压力容器与管道失效风险的重要措施和有效手段之一。该技术通过在线测量与监控针对特定失效模式的特征物理量，结合特征物理量与结构安全的关联关系，确定设备是否临近失效状态，以达到监控失效并实现早期预警的目的。该项技术的核心是要攻克两个难题：

1）如何准确获取与需控制失效模式关联度最高的特征物理量及其失效临界值（也称"失效门槛值"）；

2）寻找出最适宜的测量与监控方法，准确获取重要压力容器与管道运行过程这一特征物理量的具体数值。

为此，合肥通用机械研究院有限公司、中国特种设备检测研究院、华东理工大学、浙江大学、大连理工大学、南京工业大学等诸多单位，针对腐蚀减薄、环境开裂、材质劣化、机械损伤四大类失效模式的若干典型损伤机理进行了更深入的研究，初步确定了特征物理量的选取原则、度量方法、临界值判定方法。

1. 腐蚀减薄的特征物理量及其监控

腐蚀介质环境下的在役压力容器与管道，均匀腐蚀、点蚀、局部腐蚀、缝隙腐蚀等是普遍存在的失效模式。对于此类压力容器与管道，研究选取了介质温度、浓度、流速、pH 值等作为特征物理量。通过在线监控这些特征物理量，可对压力容器与管道腐蚀速率和剩余寿命进行分析预测，达到实时诊断安全状况和早期预警失效的目的。如：原油蒸馏装置中的高温部位（如塔盘、塔壁、炉管、转油线、高温管线等）及二次加工装置进料段，易发生高温环烷酸腐蚀。采用腐蚀挂片、在线探针、超声波测厚、氢通量检测、电化学分析等监控手段，可以获得压力容器与管道的平均腐蚀速率、瞬时腐蚀速率、剩余壁厚、腐蚀产物浓度（如氢、金属离子）等信息，结合试验获得的温度、pH 值、硫含量、流速、冲刷角度等因素对材质环烷酸腐蚀速率的影响规律（见图 1.6-57），确定了高温环烷酸腐蚀失效的临界值。

对于无法监测腐蚀情况的压力容器，合肥通用机械研究院有限公司、浙江工业大学提出了基于间接特征物理量的监控方法。例如，加氢裂化装置反应流出物空冷器（REAC）系统，在高硫、高氯、高氮劣质原油加工过程中，NH_3、H_2S、HCl 等腐蚀性产物在一定温度下会生成 NH_4HS、NH_4Cl，引发铵盐沉积腐蚀和多相流冲刷腐蚀。通过监测 REAC 入口温度、介质平均流速、H_2S 分压、NH_4HS 浓度、氯离子含量、pH 值、Kp 值等特征参量，并结合流场 - 温度场 - 浓度场多场耦合数值模拟和试验，可对铵盐结晶速率、垢下腐蚀速率、多相流冲刷腐蚀速率进行定量分析预测，提出了空冷器系统特征物理量的临界值。其中，浙江理工大学开发的铵盐沉积腐蚀、多相流冲蚀实时状态监测专家诊断和 REAC 流动腐蚀预测系统，已在石化企业应用，为预防流动腐蚀失效提供了重要支撑（见图 1.6-58）。

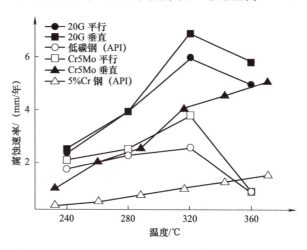

图 1.6-57　20G 与 Cr5Mo 在不同温度与冲刷角度下的环烷酸腐蚀速率

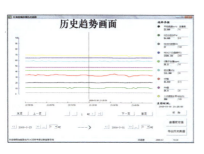 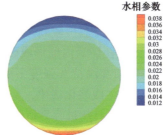 

图 1.6-58　加氢装置空冷器铵盐沉积腐蚀和多相流冲刷腐蚀监控

2. 环境开裂的特征物理量及其监控

环境开裂是金属材料暴露在特定腐蚀介质环境中的一种失效表现形式，包括氯化物应力腐蚀开裂、碱应力腐蚀开裂、氨应力腐蚀开裂、硫化氢应力腐蚀开裂等。它与材料种类、环境温度、介质浓度、pH值、应力水平等因素密切相关，开裂前往往无明显征兆，是一种危害性较大的失效模式。研究发现，对于存在这种失效模式的压力容器与管道，其特征物理量可选取应力水平、裂纹深度、介质浓度、温度和pH值等。通过监控这些特征物理量，结合应力腐蚀开裂机理、裂纹扩展规律，对压力容器与管道安全状况进行分析评价。

2008年，合肥通用机械研究院受某石化公司委托，对从国外进口的两台SA-543高强度钢制环氧乙烷反应器焊缝发生应力腐蚀开裂泄漏的原因及裂纹修复技术开展研究。通过开展高温含氧水环境下的应力腐蚀开裂机理分析和裂纹扩展规律研究，提出了改进工艺条件，通过在线监控介质浓度、温度、pH值、裂纹尺寸等措施，确保该设备继续安全运行长达6年（见图1.6-59）。

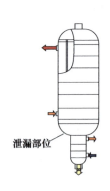

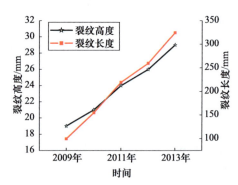

图1.6-59 某石化企业环氧乙烷反应器应力腐蚀裂纹监测

3. 材质劣化的特征物理量及其监控

材质劣化包括珠光体球化、石墨化、晶粒长大、渗碳、渗氮、脱碳等，是金属材料长期暴露在高温和/或腐蚀环境下材料金相组织逐步劣化、强度和/或韧性逐步下降的一种损伤表现形式，它通常与环境温度、服役时间、介质成分等因素密切相关。对于存在这种失效模式的压力容器与管道，研究发现其特征物理量可选取金属壁温、介质浓度、材质硬度、剩余壁厚等，通过对这些特征物理量的实时监控分析，再辅以定期的金相组织检验、表面和内部缺陷检测、抗拉强度和冲击韧度等力学性能测试，可对压力容器与管道的安全状况进行综合判断。

例如，乙烯裂解炉耐热合金炉管服役温度较高，裂解过程中形成的副产物（焦炭）在炉管内壁结焦，随着碳原子的侵入，在炉管内壁形成硬而脆的金属碳化物（M_7C_3）。温度越高，渗碳层发展越快，材料韧性和高温持久强度下降越明显。为此，对炉管的操作温度、介质组分进行监控，结合碳化物生成演化规律、金相和硬度检测结果，实现对其剩余承载能力、持久断裂寿命进行预测，一旦超过临界值即发出预警（见图1.6-60）。

4. 机械损伤的特征物理量及其监控

对于疲劳、热疲劳、热机械疲劳、蠕变、蠕变疲劳交互作用等机械损伤，环境温度、应力应变大小及其幅值、服役时间是决定压力容器与管道结构完整性的特征物理量。对于这种损伤模式，合肥通用机械研究院有限公司、茂名石化、中国石化建设工程公司、华东理工大学、上海石化等单位提出了通过对压力、温度和应变进行在线监控，实现对压力容器与管道损伤状况的实时诊断和剩余寿命预测。

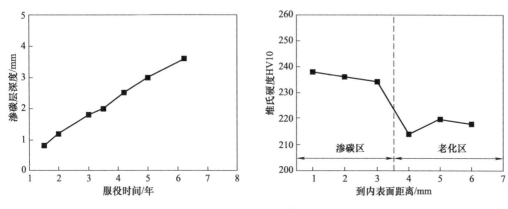

图1.6-60 乙烯裂解炉管特征物理量

例如，合肥通用机械研究院有限公司、茂名石化、中国石化建设工程公司、华东理工大学对延迟焦化装置焦炭塔的监控研究，考虑到设备长期在高温下服役，承受温度、压力双循环载荷，易产生热机械疲劳损伤。损伤发展初期塔体下部首先产生鼓胀变形，随着服役时间延长，鼓胀变形逐步向塔体的上部发展，达到某一临近值时最终造成塔体开裂或失稳，设备失效。针对焦炭塔鼓胀变形、开裂等，可在焦炭塔中下部不同位置布设温度和应变测量传感器，监控应变并将应变（应力）与压力、温度叠加加以分析，获取变形发展规律。通过试验研究，初步建立了焦炭塔应变分布特性与结构之间的对应关系。如今，合肥通用机械研究院有限公司已将其发展到使用物联网技术的阶段，实现了焦炭塔应变监控数据的实时远程传送和剩余寿命分析与预测（见图1.6-61、图1.6-62）。

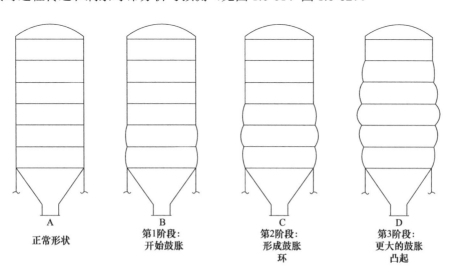

图1.6-61 延迟焦化焦炭塔鼓胀变形发展规律

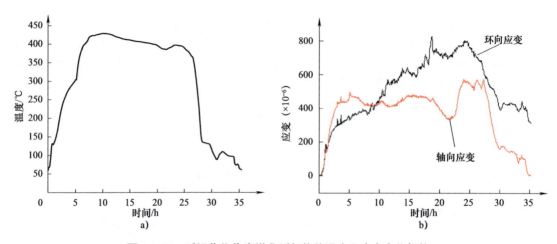

图 1.6-62 延迟焦化焦炭塔典型部位的温度和应变变化规律
a）温度变化规律 b）应变变化规律

再如石化厂、热电厂的高温蒸汽管道，工作温度一般在 500℃以上，存在开停车过程中因膨胀不均造成的失效和长期服役后产生的蠕变或蠕变疲劳失效。针对前者，合肥通用机械研究院有限公司与茂名石化合作，通过在线高温应变测量与监控，探明操作温度及其对应的应变为特征物理量，急剧降温过程中膨胀不均产生的拉应力是失效的主导因素（见图 1.6-63）。对于后者，华东理工大学等单位在国家 863 计划重点项目"极端条件下重大承压设备的设计制造与维护"的支持下，开发了基于位移放大机构的高温应变监控传感器和蠕变损伤实时分析软件。该技术已在中国热电厂高温蒸汽管道上成功应用，为装置的生产管理和安全运行提供了技术支撑和决策依据。

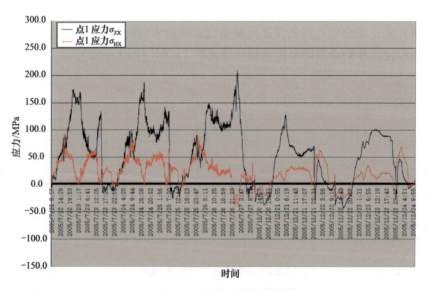

图 1.6-63 高温蒸汽管道的应力

5. 用于特征物理量测量与监控的传感器及其系统开发

得益于现代电子技术与新型无损检测技术的快速发展，可选择作为压力容器与管道特征物理量测量与监控的传感器也越来越多，通过开发传感器工程应用技术，形成了一批压力容器与管道特征物理量测量与监控技术和装备。

深圳格鲁森科技有限公司引进英国帝国理工学院技术，开发了可用于高温压力容器与管道剩余壁厚连续监控的"Permasense"（永感）系列超声测厚系统。该系统采用双波导杆技术、自适应交叉相关（AXC）分析算法及温度自补偿技术，实现了高准确性、高精度测量，目前该系统已在国内部分石化企业应用。

沈阳中科韦尔腐蚀控制技术有限公司自行开发了基于超声探头和聚声波导的监控技术，采用金属硬耦合，实现了测量范围3～50mm、测量精度0.05mm的压力容器与压力管道剩余壁厚连续监测系统，目前产品也已在国内部分石化企业应用。

除上述超声剩余壁厚在线监控技术外，基于电感探针与电阻探针的在线腐蚀监控技术也获得快速发展。中科院沈阳金属研究所开发了基于电磁感应原理的腐蚀电感探针，通过精确检测腐蚀引发金属损耗带来的电感变化，实现腐蚀的在线测量与监控。与基于时间累积效应的超声在线测厚系统相比，电感探针系统具有更高的检测灵敏度，可以更为便捷迅速地评估腐蚀状况。但该系统在监控实施时需要将探针插入介质中，探针在使用过程中存在一定损耗，需要进一步改进，避免定期更换探针。

当前，腐蚀在线监控系统一般采用单点布置，除被检测部位存在较大的随机性外，还存在着一旦布置完成后，欲调整监控位置困难的问题。为解决这一不足，合肥通用机械研究院有限公司在深入调研的基础上，开发了基于移动物联网的剩余壁厚特征物理量监控系统。系统将移动物联网技术应用到测厚系统中，定制多个探头用于剩余壁厚的在线监控，从而解决了单点测量存在的不确定性及布置困难的问题（见图1.6-64）。目前上述系统已经获得防爆认证，并在有关石化企业中应用。

图1.6-64　基于移动物联网的剩余壁厚监控系统

除上述剩余壁厚远程在线监控系统外，远程应变监控系统也已在石化行业应用，如合肥通用机械研究院有限公司与中国石化工程建设公司、茂名石化、高桥石化、惠州炼化等企业合作，围绕高温蒸汽管道、焦炭塔、加氢反应器等开发的在线高温应变测量与监控系统。目前，该系统已升级为基于移动物联网的应变远程在线监控系统，正在针对热电厂高温压力管道的远程应变监控与运维开展应用研究。

6. 基于网络和现代信息技术的特征物理量测量与监控平台开发

"十二五"以来，合肥通用机械研究院有限公司提出了压力容器与管道基于特征物理量的网络化远程运维技术理念，即融合现代物联网、大数据技术，在线实时测量并远程传送针对特定失效模式的特征物理量实测数据，结合特征物理量和压力容器与管道失效的关联规律，判定压力容器与管道是否临近失效状态，一旦达到或接近临界失效状态即进行失效预警，以此降低压力容器与管道失效风险。近年来，合肥通用机械研究院有限公司已与北京化工大学等单位合作，为石化企业搭建了常减压装置、重油加氢装置基于物联网的远程监控和应急资源管理平台,如图1.6-65所示。该平台可以从分布式控制系统(DCS)、紧急停车系统(ESD)中提取有用信息,并与无线传感器获取的数据信息进行融合,通过工程风险分析,实现压力容器与管道危险源自动识别、设备实时风险评价、安全状况诊断预警和应急响应辅助决策。

图1.6-65 石化装置基于物联网的远程监控和应急资源管理平台

一般来说,对于目前已知的压力容器与管道失效模式,可以通过前文所述的基于特征物理量的在线监控预警平台来实现智能化远程运行维护。例如,加氢裂化装置反应流出物高压空冷器系统(见图1.6-66),在掌握高压空冷器铵盐沉积垢下腐蚀和多相流冲蚀时空演变规律的基础上,在高压空冷器流动腐蚀失效高风险部位安装特定传感器,监控温度、流速、介质浓度、Kp值等特征物理量,来对高压空冷器的安全状况进行监测诊断和早期预警;在智能感知特征物理量、智能分析决策预警的基础上,开展了高压空冷器"失效自限""失效自控"技术研究,通过智能调整注水点、药剂组成等注水工艺参数,与分布式控制系统(DCS)联动,来延缓高压空冷器流动腐蚀失效的发生。通过上述研究,最终使高压空冷器具备状态智能诊断、参数智能调控、仪表智能联锁等功能,实现空冷器流动腐蚀失效的自调整、自限制和自预防。

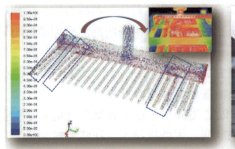 

- 失效模式:多相流冲蚀、铵盐沉积垢下腐蚀
- 特征参量:介质温度、浓度、流速、pH值、Kp值等
- 诊断评估:预测腐蚀速率、腐蚀高风险位置
- 自适应调整:注水工艺参数智能调整(注水点、药剂组成等)

图1.6-66 石化装置高压空冷器智能化运行维护

近期，合肥通用机械研究院有限公司与北京绥通科技发展有限公司合作，面向压力容器与管道数字化、网络化、智能化运维需求，开发了基于特征物理量监控与数字孪生的压力容器与管道智能运维平台。该平台以特征物理量监控与数字孪生为架构，面向压力容器与管道使用单位，提供特征物理量监控、风险分析、合于使用评价、失效早期预警等远程运维功能。目前该平台正在进一步完善中（见图1.6-67）。

图1.6-67　基于特征物理量与数字孪生的压力容器与管道智能运维平台

（本节由合肥通用机械研究院有限公司朱建新、关卫和、崔军撰写）

第二篇

大型储存容器篇

第1章 我国球形储罐发展史

1.1 概述

球形储罐（简称球罐）是我国能源、石化、化工、冶金及城市燃气等行业用于储存丙烷、丁烷、丙烯、丁烯、乙烯、液化石油气、氧气、氮气、天然气以及城市煤气等物料的重要设备，球罐具有占地少、壁厚小、重量轻、用材少等特点，与同容积、同压力的圆筒形容器相比，球罐壁厚是圆筒形容器的一半。

自1958年北京金属结构厂建成我国第一台工业球罐（600m³压缩空气球罐）以来已有60多年。60多年来，经过我国技术工作者的不断探索和大胆创新，我国球罐建造技术和水平已达国际领先水平。这60多年大致可划分为几个阶段：

第1阶段：1958—1972年，蹒跚学步，自主摸索

这一阶段建造的球罐都是中小型球罐，球罐最大容积为1000m³。球罐球壳板材料前期主要采用A3R、20G等，后期采用16MnR、15MnVR等。这段时期，我国球罐压制方法主要是热压成形，球片大多到现场开坡口、焊接接管、人孔及支柱。组装方法主要是分带、分块组装，少量采用散装法。无专业化的球罐制造厂，当时国内主要制造厂家有东方锅炉厂、上海新建机器厂、北京金属结构厂等。这段时期球罐制造、施工质量低劣，对球罐的安全性认识不足。由于当时球罐设计较为保守，未发生严重的球罐事故。

第2阶段：1972—1979年，引进吸收，在错误中学习

该阶段在大量引进国外高参数球罐的同时，引进开发及研制高强度钢，改进国内球壳板的压制工艺，开发球罐整体热处理技术，建设球罐全面质量控制管理保证体系，进行球罐焊接裂纹的断裂力学研究及缺陷安全评定等，我国建造球罐技术得到较大发展，但球罐施工管理及运行管理不善，在这个时期发生了5次运行球罐破裂、爆炸事故，是我国球罐建造史上事故最多发的阶段。

第3阶段：1979—1991年，清理整顿，建章立制，打好基础

这个阶段是我国球罐建造调整阶段，主要对我国已运行球罐进行一次全面开罐检查，消除重大事故隐患；恢复建立并完善了压力容器安全监察制度与体系，对新建球罐进行全面质量控制及监察；制定了专用的球罐标准GB 12337—1990《钢制球形储罐》，研发成功国产CF钢。这个时期是我国清理整顿、建章立制的十年，为1991年后球罐国产化打下了坚实的基础。

第4阶段：1991—1999年，大量引进与逐步国产化

1990年以来，通过消化吸收引进技术，逐步建立起我国球罐用钢体系，完善和提高球罐标准，同时在设计技术、制造技术上不断改进，逐步实现了球罐的完全国产化、大型

化及高参数化。

第 5 阶段：1999 年至今，逐步向大型化、高参数方向发展

1999 年以来，在各类球罐逐步国产化的基础上，伴随着设计、材料、制造及检测技术的不断改进，球罐逐步向大型化（10000m³）、高参数（高压、低温）方向发展。

1.2 球罐用强度钢及低温钢体系的建立

球罐壳体材料，除了材料的强度应满足存储物料的特性（如压力、温度等），还应具有良好的焊接性能和加工性能，同时还应考虑材料的供给可靠性及经济性等因素。通过不断引进学习国际先进技术，我国球罐用钢体系逐步建立和完善，目前球罐用钢的技术水平已处于国际先进行列。

20 世纪 50 年代至 60 年代期间，美国及日本球罐用钢向高强度方向发展，研制并使用了一系列调质型屈服强度（R_{eL}）490MPa 级（如 SPV490、LT50）及 690MPa 级（如 T1、WEL-TEN 780C）的钢板。因高强度钢板强度高，氢致焊接冷裂纹成为焊接的主要问题之一，尽管提高焊前预热温度可防止焊接冷裂纹产生，但是焊前预热温度的提高会导致焊工劳动条件的恶化。综合考虑技术经济性、焊接性能，特别是球罐使用安全性等因素，60 年代后期美国和日本球罐用钢不再向高强度方向发展，而是越来越重视钢材的韧性和焊接性能。日本将屈服强度 490MPa 级调质型高强度钢 SPV490 及低温高强度钢 LT50 作为主流球罐用钢。选用高强度钢的优点是可以降低钢材的消耗量，有利于球罐的大型化，缺点是焊接工艺条件苛刻，易于产生焊接裂纹，对应力腐蚀敏感。70 年代初期，为改善球罐用钢的焊接性能，日本研制成功屈服强度 490MPa 级低焊接裂纹敏感性钢（简称 CF 钢），该钢具有含碳量低（$C \leqslant 0.09\%$）和焊接冷裂纹敏感性组成低（$P_{cm} \leqslant 0.20\%$）的特点，焊接性能良好。焊接试验表明，采用配套的超低氢焊条施焊，钢板厚度达 50mm 时焊前也可不预热。

欧洲球罐用钢的强度等级总体不高，大量使用的是屈服强度 350～400MPa 级正火型低合金钢，在欧洲强度等级最高是屈服强度 450MPa 级 P460N（低合金高强度钢）和 P460NL（低合金低温钢）正火钢。当球罐的壁厚超过规定的界限时，对球罐进行焊后整体热处理以消除应力。中强钢的优点是材料便宜、易于获得、焊接工艺条件不苛刻、便于施工，可通过整体热处理消除焊接残余应力，有利于防止应力腐蚀；缺点是相同容积和压力的球罐比采用高强度钢材耗量大，不利于球罐的大型化。

20 世纪 70 年代，随着球罐向大型化（高参数）及多品种的发展，国内球罐采用国外的低合金钢钢号很多，其中典型的钢号有 R_{eL} 350MPa 级的 SPV36（日本，即 SPV355）、UNION36Nb（德国）、CREUSELOS 34SS、A52（法国）等，R_{eL} 400MPa 级的 FG39 和 FG43（德国），R_{eL} 490MPa 级的 SPV50Q（日本）和 WEL-TEN62（日本新日本制铁公司）等。用于低温乙烯球罐的钢号有法国的 CREUSELOS 34SS（$R_{eL} \geqslant 335$MPa）、美国的 SA-537 Cl.1（$R_{eL} \geqslant 345$MPa）正火钢和调质型 R_{eL} 490MPa 级的 RIVER ACE60L（日本川崎制铁公司）、N-TUF50（日本新日本制铁公司）等。

1980 年以前，我国球罐用钢品种单一，不成体系，仅有 16MnR、20R、15MnVR 等正火型中强度钢，缺乏性能优良的调质型高强度钢和低温钢。同时由于我国冶金行业技术

装备水平限制，宽厚板生产能力不足，无法提供球罐大型化所需要的钢板尺寸。这两个原因造成20世纪90年代我国大型球罐建造过程中，不断进口球片或球壳用钢板。

自20世纪80年代初开始，我国就致力于压力容器尤其是球罐用钢的开发和应用研究。在引进吸收国外材料技术的同时，根据球罐大型化、高参数化的需求，陆续研发了调质型高强度钢（07MnCrMoVR系列）、高韧性中强度钢（Q370R）、低温钢（07MnNiMoDR、15MnNiNbDR）等材料，不断建立和完善了我国的球罐用钢体系（见表2.1-1）。

表2.1-1　球壳用钢钢号对照表

JB 1117—1968 标准	GB 12337—1990 标准	GB 12337—1998 标准	GB/T 12337—2014 标准
A3R	20R	20R	Q245R
16MnR	16MnR	16MnR	Q345R
—	—	07MnCrMoVR	07MnCrMoVR
—	—	—	Q370R
—	16MnDR	16MnDR	16MnDR
—	—	07MnNiCrMoVDR	07MnNiVDR
—	—	—	15MnNiDR
—	—	—	07MnNiMoDR
—	—	—	15MnNiNbDR
—	—	—	09MnNiDR
—	09Mn2VDR	09Mn2VDR	—
15MnVR	15MnVR	15MnVR	—
—	15MnVNR	15MnVNR	—
—	—	—	S30408
—	—	—	S30403
—	—	—	S31608
—	—	—	S31603

1.2.1　JB 1117—1968标准中的球壳用钢

JB 1117—1968标准中，球壳用钢仅有A3R、16MnR、15MnVR共计3个钢号，钢板交货状态为热轧或正火，钢板尺寸较小，因此JB 1117—1968标准中球罐最大容积为2000m³，均为常温球罐。

1.2.2　GB 12337—1990标准中的球壳用钢

GB 12337—1990标准中，球壳用钢有20R、16MnR、16MnDR、09Mn2VDR、15MnVR、15MnVNR共计6个钢号，这6个钢号中20R、16MnR、15MnVR交货状态为热轧或正火，16MnDR、09Mn2VDR、15MnVNR交货状态为正火，没有调质型高强度钢。其中20R、16MnR最低使用温度为−20℃，16MnDR最低使用温度为−30/−40℃，

09Mn2VDR 最低使用温度为 -70℃。

15MnVNR 是 1974 年冶金部建筑研究院等单位开发的一种高强度的超细晶粒低合金钢，多用于制造氧气球罐。1976 年由马钢设计院设计，第十七冶金建设公司施工，在马钢氧气站建成了第一台 400m³、工作压力 3.0MPa、壁厚 36mm 的氧气球罐。接着由北京钢铁设计院设计，第十三冶金建设安装公司施工，在本钢制氧站组建第二台 15MnVNR 钢制 400m³ 氧气球罐。

09Mn2VDR 虽在 GB 12337—1990 标准中列入，但未见有用于建造球罐的资料。

20 世纪 80 年代后期，由于钢材的许用应力、价格、供应情况、冲击韧性不稳定及焊接性能差等方面的原因，国内球罐已很少选用 15MnVR 和 15MnVNR 这两种钢板，-50℃/-70℃级 09Mn2VDR 钢板也基本未采用，主要使用的只有 20R、16MnR 和 16MnDR 等 3 个钢号，而选用 16MnR 钢号的约占总量的 90% 左右。

国产球罐用调质型高强度钢 CF-62 钢（现称 07MnCrMoVR、07MnNiVDR）于 1983 年研制成功，并于 1986 年 12 月成功地试制了我国首台国产 CF-62 钢制 200m³（设计压力为 2.94MPa，壁厚为 30mm）氧气球罐。1989 年，GB 150—1989《钢制压力容器》附录 A 中纳入了 CF-62 钢板及配套锻件。由于当时 CF-62 钢应用于球罐的业绩较少，所以并未纳入 GB 12337—1990 标准中。

1978 年，鉴于大型（高参数）球罐用钢大量采用进口的情况，合肥通用机械研究所相关技术人员在系统查阅、分析国外资料的基础上，于 1978 年初全国压力容器技术会议的大会专题报告中代表合肥通用机械研究所提出了球罐应试制 $R_{eL} \geqslant 490$MPa CF 钢的建议（按 -40℃级低温高强度钢为研制目标），此后在 1979 年底的冶金部低合金钢会议的大会专题介绍中再次代表用户提出了试制意见，从而得到了冶金部门的重视和支持。1980 年，合肥通用机械研究所作为用户代表与冶金部门（武汉钢铁公司）正式签订了该钢的研制合同。经多方努力，1983 年国家科委正式下达低焊接裂纹敏感性钢的研制课题，由武汉钢铁公司负责承担研制任务，该公司与合肥通用机械研究所、中国通用机械工程总公司、冶金部钢铁研究总院等单位合作成功地研制出了 CF-62 钢。

1984 年，为满足城市煤加压气化工程中关键设备之一大型城市煤气球罐产品的要求，国家科委协调攻关局下达了攻关课题"大型球罐用 CF 钢的应用研究"（国家重大技术装备科技攻关专项：专 19-1-2-3-4）。1985 年 1 月，合肥通用机械研究所负责并组织了机械、化工、冶金、能源、船舶总公司及高校等 6 个部门，与金州重型机器厂、兰州石油化工机器厂、冶金部钢铁研究总院、武汉钢铁公司、上海电力修造总厂、武汉铸锻厂及北京工业大学等 7 个单位合作，进行"六五"国家大型成套攻关课题"大型球罐用 CF 钢的应用研究"。攻关课题组研制了与 CF 钢相匹配的锻件 08MnNiCrMoVD（-40℃级），系统地进行了 CF-62 钢板、锻件 08MnNiCrMoVD 及其焊接接头的力学性能试验，并对球片冷压工艺、焊接工艺及焊后热处理工艺进行了全面的试验研究，从而制定了《CF-62 钢制球罐的制造工艺规程》。

1986 年 12 月，成功地试制了我国首台国产 CF-62 钢制 200m³（设计压力为 2.94MPa，壁厚为 30mm）氧气球罐。为便于该钢板的推广应用，GB 150—1989《钢制压力容器》附录 A 中及时纳入了 CF-62 钢板及配套锻件，为设计人员正常选用创造了条件。

1.2.3 GB 12337—1998 标准中的球壳用钢

GB 12337—1998 标准选择 20R、16MnR、15MnVR、15MnVNR、16MnDR、09Mn2VDR、07MnCrMoVR、07MnNiCrMoVDR 等 8 个钢号作为我国球壳用钢。与 GB 12337—1990 版相比，增加了 2 个调质型高强度钢 07MnCrMoVR 和 07MnNiCrMoVDR。

1978—1985 年，有关单位合作研制成功了 07MnCrMoVR 和 07MnNiCrMoVDR（最低使用温度为 -40℃，现最新标准称为 07MnNiVDR）系列钢（以前称为 CF-62）。

1991 年开始，合肥通用机械研究所采用 CF-62 钢建造了数十台 1000～1500m³ 丙烯和乙烯球罐。

为解决国内大型乙烯球罐无材可选，无法设计、建造，依靠进口的状况，1990 年 9 月，合肥通用机械研究所开始做可行性调研，起草可行性报告，并于 11 月在国家重大装备办公室召开的"八五"大型乙烯成套设备可行性报告论证会上被列为"八五"国家重大技术装备攻关课题：CF-62 钢制 1500m³ 大型乙烯球罐的研制（国家科委编号：85-305-01-02）。1991 年 2 月开始，合肥通用机械研究所作为科研和技术的总负责单位，与兰州石油化工机器总厂和大庆石油化工总厂（负责单位）合作，利用国产 -40℃级 CF-62 钢（07MnNiCrMoVDR、-40℃时 $KV_2 \geq 80J$、焊接接头 -40℃时 $KV_2 \geq 47J$，现名 07MnNiVDR）及其配套锻件、焊条，对其低温韧性及其焊接性进行了系统的试验研究，使 07MnNiCrMoVDR 实际已达到了 -45℃级用钢性能。同时制定出了乙烯球罐的制造、安装技术条件及工艺规程，成功地研制出首台完全国产 1500m³ 乙烯球罐（设计压力 2.254MPa、设计温度 -30℃、壁厚 44mm），从而掌握了乙烯球罐全套建造技术及工艺，圆满地完成了"八五"国家乙烯重大装备课题，并获得了机械部科技进步一等奖和国家科技进步三等奖（见图 2.1-1）。

最低温度为 -20℃级 07MnMoVR 和 -40℃级 07MnNiVDR 先后列入 GB 12337—1998、2014《钢制球形储罐》，GB 19189—2003、2011《压力容器用调质高强度钢板》

图 2.1-1 国产首台 1500m³ 乙烯球罐

和 GB 150.2—2011《压力容器 第 2 部分：材料》等国家标准。

1.2.4 GB/T 12337—2014 标准中的球壳用钢

GB/T 12337—2014 标准中，球壳用钢有 Q245R、Q345R、07MnCrMoVR、Q370R、16MnDR、07MnNiVDR、15MnNiDR、07MnNiMoDR、15MnNiNbDR、09MnNiDR、S30408、S30403、S31608 和 S31603 共计 14 个钢号。

碳素钢和低合金钢钢板共列有 10 个钢号，因钢板的许用应力、供应情况、焊接性能、GB 150.1～150.4 的修订等原因取消了 15MnVR、15MnVNR 和 09Mn2VDR 等 3 个钢号，增加了 Q370R、15MnNiDR、15MnNiNbDR、09MnNiDR 和 07MnNiMoDR 等 5 个钢号。本标准所列的 10 个球壳用碳素钢和低合金钢钢板的钢号，基本上建立了我国建造球罐的常温球罐用低合金钢系列和低温球罐用低合金低温钢系列。即使用温度下限为 –20℃，其屈服强度分别为 245MPa、345MPa、370MPa 及 490MPa 级的钢号相应有 245R、Q345R、Q370R 及 07MnMoVR 等 4 个钢号，使用温度下限为 –40℃、–45℃、–50℃、–70℃级的钢号相应有 16MnDR、07MnNiVDR、15MnNiDR、15MnNiNbDR、07MnNiMoDR 和 09MnNiDR 等 6 个钢号。针对 LNG（–162℃）、腐蚀性极强的合成橡胶胶浆、环氧乙烷等介质球罐的需求，本标准增加了球壳用 S30408、S30403、S31608 和 S31603 等 4 个奥氏体型不锈钢钢板钢号。上述钢号基本能够满足目前建造奥氏体型不锈钢球罐的要求，且国内已有 S30408、S30403 和 S31603 等 3 个钢号建造球罐的业绩。

1. 15MnNiDR 钢

15MnNiDR 钢是 1984 年由中国通用机械工程总公司、重庆钢铁公司、兰州石油化工机器厂、冶金部第十三冶金建设公司金属结构厂、冶金部建筑研究总院、北京重型机器厂等单位开发试制的城市煤气球罐用低温专用钢材，抗拉强度达 490～630MPa，屈服强度 ≥ 340MPa，–40℃具有良好低温韧性。该钢种于 1988 年 11 月正式通过部级技术鉴定。

2. Q370R 研制与应用

液化石油气球罐是石油化工厂常用且不可缺少的关键储存设备。随着我国石油化工工业的迅速发展，液化石油气球罐向大型化（高参数）发展已成为必然趋势。20 世纪 90 年代，16MnR 和 –20℃级 07MnCrMoVR 已成为我国常温球罐主要用低合金钢，由于应力腐蚀问题，液化石油气球罐不宜选用 –20℃级 07MnCrMoVR 钢。大型液化气球罐大量进口 SPV36（SPV355）钢板。

为满足大型（公称容积 1000m³ 以上）液化石油气球罐产品用钢需求，中国通用机械工程总公司向武汉钢铁（集团）公司提出了研制一种强度和韧性优于 16MnR（现名 Q345R），而焊接性能及抗硫化氢应力腐蚀性能与其相近的正火型 15MnNbR（现名 Q370R）低合金高强度钢板。1995 年，合肥通用机械研究所配合武汉钢铁（集团）公司进行了该钢的应用性试验研究，1997 年通过了全国压力容器标准化技术委员会主持的该钢用于压力容器的新钢种评定，并于 1998 年正式纳入 GB 6654—1996《压力容器用钢板》第 1 号修改单。

1997 年，合肥通用机械研究所作为课题的科研和技术负责单位，与九江石化总厂（负责单位）、中国通用机械工程总公司、中国一冶压力容器制造安装公司等单位合作，承担了中国石化总公司"九五"重点科技开发项目"15MnNbR 钢制 2000m³ 液化石油气球罐的研制"，并于 2000 年 4 月，为九江石化总厂研制和承建了国内首批（2 台）15MnNbR 钢制 2000m³ 液化石油气球罐（设计压力 1.77MPa、设计温度 50℃、壁厚 44mm）。该项目获得了江西省科技进步二等奖（见图 2.1-2）。

目前该钢已制造了 2000m³ 以上的液化气球罐千余台，最大容积有 6000m³ 液化气球罐，2007 年合肥通用机械研究所采用该钢制造了 4 台 10000m³ 天然气球罐。2013 年利用该材料首次建造成 6000m³ 丙烷球罐，

图 2.1-2　国内首批（2 台）15MnNbR 钢制 2000m³ 液化石油气球罐

2015年采用Q370R建造了10000m³丁烷球罐。

15MnNbR（现名Q370R）钢已分别被列入GB 713—2008、2014《锅炉和压力容器用钢板》、GB/T 12337—2014《钢制球形储罐》和GB/T 150.2—2011《压力容器 第2部分：材料》等国家标准。

3. 15MnNiNbDR钢研制与应用

自20世纪90年代始，我国虽有-40℃级CF-62钢（07MnNiCrMoVDR，现名07MnNiVDR）使乙烯球罐实现了国产化，但能够完全国产化的乙烯球罐的设计压力仅为2.0～2.3MPa、设计温度为-40～-30℃。20世纪末及21世纪初，随着我国石化工业的迅速发展，为满足设计温度-50～-45℃、设计压力1.70～2.20MPa的2000m³及2000m³以上乙烯球罐产品的需要，由于国内无使用温度-50℃级材料可选，迫使国内建造该类乙烯球罐又不得不采用进口国外材料、国内进行压片和安装的技术路线。

为打破该类乙烯球罐用材依赖进口的局面，2004年合肥通用机械研究院联合武汉钢铁公司、中国通用机械工程总公司等单位研制出了-50℃级正火型15MnNiNbDR钢板。

2005年7月，合肥通用机械研究院以茂名石化100万t/年乙烯改扩建工程中设计温度-45℃、设计压力1.75MPa的2000m³乙烯球罐为依托工程，向中石化申报了"15MnNiNbDR钢制2000m³低温乙烯球罐研制及应用"课题。经对15MnNiNbDR钢板及其焊接接头力学性能特别是低温韧性的进一步试验，以及对焊接工艺和焊后热处理规范等的系统研究，同时还研制出了-50℃级配套锻件及J557RH焊条。2006年9月，合肥通用机械研究院按分析设计法为茂名石化首次设计、建造了一台设计温度-45℃、设计压力1.75MPa、壁厚为44mm完全国产化的2000m³乙烯球罐。该球罐的建造成功，为我国设计温度-50～-45℃的15MnNiNbDR钢制2000m³大型乙烯球罐产品的建造提供了全套技术和制造、安装工艺，填补了我国该类设计参数的低温大型乙烯球罐建造的空白。该课题获得了安徽省科学技术进步一等奖。

2008年，合肥通用机械研究院为天津石化和盘锦华锦石化集团分别按分析设计法承建了10台2000m³乙烯球罐（设计温度-45℃，设计压力1.95MPa）和5台2000m³乙烯球罐（设计温度-45℃，设计压力1.90MPa）。

目前15MnNiNbDR钢也分别被列入GB/T 3531—2014《低温压力容器用钢板》、GB/T 12337—2014《钢制球形储罐》和GB/T 150.2—2011《压力容器 第2部分：材料》等国家标准。

4. -50℃级07MnNiMoDR钢研制与应用

2005年9月，宝山钢铁股份有限公司宝山分公司按照炼钢厂冶炼、连铸，厚板厂5m轧机轧制、离线淬火和回火的调质工艺，工业试制了12～50mm不同厚度规格最低冲击温度为-40℃和-50℃的CF-62钢（B610CF-L1、B610CF-L2，$KV_2 \geq 100J$）系列钢板，经宝钢研究院在实验室进行了钢板性能剖析、物性参数的测试及焊接试验的基础上，由合肥通用机械研究院进行了力学性能、应用性能及焊接性能等评定试验，于2006年6月，根据合肥通用机械研究院的评定结论和宝钢的试验结果（其技术要求优于日本进口的JFE-HITEN610U2L钢板且实物水平与其相当），通过了全国锅炉压力容器标准化技术委员会的技术评审，并于2007年7月颁发了新材料评审证书。

为满足设计温度-50～-45℃、设计压力1.70～2.20MPa的2000m³及2000m³

以上乙烯球罐产品的需要，2007年8月，合肥通用机械研究院提出采用 -50 ℃级 07MnNiMoVDR（B610CF-L2，现名07MnNiMoDR）钢为天津石化按分析设计法建造 2台2000m³乙烯球罐，并申报中国石油化工集团公司重大装备国产化办公室。2007年 10月，合肥通用机械研究院根据该办公室组织召开的大型低温（乙烯、丙烯）球罐国产 化论证会上专家的评审意见，成功地试制了07MnNiMoVDR（B610CF-L2）钢-50℃级配 套10NiMo3VD锻件（将-50℃时$KV_2 \geq 47J$提高到$KV_2 \geq 80J$），筛选了LB-65L焊条， 并针对乙烯球罐建造工艺对48mm厚的07MnNiMoVDR（B610CF-L2）钢板和70mm厚的 10NiMo3VD锻板进行了焊接冷裂纹试验、再热裂纹试验、焊接线能量选择以及焊后热处 理工艺等试验研究，为球罐制造及现场安装过程中焊接工艺参数的制订提供依据，从而编 制了《07MnNiMoVDR（B610CF-L2）钢制2000m³乙烯球罐制造、安装技术条件》。

2008年，为天津石化研制了首批（2台）07MnNiMoDR（B610CF-L2）钢制2000m³ 乙烯球罐（分析设计法，设计温度-45℃、设计压力1.95MPa、壁厚48mm）。

07MnNiMoDR已分别列入了GB/T 19189—2011《压力容器用调质高强度钢板》、GB/T 12337—2014《钢制球形储罐》及GB/T 150.2—2011《压力容器 第2部分：材料》，并采 用分析设计法建造了10多台2000～3000m³丙烯和乙烯球罐。

-50℃级15MnNiNbDR和07MnNiMoDR钢在乙烯球罐的应用成功，使我国彻底摆脱 了大型乙烯球罐材料依赖进口的局面。

5. -70℃级 09MnNiDR 钢研制与应用

20世纪80年代末，为满足11.5万～30万t/年乙烯、30万t/年合成氨（以重油或煤 为原料）及54万m³/日以上的城市加压煤气成套装置中设计温度-40℃以下的低温压力 容器产品的需要，合肥通用机械研究院参加了由中国通用机械工程总公司负责的"-70℃ 级低温压力容器研制"项目，进行了系统的性能试验，掌握了-70℃级低温压力容器用材 及其焊接工艺和制造工艺的技术关键，成功地研制了-70℃级低温压力容器用09MnNiDR 钢（Ni=0.5%）及其配套锻件（09MnNiD）和焊接材料，并广泛应用于各类低温压力容 器制造，实现了我国石油化工成套装置中设计温度$-70 \sim -45$℃的低温压力容器国产化。 该项目2002年获得了中国机械工业科学技术二等奖，09MnNiDR钢也分别被列入了GB 3531—1996、2008及GB/T 3531—2014《低温压力容器用钢板》、GB/T 150.2—2011《压 力容器 第2部分：材料》等国家标准。

进入21世纪，随着我国球罐向大型化（高参数）、轻量化的发展，球罐的安全性越 来越成为人们关注的焦点，致使国内有些设计单位提出了"本质安全"设计的理念，要 求乙烯球罐的设计温度为$-105 \sim -65$℃。2012年6月，合肥通用机械研究院为配合中 国石化集团洛阳石油化工工程公司承建的青海盐湖金属镁一体化DMTO装置中国内首批 4台09MnNiDR钢制2000m³乙烯球罐的设计、制造及安装技术要求，开展了针对球罐在 施工条件恶劣的现场进行组装、焊接（手工焊条电弧焊焊接）及焊后整体热处理等独特性， 对乙烯球罐受压元件用56mm厚09MnNiDR钢板、09MnNiD锻件及其焊接接头的低温韧 性进行了较系统的试验研究，并最终选用了-70℃级W707DR焊条进行其焊接冷裂纹试 验、焊接线能量选择试验以及多次焊后热处理等试验研究，为《乙烯球罐制造和安装技术 条件》的制定提供了技术依据，并编制了乙烯球罐用09MnNiDR钢板、09MnNiD锻件及 W707DR焊条的订货技术条件，研制出了按分析设计法设计的我国首批国产化设计温度

为 –65℃、设计压力为 2.16MPa（操作温度为 –29℃/–35℃）、壁厚为 56mm 的 2000m³ 乙烯球罐。

该钢号已分别列入了 GB/T 12337—2014《钢制球形储罐》国家标准。2012—2014 年，09MnNiDR 钢按分析设计法已建造了近 20 台 2000～3000m³ 乙烯球罐。

GB/T 12337—2014《钢制球形储罐》中所列的 10 个球壳板用碳素钢和低合金钢钢板的钢号，基本上建立了我国按规则设计法和应力分析法建造球罐的常温球罐用强度钢系列和低温球罐用低温钢系列，即使用温度下限为 –20℃ 的 Q245R、Q345R、Q370R 及 07MnCrMoVR 等 4 个钢号，使用温度下限分别为 –40℃ 的 16MnDR 与 07MnNiVDR、–45℃ 的 15MnNiDR、–50℃ 的 15MnNiNbDR 与 07MnNiMoDR 及 –70℃ 的 09MnNiDR 共 6 个钢号。

随着我国冶金技术装备和宽厚板技术装备水平的不断提高，球罐用钢产品性能和质量都有了很大提高，钢板的规格尤其是板宽尺寸基本满足了我国大型球罐产品的需求。

1.3 球罐建造技术的发展

1.3.1 球片压制工艺

球片压制工艺按成形时的温度分为热压成形和冷压成形。在 20 世纪 60 年代初，国内除广州重型机器厂外，球片压制大多采用热压成形工艺。随着球罐向大型化发展，从 1974 年开始，国内球片制造单位逐步由热压改为冷压成形，例如广州重型机器厂、上海新建机器厂及北京金属结构厂等。

热压是将钢板在炉内加热到 1050℃ 左右，然后送入模具压制成形。优点是可塑性好，球壳板压延的残余应力小，对压机要求低。缺点是钢板在加热温度和冷却速度上的差异会使钢板延伸和收缩量不一致，经常会出现同一模具压制的球片曲率不一的情况。即使保证每块钢板加热温度一致，但由于四角冷却速度快而中间散热慢，球片的曲率也难以一致。

冷压是指钢板在常温条件下进行的压制加工。冷压法分为局部成形法和小模具点压成形法。局部成形模的压延面积较大，模具尺寸也较大，要求压机的压力较大；点压模具由于压延面积较小，故模具尺寸较小，所需压机的压力较小。相同的模具曲率，点压成形模具对球片的曲率具有较大的适应范围。国外普遍采用点压成形法，当时国内则两种方法都有。

当时国内在采用冷压工艺时有两种做法：一种是冷态将原材料进行压延，另一种是将原钢板进行退火处理（如将钢板加热到 550～580℃，保温 3h，随炉冷却至 ≥300℃ 出炉空冷），钢板经退火后，再进行压延。上海新建机器厂压制中厚板球罐时多采用退火处理。随着小模具多点冷压工艺的推广，先退火处理再冷压的工艺逐步被淘汰。国内大连金州重型机器厂的冷压技术是国内后期球罐厂技术的起源。

冷压工艺适用于正火钢板或调质钢板的加工，有利于球罐的大型化，1974 年以后逐步取代热压成为我国球片压制的主导工艺。

1.3.2 整体热处理工艺

1980 年以前，国内对球罐残余应力的消除主要有以下几种方法：温水超载试验消除法、低温温度场应力消除法、内部加热整体热处理法、红外线板式电加热器焊缝局部热处理法。

1）1967年，首都钢铁公司、北京金属结构厂、冶金部建筑研究总院等单位，对120m³氧气球罐采用了低温温度场应力消除法，处理后采用X射线应力测试仪检测，检测结果显示可以消除50%～70%焊缝残余应力。

低温温度场应力消除法是在焊缝两侧的母材上，用一对宽100～150mm、中心距120～270mm的氧乙炔焰喷嘴加热，使构件表面加热至200℃左右。在火焰喷嘴后面一定距离设有冷却水喷头，喷出大量冷却水使构件急冷，通过上述方法在构件上造成一个热应力场，这个应力场最终使焊缝受压应力，而母材的火焰加热区受拉应力。此应力场叠加在焊接残余应力场上，抵消了大部分的焊接残余应力。由于厚板加热均匀穿透较困难，一般不用于大于40mm板厚的构件处理。

2）1974年，本钢采用温水超载水压试验处理400m³15MnVR球罐，用X射线应力测试仪检测结果显示，效果最好处可消除约60%左右的残余应力，但十字接头部位由于应力分布复杂，残余应力消除效果并不明显，而且一些值还高于水压前。

温水超载消除残余应力法是以水温大于20℃的温水为试验介质将球罐打压至1.3倍设计压力后卸载，属于机械消除残余应力法，在加载过程中，外加应力与局部存在的残余应力叠加，当合成应力达到屈服极限后，应力达到屈服极限的局部区域开始产生塑性变形。在外载卸除的过程中，屈服变形的区域同弹性变形区域一起均以弹性状态回复，原来存在的残余应力被减小或消除。温水超载消除残余应力法是以牺牲部分塑性储备来消除部分残余应力，理论上可消除焊后残余应力的50%～70%。

3）1975年，上海新建机器厂采用热风法同内部燃烧法相结合的方法，对三台内径6.1m的球罐进行了整体热处理。

4）1975年，中建一局安装公司（原国家建委一局安装公司）首次采用红外线板式加热器对两台400m³球罐进行了焊前预热和625±25℃的焊后消除应力热处理。1976年、1977年又对多台120～400m³球罐进行了焊后消除应力热处理。采用红外线板式加热器进行热处理需要消耗大量电能，对现场供电容量要求较高，在霍克喷嘴内燃法整体热处理工艺逐步推广后，红外线板式加热仅作为局部补热措施配合内燃法整体热处理工艺使用。

5）1976年，上海石化总厂对4台200m³液氨球罐进行了内部丙烷燃烧器整体热处理。

6）1970年，英国Cooperheat公司第一次采用高速喷嘴（霍克喷嘴）内部燃烧法完成了大型球罐焊后现场整体热处理。1976年，东北工学院金相教研组开发了采用霍克喷嘴在球罐内部燃烧轻柴油的整体热处理技术，为辽阳化学纤维厂处理了6台球罐（3台直径12.4m，壁厚40mm；3台直径9m，壁厚40mm）。自1976年以后，国内球罐焊后热处理逐步采用霍克喷嘴内部燃烧整体热处理技术。

球片冷压工艺使球壳用钢板可以选用正火或调质型钢板，霍克喷嘴内部燃烧整体热处理工艺使球罐可以突破壁厚限制，这两项技术为后期球罐的逐步大型化提供了技术保障。

1.3.3 检测工艺

1. γ射线全景曝光技术首次应用于球罐射线探伤

1985年5月，上海材料研究所二室受南京劳动局锅炉压力容器检验所委托，首次采用γ射线全景曝光照相法对南京烷基苯厂 400m³ 球罐的全部焊缝进行了射线检测,国产γ射线源铱 192 由核工业部第一研究设计院实验工厂生产,射线源强度为 12 居里,全部检测工作在 7 天内完成。一次拍摄 801 张胶片,灵敏度达 1%。南京烷基苯厂 400m³ 球罐板厚 48mm,焊缝长度约 300m。

由上海材料研究所研制的γ射线全景曝光技术和成套技术装备于 1987 年 12 月 21 日在上海通过鉴定。此后γ射线全景曝光技术逐渐成为我国球罐焊后无损检测的主要方式。

2. TOFD 检测技术在球罐上应用

自 1985 年上海材料研究所二室将γ射线全景曝光技术应用于球罐无损检测,我国球罐的焊后射线检测主要是采用γ射线。随着球罐的大型化、高参数化,球罐壁厚不断增加,同时环保及职业健康安全方面的要求愈来愈严格,传统的射线检测方法已不能完全满足现场施工的需要。超声波衍射时差检测技术(TOFD)能弥补射线检测的不足(可以检测大壁厚,无辐射),同时可以保存扫描图像,自 2009 年开始,TOFD 技术已逐步应用于球罐无损检测,并成为目前球罐焊后焊缝无损检测的主要方法。

合肥通用机械研究院自 2000 年开始一直进行 TOFD 检测技术的试验研究工作,2005 年承担了中石化"大型厚壁容器超声 TOFD 技术研究"开发课题,通过对模拟试块和对比试块、在用容器和在制容器的检测试验,以及与射线检测结果、脉冲回波超声检测结果、解剖试验结果进行对比,积累了丰富的实践经验,于 2007 年制定了企业标准 Q/GMRI 01—2007《承压设备超声波衍射时差法(TOFD)自动超声检测》,该标准经全国锅炉压力容器标准化技术委员会审查备案,2008 年又对该标准进行了修订。

2009 年 8 月 31 日,国家质检总局颁布的 TSG R0004—2009《固定式压力容器安全技术监察规程》,明确规定 TOFD 检测技术与射线检测技术相同,均为压力容器制造过程中可选的焊接接头无损检测方法。2010 年底,国家能源局又发布了 NB/T 47013.10(JB/T 4730.10)《承压设备无损检测 第 10 部分:衍射时差法超声检测》。监察规程和检测标准的颁布,推动了 TOFD 检测技术在我国的广泛应用。

合肥通用机械研究院在 2009 年开始在球罐施工中采用 TOFD 技术对焊接接头进行检测,2010—2012 年在其承包的多项工程中率先采用 TOFD 技术替代射线检测,取得了良好的效果。目前,国内球罐焊后焊缝无损检测已基本由 TOFD 取代了射线检测。

1.3.4 球罐自动焊技术的探索

我国球罐焊接早期基本采用手工电弧焊。手工电弧焊的焊接效率较低,同时焊工的劳动强度高,焊接环境恶劣,影响焊接工艺的稳定性。

从 20 世纪 80 年代开始,我国有关企业及研究单位开始了球罐自动焊的试验研究。1993 年中国石化第三建设公司最先将球罐全位置自动焊技术应用于工程。1993 年 12 月中石化三公司采用药芯焊丝气体保护自动焊技术为镇海炼化公司组焊了 5 台 1000m³ 球罐,其后,1994 年为苏州液化气公司组焊 2 台 1000m³ 液化气球罐,1996 年为镇海炼化公司组焊 4 台 4000m³ 石脑油球罐,1997 年为苏州液化气公司组焊 2 台 1000m³ 液化气球罐,共计完成了 13 台球罐的现场自动焊施工。在实际工程应用中发现,进口药芯焊丝价格高,药芯焊丝自动焊焊缝金属力学性能不稳定,立焊位置焊缝金属的低温冲击吸收能量波动性很大。同时,进口自动焊装备价格昂贵(每套装备 200 万元以上),2000 年以后我国球罐自动焊的研究和应用基本处于停滞状态。

2014年中石化南京工程公司组织昆山京群焊材科技有限公司和合肥通用机械研究院开展了金属粉芯焊丝球罐全位置自动焊试验研究。2014年12月18日，中国机械工程学会压力容器分会在南京组织召开了"球罐全位置自动焊接技术开发"项目评审会，评审意见：1）试验结果表明，采用金属粉芯焊丝GCR-81NiMP、脉冲电源进行全位置自动焊接，焊缝成形良好，抗冷裂性好，其韧性转变温度、冲击韧性与Q370R相匹配。2）焊工施焊时劳动强度低，改善了焊工劳动环境，焊丝的利用率、焊接效率比焊条电弧焊高，能够降本增效，提高焊接接头质量，具有良好的经济效益和社会效益，可应用于工程。

2015年3月，中石化南京工程公司将此工艺成功应用于连云港斯尔邦项目空压站600m^3Q370R钢制球罐（设计压力3.85MPa、壁厚50mm）的焊接，球罐焊后经TOFD检测并经X射线复测后，焊接一次合格率达99.3%。目前，中石化南京工程公司正在与合肥通用机械研究院合作开展采用与07MnMoVR钢相匹配的实芯焊丝进行球罐MAG全位置自动焊的焊接工艺改进试验研究。

1.3.5 设计技术

1. 计算机在球罐设计中的应用

从1987年开始，国内开始采用计算机进行球罐设计强度计算。目前我国球罐规则设计的强度计算软件主要采用《过程设备强度计算软件包》（以下简称为"SW6—1998"）。

SW6软件的前身是《IBM-PC机钢制压力容器设计计算软件包》，软件包以石化总公司、化工部、机械工业部制定的《钢制石油化工压力容器设计规定》（1985年版）、《球形储罐设计规定》（1982年版）、JB 1121—1983《波形膨胀节》，化工部制定的CD130A1.1-84《钢制化工容器设计技术规定》以及美国《WRC-107公报》（1979年版）等标准和规范内的所有设计计算公式组合而成。该软件包于1985年由化工部设备设计技术中心站组织，经有关工程公司、设计院和大专院校九个单位十五位技术人员辛勤工作，历时两年编制而成，其间，经过了四次拼装调试会议，最后由华东化工学院化工机械研究所负责总装调试。1987年3月在容标委和化工部的直接指导下，在厦门通过全面考核。全国压力容器标准化技术委员会于1987年4月20日批准《IBM-PC机钢制压力容器设计计算软件包》为技术指导性文件。

1993年版的《IBM-PC机钢制压力容器设计计算软件包》改称为SW6—1993。

1998年，随着GB 150、GB 151、GB 12337、JB 4710及JB 4731等一系列与压力容器、化工过程设备设计计算有关的国家标准、行业标准全面更新和颁发，全国化工设备设计技术中心站于1998年9月推出了以这些标准为计算模型的设计计算软件——《过程设备强度计算软件包》（以下简称为"SW6—1998"）。SW6—1998的编制单位，除了原来《IBM-PC机钢制压力容器设计计算软件包》（即"SW6—1993"）的编制单位全国化工设备设计技术中心站、华东理工大学化工机械研究所、中国寰球化学工程公司、中国天辰化学工程公司、中国五环化学工程公司、中国石化集团上海医药工业设计院和天津市化工设计院等外，还增加了中国华陆工程公司和合肥通用机械研究所等国内长期从事化工与石油化工工程设计和计算机程序开发工作的单位。

SW6—1998基本上保留了SW6—1993所有的计算内容，还补充了HG 20582—1998

《钢制化工容器强度计算规定》中未能列入 SW6—1993 的个别结构计算功能。SW6—1998 包括十个设备计算程序（分别为卧式容器、塔式容器、固定管板换热器、浮头式换热器、U 形管换热器、填料函式换热器、带夹套立式容器、球形储罐、高压容器及非圆形容器等），以及零部件计算程序和用户材料数据库管理程序。

球罐分析设计的强度计算软件主要是 ANSYS，目前尚无国产软件可替代。

2. 应力分析设计法建造球罐的技术攻关及应用

2000 年以前，我国一直采用规则设计法建造球罐。规则设计法是建立在第一强度理论（最大主应力理论）之上的设计方法。该设计法只考虑单一的最大载荷工况，按一次施加的静力载荷处理，不考虑交变载荷，不计算球罐的疲劳寿命。因此，确定钢材设计许用应力时对抗拉强度所采用的安全系数较大（n_b=3），致使球罐壁厚较大，增加了球罐的总造价。

1995 年我国颁布了 JB 4732—1995《钢制压力容器——分析设计标准》。分析设计法是基于塑性失效准则，对容器上应力所在的部位、所受的应力性质和产生应力的原因加以分类，并按不同的许用值来加以评定，同时还考虑到因容器内部介质的压力波动等因素而引起的疲劳寿命问题，从而使设计用的安全系数较低，确定钢材设计应力强度时对抗拉强度所采用的安全系数 n_b 为 2.6。分析设计法是工程与力学紧密结合的产物，它不仅解决了压力容器常规设计所不能解决的问题（如存在循环载荷的工况），也是压力容器设计观点与方法上的一个飞跃，代表了近代的先进设计水平。

由于采用分析设计法建造球罐比按规则设计法设计的球罐材料的许用应力强度值提高，基本安全系数降低，为确保球罐整体的安全可靠性，需要对球罐用钢的韧性、焊接性能、无损检测以及球罐的制造、检验提出更高的技术要求。因此虽然分析设计标准在 1995 年已颁布，但与分析设计方法相配套的球罐建造技术还未成熟，直到 2000 年，我国还没有自行采用分析设计标准设计球罐。

1999 年 10 月（"十五"期间），为进一步提高我国储运设备的建造技术水平，从而使球罐向大型化、轻量化发展，合肥通用机械研究所主持负责完成了科技部院所技术开发研究专项资金项目"新型专用储运设备的研制与技术开发"。该项目重点通过对我国近二十年压力容器用钢领域内由中国通用机械工程总公司向武汉钢铁（集团）公司提出并研制成功的 7 个低温韧性及焊接性优良的新一代高性能（P、S 含量及冲击韧性等要求高于国家现行标准 GB 150 及 JB 4732 的规定）的 20R（现名 Q245R）、16MnR（现名 Q345R）、15MnNbR（现名 Q370R）、07MnCrMoVR（现名 07MnMoVR，−20 ℃）、16MnDR、07MnNiCrMoVDR（现名 07MnNiVDR，−40℃）和 15MnNiDR（−45℃）等 7 个钢种，分别进行了匹配锻件、焊接材料及焊接方法的选择试验和系统的制造工艺试验研究，确认了上述 7 个钢种及其匹配材料作为分析设计球罐用钢体系的可行性，确定了上述 7 个钢种的球片冷成形工艺、球罐组焊工艺（焊前预热温度、焊接层间温度、焊接线能量、异种钢焊接、焊缝多次返修工艺）和焊后整体热处理等工艺；同时通过对球罐的开孔、接管和支柱等局部高应力区进行应力分析研究，建立分析模型，在 ANSYS 有限元软件的基础上开发了相应的球罐分析计算软件，并通过球罐实物的结构应力测试，验证了球罐人孔、接管和支柱等高应力区应力分析的可靠性；根据上述试验结果，制订出了球罐分析设计技术条件和制造安装技术条件；同时通过对引进国外设计的 10000m³ 天然气球罐及 15MnNbR 钢制

2000m³ 液化气球罐等 10 余台球罐的分析计算及研究工作，掌握了球罐分析设计技术，并将掌握的球罐分析设计的关键技术应用于实际工程。

2000 年，合肥通用机械研究所在国内首次采用应力分析设计方法为襄樊某研究所设计了 4 台 1000m³ 空气球罐，其后不断在球罐设计中推广使用应力分析设计方法。目前应力分析设计方法已成为球罐的首选设计方法。

3. 安全系数调整

2009 版《固定式压力容器安全技术监察规程》对压力容器安全系数进行了调整：对钢材规则设计，抗拉强度的安全系数由 3.0 调整为 2.7、屈服强度的安全系数由 1.6 调整为 1.5；分析设计，抗拉强度的安全系数由 2.6 调整为 2.4、屈服强度的安全系数 1.5 不变。

压力容器的安全系数是世界各国压力容器标准中最重要的技术指标。安全系数的合理与否，决定了国家这类产品的竞争力，体现了国家在材料工业、设计计算方法的先进性、综合制造装备能力和产品质量控制的综合能力。随着压力容器建造技术的发展，特别是材料性能、焊接技术和无损检测技术的进步，世界各主要工业国家一直在研究安全系数的降低问题。降低安全系数，涉及结构设计、材料选用、制造水平、检测技术以及使用管理等一系列技术条件与要求的调整。安全系数的降低，为球罐进一步大型化提供了条件，同时对材料性能、制造及检测水平、使用管理提出了更高的要求。

1.3.6 球罐的设计、制造和安装单位

20 世纪 80 年代以前，我国球罐主要制造厂有北京金属结构厂、东方锅炉厂、上海新建机器厂等。80 年代以后金州重型机器厂（现大连金州重型机器集团有限公司）、广州重型机器厂、兰州石油化工机器总厂（现兰州兰石重型装备股份有限公司）等专业化生产厂逐步成为国内球罐的主要制造厂。

1981 年，化工部第一设计院与金州重型机器厂、沈阳工业安装公司等三家设计、制造和安装单位联合成立了化工部化工球罐联营工程公司，随后联营单位增加到了 23 家，是我国第一家专门从事球罐工程建设的公司。至 1996 年，联营公司共建造球罐 292 台（其中 1000m³ 以上的 110 台），最大球罐是 4000m³。由于球罐联营公司仅是设计、制造和安装单位经营业务的联合，缺乏技术开发和创新能力，1996 年以后球罐工程承包业务逐步被合肥通用机械研究所取代。

1991 年合肥通用机械研究所（现合肥通用机械研究院有限公司）采用工程总承包方式为巴陵石化总厂建造了国内首批 3 台 1000m³CF-62 钢制丙烯球罐。从 1991 年开始，合肥通用机械研究所从新材料开发、检验技术研发、标准规范制定等多方面，不断研发新材料（07MnCrMoVR 系列高强度钢、Q370R、15MnNiNbDR、07MnNiMoDR 等）、采用新设计方法（分析设计）、应用新检验检测技术（TOFD），设计建造了许多个国内首创性的球罐，为我国球罐的国产化和大型化做出了重大贡献（见表 2.1-2）。

表 2.1-2　合肥通用机械研究院设计、建造的首台套球罐

序号	建造时间	用　户	容积/m³	数量/台	充装介质	壳体材质	特　点
1	2017 年	马来西亚 PETRONAS 公司	13306	2	TAME	SA-516 Gr.70	ASME 分析设计、容积最大的球罐

（续）

序号	建造时间	用户	容积/m³	数量/台	充装介质	壳体材质	特点
2	2017年	军工项目	20000	2	空气	Q345R	国内容积最大的真空球罐
3	2017年	浙江卫星能源有限公司	4000	4	丙烯	07MnNiMoDR	容积最大的丙烯球罐（-50℃）
4	2016年	斯里兰卡	6000	5	丙烷	SA-537 Cl.2	ASME分析设计最大的丙烷球罐
5	2015年	山东华鲁恒升集团有限公司	3000	1	三甲胺	Q345R	容积最大的三甲胺球罐
6	2013年	中石化山东LNG项目（洛阳院）	3000	1	C2乙烷	08Ni3DR	首台容积最大的乙烷球罐、设计温度最低的球罐
7	2013年	民生能源利川天然气液化调峰项目	2500	1	LNG	S30408/Q345R	容积最大的内球外球LNG球罐
8	2013年	中石化安庆分公司	6000	2	液氨	Q345R	容积最大的液氨球罐
9	2012年	中石化洛阳石化工程公司	2000	2	乙烯	09MnNiDR	第一台09MnNiDR（-70℃）乙烯球罐
10	2012年	四川蓝星机械有限公司	41.63	3	钛精矿+盐酸	Q245R	带快开结构球罐
11	2012年	浙江卫星能源有限公司	6000	4	丙烷	Q370R	容积最大的丙烷球罐
12	2012年	浙江卫星能源有限公司	4000	8	丙烯	07MnCrMoVR	容积最大的丙烯球罐
13	2011年	军工项目	2000	1	空气	S30408	容积最大的不锈钢高超真空球罐
14	2011年	××试验装置	1.44	1	氮气	Q345R	设计压力（38MPa）最高的球罐
15	2011年	中石油云南分公司	2500	1	LNG	S30408/Q345R	容积最大的内球外筒LNG球罐
16	2011年	北京航空××院	3000	1	空气	0Cr18Ni9	容积最大的真空不锈钢球罐
17	2011年	宁波禾元化学有限公司	3000	4	乙烯	07MnNiMoVDR	容积最大的乙烯球罐
18	2011年	西宁特殊钢股份有限公司	2000	1	氧气	07MnNiMoVDR	容积最大的氧气球罐
19	2008年	马鞍山钢铁股份有限公司	1500	1	氮气	07MnCrMoVR	容积最大的氮气球罐
20	2008年	中国石化天津石化公司	2000	2	乙烯	07MnNiMoVDR（现07MnNiMoDR）	第一台07MnNiMoVDR（-50℃）乙烯球罐
21	2008年	辽宁华锦化工有限公司	2000	5	乙烯	15MnNiNbDR	第一台15MnNiNbDR（-50℃）分析设计的乙烯球罐
22	2007年	印尼TPPI公司	6580	2	LPG	SA-516 Gr.70	ASME分析设计、容积最大的LPG球罐
23	2006年	重庆燃气公司	10000	4	天然气	15MnNbR	容积最大的国产天然气球罐

（续）

序号	建造时间	用户	容积/m³	数量/台	充装介质	壳体材质	特点
24	2005年	中国石化茂名分公司	2000	1	乙烯	15MnNiNbDR	第一台 15MnNiNbDR（-50℃）乙烯球罐
25	2004年	重庆燃气集团公司	10000	2	天然气	WEL-TEN610CF	容积最大的天然气球罐
26	2003年	广州华凯石油燃气有限公司	10000	2	丁烷	NK-HITEN610U2	容积最大的丁烷球罐
27	2000年	军工项目	1000	4	空气	16MnDR	最早采用分析设计的球罐
28	1999年	九江石化总厂	2000	2	LPG	15MnNbR（现Q370R）	第一台 2000m³ 15MnNbR 球罐
29	1993年	大庆石化总厂	1500	1	乙烯	07MnNiCrMoVDR	首台大型国产高强度钢乙烯球罐
30	1991年	巴陵石化总厂	1000	3	丙烯	CF-62（现07MnCrMoVR）	首批大型国产高强度钢丙烯球罐

1.4 球罐标准 GB 12337 和 CVDA—1984《压力容器缺陷评定规范》

1.4.1 球罐标准 GB 12337

在 1968 年前我国尚未形成专用性球罐标准，只有各设计部门的设计技术要求及制造厂的质量检查要求。

1967 年化工部和一机部组织"球形容器系列联合编制组"对国内已建成的球罐进行全面调查，并制定了一机部、化工部、石油部三部委球罐标准 JB 1117—1968《球形容器参数系列》，标准选用 A3R、16MnR、15MnVR 作为球罐专用钢材，此版标准中的基本参数只有压力和体积两项，即容积为 50～2000m³，压力为 0.45～3.0MPa（5～30kgf/cm²），随后根据此标准绘制了球罐系列施工图 JB 1117—1970《球形容器系列选用说明及安装图》，于 1970 年正式批准使用。同时三部又编制并批准了 JB 1127—1970《碳素钢及低合金钢焊接球罐技术条件》。

为了改进球罐设计，一机部、石油部和化工部三部于 1980 年组织兰州石油机械研究所、北京燕山石化总公司设计院、石油部炼油设计院等单位正式编制我国第一本球罐设计规范《球形储罐设计规定》。该规范主要包括总论、材料、结构设计、强度计算等四章，并于 1981 年正式由三部批准执行。

1982 年，JB 1117—1968 球罐标准进行了第一次修订，取消了压力限制，体积由 2000m³ 扩展到 5000m³，主要有压力、体积、支座形式、支柱根数、分带数、各带球心角及各带分块数等 7 项基本参数。同时，该标准取消了 1968 年版标准中球壳钢板的选用，理由是国外引进钢板种类较多，其他标准规范已有规定。

1990 年《球形储罐设计规定》经大幅度修订升格为国家标准 GB 12337—1990《钢制球形储罐》，取代了《球形储罐设计规定》和 JB 1127—1982《钢制焊接球形储罐技术条件》。

GB 12337—1990《钢制球形储罐》标准是继日本球罐标准之后世界上第二部球罐专

用标准。其后《钢制球形储罐》分别在 1998 年和 2014 年修订，最新版是 GB/T 12337—2014《钢制球形储罐》。

1.4.2 CVDA—1984《压力容器缺陷评定规范》在球罐上的应用

根据国家劳动人事部 1981 年颁发的《压力容器安全监察规程》第 78 条的有关规定，自 1981 年起中国机械工程学会压力容器分会和化工机械与自动化学会组织了国内 20 多个科研单位及大专院校开始制定我国的压力容器缺陷评定规范。经过三年的试验研究，进行了一系列试验，取得了上万个数据并对七个省市的压力容器典型失效事例进行了现场调查，参考了国外七个同类型的标准，在此基础上制定了我国的压力容器缺陷评定规范 CVDA—1984。1987 年 10 月该标准得到国家劳动局锅炉与压力容器安全监察局的确认。

1980 年开始，全国按国务院 99 号文要求对在用球罐进行了全面的开罐检查，但随着开罐的逐步展开，以前球罐的质量问题展现在大家面前，如果按照新版的 JB 1127—1980 规范，绝大多数球罐的质量不能满足规范要求，整改到规范要求，难度极大。

CVDA—1984 规范的出现，有效地平衡了质量安全与修复费用等问题，通过断裂力学在球罐缺陷评定上的实际应用，在保证安全的同时，使大量球罐很快投入运行，节约了大量资金，保证了生产的正常运行。

CVDA 规范是以合于使用为原则，对带缺陷的钢制压力容器进行安全评定的，亦可用于评定受压管道等其他焊接结构。在对容器的设计、制造安装、使用维修、材料性能及无损检测结果等基础数据均可以确定的基础上，本规范对压力容器常见的失效方式如脆断、疲劳、泄漏、塑性失稳给出较具体的评定方法，对应力腐蚀、腐蚀疲劳、蠕变和蠕变疲劳评定也给出了一般性的指导原则。

机械部合肥通用机械研究所、冶金部钢铁研究总院等单位采用 CVDA—1984 规范，对大量在役球罐进行了检测、返修及安全评定，确保了在役球罐的安全可靠运行，取得了良好的社会效益和经济效益。

1.5 球罐首台套、引进及国产化

1.5.1 国内首台球罐

1958 年由北京金属结构厂制造，中国科学院力学研究所设计及使用，建成一台容积为 600m³、直径为 10.5m、工作压力为 8kgf/cm²、工作温度为常温的压缩空气球罐，选用 A3F 材料，板厚为 25mm，该球罐使用至 1980 年才进行首次开罐检查而停用。这是我国建成的第一台工业球罐。

1.5.2 国内首台引进球壳板球罐

1965 年，我国首次引进国外球罐，由英国 H & G 公司提供球壳板，化工部第七化建公司组装，泸州天然气化工厂使用的 2 台液氨球罐，几何容积为 863m³，直径为 11.8m，工作压力为 4.5kgf/cm²。选用英国标准 BS1501-161 材质，板厚为 14.7～18.5mm，采用赤道正切支柱式支座，球罐按美国 ASME 第Ⅷ篇设计，分成 5 带 44 块板组装而成。

1.5.3 首台国产 16MnR 钢制球罐

1966年，由化工部第四设计院设计，北京金属结构厂压片并组装，在首钢制氧车间使用，并由冶金部建筑研究院进行配合施工，首次采用低合金钢 16MnR 制作容积为 120m³、直径为 6.1m 的高压储氧、储氮球罐各一台，工作压力 30kgf/cm²，氧气球罐壁厚 38mm，氮气球罐壁厚 30mm。采用赤道正切支柱，并对 120m³ 氧气球罐开发了焊缝区整体低温消除应力热处理技术，为低合金钢作为球罐用材提供了施工经验。

1.5.4 首次采用进口钢板制造球罐

我国第一台采用国外钢板来制造的球罐是兰州化学工业公司 303 厂的液化石油气球罐，几何容积为 400m³，直径 9.2m，工作压力 16kgf/cm²，设计温度为常温，采用德国钢板 BH47S，板厚为 24mm。

1.5.5 首批建造 1000m³ 液态烃球罐

1972年，我国第一次组装容积为 1000m³ 的大型液态烃球罐共计 7 台。由化工部第一设计院设计，采用武汉钢铁公司 15MnVR 钢板（34mm），东方锅炉厂压片，总后 3603 厂组焊。设计压力为 16kgf/cm²，设计温度为常温。在岳阳石化总厂使用的这批球罐由于组装质量差及运行操作失误，于 1975 年 5 月 10 日其中 3 号球罐在运行中破裂，因无明火，未造成灾难性事故。这是我国第一次球罐运行破裂事故。

1.5.6 首批大量引进球罐

1974—1976 年，我国先后引进了 18 套大型石油化工装置。引进装置中包括 32 台不同规格的球罐（从日本引进 21 台、法国引进 11 台），容积从 200m³ 到 8250m³，主要储存氢气、乙烯、丙烯、丁烷、戊烷、LPG、液氨等介质。其中容积最大的 3 台 8250m³ 液氨球罐从法国引进，其他 8 台 1900m³ 以上的大型球罐从日本引进（2 台 5200m³ 液氨球罐、2 台 2200m³ 丙烯球罐和 4 台 1900m³ 乙烯球罐）。32 台球罐详细参数及建造情况见表 2.1-3。

表 2.1-3 32 台球罐参数及建造情况一览表

容积 /m³	200	300	400	500	1000	1000	1000	1350	1900	2200	5200	8250
设计压力 /(kgf/cm²)	19	2	6	29.7	18.98	19.8	22	21.5	21	18.6	5	4.05
设计温度 /℃	−15	−20~55	−20~55	−29	−20~55	−12.8~50	−31	−40~40	−31	48	0	−10~4
壁厚 /mm	18	8	10.3~10.9	35	40	30.1~31.4	37	50	39~40	36~38.3	17~21	15.7~21.5
介 质	氢气	戊烷	丁烷	乙烯	丙烯	丙烯	乙烯	乙烯	乙烯	丙烯	液氨	液氨
球壳材质	SPV50	DILLINAL 52/36N	DILLINAL 52/36N	N-TUF50	UN10N36Nb	N-TUF50	N-TUF50	CRE34SS	RIVER ACE60L	WEL-TEN62	SPV36	A52P1
引进国别	日本	法国	法国	日本	法国	日本	日本	日本	日本	日本	日本	法国
制 造 商	日本制作所	普罗旺斯	普罗旺斯	东阳火热	普罗旺斯	东阳火热	石井铁工	石井铁工	东阳火热	石井铁工	石井铁工	普罗旺斯

（续）

施工单位	十三冶建	沈阳指挥部	沈阳指挥部	上船、中华、沪东	沈阳指挥部	石化五公司	吉化公司	沈阳指挥部	北化建	上安、彭浦	山东化建、川化	化三建等
使用单位	武汉07工程	辽阳化纤总厂	辽阳化纤总厂	上海石化总厂	辽阳化纤总厂	向阳化工厂	吉化公司	辽阳化纤总厂	前进化工厂	上海石化总厂	胜利化肥二厂、四川化工厂	南京、广州、安庆
台　数	1	1	1	6	3	3	3	3	4	2	2	3
建成日期	1977年10月	1976年5月	1976年5月	1975年8月	1976年5月	1975年12月	1978年5月	1975年5月	1974年10月	1975年8月	1976年	1977年

32台引进球罐的设计、压片、附件制造等均在国外进行，由国外供应商提供全部球片、焊接材料、球罐附件及配件，并在国外技术专家培训、指导下，在国内现场进行组装、焊接、检验等工作。球罐的施工质量，由我国验收部门按有关标准进行验收，由国外供应商保证球罐各项工艺参数达到设计要求及使用中的安全可靠性。

通过引进球罐，我国逐渐了解了国外球罐的设计和计算方法、常温及低温球罐选材的原则、结构特点、制造情况、组装技术及焊接工艺、检验方法和球罐整体热处理技术。同时在引进球罐的施工过程中，培养了国内的安装技术力量，积累了一定的经验及教训，为我国自行设计、制造及安装各类大型球罐奠定了基础。

1.5.7　首台国产2000m³球罐

1975年上海石化总厂建造了当时最大的国产2000m³的C4球罐，工作压力为6.5kgf/cm²，工作温度为常温，球壳钢板选用16MnR，球罐总重为182t，由上海锅炉厂压片、组装及焊接。

1.5.8　引进FG43钢板制造球罐及教训

20世纪70年代引进FG43制造球罐出现诸多问题，原因在于引进钢板过程中，对制造工艺、配套材料的研究不深入细致。FG43钢是符合DIN STE43规定的一种细晶粒高强度钢。FG43推荐的焊条为E8018，当时并未同步引进焊条，国内配套的是国产J607/507焊条，但并未对国产J607/507焊条与FG43钢板的焊接工艺做细致研究，在施工过程中出现大量裂纹。

1977年8月4日，锦州石油六厂一台400m³液态烃球罐采用德国FG43钢板，板厚40mm，水压试验时破裂，对裂纹部位修补后于8月11日进行第二次水压试验，再次发生破裂。广州石化总厂4台1000m³液化气球罐，采用34mm德国FG43钢板，由于建造过程中缺陷较多，1978年8月其中3台球罐交付降压使用，1台停用。随后兰州煤气公司采用FG43钢建造2台1000m³球罐，在施工过程中也出现大量裂纹。1979年3月，天津石化总厂一台1000m³液态烃球罐（34mm厚FG43钢板，配J607焊条，1979年1月投用）在投用仅两个月后上环缝发生穿透性裂纹。1979年5月北京煤气公司云岗液态烃输灌站一台1000m³液态烃球罐运行中在环缝熔合线发生穿透性裂纹（40mm厚FG43钢板，配

J507 焊条，1978 年 1 月投用）。

1.5.9　9Ni 钢球罐的引进及教训（1980—1998 年）

1980 年，我国首次从法国引进 9Ni 钢低温乙烯球罐，几何容积为 2000m³ 和 1500m³ 两种规格共计 8 台，4 台建于大庆石化总厂，4 台建于燕山石油化学总公司（技术参数见表 2.1-4）。

表 2.1-4　9Ni 钢低温乙烯球罐技术参数

项　目	大庆乙烯工程	燕山石化公司
容积 /m³，内径 /mm	1500，ϕ14300	1500，ϕ14450
设 计 规 范	英国 BS5500 标准	德国 AD 规范（1980 年版）
设计压力 /MPa	2.3	2.2
设计温度 /℃	−46～40	−104～−24
球壳板材料	BS1501-510（LT196）	X8Ni9（德国 SEW680-70）
壁厚 /mm	32.02～33.26	26.87～28.0
制 造 厂 商	法国 CMP 公司	法国 CMP 公司
组 焊 单 位	沈阳工业安装工程公司	燕化建筑安装工程公司
使 用 单 位	大庆乙烯工程	燕化公司前进化工厂
台　数	4	4
建成年份	1985 年	1988 年建成，1998 年投用

大庆石化引进的 4 台 9Ni 钢球罐在耐压试验时其中一台发生破裂，经返修补焊后投入运行。燕山石化引进的 9Ni 钢球罐 1988 年 5 月组焊完成并通过了 2.8MPa 水压试验，但在 1989 年进行着色检测时发现每台球罐的内外表面焊缝都发生大面积线状或网状裂纹，球罐建成后未投入运行。1990 年根据专家顾问组意见，将球罐焊缝的内外表面各刨掉 3～4mm，打磨宽度扩展到熔合线以外 1～2mm，然后用上海焊条厂 A557 焊条进行补焊盖面。经 2.42MPa 水压试验合格后，于 1998 年 9 月投入使用。这 4 台 9Ni 钢球罐从进口球壳板到投入使用，历时 18 年。

采用 9Ni 钢建造乙烯球罐从工程实践看是不成功的，随后国内未再引进及采用 9Ni 钢建造乙烯球罐。

1.5.10　大型天然气球罐的引进（1986 年）

1986 年，北京煤气公司引进了 2 台 10000m³ 和 4 台 5000m³ 天然气球罐，采用日本 CF-62 系列钢（490MPa 强度级别调质型高强度钢），主要技术参数见表 2.1-5。

北京引进的这 4 台 5000m³ 和 2 台 10000m³ 天然气球罐良好的施工质量及长时间安全稳定的运行，为日本 CF 钢在我国的推广提供了良好的范例。

表 2.1-5 引进大型天然气球罐技术参数

序号	项目	5000m³		10000m³	
		日本石井铁工所	日本新日铁	日本新日铁	日本钢管
1	建造规范	日本高压气体管理法、特定设备检查规则			
2	储存介质	天然气 [w（H_2S）≤ $20×10^{-6}$]			
3	几何容积 /m³	5052.7		10011	
4	球罐内径 /mm	ϕ21290		ϕ26740	
5	操作压力 /（kgf/cm²）	8		8	
6	设计压力 /（kgf/cm²）	8.8		8.8	
7	设计温度 /℃	−15～50		−18～50	
8	消除应力热处理	限于焊有人孔和开口接管的中心极板			
9	无损检测	100% 射线 +20% 超声抽查		100% 射线 +20% 超声抽查	
10	球壳板材质	K-TEN62CF	WEL-TEN62CF	WEL-TEN62CF	NK-HITEN62U
11	球壳板厚度 /mm	26	26.5	34	34
12	气压试验压力 /（kgf/cm²）	11		11	
13	气密试验压力 /（kgf/cm²）	9.7		9.7	

1.5.11 首台国产 4000m³ 球罐（1989 年）

1989 年，金州重型机器厂为河南中原化肥厂建造了国内容积最大的国产化 4000m³ 液氨球罐（设计压力 0.5MPa，设计温度 −33～10℃，赤道正切 18 支柱橘瓣式）。1987 年设计图样和编制球罐技术条件，1988 年制造、压制球片，1989 年现场安装完成投入使用。

这台球罐严格意义上说还不能算是完全国产化，因为虽然制造及安装都是国内完成，但设计文件是金州重型机器厂消化、吸收德国伍德公司的设计图样、工程标准、询价单等资料进行的；所有材料均是从国外进口的 ASME 规范材料：球壳钢板为 SA-516 Gr.70，厚度为 20mm/17.7mm/16.7mm，锻件为 SA-350 LF1。

1.5.12 大型高参数球罐 / 钢板的大量引进

20 世纪 90 年代，由于当时我国设计、制造技术水平较低，常用的国产球罐用钢（16MnR、15MnVR、15MnVNR 等）性能及钢板尺寸不能满足大型天然气球罐、丙烯球罐及大型低温乙烯球罐等大型高参数球罐的技术要求，90 年代初期新研制建造的国产高强度钢（CF-62 钢）球罐安全运行时间较短难以取得业主信任等原因，我国先后从日本、法国等国引进大量容积 1000m³ 以上的大型高参数球罐或球罐用钢板。

当时的引进模式有两种：一是进口球片 + 国内安装，二是进口钢板 + 国内设计制造安装。其中，成都（1996 年）、北京（1998 年）、上海（1998 年）、西安（1999 年）等地建造的 3500～10000m³ 大型天然气球罐和抚顺（1991 年）、北京东方（1992—1994 年）、独山子（1992—1995 年）、广州（1993—1996 年）等 12 万～16 万 t/ 年乙烯工程中的 1500～1700m³ 大型低温乙烯球罐及大型丙烯球罐均采用进口球片 + 国内安装的方式建造。

同时，大型碳四（4000m³ 以上）、大型液化气（2000m³ 以上）等球罐多采用进口球壳用钢板+国内设计制造的方式建造。

引进的大型天然气球罐采用的是日本 R_{eL} 490MPa 级调质型低合金高强度钢或 ASME 标准的 SA-537 Cl.1（$R_{eL} \geqslant$ 345MPa）正火钢，乙烯球罐多采用日本低温高强度钢，如调质型 R_{eL} 490MPa 级的 RIVER ACE60L（日本川崎制铁公司）、N-TUF50（日本新日本制铁公司），LPG 球罐多采用 R_{eL} 350MPa 级的 SPV36（日本，即 SPV355）等。典型的引进球罐基本参数见表 2.1-6。

表 2.1-6　典型的引进球罐基本参数

建造地区	容积/m³	内径/mm	数量	储存介质	球罐材料	设计压力/MPa	厚度/mm	建造时间/方式
北京	10000	φ26740	8	天然气	SA-738 Gr.B	1.03	38	1998 年/进口球片
成都	5000	φ21220	3	天然气	SA-537 Cl.1	1.20	29～30	1996 年/进口球片
上海	3500	φ18850	10	天然气	WEL-TEN62CF	1.53	38	1998 年/进口球片
西安	10000	φ21730	4	天然气	SA-537 Cl.1	1.05	35～37	1999 年/进口球片
咸阳	5000	φ21200	3	天然气	NK-HITEN62U2	1.03	32	1999 年/进口钢板
大连	8000	φ24800	2	C4	NK-HITEN62U2	0.8	30～32	1998 年/进口钢板
广东	3500	φ18850	2	LPG	NK-HITEN62U2	1.60	42	2000 年/进口钢板

1.5.13　高参数球罐的国产化

球罐的大型化和高参数化需求，是推动球罐技术进步的主要动力。大型化的优点：随着球罐的容积不断增大，单位容积的用钢量及造价降低，经济性显著，高参数化球罐通过应用于更高的压力、更低的温度等条件，拓展了球罐的使用领域。大型化和高参数化，对制造技术以及材料性能提出了更高的要求，同时随着球罐的大型化和高参数化，也会出现一些技术问题（壁厚增加需要新检测技术、安装困难、冷裂纹、局部应力集中（支柱结构）、整体热处理）以及安全问题（射线检测比例、TOFD 等），促进球罐技术的不断进步。实现大型、高参数球罐的完全国产化，是国内球罐技术水平的最终展现。

我国高参数球罐（大型天然气球罐、大型丙烯球罐、低温乙烯球罐等）的发展经历了国外设计+进口球壳板+国内组焊、国内设计+进口钢板+国内制造安装和完全国产化三个阶段。

1. 天然气球罐的引进与国产化

1985 年北京煤气公司从日本引进 4 台 5000m³ 天然气球罐，1987 年投入运行，是我国最早引进的大型天然气球罐，球壳用钢板分别采用日本神户制钢的 K-TEN62CF 和新日铁的 WEL-TEN62CF 各 2 台。

1987 年北京煤气公司又从日本引进 2 台 10000m³ 天然气球罐，1989 年 5 月投入运行，球壳用钢板采用日本神户制钢的 K-TEN62CF 和新日铁的 WEL-TEN62CF 各 1 台，中石油第一建设公司负责安装。这 6 台球罐均是按美国 ASME Ⅷ div2 设计，安全系数 3.0。球壳用钢板为调质型高强度钢。

1996—1999 年,西安、北京两地共从法国 CMP 公司引进 14 台 10000m³ 天然气球罐,按 CODAP-95 设计,安全系数 2.4,球壳用钢板是 SA-537 Cl.1 mod,是在美国 ASME 标准中钢号 SA-537 Cl.1 的基础上提高了屈服强度的下限,控制碳当量(Ceq)为 0.39～0.42。SA-537 Cl.1 mod 属于正火型中强度钢。

1998 年,西安 4 台 10000m³ 天然气球罐,由法国 CMP 公司进口球壳板,采用 CODAP-95 标准,钢板 SA-537 Cl.2mod,由中石油第一建设公司和大庆油建化工建设工程公司安装,壁厚 38mm,设计压力 1.05MPa,2000 年 11 月投入运行。

1999 年,天津市煤气设计院采用国产 16MnR 为天津煤气公司滨海天然气储配站设计了 6 台 5000m³ 天然气球罐,设计压力 0.8MPa,壁厚 30mm,1998 年底开始施工,1999 年底投入运行,其后又在津沽天然气储配站,采用 16MnR 建造了 6 台 5000m³ 天然气球罐,设计压力 0.96MPa,壁厚 34mm,2001 年投入运行。这是我国首批完全国产化的大型天然气球罐。

2004 年,合肥通用机械研究所采用新日铁 WEL-TEN62CF 钢板,为重庆燃气集团公司设计建造了 2 台 10000m³ 天然气球罐(设计压力 1.05MPa),10000m³ 球罐的设计、制造及安装首次实现了国产化。至此,国内天然气球罐再没有进口过国外的球片。

随后,2007 年,合肥通用机械研究院采用鞍山钢铁公司 15MnNbR(现 Q370R)为重庆燃气集团公司设计建造了 4 台 10000m³ 天然气球罐,壁厚 38mm,设计压力 1.05MPa,从而实现了 10000m³ 天然气球罐的完全国产化(见图 2.1-3)。

2. 乙烯球罐的引进与国产化

乙烯球罐由于设计压力高、设计温度低,存储的乙烯介质又易燃易爆,是技术难度最大,也是最受重视的球罐之一。

我国乙烯球罐的建造历史大致可分为以下四个阶段。建造方式主要有三种模式:一是进口球片国内安装;二是进口材料国内压片和安装;三是完全立足国产。

第一阶段:20 世纪 70～80 年代,建造乙烯球罐最主要的模式是采用第一种方式。

由于当时国内无合适材料可选,制造和安装技术水平也较低,无法制造乙烯球罐,故设计、制造全部依赖国外,技术指标均按国外要求。即由国外设计、制造球片,并指导国内安装,球罐的设计温度为 -40～-35℃、设计压力为 2.1～2.2MPa。当时使用最多的是从日本进口的球片。如 20 世纪 70 年代燕山石化的 1900m³ 乙烯球罐,20 世纪 80 年代的金山石化、扬子石化 1700m³ 乙烯球罐及齐鲁石化 1500m³ 乙烯球罐都是采用这种模式。

这一阶段乙烯球罐所采用的钢种较杂,如法国的 9Ni 钢、美国的 SA-516 和 SA-537 系列钢、日本的低裂纹敏感性(CF)钢及低温高强度钢系列、德国的 FG 系列等。乙烯球罐的容积一般在

图 2.1-3 10000m³ 天然气球罐

$1000 \sim 1700m^3$ 之间。

第二阶段：20 世纪 90 年代中期至 21 世纪初，完全国产化模式，约 20 台。

自 1992 年始由国务院重大装备办公室列科研课题并组织国内科研、制造及施工单位联合攻关进行大型乙烯球罐国产化，并于 1994 年在大庆石化总厂研制成功了我国首台 07MnNiCrMoVDR 钢（R_m 610MPa 级）制 $1500m^3$ 乙烯球罐。这是采用了从设计、材料及制造全部国产化的第三种模式。此后合肥通用机械研究院作为科研的技术责任单位积极从事科研成果的推广工作，先后国产化了设计温度 −40℃、设计压力 2.2MPa 的 $1000 \sim 1700m^3$ 的乙烯球罐约 20 台，最大的为扬子石化公司的 $1700m^3$ 乙烯球罐。这些球罐大多已进行过开罐检查，效果良好，都在正常的使用之中，标志着我国已完全具备了设计温度 −40℃、设计压力 2.2MPa 的 $2000m^3$ 以下乙烯球罐的国产化技术能力。

第三个阶段：2000—2005 年，采用进口材料，国内设计、制造安装模式，共建造了 20 余台。

2000—2005 年，由于新建乙烯装置的大型化和工艺参数变化，要求乙烯球罐容积增大（容积 $2000m^3$），设计温度降低（设计温度 −45℃、−50℃），原有 −40℃ 的 07MnNiCrMoVDR 钢无法满足要求，但国内已掌握了大型乙烯球罐的设计、制造安装技术，因此只需进口国外高性能材料，引进的钢板主要是日本的 N-TUF490 和 JFE-HITEN610U2L 以及德国的 IE537-2。福建炼油乙烯由日本进口钢板（N-TUF490）、锻件（NT-490EQ）及焊接材料（L-60LT 焊条）；独山子乙烯由日本进口钢板（JFE-HITEN610U2L）及焊接材料（LB-65L 焊条）。

第四阶段：2005 年以后，逐步实现 −50℃、$2000m^3$ 乙烯球罐完全国产化。

2005—2006 年，针对茂名石化 100 万 t/年乙烯改扩建工程中设计温度 −45℃、设计压力 1.75MPa 的 $2000m^3$ 乙烯球罐，在国外公司因钢材供应不上没有能力按期完成的情况下，经论证由合肥通用机械研究院负责采用新开发的正火型 R_m 610MPa、−50℃ 低温球罐用 15MnNiNbDR 钢进行了国产化研制，首次实现了设计温度 −45℃、设计压力 1.75MPa 的 $2000m^3$ 乙烯球罐国产化。国内研制球罐的造价不到进口球罐的 1/3，确保了茂名乙烯工程的准时开车。

2007—2008 年，天津乙烯采用了 −50℃、07MnNiCrMoVDR（B610CF-L2）钢建成一批 $2000m^3$ 乙烯球罐，从而标志着我国大型乙烯球罐完全国产化技术已走向成熟。

2012 年以来，国家新上马一批煤化工项目。蒲城清洁能源化工有限责任公司年产 180 万 t 甲醇制 70 万 t 聚烯烃项目中设计温度 −67℃、设计压力 2.16MPa 的 $3000m^3$ 乙烯球罐为最大的乙烯球罐，采用舞阳钢厂生产的 −70℃ 低温球罐用 09MnNiDR 钢板，球壳壁厚 66mm，由甘肃蓝科公司制造，中石化四公司安装。

3. 丙烯球罐

2012 年，浙江卫星能源有限公司 45 万 t/年丙烯项目中设计温度为常温，设计压力为 2.16MPa 的 $4000m^3$ 丙烯球罐为最大的丙烯球罐，采用湘钢生产的 −20℃ 球罐用 07MnCrMoVR（07MnMoVR）钢板，球壳壁厚 47mm，由合肥通用机械研究院设计，中国一冶集团钢构公司制造安装（见图 2.1-4）。

4. 丙烷球罐

2012 年，浙江卫星能源有限公司 45 万 t/年丙烯项目中设计温度为常温、设计压力为

1.77MPa 的 6000m³ 丙烷球罐为最大的丙烷球罐,采用湘钢生产的 −20℃球罐用 Q370R 钢板,球壳壁厚 52mm,由合肥通用机械研究院设计,中国一冶集团钢构公司制造安装(见图 2.1-4)。

图 2.1-4　4000m³ 丙烯球罐和 6000m³ 丙烷球罐

5. 丁烷球罐

2003 年,广州华凯石油燃气有限公司设计温度为常温、设计压力为 0.79MPa 的 10000m³ 丁烷球罐为最大的丁烷球罐,采用日本 JFE 钢铁公司的 JFE-HITEN610U2 调质高强度钢,球壳壁厚不等厚,分别为 31mm、32mm、33mm,现场不进行整体热处理。该丁烷球罐由合肥通用机械研究所设计,大连金鼎公司制造,沈阳工业安装公司安装(见图 2.1-5)。

图 2.1-5　10000m³ 丁烷球罐

1.5.14　各种特殊类型球罐

1. LNG 双层球罐(超低温)

随着 LNG 在国内的广泛应用,对低温压力储罐的存储能力提出了更高要求,我国逐渐出现双层 LNG 球罐。

2011 年,云南中石油昆仑燃气有限公司建造了国内首批两台 2500m³ LNG 储罐,储罐采用内球外筒形式,内部球罐的设计压力 0.5MPa,壳体采用奥氏体不锈钢,由合肥通用机械研究院设计,中国一冶集团钢构公司建造(见图 2.1-6)。

2013 年,中国一冶集团钢构公司为重庆民生能源公司建造了一台 2500m³ 双层 LNG 球罐,内罐采用不锈钢,外罐采用碳钢,结构为七带十二柱七十八片混合式,内外罐中间充填珠光砂以达到隔热保温的目的,罐体由合肥通用机械研究院设计,见图 2.1-7。

图 2.1-6　2500m³ LNG 储罐(内球外筒)

2. 不锈钢球罐（耐蚀）

2009 年以来，陆续建造了一批用于盛装环氧乙烷、三氯氢硅、胶浆等特殊介质的不锈钢球罐。

2009—2010 年，中石化五建公司为扬子石化环氧乙烷储运站项目建造了 2 台 400m³ 环氧乙烷球罐，这是我国首批 06Cr19Ni10 奥氏体不锈钢球罐，重量 32t，壳体厚度 12mm，设计压力 0.5MPa，壳体内径 9200mm。

图 2.1-7　2500m³ 双层 LNG 球罐

球罐属于赤道正切式支撑、混合瓣式单层球罐，由赤道带、上温带、上下极带板等 4 带组成，共有 38 块球壳板，其中赤道带板 16 块，上温带板 16 块，上、下极带板各 3 块，对接焊缝长度约 228m，焊缝 100% 无损检测。

2011 年，江西江联为江西赛维多晶硅项目建造了数台 300m³ 不锈钢球罐，用于盛装三氯氢硅（TCS），TCS 易燃易爆，操作温度 80℃，生产过程中可能会产生短时 -10℃的低温。球罐设计参数：公称容积 308m³，内径 8378mm，设计压力 0.65MPa（顶部），设计温度 136.5/-10℃，充装系数 0.8，壳体材料 SA-240 Gr.316L（固溶）。

2012 年江西江联采用 12mm 厚 S31803 双相不锈钢（耐应力腐蚀和点蚀能力优于 316L）钢板为某橡胶项目建造了一台直径 8200mm、压力 0.6MPa、温度 100℃的胶浆缓冲球罐。

3. 真空球罐（承受外压）

真空球罐是超音速风洞产生高速气流的关键设备，真空球罐在使用过程中内部抽成真空承受外压，主要考虑外压工况的结构稳定性。真空球罐壳体材料主要选择 Q345R（以前称为 16MnR），设计重点是外压稳定性分析计算和大口径开孔（直径 1600～3000mm）。

1998 年，东方锅炉厂为某项目建造了 2000m³ 真空球罐，壳体材质为 16MnR。

2011 年，某项目建造了一台 2000m³ 高真空球罐，抽真空后球罐内绝对压力为 0.01Pa，壳体采用奥氏体不锈钢，球壳厚度 24mm，由合肥通用机械研究院设计，中国一冶集团钢构公司制造安装（见图 2.1-8）。

2011 年，某项目先后建造了一台 10000m³ 真空球罐、两台 5000m³ 真空球罐，10000m³ 球罐抽真空后罐内绝对压力为 10Pa。10000m³ 真空球罐壳体采用 Q370R 钢板，球壳厚度 37mm；5000m³ 真空球罐壳体采用 Q345R 钢板，球壳厚度 30mm，均由合肥通用机械研究院设计，中国一冶集团钢构公司制造安装（见图 2.1-9）。

图 2.1-8　2000m³ 不锈钢真空球罐

2014 年以来,某项目先后建造了多台真空球罐,其中两台 20000m³ 球罐抽真空后的绝对压力为 50Pa,壳体采用 Q345R 钢板,球壳厚度为 29mm+加强筋板,由合肥通用机械研究院设计,中国一冶集团钢构公司制造安装。20000m³ 真空球罐是目前我国容积最大的球罐(见图 2.1-10)。

图 2.1-9 10000m³ 真空球罐和 5000m³ 真空球罐

图 2.1-10 20000m³ 真空球罐

1.6 球罐发展历史的经验教训

1.6.1 球罐破裂及爆炸事故

1975—1979 年,我国发生了多起球罐运行及试压过程中破裂的事故(见表 2.1-7),其中最为严重的是 1979 年 12 月的吉林球罐爆炸事故。

表 2.1-7 几起典型球罐事故

序号	事故时间	使用单位	开裂球罐	材　质	事故后果及原因
1	1975 年 5 月	岳阳石化总厂	1 台 1000m³ 液化烃球罐	15MnVR,34mm	超装、十字焊缝、施工质量差
2	1976 年 1 月	荆门炼油厂	2 台 200m³、3 台 400m³ 液化烃球罐相继开裂	16MnR、15MnVR	强力组装、应力腐蚀开裂
3	1977 年 6 月	四川长城钢厂	1 台 120m³ 氧气球罐	16Mn,38mm	球壳板材料混错
4	1977 年 8 月	本溪钢铁公司	1 台 400m³ 氧气球罐	15MnVN,34mm	球壳板热压成形,有部分钢板过烧
5	1978 年 2 月 24 日	北京首都钢铁公司	1 台 400m³ 氧气球罐	15MnVR,48mm	水压试验时破裂

（续）

序号	事故时间	使用单位	开裂球罐	材 质	事故后果及原因
6	1978年11月	茂名石油公司	400m³ 液态烃球罐	日本 SM53，30mm	强力组装，应力腐蚀开裂
7	1979年4月	天津石化总厂	1000m³ 液态烃球罐，使用87天	德国 FG43，34mm	配套国产焊材选用不当，施工过程出现过大量裂纹
8	1979年4月21日	北京燕山石化总厂胜利化工厂	1台200m³ 压缩空气球罐	日本 SM53B	水压试验时发生破裂
9	1979年5月	北京煤气公司	1000m³ 液态烃球罐，使用1年4个月	德国 FG43，34mm	超装，配套国产焊材选用不当，施工过程出现过大量裂纹
10	1979年10月14日	辽阳化纤总厂	1台400m³ 氮气球罐	16MnR，30mm	水压试验时破裂

1979年12月18日14点7分，吉林市煤气公司液化气站的一台400m³ 液化气球罐（15MnVR，25mm）发生破裂，大量液化气喷出，顺风向北扩散，遇明火发生燃烧，引起球罐爆炸燃烧。大火烧了19个小时，致使5个400m³ 球罐、4个450m³ 卧罐和8000多只钢瓶（其中空瓶3000多只）爆炸或烧毁，直接经济损失约627万元，死亡36人，重伤50人。

该球罐共运行两年零两个月。投入使用后从未进行检验，制造、安装过程中遗留的先天性缺陷未及时发现和消除。国务院1980年以国发99号文批转《关于吉林市煤气公司液化石油气厂恶性爆炸、火灾事故的报告》时指出："这次事故暴露出来的压力容器组装质量差，使用管理混乱，领导干部不重视安全生产、不认真执行安全规章制度、不懂得业务、不注意技术管理，以及对设备长期不检验等问题……"

吉林球罐爆炸是我国球罐发展史上一个里程碑式的事件，球罐爆炸的严重后果引起了国家有关部门的高度重视，其后一系列的管理制度颁布和施行，对球罐的技术发展起到了推动作用。

1.6.2 1980—1990年间的开罐检查

国务院1980年以国发99号文批转《关于吉林市煤气公司液化石油气厂恶性爆炸、火灾事故的报告》，为了吸取事故的沉痛教训，避免类似事故重复发生，要求："在石油、化工、冶金、城市建设系统，开展以查裂纹和裂纹性缺陷为重点的压力容器安全大检查。首先要检查盛装液化气体的各类型贮罐和容积大于一百立方米的球罐，并于八月底以前完成。检查出有严重缺陷的设备，要采取果断措施，尽快排除，以防止发生突然性事故。""企业单位在检查的基础上，要建立健全各种规章制度，特别要建立定期检验制度，对新投入运行的压力容器设备，第一次检验的期限，一般不得超过一年。"

1980—1990年，在国家劳动安全监察部门监督下，耗资近3亿元人民币，动用4万人次，80万个工作月，对全国930余台在役球罐及1000余台新建投用球罐逐台进行了开罐检查及全面修复。开罐检查暴露了球罐设计、选材、制造、安装、检测、使用等多方面问题。当时的一份统计资料显示，在已开罐检查的数百台球罐中，几乎每台都有不符合 JB 1127—1980 要求的超标缺陷。常见的有错边、角变形、裂纹、未焊透、未熔合、夹杂和气孔等。X 射线检查的不合格片占拍片总数的 25%～96%，一般都在 50% 左右。其中，裂纹是危害性最大的一种缺陷。根据其中 100 余台开罐检查球罐的统计，仅有 20% 左右的球罐没有发现裂纹，但有其他"超标缺陷"。在 50% 左右的球罐上有大于 10mm 深的裂纹。裂纹一般出现在焊缝热影响区，平行于焊缝，大部分裂纹是长度在 10mm 以下、深度在 2～3mm 的表面裂纹。有的裂纹已发展到使球罐处于破坏的临界状态。材质为 15MnVR 的球罐比材质为 16MnR 的球罐裂纹要严重。球罐内侧焊缝表面裂纹是造成球罐低应力脆断的根源，是危险裂纹，在制造时若不及时发现和消除球罐裂纹，将给运行带来隐患。在运行中新产生的裂纹，或者原来的微裂纹在运行中受到应力腐蚀或疲劳载荷作用发展成较大裂纹，如果不进行定期开罐检查，同样对球罐安全操作带来严重威胁。

本次检查中，报废球罐约占总开罐数的 10%，返修球罐约占总开罐数的 80%。经整顿后，1980 年至 1990 年期间，全国在役 2200 余台球罐灾难性事故为零，球罐运行破裂爆炸事故为零，球罐耐压破裂事故发生率降到 1/1000，我国球罐的安全性水平有了较大提升。

1.6.3 恢复建立压力容器安全监察制度和体系

1975—1979 年我国压力容器安全事故频发，1979 年更是先后发生 3 起恶性爆炸死亡事故：1979 年 3 月南阳柴油机厂浴池热交换器爆炸死 44 人伤 37 人、9 月浙江温州电化厂液氯钢瓶爆炸死 59 人近千人就医、12 月吉林球罐爆炸死 36 人重伤 50 人，同时经济损失巨大。为此，国家恢复建立了压力容器安全监察制度和体系。

鉴于严重的事故教训，国务院于 1979 年再次批准重建锅炉压力容器安全监察局，并增拨全国八百名编制。各省、地、市劳动部门普遍建立锅炉安全监察机构，从企业和大专毕业生中，抽调和分配一大批专业工程技术人员，充实了监察力量。全国大、中城市劳动部门还普遍建立了锅炉压力容器检验所，进一步加强了锅炉压力容器安全监察和检验工作。

为了加强这项工作，认真吸取事故教训，国务院连续发出了几个文件：国发〔1979〕208 号文批转河南省《关于南阳柴油机厂热交换器爆炸事故的调查报告》，国发〔1979〕249 号文批转《关于健全锅炉压力容器安全监察机构加强监督检查的报告》，国发〔1980〕99 号文批转《关于吉林市煤气公司液化石油气厂恶性爆炸、火灾事故的通报》。

1980 年 7 月 7 日，国家劳动总局颁发《球罐开罐检查要点》（〔80〕劳锅字 50 号）。

开罐检查要点：

对现已运行的球罐，这次开罐检查的范围，应以国发〔1980〕99 号文件为准，但属于下列情况之一的，必须尽快安排检查：

1）凡 1972 年底前建成投入使用，建造情况不清、参数不明或长期带病运行的。

2）贮存介质含有硫化氢（H_2S），且含量经常超过 $100×10^{-6}$，运行时间已满一年以上的。

3）根据球罐实际板厚，按现行标准规定，应予整体热处理，而未进行热处理且运行时间已满一年以上的。

4）建造中发现有质量问题而停建，之后又转让给另一单位建造，且已投入使用满一年以上的。

5）建造时因水压试验破裂或泄漏，后被修复使用的；建造时存在重大超过标准允许的质量缺陷，未予修复而使用的；或在运行中有异常现象，又未予弄清原因而继续使用的。

6）采用德国 FG 钢板、国外进口钢板国产钢板混用，或国产钢板不同牌号混用，建成后运行满一年以上的。

7）建造过程中质量控制不严，现无任何质量证明资料，或虽有某些质量检查记录，但不足以反映质量情况的。

8）按现行设计规范，球罐实际板厚不能满足强度要求的。

1981 年 5 月劳动部颁发《锅炉压力容器安全监察规程》（〔81〕劳总锅字 7 号），1982 年 4 月正式执行。规程是在总结我国以往压力容器事故教训的基础上，结合压力容器量大面广、型式繁多、情况复杂的特点和管理体制以及安全监察工作的状况，参考当时的国内外有关规范、标准及规章制度而制定的。通过对压力容器的设计、制造单位资质审核与发证、制造监检、使用证制度等，使我国压力容器的安全状况有了极大的改善。

1982 年 2 月 6 日国务院颁发《锅炉压力容器安全监察暂行条例》（国发〔1982〕22 号文），条例共 5 章 25 条，对锅炉压力容器的设计、制造、安装、使用、修理和改造单位规定了安全要求，对锅炉、压力容器监督检查的内容和范围，安全监察机构的设置和职责，安全监察人员资格等也做了具体规定。

条例及规程的颁布与施行，对降低压力容器事故率特别是控制恶性事故的发生起到了积极的作用。

1.6.4　1997 年至今的球罐爆炸事故

1997 年 6 月 27 日 21 时 26 分，北京东方化工厂储运分厂油品车间储罐区发生特大爆炸火灾事故，事故造成 9 人死亡，39 人受伤，直接经济损失 1.17 亿元。事故原因是从铁路罐车经油泵往储罐卸轻柴油时，由于操作工开错阀门，使轻柴油进入了满载的石脑油 A 罐，导致石脑油从罐顶气窗大量溢出（约 637m^3），溢出的石脑油及其油气在扩散过程中遇到明火，产生第一次爆炸和燃烧，继而引起罐区内乙烯罐等其他罐的爆炸和燃烧。随后又引起 1000m^3 乙烯球罐爆炸及整个罐区大火。事故中 1000m^3 乙烯 B 罐解体成 7 块残片飞出，其中最重的一块为 46t，飞出 234m；另一块 13t，飞到厂外 840m 远的麦田里。乙烯 A 罐被炸倒在地，顶部爆有裂口，乙烯 C、D 罐出入口管线均已烧毁，戊烷罐腰部爆开了一个大口子，其余 10 多个油罐和球罐都有不同程度的烧损。

1998 年 3 月 5 日 18 时 40 分许，西安煤气公司液化石油气管理所一台 400m^3 液化石油气球罐排污阀上部法兰密封局部失效，液化石油气大量泄漏遇明火发生爆炸。爆炸事故造成 12 人死亡（消防人员 7 人，气站工作人员 5 名），34 人受伤，直接经济损失 470 万元。

2010 年 1 月 7 日 17 时 16 分左右，中石油兰州石化分公司合成橡胶厂 316 罐区裂解碳四球罐（R202）出口管路弯头处泄漏，裂解碳四球罐（R202）内物料从出口管线弯头处发生泄漏并迅速扩大，泄漏的裂解碳四达到爆炸极限，遇明火后发生爆炸，进而引起周边储罐泄漏、着火和爆炸。爆炸导致 316 号罐区四个区域引发大火。事故造成企业员工 6 人当场死亡、6 人受伤（其中 1 人重伤），316 号罐区 8 个立式储罐、2 个球罐损毁，内部管廊系统损坏严重。

2015年7月16日7时30分左右,山东省日照市山东石大科技石化有限公司液化石油气球罐区在倒罐作业过程中发生着火爆炸事故。事故共造成2名消防员轻伤、7辆消防车毁坏,炸毁球罐2个,烧毁球罐2个,罐区周边部分设施和建筑物损坏,周边1公里范围内居民房屋门窗被震坏。

1997年以来的北京、西安、兰州和山东石大球罐爆炸事故中,球罐本体均不是事故的直接原因,而是由于法兰密封面或管道弯头泄漏、管理责任事故等,因此球罐的安全性管理应从球罐本体安全逐步扩大到罐区系统性安全。

(本章由合肥通用机械研究院有限公司刘国庆、陈永东撰写)

第 2 章 立式圆筒形钢制储罐发展史

2.1 概述

众所周知,石油和天然气是国家经济建设和人民生活不可缺少的重要能源之一,是国民经济的大命脉,全世界都在努力争取石油和天然气的市场与资源。因此,石油和天然气的储存就显得尤为重要。

立式圆筒形储罐是储存石油及其产品、液态化工品和液化石油气、液化天然气等最普遍、最经济和最成熟的容器,广泛应用于炼油厂、石油化工厂、油品及化工品装卸码头、国家军事战备油库、医药储存库、交通运输储库及航空燃料油库、液化石油气、液化天然气接收站等,如图 2.2-1～图 2.2-6 所示。

图 2.2-1　舟山岙山岛储备基地全景

图 2.2-2　镇海国家石油储备基地全景

图 2.2-3　镇海国家石油储备基地原油罐区

图 2.2-4　洛阳石化总厂成品油罐区

图 2.2-5　中石化广西北海液化天然气（LNG）接收站

图 2.2-6　中石化广西北海液化天然气接收站

立式圆筒形储罐内直径通常为 5～110m，罐内所储存的液体介质，对国家经济建设和人民的日常生活，具有举足轻重的作用。

立式圆筒形储罐的形式很多，根据储存的介质、储存的工艺要求和建罐地区的地质条件等有不同形式和不同材质的储罐。通常按设计压力、设计温度、罐顶的支撑形式、主体材质、安装位置、罐顶的类型及液体次储罐（外罐）的作用等进行分类。

按设计压力分，有常压储罐、微内压储罐和低压储罐。常压储罐的设计压力不应超过罐顶（包括附件）单位面积的重量，我们通常使用的储罐，大多数为常压储罐。微内压储罐的设计压力大于罐顶（包括附件）单位面积的重量但不超过 18kPa。而低压储罐的设计压力大于 18kPa，但不应超过 100kPa。

按设计温度分，有常温储罐、高温储罐和低温储罐。介质仅需要在大气环境下储存或根据储存工艺要求进行加热保温或保冷且设计温度≤90℃时，为常温储罐。设计温度大于90℃但不超过250℃时为高温储罐。储存需要强制冷却的介质以维持较低储存压力时的储罐为低温储罐，除极个别地区外，设计温度通常在 -20℃以下。

按罐顶的支撑形式分，有自支撑式和柱支撑式两种。柱支撑式储罐分为单个中心柱支撑的储罐和多柱支撑的储罐。柱支撑的储罐，欧美国家使用得最多，20世纪80年代后，我国已很少采用，见图 2.2-7～图 2.2-9。

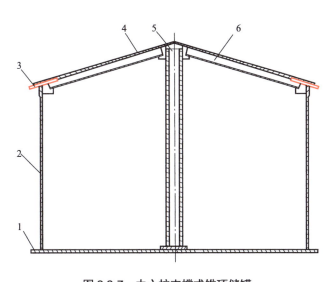

图 2.2-7　中心柱支撑式锥顶储罐

1—罐底　2—罐壁　3—抗拉环　4—罐顶板　5—中心柱　6—梁

按主体材质分，有金属储罐和非金属储罐。金属储罐有碳钢、不锈钢，以及罐壁及罐底为钢，仅罐顶为铝合金的储罐。非金属储罐主要是混凝土壁内衬钢板和全部采用玻璃钢材质的储罐，非金属储罐国内已很少采用。

按相对地平面的安装位置分，有地上、地下和半地下储罐，图 2.2-10 所示为日本半地下浮顶储罐。我国建造的储罐，主要是地上储罐。

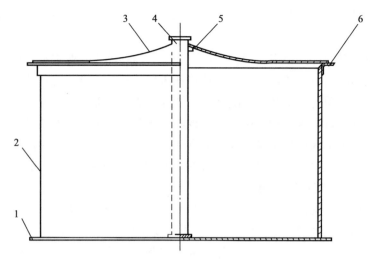

图 2.2-8 悬链式无力矩储罐

1—罐底 2—罐壁 3—罐顶板 4—中心柱 5—顶部伞形罩 6—包边角钢

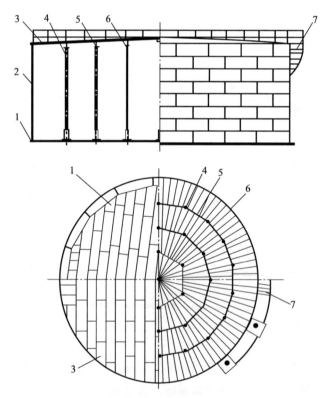

图 2.2-9 多柱支撑式锥顶储罐

1—罐底 2—罐壁 3—罐顶 4—支撑柱 5—梁 6—椽 7—盘梯及平台

对常温储罐，目前国内外使用最普遍且最直接的是按罐顶是否会"浮动"进行分类，分别为固定顶储罐、浮顶储罐和内浮顶储罐（见图 2.2-11 ～图 2.2-16）。固定顶储罐通常用来储存不易挥发的介质。浮顶储罐，国外称为外浮顶储罐，通常用来储存易挥发且后续还有可能进行加工的介质。内浮顶储罐主要用来储存易燃、易爆、有毒和易挥发等介质。应该说，内浮顶罐综合了固定顶和外浮顶罐的优点。

图 2.2-10　日本半地下浮顶储罐

各个国家的常温储罐设计规范，如中国国家标准 GB 50341—2014《立式圆筒形钢制焊接油罐设计规范》、美国石油学会标准 API 650—2013《焊接石油储罐》（Welded tanks for oil storage）、欧盟标准 BS EN 14015—2004《在室温和高于室温条件下液体储存用现场建造的立式、圆筒形、平底、地上用焊接钢储罐的设计和制造规范》（Specification for the design and manufacture of site built, vertical, cylindrical, flat-bottomed, above ground, welded, steel tanks for the storage of liquids at ambient temperature and above）和日本工业标准 JIS B 8501—

图 2.2-11　铝网壳顶固定顶储罐

2013《钢制焊接油罐的结构》（Welded steel tanks for oil storage）等，都是按不同罐顶形式对储罐的设计、材料、预制、焊接、检验及验收等方面来要求的。

对低温储罐，通常采用双壁结构，国际上流行按外罐（次储罐）的形式和作用来进行分类，通常有单包容储罐（见图 2.2-17、见图 2.2-18）、双包容储罐（图 2.2-19）、全包容储罐和薄膜储罐（见图 2.2-20～图 2.2-25），当然也可以按外罐是混凝土还是钢、内罐是否有吊顶等来分类。

图 2.2-12　铝网壳顶内浮顶储罐

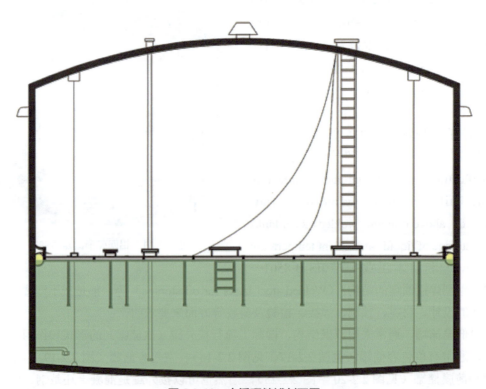

图 2.2-13　内浮顶储罐剖面图

图 2.2-14　浮顶（外浮顶）储罐

图 2.2-15　双盘浮顶（外浮顶）储罐

图 2.2-16　单盘浮顶（外浮顶）储罐

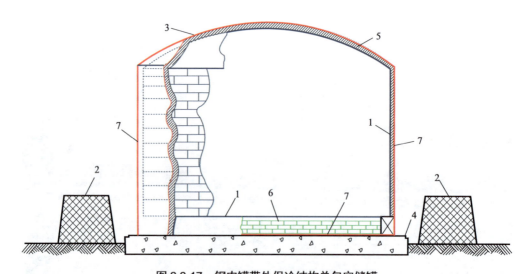

图 2.2-17　钢内罐带外保冷结构单包容储罐

1—主储罐（低温钢）　2—次储罐（围堰）　3—罐顶（低温）　4—混凝土基础　5—罐外绝热层
6—罐底绝热层　7—水汽隔离层

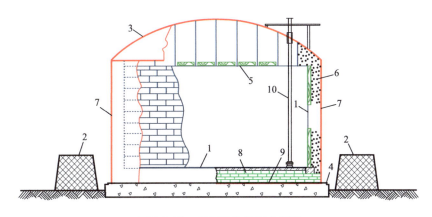

图 2.2-18 双钢结构单包容储罐

1—主储罐（低温钢） 2—次储罐（围堰） 3—罐顶（常温） 4—混凝土基础 5—吊顶（有绝热层）
6—环隙绝热 7—钢外罐（常温） 8—罐底绝热层 9—次储罐底 10—泵柱

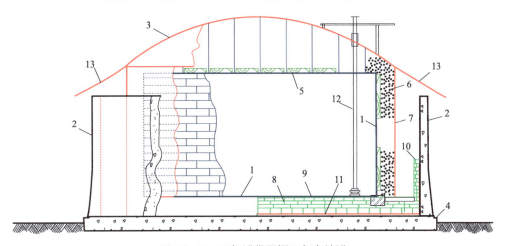

图 2.2-19 双钢罐带围堰双包容储罐

1—主储罐（低温钢） 2—次储罐（混凝土） 3—罐顶（常温） 4—混凝土基础 5—吊顶（有绝热层） 6—环隙绝热
7—钢外罐（常温） 8—罐底绝热层 9—次储罐（低温钢） 10—热角保护 11—水汽隔离层 12—泵柱 13—防雨罩

图 2.2-20 预应力混凝土全包容储罐

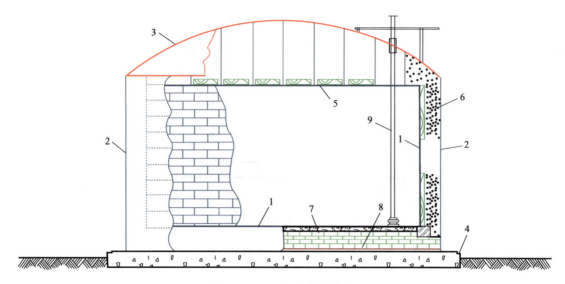

图 2.2-21 双钢全包容储罐

1—主储罐（低温钢） 2—次储罐（低温钢） 3—罐顶（常温） 4—混凝土基础 5—吊顶（有绝热层）
6—环隙绝热 7—罐底绝热层 8—次储罐（低温钢） 9—泵柱

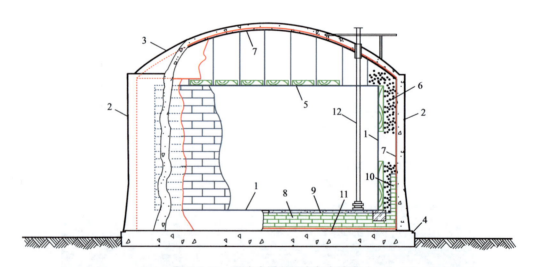

图 2.2-22 预应力混凝土全包容储罐

1—主储罐（低温钢） 2—次储罐（混凝土） 3—罐顶（混凝土） 4—混凝土基础 5—吊顶（有绝热层）
6—环隙绝热 7—钢衬层 8—罐底绝热层 9—次储罐（低温钢） 10—热角保护 11—水汽隔离层 12—泵柱

目前单包容罐、双包容罐和全包容罐的设计建造标准有：中国国家标准 GB/T 50938—2013《石油化工钢制低温储罐技术规范》、美国石油学会标准 API 625—2013 *Tank Systems for Refrigerated Liquefied Gas Storage* 和欧盟标准 BS EN 14620—2006 *Design and manufacture of site built, vertical, cylindrical, flat-bottomed steel tanks for the storage of refrigerated, liquefied gases with operating temperatures between 0℃ and −165℃* 等。

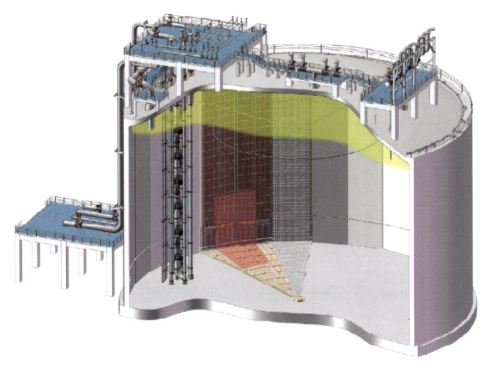

图 2.2-23 薄膜储罐（1）

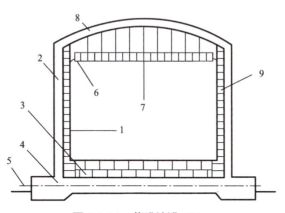

图 2.2-24 薄膜储罐（2）

1—主储罐（薄膜） 2—次储罐（混凝土） 3—罐底绝热层 4—基础 5—基础加热系统 6—柔性绝热密封 7—吊顶（有绝热层） 8—混凝土罐顶 9—预应力混凝土外罐内侧绝热层

前面提到了储罐有多种分类方法，但工程上通常是依据储存的介质按储罐的设计温度来进行建设和管理，因为设计温度对储罐的设计、施工、投资费用和运行管理影响较大，关系到储罐的结构型式、计算方法、材料选取、施工方案以及检维修等，所以，下面按常温储罐和低温储罐的发展历程来分别进行叙述。

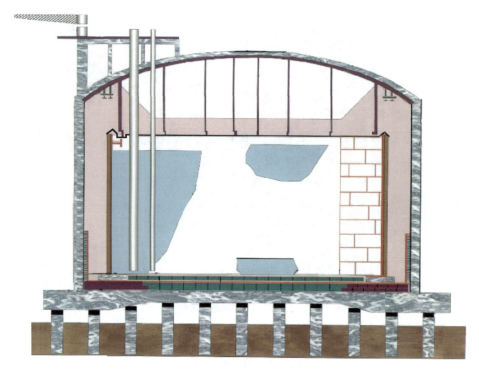

图 2.2-25　预应力混凝土全包容低温 LNG 储罐剖面图

2.2　常温储罐发展史

我国常温储罐的发展历史，经历了积累、发展和腾飞等三个阶段。

2.2.1　积累阶段

新中国成立初期，我国工业生产处于贫穷落后的状况，石油工业也不例外，工业应用的储罐不仅数量极少而且容积也小，基本上都是固定顶储罐，罐的容积达到 1000m³（内径约 ϕ11m、罐壁高约 14.5m）都算大型储罐，设计和施工基本是仿照苏联的模式来进行的。罐壁和罐底均为搭接形式，罐顶为锥顶或拱顶结构，主体材料基本上是 A3F 和 A3 等 3 号甲类钢（老牌号），施工方法有卷装法、正装法和气吹顶升倒装法。卷装法施工来自苏联，此法是将罐壁和罐底分别焊接成卷，运到现场后再打开安装，装上罐顶，就完成罐的施工，这种施工方法比较落后（见图 2.2-26）。查阅资料可以看到，当时储罐的最大容积约为 5000m³（内径约 ϕ22m，罐壁高约 16.5m）。

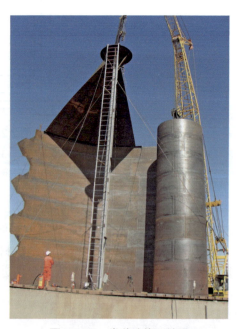

图 2.2-26　卷装法施工储罐

1962年9月,国内五人专家组(见图2.2-27)赴古巴考察炼油工艺装置,对当时国内储罐的设计帮助很大。固定顶罐为柱支撑式锥顶或悬链式无力矩顶储罐,内浮顶为钢制敞口浮舱式或浅盘式储罐,浮顶罐为钢制单盘或双盘式储罐(见图2.2-28~图2.2-31)。柱支撑式储罐就是这个时间段发展起来的。储罐的施工方法基本采用正装法或倒装法。

图2.2-27　1962年9月赴古巴考察的专家

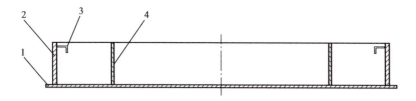

图2.2-28　敞口浮舱式内浮顶

1—浮顶底板　2—外环板　3—浮顶加强件　4—内环板

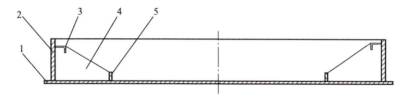

图2.2-29　浅盘式内浮顶

1—浮顶底板　2—外环板　3—加强角钢　4—筋板　5—加强环板

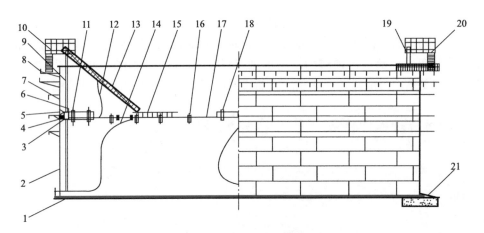

图 2.2-30 单盘式浮顶储罐

1—罐底 2—罐壁 3—刮蜡机构（浮盘限位器） 4——次密封 5—二次密封 6—泡沫挡板 7—中间抗风圈
8—抗风圈 9—量油管 10—顶平台 11—边缘浮舱支柱 12—静电导出装置 13—转动浮梯 14—排水系统
15—转动浮梯轨道 16—单盘支柱 17—单盘浮顶 18—中央浮舱支柱 19—导向管
20—导向管平台 21—罐底边缘防水设施

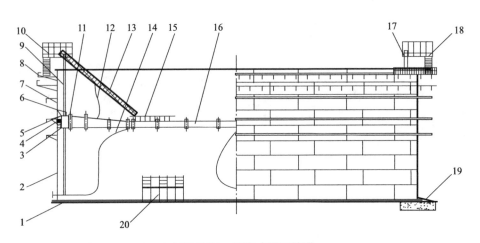

图 2.2-31 双盘式浮顶储罐

1—罐底 2—罐壁 3—刮蜡机构（浮盘限位器） 4——次密封 5—二次密封 6—泡沫挡板 7—中间抗风圈
8—抗风圈 9—量油管 10—顶平台 11—浮顶支柱 12—静电导出装置 13—转动浮梯 14—排水系统
15—转动浮梯轨道 16—双盘浮顶 17—导向管 18—导向管平台 19—罐底边缘防水设施 20—加热器

值得注意的是，以美国为代表的储罐技术较为先进的国家，对 10000m³ 以上的固定顶罐顶基本采用柱支撑式锥顶盖（见图 2.2-32），这是我们接触国外项目时经常会遇到的。柱支撑式锥顶盖基本不用预制，因罐顶坡度小，日常操作或检维修时人行非常方便。尤其是当储罐内直径相同时，由于气相空间较拱顶小，所以"小呼吸"时损耗也少，但相比拱顶耗钢量大，承受的内压力要低些，不适用于基础不均匀沉降和地震频发的地区。

20 世纪 60 年代中期，受古巴考察的启发，国内第一台单盘浮顶储罐在抚顺石油二厂建成投产，容积为 20000m³，从此便拉开了国内储罐基础研究的序幕，主要在带筋顶壳、储罐风力稳定计算、单盘浮顶计算、储罐抗震设防及计算等方面做了大量的试验和研究工作。

1963 年，以北京石油设计院专家为代表的老一辈储罐工作者，经过大量的计算研究，结合球壳的特点，巧妙地把建筑结构用带筋薄壳移植到罐顶上，形成了我们特有的带筋顶壳的结构及其计算方法（见图 2.2-33）。从此以后，国内用带筋薄壳顶逐步取代了国外的柱支撑式锥顶，这就是柱支撑式储罐在国内基本消失的原因所在。此结构属于我国的专有技术，带筋薄壳顶的结构及其计算方法一直使用到今天。

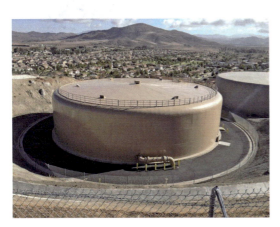

图 2.2-32　柱支撑式锥顶储罐

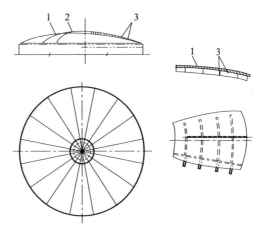

图 2.2-33　带筋顶壳
1—瓜皮板　2—中心顶板　3—锥顶加强筋

中国科学院力学研究所在 1965 年和 1974 年，参考 50000m³ 浮顶油罐的设计尺寸制成了敞口油罐的模型，并在风洞中进行了一系列的试验，为储罐设计规范中的风力稳定计算方法提供了依据。

关于单盘式浮顶（见图 2.2-34）的计算，各国规范只提出了设计要求而没有给出计算方法，世界各国的工程公司在工程项目中是八仙过海，各显神通。1974 年，中国科学院力学研究所对单盘式浮顶的结构计算进行了大量的理论研究，从理论上推导出单盘浮顶的计算公式，给设计工作提供了极大的帮助。

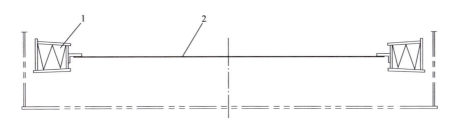

图 2.2-34　单盘式浮顶
1—边缘浮舱　2—单盘板

1976 年 10 月，国内先后在两座 50000m³ 单盘浮顶上通过灌水进行了沉没试验，对理论计算方法进行了修正。

1975 年后，以石油部天津工程技术研究所、大连工学院等单位专家为代表的前辈们，对储罐在地震作用下的失效做了深入细致的研究,并在振动试验台上,输入地震波模拟水平地震进行试验,为我国储罐的抗震设防及计算打下了坚实的基础(见图2.2-35)。

1980年,北京石油设计院的设计人员,参考美国石油学会API 650、日本工业协会JIS B 8501、英国石油储罐标准BS 2654—1989 *Specification for manufacture of vertical steel welded non-refrigerated storage tanks with butt-welded shells for the petroleum industry* 等标准,并结合试验与研究工作,编制了我国第一版油罐设计规范SYJ 1016—1982《立式圆筒形钢制焊接油罐设计技术规定》(见图2.2-36),为后来者使用提供了方便。

图2.2-35 地震作用下罐壁轴向失稳(象足)

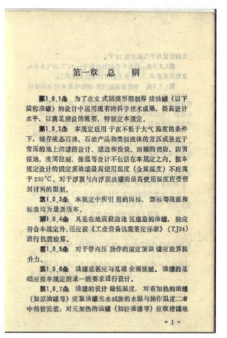

图2.2-36 我国第一版油罐设计规范

综上所述,我国在罐顶结构与计算、罐壁不等厚薄壁圆筒的风力稳定计算、储罐的抗震计算、单盘浮顶的结构计算等方面,具有独到的见解,形成了我国独特的方法。多年的工程实践证明,这些计算方法行之有效,安全可靠。

2.2.2 发展阶段

随着国民经济的不断发展,尤其是1978年后国家实施了改革开放的重要举措,储罐技术也伴随国民经济前进的步伐在不断发展。下面从几个方面来回顾我国储罐的发展历史。

1. 浮顶（外浮顶）储罐

随着石油工业的发展，与之配套的油品储存技术也在进步。1975 年，国内大型浮顶储罐的建造有了较大进展。首先在原上海陈山油库建成了国内第一台 30000m³（直径 46m、罐壁高 19.35m）和第一台当时国内最大容积 50000m³（直径 60m、罐壁高 19.35m）的单盘外浮顶油罐，其所用主体材料分别为国产 16MnR、A3R 和 A3F，设计由我国独立完成，为国内以后大型浮顶储罐的设计与建造打下了良好的基础。

30000m³ 和 50000m³ 单盘浮顶油罐（见图 2.2-30），罐壁采用"一英尺"法即定点法进行强度计算，按照我国自己研究的方法进行了风力稳定和抗震计算。浮舱为桁架结构，确保其在平面内和平面外均不会失稳，单盘采用了大挠度理论计算等。密封和排水系统等重要附件全部为国内生产。更难能可贵的是，在充水试验期间，对其中的一台 50000m³ 储罐罐壁、罐底边缘板和清扫孔的应变做了现场测试，为以后的工程设计积累了第一手数据。

在总结实际运行经验的基础上，石油部北京石油设计院于 1976 年根据自己的实战经验，将浮顶罐、固定顶罐和内浮顶罐的主要参数各自系列化（见图 2.2-37），在规范国内的储罐设计、提高设计效率、节约材料、方便现场施工等方面，做了大量富有成效的工作，具有积极的现实意义。

图 2.2-37 我国第一个浮顶油罐系列表

1978年12月，石油工业部炼油设备设计技术中心站编写了1000～100000m³浮顶油罐系列资料（见图2.2-38），为全国浮顶油罐设计提供了技术支撑，从此便拉开了国内浮顶油罐设计与建造的序幕。

2. 内浮顶储罐

为减少罐内储存介质的挥发损耗，达到节能减排和保护环境的目的，内浮顶是国内外公认和普遍采用且行之有效的措施之一。

1978年3月，北京石油设计院和东方红炼油厂合作，将一台3000m³固定顶储罐改造为敞口浮舱式内浮顶储罐，这是我国使用的第一台内浮顶储罐。

此后设计与建造的内浮顶基本以浅盘式结构为主。浅盘式内浮顶结构简单，施工方便，但受结构限制，一旦出现局部泄漏，因没有隔舱，就会造成整个浮盘存油，天长日久，浅盘式内浮顶就会发生沉盘。

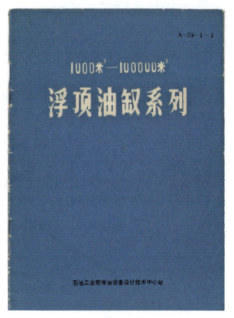

图2.2-38　浮顶油罐系列资料

1983年、1985年和1987年，我国荆门炼油厂、南京炼油厂和茂名炼油厂等先后从德国Rheinfelden公司引进了5000m³ Vaconodeck铝制井字形内浮顶。1987年上海金山石化又从美国引进了上下夹梁形的铝制内浮顶，随后国内两大设计单位——中国石化北京设计院和中国石化集团洛阳石油化工工程公司分别联合上海喷嘴厂和辽阳东方铝制品厂等单位进行了消化与吸收，并分别在原上海炼油厂和东方红炼油厂的5000m³汽油罐和汽柴油混合罐上首次使用了国产铝制内浮顶。1987年8月在北京通过了中国石油化工总公司科技发展部组织的技术鉴定，并获得石化总公司1987年度科技进步二等奖。

1990年后，国产铝制内浮顶如雨后春笋般蓬勃发展，先后出现了装配式三角形内浮顶和其他形式的内浮顶，如浮箱式内浮顶等。内浮顶的材质也延伸到奥氏体不锈钢、玻璃钢等。国内使用的内浮顶逐渐由装配式取代了现场组焊式，见图2.2-39～图2.2-46。

图2.2-39　惠州100000m³玻璃钢制内浮顶储罐

装配式内浮顶的最大优点是能将预制好的内浮顶零部件，通过罐壁人孔直接送入罐内进行组装，大小容积的罐平均 7 天就可以完成整个内浮顶的安装，比现场组焊式内浮顶节省 40 天左右，大大缩短了施工周期，在经济建设快速发展的今天，意义十分重大。

装配式内浮顶还特别适用于固定顶储罐改为内浮顶储罐，加之铝合金重量轻、铝合金和奥氏体不锈钢都耐蚀，投资费用也低，很快便得到了用户的认可。从 20 世纪 90 年代中后期到现在，国内的内浮顶基本都采用了装配式铝制或不锈钢制内浮顶，新技术的应用，提升了我国储罐的整体技术水平。

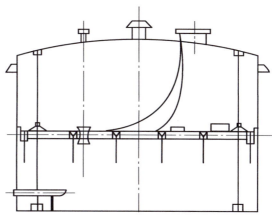

图 2.2-40　装配式铝制内浮顶储罐结构示意图

图 2.2-41　装配式井字形铝制内浮顶

图 2.2-42　装配式井字形不锈钢制内浮顶

图 2.2-43　装配式三角形不锈钢制内浮顶

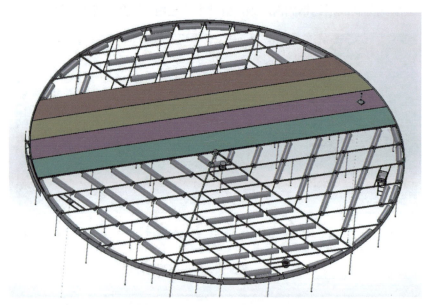

图 2.2-44　装配式三角形铝制内浮顶

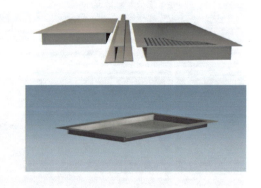

图 2.2-45　装配式浮箱蜂巢式铝制内浮顶

2001年，中国海洋石油总公司惠州炼油厂与欧洲的壳牌（Shell）公司合作，建造了五台目前国内最大的100000m³内浮顶储罐，罐内径78m，罐壁高22.3m，内浮顶材料为玻璃钢，现场在罐内浇注成型，罐顶为铝网壳结构。

随着装配式内浮顶使用数量的剧增，内浮顶的质量越来越让人担忧。为了规范市场，遏制内浮顶质量不断下降的状况，中石化广州（洛阳）工程有限公司同辽阳石化设备有限公司、中石化北海炼化有限责任公司、中石化销售有限公司、上海浦东伸钢机

图 2.2-46　现场浇注玻璃钢内浮顶

械有限公司、镇海石化工程有限公司、天津华浮石化设备工程有限公司、保定市新华石化设备制造有限公司组成编制组，完成了国内第一个内浮顶规范 SH/T 3194—2017《石油化工储罐用装配式内浮顶工程技术规范》的编制工作，并于2018年1月1日正式实施，对指导内浮顶的选型、设计、材料选取、制造与安装，避免因无规范可依而造成的质量下降，具有重要的指导意义。

3. 网壳顶

随着改革开放的不断深入，国家经济建设也随之快速进行。储罐技术的趋势是向大型化发展，因为大型化具有节省投资、节省占地、便于操作管理等优点。对固定顶和内浮顶罐来讲，当储罐的内直径大于32m时，采用传统的带筋顶，不仅材料消耗量剧增，而且还存在安全问题，因为带筋顶当储罐内径增大时，计算时把板与筋作为一体抗弯的假设将不再合理，计算会出现较大误差甚至错误。

对固定罐顶的储罐，大型化的关键完全取决于罐顶能否随储罐直径增大而加大。因此，中国石化总公司洛阳石化工程公司和中国石化北京设计院分别与天津大学和浙江大学进行合作，各自在天津大学和中国建筑科学研究院做了大量的试验和研究工作，将建筑结构的网壳结构，根据储罐顶所受载荷，相继开发了三角形和双向子午线钢制网壳顶（见图2.2-47～图2.2-52），打破了约束固定顶罐和内浮顶罐大型化的瓶颈，钢制网壳顶技术在国际上也处于较领先的地位。

1990年，由中国石化总公司洛阳石化工程公司开发设计的20000m³（内径37m）和30000m³（内径46m）各两台内浮顶储罐，采用了三角形网壳顶，成功应用于抚顺南输成品油管道工程首站油库，拉开了固定顶和内浮顶储罐大型化的序幕。

1993年，大连西太平洋成品油罐区，22台20000m³（14台内浮顶、8台固定顶，内径为38m）汽油罐，首次采用了双向子午

图 2.2-47　三角形网壳顶储罐

线网壳顶（见图 2.2-52）。

从此以后，国内 20000m³ 及以上容积的固定顶或内浮顶储罐，顶盖均采用了三角形或双向子午线网壳顶，固定顶或内浮顶储罐的大型化终于得以实现（见图 2.2-53、图 2.2-54）。

图 2.2-48　三角形网壳顶（一）

图 2.2-49　三角形网壳顶（二）

图 2.2-50　双向子午线网壳顶储罐

图 2.2-51　双向子午线网壳顶（一）

图 2.2-52　双向子午线网壳顶（二）

图 2.2-53　正装法施工三角形网壳顶

2001 年，三角形网壳顶在上海金山石化两台 50000m³（内径 60m，罐壁高 19.6m）内浮顶储罐上成功使用。

2003 年 9 月，珠海某燃料油库两台 30000m³（内径 50m）的燃料储罐安装了国内自行设计的三角形铝制网壳顶（见图 2.2-55）。

图 2.2-54 倒装法施工双向子午线网壳顶

图 2.2-55 铝制网壳顶储罐

2004 年，国内自行设计的最大三角形铝制网壳顶，成功安装于上海赛科 4 台 50000m³（内径 60m，罐壁高 19.6m）石脑油内浮顶储罐上。为了防止铝顶被雷电击穿，特采用了铝网壳加钢蒙皮的结构。

2005 年，双向子午线网壳顶成功应用于广东小虎岛成品油库 55000m³（内径 57m，罐壁高 22m）内浮顶储罐上，这是目前国内自行设计和建造的容积最大的内浮顶储罐。

为了规范网壳顶的设计、制造与现场安装，避免网壳顶应用市场的混乱，确保网壳顶能安全使用，中石化广州（洛阳）工程有限公司作为主编单位，正在编制《立式圆筒形储罐钢制网壳顶工程技术规范》，参编单位有：中石化上海工程有限公司、上海宝山石油机械厂、上海浦东伸钢机械有限公司、上海梯杰易气体工程技术有限公司、辽阳石化设备有限公司、中石化第四建设有限公司、中石化南京工程有限公司、中石化第十建设有限公司和洛阳万乐防腐涂料有限公司。

该规范从设计、载荷取值、材料选取、制造、防腐涂刷与现场安装等方面，都提出了具体要求。该规范编制完成后将对规范网壳顶的使用具有重要的指导作用。

4. 低压拱顶罐

上文在储罐分类中谈到了低压拱顶罐，其设计压力最大可为 0.1MPa，虽然只是压力容器设计压力的起点，但罐内举升力（压力与面积的乘积）数值可达到几千吨，容易造成罐壁与罐底连接角焊缝撕裂，罐壁与罐顶连接部位失稳，因此设计有相当大的难度，主要难点在罐壁与罐顶的连接结构、罐顶整体结构和锚固结构与基础形式等，2012 年前，主要参照 API 620 *Design and Construction of Large, Welded, Low-Pressure Storage Tanks* 进行设计。

1980 年，上海石化总厂从德国引进的芳烃装置中，有两台 3000m³ 轻石脑油储罐，内径 15.2m，罐壁高 16.5m，设计压力 1.0bar（0.1MPa），主体材料为 RST37-2，由德国鲁奇公司设计，诺依尔公司制造，中方进行现场组装。

这是国内最早引进的低压储罐，从结构、材料、计算、基础形式等方面，让国内认识到其与常压储罐的区别，尤其是承压圈结构、锚栓结构、整体刚性承台基础等，为今后设计低压储罐提供了帮助。

2005 年，洛阳石油化工总厂设计院与中国石化集团洛阳石油化工工程公司联合为洛阳石化总厂设计了当时国内最大的 5000m³ 低压拱顶储罐，设计压力 0.095MPa，内径 17.5m，罐总高 26m，总重 290t，主体材料为 20R，承压段采用了球面过渡，避免锥形承压板容易出现的应力集中。

2017 年，中石化广州（洛阳）工程有限公司为大连恒力石化设计了国内最大的 10000m³ 低压拱顶储罐，设计压力 0.095MPa，内径 25m，罐总高 28.5m，主体材料为 Q345R，总重达 562t（见图 2.2-56）。该低压拱顶储罐采用承压过渡段结构，设有 80 个 M100 的锚栓，锚栓直径之大，数量之多，国内前所未有。其设计主要按照 SH/T 3167—2012《钢制焊接低压储罐》规范进行，并借鉴了 API 620 的相关内容。该低压拱顶储罐已投入生产运行。

图 2.2-56 大连恒力石化 10000m³ 低压拱顶储罐

5. 走出国门

1996 年，原中国石化集团工程建设公司（又名大 SEI）牵头，中国石化集团洛阳石油化工工程公司与化工部第十一建设公司为班底，以 EPC 模式总承包了科威特国家石油公司苏巴维炼厂 3 台 38000m³ 外浮顶储罐，储罐内径 48.78m，罐高 19.51m，主体材料为 A537 Cl.1 和 A283 Gr.C，从设计、材料、施工到验收，全部执行科威特国家标准和美国 API 650 标准（见图 2.2-57），这是中国石化最早承包的国外储运项目，为走出国门做了铺垫，积累了经验，留下了宝贵的财富。

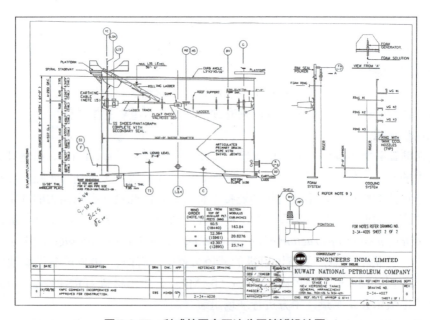

图 2.2-57 科威特国家石油公司储罐设计图

2001年,同样由中国石化集团工程建设公司牵头,以中国石化集团洛阳石油化工工程公司为主EPC总承包了伊朗国家石油工程耐卡油库9台28000m³外浮顶储罐,储罐内径50m,罐高14.78m,主体材料为A285 Gr.C(见图2.2-58、图2.2-59)。

图 2.2-58　伊朗耐卡油库

2006年,中国石化集团洛阳石油化工工程公司作为中国石油工程建设公司的设计分包商,完成了阿尔及利亚凝析油项目SKIKDA 500×10⁴t/年凝析油炼厂5台60000m³浮顶油罐(内径65m,罐壁高22.4m,主体材料A516 Gr.70)、4台40000m³浮顶油罐(内径52m,罐壁高24m,主体材料A283 Gr.C)、2台36000m³浮顶油罐(内径52m,罐壁高21.4m,主体材料A283 Gr.C)等13台储罐的设计工作,储罐由中国石油天然气第一建设公司施工(见图2.2-60)。

图 2.2-59　施工中的伊朗耐卡油库　　　图 2.2-60　施工中的阿尔及利亚罐区

2010年,中国石化炼化公司以中石化洛阳工程有限公司为主体EPC总承包了哈萨克斯坦阿特劳炼油厂芳烃及FCC罐区的37台储罐(见图2.2-61、图2.2-62),施工以中石化第十建设有限公司为主。

特别值得一提的是,哈萨克斯坦当地的施工企业KSS施工的部分储罐,依然采用卷装法进行安装(见图2.2-63),这种安装方法国内早已不复存在了。

图 2.2-61 阿特劳炼油厂芳烃罐区

图 2.2-62 阿特劳炼油厂 FCC 罐区

除上述项目外,还有中国石油天然气集团公司对外 EPC 总承包的巴布亚新几内亚、莫桑比克、加纳和孟加拉国等项目。

通过国外项目的设计、采购与施工,国内了解到国外工程项目的运行理念,熟悉了国际通用的设计标准,找到了与国外知名工程公司的差距,为以后进一步拓展国际市场打下了良好的基础。

图 2.2-63 阿特劳炼油厂芳烃罐区卷装施工法

2.2.3 腾飞阶段

我国常温储罐技术的腾飞阶段是大型浮顶储罐的发展和与其配套的主体材料国产化。1985年是中国大型浮顶罐历史上具有里程碑意义的一年。

中国石油天然气总公司廊坊管道局秦皇岛输油公司以技术贸易结合的方式，从日本新日铁株式会社引进了两台100000m³超大型（即容积大于50000m³）单盘浮顶储罐，储罐内径80m，罐壁高21.8m，总重1900t，主体材料为日本钢板SPV50Q，即现在的SPV490Q。引进内容包括储罐设计、适用于大线能量焊接的高强度钢板及其焊接材料、储罐的重要配件（如直角旋转接头排水系统，见图2.2-64）和施工技术等。此储罐的引进，是我国储罐超大型化和整体水平上新台阶的开始。

在此以前，国内受材料及其他技术的限制，最大的浮顶储罐容积只有50000m³。随着容积的增大，储罐的壁厚必然要增加，因现场不可能进行整体热处理，所以使用壁厚要受到限制，储罐的容积也不可能无限增大。要增大储罐的容积，必须在材料的强度上有所突破，而我国当时强度最高的材料只

图2.2-64 直角旋转接头排水系统

有16MnR，不需要焊后热处理（焊前预热）的最大厚度为38mm，建造的储罐容积充其量不会超过65000m³。

从日本引进的100000m³单盘浮顶储罐，与我国已投用的50000m³单盘浮顶储罐相比，有以下几个方面的特点：

1）主体材料SPV490Q，屈服强度$R_{eL} \geqslant 490$MPa，抗拉强度为610~730MPa，且适用于不超过100kJ/cm的大线能量焊接，不进行焊后热处理的最大使用厚度为45mm。

2）浮顶单盘板中央有12m的中央浮舱，且单盘板下表面带有环向和径向加强筋。

3）储罐设计了两道抗风圈，储罐罐底为带垫板的对接结构，带开口的弧形罐壁板进行了炉内整体焊后热处理。

4）一次密封为三芯式聚氨酯泡沫软密封，挡雨板为新型结构，刮蜡机构为重锤式，浮顶排水为有两道密封的直角旋转接头系统和浮球式单向阀等。

5）最重要的是储罐壁板纵缝采用了大线能量的气电立焊（见图2.2-65），横缝为埋弧自动焊（见图2.2-66），罐底中幅板对接缝采用了充填碎丝加埋弧焊盖面等的先进焊接技术，焊接自动化提高了焊接效率，不仅大大缩短了施工周期，而且也保证了焊接质量。

6）施工方法为正装法（见图2.2-67~图2.2-69），利用先进的切割、滚弧、焊接设备和吊装工装机具，施工效率有了很大的提升。

图2.2-65 原油储罐纵缝气电立焊

图 2.2-66　原油储罐横缝埋弧自动焊

图 2.2-67　100000m³ 浮顶罐正装法施工

图 2.2-68　董家口 100000m³ 浮顶罐正装法施工

图 2.2-69　150000m³ 浮顶罐正装法施工

新材料、新结构、新技术、新施工方法的出现，使国内备受启发，受益匪浅。超大型浮顶储罐的引进，开阔了我们的视野，拓宽了我们的思路，为以后国内超大型浮顶储罐的发展打下了坚实的基础，也为我国第一版储罐施工及验收规范 GBJ 128—1990《立式圆筒形钢制焊接油罐施工及验收规范》的编制和第二版油罐设计规范 SH 3046—1992《石油化工立式圆筒形钢制焊接储罐设计规范》的出版提供了帮助。

1994 年，由中国石油天然气管道工程有限公司设计的国内第一台 100000m³ 双盘浮顶储罐（内径 80m，罐高 21.8m）在大连西太平洋石油化工有限公司建成。设计采用了日本工业标准 JIS B 8501 规范，高强度钢板 SPV50Q、带开口热处理弧形壁板及高强度钢板配套的焊接材料（EG-60、EG-1、Y-E/NF-11H）等由日本新日铁株式会社提供。

1997 年，由中国石化洛阳石油化工工程公司设计的中国石化第一台 100000m³ 双盘浮顶储罐（内径 80m，罐高 21.8m）也在大连西太平洋石化建成，高强度钢板 SPV50Q、带开口热处理弧形壁板由日本钢管（NKK）公司提供，高强度钢板配套的焊接材料（DWS-60G、DWS-43G、US-49/MF-33H）等由日本株式会社神户制钢所焊接公司提供。

该 100000m³ 双盘浮顶储罐与国内设计的前两台双盘浮顶储罐相比，对顶部抗风圈、中间抗风圈和罐底结构等做了改进，减小中间抗风圈出现开裂的可能性。同时排水系统首次采用了美国进口的局部柔性结构（见图 2.2-70），并由二次密封取代原挡雨板，施工采用正装法，由中国石化第十建设公司完成。

随着超大型浮顶油罐的陆续引进，国内也在不断地进行全面消化吸收与国产化，首先始于大线能量焊接用高强度钢板。1997 年，以武汉钢铁集团公司、全国锅炉压力容器标准化技术委员会、中国石化北京石油设计院、北京燕化公司设计院、合肥通用机械研究所等单位组成的联合攻关组，率先开展了适合大线能量焊接的储罐用高强度钢板（WH610D）国产化研发，起初先以同强度等级的球罐用钢 07MnMoVR 进行试验，经 100kJ/cm 的大线能量焊接后，结果是热影响区的冲击吸收能量只有几个焦耳。虽然

图 2.2-70　浮顶罐局部柔性排水管

研发过程比较曲折，走了许多弯路，但取得了一定的成果，用武汉钢铁集团公司生产的 WH610D 钢板分别于 2000 年和 2002 年在燕山石化公司建造了两台 100000m³ 超大型双盘浮顶油罐。

2001 年，中国石化集团公司决定成立联合攻关组，率先开发建造国内第一个 150000m³ 超大型浮顶储罐。由中国石化工程建设公司、洛阳石油化工工程公司、宁波工程公司、第十建设公司、胜利勘察咨询公司等单位组成联合攻关组，以研究加设计的模式进行开发，经国内外考察调研和与国内高等院校合作，2004 年初完成了储罐的施工图设计，在对 40mm 厚的底圈壁板 SPV490Q 和大角焊缝（边缘板厚 23mm）做了大量的焊接试验后，2005 年 8 月在江苏仪征输油泵站完成施工任务，2005 年 11 月进油投产。

150000m³ 双盘浮顶储罐（内径 100m，罐高 21.8m）属国内首创，容积大小仅次于沙特阿拉伯的 200000m³ 和日本的 160000m³，除高强度钢板 SPV490Q 及其焊接材料（DWS-60G、DWS-43G、US-49/MF-33H、US-40/MF-300）从日本 JFE 公司和株式会社神户制钢所焊接公司进口外，设计和带开口热处理弧形壁板全部实现国产化。尤其是在抗风和浮盘结构等方面，与 100000m³ 相比做了较大改进，充水试验期间还对罐壁和罐底的应变进行了测试，验证计算方法科学合理。150000m³ 双盘浮顶储罐开发设计荣获中国石化总公司 2008 年科技进步一等奖。

经过引进与消化吸收，我国的储罐设计和施工水平有了大幅度的提升，第三版储罐设计规范 GB 50341—2003《立式圆筒形钢制焊接油罐设计规范》和第二版储罐施工及验收规范 GB 50128—2005《立式圆筒形钢制焊接储罐施工及验收规范》在吸取了国内大型储罐设计与施工经验的基础上编制而成。

2003 年，由茂名石化设计院和中国石化工程建设公司联合设计，在茂名石化公司北山岭油库首次建造了两台 125000m³ 超大型单盘浮顶储罐，油罐内径 90m，罐高 21.8m，主体材料为 SPV490Q。

2004 年，由中国石化集团洛阳石油化工工程公司设计，在湛江东兴炼油厂建造了 3 台 125000m³ 超大型单盘浮顶储罐，储罐内径 84.5m，罐高 24m，总重 2350t，主体材料为 SPV490Q。

2004 年，国家石油储备基地一期工程在浙江镇海、山东黄岛、辽宁大连和浙江舟山

四个地区开工建设，共1640万m^3库容。其中镇海520万m^3（52台100000m^3双盘浮顶储罐），黄岛320万m^3（32台100000m^3双盘浮顶储罐），大连300万m^3（30台100000m^3双盘浮顶储罐），舟山500万m^3（50台100000m^3双盘浮顶储罐）。镇海520万m^3储备基地由中石化洛阳工程有限公司与镇海石化工程有限责任公司EPC联合总承包；黄岛320万m^3由中国石化工程建设公司EPC总承包；大连300万m^3由中石油大庆油田工程有限公司设计，中国石油天然气集团第一建设公司施工；舟山500万m^3由中国石油天然气管道工程有限公司设计，中石化第十建设公司等多家单位参与了施工。

国家石油储备基地一期项目的大多数储罐，首次采用了国外进口的全柔性排水系统（见图2.2-71）和罐内外的牺牲阳极阴极保护系统等先进技术，密封除有一次密封外，还配有二次密封系统，取代了原有的挡雨板。施工采用先进的切割机具、大型吊装设备等，立缝采用高效的气电立焊和环缝及大角焊缝的埋弧自动焊，尤其是解决了底圈壁板立缝最底部气电立焊受限留下的"尾巴"，

图2.2-71　浮顶罐全柔性排水管

一台100000m^3浮顶储罐的罐本体施工周期从最早的90天缩短至30天，效率和质量前所未有。

除此之外，还出现了许多可歌可泣的动人事迹。最让我们难以忘怀的就是大型储罐用高强度钢板的国产化开发。背景情况如下：

2004年3月30日，国家发展和改革委员会正式启动国家石油储备基地一期项目建设，以满足国家经济建设日益增长的需求。建设总规模为1640万m^3，共需钢材32万t，其中高强度钢板为12万t。当时国内大型储罐用高强度钢板基本依赖进口。就在此时，供货方大幅度抬高价格，从每吨460美元增长到890美元，而且还不保证供货周期，严峻的形势摆在我们每个大罐工作者的面前。

2004年7月21日，国家发展改革委能源局（石油储备办公室）、工业司在北京组织召开了大型储罐建设用高强度钢板国产化工作启动会。会后，国家发展改革委办公厅以发改办能源〔2004〕1379号文件，正式决定中国石化集团公司为牵头单位，组成联合攻关组，包括国产化推进小组、高强度钢板开发小组和焊材研发小组。推进小组负责单位为中国石化工程建设公司，高强度钢板开发小组由中国石化洛阳石化工程公司负责。

联合攻关组克服种种困难，在不到两年的时间里，成功研发出超大型油罐用高强度钢板，彻底打破了高强度钢板依赖进口的僵局，达到了促进我国钢铁产业发展、增强民族钢铁企业竞争力、满足钢板市场需要、降低国家石油储备基地建设成本的目的。在国家石油储备基地的164台储罐中，有116台储罐主体材料采用了国产钢板12MnNiVR，国产化率达到了70.7%。

经过两年多的艰辛工作，2006年11月23日，在北京召开了高强度钢板国产化总结会。总结大会以后，大型储罐用高强度钢板，除上海白沙湾一期4台150000m^3浮顶罐外，全部实现了国产化。

从此以后，超大型浮顶储罐的建造一浪高过一浪。

2009 年，国家石油储备基地二期项目按 4 个地上储备和 4 个地下储备开工建设，地上储备共 1220 万 m^3 库容，分别是独山子 300 万 m^3（30 台 $100000m^3$ 双盘浮顶储罐）、兰州 300 万 m^3（30 台 $100000m^3$ 双盘浮顶储罐）、天津 320 万 m^3（32 台 $100000m^3$ 双盘浮顶储罐）、舟山 300 万 m^3（30 台 $100000m^3$ 单盘浮顶储罐），其主体材料全部采用国产 12MnNiVR 钢板。4 个地下储备分别布置在黄岛（300 万 m^3）、锦州（300 万 m^3）、惠州和湛江（各 500 万 m^3），标志着我国的储罐技术又上了一个新台阶。

同年，由中国石化集团洛阳石油化工公司和茂名瑞派石化工程有限公司联合 EPC 总承包，在茂名北山岭商业储备基地建造了 15 台 $125000m^3$ 超大型单盘浮顶储罐，储罐内径 84.5m，罐高 24m，总重 2350t，主体材料为国产 12MnNiVR。

概括起来，国内超大型浮顶储罐的发展，经历了四个阶段：

第一阶段为整套技术引进，引进技术包括设计、高强度钢板、带开口的弧形板热处理成品件和施工技术。

第二阶段为国内自己设计和施工，仅引进高强度钢板和带开口的弧形板热处理成品件。

第三阶段为国内自己设计，仅引进高强度钢板，焊后消除应力热处理在国内完成。

第四阶段从设计、高强度钢板和成品件热处理全部实现国产化。

到目前为止，$100000m^3$ 超大型浮顶储罐国内已有上千台，已成为我国原油储罐的基本罐型。超大型浮顶储罐的设计与建造，永远让我们引以为荣，以下是我国超大型浮顶储罐的分布：

$125000m^3$ 超大型浮顶储罐已投用 23 台，其中湛江东兴炼厂 3 台（见图 2.2-72、图 2.2-73），茂名北山岭商业储备基地 17 台，江苏仪征输油泵站 3 台。

图 2.2-72 湛江东兴 $125000m^3$ 单盘浮顶油罐（一） 图 2.2-73 湛江东兴 $125000m^3$ 单盘浮顶油罐（二）

$150000m^3$ 超大型浮顶储罐共 36 台，其中仪征输油泵站 2 台（内径 100m，罐高 21.8m）（见图 2.2-74、图 2.2-75），福建炼化青兰山油库 4 台（内径 100m，罐高 21.8m），大庆南三油库 10 台（内径 96m，罐高 22.8m），西部管道兰州末站 2 台（内径 93m，罐高 24m），上海白沙湾油库 8 台（内径 100m，罐高 21.8m，其中 4 台采用国产高强度钢板），中石油广西石化 4 台（内径 100m，罐高 21.8m，全部采用国产高强度钢板），大连港务局 4 台（内径 96m，罐高 23.08m，全部采用国产高强度钢板），福建漳州腾龙项目 2 台（内径 100m，罐高 21.8m，全部采用国产高强度钢板）。

图 2.2-74　仪征 150000m³ 双盘浮顶油罐（一）

图 2.2-75　仪征 150000m³ 双盘浮顶油罐（二）

总之，国内立式储罐经过几十年的发展，尤其是改革开放 40 多年的发展，储罐的设计和施工已达到了一定的技术水准，尤其是高强度钢板国产化工作，为我国超大型浮顶储罐的发展铺平了道路，奠定了坚实的基础。这些技术进步都反映在第四版油罐设计规范 GB 50341—2014《立式圆筒形钢制焊接油罐设计规范》和第三版施工规范 GB 50128—2014《立式圆筒形钢制焊接储罐施工规范》中，GB 50341—2014 规范除总结国内的经验外，还积极采纳了美国石油学会标准 API 650 中的静力强度、抗风倾覆、微内压储罐、外压储罐、高温储罐等部分，使我国的油罐标准水平又上了一个新台阶，为更多的国内工程公司跨出国门走向世界提供了方便。

2.3　低温储罐发展史

低温储罐通常用来储存液化石油气（LPG）、液化丁烷、液化乙烷、液化乙烯、液化丙烯、液氨和液化天然气（LNG）等介质。低温与常温储存相比，储存量要大数百倍，如天然气液化后的体积为常温气态时体积的 1/600，有时储罐一次性投资也会减少。

低温储罐与常温储罐相比，建造数量要少许多，一是因为这些储存介质是石油等原料经过一系列深加工后才能得到，日常生活或工业生产中实际使用比石油产品要少，其主要应用在化工领域；二是因为上面提到的介质大多数都可以用球形储罐在常温工况下进行储存；三是因为要维持低温储存，储罐的结构不同于常温储罐，其设计和施工难度也会高于常温储罐。

我国低温储罐的发展，大致可分为局部积累和逐步提高与快速发展两个阶段。

2.3.1 局部积累阶段

前面已经提到，大型低温储罐通常都会采用双壁储罐，其内罐用来储存介质，对双容和全容罐来讲，外罐用来防飞行物冲击、防爆炸、防火灾并起到保护保冷材料以实现绝热等目的。

国内低温储罐最初都是各化工企业根据自己的实际使用需求从国外引进，主要集中在镇海石化、扬子石化、上海金山石化及民营化工企业等，引进时间可追溯到 20 世纪 80 年代。

1988 年，中国石化总公司洛阳石油化工工程公司，在消化吸收国外技术的基础上，为洛阳石化总厂设计了一台 7000m^3 的 LPG 低温双壁双拱罐，内罐内径 22m，罐壁高 21.6m，材料为 16MnDR，外罐内径 23.2m，罐壁高 23.44m，材料为 A3F，总重 585t。

1995 年，扬子石化从德国林德公司引进了一台 10000m^3 低温双钢双壁带内吊顶的乙烯罐，设计压力为 –0.5～15kPa，设计温度为 –107～60℃，内外罐直径分别为 28m 和 30m。内罐材料为 9Ni 钢，外罐第一圈也为 9Ni 钢，其余为碳钢。这是国内较早引进的有内吊顶的双钢双壁低温储罐。

1996 年，上海石化股份有限公司从美国大陆谷物公司（ConYinental Grain Company）引进了两台 50000m^3 预应力混凝土低温液化气储罐，内外罐内径分别为 46m 和 49.4m，这是国内较早的预应力混凝土低温储罐。

1996—1997 年，兰州化工设计院为原九江石油化工总厂和兰州化学工业公司自主设计的 30 万 t/年合成氨装置中的 8000m^3 双壁低温液氨储罐建成投产，设计压力 –1.471～9.806kPa，设计温度 –40℃，内罐材料为 A537 Cl.1，外罐为普通碳钢。

1997 年，上海石化股份有限公司从德国成套引进了一台 10000m^3 低温乙烯储罐，设计压力 –0.5～15kPa，设计温度 –107～60℃，内罐材料为 5Ni 钢，外罐为德国材料 TSTE355。

1997 年，德国乔特波（Tractebel）公司为上海陈山码头设计了两台 50000m^3 LPG 预应力混凝土双包容低温储罐（见图 2.2-76），内罐内径 46m，主体材料 A537 Cl.2，设

图 2.2-76　陈山 50000m^3 预应力混凝土 LPG 双包容低温储罐

规范为 API 620 附录 R，外罐内径 49.4m，这是国内建造的唯一的双包容低温储罐。

1998 年，深圳华安从日本石井株式会社引进了两台 30000m³ LPG 储罐。这是国内较早从日本引进的低温储罐。

2000 年，中国石化洛阳石油化工工程公司与法国 Sofregaz 公司合作，为中原石油勘探局天然气净化液化厂设计了国内第一台 2000m³ LNG 子母储罐（见图 2.2-77）。母罐为固定顶储罐，内径 13m，罐壁高 16.02m，主体材料为 0Cr18Ni9/16MnR。母罐内安装了 7 个立式子罐，规格为 ϕ3200mm×12750mm，盛装低温 LNG，材料为 0Cr18Ni9。

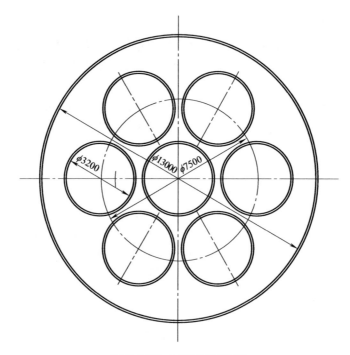

图 2.2-77　LNG 子母储罐

2000 年以后，葫芦岛锦丰、上海石化、扬子石化、新疆广汇、孚宝漕泾、孚宝天津、双良利士德等，先后从德国 TGE、日本石井、美国 CBI 等公司引进了低温乙烯、丙烯、液氨、LPG 和 LNG 等低温双壁储罐。

2009 年，镇海石化公司乙烯装置 30000m³ 乙烯低温储罐和 20000m³ 丙烯低温储罐相继建成投产，由 TGE 上海公司设计，丙烯内罐材料为 A537 Cl.1、外罐材料为 16MnR，乙烯内罐材料为 X12Ni5（5 Ni）、外罐材料为 16MnR，罐型均为双钢壁单包容储罐。

2010 年，中国石化工程建设有限公司与韩国 STK 公司合作，为福建炼化乙烯装置配套设计了 30000m³ 乙烯储罐和 20000m³ 丙烯储罐，该项目的低温储罐均为双钢壁单包容储罐，这是中石化较早设计的有吊顶的低温储罐。

上述引进或自主设计的低温储罐主要按 API 620 附录 Q、附录 R，或 BS 7777—1993 *Flat-Bottomed, Vertical, Cylindrical Storage Tanks For Low Temperatures Service* 进行设计，主体材料（钢板和焊材）包括保冷材料基本从国外进口，主要有 ASTM 中的 A516 Grade 55/ Grade 60、A537 Class1/Class2、A645 Grade A/B、A353、A553 Type1，EN10028-3 中的

P355NL1、P355NL2 和 EN10028-4 中的 X12Ni5（5Ni）、X7Ni9（9Ni），国产低温钢板为 16MnDR 等，到 20 世纪 90 年代以后才有 15MnNiDR 和 09MnNiDR 等低温钢板。

上述主要低温储罐的引进，使我们逐步对低温储罐有了一定的认识，同时也对国内低温储罐的设计与施工起到极大的推动作用，在低温储罐的设计与建造上积累了一定的经验。

到 2010 年，国内建造的低温储罐已有百余台，主要以双钢壁单包容储罐为主。设计技术的来源可归纳为以下三个方面：①直接引进；②与外方合作设计或引进工艺包；③参照已引进建成储罐的技术资料。安装方法以外罐壁倒装、内罐壁正装的施工方法为主。

2.3.2 逐步提高与快速发展阶段

2003 年是中国大型低温储罐发展史上又一具有"里程碑"意义的一年。中国海洋石油总公司在深圳大鹏湾率先引进了我国第一个 LNG 接收站的全套技术，最主要的是两台 160000m³ 预应力混凝土 LNG 全包容储罐，其预应力混凝土外罐、架高式承台基础、混凝土外罐顶、9Ni 钢内罐、铝吊顶、大型泵柱、热角保护系统（TPS）、各种保冷材料、三层罐底等（见图 2.2-78），尤其是外罐的预应力张拉，内罐纵缝采用的手工焊条 ENiCrMo-6 和环缝埋弧自动焊焊丝 ERNiCrMo-4，外罐顶带内罐铝吊顶一起气顶升安装法等，使我国对大型低温储罐有了一个崭新的认识。该储罐由四家欧洲工程公司 Saipem、Technigaz、Technimont 和 Sofregaz 联合总承包，中石化第四建设有限公司、中国核工业华兴建设有限公司分别参加了其中的内外罐施工。

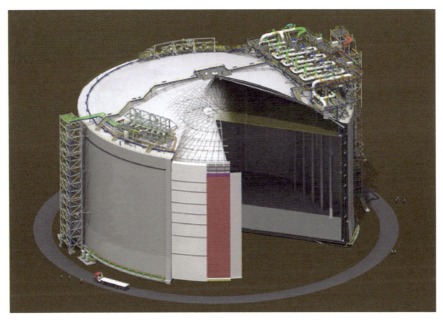

图 2.2-78 预应力混凝土全包容储罐

深圳大鹏湾 2 台 160000m³LNG 预应力混凝土全包容储罐的引进（见图 2.2-79～图 2.2-84），使我国了解到国外大型低温储罐的技术发展现状与水平，从此以后，国内大型 LNG 预应力混凝土全容罐的建设便拉开了序幕。

图 2.2-79　深圳大鹏湾 160000m³ LNG 储罐（一）

图 2.2-80　深圳大鹏湾 160000m³LNG 储罐（二）

图 2.2-81　预应力混凝土外罐

图 2.2-82　9Ni 钢内罐施工（一）

图 2.2-83 9Ni 钢内罐施工（二）

图 2.2-84 9Ni 钢内罐施工（三）

以下从三大石油公司等建造大型 LNG 接收站的时间和数量分别进行叙述。

1. 中国海洋石油总公司

1）2005 年开工的福建莆田 LNG 接收站，一期共 4 台 160000m^3 预应力混凝土 LNG 储罐，由美国 CBI 公司总承包。目前又新建 2 台 160000m^3 预应力混凝土 LNG 全包容储罐，由中海石油气电集团有限责任公司总承包。

2）上海洋山港，2007 年开工建设，共 2 台 160000m^3 预应力混凝土全包容储罐，由日本石川岛播磨（IHI）、武汉五环科技、台湾中鼎工程公司联合总承包。

3）浙江宁波大榭，2009 年开工建设，共 3 台 160000m^3 预应力混凝土全包容储罐，由德国 TGE 公司和四川成达公司联合总承包。

4）广东珠海，2010 年开工，共 3 台 160000m^3 储罐，由西班牙 TR 公司（内罐由川崎重工设计）总承包。

5）海南洋浦，2011 年 8 月开工建设，共 2 台 160000m^3 预应力混凝土全包容储罐，由日本石川岛播磨、武汉五环科技、台湾中鼎工程公司联合总承包。

6）广东粤东（揭阳）3 台 160000m^3 预应力混凝土全包容储罐，2013 年开工建设，由美国 CBI 公司总承包，中石化第四建设有限公司和中国核工业华兴建设有限公司分别参加了其中的内外罐施工。

7）深圳大鹏湾第 4 台、深圳迭福 4 台 160000m^3 预应力混凝土全包容储罐，由德国 TGE 公司总承包。

2. 中国石油天然气总公司

（1）江苏如东和大连 LNG 接收站　2008 年和 2009 年陆续开工建设，一期工程各有 3 台 160000m^3 预应力混凝土全包容 LNG 储罐，目前也均已投用。

2016 年，国内第一台 200000m^3（内罐直径 84.2m，罐高 39.98m，外罐内径 86.4m）预应力混凝土 LNG 全包容储罐在江苏如东投入使用，这是国内自行设计且容积最大的 LNG 储罐，改变了国内 160000m^3LNG 储罐一统天下的局面。

总体上来看，与中海油相比有三项重大突破：

1）由中国寰球工程公司总承包并进行详细设计；

2）首次使用了国产 9Ni（06Ni9DR）钢板，分别由太原钢铁公司、南京钢铁公司和鞍山钢铁公司提供；

3）首次使用了浙江振申绝热科技股份有限公司生产的泡沫玻璃砖保冷材料，实现了主要材料的国产化。

（2）唐山曹妃甸 LNG 接收站　2010 年开工建造了 4 台 160000m^3 预应力混凝土全包容 LNG 储罐，由中国寰球工程公司总承包，内罐全部采用国产 9Ni 钢。

3. 中国石油化工集团总公司

相比中海油和中石油，中石化在大型预应力混凝土 LNG 储罐的建设上要晚一些。

（1）山东 LNG 接收站　2011 年开始建设，共 4 台 160000m^3 预应力混凝土全包容 LNG 储罐，分二期开建，一期 3 台，二期 1 台，其中二期使用了南京钢铁公司生产的 9Ni 钢板，一、二期全部采用了浙江振申绝热科技股份有限公司生产的泡沫玻璃砖保冷材料，接收站中的 4 台储罐由中国石化工程建设有限公司 EPC 总承包。

（2）广西北海 LNG 接收站　2012 年开工建设 4 台 160000m^3 预应力混凝土储罐，除内罐9Ni钢板（南京钢铁公司和鞍山钢铁公司各2台）、泡沫玻璃砖保冷材料采用国产材料外，罐底低温钢筋也为南钢生产，在大型LNG储罐主要材料国产化上又迈出了坚实的一步，由中石化洛阳工程有限公司EPC总承包。

（3）天津南江LNG接收站　由中国石化工程建设有限公司EPC总承包，2015年开始建设了4台160000m^3预应力混凝土LNG储罐，使中石化160000m^3预应力混凝土LNG储罐的数量达到了12台。

中石化虽然起步晚了一些，但利用其独特的技术优势，在主要材料国产化上做了富有成效的工作，先后编制了9Ni钢板采购技术条件、双牌号不锈钢（304/304L）板采购技术条件、内外罐的施工验收规范和接收站工程设计规范等，尤其在大跨度自支撑钢罐顶的稳定性计算方法、混凝土的低温性能测试、储罐抗震的液固耦合分析等方面做了大量的基础性研究工作。

4.三大油公司以外的其他公司

2013年，上海浦东伸钢机械有限公司在张家港扬子江丙烷脱氢项目中，首次将双向子午线网壳用于两台80000m^3低温双钢丙烷储罐的外罐顶（见图2.2-85），外罐直径为60m，网杆为矩形断面，材料为Q345E。

图2.2-85　80000m^3低温双钢丙烷储罐子午线网壳顶

2010后，随着我国空气质量的不断下降和国家对环境保护的高度重视，清洁能源显得更加重要，因此低温储罐的建造进行得如火如荼，如东莞九丰2台80000m^3单包容LNG储罐、宁夏哈纳斯1台50000m^3全包容LNG储罐、深圳燃气公司1台80000m^3全包容LNG储罐、上海五号沟2台100000m^3全包容LNG储罐、广汇能源2台50000m^3和100000m^3双钢LNG储罐、新奥燃气在舟山建造的2台160000m^3全包容LNG储罐，尤其是 2019 年 3 月 22 日升顶成功的上海液化天然气（LNG）项目 200000m³ 的预应力混凝土全包容储罐，将国内 200000m³ 的预应力混凝土 LNG 全包容储罐数量增加到 3 台。

截至 2018 年底，我国 21 座液化天然气（LNG）接收站见表 2.2-1。

表 2.2-1　我国 21 座 LNG 接收站一览

序 号	接 收 站	接收能力/（万 t/年）	罐容/万 m³	投 产 时 间
1	大连	600	48	2011 年
2	唐山	650	64	2013 年
3	中海油天津	220	22	2013 年
4	中石化天津	300	64	2018 年
5	青岛	300	64	2014 年
6	如东	1000	68	2011 年
7	启东	115	26	2017 年
8	上海五号沟	150	32	2008 年
9	上海洋山港	300	48	2009 年
10	舟山	300	32	2018 年
11	宁波	300	48	2012 年
12	莆田	630	96	2009 年
13	粤东	200	48	2017 年
14	深圳大鹏湾	680	48	2006 年
15	深圳迭福	400	48	2018 年
16	东莞九丰	150	16	2013 年
17	珠海	350	48	2013 年
18	北海	300	48	2016 年
19	防城港	60	6	2019 年
20	中石油深南	20	4	2014 年
21	海南洋浦	300	32	2014 年
合计	—	7325	910	—

2.4　9Ni 钢板的国产化

国内大型 LPG、LEG、LNG 等储罐的引进，最大的收获有两方面：一是了解到国外大型低温双壁储罐的结构类型、结构型式、设计规范、材料种类、施工方法等，可以说大开眼界；二是利用这个机会，彻底实现了 9Ni 钢板的国产化。

关于 9Ni 钢板，美国 INCO 公司 1944 年就开发成功，后来通过不同种类的焊接材料进行大量的焊接试验来不断进行完善，于 1962 年纳入美国材料与试验协会 ASTM 标准。欧洲、日本在 20 世纪末也都能生产 9Ni 钢板，并有相应的标准。

9Ni 钢主要性能：①强度高，$R_{eH} \geq 585MPa$，$R_m =690 \sim 820MPa$，其屈服强度与我国常用的压力容器用钢的抗拉强度相当；②高韧性，$A \geq 18\%$；③耐低温，$KV_2 \geq 100J$（−196℃）；④调质状态（QT）使用，金相组织为回火马氏体 + 逆转奥氏体。

2005 年以后，国内先后有太原钢铁公司、鞍山钢铁公司、南京钢铁公司、宝山钢铁公司、舞阳钢铁公司、江阴兴澄钢铁公司、莱芜钢铁公司等都开发了大型低温储罐用 9Ni 钢板，并先后通过了全国锅炉压力容器标准化技术委员会组织的技术评审。生产 9Ni 钢需要解决以下技术难点：①连铸坯容易出现表面裂纹；②连铸坯加热时表面氧化严重；③由于需调质状态下使用，厚度≤ 6mm 薄板的平面度难以保证；④钢板极易被磁化，造成焊接时出现严重的磁偏吹现象；⑤焊接时容易产生弧坑裂纹。

针对以上问题，国内几大钢铁公司经过大量深入细致的试验研究，克服了重重困难，为江苏、大连、曹妃甸、山东、北海、天津、上海洋山港、福建莆田等大型 LNG 接收站 160000m³ 预应力混凝土全容罐内罐提供了国产 9Ni 钢板，彻底打破了国外对 9Ni 钢板市场的垄断。

值得一提的是，南钢在新的 5m 产线还没有正式投用以前，就做了大量的基础性研究，其生产的 9Ni 钢板供国内数个 LNG 接收站使用，尤其是 2013 年国内第一台 200000m³ 预应力混凝土全容罐内罐采用了南钢的 9Ni 钢板，让国外钢板供应商刮目相看。

时至今日，不论大型常温储罐用 610MPa 级 12MnNiVR 钢板还是低温储罐用 690MPa 级 06Ni9DR（9Ni）钢板，已完全实现了国产化，但建造储罐的焊接材料仍然需要进口。为了改变这种被动局面，2017 年 12 月 28 日，中石化广州（洛阳）工程有限公司向中国石油化工股份有限公司炼油事业部申请了"大型储罐焊接材料的国产化开发"科研开发项目。中石化广州（洛阳）工程有限公司与天津金桥焊材有限公司、洛阳双瑞特种合金材料有限公司、哈尔滨威尔焊接有限责任公司、四川西冶新材料股份有限公司、南京钢铁股份有限公司、合肥通用机械研究院和中石化第十建设有限公司组成联合攻关组，进行大罐焊材的国产化研发。国产化开发工作受到南京钢铁股份有限公司的鼎力支持与无私援助。

2.5 储罐的本质安全

储罐有各种各样的结构型式，储存的是易燃、易爆或有毒介质，应该说安全储存意义重大。储罐因操作压力比多数压力容器低，结构比较固定而长期被人们认为"简单"，技术含量低，因而从设计、施工到管理，重视程度远不如压力容器，给储罐的安全运行埋下了很大隐患。储罐发生事故，轻者出现泄漏，重者将会成为一场灾难，使人民生命财产遭受重大损失。

2.5.1 一些典型案例

1）2018 年 5 月 12 日，某公司一台 10000m³ 内浮顶苯罐在检修浮箱式铝合金内浮顶时发生闪蒸爆炸，导致 6 名作业人员当即死亡（见图 2.2-86）。

2）1997 年 8 月 2 日，某输油公司 100000m³ 双盘浮顶油罐的浮顶在狂风暴雨的冲击下，支离破碎落入罐底，造成了极大的经济损失。

3) 2006 年 8 月，某 100000m³ 储罐因施工方法不当被风吹跑（见图 2.2-87）。

图 2.2-86 某公司 10000m³ 苯罐内浮顶发生闪蒸爆炸

图 2.2-87 某 100000m³ 浮顶罐施工时被风吹跑

4) 2006 年 10 月 28 日，某油库储罐浮舱进行防腐处理时发生涂料闪蒸爆炸（见图 2.2-88），造成 13 人死亡，6 人受伤。

5) 2007 年 7 月 7 日 15 时 20 分，某输油站 3 号油罐受雷暴天气影响，油罐产生感应放电并引爆了积累在罐顶密封装置间的可燃油气与空气的混合物（见图 2.2-89），导致二次密封损坏严重，部分呼吸阀断裂，泡沫堰板两处变形，爆炸连锁引燃了罐内油品，明火在持续了大约 14 分钟后，于 15 时 34 分被扑灭。

图 2.2-88 某 100000m³ 浮顶罐浮舱发生闪蒸爆炸

图 2.2-89 某 100000m³ 浮顶罐雷击起火

6) 某炼厂 30000m³ 浮顶罐在 5·12 汶川地震中破坏（见图 2.2-90）。

7) 2008 年 6 月 25 日，某储罐在施工时被大风吹瘪（见图 2.2-91）。

8) 2010 年 7 月 16 日，某油库输油管道爆炸造成储罐起火（见图 2.2-92、图 2.2-93）。

9) 某石化厂轻污油罐发生闪蒸爆炸（见图 2.2-94）。

图 2.2-90 2008 年 5·12 汶川地震造成大量油管弯曲

图 2.2-91 某储罐施工时被大风吹瘪

图 2.2-92 某 100000m^3 浮顶罐爆炸起火（一）

图 2.2-93　某 100000m³ 浮顶罐爆炸起火（二）

图 2.2-94　某石化厂轻污油罐发生闪蒸爆炸

以上仅仅是一些典型案例，储罐出现事故的频率还是很高的，通过国内储罐多次发生事故造成的后果看，其造成的危害和损失并不比压力容器小，甚至更大。其实以操作压力高低论重要性、论难易程度、论技术含量是不妥的，因为储罐在操作时的实际应力水平并不比压力容器低，危害程度也不比压力容器小，没有理由不给予重视。

储罐要实现长久安全，必须从本质安全做起。本质安全是一个系统工程，只有各个环节都能按照规范和规定去做，才能将出现风险的概率降到最低，才能在出现"不利因素或不利工况"组合时，经受得住真正的考验，避免灾难性事故的发生。

2.5.2 本质安全

（1）设计　设计是龙头，正确合理的设计是储罐安全运行的前提，需要精通规范、掌握结构、熟悉材料、清楚施工过程、了解操作检修程序并积累了丰富设计经验的人（或指导他人）去完成。

设计规范是将理论推导的公式或经实践考验过的成熟技术，由具备丰富的工程经验、逻辑思维清晰并有一定文字功底的人在付出艰辛的劳动后，进行总结和归纳出来的规定。正确理解和使用设计规范是设计人员必须无条件做到的。

认为储罐不属于压力容器，压力充其量不过 0.2MPa，仅仅靠一两套图样就可以进行设计，必然会给油罐的安全运行埋下"大伏笔"。

（2）采购　采购是连接设计和施工的一座桥梁，需要清楚设计要求，对供应商的技术水平、设备制造能力、质量信誉、价格水平及使用效果等有深入了解的人负责操作，并能给供应商以合理的工期和价格。

（3）施工　施工是确保储罐安全运行的另一重要环节，要求有丰富的施工经验、优秀的焊工队伍、良好的焊接及施工设备、较强的责任心，了解设计意图和掌握施工规范的专业队伍来完成，这样才能确保质量。施工过程出现事故的案例也比比皆是。

（4）操作运行管理　建造储罐的最终目的就是为了储存和运输油品，只有按照操作规程，负起相应的责任，才能让设计、采购与施工过程付出的劳动在实际中得到回报。

（5）检维修　检维修是储罐运行不可缺少的环节，需要有专业技术的人严格按照规章制度去实施。

安全高于一切，责任重于泰山！储罐虽然是普普通通的常压容器，但其实际应力水平和出现事故后的危害并不低于压力容器。只要我们从本质安全做起，一定能够避免质量事故甚至是灾难性事故的发生。

2.6 致储罐工作者

我国立式圆筒形钢制储罐发展到现在，基本体现了世界储罐目前的状况，这里有老一辈储罐工作者付出的汗水，也有当下储罐工作者的艰苦努力，更是改革开放给我们带来的机遇，使我们建造了各种类型的储罐，容积之大、数量之多，在世界上也能数得上。

在这里，谨向为中国储罐事业发展做出突出贡献的前辈们致以最崇高的敬意！向为中国储罐发展添砖加瓦的同仁们致谢！

2000 年以后，我国的储罐设计、材料和施工等技术水平突飞猛进，发生了质的飞跃，各方面均上了一个新台阶，但与发达国家相比仍有不小的差距，我们的基础工作仍显单薄，要在引进消化与吸收国外先进技术的基础上再创新。

2.6.1 研究课题

（1）储罐的抗震技术　20 世纪 80—90 年代，天津大学、大连理工大学等高等院校，对储罐的抗震做了大量的试验研究工作，但今天我们在抗震方面的研究仍显单薄，急需补上这一空缺。

（2）低温罐的结构与计算　受多种因素的影响，我们对低温罐的认识与理解和常温储罐相比还有一定的差距。低温储罐从结构型式、设计计算、材料要求、施工方法、干燥吹扫与置换、预冷和投运等方面，比常温储罐都要复杂。国内引进的大型低温储罐，分别来自美国、欧洲和日本等，各自的结构与计算和相应的规定有一定的不同，单就许用应力而言，EN 14620 与 API 620 相差就很大，除此之外两个规范在诸多方面都有区别。因此，诸如罐形选择、材料选取、结构计算、保冷结构及其计算、锚固结构及计算等问题，就国内目前的技术状况，对其理解只是万里长征走完了第一步，许多问题急需研究。

（3）储罐的整体稳定性　风和地震对储罐倾覆和滑移的影响，我国风载荷计算与美国的区别、锚固结构型式及其计算等也急需研究。

（4）外压储罐的计算　储罐在外压作用下或罐内负压与风载荷组合时储罐的稳定计算等。

（5）弱顶结构　弱顶结构需满足的条件，以及紧急通气与弱顶的关系等。

（6）浮顶结构　单盘浮顶的单盘板加筋与不加筋的区别、中央浮舱的设置条件和优缺点、双盘浮顶的结构型式及强度和稳定计算等。

（7）其他结构　如柱支撑罐顶、密封结构型式、浮顶排水形式、装配式内浮顶的结构型式等。

除此之外，我们还要紧跟国际储罐技术发展的潮流，密切关注国外储罐技术发展的动向，如目前的 FSRU（浮式储存和再气化装置，图 2.2-95）、海上 LNG 接收站（见图 2.2-96）、

图 2.2-95　FSRU 装置

水上LNG储罐（见图2.2-97）、洋葱头LNG储罐（见图2.2-98）、大型覆土卧式储罐（见图2.2-99）、超大型卧式储罐（见图2.2-100）、高温熔盐和液态氢储罐等，力争始终站在储罐技术的最前沿，引领储罐技术新时代。

图2.2-96　海上LNG接收站

图2.2-97　水上LNG储罐

图 2.2-98 洋葱头 LNG 储罐

图 2.2-99 大型覆土卧式储罐

图 2.2-100 超大型卧式储罐

2.6.2 盛装极度和高度危害介质时储罐设计的建议

由于 HG/T 20660—2017《压力容器中化学介质毒性危害和爆炸危险程度分类标准》中将苯等介质的毒性程度从中毒危害提高到极度危害，造成储罐设计和施工没有可执行的规范，因为不论设计规范还是施工规范，均指出本规范不适用储存毒性程度为极度或高度危害介质储罐的设计和施工。

其实，储存极度和高度危害介质与普通介质的最大区别，就在于一旦出现泄漏，将会产生更严重的次生灾害。因此，只要采取更严格的措施，确保储存极度和高度危害介质的储罐不出现泄漏，设计和其他介质没有任何区别，只要在现行设计和施工规范的基础上，适当增加防泄漏条款，从结构设计、材料选取、检验与试验等方面，增加附加要求即可满足使用要求，因为储罐的强度和稳定等主要计算与介质的毒性程度无关。

2.7 结语

随着国民经济的持续迅速发展，我国对石油、LPG、LEG、LNG 等的依赖程度日益提高，已作为一项重要战略加以部署实施。因此，储罐还要陆续建设，对我们来讲，既是机遇，更是挑战！

我们有老一辈留下的宝贵财富，有改革开放的好政策，更有优秀的人才队伍，只要正视差距、实事求是、面对现实、脚踏实地去攻克一道道技术难关，我国建造的储罐，一定会技术更先进、方案更合理、投资更科学、使用更安全、运行更可靠。在市场竞争日趋白热化的明天，将一定能走出国门，与国外知名工程公司同台竞技。

（本章由中石化广州（洛阳）工程有限公司李宏斌撰写）

第三篇

移动式压力容器篇

第1章 概述

移动式压力容器是《中华人民共和国特种设备安全法》和《特种设备安全监察条例》规定的特种设备中压力容器的一个种类，是指由罐体或者气瓶以及与其采用永久性连接的走行装置或者框架和管路、安全附件、仪表、装卸附件等装置和部件组成的运输装备，其品种包括铁路罐车、汽车罐车、罐式集装箱、长管拖车和管束式集装箱。

我国移动式压力容器（以下简称"移动容器"）最早起步于20世纪50年代末期，已经历了60多年的发展历程。从移动容器产品的种类来看，已经形成了铁路罐车、汽车罐车、罐式集装箱、长管拖车和管束式集装箱等5大类主要产品，适应了我国国民经济快速发展的需要，基本满足了主要工业原料、初级产品、工业和民用燃料等大部分危险货物和危险化学品以物流转移为目的的公路运输、铁路运输、水路（包括海运）运输以及这些运输方式的联运。移动容器具有装载量大、运输方式灵活、运营成本低、可实现门到门运输等特点，在石油化工、工业气体、能源、航天航空、电子与机械、食品与医疗、造纸印染、城市交通以及民用燃料供应等诸多领域获得了广泛的应用。由于移动容器运输的危险货物和危险化学品介质大部分为易燃、易爆、有毒、剧毒或者腐蚀性等危险特性，所以我国和世界各国的政府监督管理部门对移动容器的使用安全性能都有较高的要求，其设计、制造、检验、使用、充装、维修改造以及在役检验等所有涉及的环节均实行法定的全过程强制性监督管理，以保障社会的公共安全和满足环境保护的要求。

随着我国国民经济的快速发展，工业化、城市化进程的加快，特别是石油化工、气体工业和能源工业的快速发展和推进，我国已经成为全球危险货物和危险化学品的第一生产大国，移动容器承载的危险货物和危险化学品运输的品种和数量也在不断增加。据不完全统计，2018年我国危险货物和危险化学品运输量约为18.6亿t左右，危险货物和危险化学品运输行业市场规模约为1.47万亿元左右，并且呈现平稳上升的趋势。我国现有的布局基本合理的移动容器企业规模化生产方式和安全运营监督管理模式，为国民经济的健康发展和社会公共安全的保障做出了不可磨灭的贡献。

本文将结合我国移动容器安全技术规范和标准发展历程、典型产品技术和制造工艺发展历程等几个方面，对移动容器发展历史进行总体回顾和介绍，并对未来的发展趋势进行展望。

第 2 章　铁路罐车发展史

铁路罐车是指由罐体及与其采用永久性连接的走行装置和管路、安全附件、仪表、装卸附件等装置和部件组成的铁路运输装备。

铁路罐车在我国铁路运输领域，属于铁道车辆铁路货车的一个品种。铁路货车根据需要运输货物的物理状态以及包装要求的不同，可以分为铁路敞车（C）、平车（N）、棚车（P）、矿石车（K）、集装箱专用车（X）、水泥车（U）、特种车（D）以及罐车（G）等。

特种设备中的铁路罐车是指满足《移动式压力容器安全技术监察规程》条件，适用于铁路运输方式，充装危险货物或者危险化学品的铁路罐车。铁路罐车按照充装介质类别的不同可以分为液体危险货物铁路罐车、液化气体铁路罐车、冷冻液化气体铁路罐车；按照与罐体连接的走行装置的不同可以分为有中梁铁路罐车和无中梁小底架铁路罐车；按照罐体结构的不同可以分为无隔热结构（裸罐）铁路罐车、有隔热结构铁路罐车和真空绝热罐体铁路罐车。

2.1　安全技术规范和标准发展历程

我国按照特种设备建造和管理的属于移动容器的铁路罐车主要以液化气铁路罐车为主，还有一小部分按照军用规范和标准建造和管理的主要用于军事用途和航空航天领域特种燃料运输和加注的特种铁路罐车。

液化气体铁路罐车行业的发展已经有 60 多年的历史，该行业的相关设计制造企业和行业监督管理部门为规范液化气体铁路罐车的设计、制造以及监督管理做了大量的基础性工作，制定了一些满足安全使用要求并行之有效的部门规章、规范性文件和标准，对保障液化气体铁路罐车的安全运营，推动和加强液化气体铁路罐车的设计、制造、试验与检验、使用和运输、监督管理、在役检验等环节技术水平的提高和科学的安全管理起到了积极作用。

我国首部适用于液化气体铁路罐车的规范性文件是由化工部于 1978 年颁布的《液化气体铁路槽车技术监察暂行规定》（以下简称《暂行规定》）。该《暂行规定》是以国家劳动总局《压力容器安全技术监察规程》以及机械工业部行业标准 JB 741—1980《钢制焊接压力容器技术条件》（送审稿）为基础，结合当时我国液化气体铁路罐车的实际设计、制造以及管理要求编制的。经过 4 年执行后，化工部生产协调司于 1982 年结合执行中遇到的有关问题对《暂行规定》进行了第一次修订，并以〔82〕化调字第 316 号文下发，规范性文件名称为《液化气体铁路槽车安全管理规定》（以下简称《管理规定》），同时国家劳动总局锅炉压力容器安全监察局以〔82〕劳锅字第 22 号文予以确认并转发。1987 年化工部生产协调司针对《管理规定》在实际执行中出现的新问题进行了第二次修订，并以〔87〕化生字第1174号文下发，规范性文件名称为《液化气体铁路罐车安全管理规程》（以下简称《管理规程》），该《管理规程》后因化工部的撤销和政府职能的转移，再也没有进行过正式的修订。《管理规程》为我国液化气体铁路罐车的建造和安全管理做出了重大贡献。

1987年，国家标准化管理委员会立项，全国压力容器标准化技术委员会（以下简称"容标委"）归口并组织锦西化工机械厂等设计制造单位，历经2年时间，编制完成我国首部适用于液化气体铁路罐车的国家标准GB 10478—1989《液化气体铁道罐车技术条件》，该标准由国家技术监督局于1989年3月22日发布，1989年10月1日实施，成为我国液化气体铁路罐车产品最早的国家标准之一。

1994年，在劳动部锅炉压力容器安全监察局的组织下，原化工部生产协调司组织，并在铁道部人事司劳动安全监察处的支持下正式成立了《液化气体铁路罐车安全管理与监察规程》起草工作组。该编制工作组主要由劳动部锅炉压力容器安全监察局、锦西化工机械厂、江苏省技术监督局、上海市锅检所、岳阳石化公司机械厂等单位的专家组成，经过一年多的辛勤工作，完成了《液化气体铁路罐车安全管理与监察规程》（以下简称《监察规程》）的报批稿。该《监察规程》结合当时我国液化气体铁路罐车的设计、制造以及管理水平，对液化气体铁路罐车的设计、制造、充装、运输、使用、检验、修理、改造等诸多环节，从安全管理以及监察的角度提出了较为详细的基本安全要求，特别是对于一些管理上的交叉部分进行了主管部门之间的充分协调，拟定了一些基本原则，其中对液化气体铁路罐车设计、制造单位以及罐体安全附件制造单位的行政许可资质做出了较为明确的规定，对液化气体铁路罐车投入使用前的一些管理要求给出了具体的可操作的管理办法。但是，因体制改革以及政府管理部门职能调整等原因，该《监察规程》没有发布实施。

1996年9月起，由劳动部职锅局压力容器处组织，有南京化学工业公司化工机械厂、中石化北京工程公司、大连理工大学安全装备厂、上海化工机械一厂等单位的专家参加的《压力容器安全技术监察规程》（1999版）修订工作组启动工作，经过3年时间的辛勤工作，修订工作组完成了修订编制工作程序。1999年6月25日国家质量技术监督局以质技监局锅发〔1999〕154号正式颁布《压力容器安全技术监察规程》，并于2000年1月1日起正式执行。该《压力容器安全技术监察规程》根据修订工作要求，将移动式压力容器（指汽车罐车、铁路罐车、罐式集装箱等）和医用氧舱列入《压力容器安全技术监察规程》的监察范围，并增加相应的材料、设计、制造、使用、定期检验等基本安全要求和相应的监察条款。

1999年由国家质量技术监督局、铁道部和交通部以及相关设计制造单位、大专院校、检验试验单位等专家共同组建全国压力容器标准化技术委员会移动式压力容器分技术委员会（简称"容标委移动分会"），直属于国家质量监督检验检疫总局、国家标准化管理委员会和全国压力容器标准化技术委员会的领导。2000年12月，容标委移动分会经国家标准化管理委员会批准，在上海正式挂牌成立，标志着我国移动容器领域的专业标准化技术机构正式成立，逐步推动了铁路罐车产品规范和标准的发展。

2004年，在国家质量监督检验检疫总局特种设备安全监察局的组织下，由行业内的有关企业、院校以及检验试验单位的领导和专家组建成立了《液化气体铁路罐车安全技术监察规程》起草工作组，并完成了《液化气体铁路罐车安全技术监察规程》（审议稿）的编制。2005年，铁道部安全监察司组织部分司局对该审议稿进行讨论形成"修改意见"，并提交国家质量监督检验检疫总局特设局以及规程编制工作组。由于政府相关监督管理部门管理职能的调整，该《液化气体铁路罐车安全技术监察规程》最终未能发布实施。

2005年，全国锅炉标准化技术委员会与全国压力容器标准化技术委员会合并，成立全国锅炉压力容器标准化技术委员会（以下简称"锅容标委"）。此后，包括铁路罐车在内的移动容器产品的安全技术规范和标准迎来快速发展时期。

同年，由锅容标委提出并归口，锅容标委移动分会负责组织中国北车集团西安车辆厂、锦西化工机械（集团）有限责任公司、上海化工装备有限公司、中国北车集团青岛四方车辆研究所等单位的领导和专家组成《液化气体铁道罐车技术条件》标准修订工作组，并于2006年12月完成了该标准的修订程序。2006年12月15日，国家标准化管理委员会和国家质量监督检验检疫总局共同发布了GB/T 10478—2006《液化气体铁道罐车》，并于2007年5月1日起实施。

2007年11月，国家质量监督检验检疫总局特种设备安全监察局下达制（修）订《移动式压力容器安全技术监察规程》的任务书。2008年3月，中国特种设备检测研究院和锅容标委移动分会组织由中国特种设备检测研究院、锅容标委移动分会、国家质检总局特种设备安全监察局、铁道部安全监察司、交通运输部公路司、中国船级社产品检验管理处、上海市特种设备监督检验技术研究院等单位专家组成制（修）订工作组，经过近4年的艰苦工作，制（修）订工作组完成了编制工作程序。2011年11月15日，国家质量监督检验检疫总局以（2011）第164号公告发布TSG R0005—2011《移动式压力容器安全技术监察规程》，并于2012年6月1日实施，这是一部真正意义上的包含所有移动式压力容器5大品种的安全技术规范，该规范的实施对提高我国移动容器的设计、制造和监督管理水平起到了极大的促进作用。

《移动式压力容器安全技术监察规程》（2011版）是以《液化气体汽车罐车安全监察规程》（1994版）为基础，同时将《压力容器安全技术监察规程》（1999版）中有关移动式压力容器的相关安全技术要求和规定，以及铁路罐车、长管拖车、罐式集装箱和管束式集装箱一并纳入规程中。本着充分吸取事故教训、充分体现法规是基本安全要求的思想，解决原相关规程中存在的一些突出问题，重要内容变化要有论证、调研、数据的支撑，强化使用管理和事故应急专项预案，体现节能原则；促进生产，方便企业，吸纳成熟的科技成果，有利于技术进步、科学发展，兼顾国际发展，具有中国特色，遵循安全技术规范与技术标准协调一致的原则。

在实际制（修）订工作中，考虑与《特种设备安全监察条例》所规定的各项制度、有关要求、名词术语等统一，变更安全监察工作的主体为国家质检总局及其各地质量技术监察部门等。同时，根据铁路罐车、长管拖车、罐式集装箱和管束式集装箱等不同产品安全管理要求不同，明确界定了质监部门和其他有关部门在各环节的监察管理职责。《移动式压力容器安全技术监察规程》（2011版）基本保留原相关规程的结构框架和主体内容，在设计、制造、改造、维修、使用、检验检测等方面提出基本安全要求，并且不涉及一般的技术细节。与当前节能减排降耗的基本国策相结合，提出了有关的基本要求，如安全系数调整、保温保冷要求、轻型化设计等。同时，调整原相关规程一些过于刚性的规定，给新材料、新工艺、新技术的应用留有出路和渠道。调整一些不合理、过时的规定，如材料复验、焊接试板等问题。调整（删除）过细的数据表格，增加移动式压力容器产品数据表，提出信息化工作要求，为今后特种设备信息化管理打下基础。《移动式压力容器安全技术监察规程》（2011版）的颁布，标志着我国移动式压力容器的设计、制造、使用和管理进入了一个崭新的发展阶段。

2014年，由锅容标委提出并归口，锅容标委移动分会组织中国中车西安车辆有限公司、上海市气体工业协会、中国特种设备检测研究院等单位专家组成GB/T 10478—2006《液化气体铁道罐车》标准修订工作组，并于2017年完成了标准修订工作程序。2017年10月14日，国家质量监督检验检疫总局和国家标准化管理委员会共同批准发布了GB/T 10478—2017《液化气体铁路罐车》，该标准于2018年5月1日起正式实施。

2.2 典型产品发展历程

2.2.1 铁路罐车典型产品发展历程

20世纪50年代末期，由于国民经济恢复和发展的速度较快，市场上造纸印染等行业普遍采用的小型液氯、液氨气瓶等化工工业原料或者化工副产品原料的运输能力和需求量之间的矛盾已经凸显，市场的需求催生了容积相对较大的铁路罐车的发展，出现了30m^3液氨铁路罐车等品种，但由于技术的成熟度较差，罐体以及配套的装卸阀门的耐蚀性较差、装卸过程中安全防护的紧急切断问题没有能够得到很好的解决，故该类产品的发展较慢，未能被市场认可和大面积推广。

1963年，我国首枚火箭DF-1的氧化剂为液氧，为了解决液氧运输和加注问题，第七机械工业部第一设计研究院与铁道部大连机车车辆厂合作，设计开发了5R52型液氧铁路加注运输车。该铁路加注运输车，由于夹层绝热材料的性能问题，仅适用于短期储存或者短距离运输液氧，并可采用压差法向火箭加注液氧。该铁路加注运输车长14308mm，载重32t，容积32.1m^3，罐体内容器材质为铝合金，夹层绝热材料受当时条件所限，采用的是早期的绝热性能较差的米波拉材料。

1965年，根据上海"140"（140工程）会议精神，由第七机械工业部第一设计研究院十五所提出60m^3液氢铁路加注运输车设计任务书。交通部〔71〕交计字第580号文件布置由铁道部大连机车车辆厂试制。1973年8月底完成了液氢铁路加注车的总装和厂内测试。1975年9月在河北涿县召开介质试验工作会，1976年1月结束介质试验工作并召开了技术鉴定会，该车正式移交第七机械工业部第一设计研究院十五所某卫星发射场站使用。60m^3液氢铁路加注车设计总容积60m^3、有效容积54m^3、载重3.8t，由内容器、外壳体、外保护罩、装卸系统、操作间、押运间等部分组成，内容器为不锈钢材料，外壳体为低碳钢材料，罐体夹层之间的环状空间抽真空处理，内容器外表面缠绕多层绝热材料。

1975年，为满足某卫星发射场331工程地面设备配套需要，在研制60m^3液氢铁路加注运输车的基础上，10月在北京香山"1405"（1405工程）会议上决定研制新的液氢铁路加注运输车，由第七机械工业部第一设计研究院十五所提出70m^3液氢铁路加注运输车设计任务书和设计方案，铁道部西安车辆厂完成设计制造任务。1978年6月完成方案设计，7月在北京召开了方案审查会，1979年完成了技术设计，1980年投产。1982年9月完成第一辆出厂介质试验车，1983年7月完成第二辆出厂介质试验车，并正式移交某卫星发射场站保管和发射场运输及火箭加注使用。70m³液氢铁路加注运输车设计总容积70m³、有效容积63m³，罐体采用真空绝热结构，内容器内径2700mm，内容器外总长度13800mm，罐体长15212mm，车辆总长20942mm，该罐车自重64.5t、载重4.5t、自重系数14.3、工作压力0.35MPa、设计压力0.4MPa、设计温度−253℃、构造速度100km/h（见图3.2-1）。

图3.2-1　70m³液氢铁路加注运输车

1995年，由于CZ-3A火箭液氢加注量的增加，原来研制的70m³液氢铁路加注运输车满足不了要求，中国北车集团西安车辆厂和中国航天工业总公司第一设计研究院十五所共同研制开发85m³液氢铁路加注运输车（见图3.2-2），定名为T85工程。该液氢铁路加注运输车能够满足直接向火箭液氢贮箱加注、补加和卸出液氢，长途运输或者短期贮存液氢的任务，也可以向其他设备转注液氢等。该车自重77.5t，载重5.5t，设计总容积85m³、有效容积77m³、内容器长16500mm、内径2600mm，内容器材质为奥氏体不锈钢，外壳材质为16MnR，内外层之间的绝热材料使用了具有优良绝热性能的铝箔和玻璃纤维布材料，工艺采用多层缠绕包扎方式。该罐车主要由罐体、走行装置、加排系统、自动放空系统、汽化器和自动控制监测、增压系统、电气系统以及押运操作间等装置和部件组成。

图3.2-2　85m³ T85型液氢铁路加注运输车

在上述液氢和液氧铁路加注运输车研制的过程中，中国北车集团大连机车车辆厂和西安车辆厂等设计制造单位先后攻克了多项技术课题，如大容量液氧罐体、大口径真空绝热调节阀、液氢质量流量计、液氢液氧低温绝热接头、低温安全阀、连续式低温液面计、85m³ 液氢铁路加注运输车爆破膜片装置等，为我国大型、大推力火箭的成功发射以及航空航天事业的快速发展做出了重大贡献。

2.2.2 液化气体铁路罐车典型产品

20 世纪 60 年代末期，随着我国大型炼油厂布局扩展速度的逐步加大，原油加工能力从 400 万 t/年逐步提升到 800 万 t/年，甚至达到 1000 万 t/年以上，其原油催化裂化炼制过程中的副产品液化石油气（LPG）的产量逐年提高。同期，我国大型油气田的开发也进入快速发展时期，其油气田井口气中的液化石油气的产量也在逐年增加，上述炼厂气和井口气的开发和利用，催生和加大了液化石油气在工业以及民用燃料上的应用以及普及力度，进而带动了液化气体铁路罐车制造业的快速发展。

1966 年，铁道部大连机车车辆厂和青岛四方机车车辆研究所合作，设计并试制了 GQ 型液化气体铁路罐车（见图 3.2-3）。该罐车为无中梁小底架结构，罐体呈鱼腹形，罐体顶部设置有铝质遮阳板，罐体端头内径 2800mm，中部内径 3100mm，总容积 110m³，自重 35.3t，载重 46.2t，专供充装罐体设计压力为 2.2MPa 的液化石油气介质。

图 3.2-3　GQ/HG/110-22 型液化石油气铁路罐车

1980 年，锦西化工机械厂自主研制开发了 HG/110-22 型鱼腹式液化石油气铁路罐车（外形同图 3.2-3）。该罐车为无中梁小底架结构，罐体呈鱼腹形，罐体顶部设置有钢制遮阳罩，罐体两端直圆筒筒体内径 2800mm，中部筒体内径 3100mm，总容积 110m³，自重 33.1t，载重 46.2t，罐体材质为 15MnVNR，采用 21t 轴重转 8A 转向架，专供充装罐体设计压力为 2.2MPa 的液化石油气介质。

上述两种大容积、低重心、大载重量、低自重系数的液化气体铁路罐车，从设计理念上应该是一种很有发展前景的液化气体铁路罐车。但是，由于受当年设计手段、强度计算方法和制造水平的限制，特别是为了降低自重而采用高强度钢材料，其焊接性能还不太成熟、偏锥节与直圆筒连接结构处理不当，没有采用翻边过渡连接，造成该部位在几年的运营使用过程中，由于运营工况的苛刻条件，在疲劳载荷的作用下，出现了大面积的疲劳裂纹缺陷而致使其过早地退出了市场。

2.2.3　60t级铁路罐车典型产品发展历程

所谓60t级铁路罐车，通常是指其走行装置中转向架采用的是21t轴重的2D轴结构，整车2个转向架4根轴，一般整车满载总重限制在84t以内。

1978年，锦西化工机械厂研制开发了运输液化石油气、液氨等介质的HG60/2.2-1型液化气体铁路罐车，该罐车自重33t/34t，设计容积61.9m^3，根据充装介质的不同，载重分别为26t和32.8t。同年，吉化公司化工机械厂研制开发了HG60-I型液化石油气铁路罐车，该罐车载重26t，自重33t，设计容积61.9m^3，适用于充装液化石油气介质。

1985年，锦西化工机械厂陆续研制开发了充装液氯、液态二氧化硫等介质的HG40/1.6型、HG40/1.0型液化气体铁路罐车，该罐车自重26t/24t，设计容积41.3m^3，载重51.6t/50.8t。

1985年，中国南车集团武昌车辆厂研制开发了21t轴重用于运输四氧化二氮的JB7-1铁路货物运输车，该罐车与发电乘务车连挂成组执行铁路运输任务，并于2004年通过铁道部运输局装备部的部级技术审查，铁道部运输局装备部以运装货车电〔2004〕1162号文批复同意投入批量生产。

1986年，锦西化工机械厂陆续研制开发了用于充装液氨、一号轻烃、液化石油气、丁二烯、丁烯-1等介质的HG60/2.2-2型、HG60/2.2-3型、HG/60-3BB型等多种型号液化气体铁路罐车。其中，充装液化石油气、液氨、丙烯、丙烷等介质的HG60/2.2-3型铁路罐车设计容积61.9m^3、设计压力2.2MPa、设计温度50℃、自重31.6t、自重系数1.22、换长1.1。另外，充装丁二烯介质的HG/60-3BB型铁路罐车罐体上部设置有120°钢制遮阳罩，该罐车设计容积61.9m^3、设计压力2.2MPa、设计温度50℃、自重32.4t、自重系数0.95。根据充装介质的不同，这几种型号液化气体铁路罐车载重从26t到34t不等。

1988年，锦西化工机械厂研制开发了HG95/2.2型（见图3.2-4）和HG70/2.2型大容积液化石油气铁路罐车。HG95/2.2型液化石油气铁路罐车自重41t、载重40t、设计容积95m^3、换长1.6；HG70/2.2型液化石油气铁路罐车自重36.1t、载重29.7t、设计容积70.8m^3、换长1.1。这两种型号的铁路罐车于1990年7月同时通过了铁道部运输局装备部和中国化工装备总公司组织的部级技术审查，并于同年投入批量生产，满足了国内市场的需求。特别是HG70/2.2型液化气体铁路罐车与原市场主型铁路罐车HG60/2.2型的60m^{3}比较，在没有改变换长（同为换长1.1）的情况下，罐体设计容积增大10m^3，相应载重增加4.2t，给用户带来了极大的经济效益，很受使用单位欢迎。鼎盛时期，锦西化工机械厂的年产量达到350台，几乎每天交付一台。HG95/2.2型液化气体铁路罐车的换长由1.1增加到1.7，由于受炼油厂充装单位站台对位的影响，直到1996年以后，随着各大炼油厂和新建炼油厂充装单位的充装站台台位的改造和扩建工作的完成，HG95/2.2型液化气体铁路罐车才开始逐步被市场所接受，并逐步取代了HG70/2.2型液化气体铁路罐车，成为国内液化气体铁路罐车市场的主型车种。

1989年，锦西化工机械厂研制开发了HG45/1.6型适用于充装液氯、液态二氧化硫介质的大容积液化气体铁路罐车，该车自重27t，载重56.2t，有效容积45m^3。

1990年，锦西化工机械厂为满足危险化学品铁路运输必须要配置押运员的需求，研制开发了满足相关标准要求的带押运间的GY60S型液化气体铁路罐车，该型号铁路罐车投入市场满足了用户的需求。

图 3.2-4　HG95/2.2 型液化气体铁路罐车

1991 年，铁道部西安车辆厂与中国纺织工业设计院联合设计了 GAN 型铁路罐车，该型号铁路罐车适用于充装毒性程度较高的丙烯腈介质。中国纺织工业设计院负责罐体部分设计，西安车辆厂负责总体和走行装置的设计。该罐车自重 33t，载重 44.8t，有效容积 55.5m³，罐体内径 2800mm，罐体长度 10544mm。

1992 年，中国化工装备总公司湘东化工机械厂为云南某化肥厂研制开发了轨距为 1000mm 的液化气体铁路罐车，该罐车适用于充装液氨介质，罐车自重 21.3t，载重 16.2t，有效容积 31.2m³。该车型为我国云南及与之交界的老缅泰地区的米轨运输带来了便利，促进了该地区经济的发展。

1994 年，铁道部西安车辆厂开发了 GY95S 型液化石油气铁路罐车（有押运间），适用于充装液化石油气、丙烷、丙烯等介质。该罐车型号先后为 GH40、GY40。2000 年根据铁道部运输局文件要求车型号改为 GY95S。该车自重 40.5t，载重 40.3t，容积 96m³，罐体外总长度 16066mm，罐体内径 2800mm。

1995 年，铁道部西安车辆厂开发了 GY60 型液化石油气铁路罐车，适用于充装液化石油气、丙烯、丙烷介质。该车自重 31.6t，载重 26t，总容积 61.9m³，罐体外总长度 10548mm，罐体内径 2800mm。GY60S 型液化气体铁路罐车是在原 GY60 型的基础上改造而来的，适用于充装液化石油气、丙烷、丙烯、丁烯等液化石油产品，设置有押运间。该车自重 33.1t，载重 26t，总容积 61.9m³，罐体外总长 10548mm，罐体内径 2804mm。

1996 年，中国兵器工业集团公司内蒙古第一机械厂（国营 617 厂）开发研制了 GY3 型液化石油气铁路罐车，该罐车适用于充装液化石油气介质。该罐车载重 27.3t，自重 31.4t，总容积 65m³，同期还开发研制了 GY 型液化气体铁路罐车，适用于充装丙烷、丙烯及液化石油气介质，罐体外总长度 10508mm，载重 26～26.6t，自重 32.1t，总容积 61.9m³。

1997 年，锦西化工机械厂为满足市场需求，研制开发了充装液化石油气介质的 GY95S 型、GY70S 型两种型号设置有押运间的液化气体铁路罐车。

1997 年，吉化公司化工机械厂设计开发了 GY100S 型液化石油气铁路罐车，设置有押运间，走行装置由铁道部太原机车车辆厂制造，适用于充装丙烯、丙烷、液化石油气等介质。该罐车载重 41.5t，自重 42.4t，总容积 99.7m³，罐体外总长度 16700mm，筒体内径 2800mm，该罐车采用有中梁结构型式，罐体与走行装置的连接采用压板与螺栓固定，取消了原常规的蹼形板和拉紧带结构。

1998 年，中国南车集团武汉江岸车辆厂根据市场需求，研制开发了装用转 8A 型转向架的 GY48 型冷冻液化气体铁路罐车（见图 3.2-5），该罐车用于充装液态氩或者液态氮，整车结构包括底架、罐体、加排与安全装置、转向架、车钩缓冲装置、制动装置和押运间。其中，底架采用有中梁结构，由中梁、枕梁、端梁以及短侧梁组成。罐体采用双层真空绝热结构，用于充装冷冻液化气体液态氩或者液态氮，内容器为奥氏体不锈钢材料制造，外壳为低合金钢材料制造，罐体内夹层之间抽真空处理，并填充绝热保温材料膨胀珍珠岩。该罐车自重 37t，载重 47t/28.2t（氩/氮），罐体外总长度 12210mm，罐体内径 2600mm，有效容积 35.2m³（内容器），罐体工作压力 0.4MPa。

图 3.2-5　GY48 型冷冻液化气体铁路罐车

1999 年，吉化公司化工机械厂研制开发了 GY100 型液化石油气铁路罐车，载重 41.8t，自重 40.4t。

1999 年，中国北车集团西安车辆厂研制了 GY95A 型液化气体铁路罐车，该罐车不设押运间。

1999 年，燕化公司化工机械厂研制开发了总容积 100m³、带押运间的 GY100S 型液化石油气铁路罐车，中国南车集团太原机车车辆厂负责走行装置的制造。该罐车采用有中梁结构，罐体与底架采用卡带连接结构。

2000 年，锦西化工机械（集团）有限责任公司研制开发了设计容积 100m³、带押运间的 GY100S 型液化气体铁路罐车（见图 3.2-6），该铁路罐车为无中梁小底架结构，罐体设计容积 100m³、自重 41.8t、载重 42t、设计压力 2.2MPa、设计温度 50℃、自重系数 1.00、构造速度 100km/h、换长 1.8。

图 3.2-6　GY100S 型液化气体铁路罐车

2001 年，锦西化工机械（集团）有限责任公司研制开发了 GY45S 型液氯铁路罐车（见图 3.2-7），有押运间，该铁路罐车为有中梁结构，罐体设计容积 43m³、设计压力 1.6MPa、设计温度 50℃、自重 27.5t、载重 51t、自重系数 0.54、构造速度 100km/h、换长 1.2。

图 3.2-7　GY45S 型液氯铁路罐车

2001 年，吉化公司化工机械厂开发了 GY100S、GY100 型轻烃铁路罐车，适用于装运轻烃、丁烷等介质。

2001 年，锦西化工机械（集团）有限责任公司和中国北车集团西安车辆厂共同研制开发了 GY80 型液化气体铁路罐车（不带押运间）、GY80S 型（见图 3.2-8）液化气体铁路罐车（带押运间），用于装运液氨、1 号轻烃等密度较大的介质等。这两种车型均采用无中梁小底架结构，罐体设计容积 80.4m³、设计温度 50℃、设计压力 2.2MPa、载重 42.6t，该罐车罐体内总长 13500mm，罐体内直径 2804mm，罐车采用上装上卸的方式，押运间内部设置满足押运员随车长途押运所需的生活设施以及必要的安全防护功能。

图 3.2-8　GY80S 型液化气体铁路罐车

2002 年，中国南车集团武昌车辆厂为满足我国航空航天领域对大容积火箭燃料液氢加注和运输的需求，为中国航天科技集团研制开发了两辆 100m³ 液氢铁路加注运输车（见图 3.2-9），用于运输和充装火箭燃料液氢介质。其中，罐体为引进俄罗斯某低温装备制造公司的产品，罐体结构为双层真空绝热结构，夹层填充膨胀珍珠岩，整车设计由中国南车集团武昌车辆厂完成。该型号液氢铁路罐车取得了铁道部运输局的设计型号许可证，在我国定型为 T100 型铁路罐车。该 T100 型液氢铁路罐车采用固定式低温深冷卧式容器与特殊结构平板车走行装置的底架平面连接结构，通过容器两个鞍式支座与走行装置用螺栓紧

图 3.2-9　T100 型液氢铁路罐车

固。该罐车主要由罐体装配、加排系统装配、底架装配、制动装配、钩缓装配、转向架、电气装置、智能采集终端装置等组成，罐车载重 6.05t，设计容积 100m³，自重 65.1t，设计温度 -253℃，车辆长度 25080mm，罐体内容器设计压力 0.3MPa，静态日蒸发率小于 0.5%，最高运行速度 120km/h，装卸方式采用双侧下装下卸，加排系统设置在罐体中部，满足在车辆两侧装卸的功能需求。罐车设置智能采集终端监控系统，可以实现对罐体内介质的压力、液位、温度的实时检测采集，并具备远程信号传输以及异常情况报警的功能，实时回传给使用单位指挥中心监控室。

2007 年，根据国家质检总局和铁道部运输局要求，由锅容标委移动分会组织部分专家，对液化气体铁路罐车原采用的滑管式液位计改造为磁力浮球式液位计等安全附件改造进行了技术评审。铁道部运输局以部令的形式规定由中国北车集团西安车辆厂、锦西化工机械（集团）有限责任公司等与沈阳新光阀门厂一起负责对在役的绝大多数该类液化气体铁路罐车进行了安全附件改造，提高了罐车的使用安全性。

20 世纪 80 年代至本世纪初是我国液化气铁路罐车快速发展的时期，该时期研制的铁路罐车均采用铁道部定型的货车专用转 8A 型转向架（RD2 轴），轴重为 21t，故统称为 60t 级液化气体铁路罐车。2000 年以前，由于承压铁路罐车主要以运输液氯、液氨、液化石油气、液态二氧化硫、丁二烯、丙烯等属于化工危险品的化工原料为主，将这些化工原料转移至下游深加工或者二次合成等企业，其安全管理规程主要是化工部颁布的《液化气体铁路罐车安全管理规程》（1987 版），所以当时这类铁路罐车的型号均为"HG"命名，"HG"就是"化工罐车"汉语拼音的缩写。2000 年以后，为了与铁路监督管理部门的命名规则统一，这类铁路罐车根据铁道部的规定统一了命名规则，即按照"GY"加"公称容积"的方法命名，例如 GY95S，其中的"GY"代表"液化气体罐车"、"95"代表罐体公称容积为"95m³"、"S"代表该罐车设置有供押运员随车押运休息的押运间，车辆型号主要以铁道部文令的形式进行批准。由于车型命名方式未能体现装备制造厂名，故型号相同的车辆往往是由不同的厂家分别研制，且车辆具体参数也不尽相同。该时期由于未对承压铁路罐车设计、制造单位的许可资质做出明确规定，故一个车型由多家单位联合研制的情况较多，往往是由化工机械厂制造罐体，由铁路货车制造厂配装底架、走行装置以及制动装置、车钩缓冲器等。该时期承压铁路罐车技术发展的一个显著特点是为了降低罐车整车重心，提高运行平稳性，由早期的有中梁罐车逐步向后期的无中梁罐车（罐体承载）发展，向大容积、低重心、低自重系数、快速重载方向发展，也是铁路罐车今后发展的一个大的趋势。

2.2.4 70t 级铁路罐车典型产品发展历程

70t 级铁路罐车，采用提速重载转向架，如采用交叉支撑技术的转 K6 转向架或者采用摆式技术的转 K5 转向架，由于这两种型号转向架均采用 25t 轴重（2E 轴）、运营速度小于 120km/h，故称之为 70t 级铁路罐车。特别是转 K6 型转向架具有可有效减少重载列车轮轨之间的磨耗、降低重载运输的运营成本、隔离轮轨间高频振动、改善车辆的垂向动力学性能、提高车辆的运行平稳性等特点，是我国 70t 级及以上货车主型转向架。转 K6 型转向架是典型的铸钢三大件式货车转向架，其特点是一系悬挂采用轴箱弹性剪切垫、二系悬挂采用带变摩擦减振装置的中央枕簧悬挂系统、摇枕弹簧为二级刚度、两侧架之间加装侧架弹性下交叉支撑装置、采用直径为 375mm 的下心盘、下心盘内设有尼龙心盘磨耗盘、采用 JC 型双作用常接触弹性旁承、装用 25t 轴重双列圆锥滚子轴承、采用轻型新结构 HEZB 型铸钢车轮或 HESA 型辗钢车轮、基础制动装置为中拉杆式单侧闸瓦制动装置、采用 L-A 或 L-B 型组合式制动梁以及新型高摩合成闸瓦。

2008 年，西安轨道交通装备有限责任公司（原西安车辆厂）研制开发了 GYA70A 型、GYA70AS 型两种型号的液化石油气铁路罐车（见图 3.2-10），罐车主要是用于充装液化石油气等介质，装卸采用上装上卸的方式。GYA70A 型、GYA70AS 型液化气体铁路罐车均采用无中梁小底架结构，GYA70A 型铁路罐车主要由罐体、加排装置、牵枕装置、制动装置、车钩缓冲装置、转向架等部件组成，罐车载重 48t，设计容积 113.8m³，罐车自重 43.1t，车辆长度 18116mm，罐体设计压力 2.16MPa，最高运行速度 120km/h。GYA70AS 型液化石油气铁路罐车结构和 GYA70A 型基本相同，罐车自重 44.6t，车辆长度 19216mm，其他性能参数与 GYA70A 型相同，在罐车车体二位端增设有押运间。两种车型加排装置和安全附件集中布置于罐体顶部中间，并有坚固的保护罩保护。走行装置转向架采用定型的大自重车体用 25t 轴重转 K6 型转向架（2E 轴），罐车的外扶梯设置于罐体中间两侧，与顶部操作平台相通，方便使用单位的装卸操作。

图 3.2-10　GYA70AS 型液化石油气铁路罐车

2009 年，西安轨道交通装备有限责任公司研制开发了 GYA70 型、GYA70S 型低压液化气铁路罐车（见图 3.2-11），主要用于充装二甲醚、戊烷等低压液化气体，罐车装卸采用上装上卸的方式。GYA70 型、GYA70S 型低压液化气铁路罐车均采用无中梁小底架结构，GYA70 型铁路罐车主要由罐体、加排装置、牵枕装置、制动装置、车钩缓冲装置、转向架等部件组成，罐车载重 58t，设计容积 103.6m³，罐车自重 33.1t，车辆长度 16656mm，罐体设计压力 1.38（或 0.79）MPa，最高运行速度 120km/h。GYA70S 型低压液化气铁路罐车结构和 GYA70 型基本相同，罐车自重 34.5t，车辆长度 16916mm，其他性能参数与

GYA70 型相同，在罐车车体二位端增设有押运间。加排装置和安全附件集中布置于罐体顶部中间，并有坚固的保护罩保护。走行装置的转向架采用定型的大自重车体用 25t 轴重转 K6 型转向架（2E 轴），罐车的外扶梯设置于罐体中间两侧，与顶部操作平台相通，方便使用单位的装卸操作。

图 3.2-11　GYA70S 型低压液化气铁路罐车

2010 年，西安轨道交通装备有限责任公司研制开发了 GYC70 型、GYC70S 型液氨铁路罐车（见图 3.2-12），罐车主要用于充装液氨介质，罐车装卸采用上装上卸的方式。

图 3.2-12　GYC70S 型液氨铁路罐车

GYC70型、GYC70S型液氨铁路罐车均采用无中梁小底架结构，GYC70型液氨铁路罐车主要由罐体、加排装置、牵枕装置、制动装置、车钩缓冲装置、转向架等部件组成，罐车载重51t，设计容积97.6m³，罐车自重40.6t，车辆长度15816mm，罐体设计压力2.16MPa，最高运行速度120km/h。GYC70S型液氨铁路罐车结构和GYC70基本相同，罐车自重42t，车辆长度16916mm，其他性能参数与GYC70型相同，在罐车车体二位端增设有押运间。加排装置和安全附件集中布置于罐体顶部中间，并有坚固的保护罩保护。走行装置的转向架采用定型的大自重车体用25t轴重转K6型转向架（2E轴），罐车的外扶梯设置于罐体中间两侧，与顶部操作平台相通，方便使用单位的装卸操作。

2013年，中国铁路总公司将液化天然气（LNG）铁路罐车的开发研制列入部级科技研究开发计划项目，研制的目标是开发出适应我国标准轨距的液化天然气铁路罐车，提高液化天然气铁路长距离运输能力，降低运输成本，满足国家能源消费结构调整带来的国内市场的运输需求。

2014年，中国南车集团批复中车长江车辆有限公司立项开展液化天然气铁路罐车运输车组的研制工作。该车组包含无押运间液化天然气铁路罐车（见图3.2-13）和带押运间液化天然气铁路罐车（见图3.2-14）两种车型。2017年两种车型铁路罐车完成了样车试制并开展了相关型式试验。该类铁路罐车罐体设计符合TSG R0005《移动式压力容器安全技术监察规程》以及铁路罐车相关规范性文件和标准的要求。罐车设计总重为92.5t，罐车载重分别为45t（无押运间）和41.5t（带押运间），罐车自重分别为47.5t（无押运间）和51t（带押运间），设计容积分别为125.4m³（无押运间）和115.4m³（带押运间），车辆长度为20466mm，罐体设计压力为0.60MPa，设计温度为−196℃，该型铁路罐车采用无中梁小底架结构，罐体采用高真空多层绝热结构型式，装卸系统采用下装下卸的方式，操作箱设置于罐体中部两侧下部，方便使用单位的装卸操作。

图3.2-13　液化天然气铁路罐车（无押运间）

2015年，中国铁路总公司正式批复中国中车西安装备公司，同意该公司提出的GYA70B型、GYA70C型液化天然气铁路罐车设计方案，标志着两种适用于液化天然气铁路运输的铁路罐车从蓝图向样车制造迈出关键一步。

图 3.2-14　液化天然气铁路罐车（带押运间）

2016 年，中车西安车辆有限公司（原西安轨道交通装备有限责任公司）研制开发了 GYA70B 型、GYA70C 型液化天然气铁路罐车（见图 3.2-15），用于充装液化天然气介质。该罐车采用有中梁结构，GYA70B 型铁路罐车主要由罐体装置、加排系统装置、底架装置、罐体与底架装置、制动装置、车钩缓冲装置、转向架、操作间等部件组成，罐车载重 41t，设计容积 114.2m³，罐车自重 51.5t，罐体设计温度 −196℃，车辆长度 20266mm，罐体内容器设计压力 0.6MPa，最高运行速度 120km/h；GYA70C 型罐车在 GYA70B 型罐车的基础上增设押运间，罐车载重 41t，设计容积 114.2m³，罐车自重 51.5t，罐体内容器设计温度 −196℃，车辆长度 20266mm，装卸方式采用罐体端部密闭装卸，罐体采用高真空多层绝热结构，操作间设置在车辆二位端，加排系统设置在操作间内，满足在车辆两侧装卸功能的需要，方便使用单位的装卸操作。

图 3.2-15　GYA70C 型液化天然气铁路罐车

上述两种液化天然气铁路罐车的设计，采用T85型液氢加注运输车（用于火箭燃料运输）以及70t级铁路罐车相关的成熟技术，罐车载重量是目前国内最大的液化天然气汽车罐车的2倍，比液化天然气罐式集装箱提高运能24t。

2019年中车长江车辆有限公司根据客户需求和设计条件的规定，对既有TB2型四氧化二氮储罐运输车（见图3.2-16）开展了设计优化与改进，并再次进行了小批量生产。TB2型四氧化二氮储罐运输车继承了既有JB7-1货物车经过多年运用考验成熟的车体、特装、电气控制和制冷控温技术，制动装置、车钩缓冲装置等通用货车成熟技术，保证车辆运用的安全性和可靠性。其中车体部分由机器间、货物间和操作间分隔组成，机器间装有发电、制冷空调系统，用于货物间制冷保温；货物间设有储罐以及加排管路；操作间用于车辆押运、罐体内介质状态安全监测等。该运输车设计轴重23t，自重≤37t，载重40t，车辆长度15466mm，罐体设计容积27.4m³，设计压力0.4MPa，罐体工作温度范围–15～20℃，采用定型大自重车体用转K6型通用转向架，方便车辆的检修维护。

图3.2-16　TB2型四氧化二氮储罐运输车

2010年以后，为适应铁路提速、重载的政策要求，铁路货车均采用25t轴重转K6系列转向架（2E轴），故统称为70t级铁路罐车。同期铁路总公司对铁路罐车车型命名规则重新进行了规定，主要以车辆载重为主，车辆型号前两位"GY"代表"液化气体罐车"；后面第3位代表介质类别，如"A"代表易燃、"B"代表不燃、"C"代表有毒，再后面的两位数字代表车辆载重（t），最后一位最早代表有无押运间，"S"为有押运间，无标记为无押运间。但这种命名规则无法体现同一类型车辆系列号。后经铁路管理部门再一次修订，将最后一位字母改为代表同一类型车辆的系列号。无押运间和有押运间车型不再以是否后缀"S"区分，而直接以字母顺序号区分为两种车型，如GYA70B为无押运间液化天然气铁路罐车，GYA70C为有押运间液化天然气铁路罐车。

液化天然气铁路罐车将以其载重大、安全性高、运输经济等优势，承担清洁能源运输重任，为建设环境友好型社会以及铁路更好地服务国民经济发展提供可靠的装备支撑。

2.3 铁路罐车制造工艺发展历程

液化气体铁路罐车的制造，一般分为走行装置制造和罐体制造。走行装置制造要由取得铁路总公司设计型号许可证和产品生产许可证的铁路货车制造单位完成，如原西安车辆厂、武昌车辆厂、二七机车车辆厂等；而罐体的制造要由取得国家市场监督管理总局铁路罐车生产许可证的单位完成，如原锦西化工机械厂、吉化公司机械厂、湘东化机厂等。

液化气体铁路罐车罐体一般采用直圆筒或者直圆筒加偏锥节圆筒的结构型式，其筒节的制造工艺主要工序为筒体板材放样下料、坡口刨边、卷制筒节、筒节纵焊缝组对焊接、纵焊缝无损检测、筒节与筒节环焊缝组对焊接、筒体与封头以及人孔等附件组对焊接、罐体环焊缝无损检测、罐体整体热处理、罐体耐压试验、罐体表面抛丸或者喷砂处理、罐体与走行装置组装（落成）、罐体与安全附件等组装、罐体气密性试验、罐体气体置换处理、罐车钩缓制动试验、制动性能试验、整车外观和几何尺寸检查、整车涂装标记以及整车限界通过能力检测等；罐体椭圆形封头制造一般采用先拼板后成形工艺，采用水压机或者油压机在模具上整体压制成形或用旋压机整体打鼓并旋压成形。

液化气体铁路罐车走行装置制造一般在铁路货车制造单位完成，主要包括转向架、底架、车钩、缓冲器、制动系统的制造等。从 2000 年以后，随着我国铁路货车提速、重载政策的逐步落实和加快，相应的关键部件快速转向架科技攻关的突破，其转 K2、转 K4、转 K5、转 K6 转向架的大面积推广和应用，极大地提高了我国铁路货车的运营效率。

液化气体铁路罐车的制造企业按照相应安全技术规范的规定，需要具备直通罐车制造车间的铁路专用线以及制造专用厂房，制造车间应当具备板材刨边机、纵环焊缝自动焊机、大型卷板机、耐压试验装备、罐体整体热处理炉及其配套设备、专用无损检测探伤室及其配套设备、阀门检验试验台、转罐机等配套工装、罐体与牵枕装置组对工装、翻转焊接装置等专业装备，部分单位配套有铁路罐车底架生产线、转向架生产线以及交车线等，但大部分液化气体铁路罐车制造企业需要由铁路货车制造企业配合制造铁路罐车底架、缓冲器、车钩、转向架和制动系统等走行装置的总成。但是，从 2019 年 6 月开始，随着 TSG 07—2019《特种设备生产和充装单位许可规则》的颁布和实施，按照该许可规则的规定，液化气体铁路罐车制造单位应当同时具备罐体和走行装置的制造能力，故原来不具备走行装置制造能力的非铁路货车制造单位，如原诸多的化工机械制造厂等路外企业基本上也就完成了历史使命，退出了液化气体铁路罐车制造行业这个历史舞台。

2019 年以来，随着我国能源政策的逐步调整，"公转铁"运输方式的优势也在逐步显现，方兴未艾的清洁能源液化天然气（LNG）的铁路运输已经提到议事日程，相应的铁路罐车的制造单位也在紧锣密鼓地做着充分的前期技术和工艺的准备工作，如中国中车西安装备公司和中国中车长江车辆有限公司的液化天然气铁路罐车的样车试制流程，经中国铁路总公司和国家市场监督管理总局特种设备局的审查已经基本完成，相应的工艺技术准备、工装胎具以及生产能力已经成熟，基本具备了批量生产的条件。

第 3 章 汽车罐车发展史

汽车罐车是指由罐体及与其采用永久性连接的底盘或者无动力半挂行走机构和管路、安全附件、仪表、装卸附件等装置和部件组成的公路运输装备。

汽车罐车在我国交通运输领域，属于道路运输车辆货物运输车中罐式专用车的一个品种，一般又称之为罐式车辆，货物运输车主要包括仓栅式运输车、栏板式运输车、自卸车以及罐式运输车等。我们所指的特种设备中的汽车罐车是指满足《移动式压力容器安全技术监察规程》条件，采用公路运输方式，充装危险货物或者危险化学品的罐式专用车。汽车罐车按照充装介质类别的不同，可以分为液体汽车罐车、液化气体汽车罐车、冷冻液化气体汽车罐车；按照与罐体连接行走机构的不同，可以分为与定型汽车底盘连接的单车和与无动力半挂行走机构连接的半挂车；按照罐体结构的不同，可以分为无隔热结构（裸罐）汽车罐车、有隔热结构汽车罐车和真空绝热罐体汽车罐车。

3.1 安全技术规范和标准发展历程

20 世纪 70 年代末，随着液化石油气的广泛应用，我国液化气体汽车罐车制造开始起步，随之出台了一系列国家标准、行业标准以及安全技术规范。

1981 年，国家劳动总局拟定并经锅炉压力容器技术鉴定委员会部分委员讨论通过后正式颁布了《液化石油气汽车槽车安全管理规定》。

1982 年，化工部化工机械研究院组织北京金属结构厂、锦西化工机械厂、金州重型机器厂、兰州化学工业公司化工机械厂、燕山石油化学总公司设计院等单位参与编制起草化工部标准 HG 5-1471—1982《液化石油气汽车槽车技术条件》，同年 7 月 5 日经原化工部批准，并于同年 10 月 1 日起实施。

1987 年，交通部联合公安部颁布了 GB 7258—1987《机动车运行安全技术条件》。机械部颁布了 ZB T50 001—1987《专用汽车定型试验规程》。

1988 年，交通部发布了 JT 3130—1988《汽车危险货物运输规则》。

1989 年，全国压力容器标准化技术委员会颁布 GB 150—1989《钢制压力容器》，并于同年实施。

1990 年，劳动部颁布了《压力容器安全技术监察规程》（劳锅字〔1990〕第 8 号）。

1993 年，劳动部组织编写了《液化气体汽车罐车安全监察规程》，并于 1994 年正式颁布实施。

1995 年，机械工业部、化学工业部、劳动部以及原中国石油化工总公司联合发布了 JB 4732—1995《钢制压力容器——分析设计标准》并于当年正式实施。

1997年，国家质量技术监督局颁布了 GB 7258—1997《机动车运行安全技术条件》并替代了原 GB 7258—1987《机动车运行安全技术条件》。

1998年，国家技术监督局重新修订并发布了 GB 150—1998《钢制压力容器》，并于同年正式实施。

1998年，国家机械工业局批准并颁布了 QC/T 252—1998《专用汽车定型试验规程》替代了 ZB T50 001—1987《专用汽车定型试验规程》。

1999年，国家质量技术监督局颁布了《压力容器安全技术监察规程》（质技监局锅发〔1999〕154号），并于2000年起实施，替代了劳动部颁布的《压力容器安全技术监察规程》（劳锅字〔1990〕8号），该安全技术规范首次增加了包含移动式压力容器所有品种的基本安全要求的条款。

2000年，全国压力容器标准化技术委员会移动式压力容器分技术委员会（简称"容标委移动分会"）经国家标准化管理委员会批准成立，标志着移动容器领域的专业标准化技术机构正式成立。

2004年，国家质量监督检验检疫总局发布了 GB 7258—2004《机动车运行安全技术条件》并替代了原 GB 7258—1997《机动车运行安全技术条件》。

2005年，全国锅炉标准化技术委员会与全国压力容器标准化技术委员会合并，成立全国锅炉压力容器标准化技术委员会（以下简称"锅容标委"）。此后，包括汽车罐车在内的移动容器产品的安全技术规范和标准迎来快速发展时期。

2005年，国家质量监督检验检疫总局和国家标准化管理委员会发布了 GB/T 19905—2005《液化气体运输车》，并于2006年正式实施。

2007年8月，国家发展和改革委员会发布了 JB/T 4783—2007《低温液体汽车罐车》，并于2008年正式实施。

2011年，国家质量监督检验检疫总局颁布了 TSG R0005—2011《移动式压力容器安全技术监察规程》，并于同年正式实施。该规程是在原《液化气体汽车罐车安全监察规程》（1994版）和《压力容器安全技术监察规程》（1999版）的基础上制修订的。该规程的发布实施，大大提高了我国移动式压力容器安全技术规范的水平，解决了原相关法规中存在的突出问题，规范了移动式压力容器行业的设计、制造、使用管理、充装与卸载、维修与改造、定期检验等环节的要求，保障了我国移动式压力容器行业的安全运行。

2011年，国家质量监督检验检疫总局和国家标准化管理委员会发布了 GB 150—2011《压力容器》，替代了原 GB 150—1998《钢制压力容器》，并于2012年正式实施。

2012年，国家质量监督检验检疫总局和国家标准化管理委员会发布了 GB 7258—2012《机动车运行安全技术条件》并替代了原 GB 7258—2004《机动车运行安全技术条件》。

2016年8月，国家质量监督检验检疫总局特设局启动了 TSG R0005—2011《移动式压力容器安全技术监察规程》的修订工作，并由中国特检院和锅容标委移动分会牵头和组织。截至2019年底，该规程还在修订过程中。

2017年，锅容标委移动分会组织完成了原 GB/T 19905—2005 和 JB/T 4784—2007 两项标准的修订，分别形成 GB/T 19905—2017《液化气体汽车罐车》和 NB/T 47058—2017《冷冻液化气体汽车罐车》，并分别由原国家质检总局以及国家标准化管理委员会、国家能源局发布实施。

2018年，锅容标委移动分会在 GB/T 33145—2016《大容积钢质无缝气瓶》正式发布的条件下，开始组织《长管拖车》和《管束式集装箱》两项行业标准的制定工作。2019年12月30日，NB/T 10354—2019《长管拖车》和 NB/T 10355—2019《管束式集装箱》经国家能源局批准发布，并于2020年7月1日实施。这两项标准的发布，解决了长管拖车和管束式集装箱制造行业内长期无统一的国家标准和行业标准的问题，为行业的有序发展和产品质量的提升提供了条件。

随着多年的积累和完善，我国汽车罐车安全技术规范、标准从无到有，并逐步完善，体现了我国汽车罐车行业技术水平，对促进汽车罐车产品设计、制造的规范化以及不断优化发展具有重要意义，也对国内危险货物和危险化学品的道路运输做出了巨大贡献。

3.2 典型产品发展历程

3.2.1 液化气体汽车罐车

50年代末期，由于国民经济恢复和发展的速度较快，市场上造纸印染等行业普遍采用的小型液氯、液氨气瓶等化工工业原料或者化工副产品原料的运输能力和需求量之间的矛盾已经凸显，市场的需求催生了容积相对较大的汽车罐车的发展，出现了 $10m^3$ 液氨汽车罐车、$5m^3$ 液氯汽车罐车等品种。但是，由于技术的成熟度较差，罐体以及配套的装卸阀门的耐蚀性较差、装卸过程中安全防护的紧急切断等问题没有能够得到很好的解决，该类汽车罐车产品的发展较慢，没有能够被市场认可和大面积推广。

60年代末期，随着我国大型炼油厂布局扩展速度的逐步加大，原油加工能力从400万 t/年逐步提升到800万 t/年，甚至达到1000万 t/年以上，其原油催化裂化炼制过程中的副产品液化石油气（LPG）的产量逐年提高。同期，我国大型油气田的开发也进入快速发展时期，其油气田井口气的产量也在逐年增加，上述炼厂气和井口气的开发和利用，催生和加大了液化石油气在工业以及民用燃料上的应用及普及力度，进而带动了液化气体汽车罐车制造业的快速发展。

1979年上半年，原北京金属结构厂在消化吸收国外液化石油气汽车罐车的基础上，设计制造出我国首台液化石油气汽车罐车，该罐车采用黄河 HJ162 通用汽车货车底盘，罐体设计容积 $12m^3$、设计总质量 14.0t、最大允许充装量达到 5.0t。

70年代末期，液化气体汽车罐车的结构受国产可选用定型汽车底盘的限制，整车结构相对简单，载重量较小，一般为 4×2 驱动形式的单车或者活动式汽车罐车（平板车捆绑卧式储罐，后期由于运输安全问题被禁止使用）。初期我国仅有北京金属结构厂、兰州石化公司机械厂、金州重型机械厂、锦西化工机械厂、国营大连523厂、江西制氧机厂、淄博客车厂等少数企业可以生产以解放 CA-10B、黄河 HJ162、东风 DF140 等货车通用底盘改装的液化石油气单车，其满载总质量 5.0~8.0t，罐体设计容积一般为 5~$12m^3$，最大允许充装量一般为 2.0~5.0t（见图 3.3-1 和图 3.3-2）。

80年代初期，国家压力容器监督管理部门开始实行压力容器生产许可证管理制度，凡是生产液化气体汽车罐车的制造企业，应当先取得国家压力容器监督管理部门规定的制造许可证后，方可投入生产。

1984年以前，全国总计共有16家企业获得 CR2 级液化气体汽车罐车生产制造许可资质，其中原北京金属结构厂以其生产规模、技术水平以及对行业的帮带作用成为这一新兴行业的排头兵。

图 3.3-1　液化石油气汽车罐车

图 3.3-2　液化气体汽车罐车

1985 年，北京金属结构厂根据北京市城市规划的需要，开始整体动迁改造，这给荆门宏图飞机制造厂、石家庄化工机械厂、武汉船用机械有限公司（原国营 461 厂）等军转民企业带来扩大液化气体汽车罐车市场份额的机会。特别是荆门宏图飞机制造厂、石家庄化工机械厂，因其企业自身发展状况等因素影响，一举抓住机遇，将液化气体汽车罐车作为企业主营产品进行设计制造，其市场占有率逐年扩大，逐步赶超其他企业，成为行业的领头企业。

90年代初，随着中国第二汽车制造厂（后更名为东风汽车公司）成功推出并量产东风EQ144和东风EQ153型平头8t商用中型货车，用此两种车型汽车底盘改装后，开发出的设计总质量14.0～16.0t、罐体设计容积12～15m³、最大允许充装量5.0～6.0t的液化石油气单车成为90年代国内主导单车车型。随着国家改革开放进程的逐步加快，一些国外汽车制造厂商，如日野、斯太尔、罗曼、尼亚兹、克拉兹曼等国外6×4驱动形式商用车型逐步进入我国市场，国内各汽车改装企业开始分别采用上述商用底盘或者二类底盘进行改装，液化石油气汽车罐车品种也慢慢丰富起来，但市场上仍以单车为主，且改装后整车满载总质量不超过26.0t、罐体设计容积达到24m³、最大允许充装量达到10.0t左右。

1993年年初，荆门宏图飞机制造厂受国外PTA气卸粉粒物料汽车罐车产品结构的启发，在国内首创罐体设计容积48m³、最大允许充装量达到20.0t的双轴行走机构变径截面承载式液化石油气运输半挂车，并在新疆地区成功投入使用，该车型增大了罐体容积，降低了整车重心，提高了罐车运行平稳性，开创了国内液化气体运输半挂车的运输模式，打破了原单车运输的主流方式，引领了行业新的发展方向。至今，随着国家高速公路发展和液化气体长距离运输需求的增加，半挂运输车仍以装载量大、运输效率高等优势作为液化气体汽车罐车行业的绝对主力车型（见图3.3-3）。

图3.3-3　变截面承载式液化气体运输半挂车

90年代末期，随着法规、安全技术规范、标准的进一步完善、国内市场对大容积轻量化产品的需求以及牵引车鞍座高度的降低，变径截面罐体半挂运输车逐渐淡出市场，取而代之的是直径更大、壁厚更小的等径截面罐体半挂运输车产品，单车市场占比也大幅下降。此时，国内市场逐步形成了以荆门宏图飞机制造厂、原武汉船用机械有限公司、石家庄化工机械厂、哈尔滨建成北方专用车有限公司、广东开平化工机械厂等几家企业为主的局面。

2008年，荆门宏图特种飞行器制造有限公司率先推出按照JB 4732—1995《钢制压力容器——分析设计方法》（2005年确认）分析设计标准制造的新一代轻量化液化气体运输半挂车产品（见图 3.3-4），相较以前按 GB 150—1998《钢制压力容器》规则设计的产品同比实现轻量化 3% 以上。该产品一经推出即完全取代了原规则设计产品，至今国内液化气体汽车罐车按分析设计方法设计已成为行业主流。

图 3.3-4　液化石油气运输半挂车

2008 年，荆门宏图特种飞行器制造有限公司正式被中集安瑞科控股有限公司收购，成为中集安瑞科控股有限公司的一员，使得中集安瑞科控股有限公司逐步成为国内液化气体汽车罐车制造行业的领导者，国内市场占有率达 70% 以上，国际市场也占有一定的比例，并出口至南美洲、东南亚、非洲等国家。

2011 年，荆门宏图特种飞行器制造有限公司率先将 GB 713—2008《锅炉和压力容器用钢板》中规定的 Q370R 材料批量用于液化气体汽车罐车制造，改变了行业三十多年来以使用 Q345R（原 16MnR）一种材料为主的情况，丰富了行业罐体材料可选择性，提升了产品的轻量化水平。

2012 年，武汉钢铁集团有限公司于 1998 年研制的 WH590D（GB 713—2014《锅炉和压力容器用钢板》中 Q420R）材料开始应用于液化气体汽车罐车设计制造，实现了高强度钢材料制造移动容器应用的突破，填补了国内高强度钢材料液化气体汽车罐车批量制造的空白。目前，国内相关科研单位和企业研究借鉴欧美等发达国家成功经验，采用 SA-517（R_m=795MPa）、P460（R_m=630MPa）等高强度调质钢来建造移动容器，使其罐体轻量化优势更加明显。高强度钢材料有可能成为液化气体汽车罐车产业未来的发展方向。液化气体汽车罐车防波板材料也从最初的碳素钢和低合金钢材料，逐渐发展成现在的奥氏体不锈钢和铝合金高强度材料防波板。

2016 年以前，由于汽车罐车外形尺寸限制及超载处罚力度加大问题的影响，市场对极限容积产品的需求往往高于对产品轻量化的需求，导致极限尺寸车型均为双椭圆封头结构。《超限运输车辆行驶公路管理规定》（交通运输部令 2016 年第 62 号）和 GB 1589—2016《汽车、挂车及汽车列车外廓尺寸、轴荷及质量限值》颁布实施后，几乎扭转了原市场的需求方向。所有汽车罐车运营商均力求确保不超载以避免高额处罚，不再单纯追求极限容积产品。在相同罐体容积的前提下，双球形封头结构罐体的整备质量明显轻于双椭圆封头结构罐体，未来双球形封头结构罐车有可能成为行业主流。而由于GB 1589—2016《汽车、挂车及汽车列车外廓尺寸、轴荷及质量限值》标准放宽了车辆总宽度尺寸（由2500mm放宽至2550mm），将导致罐车罐体外径加大，整车重心升高，势必将影响罐车行驶稳定性和平稳性，未来罐车有可能向低重心结构方向发展。

随着国家对交通运输安全管理和危险化学品管理越来越重视和汽车行业的发展，液化气体汽车罐车的底盘与走行装置的性能以及安全可靠性也有了突飞猛进的发展，我国液化气体汽车罐车车辆方面的要求已与国际发达国家标准和要求基本接轨。车辆ABS防抱死制动装置、制动间隙自动调整、盘式制动、空气悬挂、限速缓速器、行车记录仪和视频监控等技术已作为液化气体罐车的基本要求。

目前，我国液化气体汽车罐车已从过去的20.0t最大装载量发展到现在的25.0t，设计方法几乎全部从原来的规则设计改为分析设计，制造企业在经历了多年的市场检验后也趋于整合模式。多装、快跑是运营商的期望，而运输安全又直接关系到社会稳定以及人民的生命财产安全。公路运输车辆一直是国家各相关监督管理部门的重点监管对象，国家法规、安全技术规范和标准对汽车罐车的安全使用以及运营的要求从未降低。在经历了多年"超重"的乱局之后，国家已逐步修订替换新法规、安全技术规范和标准，如何依靠技术进步手段确保在满足安全的前提下实现轻量化，是制造商面临的重要课题。

3.2.2 冷冻液化气体汽车罐车

从20世纪80年代至90年代中期，中国工业气体的发展处于起步阶段，大型钢铁和石化企业拥有自己的大型空分装置，生产的氧气、氮气多以自用为主。当时中国主要有五家专业的工业气体厂，主要产品是瓶装气体，少量液态产品进入市场，对运输液态工业气体运输车的需求量很少。在这个阶段，国内只有四川空分设备厂、江西制氧机厂和杭州制氧机厂按用户的订单生产第一代的冷冻液化气体汽车罐车，相对容积较小、罐体本身较重、技术性能较落后。在绝热技术层面，早期主要采用聚氨酯发泡保冷形式和真空粉末绝热形式。

最早研制开发的冷冻液化气体汽车罐车产品主要用于国防军工、航空航天等特殊用途领域。1980年，四川空分设备厂研制成功国内第一台液氧汽车罐车（见图3.3-5）。该汽车罐车罐体内容器设计容积1.2m^3，采用真空粉末绝热，由冷冻液化气体储罐、自增压器、配套仪表阀门和汽车二类底盘改装组成。该产品主要用于飞机液氧的加注。该产品的研制成功，为国内冷冻液化气体汽车罐车的设计制造打下了良好的基础。此后，四川空分设备（集团）有限责任公司又完成了国内首台高压液氮汽车罐车（见图3.3-6）的开发和试制工作。该汽车罐车由冷冻液化气体储罐、低温液体泵、高压汽化器以及充装系统等构成，罐体内容器设计容积1.2m^3，采用玻璃纤维绝热方式，用低温泵实现液体转注以及加压，液体泵输送压力为35MPa。该汽车罐车研制成功，开创了高压充装技术的新途径，曾先后用于某航空航天发射基地卫星发射的充气环节。

1985年，四川空分设备（集团）有限责任公司通过引进和消化吸收日本大阳日酸技术，采用环氧玻璃钢棒作为真空夹层隔热支撑材料，取代老产品采用的吊链结构，设计出新一代汽车罐车。1987年采用该设计结构的4.0m^3的汽车罐车推向市场，逐步成为行业内冷冻液化气体汽车罐车采用的主要结构。

图 3.3-5　真空粉末绝热液氧汽车罐车

图 3.3-6　玻璃纤维绝热高压液氮汽车罐车

1993 年，上海化工机械一厂首次开发出 SHJ5090GYQ 型二氧化碳低温汽车罐车，并于同年 8 月通过技术鉴定。该产品采用东风 EQ1090 二类底盘改装，罐体采用聚氨酯发泡保冷结构，液态二氧化碳最大允许充装量为 3.0t。1994 年，上海化工机械一厂又开发出 SHJ5160GYQ 型二氧化碳低温汽车罐车（见图 3.3-7），并于 1995 年 1 月通过技术鉴定。该产品采用黄河 JN171 二类底盘改装，罐体采用聚氨酯发泡保冷结构，液态二氧化碳最大允许充装量为 5.0t。

从 20 世纪 90 年代中期至 2004 年左右是我国冷冻液化气体汽车罐车发展的第二阶段。国民经济的高速发展，促进了工业气体的蓬勃发展。国际著名的几大气体公司，如英国 BOC 气体、法国液化空气、德国林德气体和梅塞尔气体、美国的普莱克斯气体和空气化工产品（AP）、日本的岩谷气体公司等纷纷进入中国的工业气体市场，中国工业气体迎来高速发展的黄金时代。大量的工业气体运输和配送的需求极大促进与推动了冷冻液化气体汽车罐车的发展。该阶段的冷冻液化气体汽车罐车产品的主要特征为罐体的绝热形式为真空粉末绝热、卸液方式为自增压的压差卸液、罐体工作压力主要为 0.8MPa 和 1.6MPa 两个压力等级。由于选用重型载货汽车二类底盘改装,第二代冷冻液化气体汽车罐车允许的载重量比第一代产品更高,罐体的容积更大,罐体的外壳厚度从第一代的 8mm 减小至 6mm 以下。

图 3.3-7　SHJ5160GYQ 液态二氧化碳汽车罐车

该阶段的代表车型主要有:

1)上海化工机械一厂 1996 年开发了采用真空粉末绝热的 SHJ5140GYQ 型真空粉末绝热汽车罐车(见图 3.3-8)。1998 年,开发了采用聚氨酯发泡保冷结构的 30t 级 SHJ9500GDY 型液态二氧化碳汽车罐车(见图 3.3-9),首次在国内半挂式汽车罐车上采用空气悬挂、无承载梁结构、ABS 防抱死机构等,还采用了 3 轴半挂车轴的前提后转结构,大大提高了产品的先进性、安全性和稳定性,是当时国内设计制造技术水平较高的半挂式汽车罐车。

图 3.3-8　SHJ5140GYQ 型真空粉末绝热汽车罐车

图 3.3-9　SHJ9500GDY 型液态二氧化碳汽车罐车

2）常州西玛低温设备有限公司（常州能源设备总厂与澳大利亚 CEM 公司成立的合资公司）于 1998 年 7 月设计制造的采用聚氨酯发泡保冷形式的 ZQZ9300GYQ 型液态乙烯汽车罐车，罐体设计容积为 $35m^3$，工作压力为 0.8MPa（见图 3.3-10）。

图 3.3-10　聚氨酯发泡保冷液态乙烯汽车罐车

3）常州西玛低温设备有限公司于 1999 年设计制造的 ZQZ5310GDY 型冷冻液化气体汽车罐车，罐体设计容积为 $11.39m^3$，工作压力为 1.72MPa，采用真空粉末绝热形式（见图 3.3-11）。

4）北京金属结构厂于 2000 年 9 月设计制造，采用真空粉末绝热形式的 BJD5270GDY 型液态二氧化碳汽车罐车，罐体设计容积为 $11.0m^3$（见图 3.3-12）。

采用聚氨酯发泡保冷形式的低温液体汽车罐车具备了一定的保温绝热性能，但受制于聚氨酯材料本身不防水、易吸湿、绝热性能较差的特点，仅适用于运输液态乙烯、液态二氧化碳等工作温度较高的介质，且当时的汽车罐车普遍存在整备质量较大、防水保温性能不足的缺点。采用真空粉末绝热形式的低温液体汽车罐车，虽然大幅提升了绝热效果，但这一时期的汽车罐车仍普遍存在整备质量大、使用一段时间后珠光砂易沉降、罐体绝热性能不稳定等缺点。

图 3.3-11　冷冻液化气体汽车罐车

图 3.3-12　真空粉末绝热液态二氧化碳汽车罐车

2000 年，张家港市圣达因化工机械有限公司研发出国内第一批采用高真空多层绝热结构型式的液化天然气（LNG）汽车罐车（见图 3.3-13），使得高真空多层绝热技术成为国内低温装备制造企业全面推广采用的技术。

随着国家对危险货物和危险化学品道路运输车辆管理相关政策、安全技术规范和标准的逐步细化和完善，高真空多层绝热材料得以逐步运用于对罐车整备质量和绝热性能有较高要求的冷冻液化气体汽车罐车产品。高真空多层绝热性能远高于真空粉末绝热性能，这种绝热形式对设备夹层空间的厚度尺寸要求大大降低，比真空粉末绝热的夹层空间厚度尺寸大约减小50%以上，且绝热材料的自重很轻，能够有效降低汽车罐车自重，从而得到更高的运输效率。另外，由于绝热材料被均匀地捆扎在内容器的外表面，不会出现运营工况中因振动、颠簸而产生的沉降现象。

图3.3-13　40m³高真空多层绝热液化天然气汽车罐车

2005年，美国查特工业公司为了加快在中国的发展速度，兼并了原常州西玛低温设备有限公司，并与中国汽车国际投资公司合作成立查特中汽深冷特种车（常州）有限公司，成为美国技术和产品在中国市场的典型代表。

2005年以后，冷冻液化气体汽车罐车发展进入第三阶段。此后数年间，以中集安瑞科控股旗下的中集圣达因低温装备有限公司、石家庄安瑞科气体机械有限公司、荆门宏图特种飞行器制造有限公司、南通中集能源装备有限公司等国内企业以及查特中汽深冷特种车（常州）有限公司为代表的能源装备制造公司，充分利用了国产高真空多层绝热材料重量轻、绝热性能优良、真空维持稳定的特点，使冷冻液化气体汽车罐车产品全面进入高真空多层绝热技术应用的新阶段，陆续推出了道路运输业务的液氮、液氧、液氩、液化天然气等介质的冷冻液化气体汽车罐车产品。

GB 1589—2004《道路车辆外廓尺寸、轴荷及质量限值》、GB 7258—2004《机动车运行安全技术条件》、JB/T 4783—2007《低温液体汽车罐车》等规范与标准相继发布与实施。特别是GB 1589—2004的实施对道路运输车辆的外廓尺寸、轴载分配和整车总质量提出严格的限制。国家道路运输主管部门和公安部门联合执法，加强对危险货物和危险化学品道路运输车辆的监督管理，加大了对超载车辆的处罚力度。为满足用户提高运输效率的要求，产品市场竞争的压力促使罐车制造企业开展轻量化设计，降低罐车的整备质量，增加有效的装载质量。轻量化设计的主要途径有：采用高真空多层绝热技术代替真空粉末绝热技术，使用车载低温泵卸液，使罐体内容器的工作压力从1.6MPa（或0.8MPa）降低至0.3MPa左右，减小容器壁厚和罐体重量；优化半挂行走机构的设计，选用空气悬挂代替原来的钢板弹簧悬挂,选用铝合金轮圈代替钢制轮圈等,使得半挂车行走机构的重量减小了1300kg左右。通过这些技术手段,在保持冷冻液化气体汽车罐车的总质量不超过40.0t的前提下,达到汽车罐车整备质量逐步下降、内容器的容积不断增大、装载质量逐步增加的目的。

2002年前后,低温容器行业制造企业开始引进美国成熟的带泵移动容器技术,在国内生产和销售带卸液泵的工业气体汽车罐车产品。在此之前,已有常州西玛低温设备有限公司、上海化工机械一厂等公司,开发了带卸液泵的液态二氧化碳汽车罐车产品。使用卸液泵的低温汽车罐车与使用增压器进行压差法卸液的汽车罐车相比,具有罐车自重轻、卸液速度快、液体汽化损失少等优点。

2006年前后,查特公司与AP公司合作,采用从北美引进小型低温液体配送车(ORCA车)与配置防过充装置的小型平底式高真空多层绝热储罐(PERMA-CYL)的配套使用方式,按中国的相关安全技术规范和标准进行国产化设计,开发出适用于中国市场的新的工业气体销售与配送新模式。ORCA车的容积为17m³左右,配备了变频器驱动和低温液体潜液泵、低温流量计和紧急切断装置。潜液泵和流量管浸泡在潜液泵池内,始终处于预冷状态,随时可以启动潜液泵进行卸液,减小预冷卸液泵的冷冻液体汽化损失。ORCA车的卸液控制采用一键式操作、智能型管理、操作方便、计量准确、安全性能好,能有效防止小容积的深冷储罐过量充装,适合于在300km区域内的液化工业气体配送(见图3.3-14)。

图3.3-14　CTZ5265GDY型液氮ORCA汽车罐车

2010年左右,查特中汽深冷特种车(常州)有限公司、中集圣达因低温装备有限公司等企业将带卸液泵技术进一步应用于液化天然气汽车罐车产品(见图3.3-15)。该产品采用真空绝热结构罐体,罐体内容器内径为2000mm,外壳内径为2200mm,罐体内容器设计压力为1.18MPa、设计容积为20m³。

图 3.3-15　带卸液泵的液化天然气汽车罐车

锅容标委低温工作组负责对口 ISO/TC 220（国际标准化组织低温容器技术委员会），通过对相关国际标准和技术规范的研究，引进了欧盟低温容器行业成熟应用的应变强化技术。此后，由中集圣达因低温装备有限公司与浙江大学化工机械研究所等单位合作开发奥氏体不锈钢应变强化低温容器。通过大量的试验以及试制工作，终于成功制造出应变强化储罐产品，并于 2009 年将该技术应用在冷冻液化气体汽车罐车上，率先开发出液氧、液氮、液氩、液化天然气的应变强化半挂车和整车系列，并得到原国家质检总局特设局的正式批复，同意批量生产。采用应变强化技术所需要的内容器材料厚度比按常规设计所需的厚度大幅减小，内容器的重量显著减轻，容积约增加 2%～10%，重容比可降低 20%～50%。该技术的应用，大大减少了所耗用的材料，减轻了产品自重，降低了成本，特别适合冷冻液化气体汽车罐车产品轻量化设计的要求。产品一经推出，因其性能参数明显优于市场上的原有产品，性价比高，受到用户广泛欢迎。应变强化技术的成功应用，先后获得了教育部科技进步一等奖、国家科技进步二等奖等诸多殊荣。

2010 年，原国家质检总局特设局就有关企业采用应变强化技术设计制造深冷压力容器问题，为了规范和强化管理，发布了质检特函〔2010〕第 65 号《关于采用奥氏体不锈钢应变强化技术制造深冷压力容器有关事项的通知》，明确规定并委托锅容标委开展应变强化技术评审工作，为该项技术的推广应用规定了明确的管理要求。目前，国内多家移动式压力容器制造单位已经取得原国家质检总局特设局规定的应变强化技术许可资质，采用应变强化技术的冷冻液化气体汽车罐车的车型不断投入市场，但由于强化后内容器直径变形较大，需要较大的夹层空间，故目前该技术还是主要应用于液氮、液氧、液氩等介质的汽车罐车。

2010—2013 年，由于国家能源政策逐步调整，促使液化天然气市场持续升温和快速发展，进而带动了液化天然气工业和民用应用市场的急剧扩大，使得液化天然气汽车罐车的市场需求量大幅提高。冷冻液化气体汽车罐车大容积、轻量化仍旧是市场竞争的主要焦点。TSG R0005—2011《移动式压力容器安全技术监察规程》正式发布实施后,规定罐体内容器的奥氏体不锈钢材料可以用设计温度下的屈服强度 $R_{p1.0}$ 计算材料许用应力,也就是相应地提高了材料的许用应力,降低了罐体内容器的壁厚,减轻了罐体的重量,所以该阶段的冷冻液化气体汽车罐车的整备质量在逐步下降,同时罐体设计容积也从原来的 $44m^3$、$47m^3$ 开始逐步升级到 $49m^3$、$51.55m^3$、$52.8m^3$ 和 $53m^3$。

2012 年,受市场利益的驱动,为了实现汽车罐车设计容积最大化目标,中集圣达因低温装备有限公司首先研发出加强圈外置型的液化天然气汽车罐车,将液化天然气汽车罐车最大设计容积比市场上的同类产品提高了 $2.6m^3$,并通过采用轻量化设计,使车辆总重仍保持 40.0t,运输效率提升了 6%。随后中集安瑞科控股旗下四家公司和查特中汽深冷特种车(常州)有限公司等企业分别推出了设计容积达到 $55.5m^3$、$55.6m^3$、$56.1m^3$ 的液化天然气汽车罐车(见图 3.3-16～图 3.3-18)。

图 3.3-16 $55.5m^3$ 加强圈外置型液化天然气汽车罐车

图 3.3-17 $55.6m^3$ 加强圈外置型液化天然气汽车罐车

图 3.3-18　56.1m³ 加强圈外置型液化天然气汽车罐车

2013—2015 年，国内过热的液化天然气市场趋于平稳，但汽车罐车大容积、轻量化仍旧是市场竞争的主要焦点。该阶段的液化天然气汽车罐车在整备质量逐步下降的同时，罐体容积进一步得以提升，国内市场上首次出现了设计容积为 56.5m³ 的液化天然气汽车罐车（见图 3.3-19）。

图 3.3-19　56.5m³ 加强圈外置型液化天然气汽车罐车

同期，国内不锈钢钢材制造商开发的奥氏体不锈钢 304N（牌号为 06Cr19Ni10N，已经于 2017 年列入 GB/T 24511—2017《承压设备用不锈钢和耐热钢钢板和钢带》），获得相关管理部门的许可，可以用于冷冻液化气体汽车罐车的内容器，该材料的抗拉强度 R_m 为 550MPa，规定塑性延伸强度 $R_{p0.2}$ 为 240MPa，规定塑性延伸强度 $R_{p1.0}$ 为 310MPa，断后伸长率 A 为 30%，进一步提高了材料的许用应力，降低了罐体内容器的壁厚。

2015 年以后，国内液化天然气市场呈震荡上行态势，市场竞争日趋激烈。此时，综合考虑了国内产品现状以及国家对提升危险货物和危险化学品汽车罐车安全性的迫切需求,原国家质检总局适时颁布了 TSG R0005—2011《移动式压力容器安全监察技术规程》第1号修改单,对罐车的安全距离和最大装载容积进行了明确规定,市场上的液化天然气汽车罐车罐体最大设计容积限定为 52.6m³。此后,以液化天然气汽车罐车为代表的冷冻液化气体汽车罐车的市场竞争焦点已从大容积、轻量化转变为产品的轻量化和较好的真空绝热性能。随着 GB 1589—2016《汽车、挂车及汽车列车外廓尺寸、轴荷及质量限值》的发布及实施,可将汽车罐车的宽度和长度加大,以使汽车罐车罐体取得更大的夹层空间和后部安全距离,汽车罐车的制造工艺性、真空绝热性、尾部防撞安全性得到相应的提高。

该阶段的液化天然气汽车罐车产品在整备质量逐步下降的同时,产品的真空绝热性能得到了提升(见图 3.3-20、图 3.3-21)。

图 3.3-20　52.6m³ 液化天然气汽车罐车(一)

图 3.3-21　52.6m³ 液化天然气汽车罐车(二)

2016 年以后,GB 1589—2016《汽车、挂车及汽车列车外廓尺寸、轴荷及质量限值》、GB 7258—2017《机动车运行安全技术条件》、NB/T 47058—2017《冷冻液化气体汽车罐车》

和 GB 11567—2017《汽车及挂车侧面和后下防护要求》等新标准相继发布与实施，提高了对冷冻液化气体汽车罐车的技术要求。为满足以上新标准的技术要求，相关企业对已定型并取得汽车公告的冷冻液化气体汽车罐车产品进行了全面整改或者重新设计，进一步优化产品结构，降低罐体与半挂行走机构的重量，增加罐体的容积，提高罐车的装载量。

随着国内市场竞争程度的加剧、相关产品技术的成熟以及市场用户的日趋理性化，可以预见，未来一段时间冷冻液化气体汽车罐车的竞争焦点将主要集中在产品的质量具有高可靠性、优良的真空绝热性能、较高的操作性能人性化水平和管理的信息化程度，以及合理的车辆轻量化等方面，这也对我国低温装备制造企业提出了新的挑战。我国的相关企业和科研单位也在参照欧美相关案例，通过开展基础研究与试验，逐步将 9Ni 钢、304N、201LN 等高强度钢和低镍钢应用到冷冻液化气体汽车罐车建造中，进一步实现产品的轻量化。

第4章 罐式集装箱发展史

现代化的集装箱运输产生于 1956 年，由美国的泛大西洋轮船公司（1960 年更名为海陆联运公司）首先提出并付诸实施。集装箱运输的出现，使世界交通运输的面貌产生了巨大的变革。它冲破了过去交通运输中的一切陈旧的规章制度和管理体制，形成了一套独立的规章制度和管理体制，是最先进的现代化运输方式。它具有"安全、迅速、简便、价廉"的特点，有利于减少运输环节，通过综合利用铁路、公路、水路和航空等各种运输方式，实现"门到门"运输。

罐式集装箱是集装箱诸多品种中的一种，它是指由罐体及与其采用永久性连接的框架和管路、安全附件、仪表、装卸附件等装置和部件组成的适用于铁路、公路、水路或者其联运的运输装备。

罐式集装箱在我国交通运输领域，属于可以参与多种运输方式的通用运输工具。罐式集装箱，按照充装介质类别的不同主要包括危险液体罐式集装箱、液化气体罐式集装箱、冷冻液化气体罐式集装箱等；按照框架外廓尺寸的不同，可以分为 20ft、30ft、40ft 等多种标准尺寸罐式集装箱；按照罐体结构的不同可以分为无隔热结构（裸罐）罐式集装箱、遮阳板式罐式集装箱、堆积隔热罐式集装箱和真空绝热罐式集装箱。

4.1 安全技术规范和标准发展历程

20 世纪 80 年代，随着危险货物和危险化学品国际贸易量的快速增长，国内罐式集装箱产业应运而生。原江西制氧机厂、荆门宏图飞机制造厂等一批企业最先开展罐式集装箱产品的研究开发。最初，仅开发限于国内公路运输的罐式集装箱。至 20 世纪 90 年代，开始研发适应公路、水运、铁路并参与国际联运的国际标准集装箱，中国国际集装箱集团公司等强势企业开始发力，并伴随市场需求的快速增长取得了快速发展。至 21 世纪初已有超过 20 家企业开展罐式集装箱产品设计制造。历经 30 年的发展，我国已经成为全球最大的罐式集装箱生产和出口国。

新的运输装备促成新的运输方式，继而促成管理体制、规则、标准的革新。"集装箱"单元运输方式实现了跨国、跨州的"门到门"运输。集装箱如何才能在政治体制和管理模式不同的各个经济体之间发挥便利、高效的功能，需要一套各个经济体共同遵守的协议、规则与标准。于是，一系列相关的国际协议、规则与标准应运而生。

与罐式集装箱建造、运输、使用等环节相关的国际协议、规则主要有：国际集装箱安全公约（CSC：1972—1981 E：International Convention for Safe Containers）、集装箱海关公约（CCC：Customs Conventions on Containers）、国际海运危险货物规则（IMDG：

International Maritime Dangerous Goods）、国际危险货物公路运输的欧洲协议（ADR：European Agreement Concerning the International Carriage of Dangerous Goods by Road）等。涉及罐式集装箱的国际技术标准主要有：ISO 1496-3《系列 1 集装箱 技术要求和试验方法 第 3 部分：液体、气体及加压干散货罐式集装箱》（Series I freight containers-Specification and test Part 3: Tank containers for liquids, gases and pressurized dry bulk）、ISO 6346《集装箱 代码、识别和标记》（Freight containers-Coding,Identification and Marking）、ISO 668《系列 1 集装箱 分类、尺寸和额定质量》（Series I freight containers-Classification,Dimensions and Rating）、ISO 1161《系列 1 集装箱 角件技术要求》（Series I freight containers - Corner and Intermediate Fittings-Specifications）等。

  国内罐式集装箱的建造、运输、使用等环节主要受政府相应监督管理部门的行业规章、安全技术规范以及相应的国家和行业标准的约束。从移动式压力容器的角度来说，国内罐式集装箱的相关规范和标准的制修订的起步时间要稍晚于汽车罐车和铁路罐车。

  1998 年，国家技术监督局重新修订发布了 GB 150—1998《钢制压力容器》，并于同年正式实施。

  1999 年，国家质量技术监督局颁布了《压力容器安全技术监察规程》（质技监局锅发〔1999〕第 154 号），并于 2000 年起实施，替代了原国家劳动部颁布的《压力容器安全技术监察规程》（劳锅字〔1990〕第 8 号）。这部规范首先提出移动式压力容器的要求（其中包括罐式集装箱）。

  2000 年，全国压力容器标准化技术委员会移动式压力容器分技术委员会（以下简称"容标委移动分会"）经国家标准化管理委员会批准成立，标志着移动容器领域的专业标准化技术机构正式成立，有力推动了罐式集装箱等移动式压力容器产品规范和标准的发展。

  2002 年 11 月 28 日，JB/T 4780《液化天然气罐式集装箱》行业标准经原国家经济贸易委员会批准发布。该标准是在国内液化天然气能源应用和市场需求推动下，由容标委归口，容标委移动分会组织，新疆广汇实业投资（集团）有限责任公司、原张家港市圣达因化工机械有限责任公司、上海化工装备有限公司、上海交通大学等单位参与制定的国内首部冷冻液化气体罐式集装箱产品标准。

  2005 年，全国锅炉标准化技术委员会与全国压力容器标准化技术委员会合并，成立全国锅炉压力容器标准化技术委员会（以下简称"锅容标委"）。此后，包括罐式集装箱产品在内的移动容器安全技术规范和标准迎来快速发展时期。

  2005 年 7 月 26 日，国家发展和改革委员会发布了 JB/T 4781—2005《液化气体罐式集装箱》，该标准是由锅容标委归口，锅容标委移动分会组织，由江西制氧机厂、上海化工装备有限公司、中国船级社等单位参与制定的国内液化气体罐式集装箱产品的首部行业标准，该标准于 2005 年 11 月 1 日正式实施。

  2007 年 8 月 28 日，国家发展和改革委员会同时发布了 JB/T 4782—2007《危险液体罐式集装箱》和 JB/T 4784—2007《低温液体罐式集装箱》两项行业标准，这两项标准由锅容标委归口，锅容标委移动分会组织，由中国国际海运集装箱（集团）股份有限公司、南通中集罐式储运设备制造有限公司、江西制氧机厂、中国船级社等多家单位参与制定，标准于 2008 年 2 月 1 日正式实施。至此，罐式集装箱运输主要涉及的几大类危险货物和危险化学品介质，均已制定相关产品标准。

随着一系列罐式集装箱和其他移动式压力容器相关标准的出台，以及技术与标准的积累，制定移动式压力容器安全技术规范的时机成熟。2011年，原国家质量监督检验检疫总局颁布了TSG R0005—2011《移动式压力容器安全技术监察规程》并于同年正式实施。该规程是在原《液化气体汽车罐车安全监察规程》（1994版）和《压力容器安全技术监察规程》（1999版）的基础上制修订的。该规程的发布实施，大大提高了我国移动式压力容器安全技术规范的水平，解决了原相关法规中存在的突出问题，规范了移动式压力容器行业的设计、制造、使用管理、充装与卸载、维修与改造、定期检验等环节的基本安全要求，保障了我国移动式压力容器行业的安全运行。

2011年，国家质量监督检验检疫总局和国家标准化管理委员会发布了GB 150—2011《压力容器》，替代了原GB 150—1998《钢制压力容器》，并于2012年正式实施。

2016年8月，原国家质检总局特设局下达了TSG R0005—2011《移动式压力容器安全技术监察规程》的修订工作任务，该任务由中国特种设备检测研究院组织，锅容标委移动分会以及国内相关设计制造、检验检测、大专院校等多家单位参与，目前该规程还在修订过程中。

2017年，锅容标委移动分会组织相关单位的有关专家完成了原JB/T 4781—2005、JB/T 4782—2007和JB/T 4784—2007三项行业标准的修订，分别形成NB/T 47057—2017《液化气体罐式集装箱》、NB/T 47064—2017《液体危险货物罐式集装箱》和NB/T 47059—2017《冷冻液化气体罐式集装箱》，并由国家能源局发布实施。同时，原JB/T 4780《液化天然气罐式集装箱》行业标准，因与NB/T 47059—2017《冷冻液化气体罐式集装箱》标准内容重复而作废。

同时，我国交通运输部在罐式集装箱规格、尺寸、通用技术方面的标准化也完成了行业标准跟进并接轨国际标准，主要出台的相关标准有：GB/T 16563—2017《系列1集装箱　技术要求和试验方法　液体、气体及加压干散货罐式集装箱》（等同ISO 1496-3）、GB/T 1836—2017《集装箱　代码、识别和标记》（等同ISO 6346）、GB/T 1413—2008《系列1集装箱　分类、尺寸和额定质量》（等同ISO 668）、GB/T 1835—2006《系列1集装箱　角件》（等同ISO 1161）等。

历经多年的积累和完善，我国罐式集装箱产品安全技术规范、标准从无到有，并逐步完善，相关技术要求也与国际规范逐步接轨，体现了国内罐式集装箱行业技术水平的逐步提高，对促进罐式集装箱产品设计、制造的规范化以及行业的快速发展做出了贡献，也对全球危险货物和危险化学品国际贸易发展做出了巨大贡献。

4.2　典型产品发展历程

4.2.1　液化气体罐式集装箱

我国液化气体罐式集装箱的发展开始于20世纪90年代。1996年，江西制氧机厂生产了两台装运戊烷的罐式集装箱，可以算是国内最早一批生产的罐式集装箱产品。

1999年，《压力容器安全技术监察规程》（1999版）把液化气体罐式集装箱列入监察范围，对罐式集装箱的基本安全要求做出了规定。

2005年，JB/T 4781—2005《液化气体罐式集装箱》标准开始实施，开启了液化气体罐式集装箱发展的新篇章。

早期的产品主要以充装液化石油气介质罐式集装箱为主,代表产品是20ft液化石油气罐式集装箱。2005年,南通中集罐箱公司采用轻量化技术生产出40ft液化石油气罐式集装箱。这是一款适用于公路、铁路、海运以及多式联运的罐式集装箱产品,通过了当时铁道部运输局组织的铁路碰撞验证试验(铁路冲击试验),取得了在中亚国家铁路营运及在国内一段铁路营运的许可资质。到目前为止,仍有数百只罐式集装箱在营运,为实现国家的能源战略发挥着积极的作用。在此期间,江西制氧机厂、常州二化机等公司,也开展了各具特色的液化气体罐箱小批量生产,主要用于液化石油气(LPG)、液氨及各类制冷剂的运输。

进入21世纪,国内市场制冷剂产业有了很大的发展,产品逐步出口到国外,而用于装运制冷剂的液化气体罐式集装箱,当时只有欧洲及南非的少数工厂有能力制造。2005年,南通中集罐箱公司、江西制氧机有限公司、荆门宏图特种飞行器制造有限公司等企业通过自主研发,解决了美国运输部(DOT)许可资质等诸多技术及监管难题,推出符合IMDG、ADR、CFR49、ASME Ⅷ-1等国际规范,满足国际营运要求,使用美国ASTM SA-612材料制造的$20m^3$ R22制冷剂,取得ASME"U"钢印的罐式集装箱(见图3.4-1),突破了国外公司的垄断。

图3.4-1 $20m^3$ R22制冷剂ASME"U"钢印罐式集装箱

2006年,又有一批企业设计制造了符合JB/T 4781—2005标准、罐体选用低温钢16MnDR材料制造的液化石油气罐式集装箱,该罐式集装箱设计容积为$50m^3$、最大允许充装量为21.0t、外廓尺寸为40ft(见图3.4-2)。该罐式集装箱主要用于从国内北方某港口充装运输液化石油气后,海运到南方某地,开创了国内通过罐式集装箱海运液化石油气的新的物流模式。

2007年,南通中集罐箱公司从德国引进按照ASME Ⅷ-2篇进行分析设计、罐体选用高强度钢材料制造液化气体罐式集装箱的技术,通过消化吸收和研究开发,推出了达到国际领先水平的使用改进型 P460 NL1 材料制造的罐体设计容积 24.3m³、充装介质为 R32 制冷剂,并打 ASME "U2" 钢印的液化气体罐式集装箱(见图 3.4-3),使得中国在 2011 年成为全球最大的液化气体罐式集装箱生产国。

图 3.4-2　16MnDR 材料制 50m³、40ft 液化石油气罐式集装箱

图 3.4-3　南通中集 P460 NL1 材料制造的 24.3m³、R32 制冷剂 "U2" 钢印罐式集装箱

从 2011 年开始,按照中国标准制造的液化气体罐式集装箱在技术上取得很大进步,WH590E、XG630DR 等高强度钢新材料开始在液化气体罐式集装箱上使用,JB 4732—1995《钢制压力容器——分析设计标准》也得到应用。目前,按照中国标准制造的液化气体罐式集装箱的技术达到世界先进水平。南通中集罐箱公司按照 JB 4732—1995《钢制压力容器——分析设计标准》设计的罐式集装箱,罐体选用 XG630DR 材料、罐体设计容积 24.6m³、充装 R32 制冷剂(见图 3.4-4)。该罐式集装箱自重 8600kg,比采用 ASME Ⅷ-2 设计的液化气体罐式集装箱轻 200kg。

图 3.4-4　南通中集罐箱公司采用分析设计的 XG630DR 材料制 24.6m³、R32 制冷剂罐式集装箱

目前，国内液化气体罐式集装箱的产量稳居世界第一。在产品类型方面，能提供全尺寸系列的产品，包括 10ft、20ft、30ft、40ft 液化气体罐式集装箱。在充装介质方面，除液化石油气类、制冷剂等一般介质外，特殊介质罐式集装箱也具有一定规模，如纯度达 99.99999% 的高纯液氨罐式集装箱、液氯罐式集装箱、环氧乙烷罐式集装箱等。

4.2.2　冷冻液化气体罐式集装箱

2001 年，江西制氧机厂开发了第一台冷冻液化气体罐式集装箱（见图 3.4-5）。该产品罐体设计容积 11m³、工作压力 0.78MPa，采用真空粉末绝热结构，罐体与框架采用八爪连接结构。

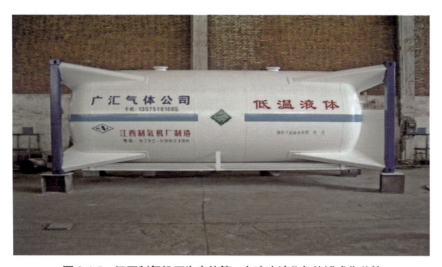

图 3.4-5　江西制氧机厂生产的第一台冷冻液化气体罐式集装箱

2002 年 10 月，张家港中集圣达因低温装备有限公司研发出国内第一台高真空多层绝热液化天然气罐式集装箱（见图 3.4-6），成为国内同行中第一家全面推广该技术的企业。2003 年，公司陆续向新疆广汇集团公司提供近 300 台专用于公路运输的 43ft 液化天然气罐式集装箱，使用该罐式集装箱将新疆鄯善液化天然气工厂的液化天然气通过公路运输到全国各地，最远运至福建广安地区。

图 3.4-6　张家港中集圣达因低温装备有限公司首台高真空多层绝热罐式集装箱

2003 年，南通中集罐箱公司为适应全球对液化天然气罐式集装箱的需求，与上海交通大学联合开发新一代 40ft 液化天然气罐式集装箱，历经两年的研制，国内首台满足多式（公路、水路和铁路）联运的高绝热性能的 40ft 液化天然气罐式集装箱面世（见图 3.4-7）。

图 3.4-7　南通中集罐箱公司制造的高绝热性能的 40ft 液化天然气罐式集装箱

2005 年，南通中集罐箱公司开发了 Collar 圈框架结构 20ft 冷冻液化气体罐式集装箱（见图 3.4-8），该产品罐体两端采用 Collar 圈与框架连接，罐体设计压力 0.8MPa，设计容积 18.9m^3，自重 8.7t，静态蒸发率＜0.36%/ 天。

图 3.4-8　南通中集 Collar 圈框架结构 20ft 冷冻液化气体罐式集装箱

2007年，为服务于钻井平台与陆地间的冷冻液化气体的运输问题，南通中集罐箱公司开发了近海冷冻液化气体罐式集装箱（见图3.4-9），框架比以上ISO罐式集装箱要牢固，可在海洋上恶劣的操作环境中使用。

图 3.4-9　南通中集罐箱公司近海冷冻液化气体罐式集装箱

2008年，南通中集罐箱公司开发了20ft（内八点支承和外八爪支承结构）冷冻液化气体罐式集装箱（见图3.4-10），该罐箱自重轻。罐体设计压力0.8MPa，罐体设计容积21m³，自重8.5t，静态蒸发率＜0.34%/天。

图 3.4-10　南通中集内八点支承和外八爪支承结构的20ft冷冻液化气体罐式集装箱

2010年，国家质检总局特设局就有关企业采用应变强化技术设计制造深冷压力容器问题，发布了质检特函〔2010〕第65号《关于采用奥氏体不锈钢应变强化技术制造深冷压力容器有关事项的通知》，该通知明确规定并委托锅容标委开展应变强化技术评审工作，为该项技术的推广应用规定了明确的管理要求。目前，国内多家移动式压力容器制造单位已经取得原国家质检总局特设局规定的应变强化技术许可资质，开始采用应变强化技术生产冷冻液化气体罐式集装箱。

2011年，南通中集罐箱公司开发了20ft应变强化冷冻液化气体罐式集装箱（见图3.4-11），该罐箱罐体内容器采用应变强化技术，大大降低了产品自重，同时配合两端支撑结构，减少了产品漏热，提高了真空绝热性能。罐体内容器设计压力1.6MPa，设计容积19.3m³，自重8.2t，静态蒸发率＜0.3%/天。

图3.4-11 南通中集罐箱公司20ft应变强化冷冻液化气体罐式集装箱

2013年，石家庄中集安瑞科气体机械有限公司开始研制满足铁路运输要求的冷冻液化气体罐式集装箱，为国内首次液化天然气铁路试运行试验提供40ft液化天然气罐式集装箱（见图3.4-12）。中国铁路总公司在青藏线格尔木—拉萨段开展了液化天然气铁路运输试验运行，主要考察了试验所用液化天然气罐式集装箱以及批准通过液化天然气铁路运输试验大纲，并取得圆满成功，开创了铁路运输新纪元，填补了国内空白。与公路运输的液化天然气汽车罐车相比，铁路运输受气候影响小，运输半径和运输量较大，液化天然气罐式集装箱装卸灵活、容积更大，比液化天然气公路运输更经济和高效。但是，由于国内客运线路和货运线路未分开等各种原因，原铁道部未批准开放液化天然气的铁路运输，最终未能实现液化天然气罐式集装箱商业化运营。

图3.4-12 石家庄安瑞科气体机械有限公司40ft液化天然气罐式集装箱

同年，常州查特公司引进查特德国的技术，开发了新型20ft冷冻液化气体罐式集装箱（见图3.4-13）。该产品内外容器支撑采用全金属吊带＋裙座结构，稳定、可靠的全金属柔性支撑结构使罐式集装箱能很好地适应疲劳应力和热胀冷缩的应力载荷。同时，该产品还采用了框架与罐体一体化设计，使罐式集装箱更轻量化，更贴合市场的需求。

图 3.4-13　常州查特公司新型 20ft 冷冻液化气体罐式集装箱

2014 年，石家庄安瑞科气体机械公司开发了轻量化 20ft 冷冻液化气体罐式集装箱（见图 3.4-14），该产品采用新型框架和支撑结构，产品自重和漏热指标都有很大提高。罐体内容器设计压力 0.75MPa，设计容积 21.13m^3，自重 7160kg，静态蒸发率 < 0.35%/ 天。产品采用 ASME 设计规范建造，充装介质包括液氧、液氮、液氩和液化天然气，适用于公路、铁路和水路以及这些运输方式的联运。该产品取得了欧美 BV 和 ABS 的认证证书。

图 3.4-14　石家庄安瑞科气体机械有限公司 20ft 冷冻液化气体罐式集装箱

2014 年，石家庄安瑞科气体机械有限公司开发了轻量化 40ft 冷冻液化气体罐式集装箱。该产品罐体内容器设计压力 0.78MPa，设计容积 46.3m^3，自重 11900kg，静态蒸发率 < 0.15%/ 天。由于采用新型框架和支撑结构，产品自重和漏热指标都有很大提高。产品采用 ASME 设计规范建造，适用于公路、铁路和水路以及这些运输方式的联运。

2014 年，南通中集罐箱公司开发了轻量化 40ft 冷冻液化气体罐式集装箱（见图 3.4-15），产品采用新型框架和支撑结构,产品自重和漏热指标都有较大提升。产品罐体内容器设计压力 0.483MPa,设计容积 45m³,自重 10.2t,静态蒸发率 < 0.15%/ 天。该产品为国内首个进行远洋海陆联运的液化天然气罐式集装箱,在美国完成了充装和公路、海路联运,单程运输距离达到 4800km,实现"一罐到底"的液化天然气运输模式,并成功完成安全试运行,标志着中国已具备国际领先水平的液化天然气罐式集装箱设计生产能力。

图 3.4-15　南通中集罐箱公司 40ft 冷冻液化气体罐式集装箱

同年,常州查特公司也成功开发了 40ft 低温罐式集装箱(见图 3.4-16)。该罐箱采用 ASME 设计建造规范,同时符合 ADR/RID/DOT 49CFR 等规范的要求。产品设置鹅颈槽结构,以适应多种型号车辆的运输工况。内外容器支撑采用全金属吊带 + 裙座结构,使结构更稳定可靠。该罐箱设计容积达 46.95m³,自重 11400kg,使 40ft 低温罐箱轻量化设计指标达到全球领先水平。

图 3.4-16　常州查特公司 40ft 液化天然气罐式集装箱

2016 年,中车长江车辆有限公司研制了适用于铁路运输的 40ft 液化天然气罐式集装箱（见图 3.4-17），完成了相关型式试验及公路、近海联运装卸作业等验证工作。该罐式集装箱罐体内容器设计压力 0.6MPa，设计容积 45m³，自重 13000kg，静态蒸发率＜0.14%/天。罐体采用高真空多层绝热技术，配置有基于物联网技术的远程监控和定位系统，可实时监测罐式集装箱内介质的温度、液位、压力、位置等信息。该产品也是我国首次采用对液化天然气介质进行实物静态蒸发率测试的箱型，充装液化天然气介质的实测维持时间长达 100 余天。

图 3.4-17　中车长江车辆有限公司 40ft 液化天然气罐式集装箱

2018 年，中车长江车辆有限公司成功研制了 30ft 氯乙烯罐式集装箱（见图 3.4-18），并通过了专项技术评审，是目前国内少数生产氯乙烯罐式集装箱产品的厂家之一。罐式集装箱罐体采用 304 不锈钢制造，具有优良的耐蚀性能。该罐式集装箱总重 36.0t，自重 6.7t，最大允许工作压力 0.8MPa，设计容积 38m³。

图 3.4-18　中车长江车辆有限公司 30ft 氯乙烯罐式集装箱

2019 年，中车长江车辆有限公司设计研制了 1EE 型 45ft 联运液化天然气罐式集装箱（见图 3.4-19）。该罐式集装箱罐体内容器设计压力 0.8MPa，设计容积 51.8m³，额定质量

34000kg，空箱质量 13300kg，最大允许充装量 20700kg。该产品自重小、容积大，拥有较大的运载量；后置阀门操作系统，与现有地面设备相匹配；具有良好的低温绝热性能，满足长时间装运的要求；在框架的 40ft 位置和 45ft 位置设置吊装角件，适应两种工况的吊装运输；设有监控系统，可远程监控罐体内介质的压力、液位、温度等参数。该型罐式集装箱能满足公路运输、水路运输、国际铁路运输及其联运。

图 3.4-19　45ft 联运液化天然气罐式集装箱

4.2.3　液体危险货物罐式集装箱

继江西制氧机厂、荆门宏图飞机制造厂等一批企业开展罐式集装箱产品的研究开发后，"中集"旗下南通中集罐式储运设备制造有限公司强势发展，规模和技术追赶国际水平。1999 年，南通中集罐箱公司引进 UBHI 液体罐式集装箱技术开展研发，并于 2001 年 11 月成功生产了第一台国际标准 ISO 不锈钢液体罐式集装箱（见图 3.4-20），在法国泰尔尼耶（Tergnier）铁路冲击试验专用线完成了冲击试验，开始大批量生产。

图 3.4-20　南通中集罐箱公司首台国际标准 ISO 不锈钢液体罐式集装箱冲击试验

此后，多家企业也开始批量生产，罐式集装箱在中国进入大规模生产时代。罐式集装箱引入中国十多年的发展过程中，罐箱结构和运输区域都在不断扩展。

4.2.3.1 结构设计发展历程

从罐式集装箱结构上来看，从最初的自主设计结构，到引入的 UBHI Beam 结构（斜梁结构），延伸设计制造了多种罐式集装箱结构。

（1）Beam 罐式集装箱　2001 年开始批量生产 Beam 结构罐式集装箱，开启了国内轻量化和柔性结构罐式集装箱的应用。2006 年进行了优化设计，圆形罐体设计容积达到了 26m³（见图 3.4-21），逐步成为液体罐式集装箱的主导产品。

图 3.4-21　26m³ 典型 Beam 罐式集装箱

（2）Collar 罐式集装箱　2003 年从国外引入 Collar 结构罐式集装箱（见图 3.4-22）。这种罐式集装箱的结构特点是罐体与集装箱的端框架焊接成一个整体，其结构强度和刚性明显增加。由于 Collar 罐式集装箱结构的框架对罐体的保护较好，使用范围越来越广。

图 3.4-22　26m³ Collar 罐式集装箱

（3）智能罐式集装箱　2008年，南通中集开发出了带智能监控系统的罐式集装箱，可对罐式集装箱的位置、盒盖开关、压力、温度等物理参数进行实时监控，安全防护性能有较大的提升。

（4）CIMC Burg罐式集装箱　随着罐式集装箱的使用及行业竞争的加剧，2009年开发了一款新的液体罐式集装箱（见图3.4-23），基于Burg形式，强度较高，自重较轻，很快得到市场认可，并大批量推广应用。

图 3.4-23　27.6m³ CIMC Burg 罐式集装箱

（5）Swapbody罐式集装箱　该结构可实现标准框架空间内容纳更大容积的载液罐体，且载液与自重比进一步增加，充分满足结构轻量化的经济运输要求。

2008年，南通中集罐箱公司设计制造出了国内第一台Swapbody罐式集装箱（见图3.4-24），该罐式集装箱的最大设计容积达到36m³，满足了使用单位的急需，受到了市场的欢迎和认可。

图 3.4-24　第一台 Swapbody 罐式集装箱

2010年，南通中集罐箱公司又设计开发了一种特殊结构的带A框的Swapbody罐式集装箱（见图3.4-25），该罐式集装箱设计充分体现了轻量化的要求，结构自重更轻，更具市场竞争力。

图 3.4-25 带 A 框的质量更轻的 Swapbody 罐式集装箱

从以上发展过程可以看出，罐式集装箱的结构型式逐步向安全、环保、大容积、轻量化的方向发展。

4.2.3.2 适合不同运输区域要求的罐式集装箱

罐式集装箱的运输区域已遍布世界，包括亚洲、欧洲、美洲、大洋洲等。国内企业已能根据市场需求设计、制造适应不同区域及运输模式要求的产品，主要产品见表 3.4-1。

表 3.4-1 适应不同国家或运输区域要求的罐式集装箱

时间	适应的国家或区域	罐式集装箱图片
2007 年	满足日本相关规范和标准规定的铁路冲击试验要求，带插槽的罐式集装箱	
2009 年	满足中国铁路规范和标准规定的，运输危险货物和危险化学品的罐式集装箱	

（续）

时 间	适应的国家或区域	罐式集装箱图片
2010 年	日本国内替代铁路罐车的无纵向梁的罐式集装箱	
2010 年	适合北美铁路范围内的双层堆码运输的 40ft 罐式集装箱	
2012 年	满足大洋洲规范和标准规定的用于水泥粉料的罐式集装箱	
2014 年	满足欧洲规范和标准规定的，设计总重 39.0t 的罐式集装箱	

第5章 长管拖车、管束式集装箱发展史

5.1 安全技术规范和标准发展历程

长管拖车最早由美国 CPI 公司研制，1987 年才引入中国，之后很长一段时间中国使用的长管拖车主要依靠国外进口。

1998 年，在劳动部的支持下，上海化工机械一厂与美国 CPI 公司合作，参照美国 DOT 规范，编制了国内第一部长管拖车企业标准。该公司通过从美国 CPI 进口大容积气瓶，设计开发了国内第一辆装载运输高压气体（氢气、氮气、天然气）的 SHJ9420GGQ 型运输半挂车。

2000 年以前，国内还没有相关的制造企业掌握长管拖车的核心承压部件之一——大容积钢质无缝气瓶的设计制造技术，制造市场属于空白期，所以也就没有相应的国家标准和行业标准。国内长管拖车制造单位选用的基本上都是从美国进口的符合美国标准的 DOT-3AAX 或 DOT-E8009 气瓶，瓶体材料一般为 Cr-Mo Steel/4130X。同期，国内相关的气瓶制造企业开始借鉴美国相应的标准体系和基本安全要求编制了企业标准。

2001 年，新奥集团石家庄化工机械股份有限公司（石家庄安瑞科气体机械有限公司的前身），作为国内最早开始研制大容积钢制无缝气瓶的制造企业之一，参照美国运输部 DOT-3AAX 气瓶标准编制了国内首个大容积钢制无缝气瓶企业标准 Q/SHJ 20—2001《高压气体瓶式容器》。2002 年编制并批准备案了 Q/SHJ 20—2002《大容积钢质无缝气瓶》企业标准，后经过数次修订沿用至今。

2001 年，国家质量技术监督局《气瓶安全监察规程》发布实施，将 1997 版《气瓶安全监察规程》的气瓶容积上限由 1000L 改为 3000L，大容积气瓶在国内有了相应的法规依据。

2002 年，新奥集团石家庄化工机械股份有限公司相继颁布了《长管拖车》和《集装管束》的企业标准。

2011 年，国家质检总局颁布了 TSG R0005—2011《移动式压力容器安全技术监察规程》，其中针对长管拖车和集装管束规定了专项基本安全技术要求，并将"集装管束"正式命名为"管束式集装箱"。

2012 年，国家质检总局发布 GB 28884—2012《大容积气瓶用无缝钢管》，并于 2013 年 5 月 1 日起实施。

2016 年，GB/T 33145—2016《大容积钢质无缝气瓶》国家标准问世，结束了在这一产品领域没有国家标准的历史，这一标准仍然延续了美国 DOT 气瓶标准体系的理念。

2019 年底，NB/T 10354—2019《长管拖车》和 NB/T 10355—2019《管束式集装箱》

两项行业标准经国家能源局批准发布，解决了这两种产品制造标准缺失的问题。

5.2 典型产品及开发历程

20世纪90年代以前，我国工业气体行业均采用70L以下的无缝气瓶或者集装成组的"气瓶集装格"来运输工业高压气体，运输效率以及安全性均不高，天然气行业使用高压气瓶基本处于空白状态。

20世纪90年代末，由于城市空气污染严重，尤其是北京市的空气质量日趋恶化，北京的机动车保有量达到200万辆，解决尾气污染刻不容缓。1997年，国务院责成13个部局成立了全国清洁汽车行动协调领导小组，将北京、上海、深圳、西安等12个城市列为"全国清洁汽车推广应用试点示范城市"。随着天然气汽车的快速增加，长管拖车成为采用"母站-子站加气模式"的主要设备，当时国内尚无此类产品，北京公交公司率先从国外进口长管拖车用于天然气加气站的运营。与此同时，随着"西气东输"等天然气输送工程大规模开展并相继投入使用，大量距离气源地或者天然气主干管线几十至几百公里的城镇的用气成为当时燃气运营商关注的问题，一个较为经济可行的方案就是在气源地或者主干管线处建立CNG压缩母站，将天然气压缩后通过高压气体汽车罐车运输到用气地点，经过减压释放到当地燃气管网使用。

1998年，上海化工机械一厂与美国CPI公司合作，设计开发了国内第一辆装载运输高压气体（氢气、氮气、天然气）的SHJ9420GGQ型运输半挂车，该项技术成果被认定为2000年国家级新产品。

2000年，全国压力容器标准化技术委员会移动式压力容器分技术委员会（简称"容标委移动分会"）经国家标准化管理委员会批准成立，标志着移动容器领域的专业标准化技术机构正式成立，逐步推动了长管拖车产品规范和标准的发展。

2000年，新奥集团股份有限公司从美国CPI公司进口了20多辆长管拖车进行天然气运营。由于业务的不断扩大以及进口长管拖车价格昂贵的原因，新奥集团股份有限公司开始寻求国内替代产品。为此，新奥集团股份有限公司于2000年11月收购了石家庄化工机械股份有限公司（石家庄安瑞科气体机械有限公司前身），聘请了国内旋压、热处理、机械制造等多名专家，开始了大容积钢质无缝气瓶和高压气体长管拖车的开发历程。

2002年，石家庄化工机械股份有限公司的试制样瓶在兰州国家石油钻采炼化设备质量监督检验中心完成爆破试验、疲劳试验和钢瓶材料720小时H_2S应力腐蚀试验后通过技术鉴定，结束了我国不能制造大容积钢瓶的历史，被行业誉为"神州第一瓶"。同年，石家庄化工机械股份有限公司试制的国内第一台采用国产大容积钢瓶设计组装的HGJ9360GGQ型长管拖车通过技术鉴定（见图3.5-1）。

2002—2006年间，长管拖车基本只有一种规格形式，即框架式结构、集束8管、设计总容积18m^3、标准尺寸40ft。2007年，随着市场需求的多样性以及对产品大容积轻量化的追求，石家庄安瑞科气体机械有限公司开始相继开发了20ft、30ft、34ft等不同规格的管束式集装箱（见图3.5-2），并在国内首创开发了HGJ9400GGQ型10管捆绑式CNG长管拖车（见图3.5-3），设计总容积达到了22.5m^3。随着天然气液压子站的发展，还配套推出了CNG液压子站长管拖车（见图3.5-4）。

图 3.5-1　石家庄化工机械股份有限公司试制的国内第一台由国产大容积钢瓶组装的长管拖车

图 3.5-2　HGJ9350GGQ 型 CNG 管束式集装箱

图 3.5-3　HGJ9400GGQ 型国内首台捆绑式 CNG 长管拖车

2007 年，石家庄安瑞科气体机械有限公司进军工业气体市场，先后取得了梅塞尔、AP、法液空、林德、普莱克斯等著名气体公司的长管拖车产品供应商认证，在长管拖车的工业气体领域占据着主导地位（见图 3.5-5、图 3.5-6）。

图 3.5-4　CNG 液压子站长管拖车

图 3.5-5　石家庄安瑞科气体机械有限公司为梅塞尔生产的框架式氢气长管拖车

图 3.5-6　石家庄安瑞科气体机械有限公司为 AP 生产的捆绑式氢气长管拖车

2008年以后,国内许多厂家看中了长管拖车的良好市场和丰厚的利润,纷纷开发长管拖车产品,先后有邯郸新兴能源装备股份有限公司、南亮压力容器技术(上海)有限公司、山东鲁西化工股份有限公司、浙江蓝能燃气设备有限公司等企业陆续加入,最多时达到10余家,产品竞争异常激烈。

2009年,石家庄安瑞科气体机械有限公司根据市场需求,成功开发了HGJ9401GGQ型9管捆绑式长管拖车(见图3.5-7),钢瓶直径559mm,设计总容积达到了23.2m³,获得了良好的市场反馈,次年销售量达到200余台。

图3.5-7　HGJ9401GGQ型9管捆绑式长管拖车

2011年,邯郸新兴能源装备股份有限公司世界首创研制出直径720mm高压无缝气瓶旋压机工艺及技术,并在此技术基础上于2012年先后研制出国内首支 φ711mm大容积钢质无缝气瓶以及首台长管拖车。该长管拖车由6支直径711mm大容积钢质无缝气瓶组成,工作压力20MPa,水容积达到25.02m³,充装天然气6313Nm³,长管拖车满载总重为40t。较常规 φ559mm8管车运力提升40%(见图3.5-8)。

图3.5-8　HDS9409GGY型捆绑式长管拖车

钢质气瓶（Ⅰ型瓶）长管拖车受钢管直径以及车辆总质量的限制，容积无法进一步加大，运输效率无法进一步提升。石家庄安瑞科气体机械有限公司经过多年的潜心研究，研发、试制、试验了钢内胆缠绕复合材料制造的大容积缠绕气瓶（Ⅱ型瓶），并组装成长管拖车和管束式集装箱。2010年，该产品研制成功，并通过安全技术评审和原国家质检总局的批量生产的批文，带动长管拖车和管束式集装箱行业轻量化发展进入新阶段。

2011年，石家庄安瑞科气体机械有限公司成功推出20MPa、31.02m³缠绕气瓶箱式长管拖车。该长管拖车由12只559mm直径大容积钢内胆玻璃纤维缠绕气瓶组成，容积达到了31.02m³，充装天然气7827Nm³，满载总重为35t（见图3.5-9）。

图3.5-9　HGJ9350GRQ型缠绕气瓶箱式长管拖车

2013年10月，石家庄安瑞科气体机械有限公司推出25MPa缠绕气瓶无动力子站车。该子站车由12支559mm直径钢内胆玻璃纤维缠绕气瓶组装而成，水容积为27.45m³，充装天然气8165Nm³。整台设备满载总重达到了40t。该产品的特点是：由于气瓶和受气设备之间产生了更高的压力差，实现了对受气设备的无动力充装，节约了建站成本和能源动力（见图3.5-10）。

图3.5-10　HGJ9401GRQ型缠绕气瓶箱式长管拖车

2014年，邯郸新兴能源装备股份有限公司、石家庄安瑞科气体机械有限公司、鲁西化工新能源装备有限公司、浙江蓝能燃气设备有限公司等企业，陆续开发了直径715mm大容积钢质气瓶组装的长管拖车（见图3.5-11）。该产品结构简化，容积达到23.8m³，受到市场的普遍欢迎，大有取代直径559mm钢瓶长管拖车的态势。

图3.5-11　HGJ9401GGY型6管715mm直径气瓶捆绑式长管拖车

2014年9月，石家庄安瑞科气体机械有限公司推出适应国际市场需求的公称工作压力25MPa、钢内胆直径559mm的碳纤维缠绕气瓶组装成的管束式集装箱。该管束式集装箱由12支气瓶组成，水容积为32.2m³，充装天然气9602Nm³。整台设备重量仅为28770kg，充气质量和设备整备质量的比值为0.24，是当时储运效率最高的管束式集装箱产品（见图3.5-12）。

图3.5-12　石家庄安瑞科42ft碳纤维缠绕气瓶管束式集装箱

2015年6月，石家庄安瑞科气体机械有限公司又推出内胆直径715mm玻璃纤维缠绕气瓶管束式集装箱和长管拖车。该产品由 8 支气瓶组装而成,水容积为 33.6m³,充装天然气 8512Nm³,整台设备满载总重达到 40t(见图 3.5-13)。

图 3.5-13　HGJ9406GGY 型缠绕气瓶箱式长管拖车

2016 年 5 月,邯郸新兴能源装备有限公司研制了公称工作压力 20MPa 的 HDS9406GGY 型高压气体长管拖车。该产品由 7 支直径 711mm 大容积钢质无缝气瓶组成,水容积达到 26.5m³,充装天然气 6700Nm³,整备质量为 35500kg。该产品采用独特的半承载式结构设计,是国内同类全钢质无缝气瓶长管拖车中水容积最大的产品(见图 3.5-14)。

图 3.5-14　HDS9406GGY 型高压气体长管拖车

随着工业气体市场的快速发展,氢气运输市场的竞争越来越激烈,提升运输效率成为运营商的迫切需求。石家庄安瑞科气体机械有限公司在 2017 年 6 月,推出盛装氢气的公称工作压力 20MPa、直径 559mm 的玻璃纤维缠绕气瓶管束式集装箱和长管拖车。该设备由 12 支气瓶组成,水容积为 31m^3,充装氢气 5485Nm^3,管束式集装箱满载总重达到 30.1t(见图 3.5-15)。

图 3.5-15　石家庄安瑞科气体机械有限公司氢气缠绕气瓶管束式集装箱

2017 年 11 月,经过两年的准备,石家庄安瑞科气体机械有限公司开发出公称工作压力 20MPa、直径 715mm 碳纤维缠绕气瓶管束式集装箱和长管拖车。该设备由 8 支气瓶组成,水容积为 33.6m^3,充装天然气 8512Nm^3,长管拖车满载总重达到 38t。该设备相比相同容积的玻璃纤维缠绕气瓶总重减轻了 2t,提高了容重比,更加轻量化,运输效率更高(见图 3.5-16)。

图 3.5-16　HGJ9380GRQ 型碳纤维缠绕气瓶长管拖车

2019年,浙江蓝能燃气设备有限公司也开发出公称工作压力20MPa、直径559mm的碳纤维缠绕气瓶长管拖车。该设备由8支气瓶组成,水容积为31m³,整台设备满载总重达到38t(见图3.5-17)。

图3.5-17 浙江蓝能碳纤维缠绕气瓶箱式长管拖车

迄今为止,国内市场上Ⅱ型缠绕瓶长管拖车和管束式集装箱,只有石家庄安瑞科气体机械有限公司已大批量投放市场,浙江蓝能燃气设备有限公司开始对外销售,其他公司此类产品还未在国内上市。

长管拖车产品经过十余年快速发展,逐步向大容积、轻量化、安全、可靠、运输高效和产品结构、外观的精细化方向发展。

目前,我国长管拖车和管束式集装箱已经实现自给并大量出口,长管拖车和管束式集装箱的设计制造技术已达到国际先进水平,产销量居于世界第一。

第6章 移动式压力容器法规、安全技术规范、标准体系建设

移动式压力容器不仅受国家市场监管总局的监督管理，还受国务院铁路、公路及水路运输等其他有关主管部门的安全管理和监督，客观上提升了移动容器法规标准制修订的难度。经过数十年的逐步积累，移动容器法规、安全技术规范、标准体系从无到有，从最初的公路、铁路、水路各管一摊，到目前相对统一的管理，已经取得了较大的进步。

特别是2005年3月，全国锅炉压力容器标准化技术委员会移动式压力容器分技术委员会（SAC/TC 262/SC4，简称"锅容标委移动分会"）组建方案获得国家标准化管理委员会批准（标委办计划〔2005〕27号），标志着移动容器领域的专业标准化机构正式成立。此后，锅容标委移动分会牵头集中开展了移动容器领域的一系列产品法规、安全技术规范、标准制定工作，有力地推动了移动容器法规、安全技术规范、标准体系的建设和完善。

一系列移动容器相关产品标准和支持性标准的制定和发布，为规范行业行为、提升产品质量奠定了基础。特别是随着TSG R0005—2011《移动式压力容器安全技术监察规程》的正式颁布和实施，一定程度上解决了我国原有法规、部门规章和安全技术规范对移动式压力容器的相关要求不全面、不协调和不统一的局面。

TSG R0005—2011从质量和安全的角度，提出了移动式压力容器的材料、设计、制造、使用管理、充装与卸载、改造与维修、定期检验、安全附件与装卸附件等方面的总体安全技术要求。同时，根据铁路罐车、汽车罐车、罐式集装箱以及长管拖车、管束式集装箱等不同产品特点，规定了专项基本安全技术要求，形成了一部比较综合完善的移动容器安全技术规范。

此外，锅容标委移动分会还借助对口ISO/TC 220（国际标准化组织低温容器技术委员会）的有利条件，积极研究和学习国外先进的规范标准体系及其技术要求，通过消化吸收，转化为国内规范和标准的内容，提升了国内移动容器产品的整体技术水平和安全性，也提升了移动容器产品出口的国际竞争力。

由锅容标委和移动分会负责制定、归口并组织编制的现行有效的移动式压力容器相关产品标准见表3.6-1。

表3.6-1 移动式压力容器产品标准

序号	标准编号	标准名称	标准状态
1	GB/T 10478—2017	液化气体铁道罐车	现行有效
2	GB/T 19905—2017	液化气体汽车罐车	现行有效

(续)

序号	标准编号	标准名称	标准状态
3	GB 18564.1	道路运输液体危险货物罐式车辆 第1部分：金属常压罐体技术要求	转工信部汽标委
4	GB 18564.2—2008	道路运输液体危险货物罐式车辆 第2部分：非金属罐体技术要求	转工信部汽标委
5	NB/T 47057—2017	液化气体罐式集装箱	现行有效
6	NB/T 47058—2017	冷冻液化气体汽车罐车	现行有效
7	NB/T 47059—2017	冷冻液化气体罐式集装箱	现行有效
8	NB/T 47064—2017	液体危险货物罐式集装箱	现行有效
9	NB/T 10354—2019	长管拖车	现行有效
10	NB/T 10355—2019	管束式集装箱	现行有效
11	NB/T ×××××	冷冻液化气体铁路罐车	制订中

此外，锅容标委移动分会还负责制定了 GB/T 18443.1～8—2011《真空绝热深冷设备性能试验方法》、GB/T 14566.1～4—2011《爆破片型式与参数》、GB 567.1～4—2012《爆破片安全装置》、GB/T 31480《深冷容器用高真空多层绝热用材料》、GB/T 31481《深冷容器用材料与气体的相容性判定导则》、GB/T 37816—2019《承压设备安全泄放装置选用与安装》和 GB/T 38109—2019《承压设备安全附件及仪表应用导则》等 20 余项有关测试方法、安全附件、材料等相关基础标准，完善和丰富了移动容器标准化体系内容。

目前，我国移动式压力容器行业已经完成铁路罐车、汽车罐车、罐式集装箱、长管拖车和管束式集装箱等主要产品技术标准制修订工作，能够满足相关产品的设计、制造和检验与试验方面的需求，为规范行业行为、保证产品质量打下了坚实的基础。

由此可见，我国移动式压力容器标准化体系框架已基本建设完成，并形成了体系框架的建设规划。

为了提升标准体系框架的完整性，锅容标委移动分会正在组织开展《冷冻液化气体铁路罐车》行业标准的制定工作。此外，有关移动容器操作／运行要求方面的技术标准还比较欠缺。使用环节是移动式压力容器安全事故发生的最主要环节，该领域将是未来移动容器标准化工作的一个重点领域。

第7章 思考与展望

我国移动容器行业经历了60多年的发展历程，从无到有、由弱到强，发展至今，其产业规模和市场保有量已经跻身世界前列。法规、安全技术规范、标准体系基本建立并逐步完善，相应的基本安全要求能够反映产业成熟技术和社会公共安全对安全技术规范和产品标准的要求，法规、安全技术规范、标准的基本安全要求也已经能够与国际规范和工业发达国家标准的相关要求和规定逐步接轨，并且能够适应产业国际化的发展趋势，其设计、制造技术水平也在不断进步和提高，基本满足安全运行与使用功能需求。同时，移动容器一体化设计、轻量化设计已经成为现代压力容器基本思想和理念，得益于新材料、新设计方法（如应力分析法）、新制造技术（如应变强化技术）的逐步成熟和推广，移动容器在保证使用安全的前提下进行"轻量化"设计取得较大进展，顺应了国家节能、减排、绿色环保的发展方向。

但是，我国的移动容器设计制造技术与发达国家相比，在标准和规范的技术水平、产品设计结构优化、分析设计的应用、创新产品的开发和应用等方面仍存在一定的差距。在移动容器行业技术发展、技术创新的道路上，我们还是任重道远，应当进一步加强移动容器有关设计基础、设计方法、强度评价准则、材料研究、结构优化、安全附件、相关危险货物和危险化学品介质的安全防护等方面的基础性研究。我们坚信，挑战既是困难也是机遇，需要全行业的设计、制造、管理等同行们进一步强化创新意识，为我国移动容器行业的健康发展开拓新局面。

移动容器由于其特殊的使用条件和环境，如铁路运输、公路运输等交通动脉上的运行，其交通安全事故发生带来的后果对社会公共安全的影响巨大，所以，政府监督管理部门和社会的公共安全对移动容器运输使用的安全要求随着时间的推移和认识的逐步深入，也在逐步提高。移动容器行业相关企业的工程技术人员和管理人员也倍感责任重大，历史赋予我们使命让我们认真地思考，以下几点内容应该是整个移动容器行业今后发展的趋势所在：

1）移动容器由于涉及铁路、公路、水路等行业的多部门、多种运输模式的安全管理，其交通事故的后果对人民生命财产以及社会公共安全的影响是巨大的，特别是铁路和公路运输，一旦发生交通事故，影响巨大，损失无法估量，所以移动容器的设计、制造质量与相应安全技术规范和标准的符合性审查是事故处理的首选项，故高质量、高于安全技术规范和标准要求的移动容器应该是今后发展趋势之一。

2）移动容器由于要参与铁路、公路、水路或者其联运等运输方式，所以移动容器本身的设计结构，应该能够适用于各种复杂可预见工况的运行条件，包括相关规范规定的小曲率铁路、公路等，特别是诸如铁路罐车和汽车罐车，低重心的移动容器设计结构应该是今后发展趋势之一。

3）移动容器由于要满足铁路、公路等长距离危险货物和危险化学品的转移的目的，一次性的装载量越大，其运输效率越高，运营成本越低，所以大容积罐体的移动容器设计是我们追求的目标，轻量化的移动容器设计结构应该是今后发展趋势之一。

4）移动容器由于要频繁地充装与卸载，频次越高，其运营效率就越高，运营成本越低，高频次的充装与卸载对安全附件和装卸附件的寿命要求也就越高，尤其是对于诸如液氯、氟化氢等强腐蚀介质而言更是如此，故长寿命的移动容器安全附件和装卸附件的设计应该是今后发展趋势之一。

5）移动容器由于受走行装置中轴荷的限制，所以其满载总重是一定的，是不能够突破的红线，所以移动容器本身自重越轻，其装载量越大的可能性也就越高，故高强度钢在罐体上的应用、高强度碳纤维在气瓶上的应用应该是今后发展趋势之一。

6）随着我国物联网技术的逐渐成熟和快速发展，市场对移动容器智能化和人性化管理的需求也越来越强烈，故采用物联网技术的设置有罐体物理参数的智能化监控采集终端装置的移动容器应该是今后发展趋势之一。

（本篇由全国锅炉压力容器标准化技术委员会移动式压力容器分会周伟明、魏永彪、滕俊华撰写）

第四篇

核电压力容器篇

第 1 章 概述

20 世纪 70 年代初，我国大陆核电开始起步。1985 年我国首座自行设计、建造的核电站——秦山核电站开工建设，1991 年 12 月 15 日实现并网发电，结束了我国大陆无核电的历史，实现了我国核电"零的突破"。同时，我国从法国成套进口了两台 900MW 级的核电机组，于 1993 年和 1994 年并网发电。秦山核电站（见图 4.1-1）和大亚湾核电站（见图 4.1-2）的建成发电，为我国核电发展打下了良好的基础。

图 4.1-1 秦山核电站

图 4.1-2 大亚湾核电站

2000 年召开的党的十五届五中全会上，提出了"适度发展核电"的方针。随后，我国相继建设了浙江秦山二期核电站、广东岭澳一期核电站、浙江秦山三期核电站等，使我国核电设计、建造、运行和管理水平得到了很大的提升，也为我国加快发展核电奠定了坚实的基础。进入新世纪，中国核电进入批量化、规模化的快速发展阶段。截至 2015 年 12 月底，共有 26 台机组在建，在建核电规模居世界第一。

党的十七届五中全会通过的《中共中央关于制定国民经济和社会发展第十二个五年规划的建议》，确定我国"在确保安全的基础上高效发展核电"的方针。2012 年 3 月，我国政府工作报告重申了在能源结构中安全高效发展核电的政策，我国核电也由此进入了安全高效、稳步发展的新阶段。

中国核电从自行设计、建造第一座 300MW 秦山核电站起，目前已建成浙江秦山、广东大亚湾和江苏田湾等多个核电基地。截至 2016 年 1 月 1 日，中国大陆共有 30 台核电机组投入商业运行，分别是：辽宁红沿河核电站 1/2/3 号机组、江苏田湾核电站一期、浙江秦山核电站一期、浙江秦山核电站二期、浙江秦山核电站三期、浙江方家山核电站 1/2 号机组、福建宁德核电站 1/2/3 号机组、福建福清核电站 1/2 号机组、广东大亚湾核电站、广东岭澳核电站一期、广东岭澳核电站二期、广东阳江核电站1/2/3号机组、广西防城港核电站1号机组、海南昌江核电站1号机组。截至2016年1月1日，中国大陆正在建设的核电机组有26台，分别是：辽宁红沿河核电站4/5/6号机组、山东海阳核电站1/2号机组、山东石岛湾核电站、江苏田湾核电站二期、浙江三门核电站1/2号机组、福建宁德核电站4号机组、福建福清核电站3/4/5/6号机组、广东台山核电站1/2号机组、广东阳江核电站4/5/6号机组、广西防城港核电站2/3/4号机组、海南昌江核电站2号机组。目前，中国大陆规划建设的核电站有辽宁徐大堡核电站、广东陆丰核电站等。除此之外，我国还有各种先进核反应实验堆的项目，如清华大学核能技术设计研究院研制的10MW高温气冷实验堆、中国原子能科学研究院研究开发的65MW快中子实验堆、清华大学核能技术设计研究院研制的低温供热堆、中国原子能科学研究院研究开发的高通量重水反应研究堆。

核电工程设计、建造和运行管理是一项综合性的工程，涉及多种学科和工业部门。我国通过秦山300MW和600MW核电站的研究、设计、建造和运行管理，已初步形成了一个从核电站设计、科研试验、设备制造、施工安装、安全评审到调试运行等完整的核电工程配套体系；同时通过广东大亚湾、岭澳百万千瓦级核电站的引进和翻版设计，及三代核电技术的消化、吸收和再创新，进一步增加了核电工程自主设计、建造和运行管理等各方面的能力；加之广泛的国际交流和合作，在核能技术和管理方面为我国核电产业的进一步发展创造了良好条件。

近30年来，我国核电事业得到了长足的发展，核电在提升我国综合经济实力和工业技术水平、改善我国能源结构中正发挥着越来越重要的作用。

核能发电是利用核反应堆中核裂变所释放出的热能进行发电的方式。它与火力发电极其相似，只是以核反应堆及蒸汽发生器来代替火力发电的锅炉，以核裂变能代替矿物燃料的化学能。目前，我国运行和在建的核电站大多为压水堆核电站。如图4.1-3所示，压水堆核电站的工作原理是一回路的冷却剂通过堆芯加热，在蒸汽发生器中将热量传给二回路或三回路的水，然后形成蒸汽推动汽轮发电机。

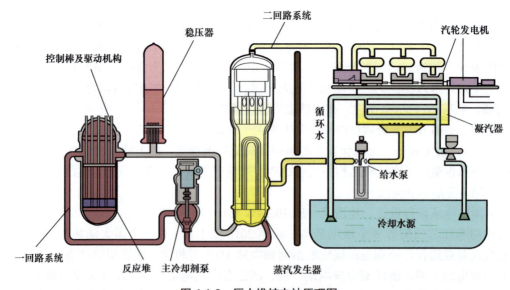

图4.1-3 压水堆核电站原理图

与民用压力容器类似,核电站的压力容器按生产工艺过程中的作用原理,划分为反应压力容器、换热压力容器、分离压力容器和储存压力容器等。而在定期检验方面,核电站的压力容器要严格一些,会专门制定包含安全相关要求在内的核电厂在役检查大纲,以保证核电站的安全要求。同时,设备的设计、制造、检验及在役检查等过程,均需在国家核安全局的有效监管之下进行。

第 2 章 核电压力容器技术发展历史

2.1 反应堆压力容器

2.1.1 反应堆压力容器功能概述

反应堆压力容器(以下简称"压力容器",见图 4.2-1)是反应堆冷却剂系统的一个主要设备,与该系统的其他设备一起构成反应堆冷却剂承压边界,并容纳反应堆堆芯和相关的支承(即堆内构件)、控制元件和机构以及冷却剂。它引导冷却剂沿堆内构件穿过堆芯,冷却剂经过核燃料反应加热后,传输至蒸汽发生器加热二回路水使之变成蒸汽,蒸汽通过管路进入汽轮机,推动汽轮发电机发电。

压力容器与堆内构件、主管道、安注接管、顶盖放气管、保温层、顶盖吊具、堆腔密封、松动部件监测系统(LPMS)和一体化堆顶组件(IHP)等存在接口关系,并且通过压力容器支座支承在安全壳混凝土建筑物上。

图 4.2-1 反应堆压力容器

压力容器顶盖为控制棒驱动机构(CRDM)提供支承,为堆芯测量系统(IIS)提供贯穿通道。在容器筒体上通过进、出口接管与主管道连接。

压力容器是圆筒形的,并配有半球形的底封头和带法兰可拆卸的顶盖。进出口管接纳循环流过堆芯的冷却剂用以带走热量,并将其传递给蒸汽发生器。安注接管用于非能动堆芯冷却系统,在事故工况下提供冷却剂流量。为了降低压力容器泄漏及堆芯裸露的可能性,所有接管都设置在堆芯上方。

除了为换料和维修提供通向压力容器内部的通道外,可拆卸的顶盖还为控制棒驱动机构、堆测接管、顶盖放气系统贯穿件和松动件监测系统提供了安装定位结构。为支承一体化堆顶组件及便于吊装,顶盖上还配置有支座和吊耳。

压力容器接管段法兰上有用于主螺栓连接的螺纹孔,并且其上部有与顶盖配合的密封面。贯穿法兰的内、外检漏管用于收集通过 O 形密封环的泄漏。

较二代核电厂压力容器底部设置有为堆芯测量装置提供进出通道的贯穿件,三代核电厂 AP1000/CAP1400 反应堆位于堆芯顶部以下的压力容器筒壁上,不设置贯穿件,从而降低了发生失水事故(LOCA)情况下堆芯裸露的可能性。堆芯处于容器内尽可能低的位置,以缩短万一发生事故时堆芯再淹没的时间。在堆芯熔化的严重超设计基准事故发生时,压力容器底部封头应能容纳熔化的堆芯并靠淹没水冷却容器的外表面。

靠近接管段法兰上部的压力容器内壁上设置支承凸缘，靠近堆芯底部的压力容器内壁上设置有堆芯支承块，用以支承堆内构件和堆芯。底封头在假想堆芯坠落事故发生时应能支承反应堆堆芯。

压力容器支承设置在进口接管上，作为压力容器和压力容器支座之间的接口。支承必须限制压力容器的周向运动，并允许径向热膨胀。压力容器支座不限制压力容器垂直向上的移动。

压力容器接管段端部外侧设置有密封凸台以支承和密封堆腔。密封凸台也作为顶盖法兰保温层的支承。

我国反应堆压力容器研制最早从秦山核电站开始，经历了从300MW、600MW到1000MW级的反应堆压力容器研发过程。

2.1.2 反应堆压力容器研制历程

2.1.2.1 二代核电站反应堆压力容器

有别于主要目的为通过试验示范形式来验证核电在工程实施上可行性的第一代原型堆核电厂，第二代核电厂主要是实现商业化、标准化、系列化、批量化，以提高经济性。自20世纪60年代末至70年代世界上建造了大批单机容量在600～1400MW的标准化和系列化核电站，以美国西屋公司的Model 212（600MW，两环路压水堆，堆芯有121盒组件，采用12ft燃料组件）、Model 312（1000MW，3环路压水堆，堆芯有157盒组件，采用12ft燃料组件）、Model 314（1040MW，3环路压水堆，堆芯有157盒组件，采用14ft燃料组件）、Model 412（1200MW，4环路压水堆，堆芯有193盒组件，采用12ft燃料组件）、Model 414（1300MW，4环路压水堆，堆芯有193盒组件，采用14ft燃料组件）、System 80（1050MW，2环路压水堆）为代表。

秦山300MW核电站是我国第一座自行研究设计、自行建造的核电站，属于二代核电技术，反应堆压力容器由上海核工程研究设计院自主设计。巴基斯坦恰希玛核电站亦是300MW核电站，是我国自行设计、建造的第一座出口商用核电站，其反应堆容器的设计是以秦山一期的设计为原型，在秦山一期技术工作的基础上进行的，结构上没有原则性的变更，选材与原型一致。

300MW核电站反应堆压力容器系一个由焊接连接的带半球形底封头的筒体、螺栓法兰连接的可拆半球形顶盖、镀银金属O形环密封构成的立式安装的圆筒形容器，如图4.2-2所示。

为避免焊缝受高通量中子辐照，容器筒身采用无纵缝的环锻结构。容器所有承压边界焊缝全部采用全焊透焊缝，与冷却剂接触的所有内表面，按不同的结构要求，堆焊耐蚀的超低碳不锈钢和镍基合金衬里。容器法兰和顶盖采用48根（6.125-8UNR）螺栓，并由两道同心配置在顶盖密封槽中的自紧式镀银O形环来连接紧固密封。O形环采用$\phi12.7mm \times 1.27mm$的无缝管焊制而成，表面镀银0.15～0.22mm。在两道O形环的外侧各设置有泄漏检测、收集系统。在容器顶盖上分别装有37个驱动机构管座和4个温度测量管座及1个堆顶放气系统接管。在底封头上装有30个堆内通量测量管座。这些管座分别

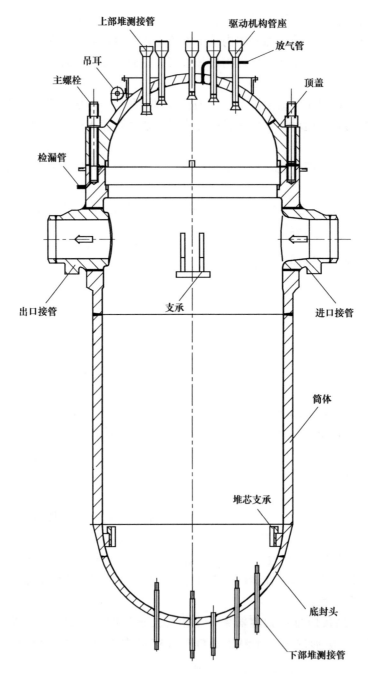

图 4.2-2 300MW 核电厂反应堆压力容器简图

采用冷装过盈配合和间隙配合插入顶盖或底封头的相应位置中,并在内壁用局部焊透的镍基合金焊缝焊牢。位于容器法兰上的两条冷却剂环路的 4 个接管端部均焊有与主管道同材料的不锈钢安全端。进出口接管间夹角为 60°。为了监督容器材料的辐照脆化倾向,在筒体接管段上部的支承台肩上开有 8 条纵向半圆槽,供抽插材料辐照监督管用。在筒体下部的内壁上沿圆周均布焊有 4 块径向支承块。每个径向支承块装有镍基合金的调整镶块,以便在现场与吊篮部件配装时通过测量、加工和最终固定,达到与吊篮正确定位的目的。容器筒体与顶盖、压紧部件、吊篮部件之间的定位对中由固定在吊篮上的对中定位键来保证,因此顶盖、筒体法兰上均加工有精密的定位键槽。顶盖吊装时由两根导向栓引导来实施顶盖吊装时的导向。300MW核电站反应堆压力容器主要参数见表4.2-1。

表4.2-1　300MW核电站反应堆压力容器参数表

参　　数	数　　值	参　　数	数　　值
设计压力/MPa	17.16	筒体法兰外径/mm	ϕ3990
设计温度/℃	350	进、出口接管数/个	各2
工作压力/MPa	15.2	进出口接管直径(内径/外径)/mm	ϕ700/ϕ1050
水压试验压力/MPa	21.5	驱动机构管座数/个	37
设计寿命/年	40	通量测量管数/个	30
容器总高/mm	10705	主螺栓	48个(6.125-8UNR)
筒身直径(内径/外径)/mm	ϕ3374/ϕ3732		

反应堆容器所用母材为A508-Ⅲ钢,相当于SA-508 Gr.3 Cl.1,此材料在反应堆容器制造中,国际上已有长期的制造使用经验,公认具有好的可焊性和抗辐照脆化性能。超低碳或含钛稳定不锈钢用于不锈钢零件或堆焊层,并对铁素体含量做了适当限制,以保证焊接性能,所有不锈钢耐晶间腐蚀。主要材料见表4.2-2。

表4.2-2　300MW核电站反应堆压力容器主要材料

部　件	材　料	部　件	材　料
顶盖	A508-Ⅲ钢	接管安全端	316不锈钢
驱动机构管座	Inconel 690	通量测量管座	Inconel 690
温度测量管座	Inconel 690	主螺栓、螺母、垫圈	540(40CrNiMoE)钢
放气管	Inconel 690+321不锈钢管子	O形环	Inconel 718管子(表面镀银)
筒体	A508-Ⅲ钢		

2.1.2.2　三代核电站反应堆压力容器

美国核电用户要求文件(URD)和欧洲核电用户要求文件(EUR)提出了第三代核电站的安全和设计技术要求,它包括了改革型的能动(安全系统)核电站和先进型的非能动(安全系统)核电站。其中AP1000作为第三代核电站的主力堆型,目前已完成了核电站现场冷试工作。

第三代核电站的安全性和经济性都将明显优于第二代核电站。由于安全是核电发展的前提,世界各国除了对正在运行的第二代机组进行延寿与补充性建一些二代加的机组外,接下来新一批的核电建设重点是采用更安全、更经济的先进第三代核电机组。国家核电技术有限公司引进的美国非能动AP1000核电站以及广东核电集团公司引进的法国EPR核电站,以及国家大型先进压水堆核电站重大专项CAP1400核电站都属于第三代核电站。

以 AP1000 依托项目反应堆压力容器为例,反应堆压力容器结构简图如图 4.2-3 和图 4.2-4 所示。反应堆压力容器由可拆卸式带法兰的半球形顶盖和筒体组成。其中筒体又分为上筒体和下筒体,上筒体主要由接管段、进口接管、出口接管、安注接管组成,下筒体主要由筒身段、过渡段、底封头组成。筒身段与半球形底封头之间由过渡段连接。上筒体、筒身段、过渡段和半球形底封头由低合金钢制造,部件间采用焊接连接,并在内部堆焊奥氏体不锈钢堆焊层。

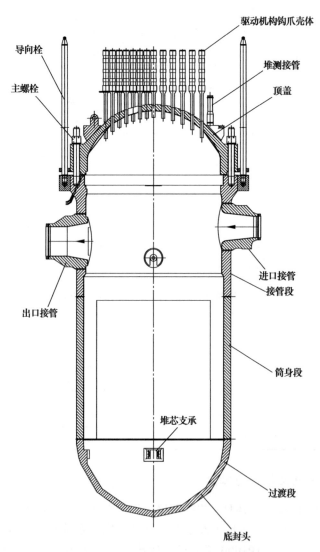

图 4.2-3　AP1000 反应堆压力容器纵剖图

压力容器总高(顶盖上封头至底封头)12209mm,筒体外径 4477mm。压力容器由 SA-508 Gr.3 Cl.1 锻件制造,总重约 353000kg。

压力容器法兰和顶盖采用 45 根 7.000-4UN-2A 螺栓,并由两道同心配置在顶盖密封槽中的自紧式镀银 O 形环进行连接密封。O 形环采用 ϕ12.7mm×1.27mm 的 718 合金无缝管焊制而成,表面镀银。内、外 O 形环各由 20 组固定螺钉、嵌块及夹片预先固定在顶盖 O 形环槽中。在筒体密封面两道 O 形环的外侧的相应位置分别设置有泄漏检测、收集系统。

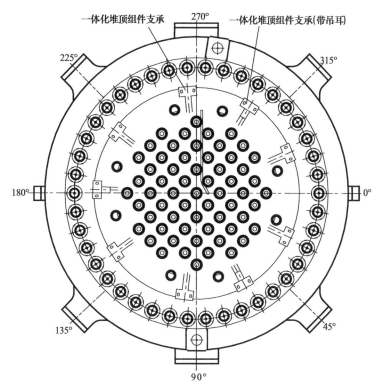

图 4.2-4　AP1000 反应堆压力容器横剖图

顶盖上装有 69 个驱动机构贯穿件及 1 个放气管，这些管件分别采用冷装过盈配合和间隙配合插入顶盖相应位置中，并在内壁用局部焊透焊缝（J 型坡口焊缝）焊牢，焊缝采用 Inconel 690 合金材料。导罩延伸过渡段焊接于导罩延伸段上，与驱动机构贯穿件螺纹连接后焊接，导罩延伸段亦采用螺纹连接后焊接方式相连。此外，顶盖上还装有 8 个堆内测量接管，与堆内测量装置（IIS）相连接。12 个支承凸台以焊接方式固定于顶盖相应位置上，其中三个支承凸台带吊耳。顶盖法兰外侧焊有两块导向栓支架，以便于顶盖现场吊装。

接管段为一大型环形锻件，与 4 个进口接管、2 个出口接管和 2 个安注接管采用全焊透焊缝方式连接。安注接管位于密封面以下 2540mm，出口接管位于密封面以下 2032mm，进口接管位于密封面以下 1587mm 处。筒身段亦为环形锻件，母材壁厚 213.5mm，内壁堆焊名义尺寸为 6mm 的奥氏体不锈钢堆焊层，筒身内径 4038mm，高度 4369mm。底封头球体内半径为 2008.5mm。

在过渡段的内壁上沿圆周均布 4 块支承凸台，支承凸台与过渡段锻为一体，每个支承凸台焊有 2 块镍基合金堆芯支承块，外接调整镶块，以便在现场与吊篮部件配装时，通过测量、加工和最终固定，达到与吊篮正确定位的目的。过渡段的内壁下沿堆焊有 8 个支承块，为导流围板提供支承。过渡段外壁焊有 3 个振动监测垫块，其安装位置约偏离压力容器轴线 5.2°，周向间隔约为 120°。

为避免焊缝受高通量中子辐照，反应堆压力容器筒身采用无纵缝的环锻结构。与冷却剂接触的所有内表面，按不同的结构要求，堆焊耐蚀的奥氏体不锈钢和 Ni-Cr-Fe 合金。

压力容器进、出口接管和安注接管端部均焊有 316LN 不锈钢安全端，以便与一回路冷却剂主管道进行现场焊接。进口接管沿周向均布，与安注接管、出口接管间夹角皆为 45°。

反应堆压力容器设计目标是在设计压力为 17.13MPa、设计温度为 343℃的环境下运行 60 年，为了监督容器材料的辐照脆化倾向，设置 8 个辐照监督管。

AP1000 反应堆压力容器主要参数见表 4.2-3。

表 4.2-3 AP1000 反应堆压力容器参数表

参　数	数　值	参　数	数　值
设计压力 /MPa	17.13	出口接管数	2
设计温度 /℃	343	安注接管数	2
工作压力 /MPa	15.41	进口接管直径（内径/外径）/mm	$\phi 559/\phi 689$
水压试验压力 /MPa	21.41	出口接管直径（内径/外径）/mm	$\phi 787/\phi 953$
设计寿命 / 年	60	安注接管直径（内径/外径）/mm	$\phi 173.08/\phi 237$
容器总高 /mm	12209	压力容器总重 /kg	352959
筒身直径（内径/外径）/mm	$\phi 4040/\phi 4480$	驱动机构管座数 / 个	69
筒体法兰外径 /mm	$\phi 4775$	堆测接管数 / 个	8
进口接管数	4	主螺栓	45 个（7.000-4UN-2A）

反应堆压力容器是在高温、高压流体冲刷和腐蚀，以及强烈的中子辐照等恶劣条件下运行的，因此在 ASME 规范第Ⅲ卷要求，反应堆压力容器应采用优质材料、严格制造、完善的试验和检查技术，且在服役期间应定期地进行检查。SA-508 系列钢是随着反应堆压力容器的大型化和整体化发展起来的，适用于制造压力容器顶盖、筒体、法兰、封头等锻件，在压水堆核电站中还应用于蒸汽发生器压力壳、稳压器压力壳和主泵压力壳等部件。

AP1000 反应堆压力容器主要材料见表 4.2-4。

表 4.2-4 AP1000 反应堆压力容器主要材料

部　件	材　料	部　件	材　料
顶盖	SA-508 Gr.3 Cl.1	接管	SA-508 Gr.3 Cl.1
驱动机构贯穿件	Inconel 690	接管安全端	SA-182 F316LN
堆测接管	SA-182 F304	检漏管	SA-376 TP316/SB-166 690
放气管	SB-167 690	主螺栓、螺母、垫圈	SA-540 Gr. B23 Cl. 3/SA-540 Gr. B24 Cl. 3
筒体	SA-508 Gr.3 Cl.1	O 形环	Alloy 718（表面镀银）

2.1.3 反应堆压力容器主要技术

随着电力需要的不断增加以及能源结构的优化，我国将建造新的核电站，未来反应堆压力容器发展呈现以下特征：

1）欧洲先进压水堆 EPR 核电技术的单堆电功率达 1550MW，促使反应堆压力容器向大型化（压力容器直径和壁厚增大）方向发展。

2）为提高反应堆压力容器的安全性而尽量减少组焊数量、连接部位的焊缝长度，西屋公司的先进非能动 AP1000 核电技术的反应堆压力容器采用封头及法兰一体锻造，从而要求反应堆压力容器向一体化方向发展。

3）为提高核电站的经济性而要求反应堆压力容器寿命向 60 年迈进，美国的 URD、欧洲的 EUR 等均要求反应堆压力容器寿命达到 60 年，从而对压力容器材料的性能提出了更高要求。

上述因素促使反应堆压力容器制造商在材料选择、冶炼、铸造、锻造、热处理、无损检测、在役辐照监督等方面加强研究攻关以适应未来反应堆压力容器发展的要求。

为开发我国拥有完全自主知识产权的 CAP1400 大型先进压水堆核电机组用反应堆压力容器，"CAP1400 反应堆压力容器制造相关关键设计技术研究"在引进、消化、吸收国外先进技术的基础上进行了反应堆压力容器自主创新的关键设计、关键材料及制造技术的研究。作为核一级承压设备，反应堆压力容器结构型式、设计方法、选用材料、焊接结构、力学性能等多方面都有着严格的要求，如何确保压力容器的设计符合规范、法规规定并能安全应用于实际生产是目前压力容器设计的主要难点。本课题结合了依托项目、后续项目的制造加工和设计经验，进行更高功率核电站的 CAP1400 反应堆压力容器设计。CAP1400 反应堆压力容器的总体布置、关键部位设计、结构尺寸、设备接口关系、结构完整性等比之前的压力容器设计难度更大，因此需要结合反应堆压力容器的结构设计、力学分析、焊接工艺、材料选用、无损检测等多专业的密切交流，信息互通，通过不断进步的计算技术，将反应堆压力容器设备的设计纳入统一、规范的轨道，形成反应堆压力容器模型库做参数化处理，建立关键结构固定的模型，进而充分满足各方面对核承压设备的安全性和经济性的要求。

同时，对形成的反应堆压力容器模型进行数值模拟分析和实际试验验证，建立设计、分析和验证三重屏障的质量保证。通过与压力容器关键部位结构设计研究、CAP1400 压力容器分析设计系统开发、CAP1400 压力容器密封性能分析研究、反应堆压力容器结构完整性评价方法研究、焊接难点部位试验结果等专题研究的数据反馈，修正和完善初步设计的三维模型，从而形成完整可靠的 CAP1400 压力容器模型。

根据反应堆整体需求，CAP1400 压力容器在筒体内径、壁厚等整体结构上都做了相应的调整，以往的设计分析技术是否适用于 CAP1400 压力容器需要进行相应的评估。

顶盖组件由于驱动机构贯穿件、堆内测量装置、一体化堆顶组件相对于 CAP1000 压力容器都发生了变化，顶盖开孔补强和其与贯穿件之间采用的过盈配合导致的残余应力均需要进行分析计算。

由于 CAP1000 压力容器在进口接管内壁侧增加了一个扇形结构，因此该部位结构对堆内流场的影响需要重新进行分析，必要时应进行相应的验证试验。

由于顶盖及筒体法兰处的调整，影响压力容器的密封性能，要保持密封的可靠性，则 O 形环的尺寸以及其具体的性能参数、密封槽的深度、主螺栓的数量和位置都需要重新进行计算。

为确保反应堆压力容器在寿期末的结构完整性，还需要对在事故工况下，安注接管对反应堆压力容器进行直接安注的情况下热工-水力情况进行分析计算，并配合相应的试验研究，以保证在事故工况下压力容器的结构完整性。

对CAP1400压力容器结构特别是顶盖部位进行重新计算（包括规范计算和应力分析）、分析和校核，对进口管进口部位和安注接管结构还需要进行必要的试验验证。

根据规定设计输入要求，通过应用三维设备设计软件，对CAP1400压力容器进行三维设计，并根据焊接残余应力试验研究、60年寿命研究、完整性分析研究、密封性能分析研究和压力容器直接安注试验研究等专题的数据反馈，在CAP1000各项结构和分析结果设计研究的基础上对CAP1400压力容器进行初步尺寸确定、建模、装配、干涉检查等，完成完整的CAP1400压力容器三维模型。并且通过三维模型与其他分析软件的接口，转换为可供其他分析软件使用的分析、计算模型，配合CAP1400压力容器零部件、材料数据库的建设，完成CAP1400压力容器设备设计网络平台。开展了以下研究：

1）压力容器结构设计研究；
2）压力容器分析设计系统开发；
3）压力容器安全端焊缝焊接接头性能及微裂纹影响研究；
4）压力容器焊接残余应力试验研究；
5）压力容器大锻件60年寿命研究；
6）压力容器结构完整性评价方法研究；
7）压力容器密封环密封性能和密封分析方法研究；
8）压力容器直接安注（DVI）试验系统；
9）堆焊成形堆测接管性能研究；
10）CAP1400反应堆压力容器顶盖贯穿件焊接防变形方案研究；
11）反应堆压力容器支座温度场测量试验；
12）反应堆压力容器协同设计方法开发；
13）辐照监督管研制；
14）核电厂设备摩擦系数试验研究。

图4.2-5为CAP1400反应堆压力容器示意图。

图4.2-5 CAP1400反应堆压力容器示意图

2.1.4 反应堆压力容器设计制造

2.1.4.1 反应堆压力容器设计

核设备自主设计是实现设备国产化的关键。核电厂大量核岛非标设备技术含量高，安全质量要求严。目前我国核岛主设备的详细设计和应力分析，通常由设计院负责。

设备设计自主化能力主要包括下述方面：

（1）核安全法规、导则和标准　为适应核电发展需要，结合我国国情已建立起一套核安全法规、导则和标准，主要采用国际标准或国外先进标准作为蓝本，等同或结合国情参照制定，并不断地进行修订和补充。

通过秦山一、二期的建造实践，基本掌握了美国、法国及其他国家的主要标准规范，为自主设计核电站打下了良好基础。

浙江三门核电项目 3、4 号机组是我国核电厂自主化依托项目的后续项目，核岛和常规岛设计和制造除采用我国有效的核安全法规、导则和标准外，还采用 AP1000 设计出口国（美国）应用于 AP1000 的法规、管理导则、标准和政策性文件。

（2）核电设计软件　通过自行开发和国外引进，已具有配套的，并符合国际规范与要求的计算机程序、分析软件和相应数据库，覆盖了核电设计各个专业，可用于依托项目核电工程设计。

（3）核电工程数据及计算机辅助设计　国内核工程设计院已初步形成供核电自主化设计的数据库，并拥有众多计算机和工作站，普遍应用计算机辅助设计，大大提高了设计效率和质量。

（4）设计管理和质量保证体系　通过核电机组的自行设计，已建立起一整套设计管理规程，包括质保大纲、设计程序和管理标准等。对设计过程控制、设计接口、文件管理等都做了严格规定，保证设计工作有序进行。此外，还建立了相应的质量保证体系和质保机构，使设计工作规范化。

（5）设计验证和试验设施　充分利用国内现有资源，各种试验台架、科研设施齐全，具有了较强的自主开发能力。浙江三门核电厂核设备试验验证可利用国内外现有的试验台架来完成。对一般性的设计验证可通过国内成熟的或国外引进的专用程序进行。

2.1.4.2　反应堆压力容器制造

核电设备是技术含量高的高精尖产品，价格昂贵，利润比值大。设备制造国产化不仅能显著地降低核电厂的造价，而且能通过重大核电设备的自行制造，真正掌握核电技术，从而带动冶金、机电、仪表等产业的发展。

国际上反应堆压力容器材料大型锻件制造商主要有日本制钢所（JSW）、法国克鲁索、韩国斗山重工等。

我国目前有能力冶炼和锻造 SA-508 Gr.3 大锻件的有三家，都拥有 12000t 自由锻造水压机，可供生产核电压力容器大锻件之用，即中国第一重型机械集团公司、中国第二重型机械集团公司和隶属于上海电气集团股份有限公司的上海重型机械厂有限公司。就国内现有冶炼和锻造能力，可提供核一级承压设备中的大部分锻件，但对百万千瓦级反应堆压力容器下封头、堆芯段以及蒸汽发生器的锥形段和上部壳体的锻件需采取一些技改措施，对堆芯段 Cu、S 和 P 的严格控制要求，采取有效措施完全可以达到。

位于齐齐哈尔的中国第一重型机械集团公司（以下简称"一重"，见图 4.2-6）有很强的冶炼和锻造能力。1985 年，第一重型机器厂与日本制钢所合作制造首台大型锻焊式压力容器，各制造工序均在一重富拉尔基总部完成。随着产品向大型化发展，为解决产品运输限制，一重率先建成国内大型石化容器沿海制造基地，形成由富拉尔基总部提供锻件、大连棉花岛基地总装出产的组织模式，压力容器制造真正实现专业化、自动化、批量化。一重在大连棉花岛建造的重型容器车间，可进行压力容器组装、探伤、热处理、机械加工及水压试验等。设备可直接从重容车间拖向 3000t 级码头。2012 年实现年产量 4.8 万 t，居世界首位。一重一直采用自由锻造水压机进行锻造，大型筒节锻件在万吨水压机上锻造，15000t 水压机配置 630t 操作机，大大提高了生产效率，最大可浇注 600 多吨的钢锭。中国第一重型机械集团公司已为恰希玛一、二期，以及三门核电项目、海阳核电、福清核电、方家山核电等多个项目提供反应堆压力容器、蒸汽发生器、堆芯补水箱和主泵泵壳等锻件。

图 4.2-6　中国第一重型机械集团公司

二重（德阳）重型装备有限公司（以下简称"二重"）是中国最大的重型机械制造基地之一，具备强大的产品研发、设计和制造能力，拥有现代化的大型冶炼、锻造、铸造、热处理、机械加工、焊接等先进的技术装备及完善的检验、检测手段，是集科研、开发、生产、制造、安装调试和技术培训于一体的现代化企业。二重自主设计、制造、安装了全球最大的 800MN 大型模锻压机，主要产品覆盖航空航天、石油化工和能源等重要领域，机械加工设备数量多，规格全，等级高，加工能力和水平国内领先。二重有大型数控镗床 30 余台，重型数控立车 40 台以上，5.5m×17m 数控龙门铣镗床群及各类龙门铣镗床 20 台以上。二重从 1991 年开始，对 SA-508 Gr.3 钢种的冶炼、锻造、热处理及力学性能等进行了大量研究工作，取得了数据，掌握了许多关键技术和工艺，已为秦山二期提供了全部稳压器锻件，锭重 115t。二重与国外著名公司合作也有较长的历史，最大可浇注 400t 钢锭，可承制反应堆压力容器等大型设备。

上海重型机械厂有限公司已为秦山一期提供过蒸汽发生器和稳压器锻件，为秦山二期提供过稳压器锻件。因此，该厂也有能力为百万千瓦级核电厂提供部分核一级承压设备的锻件。

上海电气核电设备有限公司（以下简称"上核"）承制过秦山二期 2 号机组的压力容器一台，具有各种焊接、热处理、探伤、机械加工、总装等设施，可以进行封闭式生产。此外，新增了数控镗铣床、安全端 TIG 管焊机和大接管焊机等，并与日本三菱重工和美国西屋公司签订反应堆压力容器和蒸汽发生器技术帮助协议。上核公司拥有完备的民用核电制造资质，如国家核安全局颁发的民用核电制造资格许可证，美国机械工程师协会颁发的 ASME"N""NPT"授权，民用核安全设备焊接操作工资格考核中心资质等。反应堆压力容器技术路线涵盖二代加、三代、四代核电技术，具有 CNP300、

图 4.2-7　由上核完工交付的海阳 2 号压力
　　　　　容器筒体

AP1000 及 HTR200 等反应堆压力容器供货业绩。图 4.2-7 所示为上核完工交付的海阳 2 号压力容器筒体。

另外，哈尔滨锅炉厂有限责任公司、东方电气集团有限公司等在制造大型压力容器方面也均有丰富的经验及良好的业绩。

因此，通过适当的技改措施，并引进部分国外先进设备，国内制造厂有能力承担百万千瓦级反应堆压力容器的制造任务。图 4.2-8 所示为由国内制造完工出厂的反应堆压力容器产品。

图 4.2-8　由国内制造完工出厂的反应堆压力容器

2.1.5　获奖情况

围绕反应堆压力容器设计、分析、制造及生命周期管理等方面的获奖情况见表 4.2-5。

表 4.2-5　反应堆压力容器获奖情况

序号	成果名称	奖项名称	奖项等级	奖项类别	获奖年份
1	压力容器强度的理论计算和三向光弹实验分析	上海市重大科学技术成果奖	—	科技进步奖	1977 年
2	728 工程压力容器用不锈钢衬里堆焊及密封面镍基堆焊材料研制及焊接工艺试验研究	国防科委重大科技成果奖	四等奖	科技进步奖	1979 年
3	728 核电站反应堆压力容器设计研究	国防科委重大科技成果奖	三等奖	科技进步奖	1982 年

(续)

序号	成果名称	奖项名称	奖项等级	奖项类别	获奖年份
4	728 反应堆压力容器瞬态应力场分析	国防科委重大科技成果奖	四等奖	科技进步奖	1982 年
5	压力容器断裂强度因子及密封接触应力光弹性试验研究	核工业部科技进步奖	三等奖	科技进步奖	1984—1985 年
6	压水堆核容器密封性能综合研究	核工业部科技进步奖	二等奖	科技进步奖	1986 年
7	主螺栓用 18CrNiWA 钢锻件性能研究	核工业部科技进步奖	三等奖	科技进步奖	1988 年
8	核容器接管区开孔区曲率影响区断裂分析与试验	核工业部科技进步奖	三等奖	科技进步奖	1991 年
9	秦山 300MW 核电站反应堆压力容器安装技术	核工业部科技进步奖	三等奖	科技进步奖	1992 年
10	秦山核电厂反应堆压力容器设计	核工业部科技进步奖	二等奖	科技进步奖	1994 年
11	秦山核电厂反应堆压力容器综合性能分析与主螺栓热态载荷测试	核工业部科技进步奖	二等奖	科技进步奖	1994 年
12	核容器接管内壁角裂纹应力强度因子三维有限元计算试验及工程应用	核工业部科技进步奖	二等奖	科技进步奖	1995 年
13	反应堆压力容器接管分析方法研究与工程应用	核工业部科技进步奖	三等奖	科技进步奖	1998 年
14	核电厂核级压力设备设计分析专用程序系统研究	国防科学技术奖	三等奖	科技进步奖	2002 年
15	压水堆核电厂局部腐蚀损伤和辐照脆化研究	国防科学技术奖	三等奖	科技进步奖	2004 年
16	核电厂压力容器老化、寿命管理与预测方法研究	国防科学技术奖	二等奖	科技进步奖	2005 年
17	反应堆压力容器和堆内构件寿命管理相关材料性能研究	中核集团科学技术奖	三等奖	科技进步奖	2006 年
18	秦山核电厂反应堆压力容器老化中期评估和寿命预测方法研究	中核集团科学技术奖	二等奖	科技进步奖	2011 年
19	核电厂反应堆压力容器液位测量系统研发	国家核电科技进步奖	三等奖	科技进步奖	2012 年

2.2 蒸汽发生器

2.2.1 蒸汽发生器功能概述

蒸汽发生器的基本功能是通过传热管把反应堆冷却剂的热量传到二次侧，产生两相汽水混合物。汽水分离系统将饱和的汽水混合物分离出饱和蒸汽，然后通过蒸汽出口管嘴流向汽轮机。从给水系统来的给水通过给水管嘴和给水环进入蒸汽发生器。此外，蒸汽发生器还作为热阱，具有安全功能。

蒸汽发生器主要的部件包括水室封头、管板、下筒体和管束、上筒体和汽水分离装置。

水室封头、管板和管束形成一次侧反应堆冷却剂压力边界。从热段管道来的反应堆冷却剂通过一次侧管嘴进入水室封头入口腔室，然后在管板底部进入传热管，流经传热管，然后向下流入出口腔室，在流经传热管期间，一次侧的介质实现降温，流体从出口腔室流出。

蒸汽发生器二次侧由下筒体、上筒体组件组成，是二次侧汽水混合物的压力边界。

在正常运行时，给水通过蒸汽发生器上筒体中带喷嘴的给水分配环进入蒸汽发生器。

进入蒸汽发生器的给水与从蒸汽分离出来的饱和水混合形成蒸汽发生器下降段的过冷水。过冷水在壳体和管束套筒间的环状区域向下流，并通过套筒底部与管板之间的窗口进入传热管区域，然后改变流向，向上流经管束。当二次侧的流体往上流动时，它被一次侧流体通过传热管壁传出的热量加热，变成饱和的汽水混合物。该汽水混合物继续向上流动，进入初级汽水分离器。

两相流离开管束进入初级汽水分离器，分离后的蒸汽带着少量的水分进入二级分离器，最终分离后的蒸汽离开初级分离器进入汽空间，分离后的水流回到水空间，与给水汇合进入下筒体与管束套筒间形成的环形下降通道。进入汽空间的蒸汽经重力分离，然后进入次级汽水分离器。经次级分离器干燥后，满足湿度要求的蒸汽通过蒸汽出口管嘴离开蒸汽发生器。

2.2.2 蒸汽发生器研制历程

蒸汽发生器形式种类繁多，按二回路工质在蒸汽发生器中的流动方式可以分为自然循环蒸汽发生器和直流（强迫循环）蒸汽发生器；按蒸汽发生器传热管形状可以分为U形管、直管、螺旋管蒸汽发生器；按安放形式可以分为立式蒸汽发生器和卧式蒸汽发生器；按结构特点可以分为带预热器和不带预热器的蒸汽发生器。

各种类型蒸汽发生器都有各自的结构特点和优缺点。自然循环蒸汽发生器的优点是水容积大，蓄热量大，缓冲性好，对自动控制的要求不高；缺点是为保证蒸汽品质，需要装设汽水分离器，使蒸汽发生器结构复杂。直流蒸汽发生器的优点是它不需要装设汽水分离装置，结构简单，静态特性好，机动性能好；缺点是对给水品质和传热管材料的耐蚀性能要求高，因水容积小，蓄热能力小，对自动控制的要求高。

尽管蒸汽发生器形式繁多，但是压水堆核电厂应用较为广泛的有三种，它们是立式U形管自然循环、卧式自然循环及立式直流蒸汽发生器三种类型。我国已建成或在建的压水堆核电厂除田湾核电机组外均采用立式U形管自然循环蒸汽发生器。

2.2.2.1 秦山核电站蒸汽发生器

秦山核电站是我国第一座自行研究设计、自行建造的核电站，蒸汽发生器由上海核工程研究设计院自主设计，上海锅炉厂制造。

1. 结构简述

秦山300MW核电站蒸汽发生器为立式、U形传热管和汽水分离器包容于一体的自然循环饱和蒸汽发生器，结构如图4.2-9所示。

从反应堆来的反应堆冷却剂由进口管嘴进入下封头，下封头内由水室隔板分成两个相同的水室。反应堆冷却剂由进口水室进入U形管，在流经U形管时将热量传给二次侧，然后经过出口水室和出口管嘴流回反应堆。

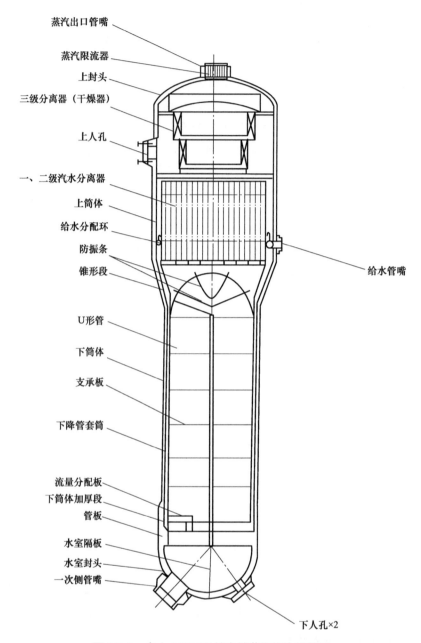

图 4.2-9 秦山 300MW 核电站蒸汽发生器简图

二次侧给水由上筒体处的给水管嘴进入给水分配环。环形管上有 30 个倒 J 形管,给水由 J 形管喷出,与汽水分离器的疏水混合后,经过下降套筒和下筒体之间的环形通道,由下降套筒与管板之间的窗口进入管束。

水在通过管束上升时受热,部分水变成蒸汽,形成汽水混合物。汽水混合物流出管束顶部后进入一、二级分离器进行粗分离,然后由三级分离器进行干燥,最后经均汽孔板及限流器进入主蒸汽管,此时干度≥99.75% 的蒸汽流出蒸汽发生器通向汽轮机。

秦山 300MW 核电站蒸汽发生器由下封头、管板、U 形管束、汽水分离装置及筒体组件等组成。蒸汽发生器外壳是两个直径不同的圆筒,中间由锥形段连接,下端为管板及与管板相连接的下封头,上端为标准椭球形上封头。主蒸汽管嘴在上封头顶部,下封头上开有四个孔,其中两个是反应堆冷却剂进、出口管嘴,另两个是检修用人孔。管板上开有管孔,传热管的两端穿入管孔,用局部胀和密封焊与管板连接,保证一、二次侧间的严密性,管束直段部分装有六块支承板,管束弯管部分装有防振条,用以固定管子位置并防止管子振动破坏。管束近管板处的流量分配挡板加强管板二次侧表面的冲刷。管束通道中装有两根排污管将管板上的沉渣吸出。管束套筒顶上装有一、二级汽水分离器,再向上是有一定高度的蒸汽自由空间,之后为三级分离器。三级分离器之上是均汽孔板,蒸汽出口管嘴中的蒸汽限流器可在主蒸汽管道破断时限制蒸汽流量。

蒸汽发生器管板带有支撑法兰,设备通过与支撑法兰相连的支撑机构固定在建筑物上。设备重心处装有横向支撑环,安放在下筒体环上。阻尼器与支撑环和建筑物连接,承受横向载荷和地震载荷。

上筒体设有一个人孔,检修人员能进入二次侧检修汽水分离器,下筒体靠近管板处开有四个手孔,靠近流量分配板开有两个手孔,可检查管束和清除沉积的淤渣。

在上筒体近正常水位的高度上设有一个上排污管,并兼作炉水取样,下筒体管板附件,在管束中间通道中设有两根下排污管,排出沉淀的渣滓;并设有流量塞块,它与流量分配板配合可改善近管板的流场,此处设有二次侧疏水管,可进行二次侧放水。

下封头底部、隔板两侧各有一根疏水管,可进行一次侧放水。

2. 主要设计参数(见表4.2-6)

表 4.2-6 主要设计参数

参　　数	额定工况	加强工况
蒸汽发生器台数	2	
传热量 /MW	484.77	517.27
一次侧工作压力 /MPa	15.20	
一次侧设计压力 /MPa	17.16	
一次侧设计温度 /℃	350	
反应堆冷却剂流量 / (m³/h)	12000	
反应堆冷却剂进口温度 /℃	315.2	316.1
反应堆冷却剂出口温度 /℃	288.8	287.9
饱和蒸汽压力 /MPa	5.20	5.54
饱和蒸汽温度 /℃	267.5	271.5
蒸汽产量(每台) / (t/h)	935.5	1010
出口蒸汽干度(%)	≥99.75	
二次侧设计压力 /MPa	7.55	
二次侧设计温度 /℃	320	
给水温度 /℃	≥216	≥220
排污量 / (t/h)	≤15	
设备总高 /m	17.248	
设备总重量 /t	211.47	

3. 科研试验

在进行热工 - 水力分析、振动分析和应力分析的基础上，开展了一系列的科研试验。

（1）汽水分离装置选型试验　1975年至1976年期间，在空气 - 水试验台架上对一、二级和三级分离器进行了一系列的冷态选型试验，最终确定了较佳的一、二级和三级分离器结构。

（2）汽水分离装置热态性能试验　1976年至1983年期间，对冷态选型试验选定的一、二级和三级分离器分六种不同组合进行热态性能考核。试验结果表明，在入口导流平叶片的一级分离器、二级小带钩波形板分离器和双层四边形布置的带钩波形板干燥器组成的汽水分离器，能满足设计要求。

（3）下封头光弹性试验　1977年进行了下封头 - 管板组件的光弹性试验，试验模型用环氧树脂浇铸而成，比例为1:15。通过试验了解了在内压作用下最大应力的位置和应力集中系数，以及接管弯矩产生最大应力的位置和应力集中系数，以便在结构设计中应用。

（4）管子振动特性测试　振动测试模拟体由7排U形管组成，包括最大和最小弯曲半径的U形管、防振条和支撑板等。通过试验，测得管子的基阶频率，同时将试验结果与动态分析结果做比较，从而确定计算的管子支撑弹簧常数。

（5）管束振动试验　管束振动试验模拟体比例为1:4.5，管束结构可模拟在失水事故下的管束约束状态。通过试验，将试验结果与动态分析结果做比较，确定在地震或在地震和失水事故同时发生时的管束响应和管子支撑的弹簧常数。

（6）800合金管的研制和试验　1982年至1988年进行了800合金传热管的研制工作。期间，由于工程进度要求，秦山核电站蒸汽发生器使用的传热管从瑞典进口。在研制中，为了对国产管与进口管的性能进行对比，开展了材料一回路介质中的均匀腐蚀试验、800合金管的晶间腐蚀试验、800合金在高浓碱和高氯离子介质中的应力腐蚀试验、800合金管在NaOH溶液中的应力腐蚀试验、表面加工缺陷对腐蚀的影响试验、800合金管喷丸工艺试验和疲劳性能试验。

2.2.2.2　巴基斯坦恰希玛核电厂蒸汽发生器

巴基斯坦恰希玛300MW核电厂是我国第一座出口核电厂。恰希玛核电厂以秦山核电厂为基础，通过秦山一期建设过程中取得的大量反馈经验，综合考虑系统的内在联系，简化工艺流程。

恰希玛（以下简称"PC"）工程蒸汽发生器（见图4.2-10）的设计是在秦山一期300MW核电站成功运行的基础上进行的，PC工程蒸汽发生器设计既注意吸收了国内外的技术进步成果，又针对秦山一期运行反馈的信息做了改进，对秦山一期蒸汽发生器进行了优化，其基本结构、制造、检验技术要求不变，对现场吊装的考虑不变。

1. 设计特点

1）母材的改进：秦山一期蒸汽发生器的母材为国产的S271锻钢，PC工程采用了SA-508 C1.3锻钢。两者性能基本相同，但后者为国际通用牌号，使其加工、制造更与国际接轨。

2）管板的支撑与法兰锻为一体。

3）PC蒸汽发生器二次侧设置了2个人孔（秦山一期时设置1个人孔），并且将人孔的直径（包括一次侧人孔）由406mm增大至457mm，可方便检修人员检修内件。

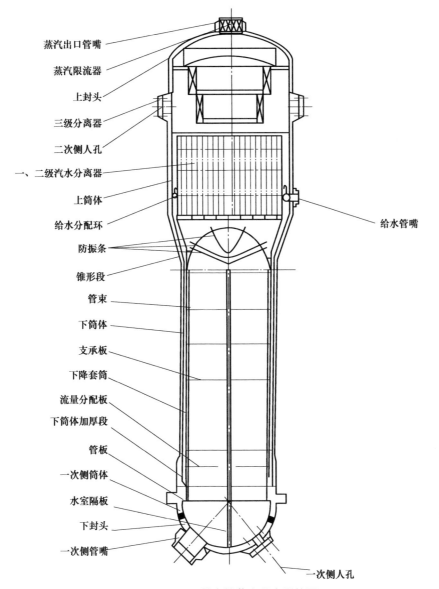

图 4.2-10 PC 核电站蒸汽发生器简图

4）PC 蒸汽发生器管束弯管部分装有 3 组防振条（秦山一期时设置 2 组防振条），并且防振条与管子之间的距离减小，可更有效地固定管子位置并防止管子振动破坏。

5）分离器改进：

a. 分离器数量由 53 个/台增加到 54 个/台。

b. 二级分离器出口增设挡水环。

c. 一级分离器涡轮叶片以下高度增加 300mm，同时正常水位由 10474mm 降到 10200mm。

d. 重力分离区增至 957mm。

6）干燥器的改进：

a. 带沟波形板高度增至 890mm。

b. 上、下叶片组疏水槽深度增至 155mm。

c. 下层叶片组采用 ϕ76mm×3.5mm 的疏水管直接引入水空间。

d. 上、下叶片组都采用带支管的疏水管。

e. 干燥器底部疏水采用带支管的疏水管。

f. 干燥器上层内部疏水管为四根。

g. 疏水管底部取消疏水斗。

h. 干燥器带钩波形板在制造厂预装，然后拆下，单独装箱与蒸汽发生器一起运到工地，最后在工地组装。

7）设置循环倍率调节装置。

8）上筒体Ⅱ高度增加 564mm，上筒体Ⅰ与Ⅱ之间增加一节高度为 560mm 的上筒体Ⅲ。

9）上、下水位计接管各四个。

2. 小结

PC 工程蒸汽发生器建造过程的各个环节表明，蒸汽发生器的设计遵循核安全法规并满足了 ASME 规范，该设计对材料、制造、焊接、检验、清洁、装配、包装、运输等过程做了严格而明确的规定，使全过程受到了严格的质量控制，确保了蒸汽发生器产品的高质量。经过 PC 工程的成功运行检验，证明其材料选用是合理的，结构设计是可靠的，制造、组装、调试等是成功的，达到了当时国内核电站蒸汽发生器的领先水平。

2.2.2.3　CAP1400 蒸汽发生器

1. 蒸汽发生器的结构

CAP1400 蒸汽发生器是由上海核工程研究设计院在引进、消化和吸收 AP1000 技术后自主研发的，主要的部件包括水室封头、管板、下筒体和管束、汽鼓和汽水分离装置。

水室封头、管板和管束形成一次侧反应堆冷却剂压力边界。从热段管道来的反应堆冷却剂通过一个进口管嘴进入水室封头入口腔室，然后在管板底部进入 U 形管，流经 U 形管，然后向下流入出口腔室，在流经传热管期间，一次侧的水从 324.7℃冷却到 283.4℃。流体从出口腔室通过 2 个内径为 710mm 的出口管嘴（泵吸入管嘴）流出。2 个反应堆冷却剂泵壳直接焊到泵吸入管嘴上，悬挂在蒸汽发生器水室封头上。蒸汽发生器二次侧由下筒体、上筒体组件组成，是二次侧汽水混合物的压力边界。

CAP1400 蒸汽发生器结构简图如图 4.2-11 所示。CAP1400 蒸汽发生器各主要部件如下：

（1）传热管　U 形传热管是一、二回路间的压力分界面，材料采用经特殊热处理的 690 合金。

（2）管板　管板是一回路设备中最厚的大型实心锻件，材料为 SA-508 Gr.3 Cl.2 钢锻件，管板一次侧表面堆焊镍基合金，以保证管子-管板的焊接性能；管板上开管孔，管孔以三角形排列。

（3）水室封头组件　水室封头为半球形，材料采用 SA-508 Gr.3 Cl.2 锻件，内表面堆焊不锈钢，水室封头开有两个反应堆冷却剂出口、一个反应堆冷却剂进口、两个人孔。其中 1 号蒸汽发生器，还另外开有 PRHR 管嘴和 CVS 管嘴。水室封头中间有一块水室隔板，其材料为 690 合金。水室封头人孔有一个内疏水管，可将人孔中的水疏干。

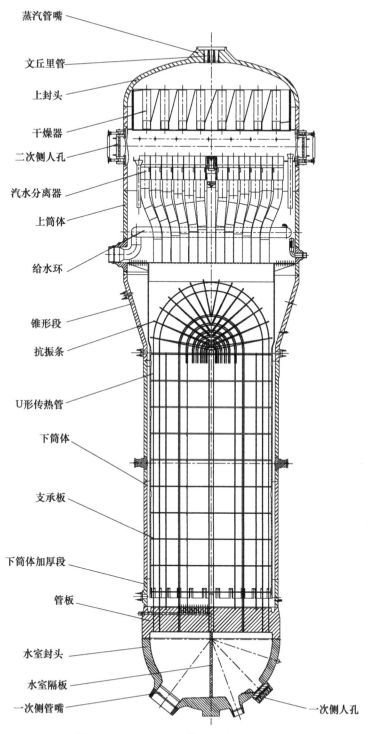

图 4.2-11 CAP1400 蒸汽发生器结构简图

（4）上筒体、下筒体和锥形段　下筒体内径按管束直径和下降通道的面积决定；上筒体内径按汽水分离器的尺寸和布置决定；下筒体与管板相连处有一段加厚筒节，以适应开手孔的要求；上筒体、下筒体和锥形段采用 SA-508 Gr.3 Cl.2 锻件。

(5)上封头和蒸汽出口管嘴　上封头为碟形封头,封头顶带蒸汽出口管嘴。蒸汽出口管嘴中间开有若干个孔,孔中插入文丘里管,文丘里管与管嘴底面焊接,作为蒸汽流量限制器;上封头和蒸汽出口管嘴采用 SA-508 Gr.3 Cl.2 锻件,文丘里管采用 690 合金锻件。

(6)汽水分离装置　汽水分离装置由初级分离器和干燥器组成,初级分离器采用旋叶式分离器。干燥器由单层 8 组带钩波形板组成。

(7)管子支承板和抗振条　支承板管孔为三叶孔,采用 405 不锈钢;抗振条有若干组,装在 U 形传热管弯头区,限制 U 形传热管在平面内和平面外的位移,抵抗 U 形传热管的流致振动,抗振条材料为 405 不锈钢;支承板与抗振条等组成的传热管支承系统,以及管束内的流速应通过流致振动分析和抗震分析加以验证。

2. 蒸汽发生器性能参数

设备的性能参数表征了设备的性能,CAP1400 蒸汽发生器的特点是功率大、产生的蒸汽流量大、设备大,其各项性能参数详见表 4.2-7。

3. CAP1400 蒸汽发生器的设计特点及优化改进

CAP1400 蒸汽发生器为立式倒 U 形传热管和汽水分离装置包容于一体的自然循环饱和蒸汽发生器。其主要的设计特点有:

1)蒸汽发生器与主泵直接连接。

2)水室封头内部形状和内疏水结构的设计可将一次侧水疏干。

3)传热管内表面粗糙度要求提高,以及水室封头内表面电抛光,从而可减少蒸汽发生器一次侧带放射性的腐蚀产物的沉积,以及减小一次侧压降。

4)传热管为经过特殊热处理的 690 合金。

5)蒸汽发生器人孔螺栓可采用螺栓拉伸机进行预紧。

6)给水环连接管采用向上的弯管,给水喷管在给水环的顶部以消除热分层和水锤的发生,以及使用独立的启动给水管。

7)蒸汽发生器传热管与管板采用全深度液压胀管和密封焊连接。

8)传热管与管束弯头抗振条的间隙,以及与管子支承板孔间隙更小,以提高传热管抗流致振动和地震的能力。

9)采用高效率的汽水分离装置,以降低出口蒸汽湿度。CAP1400 蒸汽发生器中的

表 4.2-7　蒸汽发生器的设计参数

名　称	数　值
型式	立式、U 形传热管
设计寿命 / 年	60
传热量(每台)/MW	2029
一次侧冷却剂最佳估算流量 / (m³/h)	43284
一次侧冷却剂热工设计流量 / (m³/h)	41206
一次侧运行压力 /MPa	15.41
一次侧设计压力 /MPa	17.13
最佳估算流量下一次侧入口温度 /℃	323.7
最佳估算流量下一次侧出口温度 /℃	284.3
热工设计流量下一次侧入口温度 /℃	324.7
热工设计流量下一次侧出口温度 /℃	283.4
一次侧设计温度 /℃	343.3
给水温度 /℃	226.7
二次侧设计温度 /℃	315.6
二次侧设计压力 /MPa	8.17
一次侧到二次侧最大压力差 /MPa	11.38
二次侧到一次侧最大压力差 /MPa	4.62
零负荷温度 /℃	291.7
允许堵管率	10%
设计出口蒸汽湿度	0.10%
最大出口蒸汽湿度	0.25%

注:表中参数的压力均为表压。

汽水分离装置由旋叶式初级分离器（SP3 型初级分离器）和单层八组干燥器（P3X 型干燥器）组成，干燥器中排布有双钩波形板片。

4. CAP1400 蒸汽发生器的研发

CAP1400 蒸汽发生器的设计经过了完整的分析和试验验证，其设计完全满足法规规范和设计要求。主要设计研发包括：蒸汽发生器热工-水力性能分析、蒸汽发生器汽水分离装置研发、蒸汽发生器 690 合金 U 形管研发。

（1）蒸汽发生器热工-水力性能分析　蒸汽发生器的功能是将反应堆一回路的热量传递给二回路，将二回路的水加热并产生蒸汽，推动汽轮机进行发电。设计开发一台新的蒸汽发生器必须对其热工水力性能进行分析，计算不同工况下的特性，包括在不同功率水平下蒸汽发生器出口蒸汽压力、蒸汽流量、总传热系数等热工参数。

计算一次侧压降、不同工况和功率水平下的循环倍率和一、二次侧装水量等参数，确定计算模型和方法。

为分析计算 CAP1400 蒸汽发生器热工水力特性，上海核工程研究设计院开发了专用热工水力分析软件，该软件不仅可用于 CAP1400 蒸汽发生器，而且可适用其他立式 U 形管自然循环形式的蒸汽发生器。

（2）汽水分离装置研发　蒸汽发生器汽水分离的研发通常需要经过数值模拟分析，并根据分析结果进行结构的优化改进，由于汽水分离的过程是汽液两相分离，因此最终通过数值模拟优化后的汽水分离装置应进行热态性能验证试验。通过分析和试验最终掌握了蒸汽发生器汽水分离装置热态试验件的各种不同工况下的分离性能和阻力特性。

CAP1400 蒸汽发生器汽水分离装置的研发，对初级分离器和干燥器分别进行了数值模拟分析，初步掌握了其分离性能和关键结构对分离性能的影响。选取单个初级分离器和干燥器，在中核武汉核电技术股份有限公司综合台架上进行了汽水分离热态性能验证试验。试验压力为 6.0MPa，试验温度为 275.6℃，试验工况选用了不同蒸汽流量和不同循环水量组合，试验过程中对出口蒸汽湿度和压降进行了测量，最终获得了 CAP1400 蒸汽发生器汽水分离装置的性能曲线。根据试验结果分析得到 CAP1400 汽水分离装置出口蒸汽湿度小于 0.1%，满足电厂的要求。

（3）蒸汽发生器 690 合金 U 形管研发　长久以来，我国蒸汽发生器传热管一直依赖国外进口，以前只有 Sandvik、Valinox 和住友能生产，占据和垄断了国内、国际市场，导致传热管的费用极其昂贵，并且由于国内不具备该类传热管的生产能力，国外又对传热管制造技术进行了封锁，使得我们长期受制于人，严重影响了我国核电产业的发展和技术的提高。为了实现设计自主化和制造国产化，上海核工程研究设计院与宝银特种钢管有限公司、浙江久立特材科技股份有限公司开展合作，对宝银特种钢管有限公司、浙江久立特材科技股份有限公司生产的国产传热管进行应用性能的综合研究与评估，并从 5 个方面与同规格的进口管进行了对比研究：1）材料基本性能评估，包括化学成分、力学性能、工艺性能、金相组织以及导热系数等；2）腐蚀性能研究，包括高浓碱应力腐蚀、高氯离子应力腐蚀、划伤应力腐蚀、疲劳及腐蚀疲劳、均匀腐蚀以及点腐蚀和晶间腐蚀等评价试验；3）焊接工艺性能研究，包括焊接工艺性以及焊缝金属组织、晶间腐蚀、焊接接头应力腐蚀性能等；4）胀管工艺性能研究，包括拔脱力试验、残余应力测试、密封性试验及尺寸检查等；5）微动磨损性能研究，包括室温干态切向微动磨损试验、水介质常压不同温度下切向微动磨损试验、高温干态切向微动磨损试验。通过上述 5 个方面的对比试验研究及对 690 合金 U 形管预制工艺试验，对材料基本性能和应用性能进行了全面的评估，并与国际上三家制造厂的管子进行了对比分析，完成了对 690 合金 U 形管的评定。通过本研究完成了评定，同时也为国产 690 合金传热管生产工艺的进一步优化提供了技术理论依据。图 4.2-12 所示为蒸汽发生器传热管。

图 4.2-12　蒸汽发生器传热管

5. 蒸汽发生器的运行、维修

（1）蒸汽发生器正常运行原理　CAP1400 蒸汽发生器在正常运行时，给水通过蒸汽发生器上筒体中带喷嘴的给水环进入蒸汽发生器。给水环的标高比给水管嘴高以消除给水管嘴部位的热分层。

进入蒸汽发生器的给水与从蒸汽分离出来的饱和水混合形成蒸汽发生器下降段的过冷水。过冷水在壳体和管束套筒间的环状区域向下流，并通过套筒底部与管板之间大约 340mm 高的窗口进入传热管区域，然后改变流向，向上流经 U 形管束。当二次侧的流体往上流动时，它被一次侧流体通过 U 形管壁传出的热量加热，变成饱和的汽水混合物。该汽水混合物继续向上流动，进入初级汽水分离器。

两相流离开管束进入带旋流叶片的初级汽水分离器，它们由带旋流叶片的一级分离器和带钩波形板的二级分离器组成。旋流叶片对汽水混合物施加离心力，导致较重的水沿内筒内壁聚集流出分离器，分离后的蒸汽带着少量的水分进入二级分离器，最终分离后的蒸汽离开初级分离器进入汽空间，分离后的水流回到水空间，与给水汇合进入下筒体与管束套筒间形成的环形下降通道。

进入汽空间的蒸汽经重力分离，然后进入单层的次级汽水分离器。次级汽水分离器由 8 组带钩波形板片组构成，能分离汽水混合物中剩余的水分。然后分离后的水分沿波形板片向下流到疏水槽中，再通过疏水管流到水空间。蒸汽流出次级分离器，然后通过蒸汽出口管嘴离开蒸汽发生器。

排污管在蒸汽发生器的二次侧。它的功能是从二次侧水中排除不挥发、不溶解的杂质和颗粒物质，以及二次侧水溶解的盐分，保证二次侧水质符合要求。

（2）检查和维修　CAP1400 蒸汽发生器的设计允许对压力边界部件进行在役检查。同时考虑了允许对二次侧内件进行检查。此外也考虑了对蒸汽发生器进行管板冲洗。

——检修的可达性。CAP1400 蒸汽发生器一次侧和二次侧均有一定数量的开孔以保证在役检查和维修的可达性。这些开孔包括 2 个直径为 457mm 的人孔作为进入一次侧的通道，可进行传热管涡流检测；2 个直径为 457mm 的二次侧人孔作为二次侧内部组件（例如给水喷管、初级分离器和次级分离器波形板叶片）检查、修理和更换的通道；4 个直径为 153mm 的手孔位于二次侧管板上方，可作为管板冲洗的通道；2 个直径为 102mm 的检查孔位于管束最上面一块支承板处；1 个直径为 102mm 的再循环孔位于锥段的弯管区。

——管板冲洗。为减少管板表面的泥渣，需要在停堆检修期间定期对管板上部进行冲洗。管板冲洗是用高压喷水枪将沉积在管板上方的泥渣冲散。冲散后的泥渣随蒸汽发生器排污系统排出。

6. 蒸汽发生器的发展展望

蒸汽发生器的发展随着核电厂应用的经验反馈和社会工业技术水平的提高不断发展前进。

我国在重大专项的推动下，实现了 690U 形管的国产化，今后在电厂的运行过程中将积累国产化管的经验并不断摸索优化 U 形管的制造工艺，提升 690U 形管的可靠性。

汽水分离装置是蒸汽发生器的核心部件，其性能直接影响汽轮机的安全可靠运行，而且蒸汽发生器的尺寸很大程度上取决于汽水分离装置的效率。开发高效率、低阻力的汽水分离装置将是蒸汽发生器研究的一个重要方向。

2.2.3 蒸汽发生器主要设计技术

蒸汽发生器主要设计技术包括结构设计技术、强度计算技术、材料设计技术、焊接设计计算、无损检测设计技术、热工水力分析和结构分析技术，主要的热工水力分析和结构分析技术有如下几个部分。

2.2.3.1 热工水力分析

（1）概述　蒸汽发生器的稳态特性是指电站在不同负荷运行条件下，当稳态运行时，在给定的一次侧冷却剂参数下，二次侧蒸汽参数随功率的变化情况。蒸汽发生器应计算不同设计瞬态下的热工水力反应。计算结果将用于蒸汽发生器的结构分析。设计瞬态主要包括：加载/卸载瞬态、正常瞬态、紧急瞬态、事故瞬态。

（2）管束区两相流流场分析　蒸汽发生器的热工水力特性是比较复杂的，尤其是二次侧，给水经历预热、欠热沸腾、饱和沸腾等不同的阶段；在事故工况下，传热管表面可能出现局部干涸、过热。因此，在蒸汽发生器二次侧可能出现两相流的大部分流型；同时，由于 U 形管上升段和下降段的温差引起二次侧流体径向空间分布是不均匀的，U 形管的支承板等二次侧构件使二次侧流道不规则，从而导致流场复杂。所以通过试验手段获得二次侧流场信息，费时费力。因此现阶段数值模拟是获得二次侧流场分布的主要手段。

（3）汽水分离方法　从管束出来的是蒸汽和饱和水的混合物。为得到合格的出口蒸汽湿度，需要在管束上方安装汽水分离装置，对汽水混合物进行分离，得到合格蒸汽。汽水分离装置通常由初级分离器、重力分离区和干燥器组成。

（4）出口蒸汽湿度分析　汽水分离装置内的工质为汽、液两相流，流场和分离过程极为复杂，目前很难用数值模拟的方法对其进行出口蒸汽湿度的分析计算。出口蒸汽湿度分析通常采用热态试验加理论分析相结合的方法。

（5）排污/疏水系统分析　排污系统的功能是排出沉积在管板表面的泥渣。疏水系统的功能是湿保养后排干蒸气发生器二次侧流体。排污系统有时和疏水系统合并。排污系统分析的目的是计算排污系统出口流体特性和流体压降与排污流量的关系。疏水系统分析的目的是计算排干蒸汽发生器二次侧流体所需时间。

（6）水锤分析　在核电厂运行的某些瞬态，典型的是降低功率水平时，蒸汽发生器给水流量减小，流量减小同时出现由于传热量减少导致的含汽率降低，这两个因素将引起蒸汽发生器水位低于给水环的最低点。在这种情况下，给水环中水将快速流出，被饱和蒸汽所取代。当给水再次流入时，高过冷度给水将使给水环的蒸汽快速冷凝。随着冷凝和蒸汽包的消失，形成真空负压，其他部分的水将填补这一空间，产生高速流动，形成冲击压力波，这种压力波对给水环产生潜在的破坏。

水锤分析的目的主要是研究产生水锤的原因，提出防止和减轻水锤破坏的改进措施。主要研究手段有试验研究和数值模拟分析。

（7）蒸汽限流器分析　次级分离器出口的蒸汽在经过蒸汽限流器时，有一部分压力损失，从而导致湿度增加。蒸汽限流器分析主要计算其在不同工况时的压力损失和湿度增加百分比。

2.2.3.2 结构分析

结构分析通常指应用有限元法结合经验公式，考虑设计规范书规定的载荷，对蒸汽发生器各部件进行分析并按规范进行评定的过程。图 4.2-13 所示为结构力学分析流程。

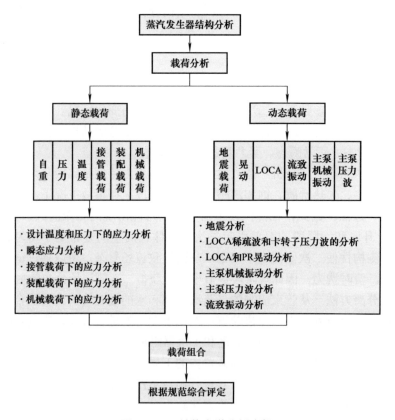

图 4.2-13　结构力学分析流程

2.2.4 蒸汽发生器设计制造

2.2.4.1 蒸汽发生器设计

蒸汽发生器的设计因为其难度大一直是实现设备自主化的关键。我国从秦山一期开始攻关蒸汽发生器的设计，到三代核电AP1000技术的引进、消化、吸收和再创新，已经形成了完全自主化的CAP1400蒸汽发生器设计技术。目前蒸汽发生器的设计主要由国家核电、中核和中广核的设计院负责。

设计自主化能力主要包括以下方面：

（1）核安全法规、导则和标准　为适应核电发展需要，我国结合国情已建立起一套核安全法规、导则和标准，主要采用国际标准或国外先进标准作为蓝本，等同或结合国情参照制定，并不断地进行修订和补充。

通过秦山一、二期的建造实践，基本掌握了美国、法国及其他国家的主要标准规范，为自主设计核电站打下了良好基础。

（2）核电设计软件　设计软件一直是我国核电主设备设计的瓶颈，三维两相流场分析等专用软件长期以来一直依赖国外引进，通过三代核电的技转和重大专项的研发，国内正在研发具有自主知识产权的蒸汽发生器设计软件。

（3）核电工程数据及计算机辅助设计　国内核工程设计院已初步形成供核电自主化设计的数据库，并拥有众多计算机和工作站，普遍应用计算机辅助设计，大大提高了设计效率和质量。

（4）设计验证和试验设施　设计验证工作是蒸汽发生器设计的重要一环，尤其是大功率的汽水分离器热态试验和管束流致振动试验对试验台架的能力要求非常高，通过重大专项的推动，目前国内105所等单位已经具备了承担蒸汽发生器主要试验的能力。

2.2.4.2　蒸汽发生器制造

蒸汽发生器是制造难度最大的核岛主设备之一，主要制造技术包括：

1）设备制造与装配：机械加工、各类焊接、无损检测、深孔钻、管束安装（胀管、管子管板焊接、支撑板对准）、吊装、包装和运输。

2）关键部件供货（汽水分离器、干燥器）。

3）原材料供应（大锻件、传热管、管子支撑板、水室隔板、抗振条、密封垫、核级焊材）。

通过秦山、恰希玛等工程项目的经验积累，我国基本实现了蒸汽发生器的制造。通过三代核电设备国产化的推进，主要原材料也都实现了国产化。

目前，国内上海电气核电设备有限公司、东方电气（广州）重型机器有限公司、哈电集团（秦皇岛）重型装备有限公司和一重集团大连加氢反应器制造有限公司都具备生产三代核电蒸汽发生器的能力。

蒸汽发生器汽水分离器设计复杂，长期依赖进口，制造经验缺乏，随着重大专项的推进，国内设计院也已自主研发成功。

蒸汽发生器用大锻件整体锻造、力学性能要求高、尺寸大，最大单个锻件达到上百吨，目前中国一重铸锻钢事业部、二重（德阳）重型装备有限公司和上海重型机器厂有限公司都基本实现了供货。

蒸汽发生器传热管要求高纯净度、同质度和均匀度，单根管长近30m，尺寸精度要求高，且要求有很高的综合性能。通过研发，目前国内江苏宝银特种钢管有限公司和浙江久立特材科技股份有限公司也都具备了生产能力。

2.2.5 获奖情况

秦山核电蒸汽发生器是我国自主研发的第一台蒸汽发生器，在完成蒸汽发生器研制的过程中，科研团队取得了丰硕的成果和奖项：

1）秦山核电厂蒸汽发生器结构设计及研制在 1990 年获国家科技进步二等奖；

2）国产核用蒸汽发生器传热管 800 合金应用可靠性研究 1998 年获得上海市科技进步三等奖；

3）核电站蒸汽发生器焊接堵管 1993 年获得中国核工业总公司科技进步三等奖；

4）模拟压水堆核蒸汽发生器管束的地震响应分析和试验研究 1992 年获得中国核工业总公司科技进步二等奖；

5）秦山核电厂蒸汽发生器设计及试验研究 1995 年获得中国核工业总公司科技进步一等奖；

6）蒸汽发生器产品设计 1983 年获得国防科技成果三等奖；

7）蒸汽发生器传热管振动试验 1984 年获得国防科技成果四等奖。

2.3 稳压器

2.3.1 稳压器功能概述

稳压器用于控制反应堆冷却剂系统的压力。当反应堆稳态运行时，把反应堆冷却剂系统的压力控制在正常范围内；当发生一般事故工况时，在有关辅助系统配合下，把反应堆冷却剂系统压力变化控制在允许范围内；当发生重大事故，反应堆冷却剂系统压力变化超出允许范围时，提供超压或低压保护，以防止堆芯及其他设备的损坏。

此外，在反应堆启动或停堆时，稳压器按反应堆冷却剂系统的要求，控制系统压力按预定的程序升温或降温。

稳压器的水位和系统的容积控制，由稳压器和另设的容积控制系统共同完成。通常稳压器的水位调节，可分担系统容积变化量的绝大部分，其他部分从主系统排出的下泄流量和补进的上充流量进行调节，以保障反应堆运行的安全。

在特定情况下，稳压器还作为一回路系统热力除氧器使用，用于消除反应堆冷却剂系统的裂变气体及其他有害气体。即当喷雾水达到饱和温度时，可使溶解在水中的气体分离出来，由废气收集系统进行处理。

2.3.2 稳压器研制历程

2.3.2.1 二代核电站稳压器

第二代核电厂主要是实现商业化、标准化、系列化、批量化，以提高经济性。秦山核电站是我国自行设计制造建设的第一座压水堆型的核电站，属于二代核电技术，它的建成不仅标志着我国科学技术、工业生产的发展水平，在国内经济建设和新能源开发利用方面具有重要意义，在国际上也具有一定的影响。稳压器是该机组核岛中的关键设备之一。

上海核工程研究设计院为圆满完成秦山核电站的稳压器设计，在广泛吸收国外稳压器结构设计、热工分析以及制造等方面的研究和改进措施的同时，结合国产化要求，开展了必要的科研和设计分析，不断完善和改进稳压器的设计。

稳压器的设计主要对热工和力学进行了分析，通过对各种负荷阶跃变化以及事故工况下的热工分析，验证稳压器的容积满足其设计准则及各种工况时的压力响应；按照 ASME 规范第Ⅲ卷 NB 篇一级设备的规定以及设计瞬态工况（包括正常工况、异常工况、危急工况、事故工况和试验工况）对稳压器进行了应力分析。

秦山一期核电厂的稳压器设计获得了国防科工委科技进步三等奖。其主要技术参数见表 4.2-8。

稳压器是一个垂直放置的圆筒形压力容器。在正常运行时，稳压器内一半为液相，一半为气相。稳压器通过底部的波动管与反应堆冷却剂系统的热段相连。当反应堆冷却剂系统内的冷却剂容积发生变化时，通过波动管波动流入或波动流出稳压器。稳压器下封头设置了电加热器，使容器中一部分水被加热汽化，以抑制压力的降低；稳压器上封头内设有喷雾器，通过喷雾管与反应堆冷却剂系统的冷段相连，使过冷水细化喷入容器内，以抑制压力的升高。顶部还设有卸压阀和安全阀，起超压保护作用。

表 4.2-8 秦山一期稳压器主要技术参数

名称	数值
设计压力 /MPa	17.2
设计温度 /℃	370
工作压力 /MPa	15.2
工作温度 /℃	343
工作介质	反应堆冷却剂
总容积 /m³	35
设计寿命 /年	40

秦山核电厂稳压器结构简图见图 4.2-14。

稳压器由上封头、下封头、三节筒体和裙式支座焊接组装而成。母材采用 S271 钢锻件（相当于 A508 Ⅲ 钢），上、下封头和筒体壁厚均为 128mm，与反应堆冷却剂接触的内表面堆焊 6mm（局部 10mm）厚的奥氏体不锈钢或镍基合金。

（1）上封头组成 上封头为半球形壳体，设有一个人孔，其内径为 406mm。上封头有一根喷雾管、一根卸压阀接管和两根安全卸压管。这些接管在母材一侧均预堆镍基合金层，然后与不锈钢安全端相连接。为了减小热应力，喷雾接管设置了热套管。喷雾器与之相应的管嘴之间采用落位连接，并有锁紧垫片。喷雾器可以单独更换。为减小细水滴对容器壁的热冲击，上筒体内设计薄壁筒形冷屏蔽组件，上端与托架焊接连接，下端允许自由膨胀。

（2）下封头组成和电加热器 下封头中央为波动管接管，波动管与安全端连接处母材先预堆镍基合金层，然后与不锈钢安全端相连接。为减小热应力，波动接管设有热套管。波动管入口处设有分流器，以防止稳压器内杂物进入反应堆冷却剂系统，并改善波动流入水与稳压器内水的混合。

下封头上设置 90 根电加热器，每根电加热器可以单独更换。电加热器与电加热器套管之间采用焊接连接。

（3）隔板 下筒体内有上下隔板各一块，作为电加热器的横向支撑板。上下隔板中央均开有大孔以便于电加热器安装。电加热器安装完毕后，下隔板中央孔应封闭以防止波动流入水直接往上冲，有助于流入水的混合。

（4）支座和防震块 稳压器采用裙式支座，有螺栓固定在支撑框架上。裙座圈与下封头 S271 堆焊层之间采用对接焊缝,并以圆角过渡。为制造方便,裙座分为二节,材料均为 S271 钢锻环。

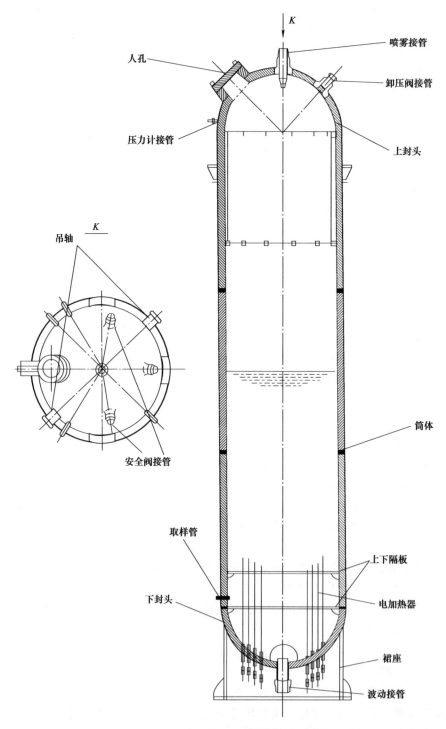

图 4.2-14 秦山核电厂稳压器结构简图

稳压器筒体上设有四块导向块。当稳压器受到地震载荷时，将水平方向的载荷传到横向支撑上，并限制稳压器的横向位移。

（5）保温结构　稳压器外表面采用钢卡箍及托板，以便安装保温层。下封头电加热器套管结构处用金属丝网安装保温层。

2.3.2.2 三代核电站稳压器

美国核电用户要求文件（URD）和欧洲核电用户要求文件（EUR）提出了第三代核电站的安全和设计技术要求，它包括了改革型的能动（安全系统）核电站和先进型的非能动（安全系统）核电站，并完成了全部工程论证和试验工作以及核电站的初步设计，它们成为第三代核电站的主力堆型。

三代核电站的安全性和经济性都将明显优于第二代核电站。由于安全是核电发展的前提，世界各国除了对正在运行的第二代机组进行延寿与补充性建一些二代加的机组外，接下来新一批的核电建设重点是采用更安全、更经济的第三代核电机组。国家核电引进的美国非能动 AP1000 核电站和广东核电集团公司引进的法国 EPR 核电站，以及国家大型先进压水堆核电站重大专项 CAP1400 核电站都属于第三代核电站。

CAP1400 稳压器是由上海核工程研究设计院在引进、消化和吸收 AP1000 技术后自主研发的，稳压器主要设计参数见表 4.2-9。

稳压器是一个垂直放置的圆筒形压力容器。在 15.4MPa、345℃ 正常运行时，稳压器内一半为液相，一半为气相。稳压器通过底部的波动管与反应堆冷却剂系统的热段相连。当反应堆冷却剂系统内的冷却剂容积发生变化时，通过波动管波动流入或波动流出稳压器。稳压器下封头设置了电加热器，使容器中一部分水被加热汽化，以抑制压力的降低；稳压器上封头内设有喷雾器，通过喷雾管与反应堆冷却剂系统的冷段相连，使过冷水细化喷入容器内，以抑制压力的升高。顶部还设有卸压阀和安全阀，起超压保护作用。

表 4.2-9　稳压器设计参数

参　　数	数　　值
设计压力 /MPa	17.2
设计温度 /℃	360
工作压力 /MPa	15.4
工作温度 /℃	345
工作介质	反应堆冷却剂
总容积 /m³	70.8
设计寿命 / 年	60

稳压器由上封头、下封头和 3 节筒体（上筒体、中筒体、下筒体）组成。母材采用 SA-508 Gr.3 Cl.2 锻件，上封头厚度为 80mm，下封头厚度为 90mm，筒体厚度均为 127mm。与反应堆冷却剂接触的内表面堆焊厚度为 6mm 的 309L 和 308L 不锈钢或镍基合金。

（1）上封头组成　上封头为半球形壳体。封头上设有一个喷雾管和两个安全卸压管，封头内还设有喷雾器。喷雾管和两个安全卸压管与上封头整体锻造。喷雾管位于封头中心，喷雾管与喷雾管安全端连接处母材先预堆焊镍基合金层，然后与喷雾管安全端相连接。喷雾管安全端材料为 690 合金。为减小热应力，喷雾管安全端上焊有热套管。安全卸压管与安全端连接处母材先预堆焊镍基合金层，然后与安全卸压管安全端相连接。安全卸压管安全端材料为 F316LN。喷雾器与之相应的喷雾器螺纹连接管之间采用螺纹连接，喷雾器可以单独更换。

（2）下封头组成和电加热器　下封头为半球形壳体，其中央设置波动管，波动管与下封头上的四个支撑垫块一同与下封头整体锻造。波动管与安全端连接处母材先预堆焊镍基合金层，然后与不锈钢安全端相连接，不锈钢安全端材料为 F316LN。为减小热应力，波动管处设有热套管。波动管入口处还设有分流器，以防止稳压器内杂物进入反应堆冷却剂系统，并改善波动流入水与稳压器内水的混合。

下封头上还设置了 78 根电加热器，每根电加热器可以单独更换。电加热器与电加热器套管之间采用焊接连接。电加热器套管材料为 SA-182 F316LN，与下封头内的镍基合金堆焊层相焊接。

（3）筒体和内件　上筒体上设有一个人孔，其内径为 457.2mm。人孔密封采用缠绕垫，在密封失效时，可采用人孔密封板。人孔螺栓、人孔螺母材料分别为 SA-193 Gr.B7 和 SA-194 Gr.7。

中筒体上设有两个吊耳耳座。

下筒体上设有一块电加热器支撑板，作为电加热器的横向支撑。电加热器支撑板中间不开孔设计可起到折流板的作用，能防止来自波动管道内的水直接流向汽、水交界面，并且有助于混合波动流入水。

（4）仪表接管　稳压器上设有上、下温度计管、取样管和上、下仪表管。其接管信息见表 4.2-10。

表 4.2-10　仪表接管信息

代　号	名　称	数　量	接管尺寸/mm	部　位	连接方式
N4	上温度计管	1	φ33.4×4.55	上封头	承插焊
N5	上仪表管	4	φ33.4×4.55	上封头	对接焊
N6	下温度计管	1	φ33.4×4.55	下筒体	承插焊
N7	下仪表管	4	φ33.4×4.55	下筒体	对接焊
N8	取样管	1	φ33.4×4.55	下筒体	对接焊

（5）支撑系统　上部支撑系统与壳体（上筒体）上的 8 对支撑块相连，为稳压器提供侧向抗震支撑。下部支撑系统与下封头上的四个支撑块相连，为稳压器提供垂直支撑和侧向/抗震支撑。

2.3.3　稳压器主要技术

稳压器是压水堆核电厂的关键设备之一，其主要作用是维持一回路压力在整定值。当电厂负荷降低或事故工况下，一回路压力升高，稳压器内部温度升高，位于稳压器顶部的喷雾器向下部喷冷却水，使压力回复至整定值。喷雾流的驱动力是主泵的扬程，靠主管道冷段的喷雾管嘴和热段波动管嘴间的压差形成喷雾流。为满足稳压器应对瞬态的能力，必须设计喷雾流量大，压降小，喷雾角、分布均匀性和颗粒度大小均较好的大流量喷雾器。

从大流量喷雾雾化特性出发，以理论模型研究和试验研究为主，以计算流体研究为辅的研究手段，充分利用各种研究方法的优势互补，开发出符合合同性能指标要求的稳压器系列喷雾器。

2.3.4 稳压器设计制造

2.3.4.1 稳压器设计

（1）设备设计范围　稳压器设计的边界为：波动管安全端与管道连接的端面以内；喷雾管安全端与管道连接的端面以内；安全卸压管安全端与管道连接的端面以内；仪表接管、温度接管及取样接管与管道连接的端面以内；上部支撑块以内；吊耳，根据结构型式和项目的不同，可能在吊耳耳座端部以内（如采用螺栓连接结构）；电加热器套管端部以内（包括电加热器）；下部支撑块端部以内。

稳压器的设计范围包括上述边界以内的所有零部件，包括内件。

（2）设计要求

1）总体要求：稳压器应满足核电厂总体要求；稳压器应满足反应堆冷却剂系统（RCS）的要求；稳压器应提供一定数量的温度接管、取样接管及仪表接管；电加热器通电时，应保证其浸没在反应堆冷却剂中；稳压器在满足系统容积的前提下，要选择合适的高径比；稳压器应设计为满足规范规定的在役检查的要求；稳压器应提供在役检查的通道。

2）性能要求：喷雾头的性能应能在满足设计规范书的压降和流量下，获得更好的喷雾效果；电加热器的总功率容量应能满足设计规范书要求。

3）其他要求：电加热器布置应留有足够的空间进行独立更换；电加热器的根数在满足总功率的前提下，还与电加热器的接法有关。

2.3.4.2 稳压器制造

稳压器是核岛主设备之一，稳压器安全等级1级的部件应按照适用规范进行加工制造，非安全等级物项的制造和装配操作按照相关适用标准执行，其主要包括：机械加工、焊接、组装、无损检测、有损检测、水压试验、清洁、包装、运输和贮存。

通过秦山、恰希玛等工程项目的经验积累，以及三代核电设备供货的经验，我国已实现了稳压器制造和锻件原材料的国产化。在稳压器制造的历史发展过程中，大致情况如下：

秦山一期稳压器由当时上海锅炉厂（隶属上海电气集团，之后核电部分组建为上海电气核电设备有限公司）承制。稳压器制造需 S271 钢锻件 24 项计 30 件，共研制、进口焊接材料 23 项计 34 种规格，稳压器封头、筒体锻件由上海重型机器厂供货，从 20 世纪 70 年代初即开始选择和研制产品所需新材料，历时 10 多年，终于圆满地完成和落实了产品所需材料。稳压器下封头电加热元件套管孔镗孔是整个产品机械加工中最关键的工序技术，稳压器电加热元件套管孔分布在下封头球面上，孔数较多，而孔深各不相同，孔的位置分布各异。通过承制秦山一期稳压器，使我国核电设备制造技术已达到一定的水平，为后续我国核电设备制造水平的飞跃奠定了坚实的基础。

巴基斯坦恰希玛一期 C2 稳压器由上海电气核电设备有限公司完成供货，该公司是国内历史最久、产品业绩最多、产品技术最全、综合实力最强的专业化生产核电站反应堆压力容器、蒸汽发生器、稳压器等核岛主设备的核心企业，是上海市服务国家能源战略、振兴国家装备制造业的国家级重点企业。巴基斯坦恰希玛二期 C3 稳压器由中国第一重型机械股份公司完成供货，该公司前身为第一重型机器厂，始建于 1954 年，公司下设 15 家从事重型装备研发、设计、制造、运输、贸易等业务的子公司，主要为矿山、钢铁、电力、石油、化工、核电、军工、造船、汽车等行业提供重大成套装备及服务。恰希玛二期 C4 稳压器由西安核设备有限公司完成供货，该公司前身为五二四厂，是中国核工业集团公司所属的大型专用设备研究、设计、制造企业，公司的产品主要是以压力容器、机具类等为主的核电、能源化工、特材设备制造和消防灭火产品。恰希玛项目稳压器电加热器由国内厂家重庆川仪十七厂供货。

CAP1400 示范工程项目 2 台稳压器由上海电气核电设备有限公司和东方电气集团有限公司承制，其制造难点是上、下封头的整体锻造。国内哈电集团重型装备有限公司和中国第一重型机械股份公司等在装备能力、核电业绩、科研攻关技术等方面均具备承担稳压器制造任务的能力。

2.3.5　稳压器获奖情况

秦山核电稳压器是我国自主研发的第一台稳压器，在完成稳压器研制的过程中，科研团队取得了丰硕的成果和奖项：

1）稳压器的设计获得了国防科学技术三等奖；

2）稳压器动态特性试验项目获得中核总科学技术三等奖；

3）稳压器用大流量喷雾器研制，此项成果被评为中核总科学技术三等奖。

2.4　钢制安全壳

2.4.1　钢制安全壳功能概述

钢制安全壳（SCV）是安全壳系统的重要组成设备，其作为一个围护核电系统或者连接到其他安全壳部件的结构，主要设计目的是提供一个承压容器屏蔽，以保证安全壳系统通道排放的放射物或危险的废液在泄漏率限值内。

钢制安全壳也是非能动安全壳冷却系统（PCS）的主要组成部分，它的功能是排出反应堆冷却系统显热、堆芯衰变热和与事故源相关的衰变热并提供安全相关的最终热阱。非能动安全壳冷却系统的设计是为了释放安全壳内大量的能量，以防止在假想设计基准事故下安全壳内压力超过设计压力。

钢制安全壳设计成能容纳反应堆冷却系统和其他相关联的系统，具有高密封性，受到屏蔽厂房保护，从而防止其受外部假想飞射物的撞击。

钢安全壳还包括两个设备闸门、两个人员闸门、贯穿件组件和其他附件。在钢制安全壳筒身和穹顶外表面设有 U 形支撑，用来支撑安全壳空气导流板。

空气导流板为非能动安全壳冷却系统提供空气流道。外部空气从屏蔽厂房屋顶下部的入口处进入屏蔽厂房，沿导流板外侧向下流动。在钢安全壳外加劲肋上部空气流向转为向上，进而在钢安全壳顶部排气口排出。由于空气在导流板和钢制安全壳之间流动，起到冷却钢安全壳的作用。

2.4.2 钢制安全壳的发展

相比传统核电厂预应力混凝土安全壳，第三代非能动核电站采用钢制安全壳，这在我国是首次采用，其设计分析在国内尚未有先例。

2007年8月起，国家核电技术公司作为三代核电技术引进消化吸收再创新的主体和平台，牵头组织编制《大型先进压水堆核电站重大专项总体实施方案》。《大型先进压水堆核电站重大专项总体实施方案》中的科研围绕着AP1000核心技术的消化吸收与CAP1400关键技术研究、重大共性技术及关键设备与材料国产化能力提高，从而达成创新的、具有自主知识产权的大型先进核电技术目标。

CAP1400钢制安全壳内壁总高度73.6m，直径43m，自由容积为75000m³，重量为4600t。它是一个自由站立的带椭圆形上下封头的圆柱体钢容器，包括顶封头、筒体、底封头、环向加劲肋、环吊梁、人员闸门、设备闸门及各种附件。各组成部件详见图4.2-15，具体描述如下：

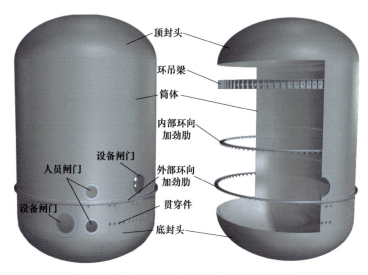

图4.2-15　CAP1400钢制安全壳结构示意图

（1）封头　钢制安全壳顶封头和底封头均为椭圆形封头，直径（长轴）为43m，高度（短半轴）为13.51m，壳体壁厚为43mm。底封头埋置在混凝土中，外部混凝土标高为0.000m，内部混凝土至标高2.200m的维修层。在钢制安全壳内外侧混凝土顶面处设有密封圈，以阻止水汽进入安全壳容器和混凝土之间。

作用在安全壳容器和内部结构上的竖向和横向荷载通过底封头外表面的栓钉、摩擦力和支撑传递到核岛基础底板上。在设计基准荷载下，栓钉可不做受力考虑。栓钉仅作为当地震等级大于安全停堆地震时提供额外的安全裕量。

（2）筒体　钢制安全壳筒身为圆柱形筒体，高度为46.58m，筒体壁厚大部分为52mm。考虑埋入混凝土部分的过渡区在腐蚀情况下留有一定的安全裕量，圆柱筒体最下圈的壁厚由52mm增加到55mm。

（3）环向加劲肋　钢制安全壳筒体布置有两道环向加劲肋，即内部环向加劲肋和外部环向加劲肋。环向加劲肋均由板厚为52mm的环向腹板和翼缘焊接而成，其中内部环向加劲肋径向加劲板数为 60 个,外部环向加劲肋径向加劲板数为 90 个。

(4) 环吊梁　钢制安全壳环吊梁由上翼缘板、下翼缘板和环向腹板组成,在安全壳内沿 360°周向布置,其中径向加劲板数为 72 个。

钢制安全壳环吊梁上支撑有桥式环吊,此环吊在电厂施工、换料和维护期间提升、搬运多种荷载。桥式环吊能在环吊梁顶部的轨道上运行。

(5) 设备闸门　钢制安全壳有两个设备闸门:一个在标高 2.200m 的工作平台处,内径为 5850mm;另一个在标高 12.650m 的平台处,提供由地面标高处进入安全壳的通道,内径为 5850mm。设备闸门由一个圆筒形套管及一个蝶形封头组成,封头通过螺栓紧固在安全壳的内侧。安全壳的内压作用在凸起的碟状形封头表面,碟状形封头处于受压状态。两个设备闸门都安装了电动的起重设备以及相应的一组五金器件、工具、设备以及自备电源,用来将闸门从它的储存位置移到并安装在开口处。

(6) 人员闸门　钢制安全壳有两个人员闸门,位于每个设备闸门附近。每个人员闸门外径约 3038mm,开有宽 1070mm、高 2032mm 的门洞。人员闸门的净长度不小于 2438mm,满足此长度要求才不会受人员闸门内门转动的影响。人员闸门从安全壳内沿径向穿过屏蔽厂房延伸出来。人员闸门由安全壳容器支撑。

每个人员闸门有两道串联的双层密封圈密封的门。两个门是机械联锁的,以防止两扇门同时打开。机械联锁装置可以通过专用工具解锁。

(7) 贯穿件　钢制安全壳贯穿件包括机械贯穿件和电气贯穿件,其设计应确保在设计基准事故工况下保持安全壳的完整性。

2.4.3 钢制安全壳主要技术

钢制安全壳在我国是首次采用,在 AP1000 核电站之前,国内设计院未曾进行过相关的工程设计及研究。上海核工程研究设计院作为第一家承担钢制安全壳技转的设计院,进行消化吸收再创新。钢制安全壳属于核二级设备,抗震 I 类结构,设计采用 ASME 规范 NE 分卷,上海核工程研究设计院在技术消化吸收基础之上进行自主研发与设计,主要研究内容和技术指标如下:

(1) 钢制安全壳动力特性分析研究　开展以钢制安全壳轴对称模型为基础,通过 0 阶谐波计算竖向模态和 1 阶谐波计算水平向模态方法建立安全壳杆模型。

(2) 钢制安全壳在各荷载工况下的数值仿真分析技术研究　开展钢制安全壳自动化建模技术研究,通过关键参数设置,开发出参数化建模的命令流,可快速建立钢制安全壳有限元数值模型,用于仿真计算钢制安全壳在各荷载作用下的应力和变形,论证结果的合理性与真实性,主要包括:①内压和外压荷载仿真计算;②环吊荷载仿真计算;③安全停堆地震作用仿真计算;④温度效应仿真计算。

(3) 钢制安全壳应力评定技术研究　嵌入 ASME III 第一册 NE 分卷和 RG1.57 相应准则要求,论证钢制安全壳在不同荷载组合工况下满足应力强度限制要求。

(4) 钢制安全壳屈曲评定技术研究　基于 ASME 规范案例 N-284 自主开发屈曲评定模块,论证钢制安全壳满足屈曲承载能力要求。

(5) 钢制安全壳承压能力分析研究　包括严重事故工况下的最大承压能力和钢制安全壳的极限承压能力分析,论证严重事故下钢制安全壳压力边界的完整性和安全裕度。

（6）钢制安全壳地震稳定性安全评价　包括钢制安全壳的倾覆模式和滑移模式分析，论证钢制安全壳在安全停堆地震作用（SSE）下的稳定性。

2.4.4　钢制安全壳设计制造

钢制安全壳分析设计需要考虑在电厂寿期内所有可能环境下经受的荷载工况，这些环境工况可根据电厂运行情况分为三种水平：正常、异常（短期/长期）和事故。在设计基准事故工况下，钢制安全壳需要经受压力、温度、安全停堆地震等各种条件的不利影响，并维持压力边界的完整性，限制放射性物质向外泄漏。

重大专项国核示范项目工程CAP1400钢制安全壳是我国自主研发的具有自主知识产权的大型核电设备，它是一个自由站立的带椭球形顶、底封头的圆柱体钢容器，主要技术参数如下：

内直径：43.000m

封头高度：13.510m

筒体高度：46.580m

内壁总高度：73.600m

封头壁厚：43mm

筒体壁厚：52mm

材料：SA-738 Gr.B

设计压力：0.443MPa（表压）

设计温度：150℃

设计外部压力：0.016MPa（压差）

目前CAP1400钢制安全壳已基本完成研发与设计，重点研究突破CAP1400钢安全壳设计分析的关键技术及其相关的制造技术，包括CAP1400钢安全壳筒体及封头分块技术、钢安全壳用SA-738 Gr.B厚钢板性能试验研究、钢安全壳用SA-738 Gr.B厚钢板焊接性及焊接工艺研究、现场焊后热处理温度对焊接接头性能影响研究、钢安全壳新吊装方案分析和钢安全壳专用吊具研制等技术，全面掌握钢安全壳的结构特点、极限承压能力（见图4.2-16）、抗震性能和压力作用下的稳定性分析技术。

图4.2-16　钢制安全壳封头极限承压能力试验

2.4.5 结语

上海核工程研究设计院通过引进消化吸收再创新,在国内首次建立了完整的钢制安全壳成套分析技术体系,具有自主知识产权,填补了业界空白,为先进核电装备走出去打下了基础。项目成果已经应用于依托项目 AP1000 的安全评审、三门和海阳二期 CAP1000 项目,以及国核示范工程 CAP1400 大堆项目钢制安全壳研发与设计,取得了良好的社会效益和经济效益。

随着计算机技术的不断发展和有限元分析工具的持续改进,今后钢制安全壳设计制造朝着数字化、一体化、智能化方向发展。

2.5 其他容器和换热器

核电站有大量的非标容器设备配套在核岛辅助系统中,这些辅助设备用来保证核电站反应堆和一回路系统主设备能正常运行及调节,并为可能出现的重大事故提供必要的安全保护措施及防止放射性物质扩散。

非标容器设备主要分布在核电站的下列辅助系统服务:化学和容积控制系统、安全注射系统、安全喷淋系统、余热排出系统、设备冷却水系统、辅助给水系统、乏燃料水池冷却及净化系统、安全壳隔离系统、与安全有关的通风系统、取样系统及三废处理系统等。

非标容器设备包括核电站核岛各辅助系统中配套的各种容器、换热器、过滤器等设备,这些设备大部分都是承压容器,具体的设备包括:

(1) 容器设备 包括安全二、三级和非安全级的压力容器、大型储罐、常压容器、贮存槽体(箱体)、工作箱、手套箱、通风柜、取样箱、扬液器、喷射器、排气盒、密封罩壳等设备。

(2) 换热器设备 包括安全二、三级和非安全级的换热器、冷却器、冷凝器、预热器、分汽缸等设备。

(3) 过滤器设备 包括安全二、三级和非安全级的过滤器、净化器、吸附器、除雾器、地坑滤网等设备。

随着核电技术的发展,这些辅助的容器和设备设计也在不断地更新和提高,技术的发展造就了设备设计能力的提高,形成了不同时期不同的设计特点。从我国第一个自主设计研发的"秦山 300MW 压水堆核电站"到第一个出口电站"巴基斯坦恰希玛一期核电站(PC1 工程)",从"二代加 M310"到三代自主核电技术"CAP1400 示范工程",不同的工程项目设备有不同的特点。

2.5.1 秦山 300MW 压水堆核电站

秦山一期 300MW 核电站是由我国自行设计、研制和建造的第一台压水堆核电站,在该核电站中共安装着 200 多项(几百台套)各种形式的核非标容器设备,这些核非标容器设备经十几年来秦山核电厂的实际使用,运行情况基本良好。

秦山一期工程中完成的重要安全二、三级非标容器设备项目描述如下:

1. 安全注射箱

(1) 安全注射箱功能 安全注射箱是核电站安全注射系统的主要设备之一,用于贮存加氮气压力覆盖的含硼水，在核电站发生失水事故后，能自动迅速注入反应堆冷却剂系统，淹没和冷却反应堆堆芯，以保护堆芯的安全。

（2）安全注射箱结构特点　安全注射箱为立式圆筒形容器，内径 2m，总高 11.43m，总容积 30.34m³，净重约 31t。

2. 停冷换热器

（1）停冷换热器功能　停冷换热器在正常停堆时，每台换热器能提供 50% 的冷却能力以满足系统冷停堆的要求。在反应堆停堆后 4h，由换热器将堆芯的剩余热量通过设备冷却水带走，使反应堆冷却剂的温度降到停堆温度或换料停堆温度。在失水事故后停冷换热器可作为喷淋换热器使用，供安全壳喷淋系统降温降压。

（2）停冷换热器结构特点　停冷换热器为立式、四流程、U 形管式。换热管与管板之间采用贴胀加强度焊接连接结构。停冷换热器由管束、壳体、管箱及裙座四大部件组成。管束在壳体内，U 形管轴向可自由伸缩，以补偿因工作温差所产生的温差应力。

3. 再生换热器

（1）再生换热器功能　再生换热器使用上充流冷却反应堆冷却剂系统环路冷却段引出的下泄流，使下泄孔板后的下泄流不发生汽化。同时，使上充流温度升高，从而减小对反应堆冷剂系统环路的热冲击。在失水事故时，上充流还必须经过再生换热器向反应堆冷却剂系统注水，以保证回路系统的安全。

（2）再生换热器结构特点　再生换热器为立式、二流程、U 形管式。换热管与管板之间的连接采用贴胀加强度焊的焊接连接结构。再生换热器由四台独立的换热器用连接管在现场串联组装而成，每台换热器均由裙座支承，侧面用支承件固定在墙壁上。每台换热器由管束、壳体、管箱及裙座四大部件组成。管束在壳体内，U 形管轴向可自由伸缩以补偿因工作温差所产生的温差应力。

4. 下泄换热器

（1）下泄换热器功能　下泄换热器用于冷却进入化学和容积控制系统的反应堆冷却剂（即下泄流），使之达到净化床的运行温度。

（2）下泄换热器结构特点　下泄换热器为立式、四流程、U 形管式。换热管与管板之间的连接采用贴胀加强度焊焊接连接结构。下泄换热器由管束、壳体、水室及裙座四大部件组成。管束在壳体内，U 形管轴向可自由伸缩以补偿因工作温差所产生的温差应力。

5. 设冷换热器

（1）设冷换热器功能　设冷换热器在核电厂中是重要辅助设备，核电厂在装料、换料、正常运行、安全停堆、维持安全停堆、事故工况或减小事故后果等各种工况下，该换热器将一回路中有关设备的热负荷，经设备冷却水的中间传递，最终将热量由海水导出。

（2）设冷换热器结构特点　设冷换热器为卧式、二流程、浮动管板式换热器。换热管采用耐氯离子腐蚀的薄壁焊接钛管，管板分固定式和浮动式。换热管与管板之间的连接采用不开槽、不翻边、光孔胀接加密封焊焊接连接结构。设冷换热器由管束、壳体、水室、回水水室及鞍式支座五大部件组成，管束利用浮动管板在壳体内能自由伸缩的特点，可补偿因工作温差所产生的温差应力。

为防止氯离子对管侧材料的腐蚀，秦山一期设冷换热器的换热管、管板和密封衬板的材质均选为钛材。

6. 其他核二、三级非标设备

冷却器：废燃料池冷却器、高压取样、中压取样冷却器和脱气塔及排气冷凝器；

过滤器：海水过滤器、过滤器；

蒸发器：硼回、废液蒸发器；

150m³/h、430m³/h、1700m³/h 箱式吸附器；

箱类：树脂添加箱、设冷水波动箱、容积控制箱、硼酸卸回箱、补给水箱、硼回暂存箱、重要冷冻水膨胀箱。

2.5.2 巴基斯坦恰希玛一期核电站

巴基斯坦恰希玛一期（以下简称"PC1 工程"）300MW 核电站是我国第一台出口的核电站工程，根据秦山一期的运行反馈经验，进行改进设计。经过多次换料，该核电站核非标容器设备运行基本良好。PC1 工程中对核非标容器设备设计做了以下改进或完善：

1. 安全注射箱

PC1 工程的安全注射箱由秦山一期时的四台改进为二台，在工艺参数相似的基础上，设备的结构做了较大的变动和改进，如设备内径由 ϕ2m 改为 ϕ3m，容器壁厚由 44mm 改为 76mm，重量由 31t 改为 66.75t。设备的材料方面，容器主材料由 16MnHR 改为性能更优的 15MnNi，堆焊材料由原来的 0Cr18Ni9Ti 改为 00Cr21Ni10 和 00Cr26Ni12，从而提高了设备的安全性，满足了设备设计寿期 40 年的要求。

2. 余热排出换热器（即秦山一期的停冷换热器）

余热排出换热器的壳体材料由秦山一期时的 16MnHR 改为性能更优的 15MnNi，管箱材料由 1Cr18Ni9Ti、0Cr18Ni9Ti 改为 00Cr19Ni9，换热管材料也由 0Cr18Ni9Ti 改为 00Cr19Ni9，这样材料的力学性能和耐蚀性能都显著提高。换热器的壳体壁厚由 12mm 增加到 16mm，管板厚度由 180mm 增为 200mm，从而满足了设备设计寿期 40 年的要求。

3. 设冷换热器

由于历史原因，秦山一期设冷换热器从工艺参数确定到结构设计均存在不足之处，尤其是设冷水的进口流速约 2.4m/s，高于规范所允许的非腐蚀、非磨蚀性单相流体可不设防冲挡板的最大额定进口流速值（1.493m/s），由此造成设冷水进口处伞形布管区内的换热管承受到高速流体的直接冲击。换热管在短时期运行后出现疲劳破坏，最终导致部分换热管的破损泄漏。后经加芯棒堵管和扩大设冷水进口管内径等整改措施，进口流速由原来的 2.4m/s 降至 1.09m/s。经整改后，解决了换热管的流致振动问题，十几年来设冷换热器运行情况基本良好。

PC1 工程的设冷换热器进行了以下设计改进：

1）设冷水工艺进出口管由秦山一期时的 ϕ325mm×8mm，扩大为 ϕ406mm×10mm，使设冷水进出口流速由原来的 2.4m/s 降至 1.15m/s，避免了因流体弹性不稳定可能出现的换热管破损泄漏。

2）设冷水进口处伞形布管区增设防冲挡板，使钛管的固有频率提高，增大了流体的临界流速，从而提高了换热管的抗流致振动能力。

3）对钛管材料的强度极限和屈服极限做了上下极限值限制，以控制合适的材料屈强比，提高钛管的抗疲劳性能。

4）对设冷换热器中所有采用的原材料（板、棒、锻、管）都进行了优化处理。

由于 PC1 工程设冷换热器进行了上述一系列改进措施，从而提高了设备的安全性，满足了设备设计寿期 40 年的要求。

PC1 工程再生换热器、下泄换热器等其他重要非标容器设备的结构基本未变动，但所有采用的原材料（板、棒、锻、管）都进行了优化处理。

此外，PC1 工程所有非标容器设备设计和制造全部实现了标准化，即安全二、三级设备按照 ASME 规范（具体体现在安全二、三级容器、换热器的制造、材料、焊接、无损检测、油漆、包装和运输技术条件）；非安全级设备按照国内有关的国标、部标（包括制造、材料、焊接、无损检测、油漆、包装和运输）。

PC1 工程所有安全级非标容器设备设计时，都进行了设备的抗震强度应力分析，对有疲劳要求的都进行了疲劳计算。

PC1 工程设计中，对安全级换热器进行了有针对性的换热器抗震和抗流致振动模拟体试验，并将试验结果反映到设备的设计改进中。

PC1 工程设计中采用的计算机软件，应力分析有 SAP5、AIDNA、AIDNA-F、ANSYS、FLUSTR；热工水力分析有 TASC3、PIPO1、PHOENICS、RERLAP 等。

2.5.3 CAP1400 示范工程项目

CAP1400 型压水堆示范工程是在消化、吸收、全面掌握我国引进的第三代 AP1000 非能动技术的基础上，通过再创新开发出的具有我国自主知识产权、功率更大的非能动大型先进压水堆核电机组。目前我国所建的示范电站位于山东省威海市荣城石岛湾，拟建设两台 CAP1400 示范压水堆机组，设计寿命 60 年，单机容量 1400MW。由于 CAP1400 是全新的三代技术，所以在安全二、三级设备以及重要非安全级设备的设计上，与秦山和 M310 技术有了较大的区别。

2.5.3.1 安全注射箱

（1）用途和功能 安注箱为内衬不锈钢的碳钢球形箱子。下封头设有裙座支撑。安注箱大部分空间填充硼水并由氮气加压至 4.83MPa，连接到压力容器直接注射管。安注箱出口管线上有一道常开的电动隔离阀和两道串联的止回阀。电站正常运行期间，止回阀将安注箱和反应堆冷却剂系统（RCS）隔离。事故后，当 RCS 的压力降到低于安注箱压力时，止回阀打开，硼水靠气压注入 RCS，淹没和冷却反应堆堆芯。表 4.2-11 为主要技术参数，图 4.2-17 为安注箱示意图。

表 4.2-11 主要技术参数

参　数	数　值
设计压力 /MPa	5.5
设计温度 /℃	150
工作压力 /MPa	4.83
工作温度 /℃	10～49
总容积 /m³	78.6
水容积 /m³	66.4
介质特性	反应堆冷却剂（A）（硼浓度大约为 2700×10⁻⁶ 的含硼水，可能的氧含量为大气压力下的饱和溶解氧量）
主要材料	SA-533 Gr.B Cl.1
腐蚀裕量 /mm	0
焊接接头系数	1
水压试验压力 /MPa	6.9
设计寿命 / 年	60
设备外形尺寸 /mm	约 5900×5440×5800

（2）设计、选材及制造特点　安注箱为三级部件，容器的结构设计、强度计算及应力分析应按照 ASME-ND-3300 容器设计的规定。

球壳的对中及装配，包括球壳组装方法、对口间隙、对口错边量、对接焊缝棱角 E 值及球壳赤道截面上的圆度要求等，应满足 GB 12337—1998《钢制球形储罐》中 8.2.1 和 8.4 节球壳组装后的对中及装配尺寸要求。

堆焊厚度随焊接工艺与熔敷金属的层数而变化，名义厚度为 6mm。焊接修补与表面重新处理（打磨）后，应保持最终堆焊的最小厚度为 4.8mm。要求升级以达到表面验收标准的局部堆焊区域，应在底部倒最小半径为 6.4mm 的圆或最小为 4:1 的斜度。堆焊层表面最大粗糙度为 Ra 6.3μm，不允许留下可触摸的边角。

图 4.2-17　安注箱示意图

除螺钉、螺栓、垫片和紧固帽（或防松螺母），与反应堆冷却剂接触的设备表面材料的钴含量不应超过 0.05%（质量分数）。堆焊材料的钴含量不应超过 0.05%（质量分数）。

与反应堆冷却剂相接触的材料应选取电厂寿期内（60 年）预期运行条件下低腐蚀速率的材料。

2.5.3.2　正常余热排出换热器

结构见图 4.2-18。

（1）用途和功能　在电厂冷停堆的第二阶段，RNS 通过换热器移出堆芯衰变热并降低 RCS 温度。换料期间继续运行以排出堆芯和 RCS 的热量。此外，RNS 余热排出换热器还有冷却安全壳内置换料水箱和事故后闭式冷却 RCS，以及冷却乏燃料池等功能。

在超设计基准工况下，正常余热排出系统可能与反应堆冷却剂系统连通，导致正常余热排出换热器超压，最高压力达到反应堆冷却剂系统的运行压力（15.4MPa）。在超压工况下，正常余热排出换热器允许发生变形，但不会泄漏。

图 4.2-18　正常余热排出换热器示意图

（2）主要技术参数

安全等级：	管侧：三级	壳侧：非安全级
质保等级：	管侧：QSA3	壳侧：QRA1
抗震类别：	管侧：Ⅰ	壳侧：Ⅱ
换热器型式：	立式 U 形管式	
设计压力：	管侧：6.2MPa	壳侧：1.7MPa
设计温度：	管侧：205℃	壳侧：95℃
流体进口温度：	管侧：52℃	壳侧：34℃
流体出口温度：	管侧：37.6℃	壳侧：43.2℃

工作流量：	管侧：490 m³/h	壳侧：750m³/h
工作介质：	管侧：反应堆冷却剂	壳侧：设备冷却水
换热量：	7.96MW	
换热面积：	1342m²（组装后的总换热面积）	
设备外形尺寸：	ϕ2040mm×10100mm	
设备采用材料：		
	壳侧筒体、封头采用 SA-516 Gr.70	
	壳侧法兰采用 SA-508 Gr.3 Cl.1	
	换热管采用 SA-213 TP304L	
	管板采用 SA-508 Gr.3 Cl.2，管侧堆焊不锈钢	
	管箱筒节封头 SA-533 Gr.B Cl.1，内侧堆焊不锈钢	
设备台数：	2 台	

(3) 设计、选材及制造特点　正常余热排出换热器管侧为三级部件、壳侧为非核级部件，容器的结构设计、强度计算及应力分析，三级部件应按照 ASME-ND-3300 容器设计的规定要求，非核级部件应按照 ASME-Ⅷ-D1 规定要求。换热器的结构部件设计及强度计算，应满足 GB 151《管壳式换热器》或美国 TEMA 标准的规定要求。

由于正常余热排出系统与反应堆冷却系统相连，在超设计基准条件下，如果联锁装置旁路，且泄压阀被不慎打开，则正常余热排出换热器的管侧将承受一回路的全压（15.41MPa），即发生系统间超设计基准失水事故（ISLOCA），也就是超压工况。该工况在 60 年寿期内假设发生一次，持续 30 分钟。为保证超压工况下不发生泄漏，设计时考虑以下几点：

1) 管侧选用回弹性高的金属 C 形环。由于垫片回弹量高，在超压工况下即使密封接头处被撑开一定距离，也可以通过垫片的回弹量保持密封。

2) 管板和管箱法兰采用强度较高的 SA-508 Gr.3 Cl.2，并适当增加管板和管箱法兰的厚度，以提高刚度，防止在超压工况下发生过度变形而泄漏。

2.5.3.3　再生换热器

结构见图 4.2-19。

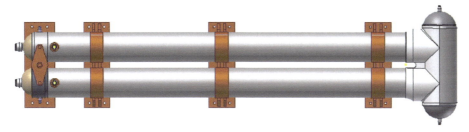

图 4.2-19　再生换热器示意图

(1) 用途和功能　再生换热器从管侧 RCS 净化下泄流中回收热量，加热壳体 RCS 净化返回流。再生换热器可降低由于低温水注射而引起的净化回路接管热冲击和热疲劳。再生换热器为进入除盐混合床的净化流提供初步降温。净化流在回下泄换热器中进一步冷却，以保护除盐混床。

本设备安装在安全壳内，因此应能承受正常工况和事故工况下的安全壳内环境条件。

（2）设计、选材及制造特点　再生换热器为CAP1000安全分级D级设备，容器的结构设计、制造、检验和试验按ASME第Ⅷ卷第1分篇的规定要求，容器的应力分析、支撑的抗震分析按ASME第Ⅷ卷第1分篇的要求进行分析计算，容器的疲劳分析和大开孔应力分析按ASME第Ⅷ卷第2分篇的要求进行分析计算。换热器的设计还应满足美国TEMA标准的规定要求。

再生换热器管、壳侧内部工作介质都是含放射性的反应堆冷却剂，因此，管、壳侧材料都必须选用耐蚀的奥氏体不锈钢材料。

按照规范规定，再生换热器的焊缝结构必须满足以下要求：

1）根据再生换热器全封闭的结构特点，管、壳侧容器的A、B类焊缝必须采用单面开U形坡口全焊透焊接接头。

2）D类焊缝采用开坡口全焊透焊接接头。

3）换热管与管板之间采用全深度液压胀加强度焊焊接的连接结构。因再生换热器是奥氏体材料，不进行焊后热处理。

2.5.3.4　蒸汽发生器排污换热器

蒸汽发生器排污换热器（见图4.2-20）用于冷却蒸汽发生器排污流，并防止闪蒸。蒸汽发生器排污换热器管侧为非安全级设备，容器的结构设计、强度计算及应力分析，应按照ASME-Ⅷ的规定要求。换热器的结构部件设计及强度计算，应满足美国TEMA标准的规定要求。

因蒸汽发生器排污换热器管侧内部工作介质含放射性，因此管侧材料必须选用耐蚀的奥氏体不锈钢材料；壳侧材料选用碳钢。

按照规范规定，再生换热器的焊缝结构必须满足以下要求：所有焊缝均采用全焊透结构，换热管与管板之间采用强度焊加全深度液压胀的连接结构。

因蒸汽发生器排污换热器管侧为奥氏体材料，根据规范规定可以不进行焊后热处理。

本设备需要将两台换热器设备组装在同一个支架上，然后一起运输至现场。

图4.2-20　蒸汽发生器排污换热器示意图

第 3 章 核电主要设备的在役检查

3.1 概况

在役检查是指在核电厂寿期内,对与核电厂安全相关的系统、部件及其整体附件进行的有计划的定期检验。在役检查项目作为核安全法规强制执行的项目,涉及核安全相关的重要系统设备,重大在役检查项目通常位于高剂量、高空、狭窄空间等区域,处于大修关键或次关键路径,人员与设备安全、质量安全和进度安全等风险较高。目前国内共有 20 个商业运行核电机组、28 个在建机组。随着核电产业的发展,运行核电机组快速增加,机组大修时间重合常态化,在役检查实施核心资源有限,具备资质的在役检查实施人员的培养需一定周期,如何确保大修在役检查项目实施质量、安全和进度的有效管控成了对我们的重大考验。

在役检查项目通常为周期性项目,项目重复性强。通过制定检验规程、设备转运方案和作业指南等文件,在实施过程中规范管控,在项目完成后复盘并制定行动进行改进。在役检查项目的准备、实施、总结全过程规范化管理有效实现了在役检查项目的 PDCA 循环,提升了技术和管理水平,规范了人员行为,固化了经验,有效保证了人员和设备安全、质量安全和进度安全,有利于在役检查工作质量的持续提高。

3.2 在役检查的目的和必要性

在核电厂运行寿期内,部件可能受到多种影响,其单一和组合结果对核电厂运行寿期的影响是难以按核安全所要求的精度预测的。最重要的影响是应力、温度、辐照、氢吸附、腐蚀、振动和磨损,所有这些影响都取决于时间和电厂运行历史。这些影响会引起材料性能变化,例如老化、脆化、疲劳以及缺陷的形成和发展。缺陷是指部件材料中的不完善、不连续、不规则或损伤,例如裂缝、层叠、焊缝夹杂物或气孔等。

因此,有必要检查核电厂系统和部件,找出可能的损伤,以判断它们对核电厂继续安全运行是否可接受,或是否有必要采取补救措施。检验重点放在反应堆主冷却剂系统的关键部件和系统上,因为它们对安全很重要,故障后果可能很严重。

3.3 在役检查对设备安全性起到的作用

设备制造过程中均会按设计要求执行并进行严格的过程控制,无损检测就是用于检验设备制造的质量和可靠性的一种方法。在制造阶段没有查出或在验收准则可接受范围内的显示会带到核电厂运行阶段,并可能随着运行的时间增加而逐渐放大形成不可接受缺陷。

在役检查通过以下几点为核电厂的安全运行起到很好的预警和跟踪作用：

（1）严格的检查间隔期要求　核电厂的在役检查主要依托业主负责的检查大纲。一个具体的核电厂的在役检查大纲内容必须在一定的间隔期内完成。间隔期的长短必须按保守的假定来选择，以确保受影响最严重的部件即使有极少损伤也能在导致故障前被探测出来。在整个核电厂运行寿期内，检验进度可以是均匀分布的检查间隔期，也可以是非均匀分布的检查间隔期，后者可以使检查间隔期适应部件故障的概率和特性。对均匀分布的进度，检查间隔期可选为几年到十年左右；对非均匀分布的进度，其检查间隔期在电厂运行早期可以短一些，然后随着所取得的经验延长。然而，不管采取何种进度，在接近电厂寿期末时，缺陷变化的信息可能要求缩短检查间隔期。

（2）检查的可靠性保证　在役检查工作需要具备相关执业资质的单位和人员进行现场实施，无论是从能力验证角度、检查方法的可靠性角度、经验反馈角度，都确保了在役检查这项工作能有效地实施，检查结果具有高可信度，为核电厂的安全运行提供可靠的数据支持。

（3）明确的检查范围、时机、方法和验收标准　无论是美国 ASME 标准还是法国 RSE-M 标准，都对在役检查的范围、时机、方法和验收标准做了明确的规定。在役检查大纲在按照标准编制的基础上可以根据各电厂不同的实际情况增加检查对象，最终需要核安全局对其进行评审。

3.4　核电厂在役检查大纲要求

为有效实施核电厂在役检查，必须先按规定编制在役检查大纲。根据有关规定，大纲应包含以下章节和内容。

3.4.1　前言

营运单位在编写本章时，至少应包括：在役检查（含役前检查）定义；制订目的；适用范围。

3.4.2　依据的法规和标准

该章节应给出编制在役检查大纲的依据文件以及有关的参考文件。依据的文件应该包括但不限于以下内容：

（1）依据文件

《核电厂设计安全规定（HAF102）》（2004）

《核电厂运行安全规定（HAF103）》（2004）

《核电厂质量保证安全规定（HAF003）》

《核电厂在役检查（HAD103/07）》

《民用核安全设备监督管理条例》

《民用核安全设备设计制造安装和无损检验监督管理规定（HAF601）》

《民用核安全设备无损检验人员资格管理规定（HAF602）》

（2）参考文件　本节中，营运单位根据核电厂的具体堆型，列出所参考的文件。

3.4.3 在役检查的基本要求

在役检查包括役前检查和在役检查两个阶段,核电厂营运单位应在本章中给出适用的役前检查和在役检查基本概念的描述和基本要求,并描述核电厂寿期内的在役检查进度、补充检验和重复检验的规定。

(1) 役前检查 本节应规定役前检查的基本要求,包括役前检查的检验项目、检查范围、检验技术和方法、检验结果评价要求和超标缺陷处理方法、质量保证规定等方面的要求。

(2) 在役检查 本节应根据核电厂的实际情况编制,描述在役检查的基本要求,包括寿期内在役检查的检验项目、检查范围、检验技术和方法、检验结果评价要求和超标缺陷处理方法、质量保证规定等方面的要求。如区分有全面在役检查和部分在役检查,应分别加以描述。

(3) 在役检查频度 本节应以列表的形式给出检查间隔期、检查期、每个检查期要求完成的检验百分数等相关内容。根据适用规范标准的不同,可以采取不同的形式。

检查间隔期的长短必须按保守的假定来选择,以确保受影响最严重的部件即使有极少的损伤也能在导致故障前被探测出来。

(4) 补充检验

1) 其他方法的补充检验。在役检查过程中,当使用一种无损检验方法得出的缺陷超过合格标准,可用其他无损检验方法和技术进行补充检验,以证实缺陷的存在,并确定缺陷的特征(如缺陷的大小、形状和方向),从而确定该部位是否适合于继续运行。例如液体渗透检验发现的表面缺陷,必要时需要通过超声等体积检查方法确定缺陷的深度等。在役检查大纲中应对上述要求做出规定。

2) 取样计划中的补充检验。当发现样品中某种缺陷超过合格标准时,必须另选若干类似部件(或区域)对其相同部件进行补充检验。在役检查大纲中应对这种情况做出具体的规定。

制订相关规定时应考虑以下要求:

如果抽样检查中发现了超标缺陷,必须另选若干类似部件(或区域)对其相同部件进行补充检验,所选部件(或区域)的数目应近似等于在被检样品中部件(或区域)的数目;

如果补充检验查明有更多的缺陷超过合格标准,则除下述两项要求所做的修正外,所有其余类似部件(或区域)都必须按初次取样中的部件或物项所规定的检验范围进行检验;

若取样计划中要求的管系检验只限于基本对称布置的管系中的一条环路或一个分支管路,而检验表明缺陷超过合格标准时,则本条款第一项要求的补充检验必须包括第二条环路或分支管路;

如果第二条环路或分支管路的检验表明还有超标缺陷,则必须对具有相似功能的其余各环路或分支管路进行检验。

(5) 重复检验 本节中应对重复检验的要求进行规定,至少包括如下要求:

一个检查间隔期内进行的部件检验的顺序,必须尽可能在以后的检查间隔期内予以保持。

当一个部件的检验在缺陷指标上的评价结果确认可以继续使用时,则在随后三个检查期中每一个期内,都必须重复检验该部件含有这种缺陷的相同部位,一旦重复检验表明在随后的三个检查中缺陷基本上保持不变,则该部件的检验进度可恢复到最初的检查进度。

3.4.4 在役检查方法

本章应列出用于指导所有在役检查检验方法的工作程序或指导文件清单,说明所依据的规范标准。如果在役检查中使用了不同于规范标准中规定的无损检验方法或技术,那么这些检验技术必须相当或优于采用现行规范标准中的检验方法或技术。本章中营运单位应对这些检验技术或方法进行说明或论证,并给出评价结果,以证明满足了相应的要求。本章应对所有在役检查中使用的检验方法从适用的检验部位、缺陷类型、适用的材料等方面进行详细描述,描述对在役检查方法的验证工作的规定。

(1) 在役检查的主要方法　列出所有的在役检查中使用的检验方法,应以附件形式列出在役检查活动需要的检验程序清单,这些程序可以针对不同核安全级别的设备分别编制。如果在役检查活动需要使用一些自动无损检验方法,例如对于反应堆压力容器,目前普遍采用的是自动超声检验技术;对于反应堆压力容器中的主螺栓和螺母、蒸汽发生器传热管的检验通常采用自动涡流检验技术。核电厂营运单位在制订在役检查大纲时,应对所使用的主要自动无损检验方法进行描述,这部分内容作为在役检查大纲的附件。

在役检查大纲应至少针对下列方法进行具体描述:

1) 目视检验。营运单位应列出具体应用的检查方法,并从适用的检验部位、缺陷类型、适用的材料等方面进行详细描述。对每种检查方法的具体特征值进行描述。

2) 液体渗透检验。营运单位应从适用的检验部位、缺陷类型、适用的材料等方面进行详细描述。

对进行过的工艺评定、制订的检验规程等情况给予描述。并对采用的渗透剂、显像剂、乳化剂的类型、渗透剂施加方法、渗透剂停留时间、最低光照强度、被检表面温度等重要参数给予规定。

本节中还应对用于镍基合金、奥氏体不锈钢的液体渗透材料污染物的控制要求加以描述。

3) 磁粉检验。营运单位应从适用的检验部位、缺陷类型、适用的材料等方面进行详细描述。对进行过的工艺评定、制订的检验规程等情况给予描述。对采用的磁化技术、磁粉类型、被检表面温度、最低光照强度等重要参数给予规定。

4) 射线照相检验。营运单位应从适用的检验部位、缺陷类型、适用的材料等方面进行详细描述。对制订的检验规程情况给予描述,对规程中的重要参数给予规定。

5) 超声波检验。营运单位应从适用的检验部位、缺陷类型、适用的材料等方面进行详细描述。对制订的检验规程情况给予描述,对规程中的重要参数给予规定。

6) 涡流检验。营运单位应从适用的检验部位、缺陷类型、适用的材料等方面进行详细描述。对制订的检验规程情况给予描述,对规程中的重要参数给予规定。

7) 泄漏检验。营运单位应从适用的检验部位、缺陷类型、适用的材料等方面进行详细描述。对制订的检验规程情况给予描述,对规程中的重要参数给予规定。

8) 其他方法。如果在役检查中使用了不同于规范标准中规定的无损检验方法或技术,那么这些检验技术必须相当或优于采用现行规范标准中的检验方法或技术。营运单位应对这些检验技术或方法进行说明或论证，并给出评价结果，以证明满足了相应的要求。

（2）在役检查方法的验证　在役检查系统的验证是指采用必要的方法进行系统的评价，目的是可靠地确认无损检验系统（包括设备、程序和人员）能够在实际检验条件下完成在役检查。

营运单位应依据核安全导则和有关规范标准的要求，结合核电站系统部件的结构特点和材料特性，确定验证项目，对实施核电站在役检查工作的无损检验机构提出无损检验系统验证要求，并编写验证大纲，以确保在役检查活动中应用的无损检验系统能够满足在役检查的要求。

3.4.5　在役检查的实施

核电厂营运单位应描述关于在役检查活动的文件体系，给出完整的在役检查项目表，针对确定的在役检查项目描述相应的检验范围，对于在役检查不可达项目描述相应的措施，对免检申请描述相应的规定，并描述检验装备与材料方面的要求。

（1）在役检查的文件体系　核电厂营运单位应建立在役检查活动有关的文件体系，在役检查大纲本节中应对在役检查活动的文件体系进行描述。通常情况下，在役检查活动主要涉及的文件应包括下述内容：

1）在役检查大纲。在役检查大纲是核电厂开展在役检查活动的纲领性文件。

2）在役检查程序。营运单位应编制可用于指导具体检验活动的检验执行程序、在役检查年度实施计划和机组在役检查计划大纲。对于特殊部位的特殊检验方法，应编制单独的检验执行程序，例如反应堆压力容器自动超声检验、蒸汽发生器传热管涡流检验等；对于通用性较强的检验活动可以编制统一的检验执行程序，例如核安全二、三级设备渗透检验程序等。

在役检查具体检验活动执行程序的格式和内容应满足核电厂质量保证体系的有关要求。一般情况下，这些执行程序中应包括以下内容：目的、适用范围、依据文件、人员要求、检验方法、仪器和装备（含试块）、待检部件的准备、校准要求、检验实施过程、记录阈值和接受准则、空白记录表格等。

营运单位应根据在役检查大纲的要求编制机组在役检查计划大纲，机组在役检查计划大纲是在役检查年度实施计划的依据，其内容至少应包括：目的、适用范围、检查进度、与在役检查相关的基本概念和缩略语、依据文件、检查项目（每个检查项目应明确：检查部位、检查方法、检查程序、检查工具和实施计划等）、压力试验与无损检验的接口、检查部位示意图以及在役检查应用程序和设备清单等。

营运单位应在机组大修前根据机组在役检查计划大纲、核电站的运行状况和以往年度在役检查的结果编制具体的在役检查年度实施计划，以确保在役检查活动能够顺利地实施，在役检查年度实施计划中应包括以下内容：目的、适用范围、参考文件、检查项目（每个检查项目应明确：检查部位、检查范围、接近方式、检查程序、检查方法、检查工具等）、压力试验与无损检验的接口、检查部位示意图、在役检查应用程序、设备清单以及核电厂根据实际情况安排的机组在役检查计划大纲以外的特殊检查项目说明等。

3）在役检查具体实施文件。每次在役检查活动前，营运单位都应编制针对该次在役检查活动的具体实施文件（如实施计划），这些实施文件应依据在役检查大纲编制，同时需要考虑以往在役检查结果的反馈,在役检查实施文件中应该按照在役检查大纲中的检验项目表编制本次在役检查检验项目表。

4）质量计划。在实施在役检查前,应按质保大纲要求有针对性地编制相应的质量计划,质量计划应涵盖工作程序中的各个环节。内容应至少包括:工作流程、实施日期、设置符合质保大纲要求的监督点,并有质保、监督人员签署意见,质量计划必须是一个完整的闭环控制。

5）专用大纲。除以上大纲、程序文件的要求外,还应根据具体工作的安排,编写专用大纲,指导具体的检验活动,方便操作人员现场检验。由于各电站文件体系的差异,对专用大纲的称呼也各不相同。一般包括以下内容:目的、范围、应用文件、先决条件（如检验环境、检验设备的状态等）、检验范围（如检验部位的编号和位置分布等）以及检验人员和检验时间的安排等。

6）在役检查结果文件。在役检查活动完成后,营运单位应编制在役检查结果文件（如在役检查结果综合报告）并按要求提交国家核安全局或地方核安全监督站审查。

7）其他要求。核电厂营运单位可以根据本电厂的实际情况编制其他有关在役检查方面的文件,例如在役检查机组大纲或分系统在役检查大纲等,但不能因此减少在役检查大纲、在役检查程序、在役检查实施文件等应该包括的必要信息,并且机组在役检查大纲或分系统在役检查大纲等文件的内容应满足核电厂在役检查大纲的要求。

（2）在役检查项目　营运单位应在本节列出核安全一、二、三级系统或部件的边界,按所遵循的规范标准自行编制在役检查项目表,并以附件形式放入在役检查大纲中。表格中至少包括:检验项目和部位（包括相应部位的示意图）、接近方式、检验方法、检验频度、检验时机等信息。

对于主要的检验部位,在役检查大纲中应明确规定出各个检验部位的检验范围。应提供检验部位的示意图,检验部位示意图中应规定相应检验方法的具体检验范围。

对于检验方法,除了描述相应的无损检验方法外,还应注明使用的是自动检查系统还是手动检验,目视检验是直接目视还是借助于辅助工具间接目视等。

表格中应描述无损检验方法对于检验部位的接近方式,如对于超声波检验、目视检验等应描述是从设备外表面还是内表面接近,对于射线照相检验应描述射线源和胶片的布置方式、曝光方式等。

检验频度中应注明各个检验部位的在役检查进度。不同的设备或检验部位可能有不同的在役检查频度:有的十年一次,有的三五年一次,有的每年一次,等等。

表格还应注明检验时机、检验区域等详细情况的说明,如是否与其他部件同时检验,是否在水压试验或泄漏试验时进行,等等。

（3）试验　本节中应明确承压系统和部件必须经受的试验。给出试验与无损检验活动的关系。

（4）在役检查中的可达性问题　本节应针对在役检查不可达的情况规定出相应处理措施的要求。应该以大纲附件的形式给出不可达项目清单。

在役检查中发现不可达时,应该尽可能考虑采取以下附加措施,大纲中应对采取的下列措施加以描述:

1）利用其他方法附加检查。许多情况下,在役检查的不可达是针对特定检验方法的不可达。例如焊缝附近有无法移除的障碍物可能导致超声波探头无法接近，管道中有水将导致射线检验无法进行，等等。在这种情况下，应考虑采用其他方法对不可达区域进行附加检查的措施，例如超声波检验一次波不可达时，考虑用二次波代替一次波的可能性；由于管道排水不充分无法进行射线照相检验时考虑用超声波检验代替射线照相检验的可能性；等等。

2）其他部位附加检查。许多情况下，由于核电厂现场条件的特殊性，可能导致一些检验部位由于其与构筑物的干涉作用等原因而不可达，这时可以选择与不可达部件（部位）运行工况相同或相似的系统或部件（部位）进行检查，间接判断不可达部件（部位）可能的状态。

（5）免检项目申请　本节中应描述申请免检的项目，说明属于在役检查大纲文件中的哪些部分，对免检申请的理由进行描述，必要时进行论证分析，可以以附件的形式附在本大纲中。

（6）检验装备与材料　本节中，核电厂营运单位应对在役检查中将使用的装备和材料的要求做出规定，需要描述的包括仪器设备、试块以及消耗性材料等几个方面的要求。

1）仪器设备。在役检查大纲中应描述对所使用仪器设备的要求，其中应注意以下方面：用于在役检查活动的所有装备的质量、量程和精度等应符合有关规范标准的规定。

在役检查所使用的仪器设备必须经过标定，确保所使用的仪器设备处于使用的有效期内；对于超声检验、涡流检验等检验方法，还必须规定检验前校准、检验过程中校准以及检验结束后校准的基本要求。

在役检查所使用的仪器设备应得到妥善的保管：需要营运单位进行保管的，应明确仪器设备的部门职责，应针对保管的环境条件、保管过程中的维护措施等制订相应的管理制度。

2）试块。应对下列内容加以描述：

在役检查过程中所使用的标定试块或试件应符合适用规范标准的要求。

在役检查所需要的标准试块（试件）和对比试块（试件）应得到妥善的保管。核电厂应制订相应的试块（试件）保存的规定。在役检查大纲中应规定试块保存的部门职责、保存的环境条件以及保存过程中的维护措施等管理制度。

在役检查大纲中应以附件的形式列出核电厂在役检查活动所需要的试块（试件）的清单及示意图。

3）材料及清洁要求。本节中应对用于核电厂机械设备在役检查的消耗性材料进行专门的规定，给出制订这方面规定时应遵循适用的规范标准情况。

3.4.6 在役检查的显示处理

本章中核电厂营运单位应给出在役检查发现显示的处理流程图，并辅以相应的文字说明；并对缺陷特征化、报告标准（记录阈值）、检验合格标准、缺陷明显变化的准则、检验结果的评价、修理与更换，以及管理要求等方面进行描述。

（1）概述　本节中核电厂营运单位应根据有关核安全法规和导则，结合适用的规范标准要求给出在役检查发现缺陷显示的处理流程图，并辅以相应的文字说明。

（2）缺陷特征化　本节中，核电厂营运单位应规定缺陷显示特征描述的方法和要求，以及遵循的标准规范。

（3）报告标准（记录阈值）　本节中核电厂营运单位应结合各个无损检验方法的具体特点给出确定的报告标准（记录阈值），并描述确定该标准（阈值）所依据的规范标准或同类电厂的经验反馈等情况。所有达到报告标准（记录阈值）的显示都应予以关注并记录在检验报告中。

（4）检验合格标准　本节中核电厂营运单位应描述针对各种在役检查方法以及各种在役检查部位制订的目视、表面和体积检验的合格标准，不同规范标准中对于在役检查接受准则有不同的规定，核电厂营运单位在制订在役检查合格标准时应遵循适用规范标准的相应要求。

营运单位应根据所用堆型的要求，编制适用于本电厂的《在役检查评价标准》，以附件的形式放在在役检查大纲中。

（5）缺陷明显变化的准则　对于达到了报告标准（记录阈值），但是根据检验合格标准仍可接受的显示，需要将其与以往检验结果相比较以判断其是否有变化。当确定显示发生了明显变化时，可能意味着缺陷发生了扩展，因此应对这种情况予以关注。

本节中，核电厂营运单位应对制订的判断显示是否发生了明显变化的准则进行描述。制订准则至少需要考虑的因素有：各种无损检验方法的特点、适用的规范标准要求以及同类核电厂的经验反馈等。

（6）检验结果的评价　核电厂营运单位应根据有关核安全法规和导则，并结合相应规范标准的要求制订适用于本电厂的在役检查检验结果的评价程序。本节应对评价责任单位及评价程序进行描述。

（7）修理与更换　经过评定确认不能继续使用的部件必须进行修理或更换。本节要求结合适用规范标准的要求，对修理或更换活动要求以及由此引入的在役检查内容做出规定。

（8）管理要求　营运单位应针对"在役检查时发现显示有明显变化或超过了检验合格标准时"如何处理做出管理规定。本节应对这些管理规定进行描述。

3.4.7　在役检查与其他相关工作的接口管理

核电厂营运单位在制订在役检查大纲本章节时，应对在役检查与其他相关工作的接口管理做出规定，至少包括在役检查与维修活动、在役检查与压力试验（密封性试验）的接口管理。

（1）在役检查与压力试验（密封性试验）活动的接口　系统和部件的压力试验和密封性试验主要包括役前检查时的压力试验、停堆并影响到反应堆冷却剂压力边界完整性时反应堆恢复运行前的系统泄漏试验，以及必要时每个检查间隔期进行的强度压力试验。

核电厂营运单位应针对压力试验（密封性试验）活动单独编制试验大纲。

在役检查大纲本节中应描述压力试验（密封性试验）的负责部门、压力试验（密封性试验）期间拟实施的相关在役检查的项目、压力试验（密封性试验）期间在役检查活动的负责部门，并明确承诺压力试验（密封性试验）期间无损检验的结果将作为在役检查结果报告的一部分。

（2）在役检查与维修活动的接口　在役检查的结果可能需要引入维修活动，维修活动完成后又可能需要在役检查，如果是更换设备，更换后可能还需要水压试验和役前检查，因此维修活动与在役检查活动关系密切。

在役检查大纲本节中应对在役检查活动和维修活动的接口关系做出规定,需要规定的内容包括:在役检查部门发现缺陷显示时,根据缺陷处理流程分析处理后,由什么部门负责提出维修的要求,维修活动由什么部门负责;维修活动完成后,由什么部门负责进行在役检查活动,在役检查活动按照什么要求进行;等等。

(3)其他 在役检查活动中,在役检查大纲的项目是由不同部门共同完成的,因此大纲中应该明确所有相关部门的工作均应满足大纲中关于人员、装备、程序文件、材料等要求,相应的工作结果均反映在在役检查结果报告中。

3.4.8 核电厂在役检查质量保证

本章节中,核电厂营运单位应该按照有关核安全法规要求,对核电厂在役检查质量保证的具体要求做出规定。应至少对组织机构和职责、资质要求、接口要求、设备要求、对承包商控制等内容进行描述。

(1)组织机构和职责 在役检查大纲中应对在役检查活动相关单位的组织机构和职责进行描述,需要描述的主要是核电厂营运单位以及在役检查活动承包商的职责以及相应的组织机构。

1)组织机构。在役检查大纲中,应给出核电厂在役检查活动相关的组织机构图。所有参与核电厂在役检查活动的部门都应体现在组织机构图中。

2)营运单位职责。在役检查大纲中应描述出核电厂营运单位从事在役检查活动的主要职责,确定这些职责时应考虑《民用核安全设备监督管理条例》、HAF601、HAF602、HAF604、HAD102/07等的要求,并结合营运单位实际在役检验活动的情况。

在役检查大纲中应对核电厂营运单位所有参与在役检查活动的部门及其在在役检查过程中的相应职责做出规定。

3)承包商的职责。在役检查大纲中应描述出在役检查活动承包商从事在役检查活动的主要职责,确定这些职责时应考虑《民用核安全设备监督管理条例》、HAF003、HAF601、HAF602、HAF604、HAD102/07等的要求,并结合承包商实际在役检验活动的情况。内容至少包括:建立质量保证体系及保证有效实施;质量保证要求向分包商的传递;技术要求向分包商的传递等的规定。

在役检查大纲中应对在役检查活动承包商所有参与在役检查活动的部门及其在在役检查过程中的相应职责做出规定。

(2)资质要求 本节应对所有参与在役检查活动单位的资质做出规定,并应满足《民用核安全设备监督管理条例》、《民用核安全设备设计制造安装和无损检验监督管理规定(HAF601)》以及《进口民用核安全设备监督管理规定(HAF604)》的规定。

本节对所有参与在役检查活动的人员资质做出规定,并至少对下列内容做出规定:

1)参加在役检查活动的人员均应经过必要的岗位培训,必要时应经过相关工作的授权,这些培训和授权均应有相应的证据证明其有效性。

2)从事在役检查无损检验活动的人员应按照核安全法规《民用核承压设备无损检验人员培训、考核和取证管理办法(HAF602)》取得相应方法和级别的资格证书。

(3)接口要求 本节应至少包括下述内容:

1)对于核电厂各项在役检查活动,明确各方的责任和义务,以及他们之间的接口关系。

2）当在役检查活动要求多个机构同时或连续介入的情况下，营运单位应指派专门的联系人以沟通相关各方的工作。

3）在检查活动开展前应对接口工作进行安排并通知到接口人。

（4）设备要求 本节应至少包括下述内容：

1）对核电厂在役检查活动所使用的检验/实验设备、仪器仪表、工具等，按质保大纲要求进行检定和检测的情况，检测结果应明示，并保存检定记录。

2）在役检查所使用装备的维护管理规定的制订情况，以及执行情况。

（5）对承包商控制 本节中，营运单位应描述对承包商的控制要求，至少包括对承包商质量保证控制的要求、对分包方服务的监督要求。

3.5 秦山核电厂在役检查论述

3.5.1 背景

秦山核电厂于 1991 年 12 月 15 日并网发电，设计运行寿期三十年。在这三十年中，随着运行时间的增加，各部件在温度、应力、腐蚀、振动以及核辐射等的影响下，会引起材料性能变化以及材料中缺陷的形成和发展。在役检查是应用无损检测的方法，对部件定期进行检验，及时地发现部件中新形成的缺陷和跟踪已知缺陷并测定其增长速率。通过对缺陷的分析，判断受检部件的完整程度，预测发展趋势，从而确定该部件是继续运行、有条件地继续运行、检修或更换，是确保核电厂在运行期间的压力边界完整，防止放射性物质向环境释放，实现核电厂安全高效运行的重要措施。

秦山核电厂为中国大陆首座核电站，在役检查工作从起步到完成在役检查大纲规定的十年一个检查间隔的检查，走过了一段摸索创新的路，在运行前，于 1989 年至 1991 年进行了役前检查，投入运行以来，在每次停堆大修期间均安排了在役检查项目。

3.5.2 在役检查回顾

1. 役前检查

役前检查是在役检查的一部分，安排在核电厂首次装料前完成，作为在役检查的初始状态资料，为以后在役检查提供比较的依据。秦山核电厂役前检查根据现场实际情况及役前检查应具备的基本条件要求，分三个阶段进行。第一阶段主要是检查出厂时经过水压试验的设备，如蒸汽发生器、稳压器等。第二阶段是对现场焊接的各管道焊缝，在经过水压试验后进行役前检查，主要有主系统管道焊缝、主蒸汽和主给水管道焊缝等。第三阶段是在系统热态试验后对各支撑、反应堆压力容器及堆内构件的检查。由于制定了役前检查分阶段进行的计划，并纳入工程建造网络计划加以管理，使得役前检查在满足检查条件后能及时进行，除了反应堆压力容器役前检查占据工程调试主线外，其余项目的检查都与设备安装调试交叉进行，从而缩短了工程建造及调试时间。

秦山核电厂的役前检查为国内首次核电站检查。它的顺利实施，填补了国内在该方面的空白，为电站以后的年度在役检查奠定了良好的基础，也为国内其他核电站的检查提供了经验和方法。

2. 在役检查

在役检查安排在停堆换料大修期间，大修期间的在役检查一般包括在役检查大纲要求的项目和厂内自主安排的检查项目，每次检查，都按照已批准的有关规程文件、质量计划，由合格的设备、合格的检验人员，并在业主的严格监督下完成的，确保在役检查质量的有效性，从而确保每一燃料循环期间压力边界的完整性，为电站的顺利启动提供有力的技术支持。

通过役前检查和在役检查，取得了很大的成绩，对规范规定的系统和设备做了全面的检查。有数据表明，截止到第一个十年大修，役前检查共完成检查项目 2018 项，其中核二、三级项目 878 项，核一级项目 1140 项，十年在役检查共完成全部在役检查项目 1841 项，除个别项目（主泵）外全部完成第一个十年间隔的在役检查任务。在整个检查间隔中，根据电站的运行情况和国内外电站的经验，我们对蒸汽发生器传热管给以特别关注，在数量上蒸汽发生器 A 传热管共检查 4058 根次，占总数的 136.3%，蒸汽发生器 B 传热管共检查 3527 根次，占总数的 118.5%，另外还采用其他的检查技术包括旋转涡流检查、水力冲洗等措施对传热管进行检查和保护，确保传热管的完整性。

通过役前检查和在役检查，也发现了一些系统及设备存在的缺陷，对这些缺陷进行了处理和跟踪检查的同时也反哺设计，进行了不少设计改进，着实提升了核电厂系统和设备的安全性。

3. 在役检查管理

（1）大纲管理　秦山核电厂在役检查大纲的依据是 ASME 规范，它是在役检查实施的基础。因此，必须对规范进行全面了解和掌握，同时也需根据实践经验和核电厂的运行情况，以从整体和细节两个方面对在役检查大纲进行补充和修订，不断完善和改进大纲。所有修订必须形成书面文件，并报国家核安全局审批。

（2）计划管理　在役检查大纲计划管理分为间隔管理、周期管理和年度管理。间隔管理是安排十年间隔的整个在役检查项目，对整个电站的整体压力边界进行评估；周期管理是整个检查间隔内所要求的全部检验的一部分，根据所允许的可达性完成要求的一定次数的检验；年度管理是根据厂内大修的需要、经验反馈及对大纲计划的适当调整分配和补充。整个计划将与厂里的计划进行有机结合，融入厂内的整体网络计划，保证整体计划实施的完整性和高效性。

（3）程序管理　在役检查需要制定各种程序来约束业主和承包商，并要求所有的程序必须规范化和细致化。到目前为止，在役检查的程序已涵盖了管理、技术等方面的内容；另外，对承包商的所有检查程序进行了有效管理和控制，程序内容应涵盖专用计划、设备有效性文件、质量计划等文件。

（4）人员管理　在役检查为特殊工种，需对人员有一定的要求。无损检测资格分为 Ⅰ 级（初级）、Ⅱ 级（中级）、Ⅲ 级（高级），只有取得技术资格证书的人员才能从事与所持证书等级及方法相适应的无损检测工作。另外，从事在役检查的人员还要接受核电知识培训，熟悉核电厂在役检查的法规、规范，熟悉需要在役检查的核电厂系统和设备。在役检查人员管理就是对人员进行资格取证和审查，保证检查和监督的人员是有资格和高质量的。

（5）设备管理　定期对检查设备进行维护保养，并制定相关的程序规程进行指导，对在役检查实施单位的设备进行有效性审查，保证所有检查设备都是合格的且是在有效期范围内的。

（6）检查技术要求管理　对重要的检查项目，不仅要满足在役检查大纲的有关要求，而且还需制定相关的技术要求对检查的技术、方法等进行详细规定，确保重要项目检查质量的可靠性。

（7）质量管理　建立了两种监督机制：一是质保监察，一是质量监督管理。为了能有效地进行质保监察和质量监督活动，要求承担检查单位都按合同规定编写了质量保证大纲，每一项检查都编写了检查程序和质量控制计划，提供了检验设备合格证书，提供了人员资格证书以及其他有关文件，这些文件都经质保部门和技术支持部门认可；在检查过程中又进行了现场质保监察和质量监督，设立 W、H、R 点，现场对在役检查实施单位的检查项目进行随机跟踪，对重点项目进行跟班监督，对不符合要求的行动进行返工或停工，确保检查过程中不发生由于人为原因等因素造成检查质量的不可靠性。

（8）文件记录管理　在役检查对文件记录的管理有严格的要求：在役检查实施单位在检查前必须具备经过业主审查通过的文件，在检查过程中必须携带相关检查项目的文件包；对所有检查项目的记录进行统一，要求文件记录的格式、文字等必须符合法规的要求，便于检索和查阅，最后将所有的文件记录进行归档，必要时提交国家核安全局进行审查认可。

（9）现场管理　在役检查实施过程与其他部门紧密相关，协调好承包商和厂内部门间的关系将大大提高检查效率。在每次实施检查前，要求承包商将所需的现场条件提前通知营运方，后者组织相关的部门进行协调。在检查过程中，营运方要求承包商指定专人与之协调，同时要求承包商提交日报和周报，确实准确掌握承包商的检查动态，通过适当的有机管理，确保在役检查能有条不紊地按期完成。

4. 在役检查技术开发

（1）申请免检项目的解决　役前检查时，由于技术限制而导致有些受检项目无法实施而申请免检，包括主管道焊缝超声检查、内半径交贯面检查等。随着在役检查技术的不断开发，逐渐掌握了这些技术并成功应用于实践中，确保这些检查区域受到有效的监督。

1）主管道：役前检查时，原准备采用德国生产的粗晶不锈钢超声检查探头，但在检查试验时发现，该探头对试块中的横通孔检查灵敏度能达到大纲要求，但对试块根部凹槽的信噪比小于大纲的要求，凹槽的信号几乎淹没在噪声信号中，无法识别，而实际上主管道最有可能产生的缺陷为焊缝根部裂纹，信号类似于根部凹槽信号。后来经过不断深入研究，开发出新型超声探头，在试块上能够发现根部凹槽信号，达到大纲要求，并于 1998 年应用于现场检查。

2）内半径交贯面：该检查技术在国内外仍然是一个较大的难题，役前检查碰到该问题后，着手开展该方面的研究，目前该课题已通过论证，基本达到了大纲的要求，已成功应用于大修中。

（2）检查技术改进　随着国内外检查技术的发展，必然对一些在役检查技术进行改进，包括对检查设备和无损检测技术的改进，目前为止主要进行了两方面的改进：

1）压力容器筒体检查项目改造：役前检查时使用了法国 20 世纪 70 年代的检查装置，现已不能完全达到国际上的通用检查技术水平，为此核动力运行研究所参照美国西屋技术对检查装置进行了很大的技术改造，把原水浸聚焦式检查方法改为目前国际上通用的接触式检查方法，并对检查平台和资料后处理平台进行了技术改造，改造完成后于 1998 年通过了部级鉴定。改造后的资料后处理平台采用当前世界上通用的超声检查系统,该检查装置的技术性能和检验灵敏度能够同当今国际上的检查技术相当。

2)无损检测技术:对于常规的超声检查,原先采用的是模拟设备,无法进行数据存储,目前采用的数字设备,能对信号进行存储,提高了数据的可追溯性和直观性;对于涡流检查,原来产生的数据为纸带记录,现逐渐发展为专用软件记录,全程记录检查数据,并进行数字保存。

(3)新检查项目技术不断开展 随着电站的运行,在运行过程中会出现一些新的问题,同时根据国内外电站经验反馈,需要增加一些新的检查项目,比如蒸汽发生器二次侧冲洗检查。1994年对二次侧检查时,发现二次侧管板处有泥渣,在1998年第四次大修开始进行二次侧冲洗检查以确保蒸汽发生器传热管的完整。在第六次大修中增加了柔性冲洗,可以直接进入传热管管间进行冲洗,大大提高了泥渣冲洗能力。

1)指套管涡流检查:根据经验反馈,在第四次大修开始对指套管进行二循环一次的涡流检查,检查指套管是否存在裂纹。

2)压力容器锅底磨损区检查:由于种种原因,压力容器锅底存在三个磨损区域,现在由美国西屋公司开发了涡流、超声检查技术对该区域实施检查,检查结果已通过国家核安全局审评。

3)蒸汽发生器传热管旋转涡流检查:传热管检查一直采用的是常规的涡流检查方法(BOBBIN探头),由于常规涡流方法本身存在的局限性,因此增加了旋转涡流检查方法,大大提高了特殊区域缺陷的识别能力。

4)堆内构件水下自动检查:堆内构件有些受检区域在役前检查时采用直接目视检查,运行后,无法实施肉眼直接检查,因此开发了水下自动检查装置。该装置首次成功在国内获得运用,对了解堆内构件的整体状况发挥了重要作用。

5)压紧弹簧测高:运行前直接采用测量工具进行测量,在第六次大修中,开发了水下自动测量装置,对整体评估压紧弹簧的使用寿命提供了数据依据。

6)控制棒驱动机构下部Ω焊缝:应秦山核电站特殊情况而开发的,该技术取得成功,避免了电站在运行过程中出现一回路介质泄漏,增强了电站的安全稳定可靠性。

7)顶盖贯穿件检查:由于国外核电站压力容器顶盖杯座焊缝不断出现裂纹,导致顶盖更换。为能够正确地评估反应堆压力容器顶盖的整体质量,增加对顶盖贯穿件的在役检查,它的检查结果也是顶盖更换的可靠依据。

8)主泵出水口焊缝检查:役前检查时,由于主泵导叶未安装,可以进行中心曝光射线检查,然而在投入运行后,导叶无法拆除,原先方法已无法适用,经过分析,采用双壁单影法代替。

9)波动管自动检查:役前检查时只安排了焊缝检查,然而一回路波动管介质温差变化大,必须对整个管系的完整性进行了解,为减少工作时间,降低人员所受剂量,达到全程检查过程的数据记录目的,因此采用先进管道自动检查装置。

10)控制棒检查:控制棒检查虽然不属于在役检查大纲的范畴,但从国内外同行电站的经验来看,控制棒也会出现磨损,必须对其进行监督。

11)一些重要系统管道和容器的测厚以及容器的监督:主要是主给水主蒸汽管道测厚、设冷换热器传热管涡流检查、核级容器如下泄换热器、轴封回流换热器等的测厚。

第4章 我国核电压力容器技术标准规范发展历史

4.1 概况

我国核电领域的压力容器技术标准和规范的发展是伴随着我国核工业的发展而逐渐完善的。从20世纪70年代起，秦山核电的建设中主要参考美国ASME规范1983版设计和分析核岛用压力容器，并在工作组内简单翻译1983版作为使用参考。80年代中期起，在二机部（现核工业部）的统一领导下，基于秦山Ⅰ期的工程实践，并参考ASME锅炉和压力容器规范，开始自行编制一些专用的压力容器规范，如水压试验、压力容器用材料等。此后，随着大亚湾核电站的建成，法国核电技术及其规范标准在秦山Ⅱ期等项目中得以发展，基于M310型核电技术和RCC-M规范的推广使用，相关设计院陆续编制了一系列的核岛压力容器设计和制造规范。大亚湾核电站的中方项目技术支持组也翻译了RCC-M系列规范作为参考。1996年中国核工业集团公司策划编制了GB/T 16702—1996，这是我国第一套系统梳理核设施部件建造过程的标准，其在前言中说明基于RCC-M规范编制，其标准的框架也是参考RCC-M规范设计。由于该标准并没有解决国产材料的应用、技术与人员资质的管理等核心问题，实际使用过程中相关项目还是绕开该标准直接采用RCC-M规范作为使用规范。2004年起，ASME委员会与上海成套院、上海核工院等单位达成协议，对ASME BPVC规范第Ⅲ卷、第Ⅺ卷，以及QME-1等核电相关的规范进行翻译，并于2007年正式出版中文版。2010年起，上海核工院联合近50家核电行业单位，牵头申请"中国先进核电标准体系研究"重大专项研究课题，系统梳理核电行业内的标准体系，并在课题第一阶段对ASME BPVC第Ⅲ卷进行全面转化，构建形成"压水堆核电厂核设施部件建造"系列规范，该系列规范在2016年3月正式立项"压水堆核电厂核岛机械设备设计另一规范"，2018年正式形成国产化的核岛机械设备设计规范，有力支撑核电"走出去"战略实施。

4.2 重要标准情况介绍

在我国核电40多年的发展历程中，核电设备中的压力容器规范已经形成了一系列的标准。本节对这些标准进行简要的介绍。

4.2.1 常规压力容器设计、分析标准在核电中的应用

在核电核岛和常规岛中的常规压力容器设计方面，除了借鉴参考ASME BPVC规范第Ⅷ卷第2分册之外，我国自主完成的GB 150—2011（替代GB 150—1998《钢制压力容

器》）是全国锅炉压力容器标准化技术委员会负责制定和归口的压力容器大型通用技术标准之一，用以规范在中国境内建造或使用的压力容器设计、制造、检验和验收的相关技术要求。标准的技术条款包括了压力容器建造过程（即指设计、制造、检验和验收工作）中应遵循的强制性要求、特殊禁用规定以及推荐性条款。容器设计单位（设计人员）应严格依据用户或设计委托方所提供的容器设计条件进行容器设计，应考虑容器在使用中可能出现的所有失效模式，提出防止失效的措施。容器受压元件的强度、刚度和稳定性计算按GB 150.3 或规范性引用文件的规定。

《钢制压力容器——分析设计标准》（JB 4732—1995）是以分析设计为基础的钢制压力容器标准，提供了以弹性应力分析和塑性失效准则、弹塑性失效准则为基础的设计方法；对选材、制造、检验和验收规定了比 GB 150《钢制压力容器》更为严格的要求。该标准与 GB 150 同时实施，在满足各自要求的条件下，可选择其中之一使用。

这两份标准是核电中常规压力容器设计和分析的主要依据标准，在我国核电中被大量应用。

4.2.2 压水堆核电厂核岛机械设备设计规范

《压水堆核电厂核岛机械设备设计规范》（GB/T 16702—1996）规定了二代改进型压水堆核电厂核岛机械设备的设计规则。GB/T 16702 是以 RCC-M 1983 年版的第 1 卷为蓝本等效采用，对引用的法国标准则尽可能转换成我国标准，管理方面则完全以我国核安全局监督管理法规、核安全法规、核电厂安全导则以及国家颁布的法令、规定等代替了法国的法则、导则、法令和规定。

与其相互引用的我国其他标准有：
GB/T 15761—1995 《2×600MW 压水堆核电厂核岛系统设计建造规范》；
NB/T 20001—2013（代替 EJ/T 1012—1996）《压水堆核电厂核岛机械设备制造规范》；
NB/T 20002—2013（代替 EJ/T 1027—1996）《压水堆核电厂核岛机械设备焊接规范》；
NB/T 20003—2010（代替 EJ/T 1039—1996）《核电厂核岛机械设备无损检验》；
NB/T 20004—2014（代替 EJ/T 1040—1996）《核电厂核岛机械设备材料理化检验方法》。
GB/T 16702 为核岛机械设备的设计规范，与 RCC-M 第 1 卷大体相当，但不包含材料、焊接、检测、制造等篇内容，且附录 ZI "设计用的材料性能" 为提示性附录，与 RCC-M 附录 ZI 是强制性附录不同。RCC-M 是一个"设计建造规则"，而 GB/T 16702 是设计规范，两者有明显差别。

4.2.3 核电厂反应堆压力容器的其他规范

除了上述两个比较大的规范之外，截止到 2015 年底，我国核电的标准体系中还有以下标准比较有影响力：

《压水堆核电厂反应堆压力容器设计准则》（EJ/T 322—1994）规定了钢制压水堆核电厂反应堆压力容器设计时的材料、载荷、载荷组合、结构设计，以及结构性能分析准则，适用于钢制压水堆核电厂反应堆压力容器的分析法设计，沸水堆核电厂反应堆压力容器设计亦可参照使用。

《压水堆核电厂反应堆压力容器承压热冲击评定准则》（EJ/T 732—1992）规定了压水

堆核电厂铁素体材料反应堆压力容器预防承压热冲击事件破坏所必需的断裂韧性要求。

《压水堆核电厂反应堆压力容器压力-温度限值曲线制定准则》（EJ/T 918—1994）规定了压水堆核电厂铁素体材料反应堆压力容器在正常运行工况与试验工况所承受的压力与温度的限值。

《压水堆核电厂反应堆压力容器防止快速断裂评定准则》（EJ/T 1033—1996）确立了压水堆核电厂铁素体材料反应堆压力容器防止快速断裂的分析方法和评定准则。

如前所述，近年来我国核电中压力容器相关的标准正在迅速完善中，2016年立项的GB/T 20236将以ASME BPVC规范第Ⅲ卷的第1册和第2册为基础，转化形成一套适用于我国第三代核电的压水堆核电厂核设施部件建造的通用规范。

第5章 我国核电压力容器质量管理和运行监察组织机构的演变历史

我国核安全监管的历史可以一直追溯至新中国成立初期核工业的起步阶段，经过半个世纪的发展和完善，逐步建立健全了一套与国际接轨的监管体系，形成了以核安全局机关、派出机构和技术后援单位为主体的"三位一体"的组织构架。核电压力容器质量管理和运行监察作为核安全监管中的重要一环，也经历了从起步到逐步完善的演变过程。

5.1 起步探索（1950—1984年）

我国原子能事业自20世纪50年代起步于核军工，最早由中华人民共和国第二机械工业部（后更名为中华人民共和国核工业部，以下简称"核工业部"）负责实施核安全监管。1979年1月中美正式建交，我国核工业的发展亦随着国际形势的缓和而面临转型调整，核能的和平开发利用被提上了国家领导人的重要议事日程，建立独立核安全监管机构的必要性也逐渐成为共识。

核工业部在内部监督过程中曾制定了一部分规章制度，但总体上尚未形成体系。同样，在政府机构设置方面，我国尚没有一个能够代表国家、独立于核能发展部门的核安全监管机构，尤其是引进法国技术的大亚湾核电项目需要独立的核安全监管，因此成立独立的核安全监管机构势在必行。在这种共识下，国家科学技术委员会（为科学技术部前身，以下简称"国家科委"）和核工业部都向国务院提交了有关报告。国务院核电领导小组陆续征求了各有关部门的意见，于1984年1月26日召开会议，并讨论决定需要尽快成立国家核安全管理机构，由国家科委设国家核安全局。会上指派国家科委牵头，联合核工业部成立国家核安全局筹备小组。

1984年3月29日，筹备小组参照了美国核管会（Nuclear Regulatory Commission，NRC）基本机构的设置，同时参考了德国、法国等国的情况，通过吸收国外监管机构运作的成功经验，再结合过去国内监管机构的工作状态，将《关于组建国家核安全局的请示》（国科发〔1984〕277号）提交至国务院，对关于国家核安全局的职责任务、编制、经费和干部来源等问题的方案进行了汇报。1984年7月2日，《国务院关于设立国家核安全局的批复》（国函字〔1984〕107号）下达至国家科委，国务院原则同意设立国家核安全局的请示。

国务院办公厅《关于设立国家核安全局的通知》（国办发〔1984〕109号）明确了国家核安全局的成立原则。1984年10月10日，国家核安全局正式挂牌办公。10月31日，国家核安全局召开成立大会，时任国家科委主任宋健、国家核安全局局长姜圣阶及有关人员参加了会议。次日，《人民日报》《光明日报》等媒体登载国家核安全局成立的消息。

1984年11月1日，国家核安全局印章正式启用（国科发核字1135号）。根据核安全的方针、任务，国家核安全局下设审批监督处、条例法规处、科学研究处、办公室。至此，一个精干的中国国家核安全局出现在世界的视野之中，正式翻开了我国核安全监管事业的新篇章。

5.2 监管体系初创（1984年7月—1998年2月）

国家核安全局成立之初由国家科委管理，具有相对独立的人事、外事、财务权以及局机关行政管理、基建后勤等职能，后陆续设立上海、广东、成都和北方核安全监督站等派出机构，组建直属技术支持单位。

5.2.1 组织架构

1. 局机关

1984年国家核安全局成立时，下设9个二级部门，批准编制40人，设局长1人，副局长2人，总工程师1人。后随着监管范围的扩大，增加民用核承压设备监管的职能。1988年国务院机构改革时，按《国家科学技术委员会"三定"方案》（国机编〔1988〕28号），增加到10个职能处室，分别为办公室、计划财务、政策法规、核电、核材料及核设施、技术审评、监管、科研、辐射防护和应急、行政基建，行政编制定为75人（含工勤人员），局领导职数定为5人（局长1名，副局长4名，其中一名副局长兼任总工程师）。机关在编人数由成立初期的20人左右逐步发展到60人左右。

2. 派出机构

根据《中华人民共和国民用核设施安全监督管理条例》，国家核安全局在核设施集中的地区可以设立派出机构，实施核安全监督。1987年初，国家核安全局设立了我国第一个地区性核安全监督站——上海核安全监督站；同年7月1日，设立国家核安全局广东核安全监督站；1990年1月1日设立国家核安全局成都监督站；1996年底设立了北方核安全监督站。四个监督站的总人数为50人。

3. 技术支持单位

在国家核安全局成立之初，主要依托设计、研究单位以及高校完成核安全审评任务。1987年2月，时任国务院副总理李鹏在国务院核电领导小组办公会上指示成立核安全后援机构。1987年7月14日，经国家科委和水利电力部批准，成立苏州核安全中心作为国家核安全局的技术支持单位。该中心广泛参与我国核安全相关的法规导则建设、安全监督手册及文件编制、安全分析报告审评、调试监督审查、质量保证审评、核设施许可证取证安全审评等工作。1987年7月27日，北京核安全审评中心正式成立，行政上隶属于核工业第二研究设计院（以下简称"核二院"），业务上受国家核安全局直接领导，承担国家核安全局下达的任务。

建局初期，由于急需机械行业领域的技术人员参与安全监管工作，机械科学研究院下属的可靠性技术研究中心以合同方式，向国家核安全局提供技术支持。该中心是当时机械行业唯一的可靠性研究机构，主要从事机械行业系统、设备和零部件等的可靠性研究及产品开发中的可靠性管理工作。1995年，该中心正式命名为机械院核设备安全与可靠性技术研究中心，后更名为机械院核设备安全与可靠性中心，主要承担国家核安全局核承压设备的审评，民用核承压设备的设计、制造、安装活动单位的资格核准等工作。

1986年苏联切尔诺贝利核事故后，经验反馈反映出独立与有效的核安全审评对保障核安全的关键作用，国家核安全局于1989年组建了国家核安全局北京核安全中心。该中心是由国家核安全局直接管理的副局级事业单位，为国家核安全局提供全面的技术支持，承担核安全管理中的技术保障，从事有关核安全的技术评价、验证、检验监测以及情报分析研究等工作。为适应核安全监管工作的需要，1994年11月，国家核安全局北京核安全中心更名为国家科委核安全中心，转为国家科委直属事业单位，行政级别升格为正局级，国家科委委托国家核安全局对中心进行归口业务指导，为国家核安全局对我国的民用核设施实施安全监督管理提供全面的技术保障。

4. 核安全专家委员会

为制定我国核安全政策法规，对我国民用核设施核安全审查、监督和管理以及核安全科学开展研究，国家核安全局参照美国的管理经验，经国家科学技术委员会批准成立参谋和咨询组织——核安全专家委员会。

第一届核安全专家委员会成立于1986年，委员共25人，由政府部门和核设施设计、制造、运行单位及高校从事核安全工作并具有较高造诣的专家组成，任期三年。核安全专家委员会制度是我国核与辐射安全监管组织体系的重要构成部分，是我国核与辐射安全监管的主要制度之一。多年来，专家委员会在政策制定、研究规划确定、安全审评结果的审议以及重大安全问题的决断等方面，为国家核安全局提供了大量的咨询意见，做出了突出的贡献。

5.2.2 主要职能

初期阶段，国务院确定的国家核安全局的主要职能包括：负责组织起草、制定有关民用核设施安全的规章和有关核安全法规的审查；对核设施实行严格的安全许可证、核事故应急处理等管理制度，保证核设施在选址、设计、建造、调试和运行等各阶段均满足核与辐射安全管理的要求，核准核材料许可证，并对反应堆操纵员实行执照管理；对全国民用核设施安全实施统一监督，独立行使核安全监督权，监督核设施活动满足法规和安全许可证所规定的条件，负责核燃料循环设施核安全监督管理，负责核事故应急措施审评和检查；负责核安全技术研究等。

随着核安全监管工作的不断深入，我国核安全监管范围逐步覆盖民用核设施和核活动，参照世界发达国家对核电厂的监管经验，采取了"中央政府直接监管""从生到死全过程监管""从业主的组织机构到具体设备的全范围监管"的监管模式，并通过立法明确了要求。国家核安全局要对每个核电厂的选址、设计、制造、建造、调试、运行、退役等进行连续深入的审查和监督。

一、制定法规标准，实现有法可依

国家核安全局成立后，积极贯彻"立法为先"的精神，对中国核安全规章体系的编制进行全面规划，并根据国务院的指示着手组织起草原子能法。中国借鉴国际先进经验，结合自身实际，建立我国的核安全法规、标准体系。经过多种方案的研究、比较和尝试，最终选用国际原子能机构（IAEA）的安全标准为主要蓝本。

早在 1982 年，核工业部就组织三个院所研究和改编 IAEA 的核电厂安全法规，有关专业人员逐本逐章逐条地消化、比较和开展国内适应性评价，形成了"核电厂选址、设计、运行和质量保证"安全标准，经过 3 年多的反复审查修改，1985 年 1 月，以部标准形式在部内颁布试行，后经国家核安全局组织修改和全国性的审定，于 1986 年 7 月，经国务院批准发布实施《核电厂厂址选择安全规定》《核电厂设计安全规定》《核电厂运行安全规定》《核电厂质量保证安全规定》四个安全规定（国函〔1986〕86 号）。

1986 年 10 月，国务院批准颁布的《中华人民共和国民用核设施安全监督管理条例》，是我国首部有关核电厂安全的行政法规，规定了"在民用核设施的建造和营运中保证安全，保障工作人员和群众的健康，保护环境，促进核能事业的顺利发展"的宗旨；建立了国家核安全监管体制；确定了以核电厂等大型民用核设施为监管对象；规定了核设施营运单位承担全面安全责任，建立了核设施建造、运行许可证制度和运行人员的执照制度。这部行政法规综合性地规定了核安全监督管理的各主要方面，为核安全监管部门实施核安全监督管理奠定了法律基础。

在此基础上，我国建立了一系列核安全规定及其导则，包括核设施厂址、设计、运行、质量保证、放射性废物管理等 5 个安全规定及 51 个配套安全导则。

在核承压设备的质量管理方面，1992 年 3 月国家核安全局联合机械电子工业部和能源部发布了《民用核承压设备安全监督管理规定》。从事核承压设备的设计、制造、安装、检验、在役检查、维修等活动的单位以及为制造核承压设备提供关键承压材料及零部件的生产厂都必须遵守该规定。该规定后于 2008 年被《民用核安全设备设计制造安装和无损检验监督管理规定》替代而废止。

标准、规范的制定在当时属于国家工业、技术标准体系，由国家标准局统一颁布，国家核安全局仅对与核安全直接有关的标准进行认可。从核安全审评角度看，已公布的法规标准在广度和深度上尚不能满足当时的需要，因此，国家核安全局要求，对从国外引进的核电厂，在遵守我国核安全法规的前提下，可使用设备供应国核安全监管机构批准的在引进当时有效的标准和规范，对国内自行设计和制造的核电厂可自行选用标准和规范，但需报国家核安全局审定。

到 1998 年初，国家核安全局基本建立了一套核安全法规、导则、部门规章等，其范围覆盖核电厂，核电厂以外的其他反应堆，核燃料生产、加工、贮存及后处理设施，放射性废物的处理和处置设施等方面，使各类民用核设施的选址、设计、建造、运行和退役基本做到了有法可依。

二、建立管理制度，形成监管体系

随着监管的深入开展，法规标准逐步实施，我国参考国际实践、借鉴发达国家管理经验以及国际组织的建议，初步形成了一系列管理制度。

1. 核安全许可证制度

我国对核设施的核安全监管主要实行核安全许可证制度。国家核安全局针对不同的监管对象和监管领域，建立起一套严格的核安全许可证制度并付诸实施。核安全许可证制度在设计上，体现了责任与权力的统一，明确了许可条件和要求，确认了由许可部门对违规行为从严处罚的准则。国家核安全局审批颁发或核准颁发的许可证件包括：1）核设施建造许可证；2）核设施运行许可证；3）核设施操纵人员执照；4）核设施厂址选择审查意见书、核设施首次装料批准书及核设施退役批准书等其他文件；5）核材料许可证；6）核承压设备设计、制造、安装许可证。国家环保局还对核设施各阶段的环境影响评价文件进行审批。

上述各类许可证的颁发，均以详细、严格的安全审评和深入的安全监督检查作为依据。申请人必须提交申请书、安全分析报告和环境影响评价文件及其他法规规定的有关文件，经国家环保局、国家核安全局审评批准后，方可进行相应的核活动。国家核安全局在审批过程中，应该向国务院有关部门以及核设施所在省、自治区、直辖市政府征询意见。国家核安全局在取得技术审评结果，并征询国务院有关部门和地方政府的意见，经核安全专家委员会咨询审议后，独立做出是否颁发许可证的决定，同时规定必要的许可证条件，并依法进行监管。

1992年我国发布了《民用核承压设备安全监督管理规定》（HAF0900）及其实施细则，开创性地建立了核承压设备活动资格许可证制度，为我国核承压设备审评监督的有效实施提供了法治依据，为全过程核设备监督管理模式的形成奠定了基础。经过1993年一年的准备，1994年国家核安全局开始受理我国民用核承压设备活动单位的资格申请，全面组织实施对民用核承压设备设计、制造和安装单位的资格核准、许可证颁发和安全监督工作，截至1997年底，共向50家单位颁发了104项民用核承压设备设计、制造、安装活动单位资格许可证。这项工作在推动我国核设备国产化中起到了重要作用。

2. 核安全监督检查制度

开展核安全监督的法律依据是《中华人民共和国民用核设施安全监督管理条例》实施细则之二《核设施的安全监督》，目的是通过检查核安全管理要求和许可证件规定条件的履行情况，督促纠正不符合核安全管理要求和许可证件规定条件的事项，必要时经国家核安全局授权可采取强制性措施，以保障核设施的安全。地区监督站作为国家核安全局的派出机构，负责派驻区域核设施在选址、设计、建造、调试、运行和退役各阶段与核安全有关的全部物项和活动的核安全监督，对重大事项，及时向国家核安全局报告，并提出采取执法行动的建议，经授权后采取执法行动。

核安全检查的范围主要是许可证条件中所规定的范围，以及在审批许可证过程中确定需要检查的范围。核安全检查可分为日常的、例行的和非例行（特殊）的检查。非例行的检查可以是事先通知或事先不通知的。事先通知的检查一般在检查前一个月通知营运单位和/或有关单位，以便做好准备和安排。

核安全检查由核安全检查组、核安全监督员或受委托人员进行。核安全检查的主要方法包括文件检查、现场观察、座谈和采访、测量或试验。营运单位按照核安全报告制度，定期及时报告核电厂的情况、质量、不符合项、异常事件和违反许可证条件的事件等。

在贯彻核设施许可证制度中，国家核安全局逐步建立起系统的安全监督方法和文件体系，并根据实践经验不断加以完善和改进，促进了核安全监管的程序化、规范化。

5.3 监管机构的整合（1998年3月—2008年2月）

至1998年，我国核与辐射安全监管事业基本建立了一套适合我国国情并与国际接轨的核与辐射安全监督管理体制；1998年国家核安全局并入国家环境保护总局，这一举措为核安全、辐射安全、辐射环境监管职能的整合奠定了基础。2003年我国核与辐射安全领域的第一部法律《中华人民共和国放射性污染防治法》颁布实施，2005年《放射性同位素与射线装置安全和防护条例》颁布。至此，实现了我国核安全、辐射安全及辐射环境监管的整合，理顺了管理体制。

5.3.1 整合理顺管理体制

1. 整合组织机构

1998年3月10日，九届全国人大一次会议审议通过了《关于国务院机构改革方案的决定》，将国家环境保护局升格为国家环境保护总局，为国务院直属单位。6月23日国务院办公厅下文《国务院办公厅关于印发国家环境保护总局职能配置内设机构和人员编制规定的通知》（国办发〔1998〕80号），将国家科学技术委员会承担的核安全监督管理职能划入国家环境保护总局，国家核安全局连职能带机构、队伍整建制地并入国家环境保护总局，设立核安全与辐射环境管理司（国家核安全局），保留国家核安全局印章，履行国家核安全局职责。

国家核安全局并入国家环境保护总局后，人事、外事、财务、科研以及基建后勤等职能合并到国家环境保护总局相关职能司，核安全与辐射环境管理司设有综合处、核电处、反应堆处、核材料处、辐射环境管理与应急处、放射性废物管理处6个处。根据《关于印发国家环境保护总局机关行政机构与编制和核定方案的通知》（环发〔1998〕182号），核安全与辐射环境管理司承担核安全、辐射环境、放射性废物管理工作，拟定有关方针、政策和法规；参与核事故、辐射环境事故应急工作；对核设施安全和电磁辐射、核技术应用、伴生放射性矿产资源开发利用中污染防治的统一监督管理；对核材料管制和核承压设备实施安全监督；承担有关国际公约和双边合作协定的实施工作。

2003年机构改革，国务院同意国家环境保护总局对外保留国家核安全局的牌子，由环境保护总局行使国家核安全局职能，国家核安全局局长由国家环境保护总局副局长兼任。根据《关于调整总局机关内设机构和编制的通知》（环发〔2003〕205号），核安全与辐射环境管理司设立综合处、核电一处、核电二处、放射源处、放废处、核材料处、核反应堆处和核设备处8个处。同年，国际司设立核安全国际合作处。

此外，核与辐射安全监管体系得到不断完善。2005年3月1日，中央机构编制委员会办公室批复同意国家环境保护总局（国家核安全局）设立东北和西北核与辐射安全监督站。8月3日根据中央编办批复在国家环境保护总局核安全管理司加挂辐射安全管理司牌子。9月20日，中编办批复同意国家环境保护总局核安全中心更名为国家环境保护总局核与辐射安全中心，增加了放射源、核设施环境影响评价等方面的职能；原国家环境保护总局上海、广东、四川和北方核安全监督站更名为国家环境保护总局核与辐射安全监督站，6个监督站均为正局级单位，其中北方核与辐射安全监督站还负责核安全设备方面的监督；增加浙江辐射监测技术中心作为全国辐射环境监测方面的技术支持单位。

其他技术支持单位中，机械科学研究总院核设备安全与可靠性中心、苏州核安全中心、核二院北京核安全审评中心，以及中国辐射防护研究院、中国原子能科学研究院、清华大学、上海交大等十多所高校及科研院等技术支持队伍也趋于稳定。

2. 理顺管理职能

1998年以后，核与辐射安全监管工作得到加强和提高，被确立为环保工作的三大重点领域之一。除原职能外，国家核安全局新增加了如核设施环境影响报告书审评、辐射环境监测，以及注册核安全工程师职业资格考核和资格证书颁发等部分职能。经整合后我国民用核设施安全监管、辐射安全监管、辐射环境管理职能统一由国家环境保护总局（国家核安全局）履行。

其中，明确核安全设备监督管理职能如下：监管对象和监管活动涉及所有核安全机械设备、核安全电气设备的设计、制造、安装和无损检验单位及其活动；对进口核安全设备，实行设计制造单位备案和进口设备的制造现场监督及口岸安全检验。

3. 重组专家咨询机构

20世纪80年代中期，国家环境保护局、国家核安全局相继成立，同时也分别成立了核环境专家委员会、辐射安全环境专家委员会、核安全专家委员会。国家核安全局并入国家环境保护总局后，不仅在核设施安全与环境影响监管职能方面进行了整合，三个专家委员会也进一步合并。

2005年，国家核安全局第五届核安全专家委员会、国家环境保护总局第四届核环境评审专家委员会均已届满，为整合资源、优化管理，三个委员会于2005年9月合并，成立了第一届核安全与环境专家委员会。新成立的委员会共计123名专家（包括15位院士），就核与辐射安全相关重大问题向国家环境保护总局（国家核安全局）提供独立的咨询意见，为监管机构重要决策提供支持，对保障我国核与辐射安全，促进核能与核技术利用事业安全、健康、可持续发展做出了重大贡献。

5.3.2 基本健全法规体系

国家核安全局并入国家环境保护总局后，一些法律和行政法规的制定取得了重大进展，民用核安全设备法规体系进一步完善。

2007年7月11日，《民用核安全设备监督管理条例》颁布，在原有《民用核承压设备安全监督管理规定》的基础上扩大了监管范围，监管内容延伸到所有核安全相关机械、电气设备；监管对象包括国内、国外的所有相关单位；监管活动扩展到焊接、无损检验人员资质管理。

此外，国家核安全局2004年颁布了《核动力厂设计安全规定》《核动力厂运行安全规定》两项核安全法规修订版，《放射性物质安全运输规程》国家标准及四个核安全技术导则。根据《中华人民共和国行政许可法》，国家核安全局还编写完成了二十多个行政许可审批程序。至此，以一部法律为首，五个条例、一系列规章制度和导则标准为支撑的法律法规体系基本健全。

5.3.3 逐步完善监管制度

1998年后，国家环境保护总局（国家核安全局）为贯彻全过程、全范围的监管要求，进一步完善了核与辐射安全监管制度。除进一步执行已有五项基本安全制度以外，在下列制度方面进一步进行丰富完善：

1. 安全许可证制度

在核安全方面,通过《中华人民共和国放射性污染防治法》进一步明确了《核设施厂址选择审查意见书》《核设施首次装料批准书》《核设施退役批准书》的审批程序,加强了对核设施的全过程监管。

在民用核安全设备许可方面,明确民用核安全设备设计、制造、安装和无损检验单位应当依照规定申请领取许可证,并明确禁止委托未取得相应许可证的单位进行民用核安全设备设计、制造、安装和无损检验活动。申请领取民用核安全设备制造许可证或者安装许可证的单位,还应当制作有代表性的模拟件。

2. 人员资质管理制度

根据《中华人民共和国环境保护法》和《中华人民共和国民用核设施安全监督管理条例》对人员管理的有关规定,2002年人事部与国家环境保护总局联合出台《注册核安全工程师执业资格制度暂行规定》,正式实行注册核安全工程师执业资格制度,并纳入国家专业技术人员职业资格证书制度,实行统一规划管理。根据暂行规定,核与辐射安全关键岗位的从业人员首先满足人事部、国家环境保护总局规定的条件,通过人事部组织的注册核安全工程师执业资格考试,才能取得《注册核安全工程师执业资格证书》。注册核安全工程师注册有效期为两年。这一制度对加强全国核与辐射安全队伍的管理,提高相关专业技术人员的素质和水平具有十分重要的意义。

2008年《民用核安全设备监督管理条例》实施,要求民用核安全设备制造、安装、无损检验单位和民用核设施营运单位,应当聘用取得民用核安全设备焊工、焊接操作工和无损检验人员资格证书的人员进行民用核安全设备焊接和无损检验活动。民用核安全设备焊工、焊接操作工由国务院核安全监管部门核准颁发资格证书。民用核安全设备无损检验人员由国务院核行业主管部门按照国务院核安全监管部门的规定统一组织考核,经国务院核安全监管部门核准,由国务院核行业主管部门颁发资格证书。无损检验结果报告经取得相应资格证书的无损检验人员签字方为有效,民用核安全设备无损检验单位和无损检验人员对无损检验结果报告负责。对于聘用未取得相应资格证书的人员进行民用核安全设备焊接和无损检验活动的单位,处10万元以上50万元以下的罚款,逾期不改正的,暂扣或者吊销许可证,民用核安全设备焊工、焊接操作工违反操作规程导致严重焊接质量问题的,由国务院核安全监管部门吊销其资格证书。民用核安全设备无损检验人员违反操作规程导致无损检验结果报告严重错误的,由国务院核行业主管部门吊销其资格证书,或者由国务院核安全监管部门责令其停止民用核安全设备无损检验活动并请国务院核行业主管部门吊销其资格证书。

此外,在环境影响评价制度、辐射环境监测制度等方面进行了丰富和完善。

5.3.4 大力提升监管成效

国家核安全局依法从严对核承压设备进行安全监管。2003年,国家核安全局及时发现并处理了秦山二期核电厂2号机组压力壳接管安全端焊缝的重大质量问题,严格执法,对制造单位予以吊销民用核承压设备制造资格许可证的处罚。2005年6月至9月,国家核安全局对24家持证单位进行普查,针对部分单位存在核安全文化淡薄、质量保证体系不健全和资源能力减退等问题,及时采取措施进行整顿,加强了对营运单位和持证单位核承压设备有关活动的监督管理。2007年，国家核安全局受理并立项审查的核安全设备许可证申请单位共有29家，其中取证申请单位20家，换/扩证申请9家。审查批准了28家单位的许可证申请，未受理或审查不合格的许可证单位9家，处罚持证单位2家，加强了对核承压设备许可证申请单位的管理。截至2008年初，持有核安全设备设计、制造和安装许可证的单位共计93家。

经过多年监管实践，国家核安全局积累了经验，锻炼了队伍，提高了核承压设备的监管能力，从源头上把住了核安全关，同时为推动《民用核安全设备监督管理条例》的出台打下了坚实基础。该条例出台后，国家核安全局明确将民用核安全设备的监督职责授权给华北核与辐射安全监督站，并成立专门的责任处室，配备了专业相对齐全的监管人员，进一步强化了民用核安全设备的规范化管理。

5.4 监管机构的快速发展（2008年3月至今）

2008年后，我国核能与核技术利用事业快速发展，新开工建设核电机组29座，投入商业运行机组8台，2008年至2011年期间，平均每年新开工机组达8台，核安全监管任务非常繁重。全国核技术利用单位的辐射安全许可证基本完成发放，有核技术利用单位62270家。

2008年3月，第十一届全国人民代表大会第一次会议第五次全体会议表决批准国家环境保护总局升格为环境保护部。2010年，国家核安全局局机关、地区监督站和核与辐射安全中心的编制均有较大增加，监管队伍快速壮大。

2011年日本福岛核电站事故发生后，国务院决定暂停审批新建核电项目。按照国务院的部署，国家核安全局联合相关部门开展民用核设施综合安全检查，编制《核安全与放射性污染防治"十二五"规划和2020年远景目标》，发布《福岛核事故后核电厂安全改进通用技术要求》，研究新建核电厂安全要求，同时对核安全监管组织机构进行了调整和优化，加强核安全监管的规范化和系统化，广泛开展对外合作，持续提高核安全监管有效性，保障核能和核技术利用事业安全健康可持续发展。

5.4.1 监管机构扩充

1. 局机关调整

国家核安全局在2008年后进行了两次重大的机构调整。2008年3月，第十一届全国人民代表大会第一次会议决定国家环保总局升格为环境保护部，对外保留国家核安全局的牌子。核安全管理司加挂辐射安全管理司牌子，其内设12个处，即综合处、核电一处、核电二处、核电三处、核反应堆处、核燃料和运输处、放射性废物管理处、核安全设备处、核技术利用处、电磁辐射与矿冶处、辐射监测与应急处（核与辐射事故应急办公室）、核安全人员资质管理处。

2011年，中央机构编制委员会办公室下发《关于调整环境保护部核安全监管机构有关事宜的批复》（中央编办〔2011〕142号），撤销环境保护部（国家核安全局）核安全管理司（辐射安全管理司），增设核设施安全监管司、核电安全监管司、辐射源安全监管司等三个职能司。其中，核设施安全监管司（核与辐射安全监管一司）下设办公室、政策与技术处、辐射监测与应急处（核与辐射事故应急办公室）、人员资质管理处、核安全设备处等五个处；核电安全监管司（核与辐射安全监管二司）下设综合处、核电一处、核电二处、核电三处、反应堆处等五个处；辐射源安全监管司（核与辐射安全监管三司）下设综合处、核燃料与运输处、放射性废物管理处、核技术利用处、电磁辐射与矿冶处等五个处。

2. 监管队伍壮大

2010年，中央机构编制委员会办公室下发了《关于增加环境保护部核安全监管人员编制等问题的批复》（中央编办复字〔2010〕40号），批准核安全管理司、核与辐射安全监督站、核与辐射安全中心各增加编制若干名；在环境保护部核与辐射安全中心加挂"环境保护部核安全设备监管技术中心"的牌子。

2011年机构调整后，国家核安全局局机关人员编制增加，组织机构进一步扩充，监管队伍人员规模进一步扩大。核与辐射安全监管三个司，地区监督站，核与辐射安全中心，辐射环境监测技术中心，中央本级人员形成了人员结构合理，组织严密的监管队伍。同时，核安全与环境专家委员会和地方监管机构在这一阶段也进一步发展壮大。

5.4.2 健全法规体系

国务院2007年7月11日颁发了《民用核安全设备监督管理条例》，2009年9月14日颁布了《放射性物品运输安全监管条例》，2011年12月20日颁布了《放射性废物安全管理条例》。截至2014年4月，我国核安全法规体系包括1部法律、7部行政法规、27部部门规章以及89部导则，形成了以《放射性污染防治法》为顶层的金字塔结构。至此核与辐射安全法规体系基本完善。

在此基础上，根据核与辐射安全监督管理工作的适用范围，形成了10个法规子系列：

通用系列；

核动力厂系列；

研究堆系列；

非堆核燃料循环设施系列；

放射性废物管理系列；

核材料管制系列；

民用核安全设备监督管理系列；

放射性物品运输管理系列；

同位素和射线装置监督管理系列；

辐射环境系列。

其中，民用核安全设备监督管理系列法规对核电压力容器质量管理和运行监察做出了详细的约束。

2010年国际原子能机构对我国核与辐射安全监管体系进行的综合安全评估中建议我国加快核安全立法工作。日本福岛核事故后，公众对核安全日益关注，对核安全的要求日益提高，参与诉求日益强烈，进一步推动了制定一部全面规范核能开发利用活动的《核安全法》的进展。国家核安全局于"十一五"期间就开始了《核安全法》的构思和筹备工作。2012年全国两会期间，60位全国人大代表联名提出了制定核安全法的建议。2012年，国务院两次召开常务会议，审议《核安全与放射性污染防治"十二五"规划及2020年远景目标》，其中明确提出要抓紧研究制订《核安全法》。2013 年 9 月 2 日，党中央批复了全国人大党组提交的全国人大五年立法规划，《核安全法》被列为需要抓紧工作、条件成熟时提请审议的二类立法项目。全国人大常委会十分重视《核安全法》的立法工作，全国人大环资委专门成立了起草领导小组，制定了立法工作的相关规划并开展了前期的准备工作，力争尽快制定并出台《核安全法》。

5.4.3 监督管理强化

1. 加强对核设施的安全监督和审评

2008 年，11 台机组安全运行，无新投入运行的核电机组。国家核安全局完成了多项核电厂的重要安全改造项目的审查，加强了日常监督与运行的管理。对秦山核电厂、秦山第二核电厂、秦山第三核电厂、田湾核电厂加强日常监管，完成了上述电厂重要安全改造和审评工作共计 60 余项，运行事件审评 10 项。批准了大亚湾和岭澳核电厂 13 项改进及特许申请。向宁德核电、福清核电、阳江核电、秦山核电扩建工程方家山项目颁发了建造许可证。此外，国家核安全局进一步加强了对在役和在建研究堆的核安全监督管理力度，规范和完善监督模式。

2009 年，11 台机组安全运行，无新投入运行的核电机组。针对 M310 改进型、EPR 和 AP1000 等不同堆型，根据国际经验和我国实践，国家核安全局确定了相应的审评原则，完成了核电厂建造许可证的审评，颁发了红沿河核电厂 3、4 号机组，三门核电厂 1、2 号机组，海阳核电厂 1、2 号机组，台山核电厂 1、2 号机组共 8 台机组的建造许可证，至此累计有 22 台核电机组在建。加强运行研究堆日常监督管理，配合科技部联合开展了中国实验快堆安全再论证工作，18 座在役民用研究堆中，7 座运行，其他均长期停堆。核安全管理司组建了以环境保护部核与辐射安全中心为主体的有关技术单位参加的两支基本独立的核安全审评队伍，一支队伍主要从事翻版加改进项目和 EPR 项目的审评工作，另外一支队伍主要从事 AP1000 自主化依托项目的审评工作，加强对运行和在建核电厂项目的安全监管，确保核电安全。

到 2010 年底，2 台核电机组投入运行，运行核电机组达到 13 台，在建核电机组 30 台。颁发了 10 台核电机组的建造许可证，开展高温气冷堆核电厂的审评和监督工作。有计划地开展研究堆定期安全审查，换发了 4 座研究堆的运行许可证。通过制定应用性能指标评价体系、引进和应用 NRC 评价软件、加强在建核电厂调试现场监督检查等方式，进一步加强核电厂安全监管。

2011 年，2 台核电机组投入运行，运行核电机组共 15 台。国家核安全局对 75 项核安全申请进行了审评，批准了 72 项，发生符合事件报告准则的国际核与辐射事件分级表（INES）0 级事件 13 起，均得到妥善处理，安全运行状态良好。26 台核电机组进行了土建和设备安装，相关审评和监督任务按计划完成。2011 年 10 月中国先进反应堆（CARR）纳入监管范围，国家核安全局负责监管的研究堆和临界装置达到 19 座，正在运行的 8 座研究堆运行良好。

2012 年，运行机组 15 台，对 94 项核安全申请开展了技术审评和批准批复，发生符合事件报告准则的 INES 0 级事件 20 起，未发生任何放射性影响。我国在建 29 台核电机组总体进入安装、调试高峰期，AP1000 和 EPR 等新型核电机组因设计变更和设备问题加大了监管难度。19座研究堆和临界装置发生INES 0级事件9起，均妥善处理。受日本福岛核事故影响，在2011年3月—2012年10月期间，我国暂停审批新建核电厂项目。2012年10月24日，我国核电恢复正常建设，沿海核电项目逐步启动，田湾3、4号核电机组项目获批，内陆核电项目尚未获准建设。

2013年，运行机组增加到17台，另有两台核电机组取得建造许可证。完成运行核电厂核安全相关审批45项，上半年符合事件报告准则的INES 0级事件20起，安全状况良好。我国在建核电厂进一步增加，AP1000、EPR等新型核电厂进入调试阶段，我国自主研发的CAP1400和国产化CAP1000等核电厂也开始开展审评，监管任务日趋繁重，在建核电厂总体上质量受控，核电厂设计安全标准进一步提高，核电厂建造、调试全过程现场监督得到强化，各项质量事件得到控制。完成研究堆审评和批准8项。截至2014年4月，我国共有商业运行机组18台，在建的30台核电机组建造质量均处于受控状态。

2011年日本福岛核事故对世界核电的发展，以及对核安全问题的认识、核安全管理要求和法规标准的制订都产生了深刻和广泛的影响。随后，国家核安全局按照国务院的要求，会同国家能源局、中国地震局组织实施了对运行和在建核电厂的综合安全检查，同时实施了对研究堆和核燃料循环设施的综合安全检查，历时9个多月，完成对15台运行核电机组、26台在建核电机组、18座民用研究堆和临界装置、9座民用核燃料设施以及部分未开展主体工程施工的机组和示范机组的安全检查，完成了《关于全国民用核设施综合安全检查情况的报告》。

检查的总体结论是：我国大陆运行和在建核电厂基本满足中国核安全法规和IAEA最新标准的要求，具备一定的严重事故预防和缓解能力，安全风险处于受控状态，安全是有保障的；我国民用研究堆和临界装置、民用核燃料循环设施自建设起就一直处于国家核安全局的有效监管之下，满足我国现行核安全法规要求，风险处于受控状态，安全是有保障的；上述民用核设施在选址中对地震、洪水等外部事件进行了充分论证，发生类似福岛核事故的极端自然事件的可能性极小；各核设施的流出物排放远低于国家规定的标准限值，核设施周边的辐射环境水平始终保持在天然本底涨落范围以内。

国家核安全局针对这些问题，提出了福岛后改进行动管理要求，主要涵盖三个方面：一是提高抵御外部事件的能力，二是提高严重事故预防和缓解能力，三是提高核事故应急和监测能力，并在核电厂防洪能力改进、应急补水及相关设备、移动电源及设置等方面提出八项具体的技术改进措施。改进行动分为短、中、长期三种情况进行实施。截至2014年4月，我国大陆各核电厂短期安全改进行动已完成，中期安全改进行动基本完成，长期安全改进行动正按时限要求实施，实施进度总体上满足时间节点需求。

2. 深入开展民用核安全设备监督管理

严格要求民用核安全设备许可证审批工作，保证了持证单位核安全设备建造质量。2008年，审查批准了12家单位的许可证申请，持有核安全设备设计、制造和安装许可证的单位共计110家；到2009年底，国内持有核安全设备设计、制造、安装和无损检验许可证的单位达到140家；到2010年底，国内持有核安全设备设计、制造、安装和无损检验许可证的单位共计159家。截至2012年底，持有民用核安全设备设计、制造和无损检验注册登记确认书的单位共计193家。截至2013年底，持有民用核安全设备设计、制造和无损检验注册登记确认书的单位共计229家，包括综合类注册登记单位6家，机械设备注册登记单位 160 家,电气设备注册登记单位 59 家,无损检验注册登记单位 4 家。

加强民用核安全设备监督检查,建立并逐步健全核设备现场监督制度。2009 年,在重点设备制造单位集中地区建立了 6 个现场驻厂监督办公室,长期派驻监督人员实施日常监督;2011 年,在设备制造单位集中地区设置的驻厂监督办公室增加到 7 个,并且在美国新建 1 个驻厂监督办公室,加强对 AP1000 依托项目设计制造活动的监督。2012 年,开展了对 60 个国内和 2 个境外重点单位的综合性检查,并对 10 个制造单位进行了专项检查,在现有国内驻厂监督办公室和美国驻厂监督办公室的基础上,在俄罗斯增设了驻厂监督办公室。2013 年,共对国内单位实施了 39 次综合性检查,对境内单位实施了 2 次综合性检查。对国内单位进行了 7 次专项检查,对 10 家重点单位进行了核安全大检查,并且进行了 40 次违规补焊专项检查,对 890 次关键工序(其中 513 个为现场见证点)实施了检查点检查。目前在中国、美国和俄罗斯建立了共 9 个驻厂监督办公室,长期派驻监督人员实施日常监督。通过监督检查,对发现的问题及时提出整改要求,组织专家对影响核安全的重大不符合项进行了审评和专项检查。总体上,民用核安全设备的设计、制造、安装和无损检验活动的质量基本处于受控状态。

3. 积极推进研发基地建设

国家核与辐射安全监管技术研发基地(以下简称"核安全研发基地")建设是环境保护部、国家核安全局发展战略之一,是加强核与辐射安全监管能力建设的重要举措,是保障我国核能开发和核技术利用事业安全健康可持续发展的客观需要。

2011 年,国务院在《关于加强环境保护重点工作的意见》中明确指出,要"推动国家核与辐射安全监管技术研发基地建设,构建监管技术支撑平台"。2011 年 12 月,国务院下发《国家环境保护"十二五"规划》(国发〔2011〕42 号),将核与安全研发基地建设作为"十二五"环境保护重点工程之一。2011 年和 2012 年,国家核安全局先后与中核集团和北京市房山区政府签署《关于加强核与辐射安全研究开发战略合作协议》和《国家核与辐射安全监管技术研发基地落地协议》。截至 2014 年 4 月,核安全基地整体建设项目已正式获得环保部立项批复,核安全研发基地建设子项目已获得国家发改委的立项批复。

基地位于北京市房山区长阳镇,建设项目占地约 218 亩。2013 年 2 月,基地整体项目建议书获得国家发改委批准,批复总建筑面积为 92957m^2,基本建设投资 74886 万元,取得了阶段性突破。核安全基地计划新建 6 大科研验证实验室与 4 项共用配套设施等 10 个重点工程项目,涉及核设施、核安全设备、核技术利用项目、铀(钍)矿伴生放射性矿、放射性废物、放射性物品运输、电磁辐射装置和电磁辐射环境监管以及核材料管制与实物保护等主要方面,覆盖选址、设计、建造、调试、运行、退役等所有环节。

项目实施后,将形成独立分析和实验/试验验证、信息共享、交流培训三大平台,具备为法规标准制定、技术审评、应急响应反恐、监测、监督等活动提供独立、科学、公正支撑的能力,加强核安全相关基础性、先导性、前瞻性技术的研究与应用,加强核设施与核安全设备等监管能力建设,加强核安全应急响应能力建设,加强核与辐射安全监管专业人才培训与技术交流,努力打造国家级核与辐射安全监管技术研发战略基地,为我国核与辐射安全监管能力达到国际先进水平,为我国核能和核技术利用事业走向世界奠定安全、坚实的基础。

5.5 结语

经过多年的探索实践，我国形成了在确保安全的前提下发展核能与核技术的国家政策，始终贯彻"安全第一，质量第一"的根本方针。在把握好发展节奏的同时，坚持核与辐射安全监管与核能、核技术事业同步发展，以确保核安全、辐射安全、环境安全、公众健康为目标，全面落实"严之又严，慎之又慎，细之又细，实之又实"的总体要求，秉承独立、公开、法治、理性、有效的监管理念，坚持依法行政、坚持全面接轨、坚持抓大放小、坚持公开透明、坚持严格监管。

国家核安全局作为我国独立行使核安全监管的政府部门，广泛吸收国际先进经验，努力探索，实现了我国核安全监管事业从无到有、高起点、跨越式发展，制定了与国际接轨的法规标准，同时充分利用国际合作，培养了高素质的人才队伍。无论从组织机构及其人力、物力、法规，还是安全审评技术方面，国家核安全局均已具备了一定能力，满足了当时的核安全监管工作需求，为今后技术能力的提高、管理水平的提升、安全文化的培育奠定了坚实的基础。

（本篇由上海核工程研究设计院唐伟华、周全、曹雄、张振华、巢孟科、于浩、丁志伟、陈来云撰写；矫明、刘刚、李煜、张丽艳、陈红生、应秉斌、史志龙、柳胜华校核；景益、贺寅彪、林绍萱审核）

中国压力容器发展史

（下册）

主　编　张立权
副主编　邓立文
主　审　陈学东

机械工业出版社

本书由中国机械工程学会压力容器分会有关专家撰写，对我国压力容器行业的发展进行了全面、系统的总结，是一部反映我国压力容器行业建立、发展和技术进步历史的系统资料汇集。全书共分为十篇，分别为化肥、炼油、石化和煤化工等压力容器篇，大型储存容器篇，移动式压力容器篇，核电压力容器篇，压力容器重要零部件篇，压力容器安全监察篇，压力容器高等教育篇，部分压力容器制造企业篇，压力容器安全工程科技重大创新成果篇，以及中国机械工程学会压力容器分会（中国压力容器学会）历届理事长简介篇。

本书适合压力容器行业管理者、政策制定者阅读，亦可作为从业者了解技术发展历史的参考资料。

图书在版编目（CIP）数据

中国压力容器发展史. 下册 / 张立权主编. —北京：机械工业出版社，2024.12
ISBN 978-7-111-71233-6

Ⅰ.①中⋯ Ⅱ.①张⋯ Ⅲ.①压力容器－工业史－中国 Ⅳ.①F426.41

中国版本图书馆 CIP 数据核字（2022）第 125603 号

机械工业出版社（北京市百万庄大街 22 号 邮政编码 100037）
策划编辑：刘本明　　　　　　责任编辑：刘本明
责任校对：陈　越　李　婷　　责任印制：邰　敏
中煤（北京）印务有限公司印刷
2024 年 12 月第 1 版第 1 次印刷
184mm×260mm・35.25 印张・2 插页・852 千字
标准书号：ISBN 978-7-111-71233-6
定价：329.00 元（含上下册）

电话服务　　　　　　　　网络服务
客服电话：010-88361066　　机 工 官 网：www.cmpbook.com
　　　　　010-88379833　　机 工 官 博：weibo.com/cmp1952
　　　　　010-68326294　　金　书　网：www.golden-book.com
封底无防伪标均为盗版　机工教育服务网：www.cmpedu.com

前 言

压力容器是一种盛装压力介质的密闭容器。压力容器的应用范围极为广泛,在国民经济各个部门和军事工业、科研领域中起着重要的作用,在人们的日常生活中也不可缺少,是化工、炼油、石化、核能、轻工、交通、食品、制药、冶金、城建、海洋工程、航天工程等部门的关键设备。

在我国,习惯将压力容器分为固定式和移动式两大类。这两类压力容器在结构、使用和安全方面有不同的要求,因此各自有自己的安全技术规程,即《固定式压力容器安全技术监察规程》和《移动式压力容器安全技术监察规程》。核能工业中的固定式压力容器由国家核安全局归口管理,有专用的技术规范。由于压力容器在承压状态下工作,所处理的介质多为高温、低温或易爆品,有的还有毒性,一旦发生事故,将造成灾难性破坏,所以我国将压力容器作为特种设备予以强制性管理,世界各国也均如此。

新中国成立后,随着国民经济的发展,压力容器行业经历了从无到有、从小到大的艰辛历程。今天,我国已成为压力容器制造大国,并稳步向着压力容器制造强国迈进。压力容器行业的发展历史也是新中国不断成长壮大发展历史的一个缩影。

本书由原机械工业部陆燕荪副部长倡议,中国机械工程学会压力容器分会第八届理事会理事长、中国机械工业集团有限公司副总经理、总工程师陈学东院士组织编写队伍并兼任主审。中国机械工程学会压力容器分会荣誉理事长、合肥通用机械研究院有限公司原总工程师张立权教授级高工任主编,中国机械工程学会压力容器分会原秘书长邓立文教授级高工任副主编,压力容器分会秘书处负责联络组织协调。合肥通用机械研究院有限公司崔军教授级高工具体负责稿件的编审及出版联系等工作,并撰写了部分内容。

本书记载了新中国成立以来压力容器相关方面奋斗发展的历史过程、成就和经验,是一部反映我国压力容器行业建立、发展和技术进步历史的系统资料汇集。本书的编写工作得到了压力容器分会理事,分会下设的各个委员会的委员,压力容器行业的资深专家、老教授,国家政府有关部门及中石化等各有关业务主管部门的领导,全国压力容器制造、使用企业,科研院所,工程公司,压力容器安全监察机构,从事压力容器教学的有关高等院校以及与压力容器相关的钢铁生产企业,压力容器零部件生产企业等众多单位的大力支持。他们积极承担了撰写、编制和提供史料等工作。哈尔滨锅炉厂有限责任公司、兰州兰石重型装备股份有限公司、中国一重集团有限公司、大连金州重型机器集团有限公司、中石化南京化工机械有限公司、二重(德阳)重型装备有限公司等100余家企业提供了各自单位压力容器发展历史和现状的有关资料。中国机械工程学会压力容器分会副理事长、中石化徐钢主任还专门组织召开中石化系统专家座谈会,讨论研究本书中化工、炼油、石化压力容器发展史的编写任务。本书主编所在单位合肥通用机械研究院有限公司对本书的编写出版给予人力和财力的全方位支持。在此，一并表示衷心感谢！

本书的编写思路是以时间为序，以产品为中心，抓住因国家经济建设发展需要而研制的典型或关键压力容器产品，记叙围绕这些产品开展的科研、设计、制造、检验、标准、质量管理、安全监察、使用维护等方面的历史成果，以及相关时期发生的重大压力容器事件，力求史料真实，期望基本上能清晰地反映我国压力容器发展的历史面貌。本书共分十篇：

第一篇　化肥、炼油、石化和煤化工等压力容器篇
第二篇　大型储存容器篇
第三篇　移动式压力容器篇
第四篇　核电压力容器篇
第五篇　压力容器重要零部件篇
第六篇　压力容器安全监察篇
第七篇　压力容器高等教育篇
第八篇　部分压力容器制造企业篇
第九篇　压力容器安全工程科技重大创新成果篇
第十篇　中国机械工程学会压力容器分会（中国压力容器学会）历届理事长简介篇

本书不包括航天工程、海洋工程、动力工程、医疗工程和军工等领域内的压力容器发展史。

压力容器是跨学科、跨行业、跨部门的产品，本书各章节的撰稿人来自不同的单位，均亲身经历过相关压力容器重大历史事件或掌握了相关的历史资料，并且得到了所在单位及行业的大力支持。在撰写过程中，撰稿人在查阅史料、座谈收集、走访调查等工作中，付出了大量的艰辛劳动，力保撰写内容准确真实。但是，由于历史年代久远，时间跨度很大，相关人员以及企业变动大，加之历史档案缺失，调研核实工作量大；此外，在编写过程中对大部分原始稿件的内容、结构进行了补充、修改与调整。因此，本书各篇章节内容难免存在错误或不足之处，也可能存在少许重复，恳请读者批评指正。另外需要说明的是，由于书中所述内容时间跨度较大，有些企业、组织等的名称已多次发生变化，本书在提及相应名称时原则上以当时的情况为准。

本书由陈学东院士审定定稿。

编　者

目 录

前 言

第五篇　压力容器重要零部件篇

第1章　压力容器封头发展史 ··············· 3
1.1　概述 ············· 3
1.2　我国压力容器封头发展历史 ············· 3
 1.2.1　封头制造初级阶段 ············· 4
 1.2.2　封头制造配套发展阶段 ············· 7
 1.2.3　封头专业化制造初级阶段 ············· 9
 1.2.4　现代封头专业化制造发展阶段 ············· 13
1.3　封头制造行业的发展趋势 ············· 22
 1.3.1　封头制造设备的发展 ············· 22
 1.3.2　封头基础研究 ············· 24
 1.3.3　封头的安全使用 ············· 24
1.4　封头发展大事记 ············· 24
1.5　结语 ············· 26

第2章　膨胀节发展史 ············· 27
2.1　概述 ············· 27
2.2　我国波纹管膨胀节发展历史 ············· 28
 2.2.1　初期研制阶段（1960—1978年） ············· 28
 2.2.2　推广应用阶段（1979—1989年） ············· 29
 2.2.3　发展壮大阶段（1990—1999年） ············· 33
 2.2.4　深入研究阶段（2000年后） ············· 37
2.3　结语 ············· 43

第3章　热管技术发展史 ············· 44
3.1　概述 ············· 44

3.2 我国热管技术发展历史 ··· 44
 3.2.1 起步期（1970—1980 年）·· 44
 3.2.2 发展期（1981—1990 年）·· 45
 3.2.3 产业化期（1991—2000 年）·· 47
 3.2.4 应用拓展期（2001 年至今）·· 49
3.3 结语 ·· 52

第六篇　压力容器安全监察篇

第 1 章　概述 ·· 55

第 2 章　新中国成立前和新中国成立初期的特种设备管理 ···················· 57
2.1 新中国成立前的特种设备管理 ·· 57
 2.1.1 国民政府管理情况 ·· 57
 2.1.2 上海市情况 ··· 57
 2.1.3 东北地区情况 ··· 58
2.2 新中国成立初期的特种设备管理 ·· 58

第 3 章　特种设备安全监察工作初步探索阶段（1955—1982 年）·········· 60
3.1 锅炉压力容器安全监察机构建立 ·· 60
 3.1.1 苏联专家提出成立专管机构的建议 ·· 60
 3.1.2 安全监察机构的成立 ··· 61
 3.1.3 安全监察机构成立初始开展的工作 ·· 62
3.2 锅炉压力容器安全监察机构第一次撤销 ··· 64
 3.2.1 安全监察机构撤销 ·· 64
 3.2.2 压力容器安全监管的提出 ·· 64
 3.2.3 安全监察机构撤销后的锅炉压力容器安全管理工作情况 ············· 65
 3.2.4 事故情况 ·· 67
3.3 锅炉压力容器安全监察机构的恢复重建 ··· 69
 3.3.1 安全监察机构的重建 ··· 69
 3.3.2 机构重建后的安全监察工作情况 ··· 71
3.4 锅炉压力容器安全监察机构第二次撤销 ··· 72
 3.4.1 "文革"期间，随着劳动部撤销，安全监察机构也随之撤销 ··········· 72
 3.4.2 受"文革"影响，安全监察工作基本陷于停滞 ······························· 73
3.5 锅炉压力容器安全监察机构再次恢复重建 ··· 73
 3.5.1 安全监察机构的再次恢复 ·· 73
 3.5.2 1978—1979 年事故形势 ·· 74
 3.5.3 贯彻国务院国发〔1979〕249 号文件情况 ····································· 75

第4章 基本制度建立并逐步完善阶段（1982—2003年）……79
4.1 法制制度的建立……79
4.1.1 《锅炉压力容器安全监察暂行条例》颁布……79
4.1.2 规章规范制度的建立……79
4.1.3 安全监察体制进一步完善……82
4.1.4 压力容器设计、制造许可制度的建立……83
4.1.5 产品监督检验制度的建立……83
4.1.6 在用压力容器使用登记和定期检验制度的建立……83
4.1.7 进出口锅炉压力容器监督管理制度的建立……85
4.1.8 检验机构正规化建设……85
4.1.9 压力管道安全监察制度建立……87
4.1.10 医用氧舱安全监察制度建立……88
4.1.11 事故报告调查处理制度的建立……88
4.2 专项整治工作的开展……89
4.2.1 在用液化气体汽车罐车治理……89
4.2.2 蒸压釜安全治理……89
4.2.3 液化石油气贮灌站整治……89
4.2.4 快开门压力容器整治……90
4.2.5 气瓶充装站、检验站治理……90
4.2.6 液化石油气站治理……90
4.2.7 土锅炉专项整治……91
4.3 安全监察职能的划转……92
4.4 在用特种设备普查整治……92
4.5 事故情况……93
4.5.1 事故总体情况……93
4.5.2 典型压力容器事故案例……94

第5章 全面创新发展阶段（2003—2015年）……96
5.1 特种设备法律法规的健全和完善……96
5.1.1 《特种设备安全监察条例》颁布和修订……96
5.1.2 《特种设备安全法》颁布……97
5.1.3 相关部门规章和地方性法规……97
5.2 特种设备监察体制建设情况……98
5.2.1 特种设备监察机构改革发展情况……98
5.2.2 特种设备检验机构改革发展情况……99
5.2.3 特种设备相关组织情况……101
5.3 安全监察工作机制的建设与完善……105
5.3.1 动态监管体系……106

	5.3.2	安全责任体系	107
	5.3.3	风险管理体系	108
	5.3.4	绩效评价体系	110
	5.3.5	法规标准体系	110
	5.3.6	科技支撑体系	112
5.4	专项整治		114
	5.4.1	压力管道专项普查	114
	5.4.2	气瓶普查整治	115
	5.4.3	危险化学品罐车专项检查整治	115
	5.4.4	危险化学品气瓶专项检查整治	115
	5.4.5	承压汽车罐车充装站专项整治	116
	5.4.6	压力管道元件制造专项整治	116
	5.4.7	气瓶充装站和检验站治理	116
	5.4.8	氨制冷装置特种设备专项治理	117
	5.4.9	快开门式压力容器和烘缸（筒）的专项检查	117
	5.4.10	长输（油气）管道隐患整治	117
5.5	事故情况		118
	5.5.1	事故总体情况	118
	5.5.2	2003—2015 年典型事故案例	119
5.6	结语		122

第七篇　压力容器高等教育篇

第1章　专业概况

1.1	概述		129
1.2	筚路蓝缕——化工机械专业的初创		129
	1.2.1	新中国成立初期高校院系调整与化机专业的设立	129
	1.2.2	苏联模式的引进及专业设置的探索	131
	1.2.3	"文革"十年对教学和科研工作的冲击	132
1.3	百废待举——化工专业的复兴与发展		132
	1.3.1	改革开放初期各院校专业调整	133
	1.3.2	从化工机械到"过程装备与控制工程"	134

第2章　本科生培养

2.1	新中国成立初期的本科生培养		136
	2.1.1	为培养工业人才和师资而招收本科生	136
	2.1.2	专业初创阶段本科生的培养思路	137
2.2	改革开放后的本科生培养		140
	2.2.1	恢复高考后的"新老三届"	140

2.2.2　蓬勃发展，繁荣兴旺 ··· 146

第3章　压力容器相关专业的教材编纂 ··· 150
3.1　专业初创期（1961—1966年）··· 150
3.2　"文革"后的教材编辑期（1976—1998年）································ 151
3.3　1998年专业调整后教材编辑期（1998年至今）···························· 152

第4章　研究生培养 ··· 156
4.1　"文革"前研究生培养 ·· 156
4.2　"文革"后研究生培养 ·· 157

第5章　压力容器相关技术研究成果 ··· 160
5.1　压力容器设计 ·· 160
5.1.1　高压容器设计 ··· 160
5.1.2　外压容器设计 ··· 164
5.1.3　压力容器设计软件开发 ··· 164
5.1.4　奥氏体不锈钢应变强化技术 ·· 165
5.1.5　特色承压设备与承压元件 ··· 166
5.2　承压设备结构完整性技术 ·· 167
5.2.1　含缺陷压力容器安全评定技术——从CVDA—1984到
GB/T 19624—2004 ·· 167
5.2.2　高温装备结构完整性技术 ··· 171
5.2.3　核电承压设备结构完整性技术 ····································· 173
5.3　安全附件技术 ·· 175
5.3.1　爆破片技术 ·· 175
5.3.2　安全阀技术 ·· 175
5.4　换热设备 ··· 176
5.4.1　高效低阻气体强化传热技术 ·· 176
5.4.2　高效节能新型紧凑式换热器及工业化应用 ······················· 176
5.4.3　高效节能连续螺旋折流强化传热技术及应用 ···················· 177
5.5　密封技术 ··· 177
5.6　运行维护及寿命评价技术 ·· 178
5.6.1　电站锅炉汽包的低周疲劳寿命分析研究 ·························· 178
5.6.2　电站锅炉安全保障关键技术研究 ··································· 179
5.6.3　极端条件下重要压力容器的设计、制造与维护 ·················· 179
5.6.4　化工装置失效及可靠性研究 ·· 180
5.6.5　国家战略原油储罐屈曲安全性分析与风险控制技术 ············ 180
5.6.6　基于风险管理的油气集输压力容器安全评定关键技术 ········· 181
5.7　检验测试技术 ·· 181

  5.7.1 工业压力管道检验技术 181
  5.7.2 小冲杆微试样测试技术 182
  5.7.3 无损检测技术 183
  5.7.4 应力腐蚀测试研究 185
 5.8 压力容器高等教育发展大事记 186

第八篇　部分压力容器制造企业篇

第1章　哈尔滨锅炉厂有限责任公司压力容器发展史 195
 1.1 哈锅压力容器发展基本情况 195
  1.1.1 哈锅企业名称、隶属关系、地点演变概况 195
  1.1.2 哈锅压力容器设计、制造资质情况 196
  1.1.3 哈锅压力容器设计和工艺部门简介 196
 1.2 哈锅压力容器设计及制造工艺技术的发展 197
  1.2.1 哈锅压力容器技术发展历史 197
  1.2.2 哈锅电站辅机压力容器技术发展历史 219
  1.2.3 哈锅核电压力容器技术发展历史 223
  1.2.4 先进的计算技术在压力容器设计中的应用 230
 1.3 哈锅压力容器焊接及热处理工艺技术的发展 232
  1.3.1 各类焊接结构的焊接技术 232
  1.3.2 热处理技术 239
 1.4 哈锅压力容器制造装备发展历史 240
  1.4.1 生产厂房及技术改造 240
  1.4.2 制造工艺装备的发展 241
 1.5 哈锅压力容器材料的研究与应用 243
  1.5.1 哈锅材料研究所的发展历史 243
  1.5.2 哈锅压力容器材料的应用与研究 247
 1.6 哈锅压力容器检验技术 249
  1.6.1 大型石化容器制造检验技术 249
  1.6.2 核岛蒸汽发生器制造检验技术 250
  1.6.3 核电常规岛设备制造检验技术 251
  1.6.4 哈锅的无损检测技术 252
 1.7 哈锅压力容器标准化研究与发展 254
 1.8 哈锅压力容器发展其他事项介绍 255
  1.8.1 主要科技成果获奖情况 255
  1.8.2 哈锅承担课题情况 257
  1.8.3 对外合作情况 258

第 2 章　兰州兰石重型装备股份有限公司压力容器发展史 ······ 261

2.1　概况 ······ 261
2.2　技术研发能力 ······ 262
2.3　炼化设备设计制造技术发展 ······ 263
2.3.1　第一阶段（1953—1962 年）：起步阶段 ······ 263
2.3.2　第二阶段（1963—1972 年）："加氢"技术阶段 ······ 264
2.3.3　第三阶段（1973—1982 年）：高压容器研发阶段 ······ 266
2.3.4　第四阶段（1983—1992 年）：ASME "U" 钢印容器制造阶段 ······ 268
2.3.5　第五阶段（1993—2002 年）：容器制造重大发展阶段 ······ 272
2.3.6　第六阶段（2003—2013 年）：容器制造井喷阶段 ······ 276
2.3.7　第七阶段（2014—2018 年）：新长征阶段 ······ 284
2.4　球形储罐发展 ······ 288
2.4.1　简介 ······ 288
2.4.2　球罐的分类及特点 ······ 289
2.4.3　兰石重装球罐发展简介 ······ 289
2.5　服务延伸及新技术应用 ······ 291
2.5.1　EPC 工程总承包 ······ 291
2.5.2　移动工厂 ······ 292
2.5.3　在沿海和新疆建分厂 ······ 293
2.6　四大平台与四大转型 ······ 294
2.6.1　平台一：能力布局——搭建"丝路"沿线产能平台 ······ 294
2.6.2　平台二：科技研发——构筑创新驱动平台 ······ 294
2.6.3　平台三：信息化管理——打造高效智能制造平台 ······ 295
2.6.4　平台四：国企上市——托起强大资本运作平台 ······ 295
2.6.5　转型一：由炼油化工向新能源装备制造转型 ······ 295
2.6.6　转型二：由单纯制造向制造加服务转型 ······ 296
2.6.7　转型三：由单一制造向工程总包转型 ······ 296
2.6.8　转型四：由国内向国内加国际市场转型 ······ 297
2.7　主要产品简介及业绩 ······ 297
2.7.1　四合一连续重整反应器 ······ 297
2.7.2　加氢反应器 ······ 298
2.7.3　螺纹锁紧环式换热器 ······ 299
2.7.4　高压容器 ······ 300
2.7.5　球罐 ······ 300
2.7.6　煤化工、化工用压力容器 ······ 301
2.8　装备制造能力 ······ 301
2.8.1　焊接设备 ······ 302
2.8.2　热处理设备 ······ 305

2.8.3　冲压成形设备 ·· 306
　　　2.8.4　金属切削加工设备 ·· 307
　　　2.8.5　其他设备 ·· 309
　2.9　兰石重装大事记（1953年1月—2018年12月）············ 310

第3章　中国一重集团有限公司压力容器发展史 ················ 320
　3.1　中国一重压力容器生产总体情况 ······························ 320
　3.2　中国一重压力容器发展历史 ···································· 321
　　　3.2.1　首台锻焊式热壁加氢反应器国产化 ················· 321
　　　3.2.2　国内首台现场组焊加氢反应器 ······················· 323
　　　3.2.3　国内首台3Cr-1Mo-0.25V加氢反应器研发 ········· 324
　　　3.2.4　国内首台2.25Cr-1Mo-0.25V锻焊式加氢反应器研发 ···· 324
　　　3.2.5　国内首台锻焊式煤液化反应器的研发 ·············· 324
　　　3.2.6　超大直径锻焊结构压力容器的研制 ················· 325
　　　3.2.7　压力容器产品多元化 ···································· 325
　　　3.2.8　加氢反应器走出国门 ···································· 326
　　　3.2.9　中国一重生产的重要压力容器 ······················· 326
　3.3　中国一重压力容器用主体材料的开发 ······················· 327
　　　3.3.1　2.25Cr-1Mo材料的研发 ································· 327
　　　3.3.2　3Cr-1Mo-0.25V材料的研发 ···························· 327
　　　3.3.3　2.25Cr-1Mo-0.25V材料的研发 ························ 328
　　　3.3.4　加钒的改进型Cr-Mo钢与普通2.25Cr-1Mo钢的性能比较 ··· 328
　3.4　压力容器制造的工艺及装备 ···································· 328
　　　3.4.1　冶炼 ·· 328
　　　3.4.2　锻造 ·· 329
　　　3.4.3　焊接 ·· 330
　　　3.4.4　现场组焊技术 ·· 332
　　　3.4.5　TOFD的广泛应用 ·· 332
　3.5　中国一重压力容器主要科技成果 ······························ 333
　　　3.5.1　热壁加氢反应器的研制 ································· 333
　　　3.5.2　3Cr-1Mo-0.25V加氢反应器的研制 ··················· 333
　　　3.5.3　2.25Cr-1Mo-0.25V加氢反应器的研制 ··············· 334
　　　3.5.4　煤液化反应器的研制 ···································· 334
　　　3.5.5　千吨级反应器的制造 ···································· 334
　　　3.5.6　其他科研成果 ·· 334
　3.6　标准修订情况 ·· 334
　3.7　中国一重压力容器的对外合作 ································· 335
　　　3.7.1　国内合作 ·· 335
　　　3.7.2　国际合作 ·· 335

3.8　结语 ··· 336
第4章　大连金州重型机器集团有限公司压力容器发展史　338
　　4.1　前言 ··· 338
　　4.2　起步阶段（1956—1962 年）·· 338
　　4.3　发展阶段（1962—1978 年）·· 340
　　4.4　提高阶段（1978—1990 年）·· 342
　　4.5　改进、创新阶段（1990—2003 年）··································· 351
　　4.6　更进一步的创新发展阶段（2003—2012 年）························· 356
　　4.7　加速发展、继续做强阶段（2012 年至今）···························· 366
第5章　中石化南京化工机械有限公司压力容器发展史　376
　　5.1　南化机发展基本情况 ·· 376
　　　　5.1.1　企业名称、隶属关系、地点演变概况 ························· 376
　　　　5.1.2　压力容器制造、设计制造资质情况 ···························· 377
　　5.2　南化机压力容器设计及制造工艺技术的发展 ··························· 378
　　　　5.2.1　艰辛起步 ··· 378
　　　　5.2.2　获得新生——中国第一台高压容器诞生 ·················· 378
　　　　5.2.3　压力容器技术全面发展 ·································· 380
　　　　5.2.4　开启大型装置国产化之路，跨入世界先进行列 ············· 382
　　　　5.2.5　发展进入新时期 ·· 388
　　　　5.2.6　走进新时代 ·· 394
　　5.3　南化机压力容器焊接及热处理工艺技术的发展 ······················· 406
　　　　5.3.1　典型压力容器材料焊接 ································· 406
　　　　5.3.2　压力容器典型结构焊接技术的发展 ······················ 415
　　　　5.3.3　热处理技术发展 ··· 425
　　5.4　南化机压力容器制造装备发展的历程 ································· 427
　　　　5.4.1　扎实的起步 ·· 427
　　　　5.4.2　艰难的提升 ·· 427
　　　　5.4.3　自我壮大 ··· 428
　　　　5.4.4　跨越发展 ··· 431
　　5.5　南化机压力容器国产化材料的研究与应用 ····························· 434
　　5.6　南化机压力容器检验、检测技术 ······································ 437
　　　　5.6.1　理化检验技术发展 ······································· 437
　　　　5.6.2　无损检测技术发展 ······································· 439
　　　　5.6.3　压力容器制造检验技术 ·································· 441
　　5.7　南化机标准化研究与发展 ··· 442
　　5.8　南化机压力容器发展其他事项介绍 ···································· 443
　　　　5.8.1　南化机获奖情况 ··· 443

5.8.2　与国外工程公司合作项目 ·· 445

第6章　二重（德阳）重型装备有限公司压力容器发展史（1987—2018年） ············ 448
6.1　二重装备压力容器发展基本情况 ·· 448
6.1.1　二重装备名称、隶属关系演变以及生产能力情况 ························ 448
6.1.2　二重装备压力容器设计、制造资质情况 ·································· 450
6.1.3　二重装备压力容器设计、制造工艺部门简介 ···························· 452
6.2　二重装备压力容器设计及制造工艺技术的发展 ································ 453
6.2.1　二重装备压力容器研制起步 ·· 453
6.2.2　二重装备压力容器技术全面发展 ······································ 461
6.3　二重装备压力容器材料的研制与应用 ·· 491
6.3.1　二重装备加 V 钢材料的研究 ·· 491
6.3.2　二重装备 1.25Cr-0.5Mo-Si 钢材料的研究 ······························ 493
6.3.3　大型厚壁容器 16Mn（HIC）钢材料力学性能的研究 ···················· 494
6.3.4　低温钢容器材料的研制 ·· 495
6.4　二重装备压力容器技术改造和工艺装备的发展 ································ 498
6.4.1　厂房技术改造 ·· 498
6.4.2　制造及工艺装备能力 ·· 501
6.5　二重装备压力容器检验技术发展 ·· 511
6.5.1　二重装备理化检验技术发展 ·· 511
6.5.2　二重装备无损检测技术发展 ·· 513
6.6　二重装备压力容器标准化研究与发展 ·· 514
6.6.1　二重装备标准化研究与发展概况 ······································ 514
6.6.2　二重装备制修订的标准 ·· 516
6.7　二重装备压力容器发展其他事项 ·· 518
6.7.1　二重装备主要科技成果、专利及其获奖情况 ···························· 518
6.7.2　二重装备压力容器及核电产品研制承担课题情况 ························ 522

第九篇　压力容器安全工程科技重大创新成果篇

第十篇　中国机械工程学会压力容器分会（中国压力容器学会）历届理事长简介篇

第五篇

压力容器重要零部件篇

第1章 压力容器封头发展史

1.1 概述

封头是压力容器的重要元件，主要作为压力容器筒体两端的端盖。封头实现专业化生产后，筒体中的锥段因在制造工艺上基本与锥形封头相同，大多也由封头制造单位制造。

封头的分类方法很多，主要归纳如下：

1）按材料的不同可分为：碳素钢制封头、低合金钢制封头、高合金钢制封头、有色金属材料制封头、复合板制封头。

2）按轴向截面形状的不同可分为：半球形、椭圆形、碟形、球冠形、平底形和锥形封头；按周向截面形状的不同可分为：圆形截面和非圆形截面封头（方形、卵形等）。

3）按成形使用的设备不同可分为：点压、卷制、冲压、旋压封头。

4）按成形温度的不同可分为：依金属学定义区分的冷成形和热成形封头，以及依行业习惯区分的冷成形、温成形（依金属学定义属冷成形）和热成形封头。

5）按拼装方式的不同可分为：整体成形（含整板成形和先拼板后成形，不需组装）、先成形后组装（含分瓣成形后组装、环形段成形后组装等）封头。

封头的截面形状由压力容器设计者根据受力状况、制造过程、使用场合需要等因素，综合分析后选定。从受力角度考虑，截面形状为球形的封头是最好的，其次分别为椭圆形、碟形和平底形封头。从制造过程中的成形加工难易度考虑，因球形封头成形时的变形率最大，所以是最难的，其后依次为椭圆形、碟形。

封头质量的高低对于压力容器的质量和安全性影响很大。主要原因是封头通常是压力容器上变形率最大和/或经历热过程最多的零件，成形后封头材料的综合性能相对于原材料会降低，多会成为整台压力容器中的薄弱环节。因此，提高封头质量对于提升压力容器"本质安全"是极其重要的。

1.2 我国压力容器封头发展历史

我国压力容器封头的发展历史是从传统的"自制自用"不断地向着专业化制造发展的历史。按时间跨度可分为封头制造初级阶段、封头制造配套阶段、封头专业化制造初级阶段和现代封头专业化制造发展阶段。伴随着这一进程，封头的质量不断提高、制造成本不断降低、生产规模不断扩大。

1.2.1 封头制造初级阶段

20世纪50年代前,我国在封头制造技术、生产方式等方面均较为落后,压力容器制造单位基本是"自制自用",产品质量不稳定,制约了压力容器制造产业的发展和产品质量的提高。

1.2.1.1 封头制造情况

1934年,我国化学工业的先驱、杰出的实业家范旭东先生创办的,由著名化学家侯德榜先生任总工程师的永利铔厂在南京成立,其下属的铁工房(中石化南京化工机械有限公司前身)根据范旭东、侯德榜两位先生倡导的"凡机器设备能自造者,皆在厂内制造"的建厂指导思想,开始接触化工设备。1937年,抗日战争爆发,铁工房随厂内迁四川乐山五通桥,会同天津永利碱厂的机械加工力量,吸收一部分大、中学校毕业生,于1940年组建了永利川厂机械部。1945年,抗战胜利后又随厂回到南京,改建为永利铔厂机电部。解放后,经公私合营改造,变更为永利宁厂机电部。在1959年前这段时间里,本着为本厂化工生产服务的宗旨,该部门生产了一些低压化工设备和配件,并承担了一些化工设备的修理任务,其中的封头自行制造。

同时期,制造过封头的单位还有始建于1941年的金州重型机器厂(大连金州重型机器集团有限公司前身);始建于1953年,国家"一五"期间苏联援建中国的156个重点建设项目之一的兰州炼油化工设备厂(兰州兰石重型装备股份有限公司前身)等。

1.2.1.2 封头制造工艺及设备

这一阶段,封头的制造方法简陋,基本上有以下几种方法:

1. 手工锻打成形

加热采用地式炉——挖地坑,砌上耐火砖,架上铸铁炉排,放焦炭,地坑下用鼓风机吹风,坯料放在焦炭上加热。手工锻打的成形过程分两个工序,即槽鼓和扳边。首先将坯料放在地炉上加热到一定温度,用大锤锻打顶部,称为槽鼓成形;然后锻打过渡区和直边部分,即为扳边成形。锻打在专用胎具上进行,锻打胎具是用钢板仿照封头内部形状做成圆周的六分之一左右大小,坯料在胎具上逐步旋转、依次锻打,锻打胎具和加热地炉常常放在一起,加热火墙一般砌成圆弧形,胎具的尺寸、形状要考虑到锻打时有不贴胎的现象,以及坯料冷却后的收缩,故对胎具的尺寸要做一些修正,其收缩量随工件的厚度、规格大小而改变,一般是收缩量比不贴胎严重,所以胎具的尺寸要比封头内径名义尺寸稍大。封头坯料定位方法是在胎具中心开一中心孔,坯料中心焊接一圆钢,将坯料的圆钢插入胎具中心孔内定位。加热炉以及坯料在胎具上的定位方法见图5.1-1。

坯料的开始锻打、终止锻打温度范围是一个重要参数,一般在工作现场都由一两位有经验的老师傅,依照生产实践中总结出来的根据对坯料表面火色观察判断加热温度的方法(俗称"看火")来控制。对碳素钢通常将坯料烧到淡黄色(1150~1200℃)时出炉定位,开始锻打,直到坯料呈樱红色(800~830℃)停止锻打,不同的材料温度控制略有不同;同时,锻打的位置、轻重等也很重要,锻打时也是有老师傅手拿一根木棒或竹竿指挥,点哪就打哪,而且大锤的打法也很有讲究,所谓"打虚不打实,打活不打死"。锻打的最后工序是老师傅手拿平锤垫着,对照胎具对封头的顶部、过渡区,特别是直边部分反复进行找平、修正，直至与样板贴合为止。可见，手工锻打方法生产率低下，劳动强度大，质量不稳定。

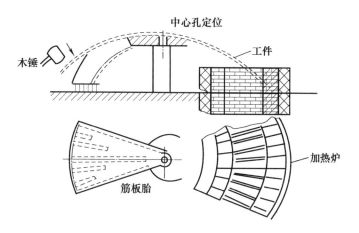

图 5.1-1　封头锻打胎具和加热地炉示意图

其间，也采用过以机械代替人力的土方法，如在锻打顶部即槽鼓成形时用土吊锤代替人力，见图 5.1-2。它由落锤、圈墩、拽绳、活钩等组成，拽拉活钩后，落锤自由落下锤打放在圈墩上的坯料。圈墩上有钢钩可以调节锤打的位置，可以对坯料的不同部位进行锻打，直至最后成形。如果封头直径较大，可以分瓣锻打，每瓣锻打完成后，用表面形状样板检查比照切去余边，再拼焊而成。

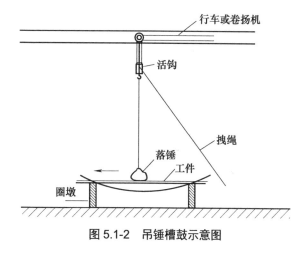

图 5.1-2　吊锤槽鼓示意图

手工锻打是一种最简单、最古老的成形方法，由于劳动强度太大，质量不易保证，无论是外形尺寸还是力学性能都不如机械冲压方法便于控制。随着压力容器制造质量要求的提高及制造工艺技术、装备的进步，手工锻打封头的制造工艺逐步被淘汰。

2. 采用摩擦压力机成形

摩擦压力机的飞轮由摩擦机构带动。机器的传动链由一级带传动、正交圆盘摩擦传动和螺旋滑块机构组成。其工作原理为：电动机通过三角带带动传动轴朝一个方向旋转，安装在传动轴上的左、右两个摩擦盘随传动轴一起旋转。当按动滑块下行按钮，换向阀换向，操纵缸活塞向下移动，经杠杆系使主轴沿轴向右移，左摩擦盘压紧飞轮，依靠摩擦驱动飞轮旋转，通过螺旋机构将飞轮的圆周运动转变为滑块的直线运动。摩擦压力机的结构如图 5.1-3 所示。

受摩擦压力机的压力和开档的限制，它能压制的封头板厚和规格都不大，与手工锻打成形相比只是减少了人力，而加热、成形步骤和方式并没有根本性的改变。

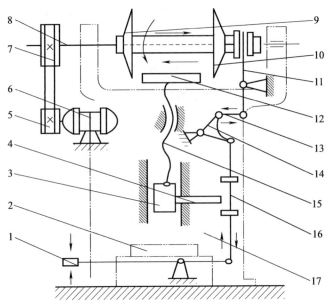

图 5.1-3 摩擦压力机结构示意图

1—踏板 2—工作台 3—滑块 4—制动挡块 5、7—带轮 6—电动机 8—传动轴 9—左摩擦盘 10—右摩擦盘 11、13、16—杠杆 12—飞轮 14—摆块 15—螺杆 17—床身

3. 电+炸药爆炸成形

爆炸成形的原理为：在刚性凹模上放置坯料，在坯料上方适当位置悬放炸药包，用雷管引爆炸药爆炸，产生强大的冲击波，使坯料进入凹模而形成封头。爆炸之前，应用真空泵抽掉凹模内的空气，以免影响坯料贴模。爆炸成形后的封头，回弹量很小，贴模好，可以不用手工校形（见图5.1-4）。

4. 电+水爆炸成形

电+水爆炸成形和电+炸药爆炸成形的原理基本相似，所不同的是一个是以炸药爆炸为能源，而另一个是以放电为能源，它们同样都能够达到进行成形、胀形、整形的目的（见图5.1-5、图5.1-6）。两种方法在具体操作时均有不少注意事项，尤其需要注意安全。

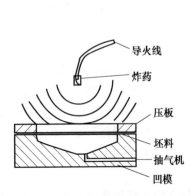

图 5.1-4 电+炸药爆炸成形封头示意图

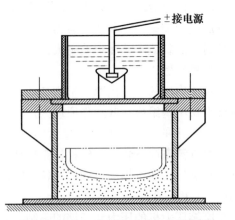

图 5.1-5 电+水爆炸成形封头示意图

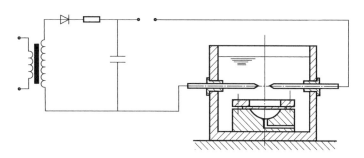

图 5.1-6　放电爆炸成形封头示意图

1.2.2　封头制造配套发展阶段

20 世纪 50 年代末 60 年代初，我国国民经济遭受严重困难，提出了"无农不稳，无粮则乱"的口号，为实现农业增产，关键是解决化肥问题，自力更生发展化肥工业成为当时的国策。自 1961 年到 1978 年，我国共建设了 1534 个小氮肥厂。为了依靠国内自己的力量建成这些化肥厂，各省、直辖市和自治区在原公私合营压力容器制造单位、钣金厂的基础上，相继成立了化机厂和化工设备安装公司，促进了我国压力容器制造业的迅速发展，封头作为压力容器的重要元件也随之迅速地发展起来。

1.2.2.1　封头标准的颁布

建设化肥厂需要大量的压力容器，与之配套的封头需求量也激增，靠传统的手工锻打成形或爆炸成形方法制造已满足不了当时的发展速度。为了提高效率和产品质量，封头开始由最初的手工制作向着工业化机械制造的方向发展。

工业化机械制造封头，迫切需要进行封头尺寸系列化和标准化工作，我国第一部封头标准应运而生。1966 年 4 月，JB 576—1964《碟形封头》标准正式颁布实施，这是新中国成立后第一部封头标准。当时该标准只规定了一种封头型式参数，即 $R=D_i$，$r=15\%D_i$，反映出当时迫切需要把封头形状固定以便于将模压机械成形模具系列化。JB 576—1964《碟形封头》标准，虽然内容比较简单，只规定了一种形状参数的碟形封头，但极大地方便了设计人员的设计和封头选用。遗憾的是这部标准没有制造要求，这与当时封头大多是容器制造单位自行制作、自己使用有关。

1973 年，JB 1154—1973《椭圆形封头型式与尺寸》标准颁布实施。这部标准与 JB 576—1964 标准没有替代关系，实际上起到的是增加可选用标准封头类型的作用，使碟形封头和椭圆形封头的选用都有标准可依。这部封头标准的颁布实施，标志着 2∶1 的标准椭圆形封头在我国得以推广使用，压力容器设计中也开始优先选用椭圆形封头。这部标准没有明确给出椭圆形封头的定义和封头形状参数，但从标准附表给出的封头公称直径与曲面高度的对应关系，可认为标准规定的椭圆形封头指长短轴之比为 2.0 的标准椭圆形封头。这部标准把封头公称直径分为以内径或外径为公称直径的椭圆形封头，但是在封头标记中没有区分，都标记为：封头—公称直径—厚度—标准号，并且仅标记封头，也有不完善之处。该标准的格式、内容与 JB 576 标准相似，也没有制造、验收要求。可见，直至 20 世纪 70 年代，在行业内还是没有摆脱封头"自制自用"的传统观念。但是，两部封头标准的颁布实施，着实为我国封头专业化制造奠定了基础。

1.2.2.2 制造封头专用压机的诞生

20世纪60～70年代，各地相继成立的化机厂专业从事化肥工业等所使用的压力容器的制造，与之配套的封头，因没有专业的制造单位供应，在自力更生的指导思想下，这些化机厂都自行设计制造了水压机或油压机，用于"自制自用"封头。

1965年2月，金州重型机器厂第一台用于成形封头的单柱压力机诞生，型号为J11-50，为50t级压力机；1966年4月，该厂又增加了一台型号为J11-100用于成形封头的单柱压力机，为100t级压力机，该设备由营口锻压机床厂制造；1974年，金州重型机器厂用于成形封头的1200t油压机投入使用，进一步提升了该厂成形封头的能力。

1970年，南京化学工业公司化工机械厂自行设计制造了用于成形封头的2500t水压机（见图5.1-7），加工范围为：板厚5～125mm，封头直径300～3400mm。

南京化学工业公司化工机械厂的2500t水压机为四柱式压机，四柱开档距离4400mm，平台上部高近9m，下带地坑深5m，活动横梁活动距离2500mm左右，采用的水路传动形式是水泵+蓄力器（自制高压容器）。这种传动形式的主要特点是当水压机不工作时，水泵泵出的高压水存于蓄力器中，当水压机工作时高压水不仅由水泵供给，而且还由蓄力器供给，这样在较短的时间内就可以供给压机以大量的高压水，其利用系数和压机运行速度可以大大提高。按照这样的设计和配置，这台压机能力可以压制大型压力容器封头，如尿素合成塔用直径2800mm、厚度125mm的半球形封头，以及直径在3400mm以下的椭圆形封头。1975年，考虑到解决封头加热及配合大型卷板机热卷大厚度筒节的需要，该厂又自行设计、制造了大型煤气加热炉，规格为5m×5.5m×15m。该炉有两种加热空间，可以根据需要调节使用，仅用炉的一半即可加热封头坯料，使用整炉可加热卷制大厚度筒节的钢板。煤气加热炉全方位配置有热电偶装置，加热温度由温度纸盘记录、检查和保存，不再需要由老师傅来"看火"掌控温度。该厂的水压机，在20世纪90年代末进行了一次大修，对主缸磨损部分进行了修补、打磨，四个立柱换为当时预留的、作为备件的立柱，直到今天仍在使用。

这个时期，封头压机主要以各化机厂自力更生自行设计、制造的1500～3500t水压机为主。其设备及所成形封头的质量特点如下：

1）整台压机没有联动自动控制，主缸行程和压力主要以手动控制为主，压边力以预紧螺栓和嵌铁预紧，进料、出封头成品也以人工操作为主。

2）封头成形以热成形为主，初期的加热采用煤或焦炭的箱式地炉，尽管当时社会上已经有了热电偶测温仪表，但因加热方式比较原始，难以实现温度控制，所以热电偶测温仪表没有得到使用，仅凭经验控制坯料的加热温度；后期，对加

图5.1-7 南京化工机械厂的2500t水压机

热方式进行了改进,改用煤气、工业燃气后,采用了热电偶测温装置,逐步实现了温度自动控制。

3)因主要采用热成形方法,成形封头表面质量较差;热冲压过程中,模具有冷、热差别,即使是同批成形的封头,也无法精确控制成形后的尺寸,不得不在封头成形后先实测封头尺寸再进行筒节下料,严重影响压力容器制造进度。

这个时期是封头由原来的手工制作向工业化机械制造的转型期,是我国封头制造方式和技术上的革命,具有划时代的意义。在当时强调自力更生的大背景下,封头制造管理模式多数仍是大而全、小而全的"自制自用",仅有极少数的厂际外协制造,封头规格少、生产效率低、产品质量差的问题没有显著改观。

1.2.3 封头专业化制造初级阶段

1.2.3.1 封头专业化制造单位的形成

进入 20 世纪 80 年代,我国进入改革开放的新时期,由原来的计划经济逐步向市场经济转变,经济体制也由单一的国营经济向多种经济形式并行的方向发展。此时,乡镇企业如雨后春笋般地成长起来,其中就有专门从事封头制造的企业。

压力容器制造单位也深感继续"自制自用"封头,则本单位的封头压机、模具使用效率太低,应由封头专业制造单位充分发挥作用,于是纷纷在周边区域扶持从事封头制造的乡镇企业。这个时期,率先发展起来的是经济较为发达的长江三角洲地区。1979 年,上海大明铁工厂扶持的江苏省武进县洛阳马安钣焊厂(现常州市武进化工设备配件有限公司),成为中国第一家专门从事封头制造的乡镇企业。与此同时,也出现了从原压力容器制造单位逐步独立出来的封头专业化制造企业,较有代表性的企业有河南神州重型封头厂(现河南神州精工制造股份有限公司),它是在 1969 年 1 月 5 日成立的河南新乡县化肥厂机修车间的基础上发展而来的。1980 年 10 月,封头制造业务从原机修车间分离出来,成立了封头车间;1985 年 5 月,成立了独立的封头专业制造厂;2003 年 11 月,改制完成,成为河南神州重型封头制造有限公司。

20 世纪 80 年代末 90 年代初,由于封头专业化生产,打破了原来"自制自用"的生产模式,带来了显著降低成本、交货及时、封头质量稳步提升等诸多优点,越来越被压力容器制造单位所认可。这种认可也反馈到市场,促进了封头专业化生产的进一步发展。

进入 20 世纪 90 年代后,国家进行企业改革和改制,部分工厂或车间开始承包经营。承包经营后的企业更注重市场经济环境下的销售,加速了封头专业化制造的发展。这个时期,中国的民营经济开始走上历史舞台,有技术、有业务的员工开始了创业,封头专业化制造单位数量激增,达到 300 多家。仅河南省新乡市小吉镇,在短短的几年时间里,以河南神州重型封头制造有限公司为领军企业,新建了新乡中联封头厂等 20 多家封头专业化制造单位,在当时被誉为"中国封头之乡"。

1.2.3.2 封头专业化制造初级阶段的制造设备

封头制造由原来压力容器制造单位"自制自用"的配套阶段发展为专业化制造后,封头制造单位所使用的封头成形设备——冲压机,主要按原来国营化机厂设计的图样进行仿制。热冲压封头的加热方式，前期还是以煤和焦炭加热，没有温度自动控制装置。后期对加热方式进行改造，采用了煤气加热炉等。

这个时期，一些仍沿用封头"自制自用"模式的压力容器制造国营企业，为了解决冲压封头需要模具规格多、成本高的问题，开始考虑采用旋压工艺制造封头。1985年，杭州制氧机厂率先从意大利进口了一台FM5.2封头冷旋压机，加工范围：板厚6～32mm，直径750～5200mm。紧接着岳阳石化机械厂、广东中山化机厂、齐鲁石化机械厂、大连金州重型机器厂、北京金属结构厂也相继引进了德国或意大利制造的冷旋压机。

1988年，由哈尔滨工业大学设计、哈尔滨建成机械厂制造的FM5.2封头旋压机问世，国产首台封头旋压机在哈尔滨汽车配件四厂投入使用。1993年6月，由哈尔滨工业大学改进设计、哈尔滨建成机械厂制造的FM6.5封头旋压机，在宜兴市封头锻造厂投入使用，加工范围：板厚6～32mm，直径1200～6500mm，这是当时中国最大的一台封头旋压机。

这个时期，封头专业化制造单位的数量迅速增加，构成上以乡镇企业为主。压力容器制造单位采购封头时，都是向封头专业化制造单位提供坯料，委托其成形封头。其中主要的原因是当时还处于以计划经济为主的时代，金属材料是国家计划控制的，项目审批的同时，材料供应也相应审批完成，乡镇企业很难采购到材料，所以压力容器制造单位一直采用这种采购模式，准确地说是封头外协加工模式。国内使用封头的材质已不再是碳素钢、普通低合金钢和普通不锈钢，开始出现了特种材料。1988年8月，无锡前洲西塘封头锻压厂为温州客户以来料加工方式成形了形状为标准椭圆形、直径1200mm、板厚8mm、材质为钛的封头，这是该厂首个特材封头。当时，无锡西塘加热炉还没有温控装置，还是凭着观察材料加热后的颜色来判断温度，进行冲压加工。

1.2.3.3 封头专业化制造初级阶段的封头标准

1.2.3.3.1 JB/T 4729—1994《旋压封头》标准

1995年5月，JB/T 4729—1994《旋压封头》标准颁布实施。这项标准是唯一以加工方法命名的封头标准，主要是为了规范当时国内已经出现的旋压封头的选用。该标准规定的封头型式参数较为齐全，但没有替代原JB 1154—1973《椭圆形封头型式与尺寸》标准。

JB/T 4729—1994《旋压封头》标准主要内容包括：

1）封头形状与基本参数方面，除椭圆形封头（EH）外，还包括了碟形封头（DH）、球冠形封头（SH）、折边平封头（FH）、大端折边锥形封头或锥体（CH）、半球形封头（HH），并首次对各种形状的封头给出了类型代号，明确封头的公称直径为内直径。

2）提出了部分封头技术要求，如：

① 要求封头坯料如需拼接宜取同一炉批号板材，并尽可能选用同一张板；板材拼接时，其最外一条焊缝距板中心距离需不大于$0.4D_i$（D_i为封头内直径，以下同），且最小板宽b不得小于300mm；

② 对封头冷成形后的热处理，提出了与JB/T 4737相同的要求；

③ 规定了封头齐边及切割各种材质坡口的方法；

④ 提出了对封头尺寸及形状偏差的要求——规定封头内径公差通过外周长公差加以控制，给出了周长公差（从小直径封头 −3～+9mm 至大直径封头 −12～+18mm）；规定封头圆度（即最大、最小直径差）应小于$0.5\%D_i$，对薄壁封头应小于$0.8\%D_i$，且不大于

25mm；规定封头总深度和直边高度公差，对小直径封头深度公差（0～1%）D_i，对大直径封头深度公差（0～0.5%）D_i，封头直边高度公差 −3～+5mm；规定封头直边倾斜度公差外倾不得大于 6%h，内倾不得大于 4%h；规定封头最小厚度与 JB/T 4737—1995 标准保持一致；规定封头内表面形状偏差与标准保持一致；

⑤ 对标准中列出的各项技术要求，对应规定了检验方法、测量工具。

JB/T 4729—1994《旋压封头》标准的实施对封头质量水平的提高和行业的发展起到了积极的作用。

1.2.3.3.2　JB/T 4737—1995《椭圆形封头》标准

1995 年 12 月，JB/T 4737—1995《椭圆形封头》标准颁布实施，代替了 JB 1154—1973 标准。这部标准明确代替 JB 1154—1973，但没有替代 JB 576—1964，这是因为这部标准仍然只适用于椭圆形封头。该标准与 JB 1154—1973 相比，内容丰富了很多，共有 6 个章节，增加了对椭圆形封头的制造技术要求。其中：

1）在适用范围中，明确了椭圆形封头是指 $K=1$ 的标准椭圆形封头（长短轴比为 2.0 的椭圆），材质范围中也明确增加了碳素钢、低合金钢、高合金钢和复合钢板。

2）增加了制造技术要求：

① 制造封头的材料要有符合标准的材质证明，质量等级不得低于筒体材料。这是标准新增的内容，主要是因为当时已开始了封头专业化生产，并已有成品封头交货的情况，需对应规定封头成品交货必须要有符合标准的材料质量证明书，以确保压力容器安全。

② 封头拼接焊缝与封头中心线的距离应小于公称直径的 1/4。该条规定出于两种考虑：一是防止封头制造单位片面追求经济效益，采用小尺寸板材或板材余料拼接成坯料后成形封头；二是希望使拼接焊缝避开封头小 r 过渡区。两者的目的都是为了降低封头的失效概率。

③ 封头由瓣片和顶圆板通过拼接制成时，要求焊缝方向只允许是径向的和环向的，焊缝间距不小于 $3\delta_n$，且不小于 100mm。瓣片和顶圆板应采用整板制造，不得拼接。

④ 封头一般采用热冲压的方法成形。说明当时的成形方法还是以热冲压为主。

⑤ 采用冷成形的封头应进行热处理，当制造单位确能保证冷成形封头的性能符合设计、使用要求时，则不受此限。

在当时，冷成形的工艺不被普遍采用，但已经有一些冷加工成形方法。因对冷成形后封头的性能尚缺少研究和基础试验数据，做出了此项规定，并希望封头制造单位积累相关基础数据，为标准后续修订创造条件。GB 150—1998《钢制压力容器》10.4.22 中做出了与 JB/T 4737—1995 基本一致的规定，待质技监局锅发〔1999〕154 号文发布《压力容器安全技术监察规程》后，其中第三章热处理部分的第 72 条规定"旋压封头应在旋压后进行消除应力处理（采用奥氏体不锈钢材料的旋压封头除外）"。自此，冷成形的碳素钢、低合金钢封头，成形后都需进行消除应力热处理。

⑥ 封头成形后的最小厚度不得小于名义厚度减去钢板厚度负偏差。

在 JB 1154—1973 标准中没有此内容。当时 JB 741—1980 标准中规定封头减薄率为 10%，这是从确定封头名义厚度的角度考虑而规定的。到了 20 世纪 80～90 年代，封头专业化制造单位越来越多，成品交货的封头必须对成形后的厚度做出统一规定，以作为交货验收的依据，所以给出了这一规定。

这个规定在执行中遇到了问题。因在确定封头名义厚度时有圆整量，设计单位确定设计图样上的名义厚度时，会考虑标准规定的或材料供应商可提供的板材厚度，将厚度向上圆整；封头制造单位在确定封头投料厚度时，也会考虑成形减薄，将厚度向上圆整。如果按此规定验收，这两个圆整量都浪费了。

2000年《压力容器》杂志总第99期也曾有业内专家刊文"封头安全经济合理的成形厚度"，提出化解此问题的方案——用设计厚度（计算厚度＋腐蚀余量＋钢板厚度负偏差）验收封头，并认为这与用名义厚度 δ_n 减钢板负偏差作为封头成形后最小保证厚度的验收依据相比，更为合理、经济，也能满足封头安全要求，但没有在业内形成共识。在此期间，有关封头成形后的厚度验收要求的执行情况多是：由供需双方确定封头投料厚度和最小要求厚度，封头制造单位提供封头成形后的最小保证厚度，保证不低于封头最小要求厚度，并在合同中约定，作为封头验收要求。

⑦ 用弦长不小于 $3/4D_i$ 的样板检查成形封头的形状偏差，其最大间隙不得大于 $1.25\%D_i$。

当时美国 ASME 规范等已规定采用全样板检查封头形状，但基于当时国内封头制造单位对封头形状偏差控制的水平，只能采用 $3/4D_i$ 样板检查。

⑧ 封头直边部分的纵向皱褶深度应不大于 1.5mm。

这也是基于当时热冲压封头的实际控制水平确定的，实属无奈之举。

在编制 JB/T 4737—1995 时，很多封头的技术要求，如直径公差、周长公差等，热冲压时难以控制，所以标准中没有做出规定。但在 JB/T 4729—1994 中这些都有明确的规定，说明采用旋压工艺成形封头，促进了封头制造技术的进步和质量的提升。但在这段时间，因标准不协调，对同样的封头在质量要求方面存在缺欠。

1.2.3.4 封头专业化制造初级阶段的代表性产品

这个时期，具有代表性的封头产品是 1995 年，大连金州重型机器厂为我国航天工程研制的直径 12000mm、板厚 30mm、材质为 1Cr18Ni9Ti 的大直径分瓣加工不锈钢封头（见图 5.1-8）。

图 5.1-8　金重厂为我国航天工程研制的航空模拟舱封头

1.2.4　现代封头专业化制造发展阶段

1.2.4.1　现代封头专业化制造的标志

1978年12月，十一届三中全会提出了实行对内改革、对外开放的政策。1992年10月，党的十四大宣布新时期的改革开放，中国进入新改革时期。国家鼓励引进外资，引进先进技术，加快实现四个现代化。

1994年3月，由宜兴市封头锻造厂与日本株式会社北海铁工所合资，成立了中日合资宜兴北海封头有限公司，1995年10月18日合资公司投产，开始销售成品封头，这是在我国成立的首家中外合资封头专业化制造单位。2000年8月，该公司变更为外商独资的宜兴北海封头有限公司，成为封头行业首家引进外资，引进国外封头专业化制造先进设备、先进技术和管理的企业，标志着我国现代封头专业化制造发展阶段的开始，封头作为商品、以成品交货的生产和管理模式也自此开启。

1.2.4.2　现代封头专业化制造的设备

宜兴北海封头有限公司引进了日本北海铁工所自行设计、制造的6000t双动油压机（见图5.1-9），是当时国际先进的封头专用冷冲压机，其主液压缸与压边缸自控联动，并辅以自动进料、自动出封头成品等装置，加工范围为直径1600～3200mm，冷冲压板厚24mm。同时引进的还有日本北海铁工所自行设计、制造的FM4热旋压机（见图5.1-10），这也是我国首台热旋压机，加工范围为直径1700～4200mm，板厚80mm，并能实现温控联动。配备了FM3.5德国产冷旋压机，加工范围为直径750～3500mm，板厚16mm；配备了各种型号封头自动坡口切割机、坡口研磨机等专用设备。自行设计、制造了5.5m×6m燃油温控加热炉，配置了7.5m×7.5m热处理电炉，用于封头的热冲压和热处理。引进了不锈钢封头酸洗工艺和不锈钢封头抛光设备等。

图5.1-9　6000t双动油压机　　　　　图5.1-10　FM4热旋压机

这个时期，国内封头制造单位引进了一台国际先进的6000t双动油压机（宜兴北海封头有限公司），配置了由合肥锻压机床厂制造的6000t、4500t封头油压机；引进了一台FM4热旋压机（宜兴北海封头有限公司）和一台FM10冷旋压机（南通中集安瑞科食品装备有限公司）。1997年，河南神州重型封头制造厂自行设计、建造了8000t油压机封头生产线；2012年，张家港化工机械厂自行设计、制造了25000t封头压机。国产封头旋压机设计、制造技术也不断提升，沈阳四龙、无锡市东阳旋压设备有限公司制造的 FM8、FM10 冷旋压机，已可旋压成形直径 10000mm、板厚 50mm 的封头。封头制造过程中所需要的各种专用设备、工装也得到了普及。

1.2.4.3　封头原材料的控制及产品品种的拓展

材料是封头之母，没有好的材料，做不出好的、安全可靠的封头，特别是冷冲压封头，对材料的要求更高。为此，宜兴北海封头有限公司开业之初，就建立了与钢厂的战略合作关系，多次邀请中国钢厂到日本钢厂进行考察交流，希望提高中国压力容器用材料的质量，并对封头用材料提出明确要求，参与了太钢 Q/TB 3060《封头用不锈钢热轧钢板》企业标准的制订，此标准专用于为宜兴北海冷冲压封头所提供的材料。对碳素钢和低合金钢材料，宜兴北海封头有限公司与上海宝钢集团上海三钢进行具体协调，要求订货材料的屈强比期望值达到 0.75 以下，厚度超过 12mm 的钢板要求做超声检测，厚度 16mm 以上钢板要求以正火状态交货等。

这个时期，封头所涉及的材料品种越来越多，主要特材和复合钢板制封头业绩列出如下：

1）1996 年 3 月，合肥通用机械研究所与西安 524 厂合作，采用冷冲压工艺，成形小直径镍基合金 G-3 制标准椭圆形封头四只，规格为 $\phi 400mm \times 6.35mm$ 和 $\phi 600mm \times 6.35mm$。

2）1996 年 5 月，合肥通用机械研究所、西安 524 厂与齐鲁石化机械厂合作，采用温旋压工艺成形标准椭圆形镍基合金 B-2 封头两只，规格为 $\phi 3200mm \times 9.5mm$ 和 $\phi 1400mm \times 6.35mm$，并对成形后的镍基合金 B-2 封头进行固溶处理。

3）1996 年 8 月，合肥通用机械研究所与西安 524 厂合作，采用热压工艺成形锆 R60702 标准椭圆形封头两只，规格为 $\phi 700mm \times 6.35mm$、$\phi 1700mm \times 7.9mm$。

4）2002 年，合肥通用机械研究所、西安 524 厂与宜兴北海封头有限公司合作，采用热冲压工艺成形 16MnR+镍基合金 686 复合钢板标准椭圆形封头两只，规格为 $\phi 2800mm \times (50+5)mm$。

5）2002 年 8 月 18 日，合肥通用机械研究所、南京宝色与无锡前洲西塘锻压厂合作，采用热冲压工艺成形材质为锆+钛+16MnR 的三层复合板半球形封头，规格为 $\phi 600mm \times (4+2+12)mm$。

这是国内首个三层锆复合板封头。当时，无锡西塘的热冲压加热炉是重油炉，不能满足坯料加热要求。为此，南京宝色专门运送一台电炉到无锡西塘加热坯料，以确保材质不被污染。

6）2003 年，合肥通用机械研究所、南京化学工业公司化工机械厂与齐鲁石化机械厂合作，采用温旋压工艺成形标准椭圆形镍基合金 B-3 封头两只，规格为 $\phi 3700mm \times 12.7mm$ 和 $\phi 1800mm \times 9.5mm$，并对成形后的镍基合金 B-3 封头进行固溶处理。

7）2003 年，合肥通用机械研究所与西安 524 厂合作，采用热冲压工艺成形锆 R60702 标准椭圆形封头六只，最大规格为 $\phi 2400mm \times 11.1mm$。在本次成形前，通过试验最终确定了热冲压锆封头的温度控制范围。

8）2005 年，宜兴北海封头有限公司与太钢合作，成形 S32205 标准椭圆形封头，规格为 $\phi 3500mm \times 14mm$。

9) 2011年，无锡西塘为南京斯迈柯公司成形材质为钽＋钛＋16MnR的三层复合钢板标准椭圆形封头，规格为ϕ600mm×（1.2+3+24）mm。

这个时期，随着我国炼油、化工、石化装置的大型化，出现了越来越多的采用常规的冲压或旋压工艺无法制造的大型封头，使采用先分瓣成形后组装的制造大型封头的工艺方法得到了普遍使用。

1) 2003年，宜兴北海封头有限公司成功试制了直径4400mm、板厚16mm、材质为16MnDR的先分瓣成形后组装的标准椭圆形封头。

2) 2005年6月，无锡西塘锻压厂为张家港富瑞装备有限公司制造了直径10000mm、板厚6mm、材质为A240-304的先分瓣成形后组装的标准椭圆形封头。

3) 2006年，宜兴北海封头有限公司为张家港化机厂的内蒙古大唐化工项目制造了直径11700mm、板厚32mm、材质为304不锈钢的先分瓣成形后组装的封头。

4) 2006年10月，无锡西塘锻压厂为宁波工程公司制造了直径8500mm、板厚32mm、材质为00Cr17Ni14Mo2的先分瓣成形后组装的标准椭圆形封头。

5) 2008年，为北京航天模拟舱制造了直径9000mm、板厚26mm、材质为0Cr18Ni9不锈钢的先分瓣成形后组装的封头。

6) 2009年，河南神州重型封头有限公司参与深海潜水器研制，制造了4500m深潜器（见图5.1-11）和7500m深潜器封头。

7) 2011年，河南神州重型封头有限公司为化肥项目制造了直径17596mm、板厚8mm、材质为SA-240 304H的先分瓣成形后组装的封头。

图5.1-11 河南神州制作的4500m深海潜水器封头

随着我国现代封头专业化制造的发展，封头的专业化制造已不再是单纯的成形，封头成品交货已在封头标准中被确定下来，并且被越来越多的客户所接受。同时，封头制造过程中的质量控制得到全社会的重视。

1.2.4.4 现代封头专业化制造的管理

1983年，国家颁发了第一张压力容器制造许可证，标志着我国对压力容器制造实行强制性的许可证管理制度。但是，封头作为压力容器的元件，在当时很多都是压力容器制造单位"自制自用"，所以并没有被纳入许可证管理范围。

2000年6月，江苏省质量技术监督局对宜兴北海封头有限公司进行审查评审后，颁发了我国第一张封头制造许可证（见图5.1-12）。为改变"自制自用"、来料加工模式，转向封头成品交货，实现专业化制造创造了条件。从此，外购成品封头逐渐成为压力容器制造单位的选择。

2002年7月，国家质量监督检验检疫总局第22号令《锅炉压力容器制造监督管理办法》，2003年8月，国质检锅〔2003〕250号《特种设备行政许可分级实施范围》颁布实施，提出了A3球壳板制造许可项目含直径大于等于1800mm的各类型封头，把封头制造许可纳入了我国强制性行政许可范围。

2004年4月，国家质量监督检验检疫总局质检特函〔2004〕12号《关于锅炉压力容器封头制造单位资格问题的通知》明确规定，锅炉压力容器封头制造单位需取得国家质检总局颁发的《特种设备制造许可证》，直径大于等于1800mm的封头制造单位应向国家质检总局提出申请，接受评审、核准；直径小于1800mm的封头制造单位向省级质量技术监督局提出申请，接受评审、核准。

2004年4月30日，国家质检总局向宜兴北海封头有限公司颁发了我国第一张封头制造许可证（见图5.1-13）。封头作为压力容器的主要受压元件，实行强制许可证管理，对提高我国封头质量、规范封头制造单位的管理起到了积极的推动作用。

2014年11月3日，国家质检总局关于修订《特种设备目录》的公告（2014年第114号），新修订的《特种设备目录》中取消了封头。2015年7月6日，质检总局特种

图5.1-12 江苏省质量技术监督局颁发的第一张封头制造许可证

图5.1-13 中国质量监督检验检疫总局颁发的第一张封头制造许可证

设备局（质检特函〔2015〕32号）关于新修订的《特种设备目录》中承压设备有关问题的意见："二、2. 单独出厂的锅炉、压力容器用封头、球罐用球壳板、压力容器用换热管束等，由锅炉、压力容器制造单位按照外购件进行质量管理，原则上对具有焊缝的锅炉压力容器用封头、球罐用球壳板和采用焊接方法连接的压力容器用换热管束应当实施制造过程监督检验，锅炉、压力容器制造单位应当在采购合同中注明监督检验的要求，当上述元（部）件未能在原制造单位实施过程监督检验时，应当在锅炉压力容器制造单位进行相应的监督检验。"为此，封头制造不再作为行政强制许可。这是我国行政改革的一部分，精简、合并、下放行政许可，并逐步转为政府采信社会组织认证的管理模式。2015年3月，中国化工装备协会颁发了封头制造单位行业认证管理办法，开始由行业协会组织对封头制造单位进行认证评审。2014年3月12日，中国化工装备协会向宜兴北海封头有限公司颁发了第一张封头制造单位认证证书（见图5.1-14）。

这个时期，我国的封头专业化制造单位纷纷以宜兴北海封头有限公司制造的高质量封头及其严格的产品质量管理模式为榜样，不断强化和提升自我，促进了我国封头产品质量的普遍提高。封头制造单位已将不锈钢封头必须酸洗后交货作为基本要求，规模封头制造单位都能进行与成形封头相关的焊接、无损检测和热处理。封头作为成品交货已是最基本要求，容器制造单位采购成品封头已成为习惯；来料加工越来越少，压力容器制造单位自制封头也越来越少。这个时期，封头专业化制造单位数量略有增加，但形成规模的封头专业化制造单位的数量增加明显。封头产量、质量以江苏省宜兴市万石镇为首，宜兴市万石镇因此在2012年被中国化工装备协会评为"中国封头之乡"（见图5.1-15）。

中国制造的高品质封头也越来越被世界所认可，2005年，宜兴北海封头有限公司取得了ASME证书，成为我国封头制造行业首家取得ASME认证的单位（见图5.1-16）。高品质的封头，也为中国压力容器产品出口创造了声誉，带来了便利。

图5.1-14 中国化工装备协会颁发的第一张封头制造单位认证证书

图5.1-15 中国化工装备协会颁发的封头之乡荣誉标牌

1.2.4.5 现代封头专业化制造的封头标准

2003年8月22日，JB/T 4746—2002《钢制压力容器用封头》标准颁布实施，这部标准替代了 JB 576—1964《碟形封头》、JB/T 4729—1994《旋压封头》、JB/T 4737—1995《椭圆形封头》、JB/T 4738—1995《90°折边锥形封头》和 JB/T 4739—1995《60°折边锥形封头》。

此前我国的封头标准都是按结构型式（椭圆形、碟形、锥形）、制造方法（冲压、旋压）的不同而分别制订的，这不仅造成了不同标准封头的质量要求不完全一致的不合理现象，同时也给封头选用标准带来困难。JB/T 4746—2002《钢制压力容器用封头》将不同结构型式、不同制造方法的封头，同时纳入该标准并提出统一的制造、检验与验收要求，这对全面提高各种封头的质量是必要的。再者，以往的封头标准都是仅与 GB 150《钢制压力容器》标准配套使用，即只考虑了按规则设计的封头制造、检验与验收要求，而我国早在1995年就完成了压力

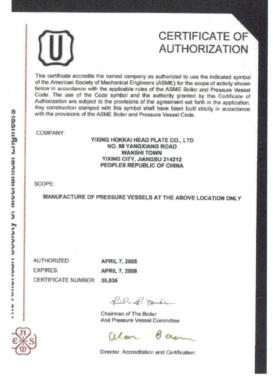

图 5.1-16　中国封头行业首家取得美国 ASME 资格证书

容器基础标准的双轨制（GB 150《钢制压力容器》与 JB 4732《钢制压力容器——分析设计标准》并行），缺少与分析设计相配套的封头标准，而新标准既包容了按规则设计的封头也包容了按分析设计的封头，在我国首次实现了对钢制压力容器用封头提出统一的质量要求。

该标准较大幅度地提高了封头制造、检验与验收要求，主要基于封头的刚性远远大于筒体，一旦其形状与尺寸不合要求是很难校正的，将给压力容器的组装造成极大的困难，因而提出了更为严格的封头形状和尺寸公差要求。对应当时国内出现的封头专业化规模生产，引进了国外先进技术装备，采用了先进的加工工艺的实际情况，新标准的推出使全面提高封头质量成为可能。

1. 适用范围

在材料方面仅限于钢制压力容器用封头，至于其他金属材料（如钛、铝等）制封头，因当时这些材料的压力容器设计、制造标准还没有颁布，所以没有包括在内。

制造方法方面包括了冷冲、热冲、冷旋、热旋、冷卷、热卷六种，没有包括先分瓣成形后组焊的封头，这种方式的要求由供需双方协商解决。

不包括球形封头，因为当时有 GB 12337《钢制球形储罐》标准，对瓣片尺寸公差已有详细规定。另外对球形封头的直边高度难以在标准中统一规定。

2. 成形封头的最小厚度

当时 GB 150 标准规定成形封头的最小厚度不得小于名义厚度减去钢板厚度负偏差，

而 JB 4732 则规定成形封头最小厚度不得小于其设计厚度。显然两个基础标准的要求是不一致的。如前文所述，在 2000 年《压力容器》杂志总第 99 期曾刊文"封头安全经济合理的成形厚度"，说明封头行业对 GB 150 的上述规定看法不一，认为这会在设计及制造时重复出现钢材厚度负偏差及圆整量，因而造成材料的浪费。而这部标准是 GB 150 和 JB 4732 配套的零部件标准。为此，只能根据封头设计标准不同分别做出了规定。按 GB 150 标准"对于按规则设计的封头，成形封头实测的最小厚度不得小于封头名义厚度减去钢板负偏差"，封头行业提出的做法"当设计图样标注了封头成形后的最小厚度，可按实测的最小厚度不小于图样标注的最小厚度验收"；按 JB 4732 标准"对于按分析设计的封头，实测的最小厚度不得小于封头设计厚度"。

另外，这部标准对成形后厚度的检测部位，也根据不同形状的封头做出了相应的规定。对焊缝部位的厚度必须同时满足：

① 实测的最小厚度应符合标准规定；
② 焊缝表面不得低于母材表面 0.5mm。

做出这样的规定，是因为成形前磨平的焊缝，在成形过程中经拉延后会低于母材表面。

3. 封头拼板的对口错边量

这部标准对封头拼板的对口错边量要求均严于 GB 150 和 JB 4732，这是因为：第一，对口错边量的存在，将影响封头的成形质量；第二，平板拼接的条件将大大优于容器组装对接的条件。因而提高错边量要求是必需的，也是可能的。

4. 拼板焊缝咬边的要求

这部标准规定焊缝表面不得有咬边。主要考虑：首先，咬边是一种严重的尖锐缺陷，将造成局部应力集中，在封头成形过程中由于要承受较大的拉伸和弯曲变形，很可能导致咬边的扩展甚至造成封头的断裂；其次，封头钢板拼接处于最有利的平焊位置，只要认真施焊，产生咬边的机会是会大大减少的。

5. 封头端部切边交货

当时还有很多封头制造厂家制造的封头毛边交货，使封头尺寸无法测量，难以保证封头的总深度和直边高度。因此，这部标准规定成形封头的端部应切边，不允许毛边交货。这极大促进和提高了当时成品封头交货的质量。

6. 封头与筒体对接质量的尺寸与形状公差

影响封头与筒体对接质量的公差主要有直边倾斜度、外圆周长或内径公差和封头圆度公差。直边与封头端面是否垂直，将影响封头与筒体的组对精度。在 GB 150 和 JB 4732 标准中均无这方面的明确要求。这部标准中提出了直边倾斜度公差的规定，使标准间相互补充、衔接。

外圆周长或内径都可以作为封头与筒体对接的基准。这部标准分别规定封头外圆周长与内直径公差的要求。这大大提高了封头成品交货的质量要求。

规定封头圆度不大于 $0.5\%D_i$，且不大于 25mm。对于内压容器，这一要求大大严于 GB 150 和 JB 4732 的相应规定；对于外压容器，GB 150 和 JB 4732 是依据容器本身的稳定性（即长、短圆筒）来确定圆度要求的。根据验算结果，封头圆度只要符合本标准就可以满足外压容器稳定性要求。

这部标准对封头尺寸与形状公差的要求，有的是 GB 150、JB 4732 所没有的，有的是提高了要求，这一切都是为了保证封头与筒体的对接质量。有些封头专业化制造单位的内控标准执行的公差，质量要求还要高。可以这样说，容器制造单位可以无需等封头到货，就可放心地开始筒体的制作，这就大大方便了容器制造单位的生产，缩短了制造周期，提高了效率，降低了制造成本。这是封头行业的一次质量革命。

7. 封头内表面形状公差

编制 GB 150—1989 时，国内首次规定用样板检测封头成形后内表面的形状公差。由于当时缺乏实践经验，担心封头废品率过高，因而比国外先进标准有所放松，即样板的弦长等于 $3/4D_i$，其样板与封头内表面最大间隙不得大于 $1.25\%D_i$，GB 150—1998 也沿用了这一要求。经过多年封头专业化制造的实践证明，我国封头同样可以达到国外先进标准的要求。为此，这部标准规定，用弦长相当于 D_i 的间隙样板检测，外凸不得大于 $1.25\%D_i$，内凹不得大于 $0.625\%D_i$，这就使本标准与 JB 4732、国外先进标准 ASME 及 JIS B8247 完全一致了。本标准还对样板的尺寸精度做了规定。

8. 直边高度与直边纵向皱褶

原有的封头标准是按封头规格大小及厚度来确定直边高度，并把直边高度分为 25mm、40mm、50mm 三档，这不仅给封头的设计选用带来不便（如投料厚度可能大于图样名义厚度，导致直边高度跳档），而且直边高度增加易产生纵向皱褶。因此本标准规定直边高度仅与公称直径有关而与厚度无关，并且取消了直边高度 50mm 这一档次。

直边部分的纵向皱褶属严重的制造缺陷，它往往是冲压模具不正确、钢板平整度不合要求造成的，但是，只要精心制造并非不可避免，而且一些封头专业化制造单位已经能做到。为此，本标准规定直边部分不得存在纵向皱褶。

9. 焊后热处理

有关焊后热处理的条件与方法应分别符合 GB 150 与 JB 4732 规定。封头焊后热处理可以由封头制造单位进行，亦可在容器制造单位与筒体一并进行，这由供需双方在合同中约定。

10. 冷成形封头热处理

对于冷成形封头（冷成形的奥氏体不锈钢封头除外）是否需要进行热处理以恢复因冷作硬化而损失的力学性能，《压力容器安全技术监察规程》要求冷旋压的需要热处理，GB 150、JB 4732 亦要求热处理，同时又认为当制造单位能确保冷成形的材料性能符合设计、使用要求时，可不受此限。当时，有些专家则建议仿效 ASME Ⅷ 及 JIS B 8247 的办法，用冷成形封头的纤维伸长率来决定是否进行热处理。当时与国外的一些封头厂进行探讨，认为当冷成形封头采用纤维伸长率判断是否需要进行热处理时，需对钢材的纯净度、力学性能提出附加要求，而这些附加要求，国产钢材尚难完全做到；并且在调研过程中发现，用国产钢材制作的冷成形封头质量不一，有的能安全使用，有的则在使用时或成形后甚至是在冷成形过程中都会发生母材开裂的现象，因此在条件未成熟前，此标准还是保留了原来的规定——应进行热处理。当制造单位能保证冷成形的材料性能符合设计、使用要求时不受此限，为今后某些技术先进、质量稳定的封头制造单位留有余地。

11. 旋压封头成形后的表面无损检测

采用旋压工艺加工的封头，由于无需大量造价昂贵的专用冲压模具，因而在封头制造行业广泛应用。但旋压封头成形后，可能会在其拼焊焊接接头表面产生浅表裂纹，从而影响封头的安全，这一点对高强度钢制造的旋压封头尤为重要。为此，本标准规定高强度钢及 Cr-Mo 钢旋压封头成形后，其焊接接头内外表面应进行磁粉或渗透检测，Ⅰ级合格。

12. 成形封头的厚度减薄率

这部标准给出了椭圆形、10%D_i 碟形封头厚度减薄率参考表，但实际使用过程中，往往把名义厚度作为钢材厚度来进行计算，没有考虑钢板厚度负偏差，这是不合适的。在行业中逐步形成了封头制造单位提供成形后最小保证厚度的做法，供需双方确定投料钢材厚度，以确保封头成形后的最小保证厚度不得小于设计图样要求的封头成形后最小要求厚度。

总之，JB/T 4746《钢制压力容器用封头》是我国现代封头专业化制造发展阶段的产物，具有里程碑意义，标志着我国封头专业化制造进入了现代发展时期，封头的制造水平跨入国际先进行列。

2010 年 9 月 26 日，GB/T 25198—2010《压力容器封头》国家标准颁布实施，此时的封头标准已升为国家标准。这部标准是我国现行的封头标准，它替代了原 JB/T 4746—2002 封头标准。但因为这部标准是国家标准，所以在标准文本上没有标注替代关系。

自 2002 年 JB/T 4746—2002《钢制压力容器用封头》标准颁布以来，对统一规范各类钢制压力容器用封头的制造、检验要求，进一步完善封头产品的标准化、系列化，方便设计，提高封头产品质量与制造检验水平，起到了重要的保证与促进作用。当然，在近五年的使用实践过程中，也逐步暴露出该标准尚存在某些缺憾与不足，难以完全满足压力容器产品大型化及材料多样化的需求。于是，在原标准的基础上，对不适应现在发展的部分条款进行修改，对已经发展成熟的内容，而原标准中没有涉及的，如分瓣成形、有色金属等内容进行补充，使本标准能更好地适应封头制造业的需要。

这部标准与 JB/T 4746 标准相比，主要的变化：

(1) 适用范围　在封头材料方面，增加了铝、钛、铜、镍及镍合金材料；在封头成形方法方面，增加了分瓣成形；在封头类型方面，增加了半球形和平底形封头；在封头适用范围方面，尝试着向其他承压设备延伸，规定常压容器及其他承压设备用封头亦可参照本标准执行。

(2) 型式参数及标记

① 类型代号：由三个英文大写字母组成，其中第一个字母代表封头的形状，第二个字母表示封头，第三个字母表示其他，其中 A 表示以内径为基准，B 表示以外径为基准。

② 标记方法：这次规定了两个封头标记，即封头设计标记和封头成品标记。这两个标记的区别在于标记中的封头厚度，设计标记中是指封头名义厚度，即设计图样上标注的名义厚度，以及设计图样上标注的封头最小成形厚度，即设计要求的最小厚度。

成品标记中是指封头投料材料的厚度，以及成品封头实测厚度最小值。这些修改是基于封头制造的特殊性，以及在以前实践中发生的封头标注上的一些问题，如在直径问题上，不能明确地区分内、外径，发生误会，造成返修，甚至报废。

(3) 封头成形　这是该标准变化较大的部分内容之一。在注重封头产品质量的同时，还将国家环保节能的精神体现到了标准之中，明确提出了对热处理炉气氛、加热方法，以及燃料的要求。对冷成形、温成形和热成形有了基本统一的思想。冷成形是指在工件材料再结晶温度以下进行塑性变形加工,在工程实践中,通常将环境温度下进行的塑性变形加工称为冷成形;热成形是指在工件材料再结晶温度以上进行的塑性变形加工;温成形是介于冷成形和热成形之间的塑性变形加工。

(4)封头拼接要求 "由成形的瓣片和顶圆板拼接制成的封头,以及先拼板后成形的封头,封头上各种不相交的拼接焊缝中心线间的距离,至少应为封头材料厚度的3倍,且不小于100mm"。这条是新增条款,在附图中增加了人们俗称的"丁"字焊缝的形式,原标准对拼板内容没有做明确说明,这让大家在执行标准时,对于是否可以采用"丁"字焊缝的规定理解不一,所以本标准中进行了明确,按附图所示的"丁"字焊缝是被允许的。

(5)热处理 标准将热处理分为四种情况进行了规定:焊后热处理、改善(或恢复)力学性能热处理、热成形后的热处理、冷成形后的热处理。并且,根据供需双方的约定,可由封头制造单位或容器制造单位进行,并要求封头制造单位在封头产品合格证等出厂资料中予以注明。有关冷成形后的热处理,与当时即将发布的 GB 150 标准有所差异,所以,封头制造单位还是从严控制,碳钢封头全部进行退火热处理,而冷加工的奥氏体不锈钢封头,除图样要求外,一般都不进行热处理。从实践情况看,这些年,碳钢封头很少有使用过程中发生开裂的现象,而奥氏体不锈钢封头时有使用后开裂的现象,如何甄别冷成形奥氏体不锈钢封头的热处理,已成为工程设计和封头制造急需解决的一个课题。

(6)铝、钛、铜、镍及镍合金制封头制造要求 这是本标准新增的内容,与这些建造标准协调统一,做了详细明确的规定。这也是适应我国近年快速发展应用有色金属材料的结果。

这个时期,受益于我国改革开放的政策,引进了国外的先进技术、先进设备和先进管理,结合国家对特种设备制造单位的规范、管理,封头标准的及时更新升级,加快了我国封头制造业持续向着专业化方向发展,产品数量和质量向着国际前列稳步迈进。

1.3 封头制造行业的发展趋势

1.3.1 封头制造设备的发展

1.3.1.1 冲压设备

(1)冷冲压设备 冷冲压设备中的压边力与成形主缸压力的分配,以及成形过程中的控制工艺参数,需要有经验积累和分析研究,希望实现工艺参数的自动控制,最终实现输入形状、规格、材质以后的全自动成形,确保质量稳定。

(2)热冲压设备 热冲压时,高温坯料的送料装置,其发展方向是实现自动送料。现在很多还只是人工、铲车等送料,存在送料时间不稳定、始压温度不确定、操作存在不安全因素、劳动环境差等问题。

热冲压时,因冷模和热模导致工件成形后的尺寸不一致,有必要考虑对冷模进行预热,对热模控制冷却,确保整批封头尺寸的一致性和控制在公差范围内。

1.3.1.2 旋压设备

压鼓机的发展方向是在线检测形状及压鼓机操作联动,提高工作效率,控制压鼓减薄率，实现智能化操作。

旋压机的发展方向是实现自动操作，控制最佳旋压减薄率，确保形状及尺寸。

1.3.1.3　封头坡口机及坡口研磨机

现在的坡口机大都采用人工调整中心，人工控制封头总高，其发展方向是实现自动找正，自动检测封头总高，自动切割，调整到要求高度。

现在的封头坡口研磨机，采用气动砂轮机研磨，有粉尘污染，噪声大，存在噪声污染。其发展方向是改成水性研磨或者铣削加工，并且铣削加工后的废金属可回收利用。

1.3.1.4　分瓣加工切割、焊接及封头开孔机

对于大直径封头、厚壁封头，不能进行冲压或旋压成形时，一般会采用分瓣加工成形。

球形封头因其受力是最好的，从理论分析，其板厚只有椭圆形的一半。同样直径的封头，选择球形封头，板厚可以减小一半，材料就可节约一半。

球形封头因其曲率只有一个，分瓣压鼓方便，模具通用性强，而椭圆形封头分瓣制作时，必须制作专用模具，压鼓也很麻烦。

综上分析，对于大直径（直径 3m 以上）、厚壁（板厚 40mm 以上）封头，建议设计人员选用球形封头，既经济，加工又方便。同时，也建议封头制造单位，不宜再购入大直径封头的冲压机，其设备投资大，设备实动率低，模具投入大。

分瓣成形因其变形率小、板厚减薄少，更适合于球形封头的加工，所以，封头行业更要注重分瓣加工封头制造设备的研究。

分瓣成形除了压鼓较冲压成形的效率低外，比较突出的问题是成形后的二次放样、划线、切割和组对焊接。

封头上开孔，作为封头行业为用户提供的延伸服务，越来越成为封头行业和封头用户所急需解决的课题，能实现专业化封头开孔，将大大提高封头开孔的效率，同时，也大大提高开孔质量，从而提高焊接质量。

综上分析，希望尽快研制出三维立体数控切割机（高压水、激光、等离子等）和三维立体数控焊接机。

1.3.1.5　封头断面形状、尺寸自动检测仪

现在对封头断面形状检测是人工放样、划线、切割制作样板，然后悬挂在封头内测量样板与封头内壁间隙。一是需要制作样板，二是对于大直径封头，全样板较重，且刚性不好，检测误差比较大。

现在对封头总高、圆度、直径的检测，大都用卷尺或直尺进行检测。对于大直径封头，有时需要人爬进封头内测量，操作不方便，也不安全，测量误差大。

其发展方向是利用激光成像技术或激光测距技术，设计制造一种封头断面形状、封头总高、圆度、直径自动检测仪，只要输入封头形状、直径、直边高等封头尺寸参数，即可输出检测数据报告。

1.3.1.6　封头制造智能化工厂及现代化管理

各类单台设备实现数控、自动操作等智能化的同时，封头制造单位根据自身的布局结

构,逐步实现工厂智能化,提高效率,稳定质量。

工厂管理中,实现自动报工、签名,建立交货期管理平台,用户可随时登录平台,输入合同编号就可关注工程进度,获得用户对于交货期的信任,同时也可鞭策制造单位对交货期进行管理。

1.3.2 封头基础研究

1.3.2.1 封头受力分析及设计理论研究

浙江大学对封头极限承载能力进行了大量的试验研究,提出了新封头受力分析及设计基础理论,预计该项工作会继续深入进行。

1.3.2.2 封头成形工艺研究

封头理论变形率与封头实际成形过程中的变形率很多情况下是不一致的。封头实际成形过程中的变形率与封头成形工艺有关,不同的成形工艺所产生的封头实际变形率存在较大差异,所产生的厚度减薄率也就不同。为此,封头制造单位要对自身的成形工艺进行研究,对采取的成形工艺,要尽可能防止材质劣化和材料性能的损伤,以获得性能良好的封头和最小减薄率。

1.3.3 封头的安全使用

1.3.3.1 应力腐蚀问题

冷成形封头在成形过程中会产生冷作硬化和存在成形残余内应力。在应力腐蚀环境下使用,就有可能产生应力腐蚀开裂。为了避免封头在使用过程中产生应力腐蚀开裂,设计人员应在设计图样上注明热处理要求,以消除封头成形过程中产生的残余内应力。对不同的封头材质,应进行相对应的应力腐蚀环境研究。

对于已经发生的应力腐蚀开裂的案例,建议容器制造单位、封头制造单位和容器使用单位等,应报告给封头标准归口单位,作为封头标准的参考性附录,供设计人员参考。

1.3.3.2 恢复材料性能热处理鉴别问题

各种形状、各种冷加工工艺,在封头成形过程中,对材料的性能都有所损伤,造成塑性减弱、延伸率减小,达到一定程度时,需要进行热处理,恢复封头材料的性能。对于恢复封头材料性能的热处理鉴别,当前的标准、规范给出了封头变形率的鉴别方法,这种按封头形状、板厚,理论计算的变形率大小,与封头实际成形过程中采用的不同工艺所产生的实际变形率存在一定差异。为此,浙江大学与宜兴北海封头有限公司合作,对各种形状、板厚、材质采用的不同成形工艺对成形后封头材料性能变化,进行了大量试验,作为封头制造企业内控标准,鉴别封头成形后是否需要进行恢复材料性能热处理的依据。

1.4 封头发展大事记

1965 年 2 月,金州重型机器厂第一台单柱压力机诞生。

1966年4月，JB 576—1964《碟形封头》标准颁布实施，中国第一部封头标准诞生。

1970年，南京化工机械厂自行设计、制造的2500t封头专用水压机投入使用。

1973年，JB 1154—1973《椭圆形封头型式与尺寸》标准颁布实施。

1979年，第一个专业封头生产厂江苏武进马安钣焊厂成立。

1980年，第一个由国营新乡县化肥厂机修车间独立出来成为专业封头制造厂河南神州重型封头厂成立。

1985年，我国第一台意大利进口FM5.2冷旋压机在杭州制氧机厂落户。

1988年，我国第一台FM5.2冷旋压机由哈尔滨工业大学设计、哈尔滨建成机器厂制造，在哈尔滨汽车配件四厂投入使用。

1993年6月，由哈尔滨工业大学改进设计、哈尔滨建成机器厂制造的FM6.5冷旋压机在宜兴市封头锻造厂投入使用。

1994年3月，中国封头行业第一家中外合资企业中日合资宜兴北海封头有限公司成立。

1995年5月，JB/T 4729—1994《旋压封头》标准颁布实施。

1995年12月，JB/T 4737—1995《椭圆形封头》标准颁布实施，替代JB 1154—1973《椭圆形封头型式与尺寸》标准。

2000年6月，中国第一张封头制造许可证，由江苏省质量技术监督局颁发给宜兴北海封头有限公司。

2002年7月，国家质量监督检验检疫总局第22号令《锅炉压力容器制造监督管理办法》颁布实施，提出球壳板制造项目含直径大于等于1800mm的各类型封头，我国封头开始纳入行政许可范围。

2003年8月，国质检锅〔2003〕250号《特种设备行政许可分级实施范围》颁布实施，提出A3球壳板制造项目含直径大于等于1800mm的各类型封头。

2003年8月，JB/T 4746—2002《钢制压力容器用封头》颁布实施。

2004年1月，国家质检总局国质检锅〔2004〕31号《特种设备目录》，首次把封头纳入特种设备目录B210。

2004年4月，国家质检总局质检特函〔2004〕12号《关于锅炉压力容器封头制造单位资格问题的通知》颁布实施，明确：直径大于等于1800mm的封头制造单位向国家质检总局提出申请。

2004年4月，国家质检总局颁发第一张封头制造许可证：TSB210001—2008，宜兴北海封头有限公司，A3级封头制造许可证。

2005年5月，宜兴北海封头有限公司成为我国封头行业首家取得ASME资格证的公司。

2010年9月，GB/T 25198—2010《压力容器封头》标准颁布实施。

2012年3月，江苏省宜兴市万石镇被中国化工装备协会评为"中国封头之乡"。

2014年3月，中国化工装备协会颁发了第一张行业认证评审封头制造单位认证证书：FT0001—2018，宜兴北海封头有限公司，封头制造单位甲级证书。

2014年11月，国家质检总局发布关于修订《特种设备目录》的公告（2014年第114号），特种设备目录中取消了封头。

2015年3月，中国化工装备协会颁发封头制造单位行业认证管理办法，封头开始进行行业认证评审。

2015年7月，质检总局特种设备局质检特函〔2015〕32号关于新修订的《特种设备目录》中承压设备有关问题的意见，明确有焊缝的封头需要监检。

1.5　结语

我国压力容器封头制造行业的发展，得益于改革开放，受益于借鉴国外先进的技术、生产和管理理念；在市场经济大潮的推动下，从"自制自用"的落后生产模式逐步迈向现代化的封头专业化制造模式。中国必将成为压力容器封头的制造强国、出口大国，这一切都将载入中国压力容器发展的史册。

（本章由宜兴北海封头有限公司顾才生、合肥通用机械研究院有限公司崔军撰写）

第 2 章 膨胀节发展史

2.1 概述

为了解决因结构件的热胀冷缩、地基下沉及振动等导致的高应力问题，降低作用于结构件或其支架上的载荷，工程技术人员发明了金属波纹管膨胀节（也称挠性接管、伸缩节、补偿器）。膨胀节是以波纹管为挠性元件，辅以受力件组成的。当结构件温度变化时，安装在结构件中的膨胀节产生压缩或拉伸变形，以减小结构件的变形，降低因温度变化产生的附加载荷；当结构件产生振动时，安装在结构件间的膨胀节相当于密闭的弹簧，阻止振动的传递；当地震或地基下沉时，膨胀节发生挠曲变形，释放位移产生的附加载荷。膨胀节的应用，大大提高了结构件的安全可靠性。因此，膨胀节在压力容器、压力管道上也得到了广泛应用。

波纹管膨胀节的出现可以追溯到 1885 年，德国人海因里希·威兹曼发明了金属软管，并在德国成立了制造金属软管和膨胀节的公司，其后逐渐发展成为著名的 Witzenmann 公司。1900 年，美国 Badger 工程公司设计制造出了第一个波纹管膨胀节，标志着波纹管膨胀节工业化生产和应用的开始。20 世纪 50～70 年代，世界各工业发达国家的膨胀节生产迅速发展，波纹管理论研究、工艺技术和试验技术都有了显著提高。1955 年，由一批在膨胀节的设计、制造和使用方面富有经验的公司成立了美国膨胀节制造商协会（EJMA），1958 年该协会技术委员会制订了第一个 EJMA 标准，后历经多次修订，至 2015 年已颁布了第十版。

我国波纹管膨胀节的发展大致经历了初期研制阶段、推广应用阶段、发展壮大阶段及深入研究阶段。波纹管膨胀节在国内的应用始于 20 世纪 50 年代末，最初作为仪器仪表、特殊阀门和压力调节器上的弹性元件使用。20 世纪 60～70 年代，在航空航天、舰船等军工领域开始了波纹管的研制及相关性能试验。由于我国在较长时期内停留在谁使用、谁研制的"自给自足"阶段，形成不了专业化、商品化的产销市场，从而限制了我国膨胀节技术和生产的发展。直到 20 世纪 70 年代末，随着改革开放的深入，进口设备、仪器及成套工程越来越多，为了补偿压力容器、压力管道及其他管系或设备的热位移、振动位移，波纹管膨胀节也随之大量引进，由此推动了国内波纹管膨胀节工业的发展。经过五十多年、几代人的不懈努力，我国的波纹管膨胀节行业已经形成了 200 余家生产企业、年产值约 50 亿元的产业规模，产品遍布化工、炼油、石化、煤化工、城市集中供热、钢铁、水泥、核能、水利电力、船舶等行业。

压力容器和压力管道上使用的波纹管膨胀节品种、规格较多，可大致分类如下：

1）按膨胀节波纹管材料的不同可分为：碳素钢制波纹管膨胀节、低合金钢制波纹管膨胀节、高合金钢制波纹管膨胀节、有色金属材料制波纹管膨胀节和非金属膨胀节。

2）按膨胀节波纹管轴向截面形状的不同可分为：U形膨胀节、Ω形膨胀节、S形膨胀节和V形膨胀节。压力容器和压力管道上常用的是U形膨胀节和Ω形膨胀节。

3）按膨胀节波纹管的波数不同可分为：单波膨胀节和多波膨胀节。

4）按膨胀节波纹管的层数不同可分为：单层膨胀节和多层膨胀节。

5）按膨胀节波纹管承压方式的不同可分为：内压膨胀节和外压膨胀节。

6）按膨胀节波纹管成形工艺的不同可分为：液压胀形膨胀节、机械胀形膨胀节、冲压成形膨胀节和滚压成形膨胀节。

7）按膨胀节的整体构成不同可分为：带加强件膨胀节和不带加强件膨胀节。

2.2 我国波纹管膨胀节发展历史

2.2.1 初期研制阶段（1960—1978年）

该阶段波纹管的研制主要在军工领域展开，其困难主要在于没有可遵循的设计方法，没有可借鉴的制造工艺，只能靠一些基础理论如材料力学、板壳理论等，结合有限的试验数据，摸索前行。即便如此，波纹管膨胀节行业的前辈们还是以坚韧的毅力攻克了一个又一个难题，做出了符合使用要求的波纹管产品。

南京晨光机器厂（现为南京航天晨光股份有限公司，以下简称"南京晨光"）于1966年制造出第一件用于航天工业的波纹管，首开国内制造波纹管的先河；1978年，成立了南京晨光软管分公司，专门从事波纹管膨胀节、软管的设计、制造。

1969年，中国人民解放军第一六一六研究所（中船重工七二五所前身，以下简称"七二五所"）承接"××"工程18项任务，其中包括"×××× 金属挠性接管"研制项目。当时，既无波纹管设计方法，又无波纹管制造经验，可参考的资料又极其匮乏，加之挠性接管压力高，海水介质腐蚀性强，项目难度可想而知。为了满足耐蚀性能的要求，波纹管材料选用铜合金（即使现在铜合金波纹管的疲劳设计仍无可遵循的标准），项目组根据疲劳基础理论、材料疲劳数据和小试样疲劳试验结果，得到疲劳估算公式，依此进行波纹管正样的疲劳设计。没有刚度计算公式，项目组就根据材料力学得到与刚度相关的基本参量，通过小试样的刚度测量值进行正样刚度设计，最终使计算值与实测值的误差在20%以内。其后，又自行设计、制造了生产该波纹管所需的所有设备、试验机及试验工装，圆满完成研制工作。该项目于1978年获全国科学大会奖。

20世纪70年代，我国引进了13套大化肥项目，成套装置中涉及众多整体成形的波纹管膨胀节，用于消除压力容器或管道由于热位移引起的二次应力。辽阳石油化纤公司引进的德国成套化纤装置中，不仅有单层波纹管膨胀节，还有多层波纹管膨胀节。而当时国内设计采用的热补偿元件多采用分瓣压制带有纵、环焊缝的厚壁膨胀节，压力管道设计中多采用Π形补偿器改善管道柔性。对引进的波纹管膨胀节，国内既不会设计也不会制造。为此，1976年机械部科技司给合肥通用机械研究所下达一项科研任务"尿素膨胀节试验研究"，主要内容是解决波纹管膨胀节的设计方法。此项任务由合肥通用机械研究所与华南理工大学、浙江工业大学合作完成。经各单位共同努力，通过波纹管理论推导，在波纹管大量试验验证和试验数据分析比较的基础上得到共识，认为美国膨胀节制造商协会

EJMA 标准内容较全面，应力分析假设条件较合理，计算结果与试验数据较为接近，有一定的准确性，特别是作为膨胀节的专用标准，在国际上有一定的影响，国内膨胀节设计方法应向美国 EJMA 标准靠拢。该项目研究成果为编制机械、石油、化工三部标准《波形膨胀节》打下了坚实的基础。

2.2.2 推广应用阶段（1979—1989 年）

2.2.2.1 波纹管膨胀节科研、标准及学术研究机构的发展

随着国家工业现代化建设的迅速发展及改革开放政策的不断深入，许多重大引进工程中使用现代柔性管道系统，其核心柔性元件即为波纹管膨胀节，由此推动了我国波纹管膨胀节事业的快速发展。

20 世纪 70 年代末，合肥通用机械研究所启动膨胀节科研，成立了膨胀节试验装置设计课题组，在无标准可查，无参考资料，无试验内容、方法与要求的情况下，克服各种困难，于 20 世纪 80 年代初建成膨胀节试验装置并投入使用。先后为上海吴泾化工厂、辽阳石油化纤公司机械厂、石家庄有色金属加工厂、上海宝钢产业发展有限公司等多家单位进行了单层、多层 U 形波纹管膨胀节（包括单波、多波）、滑动套筒补偿器、柔性铝管等产品的鉴定试验和产品性能试验，既解决了生产急需，又积累了大量的基础试验数据，为膨胀节后续科研、标准制订等工作的展开打下了坚实的基础。

国内波纹管膨胀节规范、标准编制始于 20 世纪 80 年代初。1982 年合肥通用机械研究所主编了机械部、石油部、化工部三部规范——《钢制石油化工压力容器设计规定》中的 U 形膨胀节计算部分。1983 年，合肥通用机械研究所编制了机械、石油、化工三部标准 JB 1121—1983《波形膨胀节》。1984 年，化工部化工工艺配管设计技术中心站组织上海化工设计院和石油部第二设计院编制了 CD42B3—1982《单层 U 形波纹管膨胀节》；燕山石化总公司设计院编制了 CD42A19—1983《石油化工管道用 U 形膨胀节设计技术规定》。1985 年，全国压力容器标准化技术委员会组织编制了机械、石油、化工三部标准《钢制石油化工压力容器设计规定》附录 2 "U 形膨胀节的计算"，1989 年该标准升级为国家标准 GB 150—1989《钢制压力容器》附录 E "U 形膨胀节"。在此阶段，还有其他一些膨胀节行业标准发布，如由中华造船厂主编的用于船舶行业的 CB 1153—1986《金属波形膨胀节》。

20 世纪 80 年代初期，由于国内没有统一的设计标准，波纹管膨胀节的设计方法也不统一，使用较多的有英国的 Kellogg 公式、日本的 Toyo 公式、苏联的 Г.В.ИХМАН 公式、德国的 AD 规范等。这一时期，波纹管膨胀节的学术论文很多都是对各种设计公式的比较分析及少量的试验验证。直到 1981 年，化工部化工设计公司翻译出版了美国膨胀节制造商协会标准 EJMA，由于 EJMA 标准关于波纹管强度、稳定性、疲劳等考虑比较全面，且与实测性能更接近，国内波纹管膨胀节的设计才逐渐统一到按 EJMA 标准上来。

在这一阶段，波纹管膨胀节的研究主要集中在：
1）波纹管设计方法；
2）波纹管刚度及稳定性；
3）波纹管自振频率；

4）波纹管低周疲劳；

5）波纹管成形工艺。

其中，1984年合肥通用机械研究所对多层、多波膨胀节进行了应力、刚度、疲劳、稳定性及爆破等系列试验研究；1984年，华南理工大学对膨胀节进行了自振频率的试验研究；1983年，七二五所对膨胀节的应力、刚度及带压横向推力进行了系统的研究。

为了适应波纹管膨胀节的快速发展，1984年中国机械工程学会压力容器分会常务理事会决定，在设计学组设立膨胀节工作组。1984年6月25日至28日在沈阳召开了第一届全国膨胀节学术会议暨膨胀节工作组成立大会，这是我国第一个膨胀节学会组织和膨胀节的行业组织，膨胀节工作组挂靠单位为合肥通用机械研究所，开展膨胀节学术与行业工作。1987年5月，在南昌召开的第二届全国膨胀节学术交流会期间，经压力容器分会理事会批准，膨胀节工作组改名为膨胀节专业委员会，秘书处设在合肥通用机械研究所。自此之后，膨胀节专业委员会每两年举办一次全国膨胀节学术交流会，至今已举办了近二十次学术交流会，极大地推动了波纹管膨胀节的技术发展。

2.2.2.2 波纹管膨胀节工艺装备的发展

制造波纹管膨胀节的关键设备主要有：薄板剪板机、波纹管管坯纵缝焊机、波纹管成形机。在此阶段，一部分制造单位的工艺装备主要靠本单位技术力量自行设计、制造，比较简陋；另一部分制造单位的工艺装备主要靠引进。受相关技术发展的限制，本阶段波纹管膨胀节制造工艺装备相对落后。

2.2.2.3 波纹管膨胀节的应用

1. 石化行业

1979年底，九江炼油厂新上一套能量回收装置，其中烟气发电机组从美国引进，该机组配套DN1400复式铰链型膨胀节，原计划从日本或英国进口，但日本未报价，英国只报了单层波纹管膨胀节的价格，但该膨胀节刚度大、结构不紧凑，无法满足要求。当时，国内没有这种大口径多层波纹管的生产设备和生产经验，为了满足用户需求，七二五所与中石化洛阳设计院协作，承接了该项目。从1980年2月开始至7月，在短短的半年时间内，七二五所完成了波纹管液压成形机、波纹管成形模具、滚筒机、焊接工装、机械加工工装的设计、制造、安装调试，并最终做出波纹管膨胀节产品。该项目解决了大型波纹管成形机的制造、波纹管液压成形的密封技术、波纹管成形工艺参数的合理确定等三个关键问题，为大口径多层金属波纹管膨胀节的制造奠定了基础。

20世纪80年代，波纹管多采用奥氏体不锈钢制造，由于油气介质中不可避免地会存在氯、硫等腐蚀性介质，波纹管常产生应力腐蚀破坏。应力腐蚀破坏的三要素为：腐蚀性介质、拉伸应力、敏感材料。对于石油化工用不锈钢波纹管来说，腐蚀性介质和敏感材料都是无法改变的，只能从应力上做文章。为了降低应力腐蚀的风险，石油化工设计院对波纹管疲劳寿命均要求按EJMA标准5000次、20倍安全系数进行设计。即便如此，波纹管应力腐蚀失效仍时有发生。无论波纹管是液压成形、滚压成形还是冲压成形，都不可避免地存在较高的成形残余应力，为了消除该应力，当时想了多种办法，如波纹管成形后进行消除应力热处理，对波纹管进行喷丸处理、退火消除应力处理等，但效果都不理想。当时，西方国家在镍基耐蚀合金材料上对我国禁运，国内得不到耐蚀性能更好的材料。为了解决波纹管应力腐蚀问题，20世纪80年代末，国内开始尝试将军工领域研制的高镍合金FN-2和超级奥氏体不锈钢B315用于炼油、石化行业，取得了较好效果，解决了大部分应用场合的波纹管应力腐蚀失效问题。但由于国内生产的此类合金可焊性较差，没有配套的焊丝，对焊工水平和焊接环境要求较高，加之用量小，材料生产单位没有积极性，这在一定程度上制约了其推广应用。

2. 城市集中供热

为了缓解日益突出的冬季燃煤引起的环境污染问题，国家在20世纪80年代初提出城市集中供热的概念。1984年，天津热电公司率先实施城市集中供热，主供热管道为DN600、压力1.6MPa的架空蒸汽管线。天津集中供热采用架空敷设，为了降低工程造价，大面积采用了Ⅱ形三铰链布置和复式拉杆等约束型膨胀节。当时对膨胀节受力结构件的设计尚无可遵循的设计方法，七二五所技术人员采用工程设计方法对各受力结构件进行了简化，得到可供工程应用的设计公式。为了保证产品的安全可靠，对典型受力结构件进行了应变测量，验证了工程设计方法的合理性。该供热管线于1984年11月开始供热，开创了城市集中供热用波纹管膨胀节的先河。

1987年初，北京市欲上马石景山电厂到市区的供热管线。管线总长度约10km，直径DN1200，压力1.6MPa，为了降低成本，尽量减少设置膨胀节的小室，要求膨胀节补偿量为350mm。对于如此大的补偿要求，如果波纹管采用常用的内压结构，波纹管承受内压时，相当于受压杆件，当波数较多时，会产生柱失稳，用稳定性允许的波数，难以满足位移补偿的要求。若通过结构变换，将波纹管承受内压变为承受外压，相当于受拉杆件，不存在柱稳定性问题，可以选用较多波数，满足大补偿量的要求。该工程使用的膨胀节产品结构见图5.2-1，外形见图5.2-2。

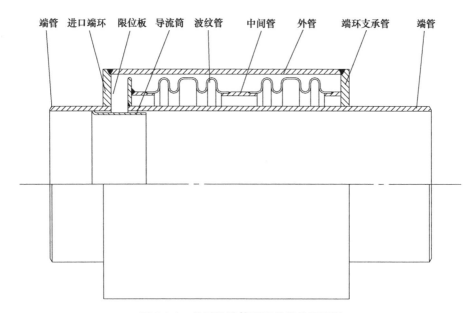

图 5.2-1　外压波纹管膨胀节结构示意图

图 5.2-2　外压波纹管膨胀节照片

为了保证产品的安全可靠，七二五所按照 EJMA 标准要求对 DN1200 膨胀节样机进行了压力试验、刚度试验、疲劳试验等型式试验。为了进一步验证产品的安全可靠性，增加了全位移压力试验（各标准均无此项要求），即波纹管在全拉伸位移状态（外压膨胀节吸收压缩位移时，波纹管为拉伸位移）进行 1.5 倍设计压力的试验，以保证产品具有足够的安全裕度。试验过程中，压力低于 2.0MPa 时一切正常；当压力升至 2.2MPa 时，试件发出一声巨响，压力下降很多，随即停止了试验。解剖膨胀节后发现波纹管波峰塌陷，呈外压周向失稳状态（见图 5.2-3）。周向失稳是危害性极大的波纹管膨胀节失稳形式，此时波纹管材料产生皱褶，一旦变形，很快撕裂。在无位移状态下，压力达到 2.4MPa 波纹管完好无损，可以判断周向失稳与波纹管拉伸位移有关，故对新制试验件进行 30% 预变位，即拉伸位移为总位移量的 70%，重新进行试验，压力达 1.5 倍设计压力（2.4MPa），波纹管完好无损。

据此研制的波纹管膨胀节产品经五年的使用考核后，由中船总公司组织了鉴定，并于 1994 年获中船总公司科技进步二等奖。该项目的成功，推动了大直径、大补偿量波纹管膨胀节在国内大中城市集中供热中的应用。

3. 钢铁行业

随着改革开放的深入、宝山钢铁集团的成立和国内一些大型钢铁企业进行技术改造，大批波纹管膨胀节开始用于钢铁行业。钢铁行业用波纹管膨胀节的特点是直径大、低压、高温，具有一定的腐蚀性，波纹管材料多使用奥氏体不锈钢。

南京晨光针对钢铁行业的需求，于 1987 年从美国、德国引进了波纹管生产线，包括剪板机、波纹管管坯纵缝焊机和波纹管冲压成形机。1988 年宝钢二期建设按国家发改委的要求进行设备国产化，南京晨光接到了宝钢二期的 2 号高炉及热风炉等所有的波纹管膨胀节合同。按合同技术协议的要求，设计、制造了相应的产品。产品交付使用后，高炉煤气导出管、热

图 5.2-3　局部周向失稳

风出口管、混风室热风出口管等膨胀节,在正常工况下运行 1～3 个月,波纹管本体就相继出现开裂,经现场察看及由宝钢、原一号高炉产品提供方日本新日铁、上海钢研所及南京晨光共同组成的专家组商讨,一致认为是典型的应力腐蚀开裂现象。经进一步分析,认为开裂的主要原因是波纹管在成形过程中材料形变产生较多的形变马氏体,加上波纹管工作时由于位移会产生较大的应力以及介质含有氯离子等腐蚀性介质共同作用所致。为了消除成形过程中的形变应力,采纳了日方专家的意见,对成形后的波纹管进行整体固溶处理。经整体固溶处理后的波纹管使用效果很好,已超过日本一期同类产品的使用寿命,受到宝钢公司的好评。

为解决宝钢、马钢等连续生产型企业现场热风炉系统和高炉系统在用的波纹管膨胀节损坏问题,南京晨光研发了在用波纹管膨胀节包覆技术,化解了钢铁企业的难题。

4. 水泥行业

20 世纪 80 年代,正值改革开放初期,物资极度匮乏,为了改善这种状况,国家引进了一批工艺先进的水泥厂,如冀东水泥厂等。水泥厂的输送管系使用了较多的波纹管膨胀节,国内波纹管膨胀节制造单位承担了这一供货任务,对于输送热风的管系,压力很低,采用奥氏体不锈钢波纹管;对于高温介质,则采用内隔热结构,使得波纹管壁温处于不锈钢可承受的温度。

5. 船舶工业

波纹管膨胀节在船舶工业中的应用起步较早,主要用于补偿管道的热胀冷缩、隔离设备的振动。1982 年,海军某快艇排烟管由于柴油机的振动,排烟管产生裂纹,夹套冷却水流入柴油机导致主轴断裂,为此要求七二五所配合海装修理部解决该问题。七二五所针对柴油机排烟管温度高(670℃)、振动频率高、振动幅度大的特点,设计了具有内隔热的薄壁多层波纹管,并随柴油机进行全寿命的振动疲劳试验,研制的波纹管膨胀节完全满足艇上要求,经 3 年的安全运行后,该项目于 1987 年获中船总公司科技进步三等奖。

2.2.3 发展壮大阶段(1990—1999 年)

随着波纹管膨胀节在石油化工、城市集中供热、钢铁、水泥等行业的快速推广应用,波纹管膨胀节制造业进入了蓬勃发展的阶段。1993 年,南京晨光通过美国 ASME 锅炉压力容器规范 U 钢印认证,标志着我国波纹管膨胀节设计、制造技术的提升取得了国际同行的认可。

20 世纪 90 年代初,在江苏、北京、河南、沈阳等地,迅速崛起一大批民营企业,为波纹管膨胀节产业带来了勃勃生机。1994 年,由中国石油化工设备工业协会牵头,以膨胀节制造单位为主,并吸收相关高等院校和设计研究院所有关专家,组建了中国石油化工设备工业协会膨胀节分会,重点关注企业发展过程中遇到的问题,为中小企业提供咨询及技术培训。

2.2.3.1 波纹管膨胀节标准体系的发展

为了适应波纹管膨胀节的迅速发展,国家标准局以国标〔1988〕011 号文对七二五所下达了编制"金属波纹管膨胀节"标准的任务,经过系列验证试验和多方征求意见,标准于 1990 年通过专家评审并于 1991 年实施,标准名称为 GB/T 12777—1991《金属波纹管膨胀节通用技术条件》，适用于补偿管道和设备热位移、机械位移、振动而采用的无加强U形波纹管膨胀节的设计、制造和检验验收。经过八年的应用，该标准于1999年进行了第一次修订，增加了加强U形和Ω形波纹管的设计方法，修改了波纹管疲劳设计的安全系数及压力试验、疲劳试验的要求。该标准于2008年进行了第二次修订，增加了矩形波纹管的设计方法和部分结构件的强度设计方法。

1996年由合肥通用机械研究所、中石化总公司规划部负责编制的《压力容器波形膨胀节》完成了报批，该标准是在GB 150—1989《钢制压力容器》附录E膨胀节计算和JB 1121—1983《波形膨胀节》标准的基础上，结合压力容器、化工机械与设备的特点，吸收国内近几年在膨胀节科学研究、设计方法、制造与检验技术等方面的成果，参照美国EJMA、ASME附录26等国外标准的设计方法和技术要求编制而成。标准名称为GB 16749—1997《压力容器波形膨胀节》，标准适用于钢制压力容器、钢制管壳式换热器和常压容器用无加强单层或多层U形膨胀节的设计、制造、检验、验收等。

上述两个标准的实施，规范了我国管道和压力容器用波纹管的设计、制造、检验和验收，为推动我国波纹管膨胀节行业的健康发展做出了贡献。

为了推动波纹管膨胀节在城市供热管网中的应用，1992年建设部城市建设研究院联合热力设计院和多家波纹管膨胀节生产厂家，编制了适用于城市供热管道用波纹管补偿器制造、验收和安装的标准CJ/T 3016—1993《城市供热管道用波纹管补偿器》。

2.2.3.2 工艺装备的发展

在此发展壮大阶段，波纹管工艺装备也得到了快速发展，其中波纹管管坯纵缝焊机由半自动化改进为自动化，波纹管液压成形机的吨位由300～500t增至上千吨，滚压设备、冲压设备也根据不同的应用场合进行了革新改造，提高了自动化程度和产品的精度。膨胀节装配由手工电弧焊改为埋弧焊，提高了产品的内在和外观质量。各生产厂家根据需求，自行设计制造了波纹管制造和膨胀节装配的大量工装。

为了提高波纹管成形效率，沈阳仪器仪表工艺研究所对高效成形设备、大直径异形波纹管的制造工艺进行了有益的尝试。

2.2.3.3 波纹管膨胀节的应用研究

1. 石油化工行业

此阶段正值石油化工行业大发展时期，也为波纹管膨胀节在石化工程上的应用提供了广阔的市场。石油化工使用波纹管膨胀节较多，主要有烟机入口管线、再生斜管、待生斜管、烟道等管线，其介质的腐蚀性不仅与各阶段反应生成物质相关，还与其原油的品质密切相关。为了提高波纹管的耐蚀性能，这一时期波纹管用材已从最初的300系列不锈钢，逐步提升到了铁镍合金和镍基合金。尽管波纹管材料已采用含镍量较高的合金制造，但仍时有波纹管腐蚀失效的案例发生，该阶段石化行业用波纹管的研究主要集中在腐蚀失效分析方面。众多失效案例的分析表明，耐蚀合金腐蚀失效的主要原因是系统检修过程中，气体介质冷凝为腐蚀性很强的连多硫酸造成的。

烟气轮机是催化裂化装置能量回收系统的关键设备，其受力要求十分苛刻，为了避免压力推力作用于烟气轮机出口，通常使用弯管压力平衡型膨胀节补偿其热位移。虽然使用弯管压力平衡型膨胀节可以约束波纹管压力推力，但其位移反力，工作波纹管、中间管、拉杆、平衡波纹管、封头等重量仍然会作用于烟气轮机的出口端，使之难以承受。针对这一问题，通过在三通上设置肋板，由弹簧将肋板与拉杆连接，再通过预紧弹簧的方式将位移反力、重量转嫁到三通中，从而降低烟气轮机出口的载荷，有效地解决了烟气轮机的受力问题。图 5.2-4 所示为七二五所用于催化裂化装置烟气轮机出口的压力平衡型膨胀节。

图 5.2-4　催化裂化装置烟气轮机出口压力平衡型膨胀节

2. 城市集中供热

在 20 世纪 90 年代前，我国的供热管网有两种敷设方式：地沟敷设和架空敷设。地沟敷设对地面影响较小，但存在造价高、工程持续时间长的缺点；架空敷设工程造价相对低，但对市容市貌影响较大。20 世纪 90 年代初，我国开始从丹麦引进热力管网的直埋技术，由于直埋管道不用铺设地沟，管道工程量小，且直埋管道回填后不影响地面的绿化和道路通行，一经引入就得到了众多城市的青睐。直埋供热管道并不是对管系的热膨胀不进行补偿，而是使用一次性波纹管补偿器，在管道的敷设过程中对管道进行预热（预热温度为工作温度的 50%），此时管道的热伸长由一次性波纹管补偿器吸收，在此状态下将一次性波纹管补偿器外管焊接，作为管道的一部分不再起补偿作用。在供热过程中，管道承受低于屈服载荷的交变应力进行工作。一次性波纹管补偿器结构见图 5.2-5。

由一次性波纹管补偿器的结构可以看出，当端管轴向应力接近屈服极限时，补偿器的环板受力十分苛刻。某工程初次使用时，因膨胀节制造单位经验不足，环板较薄且没有加强筋板，刚开始工作，环板与端管（外管）连接焊缝开裂，导致补偿器全线失效，损失惨重。为了解决该问题，七二五所 1992 年立项，对一次性波纹管补偿器的结构设计、波纹管稳定性、受力构件的应力进行了系统研究，分别对无筋板环板、加筋环板在温度载荷下进行了强度分析和应变测量，并根据分析和试验结果给出了环板强度的工程计算方法及评定原则，为一次性波纹管补偿器的安全应用奠定了基础。该项目于 1993 年通过中船总公司组织的鉴定，获中船总公司 1994 年科技进步三等奖。

一次性直埋管道在敷设过程中的预热有一定困难，国内热力设计单位对直埋管网的敷设方式进行了改良，由一次性补偿改为有补偿直埋，即波纹管补偿器在管系的工作历程中一直可以起到补偿作用。最初在天津经济开发区使用,由于天津地下水位高、腐蚀性强,在使用一个供热周期后,经再次使用前的压力试验发现大部分波纹管已腐蚀泄漏。为了解决波纹管腐蚀失效问题,七二五所设计了具有保护波纹管的外压膨胀节,保护波纹管用耐蚀合金制造,既给工作波纹管创造了理想的工作环境,又不会过多地增加成本。有补偿直埋膨胀节结构见图 5.2-6。经过近二十年的使用考核,此类膨胀节无一例失效,大大提高了供热系统的安全可靠性。

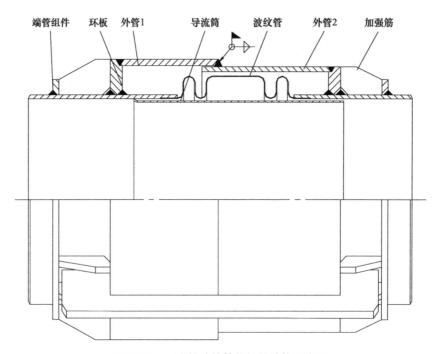

图 5.2-5　一次性波纹管补偿器结构示意图

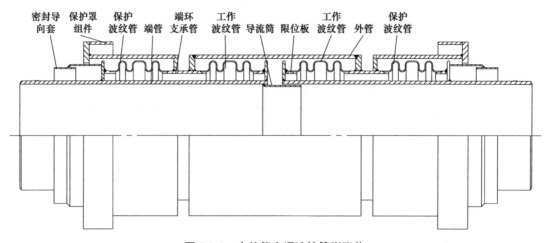

图 5.2-6　有补偿直埋波纹管膨胀节

3. 钢铁行业

在这一时期,波纹管在钢铁行业的使用日趋成熟,但随着使用年限的增加,波纹管是否需要更换，成为困扰钢厂的重要因素。1995 年，宝钢一期动力管网已运行 12 年，其主管网还能安全应用多久，成为人们关注的问题。应宝山钢铁公司能源部的邀请，七二五所根据实地考察结果，提出管网剩余寿命评估方案，其中波纹管剩余寿命评估是重点工作之一。通过对波纹管进行的腐蚀层微观分析、在役恶劣工况中尚未破损的波纹管疲劳寿命试验、应力测量及疲劳机理分析，得到波纹管剩余疲劳寿命为 10 年以上，结合对管网钢管的剩余寿命分析，得出宝钢一期动力管网可以在下一代炉龄的使用期内继续安全可靠使用，为用户节约了大批资金。

4. 水电行业

1994 年，南京晨光率先在河北桃林口水电站应用全国第一台压力钢管波纹膨胀节，其后四川凤鸣桥水电站、上河坝水电站也相继选用。20 多年来，该类产品成功用于四川铜钟水电站、西藏藏木水电站、马来西亚 KOTA 水电站、斯里兰卡 Hapugastenne 水电站、老挝 HLG 水电站等 100 多家中外水电站的压力钢管上，最高压力超过 10MPa，最大补偿量超过 400mm，最大水头超过 1500m，有效地解决了由温度和地基的不同步升降等所造成的位移，补偿效果良好。

2.2.4 深入研究阶段（2000 年后）

2.2.4.1 质量、安全体系的建立及管理

为了加强对压力容器、压力管道元件制造单位的安全监察，规范制造单位安全注册工作，劳动部于 1996 年发布了《压力管道安全管理与监察规定》，国家质量技术监督局于 2000 年发布了《压力管道元件制造单位安全注册与管理办法》，要求压力管道元件的制造单位按产品组别、品种和安全注册级别接受安全注册。金属波纹管膨胀节属于压力管道元件的范畴，自 2000 年开始对波纹管膨胀节进行安全注册（后改为《特种设备元件制造许可证》）。据不完全统计，到目前为止，全国具有 A 级制造许可证的厂家三十余家，具有 B 级制造许可证的厂家一百余家，这一管理措施对规范膨胀节的生产，提高产品的安全可靠性，起到了较大的推动作用。

2.2.4.2 工艺装备制造能力的提高

这一时期，波纹管膨胀节的制造水平也有了较大提高，波纹管纵缝焊机由原来的半自动、机械全自动焊机，大部分改为数字控制、带记忆功能的全自动纵缝焊机；部分企业波纹管管坯下料由手工控制剪板机改为全自动开平机；部分企业实现了从管坯下料、自动焊接到射线检测的生产流程自动化。2007 年，首次将搅拌摩擦焊运用于波纹管焊接制造中。

2001 年，由中国华电工程公司和上海电力建设修造厂联合研制了长江三峡巨型波纹管膨胀节，波纹管直径 12.4m，要求液压成形。显然采用传统的成形方式用液压成形机是很难实现的，为此项目组设计了多点成形装置，即将上下模盖固定在上下环梁处，沿成形装置圆周布置 16 组成形顶压油缸，使得总推力达到 1000t 以上。在该项目中由于波纹管直径太大，对成形模具的基准、滑动密封间隙的控制、管坯下料尺寸的限制及波纹管尺寸检验方法均有特殊要求，通过项目组的不懈努力，研制产品通过了原型带压疲劳试验要求（见图 5.2-7）。长江三峡巨型波纹管膨胀节的成功应用，为超大波纹管的制造探索了一条

新的途径。

2.2.4.3 波纹管膨胀节的应用

进入 21 世纪，随着国家能源政策的变化和环境保护要求的提高，新兴产业为波纹管膨胀节开辟了更为广阔的应用前景。波纹管膨胀节行业在保持原有应用领域的基础上，通过科研开发又开拓了新的应用领域。

1. 化工、炼油、石油化工和煤化工行业

2000 年以后，我国化工、炼油、石油化工和煤化工行业进入了大发展时期，伴随着新工艺的使用和装置的大型化，压力容

图 5.2-7　大直径波纹管液压成形现场

器、压力管道上所需的波纹管膨胀节越来越多，呈现出材料品种多、尺寸大型化、结构复杂化的特征。较为典型的案例有：

（1）煤化工项目中火炬管道系统用膨胀节　火炬管道系统的工作介质为火炬气，属于易燃易爆气体，对整个装置的安全运行起着至关重要的作用。为了得到安全可靠、经济合理的补偿方式，中国寰球工程公司、中国石化集团洛阳石油化工工程公司和洛阳双瑞特种装备有限公司联合对能源化工装置火炬管线补偿技术进行了研究。通过案例分析对比，证明火炬管线采用膨胀节补偿在安全可靠性和价格方面具有优势，为波纹管膨胀节在火炬管线上的应用奠定了基础。火炬管线用外压直管压力平衡型膨胀节见图 5.2-8，外压直管压力平衡型膨胀节结构示意图见图 5.2-9。

图 5.2-8　火炬管线应用照片

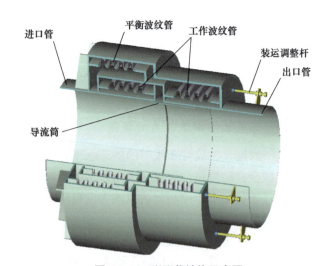

图 5.2-9　膨胀节结构示意图

（2）镍基合金 C-276 制膨胀节　2004 年，合肥通用机械研究所与上海吴泾化工有限公司等单位合作，成功试制醋酸装置轻组分塔冷凝器用膨胀节，并对成形后的膨胀节进行了固溶处理（见图 5.2-10）。该膨胀节材料为镍基合金 C-276，直径为 1500mm，厚度为 7.9mm。

图 5.2-10　固溶处理中的镍基合金 C-276 制膨胀节

（3）乙二醇装置加氢反应器用膨胀节　2012 年，南京三邦金属复合材料有限公司与合肥通用机械研究院合作制造了乙二醇装置加氢反应器用膨胀节，材料为 S30408，直径为 4214mm，厚度为 40mm（见图 5.2-11）；2014 年，山东恒通膨胀节制造有限公司为山西某企业 20 万 t/年合成器制乙二醇装置加氢反应器制造了大型、双波膨胀节，直径为 4000mm，厚度为 42mm。

（4）锆制膨胀节　2012 年，南京三邦金属复合材料有限公司、山东华锐波形管有限公司、合肥通用机械研究院合作，为聚甲醛装置设计、制造了锆制波纹管膨胀节，材料为锆 R60702，直径为 269mm，厚度为 1.0mm（见图 5.2-12）；同年，山东恒通膨胀节制造有限公司为兖矿鲁南化肥厂制造了两只锆制波纹管膨胀节，材料为锆 R60702，直径为 270mm，厚度为 1.5mm（见图 5.2-13）；2014 年，山东恒通膨胀节制造有限公司又为唐山中昊制造了加强型双层锆制波纹管膨胀节，材料为锆 R60702，直径为 1384mm，厚度为 1.5mm（见图 5.2-14）。

图 5.2-11　乙二醇装置加氢反应器用不锈钢膨胀节

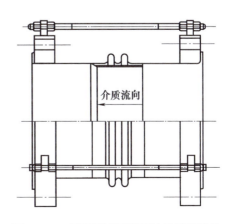

图 5.2-12　聚甲醛装置锆制波纹管膨胀节

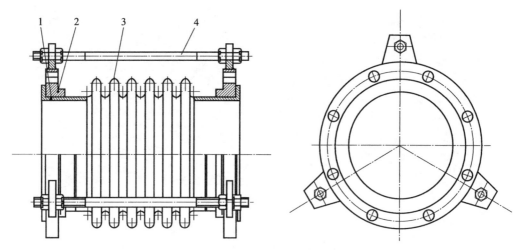

图 5.2-13　兖矿鲁南化肥厂用双波锆制波纹管膨胀节
1—接管　2—法兰　3—锆波纹管　4—运输构件

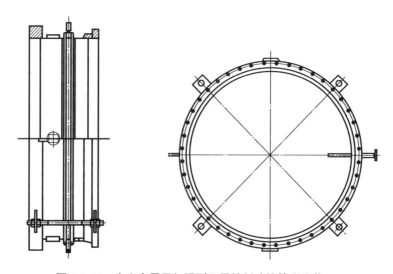

图 5.2-14　唐山中昊用加强型双层锆制波纹管膨胀节

（5）镍基合金 B-3 制膨胀节　2015 年，南京三邦新材料科技有限公司、合肥通用机械研究院合作，为甲基丙烯酸甲酯（MMA）装置设计、制造了多波波纹管膨胀节，材料为镍基合金 B-3（N10675），直径为 500mm（见图 5.2-15）。

2. 高压输变电系统

随着我国电力事业的发展、环境保护要求的提高和西电东输的实施，高压输变电系统的应用越来越普及，高压组合电器波纹管补偿器的需求逐年增加。高压组合电器波纹管补偿器安装于两设备外壳

图 5.2-15　镍基合金 B-3（N10675）波纹管膨胀节

之间，用于调整安装误差、补偿热位移、吸收两设备基础变形等。由于该补偿器不仅是补偿元件，而且是一个电器元件，要求补偿器内腔光滑无棱角，以免影响其绝缘性能。补偿器内部为六氟化硫气体或其他灭弧、绝缘气体，密封要求很高，普通波纹管补偿器难以满足要求。为了满足日益增多的需求，沈阳仪器仪表工艺研究院组织编制了 JB/T 10617《高压组合电器用金属波纹管补偿器》，对规范此类波纹管补偿器的制造起到了较大的推动作用。

3. 核电产业

为了完善国家能源结构，提高清洁能源利用率，20 世纪末开始大力发展核电产业。核电用波纹管膨胀节最初均随设备一起进口，为了促进核电产业的发展，替代进口，南京晨光组织技术力量，针对核电用波纹管对材料、加工工艺、清洁度及质量控制等特殊要求，进行技术攻关。

2000 年，研制的首件核安全级金属波纹管膨胀节用于秦山核电的海水管线；2002—2005 年，成功研制了用于中国实验快堆工程系列核安全级金属波纹管膨胀节；2008 年，成功研制了用于中国先进研究堆工程系列核安全级金属波纹管膨胀节；2008 年，研制的金属波纹管膨胀节用于大亚湾核电站常规岛低压进气管道，也是大亚湾核电的第一台国产设备；2009 年取得了中华人民共和国民用核安全机械设备（波纹管、膨胀节）设计/制造许可证；2013—2015 年，先后完成了国核第三代核电"CAP1400 核反应堆安全壳机械贯穿件膨胀节研究"、中核第三代核电"ACP1000 核反应堆安全壳机械贯穿件膨胀节研究"课题并通过验收和鉴定。自 1998 年以来，开发的产品已成功用于秦山核电一期、秦山核电二期、大亚湾核电、岭澳核电一期、岭澳核电二期、中国实验快堆、中国先进研究堆、红沿河核电 1#～4# 机组、宁德核电 1#～4# 机组、阳江核电 1#～2# 机组、福清核电 1#～2# 机组和方家山核电 1#～2# 机组等重点核设施和核电工程。

4. 空分行业

工业气体制备装置低温冷箱系统中需要使用很多铝合金膨胀节，其波形要求较苛刻，设计加工难度高，以前均由美国进口。南京晨光为实现国产化，进行了新产品开发。从 2007 年起，历经数年完成了口径分别为 22in、29.5in、42in、52in、60in，材料分别为 ASME5052、ASME5083 等多系列产品的研制与型式试验，完全替代进口产品。目前，此类铝合金膨胀节已形成多规格系列批量生产，陆续推广应用到全球各国的装置中，累计订货达数百万美元，取得了十分显著的经济效益和社会效益。

2.2.4.4 主要研究内容及研究方向

随着波纹管膨胀节应用的日益广泛，对于波纹管膨胀节的研究越来越深入，逐渐由过去的针对单个产品的研究，转化为对行业问题的深入研究。在这一时期，开展较多的是波纹管膨胀节失效、波纹管及受力结构件的有限元分析、管系应力分析、设计软件开发、国外先进标准的跟踪分析等。

1. 波纹管失效分析

波纹管膨胀节失效分析多在石油化工和钢铁领域开展。石油化工行业波纹管多为腐蚀失效，应对奥氏体不锈钢制作波纹管产生的氯离子应力腐蚀问题，通常根据工作温度，采用耐蚀性更好的 FN-2、Incoloy 800、Incoloy 800H、Incoloy 825、Inconel 625 等高镍合金取代。但即使使用了高镍合金,由于炼油用原材料的不断重质化、劣质化和高硫原油的使用,波纹管依然会产生腐蚀失效,如高温烟道 Incoloy 800H 波纹管晶间腐蚀开裂、催化裂化装置用 Inconel 625 波纹管的腐蚀疲劳、烟气冷凝形成的连多硫酸腐蚀等问题。为了解决上述问题,南京工业大学、合肥通用机械研究所、七二五所开展了相应专题研究。据不完全统计,受石化、冶金等企业委托,合肥通用机械研究所先后为中石油长岭分公司、大港石化公司、福建石化分公司、锦西石化分公司、上海宝钢等十二家企业进行了波纹管膨胀节失效分析,甚至对原失效膨胀节重新进行设计。如某石化企业在对原装置失效的反应再生及能量回收系统膨胀节进行技术改造时,提出要确保三旋出口膨胀节在一个检验周期内正常运行。根据用户要求,采用按合肥通用机械研究所设计的施工图制造的产品,安全使用超过两个检验周期。

钢铁行业由于近些年多采用海水洗选的进口矿石,含有大量的氯化物,入炉煤炭经高炉冶炼后会产生硫化物、氟化物等,使得 300 系材料制造的波纹管使用时间不长即产生应力腐蚀或腐蚀疲劳开裂。研究表明,针对不同使用工况和介质条件,选用 254SMo、Incoloy 800、Incoloy 825 等耐蚀性更好的材料,取得了比较好的效果。对于工作温度较低的场合,选用高分子材料作为内衬也可以起到较为理想的效果。

2. 蠕变温度范围内波纹管的疲劳设计

石油化工热壁管道用波纹管膨胀节,长期处于蠕变温度范围内工作,其蠕变疲劳寿命设计一直是困扰波纹管行业的难题,即使 EJMA—2015 也仅给出了高温疲劳寿命预测的方法,相关系数均需自己试验决定。为解决波纹管高温疲劳设计寿命的计算问题,七二五所进行了不同材料波纹管的高温蠕变疲劳试验,得到相应材料蠕变温度范围内的疲劳设计公式,并拟用于 GB/T 12777 的修订中,指导波纹管高温疲劳设计。

3. 有限元分析、管系应力分析及波纹管设计软件的开发

随着有限元分析方法的普及、应用软件的推广,对于波纹管及其受力构件的研究也逐步从工程近似法转入有限元分析法。尤其是在一些用工程近似方法难以分析的领域,如对于波纹管减振特性的分析,位移对波纹管周向应力的影响,大直径约束型膨胀节受力结构件的强度、挠曲分析等。

为了了解管道系统的应力分布,近年来管道应力分析软件 CAESAR Ⅱ 的使用日趋广泛,使设计者能够快捷地了解管线运行中的应力和位移状况,提高了设计效率和可靠性。很多设计院要求膨胀节制造厂家进行设置膨胀节后的管系应力分析,推动了管道应力分析软件在膨胀节行业的应用。

为了提高制造厂设计效率,南京工业大学进行了膨胀节选型软件、参数化设计和绘图软件的开发,并广泛应用于中小企业的设计,为提高中小企业的设计水平,起到了一定的推动作用。

4. 特种材料波纹管的制造技术

随着化工企业的快速发展,很多部位对波纹管的耐蚀性能要求较高,应此需求近些年开发了许多特种材料制波纹管,如工业纯钛、铝、锆、铜合金等材料制造的波纹管。制造厂对这些材料制波纹管的焊接工艺、成形工艺进行了深入的研究,使之成功地应用于工程实践中。

5. 在线监测技术

针对水电行业用大口径膨胀节安全等级要求越来越高的市场需求，南京晨光开发了一种超大口径膨胀节在线实时监测技术，研制了位移监测机构装置，采用光纤光栅位移传感方式进行数据实时监测、实时远程传输至中央控制室，并能通过互联网传送至全球任一终端，对数据进行系统查询、保存、精准分析，以动态监控膨胀节的工作状态；在产品位移超过设计范围的极端情况下，能够及时发现、及早采取防范措施，保证整个系统的安全可靠运行，为检修、更换赢得时间。目前，该技术已成功运用于中国长江三峡集团公司向家坝水电站大坝与发电厂房之间主管道膨胀节上，产品口径 DN9200，实际应用效果很好，得到用户较高的评价。

6. 国外先进标准的跟踪分析

自进入 21 世纪，国外除美国的 EJMA、ASME B 31.3 附录 X、ASME Ⅷ-1 附录 26 等标准，欧盟也对波纹管的设计制造做出了要求。对于压力管道，欧盟在 BS EN 14917 中对波纹管膨胀节的设计、制造、检验验收和安装使用做出了要求；对用于压力容器膨胀节的设计，在 BS EN 13445 第三部分"设计"中给出要求。为了了解各标准的适用性，这一阶段国内波纹管行业对上述标准进行了从设计、制造到检验验收要求的多方位分析研究。

自 2009 年南京晨光成为 EJMA 会员单位之后，我国膨胀节行业可以及时了解 EJMA 标准的动向、准备修订的内容及即将研究的内容，对提高国内波纹管膨胀节设计制造水平起到了积极的推动作用。

2.3 结语

经过五十余年的努力，我国的膨胀节产业得到了长足发展，特别是近二十年来民营企业的兴起，极大地丰富了膨胀节的产业结构，形成了大、中、小制造企业并存的局面。波纹管膨胀节的设计、制造、检验水平和自主创新能力都有较大提升，可设计制造各种结构型式的膨胀节。制造波纹管的材料不仅有奥氏体不锈钢、高镍合金，还有铜合金、钛、锆、铝等特种金属；波纹管规格从 DN50～DN15000，波纹管壁厚从 0.2～50mm 均能整体液压成形。一些大型膨胀节制造企业已成为国内外知名企业，标志着我国正在从膨胀节制造大国走向制造强国。虽然我国的膨胀节制造水平有了较大的提高，但与国际知名企业在生产细节、自动化水平、管理水平上仍有较大差距，需要全行业继续努力，使膨胀节产品的质量有更大的提升。

（本章由中船重工七二五所段玫，合肥通用机械研究院有限公司蔡善祥、崔军，南京航天晨光股份有限公司陈立苏撰写）

第3章 热管技术发展史

3.1 概述

在众多的传热元件中,热管是人们所知的最有效的传热元件之一,它可将大量热量通过其很小的截面积远距离地传输而无需外加动力。热管的原理首先由美国俄亥俄州通用发动机公司的 R. S. Gaugler 于 1944 年提出。1962 年 L. Trefethen 再次提出类似于 Gaugler 的传热元件用于宇宙飞船,但因这种建议并未经过试验证明,亦未能付诸实施。1963 年,美国 Los Alamos 国家实验室的 G. M. Grover 重新独立发明了类似于 Gaugler 提出的传热元件,并进行了性能测试试验,在美国《应用物理》杂志上公开发表了第一篇论文,并正式将此传热元件命名为热管"Heat Pipe",指出它的导热率已远远超过任何一种已知的金属。美国 Los Alamos 国家实验室在热管理论以及热管在空间技术方面的应用研究一直处于领先地位。1965 年 Cotter 首次提出了较完整的热管理论,为以后的热管理论的研究工作奠定了基础。1967 年一根不锈钢-水热管首次被送入地球卫星轨道并运行成功,从此吸引了很多科学技术工作人员从事热管研究,德国、意大利、荷兰、英国、苏联、法国及日本等均开展了大量的研究工作,使得热管技术得以很快发展。

我国自 20 世纪 70 年代开始,开展了热管的传热性能研究以及热管在电子器件冷却及空间飞行器方面的应用研究。由于我国是发展中国家,能源的综合利用水平较低,因此自 80 年代初我国热管研究及开发的重点转向节能及能源的合理利用,相继开发了热管气-气换热器、热管余热锅炉、高温热管蒸汽发生器、高温热管热风炉等各类热管产品。由于碳钢-水两相闭式热虹吸管的结构简单、价格低廉、制造方便,易于在工业中推广应用,碳钢-水相容性的基本解决,使得此类热管得以广泛应用。

随着科学技术水平的不断提高,热管研究和应用的领域也在不断拓宽。新能源的开发,电子装置芯片冷却,笔记本计算机 CPU 冷却以及大功率晶体管、可控硅元件、电路控制板等的冷却,化工、动力、冶金、玻璃、轻工、陶瓷等领域的高效传热传质设备的开发,都在不断促进热管技术的进一步发展。

3.2 我国热管技术发展历史

3.2.1 起步期(1970—1980 年)

我国热管技术的研究首先是为航天技术发展的需要而开展的。1976 年 12 月,在卫星上首次应用热管并取得了成功,主要用于卫星内电子器件的散热,将温度较高器件的热量快速传递给温度较低的器件,取得了很好的效果。其后热管技术又多次应用于卫星热控制,均达到了预期目标,为卫星的可靠运行提供了保障。

热管换热器是我国热管技术发展的一个重要分支,从20世纪70年代开始国内各研究机构开展了大量的研究开发工作。但这一时期的工程应用较少,主要围绕热管单管的研制、工质与管壳相容性、热管换热器的设计方法等方面进行研究。

1976年,原南京化工学院(现南京工业大学)热管科技开发者成立热管科研小组,开始投身于热管技术的研究与开发当中,这也是国内第一批从事热管技术工业化应用研究的科技人员。他们相继研制开发成功了我国第一台碳钢-水热管气-气换热器,第一台高温热管蒸汽发生器,第一台耐高温、耐蚀、抗磨损热管废热锅炉,第一台抗积灰、抗低温腐蚀热管省煤器等一系列产品,揭开了我国热管技术在工业上应用的序幕。

1980年,南京化工学院开发了国内第一台热管式换热器(见图5.3-1),换热器尺寸为700mm×1600mm×450mm,安装在原南京炼油厂热裂化装置重油炉烟道上,用作空气预热器,取得了较好的余热回收效果。

图5.3-1 国内第一台气-气热管换热器

3.2.2 发展期(1981—1990年)

进入20世纪80年代之后,热管换热器的优势逐渐为一些企业所接受,在余热回收领域的应用得到了较快的发展,在冶金、机械、石油、化工、建材、纺织、造船、食品等行业都得到了大量的工程应用,相继在上海国棉十三厂、南京肥皂厂、镇江树脂厂、宣化陶瓷一厂、苏州瓷厂、上海搪瓷六厂、抚顺石油二厂、上海炼油厂、兰州炼油厂、武汉葛店化工厂等单位用于余热回收和干燥工艺上。表5.3-1列举了部分热管换热器节能效果数据。

表5.3-1 热管换热器节能效果

使用单位	使用形式	节能效果	投资回收
江苏启东化肥厂	6t/h锅炉烟气余热回收	每小时产327kg蒸汽(1.2kgf/cm² 表压)	13个月
马钢第一炼铁厂	热风炉烟气余热回收	瓦斯节约4%,每年节约焦炭4.75万元	6个月
河北宣化陶瓷一厂	瓷窑烟气余热回收	停开一台8t/h锅炉	约1年
常州印染四厂	载体油炉烟气余热回收	燃油节约10%	7个月
马鞍山针织厂	2t/h锅炉烟气余热回收	燃煤节约10%	约1年
江芜115轮	轮船柴油机排气余热回收	折合节油9%	约1年

热管换热器在这一时期攻克的主要关键技术有:

(1)碳钢-水热管的寿命问题 它是指热管内的工质(水)与壳体(碳钢)的化学相

容性。也就是水在一定温度下和碳钢发生化学反应，放出氢气，破坏热管内部真空而使热管失效。南京化工学院主持的"碳钢 - 水热管和换热器及其在余热回收中的应用"课题获得国家科技进步二等奖。其后，热管及热管换热器的寿命研究引起了重视，特别是碳钢 - 水热管的寿命研究，取得了显著的进展。南京化工学院主持的"碳钢 - 水热管延长寿命的研究"获得江苏省科技进步三等奖。碳钢 - 水热管寿命的提高为热管换热器的进一步推广提供了可靠保障。

（2）烟灰堵塞问题　解决的方法是：

1）设计中严格控制管壁温度在烟气露点之上。用可变导热管做成热管换热器，它可根据烟气温度的波动，自动调整管壁温度，使之保持在烟气露点之上。

2）对易积灰的烟气加设吹灰装置。工业试验证明，在不停车的情况下定期吹灰，一般不会出现灰堵。

热管的制造方面，随着研究的不断深入，热管制造工艺不断成熟，并形成了国内第一部热管制造标准，标志着我国热管产品的生产制造走上了标准化道路。

1981年，南京化工学院开发出我国第一台热管式余热蒸汽发生器（见图5.3-2），安装在如东化肥厂，用于回收锅炉排放的余热。

图 5.3-2　我国第一台热管式余热蒸汽发生器

在冶金行业，应用较早的有上海梅山钢铁公司、马鞍山钢铁公司、承德钢厂等单位，主要用于高炉热风炉烟气余热回收，用来预热进入热风炉的空气和煤气，以达到提高出炉风温，进而降低高炉焦比的目的。例如：马钢1981年投入运行的热风炉热管换热器，对煤气和空气进行双预热，使煤气预热到125℃，空气预热到170～190℃，最终使出炉风温提高到1170℃。在电站锅炉余热回收方面，80年代末期，我国先后在四川、福建、北京、浙江、河北等地8台130t/h以上电站锅炉上应用了大型热管换热器，回收烟气余热加热锅炉鼓风空气。以成都热电厂的一台锅炉为例，应用热管换热后，锅炉净效益提高了3.72%，每吨汽耗能下降了4.7kg标煤，年节能效益15.69万元，投资回收期2年。我国研制的热管空气预热器、余热锅炉、热水器等换热装置，不仅在各地区、各行业得到成功的应用，而且其主要性能已接近美、日等国的水平。

分离式热管换热器由于在长距离传热方面的优势，在这一时期也吸引了大量研究机构及企业的注意力。分离式热管换热器可实现远距离传热，避免工作流体大直径烟、风道迁移，可实现多种流体换热，具有良好的密封性能；方便顺、逆流混合布置。中科院工程热物理研究所和上海711研究所进行了分离式热虹吸管组换热特性的研究，上海海运学院进行了分离式热管换热器的模型试验研究，东北工学院进行了分离式热管元件充液量理论分析和试验研究，重庆大学进行了分离式热管的流动和传热研究，南京化工学院进行了分离式热管并联竖管内流量及压力分布的研究和分离式热管的凝结换热研究，均取得了一定成果。这些基础研究成果基本上能满足工程实践需要，使得分离式热管换热器在我国已处于实用阶段。四川天府热管公司、南京化工学院、东北工学院、浙江大学等单位都相继推出了该类新产品。

南京化工学院研制的大型分离式热管换热器，在武汉钢铁公司成功运行，取得良好的效果。另外，南京化工学院还研究了适合多流体空气冷却并回收热量的分离式热管换热装置，于1990年在济南炼油厂投入运行。

随着热管换热器在余热回收领域的不断推广应用，其所遇到的工况越来越多，有时面对较高温度的烟气，而冷流体温度也较高时，热管管内温度有可能超过300℃，此时碳钢-水热管已无法承受如此高温的运行条件。因此，需要探索新型工质，以使得热管可以工作在更高的温度。我国学者在寻找新工质上取得了一些成果：中温余热回收，过去常用导热姆A热管，它适用的工作范围为250～350℃，温度区间较窄。重庆大学进行了N-甲基吡咯烷酮两相顺流热虹吸管传热特性的试验研究，指出在250～400℃工作时，其传热特性优于导热姆A。上海711研究所对碳钢-萘热管进行了试验研究，工作范围较导热姆A更宽，在200～400℃范围内，该热管传热性能良好，预计有很长的使用寿命。

另外，这一时期的微电子设备已发展成大规模集成电路，为了解决其主要元件集成组件的散热问题，航空航天部501设计部进行了矩形截面小热管的试验研究。该所用尺寸为110mm×5.1mm×1.93mm的热管为航空器微型计算机集成组件散热，进行了传热性能试验，并与用厚0.5mm的铝板散热做了对比，结果表明：在相同工作条件下，用热管散热使组件表面温度多降低5.8～7.5℃。为了扩大热管的应用范围，使其在电机、转轴等旋转体上有效应用，重庆大学进行了套管型旋转热管的工作特性及均温性能试验，探索了充液量对热管性能的影响。东北工学院设计了一种热管车刀，进行了传热计算和工作原理分析，与普通车刀进行了对比试验。

南京化工学院和南京天文仪器厂研制了热管太阳能伞，以一种特制的多交点菲涅尔透镜作伞面，以热管作伞杆，构成新型的太阳能集热器，能有效利用太阳能。哈尔滨船舶工程学院应用低温热管蓄冷技术，把人防工事变成了冷藏库，延长了蔬菜、果品的保鲜期。我国北方还将热管用于煤垛降温，防止了煤的变质和自燃。热管还在生物、医疗等领域得到了成功的应用。

3.2.3 产业化期（1991—2000年）

1992年，第八届国际热管会议在北京召开，我国在热管技术工业化应用方面的研究成果受到与会专家的认可，某些方向的研究已经达到国际先进水平。

这一阶段的主要活动是将热管及热管换热器技术进行产业化推广，大量热管换热器余热回收工程投入运行。1997年，经科技部授权，在南京化工大学成立"国家热管技术研究推广中心"，标志着我国热管技术走上大规模推广应用的道路。

这一时期的新产品层出不穷，如南京化工大学开发的"高温热管气-气换热器"，解决了高温烟气余热回收的问题，获得国家技术发明四等奖。第一台高温热管换热器如图5.3-3所示。随后，成功地将高温热管技术用于十二醇硫酸钠的喷雾干燥系统，经过一年多的运行实践证明，此高温热管热风炉不仅根本上解决了十二醇硫酸钠生产的热源问题，确保产品质量、档次，而且适应性强，经济效益十分显著。整个换热器分为高温热管区、中温热管区和低温热管区。区域根据工作温度由高至低进行划分。根据不同工作介质的物性及传输因素选择最适宜在该区域工作的热管，并利用热管的热流变换特性调节管内工作温度以安全衔接各区

图 5.3-3　国内第一台高温热管换热器
（1993年）

域热管。采用高温热管换热器后，与采用煤气作热源相比，每生产一吨十二醇硫酸钠可节约运行费用630元，对于一个年产1800多吨的工厂来说，每年可节省费用113.4万元。而整套高温热管热风炉的投资不到100万元。热风炉参数见表5.3-2，系统流程如图5.3-4所示。

表5.3-2　高温热管热风炉参数

参　　数	烟　气	空　气
进口温度 /℃	850～950	20
出口温度 /℃	150～170	470～530
风量 /（Nm³/h）	4300～4900	6000～6500
换热量 /kW	1163	
操作条件	间歇操作，每日三班，每班洗塔约1h	

此外，热管式化学反应器（见图5.3-5）、径向热管省煤器的开发，都对热管技术的应用领域拓展起到了推进作用。

随着技术的不断发展，对热管产品本身的传热性能提出了越来越高的要求。于是，从热管单管的强化传热角度开展的研究也越来越多。而常规的重力热管有时已经不能满足工程应用的需求，因此各类有芯热管的研究逐渐成为热点，如各种吸液芯结构对热管传热性能的影响、不同工质或混合工质的影响等。南京化工大学则针对钠、钾等工质的高温热管，汞、萘等工质的中温热管的传热特性及传输极限进行了大量的研究，为中高温热管的工程应用奠定了基础。

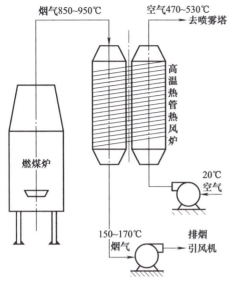

图 5.3-4 高温热管热风炉示意图　　图 5.3-5 热管化学反应器

这一时期热管技术已在电气设备散热、电子器件冷却、半导体元件以及大规模集成电路板的散热方面取得很多应用成果。电子技术的飞速发展又对热管散热技术提出了许多更高的技术要求。这又促进了热管技术本身的发展。微型热管（Micro Heat Pipe）/小型热管（Miniature Heat Pipe）、回路热管（Loop Heap Pipe）、毛细泵回路热管（Capillary Pumped Loop Heat Pipe）、振荡热管（Pulsating Heat Pipe）等新型、高效、紧凑热管散热器也迅速被开发出来。

在电子器件散热领域，这一阶段最具代表性的应用首推计算机内芯片的散热冷却，传统的台式计算机和笔记本计算机的 CPU 都使用微型风扇和翅片来散热冷却，散热量一般为 2～4W。随着计算机技术的飞速发展，高性能 CPU 的发热量增加了数倍，常规的自然散热方式及风扇强制散热都难以满足要求。热管散热有体积紧凑、无噪声、高度可靠性等优点，已成为首选的散热手段。用于笔记本计算机散热的热管属于小型热管，热管的外径一般为 3～5mm，长度一般小于 300mm，可以弯成各种形状。除柱状热管外，平板热管在电子器件散热中的优势更为明显，因此吸引了大量的研究人员开展研究。

另外，将热管技术应用在电机中的开发研究，基本达到了实用化的阶段。主要的应用之一是用一根旋转热管来代替电机的传动轴。将电机转子产生的热量通过热管传到轴端的散热部分，并由风扇排至电机壳外。由于电极内部产生的热量及时导出，电机绕组的温升可以降低，因而传递的功率可以加大。在直流电机中采用热管电机轴与传统的全封闭电机相比，体积可以减小 1/5～1/3，转子的 GD^2 值（G 为重量，D 为直径）可以减小到原来的 1/12～1/6。图 5.3-6 所示为一实验热管电机轴。

3.2.4 应用拓展期（2001 年至今）

进入 21 世纪，能源与环境已成为国际社会关注的两大主题，人们逐渐认识到解决能源问题不光要从提高传统能源利用率的角度开展工作，还要不断寻求能源替代方案，从优

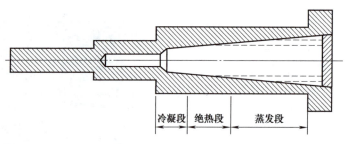

图 5.3-6　热管电机轴

化能源结构的角度减少对传统能源的依赖。热管技术的发展,也从工业领域的余热回收领域不断拓展到新能源开发利用领域。

热管技术在新能源开发中的应用,主要集中在太阳能热利用领域,在我国应用最广的是热管式太阳能集热器。由于全玻璃真空管太阳能集热器存在一些明显缺陷,特别是不能承压、在北方地区易冻裂等问题难以解决,因此全玻璃真空管集热器的推广受到了很大的限制。而热管集热器依赖热管的高导热性能,无须在玻璃管内充水即可传热,可使集热系统具备较强的承压能力,同时具备防冻、热损失小的优点,因此得到了广泛的应用。热管式太阳能集热管如图 5.3-7 所示。

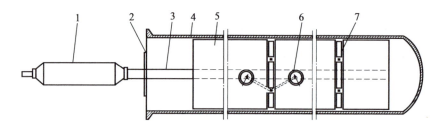

图 5.3-7　热管式真空集热管结构示意图

1—热管冷凝段　2—金属封盖　3—热管蒸发段　4—玻璃管　5—金属吸热板　6—消气剂　7—弹簧支架

在太阳能热发电领域,热管技术依然大有可为。南京工业大学针对槽式和碟式太阳能热发电系统,分别开发出了具有自主知识产权的中温热管太阳能接收器和高温热管太阳能接收器,并研制出了工程样机。

针对槽式太阳能热发电技术,将热管技术应用于太阳能中温接收器中,研制出具有自主知识产权的中温热管太阳能接收器,如图 5.3-8 所示。该接收器降低了直接产蒸汽系统中接收器吸热管的周向温差,解决了直接产蒸汽系统中由于接收器周向温差过大引起的损坏问题,提高了接收器的可靠性,同时降低了接收器成本。热管蒸发段和冷凝段均可自由伸缩,温度

图 5.3-8　中温热管太阳能接收器

变化时的热应力可通过自身自由伸缩消除，无需膨胀节。热管吸热段与冷凝段分离，冷流体流过冷凝段外壁，不与蒸发段接触，冷凝段汽水冲击不会对蒸发段造成影响，不会损坏玻璃套管，使热管太阳能接收器更可靠。两相闭式热虹吸管具有热二极管特性，减少了夜间散热，可使电厂的启动时间缩短。热管具有高效的传热性能，保证了热管接收器的高热效率，中温太阳能热管接收器的散热损失很低，可以用于350℃以下的太阳能热发电、热利用。

图 5.3-9　高温热管太阳能接收器

针对碟式太阳能热发电技术，开发了高温热管太阳能接收器，如图 5.3-9 所示。采用传热性能和可靠性都较高的柱状碱金属热管作为基本传热元件，通过并联组合成吸热腔结构，突破了常规热管接收器只有单个高温热管作为接收器本体的局限，该接收器具有较强的交变热载荷适应性，可长期运行于高热流密度或者热流密度不均的环境中。另外，接收器样机可运行于 700～1042℃，可承受的热流密度达 63.1W/cm^2，高于国际水平的 55W/cm^2。高温热管接收器的成功研制，使得我国在太阳能热利用领域的碟式太阳能热发电技术中取得了关键技术突破，为我国碟式太阳能热发电提供了更大的技术推广可行性。

2001 年 6 月，青藏铁路格拉段建设正式开工，途经 550km 的多年冻土路段，在解决冻土层融沉冻胀的问题上，热管技术发挥了良好作用。应用热管技术加固青藏铁路冻土路基现场如图 5.3-10 所示，将热管的一部分插入地下作为蒸发段，上部露在环境中，作为冷凝段。冬天，环境温度低于冻土层温度，地下的热量加热热管，使其内部的工作介质汽化，在蒸气压的作用下向冷凝段流动；在冷凝段，由于温度比较低，蒸汽遇冷凝结，凝结液在重力的作用下回到蒸发段。如此循环往复，不断工作，将地下的热量带走，使土层更加坚固。而夏天，环境温度比较高，由于热管内部没有吸液芯，工作介质不能从下面流到蒸发段，所以此时的热量只能依靠管壁的热传导。正是由于热虹吸管的这个特点，采用热管技术，使地下的永冻层变厚，并加固了冻土的强度。

在航空航天领域，热管技术的应用已逐渐趋于成熟。热管一直是航天器热控系统的关键元件，我国已发射的上百颗空间飞行器上均将热管作为核心热控技术。例如，嫦娥一号卫星热控系统中共使用了 32 支热管，其中 9 支为外贴热管，其余为蜂窝板内预埋热管。预埋热管主要解决集中热载荷问题和一些高功率设备的瞬态工作温升问题。热管的重量约占飞行器总重量的 2%，足见其在航天器设计

图 5.3-10　热管加固冻土路基

中的重要性。航天用热管技术主要包括回路热管、微型热管、深冷热管、可变导热管等方面的技术。特别是回路热管技术，为空间应用拓展了广阔的应用空间，随着技术的不断成熟，其应用规模也不断扩大。因此，热管技术在航天领域的应用已不再局限于形式，经过不断的技术演进已逐渐形成了多种先进的高效热控技术。

另外，随着电子技术的飞速发展，热管技术在电子器件散热领域的应用也越来越广。从早期的工业用大规模集成电路，到后来的微型计算机，再到近年兴起的移动设备，都出现了大量的热管散热应用案例。因此，微型热管技术成为未来热管技术研究的重要方向。

3.3　结语

目前，热管技术的研究应用已经渗透到各个领域，并且依然在迅速扩展，如热管式海水淡化系统、热管式生物质气化系统、热管式蓄热（冷）系统、基于热管技术的光伏光热一体化系统等。随着社会的不断发展及技术的日益成熟，热管技术必将推广应用到更多领域，并发挥更为重要的作用。

（本章由南京林业大学张红撰写）

第六篇

压力容器安全监察篇

第 1 章　概述

特种设备是指在生产和生活中广泛使用的锅炉、压力容器、压力管道、电梯、起重机械、客运索道、大型游乐设施、场（厂）内机动车辆等设备和设施。

特种设备中，锅炉、压力容器、压力管道可以统称为承压类特种设备；电梯、起重机械、客运索道、大型游乐设施、场（厂）内机动车辆可以统称为机电类特种设备。其中，锅炉是一种直接受火的特殊压力容器，压力管道是输送流体介质的承压类设施。

特种设备具有潜在危险性，关系生产安全和公共安全，一旦发生事故，会造成严重的人身伤亡及重大财产损失，甚至严重影响社会生产生活秩序。鉴于特种设备具有潜在危险性的特点，许多工业国家都对这类设备实行特殊管理，设置专门的机构负责安全监察或监管工作，制定法律、法规、规范、标准，以供从事设计、制造、安装、使用、检验、修理、改造等方面的单位和人员共同遵循，并监督有关方面对法规、规范的执行情况，从而形成了特种设备安全监察或监管体制，目的是将特种设备事故控制到最低程度。

我国对特种设备实行国家安全监察，始于 1955 年，并先从锅炉开始，之后逐步扩大到压力容器、压力管道、电梯、起重机械、客运索道、大型游乐设施和场（厂）内机动车辆，其中，压力容器安全监察工作起步于 20 世纪 60 年代，80 年代开始逐步建立安全监察制度，90 年代建立了比较完善的法制制度，进入 21 世纪初，压力容器安全监督管理的体制、机制和法制工作得以进一步健全和完善。

特种设备这个名词始于 20 世纪中叶。1951 年，经时任上海市市长陈毅及副市长潘汉年、盛丕华签署，上海市人民政府给上海市劳动局关于有关规则草案意见的文件中，提到"特种机械设备"。20 世纪 70 年代已经出现特种设备这个名词，一些地方文件也使用这个名称。1995 年劳动部颁布的《违反〈中华人民共和国劳动法〉行政处罚办法》也使用了这个名词。2003 年《特种设备安全监察条例》正式使用了该名词。

2013 年 6 月 29 日第十二届全国人民代表大会常务委员会通过并公布的《特种设备安全法》规定：本法所称特种设备，是指对人身和财产安全有较大危险性的锅炉、压力容器（含气瓶）、压力管道、电梯、起重机械、客运索道、大型游乐设施、场（厂）内专用机动车辆，以及法律、行政法规规定适用本法的其他特种设备。国家对特种设备实行目录管理。特种设备目录由国务院负责特种设备安全监督管理的部门制定，报国务院批准后执行。

《特种设备安全法》还规定：军事装备、核设施、航空航天器使用的特种设备安全的监督管理不适用本法。铁路机车、海上设施和船舶、矿山井下使用的特种设备以及民用机场专用设备安全的监督管理，房屋建筑工地、市政工程工地用起重机械和场（厂）内专用机动车辆的安装、使用的监督管理，由有关部门依照本法和其他有关法律的规定实施。

2009年1月14日国务院修改并公布的《特种设备安全监察条例》明确了该条例调整范围的特种设备的含义，并说明，特种设备包括其所用的材料、附属安全附件、安全保护装置与安全保护装置相关的设施。其中：

锅炉，是指利用各种燃料、电或者其他能源，将所盛装的液体加热到一定参数，并对外输出热能的设备，其范围规定为容积大于或者等于30L的承压蒸汽锅炉；出口水压大于或者等于0.1MPa（表压），且额定功率大于或者等于0.1MW的承压热水锅炉；有机热载体锅炉。

压力容器，是指盛装气体或者液体，承载一定压力的密闭设备，其范围规定为最高工作压力大于或者等于0.1MPa（表压），且压力与容积的乘积大于或者等于2.5MPa·L的气体、液化气体和最高工作温度高于或者等于标准沸点的液体的固定式容器和移动式容器；盛装公称工作压力大于或者等于0.2MPa（表压），且压力与容积的乘积大于或者等于1.0MPa·L的气体、液化气体和标准沸点等于或者低于60℃液体的气瓶；氧舱等。

2014年10月30日国家质检总局按照《特种设备安全法》的授权修订并公布的《特种设备目录》中，压力容器定义为：压力容器，是指盛装气体或者液体，承载一定压力的密闭设备，其范围规定为最高工作压力大于或者等于0.1MPa（表压）的气体、液化气体和最高工作温度高于或者等于标准沸点的液体、容积大于或者等于30L且内直径（非圆形截面指截面内边界最大几何尺寸）大于或者等于150mm的固定式容器和移动式容器；盛装公称工作压力大于或者等于0.2MPa（表压），且压力与容积的乘积大于或者等于1.0MPa·L的气体、液化气体和标准沸点等于或者低于60℃液体的气瓶；氧舱。压力容器包括4个类别（固定式压力容器、移动式压力容器、气瓶、氧舱）、16个品种（第一类压力容器、第二类压力容器、第三类压力容器、超高压容器、铁路罐车、汽车罐车、长管拖车、罐式集装箱、管束式集装箱、无缝气瓶、焊接气瓶、内装填料气瓶、纤维缠绕气瓶、低温绝热气瓶等特种气瓶、医用氧舱、高气压舱）。

第 2 章　新中国成立前和新中国成立初期的特种设备管理

2.1　新中国成立前的特种设备管理

新中国成立前,中国工业落后,生产水平低下,锅炉、压力容器等特种设备数量很少,主要集中在少数大城市。当时上海有一个自由职业者组织的锅炉检验师协会,对全市锅炉、压力容器、电梯进行定期检验。在日伪统治时期的东北地区,如沈阳、长春、哈尔滨等地的伪警察局曾设专人负责管理锅炉。其他城市和地区基本没有开展这项工作。如四川自贡盐场共有锅炉 80 余台,主要作为卤井吸卤之用。这些锅炉由于结构不合理,缺乏安全附件,没有检修制度,加之经常盲目超压使用,而当时的政府当局对盐业生产的主要动力设备从不过问,所以从 1913 年开始,36 年间发生锅炉爆炸事故 20 多起,死亡 80 余人,受伤 100 余人。其中私营裕隆井锅炉爆炸,一次死亡达 40 余人。

2.1.1　国民政府管理情况

国民政府实业部 1935 年制定的《工厂安全及卫生检查细则》规定,蒸汽锅炉的安装和迁移,由企业业主聘请经注册登记开业的机械检验师检验,并发给检验合格证后,才能使用。由于战乱等种种原因,这项制度只在少数地区实施。上文提到的上海自由职业者组织的锅炉检验师协会,对全市锅炉、压力容器、电梯进行定期检验。除检验上海的锅炉外,还接受委托承担其他地方的检验,如安徽省当时主要是由企业业主聘请上海的注册机械师进行锅炉检验。抗日战争时期,重庆、成都、昆明、贵阳等地,社会部工矿检查处派驻的工矿检查员在检查时,把锅炉作为检查内容之一。

抗日战争胜利后,该处拟另设专业锅炉检查机构,因人员机构等种种原因未果。

2.1.2　上海市情况

约在 1936 年,上海租界内开始实行锅炉检验制度。当时由于一些民族资本家纷纷在上海租界内开设工厂,锅炉压力容器使用也多了起来,在 1935—1936 年发生了几起事故,伤了不少人,造成的经济损失和社会影响都不小。为此,租界当局开始对锅炉、压力容器实行管理。租界当局在工部局工业调查处下设一个工业机械股,股内专门配备一名经考核合格的锅炉检验师进行锅炉管理工作。股内还有几个人配合协助锅炉检验师工作。

当时制订了一个锅炉压力容器装置规定,要求锅炉使用者购置、安装锅炉必须要向租界当局提出申请,并经过指定的工程师检验后方可使用。锅炉经检验人员检验合格后,将报告送工业机械股进行复核,复核后在锅炉上打钢印,然后发给锅炉使用执照。

指定的工程师,即锅炉检验师,当时有三种人:第一种是大企业的工程师,经租界当局审查合格，发给执照，可以管理本企业的锅炉；第二种是安装商号，如当时的拔柏葛公司、慎昌洋行等，也有一批经过批准的锅炉检验师；第三种是一批自行开业的锅炉检验工程师，他们也经租界当局考核合格发给执照，专门对一些企业的锅炉进行检验。向租界当局申请锅炉检验师执照，需要具备三个条件：首先是有一定学历，在专业学校毕业（当时对中国人主要是交通大学）；其次要有从事锅炉改造（制造、安装、运行）的实际经验；第三是提出自己检验锅炉所用规范，并做一台实际锅炉的强度计算。

以上是上海租界区内的一套锅炉检验制度，基本上采用英美的办法，就是政府负责监督，大量具体锅炉检验由上述三种锅炉检验师进行，尤其是第三种自行开业的锅炉检验师承担了绝大部分锅炉的定期检验工作。这套制度，虽然行政当局经过多次交替，仍一直沿用至解放。法租界因锅炉较少，由当局雇佣一名锅炉检验师直接负责检验工作，不收费用。

2.1.3 东北地区情况

1896年沙俄与清政府签订《中俄密约》，取得中东铁路的修筑权后，外国资本相继进入黑龙江地区。1900年（清光绪26年）沙俄在哈尔滨开办第一家企业——满洲第一机器制造公司后，随即建起哈尔滨啤酒厂、中东铁路发电厂等，开始使用锅炉、压力容器。

伪满洲国时期，伪满政府按照当时日本模式管理锅炉压力容器，于1943年发布《汽罐取缔规则》共48条，以及《汽罐取缔规则施行须知》共29条，还公布了《汽罐构造要点》（含强度计算）共60条，并有详尽的附录表格等。大致内容为：省（市、县）长直接任命警察厅、署的警官进行锅炉检查管理；代行检验应受国务总理大臣的认可；锅炉结构和材料要符合规范；锅炉要进行强度计算；锅筒制造和锅炉竣工要经检查，并打钢印；司炉人员要经过考试；锅炉要定期检验等。

2.2 新中国成立初期的特种设备管理

新中国成立初期，我国对锅炉压力容器的管理是将其作为工厂安全的组成部分对待，仅进行一般的管理。仅有上海等个别省市劳动部门设专门机构管理锅炉、压力容器和升降机的安全。

1949年9月，1950年4月，黑龙江、松江两省分别成立劳动局后，即下设劳动保护科统一管理锅炉安全。

1950年6月，经上海市政府决定，上海市的锅炉压力容器安全管理和检验业务，由工务局划归劳动局领导。

1951年8月，上海市政府发布特种机械（包括锅炉和六种压力容器）安全检验和检验师的两个规则，规定检验师应向上海市劳动局申请登记，经审查合格，发给许可证，方可开展检验业务。工厂使用的锅炉，每年应请合格的检验师进行定期检验。

1951年10月，上海市成立工厂企业特种机械设备检验师审定委员会，负责审定安全检验师资格。

1952年，江苏省武进县牛塘桥恒兴记油厂锅炉爆炸，死伤多人，引起劳动部的重视，发出事故通报。之后，开始培训干部，着手制订专门规定。

1952年11月开始，由劳动部委托上海市劳动局举办一期锅炉检验人员训练班，学习时间为半年，学员共72人，其中36人由各省市劳动部门选派，另36人由上海市技工学校选调，1953年6月结业。这是劳动系统首次举办锅炉检验培训班，结业后，大部分学员分配到各省市劳动部门工作。

1953年上海市批准锅炉压力容器检验师11名。

1953年1月16日，哈尔滨造纸厂一台伪满时期使用的蒸解压罐（压力容器）停产15个月后恢复使用，使用前未经检验，由不懂技术的新工人操作，加上劳动纪律松懈，工人脱岗，超压而发生爆炸，造成6人死亡，18人受伤。厂长、厂工会主席、厂党总支书记、哈尔滨市工业局正副局长均受处分。

据不完全统计，1950—1955年，全国共发生锅炉爆炸事故43起，伤亡379人，压力容器事故67起，伤亡221人。仅就锅炉事故的伤亡程度分析，以1950年最为严重，该年发生锅炉爆炸事故7起，伤亡128人，平均每起事故伤亡达17～18人之多，其中死亡38人，平均每起事故死亡5～6人。

第3章 特种设备安全监察工作初步探索阶段（1955—1982年）

我国特种设备安全监察事业是随着经济社会发展和在不断总结经验教训中逐步发展起来的，安全监察机构于1955年成立，先后经历了成立—撤销—恢复—撤销—再恢复的三起两落的过程，这个过程既与当时国家的政治经济形势相联系而波折起伏，又反映了国家对锅炉压力容器这一特殊设备具有的特殊安全规律的认识、再认识过程。

在这一阶段中，我国锅炉压力容器安全监察工作，是从锅炉开始，逐步扩大到压力容器。

3.1 锅炉压力容器安全监察机构建立

3.1.1 苏联专家提出成立专管机构的建议

1955年4月6日，当时的苏联专家劳动保护顾问柯希金向劳动部领导和在华苏联总顾问阿尔希波夫提出在中国建立国家锅炉检查机构的建议。建议提出："中国锅炉检查机构设在劳动部。因劳动部是综合机构，从劳动工作方面来讲，对各部可以进行监督。"建议还提出："总局（指锅炉检查总局）局长职衔很大，因他有权颁布条例和跟各工业部长谈话，新的总局长应由副部长兼任。如果设在司下面成立一个锅炉检查处就不好。还要注意一点，检查机构代表国家权力。"

之后，1956年8月29日，苏联锅炉安全监察工作顾问莫尔察诺夫提出《关于中华人民共和国锅炉安全检查总局组织条例的建议》。他认为，这个机构名称最好叫作"中华人民共和国锅炉安全监察总局"。他在建议中提出了十项任务、七项权力。

十项任务是：

1）发放制造锅炉单位的许可证；
2）发放使用锅炉单位的许可证；
3）对锅炉制造进行国家监督；
4）训练、考核锅炉管理人员和司炉工人；
5）对锅炉的设备事故、伤亡事故进行调查处理；
6）对有关问题进行鉴定或解答；
7）组织训练班；
8）对锅炉设备的安全使用进行科学研究；
9）审查锅炉制造材料的国家标准草案；
10）制订各主管部门对锅炉检查方面所必须一律遵守的规则和细则。

总局锅炉监察工程师的权力：

1）持总局长签署的证明，可随时出入企业；
2）有权索取有关技术资料和进行技术试验；
3）有权调查事故；
4）有权提出提示书限期执行；
5）威胁职工生命和有害身体健康时有权制止使用；
6）有权将事故责任者送交检察机关或提出行政处分提示书；
7）有权课以 10～50 元罚金。

3.1.2 安全监察机构的成立

1955 年 4 月 25 日，国营天津第一棉纺厂二号锅炉发生爆炸事故，伤亡职工和市民 77 人，其中死亡 8 人，重伤 17 人，轻伤 52 人。厂房、机器设备等直接经济损失达 32.9 万元。全厂停工 280 小时，影响了纺织工业部当年 4 月纱布产量任务的完成。天津市人民委员会经国务院批准，严肃处理事故有关责任人员。

1955 年 7 月 21 日，国务院以〔55〕国一监罗字第 84 号文发出《关于国营天津第一棉纺厂二号锅炉爆炸事故的通报》。通报指出，该厂的锅炉爆炸是由于领导干部存在严重的忽视安全的思想，他们认为动力部门是辅助部门，因而放弃对它的具体领导，对动力部门存在的管理混乱和锅炉的严重情况，从未检查，毫无所知。当该厂安技科提出应审查动力部门的人员、进行安全知识测验、鉴定动力设备的具体建议时，不考虑采纳，因而一错再错，没有积极采取措施。通报还指出，该厂对锅炉设备缺乏认真检查和维护检修工作，是这次事故的直接原因，二号锅炉漏水早在 1955 年 2 月份即发生，3 月底漏水的地方变成 2m 多长，到 4 月份每小时漏水竟达 1.5t 以上。但该厂对这种日益严重的情况仍然采取漠视的态度，再三拖延检修，以致锅炉钢板裂开，终于发生爆炸事故。通报要求，各工业、交通部门应立即组织对动力设备进行一次检查和鉴定，及时解决存在的问题，凡设备损坏已威胁安全的，应立即停止使用。

1955 年 5 月 16 日，劳动部经国务院第四办公室向国务院提出关于建立国家蒸汽锅炉及起重设备、受压容器监督机构的初步意见。主要内容是：
1）成立国家锅炉和起重设备的监督机关十分迫切；
2）中央工业部应进一步加强对锅炉的监督检查工作，未设立专管机构的根据需要逐步建立；
3）重点省市亦建立适当机构，人数 10～20 人。设立国家锅炉检查总局，委托劳动部领导，编制 40 人。天津、上海工业较多的省设分局，重点市设办事处。平均每 50 台锅炉设一人。

1955 年 6 月 11 日，国务院以〔55〕国发 32 号文批复在劳动部建立锅炉检查总局，批复提出："原则同意国务院第四办公室关于建立国家对蒸汽锅炉和起重设备、受压容器监督机构的初步意见。""可在劳动部下设立国家锅炉检查总局，人员编制应精干，所需干部可从人事局与有关各工业部从这次整编中抽调。""劳动部应选择一、二个工业集中而技术条件又较有基础的省市，先行试办，俟取得经验后再拟定设立地方机构的具体方案报国务院批准。"

1955 年 7 月，劳动部筹建锅炉安全检查总局，编制 40 人，局长罗英，副局长戴谦、王向明。之后，陆续由上海等地电力部门、铁路系统抽调工程技术人员到局工作。至该年底，共配备了行政干部、工程技术人员36人。

劳动部锅炉安全检查总局成立后，上海、黑龙江、湖北等地的劳动部门相继成立锅炉安全检查处，江苏、安徽等地劳动部门也在劳动保护机构内配备干部，具体负责锅炉安全检查工作。

与此同时，上海市锅炉检验师检验制度改为国家检验制度，1956年11月19日，上海市劳动局发出通知：自1956年12月1日起，本市的蒸汽锅炉及压力容器的检验工作，由上海市劳动局统一管理，今后各单位使用的锅炉、压力容器除有自行检验能力者外，均由市劳动局进行检验。

1957年11月12日，国家经委针对劳动部提出的锅炉检查机构的工作范围等问题，给陈云的一份报告，后经陈云批示同意，并以〔57〕谷字第1362号文转发了这份报告。国家经委做出如下批示：

一、劳动部已设立的机构保留。组织精干，干部质量加强。中央各工业部应建立机构，在技术安全部门指定专人。各地根据地方工业的情况，在劳动厅局设专职机构。各部、各地锅炉机构受劳动部锅炉机构的指导。

二、劳动部锅炉机构的任务：

1）从全面情况出发，研究确定锅炉监察工作的方针、政策；

2）制订、审批有关条例、规程和办法；

3）组织各部力量进行重点调查。目前受压容器、起重机械不管。自备电厂、地方电厂锅炉按隶属关系分别负责，电力部给予可能的指导和协助。

三、地方机构、编制由地方确定，技术力量从现有人员中调剂解决。抽调个别有经验的专家给劳动部。在一定情况下，劳动部为了集中研究锅炉安全监察方面某些重大问题或做技术鉴定，需要各部技术力量协助时，各部应予支持。

四、从实际出发，要求不能过高，应督促企业及时检修，加强维护。一般不要立即封闭停用，以致影响生产生活。

五、试验研究工作，在不妨碍各部试验研究工作的情况下，可以借用各部的试验设备和仪器，各部尽量给予支持。

3.1.3 安全监察机构成立初始开展的工作

劳动部锅炉安全检查总局建立后，在开展对锅炉普查的同时，逐渐开始了安全检查和技术检验工作，通过检查，发现并消除了一些事故隐患，有效地遏制了事故的发生。当时的锅炉安全监察工作重点是制定有关锅炉管理方面的规章制度，建立必要的地方机构，充实技术力量，加强监督检查工作，同时，加强了锅炉技术干部的培训，为以后的监察、检验工作开展打下了坚实的基础。

1）按照国务院通报精神，组织一些部门和地区对锅炉进行安全大检查，处理了一批有严重隐患的锅炉。其中，天津市对全市锅炉开展安全检查，149个工厂540台锅炉中，经停炉彻底检查的有239台，占锅炉总数的44.4%，经检查报废20台，大修36台；青岛市纺织系统5～8月全面检查锅炉，4台检修，1台停用；烟台市11台锅炉腐蚀严重，降压使用；佳木斯市检查131台锅炉，发现177个问题，分别做了处理；北京市西城区对

25个国营厂和私营厂检查32台锅炉，发现353个问题；江苏南京、苏州、无锡、常熟市等也相继开展了锅炉检查。

2）组织开展全国锅炉调查工作。据不完全统计，1955年底，全国工作压力在0.7kgf/cm²以上的固定式蒸汽锅炉约17000余台。辽宁省1956年统计，全省有锅炉5973台，压力容器（不含气瓶）7851台。河南省1958年统计，全省锅炉1300台。山东省1958年统计，全省锅炉1060台。

3）开展锅炉技术干部培训。1956—1958年间，相继培训了大批锅炉检验技术干部。

1956年4月，锅炉检查总局在北京劳动干部学校举办锅炉检验人员训练班，培训各地干部200名，其中劳动部门干部100名，工矿企业技术干部100名。师资为来自上海市劳动局的锅炉检验师，开设课程有工业锅炉结构、制造、安装、检修和技术检验等，学习期限为一年。

1957年10月，锅炉检查总局在上海举办第二期锅炉检查人员训练班，要求培训具有中专以上文化水平的锅炉安全监察人员，为各地建立机构充实技术力量。这期培训班，专门从上海动力学校锅炉制造专业应届毕业生中抽调43人，企业抽调中专以上文化程度的技术人员64人，地方劳动部门派来学习的27名，共134人。开设的课程有高中压锅炉结构、工业锅炉制造、检验、修理以及技术基础理论课程。师资由上海市劳动局锅炉检查处和苏联专家莫尔察诺夫担任，学习期限为6个月。

1958年6月中旬，锅炉检查总局在北京劳动学院举办第三期锅炉检查人员训练班，培训各地劳动部门和企业技术干部共108人，学习期限6个月。

4）制定锅炉安全管理方面的基本规章制度。

1956年9月—10月，以锅炉检查总局名义草拟的《中华人民共和国国家锅炉检查总局组织条例（草案）》和《省、自治区、直辖市国家锅炉检查局组织通则（草案）》下发各地劳动部门征求意见。

1957年12月2日，劳动部锅炉检查总局发布《关于锅炉运行应注意事项的通知》。

此外，1957年，劳动部锅炉检查总局编制了《司炉读本》，组织翻译出版了《炉内热力软化法》《关于蒸汽锅炉的苛性脆及其预防措施》《卧式火筒锅炉的损坏及其修理法》等技术资料，这些资料均由《劳动》杂志社出版发行。

1959年4月，劳动部在辽宁省辽阳市召开全国第一次锅炉安全工作会议，会上，劳动部劳动保护局局长章萍做了工作报告。这个报告中，肯定了几年来锅炉安全工作的成绩，报告指出：

一、锅炉安全工作的机构和检验干部队伍已经初步建立和成长起来。大中城市和工业集中地区的劳动部门，普遍建立了锅炉监察机构，培养了具有一定检验能力的专职干部约1695人，训练了锅炉管理人员和司炉工人17842人。

二、建立一些必要的规章制度，也摸索到了一些经验。很多企业建立了锅炉定期检验制度，不少地区逐步开展锅炉登记和技术鉴定，仅辽宁、河北、上海等16个省市的统计，1958年共检查了锅炉12000台。有关锅炉的原始资料正在比较系统地掌握起来。大中型企业一般也有了必要的锅炉操作守则。

三、锅炉设备和劳动条件已有了很大改善。目前，各种类型的锅炉已有了安全附件，一些旧的锅炉经过检修改装已能安全运行，新锅炉的设计、制造、安装基本符合安全技术要求。锅炉房内采取了很多通风、降温、照明等措施,阴暗、炎热等状况已有很大改进,加煤、出灰等笨重体力劳动,有的已经或正在为机械设备所替代。

四、解决了很多锅炉安全运行的重大技术问题。

1)火筒锅炉加装了外砌炉膛和水冷壁管,提高了蒸发量一倍左右;

2)有些锅炉安装了苛性脆化指示器和膨胀指示器,不少锅炉的给水进行了处理,对保证锅炉安全运行和延长寿命都有很大作用;

3)为了解决锅炉钢材不足的困难,经过调研确定工作压力≤13kgf/cm²(表压)、温度不超过220℃的火管锅炉的承压部件改用沸腾钢制造,为国家节约优质钢材7000~7500t。

五、锅炉爆炸事故显著减少。如以1950年0.7表压以上的锅炉爆炸事故为100,则1953年为90.19,1958年为60。

3.2 锅炉压力容器安全监察机构第一次撤销

1958年的"大跃进",对锅炉压力容器安全监察工作冲击很大,取消了专业管理的做法,锅炉安全检查总局被撤销,锅炉压力容器安全监察业务归并劳动保护局,专业干部相应减少。

3.2.1 安全监察机构撤销

1958年9月,在精简机构中,劳动部党组决定撤销锅炉检查总局,其业务并入劳动保护局,设立锅炉安全检查处,锅炉处由黎礼贵、李哲民负责,由副局长王向明同志领导锅炉处。

1958年9月下旬,劳动部在天津市召开第三次全国劳动保护会议。毛齐华副部长在总结发言中说:要依靠企业,做好锅炉检验工作。他又说:"过去我们曾想过中央成立锅炉检查总局,地方设置分局,从上而下地搞,实际上是主观主义,行不通的。"他强调指出:"经过这次会议,明确了锅炉检验工作,同样要依靠群众,因此,劳动部门的检验工作必须和企业检验相结合,不能单靠我们少数人搞检验工作,应以企业为主。""采取这个方针,就不是现在的一个检验人员要检验一二百台锅炉的情况,而是一台锅炉可以几个人检验。劳动部门在这方面的任务是:调查研究制订有关锅炉安全监察工作的方针政策和规章制度,定期检查企业锅炉使用情况,或组织社会力量研究解决锅炉安全技术上的重大问题,培训企业的锅炉检验人员和司炉工人,总结经验,交流经验。"

企业自行检验锅炉的做法从此开始推行。

3.2.2 压力容器安全监管的提出

1959年5月29日,国务院以国劳薄字156号文同意劳动部《关于加强锅炉安全工作的报告》并批转各省、自治区、直辖市人民委员会,国务院各部、各委员会,参照办理。劳动部的报告中除锅炉安全工作外,还提出:几年来企业中受压容器设备数量增加很快,有关受压容器的制造、使用和检修等方面存在的问题也不少,特别是化工、石油等企业中爆炸事故时有发生,对生产也有很大影响。要求各地对受压容器进行一次重点检查,摸清情况,发现问题,制定必要的管理办法,在这一基础上,把受压容器的安全工作有步骤地开展起来。

3.2.3 安全监察机构撤销后的锅炉压力容器安全管理工作情况

锅炉检查总局撤销后,劳动部劳动保护局的锅炉安全工作主要是:推动和积极协助各地培训锅炉检验人员和司炉人员,组织和领导企业进行锅炉登记和技术鉴定工作,督促贯彻执行必要的规章制度和拟订一些必要的规章制度,加强"土锅炉"的安全工作。

1. 继续培训锅炉安全技术干部

1959年7月20日,劳动部劳动保护局锅炉处举办全国高压锅炉训练班,学员为各地劳动部门的锅炉干部28人,企业及主管部门的锅炉技术干部36人,课程内容为:中高压锅炉的结构、金属材料、焊接、水循环及事故调查,主讲人由苏联专家阿·阿·季托夫担任,辅导由韩士信工程师担任。学习时间为70天。

2. 组建锅炉安全技术鉴定委员会

1959年8月,劳动部向国务院提出《关于筹组锅炉安全技术鉴定委员会的报告》,提议在劳动部设立"锅炉安全技术鉴定委员会",由劳动部聘请各有关部门、研究单位和高等院校的专门人员为委员,并提出委员的条件,是政治可靠、具有丰富的专业理论知识和实际经验的总工程师、研究员或教授。委员会的任务,主要是审查草拟关于锅炉和受压容器的安全规程制度,解决有关重大技术问题,以及提出有关建议。委员会的工作方法,主要是通讯联系,征询意见,必要时召开专门的会议。一般每年召开全体委员会议一次。

1959年9月26日,国务院的国五习字249号通知批转了劳动部《关于筹组锅炉安全技术鉴定委员会的报告》,通知要求各有关部门按照劳动部提出的名额,选派适当人员,充任该委员会的委员。

1960年2月25日至3月1日,在北京召开了锅炉安全技术鉴定委员会第一次会议。会议由劳动部副部长毛齐华主持,会议讨论通过了委员会的组织简则,成立了锅炉安全技术委员会,由劳动部劳动保护局局长章萍兼任主任委员,委员中有有关部门的总工程师、学校的教授、研究机构的研究员;会议讨论和修改了《锅炉安全监察规程(草案)》《金属材料的使用暂行规定(草案)》《火管锅炉强度计算标准暂行规定(草案)》。在讨论中贯彻了如下方针:学习苏联和其他国家的先进经验,并与中国实际情况相结合,既要保证安全,又要充分发挥设备的经济效能,既要对锅炉的制造和使用有基本要求,又不要限制得过死。会议决定在1961年2、3月左右召开下一次会议,主要内容讨论《受压容器安全监察规程(草案)》,并修改试行后的《锅炉安全监察规程(草案)》。

1962年4月10日—15日,劳动部在北京召开锅炉安全技术鉴定委员会第二次会议,到会的除委员外,还有全国主要气体制造厂和部分省市劳动厅(局)的锅炉技术干部。会上讨论了《水管锅炉受压元件强度计算暂行规定(草案)》《气瓶安全管理暂行规定(草案)》。会议提出:我国生产的钢材是否与苏联钢材性能相同或接近,心中无数,完全采用苏联数据是不妥当的,但要做这项试验,要做大量组织工作和试验工作;在征得一机部、冶金部、水电部的同意下,也可不做试验,仍采用苏联数据;对于"气瓶安全规定",是以苏联规程为参考制定出来的,到会人员认为这个规定基本上是可行的,建议争取和公安部、化工部联合发布。

3. 制定和颁布有关规程

1960年4月5日，劳动部和一机部联合颁发《锅炉金属材料的使用暂行规定（草案）》。6月8日，劳动部劳动保护局颁发"锅炉安全技术登录簿"。8月25日，一机部、劳动部联合颁发《锅炉用的焊接钢管暂行标准》。12月20日，劳动部颁发《蒸汽锅炉安全监察规程》。

1961年6月13日，劳动部、一机部联合公布施行《火管锅炉受压元件强度计算暂行规定》。7月12日，劳动部、公安部、化工部联合公布《气瓶安全管理暂行规定》。

1962年3月9日，劳动部、一机部公布试行《水管锅炉受压元件强度计算暂行规定》。10月4日，劳动部公布试行《蒸汽锅炉使用登记试行办法》和《蒸汽锅炉司炉工人的安全技术管理试行办法》，具体规定了锅炉登记范围、要求，以及推行发放登记证的办法；对司炉工人具体规定了职责、应具备的条件和应知应会的内容，并进行统一的技术考试，推行发放锅炉操作证的办法。这两项工作都是建立锅炉安全管理正常秩序的基础工作。

1963年4月8日，劳动部公布《蒸汽锅炉设备事故报告办法》，开始建立蒸汽锅炉事故报告制度。该办法统一了事故调查报告书的内容和格式，规定了事故报告的程序和日期，明确了事故的种类。

4. 针对薄弱环节，组织开展安全检查

1958年生产"大跃进"以来，锅炉数量增加很快，据1959年初统计，全国锅炉已达到3万余台。

1959年12月17日，劳动部劳动保护局以〔59〕中劳护字第173号文，发出《关于土锅炉爆炸事故的通报》。通报指出，从最近几起土制锅炉爆炸事故看，大都是由于锅炉结构不合理、缺乏安全附件，或管理上无专人负责等原因造成的。为了引起各地注意，通报中列举了甘肃、北京和广西壮族自治区等厂矿企业锅炉爆炸的具体事例。通报要求各地根据当地情况，立即组织有关部门对自制的土锅炉进行一次全面检查。

1960年7月1日，劳动部向各地发出《关于防止土锅炉爆炸事故的通报》。通报指出：随着"四化"为中心的技术革新和技术革命运动的全面开展，各地制造了不少"土锅炉"（指汽油桶、电石桶、木桶和薄铁板造的简易锅炉），对满足生产和生活的需要起到了很大作用。但是，有些单位对这些锅炉的结构、材料、焊接的方法，缺乏应有的重视和必要的知识，使用前不做技术鉴定，运行中盲目提高压力，致使发生爆炸事故。据不完全统计，今年1—5月份共发生爆炸事故140次，有的甚至发生了伤亡事故。通报还指出，为了促进技术革新和技术革命运动进一步开展，必须坚持党的安全生产方针，既要有革命的冲天干劲，又要有科学分析的精神。要认真地接受事故教训，加强研究，在确保安全的情况下，才能推广和使用土锅炉。为此，要求各地劳动部门组织有关方面对土锅炉的制造和使用进行一次全面细致的检查，及时采取措施，下决心杜绝类似事故发生。

同年12月，劳动部颁发了《蒸汽锅炉安全监察规程》。

1962年3月1日，劳动部向中央各产业部及军委总后勤部发出《关于1962年锅炉安全工作安排的通知》，要求开展受压容器的安全管理工作，特别是容器较集中的化工、石油、轻工等产业部门，应开展一次受压容器的大检查，通过检查进行容器的登记工作，检修年久失修的容器，建立健全操作管理制度。重点检查制造受压容器的企业，并加强对制造厂的日常监督检查工作，督促提高其制造质量。

3月26日，科委、劳动部共同发出《关于检定蒸汽锅炉压力表的联合通知》。通知指出，据不完全统计，全国已有6万多台蒸汽锅炉（>0.7kgf/cm²），但由于技术管理不善，很多企业对压力表缺乏定期校验检验制度，压力表不准、失灵现象普遍存在，影响锅炉安全运行。在1961年发生的130多起锅炉爆炸事故中（伤亡280多人），有不少就是因为压力表动作不准、失灵造成的。为了改变安全附件不能起安全作用的状况，必须加强经常的压力表校验工作，并对管理、校验以及检修等方面提出五项具体要求。

4月29日，劳动部、化工部、轻工部、石油部共同发出《关于受压容器安全检查的联合通知》，对各省、自治区、直辖市劳动、化工、轻工厅、局以及化工、轻工、石油部属企业等部门、单位，提出检查工作的时间、内容和具体要求，以及要求除化工、轻工、石油部门以外的有受压容器的其他产业部，可参考本通知的精神，开展安全检查工作。

5月30日，劳动、化工、轻工、石油部向各地发送"受压容器技术检验注意事项"的联合通知。为了更好地完成这次检查工作，保证在检查中的安全和检查质量，该通知对检验前准备工作、内外部检查、水压试验、密封性气压试验、安全附件的检查等环节，提出了具体要求、处理原则与合格标准等。

6月5日，劳动部劳动保护局向各地劳动部门补发受压容器（0.7～50kgf/cm²）规程（草案），作为开展这次检查工作的技术依据。

8月2日，劳动部发各地劳动厅、局，抄送化工、轻工、石油部《关于受压容器检查情况的通报》。该文件通报了各地检查情况，同时指出，目前部分省市还存在不少问题，行动比较迟缓，尚未采取有效措施等，并转发《上海市受压容器安全检查的情况》，供各地参考。

8月14日，劳动部、商业部联合发出《关于防止氨瓶爆炸事故的通报》，通报中除分析了事故的主要原因，还提出四点意见。要求各地根据劳动、化工、轻工、石油四部联合通知，立即开展一次彻底的安全检查。

3.2.4 事故情况

受当时形势的影响，在"全民办电""蒸汽化"运动中，"土锅炉""万能灶"等到处泛滥。由于这些设备违反科学规律、质量低劣，致使"土锅炉"爆炸事故不断发生。1959年5月，国务院在批转《劳动部关于加强锅炉安全工作的报告》中提出，要特别注意加强"土锅炉"的安全工作。但是，由于机构被削弱，人员减少，缺乏有力的措施，事故率仍然很高，仅1960年发生的"土锅炉"爆炸事故就达1000余起。

与此同时，锅炉压力容器设备数量成倍增长，由于企业的安全管理工作却没有相应地跟上，加上锅炉安全监察机构的削弱，安全工作受到很大影响，锅炉、压力容器事故呈上升趋势。仅1960年至1962年的三年间，就发生锅炉和压力容器爆炸事故626起，损失严重。其中辽宁省1959年至1962年，共发生锅炉爆炸事故39起，伤亡112人。

1959年甘肃省、浙江省以及徐州、自贡、青岛、营口、开封等市劳动局报劳动部的会议资料及工作开展和存在问题的报告中普遍反映，锅炉的设备数量在逐年增加，特别是1958年生产"大跃进"以来，增加得更快，如开封市解放前只有5台锅炉，目前已发展到93台。而这些锅炉多数年久破旧、安全附件不全不灵、技术档案残缺不全、规章制度不健全、操作人员多数缺乏操作知识等，甚至有些企业在去年"大跃进"中以"破常规"

为借口将一些合理有用的操作、保养和检修制度也破除了。有的企业锅炉设备满足不了生产需要，就靠盲目提高锅炉压力或购置已经报废的锅炉来解决蒸汽不足的问题，这对锅炉安全运行威胁很大。

史料记载的有关典型事故情况如下：

1959年

3月14日，河南汤阴县冶金煤炭综合厂煤矿东头分矿一台立式锅炉发生爆炸，死4人，重伤7人，轻伤4人。事故原因：超压爆炸。

3月24日，山西省晋城县陵川机械厂一台卧式锅炉爆炸，死3人。事故原因：在安全阀失灵的情况下，盲目超压运行。

5月27日，南京南化公司直接触媒车间糠醛卫星厂蒸煮锅炉爆炸，死4人，伤3人。事故原因：对原设计做不适当的修改，材料代用不当，焊接质量太差以及使用中超压运行等。

7月30日，甘肃省兰州西固热电厂连续发生五次（三台锅炉）水冷壁管爆破事故，虽无人员伤亡，但造成全厂、全市及白银市、刘家峡等地停电，经济损失约2370万元。事故原因：由于水质监督失控所致。

12月，山东省齐河县饮食服务公司一台汽油桶锅炉爆炸，死亡3人，伤多人。事故原因：自制不符合安全要求，操作人员不懂操作知识。

1960年

从3月至6月，锅炉爆炸事故频繁发生。如河北省石家庄市半个月内就连续发生锅炉爆炸事故6起，死伤27人；上海市从4月17日至6月30日，据不完全统计，先后发生简易蒸汽锅炉（万能灶）爆炸事故12起，共炸伤67人。为此，河北、湖北、安徽、福建、吉林、辽宁等省以及上海、天津等市和唐山、石家庄、武汉、黄石、齐齐哈尔、开封、鞍山等地劳动部门对连续发生土锅炉、万能灶、蒸汽水车等小型低压锅炉爆炸事故发出紧急通知或通报。

12月1日，哈尔滨市道外人民公社胜利分社办公楼使用的一台私自制造的立式冲天管锅炉（角焊结构，无安全阀，压力表未校验）试烧时爆炸，造成5人死亡，4人重伤，8人轻伤，两层办公楼炸塌。分社社长、分社党委副书记、公社党委副书记均受处分。

该年，上海市发生简易锅炉（万能灶）爆炸事故23起。河南省发生锅炉爆炸事故101起，死亡38人，受伤258人，爆炸的多是简易锅炉。

1961年

从1月开始，浙江、湖北、湖南、广东、陕西、甘肃、云南、辽宁、江苏、山西、河北、安徽等省以及北京、上海和沈阳、锦州、鞍山、齐齐哈尔、太原、石家庄、福州、芜湖、广州等市劳动部门先后发出事故通报或紧急通报，反映事故严重，特别是土锅炉爆炸事故连续发生。轻工部、水电部、建筑工程部也同时发出锅炉事故通报。

3月23日，黑龙江省合江农垦局二九零农场的锅炉爆炸，造成8人死亡，9人重伤，14人轻伤。主管副场长被依法判刑2年，监外执行，另一名副场长受撤职处分。

1961年11月2日及12月28日，兰化合成氨厂连续发生两次爆炸事故，事故的原因均系氨预冷器中高压空气管道（$\phi 27mm \times 3.5mm$）突然破裂，管中的180kgf/cm² 高压空气大量漏入低压氨系统，造成爆炸。第一次由于氨预冷器上未装爆破板，造成器体全部炸毁，全厂停车；第二次爆炸由于预冷器上已装爆破板，因而损失较小。

1962 年

1月3日，吉林省化学工程公司肥料厂水洗塔爆炸，死亡1人，伤23人。此类事故，在我国尚属首次，世界上亦属罕见，损失巨大，连同减产经济损失共达272万元。化工部"吉林肥料厂水洗塔爆炸事故总结"中的吉林化学工业公司事故调查委员会2月19日"水洗塔爆炸事故调查工作汇报"称：经过1个半月的初步调查找到了事故原因，认为是属于化学性爆炸，并已确定事故的发生不是由于材质不良或超压所造成，也不可能是由于空气混入系统所造成的。初步查明煤气及水中均含有微量的一氧化氮，芳香族碳氢化合物和硫化物在系统中有可能形成含氧基（如硝基）有机化合物，从而造成猛烈爆炸。

水利电力部先后发出电业事故通报，1月12日，洛阳电厂发生锅炉省煤器进水管焊口爆破事故，造成4人受伤，郑、洛三电网大面积停电；2月19日，阜新电厂发生中压锅炉给水母管爆破事故，以致运行中的五台锅炉和四台汽轮机全部被迫紧急停止运行，全厂由33万kW降到23万kW；3月27日，华东水利学院锅炉在试烧时发生爆炸，死亡2人，轻伤2人。

5月27日，广东省佛山市饮食业白云冰室发生氨瓶爆炸事故，造成死亡15人，重伤2人，轻伤23人。

3.3 锅炉压力容器安全监察机构的恢复重建

3.3.1 安全监察机构的重建

1963年5月18日，劳动部向国务院上报了《关于加强各地锅炉和压力容器安全监察机构的报告》，向国务院报告了锅炉和受压容器在国民经济中的重要地位以及加强这些设备安全管理的必要性，在报告中除汇报了从1956年起，劳动部和部分省（区）设立机构以来所进行的主要工作外，还着重提出，几年来锅炉专管机构在历次精简中先后被撤销，经过专业培训的400多名锅炉检验干部，已有300多名被调走，使工作陷于停顿状态。由于组织机构与工作任务不相适应，已严重妨碍安全工作的开展，使得一些本来可以避免的事故也就无法避免。近年来事故相当严重，仅1960年至1962年的三年间，就发生锅炉和容器爆炸事故626起，损失严重。同时，还列举了一些影响面大、损失惨重的事故案例。并且从当前锅炉、容器的制造、安装混乱，设备失修，操作人员急需培训等方面存在的问题，说明事故隐患相当严重，要消除隐患，防止事故，还需要做大量工作，但目前各地只有100多名锅炉干部，显然难以胜任这些工作。因此，建议国务院批准，将全国劳动部门锅炉安全监察机构的编制从现有的100多人增加到500人。在省、自治区、直辖市建立或者恢复锅炉安全监察处（科），在工业集中、锅炉容器较多的省辖市和专辖市设置锅炉安全监察科等。

5月28日，国务院以国劳字376号文，批转了劳动部《关于加强各地锅炉和受压容器安全监察机构的报告》。批文中指出："近几年来，这种设备的数量成倍增加，而企业的锅炉安全管理工作却没有相应地跟上。劳动部对这项工作抓得不紧，长期不闻不问，是造成事故频繁的主要原因。劳动部门的锅炉安全监察机构一再削弱，也是造成锅炉爆炸事故频繁、设备隐患严重的原因之一。"还指出："事实证明，锅炉和受压容器安全监察工作的好坏，对职工的安危及生产建设的影响很大，决不可以稍加忽视。""保证锅炉和受压容器的安全运转，既有复杂的技术问题，也有重大的政治、经济意义，既需要企业单位切实加强管理，也需要劳动部门加强监督检查和综合管理。因此，使用锅炉和受压容器的部门和单位，应该根据安全管理工作的简繁，设置专管机构或者专职、兼职人员。各省、自治区、直辖市人民委员会，应加强或者恢复本地区各级劳动部门的锅炉安全监察机构，增配必要的干部。"还指出："国务院决定把全国劳动部门锅炉安全工作干部编制增加到五百人，新增加的人员编制由国务院拨给。"批示最后指示："今后，各地劳动部门锅炉安全工作的干部，不要随便调动，以便他们钻研业务，积累经验，开展工作。"

6月6日，劳动部转发了国务院批转劳动部《关于加强各地锅炉和受压容器安全监察机构的报告》，要求各省、自治区、直辖市按照报告所提的人员分配名额，研究本地区的机构设置、干部配备。

7月15日，劳动部发出《关于锅炉安全监察机构设置的通报》指出：各地根据国务院的批示，如何合理地使用力量，把有限的编制人员用到最需要的地方去，是筹建机构中应注意的问题。还指出：有的地方把增加的编制分给原有的劳动保护机构，没有独立设立锅炉机构，有的地方设置机构时，力量过于分散，既不利集中领导，也不便开展工作。这些都是不符合国务院批示精神的。通报认为，河北省劳动局对机构的设置，采取集中领导、分区工作的办法很好，并同时转发河北省《关于加强我省锅炉安全监察机构的报告》。要求各省、自治区、直辖市恢复锅炉安全监察处（科），省辖市和专辖市应设锅炉安全监察科。不设机构的地方不分配人员。锅炉台数少而又分散的地区，可采取河北省的办法，由省派出监察组或监察员，受省和地方劳动局双重领导。最后提出，各地的机构和人员配备情况，应报劳动部审查。

10月25日，劳动部向国务院报送《关于恢复锅炉安全监察局的报告》中讲，我部由于经验不够，对锅炉安全工作的特点和复杂性认识不足，在1958年精简中把这一机构撤销，将有关工作并于劳动保护局办理。现在看来，是不妥当的。目前，为适应工作的要求，有恢复锅炉安全监察局的必要。从几年的实践经验和当前工作来看，锅炉安全监察局的职责任务应该是：全面规划全国锅炉和受压容器的安全监察工作；拟订有关的法规制度；监督检查各地区、各部门的锅炉、受压容器安全工作；研究解决有关的重大安全技术问题；分析事故并提出预防措施。根据上述任务，监察局应设局长、副局长和总工程师各一人，局下分设锅炉、容器、技术教育等处和秘书室，全局编制共需40人（现有23人，还需要增加17人）。

11月21日，劳动部在武昌召开全国锅炉安全监察工作会议，会上劳动部劳动保护局章萍局长做了《几年来锅炉安全监察工作的总结和今后的任务》的报告，毛齐华副部长做了总结报告。章萍局长在报告中总结了锅炉安全监察工作正反两个方面的经验教训，明确了安全监察工作的方针和任务，对于以后工作的开展起了重要作用。报告指出：从劳动部来说，在精简当中撤销锅炉安全监察局，随后各地的机构一再削弱，也没有及时提出意见加以解决，同时对工作指导不够，对各地工作出现的偏差也注意不足。有的地方单纯强调依靠企业，忽视了监督检查，干部很少下厂了，下厂也不再检验锅炉；有些地方存在着畏难情绪，认为锅炉安全工作不可不管，不可多管；有的认为锅炉安全工作技术性太强，劳动部门管不了，采取敷衍塞责的态度，等等。我们没有及时加以纠正。因此，有的地区曾经使工作陷入无人负责的状态。这都是由于思想认识上和组织机构上种种原因造成的，责任首先在于领导，我们应负很大责任。

1964年2月，劳动部恢复建立锅炉安全监察局，林超任局长。

3.3.2 机构重建后的安全监察工作情况

各级劳动部门恢复建立安全监察机构后，加强了立法、管理、培训等基础工作，开展了设计、制造、安装、使用、修理等环节的安全监察管理工作，锅炉压力容器安全监察工作得到进一步发展，锅炉压力容器安全形势有了好转，事故明显下降。主要采取的措施是：在全国范围开展司炉工培训考试；利用3年时间开展锅炉登记建档工作，即逐台进行图样测绘、强度核算、内外部检验；开展压力容器安全监察试点；以多种形式培训安全监察专业干部，提高队伍素质；通过安全技术鉴定委员会的形式审定了一些安全规程和标准。

1. 拟定和制定有关规章和标准

1963年11月5日，劳动部发出《关于征求蒸汽锅炉和受压容器安全监察条例、蒸汽锅炉制造厂监督办法意见的通知》。1965年11月，劳动部提出关于《受压容器安全监察规程（草稿）》的说明，12月，又提出《对受压容器安全监察规程试点工作的初步意见（草稿）》。

1965年11月12日，劳动部公布试行《蒸汽锅炉安全监察规程》。

12月7日，劳动部发出《关于公布试行〈气瓶安全监察规程〉的通知》。通知指出：1961年由劳动、公安、化工三部联合颁发的《气瓶安全暂行规定》，已经过4年时间的试行，这个规定起了积极作用，但也存在不少问题。我部已根据各地、各有关部门、单位的意见，对"规定"做了全面修订，修订定名为《气瓶安全监察规程》，并由我部单独颁布，原三部"暂行规定"即行废止。

1966年1月18日，劳动部锅炉局向11个受压容器试点地区印发《受压容器安全监察规程（草稿）》，供试点使用。1月28日劳动部锅炉局向试点地区印发受压容器技术等级参考资料之一——受压容器技术登记卡片。4月9日，劳动部锅炉局向试点地区印发"受压容器强度计算有关资料"，供试点地区工作中参考。

1966年2月5日，一机部、化工部、劳动部联合发出《关于批准〈多层式高压容器技术条件〉标准的通知》。通知指出：《多层式高压容器技术条件》经三个部审查，批准作为部标准（标准号JB 754—1965），现予公布，从1966年5月1日起贯彻执行。1959年颁布的《多层式高压容器设计与检验规程》（THI—1959）即行废止。1964年全国氮肥设备制造技术工作会议通过的《关于氮肥生产中若干问题暂行规定》中与本标准有抵触部分，均按本标准执行。

2. 培训锅炉安全技术干部

1964年4月6日至12月12日，劳动部在北京举办第五期锅炉安全监察干部训练班。学员来自各省、自治区、直辖市劳动部门以及冶金、化工、石油、煤炭、林业等八个产业部的工程技术干部118名，学员中大中专程度占88%。教员除劳动部人员外，还聘请了院校老师、科研单位和厂矿的工程技术人员。课程设置有：金属材料焊接、探伤，高中压锅炉结构、运行、强度计算、检验与修理，高中低压石油、化工受压容器，以及政治课。同时还安排了锅炉容器安全监察工作的方针、政策、任务，有关监督检验方面的经验等专题报告，最后用了一个月时间进行了现场实习，对北京市服务事业管理局、中国医学科学院等四个系统的 236 台蒸汽锅炉进行了登记和技术鉴定。全班有 90% 以上的学员,通过学习,都能对制造、安装和运行锅炉,独立地进行监督检查工作,在组织能力、工作方法上,也普遍有所提高。

3. 开展出口锅炉安全检查

1964 年 9 月,劳动部锅炉安全监察局答复湖北省武汉市劳动局,同意他们派人去武汉锅炉厂对该厂援缅甸的出口锅炉产品做一次全面检查,只要符合《蒸汽锅炉安全规程》的要求,可以由武汉市劳动局出具有关符合锅炉安全规程要求的证明,至于证明的格式,可与锅炉厂、外贸部门共同研究确定。这是我国锅炉安全监察机构对出口锅炉产品进行的首次安全检查。

4. 继续发挥锅炉安全技术鉴定委员会的作用

1964 年 11 月 13 日至 21 日,劳动部在无锡召开了全国锅炉安全技术鉴定委员会第三次会议,到会委员和特邀代表 32 人,劳动部门的工程技术人员 10 人。会议讨论了新修订的《蒸汽锅炉安全规程》,逐条对规程的内容进行审查、讨论和修改。与会代表一致认为,这次修订稿比原规程有了很大的进步,但是也认为,我国还需要进行一些必要的科学试验,譬如:锅炉钢材的高温性能试验;时效试验;焊缝断口检查的适用范围、检查方法及合格标准;各类安全阀的排气试验;焊缝的冷弯试验;胀口试验等。

5. 制定锅炉安全技术研究项目

1965 年 3 月 11 日,劳动部以〔65〕中劳锅字第 27 号函,向国家科委报送"锅炉安全科学技术研究项目",请科委在科学技术研究规划中,予以安排。具体项目是:

1)锅炉受压元件材料的高温性能试验(包括蠕变试验、高温强度、高温金相组织的合格标准)。

2)锅炉安全阀性能试验(包括排放量、开启压力和回座压力的控制)。

3)焊缝的冷弯和压扁试验(包括冷弯和压扁试验的意义、冷弯试验方法、冷弯和压扁试验合格标准、研究影响冷弯结果的各项因素)。

4)胀口试验(包括胀接口的结合强度及严密性、胀口结合面啮合状态)。

5)锅炉受压元件的强度试验(包括应力测定和爆破试验)。

同时对每项试验均提出试验目的、对象,并提出试验项目的负责单位和协作单位。

1966 年 1 月 7 日劳动部向国务院报告《三年来锅炉安全监察工作情况和今后工作意见》,报告中说:近年来,我国锅炉设备的技术状况有了很大的改进,安全、经济运行水平不断提高,事故显著减少。我们主要做了以下三项工作:(一)组织和推动企业开展锅炉登记、建立技术档案工作,查明并改善了设备状态。(二)组织培训了大批司炉工人和检验人员,为管好、用好锅炉创造了条件。(三)对锅炉的设计、制造、安装、修理等方面关系到安全的问题,开展了一些工作,如参加全国锅炉定型设计的审查,锅炉制造、修理厂定点等。前几年一度严重存在的粗制滥造和随意安装、修理锅炉的现象,现在已基本没有了。

3.4 锅炉压力容器安全监察机构第二次撤销

3.4.1 "文革"期间,随着劳动部撤销,安全监察机构也随之撤销

1966 年 5 月—6 月,十年动乱开始,劳动部锅炉安全监察局全体人员参加"运动",

工作基本停顿，仅有来往信函时有发生。

1967年，劳动部锅炉安全监察局大多数人员参加"文革"运动，只有个别人员处理地方和企业的来函，答复一些问题。

1970年6月，撤销劳动部，成立国家计委劳动局。由此，随着劳动部的撤销，锅炉安全监察局也随同撤销。

3.4.2 受"文革"影响，安全监察工作基本陷于停滞

"文革"期间锅炉压力容器安全监察的工作体制受到冲击，中央和地方的锅炉压力容器安全监察工作基本瘫痪。1973年12月30日，国家计委劳动局给国家计委党的核心小组写报告反映，贯彻中共中央《关于加强安全生产的通知》（中发〔1970〕71号）的两年来，事故情况仍很严重，一是领导不重视，二是安全机构薄弱，三是制度不健全，四是劳动条件差（安全措施所需经费、器材没有安排解决，大量的安全通风、防尘、防毒设备年久失修，跑、冒、滴、漏严重，设备无人管理等）。

3.5 锅炉压力容器安全监察机构再次恢复重建

3.5.1 安全监察机构的再次恢复

1975年初，邓小平同志恢复工作和主持中央工作后，采取了一系列措施，对各方面进行整顿。在此期间，锅炉压力容器安全监察机构和工作得以恢复。

1975年9月，国家成立国家劳动总局，该年10月，国家劳动总局成立锅炉组。

同年10月29日，国家计委批转国家劳动总局《关于加强锅炉、压力容器安全工作的报告》。报告指出，当前主要问题是事故多、损失大，要求企业及其主管部门要加强管理，严格设计、制造管理，各级劳动部门要对锅炉设计、制造、安装、使用、修理等环节的安全工作进行综合管理，监督检查。至今还无专人管的，要尽快改变。

1977年11月2日，国家劳动总局发出《关于加强锅炉压力容器安全工作的通知》，指出这项工作必须加强，部分地区和部分领导对这项工作的重要性和必要性尚不理解，抓得不得力。通知提出了加强锅炉压力容器安全工作的八项任务，并提出了干部归队和充实机构的要求。

1978年2月20日，国家劳动总局发出《关于转发吉林省恢复锅炉和受压容器安全监察机构和编制一文的通知》，指出某些省、市劳动部门要迎头赶上，大力加强锅炉受压容器的安全管理工作。

1978年8月1日，由国家劳动总局签发给国务院《关于统一归口建立承压锅炉、受压容器监督检查机构的请示报告》提出，为适应国内、国外业务活动的需要，建议在国家劳动总局下设锅炉压力容器安全监察局，编制50人。省市也应当适当增加编制以加强管理。9月，国务院批准恢复锅炉安全监察局，林超任局长，黎礼贵、王文祥、傅文毅任副局长。

在此前后，江苏、安徽等一些地方劳动部门，也相继恢复或建立了锅炉压力容器安全监察机构。

3.5.2　1978—1979 年事故形势

由于锅炉压力容器事故具有滞后性特征,"文革"期间安全监察工作停滞和企业安全管理松懈,形成大量的隐患,事故大幅度上升。1978 年全国锅炉、压力容器共发生重大事故 650 起,其中爆炸事故 255 起,死亡 153 人,受伤 600 人。1979 年全国锅炉、压力容器共发生爆炸事故 324 起,死亡 282 人。这些事故中,最为突出的是 1979 年发生的三大恶性灾难事故。

3 月 28 日,河南省南阳柴油机厂浴室热交换器(热水罐)爆炸,房屋倒塌,房顶全部塌落,死亡 44 人,重伤 13 人,轻伤 24 人。该容器是该厂 1974 年自制的,封头与筒体连接结构不合理,爆炸就是从此开始,此外工人不懂操作技术、有关领导不重视也是导致事故发生的重要原因。

9 月 7 日,浙江省温州电化厂液氯钢瓶爆炸,死亡 59 人,中毒住院治疗 779 人,门诊治疗 400 余人。这起事故的原因是,气瓶在使用中氯化石蜡倒灌入液氯钢瓶,在返回充装时,没有按照《气瓶安全监察规程》中的有关规定进行充装前检查、处理,就直接充装液氯,致使倒灌的近百千克氯化石蜡与液氯在钢瓶内产生放热的化学反应,内压激增发生爆炸。

12 月 18 日,吉林市煤气公司液化气厂一台 400m^3 液化石油气球罐爆炸,死亡 32 人,伤 54 人,直接经济损失 539 万元。直接原因是组焊质量差,发生了脆性断裂。

锅炉压力容器事故严重的局面,引起了国务院的高度重视。为了认真吸取事故教训,国务院在 1979 年 8 月至 1980 年 4 月不到一年的时间内,连续发出了三个文件:

1979 年 8 月 23 日,国务院以国发〔1979〕208 号文件转发河南省《关于南阳柴油机厂热交换器爆炸事故的调查报告》,提出要建立健全规章制度,整顿制造,择优定点,对操作人员要严格进行技术培训和安全教育,要普遍进行一次安全检查,切实解决存在的问题。

同年 10 月 20 日,国务院以国发〔1979〕249 号文件批转国家劳动总局《关于健全锅炉压力容器监察机构加强监督检查工作的报告》。

1980 年 4 月 25 日,国务院以国发〔1980〕99 号文件批转《关于吉林市煤气公司液化石油气厂恶性爆炸、火灾事故的报告》。提出这次事故暴露出来的组装质量差、使用管理混乱、领导干部不重视安全生产、不认真执行安全规章制度、不懂业务、不注意技术管理,以及对设备长期不检验等问题,在不少单位中不同程度地存在,应当引起各级领导的高度重视。

国务院在批转国家劳动总局《关于健全锅炉压力容器安全监察机构加强监督检查工作的报告》中指出:"锅炉和压力容器安全工作,对于保证生产建设正常进行,保障人民的生命安全十分重要。各省、自治区、直辖市革委会(人民政府)必须给予高度重视,加强领导,严格管理,尽快地把机构建立和健全起来。所有使用锅炉、压力容器的单位,要加强对操作人员的技术考核,严格做好水质处理工作,建立健全岗位责任制和定期检验等制度。"批文指示:"对锅炉和压力容器实行安全监察是国家授予劳动部门的一项重要任务,各级劳动部门要切实担负起安全监察的责任,严格监督检查,采取有效措施,把当前事故严重的局面迅速扭转过来,以适应社会主义建设事业的需要。"批文要求"各省、市、自治区必须高度重视这项工作,加强领导,严格管理,尽快把机构建立和健全起来。"该文件确定给全国新增安全监察干部编制 800 人。

国发〔1979〕249 号文件及其批转的报告,是锅炉压力容器安全监察历史的重要文件。其重要作用在于:一是明确了安全监察机构的任务,主要是制定综合性的安全技术规程、标准,审定有关专业技术标准,并监督有关部门贯彻执行;二是确立了安全监察工作的基本制度,对锅炉、压力容器的设计、制造、安装、使用、维修、改造等环节实行监督检查,对于制造质量低劣和危及安全运行的设备,有权停止其生产和使用,对锅炉、压力容器实行定期检验,调查处理重大事故,研究解决重大安全技术问题,对企业管理人员和操作工人,进行宣传教育和培训,对锅炉、压力容器的进出口实行监察检验;三是推动了中央和地方劳动部门锅炉压力容器安全监察机构的恢复和建立,该文件提出关于安全监察机构建立和健全的要求,并规定给全国新增编制 800 人,加强了中央和地方的安全监察力量,对之后的锅炉压力容器安全监察体制的建立健全,起到了组织保证作用。

3.5.3 贯彻国务院国发〔1979〕249 号文件情况

锅炉压力容器安全监察机构恢复后,特别是国发〔1979〕249 号文件发布后,各级劳动部门锅炉压力容器安全监察机构遵照国务院批示精神,切实担负起了安全监察的责任,严格监督检查,采取有力措施,逐渐制定了锅炉压力容器安全法规,并培训了大批安全监察、检验干部,建立健全各级安全监察机构和检测检验机构,由此形成了较完善的安全监察监督检验体系。自此,安全监察工作开始步入轨道,开创了良好的局面。

1. 安全监察机构恢复加强和检验机构诞生发展情况

1980 年 8 月,国家劳动总局党组决定,将锅炉安全监察局改名为锅炉压力容器安全监察局。

各级劳动部门遵照国务院要求,经过 3 年的努力,全国基本实现了省级劳动部门有安全监察处,地市劳动部门有安全监察科,并且从企业和大专毕业生中,抽调和分配了一大批工程技术人员,充实监察力量,配齐增编人数,这批人员成为我国安全监察队伍的骨干。

1978 年,东北老工业基地沈阳、大连、鞍山成立锅炉检修所,开展技术检验。为了从根本上有效地遏制事故的发生,根据国外和国内东北一些地区的经验,1979 年,锅炉局在湖北宜昌召开了全国安全监察工作会议,决定在全国劳动部门组建专业的锅炉压力容器检验机构,并且要求原来的锅炉检修单位的检验与制造、安装、维修相分离。之后,锅炉压力容器安全监察局又提出了"监察行政机构"加"检验事业单位"双轨制的安全监察体制新构想,在加强安全监察行政机构的同时建立一支专门从事检验工作的技术队伍。

从 1980 年开始,全国各地劳动部门相继建立了一些专门从事锅炉压力容器等特种设备检验的单位，国家劳动总局锅炉压力容器检测中心也宣告成立。一些地方原先成立的锅炉检修所相继改名，并与锅炉制造、安装、修理脱钩。这支队伍以后逐步成为锅炉压力容器检验的专业队伍。

安全监察机构的恢复与加强，检验机构的建立与发展，监察检验力量的充实，为以后我国全面开展锅炉压力容器安全监察工作，提供了坚实的组织基础。

2. 加强锅炉压力容器安全法规的建设

1975年11月20日，国家劳动总局公布试行《蒸汽锅炉、压力容器事故报告办法》。

1979年4月25日，国家劳动总局批准公布《气瓶安全监察规程》，向全国发出通知，自1980年1月1日开始生效。

1980年9月13日，国家劳动总局公布《锅炉压力容器焊工考试规则》。

1981年2月13日，国家劳动总局颁发《液化石油气汽车槽车安全管理规定》。

1981年3月21日，国家劳动总局公布《锅炉压力容器事故报告办法》。

1981年6月4日，国家劳动总局颁发《溶解乙炔气瓶安全监察规程》。

1981年5月4日，国家劳动总局颁发《压力容器安全监察规程》。

3. 培训了大批监察、检验干部

1979年9月1日，锅炉局委托东方锅炉厂代培安全监察干部30人，为期3个月。

1980年8月20日—12月20日，国家劳动总局锅炉压力容器安全监察局在杭州举办"全国锅炉安全监察干部培训班"，共有114名学员，学期5个月。

1981年8月15日—11月15日，国家劳动总局锅炉压力容器安全监察局在河北省保定市举办压力容器安全监察技术干部训练班，受训学员为地方劳动部门安全监察机构和检验机构的技术干部共百余名。课程内容为压力容器设计、材料、制造、焊接、断裂力学、疲劳、气瓶、罐车等专业知识，以及有关规程释义和事故调查处理等，参加授课的教员有李毅、李景辰、李学潜、沈行道、李泽震、杨芳毓、张康达、金巨年、张连海、李学仁、张和明、王韩挪、朱振玉等，均为国内知名学者、专家和资深安全监察专家。

1982年，国家劳动总局锅炉压力容器安全监察局在北京市朝阳区举办锅炉压力容器安全监察干部训练班，为期1个月；在河北省保定市举办锅炉安全监察技术干部训练班，学期3个月；5—11月，国家劳动总局锅炉压力容器安全监察局在无锡举办锅炉压力容器安全技术人员英语进修班，为期6个月。

通过这些培训，培养了大批安全监察业务干部，许多受训学员经过学习，掌握了业务知识，并在工作实践中成长为安全监察工作的业务骨干，为以后有效开展安全监察工作，提供了有力的队伍保障。

4. 有针对性地开展专项治理工作

1978年2月11日，国家劳动总局、轻工部联合发出《关于防止预热水箱及吊酒罐爆炸事故的通知》，就预热水箱及吊酒罐爆炸事故频繁情况，分析了技术上存在的问题和原因，提出了预防对策。

1978年6月22日，国家劳动总局通知各省、自治区、直辖市劳动局，上海四方锅炉厂从1976年10月到1977年9月间，因焊接时低碳钢丝中混入高碳钢丝，致使256台高压容器造成严重质量事故，通知要求各地协助上海四方锅炉厂对其中尚未查清的194台高压容器要迅速查清，提出具体处理意见。

1981年4月9日，国家经委、国家劳动总局等八个部门发出《关于进一步开展球罐开罐检查和修复工作的联合通知》。同年7月13日，国家劳动总局锅炉局印发《球罐开罐检查要点》，指导和推动球罐开罐检验工作。通过开罐检查，发现和消除了一大批事故隐患，有力地遏制了事故的发生。如，北京市1980年检验球罐33台，有28台有不同程度的裂纹，其中某厂400m³丙烯球罐有380条裂纹，最长4800mm，最深19mm（达板厚的67%）；中科院物理所3台650m³球罐报废；山东省对济南、青岛、淄博三市和烟台地区的5家液化石油气公司（站）进行检查，抽查的12台液化石油气储罐中，有6台有严重缺陷停止使用，全省49台球罐，开罐检查22台，发现缺陷修复13台。

5. 开展进出口锅炉压力容器安全性能监督检验工作

早在1974年6月，一机部产管局、国家计委劳动局就联合发出《关于进口南斯拉夫、匈牙利氧气钢瓶质量鉴定和处理意见的通知》，通报钢瓶质量鉴定情况，并分别提出处理意见。

1978年2月10日，外贸部商检局发出通知，明确进出口锅炉压力容器的安全，由劳动总局锅炉组出证。

同年7月6日，锅炉局向国家劳动总局、国家计委提出《关于进出口锅炉、压力容器技术检验问题的报告》，提出由劳动总局组织有关部门立即着手制订《进出口锅炉、压力容器安全检验管理办法》，由劳动总局发布执行；报告还提出，在检测中心未建成前，出口检验发证由锅炉安全监察局牵头组织一个有权威的专门检验小组来进行。此报告经国家计委8月1日批示同意。这是锅炉安全监察局制订进出口锅炉压力容器管理办法的由来。

1981年10月5日，锅炉局向一机部通用机械总局、中国机械设备出口总公司发出《关于向罗马尼亚出口皮囊蓄能器实行监督检验的通知》。

1981年9月18日，国务院以国发〔1981〕36号文批转国家标准局《关于进一步加强产品质量监督检验工作报告》的通知，该报告明确：计量器具、药品、锅炉、船舶、食品卫生以及进出口商品的检验，由国家法定的专业检验机构根据国家有关规定，分别负责有关产品的监督检验工作。

6. 恢复锅炉安全技术委员会活动

1979年6月20日，锅炉局向劳动总局党组提出《关于恢复锅炉安全技术鉴定委员会的报告》。

同年12月15日，国家劳动总局在江苏无锡召开了第4次全国锅炉压力容器安全技术鉴定委员会，这是因"文革"停止活动16年后进行的首次活动。会上重点讨论了《锅炉安全监察规程（修改稿）》，产生了新的主任、副主任等。

1980年11月17日，国家劳动总局在秦皇岛召开部分安全技术鉴定委员会委员及特邀代表会议，重点研究讨论《压力容器安全技术监察规程（送审稿）》。

7. 开始与美国、日本、德国、罗马尼亚等国家的相关机构建立合作与交流

1979年1月20日，国家劳动总局锅炉压力容器安全监察局作为国际标准化组织的"积

极成员"，派出我国首批参加该组织第 58 分技术委员会（ISO/TC 58）会议的代表团，代表团由锅炉局副局长傅文毅担任团长。

1979 年 3 月 14 日，国家劳动总局就我方同罗马尼亚锅炉、受压容器设备监察局签订合作协定，向国务院发出请示报告，国务院于 3 月 17 日批示同意报告中所提出的各项意见。

1979 年 5 月 4 日，国家劳动总局向一些驻外使馆发出通知。通告锅炉局对外名称（中华人民共和国锅炉安全监察局）、邮政信箱及电报挂号，正式启用中华人民共和国锅炉安全监察局印章。

1979 年 10 月 11 日，国家劳动总局锅炉局派出代表团赴罗马尼亚，与罗签订《关于互相承认锅炉压力容器设备的检验和协调两国监察局之间的科技合作的协定》，并进行友好访问。

第4章 基本制度建立并逐步完善阶段
（1982—2003年）

党的十一届三中全会后，随着我国改革开放的深入和社会主义市场经济体制的确立，建立适合我国社会经济发展的新型锅炉压力容器安全监察体制，成为迫切需求。党中央、国务院采取了一系列重大举措加强锅炉压力容器安全监察体制、机制和法制建设，从1978年中共中央国务院恢复锅炉压力容器安全监察机构，尤其是1982年国务院颁布《锅炉压力容器安全监察暂行条例》以后，伴随中国改革开放的伟大进程，锅炉压力容器安全监察体制走过了恢复、巩固和发展的道路，创建锅炉压力容器安全监察基本制度，并且发动和依靠社会力量，使安全监察制度不断健全，夯实了锅炉压力容器安全监察工作的基础。

4.1 法制制度的建立

4.1.1 《锅炉压力容器安全监察暂行条例》颁布

1982年2月6日，国务院发布《锅炉压力容器安全监察暂行条例》（简称《暂行条例》）。《暂行条例》确定了安全监察工作的性质、内容、方针、方法，明确了锅炉压力容器安全监察工作体制、机构设置、任务职责以及具体检查监督内容，明确了检验机构的性质和地位，确立了对锅炉压力容器的设计、制造、安装、修理、改造、使用、检验等七个环节实行安全监察的制度，为全面开展锅炉压力容器安全监察工作确立了法律依据。

按照《暂行条例》要求，同年8月7日，劳动人事部颁布试行《〈锅炉压力容器安全监察暂行条例〉实施细则》。

《锅炉压力容器安全监察暂行条例》发布以后，各地按照《暂行条例》规定，逐步开始对锅炉压力容器的设计、制造、安装、使用、检验、修理、改造等环节进行全方位监督检查。各级劳动部门会同有关部门在实施锅炉图样审查、锅炉制造、安装许可、使用登记、定期检验、司炉人员考核发证和锅炉房治理等工作的同时，开展了压力容器设计、制造许可、在用压力容器整顿治理和隐患治理工作，并在此基础上建立了锅炉压力容器设计、制造、安装、修理、改造行政许可，锅炉压力容器检验机构资格认可，锅炉压力容器产品质量监督检验，在用锅炉压力容器使用登记和定期检验，进出口锅炉压力容器安全性能监督检验，作业人员、焊工、检验人员（含无损检测人员）考核发证，事故调查处理等制度。自此，锅炉压力容器安全监察制度基本建立，锅炉压力容器事故稳中有降。

4.1.2 规章规范制度的建立

继《暂行条例》颁布后，劳动人事部和有关部门陆续颁发了部门规章、规范，有关各省、自治区、直辖市人大先后颁布了有关的地方性法规，初步构成了"行政法规—部门规章—规范性文件—相关标准及技术规定"四个层次的法规体系结构，初步形成了一整套安全监察法规体系。通过规章制度的建立和健全，基本结束了过去那种无章可循、有章不循的混乱局面。截至2002年，有关锅炉、压力容器、压力管道的法规、规范制修订情况见表6.4-1。

表6.4-1 有关锅炉、压力容器、压力管道的法规、规范制修订情况

序号	名　　称	发布文号	发布日期	备　注
1	锅炉压力容器安全监察暂行条例	国发〔1982〕22号	1982年2月6日	
2	锅炉压力容器事故报告办法	〔81〕劳总锅字3号	1981年8月7日	
3	《锅炉压力容器安全监察暂行条例》实施细则	劳人锅〔1982〕6号	1982年8月7日	
4	锅炉压力容器检验所章程（试行）	劳人锅〔1985〕3号	1985年4月11日	
5	进出口锅炉压力容器监督管理办法（试行）	劳人锅〔1985〕4号	1985年5月6日	
6	锅炉使用登记办法	劳人锅〔1986〕2号	1986年2月7日	
7	锅炉司炉工人安全技术考核管理办法	劳人锅〔1986〕2号	1986年2月7日	
8	蒸汽锅炉安全技术监察规程	劳部发〔1987〕4号	1987年2月27日	
9	液化气体铁路罐车安全管理规程	化生字〔1987〕1174号	1987年12月31日	化工部颁发
10	锅炉压力容器焊工考试规则	劳人锅〔1988〕1号	1988年1月3日	
11	锅炉房安全管理规则	劳人锅〔1988〕2号	1988年1月13日	
12	在用锅炉定期检验规则	劳锅字〔1988〕1号	1988年8月1日	
13	劳动部门锅炉压力容器检验机构资格认可规则	劳锅字〔1988〕4号	1988年10月5日	
14	锅炉压力容器检验员资格鉴定考核规则	劳锅字〔1988〕5号	1988年10月14日	
15	锅炉产品安全质量监督检验规则	劳锅字〔1989〕5号	1989年8月12日	
16	低压锅炉化学清洗规则	劳锅字〔1989〕11号	1989年12月7日	
17	气瓶安全监察规程	劳锅字〔1989〕12号	1989年12月22日	
18	锅炉压力容器安全监察钢印管理规则（试行）	劳锅字〔1990〕1号	1990年1月12日	
19	在用压力容器检验规程	劳锅字〔1990〕3号	1990年2月22日	
20	压力容器安全技术监察规程	劳锅字〔1990〕8号	1990年5月9日	
21	压力容器产品安全质量监督检验规则	劳锅字〔1990〕10号	1990年8月2日	
22	气瓶安全质量监督检验规则	劳锅字〔1990〕10号	1990年8月2日	
23	热水锅炉安全技术监察规程	劳锅字〔1991〕8号	1991年5月22日	
24	锅炉运行状态检验规则	劳锅字〔1992〕4号	1991年1月22日	
25	压力容器设计单位资格认可管理与监督规则	劳锅字〔1992〕12号	1992年10月9日	
26	溶解乙炔气瓶安全监察规程	劳锅字〔1993〕4号	1993年3月27日	
27	进出口锅炉压力容器安全质量许可制度实施办法	劳部发〔1993〕254号	1993年9月29日	

(续)

序号	名　　称	发布文号	发布日期	备　注
28	锅炉压力容器检验单位考核办法	劳部发〔1993〕266号	1993年10月12日	
29	锅炉水处理管理规则	劳部发〔1993〕319号	1993年11月17日	
30	有机热载体锅炉安全技术监察规程	劳部发〔1993〕356号	1993年11月28日	
31	超高压容器安全监察规程	劳部发〔1993〕370号	1993年12月6日	
32	锅炉压力容器无损检测人员资格考核规则	劳部发〔1993〕411号	1993年12月30日	
33	压力容器使用登记管理规则	劳部发〔1993〕442号	1993年12月31日	
34	液化气体汽车罐车安全监察规程	劳部发〔1994〕539号	1994年8月24日	
35	压力管道安全管理与监察规定	劳部发〔1996〕140号	1996年7月1日	
36	蒸汽锅炉安全技术监察规程	劳部发〔1996〕276号	1997年1月1日	
37	压力容器安全技术监察规程	质技监锅发〔1999〕154号	1999年6月25日	
38	锅炉定期检验规则	质技监锅发〔1999〕202号	1999年9月3日	
39	锅炉压力容器压力管道及特种设备检验人员资格考核规则	质技监局锅发〔1999〕222号	1999年9月27日	
40	锅炉定期检验规则	质技监局锅发〔1999〕202号	1999年9月3日	
41	锅炉水处理监督管理规则	质技监局锅发〔1999〕217号	1999年9月21日	
42	锅炉化学清洗规则	质技监局锅发〔1999〕215号	1999年9月21日	
43	医用氧舱安全管理规定	质技监局锅发〔1999〕218号	1999年9月21日	
44	压力管道设计单位资格认可与管理办法	质技监局锅发〔1999〕272号	1999年12月16日	
45	压力管道元件制造单位安全注册与管理办法	质技监局锅发〔2000〕07号	2000年1月7日	
46	压力管道元件制造单位安全注册与压力管道安装许可证评审机构资格认可与管理办法	质技监局锅发〔2000〕07号	2000年1月7日	
47	压力管道元件制造单位安全注册与压力管道安装许可证评审员考核注册与管理办法	质技监局锅发〔2000〕07号	2000年1月7日	
48	压力管道元件型式试验机构资格认可与管理办法	质技监局锅发〔2000〕07号	2000年1月7日	
49	压力管道安装单位资格认可实施细则	质技监局锅发〔2000〕99号	2000年6月8日	
50	小型和常压热水锅炉安全监察规定	质技监局令第11号	2000年6月29日	
51	常压热水锅炉制造许可条件	质技监锅字〔2000〕63号	2000年8月1日	
52	工业用非重复充装制冷剂钢瓶制造许可证条件	质技监锅字〔2000〕74号	2000年10月11日	
53	气瓶安全监察规程	质技监局锅发〔2000〕250号	2000年12月31日	
54	关于修改《锅炉压力容器安全监察暂行条例》实施细则中锅炉制造许可证级别的通知	质技监局锅发〔2001〕08号	2001年1月11日	

（续）

序号	名 称	发布文号	发布日期	备 注
55	锅炉产品安全质量监督检验规则	国质检〔2001〕37号	2001年6月22日	
56	锅炉司炉人员考核管理规定	国质检〔2001〕38号	2001年6月22日	
57	锅炉压力容器压力管道特种设备事故处理规定	国家质检总局令2号	2001年9月17日	
58	锅炉压力容器压力管道特种设备无损检测单位监督管理办法	国质检锅字〔2001〕148号	2001年10月16日	
59	锅炉压力容器压力管道特种设备安全监察行政处罚规定	国家质检总局令14号	2001年12月29日	
60	锅炉压力容器压力管道特种设备无损检测资格审查实施指南（试行）	国质检锅〔2002〕25号	2002年1月23日	
61	锅炉压力容器压力管道特种设备无损检测资格审查咨询单位备案办法	国质检锅〔2002〕30号	2002年2月7日	
62	压力管道安装安全质量监督检验规则	国质检锅〔2002〕83号	2002年3月21日	
63	锅炉压力容器压力管道焊工考试与管理规则	国质检锅〔2002〕109号	2002年4月18日	
64	锅炉压力容器制造监督管理办法	国家质检总局令22号	2002年7月12日	
65	压力容器压力管道设计单位资格许可与管理规则	国质检锅〔2002〕235号	2002年8月14日	

4.1.3 安全监察体制进一步完善

1979年国务院批准增编800人以健全安全监察机构后，经过3年的努力，到1982年底，各级劳动部门配齐了增编人数，做到了国家设立锅炉压力容器安全监察局，各省、自治区、直辖市设有锅炉压力容器安全监察处，各地市设有锅炉压力容器安全监察科，工业发达的县或县级市设锅炉压力容器安全监察股。至1992年，全国省级安全监察机构28个，专职安全监察人员273人；地市级安全监察机构278个，专职安全监察人员1028人；县级安全监察机构133个，专职安全监察人员984人。

为了提高监察、检验人员的素质，劳动部锅炉局先后举办了劳动部门分管安全的领导研讨班、规程宣贯班，委托有关高等院校举办专业学习班。其中，1982—1992年十年间，发放安全监察员证1800人次，检验员证1.8万人次，基本做到了安全监察和检验人员持证上岗。

至2001年，全国省级安全监察机构32个，专职安全监察人员208人；地市级安全监察机构368个，专职安全监察人员1339人；县级安全监察机构912个，专职安全监察人员3686人，县级兼管机构1064个，兼管人员1368人。

与此同时，检验机构得到发展壮大。与各级安全监察机构对应，国家劳动总局成立了锅炉压力容器检测中心，各地设有锅炉压力容器检验所。通过调整，使检验单位人员的知识结构逐渐优化，技术水平明显提高，逐步形成了一支具有较高专业水平、正规化的检验队伍，检验力量成为锅炉压力容器安全工作的一支生力军。

4.1.4 压力容器设计、制造许可制度的建立

按照《暂行条例》关于许可制度的要求,我国从1983年起,开始对压力容器设计、制造实行许可制度。

1983年2月,劳动人事部锅炉局以劳人锅局〔1983〕38号文发出《压力容器制造单位资格审定工作若干问题的意见》,同年4月,劳动人事部锅炉局以劳人锅局〔1983〕25号文发出《压力容器设计单位审批工作若干问题的意见》。这两个文件,全面部署压力容器设计、制造资格审查和发证工作的开展,并对审查工作提出了具体要求。1985年6月,劳动人事部锅炉局以劳人锅局〔1985〕40号文发出《压力容器设计、制造单位资格审定工作若干问题的补充意见》,进一步规范了资格审定工作。

1984年4月,劳动人事部以劳人锅〔1984〕3号文批转锅炉压力容器安全监察局《关于廊坊地区杨柳青化工机械厂严重忽视产品质量、弄虚作假、打击无损探伤人员的调查报告》,1990年4月劳动部以劳锅字〔1990〕7号文转发湖南省株洲市劳动局《关于株洲市空压机厂转让压力容器生产证照和市锅检所参与监检以及个体户违法制造压力容器一案的报告》的通知,对违反压力容器制造规定的有关问题进行了严肃处理。

通过这项工作的开展,基本建立了压力容器设计、制造许可制度,基本杜绝了粗制滥造现象,实现了压力容器持证设计、制造的法制目标。至1992年,全国持有压力容器设计许可证单位1131个,其中三类压力容器设计单位248个,一、二类压力容器设计单位883个;全国持有压力容器制造许可证单位2100个,其中三类压力容器制造单位218个,一、二类压力容器制造单位1822个。

1992年10月,劳动部以劳锅字〔1992〕12号文颁发《压力容器设计单位资格认可管理与监督规则》,1995年8月,劳动部以劳部发〔1995〕300号文颁发《压力容器制造单位资格认可与管理规则》。自此,压力容器的设计、制造许可制度进入了正规化管理轨道。

至2001年,全国持有压力容器制造许可证单位2175个,其中三类压力容器制造单位327个,一、二类压力容器制造单位1848个。

4.1.5 产品监督检验制度的建立

在开展压力容器制造许可工作的基础上,1990年8月,劳动部以劳锅字〔1990〕10号文颁发《压力容器产品质量监督检验规则》和《气瓶产品质量监督检验规则》,对压力容器和气瓶产品质量监督检验项目和方法、监检单位和监检人员、监督管理等做出规定。各地劳动部门及其所属检验机构普遍开展监督检验工作,实行了产品安全质量监督检验制度,促进了制造质量的提高,使粗制滥造现象得到根本性扭转。

1992年,当年全国生产压力容器25.31万台、气瓶1158.13万只,压力容器监检率为92.2%,气瓶监检率为98.1%。

2001年,全年完成压力容器产品监督检验47.74万台、气瓶产品监督检验1310.36万只、压力容器安装安全性能监督检验1.25万台。

4.1.6 在用压力容器使用登记和定期检验制度的建立

1987年我国在用压力容器约有94万台,其中有相当一部分是20世纪50年代和"文革"

时期投入使用的，普遍存在年久失修、制造质量低劣、安全状况不良的问题，特别是有一部分粗制滥造的产品，隐患严重，事故时有发生，严重危及人民生命财产安全，急需进行整顿和综合治理。对此，劳动人事部邀请化工、轻工、纺织、冶金等12个部委，对在用压力容器的整顿和治理工作进行了研究。

1987年9月5日，劳动人事部、国家经济委员会以劳人锅字〔1987〕19号文发出《关于开展在用压力容器整顿和治理工作的通知》，部署开展在用压力容器整顿治理工作。同年10月19日，劳动人事部以劳人锅局〔1987〕43号文发出《关于印发在用压力容器"整顿工作的意见""检验和缺陷处理参考意见"的通知》，要求整治工作分为普查摸底、检验登记和整顿管理三个阶段进行，提出具体的工作要求，并对检验和缺陷处理提出指导性意见。1991年9月，劳动部锅炉局以劳锅字〔1991〕30号文发出《关于在用压力容器安全状况等级为4级或5级处理问题的通知》，布置各地做好整治收尾，重点抓好4、5级压力容器的处理工作。

1992年4月10日，国务院办公厅以国办发〔1992〕20号文发出"转发劳动部《关于压力容器整顿治理情况和进一步加强安全工作的报告》的通知"，要求做好压力容器整顿治理收尾工作，大力推行定期检验制度。同年7月，劳动部以劳锅字〔1992〕11号文发出《关于做好在用压力容器安全管理工作的通知》，对巩固整治成果、加强使用登记和定期检验工作提出要求。

在各级劳动部门和化工、冶金、石油、石化、纺织、能源、机械、农业等行业主管部门的共同努力下，通过3年的整顿治理工作，基本摸清了在用压力容器数量和安全状况，至1991年，全国在用压力容器101万台，已检验94万台，占93%，其中符合安全要求的80.9万台，占86%，存在不同程度缺陷，但尚符合最低安全要求，需要监控使用的10.3万台，占11%；在整治中，消除了大量带有缺陷和隐患的设备，报废2.8万台，占在用容器的3%；通过对有缺陷的压力容器进行修理、降压和报废处理，消除了大部分事故隐患，事故明显减少。统计表明，"七五"期间，全国发生的压力容器爆炸事故比"六五"期间少99起，下降16.5%。

这次整治工作为以后的在用压力容器安全监察和管理工作转入制度化、规范化，打下了良好的基础。1989年3月12日，劳动部以劳锅字〔1989〕2号文颁发了《压力容器使用登记管理规则》，1990年2月劳动部以劳锅字〔1990〕3号文颁布《在用压力容器检验规程》。此后，在用压力容器的使用登记、定期检验工作进入按照《压力容器使用登记管理规则》和《在用压力容器检验规程》规范化管理轨道，基本建立了在用压力容器使用登记和定期检验制度。

据1992年统计，全国在用固定式压力容器1060028台（其中一、二类压力容器993578台、三类压力容器66450台），汽车罐车和铁路罐车13210辆（其中汽车罐车9873辆、铁路罐车3337辆）。当年检验压力容器23.93万台，定检率为85.9%。

至2001年，全国在用固定式压力容器125.56万台（其中一、二类压力容器116.06万台、三类压力容器9.29万台，医用氧舱0.21万台），汽车罐车和铁路罐车15771辆（其中汽车罐车10749辆、铁路罐车4943辆、其他罐车79辆）。当年检验压力容器27.45万台，定检率为90.65%。

4.1.7 进出口锅炉压力容器监督管理制度的建立

为了加强进出口锅炉、压力容器的管理,维护我国的经济权益和信誉,我国从 1985 年起开始建立进出口锅炉压力容器监督管理制度。

劳动人事部和国家商检局于 1985 年 6 月 6 日联合颁发了《进出口锅炉压力容器监督管理办法(试行)》,该办法规定,一切进出口锅炉、压力容器必须经过检验。未经监督检验的或检验不合格的锅炉、压力容器不准出口,未经监督检验的进口锅炉、压力容器不得在我国安装使用。

1986 年 11 月,劳动人事部、国家商检局发出《关于进出口锅炉压力容器检验实验室认证工作的通知》,提出了国家级进出口锅炉压力容器检验实验室和地方级进出口锅炉压力容器检验实验室的要求。

1990 年 2 月,劳动部以劳锅字〔1990〕4 号文颁发《进出口锅炉压力容器质量许可制度实施办法(试行)》,对进出口锅炉压力容器质量许可方式、许可审查和监督做出了规定。

1991 年 1 月,劳动部以劳锅字〔1991〕1 号文颁发《关于进出口锅炉压力容器安全性能监督检验工作几项规定的通知》,对有关进出口锅炉压力容器签约审查、进口产品出国监造等提出要求。

1993 年 9 月,劳动部以劳部发〔1993〕254 号文发出《关于颁发〈进口锅炉压力容器安全质量许可制度实施办法〉的通知》,该办法替代了 1990 年劳动部颁发的《进出口锅炉压力容器质量许可制度实施办法(试行)》。

1995 年 9 月,劳动部和国家商检局以劳部发〔1995〕351 号文联合发出《关于公布〈实施安全质量许可制度的进口锅炉压力容器产品目录〉的通知》,通知要求,自 1997 年 10 月 1 日起,目录内的产品必须获得劳动部颁发的进口锅炉压力容器安全质量许可证书,方能进口。

通过进出口锅炉压力容器监督管理制度的建立,基本改变了我国进出口锅炉压力容器安全质量无人把关的状态。据统计,1992 年至 1995 年,全国共检查进口锅炉 2170 台、压力容器 10116 台、气瓶 1 万余只,检查出口锅炉 220 台、压力容器 5411 台、气瓶 118.9 万只。经检查,不合格的进口产品都及时做出了索赔等处理,出口产品由于经过检查,防止了因安全质量问题引起纠纷或索赔事件的发生,有效地维护了我国的声誉和经济权益。2001 年,当年进口压力容器安全性能监督检验 2009 台,进口气瓶安全性能监督检验 2 万只,出口压力容器监督检验 14817 台,出口气瓶安全性能监督检验 115.62 万只,其中进口压力容器监督检验不合格率为 9.66%,进口气瓶安全性能监督检验不合格率为 0.06%。

4.1.8 检验机构正规化建设

我国劳动部门所属的锅炉压力容器检验机构是在 1979 年开始成立的,经历了建立、发展和规范阶段。在 1987 年在用压力容器治理整顿期间,化工等一些产业主管部门和一些在用压力容器数量较多的大型企业也相继成立锅炉压力容器检验机构,形成了劳动部门检验机构为主力,产业主管部门和大型企业的检验机构为补充的检验体制。随着检验机构的发展,检验力量的壮大,其检验业务范围和工作量不断扩大,从单一的在用锅炉定期检验，扩大到进行锅炉压力容器定期检验、产品安全质量监督检验、进出口锅炉压力容器安全性能监督检验的全方位检验，从单纯从事技术检验发展到同时开展人员培训、科研等工作。检验机构已成为锅炉压力容器安全监察工作体制中的一支重要组成力量。

为了加强检验机构正规化建设，提高检验质量，促进检验机构健康发展，劳动部门加强了对检验管理的法规建设，陆续建立并完善了有关检验管理的规范性文件，同时制定了一系列检验规则、检验规程及技术要求，规范了检验行为。

1985年4月，劳动人事部以劳人锅〔1985〕3号文颁发《锅炉压力容器检验所章程（试行）》，在《暂行条例》基础上，进一步明确了检验机构的性质和地位："检验所是从事锅炉压力容器检验工作的，为安全生产服务的公益事业单位，是安全监察工作体制的一部分。检验所经省级劳动部门资格认可和授权以后，其检验工作具有监督检验的性质。"

1988年10月，劳动部以劳锅字〔1988〕4号文发出《关于颁发〈劳动部门锅炉压力容器检验机构资格认可规则〉的通知》，部署用三至五年时间基本完成检验机构资格认可工作。同年10月，劳动部以劳锅字〔1988〕5号文发出《关于颁布〈锅炉压力容器检验员资格鉴定考核规则〉的通知》。

1990年2月，劳动部锅炉压力容器安全监察局、国家技术监督局计量司以劳锅局字〔1990〕4号文联合发出《关于劳动部门锅炉压力容器检验机构计量认证工作的意见》，意见要求：凡承担锅炉压力容器产品评优测试、锅炉热工测试等工作并出具数据报告的检验所，必须进行强制性计量认证。

1991年8月，劳动部以劳锅字〔1991〕10号文发出《关于加强锅炉压力容器检验所正规化建设工作意见的通知》，通知对办所指导思想和业务工作方向，检验所规划和布局调整，强化管理，做好监督指导，提高检验质量，树立良好的工作作风，摆正监察与检验的关系，严格进行资格认可和检验员考核工作等提出要求。

针对一些检验机构发展中的一些有碍公正的现象，1986年11月，劳动人事部以劳人锅字〔1986〕11号文发出《关于劳动人事部门不得从事锅炉压力容器制造和安装工作的通知》，指出：劳动部门直接领导下，不得设立制造单位、安装单位和从事这方面的工作；已有的制造、安装单位，要进行审查整顿；不具备条件的要停产或转产，具备条件的要改变隶属关系。

1992年2月，劳动部以劳锅字〔1992〕8号文发出《关于鹰潭锅检所违反规定改造槽车的通报》，该文通报了1991年9月3日江西省贵溪县农药厂一辆一甲胺活动槽罐车事故，事故设备系用固定式液化石油气槽车改造，鹰潭市锅检所违章承担了改造业务，自定改造方案，组织施工，自己检验，出具检验报告和合格证。通报重申：劳动部门及其所属的企事业单位不得从事锅炉压力容器的设计、制造、安装、修理、改造等工作，也不得从事有关锅炉压力容器的经营活动。

通过以上工作，促进了检验机构管理水平的提高、检验队伍素质的提高、检验工作质量的提高，锅炉压力容器检验机构逐渐成为公正的、有权威的第三方监督检验机构。

至1992年，全国锅炉压力容器检验机构908个（劳动部门检验机构518个，行业检验机构187个，企业自检机构203个），检验机构人员1.49万人（其中劳动部门检验机构9454人，行业检验机构2920人，企业自检机构2547人）。劳动部门检验机构中，国家级检验机构1个，省级检验机构27个，人员1120人；地市级检验机构285个，人员6326人；

县级检验机构 206 个，人员 2008 人（检验机构人员中，工程技术人员占总人数的比例为 76.9%，持有检验员证和无损检测人员资格证 9462 个）；行业主管部门检验机构人员 2920 人；企业自检单位人员 2547 人。

1993 年 10 月，劳动部以劳部发〔1993〕266 号文，发出《锅炉压力容器检验单位考核办法》。自此，检验机构的监督管理工作走上规范化和制度化轨道。

至 2001 年，全国有独立检验机构 1280 个，职工总数 21491 人，其中，国家质检总局直属检验机构 1 个，省级检验机构 51 个，地市级检验机构 524 个，县级检验机构 238 个，行业部门检验机构 179 个，企业自检单位 184 个，其他检验单位 103 个。

4.1.9 压力管道安全监察制度建立

压力管道作为一种特种设备，广泛用于石油、化工、冶金、电力及城市燃气和供热行业。这些管道作为连接锅炉、压力容器等生产设备的动脉，大多数输送高温、高压、易燃、易爆、剧毒和腐蚀性介质，其工作的可靠性对整个生产、生活系统的安全至关重要。据统计，20 世纪 90 年代，我国长输管道约 1.7 万 km，城市内燃气管道 3.5 万 km、供热管道 0.57 万 km。由于历史、技术及管理上的原因，其中相当一部分管道质量低劣、缺陷严重、带病运行、超期服役，因而发生管道泄漏、燃爆事故十分严重。1984 年 1 月 1 日，辽宁省大连石油七厂分气装置发生压力管道爆炸事故，造成 5 人死亡，18 人重伤，62 人轻伤，直接经济损失 252 万元；1984 年 12 月 10 日，黑龙江省大庆石油管理局采油三场发生压力管道泄漏爆炸事故，当班 6 名个人当场烧死，另 1 人抢救无效死亡；1987 年仅中石化系统就发生管道事故 83 起；1989 年上海发生煤气管道事故 74 起；1990 年北京市发生煤气管道事故 121 起；1993 年沈阳市发生煤气管道事故 214 起；1994 年 3 月至 1995 年 3 月，仅吉林、辽宁、河北三省的 5 起事故，就死亡 57 人，伤 149 人。

为了对压力管道实施有效的国家安全监察，劳动部在调查研究工作的基础上，1996 年 4 月 24 日以劳部发〔1996〕140 号文颁布《压力管道安全管理与监察规定》，该规定专门设立了"安全管理"一章，明确了主管部门和使用单位的职责，以发挥各自的作用。《规定》中还提出了劳动部门与主管部门一起工作的内容：在设计环节规定，设计单位应先取得主管部门的设计资格证后，再报劳动部门备案；在制造环节，制造单位安全注册的审查和安装单位资格认可的评审工作都由劳动部与主管部门共同认可的评审机构进行；在使用环节，劳动部门是在主管部门进行管理的基础上进行监察的。

1998 年锅炉压力容器安全监察职能划转后，为了推动压力管道安全监察制度的建立，国家质量技术监督局发出多个文件，规范压力管道的设计、制造、安装工作。1999 年 12 月，以质技监局锅发〔1999〕272 号文颁发《压力管道设计单位资格认可与管理办法》；2000 年 1 月以质技监局锅发〔2000〕07 号文颁发《压力管道元件制造单位安全注册与管理办法》《压力管道元件制造单位安全注册与压力管道安装许可证评审机构资格认可与管理办法》《压力管道元件制造单位安全注册与压力管道安装许可证评审员考核注册与管理办法》《压力管道元件型式试验机构资格认可与管理办法》；2000 年 6 月以质技监局锅发〔2000〕99 号文颁发《压力管道安装单位资格认可实施细则》；2002 年 3 月以国质检锅〔2002〕83 号文颁发《压力管道安装安全质量监督检验规则》。通过这些规范的贯彻执行，压力管道的设计、制造、安装许可和安装监督检验制度开始建立。

4.1.10 医用氧舱安全监察制度建立

1994年8月26日和9月18日,在不到一个月的时间内,烟台市和大连市的两家医院相继发生医用氧舱舱内起火事故,死亡18人,重伤1人,在国内外造成了极其不良的影响。医用氧舱重大事故连续发生,引起了国务院领导的高度重视,1994年10月25日,国务院副总理邹家华在新华社《国内动态清样》(第2758期)上,针对事故报告做出批示:"请劳动部派人协助处理此事故。即要把高压氧舱严格像高压容器那样管起来,各地劳动部门负责。从生产、安装、人员培训都要严格管起来。这起事故要查明原因,弄清责任,严肃处理,通报全国。"

为落实上述批示精神,1994年10月30日,劳动部以劳部发〔1994〕433号文,向各省、自治区、直辖市人民政府发出《关于开展医用高压氧舱安全监察的紧急通知》,布置在全国范围开展医用氧舱安全检查,要求各省级人民政府立即组织由劳动、公安消防、卫生、医药管理等部门组成的检查组,在1994年底以前,对在用的医用氧舱进行一次安全检查,不能保证安全使用的医用高压氧舱,必须立即停止使用,在没有达到安全使用的条件之前,不能恢复使用。对于生产不合格医用高压氧舱设备的企业必须勒令其立即停产整顿。

通过全国范围的医用氧舱安全检查,摸清了情况,停止使用了不符合安全要求的医用氧舱。1995年6月23日和11月20日,劳动部职业安全卫生与锅炉压力容器安全监察局以劳安锅局字〔1995〕37号和劳安锅局字〔1995〕80号文,分别发出《关于开展对医用氧舱制造单位资格审查的通知》和《关于加强对医用氧舱使用管理有关意见的通知》,部署开展医用氧舱的制造资格审查、使用登记和作业人员考核发证工作,将医用氧舱纳入压力容器范围,进行安全监察和管理。

1999年9月18日,国家质量技术监督局和卫生部以质技监局锅炉发〔1999〕218号文联合颁布《医用氧舱安全管理规定》。

4.1.11 事故报告调查处理制度的建立

从1955年劳动部成立锅炉安全检查总局起,调查处理锅炉事故是锅炉安全监察机构的一项重要任务。

1963年4月,劳动部公布《蒸汽锅炉设备事故报告办法》,建立了蒸汽锅炉事故报告制度,统一了事故调查报告书的内容和格式,规定了事故报告的程序和日期,明确了事故的种类等,锅炉压力容器事故报告与处理工作开始走向正常。

1975年11月,国家劳动总局公布试行《蒸汽锅炉受压容器事故报告办法》把压力容器事故纳入报告范畴,但时值"文革"后期,地方安全监察机构不健全,该办法没有得到全面贯彻。

1981年3月,国家劳动总局公布《锅炉压力容器事故报告办法》,从此锅炉压力容器事故报告步入正常轨道。

1997年7月,劳动部第8号令颁布了《锅炉压力容器压力管道事故处理规定》,将压力管道事故列入报告统计范围。

2001年9月,国家质检总局第2号令发布《锅炉压力容器压力管道特种设备事故处理规定》,将电梯等机电类特种设备一并纳入范围。

4.2 专项整治工作的开展

针对这一时期事故所暴露的问题,通过开展一系列专项整治工作,排查和治理隐患,并以此为基础,推动有关安全监察制度的建立。

4.2.1 在用液化气体汽车罐车治理

20 世纪 70 年代,我国在用的液化气体汽车罐车基本是将储罐固定在汽车上,由于这些设备的重心不稳,采用外置式安全阀、玻璃板式液位计,并使用一般性阀门,存在先天质量隐患,这类活动式罐车发生的翻车和泄漏事故较多。1981 年劳动部颁布《液化气体汽车槽车安全管理规定》,针对上述问题,对罐车结构、附件等提出了要求。

1981 年 4 月和 9 月,劳动部锅炉局以〔81〕劳锅字 20 号和 68 号文发出《关于在用汽车槽车安全管理的意见》和《关于汽车槽车发证问题的通知》,部署开展在用汽车槽车的治理工作,对在用汽车罐车的安全管理、检验登记发证提出要求。

1982 年 2 月,劳动部以劳锅字〔1982〕13 号文发出《关于统一液化气体汽车槽车技术鉴定要求的通知》,对汽车罐车试制和技术鉴定工作进行了规范。

1982 年 8 月,劳动人事部以劳人锅局〔1982〕8 号文发出《关于在用汽车槽车技术检验和缺陷处理问题的通知》,要求在 1983 年底,完成在用汽车罐车技术检验和缺陷处理,并对技术检验提出具体要求。

1995 年 4 月,劳动部以劳安锅局字〔1995〕27 号文发出《关于印发〈液化气体汽车罐车定期检验工作管理规定〉的通知》,对从事液化气体汽车罐车检验单位的条件,管理和检验工作提出了具体要求。

4.2.2 蒸压釜安全治理

1982 年 10 月 29 日,北京西郊烟灰制品厂发生蒸压釜爆炸事故,造成 6 人死亡,10 人受伤。事故发生后,各地按照劳动人事部事故通报的要求,对蒸压釜普遍开展安全检查,并组织力量进行了新蒸压釜的设计、试制和在用蒸压釜的检验、修理和技术改造工作。

1985 年 9 月劳动人事部以劳人锅局〔1985〕44 号文发出《关于蒸压釜设计、制造、检验有关问题的通知》,进一步明确了蒸压釜设计、制造、用材、结构、探伤,以及附件配置等要求。

1989 年 3 月,国家建材局、劳动部以〔89〕建材生管字 71 号文联合发出《关于加强蒸压釜安全工作的通知》。1992 年 8 月,国家建材局生产管理局、劳动部锅炉压力容器安全监察局以〔1992〕建材生字 112 号文联合发出《关于加强蒸压釜安全管理工作的通知》。这两个文件对蒸压釜安全联锁装置、安全使用和定期检验等提出了具体要求。

4.2.3 液化石油气贮灌站整治

1988 年 5 月,建设部、劳动部、公安部以〔88〕建城字第 239 号文联合发出《关于整顿液化石油气贮灌厂(站)的通知》,通报了 1988 年发生的 5 起液化石油气贮灌站事故,要求在省级人民政府领导下，组织城建、劳动、公安等部门参加的工作组，对所有液化石油气贮灌厂（站）普遍进行一次彻底的检查和整顿。对符合《建筑设计防火规范》《城市煤气设计规范》《锅炉压力容器安全监察暂行条例》《液化石油气安全管理暂行规定》等有关规定的，列入定点厂（站）。对不符合规定的，限期整改，整改后仍不具备基本安全要求的，不准从事液化石油气的贮、灌工作。

1991年3月30日，建设部、劳动部、公安部以第10号令，发布《城市燃气安全管理规定》。该规定提出了城市燃气的生产、储存、输配、经营、使用以及燃气工程的设计、施工和燃气用具生产的有关要求，明确了建设部负责管理全国城市燃气安全工作，劳动部负责全国城市燃气的安全监察，公安部负责全国城市燃气的消防监督的职责，其中对液化石油气气瓶充装、检验也提出专门要求。

4.2.4　快开门压力容器整治

1992年5月，劳动部以劳锅字〔1992〕9号文发出《关于加强快开门式压力容器安全监察与管理工作的通知》。通知指出：1980年至1991年压力容器事故中，快开门式压力容器爆炸事故约占三分之一，主要原因是无有效安全联锁装置、啮合机构不合理、加工精度过低和使用单位管理不善。通知对快开门式压力容器安全联锁装置提出具体技术要求，并对新制造的快开门式压力容器的产品监检和使用登记，在用快开门式压力容器检查、检验提出要求。

1992年6月，化工部劳安局、劳动部锅炉局以〔92〕化劳监字第117号文发出《关于加强硫化罐安全管理的通知》，通知提出在用硫化罐安全联锁装置和安全管理的要求，并规定在1992年底在用硫化罐的安全联锁装置应全部到位，用螺栓固定盖的硫化罐，应在1993年6月底前停止使用。

4.2.5　气瓶充装站、检验站治理

为了改变气瓶充装和检验存在的混乱状况，解决气瓶充装中的超装、错装、混装问题，使气瓶检验站检验工作质量符合有关规定要求，1991年3月劳动部以劳锅字〔1991〕5号文发出《关于1991年气瓶充装站、检验站整顿治理工作的通知》，部署开展气瓶充装站和检验站整顿治理工作，推动落实气瓶充装单位注册登记和气瓶检验单位资格审查制度。

1992年3月，劳动部锅炉局以劳锅局字〔1992〕17号文发出《关于发送〈气瓶充装站注册登记和气瓶检验站资格审查工作的意见〉的通知》，要求从1992年起，到1994年底基本完成两站整治工作。该意见还就气瓶两站整治目标、进度安排和具体审查工作提出了要求。

4.2.6　液化石油气站治理

1998年3月5日，西安市煤气公司液化气管理所发生液化石油气泄漏燃爆事故，死亡12人，受伤30人。

为了吸取这起事故教训，1998年3月，劳动部、建设部以劳部发〔1998〕71号文联合发出《关于加强液化石油气站安全管理的紧急通知》。1999年6月，国家质量技术监督

局以质技监锅字（1999）143 号文发出《关于加强液化石油气安全监察与管理的通知》，通知提出完善液化石油气站的安全防护措施，并要求储存液化石油气类介质的储罐，两年内必须达到如下要求，新建的液化石油气站必须按照如下要求进行设计、施工和验收。

1）改善法兰密封结构。凡储存液化石油气类介质压力容器的第一道法兰，应采用高颈对焊法兰、金属缠绕垫片（带外环）和高强度螺栓紧固的组合，不得选用石棉橡胶垫片、平面或突面密封面法兰和低碳钢螺栓组合。

2）储存液化石油气类介质的储罐，须按其第一道法兰结构和尺寸，配备适合该法兰的堵漏装具和工具，并且做到专人、专库保管，保证完好率。堵漏操作人员要定岗定人，定期演练。

3）有条件的站应在液化石油气储罐上加装注水装置或紧急切断阀。

4）液化石油气储罐的排污管下部应有管线固定装置，严禁悬空。

5）在气温较低的地区（每年连续 10 天日最低气温低于 0℃），应对储罐根部管线及阀门加装伴热或保温装置。

6）设置液化石油气体泄漏报警装置。有条件的站还应加装电视监测装置，做好监视和录像，以便及时发现和分析异常情况。

7）储存量较大的站（一般储备量在 200t 以上）或罐区，必须设置分区隔断措施。

8）必须为应急抢险人员配备防护用品（一般不少于 2 套），至少应包括：防护服、防护鞋、防护帽、防护手套和空气呼吸器等。防护服面料、样式应实用、方便可靠，防止产生静电火花。

4.2.7 土锅炉专项整治

"土锅炉"是指一些无制造许可证的单位或个人擅自制造的承压锅炉。这些"土锅炉"的制造单位或个人不具备承压锅炉制造所必需的条件，制造质量无保证，2000 年全国锅炉压力容器压力管道事故中，大部分为非法制造和使用的"土锅炉"的事故。

对此，2000 年 3 月 24 日，国家质量技术监督局发布立即开展锅炉压力容器压力管道及特种设备质量安全大检查的通知，决定全国范围内开展"土锅炉"整治，要求坚决查封"土锅炉"，重点检查豆腐、年糕、制煺衣、制酒、小胶合板等作坊，发现使用"土锅炉"，要坚决予以查封，就地进行破坏性处理。全面清理、整顿旧锅炉压力容器交易市场；要全面查清旧锅炉压力容器交易市场的状况，对不规范的旧锅炉压力容器交易市场，要限期整顿；经整顿合格的交易市场，省级质量技术监督局要派检验技术机构进驻，负责质量安全检查；对非法交易市场、非法经营者，必须予以取缔；对已经判废、淘汰的锅炉压力容器必须做破坏性处理；从旧锅炉压力容器交易市场重新流入使用的锅炉压力容器发生的事故，一定要严肃处理，追究销售及管理部门的责任。

由于"土锅炉"数量多、分布广，其制造和使用具有分散性、偏僻性和欺骗性，安全监察机构难以全面掌握"土锅炉"的制造、使用情况，开展整治，必须依靠基层人民政府，发动社会各方面力量，方能到边到角，彻底消除和取缔。土锅炉整治工作一直延续到 2002 年，各级质监部门在地方政府领导、相关部门的协调配合下，处置和销毁大量土锅炉隐患。其中，江苏省共铲除土锅炉 2 万余台；浙江省取缔了 60 多家"土锅炉"制造点，销毁了 4000 多台土锅炉；安徽省销毁了 4357 台土锅炉。通过这项工作的开展，土锅炉这一成片成灾的严重危害安全的隐患,得到遏制,爆炸事故逐年减少。

4.3 安全监察职能的划转

1993年,劳动部对安全监察机构做出调整,将锅炉安全监察局与职业卫生安全监察局合并,成立职业卫生安全与锅炉压力容器安全监察局。

1998年6月7日,根据第九届全国人民代表大会第一次会议批准的国务院机构改革方案和《国务院关于机构设置的通知》,原劳动部承担的锅炉压力容器安全监察职能,交由国家质量技术监督局承担,国家质量技术监督局成立锅炉压力容器安全监察局。1998年6月24日,国办发〔1998〕84号《国务院办公厅关于印发国家质量技术监督局职能配置内设机构和人员编制规定的通知》,明确规定"原由劳动部承担的锅炉、压力容器、电梯、防爆电器等特种设备的安全监察监督管理职能"划入国家质量技术监督局。国家质量技术监督局的主要职责包括综合管理锅炉、压力容器、电梯、防爆电器等特种设备的安全监察监督工作,制订规章、制度并组织实施,对锅炉压力容器实施进出口监督检查,内设机构中有锅炉压力容器安全监察局,职能是管理锅炉、压力容器、电梯、防爆电器等特种设备的安全监察监督工作,制订规章、制度并组织实施和监督检查,对锅炉、压力容器、气瓶、压力管道的设计、制造、安装、使用、检验、修理、改造等环节和进出口进行监督检查,对有关事故进行统计分析和调查处理,管理有关检测机构和检测人员、操作人员的资格考核工作。其中,交由社会中介组织或事业单位承担的,是锅炉、压力容器等特种设备的设计、制造、安装、使用、检验、修理、改造等环节及进出口的具体检查、鉴定。

由此,从1998年起至2001年,全国各级特种设备安全监察机构和检验机构陆续由原隶属的劳动部门划转至质量技术监督部门。

4.4 在用特种设备普查整治

进入21世纪,随着我国经济快速发展,在用的锅炉压力容器压力管道及特种设备数量迅猛增加,应用范围日益扩大,但部分企业安全意识不强,法制观念淡薄,未按规定及时申报在用设备注册登记和定期检验,致使当时在用设备底数不清、安全状况不明、事故隐患增加的问题十分严重。

2001年4月,国家质量技术监督局以质技监锅函字〔2001〕117号文发出《关于锅炉压力容器压力管道及特种设备安全监察三年工作的实施意见》,分析了安全监察工作面临的形势,提出了今后三年安全监察工作的指导思想、目标和任务,并提出开展和基本完成锅容管特普查登记,突出抓好使用环节,提高设备登记率、定期检验率、持证上岗率和事故结案率等工作措施。

同年3月,国家质量技术监督局以质技监锅发〔2001〕47号文发出《关于在全国开展锅炉压力容器压力管道及特种设备普查登记工作的通知》,部署在全国开展锅炉压力容器压力管道及特种设备普查登记工作,并要求这项工作在3年左右时间基本完成。

此次普查登记工作的范围是:锅炉普查登记的范围包括蒸汽锅炉、热水锅炉、有机热载体炉和额定功率大于等于0.35MW的常压热水锅炉;压力容器普查登记的范围包括固定式和移动式压力容器及医用氧舱,不包括容积小于150L且可移动的空压机储罐和锅炉房内的分气缸。对在用气瓶的普查，主要是督促气瓶安装单位落实对自有气瓶和托管气瓶的登记建档和涂敷充装单位标志等措施，实现数量普查和规范管理；压力管道的普查，选择一些大型企业的在用压力管道，进行工业管道的普查试点；特种设备普查登记的范围包括电梯、客运索道、起重机械、厂内机动车辆、游艺机和游乐设施。

这次普查工作是新中国成立以来范围最广、内容最详、要求最高的一次特种设备安全状况普查整治活动，工作时间紧、任务重、难度大。各地开拓进取，迎难而上，投入大量人力、物力和财力，比预定时间提前一年完成。至 2002 年底，这项工作基本完成。

通过普查整治，一是查清了设备底数和安全状况，七类特种设备（不含压力管道）总量达 292.71 万台（其中锅炉 54.8 万台、压力容器 126 万台），比普查前 2000 年的统计数增加了 35.6%；二是消除了大量事故隐患，停用或报废有重大隐患的设备 6.8 万台（套），占普查设备总量的 2.3%，需要治理隐患的设备有 37.9 万台，占设备总量的 12.9%，通过整治，带有隐患的设备已经减少到 15.2 万台，其中大部分属于资料不全和超期未检验，存在缺陷的设备约 4.7 万台，占总量的 1.6%；三是各类事故得到初步遏制，基本实现了"杜绝特大事故，遏制重大事故，减少一般事故"的目标。普查整治工作为以后全面实施在用特种设备使用登记、定期检验、作业人员持证上岗制度，打下了良好的基础。

4.5 事故情况

4.5.1 事故总体情况

随着安全监察制度的建立和各项安全监察措施的逐步落实，锅炉压力容器事故严重的局面得到扭转，事故稳中有降。20 世纪 70 年代末，年万台设备爆炸事故率锅炉为 7.15，压力容器为 2.16。至 2002 年，年万台设备爆炸事故率降低为锅炉 0.34，压力容器为 0.24，达到了"杜绝特大事故，遏制重大事故，减少一般事故"的目标。

1980—2002 年压力容器年事故起数和年万台事故率趋势见图 6.4-1 和图 6.4-2。

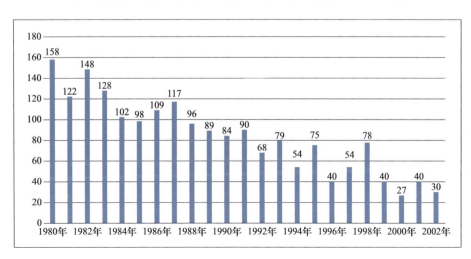

图 6.4-1　1980—2002 年压力容器年事故起数（不含气瓶）

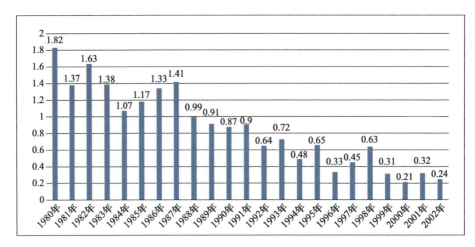

图 6.4-2　1980—2002 年压力容器年万台事故率（不含气瓶）

说明：上面两图中数据存在统计口径不同的情况，其中：
1) 2000 年以前（含 2000 年）事故统计范围为压力容器爆炸事故起数；
2) 2001—2002 年的事故统计范围为：死亡 1～2 人，或者受伤 19 人（含 19 人）以下，或者直接经济损失 50 万元（含 50 万元）以上 100 万元以下，以及无人员伤亡的爆炸事故。

4.5.2　典型压力容器事故案例

1982 年 10 月 29 日，北京市西郊烟灰制砖厂 1 号蒸压釜在运行中发生爆炸，蒸压釜釜盖的无折边封头与釜圈焊接的一圈焊缝金属全部断裂，1t 重的封头飞出 24m，总重 155t 的釜体（包括内件）后移 4～5m。爆炸发生时，在釜体前 20～50m 范围内的职工，6 名当即死亡，10 名受伤，直接经济损失达 34 万元。经调查分析，该事故的原因，一是釜盖结构不合理，釜盖采用无折边的球形封头结构，封头与釜体的连接则采用未焊透的角接接头；二是焊接质量低劣，特别是无折边球形封头与釜盖圈焊缝几乎全部未焊透；三是使用操作不认真，在运行中未进行疏水处理，造成釜内积水，使釜体上下部形成较大的交变温差应力，导致原始裂纹逐渐扩展，造成疲劳断裂。

1987 年 6 月 22 日，安徽省亳州市化肥厂一辆装有直径 800mm 液氨罐的汽车在太和县港集乡爆炸，造成 10 人死亡，59 人受伤，近万平方米农作物和树木受害，经济损失达 50 多万元。经调查认定造成这起事故的原因：一是长期违反国家有关压力容器及危险物品使用的法规。该液氨罐是 20 世纪 50 年代制造的产品，质量低劣，在使用中未按规定对该液氨罐进行检验，以致该液氨罐 10mm 厚的罐体钢板焊缝宏观裂纹深达 9mm 也未发现，最后造成开裂爆炸。二是压力容器管理混乱。该液氨罐原为化肥厂年产 800t 合成氨的配套设备，1970 年改为活动式液氨罐作为运输液氨用。1981 年，化肥厂将该液氨罐借出，均未按规定办理过户、使用登记手续，以致这台压力容器错误地从固定式改移动式，长期未做检查，违章使用。

1991 年 9 月 3 日，江西省贵溪县农药厂一辆一甲胺活动槽罐车，在行驶到江西上饶县时发生泄漏特大中毒伤亡事故（造成 37 人死亡，580 余人中毒，其中重度中毒 150 余人），该事故设备系用固定式液化石油气槽车改造，鹰潭市锅检所违章承担了改造业务，自定改造方案，组织施工，自己检验，出具检验报告和合格证。

1997年6月27日，北京东方化工厂事故储罐区发生爆炸和火灾事故，造成9人死亡、39人受伤，直接经济损失1.17亿元。此次事故过火面积达9.8万 m^2，烧毁罐区内的6台10000m^3的立式储罐、12台1000m^3储罐，1台球罐爆炸解体，1台球罐倾覆，2台球罐支柱变形。

调查认定事故的直接原因是：从铁路罐车经油泵往储罐卸轻柴油时，由于操作工开错阀门，使轻柴油进入满载的石脑油储罐，导致石脑油从罐顶气窗大量溢出，溢出的石脑油及其油气在扩散过程中遇到明火，产生第一次爆炸和燃烧，继而引起罐区内乙烯球罐等其他储罐的爆炸和燃烧。

1998年3月5日，西安市煤气公司液化气管理所发生液化石油气泄漏燃爆事故，死亡12人，受伤30人，球罐、卧罐、汽车罐车等压力容器、城防、设备被毁，直接经济损失477万元。事故发生后，由劳动部牵头，会同陕西省组成调查组开展了事故调查工作。经调查分析，此起事故的直接原因，是液化气管理所的10号400m^3球罐下部的排污阀上部法兰密封局部失效，造成液化石油气大量泄漏，遇火花引起爆炸燃烧，继而引起另两个400m^3球罐相继爆炸。这起事故造成的伤亡之大，与应急处置不当有关，尽管采取了喷水驱雾、浸湿棉被堵漏、查堵火源、倒罐等应急措施，但由于没有可靠的带压堵漏技术装备，在长达2个小时救援时间内，泄漏没有得到制止，最终爆炸。事故死伤人员均为现场应急人员。

2001年12月29日，广西容县平黎砂砖厂发生蒸压釜爆炸事故，造成10人死亡，23人受伤。事故发生时，蒸压釜正在使用，爆炸将釜内蒸汽和碎砖喷出，釜盖向西飞出20余米，击毁制砖车间，受釜内蒸汽喷出的作用力，釜体整体向东位移115m，造成正在装车的人员9人当场死亡，24人受伤。事故主要原因是：安全联锁装置长期失效，釜盖安全联锁装置不起作用，不能限制釜盖的旋转，由于操作工未按程序操作将釜盖关闭到位，在升压过程中，釜盖滑脱爆炸。

2002年7月8日，山东省聊城市莘县化肥有限责任公司在进行液氨储罐向液氨汽车罐车充装作业时，连接管道与罐车的输送软管发生破裂，罐车内已充装的18t液氨全部泄漏，造成在场作业人员、厂外其他人员13人死亡，11人重伤，37人轻伤。调查认定：装卸软管增强钢丝断裂、橡胶层破裂是造成泄漏的直接原因；作业人员离岗、驾驶押运人员处置不当、罐车紧急切断阀失效是导致事故后果扩大的主要原因。

第 5 章　全面创新发展阶段（2003—2015 年）

进入 21 世纪以后，我国的社会主义市场经济体制已基本建立，经济体制发生了根本变化，计划经济的安全监察管理模式已经不能适应生产力的发展需要；同时，随着我国经济持续、快速稳定的发展，一些危险性大的特种设备的种类不断增多，应用范围不断扩展，锅炉、压力容器不能涵盖全部特种设备；再者，我国已加入世贸组织（WTO），为了适应 WTO 规则，也需建立一个内外统一的特种设备监督管理模式。2003 年国务院颁布《特种设备安全监察条例》，体现了党中央、国务院对特种设备安全监察工作的高度重视，标志着我国特种设备安全监察工作进入了一个新的更高的起点。

5.1 特种设备法律法规的健全和完善

5.1.1 《特种设备安全监察条例》颁布和修订

随着我国经济的持续、健康、快速发展和人民生活水平的不断提高，锅炉、压力容器、压力管道、电梯、起重机械、客运索道、大型游乐设施等特种设备的数量也在迅速增加。特种设备的安全问题日益成为与安全生产、人民生命财产安全和正常的经济社会秩序密切相关的一个重要问题，1982 年国务院发布的《锅炉压力容器安全监察暂行条例》已经不能适应经济发展和特种设备安全监察工作的需要。因此，制定特种设备安全法律法规，进一步建立和完善特种设备安全监督管理法律制度，对于加强特种设备安全监察工作，切实防止和减少特种设备事故的发生，保证人民生命财产安全和经济运行安全，推进社会主义现代化建设和全面建设小康社会具有十分重要的作用。

2003 年 3 月 11 日，朱镕基总理签署国务院 373 号令，发布《特种设备安全监察条例》（简称《条例》），标志着我国特种设备安全监察工作进入全面发展的新阶段。

《条例》是我国第一部专门调整特种设备安全监察的行政法规，为特种设备安全监察工作的继续发展提供了法律依据。《条例》与《暂行条例》相比，有以下几个主要特点：一是特种设备种类增加，特种设备除锅炉、压力容器外，还包括压力管道、电梯、起重机械、客运索道、大型游乐设施等，《条例》明确这些特种设备属于安全监察范围，其设计、制造、安装、使用、修理、改造环节应接受国家特种设备安全监督管理部门的依法监督检查，解决了长期以来部门之间责任不清、工作不协调的问题；二是强化了特种设备的生产、使用主体的安全义务，生产者保证安全质量是特种设备安全运行的基础，使用者保证使用安全是特种设备安全运行的基本要素；三是明确了法律责任，《条例》不但规定了生产者、使用者的法律责任，而且也明确了监管机构（人员）和检验检测机构（人员）的法律责任。

2009年1月24日,温家宝总理签署国务院549号令,发布修订后的《特种设备安全监察条例》,该条例根据2007年10月修订的《节约能源法》要求,确立了高耗能特种设备安全监察与节能监管相结合的制度,增加了特种设备事故报告和调查处理制度要求。

5.1.2 《特种设备安全法》颁布

2013年6月29日,习近平主席签署中华人民共和国主席第四号令,颁布由第十二届全国人大常委会第三次会议通过的《中华人民共和国特种设备安全法》(简称《特种设备安全法》)。

《特种设备安全法》将特种设备领域的安全保障上升到国家法律层面,用法律去规范特种设备的生产、经营、使用、检验、检测和监督管理,以保证人民群众生命财产的安全,促进经济社会的发展。

《特种设备安全法》进一步明确企业在特种设备安全上要承担的主体责任,发挥政府监督作用,履行政府的行政监督职能,让企业自觉守法,政府严格执法,社会公众发挥对特种设备安全的监督和督促作用,是加强特种设备安全工作,减少和防止事故发生的基本保障。

《特种设备安全法》的颁布,标志着我国特种设备安全工作向科学化、法制化方向又迈进了一大步。

5.1.3 相关部门规章和地方性法规

为了全面贯彻《特种设备安全法》和《特种设备安全监察条例》,细化法律、法规规定的法制措施,国家质检总局相继颁布了一系列行政规章,一些地方人大和政府也相应发布了一些地方性法规和规章。

国家质检总局颁布的涉及承压类特种设备的有关部门行政规章和地方人大、政府颁布的地方性法规、规章目录见表6.5-1。

表6.5-1 截至2015年国家质检总局颁布的特种设备部门行政规章和地方人大、政府颁布的地方性法规、规章目录

序号	名 称	颁布文号	颁布日期
1	特种设备事故报告和调查处理规定	国家质检总局第115号令	2009年7月3日
2	高耗能特种设备节能监督管理办法	国家质检总局第116号令	2009年7月3日
3	锅炉压力容器压力管道特种设备安全监察行政处罚规定	国家质量技术监督局第14号令	2001年12月29日
4	特种设备作业人员监督管理办法	国家质检总局第70号令	2005年1月10日
5	锅炉压力容器制造监督管理办法	国家质检总局第22号令	2002年7月12日
6	小型常压热水锅炉安全监察规定	国家质量技术监督局第11号令	2000年6月15日
7	气瓶安全监察规定	国家质检总局第46号令	2003年4月24日
8	特种设备特大事故应急预案	国家质检总局第206号令	2005年6月30日
9	广东省特种设备安全条例监察规定	广东省第十二届人大常委会公告第34号	2015年5月28日

(续)

序号	名　称	颁布文号	颁布日期
10	江苏省特种设备安全监察条例	江苏省第十二届人大常委会公告第22号	2015年3月27日
11	浙江省特种设备安全管理条例	浙江省第十二届人大常委会公告第47号	2016年7月29日
12	黑龙江省特种设备安全监察条例	黑龙江省第十一届人大常委会公告第59号	2007年6月22日
13	山东省特种设备安全监察条例	山东省第十二届人大常委会公告第113号	2015年12月3日
14	广西壮族自治区实施《特种设备安全监察条例》办法	广西壮族自治区人民政府令第29号	2007年8月3日
15	重庆市特种设备安全监察条例	重庆市人大常委会公告〔2008〕23号	2008年9月27日
16	深圳经济特区锅炉压力容器压力管道质量监督与安全监察条例	深圳市人大常委会公告第50号	2004年6月25日
17	上海市禁止制造销售使用简陋锅炉和非法改装常压锅炉的规定	上海市人民政府令第37号	2004年11月17日
18	安徽省锅炉安全监察若干规定	安徽省人民政府令第204号	2007年8月14日
19	鞍山市特种设备安全监察条例	鞍山市第十三届人大常委会公告第14号	2006年6月9日
20	淄博市承压设备安全监察条例	2004年9月23日山东省第十届人大常委会第十次会议批准"淄博市人大常委会关于修改《淄博市文物保护管理办法》等六件地方性法规的修正决定"	2004年9月23日
21	本溪市气瓶安全管理办法	本溪市人民政府令第130号	2006年11月1日

5.2 特种设备监察体制建设情况

2010年1月质检总局印发的《特种设备安全发展战略纲要》（国质检特〔2010〕37号）提出的关于"十二五"期间特种设备安全发展的目标之一是：基本形成政府统一领导、企业全面负责、部门联合监督、检验技术支撑、社会广泛参与、科学监管设备的多元共治工作格局。

2003—2015年期间，特种设备安全监察机构、检验机构、行业协会得到了长足发展，形成了安全监察机构为主导，检验机构为技术支撑，社会中介组织为重要组成的安全监察体制。

5.2.1 特种设备监察机构改革发展情况

1998年政府机构改革，原劳动部锅炉压力容器安全监察职能整建制划转到国家质量技术监督局后，2003年，经中央机构编制委员会办公室批准，国家质检总局锅炉压力容器安全监察局更名为特种设备安全监察局。

随着政府行政工作体制改革，国家质检总局推动并组织实施了一系列行政许可改革。一是各级质监部门实施了特种设备行政许可"审查、批准、监督"三分离，将一些具体的技术性、事务性工作交由相应的技术机构和中介组织承担，同时，网上审批工作也开始运行；二是将一些具体工作下放地方各级质量技术监督部门承担；三是取消了锅炉压力容器出口产品强制监督检验。与此同时，安全监察工作的重心转移到使用环节的监管，基层安全监察力量得到增强，2003 年全国各级特种设备安全监察机构的人员为 7173 人，至 2015 年，已增加到 23648 人。正在进行的政府机构改革中，一些地方质量技术监督与工商行政管理等部门合并成立的市场监督管理部门，都基本保留了特种设备安全监察机构。2003—2015 年各级安全监察机构的数量和安全监察人员数量见图 6.5-1 和图 6.5-2。

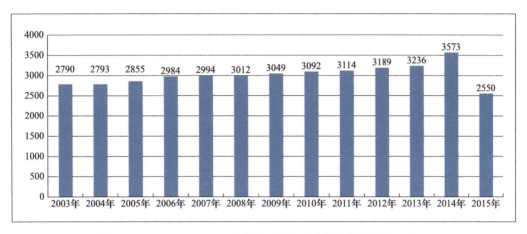

图 6.5-1　2003—2015 年全国特种设备安全监察机构数量（个）

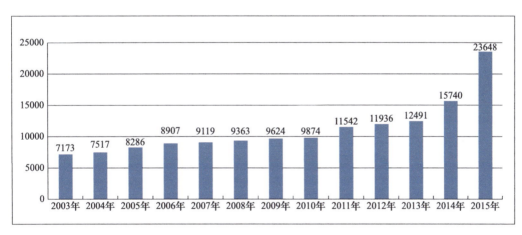

图 6.5-2　2003—2015 年全国特种设备安全监察人员数量（人）

注：2015 年，一些地方质量技术监督与工商行政管理等部门合并成立的市场监督管理部门，基层的机构有所减少，人员数量大幅度增加。

5.2.2　特种设备检验机构改革发展情况

2003 年，《特种设备安全监察条例》颁布实施后，检验机构的性质和地位再次发生了变化。检验机构不仅是特种设备安全的组成部分和技术支撑，同时也是安全监察的对象。为了加强对特种设备检验检测机构的监督管理，规范特种设备检验检测工作，同年国家质检总局下发《特种设备检验检测机构管理规定》，该规定要求，"履行特种设备安全监察职能的政府部门设立的专门从事特种设备检验检测活动、具有事业法人地位且不以营利为目的的公益性检验检测机构，可以从事特种设备监督检验、定期检验和型式试验等工作。在特定领域或者范围内从事特种设备检验检测活动的检验检测机构，可以从事特种设备型式试验、无损检测和定期检验工作。特种设备使用单位设立的检验机构，负责本单位一定范围内的特种设备定期检验工作。"

2004年，国家质检总局发布了《特种设备检验检测机构核准规则》和《特种设备检验检测机构质量管理体系要求》，分别规定了特种设备检验机构持证人员数量、专业技术人员数量。根据所检验项目的不同，还提出检验师、检验员和无损检测人员数量和能力的相应要求，以及建立相应的检验、检测质量管理、人员培训考核、仪器设备管理等制度要求，保证了所有检验、检测机构和人员能够正确地按照安全技术规范要求，认真履行职责，保证检验工作质量。

随着特种设备法制措施的推进和落实，检验机构也随之得到快速发展。从2001年开始，国家质检总局特种设备安全监察局就提出，要积极创造条件，支持有条件的省、市，特别是省与省会市检验单位进行联合、重组，走规模化发展的道路。在以后历年的安全监察工作部署中，都将推进检验机构联合重组作为一项重要工作，首先要求锅炉压力容器检验所与机电类的特种设备检验所合并，并提倡省以下（含省）检验机构联合。同时，国家质检总局通过调整特种设备检验机构核准条件、加强工作指导等措施，推进检验机构走联合重组的道路，推动检验机构向规模化、专业化、社会化方向发展。一些省市质监部门积极探索检验机构改革，将原来的承压类特种设备检验机构（即原来的锅炉压力容器检验所）与机电类特种设备检验机构（即原来的劳动保护检测站）合并，或将原来体制下的省、市、县级检验机构重组，取得了较好的效果。其中，江苏省率先实施，全省整合为一个特种设备检验院，各地为分院。通过统筹规划、联合重组，逐步形成了包括各级质检部门所属检验机构、行业检验机构及企业自检机构，另外还有型式试验机构、无损检测机构、气瓶检验机构等组成的检验检测体系。

2010年11月，国质检特〔2010〕593号发布《关于印发〈关于改进和加强特种设备检验工作 提升检验能力的指导意见〉的通知》。《意见》提出了检验机构发展近期目标和中长期目标，其中，近期目标是：明晰各类检验机构的定位，创新理念，创造条件，促进检验资源优化配置和各类检验机构的协调发展，研究制订科学的检验工时定额标准，逐步构建有中国特色的与国际接轨的检验规范标准体系，检验率和检验质量进一步提高，检验能力不断提升，检验收费更加规范合理，社会评价明显提高，保障经济社会发展的作用充分显现；中长期目标是：建立起与社会主义市场经济发展相适应的责任清晰分工明确的特种设备检验工作新模式，推进检验工作的社会化和检验人员的执业化，打造具有国际影响力"中国特检"品牌，整体检验综合实力达到国际先进水平。

2014年2月，国务院办公厅以国办发〔2014〕8号文转发了中央编办、质检总局《关于整合检验检测认证机构实施意见的通知》。通知的任务中包括：开展特种设备行业检验检测机构纵向整合试点，推进中国特种设备检测研究院在全国范围内进行以资产为纽带的纵向整合，建立专业检验检测集团；鼓励以资产为纽带的省内整合、跨省整合。

2015年3月，国家质检总局以国质检科〔2015〕86号文印发了《全国质检系统检验检测认证机构整合指导意见》，意见提出的重点任务包括：将质监系统特种设备检验检测机构分离为公益类和经营类两类检验检测机构，并对经营类检验检测机构进行整合；推进全国范围内以资产为纽带的纵向整合，组建中国特种设备检验检测集团。该意见还将"特种设备检验检测机构整合试点方案"作为附件，一并发出。

目前，特种设备检验机构的改革正在进行，江苏、山东、福建、湖南、宁夏、广东（部分地市）、湖北、河南、江西、广西等省（自治区）已完成省（自治区）内检验机构整合。通过改革创新，特种设备检验机构的管理水平不断提高，把关能力明显增强。据 2015 年统计，全国特种设备综合性检验机构总数从 2003 年的 1117 个，减少到 2015 年的 485 个，其中质检部门所属检验机构 295 个，行业检验机构和企业自检机构 190 个。另外还有型式试验机构 48 个，无损检测机构 433 个，气瓶检验机构 1924 个，安全阀校验机构 314 个。2003—2015 年全国综合类特种设备检验机构数量和检验人员数量见图 6.5-3 和图 6.5-4。

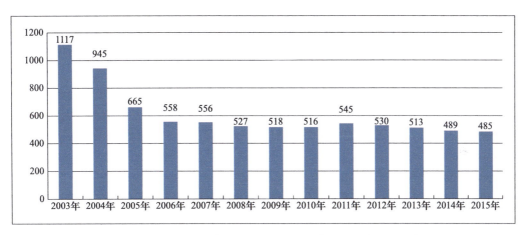

图 6.5-3　2003—2015 年全国综合类特种设备检验机构数量（个）

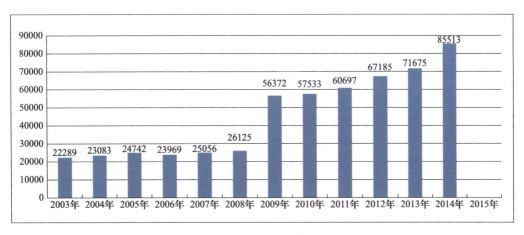

图 6.5-4　2003—2015 年全国综合类特种设备检验人员数量（人）

注：1）从 2009 年起，检验人员数量包括了型式试验机构、无损检测机构、气瓶检验机构、安全阀校验机构、房屋建筑工地和市政工程工地起重机械检验机构的人员数量。
　　2）2015 年安全状况公布数据中无检验人员数量，故图中无该年检验人员数据。

5.2.3　特种设备相关组织情况

与特种设备安全工作相关的组织、社会团体和相关机构，包括安全技术委员会、标准化技术委员会、协会等，它们都为特种设备安全监察工作的有效开展，发挥了重要作用，是特种设备安全监管体制中一支不可忽视的重要力量。同时，各省、自治区、直辖市和一些地级市相继成立的特种设备行业协会，如北京特种设备行业协会、上海市特种设备行业协会、广东省特种设备行业协会、四川省特种设备安全管理协会、江苏省特种设备管理协会、深圳市特种设备行业协会、珠海市特种设备协会、盐城市特种设备管理协会等，这些地方协会为协助地方监管部门实施有效监管，也发挥了积极作用。有关压力容器的全国性组织简况如下：

1. 特种设备安全技术委员会

1959 年 9 月，国务院批准劳动部成立"锅炉安全技术鉴定委员会"，作为审查有关安全规程、解决重大技术问题、提出有关技术安全方面的重大建议等工作的技术咨询组织。1960 年，第一届锅炉安全技术鉴定委员会成立。

受"文革"影响，锅炉安全技术鉴定委员会一度停止活动，到 1978 年着手恢复、增补新的委员会，并于 1979 年 12 月召开第四次会议。

1987 年 12 月，劳动人事部召开新一届锅炉压力容器安全技术鉴定委员会全体委员会议，会议计划筹建失效分析、材料、检测技术、锅炉、压力容器五个专业委员会。

2003 年 12 月，国家质检总局特种设备安全技术委员会在北京成立，称为第三届技术委员会。经过各有关部门和单位的推荐，国家质检总局聘任社会各界技术专家 120 人为特种设备安全技术委员会委员。设锅炉、压力容器、压力管道、电梯、起重机械、客运索道、大型游乐设施、厂内机动车辆和检验检测 9 个分委员会。

2015 年 7 月，第五届质检总局特种设备安全与节能技术委员会成立。2016 年 1 月，国家质检总局印发的《国家质量监督检验检疫总局特种设备安全与节能技术委员会章程》（国质检特〔2016〕11 号）确定该委员会的主要任务是：论证特种设备安全监察与节能监管工作规划，论证特种设备法规标准体系规划和审议安全与节能技术规范；论证特种设备安全与节能科学技术发展规划，组织或参与重大安全与节能科技成果的技术鉴定，帮助有关部门和企业解决特种设备安全与节能技术方面的关键问题；参与特种设备的重特大事故调查，评估重大事故隐患，定期分析行业风险，提出预防措施和对策建议；组织对特种设备新材料、新技术、新工艺以及有特殊使用要求与现行法规出现不符合时的技术评审。

2. 中国特种设备安全与节能促进会

中国特种设备安全与节能促进会是经国务院领导同意，民政部审核批准，由从事特种设备生产、使用、检验检测、技术管理的企事业单位以及相关科研院所、大专院校、金融保险机构、中介服务机构和地方性特种设备行业协会自愿组成非营利的全国性联合组织，业务主管单位是国家质量监督检验检疫总局。其宗旨是：坚持科学发展，反映会员利益与诉求，适应社会对特种设备安全与节能的需求，体现政府监督管理的要求，围绕促进特种设备安全与节能事业发展，搭建相关方沟通、磋商、协调的交流平台和参与法规标准制修订的工作平台，构建相关方协调、合作的工作机制，推进特种设备安全与节能文化建设，推动特种设备安全与节能水平持续提升，为我国经济社会全面、协调、可持续发展做出积极贡献。自 2011 年成立以来，中国特种设备安全与节能促进会在特种设备的立法、宣传、培训、科技等方面发挥了巨大作用，所开展的工作包括：积极推进《特种设备安全法》立法工作，开展普法与特种设备安全知识宣传；组织会员单位参与法规标准制修订，组织开展法规标准宣贯；参与特种设备安全监察职能转变顶层设计方案等重大政策制定，组织实施政府财政专项研究；开展特种设备相关从业人员培训教育；组织鉴定评审工作质量抽查和投诉举报调查；开展科技成果鉴定与推广；开展行业状况调查与技术咨询；促进国际与地区交流合作；推进特种设备节能减排工作。

3. 中国特种设备检验协会

中国特种设备检验协会（简称"中国特检协会"）是由国家特种设备安全监督管理部门核准的检验检测机构和取得相应检验检测资质的工作单位，依据法律程序、协会章程自愿结成的全国行业性、非营利性的社会组织。中国特检协会的业务主管单位是国家质量监督检验检疫总局，由特种设备安全监察局直接领导，现有团体会员400余家。其按业务类别设立了行业管理工作委员会、规范标准与检验技术工作委员会、审查与认证工作委员会、人员资质考核工作委员会、信息工作委员会、培训教育工作委员会、交流合作工作委员会等。

自1989年10月成立以来，受国家质检总局特种设备安全监察局的授权和委托，承担了大量政府交办的政务工作，包括对相关单位与机构的鉴定评审工作，如压力容器制造单位换证的鉴定评审工作、特种设备检验机构检验资格核准与换证的鉴定评审工作、无损检测专项服务单位资格核准与换证的鉴定评审工作、相关人员的资质考核工作。根据有关法律法规和业务主管部门的授权或委托，全国锅炉压力容器无损检测人员资格鉴定考核委员会和全国特种设备检验人员资格考核委员会与中国特检协会合署办公，对相关从事特种设备检验检测的人员进行资质考核，主要包括全国无损检测高级人员的资质考核、特种设备检验人员（检验师）的资质考核，并且参与相关法规、标准的起草或修订工作。

4. 中国锅炉水处理协会

中国锅炉水处理协会是由从事锅炉水（介）质处理工作的生产（含设计、制造、安装、改造、维修）、使用、检验检测、监督管理、清洗设备制造及清洗服务等单位和个人自愿结成的全国专业性、非营利性的社会组织，业务主管单位是国家质量监督检验检疫总局，接受中国特种设备检测研究院的委托管理。

中国锅炉水处理协会于1995年6月由民政部审议批准成立，目前拥有400多个团体会员和个人会员，这些会员涉及全国各地水（介）质处理各部门。协会领导机构为理事会，第四届理事会由118名理事组成，理事成员均为全国从事锅炉水（介）质处理行业工作的领导、专家和专业技术人员。协会下设技术工作委员会、教育工作委员会、检验检测工作委员会和清洗工作委员会。

5. 中国化工装备协会

中国化工装备协会成立于1989年，由从事化工机械设备制造及相关的科研、设计、检验、教学等单位组成的跨地区、跨部门的全国性行业组织，主管部门为国务院国有资产监督管理委员会，是国家质量监督检验检疫总局批准的特种设备行政许可鉴定评审机构。协会现有会员470多家，涉及化工、石化、石油、机械、轻工、医药、铁道、冶金、有色、船舶、航空、航天、电力、兵器、核工业、农业、教育等17个领域。协会成员单位中既有中国通用机械工程总公司、中国石油物资装备集团总公司、中国轻工业装备集团等大型集团公司和化工机械设备制造业的大型骨干制造厂、工程公司、设计院、研究院所、高等院校，同时也吸纳了众多新兴的中外合资、外商独资、民营及乡镇集体企业，具有广泛的行业代表性。

协会成立以来，受政府主管部门的委托，长期从事化工装备行业压力容器设计、制造、压力管道元件和搪玻璃设备生产许可证行政许可的鉴定评审工作，相关国家标准、行业标准制修订等质量管理工作，法规、标准宣贯发行工作，制定行业规划、产品鉴定、项目及技术论证、人员培训工作。

6. 中国工业防腐蚀技术协会（全国防腐蚀标准化技术委员会）

中国工业防腐蚀技术协会原名中国化工防腐蚀技术协会，成立于1985年，2004年8月更名为中国工业防腐蚀技术协会，是以石油和化学工业为主、工业企业为主、应用技术为主的面向国内外的技术性、专业性和行业性的国家级社会法人团体，设非金属和防腐蚀压力管道专业工作委员会、非金属压力容器（衬里）专业工作委员会、防腐蚀施工作业工作委员会等7个专业工作委员会。

该协会很早就涉足特种设备安全监察工作，1997年就开始进行非金属和防腐蚀压力管道元件制造许可鉴定评审工作，具有相应压力容器设计许可和制造许可鉴定评审、压力管道元件制造许可鉴定评审资格。同时，该协会也参与了特种设备安全技术规范和标准的起草工作。

7. 全国锅炉压力容器标准化技术委员会

全国锅炉压力容器标准化技术委员会（简称"锅容标委"）成立于1984年，是全国性的负责锅炉、压力容器和压力管道的标准化技术归口工作的组织机构，业务上直接受国家标准化管理委员会（国家标准）和国家能源局（行业标准）管理。该委员会承担组织和领导锅炉、压力容器、压力管道和$50m^3$以上球形储罐等的设计、制造、检验与验收等国家标准和行业标准的制定、修订、审查、宣贯、解释、出版发行以及咨询等方面的工作。

"锅容标委"由中国石化集团公司、原国家经贸委、中国机械工业联合会和国家质检总局特种设备安全监察局为主组成，委员和单位委员均来自锅炉、压力容器和压力管道等承压设备的设计、制造、监督、检验、经销、使用、教学和科研等部门。委员会下设六个分会、三个专业委员会和两个直属工作组，分别为：锅炉分会、固定式压力容器分会、管道分会、移动式压力容器分会、热交换器分会、在役承压设备分会；材料专业委员会、设计计算方法专业委员会、工业锅炉节能减排专业委员会；低温容器工作组、载人压力容器工作组，常设办事机构为秘书处。

"锅容标委"目前已发布实施的国家标准109项，行业标准140余项；受国家质检总局委托承担压力容器设计人员的考核培训和新材料进入行业领域的准入评审，累计考核培训人员近万人次，累计评审材料130余项；承担承压设备设计、制造、检验等新方法和新结构技术审查，累计审查企业标准近90项次。

8. 全国气瓶标准化技术委员会

全国气瓶标准化技术委员会（简称"瓶标委"）成立于1983年，是全国性的负责气瓶标准化归口和技术工作的组织机构，承担组织和领导气瓶的设计、制造、检验与验收标准规范、规程等国家标准和行业标准的制定、修订、审查、宣贯、解释、出版发行以及咨询等方面的工作。"瓶标委"由国家质检总局特种设备安全监察局、北京天海工业有限公司、合肥通用机械研究院等为主组成，委员和单位委员均来自气瓶设计、制造、监督、检验、使用、气体充装、教学和科研等部门。"瓶标委"组织机构包括分会、专业技术委员会、委员、顾问及单位委员，每个分委会也常设秘书处、专家组、委员、顾问和单位成员。

"瓶标委"的主要工作范围包括：向国家标准化管理委员会等政府有关主管部门提出关于本专业标准化工作的方针、政策和技术措施的建议，负责本专业标准化工作的具体实施；组织制定本专业标准体系表，负责提出本专业制定、修订国家标准和行业标准的规划、年度计划以及采用国际标准和国外先进标准的建议；组织本专业国家标准和行业标准的制定、修订和复审工作；组织本专业国家标准和行业标准的宣贯、培训和解释等工作；受国家标准化管理委员会委托，承担与国际标准化组织（ISO/TC 58 等）及各国气瓶标准化组织对口的标准化技术工作；受国务院有关行政主管部门委托，在产品检验、市场监督与合格评定等工作中，承担本专业标准化范围内的相关标准的水平评价工作等。

9. 全国阀门标准化技术委员会

全国阀门标准化技术委员会成立于 1992 年，是国家标准化行政主管部门批准组建并授权的技术组织，现有委员人数 54 人，秘书处挂靠在合肥通用机械研究院。主要工作为：制定阀门行业国家和行业标准中长期规划和年度计划，组织审查阀门行业的国家标准和行业标准，负责归口标准的宣贯和解释，负责阀门行业的标准化技术研究，以及全国通用、特殊用途的各种材质的高中低压阀门、阀门驱动装置、过压保护安全装置等专业领域的标准化工作。

全国阀门标准化技术委员会成立后，参照国际先进标准，制定了"安全阀、管道阀门、阀门试验与检验"等国家标准 43 项和机械行业标准 100 多项，已建立起我国阀门行业自己的标准体系。

5.3 安全监察工作机制的建设与完善

为了建立健全行之有效的安全监察工作机制，使安全监察工作走向系统化、科学化，国家质检总局从 2003 年开始提出建立在用特种设备动态监管体系，到 2005 年进一步提出建立特种设备动态监管、安全责任、应急救援三个体系的目标，至 2009 年，国家质检总局完整地提出构建特种设备六个工作体系的要求，即：建立以法规标准体系为制度框架，以动态监管、科技支撑体系为能力保障，以风险管理、绩效评价体系为方法手段，以安全责任体系为治理格局的六个工作体系。通过构建起比较完善的工作体系，形成政府统一领导、企业全面负责、部门联合监督、检验技术支撑、社会广泛参与、科学监管设备的多元共治工作格局，进一步提高特种设备使用登记率、定期检验率、作业人员持证上岗率、较大以上事故结案率和重点设备监控率、严重隐患治理率，进一步降低特种设备万台事故率和万台特种设备事故死亡人数，提升特种设备安全工作服务经济社会的有效性和贡献率。

2010 年 1 月，国家质检总局以国质检特〔2010〕37 号文发出《关于印发〈特种设备安全发展战略纲要〉的通知》，进一步提出构建六个体系的任务和工作措施，要求到 2015 年，构建起比较完善的特种设备法规标准体系、动态监管体系、安全责任体系、风险管理体系、绩效评价体系和科技支撑体系。

2016 年 2 月，国家质检总局《特种设备安全监管改革顶层设计方案》（国质检特〔2016〕91 号）中明确指出，特种设备安全法规标准、安全责任、动态监管、风险管理、科技支撑和绩效评价等六个工作体系已建立健全。

5.3.1 动态监管体系

2001—2002 年全国特种设备普查整治后，为了建立长效监管机制，实现有效监管，做到在用特种设备及时登记、及时检验、及时掌握安全状况、及时发现并消除事故隐患、有效控制各类事故特别是重特大事故的发生，国家质检总局提出建立特种设备动态监管体系要求，其主要内容，一是充分发挥质检系统和社会力量的作用，建设好安全监察组织网络，及时发现新增设备，制止和纠正违法行为，二是依托"金质工程"，建设好安全监察信息网络，及时登录更新设备，动态掌握在用特种设备信息。

2003 年 8 月，国家质检总局以国质检锅〔2003〕252 号文发出《关于建立特种设备动态监督管理机制的意见》，部署在 2002 年底完成 7 类特种设备普查整治工作的基础上，于 2003—2004 年在全国范围内逐步建立和完善特种设备动态监督管理机制，并就建立动态监管机制的目标、任务和措施提出要求。

至 2004 年，已有 20% 以上的省、市（地）实现联网，200 个城市（地级）实现了动态监督管理，部分省（市、区）还开展了重点场所、重点设备的动态监管试点工作，取得了良好的效果。

2004 年 4 月，国家质检总局特种设备局以国质检特函〔2004〕264 号文发出《关于特种设备动态监督管理体系建设要求及工作目标的意见》，提出建立健全各级安全监察组织网络、建立安全监察和检验工作责任制、确保监督检查工作有效到位、建立重大危险源监控措施、建立安全监察和检验数据交换机制等工作要求，并提出信息化网络建设工作目标要求。

2007 年 6 月，国家质检总局办公厅以质检办特〔2007〕314 号文发出《关于推进特种设备信息化建设的意见》，对特种设备信息化建设的目标、任务和措施提出了要求，并要求将动态监管应用系统覆盖到制造、安装等环节。

2007 年 11 月，国家质检总局特种设备局以国质检特函〔2007〕910 号文发出《特种设备现场安全监督检查规则（试行）》，明确了动态监管的现场安全监察工作内容。

2010 年印发的《特种设备安全发展战略纲要》对动态监管体系提出进一步要求，即逐步实现动态监管体系对各个设备、各个环节、各个地区的全覆盖，对特种设备进行全过程、有效、动态跟踪监督。

——加强基层安全监察组织网络建设，提高安全监察队伍素质，建立科学的工作规范，建立和规范协管员队伍。

——加强信息化网络建设，按照经济、有效、易用的原则，在"金质工程"平台上，统一总体规划、统一技术标准、统一开发平台软件，分级分类确定功能需求，分别建设硬件平台，实施全国联网，实现数据信息互联互通和共享。

——充分发挥动态监管体系作用，做到特种设备及时登记、及时检验、及时发现和消除事故隐患，提高监管效能。

——逐步实现网上办理许可、告知、报检等业务，提高安全监察机构和检验机构工作效率。加强信息公开和信息数据的开发利用，为科学监管和经济社会发展服务。

2011 年 4 月，国家质检总局特种设备局发出《关于加强特种设备使用环节安全监察的意见》（质检特函〔2011〕35 号），提出开展基于风险管理的企业分级分类监管工作，推进特种设备使用安全标准化管理工作。

5.3.2 安全责任体系

2001年4月21日，国务院颁布《国务院关于特大事故行政责任追究的规定》（国务院第302号令），将锅炉、压力容器、压力管道和特种设备特大事故列入行政责任追究范畴。

为了认真贯彻落实《特种设备安全监察条例》、《国务院关于特大事故行政责任追究的规定》和《国务院关于进一步加强安全生产工作的决定》（国发〔2004〕2号），2005年1月，国家质检总局以国质检特〔2005〕18号文发出《关于进一步加强特种设备安全监察工作的意见》，该意见提出，近一阶段的主要任务是：建立三个工作体系、落实三方安全责任、推进五项重点工作，其中的落实三方安全责任是指：特种设备生产（含设计、制造、安装、改造、维修）、使用单位对特种设备安全全面负责的主体责任，检验检测机构技术把关的责任和各级质检部门依法监管的责任，通过强化责任的管理，促进特种设备安全工作的到位，以防止和减少事故的发生。

2010年9月，国家质检总局以国质检特〔2010〕518号文发出《关于进一步加强特种设备安全工作的若干意见》，该意见指出落实责任的具体措施：

1）督促企业落实主体责任，加大对生产企业持续保持许可条件、执行质量保证体系、执行有关法律法规和规范标准的监督抽查力度；着力加强对特种设备使用环节的安全监察，积极推进企业安全管理者代表制度，规定其任职条件、职责和技术决策、指挥权；推进企业分类监管，建立使用安全管理标准化制度，组织标准化技术组织、行业组织加快制定特种设备安全使用管理标准，探索可行方式推动企业标准化管理达标活动，积极创造条件与企业诚信体系有效对接，对管理较好的企业要更加注重发挥企业的主观能动性，对管理较差的企业要加大安全监察力度；加大对使用单位建立并执行操作规程、维护保养、隐患排查治理和应急预案及演练等制度的监督检查力度，督促使用单位经常性地开展安全隐患排查，切实做到整改措施、责任、资金、时限和预案"五到位"；探索建立安全合同管理制度，支持有条件的地区先行建立一批专业技术服务机构，为设备数量少、管理能力弱的使用单位提供安全管理咨询代管服务。加大对企业违法违规生产、使用行为和作业人员无证、违章作业行为的执法查处力度，对拒不执行安全监察指令的，要依法依规从重处罚。认真履行事故调查处理职责，完善事故责任追究制度，要严格依法追究事故责任单位主要负责人的责任，完善吸取事故教训、预防事故的有效机制。

2）严格落实安全监管责任，利用国务院安委会分解下达事故控制考核指标等有效手段，积极争取当地政府的支持，将特种设备安全工作纳入当地经济社会发展规划及统计考核指标体系，根据当地实际情况采取科学方法向基层政府分解下达特种设备事故控制指标并严格考核，落实县（市、区）、乡（镇）政府和政府有关部门的责任，建立重大安全隐患由政府分级挂牌督办、公告制度，工作中的重大问题要报请政府协调解决。注重安全监察制度与安全生产综合监管制度以及与工信、能源、住建、交通、铁道、旅游等行业管理制度的协调衔接，在政府统一领导下落实有关行业主管部门"一岗双责"责任，建立完善联合有关部门监督管理和事故调查处理协调机制，严格按照《特种设备安全监察条例》解决好"两工地"起重机械检验、压力管道设计安装使用等方面存在的部门职责交叉、协调机制不健全等问题，以落实对企业和设备的基本安全要求为核心，着力调整安全监察、检验工作职责定位，并严格依法追究监管、检验的失职渎职责任。要更加重视和大力支持行业协会的建设，充分发挥其沟通协调和行业自律管理的作用，注重发挥学术技术机构的技术支持作用。加强政务公开，主动接受群众、媒体和社会各方面的监督。

2010年1月，国家质检总局印发的《特种设备安全发展战略纲要》对建立安全责任体系提出进一步要求：明确特种设备各安全责任主体的责任及相互关系；完善落实责任的机制与措施，保证安全责任履行；加强执法与监督，严厉打击特种设备违法违规行为，强化安全责任追究。

3）厘清和明确市场经济环境中企业、检验机构、安全监察部门和地方政府的安全职责，通过立法明确各方法律关系、责任界限和责任追究，重点强化企业主体责任。组织清理和修改完善现行法规标准中各方安全责任的不合理规定。按照有限有效原则，推动监察职能从"监督管理并重"向"强化监督"转变，立足立法与监督，着力弥补缺位和纠正越位与错位，合理缩小监管范围，突出监管重点。理顺总局与地方局的关系，推动监管重心下移，把更多的行政许可和执法监督工作交给地方局，总局集中精力做好战略研究、宏观管理和立法监督工作。

4）利用多种手段督促企业落实主体责任。推行特种设备使用单位安全管理标准化与评价制度，提高企业履责的主动性和管理的规范性；试行特种设备使用单位安全管理工程师制度，鼓励符合条件的专业咨询机构为设备数量少、管理能力弱的使用单位提供安全管理咨询代管服务，保证安全责任有效落实；在有条件的领域允许企业在一定范围内自主选择检验机构；试行特种设备安全责任强制保险制度，发挥保险浮动费率的激励作用和社会辅助管理功能；加快质量安全诚信体系建设，并力争与行政许可、检验收费、信贷发放、税收优惠、保险费率、工商登记等事项有效结合，建立激励约束机制。

5）加强执法与监督。探索建立多部门联合执法机制，严厉打击无证生产、使用、检验、作业的行为，加大对违法违规行为的查办和处罚力度。探索建立缺陷设备召回和强制报废制度。设立有奖举报制度，加强社会和同业监督，及时发现和查处违法行为或者事故隐患，提高监管效率，降低监管成本。积极发挥行业组织作用，加强行业自律和监督。

5.3.3 风险管理体系

建立风险管理体系，始于2003年非典以后，2005年1月，国家质检总局《关于进一步加强特种设备安全监察工作的意见》提出了建立事故应急救援体系的要求。2010年1月国家质检总局《特种设备安全发展战略纲要》（简称《纲要》）全面、系统地提出了建立风险管理体系的要求。

《纲要》指出，建立风险管理体系的目的是：应用风险理论实施特种设备分类监管，对系统性、广泛性和重大的事故风险实施监测预警，对特种设备重大危险源实施治理监控，对特种设备事故及时做出应急反应和妥善处置，科学实施特种设备事故调查处理，提高风险控制和事故预防的能力与水平。

《纲要》提出的建立风险管理体系的具体要求是：
——逐步实施分类监管。应用风险理论，综合考虑设备失效概率和事故后果，以防范重特大事故风险为重点，以注重差异性、提高针对性、保证有效性为原则，研究构建针对不同设备、不同企业、不同地区的科学的分类监管模式，积极开展试点，积累经验，制修订相关规范标准，逐步推广。

——建立安全风险监控机制。逐步探索建立安全巡视、明察暗访、举报奖励制度和安全风险信息共享机制，及时掌握违法违规线索和行业潜在的苗头性问题，及时进行风险监测、风险研判、发出预警、快速应对和妥善处置。

——对重大隐患实施治理监控。加强压力管道元件、气瓶、危化品承压罐车等特种设备整治，逐步落实压力管道普查、检验和登记工作；逐步建立以事故和风险控制为导向的重大隐患治理机制和重点设备动态监控机制，加强监督检查和指导，组织开展对重点领域、环节和设备的检测评估和监控工作，推动企业建立重点设备安全管理及监测监控系统。

——加强应急管理保障机制建设。按照"统筹资源、合理布局"的原则，制订全国特种设备应急反应和事故调查处理体系建设规划，落实机构、编制和经费，加快国家级、省级和地市级应急管理与协调指挥及事故调查处理机构建设。结合动态监管体系建设，建立完善事故数据库、预案库和事故调查专家库，形成具备风险分析、监测监控、预测预警、信息报告、数据查询、辅助决策、应急指挥和总结评估等功能的特种设备事故应急技术平台。根据不同种类特种设备的特点，建设特种设备应急救援培训基地。

——加强应急技术研究。建立完善各级特种设备安全监管部门应急预案，编制各类特种设备专项应急预案指南，指导特种设备使用企业应急预案编制工作，组织开展演练，提高应急反应与处置能力。建立质检部门牵头、相关部门参与的事故调查处理协调机制。完善事故调查处理的规章、规范、制度和程序，规范调查处理行为。加强调查分析能力建设，加强事故统计分析，掌握事故发生规律，有效预防事故。

1. 事故应急方面

2005年6月，经国务院批准，国家质检总局以国质检特〔2005〕206号文印发了《特种设备特大事故应急预案》，其后，31个省（自治区、直辖市）和市、县也陆续制定了本地区的《特种设备事故应急预案》。

2009年4月，国家质检总局特种设备局以质检特函〔2009〕21号文下发《特种设备危险性评价与分级实施指南》。

2010年8月，国家质检总局特种设备局以质检特函〔2010〕43号文发布了26个特种设备应急救援预案指南。

2. 分类监管方面

2012年国家质检总局特种设备局以质检特函〔2012〕41号文发出《关于开展特种设备使用单位分类监管和使用安全管理标准化试点工作的通知》，该通知附件包括：《特种设备使用单位风险评价实施细则》（试行）、《特种设备使用单位风险评价打分表》（试行）、《特种设备使用安全管理规范》（试行），这三个附件应用了基于风险的评价准则，采用了基于风险的特种设备安全监管关键技术研究课题（"十二五"国家科技支撑计划项目）的研究成果。

3. 事故报告和调查处理方面

2005年起，国家质检总局按照《条例》规定的公布要求，建立了安全状况通报制度，每年将特种设备数量、分布、生产、检验和事故情况，以及安全监察工作情况和工作计划向社会公布。

2009年《特种设备安全监察条例》修改发布后,国家质检总局在该年8月颁布了《特种设备事故报告和调查处理规定》,12月颁布了《特种设备事故调查处理导则》。

2010年12月,国家质检总局特种设备局以质检特函〔2010〕89号文发出《关于进一步加强和改进特种设备事故报告和调查处理工作的意见》,对完善事故报告和调查工作机制提出要求。

2015年11月,国家质检总局以第136号公告,公布了修订的《特种设备事故报告和调查处理导则》。

5.3.4 绩效评价体系

2005年1月,国家质检总局以国质检特〔2005〕18号文发出的《关于进一步加强特种设备安全监察工作的意见》指出:安全评价体系是实现特种设备科学监管的基础,是政府安全监管决策的重要依据。该意见对构建安全评价体系提出要求:研究、确定设备安全状况等级,确定重大危险源和监控措施,根据特种设备的不同状况、条件,研究制订有针对性的监管方式;建立安全监察、检验工作状况和绩效评价方法,不断完善安全监察体制和工作机制;量化分析特种设备安全对经济社会发展的影响、作用,形成相关数据采集机制,为政府科学决策提供依据。

2008年10月,国家质检总局特种设备局以质检特函〔2008〕85号文下发了《特种设备安全监察绩效测评方法》。

2010年1月,国家质检总局印发的《特种设备安全发展战略纲要》指出,建立绩效评价体系的目的是,有效开展对一定区域领域、特种设备安全监察部门、检验检测机构和相关企业的安全绩效评价,使有限的监管资源投入获得最大的安全与节约效能,促进特种设备安全性与经济性的协调统一。

《纲要》对建立绩效评价体系的具体要求是:

——加强特种设备安全监察与节能监管的理论研究,建立特种设备安全与节能工作对经济社会发展贡献率的评价模型和统计指标,形成固定的数据采集、统计分析和报告机制,为政府科学决策提供依据。

——科学评价安全监察工作的投入和产出,建立监管资源有效投入与配置模型,建立一定行政区域及设备领域、安全监察部门和检验检测机构工作绩效考核评价指标,探索建立以关键性能指数(KPI)为评价指标的企业安全管理评价方法,开展绩效评价试点并推广应用。

5.3.5 法规标准体系

2005年1月,国家质检总局《关于进一步加强特种设备安全监察工作的意见》(国质检特〔2005〕18号)提出了构建法规标准体系要求,《意见》指出:特种设备法规标准体系是实现特种设备依法监管的基础,是完善法制建设的重要内容。根据我国特种设备法制建设现状和需要,抓紧构建以法律法规为依据、以安全技术规范为主要内容、以标准为基础的特种设备安全监察法规标准体系,逐步完善与我国社会主义市场经济相适应的特种设备法规标准体系的制修订机制,实现特种设备安全监察工作有法可依、有章可循。

2010年1月,国家质检总局印发的《特种设备安全发展战略纲要》进一步明确了构建法规标准体系的要求:积极推动制定特种设备安全领域的专门法律,进一步完善特种设备安全监察与节能监管法规,健全基本覆盖各个监察环节、兼顾各类设备特点的安全监察与节能监管规章,加快制定特种设备技术规范并逐步整合形成综合性规范,推进特种设备质量安全与节能标准化,逐步完善以法律法规为依据、以技术规范为基本要求、以技术标准为基础的具有中国特色的特种设备法规标准体系。

截至2015年,我国1个法律、1个行政法规、10个部门规章、110余个安全技术规范和1500余个技术标准在内的特种设备法规标准体系基本形成。

涉及压力容器的安全技术规范目录见表6.5-2。

表6.5-2 截至2015年已颁布涉及压力容器的安全技术规范目录

序号	名　　称	编号或发布文号
1	特种设备安全技术规范制定导则	TSG Z01—2014
2	特种设备信息化工作管理规则	TSG Z0002—2009
3	特种设备鉴定评审人员考核大纲	TSG Z0003—2005
4	特种设备制造、安装、改造、维修质量保证体系基本要求	TSG Z0004—2007
5	特种设备制造、安装、改造、维修许可鉴定评审细则	TSG Z0005—2007
6	特种设备事故报告和调查处理导则	TSG 03—2015
7	特种设备作业人员考核规则	TSG Z6001—2013
8	特种设备焊接操作人员考核细则	TSG Z6002—2010
9	特种设备检验检测机构核准规则 (2007年第1号修改单、2009年第2号修改单、2010年第3号修改单)	TSG Z7001—2004
10	特种设备检验检测机构鉴定评审细则 (2010年第1号修改单)	TSG Z7002—2004
11	特种设备检验检测机构质量管理体系要求	TSG Z7003—2004
12	特种设备型式试验机构核准规则	TSG Z7004—2011
13	特种设备无损检测机构核准规则	TSG Z7005—2015
14	特种设备无损检测人员考核规则	TSG Z8001—2013
15	特种设备检验人员考核规则(2014年第1号修改单)	TSG Z8002—2013
16	非金属压力容器安全技术监察规程	TSG R0001—2004
17	超高压容器安全技术监察规程	TSG R0002—2005
18	简单压力容器安全技术监察规程	TSG R0003—2007
19	固定式压力容器安全技术监察规程 (2010年第1号修改单)	TSG R0004—2009
20	移动式压力容器安全技术监察规程	TSG R0005—2011
21	气瓶安全技术监察规程	TSG R0006—2014
22	车用气瓶安全技术监察规程	TSG R0009—2009
23	压力容器压力管道设计许可规则	TSG R1001—2008

(续)

序号	名　　称	编号或发布文号
24	气瓶设计文件鉴定规则	TSG R1003—2006
25	压力容器安装改造维修许可规则	TSG R3001—2006
26	气瓶充装许可规则	TSG R4001—2006
27	移动式压力容器充装许可规则（2014年第1号修改单）	TSG R4002—2011
28	气瓶使用登记管理规则	TSG R5001—2005
29	压力容器使用登记管理规则	TSG R5002—2013
30	压力容器安全管理人员和操作人员考核大纲	TSG R6001—2011
31	医用氧舱维护管理人员考核大纲	TSG R6002—2006
32	压力容器压力管道带压密封作业人员考核大纲	TSG R6003—2006
33	气瓶充装人员考核大纲	TSG R6004—2006
34	压力容器定期检验规则	TSG R7001—2013
35	气瓶型式试验规则	TSG R7002—2009
36	气瓶制造监督检验规则	TSG R7003—2011
37	压力容器监督检验规则	TSG R7004—2013
38	气瓶附件安全技术监察规程	TSG RF001—2009
39	安全阀安全技术监察规程（2009年第1号修订单）	TSG ZF001—2006
40	安全阀维修人员考核大纲	TSG ZF002—2005
41	爆破片装置安全技术监察规程	TSG ZF003—2011
42	特种设备质量管理负责人考核大纲（试行）	国质检特函〔2013〕84号
43	特种设备安全管理负责人考核大纲（试行）	国质检特函〔2013〕84号
44	特种设备现场安全监督检查规则	国家质检总局2015年第5号公告
45	特种设备行政许可鉴定评审管理与监督规则	国质检锅〔2005〕220号
46	氧舱安全技术监察规程	TSG R4—2015
47	特种设备行政许可实施办法	国质检锅函〔2003〕408号
48	锅炉压力容器制造许可条件	国质检锅〔2003〕194号
49	锅炉压力容器制造许可工作程序	国质检锅〔2003〕194号

5.3.6　科技支撑体系

国家质检总局2010年发布的《特种设备安全发展战略纲要》中提出了构建科技支撑体系的要求：全面提升特种设备检验检测技术机构的能力，建立行业大科技的工作平台和管理运行机制，有效整合特种设备科技资源，畅通科技需求渠道，组织开展科技攻关，促进科技成果快速转化和推广应用，充分发挥科技对特种设备质量安全与节能的支撑、保障、促进作用。具体措施是：

——滚动完善和落实特种设备安全科技中长期发展规划，加强特种设备安全管理理论和管理综合技术研究，促进监管体制机制创新；开展法规标准制修订支撑课题研究，为科学制定法规标准提供技术依据；重点在共性、关键性的检验、检测、监测技术，大型、关键特种设备资产完整性管理、安全评价、风险评估、寿命预测、仿真重构，在线、不开罐、不拆卸、不开挖、带涂层保温层检测与评价，重大危险源监控、预测预警和应急救援技术方面，开展科技攻关，进行系统集成，加快成果转化和推广应用。

——制订全国特种设备安全技术研究实验室框架体系和全国特种设备及其部件、安全附件、安全保护装置型式实验室框架体系，统筹规划，合理布局，分期分批建设，重点扶持建设一批国家级和区域性的实验室和型式试验机构，建立以法规标准、试验基地和基础数据库为核心的特种设备安全研究试验平台和技术服务平台。

——以国家级特种设备检验研究机构为龙头，整合国家、省、部分市特种设备检验研究机构和企业、科研院所的人才、设备、经费资源，搭建行业大科技的工作平台，创新科技管理体制和技术创新、人才培养、成果转化机制，统一规划，分工负责，相互合作，共同推动，多出快出成果，培养更多人才特别是高层次人才，加速提升队伍素质和技术管理水平。

特种设备科技工作从"七五"的预研课题"带缺陷压力容器安全性评定研究"到国家"十二五"科技支撑计划项目"基于风险的特种设备事故预防关键技术研究"，通过不断地开展科研攻关，建立了一支产学研、老中青相结合的特种设备安全科技队伍，突破了200多项关键技术，取得150多项研究成果。科技成果的应用对保障我国特种设备安全、降低事故率、促进经济社会发展、惠及民生等发挥了重要的保障作用。其中，"RBI技术应用"和"极端条件下重要压力容器的设计、制造和维护"带来的经济效益和社会效益尤为显著。

1. RBI技术应用

基于风险的检验（Risk Base Inspection，RBI）是以风险分析为基础，通过对系统中固有的或潜在的危险及其后果进行定性或定量的分析、评估，发现主要问题和薄弱环节，确定设备风险等级，从安全性与经济性相统一的角度，对检验频率、检验程度进行优化，使检验和管理行为更加经济、安全、有效。通过RBI技术的实施，可以有效地节约检验、检修成本，降低设备运行风险，为生产装置长周期安全运行提供可靠的技术保障。授权检验机构利用RBI方法，对中国石化、中国石油、中国海油等200多套重要装置进行了设备损伤模式判别和基于风险的检验，总经济效益已经超过20亿元。在该技术体系基础上，建立了基于风险的检验法规标准体系框架，为政府特种设备安全监察提供了技术支撑。

2. "极端条件下重要压力容器的设计、制造和维护"国家高技术研究发展计划（863计划）项目

特种设备行业协力完成的国家高技术研究发展计划（863计划）项目"极端条件下重要压力容器的设计、制造和维护"荣获2014年国家科学技术进步奖一等奖。该项目历时9年，攻克了极端条件下压力容器"拓边界、修准则、控风险"的技术瓶颈，建立了极端压力容器设计制造与维护技术方法，修订3项国家安全技术规范，制修订9项国家技术标准和3项行业技术标准，为我国《特种设备安全法》贯彻实施提供了有力技术支撑。项目完成了6类重要压力容器首台套国产化研制并在能源工业领域40多家企业应用，为我国

特种设备万台设备事故起数与死亡人数逐年下降做出了突出贡献。据不完全统计,项目成果通过推广应用近 3 年取得直接经济效益约 32.8 亿元,间接经济效益和社会效益更为显著。

在国家质检总局的统一规划和协调下,由中国特检院牵头,20 多个省、直辖市检验机构组成了中国特种设备科技协作平台,为全国特种设备大科技体系格局的形成奠定了基础。在此平台上,各个检验机构之间实现资源整合,瞄准世界先进水平,实施联合科研攻关,多出成果、快出成果,提高检验机构检验能力和科研水平,该平台建立将促进大科技体系格局的形成,更好地服务经济社会又好又快发展。

据 2005 年、2007 年、2009 年、2011 年、2013 年统计,国家质检总局"科技兴检奖"共评出特种设备相关的一等奖 5 项、二等奖 20 项、三等奖 45 项。其中一等奖项目见表 6.5-3。

表 6.5-3　2005—2011 年国家质检总局"科技兴检奖"一等奖中特种设备相关项目

获奖年份	项目名称
2005 年	城市埋地燃气管道重大危险源评价与风险评估技术研究
2007 年	特种设备标准体系研究与重要标准研究制定
2009 年	大型储罐群安全检验技术体系研究和工程示范
2009 年	特种设备安全科学监管支持技术研究
2011 年	埋地与带保温层管道腐蚀和泄漏检测技术研究及设备研制

5.4　专项整治

《特种设备安全监察条例》颁布后,国家质检总局先后组织开展了多种专项整治工作,其中涉及压力容器专项整治的有:危化品承压罐车、压力管道、气瓶等专项整治。通过整治,危化品承压罐车实行了 IC 卡电子监管,查清了压力管道底数和安全状况,初步建立了气瓶安全监管新机制。并在专项整治基础上,通过落实企业主体责任、实行动态监管等手段,保障了使用安全。

5.4.1　压力管道专项普查

2003 年 6 月,国质检锅函〔2003〕417 号文发出《关于开展压力管道专项普查工作有关问题的通知》,部署在全国范围开展工业管道普查工作,要求在 2004 年底完成普查,在查清工业管道的分布、数量、级别等项目的基础上,进行压力管道使用登记,完成在线检验工作,督促使用单位制订定期检验计划,指导有条件的单位开展定期检验工作,核定安全状况等级,并开展长输管道和公用管道普查试点工作。

2006 年 4 月,国家质检总局以国质检特〔2006〕148 号文发出《关于加强压力管道安全监察工作的意见》,部署 2006 年底前基本完成长输(油气)管道和公用管道普查工作,该意见要求:城市公用管道普查的重点是查清管道的分布和数量,采集地理信息,建立地理信息管理网络,督促使用单位有计划地开展对重大危险源管道的筛查,组织进行管道风险评估和埋地管道的不开挖检验;长输(油气)管道应当在开展普查工作的基础上,按照

《天然气管道检验规程》等有关安全技术规范、标准的要求开展检验；对经检验合格的长输管道，或已经建立地理信息管理网络的城市公用管道，按照《压力管道使用登记管理规则（试行）》的规定办理使用登记。

5.4.2 气瓶普查整治

全国气瓶普查整治工作是 2001—2002 年开展的全国锅容管特普查工作的延伸。2003 年 4 月，国家质检总局颁布了《气瓶安全监察规定》（质监总局第 46 号令），做出了"气瓶充装单位只能充装自有产权气瓶，不得充装技术档案不在本充装单位的气瓶"的规定。第 46 号令颁布的同时，国家质检总局发出《关于开展气瓶普查整治工作的通知》（国质检锅函〔2003〕287 号）。通知指出，这次整治的目标是全面实现气瓶充装单位拥有气瓶产权并向用户提供包装气瓶，气瓶用户租赁使用，充装单位负责气瓶建档登记并对气瓶的安全、使用和维护全面负责，规范和强化气瓶充装单位的安全管理，彻底解决长期以来存在的气瓶数量不清、安全状况不明、事故率高、检验率低、"流浪"气瓶无人负责的一系列问题，建立以气瓶充装单位为气瓶安全责任主体的气瓶安全监管新模式。整治具体内容，一是以充装单位为依托，查清在用气瓶的数量，完成在用气瓶的数量普查；二是对在用气瓶进行检验治理，做好到期气瓶的定期检验工作，将超过使用寿命或不符合安全要求的气瓶予以查封或监督进行破坏性处理，消除事故隐患；三是探索建立以气瓶充装单位为监察对象的气瓶长效安全监管机制。并提出 2004 年上半年全面完成全国的气瓶普查整治工作的要求。

通过开展这项工作，全国共普查气瓶充装单位 15666 个，普查气瓶累计 1 亿零 600 余万只，普查中共检验各类气瓶 2840.3 万只，报废气瓶 151.4 万只，基本查清了全国在用气瓶安全状况，消除了大量气瓶事故隐患，大部分地区已初步建立以气瓶充装单位为气瓶安全责任主体的气瓶安全监管新模式，为今后的气瓶正常化管理和动态监管打下了基础。

5.4.3 危险化学品罐车专项检查整治

2004 年 6 月，国家质检总局、铁道部、公安部、交通部、国家安全生产监督管理局以国质检特联〔2004〕249 号文，联合印发了《关于开展危险化学品罐车专项检查整治工作的通知》，部署在全国范围内联合开展铁路罐车、汽车罐车、长管拖车和罐式集装箱（以下统称罐车）的专项检查整治活动，专项检查的重点是罐车的使用登记、运输许可、定期检验、罐车充装、适载情况及驾驶人员、押运人员持证上岗等情况。

5.4.4 危险化学品气瓶专项检查整治

2005 年 8 月，国家质检总局、安监总局、环保总局以国质检特联函〔2005〕658 号文，联合发出《关于开展危险化学品气瓶安全专项检查整治工作的通知》，布置在全国范围内联合开展危化品气瓶安全专项检查整治活动。

检查整治目标是：进一步规范和强化危化品气体充装、经营和使用单位的气瓶安全管理，切实落实各有关从业单位的安全责任，治理危化品气瓶事故隐患，完善危化品事故应急救援体系，有效遏制危化品气瓶充装、使用不当和报废气瓶引发的泄漏和爆炸事故。

检查整治的范围是：盛装氢气、氧气、液氯、液氨、二氧化硫、硫化氢和溶解乙炔等危化品气瓶。

检查的重点是危化品气体的生产、充装、经营、储存、使用单位以及涉及危化品气瓶使用、储存的停产、半停产企业、破产倒闭企业等。

检查的具体内容，一是检查危化品瓶装气体充装、经营单位安全责任制落实情况及充装环节安全管理情况，督促充装单位落实各项安全管理制度，采用电子标签等信息化手段对自有产权气瓶实施动态安全管理，建立、完善危化品事故应急预案；二是检查气瓶定期检验和维护保养情况，督促气瓶定期检验单位严格按照安全技术规范和国家标准的要求进行定期检验；三是检查废弃危化品瓶装气体和报废气瓶处置情况。

5.4.5 承压汽车罐车充装站专项整治

2006年7月，国家质检总局和安监总局以国质检特联〔2006〕341号文，联合发出《关于开展承压汽车罐车充装站专项整治活动的通知》，部署对汽车罐车、长管拖车、罐式集装箱（以下简称罐车）的液化气体、永久气体充装站进行专项整治工作，并提出了承压汽车罐车充装站专项整治标准。要求通过整治，督促充装站落实安全生产主体责任，规范安全管理工作和装卸行为，严防超装行为，提高充装站安全管理水平。

5.4.6 压力管道元件制造专项整治

2008年6月，国家质检总局办公厅以质检办特〔2008〕347号文发出《关于开展压力管道元件和起重机械专项整治工作有关问题的通知》，其中压力管道元件整治的目标是：通过对压力管道元件专项整治，查清管道元件制造单位的情况，进一步规范压力管道元件的生产和使用，杜绝无证制造和"贴牌"（指产品铭牌上标注的企业与实际生产企业不一致）生产行为，严禁使用无证企业生产的产品，切实提高压力管道元件安全质量水平。整治的内容，一是开展压力管道元件制造单位排查，查处无证制造和"贴牌"生产行为；二是加强许可后的证后监管，开展监督抽查工作，依法查处不符合许可条件、安全质量不符合标准要求的违规制造单位；三是加强新建、改建、扩建压力管道安全监察工作，督促企业落实新建、改扩建压力管道单位采购、使用合格压力管道元件的主体责任，对违法使用压力管道元件进行严厉查处。

2009年4月，国家质检总局办公厅印发的《特种设备安全"三项行动"实施方案》的通知（质检办特〔2009〕304号），又对压力管道元件整治工作提出了进一步要求。

5.4.7 气瓶充装站和检验站治理

为了遏制气瓶事故居高不下的势头，解决气瓶违法充装、超期不检、违规检验或修理改造报废气瓶等问题，2010年6月，国家质检总局办公厅以质检办特函〔2010〕638号文下发了《关于开展气瓶充装站和检验站治理工作的通知》，部署开展气瓶充装站和检验站（简称"两站"）治理工作。

治理的目标是：规范和强化气瓶"两站"的安全管理，巩固以气瓶充装站为气瓶安全责任主体的气瓶安全监管工作模式，积极探索充装站分类监管机制，进一步提高气瓶"两站"许可率、充装和检验人员持证率、气瓶使用登记率和定期检验率，有效解决气瓶违法充装、超期不检、违规使用或修理改造报废气瓶等问题，遏止气瓶因充装和检验不当导致的事故。

治理的范围包括各类气瓶充装站和检验站。治理的重点是氢气瓶、氧气瓶、溶解乙炔气瓶、液化石油气瓶和车用气瓶等气瓶充装站和检验站。

治理工作要点，一是督促气瓶充装站和检验站进一步完善安全技术条件，规范"两站"许可工作和气瓶安全管理；二是加强在用气瓶使用登记和检验治理工作，督促两站建立对超过使用寿命或不符合安全要求的气瓶及时进行破坏性处理的制度，消除事故隐患；三是严厉打击违规改造、改装、翻新废旧气瓶行为和充装单位未经许可充装或不按安全技术规范充装行为，查处气瓶检验站不按照安全技术规范和国家标准进行检验及报废处理的行为；四是进一步落实气瓶充装站的气瓶安全主体责任，建立以充装站和检验站为安全监察重点，气瓶"两站"定期将气瓶送检和检验信息报告当地特种设备安全监察机构的气瓶安全监管长效机制。

至2010年底，全国共整治气瓶充装站15586个，气瓶检验站1874个，取缔了108个气瓶充装站和23个气瓶检验站，共对1726.9万只气瓶进行了安全检验，报废气瓶235.7万只。通过治理，2010年全国气瓶事故大幅下降，治理工作取得了明显成效。

2011年5月国家质检总局特种设备局以质检特函〔2011〕41号文发出《关于深化气瓶充装站和检验站治理工作的意见》，针对气瓶"两站"治理工作还存在全国治理力度不平衡情况，部署各地深化"两站"治理，解决超过规定使用年限的气瓶尤其是"螺丝瓶"的报废工作力度不大、违规检验翻新报废气瓶等问题，推动气瓶充装检验单位，运用物联网、电子标签、条码等信息化手段，做好气瓶充装、检验工作记录，实现气瓶充装、检验信息的自动识别和气瓶动态监管，推进长效机制建设，提升气瓶安全管理水平。

5.4.8　氨制冷装置特种设备专项治理

2013年吉林省长春市宝源丰禽业有限公司"6·3"特别重大火灾爆炸事故发生后，根据《国务院安委会关于深入开展涉氨制冷企业液氨使用专项治理的通知》（安委〔2013〕6号）的要求，2013年11月，国家质检总局特种设备局发出《关于氨制冷装置特种设备专项治理工作的指导意见》（质检特函〔2013〕61号），对涉氨压力容器和压力管道的设计、制造、安装、使用、定期检验以及缺陷处理等提出了具体的治理意见。

5.4.9　快开门式压力容器和烘缸（筒）的专项检查

为了加强对易发事故的特种设备使用安全管理，2013年4月《质检总局办公厅关于加强小型锅炉、快开门式压力容器和烘缸（筒）安全监察工作的通知》（质检办特〔2013〕338号），布置对快开门式压力容器、洗染行业用烘缸（筒）等压力容器使用单位进行重点检查，并提出了重点检查的内容。

5.4.10　长输（油气）管道隐患整治

2013年"11·22"中石化东黄输油管道泄漏爆炸特别重大事故发生后，按照《国务院安委会关于开展油气输送管线等安全专项排查整治的紧急通知》(安委〔2013〕9号)的要求,2013年12月,国家质检总局办公厅以质检办特〔2013〕1023号文,发出《关于印发长输(油气)管道等特种设备排查整治实施方案的通知》。

截至2015年底,全国共实施油气输送管道安装监督检验8146km,实施在用管道全面检验30385km。

2015年4月,质检总局发出的《关于印发质检系统开展油气输送管道隐患整治攻坚战工作方案的通知》(国质检特〔2015〕130号)对该项工作提出进一步要求:

——2015年12月底前,完成安全技术规范与标准梳理,组织制修订急需的安全技术规范与标准;推进行政许可改革和分类监管,减少、规范生产、使用环节行政许可;贯彻《特种设备安全法》,落实企业安全主体责任,推进油气管道的监督检验和定期检验的开展,完成使用20年以上(含20年)管道的定期检验工作,重点开展按照《石油天然气长输管道安全隐患分级参考标准》确定的隐患管段的定期检验工作。

——2016年12月底前,完成《压力管道安全监察规定》制定工作,完善有关安全技术规范与标准体系;对新建管道全面实施安装过程监督检验,完成使用10年以上(含10年)管道的定期检验工作。油气输送管道年度检查率达95%、全面检验率达80%,开展管道风险评估的企业占80%以上;基本查清油气输送管道质量安全状况和管道本体隐患数量。

——2017年9月底前,按照合于使用原则,基本完成油气输送管道质量安全隐患治理任务;完成生产、使用环节行政许可改革任务,落实分类监管;油气输送管道年度检查率达100%、全面检验率达95%,风险评估工作全面推进。

5.5 事故情况

5.5.1 事故总体情况

随着特种设备安全法制环境的进一步改善,安全监察行政法制措施、技术措施进一步落实到位,压力容器事故得到根本控制,事故率进一步降低,压力容器万台事故率从2003年的0.33降低到2015年的0.08。2003—2015年全国在用压力容器(不含气瓶)数量、事故起数和年万台事故率见图6.5-5~图6.5-7。

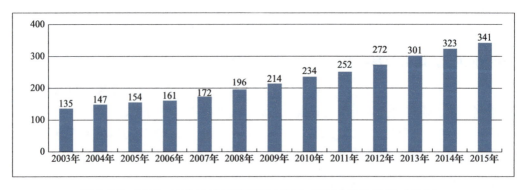

图 6.5-5　2003—2015 年全国在用压力容器(不含气瓶)数量(万台)

第六篇　压力容器安全监察篇

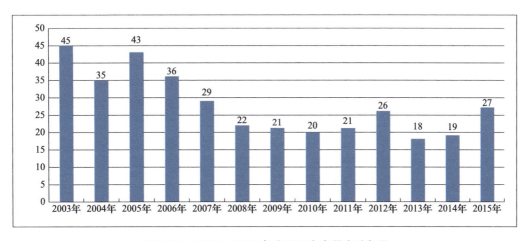

图 6.5-6　2003—2015 年全国压力容器事故起数

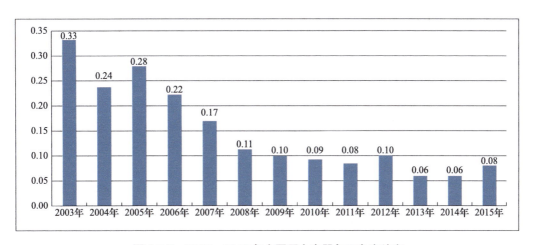

图 6.5-7　2003—2015 年全国压力容器年万台事故率

说明：图中数据存在统计口径不同情况，其中：

1）2008 年以前（含 2008 年）事故统计范围为：死亡 1～2 人，或者伤 19 人（含 19 人）以下，或者直接经济损失 50 万元（含 50 万元）以上 100 万元以下，以及无人员伤亡的设备爆炸事故。

2）2009 年以后（含 2009 年）的事故统计范围为：①造成 3 人以下死亡，或者 10 人以下重伤，或者 1 万元以上 1000 万元以下直接经济损失的；②压力容器爆炸；③压力容器有毒介质泄漏，造成 500 人以上 1 万人以下转移的。

5.5.2　2003—2015 年典型事故案例

2004 年 4 月 15 日，重庆天原化工总厂氯氢分厂发生爆炸事故，造成 9 人死亡，3 人受伤，直接经济损失 277 万元。事故波及重庆市江北区、渝中区、沙坪坝区、渝北区，15 万名群众紧急疏散。

这起事故首先是该厂液氯系统的排污罐发生爆炸，工厂采取紧急停车，约 2 小时后发生盐水泵爆炸，其后，约 5 个小时，又发生 2 台液氯储罐相继爆炸。

调查认定这起事故原因是：由于液氯生产中的氨冷凝器和氯冷凝器两级冷凝器均发生泄漏，造成含有氨的盐水进入氯冷凝器从而进入液氯计量罐，而产生大量三氯化氮（NCl_3），加之处置时采取措施不当，造成液氯计量罐发生爆炸。

事故爆炸直接因素关系链为：设备腐蚀穿孔→盐水泄漏进入液氯系统→氯气与盐水中的铵反应生成三氯化氮→三氯化氮富集达到爆炸浓度→启动事故氯处理装置振动引爆三氯化氮。

在事故发生前，该厂发现设备有异常现象，判断氯冷凝器发生穿孔，含铵盐水进入了液氯系统而停产采取处理时，连续发生排污罐、盐水泵爆炸。鉴于当时已构成的重大险情，对周边群众安全造成严重威胁，重庆市政府立即启动应急预案，成立了由副市长为指挥长的现场指挥部和由有关专家组成的排危抢险专家组，并经专家论证提出处置方案。指挥部要求各项排险工作必须按统一部署进行，该厂按照指挥部的决定开始实施方案。当指挥部召开全体成员会议，正在研究下一步处置方案和群众疏散问题时，处置现场突然发生液氯储罐爆炸，现场处置人员9人死亡，3人受伤。

后经调查证实，厂方现场处理人员未经指挥部同意，为加快氯气处理的速度，在对三氯化氮富集爆炸的危险性认识不足的情况下，急于求成，判断失误，凭借以前操作处理经验，自行启动了事故氯处理装置，对液氯储罐、汽化器进行抽吸处理，在抽吸过程中，事故氯处理装置水封处的三氯化氮因与空气接触和振动而首先发生爆炸，爆炸形成的巨大能量通过管道传递到液氯储罐内，搅动和振动了液氯储罐中的三氯化氮，导致三台液氯储罐内的三氯化氮爆炸。

2005年3月29日，一辆满载液氯的汽车罐车在京沪高速公路江苏淮安段发生交通事故，因罐车前车胎爆胎，冲断高速公路中间隔离栏至逆向车道，与对面行驶载有液化石油气钢瓶空瓶的卡车相撞并翻车，导致液氯罐车车头与罐体脱离，罐体进、出料口阀门齐根断裂，液氯大量泄漏，载有液化石油气钢瓶的卡车司机当场死亡。

事故发生后，事故罐车司机及押运员在向高速公路交管部门电话报告事故时，没有如实说明载运的是何种危险化学品，接着又逃离事故现场，严重延误了事故应急处置时机，使事故扩大蔓延。大量泄漏的液氯，造成29人中毒死亡，436名群众和抢救人员中毒住院治疗，1560人门诊留治，10500多名村民被迫疏散转移，大量家畜家禽、农作物死亡，并致使京沪高速公路宿迁至宝应段约110km路段关闭20小时。

调查认定事故发生原因：一是肇事汽车罐车车主，为图谋利，严重违反规定，超量载运毒性程度高度危害的液化气体，超载169.6%，超载引起罐车轮胎爆胎，与货车相撞并翻车，导致罐车进、出料口阀门齐根断裂，罐内氯气泄漏；二是罐车充装单位违反规定，严重超量充装，事故罐车所在车队领导明知严重超载却不予制止；三是事发时，司机及押运员没有据实报告，并又逃离事故现场，严重延误了处理时机，导致事故扩大；四是肇事车挂靠单位未尽到对运输化学危险品车辆的管理、检查职责和对驾驶员、押运员的安全培训教育的责任。

因此，事故罐车超载引起交通事故是事故的主要原因，事故罐车作业人员不如实报告事故情况并逃匿是事故后果扩大的主要原因。

这起事故教训惨痛，通过事故的主要原因反衬出，事故发生时，相关人员如实报告事故情况，对于事故发生地有关部门及时开展应急救援和防止事态扩大有着极其重要的影响。

2005年3月21日21点26分，山东省济南市平阴县鲁西化工第三化肥有限公司的尿素合成塔在生产过程中发生爆炸，造成4人死亡、1人重伤的重大事故，直接经济损失达2900万元。

事故直接原因是塔体材料（包括焊缝）的应力腐蚀开裂。应力腐蚀开裂导致了塔体承载截面积的严重下降，尤其是发生在爆炸筒节处环焊缝上侧的应力腐蚀开裂，使得该处的承载截面积急剧下降，最终发生快速断裂，引起塔内介质迅速泄漏，进而引起塔内介质爆沸和该筒节的爆炸。引起材料应力腐蚀的诱因，一是该塔在制造过程中改变了衬里蒸汽检漏孔的原始设计，使氨渗漏检测介质和检漏蒸汽渗漏进入塔体多层层板间的缝隙中，从而引起塔体层板材料严重的应力腐蚀开裂；二是该塔在制造过程中，盲板材料 Q235A 的纵向焊缝被数点点焊缝连接方式代替，此结构进一步促成氨渗漏检测介质和检漏蒸汽进入塔体多层层板间的扩散。

2010 年 1 月 7 日，中石油兰州石化公司 303 分厂 316 中间原料罐区作业过程中球罐发生爆炸事故，事故造成 6 人死亡、1 人重伤、5 人轻伤。

事发时，316 中间罐区当班操作员进行 R202 号碳四球罐进料作业时，进料管线出现泄漏，碳四液化气体迅速扩散并发生爆炸。爆炸对周围环境产生冲击和震动破坏，造成新的可燃物泄漏并被引燃，火势迅速扩大，R202 碳四球罐因被烧烤出现塑性变形开裂，罐中液相碳四爆沸，此次爆炸的破坏强度更大，罐底部的管线全部断开，球罐开始倒塌，被爆炸驱动的可燃物在空中形成火球和"火雨"向四周抛撒，冲击波又对其他管网、建筑物、铁道上油罐车等产生破坏作用。与 R202 号碳四球罐相邻的 R206 号丁二烯球罐再次被烧烤，球罐顶部出现塑性变形开裂，大量液态丁二烯从顶部断裂口喷出后遇火燃烧。随后是 R204 号丁二烯球罐在经过长时间烘烤后，在底部再次爆炸，大大增加了可燃物的泄漏，火势严重扩展到周围的 10 台拔头油立式储罐，并引发大火，火灾直到 2010 年 1 月 12 日晚才被扑灭。

罐区围堰的北侧大部分倒塌，R202、R206 号球罐顶部被爆炸撕裂，R204 号球罐下部被爆炸撕裂，所有球罐的保温层被炸飞，10 台拔头油立式储罐上部起火。其中尤以 R202 号球罐爆炸现场明显，当时喷射出蘑菇云状火焰。

经调查分析，这是一起因事故管线和焊接接头存在组织缺陷、特种设备安全监督管理不到位、岗位责任不落实造成的责任事故。

事故的直接原因是：由于 316 中间罐区 R202 号球罐出料管弯头母材焊缝热影响区存在组织缺陷，致使该弯头局部脆性开裂，导致碳四物料大量泄漏，泄漏汽化后的碳四物料蔓延至罐区东北侧丙烯腈装置焚烧炉，遇焚烧炉明火引燃爆炸。

事故的间接原因，一是特种设备安全管理不到位，未按规程规定对事故管线进行定期检验，未按规定落实事故管线更换计划；二是设备管理人员没有认真履行设备管理职责；三是安全应急处置设施不完善，未按照《石油化工企业设计防火规范》（GB 50160—2008）规定，对储罐进出物料管道设置自动联锁切断装置，致使事故状态下无法紧急切断泄漏源，导致泄漏扩大并引发事故。

2010 年 1 月 12 日，天津市金汇药业有限公司发生一起压力容器爆炸事故，燃爆造成过火面积约 384m^2，造成 3 人死亡、2 人重伤，直接经济损失 179.84 万元。

事发时，该公司 301 车间 1 号、4 号、5 号氧化反应釜突然发生燃爆，造成车间和相邻房屋的门窗被震碎或烧毁，1 号氧化反应釜人孔盖崩飞（约 70 多米），釜顶视镜被炸碎，文丘里喷射器喉管焊口及其进气管断开，4 号氧化反应釜人孔盖视镜及釜顶视镜破碎，釜底放料阀门法兰连接处崩开，安全阀出口泄压管断开，5 号氧化反应釜人孔盖视镜及釜顶视镜破碎。

事故反应釜为巴豆醛与氧气反应生成巴豆酸的氧化反应釜,以正己烷作为溶剂。车间内有 8 个 3m³ 的反应釜(依次为 1~8 号),工作压力 0.55MPa,事故发生时,其中 1 号、4 号、5 号、6 号、8 号氧化反应釜内物料正在进行反应。

经调查认定,事故的直接原因是:生产工艺存在缺陷,该厂采用的巴豆酸生产工艺属无催化气、液两相间歇反应,反应物系的液相属高极性的有机液体,存在随时产生静电的可能;工艺中采用了文丘里喷射器,反应物料经高速喷射,也极易产生静电,当反应处在爆炸区内时,遇到静电就发生爆炸,导致了 1 号、4 号、5 号反应釜发生燃爆。

事故的间接原因,一是安全技术管理缺失,没有对生产工艺进行安全论证,没有制定相应的安全技术措施和相应的岗位安全操作规程;二是企业安全生产主体责任不落实,安全技术管理、安全操作规程、安全检查、三级安全教育培训等制度不完善、工作不落实,存在严重漏洞,安全检查不落实,不能及时排查、整改存在的安全隐患;三是设备管理存在漏洞,压力容器的安全阀、压力表、温度计等安全附件未全部按时进行定期校验,压力容器操作人员操作证过期,设备维修、电气线路等档案记录不全,不能及时发现、整改存在的隐患;四是安全评价机构工作存在漏洞,安全评价单位安排不具备评价资质的人员编写评价报告,编制的《安全现状评价报告》存在严重漏项,未对实际工艺情况做出正确判断,危险性分析不全面,对氧化工艺的危险性没有提出有针对性的安全措施,未对压力容器安全阀、压力表、温度计等安全附件没有进行定期校验和压力容器操作人员操作证超过有效期等问题提出整改意见。

2010 年 9 月 15 日,山东齐鲁石化公司塑料厂高密度聚乙烯车间在对该厂备用的反应器气体冷却器进行充氮保护作业时,发生反应器气体冷却器的出口管箱飞脱,撞击在场的 6 名工作人员,造成 5 人死亡、1 人受伤。事故调查认定该事故原因是作业人员违反操作规程,野蛮施工,在换热器的管箱与本体的连接螺栓没有拧紧或拧全就进行充氮作业,发现泄漏后,作业人员在未泄压的情况下直接带压拧紧螺栓,操作时螺栓受力不平衡,从而使螺栓断裂,管箱飞脱。

5.6 结语

从 1955 年国家建立安全监察机构,开始对锅炉、起重机械实施国家安全监察,到 2015 年,特种设备安全监察已经历了 60 余年的发展历史。通过几代人的努力,形成了覆盖锅炉、压力容器、压力管道、电梯、起重机械、大型游乐设施、客运索道和场(厂)内机动车辆八大类特种设备,涵盖设计、制造、安装、改造、修理、经营、使用和检验等八个环节的全过程安全监督管理制度,推动出台了《特种设备安全法》《特种设备安全监察条例》,建立健全了法规标准、安全责任、动态监管、风险管理、科技支撑和绩效评价等六个工作体系,培育发展了特种设备安全监管和检验队伍。在各方共同努力下,特种设备安全状况持续好转,特种设备万台事故率和万台事故死亡人数大幅度降低,为经济社会发展做出了突出贡献(1980—2015 年全国压力容器数量、事故起数和年万台事故率情况见图 6.5-8 和图 6.5-9)。

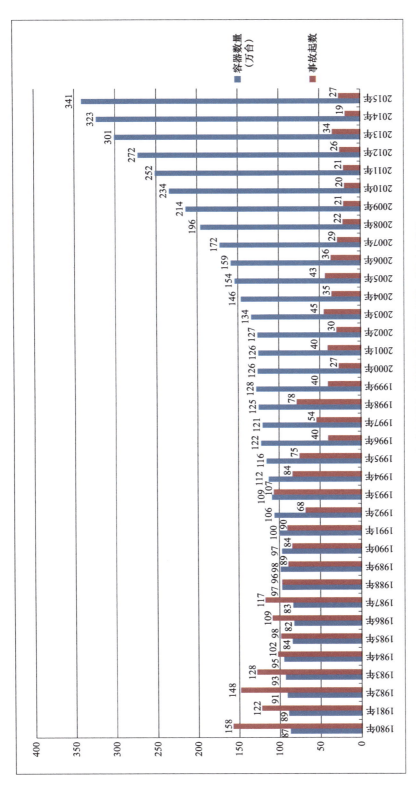

图 6.5-8　1980—2015 年全国压力容器数量和事故起数（不含气瓶）

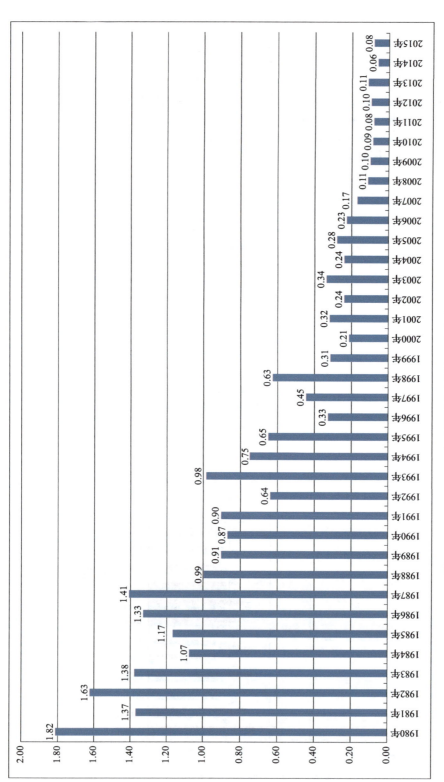

图 6.5-9 1980—2015 年全国压力容器年万台事故率（不含气瓶）

说明：

图中数据存在统计口径的不同情况，其中：

1) 2000 年以前（含 2000 年）事故统计范围为压力容器爆炸事故起数。
2) 2001—2008 年的事故统计范围为：死亡 1~2 人（含 19 人）以下，或者直接经济损失 50 万元（含 50 万元）以上 100 万元以下，以及无人员伤亡的设备爆炸事故。
3) 2009 年以后（含 2009 年）的事故统计范围为：①造成 3 人以下死亡，或者 10 人以下重伤，或者 1 万元以上 1000 万元以下直接经济损失的；②压力容器爆炸；③压力容器有毒介质泄漏，造成 500 人以上 1 万人以下转移的。

我国特种设备安全工作取得的显著成效是有目共睹的，但与工业发达国家相比，事故率仍然较高，重特大事故仍有发生，安全形势依然严峻。在经济发展新常态下，特种设备向大型化、高参数、高风险方向发展，特种设备安全监管工作仍存在一些深层次的矛盾和突出问题，主要为：特种设备安全状况和监管水平与广大人民群众日益增长的质量安全需求不适应；特种设备安全监管和检验力量与设备快速增长的客观需要不适应；特种设备监管方式与市场经济条件下安全节能工作的需要不适应。具体表现为：虽然伤亡事故明显下降，但是大量的故障和隐患未能很好地控制；企业的主体责任未能充分落实，市场机制的作用发挥不够，相关方作用发挥不充分，多元共治格局未有效建立；监管方式、机制不够科学，工作体系还不完善，依法治安的环境尚未完全形成。这些问题需要通过加快推进安全监管改革加以解决。

2016年2月，国家质检总局印发《特种设备安全监管改革顶层设计方案》（国质检特〔2016〕91号），提出了安全监管改革的指导思想、基本原则、工作目标和改革措施，其中工作目标是：到2020年底前，完善与改革相适应的特种设备安全法治；建立与社会主义市场经济相适应的以多元共治为特征、以风险管理为主线的中国特色特种设备安全治理体系，推进治理能力现代化；重特大事故和重大影响事件得到有效遏制，万台特种设备死亡率和事故率接近发达国家水平；特种设备产品和服务质量达到或接近国际先进水平。

目前，改革的各项具体措施基本落实，特种设备安全监督管理进一步完善。

（本篇由金平撰写，宋继红审核）

第七篇

压力容器高等教育篇

第 1 章 专业概况

1.1 概述

为我国培养压力容器专业技术人才的本科专业是过程装备与控制工程专业,其前身为化工生产机器及设备专业(以下简称为"化工机械专业")。

我国的化工机械专业始创于 1951 年,到目前已有 70 多年历史。整个历程大致可分为三个阶段:

1)从 20 世纪 50 年代向苏联学习的专业初创阶段;
2)20 世纪 60、70 年代的艰辛探索历程;
3)从 20 世纪 80 年代初至今的独立发展"过程装备与控制工程"专业阶段。

其中第一阶段和第三阶段,压力容器相关专业的发展较为显著。

1.2 筚路蓝缕——化工机械专业的初创

1.2.1 新中国成立初期高校院系调整与化机专业的设立

新中国成立初期,为适应国家大规模有计划的经济建设需要,在教育部的批示下,我国高等院校进行了院系大调整。这项工作"从 1950 年酝酿,1951 年开始,1952 年全面展开,1953 年基本完成,1954 年收尾"。全国范围内的各大工学院,是重点调整对象之一。

在 1951 年 11 月教育部召开的全国工学院院长会议上,与会者便提出和讨论了具体的整改方案。会议认为,全国工学院设置存在以下问题:

1)地区分布很不合理;
2)师资、设备分散,使用极不经济;
3)学科庞杂,教学不切实际,培养人才不够专精;
4)学生数量远不能适应国家当前工业建设的需要。

在 1952 年 5 月,教育部制定了《全国高等学校院系调整计划(草案)》,提出院系调整原则,并将工学院作为这次院系调整的重点,以少办或不办多科性工学院、多办专业性工学院为原则,调整相关院校的工学学科设置。

在这次高校院系大调整中,一些大学被撤销,同时有一些工学院建立起来。对于各校的化工系,则通过集中、合并以及新建的方式,着力推动一些大学的工科专业建设,也开始扶植一些新的工科特色院校创立并发展起来。从区域来看,东北地区的工科院系集中到大连工学院(现大连理工大学),华北地区的集中到天津大学(原清华大学的化工系则转为北京石油学院),西南地区的集中到成都工学院(现已并入四川大学,曾用名成都科技大学），而华南地区的则集中到华南工学院（现华南理工大学）。至于华东，根据《全国高等学校院系调整计划（草案）》中提出的"多办专业性工学院"的原则，华东化工学院（现华东理工大学）由交通大学（现上海交通大学）、震旦大学、大同大学、东吴大学（现苏州大学）和私立江南大学（1947—1952年，是民国后期建立的著名私立大学，1952年撤并）等五所高校的化工系合并组建而成，1953年山东工学院化工系并入华东化工学院，这是新中国第一所化工类高等院校。

同时，也正是在这个化工院校如雨后春笋般在全国各地建立起来的过程中，化工机械专业应运而生。在国际上，英美国家的化工系一般分成两个专门化方向：一部分搞工艺，一部分搞设备。在中国化机专业创始之初，按照苏联模式，化工与机械并重，既要读机械系的课程，又要读化工系的化工课程。专业课要修化工设备课程，但其中化工机械的内容较少，因为苏联有两个专业：化工机械和机械设计制造。

在这样的指导思想下，1951年，大连工学院按照苏联模式，最早在化工系设立"化工机械"专业和化机教研室。第一任教研室主任为林纪方教授，首任任期到1953年，共2年。他与陈甘棠教授（1950年毕业于浙江大学化工系，1953年后转入大连工学院高分子教研室，不久后调去浙江大学）、应圣康教授（1950年毕业于浙江大学化工系，1953年后转入大连工学院高分子教研室，"文革"后调去华东化工学院），共同筹办了大连理工大学最初的化机专业。由于当时对化机专业应属于化工类还是机械类有不同的看法，归属不同，所需的专业基础也不同。1953年至1954年上半年学校领导决定将化机专业划归机械类所属。由于林纪方、陈甘棠、应圣康均为化工出身，他们回到化工系。化机教研室的队伍重新组建，主任由机械系机械零件教研组主任杨长骙教授担任，成员有：王志魁、陈奕俭、赵葆慧、贺匡国、盛展我、袁果前、王绚兮、高慎琴、莫淳等人。由于苏联专家到来后，化机又归到化工系，杨长骙教授仍回原单位，后任起重机专业教研室主任。林纪方重新担任化机教研室主任，副主任为丁惠华讲师，他是化工原理教研室讲师，苏联专家来后，调来化机充实力量兼苏联专家翻译，专家回国后，他仍回化工原理教研室。这个专业的设立，既是向苏联学习的产物，也是为了适应当时国家经济建设，特别是化学工业和石油工业突飞猛进发展的需求。

1952年，国家高校调整大刀阔斧地进行起来。对化机专业来说，也是许多学校实现了该专业从无到有、正式初创的一年。作为新中国成立的第一所化工类高等院校，华东化工学院在建校伊始，设有3个系，共5个本科专业，其中包括化工机械系、有机工业系和无机工业系。化工机械系就是今天机械与动力工程学院的前身，在首任系主任琚定一先生的带领下，由华东五校化工专业合并到华东化工学院的教师共同组建起来（见图7.1-1）。化机教研室成立时，吴泽炜副教授任化机教研组主任，成员有：琚定一教授、蒋慰荪讲师；助教有：谢端绶、吴鹤

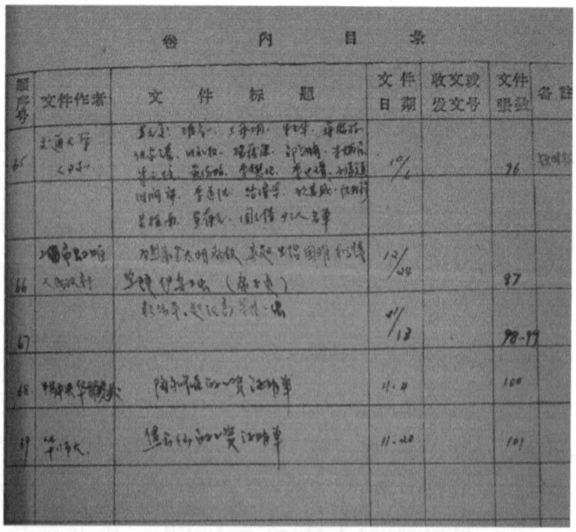

图7.1-1 1952年院系调整时琚定一教授等调动文件

峰、朱周晶（女）、李宽洪和吴东棣等。1955年教研队伍中又增加了钱在骥、李培宁。

同样在1952年，余国琮教授随交通大学唐山工学院化工系调入天津大学，开始与邱宣怀副教授共同筹建天津大学化工机器与设备专业，简称"化机专业"，隶属机械工程系。1953年初，天津大学任命余国琮教授为化机教研室主任，邱宣怀教授为副主任，教研室秘书由林大渊助教担任，教研室还有刘琦烈、金鼎五、王希芝等讲师。

此外，浙江大学、华南工学院、成都工学院三院校，都先后在1952年成立"化工机械"专业，或按照苏联模式称为"化学生产机器及设备"专业。当时，各校都很重视化机专业，三校的化机专业的负责人或筹备人分别为：浙江大学的王仁东教授、华南工学院的邓颂九教授以及成都工学院的罗辉副教授。

1.2.2 苏联模式的引进及专业设置的探索

源于特定的历史情况，在新中国成立初期的高等教育实践中，苏联模式成为普遍的借鉴范本。在化工机械专业的初创阶段中，这一点也不例外。

在苏联模式的引入过程中，苏联专家两次来华讲学起到重要作用：第一次为1954年10月，教育部聘请苏联化工机械专家A.D.杜马什涅夫（莫斯科化工机械制造学院技术科学副博士、副教授）来华，赴大连工学院讲学；第二次为1957年10月，教育部聘请苏联化工机械专家A.M.尼古拉耶夫（列宁格勒化工学院科学技术博士、教授）来华，赴天津大学讲学。

杜马什涅夫在大连工学院讲学期间，华东化工学院、浙江大学、华南工学院、成都工学院和天津大学的化工机械专业均派教师前往听课及进修。在大连工学院讲课两年，杜马什涅夫所撰写的讲义由大连工学院化学生产机器及设备教研室翻译，分别于1957年12月、1958年5月，由化学工业出版社出版，书名为《化学生产机器及设备》，分上、下两册。上册为"容器设计"，下册为"化工设备"，包括塔器、热交换器等。

A.M.尼古拉耶夫在天津大学讲学期间（半年多），讲授化机专业课程"无机物工厂机械装备"，国内各高校的化工机械专业均派教师前往听课及进修。其中包括浙江大学薛继良（进修班班长），华东化工学院钱在骥，大连工学院朱国怀，成都工学院杨青霞，华南工学院钱颂文，南京化工学院（现南京工业大学，曾用名南京化工大学）周世英，北京化工学院（现北京化工大学）王尚武，太原工学院胡惠民、柯如柏，河北工学院（现河北工业大学，曾用名天津工学院）刘惠佩，河北轻工业学院（现天津科技大学，曾用名天津轻工业学院）王进禄，以及天津大学李克永、师明泽、梁明汉、聂清德、周昌震、王树楹、朱企新等。授课讲义后由天津大学化工机械教研室翻译，由化学工业出版社于1960年5月出版，书名为《无机物工厂机械装备》。

在苏联专家的指导下，各院校按照实际情况，在化机专业的教学计划、课程设置、教学方法、学生培养和学制建设等方面，采纳了苏联模式。同时，大连工学院、华东化工学院等高校也沿用苏联的专业名称，将"化工机械"专业改名为"化学生产机器及设备"专业。

苏联模式，特别是其相关教育经验的引入，对于处于初创阶段的我国化工机械专业而言，显然具有重要意义。不过，难以避免的是，由于两国历史与现实的差异，苏联模式的引入，也为我国化工机械专业的发展带来一定程度上的困扰。

第一，苏联的经济体系是计划经济，专业人才是按特定目标来培养的，反映在化工机械专业上，便是专业分得过细。当然，这样设置的初衷是为了与国民经济和国家建设对口，也有利于学生毕业后能较快适应对口的工作，以满足工作需求，但是这也导致当时的化工机械专业视野很狭窄，专业内容只是侧重于强度计算、零部件结构，以及运行、控制、维修等方面。

第二，在教学实践中，由于苏联大学实行五年制，而我国大学是四年制，要在四年内完成苏联高校五年的教与学的任务，存在着很大的困难。尤其对于当时尚不成熟的化工机械专业而言，不仅需要教授理论力学、材料力学、机械原理、机械零件等机械类课程，还要教授化工原理、物理化学等化工类课程，学习任务较重，造成学生负担很重。1955年5月，国务院在其召开的全国文教工作会议上，便决定高等工业学校的学制由四年改为五年。但在1958年，华东化工学院为解决国家建设对专业技术人才的迫切需求，开设了学制3年的专科班，并连续招收了两届学生。

第三，对于这种苏联模式的特殊性，当时化工机械专业存在着三大矛盾：

1）化工机械，究竟是化工还是机械？
2）设备与机器，究竟以设备为主，还是以机器为主？
3）设计与制造中，究竟是以设计为主，还是以制造、安装、维修为主？

如何解决学习苏联模式带来的问题，构成了当时教学者面对的主要难题。当时大多数人认为，教学以设计为主，但是培养目标是为企业培养运行和维修工程师，在化机专业的培养目标中是不包括化机制造的。1958年苏联专家撤离后，认识到要有中国特色，当时在好几所高校都设立了化工机械制造专业，到1962年调整时又取消了。

1.2.3 "文革"十年对教学和科研工作的冲击

1966—1971年，"文革"期间或有部分教师和学生去企业参加技改，或有少数教师坚持教材编写等工作，但各高校教学科研几乎完全停滞，满目疮痍。

1972—1976年，各高校陆续开始招收化工设备与机械专业工农兵学员，学制3年。这一特殊历史时期的工农兵学员培养受到各种因素的影响，但工农兵大学生是我国特定时期的特定产物，后来虽因其推荐入学的方式、入学文化水平参差不齐、学制和教学大纲不正规等原因受到了一些非议，但其中大多数人学习比较刻苦，毕业后在各自的工作单位起到了承上启下的作用，许多人后来还跻身社会中坚，为国家的改革开放大业做出了自己的贡献。例如，华东化工学院化工机械专业1976级本科生蒋剑春先生成为我国林产化工学科带头人，2017年当选为中国工程院院士。

1.3 百废待举——化工专业的复兴与发展

早期化工机械专业的演变，可以说是新中国成立初期国家建设的缩影。在经历了新中国成立初期化工机械专业大发展的初创阶段后，由于当时特定的历史形势，全国各高校的化工机械专业均进入了艰辛的探索历程。1958年中苏交恶及苏联专家撤走，1958年至1960年的"大跃进"运动，以及随后的十年"文革"，都对化工机械专业的发展带来了深远的影响。在这个过程中，化工机械专业取得了一定成果，同时其发展历程也为改革开放后的勃兴提供了经验和教训。

1.3.1 改革开放初期各院校专业调整

1977年10月12日，国务院批准教育部《关于一九七七年高等学校招生工作的意见》，我国正式恢复全国高校统一招生制度。1980年，全国人大常委会通过了《中华人民共和国学位条例》，学位制度正式实施。在这种新形势下，各大高校的教学与科研工作都取得了显著的提升。化工机械专业得以恢复，整体形势大好。化工机械在改革开放初期的发展，主要体现在以下几个方面：

（1）恢复学位制度　1981年，国家开始实行学位制度，华东化工学院、浙江大学、大连工学院、南京化工学院、天津大学、浙江工学院（现浙江工业大学）、华南理工大学等高校的化工机械专业，也先后被批准为博士、硕士学位授予单位，并设立了一些博士后流动站。这对于恢复正常的人才培养体系，起到了关键作用。

（2）改善教学环节和教学内容　如大连工学院的专业课及专业教学环节，不仅全面恢复到"文革"前，且有增新，专业课除"化工容器"与"化工机器"外，增添了"化工设备"（以换热器设计为主）及"化工机械制造与焊接"两门课程。同时，该校实习、实验、课程设计、毕业设计或毕业论文各环节步入正轨。与"文革"前不同的是：由于教研室科研工作已全面展开，毕业实践环节中增添了一定量的毕业论文题目。按照培养目标，把搞论文的人数控制在总人数的三分之一以内。此外，增加了少量选修课：有限元素法、压力容器脆性断裂、回转壳体的理论、压力容器的安全技术等。

（3）恢复教师职称评定制度　1981年国务院学位委员会批准了我国首批具有培养博士学位的学校、专业和导师。华东化工学院和浙江大学的化工过程机械（原化工机械）博士点被批准为首批博士学位授权点，华东化工学院琚定一教授和浙江大学王仁东教授为化工机械领域最早具备此资格的两位专家。随后，1984年南京化工学院戴树和教授、1986年华东化工学院吴东棣教授、1990年华东化工学院李培宁教授、1990年浙江大学朱国辉教授、1990年北京化工大学李斯特和朱复华教授、1993年华东化工学院柳曾典教授、1994年大连理工大学方曜奇和丁信伟教授等也被国务院学位委员会批准为博士生指导教师。教师职称评定制度的恢复，对正常的教学培养方式的建立，以及教师的教学和科研积极性的提高，都起到了积极的作用。

（4）重新编订教材　1976年，在化工部教育司领导下，进行了全国化工机械专业统编教材编写工作。1979年，由余国琮教授主编，全国有关学校教师参与，在广州开始按大纲重新编写《化工容器及设备》教材，并于1980年由化学工业出版社出版，后来此书获得全国高校优秀教材奖。1986年，化工部教育司成立了全国高校化工设备与机械专业教学指导委员会（简称"教指委"）。教指委以招投标的方式选择推荐教材，华东化工学院曾以《化工容器设计》教材的标书中标。天津大学聂德清教授主编的《化工设备设计》一书，由化学工业出版社出版。教材1989年出版后迅速成为绝大多数高校的首选，前后3版，被普遍采用了十年有余。

可以说，化工机械专业根据社会的需求，从20世纪50年代起步，虽在发展过程中走过了不少弯路，但总体上成绩显著。特别是在经历了改革开放初期的专业调整后，不断壮大的化工设备与机械专业为国家培养了一大批优秀专业人才。由于具有工艺和机械两方面的厚实基础,再加上该专业的学生能脚踏实地,吃苦耐劳,并具有协作精神,化工机械专业的毕业生一直是供不应求,化工机械专业成了人所共知的名牌专业。许多学生毕业后从基层做起,一步一个脚印,最后成为企业的设备技术负责人,有的成为院士和国家重要企事业单位技术领导。这些优秀人才,为此后化工机械专业的发展提供了有力的保障。

1.3.2 从化工机械到"过程装备与控制工程"

1996年,国家教委高教司下发了156号文件《关于转发工科本科专业目录研究和修订课题组工作会议纪要的通知》,1997年下发了《工科本科基本专业目录修订方案》,在该方案中,拟将"化工设备与机械"划归到机械类的"机械设计及其自动化"专业。为此,1997年10月6日—10日在广州华南理工大学,由全国高等学校化工类及相关专业教学指导委员会组织并主持召开了第六届全国化工设备与机械专业校际教学与科研交流会,根据会议的讨论结果,由余国琮、时钧、时铭显院士和琚定一、戴树和等著名教授牵头,向国家教委高教司提出了设置"过程装备及控制工程"专业的建议。建议指出,"过程装备及控制工程"专业是一个涵盖多个学科、为多个行业服务的专业,是与其他普通机械类专业有着明显区别的交叉学科专业。1998年,教育部进行专业调整时,采纳了这个建议,将全国"化工设备与机械"专业改为"过程装备与控制工程"专业,化工机械学科专业迈进了新世纪。

由"化工设备与机械"专业改为"过程装备与控制工程"专业,不只是简单的名称改变,更是对专业内涵的拓展和专业知识的更新。"过程"是指处理流程型材料(如气、液和粉粒体等)为主的工业生产模式,包括化工、石油化工、环境工程、制冷工程、生物化工、动力能源、湿法冶金、轻化工和制药等生产过程。"过程装备"与"过程"的原理密不可分,其设计、研究、开发、制造乃至运行,都强烈地依赖于装备内部所进行的物理或化学过程,以及装备外部所处的环境条件。此外,流程的参数(如压力、温度、流量甚至液位)与过程的进行必须实施精确的自动控制,这是过程装备高效、安全、可靠运行的根本保证。"过程装备与控制工程"专业将"过程"、"装备"与"控制"这三个相关学科紧密有机地结合在一起,是以机械为主、工艺与控制为辅的"一机两翼"型的交叉专业。

在专业名称改变后一段时间内,过程装备与控制工程专业的认可程度不高,许多高校该专业的学生并非第一志愿填报。但由于毕业生就业率较高,这种现象逐渐得到改变,目前各校该专业的学生基本上是第一志愿的学生。同时,新设置该专业的高校以平均每年7~8所的数量增加,过程装备与控制工程专业又再次受到了人们的欢迎。

教育部在2001年第11号文件《关于成立2001—2005年教育部高等学校有关科类教学指导委员会的通知》中,机械学科教学指导委员会下设五个教学指导分委员会:

1)机械设计制造及其自动化专业教学指导分委员会;
2)材料成型及控制工程专业教学指导分委员会;
3)工业设计专业教学指导分委员会;
4)过程装备与控制工程专业教学指导分委员会;
5)机械基础课程教学指导分委员会。

这样,化工机械专业得到保留,并把它拓宽为"过程装备与控制工程"专业,为化工机械专业开辟了更加美好的前程。此后，一批院校利用原有相近专业（如真空技术及设备、粮食机械、轻工机械、食品机械、造纸机械、制药机械等）的办学条件，也纷纷成立了"过程装备与控制工程"专业，使全国具有该专业的院校由1998年的43所发展至2003年的72所，大大加强了该专业的培养规模，扩大了该专业的专业内涵、覆盖领域和影响力。

过程装备与控制工程专业的应用领域非常广泛，例如化工、炼油、石油化工、能源、轻工、制药、制冷、动力、环保、生化、食品、机械、劳动安全等。过程装备与控制工程专业在国民经济和社会发展中起着极其重要的作用。首先，石油化工、能源、动力是国家的支柱产业，而过程装备与控制工程是这些产业的支柱，这些行业的发展以工艺过程为先导，以先进的装备和控制技术为保障；其次，环境工程、生物工程等新兴产业的发展，必须以过程装备和控制技术为前提；再次，我国的石油化工装备经历了成套设备引进、主体设备引进、辅助设备国产化、核心设备引进、配套设备国产化以及完全国产化等阶段，每一发展阶段，都凝结着过程装备与控制工程专业人员的心血。在可以预见的将来，我国必将会走上自主创新研发的新阶段，该专业仍将会起到不可替代的作用。

第 2 章　本科生培养

本科生培养是高校压力容器相关专业发展的重要方向之一，关乎专业发展的基础和前景。而在专业发展过程中，本科生培养方式和培养理念也随着时代的变迁而变化。梳理高校压力容器相关专业的本科生培养，不仅可以让我们从细微处理解过去，也可以让我们管中窥豹，更好地认识该专业随着大历史变化的宏观脉络。由于新中国成立初期和改革开放后是高校压力容器相关专业本科生培养的重要阶段，以下将就这两个阶段的全国各高校本科生培养方式和培养理念，做初步的概述。

2.1 新中国成立初期的本科生培养

2.1.1 为培养工业人才和师资而招收本科生

1951 年，在国家开始准备发展东北重工业基地的背景下，地处东北的大连工学院在林纪方教授的领导下设立了"化工机械"专业，并开始招收本科生。大连工学院第一届、第二届的本科生，根据自愿报名和领导安排相结合的原则，是从化工系其他专业 1949 年、1950 年入学的学生和院系调整时从东北工学院并入大连工学院化工系的 1949 年、1950 年入学的学生中抽调出来的。1949 年入学的学生，在化机专业学习四年后，于 1953 年毕业；1950 年入学的学生，经过三年半的学习后在 1954 年提前毕业。随后，大连工学院化机专业毕业生周昌震、胡修慈、聂清德均被分配到天津大学化机教研室工作。这是由我国自主培养的第一批化机专业人才。

在大连工学院创立该专业的第二年，我国著名化机专家、教育家琚定一先生在华东化工学院主持化工机械系的筹建工作。1952 年正是华东化工学院建校的第一年，首任系主任琚定一先生于这一年开创了该系的教学设置和学生培养工作。华东化工学院化工机械系 1952 年招生 23 人，1953 年招生 32 人，1954 年招生 59 人。

创立于 1885 年的北洋大学，是坐落于近代重要工业城市天津的天津大学前身。1951 年 9 月，经国务院批准，北洋大学与河北工学院合并，更名为天津大学。在次年的全国高校院系调整中，南开大学、津沽大学的工学院及其他院校的一些专业调入，使得天津大学成为一所在国内具有较大规模、工科特色突出的高校。在 1952 年，天大化机专业开始招收本科生，共 30 人。1956 年秋，第一届本科生毕业，王熟盈留在本专业工作，而与此同时，大连工学院研究生班毕业的李克永、梁明汉、师明泽被分配到天津大学化机教研室任助教，充实了天大化机专业的师资力量。到了 1957 年，本专业毕业生朱启新、黄洁、沈炳辉等毕业留校工作。从 1957 年起，天津大学化机专业每年开始招收本科生 120 人。

另一所工科特色突出的高等院校——浙江大学，也是首批国家决定设置化机专业的高校。其化机专业的筹建工作由王仁东教授主要负责，当时的党支部书记黄会芳也是筹建人之一。浙江大学化工机械专业 1953 年招收第一批化机专业学生，1957 年有第一批毕业生（留校的有张景铎、周金汉、范本煌、洪嘉智、周廷辉、琚大易、顾钟文、赵宝珍等），是四年制一个班，第二届 1958 年毕业也是一个班，第三届是 1955 年进校，之后学制改成五年于 1960 年毕业，因 1959 年没有毕业生，故这一届留校人数特别多（夏守愉、顾金初、周保堂、吴雅春、丁窘果、倪光裕、王春森、姚恕、林利和、黄有慧等），1961 届是化机人数最多的一届，共有六个班，以后每届多为二至三个班。

在新中国成立后以经济建设为中心、全面发展教育的时期，还有南京工学院、华南工学院等高校，成为根据国家需要创办化机专业、培养本科生的高等院校。两校均从 1956 年起开始招收本科生。1958 年，南京工学院的化工系从学院中分出，成为独立的南京化工学院，走上了培养化工类专业人才之路。

除首批重点高校外，国家还在一些大专院校设置化机专业，比如浙江工学院（现为浙江工业大学）。浙江工业大学始建于 1953 年，经历了杭州化工学校、浙江化工专科学校、浙江化工学院、浙江工学院和浙江工业大学等多个发展阶段。在建校之初的三个专业中，则包括化学工厂机械装备专业，开始招收大专生。1960 年，正式发展为化工机械与装备专业，并开始招收本科生。"文革"前设置化工机械专业的院校见表 7.2-1。

表 7.2-1 "文革"前设置化工机械专业的院校

序号	年 份	学 校 名 称
1	1951 年	大连理工大学（原大连工学院）
2	1952 年	华东理工大学（原华东化工学院），天津大学，中国石油大学（原北京石油学院）
3	1953 年	浙江大学
4	1954 年	四川大学（原成都工学院）
5	1956 年	华南理工大学（原华南工学院），南京工业大学（原南京化工学院）
6	1958 年	天津科技大学（原天津轻工业学院），河北工业大学（原河北工学院），太原理工大学，北京化工大学（原北京化工学院），沈阳化工学院，青岛科技大学（原山东化工学院、青岛化工学院），郑州大学
7	1959 年	大庆石油学院
8	1960 年	浙江工业大学（原浙江工学院）
9	1961 年	兰州理工大学（原甘肃工业大学）

2.1.2 专业初创阶段本科生的培养思路

各校开始招生后，都有了颇具经验的资深教授和新招收的学生，那么，如何把学生培养成国家建设需要的化机人才呢？

率先开始招生的大连工学院首先面对这一问题。筹办之初，专业是新建的，专业课的内容是什么，怎么讲，大家都不清楚。于是，大连工学院化机专业从实践角度出发，聘请了原大连石油七厂的两位专家来讲授换热器和塔器的工艺设计与机械设计课程，作为第一届学生的专业课。特聘的兼职教授为张芳骞（原大连石油七厂总工程师，后调北京，教授级高工）和袁宗鹰（原大连石油七厂副总工程师，后调北京，石化部石化规划院）两位老师。每次讲授前，会发给学生教学讲义作为参考。第二届本科生因建设需要，提前半年毕业，未来得及进行专业课的教授和完成毕业设计。

1953—1954 年上半年，重新组建的化机教研室的队伍除林纪方、陈甘棠、应圣康等教授外，还包括外校新分配来的教师（如王志魁，天大 1951 届毕业生；陈奕俭，浙大 1951 届毕业生）和大连工学院 1953、1954 届留校工作的毕业生（如赵宝慧、贺匡国、盛展武、袁果前，1953 届毕业生；王纯、高慎琴、莫淳，1954 届毕业生）。他们带领本专业二、三年级学生认识实习和生产实习，为毕业班学生开设专业课和毕业设计做准备。

1954 年，在全国向苏联学习的高潮涌起之际，苏联专家杜马什涅夫来到大连工学院，为中国各高校的化机专业教学与生产实习做了示范和指导。在苏联专家到校的两年中，教研室首先制订了较完整、全面的化机专业教学计划、课程设置及专业课的教学大纲。1956 年秋专家回国前又做了一次全面的修订和完善。其次，组织了化机专业的专业课并编写讲义，即《化学生产机器及设备》。其授课讲义成为全国第一本化机专业的通用教材。第三，在苏联专家指导下，从 1955 届开始，执行教学计划规定的各个教学环节（除专业教学实验以外，认识实习、生产实习、毕业实习、专业课、课程设计、毕业设计）。也是从 1955 届开始，按专业课的单元设备，分别由专业教研室各位老师给本科生授课，并筹备开出"化机制造与安装维修"课程。第四，筹建了容器应力测定、回转圆筒物料干燥和输送规律的实验、临界转速实验台建立、物料污垢实验、过滤机滤饼测定等，并从 1956 届学生开始开出专业实验课。专家还亲自指导盛展武老师开展喷淋头的科研实验与研究。

苏联专家撤回之后，1958 年，大连工学院在国内第一个对化工工艺类专业的机械基础课程进行改革，将普通机械类的机械零件、机械原理等课程改造成适用于化工厂的设备机器零部件课程，并为它命名为"化机基础"。这门课程的教学最先由化机教研室王炎炎老师承担。所用教学大纲和教材全部自编，由本校印刷厂印刷。

当时华东化工学院资深教授琚定一教授，对如何培养本科生也有独树一帜的思考。自 1954 年到 1956 年，在琚定一教授的辛劳之下，华东化工学院化机系先后进行了机械制图、力学、金属工艺、机械零件、电工、热工等技术基础课教研组的筹建及各相关实验室的筹建。化工机械系逐步完善起来，可以全部依靠自己的师资力量开展正常的教学。不仅如此，琚教授还凭着自己在教育界的声望，从科技工程界聘请知名教授来校兼职或长期任教。他聘请当时在上海煤矿设计院的潘宗岳来校教《工程制图》和《起重运输机》课（潘宗岳教授后任同济大学机械系主任），聘请当时交通大学金相与热处理实验室主任王攸同来上《金属材料及热处理学》，聘请交通大学薛老师来校讲《机械原理》课，聘请当时同济大学材料力学教研室主任丁燮和教授讲《材料力学》课，聘请同济大学朱宜龄教授讲《工程力学》课，聘请当时化工局设计室凌容先生讲《机械零件》课，聘请当时的轻工机械研究所总工程师沈济川教授和化工局设计室吴泽炜教授来校开《化工机械设计》专业课。由于先后聘请如此众多的机械类老师来校授课，从而顺利完成教学计划规定要学完的机械类课程。

华东化工学院在 20 世纪 50 年代齐集了化工界中的较多专家教授。在讲授工业化学课时聘请了熟悉高分子材料的李世瑨教授来讲授高分子与橡胶工业，讲授内容多偏重于设备，聘请刘馥英教授讲授制气和炼焦设备，聘请陶延桥教授讲授制革工业和设备，请张泽尧和周祖训教授讲硅酸盐（水泥）工业和设备，请施亚钧和李道纯老师讲解合成氨、硝酸工业和设备；在开有机化学课时，请徐寿昌、赵德仁、吴指南教授讲授塑料工业和设备，使化机学生对化学工业中一些关键设备的作用有所了解。上述课程安排都与琚定一教授的教学主见分不开，也是在学习苏联教学模式方面，不盲目跟风，结合我国的实际需求体现自己的教学理念对课程安排和课程内容的要求。华东化工学院化机系第一届毕业生合影可见图 7.2-1。

图 7.2-1　华东化工学院化机系第一届毕业生合影（1955 年）

浙江大学王仁东教授，同时作为浙江大学力学专业和化机专业的创始人，看到我国当时十分缺乏化工机械方面的专业人才，于是一面组织选派中青年教师参加苏联专家来华举办的培训班，一面坚持提出："在创业阶段，绝不能照搬照抄，也千万不要被外国已有的成就所束缚，必须建立我国自己的学科体系。"

王仁东教授力主把浙大化机办成厚基础、学科交叉型、像"飞老虎"一样受人欢迎的专业，说"飞老虎"有两个翅膀：化工与机械，其机械也有机器和设备两个翅膀，而其中技术上也有两个重要翅膀：高压与高速。因此，他从毕业生能否适应社会的角度出发，认为化工机械专业的学生要受社会欢迎，就必须有扎实的力学、机械基础。于是，在 1959 年，他首次为化工机械专业学生别开生面地开出了"化工机械力学基础"课程。这门课程具有很强的开拓性，为进一步推动化工机械学科的发展做出了特殊贡献。"化工机械力学基础"这门课程的讲义，1966 年由化学工业出版社出版。

为了使化工机械专业的学生毕业后能更好地适应厂矿企业和社会的需要，他主张学生应紧密结合厂矿的技术革新，开展真刀真枪的毕业设计，并多次亲自带领学生深入工厂车间参加设计，使学生在生产实际中经受锻炼，以利于他们在毕业后能够很快地适应工作环境并挑起工作重担。王仁东教授在高校化工机械专业中还首次推出活塞式压缩机的大型毕业设计，使学生的素质得到进一步提高。以后，当离心式压缩机在国外大型企业中开始取代活塞式压缩机时，他又立即消化国外资料，在国内再次首先开出离心式压缩机的课程和毕业设计，并着手编写了离心式压缩机、透平压缩机空气动力学讲义。

除此之外，天津大学的余国琮教授，对于新中国成立初期的本科生培养亦有一番见解。他认为苏联教学经验比较好的一点是在实习上，能够理论联系实际。对化机专业而言，一年级是认识实习，二年级是生产实习，三年级是毕业实习。四年级毕业临近暑假，没有安排实习。认识实习就是到工厂走马观花看一看，去车间了解一下，认识化工厂是怎么样的。生产实习是固定在一个车间或者一个岗位作为生产者参加劳动。毕业实习则是在毕业以前为毕业论文、毕业设计做准备的实习。第一届化工机械专业的学生实习均由余国琮带领，完成了全部三年的三个实习。

通过对新中国成立初期本科生培养理念的梳理，我们可以看到，当时中国化工机械专业逐渐由接受"苏联模式"的培养方案，过渡到独立自主摸索专业发展。在此过程中，形成了一些独具特色的培养理念，不仅对于当时的本科生培养起到了重要作用，为新中国的建设培养了一批化工机械人才，而且也奠定了我国化工机械专业本科生培养的基本思路，持续发挥着影响，余波延及当下。

2.2 改革开放后的本科生培养

2.2.1 恢复高考后的"新老三届"

1977年冬高考恢复，各高校重新开始招生，本科生的培养工作也不断推陈出新。1978—1983年间，大连工学院化机教研室恢复，教研室主任为贺匡国教授，副主任为盛展武、周怀忠、刁玉玮和徐宗谦。教研室下设三个教研组，分别为化工容器及设备教研组、化工机器教研组、化机基础教研组，组长分别由贺匡国、周怀忠和徐宗谦兼任。教研室增加了专业课和选修课数量，全面开展科研工作，专业教学的各环节都逐渐步入正轨。

恢复招生后，华东化工学院在专业设置上也有所调整。1981年3月，原化工机械系撤销，分设机械工程系、自动控制与电子工程系。机械工程系下设化工设备与机械专业和流体机械专业，琚定一教授仍担任系主任至1984年。

77级、78级、79级学生，即俗称的"新老三届"，他们是十年动荡之后首批重新入学的大学生，基于对知识的渴望和探索，他们勤于钻研、刻苦学习，产生了不少国家工业建设中的栋梁。在此，展示部分学校新老三届学生的毕业照片，以一睹他们的风采（见图7.2-2～图7.2-12）。

图 7.2-2　华东化工学院 77 级化工机械专业毕业合影

图 7.2-3　北京化工学院 77 级化工机械专业部分学生合影

图 7.2-4　华南工学院 77 级化工机械专业学生毕业照

图 7.2-5　南京化工学院 77 级化工机械专业毕业合影

图 7.2-6　南京化工学院 79 级化工机械系毕业合影

图 7.2-7　天津大学 77 级化工机械专业毕业合影

图 7.2-8　天津大学 78 级化工机械专业毕业合影

图 7.2-9　河北工学院 77 级化工机械专业毕业合影

图 7.2-10　河北工学院 78 级化工机械专业毕业合影

图 7.2-11　河北工学院 79 级化工机械专业毕业合影

图 7.2-12　甘肃工业大学 77 级化工机械专业毕业合影

2.2.2 蓬勃发展，繁荣兴旺

化工机械专业为新中国的化工、石油化工和相关过程工业的发展壮大建立了不可磨灭的功绩。特别是 1998 年，教育部进行专业调整时，将全国"化工设备与机械"专业改为"过程装备与控制工程"专业，化工机械学科专业迈进了蓬勃发展的新时期，设置化工机械专业的高校由"文革"前的 19 所逐步发展壮大到全国 29 个省、市、自治区的 100 余所，为国家培养了大量的过程装备方面的高级人才。目前设置有"过程装备与控制工程"专业的院校见表 7.2-2。

表 7.2-2 全国设置"过程装备与控制工程"专业的院校

省、市、自治区	院 校 名 称
北京市	清华大学、北京理工大学、北京化工大学、中国石油大学（北京）、北京联合大学、北京石油化工学院、北京工业大学
上海市	华东理工大学、上海应用技术学院、上海理工大学
天津市	天津大学、天津科技大学、天津理工大学
重庆市	重庆理工大学、重庆三峡学院
安徽省	合肥工业大学、安徽工业大学、安徽理工大学、安徽工程大学、安徽建筑大学
福建省	福州大学
甘肃省	兰州理工大学、兰州交通大学、陇东学院
广东省	华南理工大学、广东石油化工学院
贵州省	贵州大学
河北省	东北大学秦皇岛分校、华北电力大学（保定校区）、河北工程大学、河北联合大学、河北工业大学、河北科技大学、燕山大学
河南省	郑州大学、郑州轻工业学院、河南工业大学、黄河科技学院、洛阳理工学院
黑龙江省	齐齐哈尔大学、东北石油大学
湖北省	华中科技大学、武汉大学、武汉理工大学、长江大学、武汉工业学院、武汉工程大学、荆楚理工学院、江汉大学
湖南省	湘潭大学、南华大学、湖南工业大学
吉林省	吉林化工学院、长春理工大学
江苏省	南京林业大学、南京工程学院、江苏科技大学、南京工业大学、江南大学、常州大学、淮海工学院、盐城工学院、中国矿业大学、东南大学
江西省	南昌大学
辽宁省	大连理工大学、辽宁工业大学、沈阳化工大学、沈阳理工大学、辽宁石油化工大学、东北大学、沈阳工业大学、大连大学
青海省	青海大学
山东省	山东大学、中国石油大学（华东）、山东科技大学、青岛科技大学、齐鲁工业大学、枣庄学院
山西省	太原理工大学、中北大学、太原科技大学
陕西省	西北大学、西安交通大学、陕西科技大学、西安工程大学、西安石油大学、延安大学、榆林学院

(续)

省、市、自治区	院 校 名 称
四川省	四川大学、四川理工学院、西南石油大学、西南科技大学
云南省	昆明理工大学
浙江省	浙江大学、浙江工业大学、浙江理工大学
广西壮族自治区	广西大学
内蒙古自治区	内蒙古工业大学、内蒙古科技大学
宁夏回族自治区	宁夏大学、北方民族大学
新疆维吾尔自治区	新疆大学、新疆石油学院

在专业蓬勃发展的同时，为不断提升本科生培养水平，适应教学发展需要，各高校持续不断地开展专业教学与课程建设，并取得了许多优异的成绩。1996年，大连理工大学开展的"高等工科院校化工机械专业教学体系改革"被评为辽宁省优秀教学成果二等奖。东北石油大学全体教师参与完成的"过程装备与控制工程省级重点专业建设与改革"获得了2005年黑龙江省教育厅教学成果一等奖，"石油石化行业紧缺人才培养模式的研究与实践"还被评选为2009年国家教学成果二等奖。南京工业大学黄振仁教授提出开设一门综合性课程——过程装备成套技术，并与廖传华、顾海明和徐思浩等老师参与教材编写，该教改项目2004年获得江苏省教学成果一等奖。北京化工大学钱才富教授牵头的"过程装备与控制工程专业整体教学改革"和"以强化工程教育为核心改革过程装备与控制工程专业教学体系"获得了2004年与2013年北京市教育教学成果一等奖，且前一项教改成果在2005年获得了国家级教学成果二等奖。

经过长期的教学改革与探索，各大高校教学团队陆续形成了鲜明的工程教育特色，为提高人才培养质量而不懈努力。2009年，由涂善东教授带领的华东理工大学过程装备与控制工程综合化课程教学团队被评为"国家级教学团队"。2010年，大连理工大学李志义教授牵头的过程装备与控制工程系列课程教学团队被评为"国家级教学团队"。同年，浙江大学郑津洋教授牵头的过程装备与安全科技创新团队获批浙江省创新团队。2011年，浙江大学金志江团队获批浙江省流程工业高效节能技术与绿色装备科技创新团队。此外，武汉工程大学、东北石油大学、兰州理工大学、陕西科技大学、沈阳化工大学等高校的过程装备与控制工程教学团队在近年来陆续被评为"省级教学团队"。

在精品课程建设方面，过程装备与控制工程专业也是成果颇丰。北京化工大学的核心专业课《过程设备设计》2004年被评为国家级精品课程，这是全国该专业获得的第一门国家级精品课程，2013年该课程又被评为国家级资源共享课。2008年，兰州理工大学的《过程设备设计》课程被评为甘肃省精品课程，2017年又被评为甘肃省精品资源共享课。2010年南京工业大学的《过程设备设计》课程被评为江苏省精品课程。另外，大连理工大学李志义教授负责的《化工设备机械基础》和华东理工大学潘家祯教授负责的《压力容器设计》课程均被评选为国家级精品课程。北京化工大学王奎升教授负责的《工程流体与粉体力学》2010年被评为北京市精品课程。郑州大学魏新利教授主讲的《化工设备设计基础》被评为河南省精品课程。

过程装备与控制工程专业本科生的培养离不开实验课程的设置,秉着"在实验中思考,在思考中创新,在创新中成长"的实验教学理念,北京化工大学自行开发了"过程设备与控制多功能综合实验台"和"过程装备与控制工程专业基本实验综合装置",获得了首届高等学校自制教学仪器设备优秀成果奖,目前已被全国60多所高等院校采用。基于先进的实验设备,北京化工大学开设了许多新的设计或研究型实验项目,出版了实验教程,对全国过程装备与控制工程专业压力容器实验的改革和建设起到了引领作用。

为提高我国工程教育质量,促进工程教育改革和发展,加快工程教育适应政府、行业和社会需求,提升中国工程教育国际竞争力,接受教育部工程教育专业认证协会的考查,进行专业认证是十分必要的。过程装备与控制工程专业具有鲜明的行业特点,培养了大批专业技术人才,享有良好的社会声誉,其专业认证一直在稳步推进。2010年1月,华东理工大学过程装备与控制工程专业成为全国第一个通过认证的此类专业,2013年1月、2016年1月、2018年9月通过复核认证。此外,北京化工大学、大连理工大学过程装备与控制工程专业于2011年1月首次通过认证,2017年1月通过复核认证;浙江大学、郑州大学于2014年1月通过认证;南京工业大学于2015年1月首次通过专业认证;兰州理工大学于2016年1月通过专业认证;常州大学、沈阳化工大学、四川大学、浙江工业大学于2017年1月通过专业认证;辽宁石油化工大学、青岛科技大学、郑州轻工业学院、中国矿业大学、中国石油大学(华东)过程装备与控制工程专业于2018年1月通过了专业认证,极大地提高了该专业的国际影响力,同时保障了人才培养质量,提高了对产业发展的适应性,为国家经济社会发展和工业建设做出了贡献。

我国"十一五"期间择优重点建设了3000个左右的特色专业建设点。建设高等学校特色专业是优化专业结构、提高人才培养质量、办出专业特色的重要措施。过程装备与控制工程专业在教育目标、师资队伍、课程体系、教学条件和培养质量等方面,具有较高的办学水平和鲜明的办学特色,已产生较好的办学效益和社会影响,是一个高标准、高水平、高质量的专业,其获批国家级特色专业(建设点)见表7.2-3。

表7.2-3 过程装备与控制工程专业获批国家级特色专业(建设点)名单

获批批次	学校名称
第二批	华东理工大学、浙江大学
第三批	北方工业大学、大连理工大学、沈阳化工学院、吉林化工学院、四川理工学院、北京化工大学
第四批	中国石油大学(华东)、西安交通大学、兰州理工大学、武汉工程大学
第六批	西南石油大学、西北大学、南京工业大学、常州大学、辽宁石油化工大学、东北石油大学、青岛科技大学

为了鼓励过程装备与控制工程专业的学生了解我国过程装备技术发展的前沿,积极投身于科技创新与实践活动,华东理工大学在化学工业出版社、中国机械工程学会压力容器分会、中国化工学会化工机械专业委员会的大力支持下,于2006年倡议并创办了"全国大学生过程装备实践与创新大赛"。后该大赛由中国机械工程学会、教育部高等学校机械学科过程装备与控制工程专业分委员会主办,化学工业出版社、中国机械工程学会压力容器分会协办。

各届全国大学生过程装备实践与创新大赛均得到了众多相关高校的大力支持与积极响应，从 2014 年起，由原来每两年举办一次改为每年举办一次，至 2018 年，已经举办到第九届（见表 7.2-4）。

表 7.2-4　全国大学生过程装备实践与创新大赛承办信息名单

大赛举办年份	承办学校
2006 年第一届	华东理工大学
2008 年第二届	华东理工大学
2010 年第三届	华东理工大学
2012 年第四届	华东理工大学
2014 年第五届	南京工业大学
2015 年第六届	南昌大学
2016 年第七届	西安交通大学
2017 年第八届	华东理工大学
2018 年第九届	福州大学

每届全国大学生过程装备实践与创新大赛均有几十所高校的几百支代表队参加，受到了包括台湾元智大学在内的两岸各大高校的一致肯定。参赛高校在决赛现场搭建了各具特色的作品展台，选手通过 PPT 答辩向评委详细阐述参赛作品的技术特点、创新理念、发展前景等，展现了当代大学生投身装备制造业、致力过程工业创新的决心和信心。大赛为我国过程装备与控制工程等相关专业大学生的工程实践能力、创新能力及团队合作精神的培养和锻炼搭建了很好的平台，逐步探索青年创新人才培养的新模式，致力于为国家培养更多过程装备学科的尖端创新型人才。

第 3 章 压力容器相关专业的教材编纂

教材编纂工作是促进化工机械专业教学秩序稳定发展和教学质量提升的重要环节之一。压力容器教材编纂共有三个主要时期：首先是专业初创期；其次是"文革"后的教材编辑期；随后是 1998 年专业改为"过程装备与控制工程"后的系列教材编辑期。

3.1 专业初创期（1961—1966 年）

由于历史原因，我国近代科学以及教育体制基本就是学习西方发达国家和日本，而在解放初期也学习了苏联，包括我们的教材也是引进，自主编写出版的教材基本处于空白。20 世纪 50 年代初期，我国自己编写出版的教材还只完成了中小学部分，1952 年，我国开始引进苏联的大中专教材，但在 1962 年中苏关系恶化后便停止了引进工作。60 年代初，应上海科学技术出版社总编辑之邀，华东化工学院琚定一先生和他的学生兼助手谢端绶先生合作翻译了美国 50 年代的一部著作《化工容器设计》。译著的出版在全国化工机械学科和各大设计院、研究院所及工程界引起了轰动，至今仍被奉为经典。

我国化工机械专业第一轮教材统编是在 1961 年。针对当时理工农医各科教材的乱象，该年的 3 月 21 日教育部发布《解决高等学校和中等专业学校理、工、农、医各科教材的具体分工办法》，根据"专业归口，分工负责，加强协作"的原则，规定了高校教材的具体分工。在该年，化工部教育司便组织成立全国化工机械教材编审组，并任命天津大学余国琮教授为组长，华东化工学院琚定一教授为副组长，小组成员有：浙江大学王仁东教授、华东化工学院吴泽炜副教授、成都工学院罗辉副教授、化工部化工研究院李又新总工程师、化工部化工机械研究所陆焕章所长，后来又增加了南京化工学院戴树和讲师、大连工学院盛展武讲师。编审组秘书为天津大学朱企新、李克永和华东化工学院吴东棣。该组从 1961 年至 1966 年积极开展工作，先后在天津、上海、北京多次讨论制订了全国统一的化工机械专业（本科）教学计划，制订了教材编写出版计划和交流办学经验。教材建设进入了一个初步发展的大好时机。

1961 年在天津组织编写出版了本专业的第一轮全国统编教材，分别作为专业课"化工机器及设备""泵与压缩机""化工机器及设备的制造及安装""化工机器及设备的腐蚀及防护"的教材，由中国工业出版社出版。在 1964 年，组织第二轮专业统编教材，根据减轻学生负担与"少而精"的原则，重新编写《化工机器及设备》教材并改名为《化工容器及设备》，主编为天津大学余国琮教授，分上、下册，其中上册为"化工容器"，下册为"化工设备及机器"，由化学工业出版社出版。第二轮专业统编教材还有 1965 年出版的《泵与压缩机》，作者为王仁东、吴东棣、潘永密，由琚定一、李又新审阅。1966 年，"文革"

开始，教材编审组停止了工作。这段时间编写的教材具有较高的学术价值，为后来教材的编写确定了一个基本框架（见表 7.3-1）。

表 7.3-1　化工机械专业主要教材一览表（1961—1966 年）

教材名称	编著者	出版年	出版社
《化工机器及设备》	天津大学等院校合编	1961 年	中国工业出版社
《泵与压缩机》	天津大学等院校合编	1961 年	中国工业出版社
《化工机器及设备的制造及安装》	天津大学等院校合编	1961 年	中国工业出版社
《化工机器及设备的腐蚀及防护》	天津大学等院校合编	1961 年	中国工业出版社
《化工容器及设备》	余国琮等编	1964 年	化学工业出版社
《化工容器设计》	L.E. 勃朗奈尔、E.H. 杨著，琚定一、谢端绶译	1964 年	上海科学技术出版社
《泵与压缩机》	王仁东、吴东棣、潘永密编，琚定一、李又新审阅	1965 年	中国工业出版社
《化工容器设计》	吴泽炜、戴树和编	1965 年	化学工业出版社

3.2 "文革"后的教材编辑期（1976—1998 年）

1966—1976 年"文革"期间，中国的教育受到了巨大的冲击，教材的编写出版完全处于停滞状态。1976 年，"文革"结束后，文化教育重新得到了高度重视，在化工部教育司的领导下，再次进行了全国化工机械专业统编教材编写工作。1978 年 2 月，在上海召开化工机械专业教材编写会议，通过《化工容器及设备》编写大纲。1979 年，由余国琮教授主编，全国有关学校教师参加，在广州开始按大纲重新编写《化工容器及设备》教材，并于 1980 年由化学工业出版社出版，后来此书获得全国高校优秀教材奖。

1986 年，化工部教育司成立了全国高校化工设备与机械专业教学指导委员会（简称"教指委"）。第一届主任为南京化工学院（现南京工业大学）戴树和教授，副主任为华东化工学院（现华东理工大学）吴东棣教授和大连工学院（现大连理工大学）贺匡国教授，琚定一教授担任教指委名誉主任、顾问。委员包括天津大学聂清德教授等。第一届教指委于 1986 年左右还启动了继"衡山饭店会议"之后的第二轮教材编写，主要是为适应专业课学时缩减以及纠正"文革"后拨乱反正思潮带来的过于强调理论的问题，其次是把统编教材改为推荐教材，给各校以更大的自由度，编写形式也由多校合编改为招投标制。华东化工学院《化工容器设计》教材的标书，在教指委投票中，因"指导思想有创意"而一举中标，获得了主编权。《化工容器设计》由化学工业出版社在 1989 年出版，同年，出版了天津大学聂德清教授主编的《化工设备设计》。《化工容器设计》出版后迅速成为绝大多数高校的首选，前后 3 版，被普遍采用了十年有余。其中，1990 年版的《化工容器设计》1996 年获得全国普通高校优秀教材化工部一等奖，第 2 版于 2001 年获得上海市优秀教材二等奖，第 3 版又于 2006 年获第八届中国石油和化学工业优秀教材一等奖。这段时间编写的教材注重质量和学科体系，为以后的教材编写奠定了基础（见表 7.3-2）。

表 7.3-2　化工机械专业主要教材一览表（1976—1998 年）

教 材 名 称	编 著 者	出版年	出 版 社
《化工容器及设备》	余国琮等编	1980 年	化学工业出版社
《化工容器设计》	华东化工学院、浙江大学合编	1983 年	—
《化工容器设计》	吴泽炜主编	1985 年	湖北科学技术出版社
《压力容器及化工设备》	陈国理主编	1988 年	华南理工大学出版社
《换热器流体诱导振动基础》	钱颂文等编	1988 年	华中工学院出版社
《换热器流体诱导振动》	钱颂文等编	1989 年	烃加工出版社
《化工机械测试技术》	岑汉钊主编	1989 年	化学工业出版社
《化工设备设计》	聂德清主编	1989 年	化学工业出版社
《波纹管膨胀节译文集》	中国机械工程学会压力容器分会组织黎延新等编译	1989 年	—
《化工设备及设计》	钱颂文、吴家声主编	1990 年	华中理工大学出版社
《管壳式换热器设计原理》	钱颂文编	1990 年	华南理工大学出版社
《化工容器设计》	王志文主编	1990 年	化学工业出版社
《压力容器设计（原理及工程应用）》	丁伯民、蔡仁良编著	1992 年	中国石化出版社
《钢制压力容器（设计制造与检验）》	丁伯民编	1992 年	华东化工学院出版社
《压力容器安全技术及事故分析》	王志文、高忠白、邱清宇编	1993 年	中国劳动出版社
《压力容器残余应力》	钟汉通等编	1993 年	华中理工大学出版社
《国外科技信息及文献检索》	陈国理等编	1994 年	华南理工大学出版社
《压力容器技术进展》	R. W. 尼柯尔斯编，朱磊、丁伯民译	1994 年	机械工业出版社
《压力容器及化工设备》	陈国理主编	1995 年	华南理工大学出版社
《美国压力容器规范分析》	丁伯民编	1995 年	华东理工大学出版社
《超高压容器设计》	陈国理等编	1997 年	化学工业出版社
《化工容器设计》（第 2 版）	王志文主编	1998 年	化学工业出版社

3.3　1998 年专业调整后教材编辑期（1998 年至今）

进入 21 世纪，为了适应我国社会主义市场经济体制和改革开放的需要，适应现代社会、经济、科技、文化及教育的发展趋势，改变高等学校存在的本科专业划分过细、专业范围过窄的状况，自 1997 年 4 月开始，教育部（原国家教育委员会）全面组织进行了《普通高等学校本科专业目录》的修订工作。

1998 年，教育部将原"化工设备与机械"专业更名为"过程装备与控制工程"专业。同年，浙江大学、郑州大学、南京工业大学、北京化工大学和江苏石油化工学院决定联合编写教材《过程设备设计》，并提出了编写大纲初稿。1999 年，"全国高等学校化工类及其相关专业教学指导委员会化工装备教学指导组"将《过程设备设计》列为过程装备与控制工程专业核心课程教材。经全国竞标,郑津洋、董其伍、桑芝富成为新教材《过程设备设计》主编。

在充分吸收国内外相关教材和著作优点、广泛征求国内外同行专家教授意见的基础上,以减少学时、加强基础、拓宽知识面、增强适应性、展示学科发展趋势为目标,经过三年时间的努力,《过程设备设计》第 1 版于 2001 年 7 月问世,出版后受到了广大教师和学生的欢迎,前后已有 4 版,至今仍被各大高校广泛采用。其中,第 1 版 2002 年荣获"第六届全国石油和化学工业优秀教材一等奖"。2005 年第 2 版为普通高等教育"十五"国家级规划教材,并于 2007 年荣获"第八届全国石油和化学工业优秀教材一等奖"。2010 年第 3 版为普通高等教育"十一五"国家级规划教材。2015 年第 4 版为普通高等教育"十二五"国家级规划教材,并在 2016 年获得"中国石油和化学工业优秀出版物一等奖"和"浙江省高等教育教学成果一等奖"。

教材《过程设备设计》既是高等院校过程装备与控制工程专业的核心课程教材,又是压力容器工程技术人员培训和继续教育的教材。经过 20 多年的发展,该教材是迄今为止我国高校使用最为广泛、版次最多、发行量最大的过程设备设计教材,长期受到高校师生的欢迎。全国有 110 多所高校(其中 985/211 高校 25 所)使用本教材,在全国过程装备与控制工程专业中的使用率超过 90%,具有广泛的引领性、辐射性和示范性。

为了学习、研究和借鉴国外承压设备的先进经验,与国际接轨,促进我国承压设备规范标准和行业技术水平的提高,减少承压设备对外贸易中的摩擦,浙江大学郑津洋教授经美国压力容器专家 Maan H. Jawad 博士和英国斯特拉斯克莱德大学(Strathclyde University)David Nash 教授授权,组织翻译出版了《ASME 压力容器设计指南》(2003 年出版)和《欧盟承压设备实用指南》(2005 年出版),使得我国从事压力容器和换热器科研、设计、制造等工作的工程技术人员以及高等院校过程装备与控制工程专业及其他相关专业的师生能够方便地使用和借鉴。

21 世纪,我国的教材建设高速发展,教材市场化,极大地推进了新教材的出版进程。压力容器相关专业的教材编纂也进入黄金期,除出版的纸质图书外,音像出版物和其他电子教材、计算机辅助教学课件、多媒体计算机辅助教学系统,正在不断地开发和研究(见表 7.3-3)。

表 7.3-3　化工机械专业主要教材一览表(1998 年至今)

教材名称	编著者	出版年	出版社
《换热器管束流体力学与传热》	钱颂文等编	2002 年	中国石化出版社
《换热器设计手册》	钱颂文主编	2002 年	化学工业出版社
《高压容器》(化工设备设计全书)	丁伯民、黄正林编	2002 年	化学工业出版社
《过程装备密封技术》	蔡仁良、顾伯勤、宋鹏云编	2002 年	化学工业出版社
《管式换热器强化传热技术》	钱颂文等编	2003 年	化学工业出版社
《化工容器》(化工设备设计全书)	丁伯民、黄正林编	2003 年	化学工业出版社
《ASME 压力容器设计指南》	郑津洋、徐平、方晓斌等译	2003 年	化学工业出版社
《国外科技信息及文献检索》	陈柏暖主编	2003 年	机械工业出版社

（续）

教材名称	编著者	出版年	出版社
《金属构件失效分析》	廖景娱主编	2003年	化学工业出版社
《换热器设计手册》	T.Kuppan著，钱颂文等译	2004年	中国石化出版社
《欧盟承压设备实用指南》	郑津洋、孙国有、陈志伟等译	2005年	化学工业出版社
《化工容器设计》（第3版）[①]	王志文、蔡仁良编著	2005年	化学工业出版社
《过程设备设计》（第2版）	郑津洋、董其伍、桑芝富主编	2005年	化学工业出版社
《过程装备密封技术》（第2版）	蔡仁良、顾伯勤、宋鹏云编	2006年	化学工业出版社
《金属表面抛光技术》	李异、刘钧泉、李建三等编	2006年	化学工业出版社
《安全管理信息系统》	陈国华编	2007年	国防工业出版社
《换热器技术及进展》	朱冬生、钱颂文等编	2008年	中国石化出版社
《承压容器》	丁伯民、曹文辉等编	2008年	化学工业出版社
《化工机械新技术研究进展》	潘家祯、王学生编	2008年	华东理工大学出版社
《过程原理与装备》	潘家祯主编	2008年	化学工业出版社
《机械与动力工程》	李培宁主编，徐宏、张莉、戚学贵、安琦、林大钧参编	2008年	科学出版社
《区域应急管理实务》	陈国华、张新梅、金强编	2008年	化学工业出版社
《ASME压力容器规范分析与应用》	丁伯民编	2009年	化学工业出版社
《现代过程装备与控制工程概论》	涂善东编	2009年	化学工业出版社
《电镀前处理与后处理》	李异、李建三等编	2009年	化学工业出版社
《工业生产组织与技术管理》	方江敏、张群芳编	2009年	中国石化出版社
《零件与结构的失效与安全服役》	涂善东等编	2010年	科学出版社
《压力容器优化设计》	梁基照编	2010年	机械工业出版社
《化工设备失效原理与案例分析》	王志文、徐宏、关凯书、张莉编	2010年	华东理工大学出版社
《化工机械优化设计》	梁基照编	2010年	化学工业出版社
《表面覆盖层的结构与物性》	廖景娱、罗建东等编	2010年	化学工业出版社
《管壳式换热器》	马小明等编	2010年	中国石化出版社
《国外重大事故管理与案例剖析》	陈国华编	2010年	中国石化出版社
《过程设备设计》（第3版）	郑津洋、董其伍、桑芝富主编	2010年	化学工业出版社
《化工设备设计》	王学生、惠虎编	2011年	华东理工大学出版社
《过程装备可靠性技术》	陈国华、冯毅编	2011年	化学工业出版社
《特种管壳式换热器》	虞斌、周帼彦、涂善东编	2013年	中国石化出版社
《锅炉压力容器安全技术及应用》	江楠、冯毅编	2013年	中国石化出版社
《流体密封技术——原理与工程应用》	蔡仁良编	2013年	化学工业出版社
《过程装备测控技术——线性与非线性控制理论及应用》	罗小平编	2013年	化学工业出版社

(续)

教材名称	编著者	出版年	出版社
《压力容器分析设计方法》	江楠编	2013年	化学工业出版社
《压力容器安全基础》	朱大滨、安源胜、乔建江编	2014年	华东理工大学出版社
《ASME Ⅷ压力容器规范分析》	丁伯民编	2014年	化学工业出版社
《微小流道（槽道）传热强化与节能》	朱冬生、罗小平、钱颂文编	2014年	科学出版社
《过程设备设计》（第4版）	郑津洋、董其伍、桑芝富主编	2015年	化学工业出版社

① 《化工容器设计》第1版于1990年出版，列于表7.3-2。

第 4 章 研究生培养

研究生培养,是体现各高校压力容器相关专业科研和教学能力的重要方向之一,也是科研梯队和教师队伍得以壮大发展的坚定基石。以下将就高校压力容器相关专业的硕士研究生培养和博士研究生培养,做简单概述。

4.1 "文革"前研究生培养

新中国成立初期,紧跟着化机专业本科生的招生和培养,我国各高等院校也提出了培养研究生的需求,并着手落实。

1953 年,大连工学院开始招收首届研究生,其中在当年毕业的首届本科生中留校数名,成立研究生班,等待苏联专家 A. D. 杜马什涅夫(莫斯科化工机械制造学院技术科学副博士、副教授)来指导。研究生班先在化工系,后转到机械系,最后又回到化工系。聘请的苏联专家 A. D. 杜马什涅夫 1954 年 10 月才到大连。研究生班在专家到来之前,除了学习俄语之外,还学习材料力学、机械零件和化工材料课程。苏联专家来到大连之后,现编教材,边编边讲。上课发俄文及中文讲义。上课时的口译由高昆玉担任。中文讲义由陈奕俭翻译。苏联专家授课的对象是全国各校选派的 12 位教师和 10 位研究生,此外还有大连工学院化机教研组全体教师和应届大学生。1956 年首届研究生毕业,这是我国化机专业培养出的第一批研究生。

1954—1956 年,大连工学院先后培养了 8 名研究生:蔡振业、李克永、梁明汉三位是来自本校 1953 届化机专业的本科毕业生,李宽宏和杨世钧两位是来自华东化工学院的毕业生,汪希萱和潘永密来自浙江大学,师明哲来自天津大学。1961 年招收的两名研究生,因故未能毕业。

华东化工学院化工机械系在 1961 年开始招收研究生,1961 年招收了林榕端、张立权两名研究生,1962 年、1963 年分别招收了史美庚和张明石。"文革"前,琚定一教授、陈维新教授、吴泽炜教授先后培养了 4 名化工机械专业硕士研究生。

浙江大学的王仁东教授早在 1953 年就提出了筹办研究生班的提案。1961 年起,浙江大学被批准招收研究生,学制为四年。1962 年招收了黄载生、陆金冶两名研究生,1963 年招收的是凌双庆和朱生保,1964 年招收了杨德晖。

天津大学在余国琮教授的主持下,于 1957 年也开始招收研究生,到 1965 年,共培养研究生 10 名。

4.2 "文革"后研究生培养

"文革"期间,各校的研究生培养基本暂停。在改革开放后,各校陆续恢复了研究生招生。1979年,华东化工学院恢复化工过程机械专业研究生招生。

1981年国家开始实行学位制度,本专业的研究生教育归入"动力工程与工程热物理"一级学科,下设"化工过程机械"二级学科。自从1981年《中华人民共和国学位条例》施行以来,至2005年国务院学位委员会分别于1981年、1984年、1986年、1990年、1993年、1996年、1998年、2000年、2003年、2005年先后批准了十批博士、硕士学位授权单位,并从1998年开始,设立一级学科学位授予点。2011年国务院学位委员会下达了第十一批新增博士、硕士一级学科授权点名单,本次学位授权审核是在2008年国务院学位委员会第二十五次会议审议通过《博士、硕士学位授权点审核办法改革方案》后进行的第一次学位授权点审核工作,较以往学位授权审核工作不同的是:政府主管部门仅审核一级学科的学位授予权,学位授予单位可在一级学科授权下自主设置二级学科,这将进一步扩大学位授予单位的办学自主权;二是首次放权省级学位委员会对硕士学位授权点进行全部审核工作,对博士授权点进行初审工作,这是扩大省级人民政府教育统筹权的重要改革。

1981年华东化工学院、南京化工学院、浙江大学、大连工学院化工过程机械专业获得硕士学位授权点。随后,其他高校的化工过程机械专业也陆续获得硕士学位授予权。1984年,北京化工学院、四川大学、天津大学化工过程机械专业获得国务院正式批准,具有硕士学位授予权。浙江工学院于1985年获得硕士学位授予权,但该校在1979年已经开始招收化工过程机械专业硕士。1986年,华南工学院、西安交通大学、河北工学院等相继获得化工过程机械硕士学位授予权。1990年,甘肃工业大学(现兰州理工大学)、大庆石油学院化机专业获得化工过程机械硕士学位授予权。至2000年,共有八批次的高校获得了化工过程机械硕士学位授予权,见表7.4-1。在1993年国务院学位委员会教育质量评估中,华东化工学院化工过程机械学科的硕士点被评为全国第一名。2001年浙江大学化工过程机械学科获批首个化工过程机械国家重点学科,2007年华东理工大学、北京化工大学化工过程机械学科获批国家重点学科。

表7.4-1 至2005年国务院学位委员会批准的具有化工过程机械硕士学位授予权的学校名单

批 次	年 份	学 校 名 称
第一批	1981年	浙江大学、华东化工学院、大连工学院、南京化工学院
第二批	1984年	北京化工学院、四川大学、天津大学
第三批	1986年	河北工学院、华南工学院、浙江工学院、西安交通大学、石油大学、郑州大学、化工机械研究院
第四批	1990年	大庆石油学院、甘肃工业大学
第五批	1993年	东北大学、抚顺石油学院、青岛化工学院
第六批	1996年	沈阳化工学院
第七批	1998年	天津轻工业学院、南昌大学
第八批	2000年	福州大学、山东大学、武汉化工学院、湘潭大学、广西大学、西北轻工业学院

此外，全国各高校还设置了一些与压力容器相关专业的学位硕士点。例如，1998年华东理工大学设立了动力工程硕士点，2004年兰州理工大学取得动力工程工程硕士授予权。中国石化扬子石化股份有限公司化工厂马秋林于2001年6月获动力工程领域工程硕士学位，此为获得动力工程领域工程硕士学位第一位研究生。

1981年，国家开始实行学位制度，多所高校化工机械专业均先后被批准为博士学位授予单位，一些教师被批准为博士生指导教师，并设立了一些博士后流动站。华东化工学院琚定一教授、浙江大学王仁东教授是我国首批化工过程机械专业的博士生导师。1983年，王仁东教授去世后，他指导的浙江大学博士生郝苏转由华东化工学院琚定一教授指导（博士生郝苏学籍仍为浙江大学）。

到1988年，我国博士研究生教育已有八年，全国化工过程机械学科招生的博士点有华东化工学院和南京化工学院两个博士点，导师则有三名，即琚定一、戴树和、吴东棣。

1990年，北京化工大学化工过程机械专业获得博士学位授予权。1991年起，浙江工业大学化机学科与华东理工大学合作联合培养了3名博士研究生，张康达教授为博士生合作导师，毕业生由华东理工大学授予博士学位。

到1993年止，我国博士研究生教育开展12年，化工过程机械博士生导师有5名，为琚定一、戴树和、吴东棣、李培宁和柳曾典。在1993年国务院学位委员会教育质量评估中，华东理工大学化工过程机械学科博士点被评为全国第一名。

1993年，大连工学院化机专业被批准为博士学位授予点，并于1994年开始招收博士研究生；同年，四川大学化机专业也被批准为博士学位授予点，陈文梅教授被批准为博导；1998年，西安交通大学化工过程机械专业以动力工程及工程物理一级学科名义招收博士生；2000年，浙江工业大学获得化工过程机械博士学位授权点；2003年，中国石油大学、大庆石油大学获得化工过程机械博士学位授权点；2005年，华南理工大学、青岛科技大学、郑州大学获得化工过程机械博士学位授权点（见表7.4-2）。各校培养了最早一批化工过程机械专业博士（见表7.4-3）。

表7.4-2 至2005年国务院学位委员会批准的具有化工过程机械博士学位授权的学校名单

批　次	年　份	学校名称
第一批	1981年	浙江大学、华东化工学院
第二批	1984年	南京化工学院
第三批	1986年	—
第四批	1990年	北京化工学院
第五批	1993年	大连理工大学、四川大学
第六批	1996年	—
第七批	1998年	天津大学[①]、西安交通大学[①]
第八批	2000年	浙江工业大学
第九批	2003年	中国石油大学、大庆石油大学
第十批	2005年	华南理工大学、青岛科技大学、郑州大学

[①]为1998年及以后获批"动力工程及工程热物理"一级学科学位授权点且下设"化工过程机械"二级学科博士点的学校。

表 7.4-3　早期化工过程机械专业博士学位获得者

获博士学位年度	姓名	导师	授予学位单位	备注
1985 年	潘家祯	琚定一	华东化工学院	国内第一位化工过程机械专业博士毕业生
1986 年	郝苏	王仁东、琚定一	浙江大学	美国西北大学从事多年研究工作，2005 年创办"创新工程咨询公司"
1988 年	涂善东	戴树和	南京化工学院	华东理工大学教授，长江学者，国家杰出青年基金获得者，曾任南京工业大学、华东理工大学副校长
1988 年	杨振国	琚定一	华东化工学院	复旦大学材料科学系教授、博导、材料化学教研室主任
1989 年	钟学军	吴东棣	华东化工学院	英特尔公司闪存封装研发中心总经理
1989 年	葛晓陵	琚定一	华东化工学院	上海华力索菲科技有限公司总经理，华东理工大学机械与动力工程学院教授、博导
1990 年	胡以强	琚定一、李培宁	华东化工学院	海盐华强树脂有限公司总经理
1990 年	王威强	琚定一、李培宁	华东化工学院	山东大学机械工程学院教授、博导
1990 年	李亦为	琚定一	华东化工学院	
1990 年	王正东	吴东棣	华东化工学院	华东理工大学机械与动力工程学院前院长、教授、博导
1992 年	徐颖	吴东棣、王正东	华东化工学院	
1992 年	雷月葆	琚定一	华东化工学院	英国帝国理工学院教授
1992 年	李细广	琚定一	华东化工学院	
1992 年	林建鸿	吴东棣	华东化工学院	空客英国公司远程机型疲劳和损伤容限总工程师
1992 年	陈江	琚定一	华东化工学院	浙江工业大学教授

自 1999 年教育部、国务院学位委员会开展"全国优秀博士学位论文评选"（简称"全国百篇"）以来（这一评选活动 2013 年停止），国内化工过程机械学科的博士学位论文有 3 篇入围全国百篇优秀博士论文评审，分别是：《工业压力管道三通塑性极限载荷工程分析方法》（2002 年，轩福贞，导师：李培宁）2005 年获全国百篇优秀博士论文提名奖；《CdSe 量子点高温合成微反应系统及工艺研究》（2010 年，杨洪伟，导师：栾伟玲）2011 年获全国百篇优秀博士论文提名奖；《气泡强化废水旋流脱油机理及其工程应用的研究》（2012 年，白志山，导师：涂善东、汪华林）2012 年获全国百篇优秀博士论文提名奖。

第 5 章　压力容器相关技术研究成果

自专业创立以来，科研技术的探索之路也就此展开。在新中国成立初期的专业初创阶段，由于当时特殊的国际形势，全国各高校皆走上了艰辛探索的科研之路。1958 年因中苏关系恶化，苏联专家从援建我国的 156 个项目中全部撤走，随后的"大跃进"及十年"文革"都对压力容器的科研技术发展带来了深远的影响。在这一过程中，老一辈专家经过不懈的追求与努力，仍取得了丰硕成果。1977 年正式恢复全国高校统一招生后，学位制度也于 1981 年正式实施。在这种大好形势下，全国各大高校的科研工作都得以快速发展，并各具特色。以下就部分高校压力容器领域的科研活动与成就记载于下。部分高校因资料一时难以收集未予记录，另因联系和收集资料不全等因素，恐有诸多遗漏。

5.1　压力容器设计

5.1.1　高压容器设计

20 世纪 50 年代，由于西方国家对我国的封锁，国内工业基础又很薄弱，生产设备既不能在国外采购，又不能靠国内提供，因此，设计人员只能自行开发、设计和研制。而由于我国当时的生产技术水平还较为落后，钢铁等资源匮乏，无法直接制造厚壁高压容器，为此，大连工学院、华东化工学院、华南工学院等高校开展了多种类型的高压容器设计研究工作。

1958 年"大跃进"时期，受形势鼓舞，大连工学院化机系以杨芳毓为首的几位教师，发扬敢想敢干的精神，白手起家，与实验室的几位老工人技师一起自主创新并试制出一台新型的绕丝式高压容器。该产品是在绕带式高压容器的基础上创造出来的，它比绕带式结构简单，制造方便，造价低廉，同样可以提高高压容器的承载能力。绕丝式高压容器制成后，曾送德国莱比锡展览会上展览。可惜的是，"大跃进"后这一工作就没有继续下去，更没有形成生产力。

同样在 20 世纪 50 年代，浙江大学化工机械研究所在王仁东教授的领导下开始重视超高压容器的研究。当时王仁东教授亲自设计了一台柱式高压泵，工作压力达 200MPa，这为高压容器的研究提供了测试条件，也为以后本科教学的高压容器示范试验创造了条件。1961 年，王仁东教授招收了 2 名研究生，黄载生是其中之一。王仁东教授当时就确定了高压容器的研究课题，拟对容器的设计理论、结构强度及安全性等问题开展研究。

1961—1962 年，华东化工学院凌蓉教授提出了胀合式高压容器结构的设想，以摆脱对超大型锻压设备的依赖和解决高强度钢容器特厚器壁热处理淬透的困难。他在天津锅炉厂试制了合成氨塔胀合式高压容器，还在校内试制了高压聚乙烯反应器用的胀合式高压容器，该容器的设计压力为 3500atm（标准大气压）。胀合容器的制造过程是：先将两个尺寸相差不大的厚壁钢制筒体套在一起，再在两头焊上封头，然后用高压水泵在内筒内施压，将两层筒胀合在一起，成为一个整体的胀合容器。当时在校内进行水压试验，要求升压到 5300atm，惊动了整个化机教研组，为了保证安全，几乎全体中青年教师都出来担任警卫。胀合式高压容器这种新型结构在国内外都是从来没有过的新事物，高压容器万一发生事故，往往会引起灾难性的后果，所以安全问题十分重要。因而有人提出异议："胀合前两个焊接制造的筒体的焊缝即使无损检测合格，也不等于没有微裂纹。带有现行制造规范允许尺寸小裂纹的两筒体在实施液压胀合的塑性大变形加工工艺时会不会扩展变成超标缺陷，甚至破裂，其安全性值得怀疑。"这种怀疑是合情合理的。现在大家都知道这是弹塑性断裂力学可以解决的问题，但是当时国际上还基本处于线弹性断裂力学阶段，还谈不上弹塑性断裂力学。于是凌容教授带领李培宁老师一起开展了在塑性大变形情况下裂纹体强度的研究，他提出了一套独特的弹塑性分析的应变集中理论，即：第一步，用塑性力学的方法，根据金属材料的本构关系和裂纹尺寸，先计算出在某初始小载荷下，裂纹尖端的塑性应变和变形后的裂尖形貌及尺寸；第二步，在给定的载荷增量的载荷及上一步计算时获得的裂纹形貌及尺寸下，计算新的裂尖应变和形貌。这样一步一步计算下去，也就是用塑性力学中的增量法，获得载荷与裂尖最大应变值的关系曲线。裂纹体断裂的准则是：当裂尖真应变达到材料断裂真应变时方始断裂。那时没有电子计算机，凌容教授用手摇计算机在家进行计算，李培宁老师则在校协助他用力学教研室的扭转试验机测定材料断裂的真应变。

1964 年初，浙江大学的朱国辉教授等发明了"新型薄内筒扁平钢带倾角错绕式高压容器"，即在厚度仅占容器总厚约 1/4 的圆直薄内筒外面，在钢带缠绕装置上冷态倾角交错缠绕占容器总厚约 3/4 的扁平钢带绕层，其每层、每根钢带绕层仅需将其两端与容器的封头、底盖斜面相焊而成即可，如图 7.5-1 所示。与当时世界上石油、化工和核反应堆等大型贵重高压容器设备制造中广泛应用的具有纵向与环向深厚焊缝的"厚钢板卷焊"、"筒节锻焊"，以及"多层包扎"、"多层热套"和德国的热态缠绕的"型槽绕带"等现有技术相比，可减少大型化焊接、机械加工、质量检验和热处理等工作量约 80%，节省焊接与热处理能耗约 80%，节省钢材约 20%，提高制造工效约一倍，显著降低制造成本。容器越长、越大、越厚，效果越显著。而且，该新型绕带式高压容器，具有钢带缠绕的"预应力"作用和特殊的"止裂抗爆"等安全特性，使用安全可靠。1981 年 1 月新型钢带错绕式高压容器以"新型薄内筒平绕带高压容器的设计"为名获国家科委颁发的科技发明三等奖。

1965 年底，由我国第一机械工业部（简称"一机部"）组织通用机械研究所、北京金属结构厂和第一设计院联合进行绕板式高压容器的试制。1968 年 7 月顺利进行了爆破试验，不久便投入批量生产。这种结构的容器在当时被应用于石油化工及小氮肥厂的高压设备。从 1968 年至 1970 年，全国总产量不下数百台。当时，我国制造绕板式高压容器的厂家有北京金属结构厂、上海化工机械一厂、湖南省长沙化工机械厂三家，并都已取得了国家劳动人事部颁发的三类压力容器制造许可证。但限于当时我国的生产制造装备和技术水平、绕板筒体的应力分析和试验研究水平与国外同行的水平差距较大，尚无绕板式高压容器方面的统一标准与技术条件等。华东化工学院吴泽炜教授等开展了绕板式高压容器应力分析、设计制造技术条件等方面的研究,并于1989年获得上海市科技进步二等奖(获奖名称:绕板式高压容器;完成单位:上海化工机械一厂、上海化工设计院、华东化工学院、上海市化工装备研究所)、化学工业部科技进步三等奖(获奖名称:钢制绕板式压力容器技术条件ZBG93006—1987(Ⅱ);完成单位:上海化工机械一厂、上海化工设计院、华东化工学院、上海市化工装备研究所)。

a)

b)

图7.5-1 新型薄内筒扁平钢带倾角错绕式高压容器

a)绕制中的"新型薄内筒扁平钢带倾角错绕式高压容器"

b)冷态绕制容器(ϕ2000mm×200mm,长30m,设计压力35MPa)

1979年,针对化工过程设备高参数化(大型、高温、高压)的发展趋势和我国石化安全生产的迫切需求,华南工学院以陈国理教授为代表的科研团队选定压力容器高压技术理论及工程应用为研究核心,建立了我国高校第一个高压、超高压容器研究所,在高压容器设计理论与试验技术方面取得了多项成果。其中,高压容器自增强理论与应用曾获广东省自然科学三等奖、省科技进步二等奖、教育部科技进步三等奖;陶瓷滚棒等静压处理超高压容器设计与研制项目通过广东省科委鉴定，并获 1988 年广东省科技成果奖；高压容器衬里新工艺研究课题通过广东省石化厅主持的鉴定，获 1991 年教育部科技进步三等奖。

1981 年，合肥通用机械研究所出国进修人员，带回了德国克虏伯的专利技术——全多层包扎结构容器，向国内系统介绍了该容器的结构强度、制造装备、制造工艺及其建造和验收标准，促使国内开展了相关研究。华南工学院依此开展了产学研究，自 1984 年起，陈国理教授、钟汉通教授等与长沙化工机械厂共同研制整体多层夹紧式高压容器，从理论研究、小型容器试验到产品的爆破试验，从工艺装备的设计制造，到高压容器设计制造标准的制定，做了一系列的工作。终于，在 1990 年 3 月试制成功整体多层夹紧式高压容器，并进行了爆破试验，1990 年 5 月通过了化工部组织的技术鉴定，又于 1991 年 10 月通过了化工部、劳动部组织的产品制造技术鉴定（见图 7.5-2）。整体多层夹紧式高压容器和夹紧机械手 2 项获国家专利，整体多层夹紧式高压容器还荣获 1991 年国家级新产品称号、"七五"全国星火计划金奖、"九五"国际化工技术和生物工程展览会金奖、1995 年长沙市科技进步一等奖、1996 年湖南省科技进步二等奖和国家教育委员会科技进步二等奖、1997 年度国家科技进步三等奖。

此外，陈国理教授主持的"自增强理论与应用对上海石化总厂高压聚乙烯超高压反应器的安全评定"1988 年通过中国石化总公司组织的技术鉴定，1995 年获国家教委科技进步三等奖，"高压、超高压容器的结构强度理论研究"1995 年获国家教委科技进步三等奖。钟汉通教授主持的"高效纵槽冷凝器"通过省部级鉴定，并获 1978 年广东省科技大会奖；1988 年，钟汉通教授在广东四会化机厂采用新工艺对高压反应釜进行衬里，以人孔法兰代替大型封头法兰，以液压衬里工艺代替传统的灌铅工艺，"3000L 反应釜衬里新工艺"1991 年获国家教委科技三等奖；"高压容器结构与强度研究"1995 年获国家教委三等奖（见图 7.5-3）。

图 7.5-2　华南理工大学钟汉通教授（左三）在长沙化工机械厂进行多层高压容器应力与爆破试验　　图 7.5-3　1988 年高压釜衬里新工艺试验

1990 年劳动部组织有关单位人员编写《超高压容器安全监察规程》，浙江大学黄载生、郑津洋两位同志作为主要成员参与其中。规程中关于超高压容器的静力强度设计公式，采用黄载生教授提出的超高压容器极限强度计算的理论公式，其计算值与大量试验数值比较误差在 ±3% 以内。

5.1.2 外压容器设计

1970年,浙江工业大学化工机械学科的张康达老师开始进行外压容器设计方法研究,并开展了大量的外压容器失稳试验研究。1971年,苏州压力容器标准讨论会议上该校对外压容器设计方法和标准制定提出了建议:通过外压容器模型试验,提出了外压容器稳定安全系数 $m=3.0$ 的建议;进行了国产16MnR、15MnVR材料的试验,绘制了外压容器设计计算图。会议采纳了该校的建议,决定在化工、石油、机械三部联合制定的《钢制压力容器设计规定》中采用,实现了我国自己的规范中采用我们自己的数据,同时改造了引自ASME规范中其他材料的计算图表,直接按 $m=3.0$ 绘制了外压设计计算图表。在"三部规定"及其后来的GB 150和JB 4732标准中,外压部分的规定一直由该校为主编制。浙江工业大学还负责撰写了《中国大百科全书》中的"外压容器"条目。

5.1.3 压力容器设计软件开发

1986年由化工部设备设计技术中心站组织编制《IBM-PC兼容机压力容器设计计算程序软件包》,参加单位有华东理工大学、上海医药设计院、中石化北京设计院、化工部寰球工程公司、化工部第一设计院、化工部第四设计院等单位。1987年该软件包通过全国压力容器标准化技术委员会组织的技术鉴定。1988年,"IBM-PC兼容机压力容器设计计算程序软件包"获全国工程设计计算机优秀软件一等奖。华东理工大学负责软件包的输入/输出界面、软件包总体安装,以及内压容器、外压容器、塔设备、卧式设备等模块的编制。项目负责人:王允昌;项目参加人:秦培德、杨秀霞、经树栋、姚峰。

1989年,压力容器设计标准升为国家标准GB 150《钢制压力容器》。软件包的编制人员有所调整,负责单位为全国化工设备设计技术中心站,华东理工大学参加了内压容器、外压容器、U形管换热器模块的编制,参加人:洪瑛。1991年,"压力容器软件设计(GB 150—1989)"获化学工业部科技进步二等奖。

随着GB 150、GB 151、GB 12337、JB 4710及JB 4731等一系列与压力容器、化工过程设备设计计算有关的国家标准、行业标准全面更新和颁发,由全国化工设备设计技术中心站负责,于1998年9月推出了以这些标准为计算模型的设计计算软件——《过程设备强度计算软件包》(简称:SW6—1998),2005年获中国石油和化工协会科技进步二等奖。华东理工大学参加了内压容器、外压容器、U形管换热器、浮头式换热器和填料函式换热器模块的编制,参加人:姚峰、洪瑛。

随着GB/T 150—2011、GB/T 151—2014等一系列标准的更新和发布,SW6软件的设计计算内容也进行了大幅度的修改和调整,2006年3月SW6—2011v3.0正式发行,华东理工大学参加了U形管换热器、浮头式换热器和填料函式换热器模块相关内容的修改,参加人:洪瑛。

1990年由全国化工设备设计技术中心站组织编制《化工设备CAD施工图软件包》,参加单位有华东理工大学、中石化上海工程公司、北京燕山石化设计院、化工部第二设计院等单位。2006年,"化工设备CAD施工图软件包(PVCADv3.1)"获中国石油和化工业协会科技进步奖二等奖。华东理工大学负责开发软件包的图形支撑模块,以及法兰、接管、设备零部件等模块。参加人:史定国、经树栋。

1994年，北京化工大学徐鸿教授创建计算机辅助机械工程研究中心，一直从事压力容器分析设计技术的研究，并利用学科优势和研究成果，加强社会服务，解决了石油化工、核电、轻工等行业许多关键技术难题。其中，1995年徐鸿教授在自己开发的地震时程分析软件基础上，完成了巴基斯坦恰希玛核电站关键核电设备抗震分析，开创全国同类分析的先河；其后北京化工大学计算机辅助机械工程研究中心又为中国核电工程公司等多家核电设计单位完成了30余台核电关键设备抗震分析和安全评定，包括大型高放废液贮槽、铀纯化转化生产线一级冷凝器等；对中国电力科学研究院污秽及环境实验室22m直径真空容器进行了设计校核及结构优化（2010年），该容器是目前亚洲最大的模拟高原环境的真空容器。

5.1.4 奥氏体不锈钢应变强化技术

随着能源结构的变化，液化天然气、液化石油气、液氧、液氩、液氢、液氮、液氦、液态二氧化碳等低温液体的应用日趋广泛，带动了低温压力容器行业的快速发展。因此在满足相同客户要求、确保安全的前提下，节约使用奥氏体不锈钢具有重大的经济效益。采用常规方法设计低温容器，会导致材料的许用应力在$130\sim180$MPa，造成材料浪费、设备本身增重，难以充分发挥奥氏体不锈钢较高的抗拉强度和极高的塑性储备。通过奥氏体不锈钢应变强化技术可以有效减小容器的壁厚，该技术的基本原理是通过使材料产生少部分塑性变形来提高强度，经过强化后的材料，屈服强度得到明显提高，因而相应提高了材料许用应力，使得容器设计壁厚减薄。为实现奥氏体不锈钢应变强化技术的国产化，推进我国装备业的制造水平，浙江大学郑津洋教授团队、华东理工大学惠虎教授团队在国内率先进行了奥氏体不锈钢应变强化技术的研究。

郑津洋教授团队自2003年开展应变强化技术研究以来，采用试验研究、数值模拟、理论分析和工程应用相结合的研究方法，经过10多年的努力，突破了应变强化工程应用的系列关键技术，建立了应变强化奥氏体不锈钢深冷压力容器失效压力预测模型、基于流固耦合分析和疲劳寿命预测的优化设计方法，攻克了深冷容器非线性设计、应变强化工艺、强化参数控制等工程化技术关键，开发了基于工艺优化的多任务自动控制系统，建成多套低温疲劳试验装置，并对疲劳寿命预测模型进行了试验验证。2016年形成了国家标准GB/T 18442.7《固定式真空绝热深冷压力容器 第7部分：内容器应变强化技术规定》报批稿。应用上述成果研制的应变强化奥氏体不锈钢制深冷容器的内胆壁厚比现有的同类产品减薄$25\%\sim45\%$，重容比显著降低，节能省材，实现了深冷容器的轻量化，实现了$500m^3$奥氏体不锈钢深冷容器的应变强化，取得了显著的经济效益和社会效益，相关成果获国家科技进步二等奖（2017年，获奖项目名称：重型压力容器轻量化设计制造关键技术及工程应用）、教育部科技进步一等奖和中国优秀专利奖。

2010年起，华东理工大学惠虎教授团队在全国锅炉压力容器标准化技术委员会的指导下，联合南通中集罐式集装箱有限公司，在国内率先开展了国产奥氏体不锈钢S30408（06Cr19Ni10）用于奥氏体不锈钢应变强化技术的研究，开发出了能满足工程应用的应变强化压力控制系统，并在宁波明欣化工机械有限责任公司、常州博朗低温设备有限公司、湖北宏图特种飞行器有限公司等10多家企业的应变强化试验及生产中广泛使用。该系统自动化程度更高，可有效消除初期电动机转速的不稳定现象以及PID控制的滞后性，极大地减小了数据的误差,提高了加工精度和生产效率,较好地解决了应变强化容器制造的关键问题。相关研究成果获得了 2013 年上海市科技进步三等奖(获奖名称:奥氏体不锈钢低温压力容器应变强化轻量化关键技术研究;完成单位:华东理工大学、上海市气体工业协会)、2014 年宁波市科技进步三等奖(获奖名称:低温容器轻型化关键技术的研发及工程应用;完成单位:宁波明欣化工机械有限责任公司、华东理工大学)、2015 年安徽省科技进步一等奖(获奖名称:重型压力容器轻量化设计制造关键技术及工程应用;华东理工大学为第三完成单位,惠虎教授为第六完成人)。

5.1.5 特色承压设备与承压元件

5.1.5.1 蜂窝夹套发酵罐

1986 年 10 月,由国家经委组织、轻工业部实施的"引进技术消化吸收重大项目——啤酒生产线计划",习惯称啤酒"一条龙"项目,是"七五"攻关项目。浙江大学林兴华教授等在该项目基础上,1997 年申请到浙江省科委重点项目"液氨蒸发冷却式蜂窝夹套发酵罐"。通过对新型蜂窝夹套的大量强度和工艺试验,采用新型直接氨夹套冷却式设计的发酵罐,应用在浙江平阳金狮啤酒有限公司 12 台 200m³ 露天大罐上,取得了十分明显的经济和社会效益(见图 7.5-4)。1998 年 12 月 26 日召开了有国内著名啤酒专家参加的鉴定会,鉴定委员会对该项研究成果给予充分肯定,一致认为该成果达国内领先水平。直接氨夹套冷却式的原理如下:采用液氨直接在夹套内沸腾,利用氨汽化潜热带走热量的冷却新工艺,比酒精水冷却工艺减少了氨蒸发冷却酒精水的中间换热过程,可节省能耗 24% 以上。

图 7.5-4　不锈钢内筒-碳钢夹套发酵罐

浙江大学相关课题组从 1986 年承担轻工部项目以来,在啤酒发酵罐的研制上,始终紧跟国内外研究动态,使我国发酵罐的整体设计和制造技术水平得到了快速提升。该项目的实施为我国在啤酒和制药发酵罐的制造和使用上减少投资、降低能耗、节约生产成本、提高经济效益做出了重大贡献。相关成果"螺旋板式蜂窝点发酵罐冷却夹套"1991 年获国家发明奖四等奖,"新型冷却带设计制造的啤酒发酵罐"1990 年获浙江省科技进步奖三等奖,"螺旋板式蜂窝结构夹套啤酒发酵罐"1991 年获教育部科技进步奖三等奖,并制定轻工业行业标准 QB/T 4025—2010《激光焊接夹套》。

5.1.5.2 聚烯烃及其复合管

管道广泛用于国民经济和人民生活必需的水、石油、天然气等介质的高效输送,被称为国民经济的"生命线"。聚烯烃及其复合管是为弥补传统金属管道耐蚀和柔性(如地震后破坏产生二次灾害)的不足而发展起来的新型管道,已在我国的西气东输、南水北调等国家重大工程建设中得到广泛应用，其安全运行状态直接关系到国民经济与公共安全。然而由于材料与结构的差异，传统金属管道的无损检测与缺陷评价技术不适用于聚烯烃及其复合管道，致使其安全保障技术与标准建设远落后于管道建设与发展速度，制约了聚烯烃及其复合管道产业的健康发展。

围绕国家对油气输送管道、公共安全及核电站安全保障等的重大需求，浙江大学郑津洋教授研究团队自 2000 年开始对聚烯烃及其复合管的原材料、结构设计、连接技术、无损检测、安全评定等开展系统深入的研究，在国家"十一五""十二五"科技支撑计划、国家 863 计划、国家自然科学基金等一系列课题的持续支持下，针对制约聚烯烃及其复合管无损安全评价的若干关键技术难题，开展了一系列理论分析、试验研究及技术开发等工作。研发的核心技术解决了非金属管道产品周期中无损安全评价相对薄弱的问题，推动了中国乃至国际非金属管道的技术进步与发展，同时也奠定了浙大化机在非金属压力管道领域的重要地位。以研究成果为核心，制定了国际上首部聚乙烯管道电熔接头无损检测（GB/T 29461—2012）和安全评定国家标准（GB/T 29460—2012），为实现聚乙烯管道系统从"有损检测"向"无损评价"转变提供技术支撑，对提高我国聚烯烃及其复合管道系统的本质安全性起到推进作用。研究成果已成功应用于石化、能源等重要行业，为天然气长输管道、三门核电冷却水管道等重点工程提供了安全保障。研究团队提出的冷焊检测与安全评价技术目前已成功应用于聚乙烯管道、钢丝增强及各类纤维增强聚乙烯管道，并有望广泛应用于其他聚烯烃及其复合材料的结构件。目前已获得的 15 项发明专利，其中 10 项已实现专利实施权转让，成功实现人才培养、理论研究、技术开发及产业化应用的有机结合，为社会做出了应有的贡献。相关成果获 2012 年和 2014 年中国石油与化工联合会技术发明奖一等奖（省部级）、2008 年美国机械工程师协会全球优秀博士生论文奖第二名、2009 年国家质量监督检验检疫总局科技兴检奖二等奖（省部级）、2010 年中国专利优秀奖，获软件著作权 2 项。

5.1.5.3 聚乙烯超高压管式反应器

超高压管式反应器是石化行业高压聚乙烯装置的重要设备，多年来国内一直依赖进口。以华东理工大学柳曾典教授为技术核心，由上海石化公司、上海石化机械制造公司和华东理工大学等以产、学、研三结合方式，对 3 万 t/ 年高压聚乙烯超高压管式反应器的国产化制造中的关键技术进行了研究。通过 3 年多的努力，解决了聚乙烯超高压管式反应器的设计及国产化制造中的关键技术难题，并于 2002 年成功应用于中石化上海石油化工股份有限公司 70 万 t 乙烯改造工程。产品的主要改进包括：产品设计、材料选用、自增强处理、超高压内管弯制、反应管内管精加工。

5.2 承压设备结构完整性技术

5.2.1 含缺陷压力容器安全评定技术——从 CVDA—1984 到 GB/T 19624—2004

"文革"期间我国压力容器制造及生产的管理十分混乱，全国出现了多起重大压力容器事故。为了完成压力容器的清理整顿，在机械部及化工部的组织下，由两个部属的合肥通用机械研究所及兰州化机研究所牵头，通过中国压力容器学会及化工机械学会组织全国有关技术力量，在国内外研究基础上，编制一套鉴别含缺陷压力容器能否继续安全使用的安全评定标准。"压力容器缺陷评定规范"项目最初在机械部、化工部各有一个课题组，1983 年在国家科委的协调下，两个课题组融合，共同推出 CVDA—1984《压力容器缺陷评定规范》。其中，我国相关高校是两个课题组的共同主要参研单位。

1976 年，机械部在听取合肥通用所的工作汇报后，要求尽快制订方案，征求行业意见；1977 年，通用所提出的规范研究初步方案在第二届全国断裂会议上进行了认真讨论，得到各高校和科研单位的积极回应和广泛参与；1978 年，在上海的专题讨论会上，压力容器缺陷评定被国家科委列入重点课题指南，并责成合肥通用所等负责提出课题总体方案；1979 年，"压力容器缺陷评定规范的研究与编制"被国家科委列为重点科研项目，课题以合肥通用所为负责单位，浙江大学王仁东教授为课题负责人；1982 年，化工部化机院对压力容器使用现状进行调查后，申请立项；同年在上海召集华东化工学院、浙江工学院、大连工学院等单位讨论编制"在役压力容器缺陷评定方法"；1982 年 9 月化工机械研究院在山东泰安召开"化工机械学术讨论会"，化机院汪祖洪副院长和林传暄副总邀请王仁东教授和李泽震在会上重点介绍交流机械部规范课题试验研究进展情况，双方均表示没有必要制定两部类似规范，最好能合作试验研究共同制定统一的规范。会后两单位分别向各自主管部门汇报，在国家科委的支持下，促成了机械部与化工部将规范编制工作联合进行。经过 1983 年在太原召开的第三次规范审查会（见图 7.5-5）、1984 年在杭州召开的第四次规范审查会（见图 7.5-6）和 1984 年 7 月 12 日至 18 日在安徽省黄山市召开的《压力容器缺陷评定规范》审定会，完成了《压力容器缺陷评定规范》（CVDA—1984）最终编制工作。1985 年，该规范在《压力容器》《机械强度》《石油化工设备》《化工机械》《化工设备设计》等五家杂志第一期上同时发表。

图 7.5-5　1983 年太原 CVDA 规范第三次审查会

图 7.5-6　1984 年杭州 CVDA 规范第四次审查会

CVDA—1984 是我国第一部压力容器合于使用评价规范，是断裂力学在中国十年研究成果的重大体现，在工程应用中发挥了重要作用。CVDA—1984 由机械部通用机械研究所、化工部化工机械研究院牵头二十家单位共同编制（机械部通用机械研究所、化工部化工机械研究院、冶金部北京钢铁研究总院、冶金部太原十三冶金建设公司、哈尔滨工业大学、大连工学院、清华大学、天津大学、中国科学院力学所、太原重型机械学院、浙江大学、浙江工学院、华东化工学院、华南工学院、北京劳动保护科学研究所、机械部通用机械技术设计成套公司、机械部兰州石油机械研究所、西南交通大学、沈阳机电学院等）。规范编制组由浙江大学王仁东教授任组长，化工部化工设备总公司副总工程师魏立藩、机械部合肥通用机械研究所副总工程师李泽震任副组长。参加规范编制组的高校师生有：清华大学余寿文副教授、董亚民副教授，哈尔滨工业大学王铎教授，大连工学院杨芳毓副教授、王炎炎副教授，沈阳机电学院黄守勤副教授，天津大学贾安东讲师、单平博士研究生，华东化工学院琚定一教授、王志文讲师、曹桂馨讲师，浙江大学薛继良副教授、王宽福讲师、郝苏博士研究生，浙江工学院洪起超副教授、张康达副教授、钱逸讲师，华南工学院陈国理副教授、梁孝炬副教授、黎廷新副教授，西南交通大学孙训方教授等。

1981—1984 年期间，浙大王仁东、薛继良、王宽福、郝苏等人参与"七五"国家攻关课题"压力容器缺陷评定方法的试验研究"。该课题于 1984 年 7 月通过鉴定，并在 1986 年获机械部科技进步一等奖。

1986 年上海市经委总工程师石凯慕名找到琚定一教授，要求对我国自产首台合成氨高压容器封头焊接缺陷是否安全进行评定。在邀请监管部门（锅检所）、企业及学校三方面无损检测队伍分别进行探伤以保证缺陷尺寸及位置精确测定的基础上，用国内外各种缺陷评定技术进行分析，保证了评定结果的安全性和可靠性，确保了上海吴泾地区的安全。1991 年获得了上海市科技进步二等奖（获奖名称：国产 30 万 t 氨合成塔环型封头电渣焊缺陷安全评定；完成人：琚定一、王志文、强振南、王家贤、赵子顺、黄雪坤、雷月葆）。

1982—1984 年，李培宁教授以访问学者的身份在美国国家标准局从事海洋石油平台、长输送管道及超低温材料的断裂疲劳研究。1984 年回国后，李培宁教授认为工程上裂纹缺陷虽然十分重要，但非裂纹性平面型缺陷，如未焊透或条状夹杂物可能更为普遍。欧美一般将其视为裂纹进行保守对待，有其合理性但过于保守，所以逐渐形成想法要研究钝缺陷。钝缺陷与裂纹有很大区别，只能称为缺口，缺口端部的应力应变场及其失效（塑性失稳或脆性断裂）又与材料的韧性有关。因此就要研究缺口端部的应力应变场、如何表征失效的推动力以及与材料韧性相关的材料缺口断裂阻力。研究工作获得国家自然科学基金资助，这一套研究内容实际上已构成一个新的研究领域——缺口断裂力学。

1987—1989 年，王宽福先生与清华大学及中科院研究人员合作，参与国家重点课题"核压力容器弹塑性断裂评价方法的研究"。该课题于 1989 年 12 月通过国家核安全局鉴定，并获国家科技成果证书。

1992—1994 年，华东理工大学、南京化工学院等单位合作完成"八五"国家攻关课题"在役压力容器对接焊缝区面积型缺陷弹塑性断裂分析与评定研究"。浙江大学、浙江工业大学、中科院力学所等 10 个单位合作完成"八五"国家攻关课题"在役压力容器接管高应变区（含角焊缝）安全评估技术研究"。该课题于 1996 年 2 月通过国家鉴定，并获机械部科技进步二等奖，王宽福先生在主要研究人员中总排名第四。

1996—2001 年，华东理工大学、浙江工业大学、南京化工大学、安徽建筑工业学院等单位合作完成"九五"国家攻关课题"在役重要压力容器寿命预测技术研究"。该课题于 2001 年通过国家鉴定，并获中国机械工业联合会、中国机械工程学会科技进步一等奖，安徽省科技进步一等奖。

2004 年，在总结、继承和吸收国内外关于锅炉压力容器安全评定的理论、技术实践和经验的基础上，通过系统、综合的攻关研究后，我国首部含缺陷压力容器评定标准 GB/T 19624—2004《在用含缺陷压力容器安全评定》正式颁布实施。GB/T 19624—2004 是在李学仁、陈钢等主持完成的"八五"攻关课题的基础上，经十年推广应用形成，由钟群鹏院士、李培宁教授牵头，包括国内原 CVDA 编制单位共同参加完成。这一标准集成了我国压力容器与压力管道安全评定的最新研究成果和工程实践经验，使我国在用含缺陷承压设备安全评定技术提高到当代国际水平，为降低我国压力容器与压力管道灾难性事故率提供了有效的技术手段，为提升我国在用压力容器与压力管道科学管理水平、我国加入 WTO 后与国外的技术和经贸关系奠定了一定的技术基础。中国特种设备检测研究中心、合肥通用机械研究院、北京航空航天大学、华东理工大学、清华大学、浙江工业大学、大连理工大学、浙江大学、南京工业大学等单位是标准负责起草单位。高校标准主要起草人有：北京航空航天大学钟群鹏院士、田永江教授，华东理工大学李培宁教授、王志文教授，清华大学余寿文教授、董亚民教授，浙江工业大学张康达教授，大连理工大学秦红副教授，浙江大学王宽福教授，南京工业大学沈士明教授等。

在相关研究工作基础上，各高校与兄弟单位取得了一系列的重大科技成果奖励，例如，"化工设备预测性维修规划关键技术的研究"2004 年获国家科技进步二等奖（完成单位：南京工业大学、华东理工大学）；"在役重要压力容器寿命预测与安全保障技术研究"2005 年获国家科技进步二等奖（完成单位：合肥通用机械研究院、华东理工大学、浙江工业大学、南京工业大学、浙江大学、中国特种设备检测研究中心、安徽工程科技学院）；"压力管道安全检测与评价技术研究”2005 年获国家科技进步二等奖（完成单位：中国特种设备检测研究中心、北京航空航天大学、华东理工大学、清华大学、合肥通用机械研究院）。

5.2.2　高温装备结构完整性技术

石油化工、热电等过程工业领域大量采用的高温设备失效和材料劣化是一个与时间相关的复杂过程，如何评价这类含缺陷设备的安全性和可靠性是过程装备学科基础研究中的重大难点问题。1985 年华东化工学院化工机械研究所成立后，吴东棣教授组织了材料行为研究室，和他的博士生一起，在高温结构完整性技术方面开展了科学研究。

自改革开放以来，我国石油化工行业大量采用了加氢技术，在引进国外生产装置和技术的基础上，逐步开启了加氢反应器 / 装置国产化之路。80 年代后期制造成功的大型热壁加氢裂化反应器，标志着我国加氢装置的制造已经能立足于国内。国内外热壁加氢反应器长期运行经验表明，不锈钢堆焊层存在从基体材料局部剥离的倾向，为了保障热壁加氢反应器的安全运行，“七五”期间由华东化工学院、中国石化通用机械工程总公司和上海锅炉厂共同参加了国家重大技术装备“七五”攻关课题“热壁加氢反应器堆焊层剥离的影响因素及对策研究”（编号 75-50-08-03-22）。吴东棣教授是该课题的负责人。经过两年多的努力，课题组研究了氢剥离产生的原因和机理，分析了各种影响因素，制定相应的对策和防止方法，对提高我国热壁加氢反应器的制造水平和安全操作能力起到了促进作用（见图7.5-7）。

“八五”期间，吴东棣、柳曾典教授又主持了中石化总公司“高温高压氢损伤试验装置的研制”等四项“八五”课题，对提高我国加氢反应器的制造、安全运行能力起到了促进作用（见图 7.5-8）。

2002 年，涂善东教授以高温环境下含界面材料及梯度材料与时间相关的破坏理论问题为背景，申请并获得 2002 年国家杰出青年科学基金“高温环境下焊接结构及涂层结构与时间相关的破坏理论”项目（2003 年启动）。同年，涂善东教授负责的“以损伤理论为基础的高温构件设计原理”国家自然科学基金项目（59875039）荣获第 5 届 ICFDM 国家自然科学基金项目进展及研究成果展“十佳”项目。该项目鉴于传统的高温蠕变测量技术无法测得试样局部变形，创造性地将光纤测量技术与计算机图像处理方法相结合，对高温炉内试样各区域的变形进行测量，在国际上首次实现了高温下局部变形的长时测量，使得高温材料本构关系建立在更加可靠的试验基础上。对典型高温构件

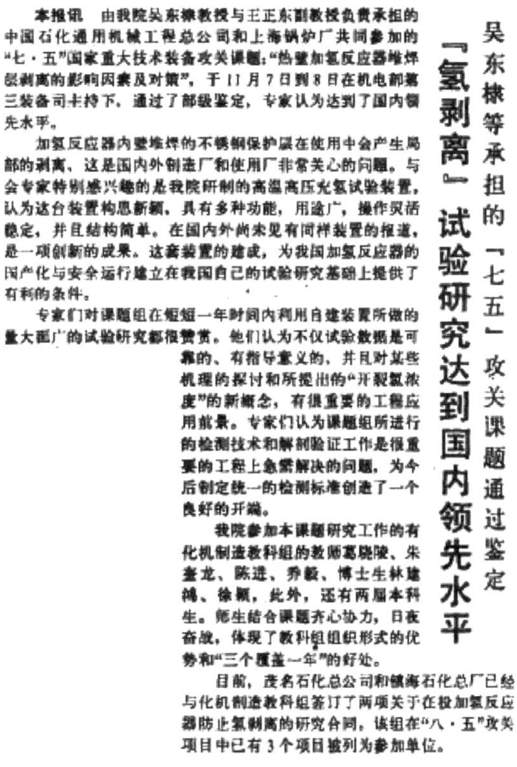
吴东棣等承担的「七五」攻关课题通过鉴定

『氢剥离』试验研究达到国内领先水平

本报讯　由我院吴东棣教授与王正东副教授负责承担的中国石化通用机械工程总公司和上海锅炉厂共同参加的“七·五”国家重大技术装备攻关课题：“热壁加氢反应器堆焊层剥离的影响因素及对策”，于 11 月 7 日到 8 日在机电部第三装备司主持下，通过了部级鉴定，专家认为达到了国内领先水平。

加氢反应器内壁堆焊的不锈钢保护层在使用中会产生局部的剥离，这是国内外制造厂和使用厂非常关心的问题。与会专家特别感兴趣的是我院研制的高温高压充氢试验装置，认为这台装置构思新颖，具有多种功能，用途广，操作灵活稳定，并且结构简单。在国内外尚未见有同样装置的报道，是一项创新的成果。这套装置的建成，为我国加氢反应器的国产化与安全运行建立在我国自己的试验研究基础上提供了有利的条件。

专家们对课题组在短短一年时间内利用自建装置所做的量大面广的试验研究都很赞赏。他们认为不仅试验数据是可靠的、有指导意义的，并且对某些机理的探讨和所提出的“开裂氢浓度”的新概念，有很重要的工程应用前景。专家们认为课题组所进行的检测技术和解剖验证工作是很重要的工程上急需解决的问题，为今后制定统一的检测标准创造了一个良好的开端。

我院参加本课题研究工作的有化机制造教科组的教师葛晓陵、朱奎龙、陈进、乔毅、博士生林建鸿、徐颖，此外，还有两届本科生。师生结合课题齐心协力，日夜奋战，体现了教科组组织形式的优势和“三个覆盖一年”的好处。

目前，茂名石化总公司和镇海石化总厂已经与化机制造教科组签订了两项关于在役加氢反应器防止氢剥离的研究合同。该组在“八·五”攻关项目中已有 3 个项目被列为参加单位。

图 7.5-7　“七五”攻关课题“热壁加氢反应器堆焊层剥离的影响因素及对策研究”鉴定报道

进行了损伤力学数值分析，提出了高温下的应力分类控制的准则，并在发展高温断裂理论的基础上，纳入断裂评定，建立了三级水平的设计和再设计方法，为高温分析设计提供了科学的基础。研究结果发表在 ASME 会刊、*Key Engineering Materials* 等期刊上，后成功地将研究成果应用于石油化工高温加热炉的延寿再设计和电厂主蒸汽管线的安全评定与监测等。

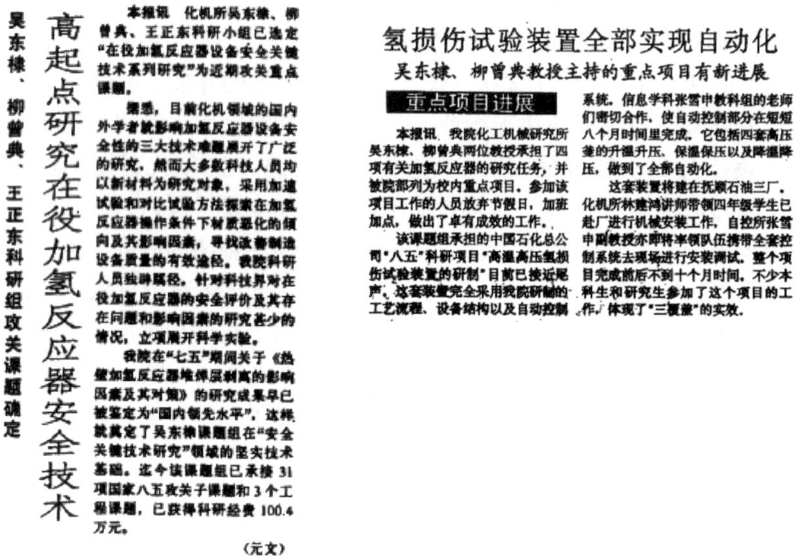

高起点研究在役加氢反应器安全技术

吴东棣、柳曾典、王正东科研组攻关课题确定

本报讯　化机所吴东棣、柳曾典、王正东科研小组已选定“在役加氢反应器设备安全关键技术系列研究”为近期攻关重点课题。

据悉，目前化机领域的国内外学者就影响加氢反应器设备安全性的三大技术难题展开了广泛的研究，然而大多数科技人员均以新材料为研究对象，采用加速试验和对比试验方法探索在加氢反应器操作条件下材质恶化的倾向及其影响因素，寻找改善制造设备质量的有效途径。我院科研人员独辟蹊径，针对科技界对在役加氢反应器的安全评价及其存在问题和影响因素的研究甚少的情况，立项展开科学实验。

我院在“七五”期间关于《热壁加氢反应器堆焊层剥离的影响因素及其对策》的研究成果早已被鉴定为“国内领先水平”，这样就奠定了吴东棣课题组在“安全关键技术研究”领域的坚实技术基础。迄今该课题组已承接 31 项国家八五攻关子课题和 3 个工程课题，已获得科研经费 100.4 万元。

（元文）

氢损伤试验装置全部实现自动化

吴东棣、柳曾典教授主持的重点项目有新进展

重点项目进展

本报讯　我院化工机械研究所吴东棣、柳曾典两位教授承担了四项有关加氢反应器的研究任务，并被院部列为校内重点项目。参加该项目工作的人员放弃节假日，加班加点，做出了卓有成效的工作。

该课题组承担的中国石化总公司“八五”科研项目“高温高压氢损伤试验装置的研制”目前已接近尾声。这套装置完全采用我院研制的工艺流程、设备结构以及自动控制系统。信息学科张雪申教科组的老师们密切合作，使自动控制部分在短短八个月时间里完成。它包括四套高压釜的升温升压、保温保压以及降温降压，做到了全部自动化。

这套装置将建在抚顺石油三厂。化机所林建鸿讲师带领四年级学生已赴厂进行机械安装工作，自控所张雪申副教授亦即将率领队伍携带全套控制系统去现场进行安装调试。整个项目完成前后不到十个月时间。不少本科生和研究生参加了这个项目的工作，体现了“三覆盖”的实效。

图 7.5-8　中石化总公司“高温高压氢损伤试验装置的研制”等课题新闻报道

“十五”期间，在国家科技部等有关部门的组织下开始把高温设备的完整性评定技术作为攻关课题的研究内容之一，目标是建立起一套适合我国国情的高温含缺陷压力容器完整性评定方法。在上述攻关目标的指导下，涂善东、王正东、轩福贞等在“十五”科技攻关专题项目“高温断裂判据及高温失效评定图的研究”期间研究了高温含缺陷压力容器的蠕变失效评定判别条件、与时间相关的失效评定图、高温蠕变裂纹扩展分析测试技术，以及高温含缺陷压力容器的安全评定工程方法。2003 年完成了课题，2005—2006 年又承担了国家“十五”攻关滚动项目“典型高温装置结构完整性评价技术研究”（2004BA803B02-06）（负责人：涂善东、王正东）。研究工作在高温含缺陷结构的蠕变失效判定条件、时间相关的失效评定图技术、蠕变裂纹扩展测试技术以及安全评定方法（尤其是以时间相关失效评定图为技术核心的“三级”评定路线）研究等方面取得了突破性进展：提出了过程工业中高温设备需要进行蠕变失效分析评定的判定条件，首次对此问题给出了科学、明确的规定；建立并完善了时间相关的失效评定图技术（TDFAD）；发展了高温蠕变裂纹分析测试技术，建立了以时间相关失效评定图为核心的高温含缺陷压力容器“三级”安全评定方法。

涂善东教授在担任压力容器学会理事长期间（2005—2009 年），致力于推动压力容器技术进入国家 863 高技术研究计划，如 863 计划项目“大型高温管线的损伤分析、寿命监测与预测维修”（项目负责人：涂善东）、“先进汽轮机关键部件的全寿命预测技术”（项目负责人：轩福贞）、“大型汽轮机关键部件长寿命设计的关键技术”（子课题负责人：轩福

贞）等。

此外，涂善东教授引领团队在高温结构完整性、结构健康监测等方面持续开展研究。在相关研究工作基础上，华东理工大学与合肥通用机械研究院等单位取得了一系列的重大科技成果奖励，"高温过程装备结构完整性关键技术及应用"2013年获国家科技进步二等奖（获奖单位：华东理工大学，合肥通用机械研究院，上海电气电站设备有限公司，上海汽轮机厂）；"多组元结构的损伤、断裂与安全评定理论研究"2012年获上海市自然科学一等奖（华东理工大学为第一完成单位）。在研究传统高温结构完整性的同时，涂善东、轩福贞教授带领团队将研究领域逐步拓展到高温检测领域，其中"机械装备服役损伤的非线性超声导波评价原理和方法"获得了2015年度上海市自然科学一等奖（华东理工大学项延训教授为成果第一完成人）。

5.2.3 核电承压设备结构完整性技术

为响应国家积极推进核电建设的能源战略需求，各高校在校传统优势方向压力容器技术基础上，逐步形成以核电承压设备结构完整性技术为特色的新学科方向。

1987—1989年，王宽福先生与清华大学及中科院研究人员合作，参与国家重点课题"核压力容器弹塑性断裂评价方法的研究"。该课题于1989年12月通过国家核安全局鉴定，并获国家科技成果证书。

秦山一期核电厂反应堆冷却系统有两台蒸汽发生器，由上海核工程研究设计院设计，上海锅炉厂制造，两台设备分别在1989年4月和6月完工。南京化工学院戴树和教授等受国家核安全局委托，对该蒸汽发生器焊接质量进行疲劳可靠性评估的试验研究。

通过对秦山核电厂蒸汽发生器底封头模拟装置静载应变测量、疲劳试验和国产核容器用钢S-271疲劳性能试验，并按照ICAO散布因子法和一次二阶矩法，对焊接质量进行疲劳安全寿命计算和可靠性评估，该蒸汽发生器底封头接管高应变区具有极高的疲劳可靠度。研究工作为国家核安全局进行质量审评提供参考依据，研究成果作为国家核安全局与国际原子能机构批准国产核容器投入运行的技术依据之一。所取得的试验数据、计算机程序，对发展我国核电设备可靠性工程分析和安全评审，有着重要参考价值。

20世纪90年代，在国防科工委"九五"期间的"核电通用技术研究"项目和上海核工程研究设计院支持下，华东理工大学李培宁教授、惠虎教授开展了辐照脆化材料断裂韧性测试方法及应用研究。惠虎教授以国产核压力容器钢A508-Ⅲ为研究对象，基于主曲线法及解理断裂的Beremin局部法模型，开展了大量的理论、试验及数值模拟研究，在解决了试样加工、低温断裂韧性测试等关键技术基础上，在国内首次获得了国产核压力容器钢A508-Ⅲ的主曲线T_0参量，预测了A508-Ⅲ钢低温解理断裂载荷随缺口尺寸变化而变化的趋势，为开展核电厂主设备的老化与寿命管理以及延寿提供了重要技术基础。建立了断裂寿命预测修正方法，并用于核容器的寿命预测。相关成果获2005年国防科学技术奖二等奖（获奖名称：核电厂压力容器老化、寿命管理与预测方法研究）、2012年中国核能行业协会科学技术奖二等奖（获奖名称：压水堆核电厂承压热冲击确定性分析评定技术研究）。

随后，在大型先进压水堆核电站国家科技重大专项支持下，上海核工程研究设计院、华东理工大学和核动力运行研究所联合开展了辐照材料的主曲线T_0参量测试，获得了不同辐照剂量下国产 A508-Ⅲ钢的断裂韧性分布,为分析评估该材料在不同运行阶段的安全性提供了重要的基础数据,研究团队进一步采用 Beremin 韧性换算模型转换拘束度不足的小试样的断裂韧性,解决了由小试样测试 T_0 的关键技术难题,在国际高水平期刊上发表二十余篇论文,并研究编制了能源部标准 NB/T 20292—2014《核电厂用铁素体钢韧脆转变区参考温度 T_0 的测试方法》。研究成果及行业标准为工业生产安全奠定了技术基础,解决了我国所有在建的 AP1000 及其他第三代压水堆核电站均需要获得核压力容器用钢主曲线 T_0 参量的难题。目前在建的山东海阳及浙江三门 AP1000 核电机组均按相关要求开展相关测试及分析工作。

针对国内缺乏含缺陷核承压设备评价标准缺失的问题,中核武汉核电运行技术有限公司、华东理工大学、上海核工程设计研究院、合肥通用机械研究院、南京工业大学、中国原子能科学研究院、武汉大学等单位共同努力,研究编制了我国首部核承压设备完整性评定标准:NB/T 20013—2010《含缺陷核承压设备完整性评定》。标准的主要编制人员有:聂勇、刘鸿运、李培宁、唐毅、李思源、惠虎、贺寅彪、包章根、陈学东、杨铁成、沈士明、赵建平、杨红义、余华金、张建强、曹明、关卫和、范志超、王月英、齐敏、胡荣。其中,华东理工大学李培宁教授、惠虎教授负责标准初稿起草工作。同时,基于 NB/T 20013—2010《含缺陷核承压设备完整性评定》标准,惠虎教授等开发了"核岛内含缺陷结构完整性计算机辅助评定软件"(软件著作权编号:2013SR005626),完成了仿真平台的开发及软件编制工作。

在核动力运行研究院及上海市青年科技启明星项目资助下,针对核电站蒸汽发生器传热管缺陷开展了深入细致的研究,建立了能测试含缺陷蒸发器传热管极限载荷及爆破压的试验装置,针对 5 种缺陷形式、30 余个含缺陷蒸发器传热管开展了极限载荷及爆破试验,为我国核电站含缺陷蒸发器传热管的强度研究积累了第一手试验数据,解决了传热管极限载荷及爆破压的数值模拟分析技术,给出了缺陷规则化表征的方法,研究了体积型缺陷三向尺寸对传热管极限载荷及爆破压的影响规律,相关研究成果在国际核电领域权威期刊 *Nuclear Engineering and Design* 发表。针对 Inconel 690 合金 ϕ19.05mm×1.09mm 规格的传热管,创新性地提出了考虑缺陷三向尺寸的两级缺陷评定方法,该方法比国际上通行的仅考虑缺陷深度的"40% 堵管准则"更科学、严谨,为进一步挖掘含缺陷的传热管潜力做好了技术储备。

2009—2011 年,刘长军、王国珍教授分别承担了"核电站承压设备检测与安全评价技术研究"与"第三代核电压力容器寿命与可靠性评价关键技术"两项国家 863 计划课题。"核电站承压设备检测与安全评价技术研究"课题针对我国核电一回路系统的设备与管道实际情况,构建一回路重要设备和管道安全评定所需材料性能参量、材料基础数据、检验检测样本数据库,开发了核电承压设备材料性能数据库管理系统软件。

针对大型先进压水堆核电站热交换器胀管接头性能及设计问题,王国珍教授在 863 课题"核电站承压设备检测与安全评价技术研究"与上海核工程研究院委托的大型先进压水堆核电站国家重大专项计划"非能动余热排出热交换器胀管接头性能分析"等课题支持下,建立了热交换器胀管接头性能评价方法和焊接工艺以及建立胀接/焊接头可靠性评价的临界指标体系,找出核压力容器接管安全端异种金属焊接接头性能最差的接头薄弱区,构建安全端异种金属焊接接头与接头几何、材料拘束、裂纹尺寸及位置相关的专用失效评定图及缺陷安全评价方法。明确了驱动机构管座 J 型坡口焊接接头性能最差的薄弱区，用断裂力学方法分析研究接头区裂纹扩展驱动力参数及其与接头几何、材料拘束、残余应力等相关的缺陷安全评价方法。

针对核压力容器接管安全端异种金属焊接接头安全性问题，王国珍教授又连续申请了国家自然科学基金"几何与材料复合拘束下的核电接管安全端 LBB 分析研究（2011—2015 年）""纳入裂尖拘束效应的高温部件蠕变裂纹扩展寿命评价（2015—2017 年）"，张显程教授主持了国家自然科学基金"核电安全端异种金属焊接接头的环境致裂机理与寿命模型（2015—2017 年）"。通过相关研究工作，建立了核电接管安全端 LBB 分析方法，并提出了一种新的弹塑性断裂条件下面内与面外拘束的统一表征参数，实现了材料与结构断裂韧性的关联。

5.3 安全附件技术

5.3.1 爆破片技术

国内最早开始研究爆破片的是大连工学院化机系的金巨年教授，20 世纪 50 年代他在苏联读副博士时研究爆破片。80 年代初，化机系贺匡国、丁信伟等教授根据国家需要，开始正式研究爆破片及相关技术，并获得国家自然科学基金"爆破片的动态特性与长期效应研究（1985—1987 年）"、"工业生产密闭系统内气相爆炸破坏强度研究（1987—1989 年）"、中国石油化工总公司"七五"重点科技开发项目"石油化工设备防超压技术研究——特种爆破片研制（1987—1991 年）"等项目资助，逐步掌握了爆破片生产关键技术，承担并完成劳动部委托的国家标准 GB 567—1989《拱形金属爆破片技术条件》编制工作。1988 年成立大连理工安全装备有限公司，90 年代初大连理工大学安全装备厂取得了爆破片制造许可证，开始正式生产爆破片装置。

华东化工学院吴泽炜教授、邱清宇教授、杨秀霞教授等于 20 世纪 70 年代起系统地研究爆破片及产品。1980 年 12 月爆破片产品首次通过鉴定：南京钟山化工厂高压气体分离器挤压贮斗防爆膜片技术鉴定（预拱型及反拱型爆破片）。1993 年 2 月，向上海市劳动局及国家劳动部首次提出生产制造爆破片的申请报告。1994 年 11 月成立上海华理安全装备厂，1995 年 5 月正式获得劳动部颁发的爆破片装置制造许可证，批准制造 LP、YD、LKT 等三种爆破片装置。

5.3.2 安全阀技术

华东理工大学于新海教授自 2004 年开始对安全阀热态试验及阀门设计关键技术开展系统研究，旨在解决我国核电、火电等工业领域中高温高压阀门热态试验及特种阀门设计、制造、监测等方面存在的问题。

2010 年，学校联合吴江市东吴机械有限公司，在国家发展和改革委员会"核电装备自主化和能源自主创新 2010 年中央预算内投资计划"的支持下，开展安全阀热态试验台架、核电安全阀设计研究及建造工作。

依赖长期、系统的理论研究和经验积累，相关研究团队攻克了安全阀热态试验技术、安全阀瞬态流场模拟、安全阀结构完整性研究、安全阀制造与检验、安全阀动态模拟及阀门地震工况下流固耦合计算等一系列难题，并于 2014 年建成国内试验参数最高（设计压力为 25MPa，设计温度为 450℃）、试验功能最为齐全、完全符合 GB/T 12242—2005 和 ASME PTC 25 要求的安全阀热态试验装置。该试验装置于 2015 年，成功为"华龙一号"安全阀、巴基斯坦卡拉奇核电项目、巴基斯塔恰希玛核电项目、CAP1400 核电项目的主蒸汽安全阀、稳压器安全阀等阀门提供了热态试验测试。相关试验对核电阀门国产化具有重要意义，也为相关标准规范制定和完善奠定了基础。2016 年初，该试验装置被中国机械工业联合会鉴定为达到国际先进水平。

以此试验装置为平台，华东理工大学与东吴机械有限公司合作开展了核电主蒸汽安全阀的研究工作，并于 2015 年成功研发了"华龙一号"主蒸汽安全阀（2016 年 1 月通过中国机械工业联合会验收）。该技术打破了长期依赖国外公司的局面，突破了国外产品垄断，填补了国内空白。开发的安全阀动态性能模拟技术和高温密封面设计技术已在全国近 10 家阀门企业应用，所研发的核级安全阀取得了广泛的应用业绩，为企业创造了巨大的经济效益。

2012 年，华东理工大学与苏州德兰新能源有限公司成立了"华东理工大学 - 德兰联合重点实验室"，该联合实验室在调节阀动态模拟、噪声监测和冲蚀、汽蚀预防等方面开展了一系列研究工作，为企业解决了大量亟待解决的问题。

2014 年，华东理工大学与温州方正阀门集团成立了"华东理工大学 - 方正阀门集团联合重点实验室"，该联合重点实验室在球阀扭矩的动态模拟及测量、阀门外漏监测、执行机构状态监测、耐磨材料开发等方面开展了大量前沿性探索研究。

5.4 换热设备

5.4.1 高效低阻气体强化传热技术

换热设备是化工、空分、制冷等重大装备中实现热量传递的重要装置。设计高效低阻的强化换热设备是提高换热效率、降低生产成本、缩小设备体积和节约能源的重要途径。

西安交通大学何雅玲院士和陶文铨院士在高效低阻强化换热机理以及强化换热技术及其应用等方面开展了长期研究。在国家 973 课题、国家自然科学基金等的支持下，历时 20 余年，与沈阳鼓风机集团有限公司、杭州杭氧换热设备有限公司等国内多家行业知名企业建立了产学研联合体，采用传热学基本原理分析、数值模拟与试验相结合的办法，对高效低阻的强化传热理论及相关技术进行了深入而系统的研究，揭示了在流体流动阻力增加较小的条件下，能使传热得到显著强化的物理机制，提出了在流动阻力增加较小的条件下，有效强化传热的方法和技术，开发了多种高效低阻的强化传热设备，实现了传热增加的百分数大于其阻力增加的百分数，部分技术产业化，被有关生产企业应用，取得了显著的经济和社会效益。该技术获得 2009 年度国家技术发明二等奖（获奖单位：西安交通大学、沈阳鼓风机集团有限公司、杭州杭氧换热设备有限公司；获奖人：何雅玲、陶文铨、屈治国、王学军、何建龙、唐桂华）。

5.4.2 高效节能新型紧凑式换热器及工业化应用

换热器是石化、冶金、制冷与空调、可再生能源等行业中实现热量传递的重要设备，在金属消耗、动力消耗和投资方面，也占有重要的份额。仅以石油化工为例，其换热器的投资约占总投资的 30%。现普遍使用的列管式换热器存在单位体积换热面积小、传热系数较低的问题；而板式换热器主要使用不锈钢，成本较高。因此，研究开发高效紧凑的新型换热器，提高换热设备的换热效率，对于节约能源、节省资金、材料及空间至关重要。

南京工业大学凌祥教授及研究团队以紧凑的换热结构为基本单元，融合化工机械、工程材料、传热学与力学的技术方法，提出了变截面通道低雷诺数湍流增效减阻与"跨尺度"有限空间相变强化传热技术，在此基础上建立了紧凑换热器传热和安全寿命性能评价的三种新方法，发明了四种强化传热新结构，发明了两种制造新工艺并建立了生产线。基于以上发明，开发了百种不同规格的紧凑换热器产品，并成功应用在泸天化、杭氧、沙钢、阿特拉斯科普柯等企业，产生了可观的经济和社会效益。相关工作先后获授权发明专利 14 项、授权国际专利 2 项（欧洲和美国）等。研究工作提升了紧凑换热器的设计与制造水平，推动了相关工业领域换热设备技术的进步。先后获得中石化协会技术发明一等奖、2012 年度国家技术发明二等奖（见图 7.5-9）。

图 7.5-9 "高效节能的新型紧凑式换热器及工业化应用"获 2012 年度国家技术发明二等奖

5.4.3 高效节能连续螺旋折流强化传热技术及应用

西安交通大学王秋旺教授历时 10 余年，提出了连续螺旋折流强化传热的新方法，发明了高效节能的强化传热技术，大幅度提高了换热器的综合性能，并实现了产业化。该项目在研究过程中获授权发明专利 15 项（其中美国发明专利 2 项）、实用新型专利 1 项、软件著作权 2 项。英国皇家工程院院士 R. Smith 在其发表的论文中指出："提出的新型连续螺旋折流板具有显著的优点"。与研究成果紧密相关的 2 个国家自然基金课题被评为"特优"和"优秀"，应邀在 9 次国际、8 次国内会议上做大会特邀报告。研究开发的系列产品已应用于中石油、中石化、制碱行业和船舶行业等企业和研究院所，大幅度提高了产品的技术附加值和能源利用效率，减少了产品的材料消耗，取得了显著的经济效益和节能减排效果，促进了我国相关行业的科学技术进步。研究成果"高效节能的连续螺旋推流强化传热技术及应用"获得 2015 年度国家技术发明二等奖。

5.5 密封技术

20 世纪 70 年代后期，合肥通用机械研究所与沈阳鼓风机厂联合开发成功离心压缩机用浮环系列密封，其密封专业建立于 1964 年，是全国机械密封行业的技术归口单位。

南京化工学院朱洪生、顾伯勤教授于70年代末开展化工设备密封技术研究；80年代研制成功国内还很少的垫片综合性能试验机，制定了多项密封检测与评价标准；90年代提出了紧密性理论。

华东化工学院化工机械研究所流体密封研究室于1983年组建成立，是国内最早进行流体密封研究的专业科研机构之一，也是国内化工过程机械专业流体密封研究方向最早具有博士和硕士授予权的单位。同时，研究室也是化工部化工设备质量监测中心（国家质量技术监督局和国家实验室认证中心认可）密封件测试分中心所在地和劳动部首个压力管道密封件型式试验机构（现归国家技术监督局）。

华东理工大学蔡仁良教授与宁波天生密封件有限公司、中国核电工程有限公司合作研发了以石墨基材为核心的不同刚度材料组成的新的密封结构型式，给出了根据介质压力等级决定密封结构和石墨容积的整套设计方法，所制造的密封产品创造了泄漏率低于$10^{-7} Pa \cdot m^3/s$ 和应力松弛率小于1%的高水平；在石墨基材方面达到世界上该类指标苛刻的法国PMUC的要求；通过多项创新研发使中国拥有完全自主知识产权，获得多项发明专利授权，研发产品成功应用于国内所有运行核电站核1级设备中。"核电站密封新技术、新产品及应用"成果获得2010年度国家科技进步二等奖（完成单位：宁波天生密封件有限公司、中国核电工程有限公司；华东理工大学蔡仁良教授为第四完成人）。

5.6 运行维护及寿命评价技术

5.6.1 电站锅炉汽包的低周疲劳寿命分析研究

从1986年至1989年期间，浙江大学化工机械研究所蒋家羚老师团队受水利电力部科技司的委托，完成了BHW-35钢制电站锅炉（410t/h）汽包的低周疲劳寿命分析。由于BHW-35钢焊缝材料单轴疲劳加载条件下，总应变控制的对数疲劳寿命服从正态分布，而由实际测量结果经统计分析，活动的存活率为99.9%的疲劳曲线在取用相同的安全系数后形成的该种材料的疲劳设计曲线，与英国标准BS5500提出的通用疲劳设计曲线相比较，在相同的应力幅值时，疲劳寿命约高出15%～25%。其次，410t/h锅炉集中下降管与汽包交接部位（平交接管），即疲劳失效发生部位，局部应力集中指数的分析结果和现场测量结果表明：纵向切面内壁拐角点处各项应力集中指数与美国ASME规范给定值基本一致；横向切面外拐角处的实际应力指数比规范给定值要小15%～20%。按本项研究获得的疲劳设计曲线和上述交接部位的实际应力指数结果，同时考虑内压引起的膜应力、径向温差应力、汽包上下部的温差应力在运用中的交变幅值，当锅炉启停和负荷变动时升降温度按运行规范其速度小于2℃/min时，BHW-35钢制作的410t/h锅炉汽包作为调峰机组运行时其疲劳寿命可达到35年以上。对上述交接部位出现0.5mm当量表面裂纹的条件下，材料试验和模拟汽包试验均证明以裂纹深度达到实际有效壁厚的0.7倍为疲劳失效的临界条件是恰当的。用实测裂纹扩展速率按损伤容限法则计算的稳态扩展寿命有2倍以上的安全系数。本项目研究1990年通过部级鉴定，后来在山东电力局、辽宁电力局所属电厂进行过多次应用，获得较好结果，延长了锅炉的使用寿命，缓和了设备更新的压力，产生了重大的经济效益和社会效益。

5.6.2 电站锅炉安全保障关键技术研究

锅炉属危险性大、耗能高的特种设备,是保障国民经济发展的重大基础设施。近年来,锅炉向更大容量、更高蒸汽参数发展,而在高温耐热钢冶炼与设计选型、临界区和超临界区工质热物性准确表征、气固两相流动及燃烧和气液两相流动与传热特性及其对锅炉安全高效运行影响机理、锅炉设计与运行监控等关键技术问题上没有取得实质性突破,导致其事故频发,安全高效运行面临严峻挑战。

西安交通大学锅炉研究所赵钦新教授团队经过持续攻关,揭示了复杂服役环境与材料耦合导致锅炉失效的机理,发明了通过控制杂质和残余元素含量显著提高耐热钢综合性能的方法,并建立了耐热钢性能数据库系统,解决了锅炉高温耐热钢国产化的重大技术难题;发明了锅炉高温耐热钢非均匀成核的蠕变寿命预测和性能评价方法,实现了高温耐热钢的合金成分、组织、性能、杂质和残余元素、蠕变寿命的有机配合和精确选型,解决了锅炉耐热钢选型的重大技术难题;发明了锅炉水冷壁在线监测装置及安全评价方法,提出了基于全工况下超临界(超超临界)锅炉水冷壁安全性能评价和优化设计方法及复杂服役环境与材料耦合失效和优化锅炉设计预防失效的新方法;发明了锅炉承压部件在线监测、安全评定、风险评估和预防预警的方法及其系列装置,解决了困扰锅炉高精度、高效和高可靠性检测和监测控制的技术难题,开发了锅炉承压部件失效预防预警、安全性评价和风险评估系统;基于以上基础理论和关键技术,创新发明了锅炉新结构、高效燃烧器及设计系统,开发了性能优异的系列锅炉和燃烧器产品,实现了优化锅炉设计预防失效的理念,从锅炉设计根本上保证了其安全高效运行。

赵钦新教授团队在此方向获授权专利24项,其中发明专利20项,获软件著作权6项,主持起草以本成果为核心的国家法规和技术标准9部;以相关研究为基础形成了强有力的锅炉长周期安全高效运行关键技术及应用研究的创新团队,并于2012年获得科技部颁发的"十一五"国家科技支撑计划执行优秀团队奖。研究成果通过科技部组织的成果验收,以徐旭常院士为主任的验收委员会的验收意见为:"在电站锅炉耐热金属材料基础性能、失效机理、检测和监测装置、寿命预测和风险评估专题研究及工程示范等5个方面进行了系统的研究,本课题成果总体达到国际先进水平。"研究成果还获得了2011年教育部科学技术进步一等奖(完成单位:西安交通大学、中国特种设备检测研究院、上海发电设备成套设计研究院、苏州热工研究院有限公司、华中科技大学、上海大学。完成人:赵钦新、窦文宇、史进渊、惠世恩、郭元亮、王树众、任爱、周屈兰、沈功田、谭厚章、武新军、徐通模、朱丽慧、丁克勤、丁士发、赵彦芬、李立人、吾之英、廖晓炜、钱公、王云刚)。

5.6.3 极端条件下重要压力容器的设计、制造与维护

压力容器等承压类特种设备广泛用于石化、化工、电力、冶金、燃气及国防军工领域,直接影响国民经济建设和国防安全。近年来伴随世界经济形势变化、资源品质劣化和能源结构调整,压力容器逐渐向高温、深冷、复杂介质腐蚀等极端服役条件,超大直径、超大壁厚、超大容积等极端尺度方向发展,传统设计、制造与维护技术面临严峻挑战。

围绕这一难题,合肥通用机械研究院、华东理工大学、浙江大学等20多家高校和企

业联手，紧扣国家需求，历时十年研究，使我国率先迈入了基于全寿命周期风险控制的压力容器设计、制造与维护的发展阶段。

课题组通过持续研究，建立了极端条件下重要压力容器的设计、制造与维护技术方法，修订了3项国家安全技术规范，制定9项国家技术标准和3项行业技术标准，完成了6类重要压力容器首台套国产化研制，极大提升了我国重要压力容器的自主设计、制造与维护能力。研制的极端条件重大装备已在石化、化工、燃气等领域40多家企业应用，部分产品达到国际领先水平，极大提升了我国重要压力容器的自主设计制造能力。据不完全统计，项目成果通过推广应用，近三年取得直接经济效益约32.8亿元，间接经济效益和社会效益更为显著。该项目获得2014年度国家科技进步一等奖（获奖项目名称：极端条件下重要压力容器的设计、制造与维护；完成单位：合肥通用机械研究院、华东理工大学、浙江大学、中国特种设备检验研究院、中国第一重型机械集团大连加氢反应器制造有限公司、中国石化集团南京化学工业有限公司、浙江工业大学、中石化洛阳工程有限公司、中国石化工程建设有限公司、中国寰球工程公司）。

5.6.4　化工装置失效及可靠性研究

化工装置失效可能性与其可靠性是一个问题两个互补的侧面，化工设备的可靠性是保障设备安全的重要工作。

南京化工学院戴树和教授曾在装置失效分析领域进行了大量工作，积累了经验，奠定了随后的可靠性工程学研究的基础。"化工设备的可靠性研究"获江苏省科技进步奖（1995年度）和国家科技进步三等奖（1996年度）。例如，四川化工总厂$5200m^3$巨型液氨球罐用日本工业标准JIS-SPV36钢制造，直径为21.5m。由于应力腐蚀开裂，其安全性受到严重威胁。通过裂纹萌生的原因探查，淘汰了当时国际上推行的注水法诊治液氨球罐应力腐蚀开裂的技术，提出了喷涂牺牲阳极的阴极保护措施和抑制裂纹萌生与控制失效的新方法，延长了该球罐使用寿命，彻底解决了该类球罐的安全使用问题。

焦炭塔是延迟焦化装置的核心设备，每天都在多相环境中经受严厉的热循环和压力循环。筒体长期在常温到480℃左右的交变温度和循环压力作用下操作，其焊道附近的壁板鼓胀甚至开裂是焦炭塔常见的失效开裂现象。国内有很多单位均对其进行了研究，提出了许多防控措施。河北工业大学高炳军教授团队针对国内外焦炭塔典型材料，从焊缝连接区金属材料性能不匹配入手，采用试验研究的方法考察了焊缝及母材金属在不同温度下全寿命内的循环塑性行为。在材料试验研究的基础上，考察了已有的多损伤本构模型，并将其嵌入有限元分析软件，实现了焦炭塔鼓胀及开裂预测，为焦炭塔的合理设计及安全使用提供了依据。

5.6.5　国家战略原油储罐屈曲安全性分析与风险控制技术

2000年以来，浙江大学化工机械研究所陈志平教授领导的课题组，在国家科技部、浙江省科技厅、中石化、中石油等单位支持下，承担了二十多项国家战略石油储罐应力测试分析、结构创新设计及优化、抗震研究和屈曲安全性、风险评估与安全检测评价等课题。

针对国家战略石油储罐的矮罐几何特征，采用试验测试、有限元模拟和理论分析等技术手段,围绕纵、环焊缝以及多层变厚度等特征因素,系统研究了各因素对组合圆柱壳屈曲安全性的影响,初步建立了国家战略石油储罐预防"象足"屈曲的风险控制方法。该技术得到国家高技术研究发展计划(863 计划)先进制造领域重大产品和重大设施寿命预测技术专题探索导向类课题和高等学校博士学科点专项科研基金的资助。

5.6.6 基于风险管理的油气集输压力容器安全评定关键技术

兰州理工大学 2013 年承担了项目"基于风险管理的油气集输压力容器安全评定关键技术"。该项目来源于科技部与财政部,是由国家质检总局主导管理的国家质检公益项目。该项目引入风险管理的概念,开展典型油气集输压力容器失效模式研究、不停产检测技术研究、安全评定准则研究,重点构建海洋油气集输压力容器风险管理的技术框架,最终将形成不停产检测技术及工艺、油气集输压力容器风险管理模型、基于风险管理的油气集输压力容器安全评定方法,并形成两个示范案例,以实现为我国海上油气集输安全评定和安全检验提供技术支撑,大大提高了我国海上石油平台的安全保障水平。

该项目主要开展:海洋石油平台压力管道典型危险源及评级准则研究;工艺管线不拆保温层带压在线检测技术研究;立管腐蚀泄漏的水下部分不拆防护层检测技术研究;压力管道风险评估技术和管理方法研究;原油集输管线流体冲蚀的模拟与预测技术研究;基于风险管理的海洋石油平台压力管道安全评定准则研究;安全综合评价模型建立,评价分析软件开发研究;工程应用示范。

5.7 检验测试技术

5.7.1 工业压力管道检验技术

压力管道与锅炉、压力容器等涉及人民财产、安全的设备一起并列为特种设备。但由于压力管道量大面广、种类繁多,加上以往对其重视不足,导致压力管道成为高隐患性设备,事故频发,安全形势严峻。为保障压力管道的安全,华东理工大学青年教师团队在李培宁教授、柳曾典教授等老一代专家的指导下,以徐宏、蒋晓东、刘长军等为代表于20 世纪 90 年代起系统地开展了压力管道安全保障技术研究,研究工作涉及含缺陷压力管道安全评价方法、管道及元件极限载荷分析方法、管道检验和风险评估技术等。

在工业压力管道检验技术方面,华东理工大学研究团队通过对压力管道普查、调研和大量破坏事故分析,构建了较完整的压力管道安全保障评估体系结构,研究建立了包括压力管道检验检查、安全性评价、管道使用和监控许可条件、缺陷修复处理等内容的安全保障评估方法及风险检验方法。提出的"压力管道检验方法",填补了国内压力管道检验技术领域的空白,2003 年国家质量监督检验检疫总局在此研究成果的基础上编制了《在用工业管道定期检验规程(试行)》。该方法中还包括了系统的检出缺陷非专家化评定方法,使用该方法改变了当时在用工业管道检出缺陷只能参照管道施工验收标准和压力容器缺陷评定方法进行评价评级的现状,将在保证其安全性的基础上允许更为宽泛的缺陷存在,避免了大量可以使用的含缺陷管道不必要的更换和返修。研究成果"压力管道安全保障评估体系的平台建设及应用"2015 年获上海市科技进步一等奖(刘长军教授为第一完成人),"基于风险的工业管道完整性管理系统的研究"2006 年获上海市科技进步奖二等奖(刘长军教授为第二完成人)。

5.7.2 小冲杆微试样测试技术

微试样测试技术起源于 20 世纪 80 年代核电设备领域,美国西屋汉福德公司(Westinghouse Hanford Company)的 F.H.Huang 和麻省理工学院的 Manahan 博士创立了圆盘弯曲试验测试材料力学性能方法,由此叩开了微试样测试技术的大门。1983 年美国能源部艾姆斯国家实验室(Ames Laboratory)的 Jai-ManBaik、J.Kameda 和 O.Buck 对圆盘弯曲试样采用周边固支方法进行试验,称为小冲杆测试技术(small punch test)。

小冲杆测试技术实验室最早由王志文教授创建于 1997 年,先后培养过 2 名硕士和 1 名博士。2003 年,博士生杨镇和王志文在 *International Journal of Pressure Vessels and Piping* 期刊上发表了关于小冲杆的下表面挠度与小冲杆蠕变应变分析与测试的研究论文。该研究得到小冲杆领域内研究人员的高度评价,由于其出色贡献,在 2006 年出版的欧盟 cop-European code of practice on small punch test 中,杨镇博士与王志文教授的小冲杆蠕变测试研究成果被引用,并以规范的形式推广到小冲杆应用领域内。华东理工大学关凯书教授在王志文的基础上将小冲杆试验技术进一步推广扩大,致力于推广通过微试样技术评价在役设备材料的性能,通过小冲杆试验、连续压痕试验获得材料的力学性能。

在过去的十余年里,小冲杆技术研究领域也向多元化应用方向发展,目前涵盖的领域有:小冲杆试验设备的自动化改造及试验标准的相关研究;小冲杆试验测试材料常温力学性能、低温力学性能,评价材料的断裂韧性、评价材料高温蠕变性能及评估材料蠕变寿命的研究。小冲杆试验评价材料回火脆性和氢脆的研究已经在工业上进行了应用。在用小冲杆测试技术评估材料在韧脆转变温度区间的断裂韧性方面在国际上处于领先水平。关凯书教授还在连续球压痕测试材料力学性能方面有深入的研究,特别是在测试材料的塑性指标方面在国际上处于领先水平。

惠虎教授 2010 年开发了基于电火花放电原理的微小试样取样机。华东理工大学和中国特种设备检测研究院制定了关于小冲杆试验的两项国家标准(GB/T 29459.1—2012《在役承压设备金属材料小冲杆试验方法 第 1 部分:总则》,GB/T 29459.2—2012《在役承压设备金属材料小冲杆试验方法 第 2 部分:室温下拉伸性能的试验方法》)。关凯书教授承担了与小冲杆测试技术相关的国家自然科学基金项目、国家"十一五""十二五"科技攻关项目。2016 年 10 月,华东理工大学还承办了在上海举行的第四届国际微试样测试技术学术会议。

在过去的十几年中,华东理工大学微试样研究在国内取得突出成绩的同时,还致力于微试样测试技术领域的国际交流。关凯书教授先后与捷克金属研究院(捷克金属研究院负责起草了欧盟小冲杆测试技术规范)、捷克俄斯特拉发技术大学建立了长期合作关系。双方研究人员在此项目下进行互访,交换试验数据及经验。在 2012—2016 年的 4 年时间内先后有 10 名研究生在捷克进行了试验和学术交流,捷克方面每年都有 1~2 名教授和研究生在华东理工大学进行试验和学术交流。

5.7.3 无损检测技术

5.7.3.1 非线性超声检测

超声导波技术是一门新型无损检测方法，可以实现长距离、大范围的检测，具有检测效率高、检测全面等特点，并且可以通过多参量优化，提高检测能力，满足不同的监测需求。针对典型压力容器大型石油储罐的安全检（监）测需求，主要采用新型的线性和非线性超声导波技术用于储罐结构的大范围、快速无损检测。

何存富教授从 1998 年开始，在国家基金项目"大型储罐底板腐蚀 Lamb 波检测技术研究"和北京市科技新星计划项目"大型储罐腐蚀超声兰姆波传感器阵列检测技术研究"等课题支持下，通过理论、仿真和试验研究相结合，研究了超声导波技术用于储罐底板缺陷检测和成像，研究工作实现了嵌于半无限介质间的多层结构中超声导波传播特性的理论预测；提出一套储罐底板的超声导波阵列检测方法；研制了用于超声导波检测的全向性电磁声传感器，开发了基于新型传感器阵列检测的软硬件系统，研究了超声导波与典型缺陷相互作用机理，在此基础上，提出了基于缺陷散射矩阵技术的缺陷类型识别及定量检测方法；基于波动理论和非线性超声理论，将固体中非线性波动特性分析与超声信号的双谱分析相结合，提取了一种非线性超声调制特征参数，实现缺陷定量评价。研究工作获批国家发明专利 30 项，获批实用新型专利 22 项。

传统的超声缺陷检出是利用不连续介质反射原理，依据回波确定缺陷位置和尺寸，一般检出缺陷的精度限于 0.5mm。然而，实际设备服役寿命的 80% 以上消耗于宏观缺陷出现之前，其主要表现为力学性能损伤退化的非线性特征，传统超声检测原理对此不敏感。近年来，随着现代装备面临的高参数、高可靠性的极端化趋势，精确定量评估宏观缺陷出现之前的结构损伤和剩余寿命，成为本领域的前沿和热点。

针对该难题，华东理工大学项延训教授团队自 2008 年起系统开展了非线性超声导波的理论研究及其在机械装备服役损伤评价的应用研究。提出了导波模式展开和界面声非线性反射耦合分析方法，建立了超声导波非线性效应的理论解析，首次从理论上证明了超声兰姆波（导波）存在积累二次谐波并实现了试验证明，揭示了非线性兰姆波的对称性、传播积累性等特征，给出了非线性谐波发生的理论条件，建立了较完备的超声导波非线性效应的理论框架；揭示了过程设备服役损伤的微组织演化规律和固有范式，建立了微结构与非线性超声导波相互作用的理论模型；研究发现了结构内应力对蠕变、疲劳、热老化等典型损伤范式形成的主导机制，阐明了内应力与位错结构演化和超声导波非线性效应的内在关联。基于位错理论，建立了混合位错、第二相析出及非线性超声参量的理论模型，提供了非线性导波定量评价结构早期损伤的理论基础；系统建立了设备服役损伤-剩余寿命-超声导波非线性参量的映射关系；提出了模拟试验与损伤有限元相结合的设备损伤反演方法，建立了蠕变、疲劳、热老化等损伤机制下剩余寿命-超声非线性导波参量的关系曲线，为设备早期损伤的无损评价提供了新方法。

项延训教授及团队的研究成果被美国国家航空航天局（NASA）、西北大学、佐治亚理工学院、日本东京大学等本领域著名学术机构跟踪研究，在 *Applied. Physics. Letter.* 等本领域著名期刊发表论文 79 篇，占国际三大应用物理杂志（APL，JAP，JPD）1999 年以来所发表本方向论文总量的70%。通过与企业的科研合作，非线性超声评价技术应用于管道、汽轮机转子等损伤状态的检测与表征，较好地解决了大型服役构件蠕变早期损伤的无损检测和评价的问题，有效提升了损伤的检测能力，达到了10%左右的寿命分辨精度和$0.1\sigma_y$左右的应力分辨精度，解决了企业/行业遇到的技术瓶颈问题。项延训教授2014年入选上海市青年科技启明星计划，又于2016年获得国家优秀青年科学基金资助。

5.7.3.2 残余应力检测研究

多数压力容器和管道的裂纹缺陷均发生在焊缝及热影响区，原因在于较高的焊接残余应力。由于焊接残余应力是一种自平衡应力，在常温、静载荷及没有腐蚀介质的工作环境中，残余应力不致发生大的危害。但是在应力腐蚀环境、低温工作环境、交变应力状态下，残余应力与工作应力叠加，对结构失效影响较大。定量评价结构的焊接残余应力、给出容器热处理后残余应力的消除效果，是压力容器制造与使用中的重要环节。

北京工业大学张亦良教授自从1990年开始，承担了近百个容器及管道的残余应力检测与评价工作，在国内最早将X射线应力仪广泛应用于各类容器的检测现场。着重研究工程现场X射线法测试残余应力的可行性，仪器的支撑与固定，不锈钢、钛合金、铝合金、陶瓷等材料的衍射特性，大型容器及构件焊接残余应力的准确表征等问题。建立了热处理及振动等降低残余应力工艺效果的评价方法，对多个出现问题的球罐给予定量检测及分析（见图7.5-10）。

图7.5-10　2009年北京工业大学张亦良教授等在新疆西气东输末站管道检测现场

研究成果在CF-62钢制1500m³大型乙烯球罐研制（1996年获机械部科技进步一等奖）、奥氏体不锈钢容器焊接残余应力降低过载拉伸法的最佳应变项目（2015年国家质检总局科技兴检三等奖）中得到了应用。

5.7.3.3 金属磁记忆检测

金属磁记忆检测技术作为无损检测领域的一门新兴学科，以其早期缺陷诊断的特征备受关注。但是工业现场应用、在役压力容器检验应用、材料早期缺陷与磁信号的对应关系等问题还有待于深入探讨。国家标准的形成还需要进行大量的基础性试验研究及现场的应用研究。

北京工业大学李晓阳教授等从 2002 年开始，系统开展了磁记忆机理及工程检测技术研究工作，并参加了国家"十一五"科技支撑计划"生命线工程和特种设备安全保障关键技术与工程示范"中金属磁记忆机理及工程检测技术研究。探索出材料早期缺陷与磁记忆对应关系研究可行的试验方法；客观地观察到磁信号与拉伸过程和疲劳过程的关系；通过微观与宏观结合，发现了疲劳损伤与磁记忆的对应信号，定量给出了两种材料疲劳临界点对应的磁信号。其中，金属磁记忆检测方法研究，2011 年获"科技兴检奖"二等奖（完成单位：中国特种设备检测研究院、清华大学、北京工业大学、保定市特种设备监督检验所）；金属磁记忆机理及工程检测技术研究，2011 年获安全生产科技进步三等奖（完成单位：中国特种设备检测研究院、清华大学、北京工业大学）。

5.7.4 应力腐蚀测试研究

应力腐蚀开裂是承压类容器常见的失效形式之一。针对典型压力容器材料进行抗硫化物应力腐蚀研究，筛选合格材料，获取关键性能，改进工艺参数，是确保压力容器安全运行、进行有效安全评估和寿命预测的关键。

北京工业大学是国内最早建立应力腐蚀试验基地的高校之一，姚希梦教授、张亦良教授等自 1979 年开始进行常见压力容器用钢应力腐蚀性能研究工作。先后参与石油部科技司"09MnTiCuRe 抗硫压力容器用钢应用研究"、国家科委攻关局 CF 钢攻关课题、武汉钢铁公司"大型成套工程用钢国产化"等多个项目。研究团队针对多种压力容器常用钢（16MnR、09MnTiCuRe、CF-62、WDL 系列钢、4130X、30CrMo 等），依照国标及 NACE 相关标准，在标准环境（饱和硫化氢浓度）及接近实际工况（非饱和硫化氢浓度）下，进行多种类型的大量试验，筛选出不合格的试验品种，保证了最后选定钢种的抗应力腐蚀性能。

将螺栓加载的改进型 WOL 试样用于应力腐蚀临界应力强度因子门槛值 K_{ISCC} 和应力腐蚀裂纹扩展速率 da/dt 试验，讨论了试件尺寸对试验结果的影响。针对 NACE 规范仅给出试验方法、并无评定准则、试验结果很难在工程界推广应用的问题，该校引入欧洲腐蚀联合会（EFC）的工程应用指南，并在国内各种会议及媒介上评价介绍，引起了不少同行的关注及使用。

研究成果在"大型球罐用 CF 钢的应用研究"（1990 年获机电部科技进步一等奖）、"09MnTiCuRe 抗硫压力容器用钢应用研究"（1991 年获中国石油化工总公司科技进步三等奖）和"低焊接裂纹敏感性 07MnCrMoV 系列钢（WDL 钢）的研制"（1997 年获冶金部科学技术进步一等奖，1998 年获国家科技进步二等奖）等项目中得到应用（见图 7.5-11）。

图 7.5-11　1991 年北京工业大学姚希梦教授带领的团队在北京天然气球罐现场

5.8 压力容器高等教育发展大事记

1951 年
- 大连工学院（现大连理工大学）按照苏联模式，最早在化工系设立"化工机械"专业。

1952 年
- 全国高校大调整，华东化工学院（现华东理工大学）、华南工学院（现华南理工大学）、浙江大学、成都工学院（现四川大学）、天津大学先后成立"化工机械"专业，或按苏联模式称为"化学生产机器及设备"专业。

1953 年
- 浙江大学化工机械专业招收第一批化机专业学生。
- 浙江工学院建立化学工厂机械装备专业，开始招收大专生。

1954 年
- 教育部聘请苏联化工机械专家 A.D. 杜马什涅夫（莫斯科化工机械制造学院技术科学副博士、副教授）来华，赴大连工学院讲学。

1957 年
- 该年 10 月教育部聘请苏联化工机械专家 A.M. 尼古拉耶夫（列宁格勒化工学院科学技术博士、教授）来华，赴天津大学讲学。

1960 年
- 浙江工学院正式建立化工机械与装备专业，并开始招收本科生。

1961 年
- 化工部教育司组织成立全国化工机械教材编审组，出版了化工机械专业的第一轮全国统编教材。

1976 年
- 在化工部教育司领导下，再次进行了全国化工机械专业统编教材编写工作。

1979 年
- 华东化工学院、浙江工学院等高校恢复招收化工过程机械专业的研究生。

1980 年
- 中国机械工程学会压力容器分会成立，浙江大学王仁东教授任第一届委员会主任委员（理事长）。
- 5 月中国机械工程学会组织了机械部、化工部、教育部有关单位参加的 8 人代表团赴伦敦参加 5 月 19 日到 23 日召开的 ICPVT-4，柳曾典教授任代表团团长、琚定一教授任副团长。为了会后能多参观些英国压力容器有关单位，琚定一、柳曾典先生各率一部分团员，兵分两路共参观了三十个单位。通过会议交流与会后参观，代表团结识了很多国外知名压力容器专家、学者，了解了当时压力容器技术发展的水平与方向，如压力容器技术要解决问题的重点已由过去的化学工业转向能源工业。

1981 年
- 国家开始实行学位制度，华东化工学院、浙江大学化工过程机械（原化工机械）博士点被国务院批准为首批博士学位授权点。
- 华东化工学院琚定一教授、浙江大学王仁东教授是我国首批化工过程机械专业的博士生导师。
- 华东化工学院、南京工学院、大连工学院等高校获得"化工机械"硕士学位授予权。

1984 年
- 柳曾典教授任国际压力容器技术理事会副主席。
- 南京化工大学（现南京工业大学）戴树和教授被批准为化工过程机械博导。
- 天津大学化机专业获得国务院正式批准，具有硕士学位授予权。
- 全国高校化工设备与机械专业到上海召开校际交流会，4月在上海莘庄举行，这个传统保持至今，每两年召开一次校际交流会。该会议后成为全国高校过程装备与控制工程（化工设备与机械）专业校际交流会。

1985 年
- 我国第一部压力容器合于使用评价规范《压力容器缺陷评定规范》（CVDA—1984）于1月由《压力容器》等四家杂志同时发布。CVDA—1984 由机械部通用机械研究所、化工部化工机械研究院牵头二十家单位共同编制，其中参与规范编制的高校有哈尔滨工业大学、大连工学院、清华大学、天津大学、太原重型机械学院、浙江大学、浙江工学院、华东化工学院、华南工学院、西南交通大学，浙江大学王仁东教授任规范编制组组长。
- 柳曾典教授任国际压力容器学会亚太地区委员会副主席，后任国际压力容器学会亚太地区委员会委员。
- 华东化工学院琚定一教授任国际压力容器学会亚太地区委员会委员。
- 浙江工学院获得硕士学位授予权。
- 12月4日华东化工学院组建国内首个化工机械研究所（Institute of Process Equipment and Pressure Vessels），首任所长为王允昌教授，名誉所长为琚定一教授。初创时期共设断裂疲劳、材料行为、压力容器强度、数值分析4个研究室，后来又增加密封研究室、安全附件研究室、压力容器设计室等。

1986 年
- 化工部教育司成立了全国高校化工设备与机械专业教学指导委员会（简称"教指委"）。
- 华东化工学院吴东棣教授增补为博导。
- 华南工学院、河北工学院相继获得化工过程机械硕士学位授予权。
- 西安交通大学被批准为化工过程机械二级硕士学位授权点。
- 华东化工学院化工机械设计开发室经国家劳动人事部和国家教育委员会检查验收，由国家教育委员会批准，并向劳动人事部锅炉压力容器安全监察局备案，取得了三类压力容器设计许可证，可进行三个类别八个品种压力容器的设计，成为当时高等学校中第一个获得设计资格的单位。

1990 年
- 华东化工学院李培宁教授增补为博导。
- 兰州理工大学化机专业获得化工过程机械硕士学位授予权。

- 北京化工大学化工过程机械专业获得博士学位授予权。
- 华东化工学院李培宁教授任国际压力容器学会理事及亚太地区委员会委员。

1992 年
- 中国机械工程学会压力容器分会第三届全国压力容器学术会议暨第三届第一次委员会议于 4 月 24 日至 28 日在合肥市举行。南京化工学院戴树和教授任压力容器分会第三届委员会主任委员（理事长）。

1994 年
- 大连理工大学化机专业被批准为博士学位授予点。

1995 年
- 中国石化集团公司上海设备失效分析及预防研究中心成立，中心挂靠华东理工大学，由柳曾典教授担任该中心主任。该中心主要为广大石化企业服务，针对石化装置和设备运行中出现的问题，开展失效分析、失效预防和国产化技术研究。

1997 年
- 中国机械工程学会压力容器分会第四届全国压力容器学术会议暨第四届第一次理事会议于 4 月 21 日至 24 日在江苏省无锡市举行。华东理工大学李培宁教授任压力容器分会第四届理事会理事长。

1998 年
- 教育部进行全国专业大调整，批准将"化工机械"本科专业更名为"过程装备与控制工程"本科专业，归入机械学科的教学指导委员会。华东理工大学设立了"动力工程领域"硕士点。西安交通大学化工过程机械专业以动力工程及工程物理一级学科名义招收博士生。

2000 年
- 7 月 18 日，教育部人事司（教人司〔2000〕53 号）批准公布华东理工大学"化工过程机械"学科设置教育部"长江学者奖励计划"特聘教授岗位。该校成为全国高校中首个设置"化工过程机械"学科教育部"长江学者奖励计划"特聘教授岗位的单位。
- 浙江工业大学获得化工过程机械博士学位授权点。

2001 年
- 11 月起涂善东受聘华东理工大学化工过程机械学科教育部"长江学者奖励计划"特聘教授，是全国化工过程机械专业的第一位长江学者。
- 浙江大学化工过程机械学科获批首个化工过程机械国家重点学科。

2002 年
- 华东理工大学涂善东教授任国际压力容器学会理事。
- 华东理工大学涂善东教授获批"机械工程"国家杰出青年科学基金项目。

2003 年
- 为了推广研究成果，提升研究水平，并加强国际学术交流，于 2002 年 9 月，由华东理工大学提议，由联盟初创成员单位合肥通用机械研究院、浙江大学、南京工业大学、浙江工业大学等共同发起主办国际学术研讨会。2003 年 8 月 19 日—22 日，由华东理工大学在上海承办了首届国际断裂力学及应用技术（Fracture Mechanics

and Applications）学术研讨会 FM2003，会议主题为"结构完整性与材料老化"。会上决定此类会议每年召开一次，由各成员单位轮流承办，形成 FM 系列国际学术会议，为后续中国结构完整性联盟的形成奠定了基础。

2004 年
- 5 月 15 日中国石化集团公司工程风险技术研究中心成立，中心挂靠单位为南京工业大学。
- 9 月 8 日—13 日合肥通用机械研究院在安徽黄山承办了第二届国际断裂力学及应用技术学术研讨会 FM2004，会议主题为"环境断裂与损伤"。

2005 年
- 华南理工大学化工过程机械学科获得博士学位授予权。
- 教育部发文（教技函〔2005〕119 号）批准华东理工大学建设"承压系统安全科学"重点实验室。该实验室是我国从事压力容器领域基础研究的唯一教育部重点实验室。
- 中国机械工程学会压力容器分会第六届全国压力容器学术会议暨第六届理事会议于 10 月 12 日至 16 日在浙江省杭州市举行。华东理工大学涂善东教授任压力容器分会第六届理事会理事长。
- 浙江大学首获我国高校压力容器分析设计资格。
- 11 月 2 日—5 日郑州大学在河南郑州承办了第三届国际断裂力学及应用技术学术研讨会 FM2005，会议主题为"环境致裂多尺度性"。
- 华东理工大学《工业压力管道三通塑性极限载荷工程分析方法》（2002 年，轩福贞，导师：李培宁）获全国百篇优秀博士论文提名奖。

2006 年
- 11 月 17 日—20 日南京工业大学在江苏南京承办了第四届国际断裂力学及应用技术学术研讨会 FM2006，会议主题为"高温多尺度结构与材料完整性"。

2007 年
- 华东理工大学、北京化工大学化工过程机械学科获批国家重点学科。
- 10 月 31 日—11 月 5 日长沙理工大学在湖南长沙承办了第五届国际断裂力学及应用技术学术研讨会 FM2007，会议主题为"材料与结构安全分析方法"。

2008 年
- 10 月 31 日—11 月 5 日浙江工业大学在浙江杭州承办了第七届国际断裂力学及应用技术学术研讨会 FM2008，会议主题为"结构完整性的评价、检验和监测"。

2009 年
- 6 月 19 日华东理工大学承压系统安全科学教育部重点实验室通过验收。
- 浙江大学成立高压过程装备与安全教育部工程研究中心。
- 浙江大学成立浙江省特种设备与能源环保计量行业技术创新服务平台。
- 10 月 16 日—19 日西南交通大学在四川成都承办了第七届国际断裂力学及应用技术学术研讨会 FM2009，会议主题为"现代力学方法的技术转移和工程应用"。

2010 年
- FM（Fracture Mechanics and Applications）系列会议拓展为国际结构完整性学术研

讨会（International Symposium on Structural Integrity，ISSI），华东理工大学于10月21日—24日在上海举办了ISSI2010会议，ISSI系列会议发展成为中国结构完整性联盟年会，本届会议主题为"极端条件下的结构完整性与材料老化"。
- 中国机械工程学会压力容器分会设计委员会成立，挂靠单位浙江大学。

2011年
- 兰州理工大学取得了动力工程及工程热物理一级博士点。
- 全国气瓶标准化技术委员会车用高压燃料气瓶分技术委员会成立，挂靠单位浙江大学。
- 华东理工大学教育部"承压系统安全科学"重点实验室名称调整为"承压系统与安全"教育部重点实验室。
- 10月27日—30日合肥通用机械研究院在安徽合肥举办了ISSI2011会议，本届会议主题为"核工程结构完整性"。
- 华东理工大学《CdSe量子点高温合成微反应系统及工艺研究》（2010年，杨洪伟，导师：栾伟玲）获全国百篇优秀博士论文提名奖。

2012年
- 浙江大学郑津洋教授获聘教育部"长江学者奖励计划"特聘教授。
- 西安交通大学魏进家教授获国家杰出青年科学基金。
- 涂善东教授当选国际压力容器学会亚太地区委员会主席。
- 华东理工大学《气泡强化废水旋流脱油机理及其工程应用的研究》（2012年，白志山，导师：涂善东、汪华林）获全国百篇优秀博士论文提名奖。
- 10月31日—11月4日山东大学在山东济南承办了ISSI2012会议，本届会议主题为"从失效到更好的设计、制造和建造"。
- 11月，经中国机械工程学会材料分会、压力容器分会和失效分析分会充分讨论与协商，正式联合发起"中国结构完整性联盟"（China Structural Integrity Consortium）。首批成员由华东理工大学、合肥通用机械研究院、浙江大学、北京航空航天大学、南京工业大学、浙江工业大学、郑州大学、西南交通大学、山东大学、长沙理工大学等10所高校和研究院所共同组成。中国结构完整性联盟是初创成员单位在经过几十年长期合作共同开展有关结构完整性理论和实践研究的基础上自然形成的。最初的合作研究可以追溯到20世纪80年代，全国有142个高校、研究所和公司企业，先后有600余名科技工作者参加合作研究。在1986—1990年期间，联合承担了国家"七五"重点科技项目"带缺陷压力容器安全性评定研究"（K89-03-17）；在1991—1995年期间，联合承担了国家"八五"科技攻关项目"在役锅炉压力容器安全评估与爆炸预防技术研究"（85-924）；在1996—2000年期间，联合承担了国家"九五"科技攻关项目"在役工业压力管道安全评估与重要压力容器寿命预测技术研究"（96-918-02）；在2000—2005年期间，联合承担了国家"十五"科技攻关项目"城市埋地燃气管道及工业特殊承压设备安全保障关键技术研究"（2001BA803B03）；在2006—2010年期间，联合承担了国家"十一五"科技支撑计划"腐蚀与高温环境下承压设备安全保障关键技术研究与工程应用"（2006BAK02B02）和国家"863"计划重点项目"极端条件下重大承压设备的设计、制造与维护"。

2013 年
- 华东理工大学轩福贞教授获批"机械结构完整性技术"国家杰出青年科学基金项目。
- 结构完整性联盟主要单位发起的"极端环境重大承压设备设计制造与维护技术创新战略联盟"成为科技部批准的国家产业技术创新战略试点联盟。

2014 年
- 华东理工大学轩福贞教授受聘教育部"长江学者奖励计划"特聘教授（特种设备设计与制造）。
- 南京工业大学凌祥教授受聘教育部"长江学者奖励计划"特聘教授。
- 8月20日—24日兰州理工大学在甘肃兰州承办ISSI2014会议，本届会议主题为"结构完整性应对方案"。

2015 年
- 西安交通大学魏进家教授受聘教育部"长江学者奖励计划"特聘教授。
- 5月16日—19日辽宁石油化工大学在辽宁沈阳承办ISSI2015会议，本届会议主题为"镍基合金部件高温结构完整性"。
- 9月24日—26日ICPVT-14会议在上海举办。涂善东教授担任国际压力容器学会第14届国际压力容器技术大会主席、陈学东教授担任国际压力容器学会第14届国际压力容器技术大会执行主席。本次大会由中国机械工程学会压力容器分会、国际压力容器理事会亚太地区委员会（ICPVT-AORC）主办，华东理工大学、合肥通用机械研究院、中国特种设备检测研究院、南京工业大学、浙江大学、西安交通大学承办。500多位中外专家学者参加了本次大会，其中来自英国、美国、德国、瑞典、意大利、瑞典、澳大利亚、日本、韩国、巴基斯坦、俄罗斯等国外代表150余人。会议组织了2个专题论坛、49个分会场。本次会议共征集论文308篇，会议文集收录论文177篇；其中征集学生竞赛论文57篇，入围决赛获奖论文12篇。会议期间，与会代表们围绕压力容器的材料、设计、制造、维护及评定等议题开展广泛交流与讨论，共有196篇论文做口头报告，37篇论文做墙报交流。

2016 年
- 华东理工大学张显程教授受聘教育部"长江学者奖励计划"青年学者特聘教授（化工过程机械）。
- 5月26日—30日天津大学在天津承办ISSI2016会议，本届会议主题为"结构完整性的试验与评价"。

2017 年
- 5月16日—18日在英国曼彻斯特，ISSI2017与ESIA14联合举办ISSI2017会议。

2018 年
- 11月2日—5日南京工业大学与江苏省特检院在江苏南京联合承办ISSI2018会议，本届会议主题为"精准时代结构完整性理论与技术"。

（本篇由华东理工大学、浙江大学等单位撰写，华东理工大学刘长军汇稿）

8 第八篇

部分压力容器制造企业篇

第1章　哈尔滨锅炉厂有限责任公司压力容器发展史

1.1 哈锅压力容器发展基本情况

1.1.1 哈锅企业名称、隶属关系、地点演变概况

哈尔滨锅炉厂有限责任公司（简称"哈锅"）创建于1954年，前身是哈尔滨锅炉厂，是新中国第一个五年计划期间兴建的国家重点大型骨干企业，是苏联援建我国156项重点工程中的两项，被誉为共和国电站锅炉制造业的"长子"，也是中国大型压力容器的制造基地。

1955年3月，一机部确定本厂正式称谓为"哈尔滨锅炉厂"；同年10月，改称"406厂"；1956年8月，工厂又恢复"哈尔滨锅炉厂"称谓。

1994年10月公司经企业股份制改制，成为在香港发行H股并上市的哈尔滨动力设备股份有限公司成员之一（1997年由"哈尔滨锅炉有限责任公司"更名为"哈尔滨锅炉厂有限责任公司"），是独立运作的法人企业。哈锅是中国电力企业联合会理事单位和中国压力容器学会理事会成员。

哈锅在20世纪90年代前是原国家机械工业部直属企业，位于哈尔滨市区东南，原动力区大庆路17号。现为哈尔滨电气集团公司（简称"哈电集团"，是由中央管理的49家关系国家安全和经济命脉的国有重点骨干企业之一）核心企业之一，制造地址为香坊区三大动力路309号，注册地址为黑龙江省哈尔滨市南岗区高新区生产基地33号楼。

建设哈锅的第一期工程于1954年6月4日破土动工，大批工人和技术人员从上海、无锡、南昌、武汉、济南、沈阳、大连等地来到哈尔滨，加入建设东北发电设备制造基地的行列。1957年7月17日开工生产。哈尔滨锅炉厂主要车间工艺布局由苏联负责设计，与苏联锅炉制造厂类似。当时确定的工艺原则是采用最先进的工艺技术和最优良的设备。一期工程建设总投资7799万元，全厂建筑面积13.4万 m^2，其中：厂区建筑面积76560m^2，生活福利建筑面积57784m^2，主要生产面积49440m^2。

二期扩建工程于1958年4月28日根据一机部提出的计划任务书，由一机部第二设计院编制了主要厂房的技术施工计划，并于1958年6月25日正式开工兴建，1960年12月24日经国家验收合格后投产。建设总投资3384万元，建筑总面积78070m^2，主要生产面积59186m^2。

哈锅经过多次改造，截至2018年底，占地面积91.8万 m^2，其中生产占地面积36.8万 m^2，拥有各类设备4400余台（套）。设计制造和研发50～1000MW火力发电锅炉、压力容器（锅炉和汽轮机辅机、石化容器、核能设备）、工业锅炉环保设备以及军工容器

等产品,是国内生产能力最大、最具规模的发电设备现代化制造企业之一和我国生产制造压力容器的现代化重点骨干企业之一。

经过六期扩建和技术改造,今日的哈锅已拥有国际一流的重型容器、轻型容器、膜式水冷壁、蛇形管和集箱生产厂房,装备了一批世界先进的加工及检测设备,掌握了现代锅炉、压力容器制造的工艺技术。企业雄厚的技术实力、精良的工艺装备和完善的质保体系为哈锅生产世界一流的电站锅炉、石化容器提供了保障。

1.1.2 哈锅压力容器设计、制造资质情况

1985年2月,哈锅压力容器设计、制造资质经国家劳动人事部、机械工业部、化工部、航天部联合审查同意,于1985年4月8日取得由劳动人事部新实行颁发的三类(含一、二类)压力容器设计、制造许可证、设计单位批准书(编号:RSP机通-109)和制造许可证(编号:RZZ040)。哈锅于2001年1月通过了压力容器应力分析设计(SAD)的许可审核,在同行业中首家获得资格证书,2012年又取得了球形储罐类(A3)设计许可,2013年11月还取得压力管道GC2级的设计资格许可证。

哈锅于1987年在全国同行业中首家取得了美国机械工程师协会(ASME)颁发的动力锅炉(S)、压力容器(U)、应力分析压力容器(U2)设计制造授权证书和法规钢印(见图8.1-1),于1994年在全国同行业首家获得ISO9001质量体系认证资格证书,于2004年5月获得ISO14001环境管理体系认证证书和OHSAS18001职业健康安全管理体系认证证书。2007年,哈锅取得ASME颁发的核电N、NPT、NS法规钢印和授权证书及美国国家锅炉压力容器检验师总部(NB)颁发的修理与改造(R)法规钢印和授权证书。

图8.1-1 哈锅获得的ASME锅炉压力容器设计制造许可证

2003年,哈锅被国家工商行政管理总局评为"中国炼油、石化设备制造专业2003年十强企业排序第一位"荣誉称号,并连续三年荣获"全国质量效益型先进企业"称号,被中国质量协会授予"全国质量效益型先进企业特别奖"。2004年和2005年,连续两年被中国质量协会、全国用户委员会授予"全国用户满意产品"称号。2012年荣获中国化工装备百强第三名,静设备类第一名。2012年第二批能源领域行业标准制(修)订计划,由哈锅牵头起草、编制《煤气化炉制造技术条件 第1部分:水煤浆气化炉》和《煤气化炉制造技术条件 第2部分:加压固定床气化炉》以及《甲醇合成反应器制造技术条件》等三项行业标准,将使国内化工装备制造有据可依。

1.1.3 哈锅压力容器设计和工艺部门简介

1956年6月以前,压力容器的设计先后由隶属于生产科和产品设计科的辅机设计组负责,此后辅机设计组改称为辅机科。

1957年8月，国家为了自力更生发展化肥工业，一机部七、八局集中国内压力容器方面的技术骨干，在原哈尔滨锅炉厂成立了高压容器联合计划组，设计并研制成多层包扎式高压容器，其组织机构隶属于专业设计处。之后，经多次分分合合及改革，于1985年正式成立辅机容器科，直属厂总工程师领导。1987年7月，辅机容器科改为辅机容器设计处，又于2000年5月18日改为辅机容器设计开发处。

哈锅的压力容器（电站辅机产品、石化容器产品、工业压力管道、核电容器产品和军工容器产品）设计、研究开发工作由辅机容器设计开发处负责。辅机设计开发处直属公司科技副总经理领导。现有各级设计人员66名，其中批准人员2人、审核人员26名、校核人员26名、设计人员14名；具有应力分析（SAD）批准人员1名、审核人员5名、校核人员8名、设计人员8名。设计人员中，教授级高工2名，高级工程师12名，工程师28名，助理工程师24名。

哈锅建厂初期，制造工艺部门设置为工艺科，随着公司的发展，1983年设置为工艺处，主要负责锅炉和压力容器的制造工艺技术和管理工作。2010年，为了发挥工艺部门的科研开发作用，按照公司"一站五所"的设置，又成立了工艺研究所，工艺研究所与工艺处合署办公。

目前，工艺处（工艺研究所）有员工131人，负责压力容器工艺的人员100余人；工艺处下设11个专业室，其中负责压力容器的主要专业室有核化容器工艺室、辅机容器工艺室、焊接工艺室、工装设计室、焊接技能评定室、焊接实验室等。工艺人员中，教授级高工1名，高级工程师37名，工程师48名，助理工程师24名。

1.2 哈锅压力容器设计及制造工艺技术的发展

哈锅自1954年建厂以来的60多年中，压力容器一直作为公司的主导产品之一，经历了从无到有，从生产单一品种到开发多样品种，从制造一般炼油、化工用途的容器到用于军工、尖端科技的特种压力容器的发展过程。今天，哈锅已成为我国制造压力容器产品的重要基地之一。由于压力容器用途广泛、品种繁多、结构复杂、材料各异，因此在压力容器新产品的研制过程中，相应的压力容器的设计技术、新工艺、新工装的研究和开发，尤其是作为压力容器及换热器的应力分析设计技术以及作为哈锅主导的冷作、焊接、热处理、无损检测四大制造技术均取得很大的发展。当今的哈锅在压力容器制造的工艺技术和装备方面已跻身于世界先进行列。

1.2.1 哈锅压力容器技术发展历史

1.2.1.1 压力容器研制起步——多层包扎高压容器的试制

哈锅从20世纪50年代初期生产中、低压压力容器开始，走上了一条独立自主、自力更生进行技术革新和技术改造的发展道路，自行设计和制造了层板包扎装置，先后与化工部氮肥设计院、兰州石油机械厂、南京永利宁厂等单位合作，于1958年成功研制出我国第一台设计压力32MPa、内径700mm的多层包扎式高压容器，从而揭开了我国高压容器制造的序幕。

20世纪50年代初期，支援农业、解决人民吃饭问题放在发展国民经济的首位，因此急需提供一批生产化肥的高压容器。1957年8月，一机部在京召开的氮肥设备制造会议上决定由哈锅承担高压容器的制造任务。当时成立了由哈锅、兰石厂、南京永利宁厂和化工部氮肥设计院四个单位联合组成的试制组在哈锅开展研制工作。同年12月5日投料制造2台设计压力为32MPa、内径800mm、总厚度169mm、内筒和层板均为20G的多层包扎式高压爆破试验容器。首先确定了制造工艺，研制了层板包扎装置，其中一台层板纵缝和每节环缝均采用手工焊，另一台层板纵缝采用半自动焊，每节环缝采用埋弧自动焊。2台容器分别于1958年2月16日和2月21日完成了爆破试验，其爆破压力分别达到167MPa和150MPa，试验取得圆满成功。技术人员在试制过程中连续攻克了合成塔伍德式密封面加工、M64～M105大螺孔攻丝、合成塔不锈钢内件制造等工艺难点。第一套2.5万t/年合成氨高压容器1958年3月5日通过了一机部和化工部联合组成的鉴定委员会的鉴定，1959年出厂交付用户使用。此后，哈锅相继投产了2.5万t/年合成氨厂的合成塔、氨分离器、冷凝器和滤油器等多层包扎式高压容器，拉开了哈锅生产高压容器的序幕。由于多层包扎式高压容器的制造工艺较复杂，耗费材料和工时多，制造成本较高，哈锅又着手开发单层和双层热套式高压容器。1958年完成了设计压力为32MPa、内径400mm、壁厚50mm单层高压容器的试制，试制中解决了筒节瓦片压制和纵、环焊缝单面焊双面成形等关键工序。1959年又制造了内径900mm的双层套合式高压容器，并对过盈量的选取、热处理对套合残余应力的影响开展了深入的研究。哈锅技术人员通过对各种结构高压容器的研制为以后的压力容器产品开发积累了宝贵经验，奠定了坚实基础。

1.2.1.2　压力容器技术全面发展

20世纪60年代，我国低合金高强度钢的推广应用，给制造单层高压容器创造了条件，所以哈锅除了批量生产2.5万t/年合成氨厂的多层包扎式高压容器之外，在6万t/年合成氨和11万t/年尿素装置的高压容器中开发了单层卷板式结构（技术参数见表8.1-1、表8.1-2）。其中氨合成塔内径1000mm，壳体采用屈服强度500MPa级低合金高强度钢；尿素合成塔内径1400mm，壳体采用18MnMoNb等厚钢板，内衬316L尿素级不锈钢，焊缝采用埋弧自动焊。技术人员在焊接中摸索出一套避免产生延迟裂纹的工艺，又全面掌握了壁厚容器的超声波、射线、磁粉等探伤技术，确保了容器的制造质量。在此期间，哈锅为黑龙江、四川、贵州、广州等化肥厂提供了大量成套合成氨、尿素设备。

表8.1-1　6万t/年合成氨项目中设备的技术参数

产品名称	设计压力/MPa	设计温度/℃	操作介质	主要受压元件材质	几何尺寸/mm	重量/t	完成日期
氨合成塔	32	200	N_2、H_2、NH_3、CH_4、Ar	14MnMoV 1Cr18Ni9Ti	$\phi1000\times85\times15470$	76	1969年
氨分离器	32	40	N_2、H_2、NH_3、液氨	19Mn5	$\phi900\times100\times4825$	20	1969年
滤油器	32	常温	N_2、H_2、NH_3、油	19Mn5	$\phi900\times4940$	20	1969年
冷凝器	32	−2	N_2、H_2、NH_3、液氨	19Mn5	$\phi900\times100\times4940$	39.5	1969年
废热回收器	0.4/32	142/160	水、蒸汽	15MnV	$\phi1500\times8775$	15	1969年
氨蒸发器	0.4/32	−5/320	N_2、H_2、NH_3、Ar	15MnV	$\phi1500\times8470$	17	1969年

表 8.1-2　1969 年 10 月产成的 11 万 t/ 年尿素合成塔主要技术参数

设计压力 /MPa	22	设计温度 /℃	185	重量 /t	105
外形尺寸 /mm	φ1400×90×2900	工作介质	尿素、氨基甲酸铵	主要材质	14MnMoV, 00Cr17Ni14Mo2

20 世纪 60 年代初，大庆油田的开发，摘掉了我国贫油的帽子，哈锅承担起为年处理量百万吨级的大庆炼油厂提供炼油设备的任务。当时与石油部抚顺设计院和北京设计院等单位联合设计，先后制造了常减压、热裂化、延迟焦化、铂重整、催化裂化和加氢精制等装置中的反应器、塔器、热交换器等设备。由于炼油设备长期运行于高温介质中，有时还有硫化氢等介质腐蚀，所以设备除了用碳钢制造外，还选用了铬钼钢、不锈钢或复合板等材料，给成形、焊接、热处理等工艺带来较大困难。催化裂化装置中的再生器、反应器内径分别为 6200mm 和 5400mm（见表 8.1-3），鉴于超大直径容器运输困难，哈锅采用了厂内预制筒节、封头、过渡锥体瓦片，到工地组装的方法。哈锅还在制造中攻克了冷作零件部件尺寸精度的控制、翼阀的加工及龟甲网衬里的制作难关；在塔器制造中，摸索出一套长塔挠度控制、泡罩塔盘、S 形塔盘内件制造的经验。两器中的关键部件——旋风分离器系统对催化剂分离效率要求达到 99.99% 以上。加氢反应器是炼油设备中的高温高压容器，内径 1800mm，重达 160t，超过了单台起重机的起重能力。这些困难在制造中均被一一克服。在不到 5 年的时间内，全部设备陆续交付大庆炼油厂使用，其中的热裂化、催化裂化、延迟焦化、铂重整、加氢等装置当时被誉为"五朵金花"（见图 8.1-2）。这些装置在大庆炼油厂一直安全运行到 1994 年，达到了 30 多年，为国家提供包括高级航空汽油在内的各种石油产品做出了重大贡献。

表 8.1-3　催化裂化系统中反应器和再生器的主要技术参数

产品名称	设计压力/MPa	设计温度/℃	操作介质	主要受压元件材料	几何尺寸/mm	重量/t	完成日期
反应器	0.07	475	油、气、催化剂	20G	φ5400/φ3860×26310	126	1964 年
再生器	0.07	600	含油催化剂、烟气	15CrMo	φ6200×20694	115	1964 年

在 20 世纪 60 年代为某工程从小型工业试验到大规模工业生产，先后提供了 3 套不锈钢化工装置。塔器内径最大为 3000mm，长度超过 40m，为便于运输，厂内分 2 段试装，并派遣小分队到现场组焊、热处理、水压试验。先后为航天部门设计制造了 4 台大直径液压釜，工作压力为 10MPa，直径为 1800mm 和 2400mm，采用卡箍式快开密封结构。自 1970 年始，哈锅试制了 1.4m³ 高压球形气瓶（技术参数见表 8.1-4），为满足用户要求，达到体积小、重量轻、便于运输并能长期贮存高压气体的目标，哈锅在设计上采用球形结构，又选用了调

图 8.1-2　被誉为"五朵金花"的炼化设备

质低合金高强度钢,解决了开孔处合理补强和应力分析难题。为保证产品在室外低温安全工作,用实物进行低温爆破试验,取得了可靠的数据,并投入批量生产。在生产中又对材料和工艺不断进行改进,例如为保证长期贮存高压气体不泄漏,在开孔密封结构上采取了特殊的措施,使产品质量不断提高。HG-GQ320/1.4 型高压球形气瓶获机械工业部颁发的优质产品金质奖(见图 8.1-3)。

表 8.1-4　1.4m^3 高压球形气瓶主要技术参数

产品名称	设计压力 /MPa	设计温度 /℃	操作介质	主要受压元件材料	几何尺寸 /mm	重量 /t
1.4m^3 高压球形气瓶	31.38	−20	空气、氮气、氦气	15MnMoVN	SR700,厚 66	4.7

据统计,在 20 世纪 60 年代,哈锅为石油、化工等部门共提供了 262 台各种压力容器产品,共计 10310t。与此同时,哈锅也训练出一支从事压力容器设计、制造、检验的专业队伍,使哈锅成为国家制造压力容器的重要基地。

1.2.1.3　替代进口做贡献

为了满足压力容器向高压大型化方向发展的需要,1972 年国家决定在引进国外 30 万 t/年合成氨、48 万 t/年尿素等大型化肥成套装置的同时,安排一机部、燃化部开展国内大型化肥成套设备的研制

图 8.1-3　高压球形气瓶获机械工业部颁发的优质产品金质奖

工作。其中年产 24 万 t/年尿素装置中的关键高压设备尿素合成塔和二氧化碳汽提塔由哈锅承担研制。尿素合成塔内径 2100mm、壁厚 95mm、总长 32500mm,筒体采用单层卷焊,内衬 316L 超低碳不锈钢,总重量达 160 多吨(主要技术参数见表 8.1-5)。由于以前在单层厚壁衬里容器的制造工艺中积累了一定的经验,所以试制工作比较顺利。而二氧化碳汽提塔是一台大型高压厚管板列管式换热器,而且换热管选用国产钛材代替进口不锈钢,这给制造工艺带来相当大的难度。当时在一机部的协调下,由哈焊所、合肥通用所、宝鸡 902 厂、化工部第四设计院等单位密切配合,攻克了大型钛-钢复合板爆炸复合、封头钛-钢复合板热保护、热压成形、钛材手工、自动氩弧焊、等离子焊、钛-钢锻件氩箱炉中钎焊、钛管和钛复合管板自动钨极氩弧焊、厚管板深孔加工等一系列工艺难关,最终于 1976 年完成试制工作(见图 8.1-4,主要技术参数见表 8.1-5)。1979 年 12 月 16—31 日,国产第一套 30 万 t/年合成氨和 24 万 t/年尿素大型成套设备在上海吴泾化工厂一次试车成功。

表 8.1-5　24 万 t/年尿素项目中尿素合成塔和二氧化碳汽提塔的主要技术参数

产品名称	设计压力 /MPa	设计温度 /℃	操作介质	主要受压元件材质	几何尺寸 /mm	重量 /t	完成日期
24 万 t/年尿素合成塔	17	200	尿素、氨基甲酸铵	14MnMoV 衬 316L	ϕ2100×95×32520	163	1976 年
24 万 t/年二氧化碳汽提塔	16/3	200/225	NH$_3$、尿素、CO$_2$、甲铵液	14MnMoV 衬 TA1、TA2	ϕ1800×95×12430	57	1976 年

由于在二氧化碳汽提塔的试制过程中,哈锅较全面地掌握了钛设备的设计制造技术,而我国钛矿藏储量十分丰富,其耐蚀性能好,在很多领域可取代进口不锈钢材,且有很大的经济效益,故哈锅开始推广钛材在压力容器中的应用。

辽宁锦州石油六厂的 $\phi2000mm$ 磺化反应釜,其 70mm 厚的铸铁,使用 6 个月即被介质腐蚀穿孔而报废,哈锅为其设计、制造了一台钛复合板的中和釜,从根本上解决了腐蚀问题。

上海金山石化总厂引进日本的复水器,采用铜合金管作换热管,受海水腐蚀,使用不到 4 年腐蚀泄漏,装置被迫停运,一天就造成百万元以

图 8.1-4　1976 年研制成功的二氧化碳汽提塔

上的经济损失,哈锅为其更新了两台以钛管做换热管的复水器,寿命可达几十年。该设备主要材料为 Q235A 和 TA2 换热管,规格为 $\phi2250mm \times 14mm \times 3263mm$,设备总重 39.6t,于 1984 年产成。

广东茂名化工厂醋酸装置的氧化塔也同样存在热醋酸严重腐蚀,设备寿命不到 1 年,哈锅设计制造了一台由钛复合板制造的氧化塔,同样取得满意的效果。该设备的介质为轻油、有机酸,设备主材为 16MnR/TA1,设备总重 6.7t,于 1981 年产成。

正是由于对钛材推广应用所取得的巨大成果,哈锅于 1986 年获"全国钛材推广应用先进单位"的荣誉称号。

1.2.1.4　跨入世界先进行列

20 世纪 80 年代初,哈锅开始推行全面质量管理,在压力容器制造中逐步建立和完善了全面质量保证体系,并于 1985 年 2 月 8 日通过两部验收,获得三类压力容器设计制造许可证。1987 年 11 月 2 日又获得 ASME 压力容器"U"和"U_2"制造许可证和钢印,使压力容器的设计、制造、检验均符合国内外先进规范。

哈锅在引进国际先进技术的同时,加快公司技术改造,在贯穿 20 世纪 80 年代的"六五""七五"大规模的技术改造中,使工厂的工艺装备全面更新,装备了一大批 80 年代具有国际先进水平的技术装备:建造了 15000m² 的重型容器厂房,起重能力为 400t;配备了 8000t 油压机、9MeV 直线加速器探伤室、32m 大型热处理炉;安装了 4m×4m 和 6m×8m 窄间隙埋弧自动焊接装置、钻孔深度可达 1000mm 的三轴数控深孔钻等先进设备。哈锅由此将压力容器设计、制造水平提高到一个新的高度。在此期间哈锅为国家提供了一批制造难度很大的压力容器。

1983 年,哈锅与哈尔滨船舶学院共同研制了一台压力为 39.23MPa、内径为 900mm 的深潜模拟容器(参数见表 8.1-6),用于深海条件下构件强度试验。该设备用新型抗剪销结构代替了笨重的大螺栓和法兰连接,体积小、重量轻、密封可靠,而且开启方便,深受用户的好评。

1987 年,哈锅为沈阳电缆厂研制了一台当时世界上同类产品中尺寸最大的真空干燥罐,用于超高压电缆在真空条件下的干燥处理。该设备外壳为长方形,外壁还有蒸汽管

伴热。采用计算机辅助设计,确保在 1×10^{-3} Torr 的真空条件下有足够的刚度。由于尺寸很大,分了 4 大段出厂,在现场组焊,水压一次成功。投用后各项指标均达到设计的要求。该设备主要材料 16MnR,外形尺寸 $\phi7500mm\times3000mm$,总重 126t。

表 8.1-6　深潜模拟容器主要技术参数

产品名称	设计压力/MPa	设计温度/℃	操作介质	主要受压元件材料	几何尺寸/mm	重量/t	完成日期
深潜模拟容器	39.23	30	水	19Mn5	$\phi900\times170\times2850$	81.1	1983 年

国家重点工程上海宝山钢铁总公司焦化一期工程的蒸氨塔等关键设备,均从日本进口,经过短时间的运行,蒸氨塔上段铝制壳体腐蚀损坏,下段不锈钢内部塔盘支撑件结构不当导致塔盘变形、脱落。1989 年,国家将该设备国产化列为重大攻关项目,并将此任务交给哈锅。哈锅接受此任务以后,用钛材制作了上段壳体,更换了一期工程的蒸氨塔,又为二期工程重新制作了一台。该塔直径 3700mm、壁厚仅 8mm,直径大、壁厚小、结构复杂、技术要求高、制造难度大。哈锅结合以往钛设备制造的成功经验,制订了合理的工艺方案,完成了大直径薄壁筒身卷制及防变形技术研究,完成了不锈钢塔段、中部钛塔段、上部分缩器(锥段、换热器)组装及焊接、不锈钢泡罩压制以及钛复合板焊接、换热器制造等多项工艺技术研究,进行了大量的工艺试验及工艺评定,并成功用于实际生产,严格控制制造质量,经过一年的技术攻关,终于制造出我国第一台大型焦化蒸氨设备,替代了进口设备。现场安装后水压试验一次成功,并投入运行,至今仍完好无损。该产品获得国家科委等单位颁发的"国家级新产品"奖(见图 8.1-5)。

蒸氨塔主要由下部不锈钢塔段、中部钛塔段、上部分缩器(锥段、换热器)、裙座等部分组成。设备总高 24m,总重约 57t。下部不锈钢塔段壳体材质为 SUS 316L,尺寸为 $\phi3700mm\times8mm$,内装 20 层泡罩塔盘,下封头材质为 SUS 316L。中部钛塔段壳体材质为 TA2,尺寸为 $\phi3700mm\times8mm$,内装 5 层泡罩塔盘。上部分缩器锥段材质为碳钢+TA1,尺寸为 $\phi3700mm/\phi1150mm$,厚度为 12mm+3mm,锥段高度 2600mm。上部分缩器换热器壳程筒体材质为碳钢,换热管材质为 TA2,规格为 $\phi38mm\times1.5mm\times2500mm$,管板材料为 16Mn+TA1,厚度为 50mm+5mm。

图 8.1-5　蒸氨塔荣获"国家级新产品"奖

1.2.1.5　发展进入新时期

进入 20 世纪 90 年代,哈锅仍坚持不懈地为用户制造难度较大的各种压力容器。

大庆石油化工总厂需增添一套 30 万 t/年乙烯装置的心脏设备——裂解炉。原设备系从日本引进,哈锅承担了新增设备中的合成气发生器、灰罐以及一急冷、二急冷换热器的设计、制造任务。这套设备工作压力 12.3MPa,进口温度高达 850℃,换热器采用了柔性管板结构,厚度只有 20mm。哈锅技术人员采用了有限元法进行应力分析,充分考虑了温差应力的影响,制造中还首次采用堆焊法兰代替锻件法兰。这套设备安装后,运行情况良好,为30万t/年乙烯装置的国产化贡献了一份力量。

渭河化肥厂30万t/年合成氨装置由日本宇部公司中标承制。其中34种40台1000多吨设备由哈锅分包(参数见表8.1-7)。该装置采用美国德士古技术,用水煤浆气化作为合成氨原料气。其中的关键设备气化炉被国家列为"八五"科技攻关项目之一,其设计压力为6.9MPa,操作温度高达1450℃,内径2794mm,单台重量106.8t。壳体上段采用SA-387 Gr.11 Cl.2铬钼钢,下段采用SA-387 Gr.11 Cl.2+304L的铬钼钢加超低碳不锈钢的大厚度复合板,而且不锈钢碳含量要求≤0.02%。内件则采用Incoloy 825等镍基合金材料,该设备设计制造均采用ASME规范。该工程其他不锈钢、铬钼钢换热器等产品的制造难度也很大。在产品投产前哈锅做了70项工艺试验和焊接工艺评定。结合当时哈锅实际生产装备技术能力,充分利用工厂2000t水压机和8000t油压机的装备优势,先后完成了大厚度复合板球形封头球瓣、锥体瓦片,以及筒节的冷压成形工艺技术研究。由于当时国内没有重型卷板设备,气化炉筒体采用两个半片冷压后组焊成形,筒体纵缝坡口采用边缘铣刨床加工,双纵缝采用手工焊+自动埋弧焊接,球形封头采用1/4瓜片冷压成形,利用3.4m车床,并设计了专用车卡胎具工装,完成1/4瓜片拼接坡口车加工,另外结合产品生产还完成了小口径接管内壁不锈钢堆焊、顶部烧嘴法兰组件的机械加工等一系列工艺技术研究,并成功用于实际生产。在渭河工程换热器设备生产中,完成了三刃内冷式硬质合金扩孔钻加工管板技术研究,完成了小口径管子与管板液压胀管等项目的工艺技术研究,并用于生产。该工程项目系列产品的研制成功,为化工设备实现国产化、替代进口设备做出了重要贡献。渭河气化炉设备获得1995年度"国家级新产品"奖。

表8.1-7 气化炉设计参数

产品名称	设计压力/MPa	设计温度/℃	操作介质	主要受压元件材料	几何尺寸/mm	重量/t
气化炉	6.9	425/270	H_2、CO、CO_2、H_2S、N_2	SA-387 Gr.11 Cl.2 +304L	$\phi2794\times(84+4)\times15300$	107

1997年,哈锅为航天43所研发了液压釜设备(主要参数见表8.1-8)。该设备为顶盖组件、釜体加卡箍快开式结构,主体材料为13MnNiMoNbR低合金高强度钢材料,卡箍、顶盖和釜体上、下法兰为20MnMo Ⅳ锻件,设备密封要求极其严格,卡箍上、下楔形滑块需整体刮研。产前制订了详细的制造工艺方案,结合实际产品完成了卡箍、顶盖及上、下法兰的加工工艺技术研究以及卡箍上、下楔形滑块整体刮研等多项工艺技术研究,为快开式结构釜式压力容器的制造积累了宝贵的经验。

表8.1-8 液压釜技术参数

产品名称	设计压力/MPa	设计温度/℃	操作介质	主要受压元件材料	几何尺寸/mm	重量/t	完成日期
液压釜	8.3	200	软化水	13MnNiMoNbR	$\phi2400\times75\times4700$	34.12	1998年

1998年,哈锅为河南义马研制了鲁奇式气化炉及其配套设备(主要参数见表8.1-9)。

该气化炉及其配套设备的研制是"九五"国家重大技术装备科研攻关课题——"城市煤气成套设备研制"的核心研究内容，该专题以河南义马煤气工程两台气化炉的制造为依托，结合消化吸收引进技术，对鲁奇式加压气化炉关键技术进行科技攻关，使之国产化率达到90%，以替代进口整机和备件的需求，最终做到加压气化炉的自行开发、设计和制造，用以替代进口整机和备件。哈锅承担气化炉、煤锁、灰锁及膨胀冷凝器共计8台设备的制造任务。气化炉设备上封头为椭圆形，下封头为锥形，由内壳和外壳组成，炉体几何尺寸较大，几何公差要求很严，结构复杂。外壳承受内压、内壳承受外压，外壳与内壳形成夹套，夹套内的介质为水和水蒸汽。内壳内为煤燃烧室，介质为煤、灰和煤气。设备上部是煤入口、下部为煤灰出口，下部锥体内有炉箅子托盘，左右各设有移动轴套。按设计要求，气化炉下部炉箅座、煤灰出口法兰、传动轴套、顶部煤入口法兰及搅拌器轴套等在产品热处理（PWHT）后需要二次机械加工。煤锁、灰锁运行时液压泵工作将动力通过外摆杆摆动传动给轴，轴在轴承箱内转动再将动力传给内摆杆使之摆动，内摆杆摆动带动下阀按时开启，形成一个动力的传导机构。完成这一动力传导的各个零部件之间的连接尺寸应十分精确，其中轴承箱中心线与阀体中心线之间的尺寸距离是整个传动机构的核心尺寸。该尺寸为空间垂直距离，制造时很难测量和控制。另外，由于阀体开启时与阀座频繁接触，这就要求接触面具有较高的耐磨性，因此按设计要求要将接触面堆焊一层硬质合金。堆焊硬质合金的硬度很高，然而可焊性相当差，容易出现裂纹、针孔、线性缺陷等，选择合理的堆焊方案是十分重要的。煤锁、灰锁要求阀体与阀座的接触面密封性好，而且阀体、阀座要求配研，并进行透光检验。硬质合金密封面加工精度高，对工件的同轴度、表面粗糙度及形状公差都有极高要求。根据煤锁及灰锁的结构特点和技术要求，设备在焊接和整体热处理后应进行整体加工。膨胀冷凝器半管堆焊及防变形也是一个制造工艺难点。结合气化炉及其配套设备技术要求和上述工艺难点，先后完成了筒身成形，厚壁筒体窄间隙焊接，炉体两转动轴套及炉箅支座、上下法兰的整体机械加工，煤锁和灰锁整体机械加工，煤锁、灰锁上下阀芯和阀座的硬质合金等离子喷焊堆焊、热处理、加工及配对研磨等多项工艺技术研究，制订了气化炉两转动轴套及炉箅支座、煤锁和灰锁在大型数控铣镗床上的整体加工方案，设计研发了专用大型车夹具，制订了阀芯和阀座的硬质合金堆焊、加工和研磨工艺方案，研制了专用研磨机，另外完成了膨胀冷凝器半管堆焊及防变形工艺技术研究，并首次将激光测微准直望远镜、经纬仪等光学测量仪器应用于气化炉装配几何公差测量，保证了产品质量，为鲁奇式气化炉及其配套设备制造国产化奠定了坚实基础。河南义马气化炉是国内制造的首台鲁奇式气化炉（见图8.1-6），该项目气化炉于2001年2月获科学技术部、财政部、国家计委、国家经贸委颁发的"九五"国家重点科技攻关计划优秀科技成果奖，2002年获中国机械工业科学技术三等奖。

表8.1-9 气化炉及其配套设备技术参数

产品名称	设计压力/MPa	设计温度/℃	操作介质	主要受压元件材料	几何尺寸/mm	重量/t	完成日期
气化炉	3.6	260	水、蒸汽、煤灰、煤气	BHW35	$\phi 4000\times 52\times 12500$	119.3	1998年
煤锁	3.6	343	煤、粗煤气	16MnR	$\phi 3000\times 70$，高3800	21.1	1998年

（续）

产品名称	设计压力/MPa	设计温度/℃	操作介质	主要受压元件材料	几何尺寸/mm	重量/t	完成日期
废热锅炉	1.0/3.6	200/240	锅炉给水、蒸汽/粗煤气水	20R/16MnR	φ3200×24/φ2240×38，高 18770	77.6	1998 年
膨胀冷凝器	3.6	470	灰、水蒸气、冷却水	15CrMoR	φ1500×30，高 4300	5.4	1998 年

20 世纪 90 年代，哈锅还为上海宝钢研制了国产首台衬钛酸化液冷却器（主要参数见表 8.1-10），为辽阳化工厂研制了柔性管板结构制氢废热锅炉，为盘锦乙烯工程研制了双套管废热锅炉等重要典型化工设备。20 世纪 90 年代是哈锅压力容器产品发展的新时期，至 20 世纪 90 年代末，哈锅压力容器设备的制造能力已经处于国内领先水平。

图 8.1-6　1998 年研制的鲁奇式气化炉设备

表 8.1-10　衬钛酸化液冷却器技术参数

参　　数	管程	壳程
设计压力/MPa	9.32	0.49
设计温度/℃	280	280
工作介质	酸化液	冷却水
换热面积/m²	110	
设备总重/t	11	
酸化液成分	含硫氢：35%～40%、游离酸：2%～3%、SCN^{-1}：0.15%～0.3%、硝酸 >1g/L、pH 值：1.2～1.7、相对密度：1.21～1.22	

1.2.1.6　走进新时代

进入 2000 年，为适应核电及石化容器产品生产，哈锅公司陆续对公司压力容器设备制造分厂的生产工艺布局进行了大幅度的调整，扩大了压力容器产品的有效生产面积。至 2007 年，为了满足生产任务增加及产品结构调整的需要，围绕进一步提高生产能力、生产效率和产品质量等各方面的需要，公司又进行了相应的工艺技术改造，对重型容器分厂生产工艺布局进行了较大规模调整、迁移、增添或更新部分设备、设施，进一步优化生产工艺布局，有效提高了大型压力容器产品的制造能力。

2009 年，根据国家重点振兴行业规划，按照集团公司调整产品结构要求，结合哈锅公司产品实际并考虑公司未来发展，为提升公司化工容器和核电产品生产制造能力，再一次对压力容器生产厂房进行了扩建改造：将重型压力容器厂房 36m 跨接长 120m，改造后厂房一跨长度达到 288m；在厂房东侧另外扩建了长度为 288m、跨距为 34m 的重型跨；

在已有 165/250mm×4000mm 重型卷板机的基础上，又新增加一台 200/300mm×4000mm 重型卷板机（国外进口）；在原有 ϕ130mm、ϕ200mm 大型数控落地镗铣床、焊接操作机、大型热处理炉、4MeV 直线加速器及其他冷作和大型机械加工等工艺装备的基础上，又新增加了 ϕ260mm 大型数控落地镗铣床、龙门式数控钻铣床、三轴数控深孔钻、焊接操作机、大型热处理炉、清洁室、喷砂室、4MeV 直线加速器、移动式磨锉机等关键设备。目前哈锅用于换热器管板孔群加工的三轴数控深孔钻设备就有 3 台，另外，厚壁筒身成形也由原来单一的筒节双纵缝压制工艺发展为筒节单纵缝卷制工艺，厂房改造后起重能力达到600t，产能及装备能力又迈上一个新的台阶，哈锅压力容器产品的开发和制造工艺技术跻身世界先进行列。

2001 年，为山东华鲁恒升集团研制了气化炉、合成氨废热锅炉和合成氨蒸汽过热器（主要技术参数见表 8.1-11～表 8.1-13），其中气化炉采用华东理工大学四喷嘴工艺技术，该项目四喷嘴气化炉设备为国内首台，另外合成氨废热锅炉及合成气蒸汽过热器被列入国家重大技术装备研制项目（科技攻关）计划。该项目气化炉设备主壳体燃烧段采用 SA-387 Gr.11 Cl.2 材料，激冷段采用 SA-387 Gr.11 Cl.2+316L（复合板）材料，激冷室内件则采用 Incoloy 825 镍基合金材料，与陕西渭河气化炉基本相同，但其结构做了优化设计，尤其对激冷环结构进行了很大改进，在气化炉燃烧段壳体上增加了四个位置及几何尺寸精度要求极高的烧嘴，要求四个烧嘴接管必须在同一平面上，其平面度≤1mm，烧嘴接管与筒体中心线的垂直度≤1mm，每两个相对的烧嘴接管的轴线必须重合，其中心线之间的偏差≤3mm。根据设备技术要求，制订了详细的制造工艺方案，先后完成了四侧壁烧嘴装配、焊接、热处理以及组件加工和测量等多项工艺技术研究。由于当时重型卷板机还未投入使用，筒体采用两个半片冷压后组焊成形，纵缝坡口采用边缘铣刨床加工，双纵缝采用手工焊+自动埋弧焊接，球形封头采用 1/4 瓜片冷压成形。为了保证四喷嘴装配和加工位置精度的公差要求，四喷嘴接管开孔位置采用机械加工中心，将工件一次装夹后，利用工作台 360°回转准确定出喷嘴接管在筒体上的位置，气割开孔并镗床加工余量及坡口，然后四喷嘴与筒体组焊，组件整体装焊并消除应力热处理后，再整个组件二次加工。在制造过程中还将测微准直望远镜等光学测量仪器应用于组件和气化炉制造整体形位公差尺寸的测量，成功地解决了产品零部件和整体组件的测量难题。另外，激冷环是气化炉制造的一个关键点，制造质量的好坏将直接影响其水分布效果，从而影响气化炉激冷效果，为此对激冷环加工制造进行了相关技术研究，制订了详细的制造工艺方案，设计了专用工装夹具，保证了气化炉整体制造质量。

表 8.1-11 气化炉主要技术参数

设备名称	气化炉	容器类别	Ⅲ类
设计压力 /MPa	6.9	工作压力 /MPa	6.5
设计温度（燃烧室/激冷室）/℃	425/270	工作温度（燃烧室/激冷室）/℃	1450/252
工作介质	O_2、H_2、CO、CO_2、H_2O、H_2S、N_2、炉渣等	主体材质	SA-387 Gr.11 Cl.2 SA-182 Gr.F11 Cl.3 Incoloy 825

表8.1-12　合成氨废热锅炉主要技术参数

名称	工作压力/MPa	设计压力/MPa	工作温度/℃	设计温度/℃	工作介质	主体材质	总重/t
管程	10.96	12.6	416.3/282	465/343	合成气	SA-387 Gr.11 Cl.2	25.1
壳程	3.85	4.2	225/248.2	343	BW+蒸汽	SA-336 Gr.F11 Cl.3	

表8.1-13　合成氨蒸汽过热器主要技术参数

名称	工作压力/MPa	设计压力/MPa	工作温度/℃	设计温度/℃	工作介质	主体材质	总重/t
管程	11.01	12.6	443.1/416.3	476	合成气	SA-336 Gr.F11 Cl.3	15.4
壳程	3.75	4.6	248.2	400	蒸汽	15CrMoR	

在合成氨废热锅炉和蒸汽过热器生产过程中，完成了管箱组焊、热处理及加工技术研究，完成了管板孔群加工、管子-管板管端焊接及液压胀管技术研究等，并成功用于生产。该成套设备的设计、制造均达到当时国内最高水平，并接近国际当时设计、制造水平，彻底实现了大氮肥装置专用设备的国产化。华鲁恒升气化炉于2005年9月通过国家验收，经专家鉴定，该设备的设计和制造达到国际先进水平，于2006年被中国石油和化学工业协会评为科技进步奖，合成氨废热锅炉和合成氨蒸汽过热器于2007年获黑龙江省科技进步二等奖。

2002年，为三峡机组调速系统研制了压力罐设备。"三峡水电"压力油罐/气罐的制造合同是由ALSTOM总承包，该设备的设计、制造、检验和验收除了满足《压力容器安全技术监察规程》，还应符合ASME法规相关卷（Ⅱ、Ⅴ、Ⅷ-Ⅰ、Ⅸ）的相关要求，主壳体内、外表面均需油漆，产品油漆前其表面的油污、杂质等必须严格清理干净，且与油、汽等接触的表面，其油漆及漆膜厚度要求各有不同。依托该项目完成了球形封头的整体压制成形、筒体卷制、设备内部清理及油漆等相关技术研究。该设备球形封头在2000t水压机热冲压成形，并进行正火处理，以保证母材力学性能，筒体在四辊卷板机上中温卷制成形，并中间消除应力热处理，筒节环缝坡口车加工，设备整体制造结束后进行喷砂表面处理，保证了设备制造质量，为三峡水电项目建设做出了重要贡献。

2003年至2008年期间，哈锅又陆续承制了兖矿鲁南化肥厂四喷嘴气化炉、北京化工四厂气化炉、浩良河德士古气化炉、兖矿国泰德士古气化炉、神木化工德士古气化炉、贵州鑫晟德士古气化炉、华鲁恒升甲醇合成塔、宁波万华甲醇合成塔，并为甘肃金川集团羟基镍工程研制了包括羟基镍合成釜（主要参数见表8.1-14）在内的13种40台设备。众多化工设备的成功研制，奠定了哈锅在国内石化设备制造领域的领先地位。

表8.1-14　羟基镍合成釜主要技术参数

设备名称	工作压力/MPa	设计压力/MPa	工作温度/℃	设计温度/℃	总重/t	完成日期
羟基镍合成釜	0~25	32	20~250	250	38.1	2003年

2009年，研制的青海盐湖ϕ2300mm×150mm（155mm）氨合成塔（主要参数见

表8.1-15）是哈锅制造的厚壁压力容器典型产品之一。氨合成塔外壳主要由筒身、端部筒体、顶盖、支撑环、底部封头等主要受压件组成，筒体材料为SA-387 Gr.11 Cl.2（ϕ2300mm×155mm），其中底部封头材料为SA-387 Gr.22 Cl.2，筒体端部锻件材质为SA-336 Gr.F11 Cl.3。由于筒体壁厚较大，筒体直径和圆度控制比较严格，其成形精度的好坏，将直接影响氨合成塔内件的安装。另外，筒体端部和顶盖八角槽之间的大型双锥密封环，以及筒体端部上均匀分布的大尺寸螺纹盲孔的加工也是整个氨塔制造的难点。由于氨合成塔主壳体材料比较特殊，又同时存在SA-387 Gr.11 Cl.2和SA-387 Gr.22 Cl.2材料，而且壁厚较大，因此焊接和热处理也是整个设备制造质量控制的关键。在产品投产前制订了详细的工艺方案，并做了大量的工艺试验和焊接工艺评定，完成了厚壁筒体的卷制、大直径双锥密封环的加工、大螺纹孔（盲孔）加工、主壳体的焊接及热处理等多项工艺技术研究，其中大直径螺纹孔由以前旋风铣加工改为通过数控编程在大型数控铣镗床上一次装夹加工结束，大大提高了生产效率，保证了设备制造质量。氨合成塔外壳在用户现场安装过程中以及后续运行中得到用户的高度认可。

表8.1-15　氨合成塔主要技术参数

设备名称	工作压力/MPa	设计压力/MPa	工作温度/℃	设计温度/℃	工作介质	主体材质	总重/t
氨合成塔外壳	14.6	16.4	210	300	合成气	SA-387 Gr.22 Cl.2 SA-387 Gr.11 Cl.2 SA-336 Gr.F11 Cl.3	223

2010年，研制成功核电试验台稳流罐。T1、T2稳流罐是用于核岛主泵试验台的关键设备，在试验中起到平衡流量的作用。设备的制造必须严格按奥地利安德里茨公司相关要求和技术文件执行。稳流罐主壳体材料为13MnNiMoR，筒体尺寸为ϕ1760mm×（125+6）mm，封头尺寸为ϕ1790mm×（70+6）mm，接管为20MnMoNb Ⅳ锻件，壳体上布置多个密集大直径管接头。筒身上接管的数量及规格如下：ϕ555mm/ϕ210mm，数量1个；ϕ673mm/ϕ315mm，数量4个；ϕ1100mm/ϕ514mm，数量4个；ϕ1600mm/ϕ810mm，数量1个。而且设备内壁要求堆焊不锈钢，按设计要求对各接管装配的位置度公差要求比较严格。壳体及接管内壁、接管密封面也全部要求堆焊不锈钢，虽然设备没有内件，但是结构比较复杂。结合该设备先后完成了小直径筒体卷制、内壁堆焊、大直径密集接管焊接防变形、壳体热处理（包括防变形）以及设备整体热处理后接管的机械加工等多项工艺技术研究，为壳体上布置密集大直径接管和厚壁小直径压力容器的制造积累了宝贵经验。

2011年，为山西煤炭化学研究院研制了多段气化炉用辐射废锅和对流废锅（主要参数见表8.1-16）。该项废热锅炉结构型式为国内首台。辐射废锅的结构特点为：内、外两层水冷壁均为圆形膜式筒体结构，出口、入口集箱为环形集箱，测温、测压点需同时穿过壳体与外水冷壁。对流废锅的结构特点为：方形水冷壁，管屏组装采用鳍片单面焊方式，每片水冷壁分别连接入口、出口集箱，方形水冷壁内部组装蛇形管，蛇形管为三排结构，蛇形管与水冷壁由引入、引出管和圆钢连接，辐射废锅和对流废锅的内件结构比较复杂，空间配合紧凑，制造难度比较大。在产品投产前制订了详细的工艺方案，并做了大量的工艺试验和焊接工艺评定，完成了辐射废锅和对流废锅内件制造，内件与壳体套装，设备总装、焊接及热处理等多项工艺技术研究，保证了两锅制造质量，各项指标均达到设计要求，为哈锅多段床气化炉废锅（辐射废锅、对流废锅）设备的项目开发和生产制造积累了经验。

表 8.1-16　废锅主要技术参数

设备名称	工作压力/MPa	设计压力/MPa	工作温度/℃	设计温度/℃	工作介质	主体材质	总重/t
辐射废锅	3.0	3.4	900/600	300	煤气	15CrMoR 15CrMoG	19.1
对流废锅	3.0	3.4	600/250	400	煤气	15CrMoR 15CrMoG	23

鉴于哈锅在水煤浆气化炉、碎煤加压气化炉以及甲醇合成反应器等设备的制造能力和取得的相关业绩，按照国家能源局国能科技〔2012〕326号文件要求，由哈锅公司牵头，承担《煤气化炉制造技术条件　第1部分：水煤浆气化炉》《煤气化炉制造技术条件　第2部分：加压固定床气化炉》《甲醇合成反应器制造技术条件》等三项国家能源行业标准的制定工作，合作单位邀请了天辰、东华、赛鼎、南化机、金重等国内知名的相关化工设计院和石化设备制造厂，目前此三项技术条件已于2016年3月1日发布实施。

2012年，研制成功世界最大型号GE水煤浆加压气化炉（见图8.1-7，主要参数见表8.1-17）。该气化炉用于陕西蒲城清洁能源化工有限公司年产180万t甲醇/70万t烯烃项目，采用DMTO-Ⅱ技术和世界先进的8.7MPa GE洁净煤气化技术，拥有国内最大煤炭处理能力，是当时压力等级最高、吨位最大的GE气化炉，其设计金属重量达405t，该气化炉外形尺寸如下：φ3464mm/φ4474mm×22170mm，其中燃烧室筒体壁厚为132mm，激冷室筒体壁厚为162mm，激冷室锥体壁厚为182mm，壳体板材厚度较大，而且设备内壁按技术要求全部堆焊镍基合金，技术要求严格，制造难度大。因此，该设备投产前制订了详细的工艺方案，完成了厚壁筒体的卷制、大厚度锥体的压制、炉体的总装、焊接及热处理等多项工艺技术研究，针对主壳体Cr-Mo钢焊接及内壁镍基堆焊进行相应的焊接工艺性试验，通过主壳体力学性能、455℃高温性能等以及堆焊层力学性能、化学成分检测及晶间腐蚀等试验，验证了工艺参数，满足产品设计要求并成功应用于产

图 8.1-7　陕西蒲城 GE 气化炉产成发货

品。蒲城气化炉的制造成功为大型板焊压力容器设备的制造积累了宝贵的经验。

2013年，哈锅依靠自身雄厚的工艺技术、优良的制造装备以及丰富的压力容器设备生产制造经验，再度跻身热壁加氢设备制造领域，为赤峰国能化工科技有限责任公司成功研制了45万/年煤焦油加氢工程项目中的加氢反应器、冷高压分离器、循环氢入口分液罐等相关加氢设备。早在1967年，哈锅就已经为大庆炼油厂研制了国产首台冷壁加氢反

应器，1989年又为大庆石化总厂制造了内壁堆焊结构的热壁加氢反应器。

表8.1-17 气化炉主要技术参数

设备名称	气化炉	完成时间	2012年
容器类别	Ⅲ类	设备总重/t	400
设计压力/MPa	9.3/FV	工作压力/MPa	8.6
壳体设计温度/℃	455	工作温度（燃烧室/激冷室）/℃	1538/276
工作介质	O_2、H_2、CO、CO_2、H_2O、CH_4、N_2、煤渣	主体材质	SA-387 Gr.11 Cl.2 SA-336 Gr.F11 Cl.3 Incoloy 825

该项目加氢反应器设备为板焊结构，其内径为ϕ1600mm，壁厚116mm，设备长度约18m，主壳体材料为12Cr2Mo1R，筒身内壁堆焊 TP309L+TP347，堆焊总厚度6.5mm，其中TP347堆焊最小有效厚度3mm。从设备结构和特点来看，该设备长径比较大，而且相对设备直径而言壁厚较大。设备内部安装冷氢盘、分配盘等内件，对设备的圆度、同轴度、直线度等有很高的要求，从制造角度来看，板焊式结构的热壁加氢设备比锻焊结构的热壁加氢设备制造难度更大。

热壁加氢反应器是在高温、高压、临氢及硫和硫化氢介质条件下使用的设备，因此也就决定了该设备在使用过程中可能会出现氢腐蚀、氢脆、高温高压硫化氢腐蚀、硫化物应力腐蚀开裂、堆焊层剥离，以及Cr-Mo钢回火脆性破坏等问题，其中焊接工艺评定、力学性能除了满足NB/T 47014规定外，还必须做高温拉伸、-30℃冲击以及回火脆化评定试验。针对该产品相关技术要求制订了详细的工艺方案，并做了大量的工艺试验和焊接工艺评定，完成了小直径大壁厚2.25Cr-1Mo筒体卷制成形、内壁堆焊（包括凸台堆焊）和机械加工、设备总装、焊接、热处理、无损探伤、整体热处理，以及TP347堆焊后密封面机械加工等多项工艺技术研究，并设计和制作相关工具工装，按评定合格的焊接工艺制订相应的焊接工艺规程，严格控制焊接质量，最终产品各项技术指标均达到设计要求。赤峰加氢反应器的成功制造为今后哈锅热壁加氢反应器的生产积累了宝贵的经验，为哈锅今后在加氢设备的市场开发奠定了基础。

2014年，为乌兰发展集团多级流化床项目生产了HYGAS气化炉（分为干燥段、高温加氢段、氧化段）及其配套设备，共计34台套，其中HYGAS气化炉为国际上首个示范项目。

HYGAS气化炉有如下特点：

1）采用独到的原料煤粉方式。与其他干煤粉或水煤浆气化炉不同，该技术采用副产芳烃轻质油与原料煤配混的油煤浆方式，将煤粉输送至气化炉。相对于干煤粉输送，大幅提高煤粉输送压力（可达8.5MPaG）；相对于水煤浆输送，由于油的蒸发潜热较低，油煤浆进料能够明显提高气化炉运行的热效率。HYGAS煤制天然气生产系统的热效率可达72%。

2）HYGAS气化技术的煤种适应性宽。气化炉的气化温度较低（<1050℃），并采用固态排渣技术，所以特别适用于高灰分、高灰熔点及高水分的三高煤。

3）HYGAS 气化技术采用高压流化床气化技术，最高操作压力可达 8.5MPaG。相对于其他流化床气化和固定床气化技术，由于该技术的操作压力更高，高压多级流化床气化技术的操作压力更高，高压多级流化床气化炉单炉投煤量，根据实际情况可达 2000～7000t/ 天，能大幅提高气化效率及生产能力。

4）HYGAS 气化技术采用多级流化床技术，高度集成粉煤干燥热解、加氢气化和氧化气化过程，气化炉出口粗合成气中甲烷含量高，甲烷在粗干燥气中的体积浓度可达 20% 以上。而且随着气化压力的提高，使气化反应生成甲烷的速度加快、反应释放出的热量增加，从而减小了氧化反应所需的供氧量，降低了气化过程对氧气的消耗，提高了氧气的利用效率。HYGAS 气化炉主要技术参数见表 8.1-18～表 8.1-20。

表 8.1-18　气化炉干燥段主要技术参数

设备名称	HYGAS 气化炉干燥段	完成时间	2015 年
容器类别	Ⅲ类	设备总重 /t	196
名　　称	本体		水夹套
工作压力 /MPa	6.7		0.45
设计压力 /MPa	7.37		0.7
工作温度 /℃	650/215		40
设计温度 /℃	260		65
工作介质	油煤浆、合成气、干煤粒		循环水
主体材质	14Cr1MoR、14Cr1Mo		Q235B

表 8.1-19　气化炉高温加氢段主要技术参数

设备名称	工作压力 /MPa	设计压力 /MPa	工作温度 /℃	设计温度 /℃	工作介质	主体材质	总重 /t
HYGAS 气化炉高温加氢段	6.85	7.54	972/230	300	热合成气、半焦、蒸汽	14Cr1MoR /14Cr1Mo	206.4

表 8.1-20　气化炉氧化段主要技术参数

设备名称	HYGAS 气化炉氧化段	完成时间	2015 年
容器类别	Ⅲ类	设备总重 /t	273.5
名　　称	本体		水夹套
工作压力 /MPa	7.0		0.45/0.25
设计压力 /MPa	7.7		0.7
工作温度 /℃	980/100		30/40
设计温度 /℃	300		65
工作介质	氧气、蒸汽、半焦、煤灰		冷却水
主体材质	14Cr1MoR、14Cr1Mo		Q235B

2015年，研制福建长乐煤制氢项目的氨合成塔和余热回收器（主要参数见表 8.1-21）。氨合成塔哈锅已多次制造，拥有托普索和卡萨利专利技术设计的氨合成塔压力壳以及余热回收器设备丰富的制造经验。

表 8.1-21　福建长乐余热回收器主要技术参数

设备名称	余热回收器	完成时间	2016 年
容器类别	Ⅲ类	设备总重 /t	60
名　　称	壳程		管程
工作压力 /MPa	4.2		14.16
设计压力 /MPa	4.8/FV		16
工作温度 /℃	247/255		407/262
设计温度 /℃	280		460/300
工作介质	BFW/ 蒸汽		合成气
主体材质	Q345R、16Mn		SA-336 Gr.F22 Cl.3、SA-213 Gr.T22

福建长乐煤制氢项目余热回收器设备整体为偏心结构，管系换热管采用喷泉式布置方式，换热管伸出管板长 15mm，管端焊接后，换热管伸出部分可能会有变形情况发生，导致胀管与装配套管困难，且穿管顺序不规则，此结构余热回收器为哈锅首次制造，其主要工作原理是通过壳程的水蒸汽与管程合成气换热回收合成气中的热量，管侧流程是：合成气由管箱上部接管进入 U 形换热管，经换热管换热后进入管箱，通过管箱下部接管流出，进出换热管的合成气被管箱内件隔开，壳侧流程是：给水由壳体两侧接管流入壳体内部，吸收热量之后，蒸汽由汽包流出，未汽化给水由下部接管流出，该项目废锅与以往华鲁恒升等废热锅炉相比，结构更加新颖，内件更加复杂。针对该产品制订了详细的工艺方案，并做了大量的工艺试验和焊接工艺评定，完成喷泉布管穿管顺序工艺研究、内热气盒组件、热端套管细长杆加工技术研究，陶瓷纤维毡密集孔群打孔技术研究，换热管伸出管板 15mm 管端焊接技术研究，管子 - 管板胀接技术研究，内热气盒膨胀节预拉伸工艺试验，以及设备总装、焊接、热处理、无损探伤等多项工艺技术研究，按评定合格的焊接工艺制订相应的焊接工艺规程，严格控制焊接质量，各项指标均达到设计要求，为哈锅今后喷泉式布管废锅制造积累了经验。

2018 年，成功研制出口伊朗马苏的锅炉给水加热器（见图 8.1-8，主要参数见表 8.1-22），该加热器用于伊朗马苏年产 60 万 t 合成氨 /100 万 t 尿素项目，项目应用的是世界领先的卡萨利技术。该设备是哈锅首个 ASME U2 钢印出口产品，管壳式换热器结构，设计金属重量 83.5t，外形尺寸 ϕ1700mm×220mm×10290mm，主壳体材料 SA-336M Gr.F22 Cl.3，特殊技术要求多，其隔板结构采用栅格形式、外壳

图 8.1-8　2018 年完成伊朗马苏锅炉给水加热器研制

与管系间有不锈钢内套筒、与氨塔内件装配部分精度要求高,攻克了壳程组件整体机械加工、栅格隔板制造、管架组立、管系套装等难题,开展了管板钻孔、管子 - 管板胀接、隔板制造等工艺试验,并将试验参数及方案成功应用于产品的制造过程中,为此类产品的制造积累了宝贵的经验。

表 8.1-22 锅炉给水加热器主要技术参数

名称	工作压力 /MPa	设计压力 /MPa	工作温度 /℃	设计温度 /℃	工作介质	主体材质	总重/t
管程	12.1	14.3	266.5~322.7	335	锅炉给水	SA-266 Gr.4	84.2
壳程	15.76	18	426.5~335	460	合成气	SA-336 Gr.F22 Cl.3 SA-213 Gr.T22	

同年还研制了出口乌兹别克斯坦的甲醇合成塔(见图 8.1-9)。乌兹别克斯坦纳沃伊 PVC、烧碱、甲醇生产综合体项目是公司首个出口乌兹别克斯坦且自主设计制造的石化项目,是乌兹别克斯坦最大的化工项目,是国家"一带一路"重点项目,是国务院、外交部以及乌兹别克斯坦政府部门十分关注的项目。其中甲醇合成塔是该项目的重点核心设备。该设备内径为 3800mm,封头材料为 14Cr1MoR,厚度为 104mm;管程筒体为 14Cr1MoR,厚度为 135mm;壳程筒体为 13MnNiMoR,厚度为 54mm;管板材质为 14Cr1Mo Ⅳ,厚度为 180mm+7mm,管孔为

图 8.1-9 "一带一路"产品——乌兹别克斯坦甲醇合成塔

ϕ44.5mm。近几年,哈锅完成了多个类似项目的列管式换热器的生产制造工作,如内蒙古康乃尔、中盐安徽等项目,特别是在管板堆焊防变形控制、管板深孔加工方面积累了丰富经验,针对该产品管板,完善了加工工艺方案和工艺参数,可采用数控镗铣床结合数控深孔钻的方法,管孔质量和效率得到了极大提高。

2017 年,哈锅成功研制国内首台喷泉式布管内孔焊结构卡萨利废热锅炉。该废热锅炉用于安徽省六国化工有限公司,业主厂区内原来的内孔焊废热锅炉为国外进口产品,使用一段时间后在壳程出现了大量裂纹,返修多次但仍不断出现新裂纹。此设备采用喷泉式布管+内孔焊接结构,此前国内尚无厂家可生产此类结构换热设备,同类设备均为国外进口,该设备为国产首台,填补了国内同类产品空白。该项目废热锅炉管箱、管束部分主要采用 SA-336 Gr.F22 Cl.3 材料,换热管采用 SA-213 Gr.T22 材料,管箱内件则采用 Inconel 600 及 Incoloy 800 镍基合金材料。废热锅炉管束为喷泉式布管方式,换热管共有 44 种规格,每种规格管子数量不一,穿管顺序无明显规律,单根换热管顺序错误将导致整台产品报废。深孔焊接为不填丝自熔,仅靠凸台 0.5mm 台阶定位、装配,换热管管端与管板凸台装配要求高,间隙不能大于 0.2mm。根据设备技术要求,制订了详细的制造工艺方案,先后完成了深孔焊接、孔区环形槽加工以及组件加工和测量等多项工艺技术研究。利用三

维软件绘制产品全套三维图,模拟每一根换热管的穿管情况,确保换热管互不干涉,进而确定穿管顺序。为了保证管端凸台环形槽装配和加工位置精度的公差要求,管板孔区采用深孔钻加工,在管板堆焊、热处理及孔群深孔加工等前置工序完成后,选择了刚性优良的龙门铣床;配合牢固的夹具以及自主研究的专用非标刀具,在加工过程中增加了切削液的使用,起到了润滑和冷却的双重作用,满足后续装配和焊接工序的技术要求。深孔焊焊接对焊接条件要求极其严格,通过降低焊接热输入抑制仰焊区下塌问题,增加热输入避免下坡焊处的背面未熔合问题,生产过程保证对焊件的清理与装配质量严格控制,保证产品质量。在废热锅炉生产过程中,完成了喷泉式布管、深孔焊焊接及加工技术研究,完成了管板孔群加工、管子-管板管端焊接及产品装配技术研究等,并成功用于生产。该成套设备的设计、制造均达到当时国内最高水平,彻底实现了喷泉式布管深孔焊结构废热锅炉的国产化制造。其参数见表8.1-23。

表8.1-23 废热锅炉主要技术参数

设备名称	余热回收器	完成时间	2017年
容器类别	Ⅲ类	设备总重/t	36
名称	壳程		管程
工作压力/MPa	4.4		13.99
设计压力/MPa	5.0/FV		16.0
工作温度/℃	239/257		408/265
设计温度/℃	270		440/400/350
工作介质	BFW/蒸汽		合成气
主体材质	Q345R、16Mn		SA-336 Gr.F22 Cl.3、SA-213 Gr.T22

2017年,哈锅与中国天辰工程有限公司合作,为伊朗MKP甲醇项目设计并制造了加氢反应器、硫吸收塔、预转换炉三种设备。该项目设备全部采用ASME Ⅷ-1标准建造,为了便于后续海外项目的设计,在设计时按ASME标准编制了设备本体及其附件的设计计算表格。本项目中预转换炉设备材料为2.25Cr-1Mo,焊接过程中极易出现裂纹等缺陷。根据专利方要求,设备封头不允许先拼板再冲压,只能采用瓜瓣式结构,在制造过程中对封头采用了特殊的工装结构,对封头拼缝全部采用连续自动焊,保证了焊接质量。项目所有设备于2017年11月产成发货。该项目属于"一带一路"项目,对公司开拓海外市场具有重要意义。其主要参数见表8.1-24。

表8.1-24 三种设备的主要技术参数

设备名称	设计压力/MPa	设计温度/℃	工作介质	主体材质	总重/t
加氢反应器	5.5	410	天然气、循环氢	SA-387 Gr.11 Cl.2、SA-182 Gr.F11 Cl.2	81.6
预转换炉	4.6	550	合成气	SA-387 Gr.22 Cl.2、SA-336 Gr.F22 Cl.3	150
硫吸收塔	5.5	410	天然气、回收氢	SA-387 Gr.11 Cl.2、SA-182 Gr.F11 Cl.2	52

2018年，公司承制内蒙古荣信进出塔换热器，该设备是内蒙古荣信化工年产40万t煤制乙二醇、30万t聚甲氧基二甲醚项目核心设备，对鄂尔多斯加快建设国家现代煤化工示范基地具有重要意义。进出塔换热器工作原理：管程走热合成气，壳程走冷合成气，通过设备进行传热，将管程热合成气冷却，壳程冷合成气升温。该设备为直换热管双管板结构，其中一侧为浮动管板，整体重量约156t，长达24m，有9221根换热管，是国内已知最长的列管式进出塔换热器，其中立管架穿管和管系套装是生产制造中的两大难关。在前期技术方案准备阶段，查阅相关文献并结合以往的生产制造经验，初步制订了套装方案。在筒体长度中心位置焊接一个定滑轮，在内锥靠近法兰位置焊接导向滑轮。套装过程采用一台300t起重机和三台100t起重机配合，牵引和推进同时进行，最终顺利将所剩管系套装成功。该设备的研制积累了超长换热器的宝贵制造经验。

2018年，哈锅中标了神华榆林CTC年产180万t戴维甲醇项目，这也是戴维甲醇装置的首次国产化研制，标志着戴维甲醇装置依赖进口的局面成为历史。戴维甲醇装置系统由甲醇反应器、汽包、上升管、下降管、节流孔板等部分组成，系统采用自然循环水动力循环，由哈锅根据外方数据表自行设计研发。哈锅设计人员在设计过程中对系统布置进行了研究，完成了系统管道的应力计算，并对水循环进行了详细计算，完成了自然循环水动力计算，满足了外方提出的循环倍率、上升管/下降管流速等要求，并编制了水动力计算程序。此设备结构特殊，主壳体使用2.25Cr-1Mo材料，内径4384mm，壁厚125mm，总重440t，整个管系由4个独立的管束耦合而成，换热管规格多达878种，管板堆焊Incoloy 625，检验要求严格（见图8.1-10，主要参数见表8.1-25）。经过大量的工艺试验和科技攻关，最终完成了集气装置百万数量级超大孔群加工、镍基堆焊管板的深孔加工、π形换热管弯制、耦合管束的制造和管端焊接等多项工艺难题。该产品的成功研制打破了国外技术封锁，提升了行业装备能力，实现了国内制造自主化。

图8.1-10 戴维甲醇合成塔三维示意图

表8.1-25 戴维甲醇合成塔主要技术参数

名称	工作压力/MPa	设计压力/MPa	工作温度/℃	设计温度/℃	工作介质	主体材质	总重/t
管程	3.7	内压4.0 外压8.8	245	265	合成气、甲醇蒸汽	SA-387 Gr.11 Cl.2、SA-336 Gr.F11 Cl.3、SA-213 Gr.T11	440
壳程	7.56	8.8	313	330	水蒸汽、水	SA-387 Gr.22 Cl.2、SA-336 Gr.F22 Cl.3	

同时制造的还有神华榆林气化炉，此设备是神华榆林循环经济煤炭综合利用CTC-1项目的先期工程，对于神华集团深耕煤化工产业意义重大。其中气化炉共5台，为目前国产直径最大、吨位最大、日投煤量最大的GE水煤浆气化炉。该气化炉燃烧室内径3800mm、厚度110mm，激冷室内径4600mm、厚度126mm，设备总长达26.5m，净重量达410t。由于该设备直径超大、超长、超重，很多零部件的尺寸都接近或超过哈锅装备的

极限，对生产制造是一个不小的考验。不论是筒体卷校，还是组件转运、无损探伤、热处理、喷砂等都是制造难点。通过采取多种策略降低制造难度，缩短项目周期。经过周密的策划、严谨的过程执行，神华榆林气化炉如期产成，彰显了哈锅在 GE 气化炉生产制造能力处于国内领先水平。

1.2.1.7 应力分析设计技术的应用

哈锅十分重视压力容器的法规、标准的学习、研究和应用。1968 年在非核电的重要压力容器建造中采用分析设计法的规程，即 ASME Ⅷ-2。哈锅随即理解到应力分析设计技术的强大生命力，将应力分析设计技术应用到压力容器中去可使压力容器更加安全可靠、更加经济合理，于是做出了周密的计划布置，从教育培训入手，培养自己的专业技术人员，采购世界上先进的计算软件，配置卓越的计算机，及时把应力分析计算技术应用到工程中去。

20 世纪 70 年代，哈锅最先聘请清华大学杜庆华教授做有限元法的讲学，请哈工大王铎教授做断裂力学的讲学，并陆续派人到外地学习。从此，哈锅迈进了以有限单元法和断裂力学这两门现代力学为主要内容、以电子计算机为主要手段的强度研究新阶段。

蓄热器是利用水的蓄热能力，把热能蓄存起来的一种节能设备。它在蓄存和蒸发蒸汽时，要发生压力变化，所以属疲劳容器。1986 年，哈锅将有限元计算方法成功应用到变压式蒸汽蓄热器产品的设计开发中，为其强度计算以及疲劳分析提供依据。

1990 年，对 300MW 机组高压加热管板、管箱和筒体组合结构，采用解析法和有限元法两种方法自行进行应力分析计算。解析法把组合结构简化为轴对称问题，管板由开孔板和圆环组成，用板壳理论的方法求解出应力和位移分布，并编制了 FORTRAN 语言计算程序。而有限元法取组合结构的 1/4 做三维分析，用 ADINAT 程序分析温度分布，用 SAP5 程序计算出应力和位移分布，绘制应力和挠度分布曲线。经比较证明，两种方法的计算结果基本相符。

1996 年为淮南化工厂研制的氨合成塔压力壳筒身厚度为 135mm，设备总长达 19m。在设计氨合成塔压力壳时，根据技术协议要求要进行应力分析设计，为此，1996 年 6 月，哈锅购买了美国 ANSYS 公司研制的大型通用有限元分析（FEA）软件，这标志着哈锅压力容器设计进入计算机时代。

1997 年，利用 ANSYS 软件为淮西化肥厂氨合成塔设备进行应力校核计算。同年，为航天部 43 所设计了一台液压釜（典型疲劳设备，使用频率 4～7 次/月，按使用寿命 15 年计算，该设备压力波动频率为 720～1260 次），为满足其疲劳失效要求，对其采用了卡箍密封快开结构，并对该结构进行有限元应力分析计算和低周疲劳计算，这为该设备研制成功奠定了基础。此后，又为其他用户制造了两台液压釜。

随着石化行业的发展，压力容器产品朝着高参数、大容量、变工况等高技术方向发展。针对压力容器产品的设计、制造、检验、安装和使用等，国家按特种设备专门出台了法规性文件——《压力容器安全技术监察规程》，并相应颁布了一系列的设计标准，包括 JB 4732—1995《钢制压力容器——分析设计标准》等。而压力容器因超压、应力变动、疲劳、温差应力等设计条件的因素，都需按 JB 4732—1995 设计。哈锅于 2001 年在机械行业中第一个取得了压力容器应力分析设计单位资格的许可证书，使公司石化容器的设计技术水平登上了一个新台阶。

1）为盘锦乙烯工程研制的双套管废热锅炉是管式炉裂解装置中的关键设备之一，该设备内外套管长 9600mm，属国内首台设计，采用了应力分析设计方法确定合理的内管件长度，以补偿内外管较大温度差而引起的温差应力，确定经济合理的结构尺寸。

2）为河南义马气化厂研制的直径 3.8m 气化炉是煤制气的关键设备，该设备采用了 20 世纪 90 年代国际上先进的德国鲁奇式加压气化技术，煤种适应性广，从无烟煤到贫煤均能适用。义马气化炉是国家"九五"重大技术装备科研攻关项目，它的研制需攻克一系列技术难关。该设备的研制成功及其国产化，对我国煤化工技术的推广应用具有重大意义，哈锅为该厂研制的还有煤锁、废热锅炉和膨胀冷凝器等三种新产品。用 ANSYS 应力分析设计软件对这四种新产品的部件进行校核，使设备安全可靠。2002 年 11 月河南义马项目的关键设备气化炉获国家科技部、国家税务总局、国家对外贸易部、国家质量监检局、国家环境保护总局颁发的国家重点新产品证书。

3）为吉林碳素厂研制的浸渍罐，介质为沥青，设计采用了自紧式密封快开结构。由于设备压力升降频繁，属于疲劳容器，采用应力分析设计方法进行方案设计和施工设计。

4）为甘肃金川集团有限公司羰基镍工程开发研制了 13 种 24 台压力容器新产品，具有重大的经济效益。其中的关键设备——羰基镍合成釜设计压力 32MPa，设计温度 250℃，采用强制密封结构。它的密封面严密性要求极端苛刻，密封面的允许泄漏值为 65mg/h（折算成空气体积泄漏量为 8mL/h）。设备压力升降频繁、开启次数多，属于疲劳容器，采用 ANSYS 应力分析软件，进行技术方案计算，按 JB 4732—1995《钢制压力容器——分析设计标准》进行设计。

5）2003 年 1 月至 2004 年，哈锅研制了以华鲁恒升化工股份有限公司工程项目为依托的国家大型氮肥装置国产化项目中的关键设备气化炉、合成氨废热锅炉和合成氨蒸汽过热器。该气化炉是国内首台自行设计、自行制造的大型石化容器。它采用华东理工大学自行研制的煤气化工艺，是大型氨肥装置国产化技术改造项目气化工程的重要设备。气化炉的关键部件——燃烧室壳体、喷嘴接管、内堆及其附件均采用有限元应力分析计算方法进行了校核计算。

合成氨废热锅炉是国内首台产品，设备大量采用的 Cr-Mo 钢是在高温/高压/合成氨气（H_2、N_2、NH_4）的工作环境中长期工作，制造工艺过程复杂，工艺制造难度大。采用 ANSYS 应力分析软件对设备的热（冷）端管板和换热器、热（冷）端壳体和进（出）口接管、壳层、壳体和接管进行应力校核工作，并对产品进行优化设计。

合成氨蒸汽过热器运行情况恶劣、温度高、温差大、介质腐蚀性强，并且 2.25Cr-1Mo 材料制造难度大，均采用 ANSYS 软件对管板和换热管、壳体与接管（Cr-Mo 钢 + 镍基合金）进行应力校核计算工作。

这些产品投入运行以来使用良好，性能稳定，用户满意。2005 年 9 月经专家鉴定，该水煤浆气化炉设计和制造的成套技术总体水平为国际先进，该合成氨废热锅炉、合成氨蒸汽过热器的设计、制造均达到目前国内最高水平，并接近国际先进设计、制造水平。

6）2007 年，哈锅执行 JB 4732—1995《钢制压力容器——分析设计标准》利用 ANSYS 软件为哈尔滨工程大学设计了一台迄今为止设计压力最高（其设计压力高达 80MPa）的试验设备——深潜模拟装置压力筒（见图 8.1-11）。

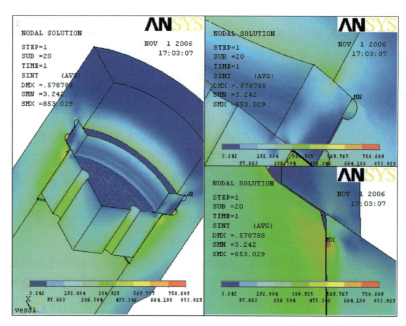

图 8.1-11　压力筒端部结构应力分析

7）2009 年完成了航天 43 所液压釜卡箍结构研究和青海盐湖氨合成塔的研制等科研课题。课题的研究内容均为用应力分析的方法来设计或校核设备结构（见图 8.1-12、图 8.1-13）。

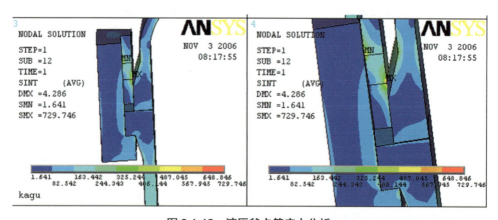

图 8.1-12　液压釜卡箍应力分析

8）2011 年签订了山西煤炭化学研究所的辐射废锅、对流废锅、废锅加热器、汽包、混合集箱及过热器出口集箱等设备的合同。此项目中的辐射废锅和对流废锅通过管道直接实现了两台设备的对接。由于两台设备温差较大，存在较大的温差应力，导致两台设备的热位移不同，采用普通的耳式支座不能满足设计要求，需采用弹簧支座。为确定弹簧支座的位移范围特进行热 - 固耦合有限元分析，最终确认支撑方案，辐射废锅采用标准耳式支座结构，对流废锅采用弹簧支座，有效减小了温差应力的影响，保证了设备安全运行（见图 8.1-14、图 8.1-15）。

 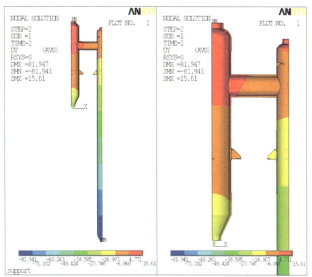

图 8.1-13 青海盐湖氨合成塔现场照片　　图 8.1-14 废锅连接结构支座应力分析云图

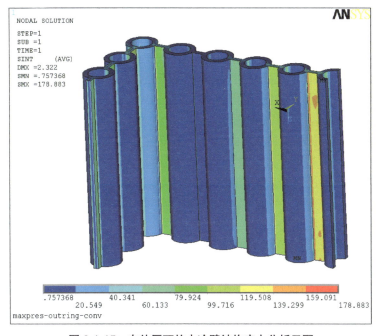

图 8.1-15 在外压下的水冷壁结构应力分析云图

1.2.2 哈锅电站辅机压力容器技术发展历史

建厂初期，电站辅机产品是哈锅四大主导产品之一，65 年来，其设计制造水平得到迅速发展，已进入世界先进水平的行列。哈锅电站辅机技术的发展大体上经历了如下历程：

（1）20 世纪 50 年代建厂初期的仿苏阶段　产品设计主要是按苏联提供的图样翻版，以及按苏联的标准规范设计，产品基本上满足了国内电厂建设的需要。

（2）20世纪60年代自行研制阶段　产品设计主要是自行开展研究工作，并吸取国内先进技术，按国外标准和规范设计，制订了自己一整套设计方法，产品更新换代较快。

（3）20世纪90年代引进技术、优化创新阶段　哈锅随着国内形势的发展与时俱进，由计划经济体制下的国有企业转化为市场经济下的国有控股的股份制企业，为适应产品的大型化和高参数发展，从日本东芝公司引进了主体辅机产品高压加热器和单筒式除氧器的设计、制造和检验技术。哈锅根据自己已有的经验和技术经过消化东芝公司图样技术和文件，赴东芝公司学习培训，结合合同产品进行施工设计、制造，使高压加热器、除氧器的设计、制造技术迈上了一个新的台阶，达到了国际先进水平。

（4）21世纪与国际接轨高速发展阶段　不断吸收其他国外企业的先进技术，不断总结、分析、调研、比较这些先进技术，筛选出这些技术的核心、精华，开发研制出适合于中国国情的电站辅机高压加热器和给水除氧器的设计、制造和检验技术，拥有了具有自主知识产权的产品。近年来，哈锅获得了多项专利，走上了与国际接轨的高速发展阶段。

20世纪50年代哈锅开始仿苏设计电站辅机产品，按苏联提供的图样或标准规范设计。20世纪60年代自行开发研制配200MW机组的电站辅机产品，到20世纪70年代末开始吸收国外先进技术，并与国内高等院校进行技术合作，对加热器的传热、振动、管板应力等进行模拟试验和工业测试，从而建立和制定了厂控设计标准，还结合美国HEI表面式给水加热器标准和美国ASME规范，先后研制出了具有20世纪80年代国内及国际先进水平的电站辅机设备。为进一步提高200MW电站机组热效率，哈锅于1984年研制成功卧式喷雾加填料滑压运行的除氧器，这在国内是首创。经运行证明其除氧效率高，出水氧含量小于 $5 \sim 7\mu g/L$，至20世纪80年代末期已生产近40台。1986年按美国依柏斯科公司（EBASCO）除氧器标准，试制出国内首台配600MW机组的喷雾填料滑压除氧设备，于1989年10月成功投入运行，其后又研制了300MW机组除氧设备，并成功用于多个电厂。

在高压加热器的设计中，哈锅100MW以下机组的高压加热器采用仿苏螺管式高压加热器，20世纪60年代末开始自行设计和制造立式U形管高压加热器，并不断改进和完善，产品设计结构合理，制造质量可靠。蒸汽冷却器和疏水冷却器采用外置式并联分流系统，减小了管板温差应力，提高了机组热效率，高压加热器的内部结构为蒸汽冷却段顺流传热，管板外圈留有较宽的无管区，降低了管板应力，并完全按HEI标准设计，管束推动进行校核计算。制造上采用了管板堆焊、U形换热管与管板采用全位置自动氩弧焊、U形管沿管板厚度分段机械胀接和泄漏检验等技术，保证了产品制造质量。U形管式高压加热器已生产50多台，运行情况良好，泄漏率已降到0.054%以下。

20世纪60年代中期至20世纪90年代末，哈锅开始自行开展产品设计研究工作，制订了一套自行设计方法，先后成功研制了钛冷凝器、蒸汽发生站系统（40t/h、70t/h、100t/h）、扩容器（连排、定排、起动疏水扩容器）、热网加热器（立式、卧式、固定管板列管式+膨胀节、U形管式热网加热器）、除氧器（大气式、压力式（双体）除氧器）及水箱、高压加热器（螺管、卧式U形管）、软化水处理设备（钠离子交换器）、磷酸盐加药器等一系列电站辅机系列产品。哈锅充分发挥当时2000t水压机和四辊卷板机的装备优势，先后完成了热网加热器膨胀节压制模具的设计以及膨胀节压制工艺技术研究，完成了不同材质各类规格和直径的封头模具开发和研制试验工作，同时完成了换热器管子-管板胀接技术研究和管子-管板焊接技术研究以及各类辅机设备总装等多项工艺技术研究，为哈锅电站辅机产品的研发制造奠定了坚实的基础。

另外，为解决海滨电厂铜管冷凝器海水冷却、易腐蚀、泄漏严重的问题，哈锅于1983年研制出国内首台125MW机组的全钛冷凝器，安装在台州电厂，并一次投运成功，至今运行正常，无泄漏。1985年经国家技术鉴定认为：该冷凝器各项经济技术指标均达到或超过同期从日本引进的宝钢电厂300MW机组全钛冷凝器水平，成功解决了腐蚀、泄漏和防止管束振动等技术问题，为国家填补了空白。1986年该产品获得国家科技进步二等奖。

哈锅于1984年引进国外蓄热器的设计和制造技术，自1985年以来按京津等地用户提供的数据，设计和制造了多台套蓄热器，结合哈锅2000t水压机和四辊卷板机的装备优势，先后完成了中厚壁封头压制模具的设计以及封头压制的工艺技术研究，完成了小直径中厚壁筒身的卷制成形工艺技术研究以及产品的焊接及热处理工艺技术研究，其间做了大量的工艺试验和工艺评定，制订了详细的制造工艺方案，保证了设备制造质量，设备性能达到或超过用户要求，满足了生产用汽的需要，取得了可观的社会效益和经济效益。该产品1987年获黑龙江省优质产品奖。

从1985年开始，300MW、600MW机组的高压加热器开始按HEI及ASME标准设计，采用卧式U形管式，内设三段传热：全流量顺流传热的蒸汽冷却段，全流量逆流传热的疏水冷却段和蒸汽向心流动的凝结段；不凝结气体由蒸汽流动末端的管束中抽出；其传热、介质流动阻力、强度、管板应力分析、管束振动校核、支座、接管负荷、附件容量等进行完善的设计计算，制造上采用200MW高压加热器制造工艺技术。期间完成了高压加热器管板孔群加工、管子-管板胀接，以及高压加热器管系和高压加热器总装工艺技术研究，同时结合当时公司四辊卷板机和165/250mm×4000mm重型卷板机设备，陆续完成了高压加热器中厚壁筒体冷卷、中温卷以及热卷等工艺技术和热处理工艺等多项技术研究，积累了丰富的制造工艺经验。

1984年及以前，在管板深孔加工方面，高压加热器管板孔群采用摇臂钻床设备，通过钳工划线，钻、扩、铰的工艺方法完成。1985年，哈锅从德国引进来第一台管板孔群深孔加工设备——三轴数控深孔钻，按照设计图样通过数控编程完成高压加热器管板的孔群加工，取消了原来钳工划孔线再摇臂钻加工深孔的落后工艺，从而使高压加热器管板孔群加工无论在加工效率还是质量上均发生了一个质的飞跃，根据哈锅产能需求以及市场开发的需要，哈锅又陆续从美国、德国、意大利购买了多台单轴和三轴数控深孔钻，截至2015年，哈锅已经拥有三台三轴数控深孔钻设备。

另外，在高压加热器管子-管板胀接方面，以前都是采用机械胀接的方法。机械胀管为刚性胀接，胀管器"滚子"是刚性的，由于滚子反复滚压的作用，使得管子被胀部分内壁粗糙，有可能出现毛刺、起皮，残余应力高，容易造成管子被胀部分的材料强度、耐蚀性能降低。从20世纪90年代初开始，哈锅在国内率先开始了管子-管板液压胀接技术研究，相比机械胀接而言，液压胀管为柔性胀接，同时液压胀接为全程胀接，实现整个管板厚度胀接区域段的全程胀接，使管子与管板形成一体，大大提高管子的抗振能力，而且对管壁减薄不明显，使管子内部内应力小，应力腐蚀倾向也小。当时的胀管器是采用德国液压胀头形式，工装根据图样和技术要求设计了液压胀头，并对不同规格及材质的管子和管板进行相应的液压胀管力计算，进行了大量的胀接工艺试验，并成功用于实际生产，保证了产品的制造质量，开启了管子-管板全程胀接的新时代。

1988年,为吉林热电厂研制了国内最大的JR-1250和JR-2600大型热网加热器,先后完成了热网加热器膨胀节压制模具的设计、膨胀节压制工艺技术研究、封头模具设计开发和压制工艺技术研究、换热器管子-管板胀接技术研究、管子-管板焊接技术研究以及总装和焊接,包括无损检验工艺技术研究等,制订了详细的工艺方案,保证了设备制造质量,运行结果满足设计要求,取得用户高度认可。

哈锅在研发新产品的同时,进行了"六五"和"七五"技术改造,扩建了电站辅机生产厂房,相应合理调整工艺布局,并增添了当时具有国际先进技术水平的工艺技术装备,设备能力居国内领先地位,已经具备批量生产300MW、600MW机组的电站辅机和600MW、1000MW核电配套辅机设备的能力。

2000年至2010年,引进国外先进技术,把公司固有的经验和技术,与引进技术相结合,在消化、吸收、提高的基础上,使哈锅设计、制造和检验技术迈上了一个新台阶,达到国际先进水平。

2002年,研制成功首台引进东芝技术的韩城高压加热器。该高压加热器是公司首次采用引进日本东芝高压加热器技术(2000年),并结合公司固有经验进行设计和制造的。东芝高压加热器在管系设计和制造上的一个明显特点,是将原来管子-管板伸出式结构改为内缩式结构,为此进行了管子-管板焊接及胀接工艺技术研究,做了大量的工艺试验,同时在管子-管板焊接过程中增加了预热,使管端焊接质量有了一个很大的提升。另外,水室分程隔板结构调整为球片式结构,管系支撑工装设计也进行了相应优化改为螺纹可调式结构,减少了占地面积,增强了实用性和可调性,大大提高了生产效率和产品质量,使哈锅在高压加热器设计、制造和检验技术又迈上了一个新台阶,并达到国际先进水平(见图8.1-16)。

2002年开始,液袋形式的液压胀管器开始应用于高压加热器和其他换热器管子-管板的液压胀管。原来德国液压胀头形式的胀管器,其工作原理是液压胀管机工作时高压水通过胀头内腔,经胀头表面喷水孔高压射出,通过胀头胀接区域段两侧的弹性胶圈密封,使管子发生塑性变形,而管板发生弹性变形,从而达到管子-管板全程贴胀的目的。但是德国液压胀头对换热管尺寸、壁厚

图8.1-16 配火电机组600MW高压加热器

等几何精度要求十分严格,如果换热管精度不好,就无法实现正常液压胀接。也就是说,如果管子不规范,与胀头接触间隙大,则密封不住;与胀头接触间隙小,则液压胀头无法伸入管子,而强制插入则会毁坏密封胶圈,也无法达到胀接的目的。鉴于上述情况,德国液压胀头形式的胀管器逐步退出历史舞台,2002年以后,逐渐被液袋形式的液压胀管器所替代,并进行了一系列的液压胀接工艺试验研究和胀接工艺评定,此胀接方法一直沿用至今,经大量高压加热器产品和其他换热器设备,包括核电换热器设备的长期运行,证明其胀接质量完全满足设计及运行要求。

2004年,研制成功首台引进东芝技术的单筒式卧式除氧器(见图8.1-17)。单筒式卧式除氧器在不改变设备除氧性能的前提下,将原来除氧设备由除氧器和水箱两部分合而为

一，结构更为紧凑，设备占用的空间大大缩小。单筒式除氧设备结构设计尺寸（直径和长度）可根据要求而改变，可降低成本，提高效率，尤其是提高现场设备安装效率。由于采用了弹簧喷嘴、受水箱及除氧盘等新式内件结构，从而使除氧效果更好。单筒式除氧器内件与分体式除氧器及水箱内件相比较，其结构更加复杂，制造难度及精度要求很高。在产品投产前制订了详细的工艺方

图 8.1-17 引进东芝技术的单筒式卧式除氧器

案，并做了大量的工艺试验和焊接工艺评定，完成了第一、第二受水箱压制工艺试验、内件装配及除氧器总装等多项工艺技术研究，保证了设备制造质量，为后续单筒式除氧器制造奠定了坚实基础。

进入 21 世纪，哈锅通过引进技术和自主研发创新，在高压加热器及除氧器技术上取得了可喜成绩，先后开发了配套 350MW 和 600MW 超临界系列、配套 600MW 和 1000MW 超超临界机组系列以及 1000MW 二次再热机组高压加热器和单筒式除氧器。还自主研发了宽负荷脱硝机组改造所增设的 0 号高压加热器。目前，哈锅自主开发型高压加热器和单筒式除氧器的产量已经超过了引进型同类产品，为国家电力事业的发展做出了贡献。

1.2.3 哈锅核电压力容器技术发展历史

中国的核电工业起步较晚，而且哈锅所处的地理环境毫无优势可言，但作为国家机械行业和压力容器制造行业的大型骨干企业，哈锅一直积极参与和承担核电压力容器的科研、开发和制造任务。哈锅积极开发核电技术、增加大型装备、开展试验研究、建立和完善组织结构、建立核电质保体系、研究核标准及法规，在核电设备制造技术的软、硬件诸多方面进行大量的技术储备。可以说，哈锅为我国核电事业的发展做了应有的贡献。

1.2.3.1 主要产品研制过程

早在 20 世纪 60 年代，哈锅就开始设计研制核能产品。1964 年，哈锅承制了清华大学开发的"114"核反应堆中的压力壳及稳压器，是哈锅生产核电压力容器的开端。1964 年哈锅还生产出了中国第一套提炼重水试验装置ⅠA、ⅠB 增湿塔等 7 台压力容器。1964—1969 年为四川火炬制造厂提供了提炼重水试验装置的压力容器。

20 世纪 80 年代以来，哈锅为承制核电厂的核岛设备，在内部机构上成立了核电领导小组；1986 年在辅机容器设计处专门成立了核能设计组；1993 年又成立了以总工程师为主任的核电办公室，领导和协调核电产品开发工作。在工艺装备上引进了 VTBM80-CNC 数据加工中心，可对重 160t、直径 8.5m、高 5m 的工件进行车、镗、铣、磨等工序的加工；又增添了三轴数控孔钻床、带极堆焊、内孔焊、液压胀管机等设备，还规划扩建重型容器厂，建设 32m 长大型热处理炉、重型变位器等设备。此外，针对核电产品中关键材料焊接工艺开展了大量试验研究工作。

1987 年为清华大学制造了一套 5MW 低温核供热装置，包括压力壳、安全壳、热交换

器和堆内构件等部件（见图 8.1-18）。其中压力壳设计压力 2.94MPa，内径 1800mm，内表面堆焊不锈钢，封头与筒身的连接和核反应堆压力壳一样采用了双道镀银空心金属 O 形环和大螺栓法兰结构。该装置是当时世界上第一套投入商业运行的低温核供热堆，自 1989 年 12 月 16 日投入运行后一直安全运行，为低温核供热堆大型化奠定了基础。

图 8.1-18　5MW 低温核供热试验堆及获奖证书

a）试验堆　b）获奖证书

1986 年，哈尔滨市的 2×200MW 低温核供热堆项目被列为国家"七五"重点科技攻关项目之一。1987 年 9 月—1988 年 5 月，由国家科委、清华大学、核设计二院和哈尔滨市政府组成了中国供热堆代表团（HRU）与德国西门子 KWU 公司对哈尔滨 2×200MW 供热堆项目进行了联合预可行性研究。中方的核岛主设备的初步设计和制造方案主要是由清华大学和哈锅联合完成的。

1997年，哈锅签订了秦山核电二期（我国自行设计建造的第一座600MW核电站）辅助给水除氧器供货合同。1998年1月通过秦山除氧器设计评审，1999年8月19日业主对产成设备进行了验收。此后的秦山核电二期扩建项目中哈锅承担了汽水分离再热器的设计制造任务。2001年，哈锅为四川火炬厂设计并制造了重水提炼装置中的一级冷/热塔、三级冷/热塔及其他关键设备，并针对塔器长径比较大的特点，围绕如何保证塔器直线度、垂直度，以及塔盘内件平行度等制造关键点，开展相关工艺技术研究，保证了产品制造质量，为塔器制造积累了宝贵经验。

1999年，哈锅开始研制1000MW岭澳汽水分离再热器（简称MSR）。MSR是核电站常规岛的特有设备，为国内首次制造，并列入"九五"国家重点科研课题。其设计和制造是以英国标准BS 5500《非受火熔焊压力容器规范》为基础标准，并涉及欧标（EN）。设计中采用了BS和EN标准系列材料，主要材料包括碳锰钢、奥氏体不锈钢、铁素体不锈钢以及镍-铬-铁合金等，属于内部结构复杂的薄壁大型一体化结构复合式卧式压力容器，主要由外壳、防腐壳、包壳、管束支撑架、分离器及换热器管束等零部件组成，结构十分复杂，组装精度要求极高。主壳体为大直径（ϕ5350mm）薄壁结构（厚度30mm），刚度较差，管束支撑架为结构件，由上、中、下三部分组成，其组装精度的好坏将直接影响后续新、乏蒸汽换热器（LS、BS）能否实现顺利套装，而MSR总装就是将主壳体、防腐壳、管束支撑架、包壳，以及新、乏蒸汽换热器等20个零部件按图样和技术要求有序地组装为一体。为此，在前期技术准备阶段制订了详细的工艺方案，并进行了大量的工艺试验和评定，完成了大直径薄壁筒体卷制工艺技术研究、包壳及防腐壳压制工艺技术研究、管束支撑框架组焊及测量工艺技术研究和新、乏蒸汽换热器管束制造工艺技术研究，其中包括管板镍基合金堆焊、管板孔群加工、管板的表面处理、管端焊接、胀接及管束组装等。另外制订了MSR管束支撑架套装和新、乏蒸汽换热器套装引入工艺方案，并进行了大量的工艺试验研究。经过5年多的努力，1号机的两台MSR于2000年4月2日在辽宁葫芦岛FOB交货（见图8.1-19），2号机于2000年11月20日在大连棉花岛FOB交货。这标志着哈锅在推进核电设备国产化进程方面又迈上了一个新的台阶，为进一步承制核电产品打下了良好的基础。

图8.1-19　哈锅制造的国内首台百万千瓦级岭澳核电站汽水分离再热器

进入21世纪，哈锅认真执行国家的能源政策、环保政策和产业政策，结合公司的实际情况，积极推行科技创新战略，重点做好新产业、新产品的开发工作，开发具有自主知识产权的系列火电、核电产品。

2004年获得巴基斯坦恰希玛核电站300MW PC2蒸发器项目，哈锅承担了蒸汽发生器的研发工作。哈锅经过多年的核电制造工艺技术研发以及装备、人员方面上的技术储备，经过近4年的不懈努力，于2008年制造完成巴基斯坦恰希玛核电站300MW核电机组的核岛设备——蒸汽发生器（C2项目，见图8.1-20）。

图8.1-20　哈锅制造的恰希玛核电蒸汽发生器

C2蒸汽发生器管板组件孔群加工，按技术要求管孔轴线相对于管板轴线的平行度为0.26mm，管板带有一次侧短节的状态下钻孔，而且管板表面要堆焊为镍基合金，给孔群加工带来一定的困难。针对孔群加工难题，结合以往深孔钻加工经验，开展工艺技术研究，选择合适的BTA深孔加工刀具，设计专用工装，并做了大量的工艺试验，使用卧式三轴数控深孔钻床，从一次侧向二次侧钻孔。管板一次侧有短节，利用加长导向套等工装解决导向和支撑要求，从初始钻入起直至支撑板能够沿已钻削表面支撑住钻头，从而保证了管板和一次侧短节组件孔群深孔加工质量要求。

在管子-管板胀接方面，按技术要求单个接头拔脱力为20000～40000N，胀管率范围为3%～14%，密封性能为管外侧加压12.75MPa、保压30min，或氦气检漏，泄漏率小于10^{-3}mbar·L/s。根据管子-管板胀接要求，完成了胀接工艺技术研究，制订了相应的工艺措施，严格按技术条件规定项目及要求进行胀接工艺评定，确定合理的胀管率范围，超差管孔单独进行评定确定合适的胀管率范围，以确保胀接接头可靠性。加强胀接过程控制，通过试样胀接及检查来控制，在每个人每个班的开始，至少胀一个试样检查，最终保证了管子-管板胀接质量。

在完成了上述工艺技术研究的同时，还先后完成了管束支撑件组装、封头内壁不锈钢带极堆焊、管板镍基合金堆焊、管子-管板全位置自动TIG焊、一次侧接管预堆边及与安全端环缝焊接、SA-508 Cl.3筒体环缝的焊接、一次侧接管的内壁堆焊、表面清洁处理等多项工艺技术研究，并成功应用于实际生产。另外，将测微准直望远镜与光学经纬仪同步测量技术应用于蒸汽发生器的组装过程检测，保证了产品的制造质量，积累了成功宝贵的核岛设备制造经验，为哈锅及哈电集团核电市场开发打下了坚实基础。

2008年承揽了浙江三门核电公司AP1000机组主蒸汽管道、6号及7号高压加热器、除氧器及水箱、排污箱和MSR的产品制造。它是中国首台采用AP1000第三代核电技术，于 2012 年全部产成。在高压加热器生产过程中，U 形管穿管插入的力度要求相当严格，不得超过 147N，因此对管板、隔板管孔同轴度的调试提出了极其严格的要求，另外管子-管板胀接为三段式机械胀，与较普遍使用的高压加热器全程式液压胀相比而言，要求更高，操作更难。同时按技术要求要进行擦拭试验，内部清洁度要求十分严格。哈锅对此进行了大量的工艺试验和工艺评定，制订了详细的制造工艺方案，并将测微准直望远镜与光学经纬仪同步测量技术应用于管系组装过程检测。期间完成了高压加热器管板堆焊、孔群深孔加工、管子-管板焊接、胀接及总装等多项工艺技术研究。另外，按 AP1000 三门主蒸汽管道开孔及坡口精度要求，完成了主蒸汽管道空间三维大尺寸开孔及坡口建模和数控机械加工技术研究。根据公司以往成熟制造经验，完成除氧器及水箱、排污箱和 MSR 的产品制造工艺研究，保质保量地完成了生产制造任务（见图 8.1-21）。

2009 年签订了华能山东石岛湾核电公司 210MW 机组高温气冷示范堆工程项目中的高压加热器及系统附件、启停堆系统（包括起动汽水分离器、扩容器、疏水箱）和除氧器合同，全部采用哈锅技术。这是国内首台采用第四代核电技术——高温气冷示范堆工程，这些设备全部采用哈锅自主技术。

2009 年签订广东台山核电 EPR-1750 项目 2×1750MW 机组的低压加热器（见图 8.1-22）、疏水箱、除氧器和 ATD 加热器的设计制造合同。这是国内首台核电 EPR 项目，采用法国阿尔斯通设计和制造技术，部分零部件结构第一次采用，给零件成形、焊接等均带来了一定困难。比如除氧器筒身壁薄、直径大，难以控制成形公差，内件复杂，为三段房屋式结构，采用不锈钢薄板，给装配工艺带来了一定难度。ATD 包壳、水室预焊件等成形难度较大，换热器胀接工艺评定试验和胀接工培训试样均需要进行水压试验，管端焊接试样需要进行密封性试验。低压加热器预焊件壁厚较小且直径较大，预焊件成形困难。经过工艺处内部方案的研讨，并进行了一系列相关数据的收集，在大量论证的基础上，以及与国内外著名焊材厂家对焊材采购规程进行了多次沟通，并采用大量工艺试验进行证明，讨论试验过程和结果，修订各零部件的最终加工方案，针对试验要求专门制作试验工装，先后完成了除氧器筒身薄壁大直径筒身成形工艺技术研究以及除氧器内件及总装工艺技术研究，完成了低压加热器和 ATD 加热器管板孔群加工、包壳压制和壳程包壳的密封性试验、管子-管板焊接、管子-管板胀接以及管系组装和加热器总装、焊接等多项工艺技术研究，同时将测微准直望远镜

图 8.1-21　世界首台 AP1000 核电高压加热器完工发运

图 8.1-22　台山 1750MW 核电低压加热器

与光学经纬仪同步测量技术应用于管系组装。针对上述产品制订了详细的制造工艺方案，保证了低压加热器、疏水箱、除氧器和 ATD 加热器产品制造质量。该系列设备的成功制造，是哈锅在三代核电制造技术领域的又一次重大突破。

2010 年，哈锅研制的国内首台大型倒置立式高压加热器成功应用于江苏田湾核电站改造项目，田湾核电站是引进俄罗斯的两台 100 万 kW 机组压水堆核电站，该倒置立式高压加热器研制成功替代了俄罗斯高压加热器，各项性能指标均优于原俄罗斯进口产品，获得业主、安装单位及性能测试单位的一致好评。

田湾核电高压加热器在结构设计和原材料选取上与常规高压加热器有很大的差异，特别是采用了管板不锈钢堆焊、奥氏体不锈钢换热管和异种钢结构的上级疏水入口装置，这在哈锅高压加热器生产中尚属首次，换热管为薄壁奥氏体不锈钢 SA-213 TP321，管子与管板的连接采取密封焊＋贴胀的结构。针对这些特点，哈锅制订了专项的课题和试验研究计划，在关键工序的控制上，为保证管架的同轴度要求及穿管过程顺利，改进同轴度调节方式，改变疏水包壳结构，将穿管方式由暗穿改为了明穿，确保了穿管的顺利进行。期间完成了管板深孔钻加工试验、管板及隔板孔群倒角加工试验、换热管管端加工试验、管板带极埋弧焊堆焊不锈钢的试验、不锈钢薄壁管子-管板胀接试验等多项工艺技术研究。在管子-管板焊接方面，换热管为奥氏体不锈钢，管壁较薄，同时由于田湾高压加热器的结构特殊性，进行管子-管板焊接的技术准备时，为保证焊缝接头密封性和力学性能，在做大量试验进行论证之外，还引进了国外类似产品的先进方法，完成了管子-管板焊接技术研究，制订了详细的工艺方案，最终保证了管子-管板焊接质量。另外，在田湾高压加热器立管架和管系装配过程中采用两台测微准直望远镜和一台全站仪同时测量，运用合理的装配顺序最终实现了管架组装的装配公差。

田湾核电高压加热器制造过程中，在原有制造火电高压加热器技术基础上，通过对田湾核电高压加热器的材料、焊接、热处理、机械加工、装配、检验、检测等领域的自主研发和科技攻关、质量改进，系统地掌握了核电常规岛设备制造的关键技术。田湾核电高压加热器的制造成功，实现了我国核电常规岛制造自主化的技术目标，也促进了哈锅核电常规岛设备制造技术的进一步发展，为接近国际先进水平奠定了基础。

2010 年签订田湾核电站 5 号、6 号机组的高压加热器和除氧器的合同，采用卧式两段式双系列布置，完全由哈锅自主进行设计。2011 年在田湾核电站 CPR1000 的 3 号和 4 号"二代加"核电工程中，哈锅承揽了高压加热器、内置式除氧器的设计制造，全部为国产化自主技术。最终，凭借哈锅雄厚的技术实力和优良的工艺装备以及丰富的制造经验和完善的质保体系，保质保量地完成了 CPR1000 3 号和 4 号"二代加"核电高压加热器和内置式除氧器的设计和制造任务（见图 8.1-23、图 8.1-24）。

2013 年中标国家重大专项 CAP1400 核电示范工程——石岛湾项目中的高压加热器

图 8.1-23　田湾核电高压加热器

和除氧器,这是国内首台具有自主知识产权的核电项目。2013年中标国内首台自主技术三代"百万千瓦级中国先进压水堆核电技术"示范工程——福建福清核电站5号和6号机组高压加热器和除氧器。福建福清核电站5号和6号机组ACP1000卧式U形管式高压加热器和内置式给水除氧器是首台国产化"百万千瓦级中国先进压水堆核电技术",是在吸收国内外成熟先进的核电设计、制造技术的基础上,满足推进我国百万千瓦级核电站设计自主化和设备制造本地化的核电发展原则。福清核电站给水除氧器形式为内置卧式一体化除氧器,是哈锅自主研发的三代百万千瓦级核电除氧器,于2013年11月通过了中机联工业设备中心评审专家组评审,评审结论认为哈锅自主研发的三代百万千瓦级核电除氧器技术指标达到国际同类产品先进水平,满足安全高效运行要求。

图8.1-24 田湾核电单筒式卧式除氧器

2015年哈锅研制了石岛湾高温气冷堆示范工程核电高压加热器、除氧器等常规岛设备。该工程是我国首个四代核电示范工程,也是世界上首台商业运行目标的模块式高温气冷堆核电站。该套设备现已安装就位,其中高压加热器管系长径比达到8.7(常规高压加热器为3~4),同时,长度7320mm的疏水段包壳采用双层6mm薄板结构,整个管系和包壳的尺寸很难保证,制造难度大。因此,材料采购期间就利用厂内现有库存料进行工艺试验、策划工艺方案,完成了管系同一轴线上管孔同轴度≤ϕ1mm、包壳板平面度±1mm等多项工艺技术研究。针对双层包壳2mm空腔的气密性试验,设计了专门装焊工装和气密性试验工装,保证了产品的性能。该套设备的顺利投运将为公司核电业绩留下浓墨重彩的一笔,也为四代核电的发展添砖加瓦。

2018年,公司承接研制的福清核电站5号、6号PCS(非能动系统)热交换器,为中核集团首台套"华龙一号"示范工程ACP1000压水堆核电机组,是非能动安全壳热量导出系统的重要设备之一,用于发生严重事故时利用自热循环实现安全壳的长期排热。该类设备实现国内首次制造,填补了国内该领域的空白。福清项目PCS热交换器为不锈钢换热器,共24台设备。其结构型式为上部联箱及下部联箱组合结构,每个联箱分为左右两侧管板及筒体。该新型热交换器结构与常规换热器区别很大,为立式双管板无壳体包覆弯管式换热器,结构复杂,且全部零部件壁厚较小,自身刚性很差,加工性能差,制造难度及精度要求很高。筒体壁厚5mm,管板厚度约30mm,单件长度均为2m。尤其是管板为月牙形结构,在装焊、机械加工工序过程中的装夹难度很大。由于福清热交换器结构在我国换热器市场属于首次应用,该结构的产品制造工艺没有可参考的制造工艺方式。针对该新型换热器结构特点,完成了装配、机械加工、焊接等工艺方案,制作了管屏起吊工装、管板机械加工装夹工装、筒体内撑工装、胀接支撑工装等多套专用工装,提出了先立换热管后套管板的立组装装配方法。经过工艺技术研究攻关,攻克了不锈钢薄壁筒体及细长弧面管板外形机械加工问题,解决了转运起吊、机械加工、装配、焊接等制造关键工序难题,形成一整套符合公司制造能力、可行的工艺技术,最终成功实现首次国内制造。目前公司已完全掌握自主的成熟工艺技术，已申请的多项专利都已完成初步审查或进入实审阶段。该新型核岛热交换器的成功标志着哈锅已具备高端核电装备制造能力，向更广阔的核电装备制造领域迈进（见图 8.1-25、图 8.1-26）。

图 8.1-25　福清核电单筒式除氧器　　　　图 8.1-26　"华龙一号"福清核电站 PCS 热交换器

1.2.3.2　核电质保体系发展过程

伴随着核电压力容器制造的发展，哈锅逐步建立起完善的核设备质保体系。以清华大学 5MW 低温核供热项目为起步，贯彻 ASME Ⅲ 的要求；在 1990 年承制秦山核电二期工程 2×600MW 蒸汽发生器的资格评审的基础上，哈锅又进一步完善了组织机构和质保体系，编制了第二版核质保大纲和手册，编制了 34 个可执行程序，并按 HAF0900 资格证制度申请了核压力容器制造许可证，初步建立了核设备的质量保证体系，ISO9001 认证工作也在同步进行；1995 年取得国家核安全局颁发的"压水堆核电厂承压设备""200MW 低温核供热堆承压设备"制造资格证书；2007 年取得美国机械工程师协会（ASME）颁发的 N、NPT、NS 法规钢印和授权证书；2010 年进一步完善了核设备质量保证大纲及 25 个质量大纲执行程序，并多次顺利通过了"两证"的复查。

1.2.4　先进的计算技术在压力容器设计中的应用

近年，哈锅加强了对现代先进计算技术的学习、培训、研究、推广和应用工作，并着力把研究成果应用于压力容器的设计。

2008—2012 年，哈锅设计人员以北京化工大学提交的 600MW 亚临界、超临界机组高压加热器管板应力分析报告为蓝本，经过不懈努力，不仅成功突破了高压加热器管板应力分析技术，同时，以此为基础，对该技术拓扑结构进行更深一步的优化，使之方便程序化、大型化，这也为该技术在哈锅的普及奠定了良好的基础。2014 年，自行开发了"U形管式高压给水加热器（核电、火电）管板应力分析软件"，并于 2015 年 4 月，获得了国家版权局颁发的软件著作权。目前，该软件应用于设计压力超过 GB/T 150—2011 所规定的 35MPa 的多个火电、核电项目的 U 形管式高压加热器、蒸汽冷却器中，如新疆神火、大唐乌沙山、哈密大南湖、国电蚌埠等项目。

2011 年至 2015 年，哈锅开始研究结构和流体有限元分析、流固耦合及模拟技术，并仔细、认真、有计划地把这一技术应用到工程中，把研究的结果用于指导和服务工程设计，使该技术的优势在国内外多个项目中得到很好的体现。

1）2011 年，哈锅首次使用瞬态热固耦合有限元分析技术，对大型先进压水堆及高温气冷堆核电站国家科技重大专项课题"汽水分离器制造技术与工艺设计研究"中的汽水分离器设备进行应力分析，保证了该设备在起动、停机等工况的安全。此外，还对该设备进行了热-机疲劳计算，充分保证该设备使用寿命符合设计使用年限要求。

2）2012 年底，哈锅首次使用流体软件 Fluent 对高压加热器过热段采用"正三角形"布管和"转角"正三角形布管两种方式的传热性能进行模拟，该模拟结论验证了理论计算的可靠性，十分具有工程应用价值。

3）2013 年，通过对田湾核电工程除氧器采用热固耦合有限元分析，将其给水装置进行结构调整和改进，有效地避免由于恶劣工况引起的温差应力对该设备给水装置的破坏。改进后的给水装置结构也被成功应用在福建福清核电厂 5 号、6 号机组工程除氧器中。

4）2013 年，哈锅首次使用流体软件 CFX 对淮阴工程蒸汽冷却器内置节流孔板的孔径进行详细计算，为精确计算提供了依据，也为同类换热器设计提供了参考和依据。

5）2014 年，首次使用极限载荷法对兴安盟诚泰项目 HY-GAS 气化炉筒身斜接管进行极限分析。该方法的使用，标志着哈锅在塑性应力分析方面迈出坚实的一步，也为塑性分析方法在工程上的应用提供了必要的基础。

6）2015 年，哈锅首次引入谱分析方法对核电 CAP1400 工程 6 号、7 号高压加热器以及除氧器进行地震分析。该方法的引入不仅可以较为精确地计算这些设备在较高楼层地震工况下的强度，也可以较为准确地确定设备地基的承载以及设备地脚螺栓的直径等。该方法的引入，标志着哈锅在有限元动力学模拟方面有所突破。

7）2015 年，哈锅与哈尔滨工业大学联合利用 Fluent 软件对大型先进压水堆及高温气冷堆核电站国家科技重大专项课题"汽水分离器制造技术与工艺设计研究"中的汽水分离器分离效果进行模拟，得出了汽水分离器内的汽水两相介质在不同工作条件下的流动状态，汽、水介质运动路径，设备内水位变化情况以及蒸汽出口处蒸汽干度数值等。本项目的完成，标志着哈锅流体模拟已初步掌握多相流技术。

8）2015 年，哈锅首次使用流体软件 CFX 对滆池工程外置式蒸汽冷却器进行流固耦合传热分析，通过模拟得出外置式蒸汽冷却器管、壳程温度场分布，这为分析和设计外置式蒸汽冷却器传热提供了良好的借鉴和指导。

9）2017 年，对于在电力和石油化工行业使用空间网壳结构，目前还没有专门的规范可循，哈锅参照建筑行业规范 JGJ 7—2010《空间网格结构技术规程》对光热发电熔盐储罐罐顶网壳进行了弹塑性屈曲分析，为光热发电储热系统设备的研制提供了有力保障。

10）2018 年，对于大唐长山生物质耦合发电项目的油水换热器进行了热固耦合分析，该换热器采用法兰夹持式管板，分析中需要考虑不锈钢石墨缠绕垫片在不同温度下的压缩-回弹曲线，涉及材料非线性，还要考虑垫片、法兰、管板及螺栓整个系统的接触非线性问题。该模型的计算为复杂有限元分析提供了有利借鉴。

11)"十二五"期间,我国提出推动信息化和工业化深度融合的目标,围绕这一目标,哈锅提出"努力开启哈锅3.0时代,走自主研发和原始创新道路,实现产品和产业全面升级,引领行业发展,做真正的技术公司"。哈锅在现有信息化工作基础上,于2014年初购买了三维设计软件Inventor,并且聘请Autodesk公司技术人员对设计人员结合典型产品多次进行软件使用方面的培训,收到了良好的效果。

目前,哈锅设计人员已经将三维设计软件Inventor应用于产品设计、制造中。哈锅首次采用Inventor软件,初步实现了300MW等级锅炉疏水起动扩容器的三维设计以及转二维施工图(见图8.1-27),并充分利用参数化方法通过修改相关参数将300MW等级锅炉疏水起动扩容器模型修改为600MW等级锅炉疏水起动扩容器模型。这种参数化设计方法试点的成功,将Inventor软件广泛应用于压力容器的产品设计制造中,在复杂结构的设计时,进行碰撞检查,避免干涉的出现;通过三维模型与二维工程图样间的尺寸联动,保证产品制造过程中尺寸修改的完整性,避免由于漏改尺寸造成不必要的设计质量差错;如遇到复杂的产品,设计者将其做成三维动画,方便向业主、车间工人进行三维演示;遇到类似斜锥等复杂结构制造时,可以采用三维软件进行加工图的展开,方便车间下料,并可以实现对板料、管材或复杂形状的三维加工。

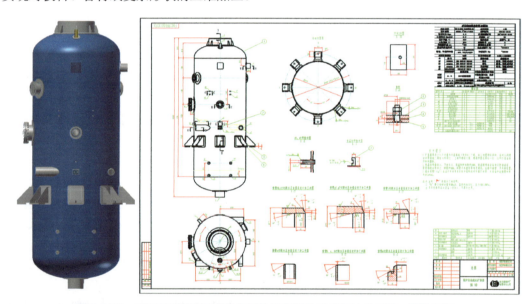

图 8.1-27　300MW 等级锅炉疏水起动扩容器的三维设计以及转二维施工图

1.3　哈锅压力容器焊接及热处理工艺技术的发展

1.3.1　各类焊接结构的焊接技术

1.3.1.1　纵环缝焊接技术

20世纪50年代,哈锅开始采用立式电渣焊纵缝焊接装置焊接容器类产品的纵缝,焊接完成后采用正火或正火加回火工艺恢复力学性能。环缝焊接采用环缝埋弧焊设备从外侧焊接容器环缝。当时，这两种焊接设备代替了手工焊接，大大提高了厚壁容器主壳体的焊接效率，其中环缝埋弧焊成功用于 1958 年生产的多层包扎式高压爆破试验容器。1958 年，哈锅通过焊接攻关，首次成功掌握了内径 400mm、壁厚 50mm 的单层高压容器的纵环缝单面焊双面成形技术，为后续类似结构的生产奠定了基础。

20 世纪 60 年代，哈锅采用机械埋弧焊设备生产了氨合成塔、尿素合成塔等一系列石化容器关键设备，其中尿素合成塔的壳体材料为 18MnMoNb，内径达到了 1400mm，埋弧焊接工艺已经运用成熟。

到了 20 世纪 70 年代，哈锅研发了内环缝埋弧焊机，使容器内环缝由手工焊过渡到埋弧焊，大大提高了纵环缝的焊接效率和焊接质量，也将容器产品纵环缝机械焊比例提高至 95% 以上。1972 年，公司承制的国产首台钛衬里二氧化碳汽提塔中，对其钛材内衬的纵环缝焊接全部采用氩弧焊的焊接方法，钛材自身的焊接采用了当时比较先进的自动氩弧焊、等离子弧焊、钛 - 钢锻件氩箱炉中钎焊等焊接方法。

随着容器产品压力越来越高、壁厚越来越大，无自动跟踪系统的宽坡口埋弧焊设备无法优质高效节能地完成这样的焊接。为此，1985 年引进了瑞典 ESAB 公司 EHD-MKG 型窄间隙埋弧焊装置，操作机尺寸为 4m×4m，该装置具有自动跟踪系统，其焊头光电跟踪系统可防止焊道出现偏移，具有自动防偏系统的滚轮架可防止筒体在旋转中产生轴向移位，具有自动调整焊丝偏角功能的薄型焊头可在 18～22mm 窄间隙坡口内完成最大深度为 350mm 的焊接工作。该设备可焊接单边坡口角度为 1°～3°，相对于单边角度 6°～8° 的坡口，减少了填充金属量，降低了焊缝应力，提高了焊接质量。通过计算在焊接厚壁筒体时可节约焊丝 40% 左右，节约焊剂 60% 左右，节约焊接时间 25% 左右。

1987 年公司引进了意大利 Ansaldo 公司的滚轮架载荷为 350t、6m×8m 的 MKH6 型窄间隙埋弧焊装置，该滚轮架的防偏系统是自动调节其中一个从动轮的偏角实现的，不同于 ESAB 公司调整从动轮高低。哈锅引入该设备后，焊接了大量的厚壁壳体的纵缝。随着容器筒体纵缝工作量的增加，为了进一步提高焊接效率，哈锅于 1988 年购置了哈尔滨焊接研究所的 HSS-2500 型双丝窄间隙埋弧焊机，并利用该设备自行改制了一台单丝窄间隙纵缝焊机，可焊接筒体直径为 2～4m，筒体最大长度为 9m。

20 世纪 90 年代，采用纵缝窄间隙焊机、窄间隙埋弧焊操作机或更方便的小车埋弧焊机焊接筒体纵缝，环缝一直采用窄间隙埋弧焊操作机进行焊接。

随着石化产品增多，哈锅从 2005 年开始先后采购了 8m×6m（2005 年，ESAB）、5m×4m（2008 年，焊研威达）、5m×5m（2009 年，焊研威达）、3 台 6m×6m（2012 年，焊研威达）等 6 台窄间隙操作机，焊接工艺也非常成熟。为了更进一步提高焊接效率，公司开始两台操作机同时焊接同一产品的两条环缝，发展到用三台操作机同时焊接同一产品的三条环缝（见图 8.1-28），这对设备的稳定性、焊工的技能、工艺的成熟度的要求都

图 8.1-28　2012 年三台窄间隙操作机同时施焊蒲城气化炉环缝

非常高，焊接场景非常壮观。

1.3.1.2　管子-管板焊接技术

哈锅早在20世纪70年代就研制了管子-管板氩弧焊机用于热交换器的焊接，代替手工氩弧焊，焊缝成形明显改善，大大提高了换热器的质量。1972年承制的二氧化碳汽提塔是一种高压厚管板列管式换热器，其钛管和钛复合板的焊接就是采用了比较先进的自动氩弧焊，焊缝表面成形美观光滑，质量稳定，为后续各类钛材换热器的生产打下了基础。为了提高焊接质量，在20世纪80年代，引进了瑞典ESAB公司PROTIG-250焊机、法国Messer公司和美国Horbat公司的全位置管子-管板焊机，此外，自行设计和制造的全位置TIG焊机也在生产中得到了应用。为生产钛冷凝器产品，工艺处在1983年进行了钛管板和钛换热管的自动氩弧焊工艺评定，换热管材质为TA1，规格为$\phi 25mm\times 0.6mm$，管板材质为TA2，厚度为29mm，采用自熔形式的自动脉冲氩弧焊工艺进行焊接，焊后成形美观。

1985—1986年，哈锅生产的尿素装置二氧化碳汽提塔管子-管板结构比较特殊，管板材质为20MnMo堆CrNiMo25-20-2，换热管材质为X2CrNiMo25-22-2，换热管规格为$\phi 31mm\times 3mm$，换热管伸出管板15mm，管壁间距9mm，操作空间非常狭窄。由于没有专用设备，只能采用手工氩弧焊，为了保护好焊缝熔池和管子内壁，专门制作了手工氩弧焊气体保护罩和管内气体保护塞。

2002年开始哈锅引进了法国保利苏迪PS-254、TS2000等型号的管子-管板焊机焊接换热器的管端，一直沿用至今。

1999年，哈锅承制了鲁南项目甲醇合成塔产品，在该产品生产过程中，第一次采用自动管子-管板焊机焊接双相不锈钢换热管SAF2205，该产品管板堆焊了过渡层E309L，耐蚀层堆焊E309MoL，换热管规格为$\phi 44mm\times 2mm$，管端焊采用山特维克双相钢焊材，保护气中含有2%～3%的氮气。2009年之后生产的甲醇合成塔堆焊层改成了E309L+E308L，管板工艺未变。根据设计院图样要求，在2014年出厂的康乃尔乙二醇合成塔中，采用ERNiCrMo-3焊丝代替双相钢焊丝。

2007年成功施焊了巴基斯坦恰希玛项目的蒸汽发生器，该项目管板采用低合金高强度钢堆焊镍基合金Inconel strip 82，换热管采用镍基合金Incoloy 800，规格为$\phi 22mm\times 1.2mm$，焊材采用了进口焊材Inconel Filler Metal 82，由于镍基合金的焊接性差，容易出现焊接热裂纹，为此，工艺处进行了专项的攻关研究。

从2010年的田湾改造项目核电高压加热器产品开始，设计部门逐步开始采用奥氏体不锈钢换热管用于汽机辅机，由此也开始大量焊接奥氏体不锈钢换热管的管子管板。工艺处通过专门的课题对不锈钢管子-管板焊接进行了研究，采用自动氩弧焊，对单层填丝、先自熔不填丝再填丝和先填丝焊接后自熔不填丝三种工艺进行了细致对比，通过焊喉高度试验、宏观试验、微观试验、铁素体试验以及拉脱力试验等试验证明，这三种方式都可以用于管子-管板焊接，但在表面成形、根部熔透方面有少量的区别，但是第三种的表面成形好，有利于保证换热器功能的发挥。并且通过田湾核电高压加热器和后期的台山核电低压加热器的管子-管板焊接与胀接不同工序的研究，发现由于易发生气孔缺陷，先胀后焊的接头比先焊后胀的接头焊接难度大。在后续2013年开始投产的田湾3号和4号核电高压加热器产品中，设计部门首次采用了铁素体换热管 TP439，工艺处也成立专门的课题对其管端焊进行研究，成功生产了 8 台产品。

2014 年哈锅生产的福建长乐余热回收器的管子 - 管板焊结构极其特殊，管桥尺寸小，净间距仅有 9mm，管子伸出 15mm，要求根部焊透，焊接空间极其狭窄，再加上所用镍基合金焊丝焊接性不好，所以该结构成为最难的一种管端焊结构。工艺处通过改造现有管子 - 管板自动焊机，优化送丝嘴和气体保护结构，最终采用自动氩弧焊成功施焊。

2016 年初，哈锅中标了安徽六国化工项目的废热锅炉产品。据悉，该废锅设备为卡萨利工艺技术，该技术采用不同于常规火电高压加热器、废锅管端焊的新型内孔焊结构，在管板的壳程侧加工出与换热管对接的凸台，换热管不穿过管板，在壳程侧与管板的凸台形成对接焊缝。这种结构将管端焊焊缝的位置由常规的管板外侧转移到管板内侧，焊接时必须将焊接设备插入管板上的小孔，深入到对接焊缝的位置，在换热管内部进行焊接，孔的直径只有 20.6mm，而孔的深度达到 241mm，这种结构是至今第一次遇到深孔管子 - 管板焊接，也是世界上最难焊接的结构之一。该项目经过技术攻关，结合专用的焊接工装以及焊接结构完成了深孔焊工艺的开发。

图 8.1-29、图 8.1-30 分别为管子 - 管板焊接操作机和悬吊式管子 - 管板氩弧焊机。

图 8.1-29　管子 - 管板焊接操作机

图 8.1-30　悬吊式管子 - 管板氩弧焊机

1.3.1.3　接管与壳体相贯线焊接技术

在 20 世纪 50 年代没有专用的接管与筒身焊缝焊接设备，接管全部采用焊条电弧焊。但随着压力容器、核电产品的筒身厚度不断增加，接管直径也不断增加，在厚壁壳体上焊制大直径接管，不仅工作量大而且技术难度高，焊接工人极易疲劳。为此，哈锅 1987 年引进了意大利 Ansaldo 公司两台 4 轴大管接头焊接机器人，该设备具有自动监测坡口、自动跟踪焊道的功能，可焊接接管直径为 $\phi 300 \sim \phi 1000mm$，坡口最大深度为 300mm，成为当时最先进的管接头焊接设备。与此同时，开始采用马鞍形自动气割装置在筒身上开孔，开孔精度更高，坡口侧壁光洁度更好。

为了实现焊接设备国产化，哈锅从 2004 年开始采购国内的机械马鞍形埋弧焊机，该焊接设备虽然不具备自动排道、跟踪等功能，但操作简单、经久耐用、焊缝一次合格率高，所以一直沿用至今。与此同时，2004 年，哈锅从国内采购了骑坐式小接管埋弧焊机，相对大管接头，该焊接设备采用横向埋弧焊，减小了焊丝直径，焊缝成形好、质量稳定。

图 8.1-31、图 8.1-32 所示为管接头自动埋弧焊。

图 8.1-31　插入式管接头自动埋弧焊

图 8.1-32　对接式管接头自动埋弧焊

1.3.1.4　堆焊技术

1. 壳体内壁、管板等大面积堆焊

20 世纪 80 年代初,哈锅从 ESAB 引进了带极埋弧焊机机头,自行组建了两台带极堆焊设备,用于高压加热器管板的带极堆焊,堆焊材质为纯铁 DT4A,焊带规格为 60mm×0.5mm,该设备的引入大大提高了堆焊效率和堆焊质量。随后,哈锅于 1986 年生产的 24 万 t/ 年尿素装置二氧化碳汽提塔和清华大学项目 5MW 低温核供热堆中的 "114 压力壳"进行了不锈钢带极堆焊。其中汽提塔在管板 20MnMo 上堆焊三层 2RM69（X2CrNiMo25-22）,焊材尺寸为 60mm×0.5mm。产品生产前工艺处针对热处理对堆焊层的影响、工艺参数、焊缝的化学成分、金相组织和耐蚀性能进行了细致研究。针对清华大学"114 压力壳"的产品堆焊,专门进行了 16MnR 表面堆焊了 00Cr28Ni11+00Cr22Ni10 的焊接工艺评定,焊材规格为 60mm×0.6mm,并且对堆焊焊缝进行了化学成分、金相组织、塑性及晶间腐蚀等的全面检测。通过以上两个项目,哈锅已经初步掌握了大面积不锈钢堆焊技术。

哈锅从 2008 年开始生产神华项目德士古气化炉,首次对大直径筒体内壁即激冷室内壁进行大面积带极堆焊,该项目母材为 SA-387 Gr.11 Cl.2,规格为 ϕ3800mm×（115+6）mm,在产品生产过程中,带极埋弧焊为主要的堆焊工艺,焊材采用德国伯乐焊材 Soudotape 309L/316L,规格为 60mm×0.5mm,焊剂牌号为 Record INT 109S,其他焊接方法比如焊条电弧焊、氩弧焊、气体保护焊作为补充,进行局部的堆焊。在 2009 年生产渭化项目的德士古气化炉时,通过与国内焊材厂家进行联合试验,采用了国内堆焊焊带进行堆焊,为公司节约成本约 177.4 万元。

在 2012 年末产成的首台全国最大的德士古气化炉——蒲城气化炉的生产过程中,对燃烧室、激冷室分别进行了大面积镍基合金堆焊,其中燃烧室规格为 ϕ3200mm×（130+6）mm,堆焊材质为 ENiCrMo-3。激冷室规格为 ϕ4144mm×（160+3）mm,堆焊材质为 ENiCrFe-3。为了保证堆焊质量和提高堆焊效率,球形封头、大型锥体、Y 形锻件、筒体、大法兰及短节全部采用 60mm×0.5mm 的焊带堆焊而成,焊接方法采用电渣焊,这样可以降低稀释率、保证堆焊层的化学成分。

随着德士古气化炉产品的增多,为了扩大产能,哈锅于2012年采购了一台焊研科技的6m×6m的带极堆焊操作机,2013年采购一台德国DURMA 8m×6m带极堆焊操作机(配100t变位机)。

2013年生产中天合创项目的德士古气化炉,首次采用了规格为90mm×0.5mm的超宽焊带进行了产品生产,相对于常规的60mm×0.5mm焊带,该焊带可以提高堆焊效率30%左右,但由于电参数的增大,对焊接设备的稳定性要求更加苛刻。

2014年产成的哈锅首台赤峰加氢反应器项目,首次采用了带极埋弧焊+带极电渣焊的堆焊技术,即在筒体堆焊首次采用过渡层用带极埋弧焊,耐蚀层采用带极电渣焊,这样既可保证熔合又可降低不锈钢堆焊层的稀释率。在该产品的封头堆焊过程中,由于基材为2.25Cr-1Mo钢,需要整个封头过渡层焊接过程中保持在120~250℃以上,从而保证焊缝熔合线和热影响区不会出现冷裂纹,为此工艺处设计了专门的预热工装,该工装不随封头与变位机旋转,成功地实现了焊接整个过程连续加热,哈锅为此成功申请了一项实用新型专利。

2014年,通过自行改造,将两个带极堆焊机头装在了同一个操作机上,对神华项目德士古气化炉的筒节进行堆焊,有效提高了焊接效率。

图8.1-33、图8.1-34、图8.1-35分别为堆焊设备及其配套预热工装。

图8.1-33 电渣堆焊球形封头

图8.1-34 双带极筒体埋弧焊堆焊

2. 小口径管内壁堆焊技术

在1993年前后,研制了接管内壁堆焊设备,该设备可以采用TIG焊枪也可以安装MIG焊枪。对于小口径管,采用尺寸较小的氩弧焊枪;对于大直径接管,采用效率较高的气保焊枪。无论采用哪种焊接工艺,该设备均可保证焊缝压道均匀平整,质量稳定可靠。哈锅采用该设备成功堆焊了渭河等多台气化炉的接管的内壁。2007年,采购了哈焊所小口径管内壁TIG/MIG堆焊机,TIG可堆焊最小直径为80mm,MIG可堆焊最小直径为195mm,可堆焊接管长度为1m。在2014年,哈锅焊接工程师和工装设计师共同成功自行研制了最小可焊接焊后内径38mm、长度400mm接管的超小型TIG焊枪,并成功申请了国家专利。

2012年5月,为了更高效地堆焊镍基合金,采购了一台热丝TIG堆焊成套设备,该设备采用福尼斯进口电源,可焊接φ170～φ1000mm的接管内壁及法兰面堆焊,相对于原小口径内壁堆焊设备提高了焊接效率,改善了焊缝成形效果。

2012年在生产蒲城气化炉时,考虑到采用丝极气保焊堆焊大接管内壁的镍基合金工作量太大,无法按时完成产品生产,改造了一台小型2m×2m操作机,装上了可使用30mm宽焊带的窄带堆焊机头,可焊接内径大于400mm的接管内壁,首次采用电渣带极堆焊堆焊管子内壁。该项目的其他小接管镍基堆焊采用了热丝TIG焊或小口径管内壁堆焊专用设备进行堆焊。

2014年哈锅生产的赤峰加氢项目的加氢反应器的油气出口等部件是规格为φ205mm×30mm的90°弯头,材质为12Cr2Mo1,需要内壁堆焊,由于内径太小,国内还没有现成的自动焊设备可以使用。为了解决这一问题,工艺采用分三段堆焊,为了能够堆焊环缝处的不锈钢层,工艺处制造了三种不同长度的小型气保焊焊枪,为焊工预留出了足够焊接空间,并发明了气保焊纵向堆焊工艺和保证堆焊位置相对有利的工装,并成功申请了两项实用新型专利。

图 8.1-35　球形封头内壁堆焊预热工装

图 8.1-36 为小口径管内壁丝极堆焊机。

1.3.1.5　碳弧气刨技术

碳弧气刨技术由电弧气刨发展而来,该技术最早由哈锅发明并在1958年开始试用,它具有开焊接坡口,背面清根,清理铸、锻、焊件的内部缺陷等诸多功能。该技术没有风铲刺耳的噪声,既能减轻劳动强度,又大大提高了劳动效率,从诞生那天起深受广大电焊工、风铲工和冷作工的欢迎。

尽管这种新技术在当时受到了不同方面的质疑,以全国劳动模范梁彦德(见图 8.1-37)为代表的哈锅技术人员仍然坚持开发和改进,并在1968年出版了《电弧气刨的实践》一

图 8.1-36　小口径管内壁丝极堆焊机

图 8.1-37　碳弧气刨发明者梁彦德

书，对该技术进行了系统的介绍和总结，为我国乃至世界上该技术的推广奠定了基础。

1.3.2 热处理技术

1956 年，哈锅为了压力容器类产品热处理建造了第一个台车式热处理炉，用于容器的整体热处理，热处理温度最高可达 1100℃，热处理炉尺寸约 14m×3.7m×3m，并配备了淬火水槽。该设备于 2004 年进行改造，将长度加大至 22m。

1989—1990 年，哈锅为容器分厂建造了 3 台台车式热处理炉，专门用于压力容器的热处理，一台设备与 8000t 油压机和重型卷板机配合，可实现封头热冲压和筒身钢板热卷的加热和正火、回火热处理；其中最大的一台热处理炉规格为 32m×5.4m×5m，最高工作温度为 1050℃，可承载 400t。

2012 年，为进一步扩大热处理能力，在重型容器分厂又建造了 1 台台车式热处理炉（见图 8.1-38），专门用于压力容器的热处理，该热处理炉规格为 24m×7m×6m，最高工作温度为 1100℃，炉车额定载荷为 600t，保温精度达到了 ±10℃，同时该设备还配备了淬火水槽，可实现压力容器产品的淬火、正火、回火和焊后去应力退火等热处理，由此哈锅的热处理能力又登上一个新台阶。

局部热处理是压力容器产品必不可少的一种热处理方式，常用的主要有两种，一种是红外线电加热，另一种是中频感应加热（见图 8.1-39），主要用于产品环缝、接管与壳体的 D 类焊缝以及焊接返修的局部热处理。哈锅采用最多的是红外线电加热设备，对容器产品进行局部热处理，该设备一般可实现各种结构产品的局部热处理。

图 8.1-38 大型台车式热处理炉

图 8.1-39 中频感应热处理

2010 年哈锅生产的稳流罐产品，接管最大壁厚达到了 400mm，为解决厚壁容器产品焊接预热、后热以及局部热处理内外壁温差过大的问题，哈锅增加了新型中频感应加热设备，此种设备能够有效地保证厚壁容器产品局部热处理内外壁温差符合标准要求。

随着哈锅压力容器产业的不断发展，容器产品所涉及的材料涵盖了碳钢、低合金钢、高合金钢以及不锈钢等，在这一过程中，材料的热处理也攻克了一个又一个难关。如 13MnNiMoR 筒身电渣焊后，为了保证焊缝性能符合标准要求，开发了亚温淬火＋回火工艺；如公司生产的陕西蒲城气化炉，壳体材质为 SA-387 Gr.11 Cl.2，下锥体壁厚达到了 182mm，热成形后需要进行正火＋回火热处理，通过技术攻关解决了特大壁厚产品的正火＋

回火热处理的难题。随着 12Cr2Mo1R、SA-387 Gr.22 Cl.2、SA-387 Gr.91 等更高等级的材料在压力容器上的应用，哈锅通过工艺试验，掌握了各类材料的正火、淬火、回火以及焊后去应力退火等工艺，所有这些热处理技术，为保证哈锅公司压力容器产品的质量提供了坚实的技术保证。

1.4 哈锅压力容器制造装备发展历史

1.4.1 生产厂房及技术改造

哈锅 1954 年 6 月 4 日开工建设，1957 年 7 月 17 日建成投产，建设规模为年产产品金属总重 30053t，主要生产面积 49440m^2，计有 π 形第一厂房九跨（六纵跨、三横跨）、第二厂房五跨、锻热车间一跨。最大起重能力为 50t，主要生产设备有苏联产的四大焊接设备（纵缝电渣焊、筒体环缝埋弧焊、小直径环缝埋弧焊、梁柱焊接装置）、四辊卷板机、四柱立式 2000t 水压机以及大直径弯管机等，为我国电站锅炉和压力容器制造工业奠定了基础。

工厂二期建设工程是根据一机部 1955 年 6 月 24 日编制的计划任务书进行建设，一机部第二设计院依此编制了主要厂房的技术施工设计，1958 年 6 月 25 日正式开工兴建，1959 年 9 月一机部根据国家对新建及扩建项目进行"三定"工作的要求，重新确定的建设规模为年产金属总重 77720t。建设期限要求全部工程于 1960 年基本完成。实际于 1960 年 12 月 24 日经国家验收建成投产。建筑总面积 78070m^2，主要生产面积 59186m^2，计有 π 形第一厂房扩建为十四跨（十纵跨、四横跨），并建设第三厂房五跨和第四厂房四跨，容器厂房最大起重能力 100t。

1982 年，批准"六五"提前续建重型容器厂房有关土建工程，工厂承包投资 1777 万元。在此期间，机械部还于 1983 年末批准紧急措施方案，总投资 473 万元。"六五"建设改造项目按期完成，工厂进入了产品结构与全厂生产布局全面调整的起始阶段。为此，哈锅建造了 1.8 万多 m^2 的重型容器厂房，起重能力达到 400t；配备了 8000t 油压机、9MeV 直线加速器探伤室、32m 大型热处理炉。

进入 2000 年，为适应核电及石化容器产品生产，哈锅陆续对公司压力容器设备制造分厂的生产工艺布局进行了大幅度调整，扩大了压力容器有效生产面积，至 2007 年，为了满足生产任务增加及产品结构调整的需要，围绕进一步提高生产能力、生产效率和产品质量等各方面，进行了相应的工艺技术改造，对重型压力容器分厂生产工艺布局进行了较大规模调整，迁移、增添或更新了部分设备、设施。

2009 年，根据国家振兴重点行业规划，按照哈电集团公司调整产品结构要求，结合哈锅产品实际并考虑公司未来发展，为提升公司化工容器和核电产品生产制造能力，对压力容器生产厂房又进行了扩建改造，将原厂房 36m 跨接长 120m，改造后厂房一跨长度达到 288m，同时在厂房东侧另外扩建了长度为 288m、跨距为 34m 的重型跨，新增两台 300t 起重机，理论起重能力达到了 600t。进一步优化生产工艺布局，有效提高了大型压力容器产品的制造能力，至此哈锅压力容器生产厂房面积达到了 4 万多 m^2，拥有生产压力容器的各类大型设备 100 余台（套）。

哈锅重型容器厂房可见图 8.1-40。

图 8.1-40 重型容器厂房

a)厂房外景 b)厂房内部

1.4.2 制造工艺装备的发展

20世纪50年代初,从苏联援建开始,我国有了压力容器制造工艺技术。当时生产的压力容器壁厚为46mm,筒身采用了热卷技术,设备为苏联援建的四辊卷板机(见图8.1-41),纵缝采用高效电渣焊,焊后正火处理;封头采用了热冲压工艺技术,设备采用苏联援建的2000t水压机(见图8.1-42)。环缝坡口加工完成后,进行环缝埋弧焊,顺利掌握了压力容器制造工艺技术。随着产品不断开发,高压与超高压压力容器工艺技术

图 8.1-41 苏联援建的四辊卷板机

的要求不断提高,材质和壁厚也有了新的变化。按当时条件,对厚度100mm焊接接头纵、环缝的探伤,只能采用100%的超声波探伤,这在当时明显与国际标准不符。当时,对大直径下降管的开孔与焊接也受设备开发所限,只能采用手工电弧焊。

20世纪80年代,随着经济建设的发展以及压力容器设计和制造技术的提高,哈锅引进了一批先进的压力容器制造设备和工艺:从日本引进了针对特厚板的成形设备8000t油压机(见图8.1-43),既解决了筒身的压制问题又解决了大型厚壁封头的冲压问题,并能压制不等壁厚、不等圆弧度筒身瓦片;针对纵、环缝的焊接采用窄间隙埋弧焊,引进了瑞士4m×4m操作机、240t滚轮架和电源机头,又引进了意大利6m×8m操作机、400t滚轮架和电源机头;针对焊缝的探伤引进了美国瓦里安公司的4MeV直线加速器,可探最大厚度为250mm;还引进了钻孔深度可达1000mm的三轴数控深孔钻等先进设备。由此,哈锅将锅炉及压力容器制造提高到了一个新的水平,为承制当时各种大型高难度的石化容器及核电设备奠定了坚实基础。

工艺装备不仅实现了与国际标准的接轨,制造和工艺质量也得到了有效保证。对压力容器设备大直径管接头的开孔和焊接也采用了大厚度的马鞍形自动气割装置和马鞍形埋弧焊机。哈锅技术人员还为厚壁压力容器筒身分两瓦片(1/2)纵缝加工制造了一台9m铣边

机，为容器设备环缝加工制造了一台 ϕ2500mm 的边缘加工车床。为保证容器设备整体热处理，哈锅建造了 4m×4.5m×32m 全自动控温的热处理炉。厂房内单台起重机起吊能力也达到了 300t。

图 8.1-42　苏联援建的 2000t 水压机

图 8.1-43　从日本引进的 8000t 油压机

至此，哈锅的压力容器制造工艺技术逐步进入了世界先进行列，具备了生产大型石化容器和核电设备的制造能力。

进入 21 世纪，哈锅结合产品实际并考虑未来发展，为提升石化容器和核电产品生产制造能力，对重型容器厂房进行了扩建，重型容器厂房生产面积达到了 30000 多 m^2，重型容器分厂在已有 165/250mm×4000mm 重型卷板机的基础上，又新增加一台瑞士进口的 200/300mm×4000mm 重型卷板机（见图 8.1-44），同时在原有 ϕ130mm、ϕ200mm 大型数控落地镗铣床、焊接操作机、大型热处理炉、4MeV 直线加速器及其他冷作和大型机械加工等工艺装备的基础上，又新增加了意大利三轴数控深孔钻（见图 8.1-45）、ϕ260mm 大型数控落地镗铣床（见图 8.1-46）、焊接操作机（见图 8.1-47）、大型热处理炉、清洁室、

图 8.1-44　瑞士 HDR-AS-hy4050-6500 重型卷板机

图 8.1-45　意大利三轴数控深孔钻

大型喷砂室、4MeV 直线加速器、移动式磨锉机、喷漆房等关键设备，使得用于换热器管板深孔孔群加工的进口三轴数控深孔钻设备达到 3 台。另外，大厚壁筒身成形，不仅可以采用单筒节双纵缝压制工艺，还可以采用筒节单纵缝卷制工艺，厂房扩建后起重、探伤、热处理和喷砂能力大大提高，生产能力和装备能力都迈上一个新的台阶，哈锅压力容器产品开发和制造工艺技术已经跻身世界先进行列。

图 8.1-46　ϕ260mm 数控落地镗铣床

图 8.1-47　自动焊操作机群

1.5　哈锅压力容器材料的研究与应用

哈锅的材料应用与研究工作始于 20 世纪 50 年代建厂之初，并随着企业的发展和制造技术的进步而不断发展。作为国内大型压力容器制造骨干企业，哈锅非常重视压力容器材料的应用和发展，重视和鼓励新材料的试验和研究工作，重视材料研究领域的投入和人才培养。哈锅几代材料工程技术人员经过 60 余年的不懈努力、艰苦奋斗和无私奉献，依托哈锅在压力容器技术上的领先优势，充分发挥哈锅材料应用与研究的特点，在自主研究、自主创新的同时，与国内冶金行业的科研单位、制造单位共同合作，使哈锅在压力容器材料研究方面一直保持着国内同行业的领先水平，引领着压力容器材料国产化的方向和进程，为中国压力容器材料的应用、研究和发展做出了重要贡献。

1.5.1　哈锅材料研究所的发展历史

哈锅材料研究所的前身是中央实验室，是哈锅在开工建设伊始就设立的独立技术部门，也是新中国较早从事压力容器材料检测与研究的企业研究机构，是国家认可实验室。

哈锅中央实验室是 1954 年 7 月企业筹建时按苏联重型机械设计研究院的技术设计组建的，1955 年 4 月开始兴建中央实验室，1956 年 4 月部分建成投入使用，1957 年 7 月中央实验室全部落成，建筑面积 1576m²。建成初期，中央实验室按照苏联援助设计的模式，下设化学组、金相室、热处理室、焊接实验室、机械性能室、物理室（无损检测）、仪表室（高温仪表室）、机工间等专业室组。中央实验室起初不具备压力容器材料研究的职能，但自 20 世纪 60 年代起走自力更生道路之后，与冶金行业合作研制压力容器所需要的压力容器用钢逐渐成为材料研究所的重要职能之一。

20 世纪 80 年代初，随着改革开放的推进，哈锅开始引进国外先进设计和制造技术，对材料及测试技术的要求很高。哈锅中央实验室从 20 世纪 50 年代建成到 80 年代初，一直延续了苏联的技术模式和组织架构,没有进行扩建与改造,仪器设备相对陈旧落后,满足不了新产品的生产和研究需要,也无法胜任压力容器材料技术发展的需要。哈锅非常重视这种状况,进行了两次扩建,新增 800 多 m^2 高温持久与长期时效试验专用场地,对所有试验机采用了集中控制,是当时国内规模最大、一次装载试样最多、控制自动化程度最高的高温持久与蠕变试验基地之一。此后,又新增机械加工车间和力学性能试验场地共计 400 多 m^2。

1984 年哈锅机构改革,为加强材料技术研究工作,充分发挥材料技术在设计、制造及质量保证中的作用,经对中央实验室陆续实施改造扩建、扩充技术力量,在中央实验室的基础上成立了材料研究所,是国内机械制造行业最早成立的专门从事材料检测和研究的企业材料科研机构。哈锅材料研究所的内部设置也逐渐发展为目前的五室一组,即:材料技术室、化学室、金相室、力学性能室、综合管理室、机械加工组。

为满足企业产品出口的国际认证需求,提高管理水平和技术能力,哈锅材料研究所从 20 世纪 70 年代开始便积极参与国家开展的实验室认可工作,1998 年 3 月取得了中国国家进出口商品检验实验室认可委员会(CCIBLAC)颁发的认可实验室资格证书,2003 年 8 月取得了中国实验室认可委员会(CNAL)认可实验室资格证书,2007 年 5 月通过中国合格评定国家认可委员会(CNAS)监督评审并取得 CNAS 认可实验室证书,是国内最早建立认可实验室质量保证体系和取得实验室认可证书的企业之一(见图 8.1-48)。

图 8.1-48 国家实验室认可证书

哈锅材料研究所现有员工 52 人,其中博士学位 2 人、硕士学位 15 人、大学本科 20 人,各类专业工程技术人员共 38 人,持有中国机械工业联合会和国家质检总局联合颁发的特种作业操作人员资格证书(金属材料理化检验证书)人员 40 余人(包括Ⅲ级证书 3 人,Ⅱ级证书 39 人)。

哈锅材料研究所从改革开放之初的 100 余台套常规试样加工和理化检验设备,发展到目前拥有各类进口与国产先进理化分析和检测设备、样品加工设备230余台（套），主要包括英国CamScan Apollo 300场发射扫描电子显微镜、日本Olympus公司PME立式金相显微镜、美国Buehler公司Micromet Ⅱ显微硬度计、德国Fischer公司铁素体检测仪、德国Spectrolab M8光电直读光谱仪、德国OBLF QSN750光电直读光谱仪、德国Eltra Cmbh公司CS800高频红外碳硫分析仪、美国Agilent公司5100VDV电感耦合等离子体原子发射光谱仪、美国Leco公司TC-500氧氮分析仪、CSS-44300国产电子万能试验机、WDW-600E国产电子万能试验机、WAW-1000D国产微机控制电液伺服万能试验机、NI500国产金属摆锤冲击试验机、NI750国产摆锤式冲击试验机、DTM2203-B国产NDT落锤冲击试验机及各型式硬度计和辅助设备等（见图8.1-49～图8.1-56）。

图8.1-49 OBLF直读光谱仪

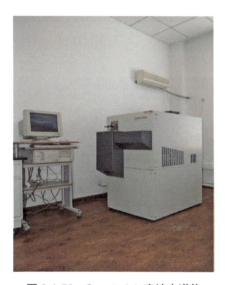

图8.1-50 Spectrolab直读光谱仪

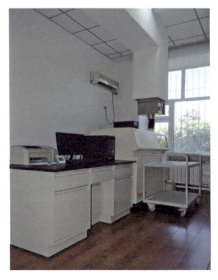

图8.1-51 IRIS ICP光谱仪

图8.1-52 Leco氧氮分析仪

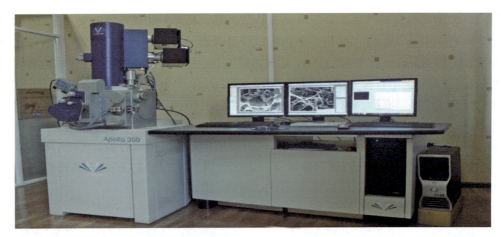

图 8.1-53 CamScan Apollo 300 场发射扫描电子显微镜

图 8.1-54 NI500 冲击试验机（ASTM 认可）

图 8.1-55 WDW-600E 电子万能试验机

图 8.1-56 ZFR-15 步冷热处理炉

除此之外，哈锅还设立了高温持久试验专用场地，配置高温持久试验机 70 余台（套），可以承担各类锅炉、压力容器用钢与焊接接头的长期高温持久试验，是从事锅炉和压力容器用钢研究与开发的必要试验装备。经过历年的改建扩建，材料研究所已建成可自行加工所需各类理化检测试样和承担各类理化检测与试验研究工作的全功能实验室和研究机构，可以满足现代测试技术和新材料开发研究工作的需要。

1.5.2 哈锅压力容器材料的应用与研究

材料的应用与研究是哈锅材料研究所的一项重点工作。材料的应用与研究紧紧围绕着哈锅公司生产经营和新产品的开发与技术发展，并在提高产品质量和材料质量、降低制造成本、引进消化先进技术及材料国产化等方面做了大量工作。

哈锅的材料应用与研究工作按照材料技术的发展大致可分为四个阶段：

第一个阶段为 20 世纪 50 年代建厂开始到 20 世纪 60 年代初期，这一阶段主要是学习和消化苏联的材料标准与技术，是起步时期。

第二个阶段为 20 世纪 60 年代初期到 20 世纪 80 年代初期，这一阶段主要是独立研究与自主创新，初步建立了我国的压力容器用钢体系，是成长时期。

第三个阶段为 20 世纪 80 年代初期到 21 世纪初期，这一阶段主要是引进国外先进的设计和制造技术，在学习和消化美国等西方国家成熟的压力容器材料应用经验和技术的基础上，实施材料国产化，全面研究压力容器用钢，参与确立我国的压力容器用钢体系，是成熟期。

第四个阶段为 21 世纪初期到现在，是在完全掌握了国外先进设计和制造技术的基础上，实现我国压力容器技术的飞跃发展。在压力容器材料方面，引进和消化先进的材料技术，参与确立新的压力容器用钢体系，是又一个新的起步期。

20 世纪 70 年代，哈锅与鞍钢合作研制成功 15MnMoVN 低合金高强度钢板，为航天工业用 $1.4m^3$ 高压球形气瓶的专用材料。通过多年的使用，证明该材料具有足够的强度和低温韧性，满足了产品设计要求。1984 年该材料通过了航天部、冶金部和机械工业部的联合技术鉴定。

另外，哈锅与鞍钢共同研制开发了 14MnMoVg 钢板，1972 年该钢种被纳入新修订的国家标准 GB 713—1972《制造锅炉用碳素钢及普通低合金钢钢板技术条件》。该钢的屈服强度为 $50kgf/mm^2$，厚度可达 115mm，具有良好的综合性能，可广泛用于大型高压容器和大容量电站锅炉锅筒。20 世纪 70 年代中期，针对 14MnMoVg 钢板冲击韧度偏低的情况，在原来研制 14MnMoVg 经验的基础上，哈锅进一步试验和完善了材料热处理制度，提出采用两相区热处理办法代替传统的正火工艺，对改善 14MnMoVg 钢板的冲击韧度取得了令人满意的实际应用效果。14MnMoVg 和 18MnMoNbg 钢板是在国内资源紧张的特殊时期，采取节约铬和镍的合金化原则，对发展利用国内资源的低合金锅炉压力容器钢具有重要意义。这一时期，哈锅在 6 万 t/年合成氨项目氨合成塔、24 万 t/年尿素项目中尿素合成塔及二氧化碳汽提塔、200MW 机组高压加热器水室等产品中成功使用了 14MnMoVg 钢板，在 11 万 t/年尿素合成塔、200MW 机组高压加热器水室等产品中成功使用了 18MnMoNbg 钢板。

20 世纪 80 年代，哈锅与冶金部钢铁研究总院、上海发电设备成套设计研究所、舞阳钢厂等单位参照德国材料 BHW35 开始共同研制国产 BHW35（13MnNiMoNb）厚钢板，准备应用于锅炉汽包和高压加热器外壳。1985 年 BHW35（13MnNiMoNb）厚钢板研制成功，并通过冶金部和机械部的技术鉴定，并逐步实现了特厚容器钢板的国产化。同时，哈锅还进行了锅炉汽包与容器用钢两相区热处理试验研究，提高了钢板强度，降低了钢板厚度。这一时期，哈锅在二氧化碳汽提塔、200MW 和 600MW 机组高压加热器产品中使用了 BHW35 钢板。

20 世纪 80 年代，哈锅开始在锅炉制造中引进美国 CE 公司的亚临界技术，并开始在 300MW、600MW 汽包筒身设计中采用了 SA-299 碳锰钢板，板厚为 202mm。如果采用国内使用经验较多的 BHW35 钢板，设计厚度只需要 145mm。通过对 SA-299 和 BHW35 两个钢种进行的各项性能试验（如脆性转变温度、低周疲劳、断裂韧度及裂纹扩展速率等）表明，两个钢种性能均能满足亚临界汽包筒身的要求。通过技术经济分析，得出采用 BHW35 钢板制造汽包筒身的优选方案。由于哈锅当时已具备压制和检测 202mm 厚 SA-299 钢板的能力，且 BHW35 钢板可焊性较碳钢差些，因此没有采纳 BHW35 钢板制造汽包筒身的方案，仍使用 202mm 厚 SA-299 钢板制造汽包筒身。该方案直到 2004 年哈锅根据装备情况和工艺技术的进步开始正式采用，这时使用的钢板是从德国迪林根公司进口的，材料牌号已改为 DIWA353，原来的钢板制造厂德国蒂森公司的生产线已关闭。同一时期，哈锅在渭河合成氨项目、分离器、蒸汽冷却器、疏水冷却器等产品中使用了 SA-299 钢板。

1987 年，为了配合上述汽包筒身选材方案的实施，进一步扩大锅炉与容器用钢板的品种系列，在 1985 年成功试制 BHW35（13MnNiMoNb）钢板的基础上，哈锅与舞阳钢厂自行联合开发了 BHW35 特厚钢板，通过大量的试验研究掌握了 BHW35 钢板的生产和使用技术，于 1988 年经三部委鉴定。之后，厚度在 100mm 以下的 BHW35 钢板批量应用于哈锅的压力容器和汽包筒身。但由于受当时舞阳钢厂冶炼能力、锭型尺寸、轧制能力和热处理装备等方面的限制，145mm 厚钢板直到 2008 年在舞阳钢厂的装备水平、技术能力和产品质量完全达到要求后，哈锅才开始使用舞阳钢厂的 BHW35（DIWA353）钢板制造亚临界汽包筒身。

20 世纪 80 年代后，哈锅结合生产实际，先后开展了 16MnR 钢板的热处理制度对其低温冲击韧度的影响、锅炉与压力容器用 C-Mn 钢脆断的研究、BHW35 和 SA-299 特厚板热成形及后续热处理工艺对组织性能影响的研究、复合钢板焊接侧弯断裂原因分析、核电设备用 SA-508 Cl.3 钢的断裂韧度和疲劳强度研究、ASME 钢板材料冲击试验分析、锅炉压力容器钢板的无塑性转变温度测定、冷变形薄壁压力容器筒体材料性能研究、BHW35 钢的低周疲劳性能研究、锅炉压力容器用钢板韧脆转变温度的测定、焊后热处理对锅炉压力容器用钢板力学性能的影响等项试验研究，解决了生产中的材料和工艺问题，为压力容器材料顺利应用于生产奠定了基础。

美国 ASME 标准中 Gr.91 钢（含 SA-387 Gr.91 钢板和 SA-336 F91 锻件）是在 550～630℃之间耐高温性能优良的新型马氏体耐热钢。1988 年开始，哈锅积极开展 Gr.91 钢的应用试验及焊接工艺试验，经过两年的试验研究，攻克了该材料的制造技术难关，成功地解决了焊接裂纹问题。1990 年哈锅与上钢五厂、宝钢合作试制生产 Gr.91 钢材，并对其进行各项性能试验，通过试制、试验与研究，初步掌握了 Gr.91 钢材的生产和使用技术。

同时，哈锅、东锅、上锅与西安交通大学联合，对 Gr.91 钢进行深化试验研究，进一步掌握 Gr.91 钢的特性。在该项研究中，哈锅主要承担热处理工艺对 Gr.91 钢性能的影响和材料的冶炼特性等方面的研究。通过 Gr.91 钢深化试验研究，使国内锅炉行业对 Gr.91 钢有了较深入的了解，为之后在亚临界、超临界和超超临界锅炉上大量应用 Gr.91 钢材奠定了基础。同时，哈锅在石岛湾 210MW 高温气冷堆的启动汽水分离器产品上率先设计使用了性能优良的 SA-336 F91 锻件。

从 20 世纪 80 年代开始，哈锅在核电除氧器、洗涤塔、高压储气罐等产品中使用了大量复合钢板。为此哈锅与大连爆炸研究所等单位积极研制新型复合板。复合板是在碳钢和合金钢板上包覆一层具有较强耐蚀性的不锈钢板或有色金属板，避免了单一不锈钢板或有色金属板制造难度大的问题，提高了制造性能和生产效率。复合板中不锈钢或有色金属仅占 10%～20%，可节约贵重金属 70%～80%，价格仅为整体不锈钢板或有色金属的 60%～70%。在压力容器产品中使用复合材料，可以提高设备稳定性，大幅度降低制造难度和材料成本，值得大力推广。

同时在蒸氨塔产品中使用了钛板，在酸化液冷却器产品中使用了钛复合板，在气化炉中使用了镍基合金锻件。

在我国核电事业发展的初期，高压加热器用 U 形管全部采用进口 SA-803 TP439 铁素体不锈钢焊管。SA-803 TP439 铁素体不锈钢与奥氏体不锈钢相比，具有更加良好的传热性能和耐蚀性（耐氯化物应力腐蚀，耐点蚀，耐缝隙腐蚀等局部腐蚀），高温抗氧化性更高，膨胀系数更小，抗热应力能力更强，在运行条件下应力腐蚀开裂敏感性小，硬度高，具有优良的耐磨和耐冲蚀性能。但进口管材供货周期长，采购成本高，且国内需求受制于人，交货周期得不到保证，影响核电站的建设进程。在此背景下，从 2014 年开始，哈锅依托国核 CAP1400 示范工程——石岛湾核电站项目与浙江久立特材科技股份有限公司合作开展了 SA-803 TP439 铁素体不锈钢 U 形焊管的国产化试制工作。经过三次的试制评定，证明国产 SA-803 TP439 铁素体不锈钢 U 形焊管各项检测指标与进口管材性能相当，达到国外先进水平，并且在内壁焊缝融合度和焊缝余高上要略胜于进口管材，能够做到在价格优势和供货周期大大缩短的前提下保证质量。

1.6 哈锅压力容器检验技术

1.6.1 大型石化容器制造检验技术

大型石化容器（如 GE 气化炉、鲁奇气化炉、煤锁、灰锁、二段转化炉、加氢反应器等）同轴度和垂直度的检测一直是国内难以解决的问题。因为它不仅有形状误差问题，还有位置误差问题。针对哈锅石化容器产品检测要求，技术人员进行了许多实地研究和测试，现已能较好地完成石化容器同轴度和垂直度高精度的检测，此项测量技术目前国内领先。

大型石化容器的共同特点是结构复杂、几何尺寸大、制造精度要求高，检测难度很大。在大型容器同轴度和垂直度的检测调整过程中，调整同轴度后垂直度随之改变，产生偏差；同理，垂直度的调整也带动同轴度的偏差产生，可见其调整难度很大。要完成自主测量任务，就要解决石化容器同轴度和垂直度检测的两个关键问题，即如何用一种仪器测量出方向和位置两种误差问题及如何在精密仪器监控下调整被测物体的方向和位置问题。借鉴国内外同行业先进的检测技术和经验，哈锅技术人员用测微准直望远镜等光学仪器进行了许多测试研究和现场检测，摸索并解决了用望远镜测量出方向和位置两种误差和在精密仪器监控下调整被测物体的方向和位置这两个关键问题，总结出"远摆角度近平移，计算调整达目的"的快速测量方法，并利用中心支架目标和垂直度测量尺工装，简单快捷地测量出石化容器同轴度和垂直度（见图8.1-57）。这种方法同时能保证测量精度及调整的要求，缩短了检测周期，实现了自主测量，节约了大量测量费用。

此项测量技术国内领先，并为今后检测工作提供了有利经验。同时，哈锅参与了国内行业该类产品标准的起草制定工作。

哈锅发明的一种用光学仪器检测大型容器同轴度和垂直度的方法被国家知识产权局授予发明专利证书（见图8.1-58）。

图 8.1-57 石化产品垂直度测量　　　　图 8.1-58 光学仪器检测发明专利

1.6.2 核岛蒸汽发生器制造检验技术

巴基斯坦恰希玛核电站是中国输出的第一个核电站项目，项目为一台 30 万 kW 机组的压水堆工程，哈锅承担了蒸汽发生器的制造任务。

在制造过程中，编制了《蒸汽发生器管板钻孔工艺规程》、《蒸汽发生器管板钻孔检验规程》、《蒸汽发生器流量分配板和支撑板钻孔工艺规程》、《蒸汽发生器流量分配板和支撑板钻孔检验规程》和《管束组件关键工序检验规程》等标准化文件，为哈锅以后承担国家大型压水堆示范项目和其他核电工程等同类产品的制造、检验打下了坚实基础（见图8.1-59～图8.1-61）。

其中，管架组装过程中使用的测微准直望远镜支架被国家知识产权局授予实用新型专利证书（见图8.1-62）。

图 8.1-59　孔桥检测工装

图 8.1-60　同轴度检测

图 8.1-61　穿管过程清洁度控制

图 8.1-62　准直望远镜支架专利证书

1.6.3　核电常规岛设备制造检验技术

三门、台山核电工程均是世界三代核电技术的首台产品，其中哈锅制造了三门核电高压加热器、除氧器，台山核电的低压加热器、除氧器、ATD再热器。两个工程产品的制造检验难度都非常大。为此，哈锅做了如下检验技术研究：

首先，编制出相关检验规程，为生产检验工作提供技术支持。

其次，自主设计孔桥、管孔垂直度、管架同轴度及氦气检漏工装，保证了相关检验节点的工序质量，提高了检验效率，节省了成本。

第三，实现了完工文件的收集、整理流程程序化，满足了业主对完工文件的高要求。

另外，编制完成了《核电常规岛项目材料控制和质量记录编码管理规程》、《管板钻孔检验规程》和《氦质谱检漏试验规程》等程序化文件，可以用于以后核电常规岛产品检验实践。

产品制造检验过程中，大量技术文件的转化与吸收，为后续的检验工作打下了坚实的理论基础；钻孔检测方案的制订及孔桥、垂直度检测工装的设计保证了顺利完成管孔尺寸检验并提高了效率，节省了检验成本；穿管工序顺利开展，穿管力得到三菱公司的认可；换热管管端密封焊一次合格，节省了制造时间；擦拭试验一次合格，顺利通过三菱公司的验证；完工文件得到监造方及业主方认可。顺利完成了世界三代核电常规岛产品的技术检验，并将其成果固化、程序化，为国内后续制造三代核电常规岛产品打下了坚实基础，开拓了国际市场（见图 8.1-63～图 8.1-66）。

图 8.1-63　产品孔桥尺寸快速检测

图 8.1-64　管架同轴度光学测量

图 8.1-65　穿管力测量检查

图 8.1-66　氦检漏工装用于检验

1.6.4　哈锅的无损检测技术

哈锅的无损检测技术发展较早，1966 年哈锅就派员参加了国家第一部无损检测标准 JB 928—1967《焊缝射线探伤标准》的编审工作。

20 世纪 70 年代，哈锅对自动焊"微裂纹"开展了超声探测方法的研究，依据缺陷的方向性、密集程度及分布特征，总结出一套完整的缺陷判定方法，有效地控制了蓄势器等厚壁焊缝的质量。该项研究成果达到了同期国际先进水平。

1974 年前后，哈锅进行了"焊缝缺陷指示长度测定方法比较"试验，探讨了不同长度测定方法的优点和局限性，用统计分析方法给出了缺陷长度测定的标准偏差，首次提出了点、条状缺陷分界点理论和试验依据，并选定 10mm 为界限尺寸，该值恰好与 1979 年 IIW 的推荐尺寸完全相同。哈锅推荐的缺陷长度测定方法和界限尺寸，后来成为国内焊缝超声检验规范的基础,哈锅技术人员依据此项试验结果撰写的论文于 1976 年入选全国第一届 NDT 年会论文。

1975 年,以 1.4m³ 高压球为起点,开展了"8～25mm 中厚板对接焊缝超探试验",在水平定位法应用中首次提出了"简化水平距离"新概念并制作了 h—l 曲线,该曲线简单实用,便于现场探伤定位操作,后来在国内得到广泛传播。该项试验中,对"山"形信号(变形波信号)的发现和研究亦属国内领先。

20 世纪 80 年代初,哈锅较早在国内使用 4MeV 直线加速器及放射性同位素 Co60,用于压力容器焊缝的射线照相检测(见图 8.1-67)。

1988 年,哈锅针对高压加热器总装环焊缝内测凸曲面结构的特点,开展了"副声束对探伤结果影响的试验"研究,采取"改变声束方

图 8.1-67　4MeV 直线加速器用于压力容器焊缝射线照相检测

向内外对照""修磨干扰源"等试验方法,找出了副声束曲面反射引起的特殊回波信号,为同类焊缝检验判定缺陷回波与伪信号积累了宝贵经验。哈锅技术人员以该项试验结果撰写的论文入选全国第五届 NDT 年会论文。

2005 年,哈锅作为主要参加单位,承担了 JB/T 4730—2005《承压设备无损检测》的编制工作。

2009 年,哈锅参加了 EJ/T 1039《核电厂核岛机械设备无损检测规范》的编制工作。

2011 年,制作专用 γ 源端子,采用独特的 γ 射线照相技术实施对高压加热器总装焊缝射线检验,并获国家实用新型专利(见图 8.1-68)。

图 8.1-68　采用 γ 射线照相技术实施对高压加热器总装焊缝射线检验

2012 年,采用衍射时差法超声检测(TOFD)技术实施对石化容器总装环焊缝检测(见图 8.1-69)。

2015 年,NB/T 47013.11—2015 标准发布,哈锅开始将射线数字成像检测技术(DR)应用到压力容器领域。

图 8.1-69　衍射时差法超声检测（TOFD）技术实施对石化容器总装环焊缝检测

2017 年，参与国家标准 GB/T 35394—2017《无损检测　X 射线数字成像检测　系统特性》编制工作。

2017 年，参与国家标准 GB/T 35388—2017《无损检测　X 射线数字成像检测　检测方法》编制工作。

2017 年，参与国家标准 GB/T 35389—2017《无损检测　X 射线数字成像检测　导则》编制工作。

2018 年，将棒阳极 X 射线机应用于国产首台戴维甲醇合成反应器管子-管板角焊缝射线检测。

1.7　哈锅压力容器标准化研究与发展

哈锅的标准化工作起步较早，在建厂初期就制订了标准化目标并一直伴随企业发展，至今已有 60 多年的历史。

建厂初期，企业标准主要以引进、转化苏联标准为主，并在发展中摸索，通过自力更生逐步创建中、高、超高压锅炉和压力容器标准体系，哈尔滨锅炉厂标准体系就此建立起来。在此期间，参加编写了我国第一部锅炉强度计算标准《水管锅炉受压元件强度计算暂行规定》和《水管锅炉受压元件强度计算》（JB 2194—1977）标准。企业标准相继制修订了钢制焊接容器、高压球形气瓶、单层高压容器、不锈钢化工容器、钢制管壳式换热器、球形储罐等技术条件，标准化水平达到国际先进。

哈锅的无损检测技术发展较早，1966 年哈锅就派员参加了国家第一部无损检测标准——JB 928—1967《焊缝射线探伤标准》的编审工作。20 世纪 80 年代以后，哈锅作为主要完成单位，相继承担了部颁与国家标准，如 JB 1152—1981《锅炉和钢制压力容器对接焊缝超声波探伤》、GB 3323—1982《钢焊缝射线照相及底片等级分类法》和 GB 3323—1987《钢熔化焊对接接头射线照相和质量分级》、JB 3963—1985《压力容器锻件超声波探伤》、JB 3965—1985《钢制压力容器磁粉探伤》、JB 4248—1986《压力容器锻件磁粉探伤》、GB 11345—1989《钢焊缝手工超声波探伤方法和探伤结果分级》等的编制工作，为推进国家无损检测标准化工作做出了重大贡献。

改革开放以后，哈锅引进美国 CE 公司技术，采用 ASME Boiler Code 等主流国外先进标准，并获得 ASME S、U、U2 授权证书，形成 ISO、DIN、JIS、BS、ASTM 多标准体系，建立起信息代码标准体系，同时转化、采用法国 STEIN、ALSTOM、美国 FWEC 公司标准，以适合新形势下的标准要求。在国家和行业标准方面，积极组织并参与国家和行业标准制/修订工作，先后完成了 JB 4268—1986《双色水位计制造技术条件》、GB 9222—1988《水管锅炉受压元件强度计算》、GB 10869—1989《电站调节阀技术条件》、JB/T 3595—1993《电站阀门技术条件》、JB/T 79～86—1994 法兰系列标准、JB 4730—1994《压力容器无损检测》、GB/T 16507—1996《固定式锅炉建造规程》、JB/T 9624—1999《电站安全阀技术条件》等 20 多项标准。在企业标准方面，积极开发工程专项标准，满足日益增长的工程订货要求，尤其是出口产品的制造、检查和验收的标准需要；全面修订亚临界锅炉标准；针对引进或特殊的技术要求，制定内控标准，应用在珞璜、来宾、三河、河津、渭河等工程中；开发建立汽水分离再热器（MSR）标准体系，满足国内首台 1000MW 级核电常规岛产品汽水分离再热器生产，标准水平达到世界当代水平。

2005 年，哈锅作为主要参加单位，承担了 JB/T 4730—2005《承压设备无损检测》的编制工作。2009 年，哈锅参加了 EJ/T 1039《核电厂核岛机械设备无损检测》的编制工作。

进入 21 世纪后，哈锅引进了东芝技术、三菱技术，为适应新要求、拓展拓宽标准化领域，哈锅根据高参数锅炉和压力容器的特殊要求，开发制定超临界、超超临界锅炉和大容量压力容器设计、制造标准，建立起大容量锅炉和压力容器标准体系，健全了国际标准体系，以适应全方位的产品标准化服务要求。同时，积极参加国家和行业标准的制/修订工作，高水平完成了所承担的标准编写工作，包括 NB/T 12001—2015《甲醇合成反应器制造技术条件》、NB/T 12002.1—2015《煤气化炉制造技术条件　第 1 部分：水煤浆气化炉》和 NB/T 12002.2—2015《煤气化炉制造技术条件　第 2 部分：加压固定床气化炉》3 项行业标准；在"中国先进核电标准体系研究"课题项目中，完成了"核电常规岛除氧器制造标准"的研究工作。此外，承担了 JB 4730—1994《压力容器无损检测》的制定工作，参与修订了 JB 4730.1～6—2005《承压设备无损检测》、GB/T 9222—2008《水管锅炉受压元件强度计算》、NB/T 47014—2011《承压设备焊接工艺评定》等近 30 项国家和行业标准、规范。

在企业标准方面，除了创建大容量锅炉标准体系，制定超临界、超超临界锅炉部件标准、压力容器零部件标准外，还充分利用引用技术，自主开发、制定并建立大容量压力容器、核电常规岛压力容器技术标准和标准体系，为哈锅压力容器和核电产品开拓市场、开发创新奠定了坚实的基础。首先，针对引进日本东芝公司技术，开发制定引进型《600MW 高压加热器技术规范》和《300MW 单筒式除氧器技术规范》，使公司掌握世界上成熟先进的 300MW 以上大型高压加热器、除氧器设计制造技术；其次，引进日本三菱公司的核电常规岛技术，转化技术标准，以此为基础，建立 AP1000 第三代核电常规岛（高压加热器、除氧器及水箱、主蒸汽管道等）产品技术标准体系；第三，引进法国 ALSTOM 公司的欧洲压水堆 EPR 第三代核电技术，转化技术标准，制造生产 2×1750MW 核电常规岛（除氧器、再热器、低压加热器及其疏水箱等）设备，以此建立公司 EPR 第三代核电常规岛技术标准体系。

1.8　哈锅压力容器发展其他事项介绍

1.8.1　主要科技成果获奖情况

哈锅历年获奖情况列于表 8.1-26。

表 8.1-26　哈锅获奖项目一览表

序号	时　间	项　　目	奖　项
1	1963年11月—1965年3月	延迟焦化装置的焦炭塔、分馏塔、吸收脱收塔、脱丁丙塔等；加氢裂化反应器；铂重整抽提装置中的5种塔器；催化裂化中的再生器、反应器等5种容器。这4套装置连同外厂制造的尿素脱蜡设备	当时被石油行业誉为"五朵金花"
2	1977年	国产首台冷壁加氢反应器	黑龙江省、哈尔滨市科技成果奖
3	1977年	24万t/年尿素合成塔	黑龙江省、哈尔滨市科技成果奖
4	1979年	热套法兰抗剪销容器	黑龙江省、哈尔滨市科技成果奖
5	1985年	提高锅炉压力容器焊接质量关键技术	国家科技进步二等奖
6	1985年	4m^3 高压蓄热器	国优银牌产品
7	1985年	钛衬里 CO_2 汽提塔	国家新产品成果奖
8	1986年	HG-GQ-320型1.4m^3高压球形气瓶	机械工业部优质产品
9	1986年	JR-100基本热网加热器	黑龙江省优质产品
10	1986年	国内首台125MW机组的全钛冷凝器	国家科技进步二等奖
11	1987年	蓄热器	省优质产品奖
12	1987年	焊接高温裂缝的研究	国家科学技术进步二等奖
13	1988年	5MW低温核供热堆装置关键设备	黑龙江省优秀新产品奖
14	1989年	1.4m^3高压球形气瓶	国家优质产品金质奖
15	1990年	蒸氨塔	国家级新产品
16	1990年	GWL-1815高压除氧设备	机械电子工业部第一装备司科技进步奖
17	1991年	300MW机组GWC-1050高压除氧设备	国家级新产品
18	1991年	300MW机组卧式U形管高压加热器	国家级新产品
19	1995年	30万t/年合成氨气化炉	国家级新产品
20	1995年	5MW低温核供热装置（压力壳、安全壳、主换热器）	国家级新产品
21	2000年	在役压力容器危险性缺陷的超声检测可靠性研究	国家经贸委安全科学技术三等奖
22	2001年	城市煤气化关键设备 ϕ3800mm加压气化炉研制	"九五"国家重点科技攻关计划（重大技术装备）优秀科技成果
23	2001年	百万千瓦级核电站汽水分离再热器（MSR）	国家重点新产品
24	2002年	整体煤气化联合循环发电（IGCC）关键技术	中国电力科学技术二等奖
25	2002年	岭澳核电站汽轮机汽水分离再热器的研制	中国机械工业科学技术二等奖
26	2002年	气化炉关键设备（河南义马项目）	国家重点新产品
27	2007年	合成氨废热锅炉	黑龙江省科学技术二等奖
28	2008年	30万t合成氨成套技术与关键设备开发研制及应用	国家科技进步一等奖
29	2008年	600MW高压加热器	哈尔滨市科技进步三等奖
30	2008年	600MW高压加热器	中国机械工业联合会科学技术三等奖
31	2012年	首台1000MW机组先进单筒式除氧器	黑龙江省重点领域首台套产品
32	2012年	大型核电百万倒立式高压加热器的研制	中国核能行业协会科学技术三等奖
33	2012年	300～1000MW等级单筒式除氧器	哈尔滨市科技进步三等奖
34	2014年	具有自主知识产权新型高压加热器	黑龙江省科学技术三等奖

(续)

序号	时间	项目	奖项
35	2012 年	1000MW 机组先进单筒式除氧器	黑龙江省工业和信息化委员会"黑龙江省重点领域首台套产品"（省级）
36	2018 年	快速响应宽负荷新型高压加热器研制与应用	黑龙江省机械工业科学技术奖励委员会二等奖
37	2018 年	大型火电 1000MW 等级超超临界单列式高压加热器及蒸汽冷却器研制与应用	黑龙江省机械工业科学技术奖励委员会一等奖、黑龙江省人民政府科技进步三等奖（省级）
38	2019 年	百万等级核电 VVER 压水堆机组高压加热器研制与应用	黑龙江省机械工业科学技术一等奖
39	2019 年	百万等级核电 VVER 压水堆机组单体式除氧器研制与应用	黑龙江省机械工业科学技术一等奖

1.8.2　哈锅承担课题情况

1）1984 年 8 月 31 日，航天工业部地面设备公司以〔1984〕地专字第 021 号文批准，同意哈锅生产的 1.4m^3 高压球形气瓶定型。

2）1987 年 4 月 30 日，被列为国家重大技术装备项目之一的沈阳电缆厂真空干燥罐，在哈锅产成。罐体直径为 7.5m，是当时同类产品之最。

3）1988 年 5 月 18 日，国家重点科技攻关项目——低温核供热反应堆关键设备全部研制完成。

4）1990 年 5 月 31 日，哈锅自行设计的国产首台最大的蒸氨塔制造成功。该塔是宝山钢铁公司二期工程的替代进口设备，是国务院重大技术装备办公室主抓的国家重大攻关项目，列为国家级新产品，技术性能达到国际先进水平。

5）1997 年，义马气化炉是国家"九五"重大技术装备科研攻关项目。

6）1999 年，为山东鲁南化肥厂 10 万 t/年甲醇装置研制的甲醇合成塔系国家"九五"攻关项目。

7）2003 年承担国家重大技术装备科技攻关项目"水煤浆气化炉炉体研制"。该气化炉为国内首台自行设计、自行制造的大型石化产品。

8）2005 年承担国家重大技术装备研制项目"大型化肥成套设备研制"。在"水煤浆气化关键设备研制"课题的"水煤浆气化炉研制"专题中承担"水煤浆气化炉炉体研制"子专题的研制工作；在"氨合成关键设备研制"课题中承担"合成氨废热锅炉研制"和"合成气蒸汽过热器研制"两个专题的研制工作。三项专题均已通过国家验收，达到国际先进水平。

9）2005 年 1 月至 2007 年 12 月，承担黑龙江省科技计划项目核电蒸汽发生器焊接工艺技术研究工作。

10）2006 年 1 月至 2008 年 1 月，承担哈尔滨市科技攻关计划项目 1000MW 核电设备研制工作。

11）2006 年 1 月至 2010 年 10 月，承担黑龙江省科技计划项目蒸发器、稳压器设计

12）2007年12月至2010年11月，承担国家高技术研究发展计划（863计划）项目整体煤气化联合循环显热回收关键设备的研制工作。

13）2007年6月至2009年12月，承担哈尔滨市科技创新人才研究专项资金项目第三代核电AP1000常规岛辅机产品研制工作。

14）2008年12月至2010年12月，承担黑龙江省高新技术产业专项项目AP1000蒸汽发生器关键制造技术研究——管子及管子管板加工技术研究工作。

15）2009年1月至2011年12月，承担哈尔滨市科技攻关项目1000MW核电常规岛大型倒立式高压加热器研制工作。

16）2008年6月至2013年12月，承担国家科技重大专项项目大型压水堆核电站除氧器设计制造技术研究工作。

17）2008年6月至2013年12月，承担国家科技重大专项项目大型常规岛主要辅机设计研究除氧器、高压加热器设计工作。

18）2011年1月至2014年6月，承担国家科技重大专项汽水分离器制造技术与工艺设计课题研究工作。

19）2013年1月至2015年10月，承担国家科技重大专项除氧器制造标准文本课题研究工作。

20）2011年1月至2015年12月，承担国家科技重大专项CAP1400常规岛除氧器设计制造课题研究工作。

21）2011年1月至2015年12月，承担国家科技重大专项CAP1400常规岛高压加热器设计制造课题研究工作。

1.8.3 对外合作情况

1）1965年以后，为了生产国家专案产品大型820塔及容器，哈锅与哈尔滨焊接研究所、沈阳化工研究院等单位合作，进行了大量的工艺试验和研究，试制成功了ⅠA塔、ⅡA塔、ⅠB塔、ⅡB塔等国家急需的重水提炼设备。

2）1974年，哈锅与东方锅炉厂、一机部通用机械研究所，共同研制开发配合面不经机械加工的大型热套式高压容器。1974年初，哈锅进行了模拟热套筒体应力释放试验，目的是为了确定选用的过盈量范围，探讨大过盈量对内外筒套合应力的影响、热处理对不同材料及不同过盈量消除应力的影响程度，以及残余应力与材料性能之间的关系。

3）首台6万t/年氨合成塔由一机部、化工部科研单位与哈锅联合设计。产品内径1000mm，设计压力32MPa，壳体材料为14MnMoV钢，壁厚90mm，内件为1Cr18Ni9Ti不锈钢，高15.5m，重75.7t。它的试制成功，为哈锅奠定了单层化工容器生产的基础。工厂先后为汀江化肥厂等提供产品，经多年使用运行正常，现已成为工厂典型产品之一。

4）24万t/年尿素合成塔是为上海吴泾化工厂生产的，由哈锅与化工部第四设计院联合设计。塔高32.5m，内径2100mm，壁厚（95+6）mm，重163t，外壳钢材14MnMoVg，内衬金属00Cr17Ni14Mo2，工作压力为16MPa。该塔于1975年投料，1976年1月竣工，1977年获黑龙江省、哈尔滨市科技成果奖。

5）1974年，哈锅与东北电力设计院、东北电力技术改进局和内蒙古元宝山电厂合作，开始进行正在自行设计的亚临界 2050t/h 锅炉辅机的研究和设计。此后两年完成了该锅炉的高压加热器设计、除氧器的技术设计、给水除盐净化设备的部分设计，并在内蒙古赤峰电厂完成了双层床离子交换器的试验。

6）衬钛二氧化碳汽提塔是 24 万 t/年尿素合成塔配套关键设备之一，内径 1800mm，壳程压力 2.1MPa，管程压力 14.4MPa，由哈锅与化工部第四设计院联合设计，1975 年投产，1976 年产成。该产品的试制成功，开创了中国大型压力容器使用钛材的先例，在同用途产品中也是世界首台。其连续运行天数曾创造 113 天的纪录，超过了法国公司制造的同用途设备。该塔获第一届全国科学大会奖及黑龙江省、哈尔滨市科技成果奖。

7）哈锅还和上海电站设备成套设计研究所组织国内同行业，进行了除氧器系列化、标准化、通用化联合设计。至 1978 年，完成了大气式除氧器和高压除氧器两个系列 9 个规格的设计并投入生产。

8）20 世纪 80 年代，哈锅做了大量钛材试验研究工作，攻克了钛-钢复合板爆炸复合、热冲压成形、钛材焊接等技术难关。与宝鸡有色金属研究所、化工部第四设计院、哈尔滨焊接研究所、合肥通用机械研究所等单位密切合作，先后试制成功世界首台钛衬里 24 万 t/年尿素装置中的二氧化碳汽提塔、台州电厂 125MW 全钛冷凝器、上海金山石化总厂的钛制复水器，以上设备均一次投运成功，深受用户好评。

9）20 世纪 80 年代，哈锅与东北电力设计院和高校合作开发了配 200MW 机组的具有外置式蒸汽冷却器和疏水冷却器的高压加热器系统，共有三种型式Ⅰ-1（三大二小）、Ⅱ-1（二大二小）、Ⅱ-2（二大三小），它改善了相应高压加热器的工作条件，并可使最终给水出口温度提高 3～6℃。

10）1982 年引进日本光辉蓄热器株式会社技术，设计制造了 120m³ 蓄热器。该产品利用水的蓄热能力，自动平衡锅炉用汽量的波动，保持锅炉在经济工况下运行，可节省燃料 10% 左右，国家经济委员会能源局随即向全国推广。

11）1985 年，与华南工学院合作，进行了大型热网加热器振动模拟试验，取得经验与数据。

12）1986 年与清华大学合作研制成功具有当时国际先进水平的 5MW 低温核供热装置，承担了其中的压力壳、安全壳、主换热器、堆内构件四项关键设备。该核供热堆是世界上第一座投入运行的"一体化、自然循环、壳式"供热堆，曾荣获 1995 年度国家级新产品。

13）1992—1994 年，哈锅与日本宇部（UBE）公司合作，研制了陕西渭河化肥厂 30 万 t/年合成氨装置中配套的气化炉、脱碳塔、一氧化碳转换器、热-热交换器、硫化氢锅炉等 34 种 40 台高温高压设备。产品设计、制造、检验全部符合 ASME 法规和日本 UBE 公司标准要求，其中一些关键产品的技术工艺达到了 20 世纪 80 年代国际先进水平，它的研制成功为石化设备实现国产化、替代进口做出了重要贡献。

14）1997 年，哈锅与河南义马气化厂、化工部第二设计院等部门合作，进行了鲁奇式气化炉项目的研制工作。该项目为"九五"国家重大技术装备科研攻关计划，目的是实现气化炉制造技术完全国产化。该项目设备由哈锅会同化工部第二设计院开展对气化炉炉体的国产设计，对制造技术、检测技术等关键项目进行攻关研究。

15）2000 年 1 月 17 日，哈锅与日本东芝公司正式签订了高压加热器技术转让合同，使哈锅的高压加热器研制水平上了新台阶。

16）2001年，哈锅与华东理工大学、中国华陆工程公司合作，研制了国产首台新型（多喷嘴对置）水煤浆气化炉，这也是该技术的首次工业化应用。作为同行业唯一具有压力容器分析设计（SAD）资质的企业，哈锅在制造气化炉的同时，还配合设计院对气化炉的燃烧室壳体、喷嘴接管、内锥及其附件等部位进行了应力分析校核，优化了产品的结构，提高了设备的安全性。2006年，该气化炉被中国石油和化学工业协会评为科技进步奖。

17）哈锅于2004年5月19日正式引进日本东芝公司单体式除氧器设计、制造和检验技术。日本东芝公司将为哈锅生产的单体式除氧器进行性能担保，提供全方位的技术支持。对于每个等级机组的首台产品，由东芝公司进行技术设计，并对关键工艺进行检查指导。

18）哈锅与日本三菱公司于2005年11月27日达成了技术转让协议原则，并于2007年11月针对三门核电AP1000第三代核电技术常规岛MSR、高压加热器、压力式除氧器等设备，正式签署了技术转让协议。哈锅于2012年7月前完成了三门一期高压加热器、除氧器和除氧水箱等设备的研制任务。

19）2006年，哈锅与上海化建合作，为兖矿鲁南化肥厂研制了采用卡萨利技术合成氨装置中的氨合成塔外壳。

20）2007年，哈锅与哈尔滨工程大学合作，为后者设计研发了设计压力80MPa的试验设备"深潜模拟装置"（压力筒）。哈锅技术人员按JB 4732—1995《钢制压力容器——分析设计标准》对设备进行了应力分析计算。

21）2009年1月23日，哈锅与阿尔斯通（武汉）工程技术有限公司签订了在热交换器、除氧器、EPR核电站的压力容器等领域的合作保密协议。2013年3月前完成了广东台山核电站EPR-1750的单筒式除氧器、3号低压加热器、4号低压加热器和ATD热交换器等设备的研制任务。

22）2012年，哈锅与中国寰球公司合作，为中国石油天然气股份有限公司宁夏石化分公司年产45万t合成氨、80万t尿素工程设计并制造了二段转化炉、氨分离器、废热锅炉、汽包及上升管、下降管等设备。哈锅在使用常规设计方法对设备主体进行设计的同时，还运用应力分析技术对局部结构进行应力分析校核，很好地保证了产品的安全性和可靠性。

23）2014年，哈锅与上海联化投资发展有限公司合作，为兴安盟诚泰能源化工有限责任公司多级流化床煤气化技术（HYGAS）示范装置设计并制造了两套HYGAS气化炉，包括干燥段、高温加氢段、氧化段。该项目是国际上首次将HYGAS流化床气化技术投入商业运行的示范项目，为世界首台产品。

24）2017年，哈锅与中国天辰工程有限公司合作，为伊朗MKP甲醇项目设计并制造了加氢反应器、硫吸收塔、预转换炉三种设备。该项目设备全部采用ASME标准建造，属于"一带一路"项目，对于公司开拓海外市场具有重要意义。

25）2018年，哈锅与中国五环工程有限公司合作，为"一带一路"伊朗马苏化肥项目设计并制造了卡萨利专利技术的锅炉给水加热器。该设备建造标准为ASME Ⅷ-2，需要打U2钢印，设计制造难度很大，在这台设备的设计过程中，克服了弹簧支座载荷计算、设计选型、管板强度校核、折流杆结构设计等诸多难题，保证了设备设计的合理性和可靠性。

（本章由哈尔滨锅炉厂有限责任公司撰写）

第 2 章 兰州兰石重型装备股份有限公司压力容器发展史

2.1 概况

兰州兰石重型装备股份有限公司(以下简称"兰石重装")始建于 1953 年,是中国石化装备制造业的先行者。2014 年 10 月 9 日,公司股票在上海证券交易所挂牌交易(股票代码:603169)。其前身是国家"一五"期间苏联援建中国的 156 个重点建设项目之一——兰州炼油化工设备厂,是我国建厂时间最早、规模最大、实力最强的集炼油、煤化工高端压力容器装备、快速锻压机组装备、板式换热器、核电新能源等高端能源装备从研发、设计、制造、安装到售后技术服务为一体的全过程解决方案提供商。

兰石重装现有员工 2770 余人,总占地面积 1800 余亩,公司拥有青岛兰石重型机械设备有限公司、新疆兰石重装能源工程有限公司、兰州兰石重工有限公司、兰州兰石换热设备有限责任公司、兰州兰石检测技术有限公司等多个全资子公司及超大型容器移动工厂,现已形成兰州新区高端能源装备设计制造基地、青岛西海岸新区大型装备研发设计制造基地、新疆能源装备制造基地的战略布局。

20 世纪 80 年代,兰石重装几乎拥有了当时炼油化工设备产品所有制造方面的第一。1983 年,国内首家获得一、二、三类压力容器设计制造许可证,证号为 NO.001;1984 年,国内首家取得美国 ASME(美国机械工程师协会)压力容器 U、U2 证书和钢印;1991 年,国内首家取得 NBBI(美国锅炉压力容器检查师协会)R 证书;1996 年,同行业中率先通过了 ISO9001 质量体系认证;1998 年,中国焊接协会焊接培训委员会授予"兰州石油化工机械总厂焊工培训站"资格;2002 年,中国机械冶金工会授予"全国技术创新先进单位";2003 年通过了 ISO14001 环境管理体系认证,同年,国家劳动和社会保障部批准确立为第二批"国家高技能人才(机电项目)培训基地";2005 年通过了 GB/T 28001 职业健康体系认证;2007 年被国家发改委认定为"国家级技术中心",国家科技部、国资委、全国总工会联合确定为第二批国家创新型试点企业;2013 年,顺利取得国家核安全设备制造许可证(2、3 级)。至今,公司连续七年被中国石油和石油化工设备工业协会评为中国石化装备制造业"五十强企业"。

60 多年来,兰石重装作为给石油化工行业提供核心装备的国家骨干企业,承接了国家许多大型、重型装备的研制任务,积累了设计、制造各类压力容器的丰富经验,在我国炼油化工装备方面创造出数十项"首次"和"第一"。从 20 世纪 60 年代中国第一台高压加氢反应器、第一台年产 11 万 t 不锈钢尿素合成塔、第一台年产万吨高压聚乙烯反应器、第一台套箍式加氢精制反应器等多个中国第一台设备,到中国第一台不锈钢带极堆焊衬里热壁加氢反应器、亚洲第一台高空冷却装置、第一台锻焊结构高压加氢反应器、国内独家生产"四合一"连续重整反应器、第一台 CF-62 钢制大型乙烯球罐、第一台 2.25Cr-1Mo-0.25V 材料加氢反应器、中国最大的螺纹锁紧环换热器，一次次创造中国同类产品中"直径最大、重量最重、壁厚最厚"的新纪录。煤焦油超临界溶剂加氢轻质化技术产业化完成、隔膜式换热器、煤化工核心设备等具有国际先进水平的产品，多次填补了中国石化装备国产化的空白，为中国炼油化工工业的发展做出了卓越贡献。截至 2013 年底，累计生产各类压力容器 3 万余台、近 60 万 t，是国内生产压力容器时间最长、累计产量最高的企业之一。

兰石重装经过 60 多年的发展，生产的装备已遍布全国 31 个省（自治区、直辖市）以及亚洲、欧洲、非洲、美洲等地区。同时，公司与美国、日本、德国、意大利、印度、印度尼西亚、菲律宾、阿塞拜疆等国相关公司保持良好的技术交流和友好合作关系。

建厂以来，兰石重装的成长发展得到了党中央、国务院和国家相关部委的亲切关怀和大力支持，朱德、邓小平、江泽民、贾庆林等党和国家领导人都曾亲临兰石视察。兰石重装作为兰石集团装备制造业的核心，支撑兰石集团被誉为"中国石化机械的摇篮和脊梁"，荣获"装备中国功勋企业"称号。

展望未来，兰石重装将肩负"装备中国、造福社会、共创未来"的企业使命，遵循"以人为本、诚信为上、创新为源、发展为先"的经营理念，发扬"钻无止境、炼就一流"的兰石精神，树立国际化品牌形象，在更广阔的天地，努力实现"育同业仰敬队伍、造用户首选品牌"的企业愿景，谱写新的篇章，铸就新的辉煌！

2.2 技术研发能力

兰石重装自建厂以来，始终把科技创新、技术研发和人才培养作为公司的发展目标，目前分别在兰州、西安、青岛、上海等地设立了基于信息化异地共享的研发中心（见图8.2-1），建有国家级技术中心 2 个、国家级实验室 2 个、省级工程技术中心 3 个，拥有完整科学的产品完成和设计研究系统，拥有无损检测中心、理化检测中心、焊接研究所、压力容器焊工培训中心，拥有一支高学历、经验丰富、创新能力强的技术研发团队。公司现有员工 2770 人，专业管理及工程技术人员 797 人，其中，正高级工程师 7 人、高级工程师 71 人，中级专业技术人员 464 人，具备丰富的专业知识及研发能力，这也为企业科技研发和生产过程提供了坚实的人才保障。仅 2016—2018 年期间，兰石重装在科技研发方面累计投入 4.3 亿元，获得专利 153 件，完成省级及以上重大科技项目 7 项，新产品试制及科技攻关 64 项。

公司重视新产品的研发，每年对新产品的研发都有非常大的投入，获得了数百项科技创新成果。在新产品完成工作中，公司根据科技发展和市场需求，加强与国内科研院所的交流与合作，通过技术引进、合作完成等方式，使科研成果转化为生产力，为企业创造效益。兰石重装更加注重创新驱动转型升级，加大研发投入，提高技术水平，紧紧围绕高端装备技术前沿和产业链技术接续，沿着多种能源互补替代的装备技术创新路径，按照基础性、应用型产品、工程总承包设计三个层次，提升企业科技创新实力。

在竞争激烈的市场行情下，兰石重装正是凭借技术研发这一制胜法宝，勇于创新，不断提升，成为拥有强大竞争力的石化行业智能制造和全过程解决方案供应商。

图 8.2-1　研发中心
a）兰州研发中心　b）青岛研发中心　c）研发科室

2.3　炼化设备设计制造技术发展

兰石重装（原兰州炼油化工设备厂）由 20 世纪 60 年代初完成的一般性压力容器逐步向高压、高温、低温、大型、采用新材料和新工艺的容器发展，80 年代以来达到了新的水平。至 1987 年底，为国内 26 家炼油厂制造了年处理原油 100 万 t、250 万 t、500 万 t 的成套主要设备，包括加氢反应器、催化裂化反应器、重整换热器、催化再生器、废热锅炉、减压蒸馏塔等；为 24 家化肥厂制造了年产量 5 万 t 的成套主要设备，包括水冷凝器、氨合成塔、尿素合成塔、合成氨组合设备等；为 8 家企业提供了年产量 1 万 t 维纶的主要设备；为 17 家化工企业提供了高压聚乙烯反应器、高压釜等各种化工设备，还有加氢反应器、一段转化炉、套管结晶机、换热器、球形储罐等产品远销国外。

2.3.1　第一阶段（1953—1962 年）：起步阶段

1953 年 7 月 17 日 "中国第一机械工业部第一机器工业管理局兰石石油机械厂筹备处" 木质印章正式启用。工厂于 1956 年破土动工兴建，同时进行了开工生产的各项准备工作，如培训人员、测绘和翻译复制产品图样、设计制造自制非标准设备、编制产品工艺等。1956 年 9 月编制了生产准备工作规划，以指导各项生产准备工作，并组织编制工厂组织设计，建立组织机构和各项规章制度。经一机部批准，1958 年，国家 "一五" 期间 156 个重点项目中的两项——兰州石油机械厂与兰州炼油化工设备厂合并成立兰州石油化工机器厂，奠定了兰石从中国石化装备行业的基石到挺起中国石化装备行业脊梁的地位。1953—1962 年期间兰石生产的重大产品见表 8.2-1。

表 8.2-1 1953—1962 年期间兰石生产的重大产品

产品名称	完成时间	结构特点
饱和水加热塔	1960 年	试制出国内首台饱和水塔（φ3200mm×36000mm），技术水平达到国内领先
套管结晶机	1962 年	试制出我国第一台换热面积为 68m^2 的套管结晶机，是石油炼油厂润滑油生产装置中用于结晶脱蜡的主要设备之一。其外形尺寸：15695mm×1760mm×4859mm；工作压力：内管 2.5MPa，管间 0.062～0.194MPa；工作温度：管内 20～35℃，管间 −40～−20℃

2.3.2 第二阶段（1963—1972 年）："加氢"技术阶段

1963 年产品品种有换热器、发汗罐、套管结晶机、水冷凝器等。1964 年和 l965 年，在一机部帮助下，进行以技术管理为中心的企业整顿活动，生产管理、产品质量、技术管理等工作均有了进一步的提高。

容器车间于 1964 年大战"三塔三器"，同年 12 月生产出水洗塔、汽提塔、原料精分馏塔和水冷凝器、套管结晶器、新型换热器，标志着车间全面投入生产。1965 年完成了三大新产品：大庆炼油厂的高压加氢反应器、大型回转窑和不锈钢平直波纹型板式换热器。这三大产品的生产，证明容器车间的生产技术能力已达到原工厂设计水平，且在使用材料、产品直径、重量、性能等方面已突破原设计能力。

1965 年 12 月 5 日兰石厂建成，交付国家动用验收。兰石厂在交付国家动用验收后，进行了填平补齐工程，以弥补生产设施配套不全的缺陷。

容器车间生产了万吨维纶设备的大型第六精馏塔、脱氧铜设备——萃取塔、高压加氢换热器、高压加氢反应器、催化裂化再生器、铂重整反应器等大型设备。这些产品均突破了原工厂设计的生产纲领所规定的产品的技术水平。

1968 年至 1970 年，兰石厂试制了一些新产品，主要有我国第一台风洞产品、第一台年产 11 万 t 不锈钢衬里尿素合成塔（见图 8.2-2）、萃取离心机、高速离心机、1500 大气压高压釜、氨合成塔等。

在塔器内件的完成方面，1964 年制造出 S 形塔盘，1965 年制造出泡帽塔盘和浮阀塔盘，1967 年制造出筛板塔盘，至 1974 年制造了多种规格的泡帽和浮阀以及浮舌、舌形、浮动喷射、筛板等不同类型的塔盘。浮阀塔盘、泡帽塔盘以及浮舌、舌形塔盘均已有企业自己的标准和系列。塔盘材料可以是碳钢、碳锰钢、不锈钢、脱氧铜或铝。壳体材料分别为碳钢、碳锰钢、不锈钢、复合板、脱氧铜或铝等。塔器最大直径达 10m，最高达 66m。

图 8.2-2 1969 年第一台年产 11 万 t 不锈钢衬里尿素合成塔

在周总理对产品质量问题做了重要指示之后，兰石厂于1972年3月就提高产品质量进行了一系列工作，恢复健全岗位责任制、设计管理、技术操作规程、质量检验、设备管理维修、经济核算、生产准备、毛坯和在制品管理等制度。下放劳动的干部也陆续抽回工作岗位。

这一阶段的代表性产品是冷壁高压加氢反应器。

研发背景：在炼油行业中，为提高出油率和油的品质，20世纪60年代开始研究加氢技术。1965年兰石和一机部通用机械研究所、兰州石油机械研究所、石油部设计院等联合设计并由兰石厂制造完成了高压加氢反应器。该设备全部采用哈尔滨焊接研究所生产的国产焊接材料，兰石与其联合开展焊接工艺技术试验研究、技术攻关。

技术特点：我国首台加氢反应器，内径1800mm，壁厚90mm，总长18000mm；设计压力15MPa；设计温度450℃；介质为原油、工业氢、循环氢；材料为20CrMo9。

1974年开始应用新材料2.25Cr-1Mo抗氢钢制造加氢反应器，内衬不锈钢。

主要成绩：1966年，完成内径1.8m高压加氢反应器（国内首台160t）制造，实现我国冷壁加氢反应器技术全面提升，也同时促进了冶金金属、锻造能力、加工、焊接及热处理等一系列制造工艺技术水平的全面提高，技术达到国内领先。该设备是炼油厂加氢异构裂化装置的关键设备，在材料、壁温、重量上均突破了工厂的原设计生产能力，使催化裂化装置的原油利用率由原来的50%～60%提高到70%～80%，具有60年代国外先进水平。1963—1972年期间生产的重大产品见表8.2-2。

表8.2-2　1963—1972年期间生产的重大产品

产品名称	完成时间	结构特点
液化石油气卧式储罐	1963年	公称容积10～150m³
5万t/年合成氨装置水冷凝器	1964年	国内首台
冷壁高压加氢反应器	1965年	该设备是炼油厂加氢异构裂化装置的关键设备，在材料、壁温、重量上均突破了工厂的原设计生产能力，使催化裂化装置的原油利用率由原来的50%～60%提高到70%～80%。技术达到国内领先并具有20世纪60年代国外先进水平
年产20万t大型水泥回转窑	1965年	国内首台，技术达到国内领先
不锈钢板式换热器	1965年	1965年试制出国内首台BP66型不锈钢板式换热器，传热面积66m²，水平直波纹形，技术达到国内领先水平，至1987年已形成BR系列产品。该品种与国内同类产品比较，具有传热效率高、承压能力大、结构紧凑等特点，生产的产品已达到史密特公司的质量标准
ϕ1.8m高压加氢反应器	1966年	国内首台壳体净重160t设备，技术达到国内领先
高压加氢换热器	1966年	该设备是石油炼制中加氢装置的主要工艺设备之一。1966年6月在制造加氢反应器经验基础上制造了高压加氢换热器，规格ϕ800mm×55mm×15000mm，设计压力16MPa，设计温度320℃，其后根据用户需要生产了各种不同要求的加氢换热器
球形储罐	1966年	公称容积50～2000m³
U形管式铬钼钢换热器	1969年	1969年开始生产U形管式铬钼钢换热器（YRH500-80-100，材料12Cr3MoA），至1987年已为石油炼厂的催化裂化、加氢精制装置等系统提供了各种规格的换热器，形成了UR系列U形管式铬钼钢换热器。规格：ϕ500～ϕ1000mm，管程设计压力：4～10MPa，管程设计温度：250～500℃，管程操作介质：氢、硫化氢、油气，壳程设计压力：2.5～10MPa，壳程设计温度：200～500℃，壳程操作介质：氢、油或水。这种换热器壳体和管箱由抗氢钢制成，管箱分为带衬里和不带衬里两种形式，换热管材料为奥氏体不锈钢或铬钼钢，管板材料为铬钼钢堆焊不锈钢衬里，为特有产品之一

(续)

产品名称	完成时间	结构特点
高压釜	1966—1968年	自1966年以来，根据用户的不同要求，先后设计出11种高压釜，主要规格性能如下：容积分别为130L、250L，压力分别为6MPa、8MPa、10MPa
尿素合成塔	1969年	1969年试制出我国第一台年产11万t不锈钢衬里尿素合成塔。规格：ϕ1600mm×95mm×28500mm，设计压力：20MPa，设计温度：185℃，介质：尿素、氨基甲酸铵，材料：18MnMoNb
换热分离氨组合设备	1971年	1970年8月与燃料化学工业部第九设计院、黑龙江生产建设兵团化肥厂联合设计，于1971年试制出我国第一台换热分离氨组合设备（简称"四合一"），规格：ϕ700mm×65mm×28467mm，设计压力：32MPa，工作温度：冷却器段管内200℃，冷凝器管内-30℃，换热面积：328/231/2332m^2，介质：氢、氮、氨等，材料：18MnMoNb。它将原合成氨生产中的2套管式水冷却器、1台冷凝塔、1台氨蒸发器、1台氨分离器合成1台立式设备，具有体积小、重量轻、效率高、占地少的特点，设备重量由原来5台设备总重155t减为52.5t，占地面积由399m^{2}减为64m^2
1000L高压釜	1972年	这种高压釜的介质均为氢、异丁烯、活性铝粉、轻汽油

2.3.3 第三阶段（1973—1982年）：高压容器研发阶段

"文革"时期，兰石不忘初心，全心致力于容器新产品的设计与研制、改进工作。1974年7月，兰石厂与兰州石油机械研究所、燃化部第二设计院联合设计年处理500万t原油的炼油厂的单元装置。经过两年多时间，先后完成减压塔、常压塔等多种设备。过去定型系列产品浮头式换热器、冷凝器系列得到改进。除不断完成中低压压力容器外，还增加了高压压力容器和第三类压力容器产品，如浮阀塔、脱氧铜塔、铝合金储罐、氨合成塔（见图8.2-3）、套箍式加氢反应器、重整换热器、U形管铬钼钢换热器、高压球形气瓶、球形储罐和高真空要求的低温储罐等。

党的十一届三中全会以后，兰石厂积极开拓国际、国内市场，1981年12月兰石厂获得国家劳动总局颁发的三类压力容器制造许可证（1983年7月发证，编号RZZ—001）。为了不断完成新的高技术水平的炼化设备产品，1982年6月建成压力容器地下爆破试验室，进行压力容器在常温下的静动态电测、爆破和压力疲劳试验，给新产品的试验研究提供了良好的条件。1973—1982年期间生产的重大产品见表8.2-3。

图8.2-3　年产15万t双层热套氨合成塔

表8.2-3　1973—1982年期间生产的重大产品

产品名称	完成时间	结构特点
一段转化炉	1973年5月	为援外一段转化炉。该设备由辐射段和对流段组成，制造技术难度大，采用了ϕ57mm×3.5mm翅片管换热新元件，主要材料为Cr25Ni20、Cr16Ni36、20G，制成后一机部、燃化部与对外经济联络部联合发了贺电
2.25Cr-1Mo加氢反应器	1974年	开始应用抗氢钢新材料制造加氢反应器，设备内衬为不锈钢材料
多金属重整装置	1975年	1975年10月成功制造出国内首套多金属重整装置，其中包括多金属重整径向反应器和多金属重整立式换热器。多金属重整径向反应器具有效率高、反应均匀、产品质优、降低消耗等优点。这套新型炼油装置设备与工艺、仪表同获1978年3月全国科学大会表彰（奖状）

(续)

产品名称	完成时间	结构特点
双层热套氨合成塔	1975年	1975年与兰州石油机械研究所联合设计，制造了年产量15万t合成氨装置的双层热套结构氨合成塔，规格：ϕ1600mm×145（内100/外45）mm×19530mm，设计压力：32MPa，设计温度：200℃，材料：18MnMoNb。为国内首台，技术达到国内领先，通过甘肃省机械厅组织的国家重大专项鉴定。筒体采用低合金高强度钢双层热套工艺，筒顶法兰采用三层热套结构，在国内首次采用抗剪螺栓连接。制造中进行模拟容器爆破试验、抗剪螺栓试验、抗剪螺栓弯矩连接和Ω密封等综合模拟试验。产品结构简单，装配、拆卸方便，节省材料，1978年获得全国科学大会表彰（奖状）
ϕ9.2m 大型球罐	1975年	经机械工业部石油化工机械行业评议，认为已达到国家标准要求。同一台储罐的球片可任意互换，有利于现场组装
套箍式加氢精制反应器（见图8.2-4）	1976年	1976年3月制造完成。这是我国直径最大、工作压力最高、重量最重、处理量最大、双层板焊热套结构的加氢反应器，技术达到国内领先，并通过国家重大专项鉴定。经过各项技术检验，31MPa水压试验和应变测定均合格，经甘肃省机械厅组织鉴定认为设计方案合理，结构可靠，制造工艺可行，质量检查严密细致，质量合格，可以投入使用。1978年3月获全国科学大会表彰（奖状） 设备规格：ϕ2100mm×160（内85/外75）mm×27000mm，设计压力：20MPa，设计温度：450℃，介质：油、氢、硫化氢，外筒体材料：18MnMoNb，内筒体材料：20CrMo9，重量：240t，年处理量：48万t
高压聚乙烯反应器	1976年	1971年起与兰州化学工业公司设计院、兰州石油机械研究所组成联合设计试制小组，于1976年试制出南京钟山化工厂年产1万t高压聚乙烯装置的关键设备之一——高压聚乙烯反应器。该反应器为国内第一台，技术达到国内领先，并通过国家重大专项鉴定。1976年10月甘肃省机械局组织鉴定会认为：设计合理，结构可靠，空运转平稳，达到设计要求，质量合格。该反应器是以兰州化学工业公司石油化工厂的进口装置为基础进行设计的，标志着我国在超高压化工容器设计制造技术上有了一个新的突破 设备规格：ϕ305mm×100mm×5361mm，容积：250L，设计最高操作压力：195MPa，正常操作压力：155MPa，水压试验压力：230MPa，正常操作温度：285℃，介质：乙烯和聚乙烯混合物，材料：34CrNiMoA、35CrMo
催化分馏塔	1978年	具有4层浮阀塔盘、28层舌形塔盘
热壁加氢反应器	1982年	1982年8月制造成功国内第一台不锈钢带极堆焊衬里热壁加氢反应器，技术达到国内领先，并通过国家重大专项鉴定。鉴定认为设计结构比较合理、先进，吸收了近年国外热壁加氢反应器的技术经验，提高了耐磨蚀能力，克服了冷壁结构的不足，1983年获全国经济委员会颁发的优秀新产品证书 设备规格：ϕ1400mm×80mm×14000mm，设计压力：8.8MPa，设计温度：400℃，介质：重油、氢、硫化氢，材料：2.25Cr-1Mo，衬里堆焊不锈钢

这一时期的代表性产品是国内第一台不锈钢带极堆焊衬里热壁加氢反应器（见图8.2-4）。

研发背景：1966年完成国内第一台冷壁加氢反应器后，开始用德国20CrMo9钢、日本2.25Cr-1Mo钢大量生产冷壁加氢；1974年为阿尔巴尼亚制造两台热壁加氢精制反应器，主体材料为2.25Cr-1Mo，采用衬里结构；1982年完成了国产第一台热壁加氢反应器试制。

技术特点：采用日本进口2.25Cr-1Mo

图8.2-4 中国第一台热套结构加氢反应器

钢板作为主体材料，应用国产不锈钢焊带及焊剂，首次在国内进行了反应器内壁的不锈钢带极埋弧焊堆焊先进技术的应用。

主要成绩：国内第一台不锈钢带极堆焊衬里热壁加氢反应器，技术达到国内领先，并通过国家重大专项鉴定。由兰石厂组织了鉴定，认为设计结构比较合理先进，吸收了近年国外热壁加氢反应器的技术经验，提高了耐磨蚀能力，克服了冷壁结构的不足。随着炼化设备的迅猛发展，加氢反应器制造需要攻克很多技术难关。1983年，国家机械工业委员会（机械工业部）制定了国家"六五"重点科研攻关项目"2.25Cr-1Mo钢制热壁加氢反应器焊接材料、焊接接头回火脆性的研究"，由兰石、钢铁研究总院、兰州石油机械研究所和合肥通用机械研究所组织联合攻关，1985年完成了预定的科研攻关目标。

2.3.4 第四阶段（1983—1992年）：ASME"U"钢印容器制造阶段

"八五"期间，兰石领衔承担国内第一台不锈钢带极堆焊热壁加氢反应器、国内最大的浮头式冷凝器等数十项重大国产化装备项目研制，技术水平全部达到国际先进水平，成为替代进口的国家重大技术装备。

1983年以来，陆续完成了不锈钢带极堆焊衬里层的重油加氢反应器、锻焊结构加氢反应器（见图8.2-5），在设计和使用材料上已达到20世纪70年代末国外先进水平。此外，大型冷凝器、混合轻烃低温储罐、耐强腐蚀脱水塔、热壁结构加氢反应器（见图8.2-6）等新产品，也都采用了新技术、新材料，从而促进了新工艺的发展。1984年4月经机械工业部批准为三类压力容器设计单位（编号RSP机通—001），是全国第一家获得三类压力容器设计和制造资质的单位。1984年10月成为我国第一家取得美国机械工程师协会（ASME）压力容器U和U2制造许可证和钢印的工厂，并于1989年为抚顺石化公司研制成功国内首台打ASME"U"钢印丙烯腈冷却器（见图8.2-7），属于国家重大技术装备项目的核心设备在我国首次完成制造，且是我国第一台打ASME"U"钢印的压力容器，于7月22日通过部级技术鉴定，该产品质量达到了国际80年代水平。1984年7月引进德国史密特公司换热器技术，1985年10月生产出引进技术的换热器产品，其中有两个品种，每一种规格板片具有两种波纹形状，可组合成最佳性能流道。

图8.2-5　中国第一台锻焊结构加氢反应器（1983年）

截止到1987年，兰石厂通过自行设计、参加联合设计或图样转化生产等方式完成的产品，为国内26个炼油厂制造了年处理原油100万t、250万t、500万t的成套主要设备，包括加氢反应器、催化裂化反应器、重整换热器、催化再生器、废热锅炉、减压蒸馏塔等；为 24 个化肥厂制造了年产量 5 万 t 至 15 万 t 的成套主要设备，包括水冷凝器、氨合成塔、尿素合成塔、合成氨组合设备等；为 8 个企业提供了年产量 1 万 t 的维纶主要设备；为 17 个化工企业提供了高压聚乙烯反应器、高压釜等各种化工设备；还有加氢反应器、一段转化炉、套管结晶器、换热器、球形储罐等产品远销国外。1983—1992 年期间生产的重大产品见表 8.2-4。

图 8.2-6　中国首台板焊热壁加氢反应器

图 8.2-7　国内首台打 ASME "U" 钢印的丙烯腈冷却器

这一时期的代表性产品有：

1. 丙烯腈冷却器

研发背景：该冷却器是丙烯腈装置的关键设备之一，工作条件苛刻，制造工艺复杂，属国家"七五"期间重大技术装备国产化攻关项目。此设备通过技贸结合方式与日本新潟工程有限公司合作制造,主要材料由日方提供,兰石按 ASME 规范设计制造,并按要求进行第三方质量检验。

技术特点:这是国内第一台按 ASME 第Ⅷ篇之规定设计制造并打 U 钢印产品。该产品成功地应用了爆炸贴胀等新工艺,产品质量优良。

主要成效:为抚顺石化公司生产的丙烯腈冷却器,7 月下旬通过机电部、中国石化总公司及甘肃省有关单位的技术鉴定和 ASME 第三方检验师确认,并已发往使用单位安装。国家重大技术装备项目的核心设备,在我国首次完成制造,且是我国第一台打 ASME "U" 钢印的压力容器,于 1989 年 7 月 22 日通过部级技术鉴定,该产品质量达到了国际 80 年代水平。该冷却器的试制成功,为丙烯腈装置的国产化提供了设计、制造、质量控制及质量管理等方面的经验。

2. 连续气源航空发动机高空模拟试车台(见图 8.2-8,简称"高空台")

图 8.2-8 连续气源航空发动机高空模拟试车台

研发背景:兰石为中国航空研究院 624 所生产的完整配套的整机试验设备,是亚洲第一台飞机发动机高空试验装置。

技术特点:早在 1958 年,我国就开始着手进行航空涡轮发动机高空模拟试验设备的建设。1965 年,我国的航空发动机高空模拟试验台(SB101 高空台)选定在四川西部的秦岭山区建设。SB101 高空台主要包括供气系统、试验舱、排气冷却系统、抽气系统和其他附属设施供气系统(包括压气机、加温器、干燥及降温装置、混合器、相应的辅助系统和调压、调温阀门等)。它向试验舱内的发动机提供符合模拟要求的温度、压力、湿度和流量的空气,最大供气量高达 350kg/s,最大供气压力达 4.5atm。其中加温器能够把流量近 70kg/s 的空气从常温加温至 500℃,加温器运行一天所消耗的天然气相当于一个中小城市一天的消耗量。降温装置能够把流量近 50kg/s 的空气从常温降至 -70℃,其制冷量足够一个百万人口的城市在夏天人人享受空调。试验舱(高空舱)内径 3.7m,长度 22m,最大模拟高度 25km,最大模拟马赫数 2.5,试验对象是流量为 120kg/s 以下、最大推力 200kN 的涡喷和涡扇发动机。

主要成效:老一辈高空台建设者不畏困难,一切从零开始,历经 30 年艰苦卓绝的建设,兰石制造 SB101 高空台部分 1988 年 8 月制造完成,并于 1995 年顺利通过国家验收,其设备规模在世界上是继美、俄、英、法后居第五位,在亚洲目前是第一位,被称为"亚洲第一台"。航空发动机高空台是一项投资大、技术复杂的系统工程,它的建成,结束了我国没有大型连续气源的高空台历史,为独立自主研制航空发动机打下了至关重要的基础,在我国航空工业发展史上谱写了光辉的一页。由兰石制造的连续气源航空发动机高空模拟试车台荣膺 1995 年全国十大科技成果,1997 年获国家科技进步特等奖(见图 8.2-9)。

图 8.2-9　连续气源航空发动机高空模拟试车台获奖证书

表 8.2-4　1983—1992 年期间生产的重大产品

产品名称	完成时间	结构特点
φ1.8m 锻焊结构、高温高压加氢反应器	1983 年	1983 年 12 月制造出厂的我国第一台锻焊结构加氢反应器。与中国石油化工总公司第二炼油研究设计院、抚顺石油三厂联合设计,供抚顺石油三厂使用,规格:φ1800mm×150mm×25000mm,设计压力:21MPa,设计温度:450℃,介质:油、氢、硫化氢,材料:2.25Cr-1Mo,重量:172t(最大单件重 20t),法兰顶盖用不锈钢带极堆焊衬里层。由甘肃省机械厅组织鉴定,认为这台加氢反应器在设计、材料和制造工艺某些方面的技术达到 60～70 年代国外先进水平,并通过国家重大专项鉴定。至此我国已初具设计、制造大型热壁加氢反应器的条件。该产品荣获 1983 年中国石油化工总公司优秀科技成果二等奖,1985 年获甘肃省科技成果二等奖
热壁结构加氢反应器	1986 年 5 月	根据国家"七五"规划十二项重大技术装备研究计划开始制造,由中国石油化工总公司北京设计院设计,供长岭炼油厂使用的热壁结构加氢反应器,规格:φ2100mm×(90+6)mm×14223mm,设计压力:8.8MPa,设计温度:435℃,介质:油、氢、硫化氢,材料:2.25Cr-1Mo,堆焊衬里 00Cr25Ni13、00Cr20Ni10Nb。制造中采用了空间隙埋弧环缝自动焊、小直径管子内壁对焊机、A6S 焊机堆焊筒体内壁、30t 全位置变位器等先进技术工艺与装备,并于 1988 年 2 月通过了甘肃省机械总公司组织的鉴定,认为这台产品各项技术指标达到或超过设计要求,达到国外 80 年代同类产品先进水平,这标志着我国压力容器制造已达到了新的高度
φ1.7m 浮头式冷凝器	1986 年 11 月	1986 年为镇海炼油厂制造的直径 1700mm、设计压力 2.5MPa、设计温度 200℃、四管程的冷凝器,提高了炼油厂处理能力和经济效益。采用新的国家标准和规范,并参照国际先进的美国管式换热器制造商协会(TEMA)标准,提高了管孔尺寸精度,应用新的密封垫——膨胀石墨缠绕垫和新结构 B 型勾圈,改进防锈措施,从而提高传热效率,减小压降,降低泄漏率,方便设备安装和拆卸

（续）

产品名称	完成时间	结构特点
ϕ2.1m 热壁加氢反应器	1988 年 2 月	通过甘肃省机械厅组织的鉴定，认为这台加氢反应器在设计材料和制造工艺某些方面达到了 70 年代末国外先进水平，通过国家七五重大专项鉴定
高空台冷却装置	1988 年 8 月	国内首台，技术达到国内领先水平，位于亚洲第一、世界第五，被国家机械电子工业部授予二等奖，被国家科委评为"一九九五年全国十大科技成就"，随后国家科技委员会授予科技进步奖特等奖
丙烯腈冷却器	1989 年 7 月	国家重大技术装备项目的核心设备，在我国首次完成制造，且是我国第一台打 ASME "U" 钢印的压力容器，于 1989 年 7 月 22 日通过部级技术鉴定，该产品质量达到国际 80 年代水平
ϕ2.6m 板焊结构热壁加氢反应器	1990 年	为广州石化总厂生产，成为当时国内最大的板焊结构加氢反应器
螺纹锁紧环高压换热器	1990 年	国家重大技术装备项目
8142 热壁加氢反应器	1991 年	国家重大专项，并通过省级鉴定
CO 变换炉	1992 年	"八五"国家重大技术装备项目，并通过省、部级鉴定
多功能吸收塔	1992 年	"八五"国家重大技术装备项目

2.3.5 第五阶段（1993—2002 年）：容器制造重大发展阶段

1990 年，机电部授予兰石"机械电子工业第三届设备管理优秀单位"称号。1992 年，兰石厂实施"统分结合，以分为主"的改革探索。统分结合贯彻了两权分离、责权利统一的改革思路，对搞活经营起了一定的推动作用。但由于宏观经济影响，兰石陷入了长达十年的困难期。面对严峻的经营形势，兰石一方面致力于内部体制机制的创新探索，一方面积极着手外引内联、合资合作。从 90 年代开始，兰石承担多项国家"八五"重大技术装备科技攻关项目和重大国产化装备项目。兰石试制了国内第一台不锈钢带极堆焊衬里热壁加氢反应器、国内最大的浮头式冷凝器，以及 CF-62 钢制 1500m³ 大型乙烯球罐、年产 60 万 t 催化重整装置、80 万 t 加氢裂化成套装置、大直径高压螺纹锁紧式换热器、油气水三相分离器、油气水加热器等重大新产品项目，并均通过机械部和中国石化总公司组织的专家鉴定会，项目均达到了国际先进水平，填补了国内空白，成为替代进口的国家重大技术装备项目。

1998 年 5 月 26 日，兰石承制的国家重大国产化项目，北京燕山石化公司炼油厂 60 万 t/ 年连续重整联合装置中最关键的核心设备——四合一连续重整反应器，由机械部重大装备司和中国石化总公司重大办在北京燕山石化公司炼油厂共同进行了鉴定。认为：该项目采用了美国 UOP 技术，主要技术指标达到了国外同类产品水平，填补了国内空白。自此至今，兰石又生产制造了 59 台四合一连续重整反应器，其中 220 万 t/ 年四合一连续重整反应器是当时国内直径最大、长度最长、加工处理能力最大的连续重整反应器，也是亚洲最大的连续重整反应器。该反应器直径为 3000mm，壁厚 97mm，设备总长 83m，设备总重 553t，其技术质量达到了当代国际先进水平。

连续重整反应器现在是兰石的主导产品，且国内市场占有率为 100%。该产品代表着我国炼油化工装备制造业的水平。从经济效益上讲，连续重整反应器国产设备价格仅为进口价格的 60%；从社会效益上讲，国产化可以振兴国内经济，提高我国制造业的水平，使其具有一定的国际竞争力。1993—2002年期间生产的重大产品见表8.2-5。

这一时期的代表性产品有：

1. 四合一连续重整反应器

研发背景：国内首台60万t/年连续重整反应器是北京燕山石化公司炼油厂60万t/年连续重整装置的核心设备，是国内设计制造的炼油静设备中技术要求最高的设备之一。该装置采用美国UOP连续重整专利技术，将4个直径不同的反应器通过锥体变径段重叠连接成一台"四合一"连续重整反应器（见图8.2-10），其工艺先进、结构合理，具有占地面积小、反应物料均匀、催化剂利用充分、动能消耗低等优点。但由于该设备精度要求高、制造难度大，世界上仅有个别工业发达国家可以设计制造，因而我国除少数炼厂从国外引进该设备外，国内设备制造企业仅能生产传统的单体重整反应器供炼厂使用。为改变这种落后局面，使我国炼油深加工技术赶上世界先进水平，采用先进的连续重整工艺技术是必然的选择，而关键设备设计制造的国产化就成了重中之重。

技术特点：60万t/年连续重整反应器主要技术参数：设计压力0.78MPa，设计温度549℃，操作介质H_2、HC，地震烈度8度，基本风压450Pa，规格$\phi1950mm\times26mm+\phi2000mm\times26mm+\phi2100mm\times30mm+\phi2600mm\times36mm$，设备总长39908.5mm，材料壳体SA-387 Gr.11 Cl.2（1.25Cr-0.5Mo-Si），内件材料TP321，设备净重120t，设备操作重量175t。

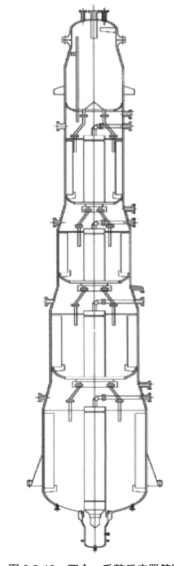

图8.2-10 四合一重整反应器简图

60万t/年连续重整反应器作为首台国产化的研制项目，有许多需要攻关的内容和相应的制造技术：

1) 将4台不同直径和壁厚（$\phi1950mm\times26mm+\phi2000mm\times26mm+\phi2100mm\times30mm+\phi2600mm\times36mm$）的重整反应器通过变径段设计、制造成为一台叠式"四合一"连续重整反应器。

2) 反应器裙座与壳体的连接采用在壳体上用同种材料进行堆焊，经无损检测合格后加工成专用的连接结构，这种与裙座对接连接的结构型式，明显优于UOP专利技术角焊缝连接的结构型式，虽然增加了制造难度，但避免了角焊容易产生的各种缺陷，解决了角焊缝难以探伤检验的问题，大大提高了可靠性。

3) 与变径段相焊的不规则马鞍形接管，采用整体加工技术，确保尺寸精准连接平滑，焊接质量可靠，为国内独创（该项技术已获得国家专利，专利号：ZL95218490.7）。

4）设备制造完成后，整体运抵现场进行内件安装。现场安装在充分消化和掌握了专利技术的基础上，采取了有效的内件安装措施，经 UOP 专家检验认为该设备的设计、制造安装完全符合专利技术要求。

主要成效：兰石研制的首台国产化 60 万 t/年连续重整反应器，主要技术指标达到了国外当代同类产品水平，填补了国内空白。连续重整反应器在北京燕山石化公司炼油厂安装、调试完成后于 1997 年 7 月 25 日正式投产至今，使用效果良好（见图 8.2-11）。自本设备研制成功后，已有上海高桥石化公司炼油厂、兰州炼油厂和天津石化公司炼油厂的连续重整装置反应器，由该项目的主要完成单位中石化北京设计院设计、兰州石油化工机器总厂制造安装完成，并陆续投入使用。随着我国国民经济的飞速发展，根据国家石油、化工行业规划，该项目在近年内有多套改、扩建工程，其推广应用前景十分广阔。

图 8.2-11　1996 年为燕山石化公司生产的国内首台四合一连续重整反应器

2. 国产首台 CF-62 钢制 1500m³ 大型乙烯球罐

研发背景：进入 20 世纪 70 年代，我国先后从国外引进了几套 30 万 t/年乙烯装置。为其配套的容积在 1500m³ 以上的乙烯球罐 20 多台，加上 11.5 万 t/年的小型乙烯装置配套的乙烯球罐，总计 40 多台。这些球罐绝大多数是从国外整台引进，只有少数容积在 1000m³ 以下的小型球罐是引进国外的钢板、焊条，由国内设计，压片组焊而成。引进国外球罐不但耗资巨大，又必须花高价引进声发射的裂纹扩展检测仪进行检测。上述种种原因，促使乙烯球罐必须走国产化道路，使用的 CF-62 钢是我国"七五"期间研制完成的新钢种。

技术特性：球罐共分五带，由 66 块球壳板组成，是橘瓣式正切支柱结构（见图 8.2-12）。上支柱采用 U 形柱结构，与 GB 12337—1990 标准上所规定和推荐的两种支柱结构相比支撑条件有所改善。除支柱下段、拉杆外全部采用国产 CF-62 钢。主要设计参数：内径 14300mm，球壳板壁厚 44mm，容积 1531m³，设计温度 −30℃，设计压力 2.25MPa，操作介质为乙烯。为确保球片的成形质量，按钢板性能区段分别进行试验，确定了 1500m³ 乙烯球罐球片的四种设计尺寸的冷压模具。中极板与接管焊后热处理时，自制防变形工装，采用防变形胎具控制焊接变形，热处理后拆除胎具。制造过

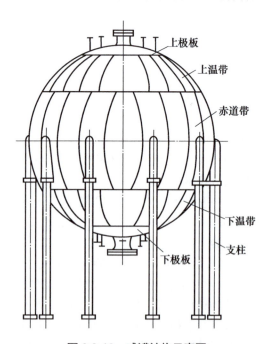

图 8.2-12　球罐结构示意图

程中严格控制球片立体划线样板的制作，球片起吊、转运过程中的防变形，球片焊后热处理等。

主要成效：首次采用国产 CF-62 钢制造的 1500m³ 乙烯低温球罐属"八五"国家重大技术装备科技攻关项目，于 1997 年获得国家科技进步奖三等奖（见图 8.2-13、图 8.2-14）。该球罐的研制成功，进一步充实和提高了我国球罐制造技术。

图 8.2-13　为大庆石化总厂研制的 CF-62 钢制 1500m³ 乙烯球罐

图 8.2-14　国家科技进步三等奖获奖证书

表 8.2-5　1993—2002 年期间生产的重大产品

产品名称	完成时间	结构特点
油气水加热器	1994 年	国内首台，"八五"国家重大技术装备项目，技术达到国内领先并填补了国内空白
油气水三相分离器	1994 年	国内首台，"八五"国家重大技术装备项目，技术达到国内领先并填补了国内空白
CF-62 钢制 1500m³ 大型乙烯球罐	1994 年	国内首台，"八五"国家重大技术装备项目，技术达到国内领先并填补了国内空白
加氢裂化高压换热器	1996 年	国内首台，"八五"国家重大技术装备项目，技术达到国内领先并填补了国内空白
重叠式重整反应器	1996 年	国内首台，属于部级新产品，技术达到国内领先并填补了国内空白
60 万 t/年连续重整反应器	1998 年	国内首台，"八五"国家重大技术装备项目，由机械部重大装备司和中国石化总公司重大办在北京燕山石化公司炼油厂共同进行了鉴定，认为该项目采用了美国 UOP 技术，主要技术指标达到了国外同类产品水平，填补了国内空白
国产 2.25Cr-1Mo 钢板焊结构临氢重整反应器研制	1998 年	被中国石油化工集团公司授予"一九九八年度科学技术进步奖二等奖"
高压螺纹锁紧环式双壳程换热器	1999 年	国内首台，达到国内领先技术

2.3.6 第六阶段（2003—2013 年）：容器制造井喷阶段

2006 年 8 月 30 日兰石完成了当时我国国内最厚 2.25Cr-1Mo-0.25V 钢制板焊加氢反应器产品的研制。2009 年 11 月 13 日，甘肃省科技厅组织有关专家，对省科技重大专项"2.25Cr-1Mo-0.25V 钢制大型板焊加氢反应器研制"进行了科技成果鉴定。鉴定委员会一致认为：该设备填补了 2.25Cr-1Mo-0.25V 钢制板焊结构厚壁加氢反应器的国内空白，达到国内领先水平，替代进口，其综合技术水平达到国际先进水平，有广泛的推广应用前景。它的研制成功，表明了我国已经具备了用 2.25Cr-1Mo-0.25V 材料制造板焊结构厚壁临氢设备的技术能力，进一步拓宽了板焊结构压力容器的使用领域。

2007 年以来，兰石又承担了多项甘肃省科技重大专项，如国内最大直径 4800mm 板焊结构加氢反应器和 ϕ1700mm 大直径宽齿形螺纹锁紧环式换热器，它们都代表了国内同类产品的最高制造水平；隔膜式换热器等研制项目，技术水平均为国内领先，并填补了国内空白。充分体现出兰石在国内炼油化工设备方面一直处于主导和领先地位。

2008 年由兰石制造的 220 万 t/ 年加氢装置中的大厚板热高压分离器通过出场评审验收。同年 8 月由兰石重装公司承担的中石化洛阳分公司"220 万 t/ 年加氢处理装置——大型厚壁板焊式加氢反应器"制造完工，并顺利通过现场验收。到目前为止，该反应器为国内最大壁厚板焊结构反应器，其规格为直径 4000mm，厚度 183mm，重量为 648t。

2009 年，兰石重装试制完成甘肃华亭煤业集团一台气化炉发运出厂，标志着兰石已具备独立完成煤化工行业核心设备制造的能力，大大增强了在炼化设备制造行业的核心竞争力。同年 10 月，青岛兰石重型机械设备有限公司开始投产运营，这标志着青岛兰石公司正式纳入兰石重装运营体系，也标志着兰石集团的产业链已走出内地，向沿海开放城市发展迈出坚实的步伐，为兰石业务向海外市场拓展打下了良好的基础。同年 11 月，兰石 ϕ1700mm 大直径高温高压螺纹锁紧环式换热器项目获创新成果三等奖。同时集团承担的甘肃省科技重大专项"2.25Cr-1Mo-0.25V 钢制大型板焊加氢反应器研制"和"ϕ1700mm 大直径高温高压螺纹锁紧环式换热器"通过甘肃省科技厅组织的科技成果鉴定和验收。同年 12 月集团举行"兰州兰石集团有限公司承接清华大学国家重大专项高温气冷堆核电站专项——大型高温高压氦气电加热器制造开工签字仪式"。为清华大学核能与新能源技术研究院实验基地提供的 HTL 大型高温高压氦气实验回路电加热器顺利通过了国家安监局的鉴定，标志着集团进军核电装置制造领域又迈出新的步伐。2009 年，为了应对国际金融危机影响，集团实施"产品高端化，经营国际化"战略，逐步形成"四个转型"总体思路，相继启动了培育兰石重装上市、谋划出城入园等重点工作。同年，兰石集团荣获"全国企业职工教育培训先进单位"称号。2010 年，投资 3.5 亿在青岛建设生产基地，使兰石单台炼化装备制造能力提升到千吨以上，几代兰石人沿海建厂的梦想成为现实。同年取得了武器装备承制资格单位认证。2013 年初，青岛兰石重机公司获得了民用核安全设备制造许可证，为企业进入核电设备制造领域打开了空间。

2010 年，由青岛兰石重机公司为玉门油田制造的重整装置预加氢脱氯反应器首台产品顺利出厂。同时青岛兰石重机公司通过由 ASME 总部专家组就 ASME "U"、"U2" 钢印及证书取证进行的联检，标志着青岛兰石完全具备 ASME U、U2 许可证产品的制造能力。3 月由青岛兰石制造的首台海运产品——中海油惠州石化公司 40 万 t/ 年基础油加氢装置精制反应器、异构脱蜡反应器顺利出厂，标志着兰石集团向新能源领域装备制造迈出新步伐。11月中国石油和石油化工设备工业协会行业"五十强企业暨名牌产品"评定会召开，重装公司入选行业2009—2010年度50强企业；重装公司高压加氢反应器、高压螺纹锁紧环式换热器及四合一连续重整反应器三项产品入选行业名牌产品。

2011年1月，2010年度甘肃省科技奖励大会在兰州召开。由兰石重装承担完成的ϕ1700mm大直径高温高压螺纹锁紧环式换热器研制项目，荣获2010年度甘肃省科技进步二等奖。2月兰石重装股份公司板焊结构大型高压加氢反应器、隔膜式换热器两项研发成果通过甘肃省科技厅组织的项目验收及新产品和科技成果鉴定。2003—2013年期间生产的重大产品见表8.2-6。

表8.2-6 2003—2013年生产的重大产品

产品名称	完成时间	结构特点
4000m^3球罐	2005年	国内首台
12Cr2Mo1R（H）国产钢板制热高压分离器	2007年	国内首台，属于部级新产品，技术达到国内领先并填补了国内空白
大型厚壁板焊加氢反应器（220万t/年加氢处理装置）	2008年	国内最大壁厚，技术达到国内领先水平
ϕ1700mm大直径高温高压螺纹锁紧环式换热器	2009年11月	ϕ1700mm大直径高温高压螺纹锁紧环式换热器项目获创新成果三等奖，并通过甘肃省科技厅组织的科技成果鉴定和验收
2.25Cr-1Mo-0.25V钢制板焊加氢反应器	2010年	甘肃省科技厅组织有关专家进行科技成果鉴定，一致认为该设备填补了2.25Cr-1Mo-0.25V钢制板焊结构厚壁加氢反应器的国内空白，达到国内领先水平，替代进口，其综合技术水平达到国际先进水平，有广泛的推广应用前景。它的研制成功，表明我国已经具备了用2.25Cr-1Mo-0.25V材料制造板焊结构厚壁临氢设备的技术能力，进一步拓宽了板焊结构压力容器的使用领域
ϕ4000mm板焊结构大型高压加氢反应器研制	2010年	国内首台，技术达到国内领先
外部可调式隔膜式换热器研制	2010年	国内首台，技术达到国内领先
ϕ1800mm大直径高温高压螺纹锁紧环式换热器	2012年	中化泉州石化有限公司1200万t/年炼油项目260万t/年蜡油加氢裂化装置第一段反应流出物/热原料油换热器（2314-E-102A/B）第一段反应流出物/冷原料油换热器（2314-E-105）ϕ1800mm螺纹锁紧环式换热器的试制成功，提升了兰石大直径宽齿螺纹、密封盘的加工、检测水平，验证了大直径管束等内构件组装方案的可行性及装拆螺纹工装的可靠性。完成了壳体终退后管箱内管板密封面二次加工工装的设计制造，并获得了专利证书。解决了大直径螺纹锁紧式换热器制造方面的多项技术难题，为此类设备大型化、国产化的制造奠定了基础。国内直径最大，技术达到国内领先
LAO反应器（俄罗斯）	2013年	LAO反应器为斯克石化Linear α-烯烃装置反应器，设计和制造符合EN 13445（欧盟）标准，PED划分为Ⅳ类，Modul G+CE Marking，出口俄罗斯并提供GOST R证书。所有承压件以及与承压件相焊的非承压件均需提供3.1或3.2证书。设备规格ϕ4200/ϕ1600mm×（76+4）/（28+4）mm，设计压力4.2/-0.1MPa，设计温度-47℃/230℃，介质为乙烯、甲苯，介质特性为易燃易爆。LAO反应器主体材料为P355NH/NL2+SB-625（UNS N08904）复合板。技术达到国内领先

这一时期的代表产品有：

1. 国内最厚 2.25Cr-1Mo-0.25V 钢制板焊加氢反应器

研发背景：为降低油品炼制过程的能耗，采用先进的炼油工艺，强化油品二次深加工，炼油装置的大型化已成为发展的趋势。同时，石化行业也加速加氢工艺中的油品二次深加工装置的建设，该装置中最关键的核心设备——加氢反应器，其长期处于高温、高压、临氢工况下运行，介质为易燃、易爆的氢气及成品油。此设备对钢材的要求十分苛刻，例如除满足设计工艺下规定的高温拉伸强度、蠕变强度和冲击性能等要求外，还应满足在操作环境中抗高温回火脆性、氢脆及氢腐蚀要求。由于其冶炼、轧制水平的提高，目前使用的 2.25Cr-1Mo 钢，能满足大部分加氢反应器用钢的要求，但近几年随着装置的更大型化（加氢装置由过去的不足 100 万 t/年处理能力提升到 300 万 t/年），致使其器壁大幅度增加，单台重量由 200～600t 增加到 1200t，从而给运输带来困难。同时，随着国家能源政策的调整，煤液化工程也提到日程上，煤液化的加氢反应器吨位更大，操作条件更苛刻，其操作温度已超出 2.25Cr-1Mo 钢的适用范围。基于上述原因，完成加氢反应器新材料显得十分必要。

技术特点：该产品为中石油克拉玛依分公司的 30 万 t/年润滑油高压加氢装置中的两台核心设备：加氢处理保护反应器和加氢处理反应器。设备由中石化工程建设公司按 JB 4732—1995《钢制压力容器——分析设计标准》设计，选用 2.25Cr-1Mo-0.25V 钢板制造，这也是国内迄今为止器壁最厚的板焊式加氢反应器。兰石于 2003 年底完成了 2.25Cr-1Mo-0.25V 钢的工艺性试验研究，并在国内完成 Cr-Mo-V 厚板加氢反应器制造技术。完成分两个阶段：第一阶段通过试验了解和掌握该钢材性能及其焊接、热处理特点；第二阶段模拟环见证件的制作。通过对 Cr-Mo-V 大厚度钢板和锻件分析对比，证明目前国外大钢厂可以提供用于加氢反应器用钢的 2.25Cr-1Mo-0.25V 厚钢板，且其钢材的纯净度、力学性能指标及材料特性参数不低于相应锻件要求。通过对模拟环见证件的一系列焊接、热处理工艺性试验，掌握了该钢材的焊接、热处理等特性，获得了母材及焊缝较佳综合性能的热处理工艺参数，并恰当地确定焊接工艺参数及匹配的焊材。这些在随后的工业化生产中得以验证，也为厚板加氢反应器的制造奠定了基础。

设备参数和规格如下：

容器类别：Ⅲ类；设计压力：19.53MPa；设计温度：454℃；操作介质：油气、氢气、硫化氢；设备规格：内径 2200mm；壁厚：（140+7.5）mm；总高：26050mm（加氢处理保护反应器），35775mm（加氢处理反应器）；水压试验压力：28.4MPa（卧置）。

主体材料：

1）钢板：设备主壳体用 SA-542 TypeD Cl.4A 钢板，厚度为 140mm，供货商为法国阿赛洛公司。

2）锻件：设备所用 2.25Cr-1Mo-0.25V 锻件由上海福勤机械有限公司提供，对应法兰 0Cr18Ni10Ti 锻件由兰石锻热厂提供。

3）焊接材料：设备主体焊缝采用法国 SAF 公司生产的焊丝 S225V，焊剂 F537，焊条 E225V。

筒节成形质量优良，最大圆度均不超过 6mm，这为后续筒节组装奠定了良好的基础，环缝错边量均≤6mm。

主要成果：2006 年 8 月 30 日兰石完成了我国最厚 2.25Cr-1Mo-0.25V 钢制板焊加氢反应器产品的研制。2009 年 11 月 13 日，甘肃省科技厅组织有关专家，对省科技重大专项"2.25Cr-1Mo-0.25V 钢制大型板焊加氢反应器研制"进行了科技成果鉴定。鉴定委员会一致认为：该设备填补了 2.25Cr-1Mo-0.25V 钢制板焊结构厚壁加氢反应器的国内空白，达到国内领先水平，替代进口，其综合技术水平达到国际先进水平，有广泛的推广应用前景。它的研制成功，表明了我国已经具备了用 2.25Cr-1Mo-0.25V 材料制造板焊结构厚壁临氢设备的技术能力，进一步拓宽了板焊结构压力容器的使用领域。

2. 国内最大壁厚板焊式加氢反应器

研发背景：本项目是中石油化工股份有限公司洛阳分公司油品升级改造第一阶段实施工程 220×10^4 t/年加氢处理装置的核心设备，2007 年被列为甘肃省科技创新项目。

技术特点：设备规格 ϕ4000mm×182mm×27010mm，设备重量约 650t，设计压力 12.81MPa，设计温度 450℃，操作介质为蜡油、油气、氢气、H_2S、NH_3，容器类别为Ⅲ类。设备主体材料选用 SA-387 Gr.22 Cl.2 进口板材，焊接材料全部采用低氢，低 S、P，高韧性的进口焊材。该设备是目前国内生产制造的壁厚最厚、直径最大的板焊式加氢反应器（见图 8.2-15）。

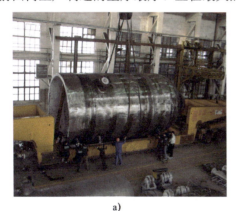
a)

b)

c)

图 8.2-15　加氢改质反应器

a）厂内分段运输发往现场　b）现场一次吊装成功　c）现场合拢缝组焊后进行局部卡式炉焊后热处理

板焊式普通热壁加氢反应器的制造工艺在兰石已经相当成熟，比如窄间隙焊接的使用、不锈钢堆焊层的堆焊、小直径接管内壁 TIG 和 FCAW 堆焊、TOFD 检测的使用等。而对于大直径、大厚度板焊式加氢反应器的制造，主要受到壳体筒节的成形困难、厂内制造时热处理设备不满足、由制造厂到用户现场运输困难等因素限制，需在现场组装。为此，对该设备兰石采取分段在厂内制造后发货到现场，然后进行现场组装、热处理、无损检测。这样筒体成形、现场热处理和现场检测等控制，对制造大厚度大直径加氢反应器尤为重要。现场总装焊缝焊接完成之后，兰石使用了自行设计制造的燃油卡式热处理炉进行最终消除应力热处理，有力地保障了现场热处理工作的圆满完成。此加热炉采用 3 个 GSY-100 型、3 个 GSY-35 型燃油高速调温烧嘴，油枪采用配置合理、燃烧稳定的内混式高压雾化、手动操作、液化气电子打火点燃。油、压缩空气、压缩风及管线设备组装在炉体外壁，可以达到随时拆卸、方便运输及可移动的目的。热处理之前，制订了详细的现场热处理方案，规定了卡式炉的搭设、电偶布置、控温设备的要求以及对操作工在加热期间的具体要求和注意事项。经热处理后的硬度检测发现，环缝硬度值完全满足设计要求；热处理后的实际热处理工艺记录曲线，当温度大于 400℃时，加热速度平均为 34℃/h，实际降温速度平均为 27℃/h，在整个升降温过程中各测温点的实际温度差在 50℃以内，在恒温阶段温差为 5℃（工艺规范公差范围为 ±14℃）。对于现场焊缝的无损检测，首次与合肥通用院合作，采用可记录式超声波衍射时差法（TOFD）检测技术来代替射线检测。热处理后，经检测环缝合格。在现场使用 TOFD 得到的结果也证实，UT 与 RT 之间十分吻合，甚至还找到了射线无法检测的手工焊中的未熔合缺陷。

主要成果：该项目的研制成功，为我国今后压力容器的制造开辟了一个新的空间，拓宽了板焊式容器的使用领域，改变了目前大厚度加氢反应器均采用锻焊结构的局面；缩短了大型厚壁容器制造水平与国外的差距，加快了我国炼油装备国产化的进程，提高了我国装备制造业的水平，保障了我国炼油工业的发展，缩小了与国外在石化行业的差距，提升了我国自主创新能力。该项目获得甘肃省 2010 年度优秀新产品新技术奖，获得 2012 年甘肃省科学技术进步二等奖。板焊结构的大型厚壁加氢反应器，国内国产板生产制造的最大厚度已达到了 186mm，最大重量约 300t；目前兰石青岛重机公司卷板机已试卷成功厚度达 240mm 的筒体，所以我们还需不断完善与成形设备能力相匹配的现场焊接、热处理、无损检测的能力，以适应市场不断增长的需求。

3. LAO 反应器

研发背景：LAO 反应器（见图 8.2-16）为斯克石化 Linear α-烯烃装置反应器，设计和制造要求符合 EN 13445（欧盟）标准，按 PED 划类为Ⅳ类，Modul G+CE Marking，出口俄罗斯并需提供 GOST R 证书，所有承压件或与承压件相焊的非承压件均需提供 3.1 或 3.2 证书。

技术特点：设备规格 $\phi 4200/\phi 1600\text{mm} \times (76+4)/(28+4)\text{mm}$，设计压力 4.2/-0.1MPa，设计温度 -47℃/230℃，介质为乙烯、甲

图 8.2-16 LAO 反应器

苯，介质特性为易燃易爆。LAO 反应器主体材料为 P355 NH/NL2+ SB-625（UNS N08904）复合板，其基材化学成分、室温力学性能符合 EN 10028-3：2009 中 P355 NL2 的规定；复层 SB-625（UNS N08904）符合 ASME Ⅱ（2010 版），并按 ASME A262-E 法进行晶间腐蚀试验。锻件 P355 QH1 符合 EN 10222-4：2009，锻件 SB-649 按 EN 13445-2：2009 进行特殊材料评估。焊前打磨清理坡口两侧 100mm 范围内油、锈等，且在复层两侧涂刷白垩粉保护，防止焊接飞溅损伤复层。基层焊接坡口两侧 100mm 范围内预热≥50℃，后热（200～250℃）×1h；复层焊接时，过渡层预热≥50℃，后热（200～250℃）×1h，表层应在≥15℃环境下施焊，且控制层温<100℃。

碟形封头材料为 P355 NH/NL2，规格为 EHA4200×70，采用先拼板后热压成形的工艺。封头拼缝采用埋弧自动焊，由于封头热压成形，拼缝需经过 900℃高温正火处理，为保证正火后焊缝强度要求，故选用强度级别较高的法国 SAF 焊材 FLUXOCORD41.1+OP 121TT。考虑到基层对复层材料的稀释作用，过渡层很容易淬硬，生成马氏体组织，因此，采用高 Cr、Ni 焊材作为过渡层，尽可能地降低对复层的稀释。封头成形后，内壁采用双层带极埋弧堆焊，过渡层堆焊 EQ23.12.2.LR（H309MoL）+SJ316，表层堆焊 EQ 20.25.5.LCuR（H904L）+SJ82B，堆焊厚度为（3+3.5）mm。焊接接头无损检测按照 EN 13445-5：2011《非燃烧压力容器——检测与试验》执行，经 RT、UT、MT 或 PT 检验，所有焊接接头均符合技术条件及标准要求。

主要成果：兰石继首台 PED 认证产品——深海水下分离器后，再次完成俄罗斯 LAO 反应器项目，拓宽了公司俄罗斯市场，与欧盟 Linde 等设计单位建立了良好的合作关系；取得了 EN 欧盟认可的 PED 准入证书，掌握了 EN 标准在压力容器设计制造中的应用，积累了大量一线资料数据，培养了一批熟悉 EN 标准的年轻技术人才。特别是俄罗斯市场的进入，进一步为公司在海外市场项目总承包等做出了技术储备。

4.（DN1800）螺纹锁紧环式高压换热器

研发背景：由中国石化工程建设公司设计，兰石承制的中化泉州石化有限公司 260 万 t/年蜡油加氢裂化装置中的第一段反应流出物/热原料油换热器（位号：2314-E-102A/B，规格：ϕ1800mm×138mm×10362mm）和第一段反应流出物/冷原料油换热器（位号：2314-E-105，规格：ϕ1800mm×136mm×11375mm），是当时国内设计制造的直径最大的螺纹锁紧环式换热器（见图 8.2-17，主要参数见表 8.2-7）。此前，国内制造的螺纹锁紧环式换热器最大直径为 1700mm；对于直径大于 1700mm 的螺纹锁紧环式换热器只能进口。为了加快我国炼油装备国产化的进程，提高我国装备制造业的水平，必须实现大直径螺纹锁紧环式换热器国产化。随着设备结构尺寸的增大，制造难度同时会大幅度地增加。相对螺纹锁紧环式换热器而言，小直径螺纹锁紧环式换热器从设计到制造已有了一套成熟的行之有效的技术，但当螺纹锁紧环式换热器直径增大时，原有部分技术已不适用。

图 8.2-17 大直径螺纹锁紧环换热器

表 8.2-7 第一段反应流出物／热（冷）原料油换热器参数

设备名称	第一段反应流出物／热原料油换热器	第一段反应流出物／冷原料油换热器
位号	2314-E-102A/B	2314-E-105
规格 /mm	$\phi1800×（138+6.5）×10362$	$\phi1800×136×11375$
容器类别	Ⅲ类	Ⅲ类
设计规范	GB 151—1999	GB 151—1999
设计压力（管程／壳程）/MPa	17.4/18.5	17.1/18.6
管板设计压差 /MPa	3.5	3.5
设计温度（管程／壳程）/℃	435/420	365/310
程数（管程／壳程）	2/2	2/2
工艺介质（管程／壳程）	第一段反应流出物／热原料油	第一段反应流出物／冷原料油
主体材质（管箱／壳体）	12Cr2Mol (H) Ⅳ + 堆焊／12Cr2Mol (H) R+ 堆焊	12Cr2Mol (H) Ⅳ + 堆焊／12Cr2Mol (H) R
管板材质	S32168 Ⅳ	S32168 Ⅳ
试验压力（管程／壳程）/MPa	24.42/25.62	22.86/24.47
设备总重 /kg	152540	160736

技术特点：第一段反应流出物／热原料油换热器采用了部分新技术。管板换热管孔采用数控深孔钻床加工，以保证管孔精度符合要求。管板成形后，采用专用工装按"管板清洗工艺规程"对管板表面及管孔内表面进行清洗，去除油污及杂物，以保证管头焊接质量。在设备制造过程中，换热管管头的焊接及胀接是设备制造中的重要环节，此台换热器的换热管（0Cr18Ni10Ti）与管板 S32168 Ⅳ采用强度焊＋贴胀的连接方式。密封盘直径 1967mm，厚度 15mm。由于其为大平面结构，弹性变形区最薄处仅为 5mm，在切削加工受热的作用时，变形规律很难掌握，容易造成弹性变形区特别是密封面加工后厚薄不均匀和整体平面度超差。随着密封盘直径加大，加工难度亦增大。为确保密封可靠性，密封盘采用整板制作。在制造中我们采用专用的工装夹具，调整转速、进刀量和改变冷却条件，通过这些措施保证了密封盘的平面度、厚度和表面粗糙度达到图样要求。刀具：本设备螺纹为新型大螺距宽齿型螺纹（31.75mm）；螺纹齿形截面积大，在铣削时，抗力大。因此，要求刀具有高的耐用度和红硬性，以保证螺纹在整个铣削过程中可以稳定地切削，刀具尺寸不会因磨损发生尺寸变化。为此，刀片采用 PVD 硬质合金，此涂层刀具材料是一种新技术，可以在同等的条件下延长刀片的使用寿命，从而保证了螺纹精度和表面粗糙度。测量工具：对于螺距的测量我们制作了螺纹齿距样板；对于螺纹中径的测量，三针测量法是用来测量普通螺纹和梯形螺纹中径的方法。基于三针测量法的原理，经反复计算，我们自行设计了使用方便、操作简单的测量螺纹中径工具。螺纹锁紧环的外螺纹采用数控立车加工，以保证螺纹精度及表面粗糙度。螺纹锁紧环加工完毕后，我们对螺纹进行了全面的检查，加工尺寸及质量完全满足图样要求。

主要成果：φ1800mm 螺纹锁紧环式换热器的试制成功，提升了兰石大直径宽齿螺纹、密封盘的加工、检测水平，验证了大直径管束等内构件组装方案的可行性及装拆螺纹工装的可靠性。2012 年完成中化泉州石化有限公司 1200 万 t/ 年炼油项目 260 万 t/ 年蜡油加氢裂化装置直径 1800mm 螺纹锁紧环式换热器，再次通过国家技术成果鉴定，为国内直径最大，技术达到国内领先。完成了壳体终退后管箱内管板密封面二次加工工装的设计制造，并获得了专利证书。解决了大直径螺纹锁紧环式换热器制造方面的多项技术难题，为此类设备大型化、国产化的制造奠定了基础。

5. 其他重大产品

这段时间，制造的重要产品还有热高压分离器等。

图 8.2-18 为加氢设备用钢板研制暨洛阳分公司 220 万 t/ 年加氢处理装置热高压分离器出厂验收评审会在兰石召开，与会专家现场查看产品实物。图 8.2-19～图 8.2-26 为部分重大产品图。

图 8.2-18　国产 137mm 厚钢板热高分出厂验收评审

图 8.2-19　德希尼布的脱水塔回流罐

图 8.2-20　林德公司 4399 缓冲罐

图 8.2-21　重整反应器再生器

图 8.2-22　LAO 反应器（俄罗斯）

图 8.2-23　首台 PED 认证产品——深海水下分离器

图 8.2-24　大型氦气工程 HTL 电加热器

图 8.2-25　国内最重板焊式加氢反应器（重量 837t）

图 8.2-26　2016 年自行设计制造的绕管式换热器（样机）

2.3.7　第七阶段（2014—2018 年）：新长征阶段

2014 年开始，随着国家层面着力推动能源生产消费革命，促进能源转型升级，努力构建安全、稳定、多元、清洁的现代能源体系，兰石继续深入推进煤电节能减排升级改造，大力提高煤炭清洁高效利用水平；大力推进能源供给革命，优化能源结构；突出能源安全，增强国际竞争力，提升国际话语权，统筹国际国内两个大局，加强能源国际合作，努力实现开放条件下的能源安全。石化行业由于受到国际油价的冲击，设备升级改造减缓。在国家能源安全的考量下，煤液化及精细化工获得更大的发展空间。同时核电及新兴化工、新能源领域得到迅猛发展。炼油、化工、煤化工高端压力容器装备、压力容器结构大型化已成为一种发展趋势。大型化可节约投资和费用，布局紧凑，占地面积少，减少人力物力，提高劳动生产率和经济效益。石化设备大型化给我国压力容器行业提出了许多新课题，促进了设备用材、制造技术、设计方法以及标准规范的发展与完善，更促使制造企业在产业布局、转型升级上做文章。

这一时期的代表产品有：

1. 费托合成反应器

研发背景：费托合成（Fischer-Tropsch synthesis）是煤间接液化技术之一，简称 FT 合成，它以合成气（CO 和 H_2）为原料在催化剂（主要是铁系）和适当反应条件下合成以石蜡烃为主的液体燃料的工艺过程。1923年由就职于Kaiser Wilhelm研究院的德国化学家Franz Fischer和Hans Tropsch完成，第二次世界大战期间投入大规模生产。其反应过程可用下式表示：$nCO+2nH_2 \rightarrow [—CH_2—]n+nH_2O$，伴有水煤气变换反应 $H_2O + CO \rightarrow H_2 + CO_2$ 等。

费托合成主要的工艺流程包括煤气化、气体净化、变换和重整、合成和产品精制改质等部分。合成气中的氢气与一氧化碳的物质的量之比要求在2～2.5。传统费托合成法是以钴为催化剂，所得产品组成复杂，选择性差，轻质液体烃少，重质石蜡烃较多。南非萨索尔公司在1955年建成SASOL-I小型费托合成油工厂，1977年建成大型流化床Synthol反应器，并于1980年和1982年相继建成两座年产$1.6×10^6$t的费托合成油工厂（SASOL-Ⅱ、SASOL-Ⅲ）。

2006年4月，利用中科院山西煤炭化学研究所自创技术（费托合成、煤基液体燃料合成浆态床技术），由煤化所牵头联合产业界伙伴内蒙古伊泰集团有限公司、神华集团有限责任公司、山西潞安矿业（集团）有限责任公司、徐州矿务集团有限公司等共同出资组建成立了中科合成油技术有限公司，实现了中国的煤炭间接液化技术的真正产业化。

经过近年来的研究发展，费托合成技术在国内煤间接液化工艺中已经成熟应用，并随着工程项目产能的提高，费托合成反应设备的结构也愈加大型化，设备直径达到9600～9800mm，壳体壁厚超过130mm，壳体的总重量达到2000t以上。对于这样的超大型设备，受运输、吊装、内件安装等因素影响，大多数制造工作都需要在现场完成。

技术特点：设备技术特性见表8.2-8。

表8.2-8 设备技术特性

设计压力/MPa	3.5	设计温度/℃	300
工作压力/MPa	3.2	工作温度/℃	280
介 质		液体石蜡、H_2、CO、CO_2	
介 质 特 性		易爆介质/中度危害	
基本风压值（10m高度处）/（N/m²）		700	
地震设防烈度	7度	容器类别	Ⅲ类
设备尺寸/mm	φ9600×132×60971	设备净重量/kg	2033000 空重（不含内件）
设备主体材料		SA-387 Gr.11 Cl.2/SA-182 Gr.F11 Cl.2/SA-336 Gr.F11 Cl.2	

封头直径过大，因此采用分瓣热模压，热模压温度控制在正火温度范围内。预组对装配后，将封头拱顶、瓜瓣分片发运至现场，在现场进行组对焊接。由于设备壳体筒节和裙座筒节直径太大，如果先组焊后校圆，则会由于自身过重，校圆后筒节的圆度不能满足相应要求，因此采用筒节先分片冷成形，之后发运至现场，在现场进行立式组焊，并在焊接过程中采用防变形工艺措施，从而保证焊后筒节圆度符合相应公差要求。由于设备整体重量过大，滚轮架无法承载整台设备壳体的重量，同时为了方便设备底端内件的安装，设备相应分五段分别进行组焊。对于厚度大于等于130mm的焊接接头，如果在现场进行RT检测，需要使用Co60探源，现场的环境安全得不到保障，因此设备壳体上所有的对接接

头均采用 TOFD 检测来替代 RT 检测。现场热处理炉的容积尺寸为 13m×14m×30m，并综合考虑组焊顺序和总装要求，按照分五段来进行炉内分段消应力热处理，然后再对合拢焊缝进行局部消应力热处理，从而达到设备整体消应力热处理的效果。根据现场施工条件，设备采用立式水压，考虑到地基对设备总重以及设备试验用液体总重的承压能力，在水压试验之前需要通过计算以满足基础对设备注水后总重量的沉降要求，并在充水时分步观测基础沉降的情况。在充水试验中，如基础发生不允许的沉降，应停止充水，待处理后，方可继续进行试验。由于设备高度达到 60 多米、水压试验的压力达到 4.55MPa，因此还需要提供能够将水升到设备顶部的压力泵。该项目在用户现场以"移动工厂"方式制造，解决了大型设备制造厂内制造后运输困难的问题，又带动了相关产业发展（见图 8.2-27）。

图 8.2-27　超大型费托合成反应器吊装

主要成果："富煤、贫油、少气"是我国能源发展面临的现状，在我国经济快速增长、对原油及天然气的需求逐年增加的形势下，发展煤化工对我国能源结构的调整具有重要意义，有利于推动石油替代战略的实施，保障我国的能源安全，实现能源多样化，促进后石油时代化学工业可持续发展。根据相关数据，我国 2017 年煤间接液化产物达到 1000 万 t/ 年，而到了 2020 年规划中的煤间接液化产物达到 2350 万 t/ 年，呈现出了井喷式的发展趋势。通过费托合成反应器的研制，特别是此类大型煤化工设备的现场制造，为提升我国大型装备制造技术，带动相关产业结构调整，锻炼和培养一大批科技创新人员提供了机遇和挑战。依托费托合成反应器的研制，兰石获得国家专利局授权的发明专利 4 项：大型设备环缝焊接组合式操作平台，一种大直径薄壁筒体吊装转运工装，大厚度板材翻转装置，一种大直径筒体环缝预热装置。

2. 合成回路蒸汽发生器

研发背景：重庆建峰化工股份有限公司化肥分公司尿素化肥装置中合成回路蒸发器成功国产化（见图 8.2-28），为提高我国合成氨 / 尿素装置产能、改善产品质量打开了通道，同时还可大幅降低合成回路蒸发器的材料、制造和运输成本。重庆建峰为了进一步优化产品结构，提高产能效益，改善产品质量，节能降耗，决定在国内寻找有实力的装备制造厂商来代替国外进口的局面。合成回路蒸发器是化肥生产装置的核心设备，尤其是管板与换热管的连接形式及制造过程要求与国内标准 GB/T 151—2014 完全背离，国内制造商完全没有这方面的经验。目前重庆建峰公司采用的合成氨装置为美国 KBR 公司深冷净化工艺，尿素装置采用荷兰斯塔米卡邦（Stamicarbon）公司改良型二氧化碳汽提工艺，均属国际先进技术。过去，该类合成回

图 8.2-28　合成回路蒸发器

路蒸发器仅有少数发达国家能生产，不仅价格昂贵，制造周期长，还存在该制造技术长期被国外垄断、自我维修技术跟不上等难题。

技术特点：位号100E42设备规格：直径1300mm，设备总长7010mm；设计压力：管程16.6MPa，壳程13.53MPa；设计温度：管程480℃，壳程346℃；主体材料：管程12Cr2Mo1锻件，壳程18MnMoNbR，管板12Cr2Mo1锻件，换热管SA-213 T22无缝钢管；壳程筒体壁厚52mm，封头36mm；净重34.8t。位号100E43设备规格：直径1300mm，设备总长11030mm；设计压力：管程16.6MPa，壳程13.53MPa；设计温度：管程465℃，壳程346℃；主体材料：管程12Cr2Mo1锻件，壳程18MnMoNbR，管板12Cr2Mo1锻件，换热管SA-213 T22无缝钢管；壳程筒体壁厚52mm，封头36mm；净重45.2t。

主要成果：合成回路蒸发器成功完成制造，并通过了重庆建峰业主、设计方和监理公司组织的多方检查和验收，这台蒸发器在设计上满足了工艺的要求，制造关键技术上达到国外先进技术水平，并符合国内相关标准和规范。在经过气密、试压等一系列程序后，一致认为产品达到出厂条件，可以交付安装使用。该设备的成功国产化，标志着兰石重装的高等级蒸发器制造水平得到了进一步提升，也为兰石重装与重庆建峰进一步合作奠定了基础。

表8.2-9列出了兰石2014—2018年生产的重大产品。

表8.2-9 2014—2018年生产的重大产品

产品名称	完成时间	结构特点
费托合成反应器	2014年	本项目为伊泰-华电甘泉堡540万t/年煤基多联产综合项目中的核心装置费托合成反应器。该设备为中科合成油技术有限公司的专利装置，在国内此类超大型设备的完成刚处于起步阶段，此前基本上依赖进口，费托合成反应器设备内径9600mm，壁厚132mm，高度约为61380mm，设备重量（不包括内件）约2200t，内件重量约620t。本设备是兰石建厂以来制造的规格最大，重量最重的压力容器，属于现场制造的超大、超重、超限设备
10009Q柴油加氢精制反应器	2014年	中石化武汉分公司柴油质量升级改造项目160万t/年柴油加氢精制装置中柴油加氢精制反应器（R-7102）项目为依托，设计方为中国石化工程建设有限公司（SEI），设备主体钢板材料为湖南华菱湘潭钢铁有限公司，主体焊材为日本神钢产品，筒体内壁带极堆焊材料为哈焊所（钢带为太钢）产品。主体材料牌号为12Cr2Mo1R（H），筒体最小厚度为102mm，封头最小厚度为62mm，直径为3413mm，设备总长为17664mm，切线长度为8200mm，设计压力为8.9MPa，正常工作压力为7.7MPa，设计温度为425℃。反应器介质为油气、混氢油
吸收塔	2016年	兴安盟乌兰泰安能源化工有限责任公司年产135万t合成氨、240万t尿素项目一期工程吸收塔（位号：C-3101，工号：20079H）。设计压力6.8MPa，设计温度65℃/-70℃，规格ϕ4200mm×72/96/100mm×40900mm，材质09MnNiDR/08Ni3DR。为大直径、厚壁、超长、超重国产08Ni3DR低温塔
加氢精制反应器（R-102）	2016年	中国石油兰州石化公司300万t/年柴油加氢装置国Ⅴ升级改造项目反应器（R-102）。规格尺寸：ϕ3400mm×30288mm×（3+96）/（3+66）mm；主体材质：UNS N08825+Q345R，16MnⅢ+堆焊；设计温度：85℃；设计压力：9.5MPa/FV（100℃）；最高工作压力/正常工作压力：-/8.31MPa（G）（塔顶），-/34.9MPa（G）（塔底）；介质名称：CH_4、H_2S、CO_2、酸性水（含氯），总重392160kg。7月22日最大加氢精制反应器发运出厂，刷新了内陆运输该产品直径、长度、吨位的纪录

(续)

产品名称	完成时间	结构特点
脱硫反应器	2018年	2月5日制造完成150万t/年S-Zorb催化汽油吸附脱硫装置脱硫反应器（R-101），用户为中国石化北海炼化有限责任公司。该设备主体材质为12Cr2Mo1R，ϕ4000/ϕ2300mm×76/48/50mm×51147mm，总重量为214062kg，设计压力4.26MPa/FV，设计温度470℃/80℃。本设备分配盘结构特殊，设计精度高，为双面堆焊结构，是继青岛炼化、武汉石化、长岭石化之后公司取得的又一同类设备业绩。特别是兰州基地第一台同类设备，为国内最大规格
核级大盘管直流蒸汽发生器	2018年	5月30日兰石重装研制完成"核级大盘管直流蒸汽发生器（OTSG）"样机，大盘管直流蒸汽发生器换热管为螺旋状结构，类似于绕管式换热器，须将换热盘管整体固定在支撑板上防止振动磨损，受材质要求限制，其传热段由螺旋段和直管段拼接而成。该结构在国内属首次设计制造，装配难度大，精度要求高，采用规格为ϕ19mm×2.5mm、材质为S30408的无缝换热管进行试制工艺验证。由于螺旋管在旋入支撑孔板时产生柔性运动，导致螺旋管与接触的管孔产生较大的装配阻力，在制造过程中必须控制螺旋管绕制直径和螺距的精度，保证换热管的圆度、抗外压能力，同时消除螺旋管的成形应力，螺旋管才能顺利穿入支撑孔板。这标志着兰石率先在国内掌握了大盘管直流蒸汽发生器螺旋盘管与整体支撑孔板的装配技术，以及大盘管式换热器的核心制造工艺，为后期在小型堆领域及高精端换热器应用领域的扩展提供了强有力的技术支撑
3000m³聚合级乙烯罐	2018年	7月8日兰石制造完成宁夏宝丰循环经济园区循环化改造二期项目3000m³聚合级乙烯罐（202-TK-4001-4004）。规格为Sϕ18000mm×66mm，材质为09MnNiDR。为国内第一台3000m³66mm厚的09MnNiDiR乙烯球罐
复合密封高压换热器	2018年	8月8日炼化260万t/年渣油加氢装置中核心设备进料/反应气相换热器，氢气/反应气相换热器制造完成。设备规格：ϕ1500mm×（118/142+7.5）mm×13913.5mm；设计压力：20MPa（壳程）/22.69MPa（管程）；设计温度：468℃（壳程）/434℃（管程）；工作温度（入、出）：壳程/管程：375℃、288℃/180℃、285℃；介质特性（壳程/管程）：易爆介质（中毒危害）；换热器直径为ϕ1300mm/ϕ1500mm两种规格，壳体材料为12Cr2Mo1+堆焊，管束为S34700。这是国内首次研制的新型结构复合密封高压换热器，解决了Ω环与法兰连接焊接应力过大泄漏问题，以及超大型锻件SA-336 Gr.F22 Cl.3综合性能技术研究、Ω环密封环及隔膜密封盘加工制造、装配、焊接等难题
减压渣油进料/热高分气换热器	2018年	浙江石化（大连）炼化有限公司2000万t/年炼化一体化项目1150万t/年重油加氢裂化装置高压换热器减压渣油进料/热高分气换热器，规格为ϕ1720mm×（102+6.5）mm×10035.5mm，为国内重量、直径最大的复合密封形式换热器
废热锅炉	2018年	11月14日制造完成国内首台套内蒙古鄂托克旗建元煤化科技有限公司建元焦化乙二醇项目废热锅炉。规格ϕ2000mm×50mm×15224mm，总重74840kg
锻焊加氢精制反应器	2018年	洛阳瑞泽石化工程有限公司为东营市亚通石化有限公司设计的200万t/年加氢裂化装置中的加氢精制反应器（位号：R-101，工号：10088Q），规格ϕ4927/ϕ4413mm×41242mm，主体材质为12Cr2Mo1V Ⅳ锻件，设备金属自重为1241.431t（含内件54.756t），制造期间设备金属净重约达1200t，水压试验时设备金属净重（含水）最大达1714.7t，是青岛公司建厂以来首台千吨级的反应器
连续重整反应器	2018年	浙江石油化工有限公司4000万t/年炼化一体化项目一期工程1号380万t/年连续重整装置（位号：1109-R-2106/R-2101/R-2102/R-2103）。规格ϕ2450/ϕ2950/ϕ3000mm×56/62//68/78/82/88/106mm×95800mm，总重613592kg。该反应器是亚洲最大（高96m、重613t）的连续重整反应器，制造技术达到世界先进水平

2.4 球形储罐发展

2.4.1 简介

随着世界各国综合国力和科学技术水平的不断提高，球形容器的制造水平也在高速发展。近年来，我国在石油化工、合成氨、城市燃气的建设中，大型化球形容器得到了广泛应用。例如：石油行业储存各种油品、液态烃、液态乙烯、液态丙烯及各种石油化工介质、LPG、LNG 等；化学工业行业储存各种化学介质及产品；冶金行业储存高压氧气、氮气、氢气；市政建设储存城市煤气、天然气等；能源领域用于核电站的压力壳及安全壳等；在造纸厂，被用作蒸煮球等；同时还应用于城市建筑的各种高塔贮水球罐、环球影院、城市球形装饰构筑物等球形容器或球形钢结构。总之，随着工业的发展，球形容器的适用范围必将越来越广。

由于球形容器常被用作有压储存容器，故又称球形储罐（简称"球罐"）。

2.4.2 球罐的分类及特点

球罐的形状有圆球形和椭球形。绝大多数为单层球壳，而采用最广泛的是单层圆球形。球罐与立式圆筒形储罐相比，在容积和压力相同的情况下，球罐的表面积最小，故所需钢材材料少，可大幅度减少钢材的消耗，一般可节省钢材 30%～45%；在直径相同的情况下，球罐壁内应力最小，而且均匀，其承载能力比圆筒形容器大 1 倍，而球罐的板厚只需相应圆筒形容器壁板厚度的 1/2；此外，由于球罐一般采用支柱式、裙座式两大类支撑方式，故占地面积较小，基础工程量小，且可向空间高度发展，可节省土地使用面积。由于这些特点，再加之基础工程简单、受风面小、外观漂亮、可用于美化工程环境等优势，使球罐的应用得到很大发展。

球罐从储藏功能来讲，以温度区分有以下种类：常温球罐，如液化石油气、氮气、煤气、氧气等球罐，一般说这类球罐的压力较高，取决于液化气的饱和蒸汽压或压缩机的出口压力，常温球罐的设计温度高于 -20℃；低温球罐，这类球罐的设计温度低于或等于 -20℃，一般不低于 -100℃；深冷球罐，设计温度 -100℃以下，往往在介质液化点以下储存，压力不高，有时为常压。由于对保冷要求较高，常采用双层球壳。目前国内使用的球罐，设计温度一般在 -50～50℃之间。

按结构型式分类，有橘瓣式、足球瓣式、混合式三种。按形状分类，有圆球形、椭球形、水滴形或上述几种的混合。球罐按储存介质分类，其占有比例约为：液化石油气、液态烃、天然气占 60%；液态丙烯、液态乙烯占 8%；液氨占 3%；氧气、氮气占 18%；其他介质占 11%。

圆球形球罐球壳是由多块压制成球面的球瓣组焊而成。可制造球罐的材料要求强度高，塑性特别是冲击韧性要好，可焊性及加工工艺性能要优良。球罐的焊接、热处理及质量检验技术是保证质量的关键。由于球罐的制造不同于一般的压力容器在单一制造厂内完成，而是在制造厂内分片压制成形，按部件制造后，运输至球罐施工现场组装、焊接完成。所以，在压力容器制造类别中将球罐的制造单列为 A3。

2.4.3 兰石重装球罐发展简介

兰州兰石重型装备股份有限公司是我国 20 世纪 60 年代首批制造球罐的厂家之一，曾参与国内球罐的自主研制，制造了 400～2000m³ 等不同规格的多台球罐。1983 年，400m³ 球罐荣获机械工业部优质产品奖；1984 年荣获国家银质奖；1985 年通过机械工业部国际标准验收；1990 年，2000m³ 液化气球罐在甘肃省优秀新产品、新技术成果评比中荣获一等奖；1993 年，成功研制了首台国产化低焊接裂纹敏感性 CF-62 钢制 1500m³ 乙烯球罐（也是国际上采用同类钢板制造大型低温球罐的先例）；1996 年荣获国家机械工业部科学技术进步一等奖；1997 年荣获国家科学技术进步奖三等奖和甘肃省科学技术进步三等奖；2006 年先后设计、制造了容积 50～5200m³ 的各类球罐，先后承制了不同规格（从小直径 50m³ 到大直径 5200m³）、不同材质（20R、16MnDR、Q370R、Q345R、07MnCrMoVR、07MnNiMoVDR、09MnNiDR）、不同压力（从 −0.1MPa 到 3.15MPa）的多项球罐产品达数万吨，在球罐制造规格、材质、压力、温度等方面均实现了重大突破，填补了兰石多项空白。产品广泛应用于炼油、化工、化肥、燃料储备、冶金、环保、航天、城市燃气、煤制油、煤化工、军工等行业，用户遍及全国 20 多个省、市。

兰石重装为做强做大球罐板块，于 1999 年 11 月组建球罐公司，2000 年 1 月挂牌成立了"兰州球罐工程联营公司"，隶属于原兰石炼化设备公司，注册资金为 85.3 万元，企业性质为全民，经营范围为球型储罐工程的设计、制造、安装、检验、检测，以及球形储罐工程的技术咨询服务。

球罐公司成立后，以原兰石炼化设备公司母体为依托，经过 4 年的发展，球罐公司年产值由 2000 年的零起步发展到 2004 年的 4600 万元，销售收入达到了 3936 万元。公司生产产品实现了混合式球罐、4000m³ 大型球罐制造的重大突破，单台球罐的制造周期由 50～60 天压缩至 10～15 天，球罐产品的材料利用率由不足 70% 提高至 83% 以上，产品质量从外观到内在都有了很大程度的提高，产品具有了较强的竞争能力，公司在行业内有了一定的知名度，步入了良性发展的轨道。

公司于 2007 年 9 月获得了国家质量监督检验检疫总局颁发的 A2（第三类低、中压容器）、A3（球壳板制造）级压力容器制造许可证书。从此，球罐公司实现了自有质保体系的产品生产制造。

作为球罐制造厂家，油压机是公司生产的核心设备，公司于 2007 年 10 月实施了 2000t 油压机自制项目，并于 2008 年 5 月一次试车成功并投入使用，提升了公司的生产制造能力。

2008 年，公司通过认证并加入兰石集团 ISO14001 环境管理体系、OHSAS18001 职业健康安全管理体系及 ISO9001 质量管理体系。同时，为了增强公司市场竞争力，提升生产制造能力，公司在取得 A2、A3 级资质证书后短短一年半时间里，于 2008 年 12 月向国家质监总局提出了 A1 级制造资质升级申请，国家质监总局于 2009 年 1 月正式受理。2009 年 6 月，公司顺利通过了鉴定评审，取得了 A1 级（限单层高压）压力容器的制造许可证书。此外，公司办公楼北侧贴建三层办公楼工程也已于 2008 年 10 月动工，2009 年 5 月，贴建办公楼竣工并投入使用。

2009 年 9 月，为了重装公司上市，公司通过资产、股权转让，成为兰州兰石重型装备股份有限公司控股子公司。

2010 年 11 月，公司完成了球罐现场安装资质取证，为公司制造延伸奠定了基础。

2012 年，在项目工程化延伸制造方面有了实质性的进展，通过几个安装项目的组织实施，为公司球罐现场安装自行组织管理、自有体系运行积累了经验，为公司向工程化方向迈进奠定了基础。2013 年，继续深入安装工程各个环节，探索、实践和固化组织运行模式，进一步向深度和广度延伸，从球罐安装向其他设备安装发展，为承接大型设备安装积累经验，打好基础。

2014年为积极配合兰州兰石重型装备股份有限公司"出城入园"整体搬迁工作的顺利进行，集团对下属子公司进行了整体整合规划，球罐公司正式被集团整合，但仍然设立球罐制造专用场地，并在原有的制造设备能力基础上增加了一台3000t、两台2000t油压机，采购引进了球壳板数控切割机，大大提高了球壳板切割成形质量，缩短了制造周期。

图8.2-29所示为兰石重装承制的宁煤球罐。

图8.2-29　兰石重装承制的宁煤球罐

2.5 服务延伸及新技术应用

2.5.1 EPC工程总承包

兰石重装的大型、重型压力容器装备已经由单台产品制造向工程化、成套化迈进，逐步实现对工程项目的可行性研究、勘察、设计、采购、施工、试运行等实行全过程或若干阶段的承包，依托三大基地雄厚的产业优势及底蕴，为客户提供高效、便捷的从研发、设计、制造、安装到售后技术服务的解决方案。

2015年10月15日晋昌源20万t/年煤焦油加氢EPC项目开工，标志着兰石向工程总承包的战略转型迈出了坚实的步伐，同时该项目也是公司首个真正意义上集设计、采购、施工于一体的总承包项目。

公司大力开拓国际市场，2015年取得法液空福建项目、山东玉皇美国项目反应器、哈萨克斯坦阿特劳炼油厂深加工项目等。9月20日，兰石重装获签柬埔寨500万t/年炼油厂项目一期工程总承包合同，合同总价暂估为6.2亿美元，约合人民币41.35亿元（以最终实际决算为准）。该项目业主方为柬埔寨石油化工有限公司（简称"柬石化"），柬石化是柬埔寨首家拥有炼油厂执照的公司，主要生产符合欧IV标准以上的石油产品，供应柬埔寨国内市场以及国际市场。项目一期工程内容包括：200万t常减压蒸馏装置、100万t催化裂化装置、40万t汽油加氢装置、18万t轻汽油脱硫装置、18万t醚化装置、40万t半再生重整装置、6万t苯抽提装置、90万t柴油加氢精制装置、2.5万t乙苯装置、16万t气体分馏装置、3万t MTBE装置、7万t硫酸装置、1万m^3/h的PSA装置。该合同是兰石重装截至目前签订的最大的EPC工程总包合同，创造了甘肃省装备制造产业单笔出口订单历史纪录，充分体现了公司EPC工程总包实力。此次合同的签订，是"一带一路"国际产能合作的重大成果，是中、柬两国开展重大项目合作的示范性工程，也是中、柬两国开展经贸交流合作的典范，将为公司进一步拓展柬埔寨市场起到示范带动作用，并将进一步提升公司技术研发、产业链延伸、项目运维及国际化经营能力，有效带动产业链上下游协同发展，为公司转型升级发展培育新产业、新动能和新经济增长点。同时，该合同的履行，将进一步扩大兰石品牌在国际市场的知名度和影响力，为公司进一步拓展国际市场业务创造良好条件。

2.5.2 移动工厂

由于煤化工设备的大型化，公司生产的煤化工产品整体运输困难，对于超长、超大和超重设备公司采用分段运输、现场组焊的方式组织生产，从而导致了运输成本的增加。近几年，公司为了破解自身发展瓶颈，抢占市场先机，率先在行业内建立了"超大型容器移动工厂"运营模式，并已在宁夏、新疆、内蒙古、洛阳、茂名、石家庄等地实施，使公司未来经济总量增长有了坚实的市场支撑。

在用户现场建立移动工厂可实现超大型设备的制造和组装，解决了超大型设备工厂制造运输的"瓶颈"问题。移动工厂相对于永久性现场制造基地来说建设成本较低，更为经济，与原来生产基地可实现资源共享，因而更加具有竞争力，同时具有投资小、见效快、可移动性好、能重复使用的特点。

1. 采用现场制造的方式

2006年开始，张化机为承接内蒙古大唐国际锡林郭勒煤化工煤基烯烃项目的3台大型聚丙乙烯反应器和直径8m、高达100多m的C3塔的制造任务，将工厂建设到内蒙古多伦的工地。随后，兰石重装先后在新疆伊泰项目中，将工厂建设在昌吉工地；将工厂建设在内蒙古呼伦贝尔草原工地等。

2. 现场制造技术的变化

大型设备现场制造的施工，需要设备的整体或局部热处理必须在工地完成。由于现场条件的限制，总体情况比制造厂要差很多。通过运用多年来的工程实践，以及近年来一些高校在仿真模拟方面的研究成果，兰石自行设计研发新装备、新技术，采用积木式电加热炉或燃油炉、局部大型组合式热处理炉（一重、兰石已拥有知识产权的加热装置）、履带式红外线电加热带或燃油炉等，解决了大型设备现场热处理的难题。大型设备的现场水压试验也是一个难题。如果在现场进行水压试验，基础能够均匀沉降关系到设备安全，需要对基础的耐力进行强度校核，为此将提高工程的制造成本。对大型卧式容器的水压试验，除了对基础的处理和理论计算外，还需要计算支撑鞍座的数量和位置。实践中有采用沙袋减小鞍座支撑力的做法。

2014年10月，公司利用新疆移动工厂在伊泰新疆能源公司伊泰-华电甘泉堡200万t/年煤制油项目现场成功制造了两台超大型费托合成反应器（内径9.6m、壁厚132mm、长60m、重量2100t）并一次顺利吊装成功，标志着兰石重装在大型煤化工项目核心关键设备制造领域迈出了坚实的一步。

已实施的部分移动工厂项目有新疆伊泰-华电甘泉堡200万t/年煤制油项目、华亭煤业年处理60万t甲醇制20万t聚丙烯科技示范项目（见图8.2-30）、京能锡林郭勒盟东乌旗褐煤提质项目、中国石油云南

图8.2-30　华亭煤业集团气化炉现场安装

1000万t/年炼油项目、中石化洛阳分公司220万t/年炼油项目、神华宁煤煤化工副产品综合利用项目、内蒙古家景镁业有限公司年产30万t甲醇项目。2015年又开工一台内蒙古锡林郭勒盟费托合成反应器,总高度约为61521mm,直径9600mm,主体材料SA-387 Gr.11 Cl.2钢板,壁厚130mm,长61521mm。

针对联合装置塔器比较多的特点,并根据吊装能力和运输能力的实际情况,策划了塔器的不同到货方式,及时将塔器管线、梯子平台安装到位,减少高空作业,提高了工作效率。对大型设备吊装进行统一规划,从设计、采购开始入手,均衡每一勾的重量、吊装时间,统筹安排,使得预加氢反应器、重整反应器、塔器、对流室等设计、采购、施工稳步进行。

2.5.3 在沿海和新疆建分厂

21世纪以来,随着石化机械制造业国家建设格局的变化,为追求最佳经济规模,装置的规模趋于大型化。多套1000万t炼油、100万t乙烯等大型石化装置在建或投产,为我国石化机械制造业发展提供了机遇。反应器作为石化装置的核心设备,大型化、高参数化的倾向日趋显著。2007年,世界上最大、重达2044t的煤制油加氢反应器在神华马家塔年产煤制油500万t的煤液化工程现场制造完成;2007年,在独山子石化改扩建工程60万t全密度聚乙烯装置,2台高达43m、最大直径8m的全密度聚乙烯反应器现场制作完成;2008年,世界炼油装置最大的加氢裂化反应器,单台运输重量达1703t(包括裙座,不含内件重量)的中石油广西石化1000万t炼油、220万t/年蜡油加氢裂化反应器在大连棉花岛滚装上船。

2000年,中国第一重型机械制造集团公司率先在大连棉花岛建立分厂,同时将设计院迁往大连;2008年,中国第二重型机械制造集团公司着手在江苏镇江的长江边建立分厂;2009年,兰州兰石重型装备股份有限公司在山东黄岛建设分厂;抚顺机械设备有限公司在大连长兴岛建设分厂;后起的民营企业张家港市化工机械有限公司在该市的长江边建设码头和分厂。

新疆兰石重装能源工程有限公司创立于2014年,是兰州兰石重型装备股份有限公司的全资子公司,占地面积270895.5m^2,约合406.34亩,建筑总面积51005m^2。该公司是新疆最大的能源装备制造企业,并且辐射整个中亚地区,将进一步完善兰石集团三大基地的战略布局,巩固集团在国内能源装备制造领域的领先地位,成为集团未来新的经济增长点,为实现将集团打造成产业链完整、产品齐全、配套完善的智能化、工程化、国际化能源装备研发制造百年龙头企业这一宏伟目标奠定了基础。

科技创新始终是推动人类社会生产生活方式产生深刻变革的重要力量。当前,信息技术、新能源、新材料、生物技术等重要领域和前沿方向的革命性突破和交叉融合,正在引发新一轮产业变革,将对全球制造业产生颠覆性的影响,并改变全球制造业的发展格局。当前,新一轮科技革命与产业变革风起云涌,按照"中国制造2025"的战略部署,以信息技术与制造业加速融合为主要特征的智能制造成为全球制造业发展的主要趋势。在此背景下,对中国智能制造的变革趋势做出相应跟进。兰石在智能焊接机器人及先进焊接技术工厂化应用方面开始了深入的研究和应用。其中,高速电渣堆焊技术、90°弯管堆焊技术、小管径立式横焊堆焊技术、安放式接管热丝TIG焊技术、管子管板激光视觉跟踪焊技术、球壳板激光视觉跟踪切割技术、水刀切割技术等先进的焊接和切割技术已在大厚壁容器中进行了应用，并取得了成功。

2.6 四大平台与四大转型

兰石重装紧紧抓住国家"一带一路"建设历史机遇，内外兼修，完成"兰州—青岛—新疆"三大基地加超大型移动工厂的产能平台；完善内部创新创业机制，创新科技人才培养，加大科技创新及成果转化，搭建创新驱动平台；推进网络化、信息化、智能化建设，斥资近亿元打造企业智能制造的数字化、信息化管理平台；拓展融资渠道，搭建资本运作平台。

兰石重装以四大平台建设为基础，加快结构调整和产业升级，深入推进和实施由炼油化工向新能源装备制造转型、由单纯制造向制造加服务转型、由单一制造向工程总包转型、由国内向国内加国际市场转型战略，实现"装备制造智能化、产品品类高端化、产业扩展服务化、业务系统集成化、经营对象国际化"的业务格局，使兰石重装成为国内领先、国际一流的集高端石化装备、系统集成与服务为一体的综合性工程公司。老国企焕发新活力，兰石重装未来之路必定会越走越远。

2.6.1 平台一：能力布局——搭建"丝路"沿线产能平台

随着国家"一带一路"倡议的推进，兰石重装以前瞻性的战略决策，快速完成了兰州基地出城入园产业升级、青岛基地建设、新疆建厂及移动工厂等项目，搭建沿"丝路"产能平台，为"一带一路"沿线国家提供更加优质的产品和服务，进一步融入国际化经济战略圈。

2014年9月，兰石高端装备产业园作为甘肃省最大的出城入园项目揭牌竣工并正式投入使用，从开工建设至搬迁投产仅用时16个月，完成了200万m^2基建，创造了兰石速度，乃至甘肃速度。在兰石高效搬迁的背后，集结了兰石人团结一心、敢于挑战、有序高效、恪守己责的工作风貌，创造了出城入园奇迹。兰石重装搬迁完成后，规模比搬迁之前提升近2倍，厂房建筑面积由以前的61459m^2增加到现在的181286m^2。

青岛基地位于青岛西海岸新区，毗邻青岛跨海大桥和港口，为产品的运输和出口提供了绝对优势，青岛基地产品以大型炼化设备、核电设备及出口设备为主，年生产能力2万t，最大起吊能力达1200t。

新疆基地位于哈密市北部新兴产业园，向西辐射哈萨克斯坦等邻近周边国家和地区，配合"一带一路"建设，为企业打开西部市场的大门。产品以大型煤化工设备、炼化设备、移动工厂配套及出口设备为主，年生产能力1万t，最大起吊能力达400t。

为解决超限设备运输瓶颈，实现现场超大型设备的制造和组装，兰石重装依托三大基地，积极推进"移动工厂"项目建设。目前该移动工厂项目已在宁夏、新疆、河南、广东、河北、内蒙古等地实施并完成多个项目，也创造了兰石历史上单台产品重2200t、直径10m的大型容器的纪录。

2.6.2 平台二：科技研发——构筑创新驱动平台

在经济新常态下，兰石重装更加注重创新驱动转型升级，加大研发投入，提高技术水平，紧紧围绕高端装备技术前沿和产业链技术接续，沿着多种能源互补替代的装备技术创新路径,按照基础性、应用型产品、工程总承包设计三个层次,提升企业科技创新实力。

目前,兰石重装的科技研发平台已经相对完善,分别在兰州、上海、青岛、西安等地设立了基于信息化异地共享的研发机构。此外,公司还拥有国家级技术中心 1 个、国家级实验室 2 个、省级能源装备工程研究院 1 个、省部级工程技术研究中心 10 个,并配有无损检测中心、理化检测中心、焊接研究所、压力容器焊工培训中心等完整、科学的产品完成和设计研究支持系统。公司目前共有 800 余名专业工程技术人员,这也为企业科技研发和生产过程提供了坚实的人才保障。仅 2014—2015 年期间,兰石重装获得专利 25 件,完成省级及以上重大科技项目 7 项,新产品试制及科技攻关 49 项。

在竞争激烈的市场行情下,兰石重装正是凭借技术研发这一制胜法宝,勇于创新,不断提升,成为拥有强大竞争力的石化行业智能机械和全过程解决方案供应商。

2.6.3 平台三:信息化管理——打造高效智能制造平台

智能制造可以大大改善生产流程,提高公司综合管控力度,减少人力物力消耗,实现生产要素的利用最大化,提高企业的经营水平和核心竞争力。兰石重装以体现信息技术与制造技术深度融合的数字化网络化智能化制造为主线,大力推进信息化建设工作,引进了"PLM 与数字化工厂"以及 ERP 系统,配备成形、焊接、机械加工、热处理、无损检测、起重设备等各类设备千余台(套),其中大型化、数控化设备占 70% 以上。企业还斥资上亿元,在机器人装备、自动监测生产线、信息化管理等方面购置更多装备和系统,配合出城入园后的新厂房、新设备,将软硬件一起升级,积极响应国家智能制造战略,提高自身制造能力。

在兰石重装的生产车间,随处可见科技化生产带来的现代感。不管是数控系统的操作,还是实时显像报警功能对产品的检测,都保障了兰石重装的产品质量。通过信息管理系统把企业的设计、采购、生产、制造、财务、营销、经营、管理等各个环节集成起来,共享信息和资源,有效地支撑企业的决策系统,达到降低库存、提高生产效能和质量、快速应变的目的。拿信息化推进工作试点车间来说,车间配备了 18 台工业计算机,并且安装了 MES 制造执行系统软件。现场工人只需通过系统,就可以提取加工用的图样和需要其处理的技术问题,还可以通过个人账号申报工时,完成工作量统计。

2.6.4 平台四:国企上市——托起强大资本运作平台

2014 年 10 月 9 日,兰石重装正式登陆 A 股沪市主板,引起了业内的高度关注,这是兰石重装改革发展过程中的一大里程碑,也是其向市场化发展迈出的重要步伐。兰石重装一方面通过接触新事物、学习新知识,不断地开拓新思维,激发管理层和广大职工改革发展的新思路,给企业上下注入了新活力和动力;另一方面,资本市场也对企业提出要求,要想在上市环境下运营好企业,就必须更清晰地认识自身,提前制订有序的发展规划,由此倒逼企业更详细地梳理自身优势,总结历史经验,认真思考下一步发展之路。因而,上市不仅是兰石重装资本平台的运作方法,更是推动企业转型升级的重要契机。

2.6.5 转型一:由炼油化工向新能源装备制造转型

兰石重装在炼油设备市场耕耘多年,在行业内已占有最大的市场份额。但随着国内外能源的多样化发展，兰石重装的业务板块也正在向新能源装备制造领域倾斜。公司目前已进入核电、煤化工（煤制油、煤制气、煤炭分级利用）、化肥、光热等新能源核心设备制造领域，成功入围中核、中广核等国内24家大型核电企业名录。公司先后完成"田湾3、4号机组放射性废物处理中心压力容器项目"核级产品的制造，以及国内首个光热发电项目——甘肃阿克塞高温熔盐型光热槽式发电测试平台项目（800m回路试验装置）中核心设备熔盐储罐及热/冷罐制造。公司在炼油化工设备领域积累了大量技术和经验，要把这些珍贵的经验应用到更多新能源领域。从战略上来说，我国石油资源短缺，对外依存度很高，煤化工、核电等新能源是必不可少的战略储备，市场前景广阔。公司做出战略转型，关注新能源领域的装备市场，也正是因为分析了行业发展趋势。新能源装备制造市场体系庞大，公司正好借助自身青岛-兰州-新疆+移动工厂的产能平台，更进一步拓展业务范围、提高产能。

2.6.6 转型二：由单纯制造向制造加服务转型

在炼油化工行业，设备运行情况不仅关系到企业生产效率，更关系到企业生产安全。及时准确地排查设备隐患是每家石化企业的切实需求。针对四合一连续重整反应器、螺纹锁紧环式高压换热器、再生器、加氢反应器等产品特点，兰石重装发挥专业技术优势，组建专业化安装检修队伍，承担了设备运行后的技术支持、内件安装和检维修保养服务。

制造加服务的模式不仅满足了客户实际需要，增加了客户忠诚度，更为公司拓展了业务范围。现在，检修维护设备已经成为公司新的业务增长点。在这一过程中，公司可以收集更多产品使用过程中的客户反馈，积累实际应用经验，在后续的研发和制造过程中起到指导作用，还可以与客户一起，面对面交流，根据实际使用需求，创新和改进方案设计。

近年来，兰石重装已先后为上海高桥石化、兰州石化、齐鲁石化、京博石化、镇海石化、大连石化、克拉玛依石化公司等提供核心装置设备检维修服务，涉及内件检查、清洗、保养、更换等众多类型服务，赢得了客户一致好评。

2.6.7 转型三：由单一制造向工程总包转型

兰石重装的大型、重型压力容器装备已经由单台产品制造向工程化、成套化迈进，逐步实现对工程项目的可行性研究、勘探、设计、采购、施工、试运行等全过程或若干阶段的承包，依托三大基地雄厚的产业优势及底蕴，为客户从研发、设计、制造、安装到售后技术服务提供高效、便捷的解决方案。

工程总承包（EPC）业务，是兰石重装转型升级思维上的重大转变。在过去，兰石重装将全部精力放在了产品的单一制造过程上，虽然得益于过硬的技术水平，产品得到客户的青睐，但是受老旧思维的限制，业务内容止步于单一产品供应。公司为客户提供了整套装置的核心设备，却没有提供配套的管路设计安装及应用设施。现在，公司将进一步拓宽服务内容，致力于向工程总承包转型。为了实现EPC的战略转型，公司利用产能和资产运作平台，一方面考虑收购合适的设计院，合作完成，另一方面也在利用兰石集团已有技术资源，研发集成化的新工艺包。

兰石重装目前已顺利完成了吉林弘泰15万t/年煤焦油轻质化项目，正在实施张掖晋昌源 20 万 t/年中温焦油加氢项目、新疆宣力 50 万 t/年煤焦油加氢项目、辽宁盘锦 120 万 t/年芳烃项目等数个大型 EPC 总承包项目。2016 年 9 月 20 日，兰石重装获签柬埔寨 500 万 t/年炼油厂项目一期工程总承包合同，合同总价暂估为 6.2 亿美元，约合人民币 41.35 亿元（以最终实际决算为准），公司向工程总承包战略转型迈出了坚实的步伐。

2.6.8 转型四：由国内向国内加国际市场转型

兰石重装在稳定发展国内市场的同时，积极开拓国际市场，深化国际合作，快速提升兰石重装国际化运营能力。目前，兰石重装已经成为壳牌、BP、林德、法液空、德希尼布等国际知名公司的合格设备供应商，公司产品出口全球 30 余个国家。在哈萨克斯坦阿特劳炼厂重整反应器再生器、BP 公司 PTA 项目高压吸附器、土库曼斯坦炼油装置、林德公司变压吸附装置等项目上，兰石重装发挥自身技术优势，在众多国内外供应商中脱颖而出，成功将中国制造装备送出国门。

兰石重装的生产研发基地与"一带一路"倡议不谋而合，以兰州为中心的总部不仅兼顾公司传统业务，更通过新厂区和智能化管理提高了产能。青岛基地具有港口地理优势，为大型化产品的生产、运输和出口提供了平台。新疆基地则连通国内基地与中东亚地区，而未来能源产业是该地区的发展重点，这与兰石重装向新能源领域转型的战略相契合。兰石重装创新的"移动工厂"制造平台，更为国外项目所需大型化设备的设计和运输解决了后顾之忧。国际化战略是兰石重装有意识地、主动地转型，打入国际市场也并非一两日的功夫，但兰石重装有勇气、决心和能力能够做到。未来，企业将结合工程总承包的转型策略，不仅让单个产品和设备国际化，更要在海外项目 EPC 方面拿到更多订单，用实力一步步在国际上打响兰石重装品牌。

2.7 主要产品简介及业绩

兰石重装产品主要有四合一连续重整反应器、加氢反应器、螺纹锁紧环式换热器、冷热高压分离器、球罐等，应用于炼油化工、煤化工、核电及军工等领域。经过 60 多年的发展，产品已遍布中国各地及亚洲、欧洲、非洲、美洲等国，截至 2015 年，累计生产各类压力容器 3 万余台套、近 70 万 t，被誉为"中国石化机械摇篮和脊梁"。

2.7.1 四合一连续重整反应器

迄今为止，中国炼油化工企业使用的四合一连续重整反应器设备本体及内件安装均由兰石重装独家生产，市场占有率达 100%。至今已完成 70 余台套四合一连续重整反应器的制造，其制造和安装质量经美国 UOP 专家监检。

1996 年，成功研制出中国第一台四合一连续重整反应器（美国 UOP 工艺技术）；
2001 年，为锦西炼油厂制造 1.25-0.5Mo-Si 材料四合一连续重整反应器；
2002 年，为镇海炼油厂制造四合一连续重整反应器，直径 2750mm，长 68m，重 245t；
2006 年，为大连石化顺利研制了 220 万 t/年重整催化装置中四合一连续重整反应器，重达 502t，为该类产品规格亚洲第一；

2007年，为青岛炼油厂制造材料2.25Cr-1Mo+堆焊的四合一连续重整反应器；

2007年，为中国海洋石油总公司制造直径3300mm、长度90m的四合一连续重整反应器；

2008年，为广州石化制造了100万t/年催化重整装置二合一连续重整反应器；

2012年，为石家庄石化制造12Cr2Mo1R（H）材料四合一连续重整反应器；

2015年，为中捷石化制造12Cr2Mo1R（H）材料四合一连续重整反应器。

简介：连续重整装置的核心设备，是国内设计制造的炼油静设备中技术要求最高的设备之一。该装置采用的美国UOP连续重整专利技术，将4个直径不同的反应器通过锥体变径段重叠连接成一台"四合一"连续重整反应器，其工艺先进、结构合理，具有占地面积小、反应物料均匀、催化剂利用充分、动能消耗低等优点。

兰石重装多年来承担着国家多种类型高温高压反应器的研制生产任务，研制生产的四合一重整反应器在多套重整装置上顺利实现了工程化应用，在国家能源安全建设和石油化工工业发展中发挥着不可替代的作用。

产生背景：四合一重整反应器工艺技术先进，但由于该设备精度要求高、制造难度大，世界上仅有个别工业发达国家可以设计制造，因而我国除少数炼厂从国外引进该设备外，国内设备制造企业仅能生产传统的单体重整反应器供炼厂使用。为改变这种落后局面，使我国炼油深加工技术赶上世界先进水平，采用先进的连续重整工艺技术是必然的选择，而关键设备设计制造的国产化就成了重中之重。

用途：四合一重整反应器主要用于连续重整装置中的连续重整反应器设备。兰石研制的首台国产化60万t/年连续重整反应器，主要技术指标达到了国外当代同类产品水平，填补了国内空白。连续重整反应器在北京燕山石化公司炼油厂安装、调试完成后于1997年7月25日正式投产至今，使用效果良好。兰石重装是国内四合一连续重整反应器独家制造商。截至目前，已为北京燕山石化公司、上海高桥石化公司、兰州炼油厂、天津石化公司炼油厂、大连石化公司、锦西炼油总厂、镇海炼化公司等炼化企业制造并安装完成59台四合一连续重整反应器。其中2008年为大连石化公司研制的220万t/年连续重整反应器加工能力为目前亚洲第一、世界第二，是目前国内连续重整反应器中直径最大、重量最重、板料最厚的产品。

重整反应器是炼油化工装置中的核心设备，工作在高温、临氢环境下，对材料的氢腐蚀、氢脆、回火脆性和蠕变等性能提出了更高要求，其采用UOP重整技术，是目前世界上最高水平催化重整工艺技术。四合一连续重整反应器制造和安装质量经美国UOP专家监检，已超过国外部分同类设备的质量水平，现场内件安装技术已达到国际先进水平，完全满足UOP工艺技术要求。重整反应器新技术将突破高端汽油生产能力不足的瓶颈，优化产品结构，满足日益增长的环保油品市场需求，在大型化生产装置中是具有巨大吸引力和巨大发展前途。

2.7.2 加氢反应器

兰石重装生产的板焊式加氢反应器国内市场占有率居中国同行业首位，生产制造出了最大的铬钼钒钢板焊结构加氢反应器。兰石重装生产的加氢反应器市场占有率达60%，目前已完成300余台加氢反应器的制造。

20 世纪 60 年代，成功研制出中国第一台单层厚壁、高温高压加氢反应器；

1976 年，为抚顺石油三厂生产制造双层热套加氢反应器（又叫套箍式结构冷壁加氢反应器）；

80 年代初，研制成功中国第一台直径 1400mm 热壁堆焊加氢反应器；

1984 年，为北京东方红炼油厂研制出中国第一台锻焊结构加氢反应器；

1988 年，为长岭炼油厂研制出中国第一台热壁加氢反应器；

2006 年，为克拉玛依石化公司 30 万 t/年润滑油高压加氢处理装置研制出中国第一台加钒钢加氢处理反应器；

2008 年，为中国石化洛阳分公司研制完成当时中国最大规格板焊式加氢反应器，直径 4000mm，厚度 183mm，重量 648t；

2010 年，为中石油四川分公司 350 万 t/年柴油加氢精制装置制造出当时中国最大直径板焊式加氢精制反应器（直径 4800mm）；

2011 年，为中石化广州分公司制造了中国最大重量板焊式加氢反应器（重量 837t）；

2014 年，为青岛炼油厂制造中国最大直径加氢精制反应器（直径 5200mm）；

2015 年，为中海油气（泰州）石化制造完成了当时中国壁厚及直径最大的铬钼钒钢锻焊结构加氢反应器（重量 590t）。

2.7.3 螺纹锁紧环式换热器

兰石重装是国内首家生产螺纹锁紧环式换热器的装备制造企业，曾为中化泉州石化研制生产出中国最大规格螺纹锁紧环式高压换热器，市场占有率达 60%，至今已生产完成 600 余台套螺纹锁紧环式换热器。

1990 年，与意大利合作，研制成功中国第一台螺纹锁紧环式高压换热器；

1998 年，为齐鲁石化制造直径 1400mm 的螺纹锁紧环式高压换热器设备；

2004 年，为广州石化制造直径 1500mm 的螺纹锁紧环式高压换热器设备；

2005 年，为齐鲁石化制造直径 1600mm 的螺纹锁紧环式高压换热器设备；

2006 年，为茂名石化制造直径 1600mm 的螺纹锁紧环式高压换热器设备；

2007 年，为青岛大炼油项目研制完成了当时中国最大规格（直径 1700mm）螺纹锁紧环式高压换热器设备；

2012 年，为齐鲁石化制造直径 1700mm 的螺纹锁紧环式高压换热器设备；

2014 年，研制完成中国最大规格（DN1800）螺纹锁紧环式高压换热器（中化泉州石化 1200 万 t/年炼油项目）。

简介：螺纹锁紧环式换热器是当前世界先进水平的热交换设备，国内外大型炼油企业在加氢裂化和重油加氢脱硫装置中一般均采用此种形式换热器。它具有结构紧凑、泄漏点少、密封可靠、占地面积小、节省材料的特点，一旦运行过程中出现泄漏点，也不必停车，紧固内、外圈顶紧螺栓即可达到密封要求。

兰石重装多年来承担着国家多种类型高温高压换热器的研制生产任务，研制生产的大型螺纹锁紧环换热器在多套加氢装置上顺利实现了工程化应用，在国家能源安全建设和石油化工工业发展中发挥着不可替代的作用。

产生背景：螺纹锁紧环换热器工艺技术先进，但结构复杂，机械加工量大，装配复杂，拆卸需要借助专用工装，随着炼油规模及装置大型化及其装置的更新、增加，对此类设备的年需求量日增。以往此类设备，均依赖从日本、美国及意大利进口，国家每年需支付大量外汇，故早在"七五"期间，国家将其列入国产化攻关项目，由中石化总公司、原机械部组织，洛阳设计院与兰石厂联合攻关。在引进、吸收、消化国外技术基础上，联合攻关于1989年完全国产化，填补了国内制造领域的空白。

用途：螺纹锁紧环换热器主要用于加氢裂化和重油加氢脱硫等装置中高温高压热交换设备。2007年，兰石重装生产制造的国内首台最大直径1700mm螺纹锁紧环式换热器通过国家技术成果鉴定，并在青岛大炼油项目正常运行。2012年完成中化泉州石化有限公司1200万t/年炼油项目260万t/年蜡油加氢裂化装置直径1800mm螺纹锁紧环式换热器，再次通过国家技术成果鉴定，为国内直径最大，技术达到国内领先。

目前，兰石是国内为数不多的几个可以制造高端热交换器的制造商，拥有大型数控四轴镗铣床，保证大螺纹一次加工到位，拥有国家专利的大螺纹安装及拆卸工装，采用先进的液压胀管技术，拥有自主完成设计并获得知识产权的密封盘加工技术等多项独有技术。

从经济效益上讲，螺纹锁紧环式换热器国产设备价格仅为进口价格的70%，可为我国节约大量的外汇，降低投入成本；从社会效益上讲，该设备研制成功，对我国炼油化工工业的发展、振兴国内经济、改善环境、节能降耗都具有现实的积极作用。

大直径高温高压螺纹锁紧环式换热器属国际当代先进水平，代表此类设备今后的发展趋势，它的研制成功将使该设备制造能力上一个台阶，大大提高我国石化重大装备的国产化成套水平，并对炼油装置大型化、油品深加工及石化装置建设和改造投入中降低投资成本、提高炼油厂综合经济效益具有重大意义。此外，对国家机械制造技术水平的提高和国内机械制造企业提高经济效益也具有深远的意义。

2.7.4 高压容器

兰石重装生产的高压容器设备雄踞同行业首位，目前已完成600余台套高压容器设备的制造。

1995年，为兰州炼油厂制造120mm厚的HDR热高压分离器；

1999年，为荆门石化制造15CrMo+堆焊材料的热高压分离器；

2005年，为广州石化制造2.25Cr-1Mo+堆焊材料的热高压分离器；

2008年，兰石重装与中国石化洛阳设计院、舞阳钢铁公司、中国石化洛阳石化公司用国产化137mm厚12Cr2Mo1R钢板试制完成了高压分离器设备，填补了中国空白；

2008年，为神华宁煤制造直径5600mm的高压分离器；

2011年，为茂名石化制造160mm厚的冷高压分离器；

2011年，为青岛大炼油项目制造208mm厚的冷高压分离器；

2012年，为上海高桥制造热高压分离器；

2014年，为中石化金陵分公司制造循环氢脱硫罐；

2014年，为泰州石化制造12Cr2Mo1R+堆焊材料、(208+6.5)mm厚的热高压分离器。

2.7.5 球罐

兰石重装集球罐工程设计、制造、安装、服务为一体，曾作为国家标准编委成员单位之一，自行完成的部分先进设计、工艺技术已被纳入国标，为国内球罐领域标准化和球罐工程的大型化发展做出了贡献，同时也在球罐领域获得了诸多荣誉：400m³ 球罐荣获部优质产品、国家银质奖、国际标准合格产品；1000m³ 球罐获得省优质产品、优质工程；1500m³ 低温乙烯球罐获部级科学技术进步一等奖、国家级科学技术三等奖；应用新材料 CF-62 钢 1500m³ 乙烯球罐获得机械部一等奖；首批用 09MnNiDR 制造 2000m³ 乙烯球罐；用 15MnNbR 制造了国内首台 4000m³ 液烃球罐和首台球壳厚度为 52mm 的 1000m³ 氧气球罐，至今已完成 500 余台球罐设备的制造。

1984 年，为洛阳宏力化工厂制造 400m³ 异丁烷薄壁球罐；

1997 年，研制成功中国第一台 CF-62 钢制 1500m³ 大型乙烯球罐；

2005 年，为莱钢永锋钢铁厂制造首台 15MnNbR 材料球壳厚度为 52mm 的 1000m³ 氧气球罐；

2005 年，为中石油兰州石化制造 15MnNbR 材料 4000m³ 球罐；

2008 年，为中石化四川维尼纶厂制造 5000m³ 液氨球罐；

2009 年，为新疆广汇新能源公司制造 5000m³ 球罐；

2010 年，为青海云天化国际化肥公司制造 5000m³ 球罐；

2011 年，为青海盐湖化工制造首批采用 09MnNiDR 材料的 2000m³ 乙烯球罐；

2012 年，为宁夏宝丰制造 09MnNiDR 材料 2000m³ 球罐；

2015 年，为金陵石化制造了 4000m³ 液化烃球罐。

2.7.6 煤化工、化工用压力容器

20 世纪 70 年代，为中国一批重点建设企业成功研制了年产 15 万 t 的氨合成塔、11 万 t 的尿素合成塔和双层套箍式加氢反应器以及高压聚乙烯反应器、径向重整反应器、重整换热器等高压设备；

90 年代，为抚顺石化公司丙烯腈工程研制 ϕ2000mm 冷却器，成为中国第一台打 ASME "U" 钢印的压力容器；

2008 年，为神华宁煤制造直径 3880mm、材料 SA-387 Gr.11 Cl.2+316L 堆焊的气化炉设备；

2010 年，自行设计和制造完成了清华大学承担的国家重大专项大型气冷堆试验回路项目核心设备——HTL 电加热器；

2012 年，为国电英力特生产制造直径 6100mm 的 BYD 反应器；

2013 年，为宜昌南玻公司制造多晶硅项目核心设备高度 93m、材料为 S30403 的精馏塔；

2014 年，研制完成中国煤制油项目超大型费托合成反应器，直径 9600mm、壁厚 132mm、长 60m、重量 2200t。

2.8 装备制造能力

近年来，随着顶层设计和政府的统筹作用对压力容器智能制造的推动作用，制造企业高度重视智能装备的发展方向，加快实现制造过程的智能化和绿色化；兰石重装积极探索

和深挖智能焊割、加工等单元的推进工作，逐步实现压力容器制造智能化。

2.8.1 焊接设备

（1）90°弯管内壁堆焊设备（见图8.2-31） 该焊接设备主要用于90°弯管的内壁热丝TIG环向堆焊，设备由变位机、翻转夹具、机器人运动轴、焊接系统、控制系统等组成，实现8轴联动动作。可实现圆周环状水平位堆焊，具有焊枪摆动功能，且摆幅随弯管半径由内到外逐渐变大，堆焊层呈扇面排布，保证内壁各点堆焊厚度一致，AVC跟踪功能可适应管径位置的偏差，输入管道工件编号可实现堆焊焊道的自动排布，实现同层连续堆焊作业。弯管内径范围：$\phi250\sim\phi800mm$，弯管弯曲半径范围：$450\sim1000mm$，工件最大重量1.5t。

（2）激光视觉管板自动焊设备（见图8.2-32） 用于焊接碳钢、不锈钢、钛等材质的管子-管板接头。不但可以焊接圆管，而且可以焊接扁管等异形管。管子可为伸出、平齐和内缩方式，可填丝和不填丝。采用五轴高精度数控系统以及全数字交流伺服电动机与步进电动机和国内领先的三维视觉采集系统，对焊接工件进行三维信息的重构，全方位、准确地得到工件上焊缝的位置信息，自动计算并规划焊接轨迹。可焊管径$8\sim80mm$，可焊材质碳钢、不锈钢、钛合金，焊丝直径0.8mm、1.0mm。

（3）马鞍形埋弧焊接设备（见图8.2-33） 用于管子与筒体正交的接头，其焊缝呈空间马鞍形曲线。不适用管子与筒体（或封头）偏交、斜交，以及变角度坡口的马鞍形接头。该设备特点是心轴撑紧于接管内孔并与之同心，焊接机头和悬臂固定在心轴套筒上，由电动机驱动做360°旋转。机械靠模使焊枪准确地沿坡口的马鞍形曲线移动，可

图 8.2-31 90°弯管内壁堆焊设备

图 8.2-32 激光视觉管板自动焊设备

图 8.2-33 马鞍形埋弧焊接设备

以在焊接过程中对焊接工艺参数（焊接电流、焊接电压）进行微调，可以根据工艺要求实时调整回转直径和焊枪高度，设备可根据调整后的轨迹运转。焊丝直径 0.8mm、1.0mm，焊接效率比人工焊接效率可提高 2～4 倍，焊接质量优良且稳定。

（4）小筒体及密封面堆焊设备（见图 8.2-34） 该设备主要用于法兰密封面及梯形沟槽堆焊，同时能够完成小直径筒体内壁堆焊。堆焊方式采用热丝 TIG 堆焊和气保护堆焊方式。法兰密封面及筒体内壁堆焊设备由热丝 TIG 电源、400A 焊接电源、500A 气保护电源、冷却水箱、操作机、变位机、电气控制系统等组成。设备采用操作机与变位机配合方式实现焊接，操作机升降、伸缩及变位机回转、倾斜为伺服电动机驱动，变位机标配三爪自定心卡盘。法兰堆焊时，通过变位机与操作机的配合完成法兰密封面及沟槽的焊接，保证每段焊缝焊接时均为水平焊。筒体堆焊时，操作机与变位机回转配合，实现筒体内壁的螺旋堆焊或移距堆焊。机头具有 AVC 高度跟踪功能，通过机头前方十字滑板中的纵向滑板实现。适应法兰直径：$\phi 200 \sim \phi 2000$mm，筒体直径：$\phi 200 \sim \phi 500$mm。

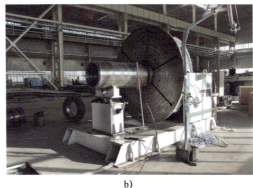

a)　　　　　　　　　　　　　　　　　　b)

图 8.2-34　小筒体及密封面堆焊设备

（5）小直径法兰密封面堆焊设备（见图 8.2-35） 该设备主要用于法兰直径≤$\phi 400$mm 的法兰密封面堆焊，可完成法兰密封面及梯形沟槽堆焊，堆焊方式采用热丝 TIG 堆焊，本设备由热丝 TIG 电源、TIG 焊接电源、冷却水箱、操作机、变位机、电气控制系统等组成。

（6）筒体内壁双带极堆焊自动焊机（见图 8.2-36）

图 8.2-35　小直径法兰密封面堆焊设备　　　图 8.2-36　筒体内壁双带极堆焊自动焊机

（7）小筒体内壁带极堆焊自动焊接设备（见图8.2-37） 可实现小筒体内壁的自动、连续环向埋弧带极堆焊，焊带规格30mm×0.5mm，最小筒体内径可达350mm。

（8）安放式接管窄间隙热丝TIG焊接设备（见图8.2-38） 该设备适用于厚壁容器筒体或封头上的正交安放式接管（包括带法兰的接管）环形窄间隙坡口的热丝TIG自动焊接，适用于开孔直径为$\phi200\sim\phi1000mm$、接管法兰外径为$\phi400\sim\phi1500mm$的安放式接管的焊接。

图8.2-37　小筒体内壁带极堆焊自动焊

图8.2-38　安放式接管窄间隙热丝TIG焊

（9）单双丝十字架型窄间隙埋弧自动焊接设备（见图8.2-39） 用于重型压力容器制造中的筒体内外纵缝及环缝自动丝极埋弧焊接。采用米勒1250A交/直流电源及林肯1000A直流电源，可焊接工件最大厚度300mm，适用焊丝直径$3\sim5mm$。

（10）80t焊接变位机封头带极堆焊设备（见图8.2-40） 通过变位机工作台的旋转及翻转运动，使工件焊缝处于最理想的位置进行焊接；与重型焊接操作机、焊接控制系统配合使用，组成自动焊接设备，可完成对球形封头、管板类等工件表面进行自动带极埋弧、电渣堆焊。额定载荷80t，采用瑞典ESAB公司生产的LAF-1601直流电源，焊带宽度$30\sim75mm$。

图8.2-39　单双丝十字架型窄间隙埋弧自动焊

图8.2-40　80t焊接变位机封头带极堆焊设备

（11）加氢弯管与直管焊缝内壁堆焊机（见图8.2-41） 对于重量大、无法进行工装夹持的法兰等可采用立式堆焊的方法，该设备焊接位置是横焊堆焊，可以实现内径50mm以上法兰内壁堆焊，此外该设备还可以堆焊弯管环缝对接处手工焊无法堆焊到的部位。

（12）小管径堆焊设备（见图 8.2-42） 可以实现内径 50mm 以上的接管内壁堆焊，其堆焊效率高，堆焊质量好，堆焊层表面平整美观。当 DN ≥ 180mm 时采用 CO_2 气体保护堆焊，当 DN ≤ 180mm 时采用小管径 TIG 堆焊。

图 8.2-41　加氢弯管与直管焊缝内壁堆焊机　　图 8.2-42　小管径堆焊设备

（13）四枪机器人热丝 TIG 焊接系统（见图 8.2-43、图 8.2-44） 热丝 TIG 焊接系统，窄坡口机头可深入坡口内部，焊枪姿态通过机器人手臂调整，实现多层多道自动焊接。机器人辅以三维图样驱动功能，实现焊接轨迹的自动生成和焊道的自动排布，操作简便快捷，实现换热器安放式接管的自动化焊接。

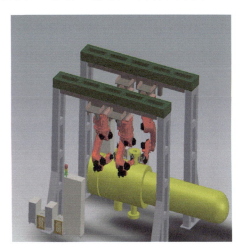

图 8.2-43　四枪机器人三维示意图　　图 8.2-44　四枪机器人焊接系统工作实景

2.8.2　热处理设备

1）600t 台车式热处理炉用于消应力热处理，规格：32m×6.5m×7m，最高工作温度：850℃（见图 8.2-45）。

2）U 形管加热炉，用于固溶化热处理，规格：11.7m×1.1m×0.75m，最高工作温度：1100℃（见图 8.2-46）。

图8.2-45　600t 台车式热处理炉

图8.2-46　不锈钢管线在线固溶化热处理炉

3）喷淋装置，规格 $\phi5.5m\times4m$，最大流速 $800m^3/h$；蘑菇头直径 1.8m，适用最大工件尺寸为 DN5000mm，最大工件壁厚 200mm，工件最大重量 50t（见图 8.2-47）。

2.8.3　冲压成形设备

（1）4000t 油压机（见图 8.2-48）　设备宽度 4800mm，开启高度 3750mm，最大冲压 $\phi3600mm$ 的椭圆封头。

图8.2-47　热处理喷淋装置

（2）10000t 油压机（见图 8.2-49）　设备宽度 7000mm，开启高度 5500mm，最大冲压 $\phi4800mm\times120mm$ 的半球形封头。

图8.2-48　4000t 油压机

图8.2-49　10000t 油压机

（3）曲面板测量划线坡口数控切割机（见图 8.2-50）　主要用于 400～20000m³ 球形储罐球壳板（GB/T 17261—2011《钢制球形储罐型式与基本参数》）空间曲面尺寸的精准测量、划线和坡口（包括双面）切割的多功能专机。设备采用机器人六轴联动方式，移动速度均为无级调速，不需人工划线和铺设轨道就可完成曲面钢板的自动测量、自动划线和自动切割。设备可分别采用测弧长、测弦长两种测量方式进行空间曲面的测量和划线，采用光纤激光器划线，划线的运动轨迹不受各曲面钢板成形精度和摆放方位、角度的影响。该设备可提高切割下料的一致性，使曲面板现场拼装更迅速、焊接质量更易保证。

(4) 重型四辊全液压卷板机（见图 8.2-51） 设备宽度 3200mm，最小直径 1800mm，最大卷板厚度 280mm（200MPa）、225mm（360MPa），最大板宽 3000mm，最大板宽板厚时的最小卷筒直径 4000mm。

(5) 锥体卷板机（见图 8.2-52） 最大卷板厚度 60mm（245MPa，常温），最小锥体卷板直径 1500mm，厚度 40mm。

图 8.2-50　曲面板测量划线坡口数控切割机

图 8.2-51　重型四辊全液压卷板机

图 8.2-52　锥体卷板机

2.8.4　金属切削加工设备

1）TK6920A/80×40 数控落地镗铣床（见图 8.2-53）。应用了恒流静压导轨、双齿轮齿条传动等多项成熟技术，并配备了西门子 840Dsl 数控系统，使得该机床具有较高的加工能力；除了具有很强的铣削、镗孔、钻孔等功能外，还可以进行螺纹加工、车削。

2）双轴卧式数控深孔钻（见图 8.2-54）。用于低碳合金钢、耐热合金钢、不锈钢等工件材质换热器管板的深孔加工。最大加工外径 3000mm，最大钻孔深度 1000mm，钻孔直径（BTA 钻）14～40mm，钻孔直径（枪钻）5～20mm。

图 8.2-53　TK6920A/80×40 数控落地镗铣床

图 8.2-54　双轴卧式数控深孔钻

3）TBT 数控深孔钻床（见图 8.2-55）。钻孔最大深度可达 1500mm，钻孔直径 5～60mm，镗孔最大直径 80mm。

4）6.3m 数控立式车床（见图 8.2-56）。加工最大规格 ϕ6300mm×4000mm，最大承载吨位 63t。

图 8.2-55　TBT 数控深孔钻床　　　　　图 8.2-56　6.3m 数控立式车床

5）龙门移动式数控钻床（见图 8.2-57）。

6）TX6216A 数显落地铣镗床（见图 8.2-58）。

图 8.2-57　龙门移动式数控钻床　　　　　图 8.2-58　TX6216A 数显落地铣镗床

7）卧式铣镗床（见图 8.2-59）。

8）数控重型卧式车床（见图 8.2-60）。

图 8.2-59　卧式铣镗床　　　　　图 8.2-60　数控重型卧式车床

2.8.5 其他设备

1）DZ-9/3000 驻波电子直线加速器（见图 8.2-61）。用于产品的无损检测，电子束能量 9MeV，X 射线剂量率≥3000cGy/min·m。

图 8.2-61　DZ-9/3000 驻波电子直线加速器

2）9MeV 电子直线加速器（见图 8.2-62）。最大透照厚度可以达到 300mm。

3）TOFD 探伤仪（见图 8.2-63）。

图 8.2-62　9MeV 电子直线加速器　　　　图 8.2-63　TOFD 探伤仪

4）300t 桥式起重机（见图 8.2-64）。

5）磨锉机（见图 8.2-65）。该设备主要用于筒体直径≤5m 的碳钢筒体外纵焊缝、外

图 8.2-64　300t 桥式起重机　　　　图 8.2-65　磨锉机

环焊缝余高打磨，筒体内径≥1.6m 的碳钢筒体内纵焊缝、内环焊缝打磨、堆焊前除锈；筒体直径≤4.5m 不锈钢筒体外纵焊缝、外环焊缝余高打磨，以及筒体内径≥1.6m 的不锈钢筒体内纵焊缝、内环焊缝余高打磨。

6）喷漆烤漆房（见图 8.2-66）。

7）自动化立体焊材库（见图 8.2-67）。自动化立体焊材库利用立体仓库设备实现焊材库高层合理化、存取自动化、操作简便化。自动化立体焊材库，是当前技术水平较高的形式。自动化立体焊材库的主体由货架、巷道式堆垛起重机、入（出）库工作台、自动运进（出）装置及操作控制系统组成，可以实现焊材储存及领取的自动化。

图 8.2-66　喷漆烤漆房

图 8.2-67　自动化立体焊材库

2.9　兰石重装大事记（1953 年 1 月—2018 年 12 月）

1953 年

1 月，兰州石油机械制造厂筹建处在西安成立。

7 月 17 日，"中国第一机械工业部第一机器工业管理局兰石石油机械厂筹备处"木质印章正式启用。

1954 年

3 月 17 日，中苏签约，兰州石油机械厂被列为苏联援建的 141 个重点项目之一。同日，国家计委以 5403028 号文批准兰州石油机械厂设计计划任务书。

1955 年

3 月 20 日，兰州炼油化工设备厂筹备处在北京成立。

3 月，兰州炼油化工设备厂的产品方案初步确定为：制造管式加热炉、分馏塔、热交换器、往复泵、高压加氢筒等。

1957 年

12 月 2 日，一机部以〔57〕机段办字第 130 号文件批复，同意兰州石油机械厂和兰州炼油化工设备厂合并，定名为"兰州石油化工机械厂"。

1958 年

4 月 5 日，容器车间（兰州炼油化工设备厂，现兰石重装）破土动工，1960 年 3 月基本建成，并开始投入生产。

5 月 16 日，一机部以机密三曹字第 63 号文批复兰州石油机械厂与兰石炼油化工设备厂彻底合并，正式更名为"兰州石油化工机器厂"（兰石厂）。

7月7日，中共中央副主席、国家副主席朱德来厂视察。

1960年

5月，容器车间试制成功氨合成塔设备和水加热塔（$\phi3000mm\times12mm\times2728mm$）。

7月，容器车间试制成功直径700mm换热器。

12月，我国第一台$68m^2$的套管结晶机在兰石厂制造成功。1963年9月1日通过鉴定。

1964年

10月，兰石厂成功制造$92m^2$套管结晶机。

11月，试制成功5万t/年合成氨主要工艺设备水冷凝器。

12月，试制成功水洗塔、汽提塔、原料分馏塔。

1966年

4月1日，中共中央总书记、国务院副总理邓小平和余秋里、谷牧等中央领导来厂视察，并与全厂先进生产者（工作者）、各级干部合影留念。

6月，成功试制$\phi800mm\times55mm\times15000mm$高压加氢反应器。

7月，成功试制万吨维纶设备的大型第六分馏塔（铜塔）。

12月，试制成功内径1.8m、重量160t的高压加氢反应器。

1971年

4月，我国第一台换热分离氨组合设备"四合一"在兰石厂试制成功。

1975年

9月，试制完成$\phi9.2m$大型球罐。

10月，设计制造完成我国第一台多金属重整装置（包括换热器装置、反应装置）。

1976年

3月6日，在兰州石油机械研究所、抚顺石油三厂配合下，研制成功我国内径最大（2.1m）、工作压力最大（20MPa）、处理量最大（48万t/年）的套箍式加氢精制反应器，并通过鉴定。

8月，我国第一台年产万吨的高压聚乙烯反应器在兰石厂试制成功，并于当年10月通过鉴定。

10月26日，兰石厂召开首次科学技术大会。

1981年

10月30日，国家劳动总局颁发给兰石厂三类压力容器制造许可证，兰石厂成为我国第一家获得此证的单位。

1982年

8月，为东方红炼油厂制造成功了我国第一台带极堆焊不锈钢衬里热壁加氢反应器（$\phi1400mm\times800mm\times14000mm$）。

1983年

7月14，国家劳动人事部正式给兰石厂颁发三类压力容器制造许可证，有效期4年。

8月5日，在全国统一行业压力容器青年焊工表演赛中，兰石厂青年焊工夺得第一、二、三、五名。

12月18日，兰石厂制造的我国第一台锻焊结构、高温高压加氢反应器通过鉴定。

12月21日，兰石厂为上海石油化工总厂制造的裂解气急冷换热器通过机械部和甘肃省机械厅鉴定。

抗高温硫腐蚀用12A1MoVR钢的研制项目获得冶金科学技术研究成果奖，证书编号：冶科8203006。

1984年

10月10日，兰石厂正式通过了美国机械工程师协会委托美国锅炉与压力容器检验师总部和英国皇家保险公司代表组织的联合检查验收，成为我国第一家取得ASME执证和U1、U2使用标记钢印的工厂。

1986年

7月7日，兰石厂试制的国家重点工程项目国内第一台脱水塔和混合轻烃低温罐通过省级鉴定。

11月6日，兰石厂试制成功我国最大的浮头式冷凝器（直径1.7m，长9.5m，重32.5t），并通过省级鉴定。

1987年

1月17日，试制成功国内最大的BR10型钛材板式换热器。

8月28日，亚洲第一台飞机发动机高空试验装置部件——扩压器直段在兰石厂二分厂（今兰石重装）一次组装成功。

1990年

兰石试制的$\phi 2.6m$热壁加氢反应器、吸收塔通过省级鉴定。

1991年

兰石试制的8142热壁加氢反应器（国家重大项目）通过省级鉴定。

1992年

兰石试制的"八五"国家重大技术装备项目——多功能吸收塔、CO变换炉、大型CF钢乙烯球罐通过省级鉴定。

1995年

兰石试制的CF-62钢制1500m^3大型乙烯球罐（国家"八五"重大技术装备项目）通过国家鉴定。

兰石试制的油气水加热器（国家"八五"重大技术装备项目）制造完成。

1995年

兰石试制的国家"八五"重大技术装备项目产品油气水加热器、油气水三相分离器完成制造。

1996年

兰石完成重叠式重整反应器（部级新产品）的制造。

1997年

兰石完成双壳程换热器、高压螺纹锁紧环式双壳程换热器的制造。

1998年

兰石完成海洋平台撬装设备的制造。

1999年

兰石完成原油换热器的制造。

2000 年

兰石完成加氢改质装置加氢处理反应器的制造。

2001 年

兰石完成净化离子交换器、ϕ950mm 滑油冷却器的制造。

2003 年

兰石完成大直径、超长连续重整反应器以及 120 万 t/年柴油加氢精制反应器的研发制造。

2005 年

2005 年 8 月 23 日，中共中央政治局常委、全国政协主席贾庆林视察兰石。

兰石完成板焊式 ϕ3800mm 加氢反应器的制造。

兰石完成 220 万 t/年四合一连续重整反应器的制造。

2006 年

中石化克拉玛依石化公司 30 万 t/年润滑油高压加氢装置加氢处理保护反应器 2.25Cr-1Mo-0.25V 钢制加氢反应器，荣获 2009 年度甘肃省优秀新产品新技术证书（甘肃省工信委）。

2 月 24 日，2.25Cr-1Mo-0.25V 板焊加氢反应器评审会召开。

8 月 29 日，国内首台 2.25Cr-1Mo-0.25V 钢制板焊结构热壁加氢反应器完成制造并通过专家评审验收。

10 月 21 日，由中国石化物资装备部组织的国产 137mm 厚 12Cr2Mo1R（H）钢板评审验收会在兰石机械设备有限责任公司成功召开。

年底，甘肃省各新闻媒体对兰石集团进行宣传报道。2006 年 12 月，甘肃省人民政府国有资产监督管理委员会选编各新闻媒体宣传报道兰石集团典型经验的 15 篇稿件成书，书名为《浴火重生——一个老国企的脱胎换骨之路》。

2007 年

12Cr2Mo1R（H）国产板钢制热高压分离器制造完成。

6 月 11 日，中国石化重大装备国产化办公室在兰石组织召开了中国石化洛阳分公司 220 万 t/年加氢处理装置大型厚壁板焊式加氢反应器制造工艺评审会。

8 月 4 日，在兰州召开 90°弯管鉴定会。

2008 年

气化炉试制完成；隔膜式换热器试制荣获 2010 年度甘肃省优秀新产品新技术证书（甘肃省工信委）。

3 月 16 日，国产加氢厚板研制暨热高压分离器通过出厂验收。

12 月 11 日，炼化公司入选意大利埃尼集团（ENI）Saipem 公司供应商。

12 月 15 日—16 日，国产 165mm 厚 SA-516-65（HIC）钢板、国产 150mm 厚 12Cr2Mo1R（H）钢板验收会先后在兰石召开。

2009 年

原料气分离罐及渣收集槽 904L 复合板新产品试制完成。

加氢改质反应器国产化、冷高压分离器国产化研制完成。

4 月 28 日，大直径螺纹锁紧环高压换热器通过中石化科技成果鉴定。

11月13日,"2.25Cr-1Mo-0.25V 钢制大型加氢反应器研制""φ1700mm 大直径高温高压螺纹锁紧环式换热器研制"项目鉴定、验收会。

2010 年

1月26日,兰州兰石重型装备股份有限公司揭牌仪式隆重举行,标志着兰石重装股份制改革的顺利完成,开启了公司迈向资本市场的大门。

2月7日,青岛公司压力容器 A1、A2 级制造许可证通过评审;2月26日,ASME U、U2 许可证顺利通过联检,标志着青岛公司的产品生产得到正式许可。

4月23日,青岛重机竣工暨投产典礼在青岛北部工业区隆重举行。从此,兰石人几十年走出内地迈向沿海求发展的梦想成真,不断壮大的兰石重装开启了西部地区与沿海地区的优势互补、相互依存的跨越式发展历程。

7月13日,由公司自主设计、青岛重机制造、清华大学承担的国家重大专项大型氢气工程试验回路项目核心设备——HLT 电加热器顺利出厂,为公司核电取证提供了业绩保障。

9月13日,公司核设备取证申请被国家核安全局正式受理,公司迈向核电领域取得实质性进展。

9月15日,迄今我国制造的直径最大的板焊式加氢反应器,也就是四川石化 φ4800mm 加氢精制反应器从公司发运出厂,进一步奠定了公司在大型板焊式容器制造领域的领先地位。

10月26日,由阿塞洛主办、公司承办的厚板制造技术研讨会在青岛经济技术开发区隆重召开。会议研讨了厚板在炼油行业及石化行业的应用,增强了公司在厚壁板焊式加氢反应器等产品上的竞争力。

12月13日,公司向中国证监会报送了首发上市申报材料,12月16日公司拿到中国证监会行政许可申请受理通知书,标志着公司上市取得了阶段性成果。

2011 年

5月13日,青岛公司召开大型厚板卷制观摩会,中国石化集团北京设计院、洛阳设计院等十家企业的领导参加了会议。240mm 厚板卷制成功,标志着厚度在 240mm 以下的加氢反应器可以由板焊式加氢反应器替代锻焊式加氢反应器,不仅提升了板焊式加氢反应器的竞争优势,拓宽了其应用领域,同时也进一步奠定了兰石在板焊式加氢反应器生产制造行业中的领跑地位。

2012 年

10月,公司承担的国产化"超级双相钢高压换热器"研制课题顺利通过专家组评审鉴定,证明公司已掌握该项目整套制造技术,技术水平处于国内领先。

公司承制的泉州石化 φ1800mm 螺纹锁紧环式换热器,是国内最大规格螺纹换热器设备,该产品的成功制造进一步巩固了公司在核心产品方面的领先地位。

11月20日,公司与中广核工程有限公司签订《台山核电厂核反应堆压力容器假封头和顶盖法兰清洗装置导轨供应合同》,公司正式进入核电非核级产品领域。

11月30日,公司中标伊泰新疆甘泉堡 540 万 t/年煤制油项目,标志着公司正式进入煤化工核心装置市场。移动工厂项目得以全面落地实施,公司形成兰州、青岛和新疆三地战略新布局。

2013 年

6 月 28 日,"兰石集团兰州新区石化装备产业基地建设项目开工典礼"仪式在新区举行,标志着兰石集团出城入园已全面进入快速建设阶段。

2014 年

1 月 2 日,青岛兰石公司完成压力容器 A1、A2 制造证换证工作,顺利通过中国特种设备检验协会鉴定评审。

1 月 10 日,兰石重装生产的兰石牌压力容器球形储罐和兰石牌重型板焊式压力容器荣获 2013 年度"甘肃省名牌产品"称号,同时又荣获"2013 年度甘肃省实施卓越绩效模式先进企业"称号。

3 月 24 日,兰石重装被东方安卓(北京)国际信用评估中心有限公司评为企业信用等级 AAA 级信用企业,并颁发了证书。

3 月 28 日,由兰石重装历时半年,按照欧盟技术标准设计制造的出口俄罗斯的两台 LAO 反应器顺利通过用户验收,发运出厂。

4 月 10 日,兰石重装与山东东营亚通石化签订合同,为东营亚通石化项目承制单台重达 1240t 锻焊结构加氢反应器和其他一系列高压容器设备,这标志着兰石已跨入千吨级大型锻焊结构加氢反应器制造企业行列。

5 月,青岛兰石公司通过中国船级社 ISO9001、ISO24001、ISO18000 三体系审核。

7 月 10 日,兰石重装完成的综合集成创新平台——炼油化工重型装备大规模个性化制造管理集成系统,获得省财政厅和工信委 2014 年第一批工业和信息化省级专项扶持资金 50 万元。

7 月 15 日,兰石重装等能源装备制造企业荣获 2014 年中国能源装备"十大自主创新企业"称号。

7 月 25 日,青岛兰石公司承制的中石油武汉 160 万 t/ 年柴油加氢精制装置 10009Q 加氢精制反应器顺利出厂,该产品首次使用国产 12Cr2Mo1R 抗氢钢、国产双层堆焊材料并完成应用研究,且在青岛成功召开项目中期专家评审会议。

8 月 20 日,兰石重装首发上市顺利通过中国证监会发审委审核。

10 月 9 日,兰石重装(股票代码 603169)首次公开发行 10000 万股 A 股在上海证券交易所上市交易。

10 月 14 日,兰州新区兰石集团高端装备产业园举行了投产仪式。

10 月 29 日,由兰石重装移动工厂伊泰项目部承制的超大型费托合成反应器在伊泰新疆能源公司伊泰 - 华电甘泉堡 200 万 t/ 年煤制油项目现场吊装成功。

12 月 25 日,中国石化科技部在兰州新区兰石高端装备产业园区组织召开了"镍基合金高压换热器研制项目"中期评审会。

2015 年

1 月 20 日,兰石重装在新园区制造的首台产品发运出厂。

2 月 26 日,甘肃省政府授予兰石重装"2014 年度省长金融奖"。

5 月 7 日,兰石重装承制的新区首台四合一连续重整反应器发运出厂。

7 月 9 日,中国石化重大装备国产化研制项目"大厚度板焊式加氢反应器开发与应用"成果鉴定会在兰州新区兰石高端装备产业园召开。

8月初，兰石重装被评为"中国化工装备协会常务理事单位"。

9月28日，新疆兰石重装能源工程有限公司建成投产。

11月20日，兰石重装荣获中国证券市场2015年卓越贡献龙鼎奖。

2016年

1月30日，兰石重装首个EPC项目——吉林弘泰新能源有限公司15万t/年煤焦油轻质化项目顺利实现成品油产出，标志着吉林弘泰项目建设全面竣工。

3月12日，兰石重装承制的首批光热发电项目产品"甘肃阿克塞50MW高温熔盐型槽式光热发电项目"核心设备——熔盐储罐及热/冷罐顺利发运出厂。3月26日至27日，青海光热电力集团有限公司光热项目交流会在兰石重装召开。

3月25日，由青岛兰石承制的江苏斯尔邦石化醇基多联产项目一期90万t/年甲醇制烯烃装置产品冷却器发运出厂，这是青岛兰石制造的首台柔性管板换热器。

5月27日，经中华人民共和国住房和城乡建设部批准，兰石重装取得石油化工工程施工总承包三级资质。该资质的取得标志着公司跨入了石油化工工程施工总承包的领域，提升了公司的综合实力，为公司今后拓展经营领域、实现转型升级奠定了坚实基础。

7月至11月，由兰石重装为兴安盟乌兰泰安能源化工有限责任公司承制的年产135万t合成氨、240万t尿素项目的核心设备——吸收塔，为大直径、厚壁、超长、超重国产08Ni3DR低温塔器。该设备在厂内制造，分段运往现场组装，已经完成了四条设备环缝及一条裙座环缝的焊接及无损检测。08Ni3DR厚壁设备是公司首次设计制造，该设备的制造成功，将为公司08Ni3DR低温钢压力容器生产制造积累经验。

7月22日，兰石重装为中国石油兰州石化公司300万t/年柴油加氢装置国V升级改造项目承制的最大加氢精制反应器发运出厂，刷新了该产品直径、长度、吨位、内陆运输的新的纪录。

8月24日，由兰石重装和兰石研究院合作完成的单股流绕管式换热器样机研制项目获得成功，历时一年时间，突破了管箍装配焊接、换热管绕制、管头焊接等一系列关键技术，完成了公司首台单股流绕管式换热器样机的研制，填补了公司该类产品制造的空白。

10月11日，兰石重装取得军工保密资格，公司正式被国家保密局、国家国防科技工业局、中央军委装备发展部列入《武器装备科研生产单位保密资格名录》。

12月1日，为了进一步加强以企业为主的自主创新体系建设，发挥高新技术企业政策的导向作用和高新技术企业群体在"调结构、转方式"以及培育战略性新兴产业等方面的骨干作用，经企业申报、两市科技局推荐、专家评审、省科技厅厅务会研究，并报请兰白科技创新改革试验区领导小组专题会审议通过，认定兰石重装等100家企业为兰白试验区科技创新型企业。

12月8日，兰石重装青岛公司阙卫平在第十三届高技能人才表彰大会上荣获"中华技能大奖"，于12月9日载誉归来。同时，公司推荐其参加由省总工会、省广电总台举办的"陇原工匠"的评选。中华技能大奖是我国高技能人才的最高政府奖项，是给予高技能人才的顶尖荣誉，被誉为"工人院士"。

12月13日，甘肃省知识产权局发布2016年度甘肃省专利奖建议授奖专利的公示，兰石重装授权专利"超大型容器移动工厂"荣获2016年度甘肃省专利奖三等奖。

12月份，由中国上市公司协会联合上海证券交易所、深圳证券交易所共同主办的"上市公司监事会最佳实践评选"活动公布入围名单,共有193家上市公司监事会入围。兰石重装荣获"上市公司监事会积极进取50强"称号。

2017年

1月2日,兰石重装获得由甘肃省科学技术厅、甘肃省财政厅、甘肃省国家税务局和甘肃省地方税务局共同批准颁发的国家级"高新技术企业"资质。

2月10日,兰石重装研制的20万t/年超大型薄壁丁二醇(BYD)反应器荣获甘肃省科技进步奖一等奖。

4月13日,兰石重装为泓泰兴清洁能源公司"焦化升级改造生产清洁化学品项目"承制的首台FT合成反应器制造完工。

4月15日,兰石重装继2014年之后再次荣获"2016年度省长金融奖"。

5月26日,兰石重装冷作工首席操作师、中华技能大奖获得者、全国劳动模范阙卫平当选中国共产党第十九次全国代表大会代表。

6月3日,兰石重装电焊工技能大师魏本强工作室被评为"甘肃省省级技能大师工作室",继阙卫平国家级技能大师工作室之后,首家被评为省级技能大师工作室。

6月24日,由兰石重装参与完成并承办的大型特厚板焊加氢核心装备创新设计、关键材料、制造技术集成及产业化应用项目顺利通过了中国石油和化学工业联合会组织的专家组科技成果鉴定。该成果技术达到国际先进水平。

7月10日,青岛公司荣登青岛西海岸新区工业品牌"琅琊榜"。

8月6日,兰石重装装焊五车间王伟、金发光在甘肃省第十二届"振兴杯"青年职业技能大赛电焊工项目的比赛中,分别荣获第一名、第三名,彰显了公司焊接实力。

8月19日,兰石重装顺利完成首台国内首套低阶粉煤循环流化床加压煤气化示范项目——兰石金化千吨级循环流化床加压煤气化示范项目核心设备循环流化床加压气化炉的制造。

9月14日,兰石重装入选"2017石油和化工行业百佳供应商"。

9月18日,兰石重装利用3000t龙门油压机成功压制出最大壁厚(66mm)09MnNiDR球壳板,创造了国内球罐制造新纪录。

10月20日,兰石重装购买瑞泽石化51%的股权事项,经中国证监会上市公司并购重组审核委员会2017年第60次工作会议审核通过。

11月22日,兰石重装圆满完成首台中国石化中原油田普光分公司普光气田集气总站水洗脱氯工程氯洗塔的制造任务。

12月20日,由青岛公司承制的法液空阿根廷坎帕纳二期22000Nm³/h制氢转化装置5台核心设备制造完工并发运出厂,是兰石重装继林德工程(杭州)有限公司厄瓜多尔气体分离装置项目后,再次向南美洲国家出口的产品,也是兰石重装近年来深入实施由国内向国内加国际市场转型战略,积极开拓国际市场,开展国际合作,在参与国家"一带一路"建设上取得的又一重大成果。

12月30日,兰石重装参与完成的"国产Cr-Mo钢焊接材料在高温高压临氢设备上的应用研究项目"通过专家鉴定,综合性能达到国际先进水平,填补了国内空白。

12月底,由青岛公司承制的山东玉皇化工有限公司美国天然气制甲醇项目4台核心设备制造完工,运往美国路易斯安那州,是兰石重装产品首次进入美国市场,为公司进一步拓展国际市场奠定了坚实基础。

2018 年

2 月 5 日，兰石重装研制完成中国石化北海炼化 150 万 t/ 年 S-Zorb 催化汽油吸附脱硫装置项目脱硫反应器（直径 4m、长度 52m），是国内最大的脱硫反应器，彰显了公司制造实力。

3 月 30 日，兰石重装"双相钢高压换热器和高压空冷器成套工程技术开发"项目获得中国石化科技进步三等奖。

4 月 26 日，在甘肃省 2018 年庆祝五一国际劳动节暨五一劳动奖表彰大会上，兰石重装荣获"甘肃省五一劳动奖状"，装焊一车间赖清荣获"甘肃省五一劳动奖章"，装焊五车间手工焊班荣获"甘肃省工人先锋号"。

4 月 25 日至 27 日，"2018 年甘肃省机械工程学会焊接专业委员会年会暨甘肃省焊接学术会议"在兰石重装召开，兰石重装《锆（R60702）PAW+TIG 焊接技术试验研究》获得优秀论文一等奖。

5 月 30 日，兰石重装研制完成"核级大盘管直流蒸汽发生器（OTSG）"样机，标志着兰石率先在国内掌握了大盘管直流蒸汽发生器螺旋盘管与整体支撑孔板的装配技术，以及大盘管式换热器的核心制造工艺。

7 月 8 日，兰石重装研制完成宁夏宝丰能源 60 万 t/ 年烯烃项目国内最大壁厚（66mm）09MnNiDR 低温钢制球罐，球壳板压制和现场组焊安装创造了国内球罐制造新纪录。

7 月 12 日，兰石重装成功入围青岛炼化公司螺纹锁紧环换热器超级双相不锈钢（UNS S32707）管束供应商，成为国内首家拥有生产该类材质管束资质和业绩的厂家。

8 月 1 日，青岛公司研制完成浙江石化 4000 万 t/ 年炼化一体化项目 400 万 t/ 年柴油加氢裂化装置最大直径（φ5890mm）锻焊结构热高压分离器，刷新了兰石在锻焊压力容器制造史上的新纪录。

8 月 8 日，兰石重装研制完成的中石化镇海炼化 260 万 t/ 年沸腾床渣油加氢装置复合密封高压换热器，填补了国内复合密封高压换热器制造技术的空白，为公司实现重大石化技术装备国产化谱写了新篇章。同时，该国产化研制项目入选"2018 年甘肃省科技计划项目"，获得兰州新区科技发展局下拨补助资金 250 万元。

8 月 19 日，兰石重装研制完成恒力石化 2000 万 t/ 年炼化一体化项目柴油加氢裂化装置国内最大直径（φ1720mm）复合密封换热器，彰显了公司雄厚的制造实力。

8 月 26 日，兰石重装装焊五车间电焊工牛克良在第十三届"振兴杯"暨甘肃省青年职业技能大赛中获得焊接类第一名。

9 月 16 日，青岛公司研制完成浙江石化 4000 万 t/ 年炼化一体化项目一期工程 1 号 380 万 t/ 年连续重整装置亚洲最大（高 96m、重 613t）连续重整反应器，制造技术达到世界先进水平，再次刷新了兰石重整反应器制造的新纪录。

10 月 10 日，兰石重装申报的 2018 年省级工业和信息产业发展专项项目"压力容器智能制造示范建设项目"获得政府补助资金 500 万元，对公司智能制造发展起到积极示范作用。

10 月 19 日，青岛公司研制完成亚通石化干气脱硫、硫磺回收、重整加氢项目 200 万 t/ 年加氢裂化装置千吨级（重 1241t）锻焊加氢精制反应器，标志着兰石进入了千吨级锻焊结构加氢反应器制造行列。

11月14日,兰石重装研制完成鄂托克旗建元煤化科技有限责任公司24万t/年焦炉气制乙二醇项目余热回收系统转化炉和转化气废热锅炉,是公司自行完成的国内首台套技术。

11月30日,兰石重装研制完成新疆新特晶体硅高科技有限公司3×1.2万t/年高纯多晶硅产业升级项目国内最大壁厚(42mm)不锈钢球罐,标志着公司球罐制造能力迈上新台阶。

12月11日,新疆兰石研制完成新疆库尔勒中泰石化有限责任公司年产120万t PTA项目主装置大直径(4000mm)厚壁(173mm)锻焊结构精制反应器。该反应器内部带极堆焊首次采用国产哈氏合金焊材,进一步推动了公司有色金属产品的发展。

12月14日,兰石重装主导产品——四合一连续重整反应器被列入中国机械工业联合会《改革开放40周年机械工业杰出产品名单》。

12月18日,青岛公司研制完成的中科(广东)炼化一体化项目柴油加氢精制反应器和热高压分离器在中国石化重大装备国产化办公室组织的"超厚2.25Cr-1Mo钢板工程技术开发"项目阶段评审会上顺利通过出厂验收,该产品首次应用国产EQ309LNb型焊材单层堆焊工艺。

(本章由兰州兰石重型装备股份有限公司王志刚撰写,张建晓校对,贾小斌审核)

第 3 章　中国一重集团有限公司压力容器发展史

3.1　中国一重压力容器生产总体情况

中国一重集团有限公司（简称"中国一重"）前身为第一重型机器厂（见图 8.3-1），始建于 1954 年，1960 年 6 月投产；2008 年发起成立中国第一重型机械股份公司，2010 年 2 月成功实现了整体上市。目前公司下设十五家从事重型装备研发、设计、制造、运输、贸易等业务的子公司，主要为矿山、钢铁、电力、石油、化工、核电、军工、造船、汽车等行业提供重大成套装备及服务。

图 8.3-1　中国一重齐齐哈尔厂区

1985 年，第一重型机器厂与日本制钢所合作制造首台压力容器，各制造工序均在一重富拉尔基总部完成。随着产品向大型化发展，为解决产品运输问题，一重率先建成国内大型石化容器沿海制造基地，1998 年为茂名石化制造的两台锻焊加氢反应器在大连基地出产，标志着一重大连加氢反应器制造基地已经具备全面完成压力容器的制造能力，正式承接一重压力容器制造的全部工作，一重形成由富拉尔基总部提供锻件、大连棉花岛基地（见图 8.3-2）总装出产的组织模式，压力容器制造真正实现专业化、自动化、批量化，2012 年实现年产量 4.8 万 t，居世界首位。

图 8.3-2　中国一重大连棉花岛基地

3.2　中国一重压力容器发展历史

中国一重作为涉及国家安全和经济命脉的国有重要骨干企业，多年来始终致力于石化重大技术装备的国产化，积极开发研制热壁加氢反应器等石化重大技术装备，经历了从无到有，从小到大，从单一材料到多种材料，从依赖进口到实现国产化，再到能向国外输出加氢反应器的不寻常的发展路程。

3.2.1　首台锻焊式热壁加氢反应器国产化

1982年，我国重点抓住热壁加氢反应器等几种高压设备技术的开发，组织炼油技术考察组对美国、日本、法国的加氢裂化技术进行考察，并成立了中国石化总公司发展部——中国石化总公司重大装备国产化办公室，为热壁加氢反应器开发研制创造了必要条件。随即成立了联合攻关组，中国一重是联合攻关组成员之一。

1988年，一重与日本制钢研究所合作为齐鲁胜利炼油厂制造了一台 2.25Cr-1Mo 钢锻焊结构、内壁双层堆焊的加氢反应器，筒体壁厚 231mm、内径 3505mm、反应器总长为 13760mm、单重 182t，一重公司首次接触加氢反应器的主体材料、制造工艺、焊接工艺等，并进行了大量的试验验证，完成了加氢反应器制造的最初的技术积累。

热壁加氢反应器技术攻关，在消化吸收引进技术的基础上，经历了从"实验室试验"到"工业性扩大研制"和"筒体组合件（鉴证件）工业性试制攻关"，最后到"热壁加氢反应器研制"的过程。

1989年3月26日，经过攻关组成员的共同努力，首台为抚顺石油三厂制造的锻焊结构加氢反应器完工，我国自行研究、自行设计、自行制造的首台高温高压锻焊结构热壁加氢反应器诞生，结束了依靠进口的局面。从此，中国石化工业结束了重大技术装备完全依靠进口的历史。

首台锻焊式热壁加氢反应器研发的历史过程：

1982年2月16日中国石化总公司规划院在北京召开"热壁加氢反应器技术座谈会"，为开发热壁加氢反应器做准备。

1982年8月28日中国石化总公司规划院发送关于筹建加氢反应器技术发展小组的通知。

1982年8月30日抚顺石油三厂与第一重型机器厂联合提出关于申请研制2.25Cr-1Mo钢热壁加氢反应器的报告。

1983年1月中国石化总公司规划院和机械部石化通用局联合召开"加氢反应器技术发展小组成立会议"。会上，针对加氢反应器的科研、设计、制造等问题进行了讨论，对今后发展工作进行了探讨，提出热壁加氢反应器的科研项目，并由第一重型机器厂、北京钢铁研究总院、抚顺石油三厂、洛阳石化工程公司和通用机械研究所五家单位组成热壁加氢反应器联合攻关小组。至此正式拉开了锻焊结构热壁加氢反应器科研攻关的序幕，并明确以茂名自日本引进的同类反应器的技术指标作为验收技术指标，以它的实际水平作为奋斗目标开展试验研究工作。

1984年9月19日—22日国家冶金部军工办、机械部石化通用局和中国石化总公司规划院在第一重型机器厂联合召开"热壁加氢反应器研制技术评定会"，认为通过见证件的研制，锻焊结构热壁加氢反应器的主要技术关键已经突破，各项性能已达到或接近茂名石化公司引进的反应器水平。因此，可以应用攻关组的研制成果设计和试制石油三厂的热壁加氢反应器。

1985年11月21日中石化发展部以〔85〕发备字148号文批复同意试制一台热壁加氢反应器。并于1986年1月8日—9日在北京主持召开锻焊热壁加氢反应器试制工作会议，研究并讨论落实试制2.25Cr-1Mo锻焊结构热壁加氢反应器的有关事宜。

1986年8月经过专家验证，由洛阳石化工程公司、抚顺石油三厂、镇海石化总厂作为承担单位与主持部门中国石化总公司（代表国家）签订了国家"七五"重点科技项目"高压热壁反应器、换热器、空冷器的研制"专题合同。合同规定攻关目标和内容之一是设计、制造一台$\phi1800mm\times22000mm$（切线长）的反应器，并在抚顺石油三厂64万t/年加氢裂化装置中使用考核。

1986年9月1日抚顺石油三厂与洛阳石化工程公司签订"工程设计合同"。随后第一重型机器厂、抚顺石油三厂、洛阳石油工程公司三方签订《锻焊结构热壁加氢反应器研制技术协议书》，抚顺石油三厂和第一重型机器厂签订订货合同。

1987年1月27日第一重型机器厂开始投料炼钢，锻焊结构热壁加氢反应器首次三炉钢水全部合格。

1987年3月31日洛阳石化工程公司完成详细施工设计。

1987年6月3日—5日攻关组在第一重型机器厂召开工作会议，确定以抚顺石油三厂为主要成员的"监造小组"明确监造的原则、内容、方式及职责，并达成《监造协议书》。

1989年3月26日首台热壁加氢反应器制造完毕（见图8.3-3），并一次水压试验成功。

1990年5月20日，热壁加氢反应器经过近一年的运行，按计划进行正常停工检修，并对反应器进行开罐检查。经外观检查和各种无损检测，未发现异常现象。

图 8.3-3　国内首台锻焊式热壁加氢反应器

3.2.2　国内首台现场组焊加氢反应器

受我国境内公路和桥梁限重和限高条件的制约，尺寸超限的反应器，无法实现制造厂内整体制造、整体发运，一重开始开发现场组焊装备。

1996 年初，中国一重首次在国内（燕山石化）现场成功组焊制造了两台内径 3400mm 的热壁加氢反应器。反应器主体材料为 2.25Cr-1Mo，锻焊结构，设计温度 450 ℃，设计压力 12MPa，反应器规格分别为 $\phi3400mm \times 144mm \times 17425mm$、338t 和 $\phi3400mm \times 144mm \times 12075mm$、242t。

燕山石化两台反应器现场组焊顺利完工，一重现场组焊的设备、技术积累得到全面的完善和发展，开始承接国内各炼厂的现场组焊项目，至今已完成 74 台大型容器的现场组焊任务，并于 2010 年完成伊朗阿拉克项目 5 台反应器的现场组焊，标志着一重的现场组焊技术走出国门（见图 8.3-4）。

图 8.3-4　加氢反应器现场组焊

3.2.3 国内首台 3Cr-1Mo-0.25V 加氢反应器研发

1991年5月21日，国家经贸委以专题合同编号 99-315-04-01 下达了"3Cr-1Mo-0.25V 加氢反应器研制"的国家"九五"重点科技项目（攻关）计划，自此拉开了我国首台 3Cr-1Mo-0.25V 钢加氢反应器研制的序幕。反应器规格：内径 2600mm× 切线长度 23016mm× 壁厚 167mm；金属总重约 366t。

1995—1996年，中国一重开发 3Cr-1Mo-0.25V 材料，用两年多的时间研制了一个用 90t 钢锭锻制的内径 1800mm、壁厚 340mm、重量 42t 的 3Cr-1Mo-0.25V 筒体锻件作为模拟试验环，并成功应用于中石油克拉玛依石化厂要建设的一套 30 万 t/年高压润滑油加氢装置。

1999年10月中国一重为中石油克拉玛依石化厂生产的加氢反应器出厂，我国首台 3Cr-1Mo-0.25V 钢的加氢反应器完工发货。

3.2.4 国内首台 2.25Cr-1Mo-0.25V 锻焊式加氢反应器研发

2000年10月18日一重完成了"2.25Cr-1Mo-0.25V 材料开发及模拟环试验"的攻关课题，并通过了中石化总公司组织的鉴定会。该项攻关成果表明，中国一重可以采用 2.25Cr-1Mo-0.25V 钢制造锻焊结构热壁加氢反应器，进行工业考核。

2000年12月中国一重与镇海炼化公司签订了首台 2.25Cr-1Mo-0.25V 钢热壁加氢反应器制造合同。

2002年3月28日，中国一重制造的我国首台 2.25Cr-1Mo-0.25V 钢热壁加氢反应器在中国一重大连加氢反应器制造有限公司水压试验一次成功，经监造组和安全技术监察部门的检查，认定合格。同日，在大连召开该项产品评定会，国家经贸委、中国机械工业联合会、中国石化集团公司及镇海炼化公司有关领导和专家出席会议。

3.2.5 国内首台锻焊式煤液化反应器的研发

神华煤直接液化项目是国家"十五"重点项目之一，是涉及国家能源战略、产业战略的重大项目，是一种洁净的煤技术和国家煤炭清洁转化的示范工程。煤直接液化反应器是以煤炭替代石油资源的核心设备，设备重 2044t，是世界最大的煤液化反应器，直径、壁厚和重量均属特大型，属于技术难度很大的极限制造，其设备重量、容器吨位、产能、制造难度和技术含量堪称世界之最。一重在与神钢、三菱等世界著名容器制造企业同台竞标的情况下，一举夺魁，标志着国内压力容器制造水平已经走到世界前列。

2003年6月9日，由中国一重设计制造的、拥有完全自主知识产权的世界最大的 2000t 级神华煤液化容器上的首支超大超重筒节锻件在 12500t 水压机上锻造成功。

2006年4月，由中国一重设计制造的世界第一台单件最重的煤液化反应器在神华集团内蒙古马家塔煤矿现场水压试验成功。该煤液化反应器是当时世界上最大的锻焊结构反应器，容器内径 4800mm、总高 62500mm、壁厚 334mm（另加 7.5mm 堆焊层），标志着我国压力容器设计和制造技术与能力又上了一个新台阶（见图 8.3-5）。

图 8.3-5　国内首台锻焊式煤液化反应器

3.2.6　超大直径锻焊结构压力容器的研制

2013 年，一重开始研制超大直径锻焊结构压力容器，筒体内径 8400mm，壁厚 270mm，切线长 34800mm，重量 2341t，筒体采用整体锻造（没有纵向焊缝），为目前世界上最大的整体锻造筒体。该项目采用的主要创新技术有：

1）国内首创超大筒体（外径 9040mm、9480mm）锻件制造技术；

2）开发出超大容器异形过渡段锻件制造技术；

3）开发出超大容器带顶部接管一体化封头锻件制造技术；

4）开发出超厚容器卡箍锻件制造技术。

本项目研制的整体锻造和热处理技术达到了国际领先水平，极大提高了压力容器的极限制造能力，推动了石化装备制造业的技术进步（见图 8.3-6）。

3.2.7　压力容器产品多元化

图 8.3-6　超大直径锻焊式压力容器

一重在立足炼油加氢反应器的基础上，先后开发了大型环氧乙烷反应器、超大型换热器、丁醚转化器、气化炉、焦炭塔等各类压力容器产品，走向产品多元化发展的道路（见图 8.3-7）。

图 8.3-7　中国一重生产的化工、炼油、石化等行业用重要压力容器

3.2.8　加氢反应器走出国门

随着反应器制造业的发展，一重在国内设备稳步发展的基础上，逐步走向世界，先后出口苏丹、印度、伊朗、沙特、美国、巴西、马来西亚等国家和地区共计 109 台石化设备，尤其从印度项目开始真正意义上实现自主设计、制造，走出国门。

2006 年，与中国石油技术开发公司合作，先后与印度签订了 Haldia、Bina、Kochi 等项目热壁加氢反应器的制造合同，规定按照 ASME 标准制造，这是中国一重热壁加氢反应器走向国际市场的良好开端。2008 年中国一重自行设计、制造的热壁加氢反应器已批量出口到伊朗，并在伊朗完成 5 台大型反应器的现场组焊（见图 8.3-8）。

图 8.3-8　中国一重出口的加氢反应器

3.2.9　中国一重生产的重要压力容器

作为装备制造的支柱企业，中国一重承制了一批国家急需的重要压力容器（汇总于表 8.3-1）。

表 8.3-1　中国一重生产的部分重要压力容器

时间	事件节点	用　户	内径/mm×壁厚/mm×切线长/mm	材　质
1995 年	中国首个现场组焊项目	燕山石化	φ3400×144×17425	2.25Cr-1Mo
1997 年	中国首个露天现场组焊项目（棉花岛露天组焊整体发运）	茂名石化	φ4200×281×19990	2.25Cr-1Mo
1998 年	中国首台千吨级加氢反应器	齐鲁石化	φ3800×263×36955	2.25Cr-1Mo
1999 年	中国首台 3Cr-1Mo-0.25V 反应器	克拉玛依石化	φ2600×167×23016	3Cr-1Mo-0.25V
2001 年	中国首台自主制造的 2.25Cr-1Mo-0.25V 钢加氢反应器	镇海炼化	φ4000×150×23830	2.25Cr-1Mo-0.25V
2006 年	世界第一台 2044t 煤直接液化加氢反应器	神华	φ4800×334×34500	2.25Cr-1Mo-0.25V
2007 年	中国首台总重 1600t 锻焊加氢反应器	广西石化	φ4800×280×36000	2.25Cr-1Mo-0.25V
2008 年	中国首个出口加氢项目	印度石油	φ3900×225×16035	2.25Cr-1Mo-0.25V
2009 年	中国首个国外现场组焊项目	伊朗国家石油	φ4800×324×7000	2.25Cr-1Mo-0.25V
2009 年	中国第一台超大型换热器	镇海炼化	φ4000×20000	16MnR+304/304L
2012 年	双超加氢反应器攻关项目	中石化金陵公司	φ5400×340×12880	2.25Cr-1Mo-0.25V
2014 年	中国最大 SD 专利 EO 反应器	泰兴	DN6750×24550	SA-508 Gr.3 Cl.1
2014 年	中国最大 Shell 专利 EO 反应器	远东联	DN7400×25550	SA-508 Gr.3 Cl.1

3.3　中国一重压力容器用主体材料的开发

3.3.1　2.25Cr-1Mo 材料的研发

1983 年 1 月一重、北京钢铁研究总院、抚顺石油三厂、中石化洛阳设计院、通用机械研究所等五家单位组成的课题组开始进行 2.25Cr-1Mo 钢反应器材料及其制造工艺研制，1986 年取得成功，用 28t 锭锻造出 φ1745/φ1360mm×2200mm 的筒体模拟件。首台为抚顺石油三厂制造了一台 2.25Cr-1Mo 钢锻焊结构的、内壁单层堆焊的加氢反应器，筒体壁厚 150mm，内径 1800mm，反应器总长 30420mm，单重 220t。

2.25Cr-1Mo 材料的成功研发，在技术水平上已达到或超过当时引进的日本相同设备所规定的技术性能，并获得国家科技进步一等奖。

3.3.2　3Cr-1Mo-0.25V 材料的研发

1994 年，一重集团公司、中石化北京设计院、洛阳石化工程公司、抚顺石油三厂等多家单位组成的课题组，开始进行 3Cr-1Mo-0.25V 钢的研制，由一重投制一个 90t 钢锭，锻造一件内径 1800mm、壁厚 340mm 的 3Cr-1Mo-0.25V 钢模拟环锻件，于 1998 年 9 月通过了 3Cr-1Mo-0.25V 材料的开发及模拟环试验的鉴定；通过对锻件两端及不同部位（深度）的化学成分、不同取样方向的力学性能（包括常温拉伸、450℃拉伸和 −18℃夏比 V 型缺口冲击）、回火脆化倾向性、金相等进行试验，结果不仅完全满足研制技术条件的要求，而且达到了日本制钢所同类产品的实际水平。

3.3.3　2.25Cr-1Mo-0.25V 材料的研发

在成功开发 3Cr-1Mo-0.25V 钢锻焊加氢反应器的基础上，由中国石化集团公司组织中国第一重型机械集团公司、中国石化集团洛阳石油化工工程公司、中国石化集团北京设计院、镇海炼油化工股份有限公司、抚顺石化公司石油三厂等单位进行联合攻关。1999 年，一重投制了一个内径 1260mm、壁厚 270mm 的模拟环，开始进行 2.25Cr-1Mo-0.25V 钢的研制工作，经过近两年的努力，完成了材料开发及模拟环试验工作，于 2000 年 10 月通过了中国石化集团公司组织的"2.25Cr-1Mo-0.25V 材料开发及模拟环试验"鉴定会。

随后中国第一重型机械集团公司与镇海炼油化工股份有限公司正式签订了制造 2.25Cr-1Mo-0.25V 钢加氢反应器的供需合同。本台反应器是镇海炼油化工股份有限公司 180 万 t/年蜡油加氢脱硫装置中的蜡油加氢脱硫反应器，位号 R3101。反应器规格为：内径 4000mm，切线长 23300mm，壁厚（150+7.5）mm，金属总重约 526t，设计压力 11.68MPa，设计温度 450℃。

中国一重自 2002 年完成了第一台用 2.25Cr-1Mo-0.25V 材料制造的锻焊结构热壁加氢反应器，截至目前，已为国内外企业生产出 2.25Cr-1Mo-0.25V 钢反应器 193 台。

3.3.4　加钒的改进型 Cr-Mo 钢与普通 2.25Cr-1Mo 钢的性能比较

与普通 2.25Cr-1Mo 钢相比，加钒的改进型 Cr-Mo 钢具有如下优点：

（1）强度高　ASME 规范规定的应力强度、许用应力，在 454℃时都比普通 2.25Cr-1Mo 钢约高 10%～12%（其中 3Cr-1Mo-0.25V 比普通的 2.25Cr-1Mo 钢高 10%、2.25Cr-1Mo-0.25V 钢比普通 2.25Cr-1Mo 钢高 12%）。因此，在相同条件下，反应器重量可减轻 8%～10%，这对大型反应器来说是具有重要意义的，除了明显降低造价以外，还有利于海、陆运输和现场安装作业。

（2）抗氢性能好　在相同的条件下，3Cr-1Mo-0.25V 钢比普通的 2.25Cr-1Mo 钢的 K_{IH}（抗氢应力强度因子门槛值）高近 1 倍，2.25Cr-1Mo-0.25V 钢比普通 2.25Cr-1Mo 钢的 K_{IH} 高出 0.5 倍以上。

（3）抗回火脆化能力显著改善　加钒的改进型 Cr-Mo 钢，经步冷-回火脆化处理后的转变温度增量都很小，几乎等于零，说明无明显回火脆化。

（4）抗氢剥离性能优越　由于加钒的改进性 Cr-Mo 钢中存在着稳定的碳化钒，它具有捕集氢的能力，在停工过程中，奥氏体不锈钢堆焊层与基体交界面上不会出现氢浓度急剧增加的现象。因此，减缓或避免了氢致堆焊层剥离现象。

3.4　压力容器制造的工艺及装备

3.4.1　冶炼

压力容器锻件用钢采用双真空技术冶炼（LVCD+VCD），保证了钢水纯净度，有效控制了材料的化学成分，尤其加强对杂质元素及气体含量的控制，其中 P、S 含量分别控制在 0.006 和 0.004 以下（见图 8.3-9）。

2005年11月2日，中国一重热壁加氢反应器筒节锻造生产150t级空心钢锭技术成功用于浇注，填补了国内空白。

3.4.2 锻造

1. 锻造设备（见图8.3-10）

由于压力容器锻件差别较大，一重一直采用自由锻造水压机进行锻造，大型筒节锻件在万吨水压机上锻造，15000t水压机配置630t操作机，大大提高了生产效率。为了控制筒节圆度，减小加工余量，一重自主研发了筒节整形装置，筒节毛坯经过精整加工余量可控制在15mm以内。

图8.3-9 中国一重五包合浇钢锭

图8.3-10 中国一重的锻造设备

2. 一体化封头

锻造一体化封头技术已应用于核电容器，以此为基础，一重正在进行石化容器大型封头一体化锻造技术的开发。这一技术将解决特殊结构的封头接管的焊接和探伤问题，并进一步加快容器制造进度（见图8.3-11）。

3. 缩口锻造技术

缩口筒节在压力容器锻件制造中应用广泛，一重拥有成熟的大型筒节锻件缩口锻造技术，缩口筒节的锻造采用仿形锻造，使金属流线得以保留，锻件综合性能提高；减少了环焊缝数目，组焊工期缩短。

4. 筒节锻件的热处理冷却装置

按照标准和技术条件要求，压力容器的锻件性能热处理采用正回火的热处理工艺，其中正火允许加速冷却。长期试验证明，筒

图8.3-11 大型封头一体化锻造

体锻件正火的冷却速度直接影响锻件的力学性能。一重在原有的循环水冷却装置的基础上进行改进，自主设计制造了筒体锻件性能热处理用喷淋装置，用高压水对筒节内外壁同时喷淋冷却，可迅速去除氧化皮，消除激冷瞬间产生的水蒸汽隔膜，提高冷却效果，锻件性能返修率为零。

5. "双超"反应器的制造

中国一重参与了中石化"超大直径超大壁厚加氢反应器国产化攻关"课题。一重负责制造了两个内径4800mm、壁厚400mm的2.25Cr-1Mo-0.25V模拟环，采用电炉冶炼，精炼炉炉外精炼。两件筒体试验环锻件毛坯每件用三包合浇的钢锭重359t、锻造毛坯重206t，并对其进行化学成分、室温拉伸、高温拉伸、低温夏比冲击、回火脆化倾向评定、晶粒度、非金属夹杂物等试验分析，结果表明：

1）水、冒口位置金相组织基本全是100%贝氏体回火组织，各取样位置晶粒度均达到6.5级或以上，满足目前加氢反应器不粗于5级的要求。钢中的夹杂物含量较低，控制较好。这说明筒体锻件的均质性好，证明材质内部比较均匀、纯洁。化学元素偏差很小，成分均匀，P、S及As、Sn、Sb的含量都很低，具有好的抗回火脆性。

2）切向、轴向、径向强度水平基本一致，锻件具有很好的各向同性。最小热处理条件下强度在650MPa左右，最大热处理条件下强度在625MPa左右。

3）切向、轴向、径向高温抗拉强度水平基本一致，最小热处理条件下强度在500MPa左右，最大热处理条件下强度在480MPa左右。虽然符合对锻件材料力学性能的要求，但尚未达到目标值506MPa。

4）水口、冒口5个位置的冲击吸收能量变化幅度较大，但冲击吸收能量均值在200J以上。整体来看，相同状态下的切向冲击吸收能量高于轴向冲击吸收能量。

3.4.3 焊接

1. 环焊缝自动焊接（见图8.3-12）

窄间隙焊机具有水平和高度跟踪系统，保证在整个焊接过程中焊丝的距边量相同，焊缝成形规则，不容易出现咬边和夹渣。同时还具备自动换道、自动起弧和填满弧坑、深坡口中自动送进和回收焊剂等功能，最大限度地实现自动化焊接，保证焊接质量。

目前，一重共完成制造壁厚280mm以上的容器200余台，其中最大产品壁厚为345mm。已完成450mm和530mm厚的液压缸缸体焊缝的焊接、520mm厚的20MnMoNb钢模拟环焊接、400mm厚2.25Cr-1Mo-0.25V钢模拟环焊接，完全掌握了壁厚530mm以内埋弧窄间隙焊缝焊接技术。

一重采用双丝窄间隙焊接方法进行了400mm厚2.25Cr-1Mo-0.25V模拟环的焊接试验。试验用焊材为日本神钢公司的US521H+PF-500。各项检验和试验结果显示：对焊缝进行无损探伤（MT、UT、TOFD及RT），未发现焊接缺陷及再热裂纹；

图8.3-12 环焊缝自动焊接车间

焊缝化学成分和力学性能检验结果表明焊缝及热影响区具有良好的强度、冲击韧度、塑性以及抗回火脆化性；对于采用神钢焊材 US521H/PF-500 焊接的接头，模拟 705℃ ×32h 条件下高温持久断裂时间不满足大于 900h 的要求，但模拟 705℃ ×26h 条件下，可以满足高温持久断裂时间大于 900h 的要求。

2. 接管与壳体的焊接

目前一重有五台普通接管焊机、两台马鞍形接管焊机，都是公司自行开发研制的。这种用于各种插入式接管的窄坡口自动焊机，接管焊接深度已达 320mm，坡口宽度仅为 32mm，具有焊接质量高、性能均匀、自动化程度和生产率高等优点，一次探伤合格率达到 95% 以上。

3. 带极内壁堆焊（见图 8.3-13）

目前在一重的压力容器生产中，均采用宽带极自动电渣堆焊方法，这种技术具有表面光滑、平整，化学成分和铁素体含量均匀，抗剥离性能好等优点。我们应用了自行开发出的磁控装置，使堆焊质量达到国外先进水平。主要钢带规格为 0.4mm×75mm 和 0.4mm×90mm。目前已研发成功钢带规格为 0.4mm×120mm 的带极堆焊。

图 8.3-13 中国一重的带极内壁堆焊

4. 接管内壁堆焊

加氢反应器的接管、卸料管等内孔的堆焊，是采用一重与国内焊接设备供应商合作开发的适用于加氢反应器各种部件的堆焊专用设备，自动 TIG 或自动 MIG 小管堆焊机来进行的，最小内孔可堆焊 ϕ50mm，整个堆焊过程一次完成。

5. 弯管内壁堆焊

2016 年之前，一重对于弯管内壁堆焊技术进行研发，对于 90° 弯管的堆焊、成形等相关工艺进行试验，对于不同直径和壁厚的弯管成形、壁厚的变化、堆焊层的剥离情况以及常规性能等进行试验验证，除了小直径弯管取得成功外，其余方案效果均不太理想，因此一直采用 3 个 30° 弯管堆焊后进行组焊的工艺。一重与焊接设备厂家进行持续研究，最终在"内表面环向全位置 TIG 自动堆焊机"的基础上，研制了新的弯管内壁堆焊设备。该方案借鉴了 30° 弯管内壁堆焊的原理，辅助以 6 轴机器人搭载小孔径焊枪，实现单侧 45° 弯管的连续自动堆焊作业，再通过工装翻转 180°，实现另一侧 45° 弯管的连续自动堆焊作业，从而完成整个 90° 弯管内壁的堆焊。

90° 弯管试验件，材质为 2.25Cr-1Mo，内径 330mm，壁厚 40mm，使用日本 WEL 的不锈钢实心焊丝，牌号为 WELTIG309L 和 WELTIG347L，规格为 ϕ1.2mm。试件取样，对低倍、金相、侧弯、硬度、晶间腐蚀等方面进行检验，未发现裂纹、气孔、夹渣、未熔合等焊接缺陷；堆焊层为奥氏体 + 铁素体，热影响区组织为回火粒状贝氏体 + 少量无碳贝氏体；大小侧弯的试验标准为 GB/T 232，试验结果显示熔合区有微小裂纹，但符合标准要求，堆焊层与母材结合良好，没有焊接缺陷；硬度值符合标准及技术条件要求；晶间腐蚀试样经 GB/T 4334 方法 E 试验后未发现晶间腐蚀裂纹，表明该堆焊层具有良好的晶间腐蚀性能。

90° 弯管的整体堆焊技术以及与之配套的组焊、清根、封根堆焊技术均已成功应用于产品，并得到全面的推广（见图 8.3-14）。

图 8.3-14 弯管整体堆焊

3.4.4 现场组焊技术

1996 年中国一重首次在国内（燕山石化）现场成功组焊制造了两台内径 3400mm 的热壁加氢反应器，开辟了现场组焊的先河，至今已完成 74 台大型容器的现场组焊任务，代表项目有：中石油云南 16 台反应器、华北 15 台反应器、伊朗阿拉克 5 台反应器以及吉林渤海环氧乙烷反应器等。其中 2010 年完成伊朗阿拉克现场 5 台大型反应器的现场组焊，标志着现场组焊模式已走出国门；2014 年完工的云南 1000 万 t 炼油项目 16 台加氢反应器的超大型现场组焊工程，是目前现场组焊的典范。目前现场组焊技术成熟，装备已实现专业化，具有成熟合理的现场基础布局、燃气装置能力，专门配置焊接、热处理、装配水压、无损检测等工装设备，拥有 1100t、800t、480t、150t 大型龙门起重机等，更重要的是有一个具有丰富现场组焊经验的团队（见图 8.3-15）。

图 8.3-15 中国一重现场组装重型压力容器

3.4.5 TOFD 的广泛应用

中国一重自 2001 年起率先在国内开展了 TOFD 检测技术的研究工作。2003 年公司购买了美国 AIS 公司八通道超声波检测设备 NB2000-MC，该设备应用三种超声检测技术，即 TOFD 技术＋爬波扫查＋脉冲回波扫查（PE），其中以 TOFD 技术作为主体检测技术。2003 年，TOFD 首次应用于神华煤液化项目反应器，该反应器在当时属于国内最大容器，壁厚达 304mm，为单个筒节在现场完成组焊。目前，一重拥有 7 台套 TOFD 检测设备，TOFD 检测技术已广泛应用于车间及现场检测。

3.5 中国一重压力容器主要科技成果

3.5.1 热壁加氢反应器的研制

1986 年 8 月，经过专家验证，由洛阳石化工程公司、抚顺石油三厂、镇海石化总厂作为承担单位与主持部门中国石化总公司（代表国家）签订了国家"七五"重点科技项目"高压热壁反应器、换热器、空冷器的研制"专题合同。

1990 年 10 月 23 日—25 日中国石化总公司在北京召开"锻焊结构高压热壁加氢反应器技术鉴定会"，鉴定委员会由 15 位国内专家组成。经过认真的评审、鉴定，鉴定委员会给予了高度的评价："在此项技术开发过程中，进行了大量的科学试验工作，具有可靠的技术基础。通过各种检验、试验、测试数据和工业应用考核表明，设计方法先进可靠，制造工艺先进可行，锻件、研制焊材的性能优良及整个反应器质量优良。该反应器在技术上达到国外八十年代中期的同类产品先进水平，填补了我国一项技术空白，标志着我国压力容器设计、制造技术上了一个台阶。可以实现高压锻焊热壁加氢反应器的国产化。"

1992 年 3 月 22 日，中国一重研制的 400t 锻焊结构热壁加氢反应器荣获中国石油化工总公司颁发的 1991 年度"促进石油化工科学技术进步"一等奖。

1994 年中国一重研制的 400t 锻焊结构加氢反应器荣获机械工业部一等奖。

1995 年 12 月，中国一重研制的 400t 锻焊结构热壁加氢反应器荣获国家科学技术进步一等奖。

1997 年 6 月 12 日，中国一重"锻焊式加氢反应器"被评为黑龙江省"八五"技术创新和技术改造优秀项目。

1997 年 12 月 29 日，中国一重"锻焊式加氢反应器"被机械工业部评为 1997 年中国机械工业名牌产品。

3.5.2 3Cr-1Mo-0.25V 加氢反应器的研制

1991 年 5 月 21 日，国家经贸委以专题合同编号 99-315-04-01 下达了"3Cr-1Mo-0.25V 加氢反应器研制"的国家"九五"重点科技项目（攻关）计划，自此拉开了我国首台 3Cr-1Mo-0.25V 钢加氢反应器研制的序幕。

1995—1996 年，中国一重开发 3Cr-1Mo-0.25V 材料，并用两年多的时间研制了一个用 90t 钢锭锻制的内径 1800mm、壁厚 340mm、重量 42t 的 3Cr-1Mo-0.25V 筒体锻件作为模拟试验环，并成功应用于中石油克拉玛依石化厂要建设的一套 30 万 t/年高压润滑油加氢装置中。

1998 年 7 月 12 日，由中国一重等五家单位联合研制的大型热壁加氢反应器用钢"3Cr-1Mo-0.25V 材料开发及模拟环试验"项目通过国家技术鉴定。

2001 年 3 月 26 日"3Cr-1Mo-0.25V 千吨级加氢反应器的研制"成果在国家科学技术奖励大会获奖。

3.5.3 2.25Cr-1Mo-0.25V 加氢反应器的研制

2000年10月18日,完成了"2.25Cr-1Mo-0.25V 材料开发及模拟环试验"的攻关课题,并通过了中石化总公司组织的鉴定会。

2001年3月26日,"3Cr-1Mo-0.25V 加氢反应器的研制"成果在国家科学技术奖励大会获奖。

2003年11月11日,在第五届上海国际工业博览会上,中国一重自主研制和开发的2.25Cr-1Mo-0.25V 钢热壁加氢反应器获铜奖。

2009年12月,"2.25Cr-1Mo-0.25V 材料开发及加氢反应器研制"获得中国机械工业联合会、中国机械工程学会颁发的科技进步一等奖。

3.5.4 煤液化反应器的研制

2003年6月9日,由中国一重设计制造的、拥有完全自主知识产权的当时世界最大的2000t级神华煤液化容器上的首支超大超重筒节锻件在12500t水压机上锻造成功。

2003年10月11日,国家发改委下达了2003年第一批东北老工业基地改造国债项目计划,中国一重的煤直接液化加氢反应器产业化及大连棉花岛扩建工程位列其中。

3.5.5 千吨级反应器的制造

2003年3月,中国一重"国产千吨级加氢反应器的设计制造与应用"荣获中国石油化工集团公司科技进步三等奖。

2003年11月14日,中国一重"千吨级热壁加氢反应器示范工程项目"通过了黑龙江省发展计划委员会的竣工验收鉴定。

2007年10月,中国一重大连加氢反应器制造有限公司"1400t 加氢反应器"荣获"辽宁省第七届优秀新产品一等奖"。

3.5.6 其他科研成果

1991年5月,中国一重热壁加氢小管内壁耐蚀层自动堆焊工艺及设备研究获得国家科技成果奖。

1995年2月26日,中国一重获中国石油总公司颁发的"发挥国产技术建设石化支柱产业"荣誉证书。

2010年11月29日,中国一重"超大加氢反应器研制及工程应用"荣获国家科技进步二等奖。

2013年4月19日,中国一重当选"中国十大创新型企业"。

3.6 标准修订情况

2003年,一重利用已有的检测经验和相关标准,制定了一重企业标准 Q/YZB 1025—2004《压力容器焊缝多通道自动超声检测》,该标准是国内首部 TOFD 检测标准,2004年5月14日,该标准通过全国锅炉压力容器标准化技术委员会审查、备案。

中国一重作为主要参加单位,参与国内首部 TOFD 检测行业标准 NB/T 47013.10—

2010《承压设备无损检测 第 10 部分：衍射时差法超声检测》的编制工作，参与编写 NB/T 47013—2015《承压设备无损检测》超声检测和 TOFD 检测相关标准。

编写制定并修订 JB/T 7215—1994《锻焊结构热壁加氢反应器技术条件》。

3.7 中国一重压力容器的对外合作

3.7.1 国内合作

2010 年 11 月 26 日中国一重与中国石油化工股份有限公司签订了"战略合作协议"，本着"平等互信、风险共担、利益共享、互惠互利、共同发展"的合作原则，双方建立长期稳定的战略合作伙伴关系。

2011 年 2 月 16 日中国一重与中国石油天然气股份有限公司签订了"战略采购协议"，本着"资源共享、优势互补、平等诚信、共同发展"的原则，经友好协商，结成战略合作伙伴关系。双方在资源与市场合作、技术开发与应用、信息共享、商务及物流管理领域等方面开展广泛交流与合作。

2011 年 3 月 31 日中国一重与陕西延长石油（集团）有限责任公司本着"平等互信、风险共担、利益共享、互惠互利、共同发展"的合作原则，经双方协商一致，签署了"战略合作框架协议"。延长石油与一重将在现有并有效的承诺和义务范围内发挥各自优势，在约定的合作领域中，共同努力，延长石油提供较为集中的资源采购市场，一重为延长石油所属企业提供技术先进、质量优良、价格合理、服务及时的产品。

2016 年 3 月中国一重又与中国石油天然气股份有限公司重新修改并签订了"战略合作协议"，双方同意在供应服务、产品能效提升、产品标准化、技术合作、备件储备、信息合作、供应链延伸服务、国际市场开拓、"互联网+"、供应链金融、诚信建设等方面开展广泛交流与合作。

3.7.2 国际合作

2006 年中国一重与中石油技术开发公司签订了印度石油公司 Haldia 炼厂两台加氢反应器的出口制造合同，这两台加氢反应器设备选用法国 Axens 专利技术，按照 ASME 标准制造。经过中国一重的不懈努力，通过监造公司的严格监制、检验，顺利制造完成交付用户，开创了中国一重批量出口大型加氢反应器的历史。

2007 年，中国一重又与中石油技术开发公司签订了印度 BORL 公司 Bina 炼厂 6 台反应器的出口制造合同，这 6 台设备选用美国雪佛龙公司的专利技术，按照 ASME 标准制造。同年又与中石油技术开发公司签订了印度 BPCL 公司 Kochi 精炼厂一台加氢反应器的出口制造合同，该设备选用美国 UOP 专利技术，按照 ASME 标准制造。从此中国一重开始大批量出口加氢反应器设备。

2007 年中国一重与伊朗国家石油工程建设公司签订了阿拉克炼油厂项目 5 台加氢反应器的出口及现场组焊制造合同。由于受伊朗内陆运输条件的限制，这 5 台设备无法整体运输到阿拉克炼油厂项目现场，只能在中国一重工厂内分上、中、下三段进行制造，然后分段发到伊朗项目现场后进行现场组焊、热处理、水压试验等工作。这对中国一重的制造能力和技术水平是一个考验。

2008年中国一重又与韩国大林公司/伊朗国家石油工程建设公司签订了伊斯法罕项目10台渣油加氢反应器的制造合同,同样需要现场组焊。

2011年10月中国一重与西门子国际贸易(上海)有限公司签订了中电投新疆伊南20亿 m^3/年煤制天然气项目4台SFG-500气化炉及4台进料器的制造合同,是西门子公司首批国产化气化炉设备。

2011年12月中国一重与中石化南京工程公司签订了沙特卡扬石化有限公司脂肪醇项目加氢反应器、冷热高分、换热器等6台设备的出口制造合同,该项目设备选用德国鲁奇(Lurgi)公司的专利技术,按照ASME标准制造。

2013年1月中国一重与BP阿莫科化学公司签订了1台PTA反应器的出口制造合同,该项目选用BP公司的专利技术,按照ASME标准制造。

2015年3月中国一重与山东电力基本建设总公司签订了沙特阿美公司吉赞IGCC项目10台高压氮气缓冲罐的出口制造合同,该设备按照ASME标准制造。沙特阿美是世界上对供应商审核最为严格的炼化企业,一直被各国炼化企业视为标杆和典范,我公司经过艰苦的努力通过了沙特阿美的供应商审核,并通过与4家沙特本体制造商的竞争最终拿到了这个项目,对我公司后续主导产品进入国际高端市场具有重大意义。

2015年7月中国一重与中石化炼化工程股份有限公司签订了马来西亚国家石油公司RAPID项目冷、热高压分离器等共计20台设备的出口制造合同,该项目设备选用美国雪佛龙公司的专利技术,按照ASME标准制造。该项目是国际招标,韩国斗山、印度LT公司、意大利Benali公司、意大利ATB公司等国外公司都参与竞争,最终我公司成功胜出。

截至目前,一重已经与国内外工程公司及炼化公司签订了117台容器设备的出口制造合同,成为具有独立设计能力和自主知识产权、国际一流的加氢反应器制造企业,并取得多家国际知名公司的供方评审资质(见表8.3-2)。

3.8 结语

30多年来,中国一重作为涉及国家安全和经济命脉的国有重要骨干企业,始终致力于石化重大技术装备的国产化,积极开发研制热壁加氢反应器等石化重大技术装备,从

表8.3-2 中国一重的国际合作单位

序号	公司名称	时间
1	UOP公司	2004年
2	美国SD公司	2007年
3	雪佛龙(Chevron)	2008年
4	鲁奇公司(Lurgi)	2008年
5	伊朗国家石油公司(NIOC)	2008年
6	印度工程公司(EIL)	2008年
7	伊朗国家石油建设公司(NIOEC)	2008年
8	韩国大林工程公司(Daelim)	2008年
9	萨索尔公司(Sasol)	2009年
10	沙特基础工业公司(SABIC)	2009年
11	壳牌公司(Shell)	2009年
12	陶氏化学公司(Dow)	2011年
13	德兴公司(Techint)	2011年
14	英国英力士公司(INEOS)	2011年
15	巴斯夫公司(BASF)	2012年
16	福陆工程公司(Fluor)	2012年
17	沃利帕森斯工程公司(Worley Parsons)	2012年
18	沙特阿美公司(Saudi Aramco)	2012年
19	英国石油公司(BP)	2012年
20	德希尼布工程公司(Technip)	进行中

开发研制,到发展壮大,一举走在了世界的最前列。

第一阶段为吸收引进国外先进技术阶段。针对加氢反应器等高压设备进行材料研发,并成功实现第一台加氢反应器的国产化,在机械部、中国石化总公司、设计院及各相关企业的支持下,完成制造技术固化,掌握核心制造技术,并走向批量化。

第二阶段为向容器大型化发展阶段。齐鲁石化千吨级加氢反应器是压力容器大型化发展的里程碑,使热壁加氢反应器的制造全面实现了国产化,并成为世界上能够生产千吨级热壁加氢反应器的几大供应商之一。至此,一重压力容器制造从材料性能到制造技术已完全成熟,并步入世界先进行列。随之,神华煤液化反应器完成现场组焊,重达 2044t;广西石化加氢裂化反应器在大连整体完工发货,重量 1600t,为工厂整体发货最大的加氢反应器(见图 8.3-16)。

图 8.3-16 运输中的重型加氢反应器

第三阶段为现场组焊技术的发展与成熟阶段。受我国境内公路和桥梁限重和限高条件的制约,尺寸超限的反应器,无法实现制造厂内整体制造、整体发运,为此一重开始开发现场组焊技术,从燕山石化项目成功完成现场组焊开始,一重先后完成近 80 台设备的现场组焊,包括神华煤液化、中石油云南千万吨炼油,以及伊朗阿拉克项目,一重在现场组焊技术及装备已完全成熟。

第四阶段为压力容器材料的成熟发展阶段。自 2.25Cr-1Mo 材料的成功研发后,一重一直致力于容器材料的全面稳定发展,与国际同步研出 2.25Cr-1Mo-0.25V 材料,目前已具备 ASME 所有锻件材料和所有国标锻件材料的生产能力,各项性能指标均达到标准和规范要求,锻件质量稳定,在杂质元素、气体元素、微量元素的控制上,已到达世界先进水平。

第五阶段为专业化、多元化发展阶段。目前一重具有世界最大的铸锻件制造基地、专业化石化容器制造基地及出海口,压力容器制造水平和生产能力已位居世界最前沿,可实现年产 4 万 t 压力容器的生产能力。在产品结构上除了炼油产品加氢反应器、高压分离器、大型换热器等容器产品以外,已全面开发了化工容器,如环氧乙烷反应器、PTA 反应器、丁醛转化器类、气化炉、焦炭塔以及各类储罐产品。

中国一重压力容器的发展以国产化为开端,始终坚定自主创新之路,经不断的技术改造、技术提升,进而产业化、大型化,实现了设计制造一体化。今后一重将致力于压力容器的专业化和智能化发展,建成专业化制造基地并投产,完成从"中国制造"向"中国创造"的转变,为中国压力容器的发展做出更大贡献。

(本章由中国一重集团有限公司撰写)

第4章 大连金州重型机器集团有限公司压力容器发展史

4.1 前言

大连金州重型机器集团有限公司(以下简称"金重集团")位于辽宁省大连市金普新区龙湾路5号,现隶属于大连市国有资产监督管理委员会,为国有控股企业。

金重集团的前身是始建于1941年的"满洲重机株式会社金州工厂",1956年经国务院批准,由第一机械工业部负责恢复重建,定名为"金州重型机器厂",后又经过多次的改制、改革,于2013年7月1日组建集团公司,名称变更为"大连金州重型机器集团有限公司"。现已发展成为我国从事化工、石油化工、石油炼制、煤化工、化肥、天然气化工等工艺流程装置设备设计和制造的大型骨干企业,以及提供现代煤化工气化岛总承包建设企业。

金重集团是中国压力容器制造业中许可证级别最高和资质证书类别最多的企业之一,1983年在国内首批取得了原劳动部和化工部颁发的三类压力容器制造、设计许可证,现拥有A1、A2、A3级制造和设计许可证;1986年在国内首批获得美国机械工程师协会(ASME)和锅炉与压力容器检验师总部(NB)颁发的规范容器设计、制造和修理改造授权证书与相应的钢印及现场组焊安装许可证,现拥有U、U2、R规范容器授权证书与相应的钢印;1998年在中国大型压力容器制造业中首家取得ISO9001标准质量体系认证,现拥有美国船检局(ABS)QE认证证书;1999年取得GA2、GB1、GB2、GC2级别压力管道安装许可证。

金重集团的六十年发展历程,伴随着中国压力容器行业的诞生和成长,是中国压力容器制造业发展的一个缩影。金重集团的压力容器设计和制造业绩的发展历程可以分为六个阶段,即:起步—发展—提高—改进创新—更进一步创新发展—加速发展,继续做强。这六个阶段也正是中国压力容器制造国产化发展的六个阶段。

4.2 起步阶段(1956—1962年)

在执行国民经济第一个五年计划中,为适应我国机械工业发展的需要,一机部向国务院提出利用"满洲重机"遗留厂房建筑和呆滞设备,并以少量投资,建设金州重型机器厂的意见报告。此报告得到国务院批准后,一机部决定由三局接管组织筹建工作。根据决定精神,三局于1956年2月组成了金州重型机器厂筹备组,5月24日,"金州重型机器厂(以下简称"金重厂")筹备处"正式成立。

建厂初期主要产品制造力图延续旧工厂产品路线,以加工制造铸锻件、起重机挂钩、内燃机曲轴、船舶用中轴、尾轴以及自用的机床附件等。在1957年年末根据国家建设需要，一机部批准在金重厂制造71台，总重2017.44t高压容器的设计、制造任务；1958年6月又批准增加设计、制造高压容器160台，总重8355t的计划任务。1959年10月辽宁省人委批准旅大市人委关于恢复扩建金重厂产品任务的报告，明确金重厂建厂规模为机器产品1.5万t（其中，高压容器1万t）。到1962年初铆焊车间基本建成，先后安装了捷克生产的50m和20m重型车床、刨边机、落地镗床，匈牙利产的摇臂钻床，苏联产的钢板校正机及国产的剪板机、三辊滚圆机和桥式起重机等种类设备100余台，具备了设计、制造高压容器的条件。

1958年6月至1959年2月，金重厂技术人员一行13人去捷克布尔诺化工机械厂学习考察型槽钢带式高压容器设计和制造技术，并在学习之后开始进行设计制造了大型专用设备——型槽钢带机床，产品用型槽钢带。根据计划，由首都钢铁公司制造提供。

1959年6月一台规格直径为600mm、以20G和16Mn板材为内筒和层板、工作压力为32MPa、环缝采用碱性焊条手弧焊多层包扎式高压容器——氨分离器的试验容器试爆成功，开创了金重厂同时也是我国多层高压容器产品设计、制造的先河。当年7月，金重厂向辽宁省、一机部申请计划试制两台高压容器，同年8月21日，申请批复立项获准。到1960年试制成功第一台多层式高压容器——氨分离器，产品达到了部颁二级标准，这标志着金重厂高压（层板）容器设计、制造的开始。

1959年6月2日，旅大市人委决定撤销"金州重型机器厂筹备处"，正式命名工厂为"金州重型机器厂"。

1961年4月，国家在杭州召集了有关部委和上海市领导参加的会议专门研究了化肥设备生产问题，决定1961年下半年至1964年的四年时间里，每年建年产2.5万t合成氨厂10座，金重厂被一机部、化工部划定为104个氮肥设备制造厂之一。这一年，金重厂参加一机部联合设计工作，开始着手高压容器试制准备。

1962年为一些石油化工企业设计、制造换热器、塔器、反应器等配套设备80余种，还根据年产2.5万t合成氨设计任务书的要求，开始了设计试制工作。1963年，根据石油化工工业发展的需要，开发了大直径换热器、常压分馏塔、初馏塔等难度较大的新品种。

此后，金重厂先后制成以煤和焦炭为原料的年产5000t、8000t、1万t、2.5万t、5万t、8万t、15万t氮肥设备——氨分离器、油分离器、滤油器、冷凝器、铜液塔等，成为当时一机部制造氮肥设备的主要定点企业。

1964年经过近三年的技术引进、消化吸收、联合设计、试验试制，并在成功地进行了产品爆破试验基础上，完成了我国第一台直径800mm绕带式高压容器（设备筒体内径800mm，外径972mm，设备长度6500mm，工作压力32.5MPa，内衬筒材料20G，绕带型钢材料16Mn，设备重量14.86t），使我国高压容器制造技术得到了提升。随后，又组织制造了7台内筒材质为12Cr3MoA、总壁厚155mm、钢带16Mn材料的同类绕带式容器设备，这些设备一直到20世纪80年代中期还在湖南、新疆等化肥厂处于正常使用状态（见表8.4-1）。

表 8.4-1 绕带式容器一览表

设备名称	规格/mm	重量/t	用户
氨合成塔外壳	ϕ1000×128×15200	62.745×3=188.24	湖南化肥厂（3台）
尿素合成塔	ϕ800×107×13500	59.92	湖南化肥厂
氨合成塔外壳	ϕ1000×128×16000	66.05×2=132.1	新疆化肥厂（2台）
羟基合成塔	ϕ800×85×13280	47.6	新疆化肥厂

4.3 发展阶段（1962—1978年）

1962—1965年，从北京、南京、哈尔滨、大连、四川等大专院校分配到金重厂近百名大学毕业生，使工厂工程技术人员队伍得到极大的充实和加强，为工厂的发展提供了强有力的人才保证。

根据国家有关部委要求，金重厂从1964年起开始制造球形储罐。1965年，中国第一台50m^3球罐（主要参数：ϕ4600mm×22mm，设计压力0.45MPa，水压试验2.86MPa，设计温度为常温，材料为16Mn（俄标St—52），重量12.2t）在金重厂设计、制造成功，这台球形储罐在金重厂厂内整体制造成形，由货轮从大连港海运到天津港，最终交付天津炼油厂。它的制造成功，开创了我国球形容器的先河，奠定了我国球形容器设计、制造标准的基础。

1964年金重厂进行了GRH型固定管板换热器系列设计，此系列换热器分为单体6种，重叠6种91套。同时，还解决了高标浮头式冷凝器制造中的一些技术问题，使金重厂的设计、制造技术能力进一步提高。1966年试制成功食品工业用的高压氢化反应器，维纶设备中的不锈钢衬里设备和复合钢板压力容器，并设计、制造了一些铝、塑料等衬里设备。1966年金重厂与化工部第一设计院对引进年产1万t维纶厂的主要设备，进行了测绘、设计和制造。金重厂设计了不锈耐酸钢塞焊衬里设备，试制成功了第四精馏塔，并制造了成套装置中的大量设备，为纺织工业提供了10套最先进的设备。这些耐蚀设备的制造，为金重厂衬里设备的制造积累了经验。同年，金重厂参加国家统一组织的年产6万t合成氨中的高压设备联合设计工作，完成了直径1000mm氨合成塔等9个高压设备的设计任务。到1966年底，金重厂已能设计、制造石油化工设备中的各种塔器、换热器、高中低压容器、分离器、冷凝器等200余种产品，具备了各种石油化工专用设备的制造能力，成为制造石油化工设备的专业厂家。

在技术能力方面，截至1966年底，已试制出大直径换热器、常压分馏塔、初馏塔等新产品，标志着金重厂石油设备制造技术基本过关；对不锈钢产品的开发，使金重厂基本掌握了不锈钢焊接工艺；对绕带式高压容器的试制成功，使金重厂在高压容器制造技术方面得到进一步提高；对高标准浮头式冷凝器制造中一些技术问题的解决，为金重厂化工设备制造开创了新路；对大螺纹精度加工和层板包扎松动面积控制两大关键制造技术的攻克，使金重厂产品质量达到了国家的最高水准。

1974年，国家决定在吉林市建设年产11.5万t大型乙烯装置，到1976年金重厂接受了该装置中的60台设备制造任务，并试制了其中的低温设备甲烷进料冷却器等关键设备，

1979年这些设备安装试车一次成功。

1975年，金重厂还接受了一机部交给的为大连化工厂改造15万t/年合成氨装置中氨合成塔、第二废热锅炉等13种设备的研制任务；这一年金重厂还与化工设计院合作，为上海吴泾化工厂设计了我国第一套年产24万t尿素装置中的42台设备，并制造了其中大部分设备，包括4台高压关键设备高压洗涤器和高压冷凝器（见图8.4-1，国内首台，主要参数：ϕ1800mm×25mm×16400mm，设计压力0.75MPa（壳程）/1.6MPa（管程），设计温度147～165℃（壳程）/180～167℃（管程），换热面积约1000m^2，设备主要材料14MnMoVR（正+回）、00Cr17Ni14Mo2，设备重量69.42t，其中不锈钢25t）。该装置于1979年12月一次安装试车成功，标志着金重厂化肥设备制造向大型化高水平发展的突破。

1976年，为援助巴基斯坦，开创性地建造了一段转化炉（主要参数：ϕ1430mm×29.5/ϕ270mm×36mm，材料为Cr25Ni20/Cr16Ni36，设计压力2.35MPa，设计温度950℃，重量318t）、二段转化炉（主要参数：ϕ3500mm×52mm×13582mm，材料为1Cr18Ni9Ti、15MnVR、20MnMo，设计压力3.43MPa，设计温度250℃，重量64.9t），以及直径1400mm尿素合成塔（见图8.4-2，主要参数：ϕ1400mm×（17+6×15）mm×10367mm，材料为19Mn5、15MnVgC、316L（Mod），设计压力21.56MPa，设计温度190℃，重量122t），这是我国压力容器设备首次出口到国外；在那一年，金重厂还完成了浮头式换热器与冷凝器系列复用设计，并对设备的部分结构进行了局部修改，重新编号。

1978年，对70年代设计的石化设备进行了重新整顿重新设计，根据复用设计图样，为国内炼油工业提供了大批量换热器，满足了国家需要。

在这个历史时期，金重厂对自己的设备制造能力进行了改造，特别是一机部在其中起到了主导作用，决定了金重厂在未来化工机械和大型高压容器发展中的影响和行业地位。

截至1978年，国家投资947万元，其中1974年扩建化机车间厂房4356.31m^2，新建工具车间厂房1344.29m^2，1975年建成中心实验室楼房建筑2042.39m^2，1976年建成钻采车间厂房（现林德公司车间厂房）10447.80m^2，1977年扩建容器车间厂房9328.94m^2，1978年建成氧气站厂房（原铸铁车间）1167.78m^2。在对厂房进行改扩建的同时，还自制了一批大型专用设备，如1974年制成了大型弯管机、大型热处理炉、1200t油压机，1976年制成了大型三辊滚圆机。

在这个阶段通过对外合作设计、制造和聘请技术专家指导解决的关键技术主要有：

1）高压容器二级精度主螺孔加工：国内首创采用旋风铣的加工方法首获成功。

图8.4-1 上海吴泾化工厂年产24万t尿素装置中的我国首台高压冷凝器

图8.4-2 援助巴基斯坦的直径1400mm尿素合成塔

2）层板容器深环缝的焊接和检验：通过一系列解剖试验，从力学性能、化学成分、元素偏析及焊接缺陷的形态分析提出了工艺措施并且推广应用了埋弧自动焊。

3）解决了尿素合成塔耐蚀衬里的热套工艺和封头衬里的工艺。

4）解决了当时管板320mm厚、1410个ϕ（25.4+0.2）mm管孔的钻、铰的工艺方法。

5）解决了1410根ϕ25mm、长12m316L材料管子"分段后退式卧装形成管束"的工艺方法，不仅保证了当时的设备制造，满足了化肥行业发展的需要，更重要的是为工厂以后的设计制造水平的提高积累了经验，打下了基础，为全国小化肥厂的建设做出了重要贡献。

4.4 提高阶段（1978—1990年）

1978年12月18日至22日，中国共产党第十一届中央委员会第三次全体会议在北京举行，会议的中心议题是讨论把全党的工作重点转移到经济建设上来，金重厂紧跟这一指导思想进入了一个新的发展时期。

在质量管理方面，1979年我国装备制造业开始引进国外的TQC（全面质量管理），金重厂经过近一年的学习，逐渐掌握TQC的基本知识与管理思想，并且建立了我国压力容器企业第一部压力容器设计、制造质量保证体系（以下简称QAS），通过编制《质量保证手册》建立QAS，对设计、工艺、材料、制作、焊接、热处理、检验、无损检测、理化检验、检测设备和仪表、不符合设计图样与技术标准处理等方面确定必须遵循的控制程序。确定了从原材料进厂到包装发运全过程十大过程三十二个环节，进行有效的质量控制，并建立了相应的制度办法。经过四十多年的持续运行、改进与完善，现已经成为一套运行稳定、行之有效的QAS。从1980年到1984年国家对高压容器、换热器的行检合格率均达到100%。

1981年10月，金重厂开始贯彻国家《压力容器安全监察规程》，以取得三类压力容器设计、制造许可证为主要内容做企业资质准备工作。根据金重厂申请，辽宁省劳动局和机械局组织验收，在1982年3月13日到18日通过了资格初审，认为金重厂在企业管理水平、产品质量保证体系、厂房设备能力、设计制造检验技术力量、检测手段等方面，均达到了《压力容器安全监察规程》要求，特别对QAS的健全、材料的质量控制以及对焊接工作的重视程度和达到的水平，都给予高度评价，具备了设计、制造三类压力容器的条件。经国家劳动人事部、化学工业部复查验收，分别于1983年12月23日和1984年8月29日向金重厂颁发了三类压力容器制造许可证和设计许可证，金重厂成为国内压力容器制造厂家首批获得许可证的企业。

这一时期，在对外合作与技术进步方面，从1979年开始，在化工部指导和具体帮助下，金重厂通过多种途径，陆续引进了国外先进技术和设备，使工厂的制造技术水平、制造能力和产品质量不断提高，产品品种不断增加，提高了企业的竞争能力。1979年8月，根据中国技术进出口总公司与德国林德公司签订的技术转让和许可证合同，在林德专家的现场指导下，金重厂负责1000t/日合成氨装置中的三套低温甲醇洗、液氮洗工艺流程设备中25台设备的来料加工制造任务，（见图8.4-3～图8.4-5）。合同规定：林德公司提供TUV批准的制造图样和一套解释焊接工艺的林德公司的焊接程序合格记录，并按照林德公司的标准和 AD 规范制造。从 1980 年初到 1981 年，金重厂高质量地完成了 3 套共 75 台设备的制造任务，在换热器上首次采用了鸭嘴型和 Ω 形密封。从此次合作中，通过学习、实践、运用国外制造压力容器的管理程序和质量控制，基本上掌握了甲醇洗和液氮洗设备的制造技术和制造标准，提升了金重厂在压力容器设备中的整体水平，特别是制造工艺程序和焊接工艺规范。与林德公司合作制造的部分设备技术参数见表 8.4-2。

图 8.4-3　林德专家在车间检查产品质量

图 8.4-4　林德专家在检查低温甲醇洗产品质量

图 8.4-5　与林德公司合作制造的塔罐项目获得省级二等奖

表 8.4-2　与林德公司合作制造的部分设备技术参数

名　称	规格 /mm	主要材料	设计温度 /℃	数量 / 台	重量 /t
甲醇再生塔	$\phi2800/\phi2050\times10\times23750$	TTStE36W	120	3	70.62
甲醇水分离塔	$\phi800\times8/10/17\times21470$	TTStE36W	165	3	28.82
再循环气闪蒸罐 I	$\phi2400\times15\times8900$	TTStE36	−45～50	3	31.8
再循环气闪蒸罐 II	$\phi2400\times15\times8900$	TTStE36	−45～50	3	31.8
甲醇收集器	$\phi2800\times8\times8850$	TTStE26W	80	3	22.5
分离器	$\phi800\times6\times2100$	TTStE26W	75	3	1.35
甲醇闪蒸罐	$\phi2200\times7\times12000$	TTStE26	−50～50	3	21
甲醇罐	$\phi3000\times8\times2392$	TTStE26W	−50～75	3	9.3
重沸器	$\phi600\times10\times2912$	TTStE26W	120～180	3	3.84

（续）

名 称	规格/mm	主要材料	设计温度/℃	数量/台	重量/t
回流冷却器	φ900×12×5178	TTStE26W	120	3	19.62
甲醇冷凝器	φ800×10×5460	TTStE36W	−45～70	3	6.45
甲醇冷凝器	φ600×10×3720	TTStE36W	165	3	7.23

注：产品用户分别为镇海炼化总厂、乌鲁木齐石化总厂、宁夏化工厂。

1980 年由化工部组织引进荷兰凯洛格大陆（Kellogg Continental）公司尿素设备制造技术，金重厂接受了整套工艺流程设备中的 31 种 32 台设备的设计制造任务，其中包括一台高压关键设备——高压洗涤器。在整个设计制造过程中，由荷兰专家做技术指导和检验。到 1983 年，共制造了两套尿素装置中的 64 台设备。1984 年试制成功 48 万 t/年尿素关键设备高压冷凝器，1985 年试制成功二氧化碳汽提塔，这些关键设备在设计程序上，完全采用国际惯用方法，设计上采用荷兰凯洛格大陆公司和荷兰斯塔米卡邦（Stamicarbon）公司的技术标准，在产品结构上采用了世界最先进的结构型式，产品达到国际 70 年代末 80 年代初先进水平。其中高压洗涤器设备，经 1983 年 10 月由化工部组织的质量评议会对 18 个部分、95 个单项的检验，百分之百合格，达到了优质品水平，受到荷兰专家、化工部和用户的好评。与荷兰凯洛格大陆公司合作制造的部分设备技术参数见表 8.4-3 及图 8.4-6、图 8.4-7。

表 8.4-3　与荷兰凯洛格大陆公司合作制造的部分设备技术参数

名 称	规格/mm	主要材料	设计压力/MPa	设计温度/℃	重量/t
高压洗涤器	φ2800×100/950×12×10530	16MnR、管 X2CrNiMo18-12（MOD）	壳程：1.28 管程：16.22	壳程：163 管程：198	47.60
低压甲铵冷凝器	φ1700×10×8800	16MnR、管 X2CrNi18-19	壳程：0.6 管程：0.6	壳程：150 管程：100	17.7
高压二氧化碳加热器	φ550×12×6025	16MnR、20MnMo、管 X2CrNi18-19	壳程：3.17 管程：19.7	壳程：380 管程：303	4.712
高压二氧化碳冷却器	φ650×10×6065	16MnR、20MnMo、管 X2CrNi18-19	壳程：3.17 管程：16.7	壳程：70 管程：265	5.82
第一高压氨加热器	φ750×12×49975	16MnR、20MnMo、管 X2CrNi18-9	壳程：3.17 管程：19.4	壳程：100 管程：100	7.81
第二高压氨加热器	φ400×8×2661	16MnR、20MnMo、管 st35.8 Ⅲ	壳程：3.17 管程：19.4	壳程：165 管程：165	2.136
循环加热器上部/下部	φ1622×14×6852	上筒 X2CrNiMo18-12、下筒 X2CrNiMo18-09、管 X2CrNiMo18-12	上部 壳程：0.6 管程：0.6 下部 壳程：1.6 管程：0.6	上部 壳程：168 管程：150 下部 壳程：198 管程：150	19.2
一段蒸发器	φ1480×10×5250	16MnR、管 X2CrNi18-19	壳程：1.1 管程：FV	壳程：191 管程：150	11.753
二段蒸发器	φ788×6×3150	筒节 X2CrNi18-9、管 X2CrNi18-12、16MnR	壳程：1.1 管程：FV	壳程：191 管程：155	1.8

(续)

名 称	规格 /mm	主要材料	设计压力 /MPa	设计温度 /℃	重量 /t
闪蒸槽冷凝器	φ1050×6×6539	筒节 X2CrNi18-9、管 X2CrNi18-9、16MnR	壳程: FV/0.2 管程: 0.6	壳程: 150 管程: 70	4.77
一段蒸发冷凝器	φ1800×8×7530	筒节 X2CrNi18-9、管 X2CrNi18-9、16MnR	壳程: FV/0.2 管程: 0.6	壳程: 150 管程: 70	18.023
二段蒸发冷凝器	φ1950×8×7610	筒节 X2CrNi18-9、管 X2CrNi18-9、16MnR	壳程: FV/0.2 管程: 0.6	壳程: 150 管程: 70	20.98
最终冷凝器	φ350×5×6140	筒节 X2CrNi18-9、管 X2CrNi18-9、16MnR	壳程: FV/0.2 管程: 0.6	壳程: 150 管程: 70	0.75
水解塔热交换器	φ350×8×6611	筒节 X2CrNi18-9、管 X2CrNi18-9、16MnR	壳程: 2.82 管程: 2.82	壳程: 225 管程: 225	2.64
回流冷凝器	φ1210×12×9220	筒节 X2CrNi18-9、管 X2CrNi18-9、16MnR	壳程: 0.9 管程: FV/0.7	壳程: 70 管程: 150	11.1

注：产品用户为镇海炼化总厂，整套工艺流程设备中的 31 种 32 台设备，制造年代为 1980—1981 年，后又在 1983—1984 年分别为乌鲁木齐石化总厂、宁夏化工厂制造了该尿素设备共 65 台。

图 8.4-6　荷兰专家在检查尿素设备产品质量

图 8.4-7　与荷兰专家在进行技术交流探讨

通过引进技术，制造大型合成氨和尿素设备，金重厂系统地掌握了工艺难度大的低温设备和耐蚀的尿素设备的制造技术，打破了我国大型化肥装置中关键设备依靠进口的局面，为国家填补了关键设备制造的空白。

在其他新产品、新技术、新工艺研究研制方面，1980 年在国内首次研制成功铜衬里结构的异丙醇水合器；1981 年研制成功氧-丙烷双嘴精密切割 X 形坡口工艺以及氧-丙烷双嘴精密切割装置（此成果获得辽宁省机械工业局重大科技成果二等奖），切割表面粗糙度达 10～40μm 水平，使球罐瓣片坡口切割精度大大提高，瓣片达到同带极位置任意互换，在球罐焊接坡口上推广应用了可焊性涂料，在国内第一次制造了 1000m³ 低温钢球罐（见图 8.4-8，该丙烷球罐的主要参数：φ12300mm×34mm，材

图 8.4-8　1000m³ 丙烷低温球罐

料 N-TUF50 调质状态，1984 年交付使用单位吉化公司，整球重量 296.80t，2 台）。

1983 年，对国内同类设备进行改进、优化设计及相关工艺，使国内设备得到了更新换代。同时期试制的直径 1400mm 尿素合成塔，采用国际标准覆盖率达 46%。

1984 年，球罐制造技术又有了新的发展。经与化工部第一设计院共同设计，选用日本日铁 N-TUF50 高强度调质钢，经过低温高强度钢的焊接试验和工艺评定，成功制造出可在 −33℃ 条件下使用的低温 4000m³ 球罐，开创了国内设计制造低温高强度钢球罐的历史。

为了适应制造高难度石油化工设备的需要，20 世纪 80 年代，金重厂引进了大量先进设备（见图 8.4-9～图 8.4-22），如 1980 年从德国引进了数控深孔钻床（见图 8.4-9），电加热器、带极堆焊机、大型 X 射线探伤机和铁素体测定仪等 5 台精密设备；1984 年从瑞典和日本引进窄间隙自动埋弧焊机、悬臂立柱焊接装置等 18 台；1985 年从国外引进以焊接检测设备为主的 172 台先进设备，解决了包括新型层板高压容器在内的一批国家急需国产化设备的制造、焊接、检测等问题。与此同时，金重厂调整生产线，组织专业化制造，在备料车间成立了球罐制造部，三容器车间改造作为不锈钢有色金属专业制造车间，还改造了重容车间等重型容器组装场地。

图 8.4-9　从德国引进的钻孔深度为 1m 的数控钻床

图 8.4-10　从德国引进的二步式旋压机

图 8.4-11　从日本引进的 14m×11m 数控切割机

图 8.4-12　从瑞典引进的小管堆焊机

第八篇　部分压力容器制造企业篇

图 8.4-13　从日本引进的深环缝窄间隙埋弧焊机

图 8.4-14　从德国引进的对设备进行局部热处理的 α 电加热器

图 8.4-15　从德国引进的带极堆焊机

图 8.4-16　从日本引进的 8080 悬臂焊机

图 8.4-17　从日本引进的碳硫分析仪

图 8.4-18　从日本引进的高温拉力试验机

图 8.4-19　从英国引进的可连续放大 30 万倍带能谱仪的扫描电子显微镜

图 8.4-20　从美国引进的移动金属检测仪

图 8.4-21　从美国引进的（Co60，Ir192）100 居里 γ 射线探伤机

图 8.4-22　从德国引进的 400kV 射线探伤机

1987 年 5 月 5 日至 5 月 10 日，化工部委托兰州机械研究院，邀请中国石化装备总公司等单位，对金重厂制订的高压洗涤器设备国家标准、不锈钢焊接等三项标准进行审查，最后经过审查、讨论、修改、补充通过了这几项标准为国家标准。

1988 年 1 月 24 日，大外经贸字〔88〕429 号文件批准金重厂直接经营进出口业务自主权单位，由此金重厂的产品直接打开了通往国际市场的大门。4 月 7 日，经国家经济委员会、国家计划委员会、国家统计局、财政部、劳动人事部联合下发经企字〔88〕240 号文件，批准金重厂为全国第一批大型工业企业"大二型"，同年还通过了计量管理二级证复查，荣获国家能源管理一级企业和档案管理二级证。1989 年企业管理水平进一步提高，取得了一级计量证，通过了化工部质检机构 A 级认证，并通过了国家一级企业预考核，工厂技术管理各项质量指标达到或超过国家一级企业水平。1990 年，在现代化管理方面，编制了经营计划、生产、财务、供应四大系统的软件程序，实现了计算机辅助管理的整体联网，数据共享，并初步在球罐系列产品进行了辅助设计、绘图电算化。1991 年 9 月 6 日，化学工业部以化生字第 664 号文件下发关于批准金重厂为"化工设备管理一级单位"的决定，9月20日，国家质量技术监督局授予金州重型机器厂"国家计量先进单位"（奖状）。1992年7月30日，国务院经济贸易办公室等七部委联合发文，将金州重型机器厂划为大型一档企业（文件号：大型一档第10159号），工厂进入国家一级企业行列。

1986年6月30日，经过两年的学习、消化、吸收、应用，掌握和建立了美国机械工程师协会（American Society of Mechanical Engineers，ASME）的管理方法和质控体系，获得了 ASME U、U2 授权证书和钢印，这是中国境内获得此项资质证书的第二家企业。1990年金重厂船用锻件获得国际许可的 ZC 授权证书。

也是在这一年，对1985年从国外引进的设备完成了安装工作以后，这些设备全部投入了使用，三容器车间基本建成，并形成了制造能力和投入使用。同年12月末，金重厂完成了二氧化碳汽提塔的试制任务，填补了一项国内尿素装置中关键设备制造的空白，替代对国外同类设备的进口。在焊接技术方面，攻克了多层容器深环缝产生气孔和砂煤过滤器喷嘴的焊接变形技术难题。

1987年4月20日—24日，由国家机械工业委员会通用机械局邀请全国包括金重厂在内的30个有关单位在金重厂对"大型球罐用 CF 钢"进行课题鉴定，这是国内首次由企业承办国家急需球罐用钢的鉴定工作。同年，金重厂自制成功的"深度液压橡胶胀管装置"正式用于产品制造，该装置还获得了国家知识产权局颁发的"橡胶深度胀管装置"实用新型专利，解决了因市场采购不到这类装置而长期影响制造的困局。这一年，设计制造中间管板换热器——淬冷器获得成功。

1988年经过全厂各部门配合，攻克了12项技术难关，完成重大工艺试验10项，其中脱甲烷氢塔、$1000m^3$ 球罐瓣片、加氢反应器产品的试制成功在行业中产生很大的影响力，套管结晶机的更新换代开发，提高了产品的信誉度，$1000m^3$ 球罐瓣片制造通过了化工部质量管理奖验收，保持了国优水平，球罐现场安装组焊取得了许可证。同年11月7日，国家劳动部锅炉压力容器安全监察局、化工部中国化工装备总公司组成联合评审组在山东省新泰市对金重厂设计、制造的 JQ22—$120m^3$ 丙烯球罐现场组焊安装条件召开了鉴定会，会议通过了对丙烯球罐的鉴定，并以化工部〔88〕化装质字435号文件下发全国化学工业系统。

在1988年的技术改造中，全年投资1229万元，完成三大车间采暖改造、两油改造重点工程，完成了一容车间探伤室施工，基本完成新建球罐车间厂房建设，扩建锻造分厂厂房 $7400m^2$ 的土建工程。

1989年，试制成功国内首台按美国德士古煤气先进技术进行设计和制造的煤气化炉（见图8.4-23，该气化炉的主要参数：$\phi 2800mm \times 50mm \times 14146mm$，设计压力 3.236MPa，工作压力 2.6MPa，设计温度 425℃，材料 1.25Cr-0.5Mo+316L 堆焊，设备重量 63.26t，使用单位：鲁南化肥厂），并完成了加氢反应器、环氧乙烷反应器等"二炉四器五塔"和"四个装置"的国家重点产品，改进了球罐、氢氮气瓶的设计，引

图8.4-23　金重厂为鲁南化肥厂制造的我国第一台德士古气化炉

进了德国二步式旋压机，进一步提高了产品质量，同时扩大了产品的市场占有率。这一年完成技术改造投资1026万元。

1989年，金重厂与法国TP公司合作设计制造了500m³混合式环氧乙烷球罐（见图8.4-24，主要参数：ϕ9850mm×18mm，材料SA-516 Gr.60，重量114.33t/2台，使用单位：德希尼布公司/抚顺环氧乙烷工程指挥部）。在国内首次采用足球瓣的极板结构，实现焊缝数量最少和长度最小的目标。这是球罐设计制造的又一新突破。

1989年至1991年，金重厂与法国德希尼布公司合作设计，制造按美国ASME规范，为抚顺环氧乙烷项目提供54台设备，此后三年又有三批近200台的锦西大化肥和四川美丰大化肥项目产品设计、制造任务。

图8.4-24　金重厂与法国TP公司合作建造的500m³混合式环氧乙烷球罐

在这个阶段通过合作设计、制造和聘请技术专家指导解决的技术关键：

1）通过选派技术骨干到国外先进公司培训，掌握低温甲醇洗和液氮洗技术并建立QAS，这也是中国压力容器制造业首先建立的QAS，先于国家法规规定，以此，中国的压力容器制造QAS向全国推广，成为中国压力容器QAS的发祥地。从而不仅使金重的各项管理上了一个台阶，也促进了中国整个行业管理水平的飞跃。

2）解决了尿素合成塔封头衬里的爆炸贴合工艺。

3）尿素设备中尿素级材料[00Cr25Ni22Mo2和00Cr18Ni14Mo3（MOD）]的板材焊接，手工和带极堆焊及热处理、检验工艺。

4）尿素级材料管子与管板的焊接工艺评定，焊接操作及检验程序的识别、细化。

5）二氧化碳汽提塔中汽提管的管端加工及分布头、分布管的加工、制造工艺的更新提高。

6）德士古煤气化炉内急冷环的结构和制造技术的改进与提高。

7）3.5Ni钢（SA-203E等）制造、焊接、热处理工艺制订与实施。

8）Cr-Mo钢厚壁容器的制造、焊接和热处理检验技术的完善。

在这一阶段，金重厂获得的部分产品荣誉及证书如下：

1978年，金重厂合作完成的"高压容器的研究及应用""建立我国压力容器用强度钢系列"成果，荣获由全国科学大会颁发的鼓励奖。

1978年，金重厂完成的"液压自动司锤装置"项目，荣获由全国机械工业科学大会颁发的显著成绩鼓励证书。

1982年11月，金重厂与林德公司合作生产的塔罐设备获得辽宁省机械工业局重大科技成果二等奖，同时"球罐切坡口工艺"也获得辽宁省机械工业局重大科技成果二等奖。

1982年，1000m³球罐瓣片获化工部优质产品奖。

1983年，1000m³球罐瓣片获国家银牌奖，1988年12月经复查该项继续获得国家银质奖证书。

1983年，直径600mm层板高压容器获化工部优质产品奖。

1984年，400m³球罐获国家银牌奖；液化气汽车槽车获化工部优质产品奖；直径1400mm尿素合成塔以及高压洗涤器获得辽宁省优质产品奖。

1984年制造的我国第一台52万t尿素装置中的关键设备之一高压洗涤器，经过实际使用运行检验，在1986年通过国家级鉴定，并获化工部优质产品和国家质量管理金牌奖。

1987年12月，金重厂完成的"年产52万t尿素成套装置"项目荣获国务院重大技术装备领导小组颁发的荣誉证书。

1988年，"年产52万t尿素装置机械设备"项目荣获化工部科技进步一等奖。

1989年，"年产52万t二氧化碳汽提法尿素装置机械设备"项目荣获国家科技进步一等奖。

1989年，JZ牌400m²球形储罐瓣片产品、JZ牌直径600mm多层包扎式高压容器分别荣获化工部优质产品证书。

4.5 改进、创新阶段（1990—2003年）

这是国家经济发展计划从"七五"期末到"十五"中段快速发展的时期，特别是"八五"计划期间国家经济发展加速，使企业更加相信坚持新产品、新技术、新工艺研究开发与技术引进。

1990年，金重厂双管板换热器设计制造成功，又试制成功了国内首台足球瓣片式混合结构球罐（该设备主要技术参数：ϕ12300mm×20mm，材料16MnR，壳体重量88.18t，使用单位为上海高桥石化公司）。这项技术使球罐设备焊缝布局更合理，焊缝总长度最短，实现了焊缝数量最少和长度最小的目标。同时期，更新换代产品石蜡连续成型机和新产品煤气化炉通过了技术鉴定和质量评议。还是在1990年，金重厂与化工部化机院合作立项"合成氨（含尿素）设备及工艺国产化项目"进行钛材氨汽提塔设备的研制，制造模拟鉴证件，1991年完成了钛材氨汽提塔模拟鉴证件的试制，并通过了化工部组织的专家鉴定，为下一步进行斯那姆流程氨汽提塔制造做了充分的技术准备。同期，通过技术研究开发了溶液冷凝器、甲烷化炉开工加热器，试制成功煅烧炉旋转接头，攻克了液压胀管、小半径U形管煨制、尿素合成塔环焊缝焊接等5项工艺制作难题，推广应用了管子-管板旋转氩弧焊工艺，提高了产品质量和工作效率。同期还完成了破渣机测绘工作，着手进行橡胶后处理生产线的设计，为开发相关新产品奠定了基础。1991年，工厂完成技术改造投资500万元，建成了抛丸车间，球罐车间基本形成产品制造能力，为工厂进一步发展增添了动力。

1992年6月16日，金重厂与日本千代田普罗泰克株式会社、三菱商事株式会社技术经济合作协议正式签字，开启了与国外企业新一轮经济、技术合作。在合作项目中，引进日方先进的制造管理与质量管理技术，首先应用于出口设备的制造监管。在新产品开发方面，完成了新型高压甲铵冷凝器、热壁加氢反应器和5种TP产品的开发与制造，同期，为日本日挥株式会社制造5台设备，实现了金重厂为我国压力容器产品首次直接出口业绩。1993年对熔化极气体保护焊在压力容器上的应用和自动型钢煨制新工艺的研究取得了阶段性成果，开展了逆变直流焊机的推广应用，保证了重点产品的按期完成；为新疆独山子开发的橡胶后处理设备新产品如期完成，为金重厂在市场上又开辟出一新领域。1993年金重厂开发制造的年产48万t尿素装置二氧化碳汽提塔顺利通过部级鉴定，另一项重点产品高压甲铵冷凝器获大连市政府九三年科技进步奖。同年，锻件产品生产取得挪威船级社（DNV）和英国劳斯（LR）两个船级社锻件生产认可证书，锻件产品质量、资质得到国内外各方面的认可，产品出口到欧洲、亚洲等国家和地区。

1994年工厂开始在设计、工艺等方面全面推广计算机辅助设计，提高所有技术人员利用现代化手段的设计能力和工作效率以及准确性。在新产品开发方面，充分发挥工程技术人员的作用，完成了重灰煅烧炉、煤气化炉及锁斗、新型高压冷凝器创新产品的研究制造任务，同时完成了茂名、兰化、辽化、吉化年产30万t乙烯装置设备中的技术研究和新产品制造。在产品制造方面，开始逐步推广应用气体保护焊等新技术。

1995年为我国航天工程研制的特大直径不锈钢椭圆封头（见图8.4-25，直径12m，板材厚度20～30mm，材料为1Cr18Ni9Ti，使用单位为北京航空研究所），整体预装一次成功，此成果填补了金重厂和国家制造特大不锈钢封头的空白。同时期"压力容器检验技术文件改革QC成果"、"二氧化碳汽提塔两球头深环缝焊接QC成果"分别荣获中国化工装备协会一等奖和三等奖。

图8.4-25　1995年研制的特大直径不锈钢椭圆封头

1995年，金重厂承接设计、制造23台日本三菱总承包，出口巴林的尿素项目产品，是我厂完全按照美国ASME规范设计、制造，并打ASME的U钢印，由美国船检局的AI监检，在美国NB总部注册的产品，这也是我国首批设计、制造的打ASME的U钢印，并在美国NB注册的压力容器产品。

1996年第二批打U钢印出口韩国冬宝项目，并由美国哈特福特公司AI监检产品24台。

1999年在不锈钢工部完成了与日本川崎重工合作，按美国ASME规范设计、制造并打U钢印产品，由美国船检局的AI监检的83台的最终用户为美国的协和发酵食品添加剂的不锈钢产品，这是中国压力容器产品首次大批量出口到美国。

金重厂在1997年至2002年间，为现代、锦湖、千代田、三菱、三井、日挥、川崎、杜邦、克瓦纳等设计、制造了 20 多批、近千台产品,其中打 ASME 钢印,并在 NB 注册的有 77 台,按美国 ASME 规范制造的产品,如此集中设计、制造多台套、出口多个国家和地区的压力容器产品,在当时的中国是绝无仅有的。

在 1996 年至 1997 年由地方政府主导策划的企业"强强联合"战略开始实施,金重厂 1 月 22 日接到了大连市经济委员会下发的〔1997〕41 号文件:转发市政府决定:金州重型机器厂等三户企业加入大连冰山集团有限公司。7 月 28 日,又下发了大企兼发〔1997〕9 号文件批复:同意大连冰山集团有限公司兼并金州重型机器厂。至此金重厂不再独立存在,而是成为冰山集团下辖的一个子公司。

1997 年 11 月,中国化工装备总公司一行 13 人来金重厂召开高压冷凝器质量评议会议,到会专家认为:金重厂为洞庭氮肥厂设计制造的首台国内最大的年产 60 万 t 装置——高压冷凝器主要质量指标达到国际标准,其中带极堆焊突破金重厂历史最好水平。这是金重厂在大尿素关键设备制造方面的新突破。

1998 年 5 月金重厂获得了 ISO9001 质量体系认证证书。同年 9 月,金重厂为大庆年产 48 万 t 乙烯改扩建工程制造的 26 台 3.5Ni 钢裂解分裂成套装置,组织召开了质量评议会,一次通过了北京石油化工工程公司和大庆石化总公司等 22 个单位 46 名专家所组成的质量评议委员会的严格审查。评委认为 3.5Ni 钢大批量设计制造的成功,标志我国在石油化工低温设备成套装置国产化进程中有了新的突破,对于工厂未来的发展有着极大影响。是年 11 月,在辽宁省机械厅主持下,对金重厂新开发的低温罐车进行投产鉴定,与会专家一致认为金重厂试制的 JZJ528GYQ 型液化气(二氧化碳)低温罐车完全达到了投产要求和技术标准,同期,由大连理工大学吕世战教授等 16 个单位的专家参加于山东齐鲁石化公司橡胶厂召开新产品鉴定会,与会专家对金重厂研制的 DXJ—3 型橡胶挤压脱水机通过了投产技术鉴定,认为此设备的研制成功,填补了该产品的国内空白。为大庆年产 48 万 t 乙烯改扩建工程制造的 26 台 3.5Ni 钢设备,其中 17 台设备的设计温度为 -101℃,具有代表性产品的主要参数见表 8.4-4,制造现场见图 8.4-26~图 8.4-28。

表 8.4-4　大庆年产 48 万 t 乙烯改扩建工程部分 3.5Ni 钢设备技术参数

名　称	规格 /mm	主要材料	设计温度 /℃	数量 / 台	重量 /t	制造时间
乙烯塔	$\phi2800\times12/16\times55865$	SA-203E/SA-333-3	-101	1	117.91	1998 年
脱甲烷塔冷凝器	$\phi1800/\phi1100\times12/16\times9396$	SA-203E/SA-334-3	$-101\sim38$	1	21.82	1998 年
甲烷馏出塔	$\phi1900\times24\times49295$	SA-203E/SA-333-3	$-101\sim-6$	1	95.75	1998 年
乙烯塔再沸器	$\phi1800\times14\times9144$	SA-203E/SA-334-3	$-101\sim38$	1	71.96	1998 年
乙烯回流过冷器	$\phi900/\phi500\times10/8\times9510$	SA-203E/SA-334-3	$-101\sim38$	1	74.81	1998 年

1999 年 1 月,金重厂接受辽宁省劳动厅、大连市劳动局和市锅检所一行专家来厂进行压力管道安装取证联检,并被批准金重厂从即日起,有资格进行 GB1、GB2、GB3 压力管道和液化气站的工程安装。1999 年 4 月金重厂设计制造的煤气化炉中关键部件——急冷环,通过了美国德士古发展公司检验师检查,获得了东南亚独家制造权,同年 9 月 30 日,美国德士古发展公司发给金重厂德士古压力容器制造资格证明,授权金重厂生产德士古煤气化炉等有关压力容器。这是德士古发展公司在亚洲唯一一家企业授权。

1999年11月，国家科技部、国家质量技术监督局等五个单位批准金重厂设计、制造的JGH12高压冷凝器和3.5Ni钢设备为国家重点新产品并发给证书；金重厂通过技术引进与开发设计的另一项新产品YSR—10型脱硫除尘器在2000年1月11日通过国家级鉴定，取得了"环保产品"证书，并于5月又被国家科学技术委员会认定为2000年国家级新产品，并颁发了证书。在1999年，金重厂以自己的良好信誉和雄厚实力，以市场的需要为核心，当年承制完成出厂了4台二氧化碳汽提塔、3台高压冷凝器、3台高压洗涤器、6台尿素合成塔，共计16台尿素高压关键设备，获得了国内尿素设备市场的半壁江山，这在国内同类企业中是绝无仅有的。

图8.4-26　26台3.5Ni钢容器制造现场

图8.4-27　3.5Ni钢乙烯塔制造现场

图8.4-28　3.5Ni钢脱甲烷塔制造现场

2000年2月末，金重厂为大庆石化公司化肥厂设计制造的年产60万t尿素装置中的关键设备二氧化碳汽提塔质量评议会在用户使用现场召开，大庆石化公司、化工部化工设备质量检测中心、大连锅检所等7家单位31名专家一致通过了二氧化碳汽提塔的质量评议。同年11月7日，巴斯夫维生素有限公司授予金重厂"最佳供应商"荣誉称号，以感谢金重厂在完成东北制药厂项目中的换热器和降膜蒸发器等产品中所做出的贡献。2000年，金重厂还拿到了国内首台衬锆双金属管氨汽提塔设计制造、5000m³大型球罐的制造和安装订货。

2001年初，金重厂在泸天化股份公司尿素改造项目中，同国内、国外许多投标公司平等竞争，一举中标拿到年产60万t尿素二氧化碳汽提塔和高压冷凝器两台设备设计、制造合同，在尿素关键设备领域保持着巨大优势。2001年7月20日，经大连工商行政管理局核准，"大连冰山集团金州重型机器厂"正式变更为"大连冰山集团金州重型机器有限公司"（以下简称"金重公司"），以公司经营管理模式进行发展。

2002年7月30日，金重公司引进的最大冷卷厚度150mm、最大热卷厚度220mm、最大宽度4000mm、满载最小工件内径2500mm的多功能水平下调式三辊卷板机安装调试完成并投入使用，这是当时国内最大的一台冷卷设备（见图8.4-29）。这一年，金重公司开发研制的锆材双金属管氨汽提塔（见图8.4-30），在用户使用现场——河北张家口（河北宣化化肥公司），经专家评审，被国家经贸委认定为2002年度国家重点新产品。

图8.4-29　重型卷板机　　　　　　图8.4-30　我国首台衬锆双金属管氨汽提塔

2000年为河北宣化化肥公司制造的我国首台衬锆双金属管氨汽提塔，设备主要参数为ϕ950mm×16mm×11027mm，壳体材料16MnR、X2Cr-25-22-2，管束材料2RE69/Zr702，重量28.69t。2003年又为山东华鲁恒升集团公司制造了一台衬锆双金属管氨汽提塔，汽提塔的规格为ϕ990mm×18/ϕ1337mm×24mm×11000mm，管束材料2RE69/Zr702，壳体材料16MnR、X2Cr-25-22-2，设备重量36.70t，能在尿素、氨等介质环境、工作压力14.14MPa、工作温度204～230℃、强冲刷的工况下长期正常运行。

2003年11月末，应法国TP公司委托研制的德国巴斯夫公司C4分离塔等设备交付用户，其中C4分离塔是国内首次研制成功。

在这一阶段公司获得的部分产品荣誉、证书、科技成果和知识产权如下：

1990年金重厂承担的"大型球罐用CF钢的应用研究"（证书号9003024—2）项目，荣获机械电子工业部科学技术进步一等奖；《尿素高压洗涤器技术条件》（GB 9843—1988、ZBG 93008—1988、ZBG 93007—1988）（证书号9011—3—067—01）在12月1日获得化学工业部科学技术进步三等奖。

1991年5月25日，化机国字004号文件通知金重厂荣获以下奖项：吴泾年产30万t合成氨完善化装置获一等奖；吴泾年产52万t尿素汽提塔获二等奖；吴泾年产52万t尿素高压冷凝器获二等奖；中原化肥厂4200m³氨罐获三等奖；冶金厂水处理用高速过滤器获三等奖；宝钢2050热连轧机获得题有"在国家重大技术装备研制中，金重厂作出突出贡献，予以表彰"字样的荣誉证书。

1991年11月，"尿素高压设备堆焊工艺评定和焊工技能评定"项目荣获辽宁省政府科学技术进步三等奖。

1992年1月10日，化科字第7号文件通知，金重厂完成的GB 10476—1989《尿素高压冷凝器技术条件》项目，获得1991年化工部科学技术进步三等奖。

1992年2月，金重厂完成的"60万t/年纯碱装置直径3.2m重质煅烧炉"项目国产化，荣获化学工业部颁发的全国化工消化吸收国产化优秀项目奖。

1992年11月,"大型球罐用08MnNiCrMoVB钢的应用研究"荣获国家科学技术进步二等奖。

1994年12月,由金重厂承担完成的"天然气制合成氨转化气、变换气废热锅炉"项目,荣获化学工业部颁发的科学技术进步二等奖。

1994年12月,由金重厂承担完成的"山东鲁南化肥厂德士古水煤浆加压气化及气体净化制合成氨新工艺"项目,荣获化学工业部颁发的科学技术进步一等奖。

1995年12月,"水煤浆加压气化及气体净化制合成氨新工艺"项目荣获国家科学技术委员会科技进步一等奖。

1996年10月,"年产60万t纯碱装置新技术的开发及应用"项目,荣获化工部科学技术进步一等奖。

1999年8月,国家经贸委认定金重厂设计制造的DXJ—3型橡胶挤压脱水机和JZJ5281GYQ型液化气(二氧化碳)罐车为1999年度国家级新产品并颁发了证书。其中,橡胶挤压脱水机于同年10月30日由国家知识产权局授予专利权,发给实用新型专利证书。

1999年11月,金重厂的"3.5Ni钢设备"项目获得国家科技部、国家税务总局、国家对外经济贸易合作部、国家质量监督局、国家环境保护总局等部委联合颁发的"国家重点新产品"证书。

2000年10月16日,金重厂设计制造的TSR型脱硫除尘器和橡胶挤压脱水机分别被大连市科学技术委员会批准为高新技术产品。

2002年,CWO高浓度有机废水处理装置,经专家评审被国家经贸委认定为2002年度国家重点新产品;该装置于2002年12月30日获得中国机械工业联合会、中国机械工程学会联合颁发的科学技术进步二等奖荣誉证书。

2002年,高温炉料的环保型快速热能回收装置、实用新型90°台阶孔硬质合金成形铣刀等具有自主知识产权的技术获得国家知识产权局授予专利并颁发实用新型专利证书。

金重厂自1964年研制出中国第一台50m^{3}球罐以来,设计、制造了近千台球罐,在中国的球罐产业中占据了技术、质量、品种、产量的绝对优势。金重厂球罐技术的进步始终推动着中国球罐技术的发展,开创了预装成形、分片发运和坡口切割一次成形的两次技术革命,以及瓣片互换与混合式结构的两次技术飞跃,开创了中国球罐技术发展的四个阶段(起步、发展、提高、创新)。现行的中国球罐技术标准——GB/T 12337—2014《钢制球形储罐》就源于金重厂的企业标准。

4.6 更进一步的创新发展阶段(2003—2012年)

自2003年以来,随着国家煤化工方面的大力发展,装置集约化、规模化、节能化的推进,金重公司利用自己拥有的技术特点、一直以来坚持的技术积累与市场前瞻性研究,在两个方面拥有了很强的技术实力:一是大中型合成氨、大中型化肥装备中的关键设备制造实力,一是煤化工装备领域中的煤气化设备,以及煤化工流程装置中的低温设备以及煤制油等装备中的核心设备、重要大型设备,并抢得了市场先机。

2004年，为大庆化肥厂30万t合成氨制造成功国内首台新工艺大型合成氨塔和其中全部内件，经过了一年的运行，顾客反映各项技术指标与性能均达到或超过国外同类产品的水平，开启了大型合成氨内件国产化制造的序幕，也改变了国内制造业只能制造大型压力容器外壳的历史，开始了向关键核心技术领域——技术含量更高、要求更精细的内件制造领域发展。

2005—2006年，金重公司受邀为从南非进口的，我国本溪北方煤化工公司40万t/年尿素流程配套用高压汽提塔、高压甲铵冷凝器等10台尿素设备进行全面修理与技术改造。

2006年，受邀为北京普尔特、广西柳化、黑龙江伯力化工厂等一批化肥、化工企业检测、修理、改造非金重公司制造的尿素合成塔4台，确保这些尿素生产装置的正常运行。

在2005年前后，由于国内大化肥新项目的大量上马，许多正在服役的尿素设备到了使用寿命周期，以及2005年某化肥厂事故影响，使金重公司全力以赴成批承担起国内众多化肥公司的化肥关键设备（尿素合成塔、二氧化碳汽提塔、高压冷凝器、高压洗涤器等）制造任务，2005年、2006年分别完成各类化肥关键设备70多台和80多台（其中，2005年制造完成尿素合成塔6台，二氧化碳汽提塔、高压冷凝器、高压洗涤器等5台；2006年制造完成尿素合成塔25台，二氧化碳汽提塔、高压冷凝器、高压洗涤器等33台），其市场份额达95%以上。

2006年9月，金重公司引进德国博希格公司合成氨工艺技术，研制成功首台世界上最大的全镍基材料气/气换热器（见图8.4-31，主要技术参数：$\phi1694mm×34mm×20830mm$，材料SA-387 Gr.12 Cl.2、SB-443-625，设备重量86.97t，使用单位：本溪北方煤化工有限公司），实现了该重大装备的国产化，把我国化肥装备的制造引入了新的领域。

2004年是我国化肥行业进行"煤改油"技术改造实施的重要起始年，金重公司抓住机遇，在当年6月，为湖北双环研制成功我国第一台日处理煤800t壳牌干粉煤气化关键设备和流程中的另一关键设备高压飞灰过滤器。这台壳牌干粉煤气化关键设备是由四大部分（煤气化炉、输气管、气体返回室和合成气冷却器）组成的H形高50余米的煤气化装置，煤气化装置采用的是废锅流程煤气化工艺洁净煤气化技术，整个气化装置壳体重量约600t。在产品研制开发过程中解决了高温钢SA-387 Gr.11 Cl.2+堆焊镍基合金复合厚板的成形、组对、大面积堆焊、探伤、热处理等关键制造工艺；解决了现场四道黄金焊缝的全位置焊接及热处理等关键问题；解决了内件整体组装和98个引出管同时对应组焊时的尺寸控制等关键技术难题，填补了国内在大型煤气化装置中的技术空白。其中，另一台设备高压飞灰过滤器设备重305t，规格尺寸为$\phi6525mm×95mm×20239mm$，大球形封头（$SR3250mm$）、厚复合板、高精度、锥壳的成形，大直径（$\phi6500mm$）、空腔形不锈钢组合主管板和超大直径（$\phi8000mm$）圆环形（$\phi760mm×30mm$）集气管等的变形控制技术的突破，同样填补了国内在大型煤气化装置中的技术空白。金重公司开始了以煤为原料的化肥、煤化工流程中原料部分设备制造。

2005年8月16日，金重公司为中石

图8.4-31 首台世界最大全镍基材料气/气换热器

化岳阳（岳阳洞氮）分公司又研制成功世界上最大（重达 1300 余 t，日处理煤 2000 余 t）的大型壳牌干粉煤气化关键设备及高压飞灰过滤器（设备的主要技术参数：气化炉部分 ϕ4630mm×（95+5）mm×30900mm，输气管部分 ϕ3020mm×86mm×8904mm，气体返灰室 ϕ3400mm×210mm×9700mm，合成气冷却器部分 ϕ3400mm×（75+5）mm×40500mm，工作压力 5.2/FV MPa，工作温度 380℃，材料 SA-387 Gr.11 Cl.2，壳体总重 1010t；高压飞灰过滤器 ϕ6525mm×（100+3）mm×20239mm，工作压力 4.4/FV MPa，工作温度 380℃，材料 SA-387 Gr.11 Cl.2+304L，重量 303.61t），见图 8.4-32～图 8.4-34。

图 8.4-32　壳牌干煤粉气化炉部分

图 8.4-33　壳牌干煤粉气化关键设备中的合成气冷却器部分　　图 8.4-34　壳牌干煤粉气化关键设备中的返回室部分

到 2006 年底，金重公司共完成 7 套该煤气化关键设备的制造，同时制造了 8 套壳牌煤气化装备中的另一种关键设备——高压飞灰过滤器（见图 8.4-35），以及其中的其他重要设备，共计 36 台设备，其国内市场份额达 80% 以上。其中，壳牌干煤粉气化关键设备中的导管（过渡段）与返回室采用金重公司首先提出并设计的组合立式组装焊接工艺，进行空中搭架立体化焊缝焊接，这是金重公司在行业中首创的工艺方法（见图 8.4-36）。

2005 年为中石油塔里木油田分公司制造成功恢复生产用特急设备——低温分离器，是金重公司在低温设备制造中又一个重大技术突破。该设备为低温高压容器，设备主体材料为 09MnNiDR（GB 3531—1996）（国内钢厂供货），规格尺寸为 ϕ2200mm×85mm×

图 8.4-35　高压飞灰过滤器

图 8.4-36　现场施工中的壳牌干煤粉气化关键设备中的导管（过渡段）

8534mm，封头壁厚为 94mm，设计压力为 9.9MPa，设计温度为 −40℃，使用压力为 9.43MPa，工作温度为 −35℃。该设备依据图样结构情况分析，制造难度大，设备使用工况特殊，制造要求工期极短，壳体板材与所有焊接材料等都要采用国内厂家现有的产品。虽然在焊接试验和焊接工艺评定工作等阶段未发现问题，但是在投入车间组对焊接等过程中，用超声检测各焊缝却发现均不合格。不合格缺陷特点是：缺陷深度在内侧算起板厚方向约 30～50mm。在立刻调整焊接工艺方案之后，却依然出现类似问题。在此情况下，金重公司组织有关工程技术人员、实际操作人员，以及外请的国内焊接专家共同对上述现象进行了进一步的调查和研究，发现壳体材料性能不确定，有各向异性，焊丝、焊剂及其匹配不稳定。根据专家们的结论和金重公司自己的经验，决定将已焊接的不合格焊缝全部切掉，按照新制订工艺措施重新进行焊接。在新工艺及新措施条件下，制造完成的低温分离器运至用户使用安装现场，又多次经过三方全面无损检测，各项指标都达到设计使用要求，设备安装到位之后，西气东输管线恢复正常（见图 8.4-37）。

2005 年 9 月 28 日，国务院副总理曾培炎在《国家重点工程塔里木油田低温分离器首台完工发运》的工作简报上批示时写到："向冰山集团金州重机厂职工致敬。"11 月 10 日，鉴于金重公司在制造高压和超高压压力容器设备方面的核心竞争力和中石油塔里

图 8.4-37　低温分离器

木油田对高压、超高压压力容器的需求，金重公司与中石油塔里木油田在大连签订了战略联盟合作协议书。协议书规定金重公司长期为塔里木油田提供高压、超高压设备，实现优势互补，互利共赢。是年，金重公司按期保质为中石化西气东输工程成功抢制6台低温分离器，标志着金重公司已具有了独有的核心竞争力和综合实力，受到中石油、中石化、国家发改委、国务院振兴东北办公室、曾培炎副总理及大连市政府等领导的高度赞扬（见图8.4-38）。

2006年5月，金重公司在已完全掌握壳牌干煤粉气化关键设备制造技术和德士古水煤浆气化炉制造技术的基础上，又开始了另一大煤气化技术设备的开发制造，为河南燃化集团完成了当时世界最先进的两套大型鲁奇碎煤加压气化炉（Mark Ⅳ）的制造。2006年7月6日，金重公司成功签订了由西班牙BPE公司总承包的938万欧元（按当时汇率计算合1亿元人民币）的壳牌炉的出口创汇合同，创造了金重公司历史上签订出口创汇合同之最。

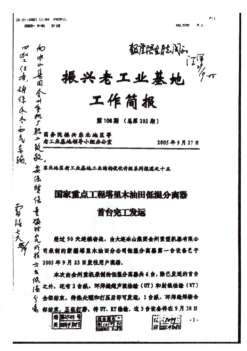

图8.4-38　曾培炎副总理得知低温分离器制造完工时的题词

鲁奇碎煤加压气化炉（见图8.4-39～图8.4-42）主要参数如下：

图8.4-39　鲁奇碎煤加压气化炉炉体部分

图8.4-40　鲁奇碎煤加压气化炉废热锅炉部分

图8.4-41　鲁奇碎煤加压气化炉煤锁和冷凝器部分

图8.4-42　鲁奇碎煤加压气化炉灰锁部分

气化炉炉体部分：ϕ4000mm×50mm/ϕ3848mm×20mm×12500mm，材料 13MnNiMoNbR、20R（内筒），设备重量 117.45t；

煤锁部分：ϕ2870mm×65mm×3800mm，材料 16MnR，重量 20.63t；

灰锁部分：ϕ2660mm×70mm×4720mm，材料 15CrMoR，重量 31.34t；

冷凝器部分：ϕ1500mm×36mm×3020mm，材料 15CrMoR，重量 5.46t；

废热锅炉部分：ϕ3200mm×24mm/ϕ2240mm×20/38mm×18770mm，材料 20R、20（管），重量 76.63t。

2006 年在金重公司的创新发展史上是重要的一年，开发了新产品 7 项，其中，国内首台套研发的有 5 项：

1）国内首次制造成功美国康菲项目（"蓬莱 193"项目）海上平台油气处理成套关键设备（2006 年完工）6 种 13 台套，是按照 ASME 规范设计、制造并打 U 钢印产品，由美国 AI 监检。制造过程中，克服了材料特殊、工艺复杂、制造难度大等技术难关，提前产成交货。

康菲项目海上平台处理成套关键设备（部分）主要技术参数如下：

游离水分离器：ϕ5490mm×（34+3）mm×27460mm，材料 SA-516 Gr.70N+Inconel 625，设备重量 226.50t；

固体捕集器：ϕ4880mm×（42+3）mm×18065mm，材料 SA-516 Gr.70N+Inconel 625，设备重量 120.20t；

二级高压压缩机出口洗涤器：ϕ1550mm×（26+3）mm×5550mm，材料 SA-516 Gr.70N+SS316L，重量 9.93t。

设备见图 8.4-43 ～图 8.4-45。

图 8.4-43　康菲项目游离水分离器

图 8.4-44　康菲项目固体捕集器

图 8.4-45　康菲项目二级高压压缩机出口洗涤器

2）首台世界最大镍基材料气/气换热器。

3）率先制造成功 52 万 t/年尿素四大关键设备，在这一年共制成尿素合成塔 25 台，尿素高压冷凝器、高压洗涤器、二氧化碳汽提塔等 33 台。

4）改进型鲁奇碎煤加压气化炉（Mark Ⅳ）成套设备制造成功。

5）为国内某煤气化工程试验中心研制的水冷壁气化炉设备顺利出厂（见图8.4-46），它为我国水冷煤气化炉设计与制造奠定了基础。其主要技术参数：$\phi1012mm×28mm/\phi1000mm×(28+6)mm×8077mm$，主要材料15CrMoR，设备重量12.20t。

2007年3月31日，为兖矿集团国泰化工公司制造完成具有我国完全自主知识产权的新型四喷嘴水煤浆气化炉顺利出厂，这是国内第三台同一类型工业化大型煤气化炉，是国家"863"项目中的关键设备；到7月7日，金重公司与兖矿鲁南化肥厂共同在鲁化现场举行了国内首台千吨级超大型多喷嘴水煤浆气化炉交接仪式。至此，金重公司已完全掌握了当今世界几大主流煤气化技术中关键设备的制造技术，为全面开拓以煤为原料的化肥设备及相关设备市场扫清了所有技术障碍。同年7月12日，兖矿集团榆林能化有限公司与金重公司举行了年产60万t甲醇项目核心设备甲醇吸收塔分段出厂仪式。该甲醇吸收塔规格为$\phi3500mm×98mm×79048mm$，材料为SA-203E、SA-537，重700多吨。金重公司改变以往卧式组对完成、再立起安装到位的施工工艺，在安装场地范围受限制的情况下，以"小"起重设备立式组装大设备（见图8.4-47、图8.4-48），极大地降低了设备安装成本，对安装场地要求更宽泛，更容易实施。甲醇吸收塔在用户现场安装时，创造了铆工装配一次达标、环焊缝焊接一次100%合格的业绩。同年金重公司又签订了国内神华包头煤化工公司煤制油核心设备费托合成反应器新产品的制造合同，开始进入煤制油装备市场。

图8.4-46 水冷壁气化炉设备

图8.4-47 兖矿集团榆林公司的大型甲醇吸收塔在金重公司内预组对

图8.4-48 大型甲醇吸收塔在安装现场进行分段安装

随着市场需求旺盛，对压力容器设备的要求不断提高，对压力容器设备制造企业的制造能力也提出新要求，金重公司为适应产品结构调整向大型化发展，从 2005 年以来直至 2011 年，历经七年时间全面完成了技改任务。在此技改中，重点添置的大型设备有 400t、500t 露天龙门起重机及其配套露天场地，400t 可拆卸式门式起重机，100t 汽车起重机，大型拼接板式热处理装置，两台大型落地镗铣床，水平承重 160t 和垂直承重 50t 的重型焊接变位机，新型双丝埋弧焊机，数控接管焊机，自动焊接操作机，氩弧焊机，二氧化碳气体保护焊机，800t 可调式大型防窜滚轮架，500t、300t 焊接滚轮架与直线加速器，伽马射线探伤机，数字式超声探伤仪等一系列制造和检测设备百余台，工艺装备能力显著提升，使金重公司装备水平在同行业中达到一流，大大增强了金重公司的后发优势。

2008 年 3 月，金重公司与东华工程科技股份有限公司共同签订了战略合作协议书，达成了强强合作共识，明确东华工程公司设计、总包的建设项目所需化工、煤化工装备交由金重公司制造，特别是对新产品、新技术、新材料的开发方面有了进一步合作的空间，进一步拓展了金重公司的产品市场。8 月 8 日，山西晋丰煤化工有限责任公司发来喜报，感谢金重公司承制的国内首套年产 65 万 t 合成氨、80 万 t 尿素五大关键设备尿素合成塔、氨合成塔、高压冷凝器、高压洗涤器、二氧化碳汽提塔一次开车成功，这是金重公司在大合成氨、大尿素关键设备制造方面的又一大进步。

2008 年 11 月 18 日，金重公司自主开发制造的国内首台国产化设备——直径 1.5m、长 43m、重 200t 的大型单层壁尿素合成塔顺利运抵泸天化，交付用户。在这台单层壁尿素合成塔研发、设计、制造的整个过程中，公司自主编制的该设备的标准，从设计（满足了用户要求）到制造都突破了我国现有行业规范标准，得到了全国压力容器标准化技术委员会的批准，成为首个单层壁尿素合成塔国家标准。

还是在这一天，2008 年 11 月 18 日，大连市经济委员会、科学技术局、财政局、国家税务局、地方税务局、大连海关以大经发〔2008〕212 号文件通告："经审核认定大连金州重型机器有限公司等企业的技术开发机构为市级企业技术中心"。这是金重公司恢复独立法人企业之后，首次提出申请并经过材料汇报、专家答辩、实地考察等程序，获得的第一个企业技术中心方面的认定。2011 年 10 月 27 日，辽宁省经信委、辽宁省财政厅等省级机构以辽经信科技〔2011〕274 号文件通告："经审核认定大连金州重型机器有限公司的技术开发机构为省级企业技术中心"。2014 年金重集团向大连政府相关部门提出申请，经专家答辩、项目考核、工程项目验收，公司的工程实验室被批准为"大连市大型压力容器设备制造工程实验室"。

2009 年 4 月 27 日，遵照大国资改组〔2007〕46 号文件和大连冰山集团有限公司董事会决议，冰山集团持有的大连冰山金重 100% 国有股权，无偿划转为大连市国有资产经营有限公司持有，它标志着金重公司脱离冰山集团重新成为独立法人企业。12 月 21 日，中国神华包头煤制油化工有限公司发来感谢信，感谢金重公司为其成功研制国内首台年产 18 万 t 煤间接液化关键设备费托合成反应器，并一次开车成功，顺利生产出优质油品。

2010 年 1 月 8 日，大连市人民政府国有资产监督管理委员会以大国资改革〔2010〕7 号文件通知：同意金重公司将用于办社会职能的非经营性资产予以剥离，无偿划转给大连市国有资产经营有限公司管理，由此金重公司基本放下了大企业小社会的办企业模式，投入主要精力做大做强。2010 年 5 月 26 日，历经九年不懈努力，金重公司终于完成了国企改制,把国有独资公司转制为投资主体多元化的国有控股有限责任公司。这是金重公司改革的里程碑,为快速发展确立了体制保证,为在不久的将来组建集团公司奠定了坚实基础。

2011年6月20日,金重公司与兖矿新疆煤化工有限公司在金重公司现场共同举行年产60万t醇氨联产项目多喷嘴对置式气化炉完工出厂仪式,提前交付三台国内最大规格的多喷嘴对置式水煤浆气化炉。此后,仅用20天就运抵4000km外的新疆现场。

2010年至2011年之间,金重公司在技术创新与新产品开发方面的成绩如下:

为山东瑞星公司研制100万t级/年尿素四大关键设备,这是我国最多采用的二氧化碳汽提法生产尿素流程装置中最大的一套关键设备,在国内外引起巨大反响,为金重公司拓展、引领特大型尿素装备市场奠定了坚实基础。

为兖矿集团贵州开阳公司研制的新型水冷壁式气化炉,是在德国科林炉的基础上优化设计再创新,成为金重集团继成功研制水煤浆气化炉、干煤粉气化炉、鲁奇炉、多喷嘴对置式水煤浆气化炉等国内首套各型煤气化炉后又一项轰动全国的重大自主研发项目,为重大煤化工装备国产化做出了新贡献。

为山东联盟公司设计研制的氨化反应器,增加了尿素系列设备新品种。

为沧州大化公司设计制造的氢化反应器,替代了国外进口,实现了该型设备的国产化。

为日本日立公司研制的两台卧式聚酯反应器(主要技术参数:$\phi 3800mm \times (38+3) mm / \phi 4037mm \times 25mm \times 11200mm$,主要材料 SA-516M Gr.415+304、SA-516M Gr.415,设备重量151.50t)在国内属首台套制造,产品出口到国外市场(见图8.4-49)。

为内蒙古天润化肥公司研制成功中压分离器,该设备材料特殊,制造技术条件要求严格,产品同样为国内首台制造。

为陕西蒲城100万t/年二甲醚项目研制的碳洗塔,壳体厚达170mm,设计压力在国内同类压力容器中最高,属国内同类设备中升级版首创设备,为拓展高压厚壁石化装备市场打下了坚实基础。

为湖南益阳多晶硅项目研制的6台400~1500m^3不锈钢球罐(见图8.4-50,主要技术参数:400m^3球罐 $S\phi 9200mm \times 24mm$,材料为022Cr17Ni12Mo2,壳板重量64t;650m^3球罐 $S\phi 10700mm \times 30mm$,材料为022Cr17Ni12Mo2,壳板重量103t;1500m^3球罐 $S\phi 14200mm \times 40mm$,材料为022Cr19Ni10,壳板重量233.5t),突破了我国现有行业规范

图8.4-49 为日本日立公司研制的卧式聚酯反应器正运输出厂

图8.4-50 为湖南益阳多晶硅项目设计、制造的国内首台首批不锈钢球罐安装现场

标准，得到了全国压力容器标准化技术委员会的批准，创造了国内同类不锈钢球罐的首台套业绩，它的制造成功对于金重公司未来产品市场具有潜在性影响。

为越南金瓯项目研制的丹麦托普索工艺技术的氨合成塔外壳，同样是金重公司在国内的首创；为山西金象公司研制的氨合成塔外壳，使公司新增加了氨合成塔制造品牌。

为山西天泽化工公司研制的超级双相钢尿素关键设备，是国内采用斯塔米卡邦工艺技术的首创，增加了金重公司制造双相钢设备方面的技术实力。

为长青中美（北京）公司研制的国内首台褐煤处理器，采用美国技术，将褐煤脱水提纯，优化煤质，提高热值，它的研制成功，对褐煤应用于煤化工产业具有划时代意义。

在新工艺、新材料研究方面，完成了丹麦托普索工艺设备中的内孔焊模拟试验及制订出相应的工艺应用；完成了尿素级焊条焊接工艺试验、自动 TIG 管子对接自熔新工艺评定；完成了新型气化炉冷却盘管煨制工装设计及应用、电弧螺柱焊接工艺试验与应用、加压气化炉封头性能处理工艺试验与应用、超级双相不锈钢热压工艺研究及应用、工艺因素对 625 镍铬钼型熔敷金属晶间腐蚀影响的试验分析、废热锅炉内孔焊工艺试验及应用、公司特种设备焊接信息管理软件开发及应用、双弧对称 TIG 焊接工艺试验及应用、空气等离子切割在不锈钢球片坡口加工中的应用等，为金重公司可持续发展积淀了技术基础。

在这一阶段（初期）通过企业自主研究和技术合作与引进解决的部分关键技术如下：

1）通过委派科技人员到国外公司培训，掌握了气/气换热器技术并建立了先进的设计、制造、检验检测质量管理方法；

2）聘请技术专家指导解决壳牌煤气化关键设备的壳体与内件组装技术、黄金焊缝焊接工艺及操作技术；

3）大型高压飞灰过滤器的大直径、厚复合板、高精度、半球形封头及锥壳的成形、组对、焊接、加工、热处理等关键制造工艺及操作技术；

4）大直径（$\phi6500mm$）、空腔型不锈钢组合主管板的制造工艺及操作技术；

5）超大型设备内部高精度、多任务内件的安装工艺，以及超大直径（$\phi8000mm$）圆环型（$\phi760mm\times30mm$）集气管的制造工艺及操作技术；

6）在用户现场实施的超大型设备总装工艺及操作技术；

7）锆材汽提塔管头焊接、加工等其他关键技术与工艺；

8）新型 Cr-Mo 钢厚壁容器的制造、焊接和热处理检验技术的完善等；

9）大型氨合成塔内件栅板檩条的组对技术、整片栅板变形的控制技术、多重栅板间距保证技术，以及各工艺环节高精度制造工艺技术。

在这个阶段公司获得的部分产品荣誉、证书、科技成果和知识产权如下：

2004 年，"利用 X—RS 控制图控制大型球罐瓣片的切割质量"、"2.25Cr-1Mo-V 钢焊接制造工艺研究及应用"质量控制成果分别获得了辽宁省、大连市科技成果奖。

2006 年至 2008 年，金重公司的尿素系列产品获得辽宁省政府和大连市政府颁发的名牌产品证书和牌匾。

2010 年 1 月，金重公司的"煤代油大型气化炉及废锅炉体国产化"项目获得中国石化集团科学技术进步三等奖，发给牌匾和证书。

2011 年 3 月，金重公司因研制国内首台单层壁尿素合成塔等设备被授予"中国工业论坛重大技术装备首台（套）示范单位"，发给牌匾和证书。

2008年至2011年，被评为中国化肥设备制造企业100强，中国炼油、化工生产专用设备制造行业最具竞争力50强企业，发给证书或牌匾。

2011年被评为中国工业行业排头兵企业。

2011年，金重公司被评为中国石油和石油化工设备工业协会"五十强"企业，"金重"牌系列尿素合成塔产品和"金重"牌系列二氧化碳汽提塔产品获得"名牌产品"证书。

4.7 加速发展、继续做强阶段（2012年至今）

2012年，为加速筹建金重集团，合资注册成立了多个全资或控股子公司。2013年5月9日，大连市人民政府国有资产监督管理委员会以大国资改革〔2013〕51号文件批复：同意以大连金州重型机器有限公司、大连金重进出口有限公司、大连金重（旅顺）重工有限公司、大连金重石化设备安装有限公司等，按照母子公司体系，将大连金州重型机器有限公司改建为大连金州重型机器集团有限公司。这是金重集团历经57年做大做强的重大里程碑，标志着金重集团已步入国内大型企业集团之林。

2012年5月18日，大连市人民政府国有资产监督管理委员会以大国资改组〔2012〕48号文件通知大连金重集团，同意对建设石化和新能源重型、特大型装备制造临港基地（旅顺双岛湾）项目事宜进行备案。

2013年12月，旅顺双岛湾重大石化装备制造临港基地一期工程主体厂房建设竣工。

2014年，旅顺双岛湾临港基地项目一期工程历经两年的艰苦努力，重容、备料和金工两大主体厂房及辅房、综合楼、探伤室、动力站区等土建工程全部完成，工艺设备开始进场安装。

金重集团在进行集团化运作的同时，产品技术创新发展也达到一个新的高度。2013年6月30日，金重集团为神华宁煤集团提前研制成功世界首台世界最大的年产400万t煤制油示范项目关键设备超大型费托合成反应器。超大型费托合成反应器是被国家发改委列入"十二五"规划发展的15个煤炭深加工示范项目之一，是神华宁煤集团年产400万t煤炭间接液化合成油品装置的核心设备。费托合成反应器壳体重量约2200t，直径9.6m，长61.5m，设备采用铬钼钢（SA-387 Gr.11 Cl.2）特殊材料，属首次国产化开发应用，壳体壁厚132mm，焊接、检测、热处理等均超出了原有设计及制造的经验范畴。金重集团根据费托合成反应器实际情况、企业自身长期积累的实践经验和拥有的技术研发实力，以及设计院、用户等制造过程提出的要求，利用神华集团坐落在宁东大件制造厂的厂房，投资8500万元配置了近500台制造装备。制造过程中对关键技术进行攻关：采用了"反常规"的制造、焊接工艺流程，在壳体筒节焊接过程中采用反变形工艺方案、措施，使筒体一次焊接成形，并保证各处焊接变形达到筒体成形要求，免除了焊后筒体校圆等工序，而且筒体成形的质量非常好，同时大幅度缩短了制造工期；在产品壳体焊缝无损检测中创造性地使用新技术，首次采用TOFD技术手段，既保证了检测质量，又节省无损检测环节时间和减少筒节焊接过程中的多次搬运；为焊接过程中预热、消氢热处理时使用而专门设计的工装（见图8.4-51），满足了铬钼钢材料局部焊缝热处理要求；筒体组对过程中翻转用工装的设计、制作与使用技术（见图8.4-52），满足了各种条件下的搬运，最终制造出这台超大型费托合成反应器，并应用户要求提前4个月完成世界首台超大型煤制油费托合成反应器（见图8.4-53～图8.4-55）。该设备的成功研制，标志着金重集团已进入世界顶级重装备制造企业行列，在国内外引起巨大轰动，国内外56家媒体进行了特别报道，叫响了金重品牌。在第十一届中国工业论坛上，该设备"世界首台超大型费托合成反应器"项目获得首台套荣誉称号，金重集团获得首台套设备制造单位称号。

图8.4-51　神华费托合成反应器用电加热器工装

图8.4-52　神华费托合成反应器用内支撑防变形
工装之一

图8.4-53　神华费托合成反应器壳体现场组装

2014年，金重集团自主研发成功日投煤量1200t、1600t、2000t系列煤气化工艺包技术和国内首台套煤气化工艺技术"金重炉"项目，并与金重集团工程设计院一道签下了山东晋煤明水化工集团有限公司新兴煤化工项目的煤气化工程交钥匙总承包合同8.5亿元，不仅实现了自主技术创新的新突破，而且首次开创了工程总包先河，还创造了金重集团单笔订单最大的新纪录。

2012年至2015年，在集团公司模式中，创新开发出一批首台套产品和新开发产品，在行业中产生了令人瞩目的影响：

为宁煤、潞安煤制油、煤化工项目制造了多台超大型费托合成反应器。

为中电投新疆伊犁煤制天然气项目承制的西门子新型水冷壁式气化炉（见图8.4-56，主要技术参数：$\phi3350mm\times85mm/\phi3102mm\times8mm\times18938mm$，设计压力5.8/

图8.4-54　神华费托合成反应器吊装

−0.1MPa，设计温度 300/−19.9℃，主要材料 SA-516M Gr.70，设备重量 220t)、进料器（主要技术参数：ϕ3440mm×80mm×12859mm，设计压力 5.8/−0.1MPa，工作压力 4.6MPa，设计温度 150/−19.9℃，工作温度 80℃，主要材料 SA-516M Gr.70，设备重量 95.39t)，这是德国西门子公司第一次把该型设备拿到自己制造厂以外国家的压力容器工厂制造，为此，西门子公司提出设备设计、制造采用德国标准，同时又要求满足相应的 ASME 规范，加大了该设备的设计、制造难度。其中，气化炉的内水冷壁盘管及进料器外部盘管等是制造难点，质量要求不同于国内类型产品，对设计人员理念和实际操作人员的操作习惯提出考验。通过这两种 8 台设备的设计、制造，金重集团加强了与国外工程公司的合作，提高了竞争力。

图 8.4-55　神华费托合成反应器安装现场和奠基仪式

图 8.4-56　西门子新型水冷壁式气化炉、进料器

为大连大化公司制造的循环气废热锅炉（见图 8.4-57，设备主要参数：ϕ1310mm×38mm×20250mm，材料 13MnNiMoR、SA-213 T22，重量 62.2t)是该公司技术改造项目，

原设备由德国进口，是按 AD 规范设计制造的，其结构比较复杂，制造难度超出类似废热锅炉。尤其是管板和管子不但材料均为高强度钢，而且焊接采用内孔焊，这种结构无论是焊接难度还是焊后各工序的控制，都在技术和制造工艺方面带来新的研究课题。

图 8.4-57　循环气废热锅炉等待运输出厂

为日立韩国项目制造的双轴搅拌器（见图 8.4-58，外形尺寸 ϕ1850mm×12mm×4175mm，材质 304、SA-516 Gr.485+SA-240 304，重量 20t），是金重集团首次制造的有动力操控功能的压力容器产品。该设备为复合板夹套容器，筒体形状为心形结构，内件为双轴搅拌器，同轴度要求高，设备内表面抛光精度要求达到 300 目，对于操作人员的技能是一个考验，设备压力试验后还需在厂内进行试车试验。该设备的制造使金重集团在搅拌类设备制造方面，特别是精准制造方面收获了宝贵的经验和技术积累，同时与日本日立公司进一步拓宽了合作范围。

图 8.4-58　双轴搅拌器及其内部结构

为中煤鄂尔多斯能源化工有限公司设计建设规模为年产 200 万 t 合成氨、350 万 t 尿素项目制造的成套 BGL（BG-Lurgi）气化炉（见图 8.4-59），是鲁奇炉的新改进型，这种"液态排渣加压气化炉"不仅是同类产品中世界最大的，而且工艺技术也达到国际领先水平。该套 BGL 气化炉设备包括以下部分：

气化炉炉体部分：规格 ϕ4400mm×70mm/ϕ4222mm×38mm×15974mm，重量 220t，主要材料为 13MnNiMoR、Q245R。

废热锅炉部分：规格 ϕ2800mm×50mm/ϕ2280mm×25/50mm×20546mm，重量 98.25t，材料为 Q245R、20。

洗涤冷却器部分：规格 ϕ530mm×40mm/ϕ460mm×16mm×5700mm，重量 7.21t，材料为 15CrMoR、Q345R。

煤锁部分：规格 ϕ2400mm×65mm×5527mm，重量 23.08t，材料为 Q345R。

渣锁部分：规格 ϕ2800mm×65mm×4193mm，重量 24.4t，材料为 Q345R。

中间短节部分：规格 φ1680mm×50mm×1560mm，重量 11.67t，材料为 Q345R、20MnMo Ⅳ。

过渡舱部分：规格 φ2700mm×55/70mm×4431mm，重量 23t，材料为 Q345R。

激冷室部分：规格 φ3400mm×56mm×5465mm，重量 27.07t，材料为 13MnNiMoR。

为陕西龙门煤化工有限责任公司制造的整体包扎尿素合成塔（见图 8.4-60），是国内首次采用该技术制造的大型尿素设备。整体包扎技术对设备来说筒体上无深环焊缝，其多层包扎结构是采用特殊工具（见图 8.4-61）

图 8.4-59　BGL 气化炉炉体部分

将预先卷好的层板筒节按一定的尺寸要求逐层夹紧在一个整体组焊好的内筒上，其纵、环焊缝错开布置。内筒为整体式，层板筒节的纵、环焊缝相互错开，每层层板只有一条纵焊缝，避免了深环焊缝及射线探伤的困难，有效地提高了容器的制造可靠性和使用安全性。在同样的设计条件下，内筒组焊合格后，层板焊缝不需要进行射线探伤而可以连续制造，筒节端部和堆焊层也不需要机械加工，因此所需的制造工期短、成本低。为陕西龙门煤化工有限责任公司制造的设备规格为 φ2200mm×（8+30+12×12）mm×37184mm，它的制造成功对提高设备的安全性、在更广泛的领域里应用和降低设备制造成本有着非常重要的意义。

图 8.4-60　大型整体包扎尿素合成塔

图 8.4-61　尿素合成塔整体包扎中设计使用的一个工装

为大唐呼伦贝尔设计、制造的褐煤处理器装置，是长青中美（北京）公司的专利产品，这套装置可将褐煤脱水提纯，优化煤质，提高热值，是极有市场价值的装置。这种褐煤处理提纯工艺在世界上只有两种，但都没有推广成功。此次长青中美的工艺技术，对于世界和中国的广大褐煤市场将具有划时代的意义。

为四川天华股份有限公司研制成功最大技术参数规格的衬锆双金属管氨汽提塔（见图 8.4-62），该设备的主要技术参数为 φ1900mm×24mm×12768mm，设备重量达 96t。它是氨汽提工艺尿素装置中替代进口的关键设备，换热管采用 X2CrNiMo25-22-2 衬锆双金属管；根据用户尿素的生产能力，对汽提塔结构进行了优化设计，提高了 10% 的运行能力。设备研制成功后经过设定的运行考核，完全替代了同类进口设备，提高了金重集团在国内尿素装置关键设备方面的技术和制造优势。

图 8.4-62 锆材双金属管氨汽提塔正等待运输到现场

为神华宁煤研制成功的神华宁煤炉（见图 8.4-63，该煤气化炉主要技术参数：$\phi3500mm \times 85mm/\phi4000mm \times (90+6)$ mm×21600mm，设计压力 6.2MPa，工作压力 4.5MPa，设计温度 350℃，工作温度 270℃，采用 14Cr1MoR、15CrMoG 材料，产品重量约 277t)，是具有我国自主知识产权的煤气化设备，该气化炉集中了西门子炉和德士古炉的优点，满足了国内用户对使用煤种特殊性提出的特别要求。通过该气化炉的制造，金重集团增加了气化炉的制造品种和气化炉内件的水平，巩固了在煤气化市场的领先地位。

为乌兰煤炭集团有限公司设计、制造的直径 2650mm 单壁尿素合成塔（见图 8.4-64，设备主要技术参数：$\phi2650mm \times (124+6)$ mm×47000mm，设计压力 16.8MPa，工作压力 15.8MPa，设计温度 218℃，工作温度 188℃，采用 SA-302 Gr.B 材料，产品重量约 458t），是我国目前最大规格的单层壁筒体结构，制造难度超过层板式结构尿素设备。由于单层壁结构设备在日常运行操作中具有简单、可靠的特点，深受顾客欢迎，为此金重集团制订出一整套设计制造工艺技术。

图 8.4-63 制造完成准备运输的宁煤气化炉

图 8.4-64 $\phi2650mm$ 单壁尿素合成塔在安装现场组对完成最后检测

为山西潞安矿业（集团）有限公司制造的改进型壳牌气化炉，是目前国内外最大型（六喷嘴）壳牌气化关键设备（设备的主要参数：$\phi4750mm \times (100+5)$ mm/$\phi3350mm \times$ 90/80/225mm×52605mm，两"腿"中心线宽度约 10500mm，设备重约 1975t，其中内件重 349t，壳体重 162t，设备接管数量多达 229 个。其中气化段部分重 392t，激冷段部分重 120t，导管部分重 104t，气体返回室部分重 280t，冷却器上段重 322t，冷却器下段重 431t。设计压力 5.42/FV MPa，工作压力 4.3MPa，设计温度 350/380℃，工作温度 262/340℃，主要材料全部为国内钢厂提供的 14Cr1MoR、14Cr1Mo 锻件），该设备突破过去气化炉设备制造厂先期分段完工的模式，对所有超限部分和超限连接部分零部件都在现场做最后的组对成形，而且也是其内件首次由国内厂商制造，然后相互配合协作。该气化炉研制成功，不仅标志着壳牌气化炉制造首次完全国产化成功，也为金重集团在现场制造超限设备创造了新的业绩（见图 8.4-65～图 8.4-68）。

图 8.4-65　六喷嘴壳牌气化关键设备过渡段部分水压试验

图 8.4-66　六喷嘴壳牌气化关键设备气体返回室（斜插管）部分制造完成等待运输

图 8.4-67　六喷嘴壳牌气化关键设备气体冷却器（废锅）部分制造完成准备运输

图 8.4-68　六喷嘴壳牌气化关键设备现场吊装

为大唐多伦项目设计、制造的气冷甲醇反应器是其技术改造项目的设备（见图 8.4-69），其原设备为意大利进口。由于该类设备的进口周期、设备造价都无法满足国内顾客的实际要求，于是国内工程设计院与金重集团联合将其进行国产化开发（气冷甲醇反应器设备主要参数：$\phi 4050$mm×（32+6+12×9）mm×9180mm，设计压力 9.5MPa，工作压力 7.6MPa，设计温度 300℃，工作温度 265℃，设备主要材料为 14Cr1MoR、Q345R，设备重量约 260t）。该设备换热管呈渐开线分布，在以往的设计、制造中极少遇到，在常规产品中没有先例，经与设计院共同合作最终国产化获得成功。

为中海油惠州炼化二期项目新设计、制造的大型预脱甲烷塔（设备主要参数 $\phi 5700/\phi 2800mm \times 90/80/42mm \times 52900mm$，设计压力 4.55MPa，工作压力 3.4MPa，设计温度 65/-70℃，工作温度 -48℃）、乙烯精馏塔（$\phi 6000mm \times 30mm \times 84900mm$，设计压力 1.2MPa，工作压力 0.74MPa，设计温度 65/-70℃，工作温度 65/-55℃），是首次采用国产化材料（08Ni3DR）、进行国产化制造的首台（套）性质大型乙烯关键设备。它的试制成功，完全替代了对国外同类设备在产品或材料方面的依赖，是真正意义上的 100% 国产化研制成功，为我国大型乙烯项目建设提供了国产化的保障（见图 8.4-70、图 8.4-71）。

图 8.4-69　大唐多伦项目气冷甲醇反应器在制造过程中

图 8.4-70　中海油惠州炼化二期项目预脱甲烷塔正装船由海路整体运输

图 8.4-71　中海油惠州炼化二期项目乙烯精馏塔正准备装船由海路运输

为神华宁煤间接煤液化示范项目设计、制造了大型板壳式加氢裂化反应器，设备主要规格 $\phi 4400mm \times (142+6.5) mm \times 30606mm$，主体材料为 12Cr2Mo1R+ 堆焊 309L+347，它的设计参数和制造工艺是目前国内煤制油项目中加氢设备类技术参数最高、最苛刻的，也是在用户现场制造的单台最大的板壳加氢类设备。

为神华宁煤间接煤液化示范项目设计、制造的裂化分馏塔，其塔外壳直径大（内径为 $\phi 6600mm$），壁薄（筒体厚度依次为 (18+3) mm、22mm、24mm，材质分别为 Q345R+S11306 的复合板及 Q345R 板），塔盘数量多（共 52 层塔盘），是目前国内单体设备直径尺寸与壁厚比最大的设备。它的制造难点在于筒体成形后的尺寸、组焊后筒体的圆度及塔盘支撑焊接后的质量、公差的保证，其焊后收缩变形量的控制是设备制造成功的关键。这台产品的制造受到了用户方的好评，其独创的变形控制工艺技术，代表了公司在大直径、"薄皮"产品上的最新工艺水平。

在这一阶段通过自主研究、合作开发解决的部分关键技术如下：

1）大直径（9600mm）、厚板（130mm）SA-378 Gr.11 Cl.2 筒节一次焊接成形（变形控制）技术（免除筒节成形后再次校圆工序）；大型件筒体组对过程中的翻转吊运技术；窄间隙焊接中的双丝焊工艺技术；焊缝消氢热处理用新型工装设计、制作与使用技术；无损检测中 TOFD 应用技术；TOFD 设备在现场情况下的工装设计、制作与使用技术。

2）金重集团通过自主研发，研究设计出满足现代煤化工要求的系列气化岛煤气化工艺包技术。

3）大型尿素合成塔整体包扎制造工艺技术。

4）衬锆双金属管氨汽提塔的塔内结构设计技术。

5）带压容器中双轴搅拌装置密封技术、同轴度控制技术。

6）锻件壳体设备的焊接工艺技术。

7）厚壁（90mm）国产化材料 08Ni3DR 的加工、焊接工艺技术等。

随着技术引进与国产化设备制造经验的积累，金重集团已达到世界同行业当代水平，并推动了国内同行业产品制造水平的提高，其主要标志就是国家安全技术规范和国家与行业技术标准的制定。目前由金重公司参与制定与起草的国家、行业安全技术规范和技术标准有：

TSG Z0004—2007《特种设备制造、安装、改造、维修质量保证体系基本要求》；

TSG Z0005—2007《特种设备制造、安装、改造、维修许可鉴定评审细则》；

TSG R0004—2009《固定式压力容器安全技术监察规程》；

TSG 21—2016《固定式压力容器安全技术监察规程》；

GB 150.1～150.4—2011《压力容器》；

NB/T 47014—2011《承压设备焊接工艺评定》；

NB/T 47015—2011《压力容器焊接规程》；

NB/T 47016—2011《承压设备产品焊接试件的力学性能检验》。

作为标准独立制定人，起草了如下标准：

GB/T 9843—2004《尿素高压洗涤器技术条件》；

GB/T 10476—2004《尿素高压冷凝器技术条件》；

HG 2952—2003《尿素二氧化碳汽提塔技术条件》；

HG/T 3178—2002《尿素高压设备耐腐蚀不锈钢管子-管板的焊接工艺评定和焊工技能评定》；

HG/T 3179—2002《尿素高压设备堆焊工艺评定和焊工技能评定》；

HG/T 3180—2002《尿素高压设备衬里板及内件焊接工艺评定和焊工技能评定》。

目前，金重集团拥有的企业内部标准约合 593 项。

在这一阶段，金重集团获得的部分产品荣誉、证书、科技成果和知识产权如下：

2012 年，国家知识产权局授予金重集团"机夹不重磨螺纹刀具""重型筒体成形组对装置""旋风铣削装置""一种新型螺旋盘管装置"等 13 项实用新型专利。尤其是金重集团自主研发成功新型水冷壁干煤粉气化炉（"金重炉"）工艺包和制造技术，已申报确认取得了 11 项自主专利。

2014 年 8 月，经申报、专家评审、项目答辩，辽宁省人民政府评定金重集团设计、制造的"金重牌年产百万吨尿素装置中的二氧化碳汽提塔"获省级政府三等奖，并发给"辽宁省优秀新产品奖励证书"。

2014 年以费托合成反应器为背景的部分自主知识技术申报的"筒体组装时的保护装置"获 3 项专利，其中发明专利 1 项，实用新型专利 2 项。该产品在 2014 年中国工业论坛上获得"世界首台套超大型费托合成反应器"荣誉牌匾，金重集团获得首台套设备制造商荣誉。

2015年国家知识产权局授予金重集团"秸秆板材挤压成型机"等12项专利，其中6项发明专利、6项实用新型专利。

2012—2014年连续被评为中国化肥设备制造企业100强。

2011—2014年连续四年被评为中国工业行业排头兵企业。

2012—2015年，金重集团连续被评为中国炼油、化工生产专用设备制造行业最具竞争力50强企业，其间"金重"牌系列尿素合成塔产品、"金重"牌系列二氧化碳汽提塔产品、"金重"牌系列高压洗涤器产品、"金重"牌系列高压冷凝器产品、"金重"牌系列甲醇洗涤塔产品、"金重"牌系列水煤浆气化炉产品、"金重"牌系列鲁奇碎煤成套加压气化设备产品等获得"名牌产品"证书。

"十三五"期间，金重集团根据国家创新发展思路，以产业链部署创新链，围绕创新链完善资金链，以企业自身优势抓住市场机遇，重点突破了一批关键技术，研制了一批高端产品，组建了一批创新平台，实现了企业科技创新由跟随型向并行与领先方式转变，推动了企业健康、差异化、可持续发展。

金重集团坚信，随着世界压力容器制造工艺的改进和设备制造技术的提高，在石油化工、煤化工、天然气化工装备制造业更加激烈的竞争面前，金重集团将继续走在行业前列、世界前列，让"哪里使用化工装备、煤化工装备、化肥装备，哪里就有金重"成为市场共识。

（本章由大连金州重型机器集团有限公司撰写）

第5章 中石化南京化工机械有限公司压力容器发展史

5.1 南化机发展基本情况

5.1.1 企业名称、隶属关系、地点演变概况

中石化南京化工机械有限公司（简称"南化机"），其前身是我国化学工业的先驱、杰出的实业家范旭东先生于1934年创办的，著名化学家侯德榜先生任总工程师的永利铔厂下属的铁工房。1956年南化机试制成功我国第一台多层包扎式高压容器，周恩来总理亲自签发国务院嘉奖令，《人民日报》为此发表了题为《自己动手制造更多的工业设备》的社论，南化机因而被誉为中国第一台高压容器的故乡。

1934年永利铔厂兴建时，根据范旭东、侯德榜倡导的"凡机器设备能自造者，皆在厂内制造"的建厂指导思想，铁工房最先建成，迅速生产了一些建筑安装工具和设备配件，开始接触化工设备。1937年，抗日战争爆发，铁工房随厂内迁四川乐山五通桥，会同天津永利碱厂的机械加工力量，吸收一部分大中学毕业生，于1940年组建了永利川厂机械部（见图8.5-1）。1945年，抗战胜利后又随厂回到南京，改建为永利铔厂机电部（见图8.5-2）。

图8.5-1　永利川厂机械部

图8.5-2　永利铔厂机电部

1952年，随永利铔厂公私合营后名称的变更，改称为永利宁厂机电部，在此期间，坚持为本厂化工生产服务的宗旨，利用现有的工程技术人员摸索、掌握整台压力容器的各项设计、制造技术，生产了一些低压化工设备和配件，并承担了一些化工设备的修理任务。

1955年，国家第一个五年计划建设时期，永利宁厂机电部分解出铆焊、铸造、加工3个车间组建成机械分厂，开始向高压化工设备的生产攻关。此后，逐步发展为以中、高

压设备和化工流体机械为主产品,职能也逐步由为本厂生产服务转向为全国各地新建化工企业提供设备,生产能力不断扩大。

1959年,改建为化工机械厂,为国营南京化学工业公司(以下简称"南化公司")的二级单位。

1965年,南化公司撤销,工厂由化工部直接领导,改名为化工部南京化工机械厂,后又改名为燃料化学工业部南京化工机械厂。

1973年再次改属南化公司领导,为南化公司下属二级单位。

1997年随南化公司划入新组建的中国东联石化集团。

1998年国家重大产业重组,随南化公司进入中国石化集团。

2012年成立内蒙古南化化工机械有限公司,作为南化机内蒙古地区重型压力容器制造基地。

2016年,为适应市场需要,成立中石化南京化工机械有限公司(见图8.5-3)。内蒙古南化化工机械有限公司为下属子公司。

南化机原址在南化公司氮肥区七号门内,沿马路两旁,有大型厂房、库房、办公楼等建筑物与构筑物。1958年,开始在大厂镇姜桥村北开辟新厂区,边建设,边迁移。1988年,最后一批人员与设施从老厂区迁出。经过多次改造,南化机现有生产厂

图8.5-3 中石化南京化工机械有限公司厂门

区占地面积57万 m^2,其中南京化工机械有限公司占地面积47万 m^2,建筑面积19万 m^2,内蒙古南化化工机械有限公司占地面积10万 m^2,共有设备2000多台套。现有职工650人,其中经营管理人员60人,专业技术人员110人,技能操作人员480人。

南化机位于江苏省南京市江北新区直管辖区内,地处南京市的北郊,南倚扬子江畔,北接宁通宁连公路,水陆交通十分便利。经过八十多年的发展,工厂已成我国大型化肥、化工、石油化工、化纤原料等生产装置设备国产化制造基地,主导产品和特色产品有:

1)石油、炼化装置:加氢反应器,冷热高压分离器,常减压装置设备,焦化重整配套设备,聚乙烯、聚丙烯装置主要设备等。

2)化纤装置:可成套提供生产能力6万~50万t/年聚酯关键设备,22.5万~100万t/年PTA装置内的关键设备。

3)化肥(尿素、合成氨)装置:尿素四大设备、氨合成塔外壳和内件、气化炉、高低温变换炉等。

4)煤化工、甲醇、硫回收、硫磺制酸、各类化工及精细化工等装置的主要设备。

5.1.2 压力容器制造、设计制造资质情况

1983年12月25日,南化机获得国家劳动人事部颁发的一、二、三类压力容器制造许可证,证书编号:RZZ012(见图8.5-4);1984年,南化机获得国家一、二、三类压力容器设计许可证。

1986年,南化机成为化工部第一个获得美国机械工程师协会(ASME)颁发的锅炉及

压力容器设计制造授权证书和 U、U2 钢印的单位，1995 年增加了 S 钢印（见图 8.5-5）。

图 8.5-4　压力容器制造许可证

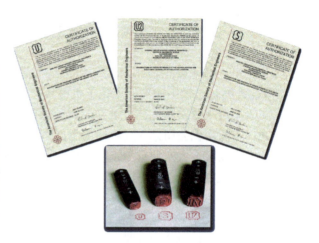

图 8.5-5　ASME 证书及钢印

1996 年，取得国家 B 级锅炉制造许可证，是化工机械制造行业中唯一取得 B 级余热锅炉制造资格证书的厂家；2001 年，取得国家 A 级锅炉制造许可证。

1997 年，取得 ISO9001 质量体系认证证书；2015 年取得 ISO14001/OHSAS18001 管理体系认证证书。

5.2　南化机压力容器设计及制造工艺技术的发展

5.2.1　艰辛起步

1934 年建厂初期，永利䤭厂铁工房制造了一些化工设备的部件、管线及工程工具，其中，由铁工房制作的扒杆只用不到 1h 的时间，就将从美国购进、重 108t 的氨合成塔从货轮上卸下，为当时国内罕见。

1940 年成立永利川厂机械部后不久，太平洋战争爆发，内地与香港、海防、仰光等出海口的交通相继中断，永利川厂在国外采购的设备无法运回。工厂机械部同仁齐心协力，在十分困难的条件下惨淡经营，先后生产了桐油炼化提炼汽油设备、路布兰制碱设备、机械提盐卤设备、矿山爆破设备等，为永利川厂度过艰难岁月提供了必要条件。

抗战胜利后，铁工房（机械部）迁返南京，永利䤭厂设想把铁工房建设成为一个能制造各种化工设备的远东最大的机械厂。1948 年，委派工程技术人员去世界上第一个生产压力容器的工厂——美国史密斯（A.O.Smith）公司，一面洽谈购买设备业务，一面考察高压容器的设计、制造工艺技术，收集了一批技术资料带回国内。但永利䤭厂的扩建计划却因国民党政府原因无法实施。到新中国成立前夕，机电部的生产主要是修理高压部（合成氨车间）的几台压缩机及其他化工设备，同时制作了几百套低压阀门、几个热交换器外壳，铆制了 2 座由美国进口的硫酸焚矿炉，铸造月产量约 40 多吨，铆焊最高月产量亦仅 50 多吨。

5.2.2　获得新生——中国第一台高压容器诞生

新中国成立后，随着化工生产的发展，铁工房生产规模不断扩大，特别是实行公私合营,紧接着执行第一个五年建设计划,企业出现生产发展的高潮。发展化学工业,是新中国工业建设的一项重要任务,为了打破国外的经济封锁,自力更生制造合成氨厂的主要设备,在国务院及有关部局的支持下,1956年初,永利宁厂机械分厂工程技术人员和具有丰富实践经验的高级技术工人积极投身于我国第一台多层包扎式高压容器的试制。他们因陋就简自行设计、制造了液压拉紧架、高压泵等一批工艺装备,经过6个月的攻关、试制,先后制成直径482mm、压力13.2MPa和直径584mm、压力32.0MPa多层包扎式高压容器试验件各一台,经爆破试验,获得成功,其中32.0MPa高压容器试验件实际爆破压力为126.5MPa,一举结束了我国不能生产高压容器的历史,周恩来总理亲自签发国务院嘉奖令。1956年10月25日,《人民日报》对此做了报道,指出这是"我国机器制造工业技术上的一个新成就",并在一版头条位置发表社论,题为《自己动手制造更多的工业设备》。1957年9月,永利宁厂机械分厂制造完成了中国第一台多层包扎式高压容器产品,规格为ϕ776mm×66mm×19210mm、工作压力为13.2MPa的铜液塔,由此拉开了我国制造高压容器的序幕(见图8.5-6~图8.5-8)。

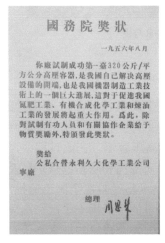

图 8.5-6　周恩来总理签发的奖状和《人民日报》社论

图 8.5-7　高压容器试验件爆破试验

图 8.5-8　第一台高压容器制造者合影

5.2.3　压力容器技术全面发展

在完成第一台高压容器的制造后，1957 年，永利宁厂机械分厂按照化工部的安排，派两名工程技术人员与化工部氮肥设计院一人，参加并主持一机部、化工部联合技术攻关组，在哈尔滨锅炉厂制造年产 2.5 万 t 合成氨厂的全套高压容器。在此过程中，他们总结永利宁厂机械分厂试制高压容器经验，向一机部所属科研部门和哈尔滨锅炉厂及大型化工企业介绍制造技术，指导和帮助兄弟厂试制，使这一技术与经验在全国迅速推广。自此，上海吴泾化工厂、浙江衢州化工厂等第一批中国自行建设的企业用上了国产高压容器。而南化机也致力于国家化学工业的发展，开始走向以制造开发合成氨与尿素高压设备为主的发展之路。

1958 年，南化机为北京化工实验厂制造了年产 1 万 t 合成氨装置的全套高压容器，包括直径 710mm 的氨合成塔、直径 600mm 的冷交换器、直径 500mm 的滤油器、直径 500mm 的氨分离器、直径 600mm 的铜液塔以及直径 500mm 的碱液塔。同年，永利宁厂建设了我国第一个尿素中间试验车间。由于尿素生产过程中介质对钢材有强烈的腐蚀作用，尿素生产关键设备尿素合成塔内必须有耐蚀金属衬里保护。受当时条件所限，永利宁厂机械分厂采用双套筒结构，试制成我国第一台尿素合成塔，塔内直径 780mm，用铸造不锈钢内筒作防腐蚀衬里。

到 20 世纪 60 年代，随着冶金部试制成功低合金高强度钢 16Mn、15MnV、18MnMoNb、14MnMoV 等材料的推广应用，给制造高压容器创造了条件，南化机采用这些国产材料又陆续开发了年产 4 万～6 万 t 合成氨装置的全套高压容器。其中 1965 年试制成功直径 800mm 和直径 1000mm 系列的带内置式余热回收器的氨合成塔，以及带中置式余热锅炉的直径 1000mm 的氨合成塔。1968 年，试制爆破成功直径 800mm 高压容器，壳体材料为 14MnMoVB，爆破压力达到 94.1MPa，后采用这种材料制造了一台直径 1300mm

的卧式氨合成塔。1969年开始,南化机先后为鲁南化肥厂、湖北鄂西化工厂、广西河池氮肥厂、天津碱厂合成氨车间、青岛化肥厂、南化氮肥厂二合成车间等单位年产6万t合成氨装置制造了整套氨合成高压设备。主要有直径1000mm压力31.76MPa的氨合成塔、直径800mm冷凝塔、直径700mm滤油器、直径700mm氨分离器、直径1500mm氨蒸发器、直径1500mm余热回收器、套管式水冷器(换热面积169m³为主)、直径1000mm铜液塔、直径700mm碱液塔以及一些配套的中低压设备。

得益于制造多层包扎高压容器的优势,1964年,南化机与化工部化机所、石家庄化肥厂、上海吴泾化工厂、第一化工设计院研制成功打气量为450m³/h的、适用于6万~8万t/年中型合成氨或甲烷化循环气增压的高压管道式离心压缩机组——TC450-32-13透平循环压缩机,分别于1966年、1969年在石家庄化肥厂、上海吴泾化工厂成功试运行。该机组由主机和辅机部分组成,主机包括压缩机、电动机和耐高压外壳,压缩机与电动机连接后放置于高压容器中并在高压气体中运行,南化机用多层包扎方式解决了这个主机的高压外壳制造难关(见图8.5-9)。

南化机研制的透平循环压缩机(见图8.5-10)具有占地面积小、基建费用低、易损件少、气流稳定、管道无振动且单机打气量大等优点,可安装于φ800mm或φ1000mm内径的氨合成塔前或塔后,一台可替代两台5Γ活塞式循环压缩机。透平循环压缩机以其先进技术和高效率替代了中小氮肥企业所用的往复式压缩机,经过多年发展,共开发TC450-32-13、TC620-32-12、TC800-32-12三个系列,制造245台,陆续应用于全国50多个中、小型化肥厂、煤化工"1830"(年产18万t总氨,30万t尿素)工程项目的合成氨和甲醇系统中,获得全国科学大会奖,并被认定为国家级新产品。

图8.5-9 压缩机内件与外壳组装

图8.5-10 透平循环压缩机主机

由于第一台尿素合成塔采用铸造不锈钢内筒作防腐蚀衬里,铸造结构大大限制了塔的容积,经过不断改进,1968年,南化机试制成功采用A4钢(0Cr7Mn14Mo2N)板材卷筒作衬里的直径800mm尿素合成塔,由此开创了不锈钢板材衬里式尿素合成塔制造新工艺。1971年,按照化工部武汉化工设计院的定型设计,南化机制造成功了用于年产11万t尿素装置的直径1400mm松衬式尿素合成塔,该塔采用内筒机械松衬结构,衬里板材为316L。

1973—1974年,南化机又试制成功多层包扎高压容器顶、底部法兰,以及套合式高压容器,这些具有当时国内先进水平的产品一直安全运行于资江氮肥厂、河池氮肥厂、平原化肥厂。1976年，又为南化合成氨扩建工程成功制成第一台直径1600mm、压力31.76MPa的氨合成塔外壳。

5.2.4 开启大型装置国产化之路，跨入世界先进行列

1975—1979年，我国从国外引进了十三套年产30万t合成氨、52万t尿素的大型化肥装置，而引进这样一套装置，要5000万美元。为此，当1979年化工部开始建设镇海30万t合成氨、52万t尿素大型化肥装置时，决定大型尿素装置设备不再成套进口，只引进专利技术，依靠自己的力量进行工程设计，掌握工程的主动权，立足国内自己制造设备，加速国产化进程。该尿素装置引进了荷兰凯洛格大陆公司采用的斯塔米卡邦专利技术，南化机主动承担了二氧化碳汽提法尿素装置关键设备——ϕ2800mm尿素合成塔的设计、制造任务。同时也与乌鲁木齐石化总厂签订了同样一台尿素合成塔的制造合同。南化机由此开始，产品向大型化、高压、高参数发展，以大型化肥装置国产化为主线，走上了"消化、吸收、改造、创新"的登攀国际先进水平之路。

1979年10月起，南化机开始开展施工图的设计和技术文件编制；编制制造工艺文件，进行焊接工艺评定试验和封头成形热加工工艺试验；制订检验规程、工艺守则；设计、制造和改进四十六项主要工装设备，如大型层板包扎机、焊接变位器、大型滚轮架、伸缩臂焊接操作台、2500t水压机等。

因国民经济调整，镇海、新疆尿素工程暂缓，却给了南化机为大型尿素合成塔设计、制造所取得的"消化""吸收"成果，用于改进ϕ1400mm尿素合成塔设计、制造技术的契机。

我国自1966年至1981年，共生产了34台ϕ1400mm尿素合成塔，基本为机械衬里式结构。除少数几台外，大多数处于非良好运行状态之中，特别是衬里的泄漏问题十分严重，一般都不能满足连续运行8000h无泄漏的指标要求，尿素产能仅为设计生产能力的60%左右，其中尿素合成塔故障是影响生产能力发挥的因素之一。这种情况引起化工部领导和有关部门及化肥厂、制造厂的广泛重视。

1981年6月，在化工部设备总公司具体领导、化工部第四设计院协作下，南化机借鉴吸收国外大型尿素塔设计、制造技术，开始对当时的ϕ1400mm尿素合成塔进行重大技术改进。以往尿素合成塔的不锈钢衬里大都采用机械松衬结构，衬里层与高压壳体的贴紧度比较差，无法达到理想的贴紧度。在内压和氨基甲酸铵介质作用下，衬里内筒承受较大的拉应力，容易产生应力腐蚀破裂。为此，南化机结合承压壳体的结构，将衬里层也设计为"包扎衬里"，这种衬里与层壳的贴紧度较高，局部不贴合区域的间隙一般不会超过0.20mm。在操作温度下，由于衬里不锈钢材料热膨胀系数比外体碳钢材料的热膨胀系数大，衬里及其焊缝将会处在拉应力很小或压应力的情况下工作，可有效消除或降低衬里和衬里焊缝的应力腐蚀风险。由于以不锈钢衬里作"内筒"的包扎结构，筒体是分节制造后组对焊接，整个塔体的衬里也随筒节分段而被分隔为若干段，衬里层在操作条件下受热膨胀的应力也被分散开了，一般不会产生局部应力过大或鼓泡现象。而且与机械撑紧松衬结构相比，由于衬里内筒是先行制造好后再包扎层板，使不锈钢衬里纵焊缝可接受100%射线检测及着色检查。环焊缝也可与外壳碳钢层环焊缝一道进行100%射线检测，大大提高了衬里层焊缝的质量。

由于尿素合成塔是典型的高温、高压、在强腐蚀介质下工作的反应器,就全循环法尿素工艺而言,我国的尿素合成塔衬里材料普遍采用 316L 型不锈钢,少量采用我国自己研制的 A4(0Cr17Mn14Mo2N)钢。经过调研,南化机采用 316L 改良型不锈钢材料替代了 316L 作衬里。两者相比,316L 改良型材料的优势在于:提高了 Cr、Ni、Mo 含量的下限值;焊后能获得全奥氏体组织;铁素体含量≤0.6%;所有 316L 改良型材料都必须进行每周期 48h 的 5 个周期休伊试验(Huey test),其每周期平均腐蚀率不得超过 3.3μm/48h,并且休伊试验后的试样还按不同用途,全部或根据休伊试验每周期具体数值进行选择性腐蚀深度检查。而休伊试验和选择性腐蚀深度检查指标对于普通的 316L 不锈钢是达不到的。

另外,南化机还做了检漏系统增设通道和分段检漏、端盖密封由平垫密封改为齿形垫密封、底部接管由螺母紧固式改为插入加强焊接式结构等改进,整体提高了尿素合成塔的使用性能。

到 1982 年,南化机共制造出 8 台新结构的 ϕ1400mm 尿素合成塔(见图 8.5-11,主要参数见表 8.5-1),分别提供给河北迁安化肥厂、吉林长山化肥厂、吉化公司化肥厂、淮南化肥厂、河池氮肥厂、沾益化肥厂、贵州化肥厂、浙江巨州化工厂等中型尿素工厂,达到了年产 11 万 t 尿素设计能力和连续运行 8000h 无泄漏的要求,为今后尿素装置建设奠定了坚实基础,也为 ϕ2800mm 尿素合成塔的制造提供了一次良好的实战经验。

图 8.5-11　ϕ1400mm 尿素合成塔发运

表 8.5-1　ϕ1400mm 尿素合成塔参数

内径/mm	壁厚/mm	重量/t	长度/mm	设计温度/℃	设计压力/MPa	公称容积/m³
ϕ1384	122	135	29000	200	22	41

1982 年,镇海、新疆尿素合成塔设计制造工作重启,8 月国家劳动总局锅炉压力容器检测中心作为第三方检验机构,派出监检组到南化机进行产前检查,确认了南化机 ϕ2800mm 尿素塔质量控制体系主要人员资格,11 月,南化机通过了荷兰专家对尿素塔不锈钢衬里焊接、不锈钢带极堆焊和手工堆焊的工艺评定试验认定和焊工技能考试,23 名焊工和自动焊操作工获得了焊接许可证。1982 年 12 月 15 日正式投料制造,只用了十个半月时间就制造出我国第一台大型尿素合成塔,过了一个月又完成了第二台大型尿素合成塔的制造任务,成为世界上第六家能够制造大型尿素合成塔的厂家。南化机以高速度、高水平设计、制造出我国第一台大型尿素合成塔,成功地解决了大直径多层包扎、大直径高压球形封头的整体压制、封头内表面大面积带极堆焊、异种钢焊接、休伊试验、选择性腐蚀试验、铁素体测定等技术难关,为提高我国制造大型高压设备的技术水平做出了贡献。这一成果被《半月谈》杂志列为 1983 年全国 40 个"第一"的第 17 位,并被评为当年江苏省五大成就之一。时任国务院副总理王震同志得知这一消息后,通过化工部秦仲达部长发来祝贺信。第一台塔经浙江镇海石油化工总厂运行一个多周期的考验,于 1986 年由国家进行技术鉴定,确认其设计、制造质量达到国际 80 年代的先进水平。1987 年 12 月,

年产52万t尿素装置在国家第一次重大技术装备表彰会上获得国家嘉奖，ϕ2800mm尿素合成塔（见图8.5-13，主要参数见表8.5-2）名列年产52万t尿素装置之首。

图8.5-12　ϕ2800mm尿素合成塔发运

表8.5-2　ϕ2800mm尿素合成塔参数

规格/mm	设计压力/MPa	设计温度/℃	容积/m³	主要材料	重量/t
ϕ2800×124×36118	16	198	220.5	X2CrNiMo18-12（Mod）、K-Ten-62M、19Mn5	320

大型尿素合成塔国产化攻关，还让南化机把广泛吸收、消化国际标准之长，融合到了各个技术管理领域中，先后收集了欧美和日本的300多种工程标准和检测标准，制定和实行了包括材料复验、标记移植、成形、焊接、热处理、探伤、压力试验、泄漏试验等12种工艺规程和检验、试验规程的内控标准，建立和完善了适应本企业特点的内控标准和质控体系，使产品质量得到大幅度提高。1982年，南化机成为首批获得国家劳动人事部颁发"三类容器设计制造许可证"的企业。1984年，南化机又引进美国机械工程师协会（ASME）规范体系，经过两年努力，于1986年7月成为化工部第一个获得ASME压力容器设计制造授权证书和U1、U2两枚钢印的厂家。南化机由此具备了按国内外先进规范进行压力容器的设计、制造、检验的能力。

随着我国化肥工业发展，尿素装置建设"大、中、小并举"的思路，南化机继续进行中小尿素合成塔的制造工作，并且把新型尿素合成塔结构还推广应用到年产4万t尿素小型化肥厂的改造中。1985年，制成小型氮肥厂碳酸氢铵改尿素的关键设备直径1.2m尿素合成塔，到1986年10月，已生产了23台新结构的ϕ1400mm尿素合成塔，供国内26个中型化肥厂中的21个厂使用，占国内使用数量的80%。由于实现了长周期运行，扭转了1980年以前年产11万t尿素工厂平均生产能力只占设计能力60%左右的局面。

20世纪80年代初,我国冶金部门不断进行技术改造,发展不锈钢生产,已逐步具备尿素级不锈钢冶炼、生产所需技术和装备。为实现新型尿素合成塔用不锈钢衬里国产化,南化机与太原钢铁公司、冶金部钢铁研究院、化工部第四设计院、化工部化机研究院等单位合作,开展国产尿素级不锈钢的科研、试验、试制和试用工作。1981年12月,南化机与太原钢铁公司签订了试制尿素专用00Cr17Ni14Mo2钢(316L改良型)中板的供货协议。1983年太原钢铁公司提供了10t多8mm厚1600mm×4600mm热轧中板,南化机对钢板进行了检验,除个别炉号化学成分稍有偏差和外观稍差外,耐蚀试验合格、焊接性能良好、焊接接头的耐蚀性良好,基本符合尿素装置高压设备衬里不锈钢的要求,有的已达到国外进口同类钢材的水平。1986年,南化机用这批钢板作衬里,制成我国第一台国产尿素级不锈钢衬里的φ1400mm尿素合成塔,1988年4月25日在本溪化肥厂投产,经过三年多的使用,设备运行正常,性能指标达到设计要求,并获化学工业部科学技术进步二等奖。多年来,南化机为国内大、中、小型化肥厂制造尿素合成塔近200台,尿素合成塔获国家金质奖章,这也是化机行业唯一获奖产品(见图8.5-13)。

图8.5-13 尿素合成塔获国家金质奖章

1985—1986年,南化机面向石油化工行业,为扬子乙烯工程提供了100多台由国外和国内联合设计、国内配套生产的乙二醇和聚丙烯设备,有1~6效蒸发器、乙二醇塔、精制塔、高压氮气缓冲罐、接触塔、再生塔、闪蒸塔、解吸塔、汽提塔、反应气体冷却器、汽包、循环气分离器、循环水换热器、循环水冷却器等。

1986年还与德国鲁奇公司合作制造了我国第一台20万t/年硫铁矿制硫酸装置用横向冲刷型余热锅炉,其制造质量达到并部分超过引进的同类产品。在研制大型横向冲刷型硫酸余热锅炉的过程中,遇到了弯管技术难关,2000多根弯头,管子直径与弯头半径之比为1:1.3,用一般的国产弯管机弯制,难以达到外商工程标准规定的公差,而进口特种弯管机每台价格高达12万美元。为攻克这一技术难关,南化机在只花了13000元人民币购置的国产弯管机上进行技术改造,自行设计、制造、安装了小曲率弯管装置,弯管质量符合工程技术标准,可与引进的同类产品媲美。这一装置荣获国家专利。后续南化机又与南化设计院(原化工部第七设计院)合作,共同开发制作了世界银行贷款的国家"八五"重点工程——湖北荆襄磷化公司56万t重钙项目中硫铁矿制酸的水管余热锅炉,余热锅炉参数:设计压力3.8MPa;设计温度350℃;产汽量30t/h(见图8.5-14)。

图8.5-14 硫铁矿制酸余热锅炉

1986年,为南京栖霞山化肥厂制造国内首台30万t/年合成氨出口气锅炉给水预热器(见表8.5-3),攻克了厚管板镍基堆焊、管子与管板爆炸胀接、深孔钻等技术难题。该产品获国家科技进步三等奖。

表8.5-3 锅炉给水预热器参数

设计压力/MPa		设计温度/℃		传热面积/m²
壳 程	管 程	壳 程	管 程	
15.68	28.91	320	355	660

同年,中国化工装备总公司组织60万t纯碱成套装置整体攻关,为打破大型蒸汽回转干燥设备依赖进口的局面,南化机和化工部第八设计院合作,开展了连云港碱厂三台 φ3600mm×18mm×36000mm 轻灰纯碱蒸汽回转煅烧炉(203t/台)的设计制造攻关。

大型回转煅烧炉是动、静相结合的设备,机身相当于一个巨型转动轴,结构复杂,几何尺寸精度要求非常高,制造难度大。由于没有整体加工的条件,对如何保证满足图样要求的机身滚圈、大齿圈、进出料密封端的同轴度、轴向跳动、径向跳动的公差,厂领导组织精干的技术人员和相关部门领导成立了技术攻关施工组,根据本厂实际加工能力,经过充分的酝酿,确定了一套切实可行的制造工艺,并在制造过程中,从筒节下料开始各工序严格执行,机身的每个筒节部件均采取加内支撑圈撑圆,在车床上加工环缝坡口的同时加工出中心激光透光孔,滚圈、齿圈的筒节在加工环缝坡口的同时加工出外圆和中心激光透光孔,机身的每个筒节在组对时均采用中心孔激光找正,环焊缝采取大钝边不留间隙,以防变形的焊接方法焊接,用此方法制作完毕的轻灰纯碱蒸汽回转煅烧炉整体同轴度测量的结果最小达1.5mm,最大2.6mm,而图样要求是3mm。整机组装后,经试运转检测,各项技术指标都达到了设计规定的技术要求,顺利通过了国家组织的国产化专家组的审查。在这三台 φ3600mm×18mm×36000mm 轻灰纯碱蒸汽回转煅烧炉的制作过程中,通过经验的积累,南化机不断完善和改进制作工艺,形成了一整套完整的大型蒸汽回转干燥机的制造工艺(见图8.5-15,主要参数见表8.5-4)。

表8.5-15 φ3600mm 轻灰纯碱蒸汽回转煅烧炉

表 8.5-4　ϕ3600mm 轻灰纯碱蒸汽回转煅烧炉参数

规格 /mm	设计压力 /MPa	设计温度 /℃	材　质	重量 /t
ϕ3600×18×3600	壳：ATM 管：3.43	壳：150 管：300	壳：16MnR 管：20	203

1987 年，南化机又为泸州天然气化工厂制成采用世界银行贷款进行技术改造的直径 1.5m 尿素合成塔，该塔被世界银行有关机构称为"世界银行贷款项目设备招标承制的典范"。

1988 年，南化机为南化氮肥厂制成直径 1.6m 氨合成塔。

1988 年，南化机为支援国家重点工程中原化肥厂的建设，以令外商吃惊的优质和高速，研制成功中国第一台按照意大利斯纳姆（Snam）工程标准设计、制造的氨汽提工艺流程用直径 2.2m 尿素合成塔，以及高温变换炉、低温变换炉、二氧化碳吸收塔等 8 台大型高压设备，从而掌握了按照世界上尿素生产两种通行工艺——二氧化碳汽提工艺和氨汽提工艺制造大型尿素高压设备的技术手段。至此，工厂已形成能够按照世界通行的二氧化碳汽提和氨汽提两种生产工艺设计、制造大、中、小各种规格的尿素合成塔的能力，并和德国伍德公司合作，在国内首次集中制造了 17 项、23 台中原化肥厂合成氨Ⅱ类设备。1989 年 1 月 7 日，满载 20 多台大、中型设备的 7006 次专列从南化机出发奔赴中原化肥厂，据铁运部门提供的资料，这是新中国成立以来最大规模的化肥设备专列。这批设备中的高温变换炉获国家重大技术装备成果一等奖。

1989 年南化机又和日本三菱重工株式会社合作，研制成功按照国际化肥生产最新工艺设计的大型化肥装置国产化样板工程——四川化工总厂年产 20 万 t 合成氨改造工程的 3 台关键设备：二段转化气余热锅炉、高压蒸汽过热器、组合式氨冷器。其中组合式氨冷器在全世界仅为第二次制造，通过引进的日本高压液压胀管机技术，成功实现了组合式氨冷器双管板的胀接，也为今后南化机制造双管板换热器奠定了基础。组合式氨冷器获国家重大技术装备成果一等奖；二段转化气余热锅炉获国家重大技术装备成果二等奖；20 万 t/ 年合成氨装置获国家科技进步一等奖。设备见图 8.5-16，主要参数见表 8.5-5。

图 8.5-16　四川化工总厂 20 万 t/ 年合成氨装置设备
a）组合式氨冷器　b）二段转化气余热锅炉

表 8.5-6 四川化工总厂改造工程三台设备参数

设备名称	尺寸/mm	设计压力（管/壳）/MPa	设计温度（管/壳）/℃	换热面积或容积	主要材料	重量/t
二段转化气余热锅炉	φ1990×11627	12.4/3.34	1012/328	135m³	SA-387 Gr.12+ SA-213 Gr.T11	49
高压蒸汽过热器	φ1990×13690	14.22/3.9	746/328	279m²	SA-387 Gr.12+ SA-213 TP321	35
组合式氨冷器	φ2600×18521	15.69/0.686	−33/65	440m²	SA-334 Gr.6/SA-179（S）、SA-662 Gr.C	86

5.2.5 发展进入新时期

20世纪90年代起，南化机在立足化肥设备制造的同时，积极拓宽市场，为石油化工、炼油、精细化工、化纤等行业服务，将自己打造成为石化装置国产化基地。

1990年为辽河化肥厂设计、制造完成年产52万t尿素装置又一高压关键设备——高压冷凝器的国产化工作，首次开发出格栅折流结构（见图8.5-17，参数见表8.5-6）。

图 8.5-17 高压冷凝器

表 8.5-6 高压冷凝器参数

规格/mm	设计压力（管/壳）/MPa	设计温度（管/壳）/℃	换热面积/m²	主要材料	重量/t
φ2000×16×16528	15.9/0.78	193/165	1773	X2CrNiMo18-12（Mod）、19Mn6、20MnMo、16MnR	102

1990年，制成4台采用世界银行贷款进行中型化肥装置技术改造示范工程的关键设备——直径1.25m尿素合成塔。同年，制成国内第一个二氧化碳汽提工艺年产11万t尿素装置的二氧化碳汽提塔、高压冷凝器、高压洗涤器，以及年产30万t合成氨装置的第二余热锅炉。

20世纪90年代初，国内有5套年产30万t乙烯装置的40台裂解炉均从国外进口，其核心设备急冷换热器和汽包每3~5年就要更换一次。南化机又一次进行了国产化攻关，1991年，成功为扬子石化公司制造了国内首台年产4万t乙烯裂解炉核心设备急冷换热器和汽包。国产化的成功为国家节省了大量外汇（见图8.5-18，主要参数见表8.5-7）。

图 8.5-18 急冷换热器

表 8.5-7 急冷换热器参数

规格 /mm	设计压力 /MPa	设计温度 /℃	主要材料	重量 /t
φ1450×6000	壳：13.44 管：0.34	壳：350 管：850/650	12Cr1MoV+15Mo3	7.2

1991年，为加速上海城市煤气化步伐，上海市决定在上海焦化总厂建设城市煤气、煤化工产品、热电联供的"三联供"工程，其中煤化工产品主要为年产20万t甲醇。该甲醇装置采用了化工部第八设计院、西南化工研究院及泸州天然气化工厂联合开发的低压法合成甲醇工艺。南化机与化工部第八设计院、华东理工大学、西南化工研究院、冶金部钢铁研究总院等有关单位共同承担了装置核心设备等温低压合成甲醇反应器这一"八五"国家重大技术装备科技攻关任务，实现大型煤化工低压合成甲醇装置国产化。

南化机自1986年为四川泸州天然气化工厂生产第一台甲醇合成塔起，陆续制造甲醇合成塔近80台，最大直径达4.2m，最大重量达850t，攻克了管子-管板焊接、管板堆焊等技术难题，首次将国产S31803换热管应用于甲醇合成塔制造，开创了进口管坯国内轧制的先河，填补了双相钢换热管国产化空白，降低了甲醇项目整体投资和建设周期（见图8.5-19，参数见表8.5-8）。

图 8.5-19 甲醇合成塔

表 8.5-8 甲醇合成塔参数

规格 /mm	设计压力 /MPa	设计温度 /℃	换热面积 /m²	重量 /t	主要材料
φ4094×60×12214	壳：5.5 管：5.7	壳：270 管：275	4617	195	壳：20MnMoNi55 管：SAF2205

同年为无锡树脂厂按国际先进技术设计、制造了离子法双酚A成套设备。离子法双酚A成套设备的基本国产化，为国家节省了近千万美元外汇。

1992年与国外专利商合作，为中美合资企业南通醋酸纤维有限公司二期工程一次成功制造了58台打ASME钢印产品（见图8.5-20）。

1993年，在化工部第四设计院协助下，南化机为赤水天然气化肥厂首次设计、制造成功了52万t尿素装置又一关键设备二氧化碳汽提塔后，又连续为安庆石化总厂、广州石化总厂、洞庭氮肥厂设计、制造了三台二氧化碳汽提塔，在短短的一年内，连续制造成功四台大型尿素装置二氧化碳汽提塔（见图8.5-21，参数见表8.5-9），这在国际上也属少见，说明我国大型尿素设备制造能力达到了国际先进水平。

图8.5-20　南通ASME项目整装待发

图8.5-21　二氧化碳汽提塔

表8.5-9　二氧化碳汽提塔参数

规格/mm	设计压力/MPa	设计温度/℃	换热面积/m²	重量/t	主要材料
φ2460×30×12570	管：16.19 壳：2.84	管：225 壳：225	1680	143	管：X2CrNiMo25-22-2 壳：19Mn6、16MnR、20MnMo

1994年为上海金山石化总厂制造成功40万t/年柴油加氢精制热壁反应器（见图8.5-22，参数见表8.5-10），标志着南化机开始向炼油化工领域高温临氢装置发展。经过20多年的努力，南化机已为扬子石化、金陵石化、安庆石化、石家庄炼化等单位制造10余台加氢反应器。

20世纪70年代前，中国的纺织品全部靠棉、麻、丝等天然纤维，要和粮食争地，有限的土地资源既要解决百姓吃饭问题，又

图8.5-22　加氢反应器

表8.5-10　加氢反应器参数

规格/mm	设计压力/MPa	设计温度/℃	重量/t	主要材料
φ4000×（164+6.5）×29506	11.5/FV	454	438	SA-387 Gr.22 Cl.2+ 309L/347

要解决穿衣问题，不堪重负。根据当时周恩来总理提出的"轻工重点抓纺织，纺织重点抓化纤"的精神，纺织工业的重点开始转到发展化纤工业上来。中国化纤工业开始转入以石油、天然气为主要原料生产涤纶、锦纶、腈纶、维纶等合成纤维的新时代，但国内尚无成熟的工艺技术及装备制造，为此国家花费大量外汇引进了多套连续生产的聚酯装置，其设备均从国外进口，但仍然不能满足中国十多亿人的穿衣问题。在此情况下，本着"引进、消化、吸收"的原则，纺织部组织中国纺织工业设计院依托仪征化纤引进的 9 条 6 万 t/年聚酯装置进行工艺研究，扩能改造，由 6 万 t/年提升至 9 万 t/年，经分析、模拟计算、研究，设备方面需增加一台酯化反应器和一台低黏度圆盘反应器。南化机凭借雄厚的技术力量、优良的装备，获得了中国纺织工业设计院及仪征化纤的认可，1994 年开始了酯化反应器及低黏度圆盘反应器的研制工作。

酯化反应器为立式容器，结构复杂，壳体为 304 不锈钢，外有 L 形 304 不锈钢热媒夹套，内部有数组热媒加热盘管、导流筒及搅拌系统。低黏度圆盘反应器为一端驱动单轴系圆盘卧式反应器，工作状态为高温、真空，壳体结构为 304 不锈钢外带 304 不锈钢的、通热媒的 L 形夹套，轴系为 DIN1.4122 实心轴，悬挂数组 304 大型圆盘，结构更为复杂，轴系与壳体采用轴封密封，工作转速 8r/min。此类结构的反应器国内从未生产过。南化机攻克了盘管弯制、L 形夹套成形、大型内外封头成形、卧式反应器大轴锻造加工、圆盘制造及防变形、轴封制造、反应器装配等多道难关。1995 年交仪征化纤安装开车后，各项工艺指标达到设计要求，之后又陆续对仪征化纤其余 8 个单元及辽阳化纤的 3 个单元进行了扩容改造，其间为降低反应器材料成本，南化机与中国纺织工业设计院合作，经过研究计算、调整结构，将反应器壳体由全不锈钢改为 Q345R+304 复合材料，外挂夹套改为全 Q345R 碳钢材料，解决了轴系与壳体膨胀系数不同的影响。经在线运行，达到预期效果，为后续成套反应器及装置大型化后反应器低成本制造奠定了基础。

1995 年，在国务院重大办和中石化的关心和支持下，为乌鲁木齐石化一次成功制造了 52 万 t/年尿素装置中的四大关键设备——尿素合成塔、二氧化碳汽提塔、高压冷凝器、高压洗涤器（见图 8.5-23，参数见表 8.5-11）。至此，南化机具备了按照国际先进标准生产大型化肥尿素装置 4 种大型高压关键设备的能力。

图 8.5-23　乌鲁木齐石化尿素设备发运

表 8.5-11　乌鲁木齐石化尿素四大设备参数

名　称	规格 /mm	设计压力 /MPa	设计温度 /℃	换热面积或容积（m² 或 m³）	主要材料	重量 /t
尿素合成塔	φ2800×114×36100	15.8	198	220	X2CrNiMo18-12（Mod）、K-Ten-62M、19Mn5	325
二氧化碳汽提塔	φ2400×30×12570	16.5/2.9	229/229	1680	X2CrNiMo25-22-2、19Mn6、16MnR、20MnMo	143
高压冷凝器	φ2050×16×16810	16.2/0.79	198/180	2439	X2CrNiMo25-22-2、19Mn6、16MnR、20MnMo	111
高压洗涤器	φ2830×90×10540/φ950×12×10540	16/1.33	198/198	265.7	X2CrNiMo18-12（Mod）、19Mn6、16MnR、20MnMo	45

1995 年，为扬子石化公司试制成功了国内第一台重型回转干燥设备——TA 干燥机（见图 8.5-24，参数见表 8.5-12）。该设备全为不锈钢材料，结构复杂、精度要求高，特别是全长直线度、同轴度、圆度指标相当苛刻，制造难度极大。

1995 年，为山东东营胜化公司成功制造国内第一台、国际上第七台年产 1.5 万 t 顺酐关键设备流动床反应器（见表 8.5-13）。该设备全为铬钼钢材料，整体结构极为复杂、技术要求高、施工难度大，内部有管束 60 组，累计焊接接头 7000 多个。

图 8.5-24　扬子 TA 干燥机

表 8.5-12　TA 干燥机参数

规格 /mm	设计压力 /MPa	设计温度 /℃	材质	重量 /t
φ3200×16×17500	壳：0.007～0.0015　管：1.1	壳：150　管：188	壳：316L　管：317L	140

表 8.5-13　顺酐流动床反应器参数

规格 /mm	设计压力 /MPa	设计温度 /℃	主要材料	重量 /t
φ3600×16×25050	壳：0.44　管：5.45	壳：470　管：450	壳：15CrMoR　管：15CrMo	94

1997 年与德国 TGE 工程公司合作，为台塑石化公司成功制造了按 ASME 规范 Ⅷ 卷第 2 篇进行应力分析设计、制造，产品标志 U2 钢印的大型地埋式卧式石油液化气储罐 6 台（见图 8.5-25，参数见表 8.5-14）。储罐直径 7.4m，总长 74m，容积 3000m³，单台重量 650t，为亚洲第一大罐。南化机受限于自己拥有的厂房、场地、运输条件等，采用筒节

等零部件在厂内制作完成，总装、焊接及后续工序的实施租用一家距离工厂 30km、紧靠长江岸边的船厂码头场地完成，解决了采用小厂房、小型起重机组装特大容器和野外普通场地进行特大容器水压试验以及拖运上船的技术难题，开创了制造和整体发运特大型薄壁容器的先例，积累了宝贵的特大型容器制造经验。

图 8.5-25　大型地埋式储罐发运

表 8.5-14　地埋式储罐参数

规格 /mm	设计压力 /MPa	设计温度 /℃	主要材料	重量 /t
φ7300×37.4×74279	−0.5～17.86	−20～45	SA-537 Gr.2	650

同年为上海氯碱总厂开发制造成功直径 3.3m、总长 30m 的氧氯化反应器（参数见表 8.5-15），填补了国内空白。

表 8.5-15　氧氯化反应器参数

规格 /mm	设计压力 /MPa	设计温度 /℃	主要材料	重量 /t
φ3300×20×30200	壳：0.6 管：2.3	壳：300 管：250	壳：16MnR 管：20G	173

1997 年，还开发研制了多层整体包扎压力容器技术，筒体层板错层包扎，没有深环焊缝。运用该技术为兰州化学工业公司承制多层整体包扎压力容器——氮气储罐。

1998 年，为南化公司大化肥项目完成了国内首台 52 万 t/ 年氨汽提法尿素装置甲铵冷凝器的制造（参数见表 8.5-16）。此前，国内制造二氧化碳汽提法立式甲铵冷凝器多台，但氨汽提法的卧式甲铵冷凝器仍需进口，该甲铵冷凝器的制成，结束了依赖进口的局面。

表 8.5-16　甲铵冷凝器参数

规格 /mm	设计压力 /MPa	设计温度 /℃	主要材料	重量 /t
φ2500×14×16590	16.2/0.6	200/180	X2CrNiMo25-22-2、19Mn6、20MnMo、16MnR	74

1998 年，为中美合资南通醋酸纤维有限公司制造成功国内首台醋酸纤维生产装置关键设备——主蒸馏塔铜冷凝器（参数见表 8.5-17）。该设备主要材料为硅青铜 SB-96 C65500/SB-111 C12200，南化机从未涉及过该种材料压力容器的制造，对方提出的技术要求特殊、制造难度大。南化机按 ASME 规范Ⅷ卷第 1 篇要求进行图样设计、制造，攻克了材料性

能控制，以及铜材成形防变形、铜材加工刀具选用、铜 SB-96 C65500/SB-111 C12200 与钢 SA-105 两种材料焊接及铜换热管胀接等技术难关。

表 8.5-17 铜冷凝器参数

规格 /mm	设计压力 /MPa	设计温度 /℃	主要材料	重量 /t
$\phi2500\times14\times16590$	0.76/0.75	174/115	SB-111 C12200、SB-96 C65500	42

1999 年，南化机为南化大化肥气化装置改造工程成功制造了其关键设备大型气化炉及锁斗，保证了大化肥装置早日开工投产。该套气化装置是国内首套气化压力最高、可使用多种固体原料的气化装置，相当于 45 万 t/ 年合成氨的气化中心，采用德国德士古水煤浆气化技术。此后南化机为国内数家化工公司制造气化炉约 80 台，涵盖德士古水煤浆炉、四喷嘴结构气化炉等，最大直径达 4000mm，最大设计压力达 9.7MPa（见图 8.5-26，参数见表 8.5-18）。

图 8.5-26 气化炉

表 8.5-18 南化大化肥气化炉参数

设计压力 /MPa		9.5
工作压力 /MPa		8.6
设计温度（燃烧室 / 激冷室）/℃		427/427
工作温度（燃烧室 / 激冷室）/℃		1450/271
介 质		O_2、H_2、CO、CO_2、H_2O、H_2S、N_2、炉渣
介质特性		易燃，易爆，中度危害
焊接接头系数（燃烧室 / 激冷室）		1.0
腐蚀裕量（燃烧室 / 激冷室）/mm		6/3
主要受压元件材料	燃烧室	SA-387 Gr.11 Cl.2 SA-182 Gr.F11 Cl.2
	激冷室	SA-387 Gr.11 Cl.2+316L SA-182 Gr.F11 Cl.2+316L
气化室容积 /m^3		25
容器类别		Ⅲ类

5.2.6 走进新时代

进入 21 世纪后，南化机继续与中国纺织工业设计院合作进行聚酯工艺技术的研发。继仪征化纤扩容改造成功后，中国纺织工业设计院总结改造经验、研究工艺技术后设计出了自己的一套不同于国外的聚酯工艺技术，南化机也在原制造技术的基础上进行了一系列的制造工艺优化和改进，2000 年 3 月交付仪征化纤 10 单元 10 万 t/ 年聚酯装置 5 台关键设备，包括 3 台立式反应器及 2 台卧式反应器，至此中国有了自己的连续生产聚酯装置成套技术，其质量指标达到了进口同类设备的先进水平。

2000 年南化机还与中国纺织工业设计院合作，为浙江龙达化纤 4 釜流程工艺 6 万 t/年聚酯装置制造了 4 台主反应器，为浙江恒逸化纤 10 万 t/年聚酯装置制造了 5 台主反应器，从此开创了中国民营企业连续法生产聚酯的先河。2003 年以来，又相继开发了 15 万 t/年、20 万 t/年、30 万 t/年、40 万 t/年、50 万 t/年、60 万 t/年聚酯成套装置，为我国的聚酯设备国产化做出了重大贡献。其中 10 万 t/年、20 万 t/年聚酯成套设备，获国家科技进步二等奖。按照国外工程公司的报价，聚酯成套装置国产化后投资额下降 50%。2004 年 4 月，温家宝总理在中咨公司《投资决策咨询》第一期《聚酯技术自主化和装备国产化的成功启示及建议》一文上批示（见图 8.5-27）："聚酯技术自主化和装备国产化的成功启示是宝贵的。要认真总结经验，寻找差距，继续跟踪国外技术设备的发展趋势，从政策、机制、科技等方面采取综合措施，提高我国聚酯工业的核心竞争力。"

南化机现已为 166 套各类聚酯装置制造了 883 台反应器，其中出口至印度、巴基斯坦、阿联酋、土耳其、印尼、越南等 12 套 59 台反应器（见图 8.5-28，参数见表 8.5-19）。

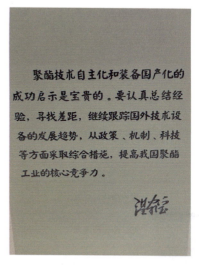

图 8.5-27 温家宝总理批示

a)

b)

c)

图 8.5-28 聚酯装置压力容器
a）第一酯化反应器 b）第二酯化反应器 c）第一预缩聚反应器

d) e)

图 8.5-28 聚酯装置压力容器（续）

d）第二预缩聚反应器　e）终缩聚反应器

表 8.5-19 聚酯反应器参数

设备名称	工艺参数	材质
第一酯化反应器	壳：0.35MPa，330℃ 管：0.57MPa，330℃	壳：16MnR+304、16MnR 管：0Cr18Ni9
第二酯化反应器	壳：0.35MPa，330℃ 管：0.57MPa，330℃	壳：16MnR+304、16MnR 管：0Cr18Ni9
第一预缩聚反应器	壳：0.35MPa，330℃ 管：0.57MPa，330℃	壳：16MnR+304、16MnR 管：0Cr18Ni9
第二预缩聚反应器	壳：0.10/−0.7MPa，330℃ 管：0.6MPa，330℃	壳：16MnR+304、16MnR 管：0Cr18Ni9 轴：DIN1.4122
终缩聚反应器	壳：0.10/−0.7MPa，330℃	壳：16MnR+304 轴：DIN1.4122

21世纪初，国内经济建设快速发展，聚乙烯是重要的塑料原料，广泛用于塑料、包装、电子工业等领域。我国聚乙烯需求量约600万t，但是国内供货能力偏低，进口需求量达到一半，为此，扬子石化新增建一套20万t/年聚乙烯装置。该装置采用美国UCC公司的气相法聚乙烯工艺。2001年，南化机与意大利OM公司合作，为该装置制造了关键核心设备聚乙烯反应器（见图8.5-29，参数见表8.5-20）。该反应器下部为球形封头加裙座，裙座高度12000mm，壳体内径5029mm，高度12004mm，厚度分别为51mm、60mm；上、中部为锥形壳体，小端直径5029mm，大端直径7804mm，高度6131mm，厚度分别为60mm、69mm、78mm；顶部为超过半球的球壳，内径8007mm，厚度45mm，反应器总高35.5m，总重量约330t。南化机攻克了大型反应器结构设计、部件成形、现场组装、焊接、热处理等技术难题，完成了国内最大的聚乙烯反

图 8.5-29 聚乙烯反应器现场组装

应器国产化制造,加快了大型乙烯装置国产化进程。2002年6月6日装置成功建成,该装置的投产缓解了我国塑料原料及专用材料长期依赖进口的局面。

表 8.5-20 聚乙烯反应器技术参数

设计压力 /MPa		2.91	设计温度 /℃		170	水压试验压力 /MPa	3.82
操作压力 /MPa	顶部	2.41	操作温度 /℃	顶部	88	设备空重 /kg	300000
	底部	2.47		底部	62.7	设备容积 /m³	645
主体材料				ASME/ASTM SA-516 Gr.70			

2003年,与合肥通用机械研究院合作,为江苏镇江索普公司首次完成哈氏B-3合金材料闪蒸罐的国产化制造,在特种材料的成形、焊接、热处理等方面取得了突破,具有国内先进水平。该闪蒸罐由内径 ϕ3700mm 和 ϕ1800mm 标准椭圆形封头各一个, ϕ3700mm×9.5mm×3400mm 筒节一个,大端 ϕ3700mm、小端 ϕ1800mm 的锥体一个,以及部分接管和法兰等组成。后续,又为山东华鲁恒升化工有限公司制造了一台同材质但直径更大的闪蒸罐(见图8.5-30,参数见表8.5-21)。

图 8.5-30 哈氏 B-3 闪蒸罐

表 8.5-21 闪蒸罐参数

规格 /mm	设计压力 /MPa	设计温度 /℃	主体材料	重量 /t
ϕ1800×9.5/ϕ4300×12.7×12453	0.36/−0.1	176	HB-3	19.93

2003年,首次为山东华鲁恒升化工股份有限公司大型化肥项目完成30万t/年合成氨装置一轴二径层间换热式氨合成塔(见图8.5-31,参数见表8.5-22)及内件的国产化制造。这也是"十五"国家重大技术装备研制项目中的重要设备,实现了我国化工行业几代人的梦想,标志着我国在合成氨工艺上有了完全自主知识产权和设计、制造能力,从此告别了大型化肥装置长期依赖进口、落后于人、受制于人的时代。

图 8.5-31 氨合成塔

表 8.5-22 氨合成塔参数

参数	高压外壳	低压内件
工作压力 /MPa	11.46	0.35(内、外压差)
设计压力 /MPa	12.6	0.45(内、外压差)

（续）

参　数		高压外壳	低压内件
工作温度 /℃		249	490
设计温度 /℃		299	505
介质		合成气	合成气
材质	封头	SA-387 Gr.11 Cl.2	0Cr18Ni10Ti
	筒体	SA-387 Gr.11 Cl.2+SA-724 Gr.B	0Cr18Ni10Ti
焊缝系数		1.0 及 0.95（层板）	1.0（内件外壳）
规格		ϕ3200×（14+6+8×12=116）	ϕ3034mm×26（上）/29（下）
总长 /m		23.2	
全容积 /m³		161.4	
设备空重 / kg		346700（外壳 251380、内件 95315）	

2004 年南化机为南化公司氮肥厂成功制造了一台硝酸吸收塔（参数见表 8.5-23），该设备的管子与管板结构为对接形式，该结构型式国内罕见，其焊接难度相当大，且需进行 100% 射线检测，由此南化机开始了管子 - 管板内孔焊技术的起步。该设备的研制成功填补了南化机的空白，具有国际领先水平。

表 8.5-23　硝酸吸收塔参数

规格 /mm	设计压力 /MPa	工作压力 /MPa	设计温度 /℃	操作温度 /℃	介　质
ϕ3400×57000	壳：1.06 管：0.5（1～8 圈）， 0.8（9～26 圈）	壳：1.0 管：0.46（1～8 圈）， 0.65（9～26 圈）	壳：90 管：70	壳：60 管：40	壳：60% 硝酸 管：水

2006 年，江苏泰兴新浦氯碱厂引进了当时世界上最先进的比利时苏威公司的氯碱装置专利技术，南化机首次完成其中最核心的装备——新型氧氯化反应器的研制。该设备内件涉及镍基合金、哈氏合金、超级奥氏体不锈钢 904L 和陶瓷材料，使南化机进一步积累了特种材料的制造经验。该反应器的制造成功填补了国内空白（见图 8.5-32，参数见表 8.5-24）。

图 8.5-32　氧氯化反应器内件

表 8.5-24　氧氯化反应器参数

规格 /mm	设计压力 /MPa	设计温度 /℃	材　料	重量 /t
ϕ3600×（30+4）×2000	壳：1.4 盘管：2.5 保温蒸汽管：3.5	壳：275 盘管：250 保温蒸汽管：250	壳：16MnR+304L 管：N06022、N06600、904L	81

2007年，为杜邦公司研制了出口沙特阿拉伯的大型反应器，该设备按 ASME 要求设计和制造，直径为 4650mm，是南化机首次采用 AL6XN 超级奥氏体不锈钢材料（UNS N08367）制造的设备（见图 8.5-33，参数见表 8.5-25）。

2007年，采用化工部第二设计院的专利技术，首次制造南化公司 27 万 t/ 年稀硝酸扩建项目中的关键设备——稀硝酸氧化炉（参数见表 8.5-26），解决了氧化炉的蒸发器、冷壁管、过热器部件的多层多组小弯曲半径盘管弯制等制造难题。

图 8.5-33 杜邦固定床反应器

表 8.5-25 反应器技术参数

序号	名 称	管 程	壳 程
1	设计压力 /MPa	1.034	1.724
2	设计温度 /℃	0～249	0～204
3	操作压力（最高 / 正常）/MPa	—	—
4	操作温度（进 / 出）/℃	190	182
5	工艺介质特性	非致命的	非致命的
6	公称容积 /m³	121.4	57.8
7	材料	AL6XN+316L	SA-516 Gr.70，304/304L
8	换热面积 /m²	5541.6	
9	设备净重 /kg	207470	

表 8.5-26 氧化炉技术参数

参 数	壳 体		蒸发器	冷壁管	过热器
	铂网上	铂网下			
设计压力 /MPa	0.41	0.41	4.8	4.8	4.8
工作压力 /MPa	0.337	0.337	4.3	4.3	4.3
设计温度 /℃	250/630	905/285	262	264	300/480
工作温度 /℃	217/600	860/255	256	257	257/440
介质名称	空气、氨	N_2、H_2O、NO_x（中度危害）	水	水	水蒸汽
焊接接头系数	1.0	1.0	1.0	1.0	1.0
腐蚀裕量 /mm	0	3	0	0	0
主要受压元件材质	16MnR（板）、0Cr18Ni12Mo2Ti（板）、A213 Gr.T22（管）、A210 Gr.A1（管）				
设备净重 /kg	43950				
容器类别	Ⅱ类				

普光气田是我国迄今为止发现的最大高含硫气田,探明地质储量为 4121 亿 m^3,硫化氢和二氧化碳含量高,硫化氢平均含量 15.2%,二氧化碳平均含量 8.6%,是国家"十一五"重点项目川气东送工程项目的气源地。普光天然气净化厂是川气东送工程配套建设项目,是国内首座百亿立方级高酸性天然气净化厂,其中一期工程年处理能力为 120 亿 m^3,年产硫磺能力 240 万 t,是亚洲第一、世界第二大规模的高酸性天然气净化厂。

普光天然气净化厂单系列硫磺回收装置年产硫磺能力达 20 万 t,规模位居全国首位。装置建设初期,国内缺乏此类大型硫磺回收余热锅炉的设计、制造经验,进口余热锅炉费用近 2000 万元人民币,价格昂贵,且进口设备周期长达 18 个月。为此,南化机承担了此项中石化国产化攻关任务,掌握了大直径、高压差、高温差挠性管板及低应力管接头设计技术,解决了薄管板加工、深坡口管接头的焊接及胀接难题,开发了窄间隙、深坡口管头 GMAW 自动焊技术。2008 年,南化机完成了 12 台 20 万 t/年硫磺回收装置余热锅炉国产化制造任务,2009 年 11 月投用,连续长周期安全、稳定运行,技术指标完全达到设计要求,为装置长周期稳定运行提供了可靠的保障,保证了下游用户的供气平稳,取得了巨大的社会经济效益(见图 8.5-34,参数见表 8.5-27)。

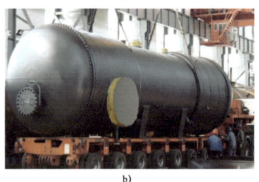

a) b)

图 8.5-34　普光气田项目余热锅炉

a)一段余热锅炉　b)二段余热锅炉

表 8.5-27　余热锅炉参数

气体侧技术数据			
项　目	余热锅炉第一段		余热锅炉第二段
进口炉气温度/℃	1067		517
出口炉气温度/℃	517		289
工艺气量/(kg/h)	127594		127594
压降/kPa	<2		<2
汽水侧技术数据			
项　目	反应炉余热锅炉	项　目	反应炉余热锅炉
余热交换器类型	自然循环、火管式	余热锅炉蒸发量/(t/h)	70297
汽包工作压力/MPa	4.2	脱盐水用量/(t/h)	72471
出口蒸汽温度/℃	255	散热损失(%)	1
给水温度/℃	167	排污率(%)	≤2

2010 年，为绍兴远东石化有限公司承制 140 万 t/年 PTA 工程关键设备——直径 4000mm、筒体壁厚 164mm 的锻焊精制反应器（参数见表 8.5-28），为 PTA 装置的设计制造国产化做出了贡献。

表 8.5-28　精制反应器技术参数

工作压力 /MPa	7.8～8.6	操作介质	水、对苯二甲酸、氢气、4-CBA
设计压力 /MPa	12.0/FV	介质特性	易燃、易爆、有腐蚀
工作温度 /℃	287	主要受压元件材料	筒体：SA-336 Gr.F11 Cl.3+E309L+E308L
设计温度 /℃	350		封头：SA-387 Gr.11 Cl.2+E309L+E308L
液压试验压力 /MPa	16.55		

2010 年 5 月南化机和天华化工机械及自动化研究设计院合作，承接了 BP 公司的比利时 PTA 干燥机，干燥机全长约 27000mm，直径 2440mm，重量 100t，采用欧盟 PED 指令制造。在仔细消化吸收国外同类设备和设计图要求的基础上，南化机根据以往制造多台干燥机的经验，制订出合理的组对工装，编制细致、可靠的制造工艺方案，加上工厂严格的质量管理和质量保证体系，成功制造出中国首台出口欧洲的大型承压回转设备——PTA 干燥机，保质保量完成了出口比利时的干燥设备制造任务，这一成果标志着我国制造业在向西方主要化工行业用户出口高技术、高附加值大型机械成套关键设备上取得了历史性突破。

南化机与化工部第八设计院、天华化工机械及自动化研究设计院、中国纺织科学研究院合作，为国内外共制造了近 30 台大型回转设备，根据介质的不同，煅烧炉和干燥机所选用的主体材料也不同，板材分别为 16MnR、304L、316L、双相钢复合板，加热管分别为 20 钢、304L、317L、双相钢，而滚圈、大齿圈、托轮、挡轮、传动系统材料则基本一样，应用于纯碱、化工、化纤、钢铁、发电等行业，最大直径 4200mm，最大重量 300t（见图 8.5-35，参数见表 8.5-29）。

图 8.5-35　出口比利时干燥机

表 8.5-29　出口欧洲 PTA 蒸汽管干燥机技术参数

参数名称	筒体	汽室	换热管
工作压力 /MPa	−0.0005～0.001	0.85	0.85
设计压力 /MPa	±0.027	1.25/FV	1.25/FV
工作温度 /℃	100～120	184	184
设计温度 /℃	200	221	221
物料名称	PTA+水	水蒸汽+水	水蒸汽+水
水压试验压力 /MPa	—	1.79	1.79

（续）

焊接接头无损检测	标准	ASME Ⅷ-1
	A、B类	10%射线探伤（ASME Ⅷ-1 UW51）
	C、D类	100%渗透探伤（ASME Ⅷ-1 附录8）
规格/mm		φ2440×16×18000
材料		304L

神华宁夏煤业集团公司400万t/年煤炭间接液化示范项目是国家"十二五"期间重点建设的煤炭深加工示范项目，也是宁夏回族自治区"十二五"期间重点建设工程，是神华宁夏煤业集团实现产业结构调整、转型升级的重大项目。2010年，为神华宁煤公司研制成功按照德国西门子的先进气化技术——GSP气化技术制造的煤制烯烃项目中的核心设备文丘里洗涤器，也是国内壁厚最厚的双相钢制设备。攻克了厚壁（60mm）双相不锈钢封头、锥体及筒体成形制造、厚壁双相不锈钢的焊接、双相不锈钢的热处理等难题。从20世纪80年代初南化机开始涉足双相钢材料，至今已制造双相钢设备近百台，有EO反应器、甲醇反应器等换热设备，也有海上石油平台分离罐（超级双相钢SAF2507）；有复合板产品CTA结晶器，也有洗涤器等单层双相钢产品。

文丘里洗涤器的主要受压元件材料为SA-240 S31803、锻件为SA-182 Gr.F51，目前是国内壁厚最厚的双相钢制设备，直径840mm，筒体壁厚40mm，封头壁厚60mm（见图8.5-36，参数见表8.5-30）。

图8.5-36 文丘里洗涤器

表8.5-30 文丘里洗涤器技术参数

设计压力/MPa	−0.1/5.6
工作压力/MPa	4.09/5
设计温度/℃	−19.9/250
工作温度/℃	225/181
介　　质	原料气、文丘里洗涤水
介质特性	易燃、易爆、中度危害
焊接接头系数	1.0
腐蚀裕量/mm	1
主要受压元件	SA-240 S31803、SA-182 Gr.F51
全容积/m³	2.1
容器类别	Ⅲ类

PBT是五大工程塑料之一，由于其具有耐热性、耐候性、耐药品性，电气特性佳，吸水性小，光泽良好，通过改性可满足不同塑料制品的要求，广泛应用于电子电器、汽车零件、机械、家用品等领域。

2010年前，国内PBT装置一般单线生产2万t/年左右，均是引进国外公司专利，产量远远不能满足国内日益发展的用量需要。2009年仪征化纤决定引进国外某公司技术，建一套6万t/年装置，南化机研制3台主反应器：酯化反应器、预缩聚反应器和终缩聚反应器。其中酯化反应器、预缩聚反应器为立式带搅拌容器，壳体为Q345R+S31603复合板，外部带Q345R钢板夹套，内部有12组S31603鼠笼式热媒加热管及导流筒等部件，结构复杂，密封性能要求高；终缩聚反应器为卧式平行双轴搅拌反应器，内筒是Q345R+S30408复合钢板卷制的截面为心形的筒体，外部包有Q345R夹套，双轴系为大直径空心轴上挂数十组空心盘片，轴系两端与壳体之间通过轴封进行动态密封。结合设备特点先后完成了鼠笼式热媒加热管系的制造、心形筒体卷制、大直径空心轴与实心轴头的连接方式、空心盘片防变形、大型轴封的制造等多项工艺技术研究，2011年完成了3台反应器的制造工作（见表8.5-31）。

环氧乙烷（EO）是重要的有机原料，广泛用于生产聚酯纤维、防冻剂、不饱和聚酯树脂、润滑剂、增塑剂、非离子表面活性剂以及炸药等。环氧乙烷还在医药、香料、染料、涂料和特种化纤油剂等方面市场潜力较大，国外环氧乙烷下游产品5000多种，而我国仅有300多种。自20世纪50年代美国科学设计公司（SD）和荷兰壳牌公司（Shell）相续开发出各自的直接氧化法专利技术，并建立大型生产装置，把EO技术向前推进了很大一步。长期以来，EO生产技术主要由荷兰Shell和美国SD、UCC三家公司垄断，采用三家公司技术的生产能力占EO总生产能力的90%以上。此外美国陶氏（Dow）化学公司、日本触媒化学工业公司、德国Hvels公司、巴斯夫公司和意大利Snam公司也有自己的专利技术。

20世纪70～80年代EO反应器完全引进，20世纪90年代EO反应器采用部件引进、国内组装焊接，2000年后，南化机与中石化工程建设公司合作，以扬子石化18万t/年EO反应器国产化为依托，全面实现了EO反应器设计制造国产化。2011年，完成扬子石化18万t/年环氧乙烷装置核心设备EO反应器国产化研制（参数见表8.5-32）。作为国内首台整体制造出厂的大型双相钢EO反应器，体现了国内整体设备工程设计能力、制造能力、国产材料使用的可靠性。通过攻关研制，首次将国产高强度合金钢13MnNiMoR和20MnMoNb锻件用于反应器筒体和管板制造，解决了大直径厚壁筒节几何尺寸控制、大直径管板拼焊堆焊质量及不平度尺寸控制、大直径高精度折流格栅制作装配等技术难题，掌握了大型EO反应器设计、制造、检验、运输的全套技术，为大型乙烯装置的成套国产化奠定了坚实的基础。至2016年，已为扬子石化、武汉石化、茂名石化等厂家提供了近20台EO反应器。

表8.5-31 PBT反应器技术参数

壳体内径/mm	$\phi 4500/\phi 3300$
设计压力/MPa	设备内：-0.1/0.3；夹套：0.08；列管壳程：0.08
设计温度/℃	设备内：320；夹套：320；列管壳程：320
壳体材料	Q345R+S31603/Q345R
壳体厚度/mm	22+4/16
封头厚度/mm	下：22+4；上：26+4
壳体长度/mm	5962
管板厚度/mm	60
管板材料	S31603
管子外径/mm×壁厚/mm	$\phi 33.7 \times 3.2$
管子长度/mm	1102
管子数量/根	3568
管子材料	S31603
设备重量/t	55.2

其中为福建联合石化18万t/年环氧乙烷及40万t/年乙二醇装置制造的两台环氧乙烷反应器直径8m，长20m，重达900t。

表8.5-32 扬子EO反应器主要技术参数

名　称	反应器	冷却器
壳体内径/mm	6760	3800
设计压力/MPa	壳程：6.6；管程：2.334	壳程：3.62；管程：2.334
设计温度/℃	壳程：288；管程：325	壳程：275；管程：310
壳体材料	13MnNiMoR	13MnNiMoR
壳体厚度/mm	110	40
封头厚度/mm	64	44
壳体长度/mm	11600	3240
管板厚度/mm	180+5（堆焊）	140+5（堆焊）
管板材料	20MnMoNb/308L、309L	20MnMoNb/308L、309L
管子外径/mm×壁厚/mm	φ38.1×2.0	φ31.75×2.0
管子长度/mm	约11926	约3506
管子数量/根	15843	6400
管子材料	SA-789 S31803	SA-789 S31803
设备重量/t	约830	

2014年，成功制造中石化湖北化肥分公司20万t/年合成气制乙二醇装置关键设备——加氢反应器，合成气制乙二醇装置是中石化煤化工战略中的示范工程，具有重要的战略意义。该项技术将在中石化大力推广应用。

2016年，又成功制造了中石化自主技术——茂名石化20万t/年环氧乙烷装置EO反应器，直径为φ6900mm，设备单台重量约910t。其中支持板结构特殊，为中石化自主技术。

2019年南化机又成功制造了Shell专利技术——中科炼化25万t（40万t）/年环氧乙烷（乙二醇）装置EO反应器。直径为φ7400mm，设备单台总重量达到1254t，为南化机制造史上单台设备重量之最（见图8.5-37）。

a)

b)

图8.5-37 大型环氧乙烷反应器

a）完工的EO反应器　b）EO反应器出厂

2015年，南化机又利用内蒙古生产基地的优势，采用南京本部进行部件制造、内蒙古基地组装出厂的方式，为中天合创360万t/年甲醇制烯烃项目成功制造了一批大型设备，有甲醇反应器、甲醇洗涤塔、2#丙烯塔、气化炉等一批大型设备。

2套180万t/年气液两相甲醇反应器中的2台气冷反应器采用德国鲁奇公司专利技术渐开线式气冷甲醇反应器（见图8.5-38，参数见表8.5-33），为国内首次制造。南化机也成为全球第3家经德国鲁奇公司认证的Mega Methanol（年产百万吨级甲醇装置）工艺流程中的合成工段的关键反应器——气冷甲醇反应器制造商。

表8.5-33 气冷甲醇反应器技术参数

设计、制造、检验与验收标准	JB 4732—1995，TSG R0004—2009
容器类别	Ⅲ类
壳体内径/mm	4178
台数	2
设计压力/MPa	壳程：9.95； 管程：9.95
设计温度/℃	壳程：300； 管程：270
壳体材料	SA-387 Gr.11 Cl.2
壳体厚度/mm	138
封头厚度/mm	78
壳体长度/mm	7100
管板厚度/mm	70
管板材料	SA-965 F321
管子外径/mm×壁厚/mm	φ25.4×2.1
管子长度/mm	6120
管子数量/根	1952
管子材料	SA-213 TP321
设备重量/t	约263

图8.5-38 气冷甲醇反应器

甲醇洗涤塔（见图8.5-39，参数见表8.5-34）每台重900t，高度为90m，直径4m，壁厚96mm，材质为09MnNiDR，为当时行业内制造最厚壁低温钢设备，制造过程中解决了焊接防裂纹、热处理等众多难点。

图8.5-39 甲醇洗涤塔

表8.5-34 甲醇洗涤塔技术参数

设计压力/MPa	6.7
工作压力/MPa	5.38
设计温度/℃	50/−70
工作温度/℃	−27/−62
介质	甲醇、净化气
介质特性	中度毒性
主要受压元件材质	09MnNiDR
全容积/m³	1012.2
容器类别	Ⅲ类

2# 丙烯塔（见图 8.5-40，参数见表 8.5-35）直径 6600mm，厚度 52mm，高度 120000mm，重 1400t。南化机克服冬季施工的难题，在装置现场解决了多点支撑卧式组装、焊接、现场整体热处理、试压等难题，实现该类型设备首次整体吊装，成为中天合创项目建设标志性的第一吊。

图 8.5-40　2# 丙烯塔起吊

表 8.5-35　2# 丙烯塔参数

设计压力 /MPaG	2.37	工作压力 /MPaG	1.975
设计温度 /℃	80	工作温度 /℃	塔顶：49.5/ 塔底：52.1
容器类别			Ⅲ类
介质名称			C3 烃
介质特性			轻度危害、易爆（第一组）
主要受压元件材质			Q345R/16Mn Ⅲ
腐蚀余量 /mm			1.5
水压试验压力 /MPaG			3.96（卧）/2.96（立）

2017 年，南化机与中国昆仑工程有限公司、河南盛通聚源新材料有限公司合作，采用非光气法工艺设计，成功为河南盛通聚源新材料有限公司制造出了 7 台 8 万 t/ 年聚碳酸酯项目中的关键设备第一、第二、第三酯化反应器和预缩聚反应器、终缩聚反应器各 2 台，2019 年 11 月投料一次试车成功，产品质量优良。聚碳酸酯反应器是结构复杂、材料特殊、制造难度大的大型回转设备，设计要求设备的同轴度≤3mm。南化机采用了两端主轴中心孔激光找正、环焊缝采取大钝边不留间隙以防变形的焊接方法焊接，制作完毕后的整体同轴度测量的结果满足要求，整机组装后经试运转检测各项技术指标都达到了设计规定的技术要求。

5.3　南化机压力容器焊接及热处理工艺技术的发展

5.3.1　典型压力容器材料焊接

南化机从国产第一台多层包扎式高压容器制造成功至今，有六十多年的高压容器制造历史，先后为我国大型化肥、化工、石油化工、化纤原料等企业建造众多生产装置，成为机械工业骨干企业。正因为有几十年压力容器制造经历，南化机在各工程制造中积累了双相钢、2.25Cr-1Mo 耐热钢、3.5Ni 低温钢、9Ni 低温钢、超级奥氏体不锈钢、C4 不锈钢、钴基合金及镍基合金等材料的高难度焊接技术。

5.3.1.1 双相钢材料焊接发展历程

双相钢截至目前已有近 80 年的历史，双相不锈钢的发展起始于 20 世纪 30 年代，美国 40 年代开发的 329 钢是代表，它含铬、钼，耐局部腐蚀性能好，但焊接时失去相平衡及沿晶界析出碳化物导致耐蚀性及韧性下降，焊后必须经过热处理，一般用于铸锻件。60 年代瑞典开发了超低碳含铬量 18% 的 3RE60 双相不锈钢，具有优良的焊接及成形性能，广泛代替了 304L、316L 钢用于工业用水热交换器的管子，解决了奥氏体不锈钢因氯离子而引起的应力腐蚀问题。70 年代以来，随着二次精炼技术 AOD 和 VOD 等方法的出现与普及，不仅获得了超低碳，同时通过精炼精确控制了钢中氮元素的含量，使双相不锈钢材料有了新的发展，从而含氮双相不锈钢开发了新的应用领域。瑞典 Sandvik 公司在双相钢的开发和应用上的工作是卓越的，其推出的三个品种 SFA2403、SFA2205、SFA2507 在工业中得到了广泛的应用。

从 20 世纪 80 年代初南化机开始涉足双相钢材料，1986 年，为四川泸州天然气化工厂生产了一台 6000t/年甲醇合成塔，该设备也是南化机制造的第一台甲醇合成塔，设备规格为直径 1000mm，长度为 9500mm，重 21t，换热管材质 00Cr18Ni5Mo3Si2，这是南化机首次接触双相钢焊接。

1994 年南化机承担国家科委"八五"攻关项目，为上海焦化总厂"三联供"工程制造了国内第一台 20 万 t/年甲醇的列管式甲醇合成塔，换热管材质为 SAF2205。该设备的关键技术是大型薄管板的不锈钢带极堆焊、钻孔防变形措施、筒体的圆度控制以及管子 - 管板的焊接技术。

1998 年，承接了韩国现代工程公司三项（6 台）超级双相钢海洋平台分离罐，最终用户为印度 ONGC 公司。该套设备所有主体材料均采用 ASME 规范材料 UNS S32760。UNS S32760 作为第二代双相不锈钢的代表，钢中一方面增加 Mo 和少量的 W 和 Cu，从而提高了局部耐蚀能力，另一方面降低 C 调整相比例，从而改善了焊接性。6 台分液罐要求按照 ASME 规范Ⅷ卷第 1 册和韩国现代工程公司标准设计、制造、检验和试验，并要求 U 规范钢印。特别是工程标准要求材料的焊接接头在 20℃ 和 -30℃ 具有良好的冲击韧度，因此超级双相不锈钢所配套的焊接材料和焊接技术的要求很高，焊材方面选用了瑞典的 Sandvik 25.10.4 型。焊接时严格控制焊接参数、热输入和层间温度，并且选择合适的保护气体比例，对焊接接头做了 ASTM A262 C 法晶间腐蚀试验、ASTM G-36 氯离子应力腐蚀裂纹试验、美国 NACE TM0177—1996 常压及高压 H_2S 分压下抗硫化物应力开裂性能试验，结果均达到理想要求，最终成功地完成该项目的制造，积累了超级双相钢的制造经验。

2001 年，为仪化公司 45 万 t/年 PTA 装置制造了共 4 台换热器。设备所需的 2205 材料如板材、锻件、换热管及双相钢复合板以及焊材均为进口。焊接难点主要是焊接接头冲击和腐蚀试验，通过技术攻关，焊接接头满足了 -40℃ 夏比 V 型缺口冲击吸收能量 ≥ 54J 的要求；按 ASTM A923 C 法进行晶间腐蚀试验，试样在温度 40℃ 质量分数为 6% 的 $FeCl_3$ 溶液中浸泡 24h，结果目测未发现腐蚀，而且单位面积质量损失也小于 $0.1mg/cm^2$。

2003 年，首次采用氩弧自动焊焊接技术对 S31803 双相钢板进行焊接攻关，2004 年成功应用于浙江逸盛石化有限公司 53 万 t/年 PTA 装置筒体纵缝的焊接。焊道成形美观、颜色好，提高了焊接效率，减轻了焊工劳动强度，改善了劳动环境。

2005年南化机承接了燕山石化的一台换热器——初顶水冷器，该设备的换热管与管板都是超级双相钢S32750材料，在掌握超级双相钢焊接性和管子-管板自动焊方法的前提下，南化机首次研发了超级双相钢管子-管板自动焊焊接方法，不但外观成形良好，同样保证了双相比例和管头的硬度要求。

2006年，南化机又承接了河南濮阳的一批换热器项目，该批项目中不乏超级双相钢设备，对这批超级双相钢设备焊接接头除了进行ASME A262 E法晶间腐蚀和 −40℃夏比V型缺口冲击试验外，还按ASTM G48进行腐蚀试验，试样在温度40℃下质量分数为10%的$FeCl_3$溶液中浸泡24h，试样表面没有出现腐蚀点，结果合格。对于管板，采用堆焊超级双相钢材料后再与换热管焊接，由于当时市面上还没有超级双相钢焊带，所以只有采用全焊条电弧焊进行堆焊。

2009年，为神华宁煤集团烯烃工程项目完成两台终冷器的研制。该设备管板为奥氏体不锈钢，且厚度有195mm，由于奥氏体不锈钢的线膨胀系数约是碳钢的1.4倍，而导热系数却是碳钢的1/3，所以在奥氏体不锈钢上堆焊双相钢会容易使不锈钢管板产生较大的变形，且焊接过程不易控制。南化机通过开展奥氏体不锈钢堆焊双相钢技术研究，成功研制了这两台设备。

2010年，为神华宁煤公司研制成功按照德国西门子的先进气化技术——GSP气化技术制造的煤制烯烃项目中的核心设备文丘里洗涤器，主要受压元件材料为SA-240 S31803，锻件为SA-182 Gr.F51，直径840mm，筒体壁厚40mm，封头壁厚60mm，是目前国内壁厚最大的双相钢制设备。该设备形状极为特殊，封头与锥体相焊后近似于桃核形。南化机攻克了封头、锥体、筒体成形制造以及焊接和固溶热处理等难题，成功地制造了该台设备，这标志着南化机在双相钢设备制造领域又上了一个台阶。

2012年，为南化公司9万t/年制氢及配套空分项目设计制造的文丘里洗涤器，其主体材料为Q345R+SAF2507复合板，筒体直径DN462mm，厚度（20+3）mm，设计温度为268℃，设计压力为5.52MPa，介质为粗合成气和激冷水。设备接管内壁要求堆焊2507材料，这是南化机首次在接管内壁堆焊超级双相钢材料。根据接管内径大小，分别采用氩弧焊和CO_2气体保护焊两种小孔自动堆焊技术，过渡层堆焊后需进行600～620℃×2h消应力处理，这两种堆焊技术的主要难点是对焊接参数的控制，其目的是保证耐蚀性能。通过对堆焊试板多次模拟焊接，寻求到最佳参数后，按ASTM A262 E法和ASTM A923 C法进行腐蚀试验，结果满足要求，攻克接管内壁堆焊超级双相钢材料的难题，顺利地完成了产品接管堆焊。

至今南化机已制造双相钢设备近百台，有EO反应器、甲醇反应器等换热设备，有复合板产品CTA结晶器，也有洗涤器等单层双相钢产品。

5.3.1.2 2.25Cr-1Mo耐热钢材料焊接发展

2.25Cr-1Mo钢最初在20世纪30年代国外开发，又称为SA-387 Gr.22 Cl.2，是通过Cr、Mo元素的固溶强化及第二相沉淀析出强化的低合金耐热钢，该钢具有较高的热强性和组织稳定性，在蒸汽中使用温度高达540℃左右，在油中的使用温度高达600℃，广泛应用于火电锅炉、石化加氢反应器、核电蒸汽发生器。在石化加氢反应器应用领域，2.25Cr-1Mo钢最早用于制造加氢反应器壳体材料，国外早在20世纪60年代就展开了研发工作，具有较好的抗氢腐蚀性能，并纳入了 ASME 及 API 标准体系。日本制钢所从 1963 年开始制造加氢反应器，是世界上最早开始加氢反应器制造的厂家。到目前为止，按照加氢反应器选材、技术要求等方面的认识，大致可划分为引进期、改良期、成熟期、更新期和标准化期 5 个发展阶段。20 世纪 90 年代以前，加氢反应器的发展过程是对 Cr-Mo 钢材料冲击韧度、回火脆性问题的认识逐步深入和成熟的过程；进入 20 世纪 90 年代，新的石油炼制技术和设备大型化的发展趋势使得强度更高的加钒 Cr-Mo 钢发展起来；从 2000 年开始，美国机械工程师协会编制的 ASME 规范和美国石油学会编制的 API 标准先后对 Cr-Mo 钢材料设立了专门章节，这标志着加氢设备用 Cr-Mo 钢材料和制造技术已经进入了标准化阶段。我国在 1983 年由钢研院、洛阳院、一重、抚顺石油三厂、合肥通用所五家联合攻关组也成功研制了 2.25Cr-1Mo 钢反应器材料和制造工艺。

1989 年，南化机承接金陵石化化肥厂合成塔出口锅炉预热器的制造任务，开始接触 2.25Cr-1Mo 材料的焊接。1994 年，南化机为上海金山石化总厂制造成功 40 万 t/年柴油加氢精制热壁反应器。加氢反应器是石油炼制的关键设备，主体材料为 2.25Cr-1Mo，它在 10～25MPa 高压、400～480℃高温、临氢及硫化氢等条件下工作，加氢反应器设计要求高，制造工艺复杂，对材料焊接技术和焊接质量都有很高要求。该台加氢反应器为板焊结构，规格为 ϕ2413mm×19500mm×（94+6.5）mm，设计压力为 8.61MPa，设计温度为 415℃，总重量为 107.9t。为满足产品焊接要求，对 2.25Cr-1Mo 材料做了大量的焊接工艺评定试验，攻克了常温拉伸、高温拉伸、高温持久、-30℃夏比冲击和步冷等多项力学性能试验，掌握了 2.25Cr-1Mo 钢的材料订货、焊接、步冷处理、内筒大面积带极堆焊和组焊后整体热处理以及检测等关键技术，具备了制造更大型厚壁加氢反应器的技术基础。在此基础上之后又为新疆乌鲁木齐石化和南京金陵石化炼油厂制造过 40 万 t/年、140 万 t/年加氢反应器，从而使南化机进入国内少数几家制造高压加氢反应器的行列。

2007 年，中海油惠州炼油项目中的 ϕ3808mm×(159+4.5)mm×18370mm 热高压分离器，是目前南化机制造 2.25Cr-1Mo 材料最厚的设备。

2013 年，为中国石油化工股份有限公司金陵分公司 300 万 t/年柴油加氢装置制造的加氢反应器，设备规格为 ϕ4600mm×18900mm×（150+6.5）mm，主体材料为 12Cr2Mo1R+堆焊 TP309L+TP347，南化机首次采用国产江阴兴澄特种钢铁有限公司的材料制造加氢反应器，也是目前南化机承制加氢反应器中直径最大的一台。

2014 年，在熟练掌握 2.25Cr-1Mo 材料焊接性后，对临氢 2.25Cr-1Mo-0.25V 钢进行焊接技术攻关。2.25Cr-1Mo-0.25V 是在 2.25Cr-1Mo 基础上添加了适量的合金元素钒以及其他一些微量合金元素，其强度和硬度更高，塑性和韧性更差，对冷、热裂纹和再热裂纹更敏感，焊接性能比 2.25Cr-1Mo 更差。南化机采用日本神钢进口焊材和河南舞阳钢板（见图 8.5-41），厚度 120mm，采用焊条焊和埋弧焊两种方法对临氢钢进行焊接攻关，填补了加钒耐热钢焊接的空白，增强了参与市场竞争的能力。

图 8.5-41　120mm 厚 2.25Cr-1Mo-0.25V 试板截面

2016年，为山东华鲁恒升承制的蒸汽过热器，该设备壳程设计压力4.8MPa，设计温度440℃，介质为水和水蒸汽；管程设计压力16.5MPa，设计温度460℃，介质为易爆、中度危害的N_2、H_2、NH_3、CH_4和Ar的混合气。壳程为$\phi1500mm\times36mm$的15CrMoR材料，管程为$\phi1500mm\times95mm$，且管箱筒体、反向法兰以及管箱部分的接管都是2.25Cr-1Mo-0.25V材料，在前期攻关的基础上，南化机掌握2.25Cr-1Mo-0.25V钢的焊接性，成功研制了该设备。

5.3.1.3 3.5Ni、9Ni低温钢材料焊接

1998年，南化大化肥30万t/年合成氨低温甲醇净化装置中共有7台设备，其中3台塔器、3台换热器、1台储罐，主体材料为A203 Gr.D及A203 Gr.F，属于3.5Ni型低温钢，作为-101℃下的低温用钢。这是南化机首次制造3.5Ni低温设备，保证焊接接头在低温使用条件下有足够的冲击韧度是该类材料焊接控制的关键点。除了合理选择焊接材料外，焊接工艺过程控制和焊后热处理也非常重要。该套设备是按照ASME规范设计制造的，结合7台设备的结构特点，根据材料厚度和接头形式，按照ASME Ⅸ卷共做了12项焊接工艺评定，方法包含GTAW、SMAW、SAW三种。针对3.5Ni型低温钢的焊接特性，为确保焊接接头低温冲击韧度，焊接过程中采取多层多道快速焊的措施，减小热输入，并严格控制层间温度，满足焊接接头-101℃夏比V型缺口冲击试验三个试样的冲击吸收能量平均值≥18J的要求，攻克了3.5Ni型低温钢焊接难关，为开拓3.5Ni低温钢设备制造市场奠定了基础。

2003年至2006年期间，南化机熟悉了3.5Ni钢的焊接特性之后，先后承接了山东华鲁恒升化工股份有限公司大型氮肥装置国产化工程低温甲醇洗单元中含硫、无硫、脱硫甲醇3台冷却器和惠生（南京）化工有限公司低温甲醇洗工段变换器等3台塔器，前者板材和焊材均为进口，后者均为国产。随着低温甲醇装置要求提高和材料冶炼技术的提升，对板材和焊接接头-101℃夏比V型缺口冲击吸收能量要求提升到了27J。众所周知，低温材料的焊接在试验温度不变的情况下提升冲击值，这对焊接来说难度非常大，南化机的工程师在焊材选购和成分设计上做了大量的分析和研究，通过焊材试验和焊接工艺评定试验最终解决了冲击韧度难题。发展至今，对3.5Ni钢焊接接头冲击吸收能量要求已达54J，历经几代人努力和探索，南化机已经完全掌握了3.5Ni钢焊接要领。

随着全球范围内一些重要天然气基础设施建设项目相继投入使用，许多国家的天然气消费量迅速增长，使天然气消费量在全球能源消费结构中所占份额逐步增加。2005—2010年间，全球天然气供给增长量中的40%是液化天然气（英文简称为LNG）。目前，在大型低温储罐和压力容器中，9Ni钢基本上取代了Ni-Cr不锈钢，成为建造LNG低温储罐的主要用材。9Ni钢是1944年开发的Ni元素含量为9%的低碳钢，始创于美国国际镍公司的产品研究实验室，最低使用温度可达-196℃。1952年，第一台9Ni钢储罐在美国投入使用。日本于1969年建造了日本国内第一台LNG低温储罐，所建储罐的最大罐容目前已达$20\times10^4m^3$。随着国内天然气新增探明储量的不断增长，我国政府也日益重视天然气的开发利用及其低温储存设备的设计和建造。20世纪80年代在大庆乙烯工程中，首次成功建造了大型9Ni钢乙烯球罐。2004年，国内首个大型低温LNG项目——广东LNG工程开工，单台储罐容积达到$16\times10^4m^3$。迄今为止，9Ni钢在LNG设备中的应用已有50多年的历史。

2010年，南化机开始向低温LNG项目延伸，对9Ni钢进行焊接技术储备，9Ni钢焊接通常采用高镍焊材，焊缝组织为奥氏体，因此有一定的热裂倾向。9Ni钢焊接时可能出现的热裂纹主要有四种，即弧坑裂纹、高温失塑裂纹、液化裂纹和折叠中的显微裂纹或疏松。研究表明，高温失塑裂纹和液化裂纹常产生于奥氏体焊缝，显微疏松主要出现在熔合区。但由于这三种裂纹的尺寸一般较小，对储罐的使用不会造成危害，相比之下，弧坑裂纹则是需重点预防的。由于大型LNG低温储罐的9Ni钢内壁钢板厚度为10～36mm，因此，选用20mm厚试板采用GTAW和SMAW两种焊接方法进行焊接工艺评定试验，焊缝金属的低温韧性主要与采用的焊接材料有关，在焊材的选择上采用了日本JIS Z3225 D9Ni-1焊条和JIS Z3332 YGT9Ni-2焊丝，焊接时采用多层多道焊工艺，焊接热输入控制在7～20kJ/cm之间，层间温度控制在100℃以下，试板焊接并未出现弧坑裂纹，而且冲击吸收能量也达到了很理想的效果，为LNG低温储罐制造提供了有力的支撑。

5.3.1.4 904L 材料焊接

2006年，江苏泰兴新浦氯碱厂引进比利时苏威公司的氯碱装置专利技术，南化机首次完成其中最核心的装备——新型氧氯化反应器的研制。其催化剂进口接管、法兰采用超级奥氏体不锈钢904L材料。904L是一种全奥氏体不锈钢材料，主要是为解决硫酸腐蚀而开发的，同时904L也耐常压下任何浓度、任何温度的醋酸腐蚀；它也具有优良的抗点蚀、缝隙腐蚀、晶间腐蚀及应力腐蚀开裂的性能。该项目的制造也是南化机首次涉足904L材料。

2009年，南化机承接了神华宁夏煤业集团有限公司煤基烯烃项目中的渣斗设备。该设备设计压力5.6MPa，设计温度250℃，介质为渣和高压冲洗水，设备直径为ϕ1900mm，壁厚为50mm。其主要受压元件上封头、筒体和下锥体材料均为Q345R，所有的接管锻件材料为16Mn，均要求内壁堆焊904L材料。结合设备结构特点采用SAW、SMAW和GTAW三种堆焊方法，对不同成分含量的904L焊材，采用不同规范焊接，分别对ASTM A262 B法和ASTM G48 A法中各种温度和时间展开研究，得出了对于904L材料的焊接，要满足ASTM A262 B法和ASTM G48 A法腐蚀所需要注意的问题，并进行了相应的焊接工艺评定，顺利完成神华宁煤集团五台渣斗的研制。此后南化机又为神华宁煤研制10台904L复合板和堆焊材料的分液罐。于2017年南化机又承接了一批濮阳盛元904L复合板材料的聚碳酸酯设备。

5.3.1.5 钴基硬质合金堆焊

2007年，南化机承接了中原化肥厂煤气化工装置中的渣收集器及排渣罐两台设备，主设备物料为渣池水、渣、氮气，设计压力5.72MPa，主体材料为16MnR+316L复合板，端部锥体需要堆焊钴基硬质合金。钴基硬质合金材料焊接性很差，极易产生裂纹，预热温度要求高，焊接难度很大，焊前采用了多套方案进行试验攻关，确定了焊材和预热温度。由于预热温度高，焊工师傅需身着防护服进行施焊，这类材料焊后必须立即进行进炉热处理，故将工件安置在热处理炉旁，便于焊后立即进炉。在焊接工程师和焊工师傅的共同努力下克服重重困难，完成了实际产品堆焊，填补了国内大面积堆焊钴基硬质合金的空白

（见图 8.5-42）。

5.3.1.6　AL-6XN 超级奥氏体不锈钢焊接

2007 年，化机厂研制了史上最大的按杜邦技术要求出口沙特阿拉伯的大型换热器，该设备按 ASME 要求设计和制造，直径为 4650mm，这是南化机首次采用 AL-6XN 超级奥氏体不锈钢材料（UNS N08367）制造的设备。AL-6XN合金（UNS N08367）是美国 Allegheny Ludlum公司生产的耐蚀铁基奥氏体不锈钢。它是低碳、高纯度、富氮的超级奥氏体合金，强度高，耐

图 8.5-42　锥体内壁堆焊钴基合金

蚀性好，比普通双相不锈钢有更多的选择性，而且价格比镍基合金更低。焊接该类材料填充金属应含有最少 9% 的 Mo，杜邦反应器焊接选用了 N06022 型焊材，焊接时要特别注意焊接区的清洁和层间温度的控制。

2017 年，南化机承接了浙江石油化工有限公司 4000 万 t/ 年炼化一体化项目一期工程 1000 万 t/ 年常减压蒸馏装置中的常压塔设备，设备主壳体材料由上至下分四种，分别是 Q345R 复合 N08367、S11306、S31603、S30403 钢板。该设备内径 7.8m，长 76m，设备制造难度非常大，尤其对 N08367 材料及焊接接头的耐蚀要求很高，要通过四种腐蚀试验，晶间腐蚀按 GB/T 15260—1994 A 法，试验时间 24h，腐蚀率比值 ≤ 1.5；GB/T 15260—1994 D 法，48h，五个周期平均腐蚀深度 ≤ 75μm；点腐蚀按 GB 17897—2016，6% 三氯化铁点腐蚀试验法，试验温度 50℃，腐蚀率 ≤ 10mg/（dm·d）；氯离子应力腐蚀按 GB/T 17898 U 形弯曲试验，要求 10 倍放大镜目视检查无因应力腐蚀产生的裂纹。为了满足苛刻的腐蚀要求选用了 N06025 型焊材，结合设备结构特点，对 N08367 材料做了四项焊接工艺评定，攻克了腐蚀试验难关，保证了产品的顺利制造。

5.3.1.7　C4 钢焊接攻关

2016 年，南化公司项目 E32603 成品酸冷却器，钢管与异径接头的焊接，规格为 ϕ108mm×4mm 和 ϕ89mm×4mm，材料为 C4 钢，对于该材料的焊接属于首次。C4 钢是 00Cr14Ni14Si4 奥氏体不锈钢，其焊接性较差，保证其焊接质量是生产应用中的一个难点。焊接 C4 钢时，其工艺参数对于焊缝及热影响区的抗裂性能有至关重要的影响，应尽量限制焊接热输入，必须采用小电流直线快速焊。同时道间温度严格控制在 50℃ 以下，以利用后焊道对于前焊道的再热作用产生细化晶粒的效果。经过焊接试验最终攻克了 C4 钢焊接难关，为后期同种材料的焊接奠定了基础。

5.3.1.8　镍基合金焊接

1. Inconel 600 合金的焊接

20 世纪 80 年代中期，南化机开始涉足镍基合金的焊接，熟悉镍基合金的焊接特性。1986 年，为南京栖霞山化肥厂制造国内首台 30 万 t/ 年合成氨出口气锅炉给水预热器，攻克了厚管板镍基合金堆焊难关。

1988年，南化机承制河南中原化肥厂的高温变换炉，接触了 Inconel 600 材料，因 Inconel 600 是 Ni-Cr、Ni-Cr-Fe 系代表性合金，有耐高温氧化和氯离子介质的应力腐蚀性能。

1989—1999 年这十年间，南化机陆续承制了高压蒸汽过热器、二段转化气废热锅炉、锅炉给水预热器等设备，至此，南化机已经掌握了 Inconel 600 材料的焊接。

2005 年，南化机为乌鲁木齐石化总厂承制的多层包扎式氨合成塔外壳，设备直径 2200mm，总厚度 188mm，上、下端部材料分别为 SA-336 Gr.F11 Cl.2、SA-336 Gr.F22 Cl.3 锻件堆焊 Inconel 600 材料，多层包扎筒体与单层的上、下端部焊接则采用全镍基焊材进行焊接，难点就是保证这么厚的全镍基焊接的质量。通过多次试验攻关、焊工技能培训以及对设备环缝过程检测控制，成功研制了这台设备，这在南化机是首次，在国内也是罕见的。

2006 年为江苏泰兴新浦氯碱厂承制的新型氧氯化反应器中蛇管大量使用 Inconel 600 材料，2011 年为天华化工机械及自动化研究设计院制造的高温焙烧炉筒体为 Inconel 600 材料，规格为 ϕ2000mm×20000mm×20mm。由于南化机成熟掌握了 Inconel 600 材料的焊接，顺利地完成了这两个项目的制造。

2016 年，为山东华鲁恒升承制的蒸汽过热器，在管板 12Cr2Mo1V 上堆焊 Inconel 600 材料。Inconel 600 与 12Cr2Mo1V 成分差异很大，采用焊条堆焊时，弧坑处容易产生裂纹、熔池黏滞流动缓慢、很难控制焊道成形等焊接问题；采用电渣堆焊效率高且稀释率低，但因镍基材料的固有特性，对热裂纹敏感，润湿性和导热性差，而且在 12Cr2Mo1V 上堆焊，如果预热温度高会因热膨胀系数差别较大，基层对堆焊金属产生收缩应力，严重时会使堆焊层脱落。南化机掌握了镍基合金焊接的特点，借鉴以前 SA-336 Gr.F22 Cl.3 锻件堆焊镍基合金的经验，设置合适的预热温度和焊接参数，攻克了耐热加 V 钢管板堆焊 Inconel 600 合金的难关，成功完成了蒸汽过热器的制造。

2. NiCu 合金焊接

1996 年，南化机为南京石油化工厂制造烃化反应釜，攻克了 16MnR+NYM400 复合板焊接难题，这是南化机首次接触 NiCu 合金的焊接。

1998 年，为金陵石化烷基苯厂承制的 HF 再生塔预热器管箱筒体是 NCu28-2.5-1.5 材料，规格为 ϕ604mm×8mm；换热管也是 NCu28-2.5-1.5 材料，规格为 ϕ25mm×2.5mm；管板则是 16MnR 堆焊 NiCu 合金。对于管箱筒体南化机采用的是钨极氩弧焊打底焊、焊条电弧焊焊接的方法，对管板的堆焊采用全焊条电弧焊堆焊的方法，换热管与管板的焊接则是采用二道填丝的钨极氩弧焊焊接，至此，南化机已经完全掌握了 NiCu 合金的焊接技术。

2009 年，承制中海油项目中的锅炉给水预热器，该项目制造主要难点是管板堆焊和管子-管板焊接两项难题。管板材质为 15CrMo 锻件，直径为 1020mm，厚度为 222mm。因当时 EQNiCu-7 焊带采购困难，故整块管板全部采用焊条堆焊，堆焊厚度为 8mm，焊接工作量大、效率低、稀释率大、成形也不及带极堆焊，南化机克服了重重困难，一举攻克了耐热钢管板堆焊 NiCu 合金的难关。该设备另一个制造难点为管子-管板焊接，换热管为 U 形，材质 NCu30，规格为 ϕ14mm×2.0mm，数量 645 根，共计 1290 个管头焊接，管径小、管壁薄、数量多，采用手工钨极氩弧焊填丝两道，要保证管头根部焊透且不焊穿难度非常大，南化机的工人凭着精湛的技艺完成了管子管板的焊接任务，PT 检测均一次合格。两项难点成功解决，顺利地完成了该台锅炉给水预热器的制造。

3. 镍基合金 C-276 材料的焊接

2000年，南化机为安徽铜陵某公司制造洗涤器，首次接触镍基合金 C-276 材料。镍基合金 C-276 虽不能抗高温浓硫酸的腐蚀，但具有高的抗还原性介质和氧化性介质腐蚀的能力，而且还有抗点蚀、缝隙腐蚀和一定的耐冲蚀性。

2010年南化机为江苏海伦重工承制一批结晶器，其中浆液进出口、排液口和放空口的 16Mn 接管锻件内壁要求堆焊镍基合金 C-276。由于是接管内壁堆焊，采用了小管内孔钨极氩弧焊堆焊。在成功研制该批设备后，南化机先后于 2011 年和 2012 年承制了两批同样的设备。

4. 哈氏 B-3 合金焊接

2003年，承接了江苏镇江索普公司哈氏 B-3 合金材料闪蒸罐的国产化制造任务。该闪蒸罐有两个标准椭圆形封头，其内径分别为 $\phi3700mm$ 和 $\phi1800mm$；闪蒸罐的筒节直径为 3700mm，筒节厚度 9.5mm，长度 3400mm；锥体一个，其大端 $\phi3700mm$，小端 $\phi1800mm$，锥体长度 1646mm；另有部分接管和法兰等部件。项目制造难度空前巨大，南化机秉着"面对困难急流勇进"的精神，攻克了哈氏 B-3 材料筒体、锥体的卷制成形、大型薄壁封头拼焊后的焊接变形、固溶处理后焊接接头的 20% 沸腾盐酸耐蚀试验等诸多难题。另外，通过对热处理炉、冷却水槽、工装以及吊运天车的设计规划与技术改造，攻克了哈氏 B-3 合金材料大型薄壁压力容器封头 + 一节筒节固溶处理这一世界级课题，为后期进行此类项目攻关积累了弥足珍贵的经验。

江苏镇江索普公司闪蒸罐项目是与合肥通用机械研究院合作完成的世界首台大型哈氏 B-3 合金材料压力容器，填补了世界空白。此前，世界上还没有用哈氏 B-3 合金制造过压力容器，仅用于零部件。

5. 镍基合金 C-22 焊接

2006年，为江苏泰兴新浦氯碱厂承制的新型氧氯化反应器中，其氧气分布管和接管大量使用镍基合金 C-22，这是南化机首次接触该合金。耐蚀镍基合金主要分为 C 系列、B 系列、G 系列和 D 系列，其中 C 系列合金是应用最广泛的合金，它属于镍-铬-钼系列合金，因此它既可用于氧化性介质，又可用于还原性介质的环境中。而镍基合金 C-22 则是 20 世纪 80 年代在 C-276 的基础上发展而成的合金（UNS N06022），把铬含量提高到了 22%，在氧化性介质中的耐蚀性更高。镍基合金 C-22 是南化机首次使用，考虑到该项目有不同直径的管子，所以南化机采用最常用的钨极氩弧焊和焊条电弧焊，完成该设备的氧气分布管和接管的焊接。

6. Inconel 625 合金的焊接

2010年，中原油田普光气田项目中抗硫高压分离器首次实现国产化制造，它是气田井口分酸设备中的关键设备。该设备是典型的锻焊结构高压容器，筒体为内径 $\phi1200mm$、壁厚 106mm 的 16Mn 筒形锻件，封头为 $SR627mm \times 68mm$ 球形封头。其制造的关键点和难点就是整个设备的内壁要求堆焊 Inconel 625，堆焊厚度为 5mm。

625 型镍基合金是镍铬钼铌合金，在化工界以卓越的耐蚀性著称，实践证明它有很好的抗氢腐蚀及抗 H_2S 应力腐蚀能力，并且 625 型镍基合金具有良好的加工性和焊接性，无焊后开裂敏感性。对于筒体和封头的堆焊，在保证堆焊制造质量的前提下，考虑经济性，决定开发大厚度单层带极电渣堆焊，满足一层堆焊厚度直接达到 5mm 以上。

通过对 Inconel 625 材料焊接性研究，进行多次堆焊试验，完成了评定试板的堆焊，焊道成形平整美观、PT 和 UT 检测均合格；试板大小侧弯、硬度、截面宏观低倍、表层下 2mm 化学成分等试验均满足要求；按 ASTM A262 C 法进行试验，5 个周期平均腐蚀率为 0.062mm/月，满足技术要求（≤ 0.075mm/月）；按 YB/T 5362—2006 标准，进行应力腐蚀试验，加载应力 243MPa，经 2 个周期后，用 10 倍放大镜检查均无裂纹。但产品堆焊与试板不同，无论是筒体还是封头都存在曲率问题，必须要控制偏移量，尤其是球头内壁堆焊对技术要求更高，不但要精准控制球头倾斜角度，而且每圈都要调整焊速，才能使表面成形和稀释率都达到理想效果。该项堆焊技术成功解决了抗硫高压分离器内壁整体堆焊超级镍基合金的技术难题，这在国内尚属首次。除产品筒体封头大面积堆焊以外，接管采用自动氩弧焊堆焊，其余部位则采用焊条电弧焊堆焊。经过大量的试验探索，最终成功研制出三台抗硫高压分离器，而且制造成本比进口产品降低了 31.7%。有了此次的制造经验，南化机后续又承制了一批 Inconel 625 堆焊的设备。

7. Inconel 690 材料的焊接

2012 年，南化机研究甲烷反应器项目，筒体材料是 S34779 锻管，规格为 ϕ426mm×35mm，要求 S34779 锻管内壁堆焊 Inconel 690 材料，这在南化机属首次。南化机采用小孔堆焊技术，完成了此项技术的攻关，顺利完成了甲烷反应器设备的制造。

2015 年，为神华宁夏煤业集团有限责任公司承制合成器余热回收器。该设备分热端管箱、壳程和冷端管箱三部分，其中热端管箱为 SA-336 Gr.F22 Cl.3 堆焊 S30403 材料，规格为 ϕ900mm×（66+6）mm；壳程是 ϕ950mm×26mm 的 Q345R 材料；冷端管箱是 ϕ912mm×66mm 的 SA-336 Gr.F11 Cl.3 材料。热端换热管为 SB-167 N06690 材料，冷端换热管为 SA-213 Gr.T11 材料，规格均为 ϕ32mm×3mm，两种换热管需要拼接。冷、热端管板材料分别是 SA-336 Gr.F11 Cl.3 和 SA-336 Gr.F22 Cl.3，要求在管板上堆焊 Inconel 690 材料。经过技术攻关，成功完成 SB-167 N06690 材料和 SA-213 Gr.T11 材料换热管的拼接，确保了换热管的同轴度；采用带极电渣堆焊和焊条电弧堆焊两种焊接方法完成了 Inconel 690 材料的堆焊；由于 Inconel 690 材料熔池的流动性差，且容易产生热裂纹，经多次试验摸索参数，成功攻克了冷、热端管子管板的焊接，确保管子管板射线检测一次合格。尽管设备材料复杂，焊接难度大，要求高，南化机将其逐个攻破，完成了合成器余热回收器的研制。

8. N06059 镍基合金的焊接

2017 年，采用熔化极气保焊方式攻关 N06059 镍基合金焊接难题。N06059 镍基合金常用的焊接方法为钨极氩弧焊和焊条电弧焊，采用熔化极惰性气体保护焊方法没有成熟的经验。通过分析此类材料的焊接特性，N06059 镍基合金对焊接电源特性、保护气方式等要求高，根据焊接效果调整电弧特性，同时尝试氩气加氢气、二氧化碳等进行配比试验，并且不断改变每种气体的混合比例，以改变焊接电弧的形态，增加电弧的挺度，以达到环缝成形良好和焊接稳定的最佳状态，经反复试验，攻克了镍基合金熔化极惰性气体保护焊的技术及工艺难题。

5.3.2 压力容器典型结构焊接技术的发展

5.3.2.1 筒体对接缝焊接技术发展

20 世纪 50 年代，南化机开始应用埋弧自动焊技术。埋弧自动焊效率高、成形好、质量稳定，较焊条焊劳动条件好，一直被广泛应用于中厚板筒体纵、环缝焊接。随着压力容器高参数化要求，设备壳体壁厚向大厚度发展，普通的埋弧焊技术早已成熟，但普通埋弧焊的导电嘴无法实现深槽焊接。70年代末，南化机自行改造导电嘴，实现了"准窄间隙"焊接，比普通埋弧焊焊机节约焊材20%以上，减少焊材消耗量进而提高了工作效率。

90年代中期，南化机已开始对窄间隙技术进行攻关，2001年再次引进一台窄间隙埋弧焊机。窄间隙埋弧焊是厚板焊接的一项较先进的技术，由于窄间隙埋弧自动焊采用的导电电极、焊接坡口都与原来的普通埋弧自动焊不相同，其坡口角度一般为1°～3°，采用该技术可大量减少焊材填充量，因而节省大量焊材和工时（提高效率30%～40%以上）；同时窄间隙焊时热输入量较低，使焊缝金属和热影响区的组织明显细化，从而提高其力学性能，特别是塑性和韧性，可获得更高质量的焊接接头；另外，窄间隙埋弧焊比普通埋弧自动焊的自动化程度更高。

为了熟练掌握窄间隙埋弧焊技术，南化机通过在厚壁试板上的多次焊接试验，熟练掌握焊机操作技能和参数后，进行了产品的正式焊接。当时选择了海南大化肥项目，筒体厚度为100mm，对纵缝进行了焊接试验。纵焊缝焊接成功后，又对镇海炼化变换炉（直径3700mm，壁厚70mm，材料SA-387 Gr.11 Cl.2）环缝进行焊接。由于环缝与纵缝焊接过程有些区别，环缝是在焊接滚轮架上连续转动的过程中焊接，筒体在轴向存在一定的窜动，使得焊接机头不能完全适应。另一方面，由于环缝是一个圆周，实际焊接过程中，跟踪点与焊丝不在同一平面上，不同直径的设备其差距也不一样，必须寻找出跟踪点对焊丝提前量与筒节内径的内在联系。通过准备产品模拟件进行了多次试验最终解决环缝焊接难题（见图8.5-43）。

图8.5-43 窄间隙埋弧焊焊接试验

在掌握了窄间隙的焊接技术后，该工艺在EO反应器、气化炉、加氢反应器等厚壁容器筒体尤其是环缝的焊接中已得到了全面推广。

随着石化产品越来越多,南化机的接单任务量也越来越大,所以高焊接速度、高熔敷效率的设备研发应用势在必行。2014年,南化机与唐山开元特种焊接设备有限公司合作对单电双丝埋弧焊进行焊接性试验(见图8.5-44)。与普通的单电单粗丝埋弧焊相比,单电双细丝埋弧焊是用两根较细的焊丝代替一根较粗的焊丝,以同一速度同时通过共用的导电嘴向外送出,在焊剂覆盖的坡口中熔化。双丝之间相互平行,且垂直于母材;相对焊接方向,双丝之间既可横向排置也可纵向排置或成任意角度。

单电双丝埋弧自动焊是一种高效的焊接方法,可以获得较高的熔敷效率,可以在较高的焊速下获得合理的焊缝成形和良好的焊接质量,比传统的单丝埋弧焊焊材节省了1/3以上,熔敷效率是普通单粗丝的1.5倍以上,焊缝组织的晶粒比传统的单丝埋弧焊更小,提高了焊缝的质量。

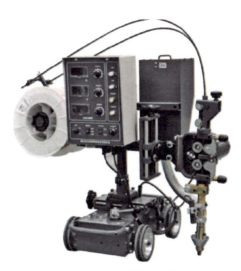

图 8.5-44 单电双丝埋弧焊小车

5.3.2.2 带极堆焊技术发展

1971年,按照武汉化工设计院的设计,制成直径1400mm松衬式尿素合成塔。南化机首次采用双层带极堆焊技术,这项技术当时在国内处于领先地位。

1989年,为四川化工总厂成功地制造了20万t/年合成氨装置的组合式氨冷器,要求堆焊纯镍基材料。镍基材料流动性差,焊道成形难以控制,南化机采用日本进口焊材,通过堆焊试验,最终攻关成功。

1995年,南化机与哈尔滨焊接研究所联合进行的宽带极高速堆焊技术开发应用研究,获机械工业部科技进步三等奖。

1999年,针对茂名石化64万t/年裂解汽油加氢装置改造项目二段加氢反应器衬里堆焊问题,南化机与哈焊所合作,采用国产焊带/焊剂攻克了单层电渣堆焊技术。

2007年,研制了化机厂史上最大的按杜邦技术要求出口沙特阿拉伯的大型换热器,管板为 SA-516 Gr.70N 堆焊 N06022 材料,首次采用双层电渣堆镍基材料。

2007年,中海油惠州炼油项目中的热高压分离器,基层材料 2.25Cr-1Mo,筒体内壁堆焊 347 材料,采用焊带规格为 75mm×0.4mm,为带极堆焊向宽带极方向发展奠定了基础。

2010年,中原油田普光气田项目中抗硫高压分离器设备的内壁要求堆焊 Inconel 625,堆焊厚度为5mm。南化机成功开发了大厚度单层带极电渣堆焊技术,一层堆焊厚度直接达到5mm以上,这在当时国内尚属首次。

2016年,南化机技师团队自行改制了一个90mm宽焊带机头,将这个特殊机头安装到现有的设备上,经过他们的精心调试,设备改造成功满足堆焊要求,完成了90mm宽焊带的焊接工艺评定试验,为生产应用积累了可靠的技术数据和实践经验(见图8.5-45)。

时至今日,带极堆焊技术已经非常成熟,而且向着特殊材料、宽带极、高速堆焊方向发展。

图 8.5-45　90mm 宽带极堆焊

5.3.2.3　管子管板焊接技术发展

换热管与管板之间的连接结构和连接质量决定了换热器的质量优劣和使用寿命，是换热器制造过程中至关重要的一个环节。结构型式主要划分为两大类：一是端面焊结构，包括管端伸出式、管端平齐式、管端内缩式；二是内孔焊结构。焊接方法主要采用焊条焊、CO_2 气保焊、手工钨极氩弧焊和管子 - 管板自动焊，实际生产中以后两者最为常见。

南化机制造换热器设备历史悠久，从 20 世纪 50 年代后期制造全套合成氨装置开始接触换热器的制造，当时管子管板采用焊条焊的方法。采用焊条焊需要精湛的技艺，才能保证成形美观且管端不被烧损、根部焊透且管内壁不被烧穿，这项擎天架海技术对年轻的焊工或者初学者简直是望尘莫及，因此很少采用。迄今为止，南化机对换热器管子管板连接的四种形式和所采用的四种焊接方法皆有涉足。焊条焊对焊工技术要求高，已不再沿用；CO_2 气体保护焊一般用于特殊结构和焊接要求，也少有推广；手工钨极氩弧焊和管子 - 管板自动焊是最常用的焊接方法，已沿用至今并已被熟练掌握。

1. 端面焊结构

20 世纪 70 年代初，从出口阿尔巴尼亚 6 万～ 8 万 t/ 年合成氨及 12 万 t/ 年尿素项目，南化机开始接触手工氩弧焊技术。70 年代末，管子管板焊接开始由焊条焊过渡到手工钨极氩弧焊。80 年代初期，扬子石化公司乙二醇项目管子管板焊接采用手工钨极氩弧焊，换热管材质为不锈钢，为避免换热管内壁高温氧化，自行设计研发了背气保护工装，效果颇为理想。

1991 年，采用瑞典伊萨管板焊机进行管子管板的自动焊接工艺试验，在工艺评定试验合格的基础上，应用于扬子石化公司不锈钢换热器管子管板的焊接，该换热器管板和换热管材质均为 304，换热管规格为 $\phi 38mm\times 1mm$，换热管管头与管板面平齐，通过调整焊接参数和提升焊工操作熟练程度，焊缝外观成形和内部质量得到了控制，完成了该换热器管子管板的焊接，为今后管子管板的自动焊接积累了经验。

1993 年，采用江苏省扬中市神通焊接设备有限公司管子管板自动焊机进行碳钢材质管板焊接试验。南化机与扬中神通设备厂家联合研发，不断改进焊接操作程序及机头定位杆、焊炬夹持等装置，使焊机的操控性有所提高，同时内部从优化管板坡口加工精度和换热管内外径公差入手，采取控制管头伸出长度、培训焊工操作技能等举措，逐渐掌握了扬中管子管板自动焊机的操作技术，并且进行了碳钢材质管子管板自动焊接工艺试验，在南通醋酸纤维项目小直径换热器制造中予以应用。至此，南化机管子管板自动焊技术已达到了成熟期。

随着国内管子管板自动焊接技术的创新发展，南化机 2006 年选购了江苏昆山华恒焊接设备有限公司的管子管板自动焊机，用于美国杜邦项目反应器管子管板的自动焊接。杜邦反应器是沙特阿拉伯国际石化公司项目，由美国某公司采购、南化机自主设计和制造大型列管换热器，数量两台。该反应器直径为 ϕ4650mm，总高约 13347mm，单台重量为 207.5t。上管箱主材为 SA-516 Gr.70N+AL6XN 复合板；壳程主材为 304/304L；下管箱主材为 SA-516 Gr.70N+316L 复合板；管束中上、下管板规格为 ϕ4726mm×133mm；上管板材质为 SA-516 Gr.70N 堆焊 AL6XN；下管板材质为 SA-516 Gr.70N 堆焊 316L；共有换热管 7500 根，规格为 ϕ38.1mm×2.5mm，单根换热管由 TP316L 管与 AL6XN 管对接而成。因主体结构为列管换热器，上管箱管子管板接头采用端面齐平焊结构、3mm×45°坡口，下管箱管子管板接头采用端面伸出焊结构、3mm×45°坡口。上管箱管子管板采用 AL6XN 材料属首次焊接，难度大；两台总计 30000 个管子管板接头，焊接工作量大，遂采用管子管板自动焊。昆山华恒管子管板焊机为悬挂式机头，采用气动式胀紧定位，焊枪绕管子 360°旋转焊接较龙门架式更加可靠稳定，而且设备占用空间小，适合于大型换热器多台焊机同时焊接。鉴于初次使用此类设备，对焊工进行培训，熟练掌握操作技能，确保了杜邦项目的反应器 30000 个管头保质按时完成。

2007 年，南化机承接了普光气田大型硫磺回收余热锅炉研制项目，该项目是中国石化 2006—2007 年度的重大装备国产化研制项目，由第一段、第二段余热锅炉和汽包三部分组成，共 12 台。余热锅炉的可靠性取决于所有管子与管板连接接头的完整性，每一个接头都必须保证不含任何缺陷，在极高温度下操作时的膨胀和收缩、承受压力、腐蚀介质作用等条件下应当保持紧密不漏。经过多次讨论，将一段预热锅炉管子管板连接形式设计为 J 形坡口、根部 R6mm 全焊透形式，二段余热锅炉设计为 J 形坡口、根部 R5mm、深度为 8mm 的半焊透形式，重点解决一段余热锅炉管子管板焊接难题。一段余热锅炉换热管与管板材质为 16MnR，厚度为 28mm，换热管材质为 20G，规格为 ϕ89mm×7.5mm。因采用全焊透形式，无须贴胀，势必增加很大的焊接工作量和焊接难度。南化机焊接工程师仔细研究分析，决定采用手工氩弧焊打底加 GMAW 自动焊的方式，并且自主研发特殊机构使 GMAW 焊枪固定在管子内壁且沿周向旋转，完成焊接操作（见图 8.5-46）。通过改进焊枪喷嘴和导电嘴的规格和结构，优化焊接保护气的配比，实现了深坡口、全焊透管头自动焊。对管子管板焊缝进行 100%RT 和 100%PT 检测，对熔敷金属的化学成分进行分析，对接头剖面进行了金相检测，都达到了理想要求，验证了该方案的可行性，既保证了焊接质量又提高了焊接速度。普光气田大型硫磺回收余热锅炉研制成功攻破了深坡口、全焊透管子管板焊接技术；自主研发管头专用自动焊机，提高了焊接效率和制造质量的稳定性及可靠性；形成了管子管板强度焊焊接接头射线检测、缺陷评定及验收技

图 8.5-46　一段余热锅炉产品管子管板焊接

术，填补了国内外空白。

2018年，湛江石化EO反应器管子管板焊接首次采用悬挂式管子管板自动焊，管板材质为SA-350 Gr.LF2 Cl.2，管子材质为SA-210 Gr.A Cl.1，管子规格ϕ51mm×3mm，坡口3mm×45°，两台反应器共25326根换热管。管子管板焊接接头要求5%RT抽样检查，通过多次试验掌握了该项技术，成功地解决了接头内部的密集气孔缺陷，顺利完成了产品焊接。

2019年，古雷石化EO反应器/冷却器管子管板焊接继续采用悬挂式管子管板自动焊，管板材质为SA-508 Gr.3 Cl.1堆焊308L，换热管材质为S31803。反应器管板外径8136mm，管板面厚度（220+5）mm，换热管规格为ϕ44.45mm×2mm，J形坡口，根部R4mm，深2.5mm，两台共32424根换热管；冷却器管板外径4380mm，管板面厚度（140+5）mm，换热管规格为ϕ31.75mm×2mm，J形坡口，根部R3mm，深2.5mm，两台共16172根换热管。焊前通过模拟件焊接解决了反应器和冷却器内壁烧穿和根部未熔问题，并且对施焊焊工进行培训和技能鉴定，焊接过程中严格控制焊接规范，尤其是钨棒高度和角度，焊后按照要求对管子管板焊接接头进行2%RT抽样检查，最终满足了产品要求（见图8.5-47）。

2. 内孔焊结构

20世纪60年代初国外开始研究内孔焊技术，并于70年代用于核设备上。实践表明，内孔焊这项技术十分可靠，使设备的使用寿命大大延长，质量提高，工作稳定。我国20世纪70年代末在核设备、电站设备上采用了这种结构。内孔焊结构虽然质量好，但管板加工要求精度高，焊接难度大，管板壳程侧加工出与换热管对接的凸台，焊枪需从管板管程侧伸入穿过管板，达到与换热管组对位置，在内部由里向外进行焊接，显然管板越厚焊接难度越大。

图8.5-47　古雷石化EO反应器管子管板焊接

南化机于2004年开始攻关内孔焊技术，截至2017年止经历了自熔—填丝—自熔的演变历程。

2004年，承制硝酸吸收塔管束部件，管板厚度为30mm，管子规格为ϕ25mm×2mm，材质为00Cr19Ni10，由于管束部件最长只有2430mm，采用内孔横焊位置的自熔焊技术。

2008年，承制杜邦蒸压器笼式加热器管束，该管束采用管板厚度为30mm，管子规格为ϕ32mm×3.5mm，材质为00Cr19Ni10。由于管壁较厚，管束总长1490mm，南化机采用开坡口以保证全焊透的方法，通过研发摸索，采用横焊位置、小直径、厚管壁的内孔填丝焊，这在当时国内尚属首次。

2015年，承接了江苏斯尔邦石化有限公司醇基多联产一期工程三台换热器项目，由中国石化工程建设公司设计。斯尔邦项目这三台换热器名称分别叫作Ⅰ段反应换热器、Ⅱ段反应换热器和中压蒸汽生成器。其中Ⅰ段反应换热器管板厚度为100mm，管子规格为ϕ38mm×3mm；Ⅱ段反应换热器和中压蒸汽生成器管板厚度为135mm，管子规格为ϕ25mm×2mm，材料均为347H。这三台换热器管子管板一端为常规角焊缝结构，另一端为深孔对接焊结构，由于管板较厚，换热管较长，长度 5500mm，焊接难度极大，与昆山华恒焊接设备有限公司合作采用深孔全位置自熔技术，最终攻克焊接难关。

在 2016 年，再次承制杜邦蒸压器笼式加热器。在有了前面全位置焊接技术的基础上，这次采用了不开坡口全位置自熔焊技术，这样既省去加工坡口的时间，又省焊材，节省成本，方便焊工操作，关键是降低了因加工精度而引起焊接质量的风险。

内孔焊试样可见图 8.5-48。

2017 年，承接南化公司 30 万 t/ 年合成氨装置中压蒸汽过热器的制造任务。该设备主要作用是回收氨合成反应的反应热，将副产的 4.15MPaG 中压饱和蒸汽过热至 410℃后送至公司蒸汽管网。该设备之前由国外制造，管板材料为 SA-336 Gr.F22 Cl.3 锻件，采用双面堆焊镍基材料，管子为 Incoloy 800 材料，管子管板连接采用普通的端焊结构。该设备由于使用时间长、工况恶劣，多次出现内漏停车进行堵管抢修，堵管数量已经超过上限要求，对合成氨装置的稳定运行造成了很大影响，因此对该设备进行更换，重新选择管子管板材料，并将其结构由端面焊结构改为内孔焊结构。管板采用 300mm 厚 S32168 锻件，管子采用 S32168 不锈钢 U 形管，规格为 ϕ38mm×3.2mm，共计 217 根，一共 434 个管头。

虽然管子数量不多，但焊枪需穿过 300mm 厚的管板后，在壳程侧与换热管进行焊接，这在国内史无前例，国外也罕见。南化机在斯尔邦项目的基础上，决定再次采用自熔焊技术，但换热管壁厚为 3.2mm，管板壳程侧对接的凸台上加工了一个长 0.8mm、厚 0.5mm 的止口，使焊接厚度达到 3.7mm，采用一道自熔焊透并且要通过 100%RT 检测难度非常大，这就要求焊接设备的稳定性能极高，要求整个焊接过程中钨棒到管壁的距离均匀一致，即焊枪在旋转过程中要保证同轴度，对管板管孔和管子尺寸精度和焊接规范要求极为精确。南化机通过与昆山华恒公司共同合作研发了 300mm 厚管板的内孔焊枪头，通过多次试验调整定位器结构和尺寸确保焊接同轴度，最终保证了产品的顺利焊接，攻克了 300mm 管板与厚壁换热管内孔对接自熔焊技术这一世界级难题（见图 8.5-49）。

图 8.5-48 内孔焊试样截面图

图 8.5-49 300mm 内孔焊焊枪和产品焊接

5.3.2.4 小孔内壁堆焊技术发展

南化机在 20 世纪 90 年代初期开始攻关小孔内壁堆焊技术。当时哈尔滨焊接研究所提供小孔内壁堆焊的电源、焊枪和控制系统等部件，厂里用一台普通车床进行改装，堆焊工件的夹持和旋转依靠车床来完成，堆焊的连续性和质量不够稳定，需要焊工全过程跟踪堆焊，以及时调整出现的焊接不稳定因素，1994 年，该技术在上海金山石化加氢精制反应器的小直径管子内壁堆焊时进行了应用。

随着哈尔滨焊接研究所提供小孔内壁堆焊技术的深入研究与开发，90年代中后期研制了一体化的小孔内壁堆焊成套设备，堆焊过程的稳定性得到了很大的提升。南化机引进了成套设备，可实现氩弧焊和二氧化碳气保焊两种方法进行内壁堆焊，氩弧焊堆焊范围是48mm≤φ（内）≤300mm，φ（外）≤800mm，二氧化碳气保焊堆焊范围是180mm≤φ（内）≤800mm，φ（外）≤800mm，堆焊外观成形质量和效率有了很大的提高（见图8.5-50）。

采用丝极气体保护焊堆焊大接管内壁的工作量太大，无法按时完成产品生产，90年代末南化机对带极堆焊机头进行改造，安装在小型伸缩臂上可实现内径为600mm以上接管的内壁堆焊，焊带规格为60mm×0.5mm。2007年再次对设备进行升级改造，焊带规格仍采用60mm×0.5mm，可实现对内径大于450mm的接管内壁进行堆焊。小直径内壁带极堆焊一般采用30mm×0.5mm规格的焊带，南化机突破这一难题，再一次证明南化机人自己动手改造设备的能力和水平，得到了行业内焊接设备制造厂家的赞许。

图8.5-50 丝极小孔堆焊机

5.3.2.5 弯管内壁堆焊技术发展

1995年，与哈焊所共同研制开发了"30°管内壁自动堆焊"工艺，主要用于加氢反应器弯头堆焊，实现了堆焊全过程的精确自动跟踪。该技术获国家发明四等奖。

2017年引进了90°弯管内壁自动堆焊机，该设备自动化程度高，可实现圆周环状水平位置堆焊；具有焊枪摆动功能，且摆幅随弯管直径由内到外逐渐变大，堆焊层呈扇面排布，保证内壁各点堆焊厚度一致；具有上下方向AVC跟踪功能，适应管径位置的偏差；输入工件编号，视工件尺寸可实现堆焊焊道的自动排布，实现同层连续堆焊作业；一次装夹可完成90°弯管的全部堆焊作业。90°弯管内壁堆焊机适用弯管内径范围为φ200～φ800mm；弯管弯曲半径（中径R）范围为d≤R≤2.5d，同时R≤1000mm；工件最大外形尺寸为2200mm；工件最大重量2.5t。90°弯管内壁自动堆焊机减少了弯头拼接，堆焊一次成形，焊道美观、质量好，大大改善了工人的劳动条件（见图8.5-51）。

图8.5-51 90°弯管内壁堆焊

5.3.2.6 马鞍形开孔和焊接技术发展

对于大直径接管厚壁容器的焊接如仍采用焊条焊，不但效率低，而且成形质量依赖于焊工的技术水平，马鞍形埋弧自动焊技术应运而生。

2003年，南化机开始对马鞍形焊埋弧焊技术进行市场调研，与哈尔滨工程大学、北京中电华强、美国林肯公司进行交流，讨论马鞍形切割与焊接技术难点和要点，最终决定与哈尔滨工程大学联合研制马鞍形切割/焊接机。

2004年采用哈尔滨工程大学马鞍形火焰自动数控切割机进行封头正交接管开孔切割试验，在试验成功的基础上，将切割机安装在焊接伸缩架上，进行封头偏心接管开孔切割试验，取得成功后用于山西鲁能晋北铝业有限公司压煮器项目。该项目共48台，壳体规格为$\phi3000mm×72mm$，材料为16MnR，该设备封头接管数量约十余个，直径范围为$\phi161\sim\phi857mm$，采用人工开孔方式不仅工作量大，而且坡口表面质量不好，尺寸也很难控制，采用马鞍形火焰自动数控切割机对封头接管进行开孔能够解决上述难题，共计完成500多个接管的开孔任务（见图8.5-52）。

2005年与哈尔滨工程大学进一步合作，共同就接管的马鞍形埋弧自动焊接技术进行研发，因此配备了焊接电源和埋弧焊机头等部件，尝试用于正交接管的焊接，但焊接和控制电缆存在缠绕问题，机头旋转一周后须回转到始焊位置，才能继续下一道的焊接，所以又研制了电缆无缠绕滑盘，解决了焊接电缆的缠绕难题，实现了正交接管的连续焊接，并且进行了模拟工件的焊接试验，取得较理想的效果，为实际产品的推广应用奠定了基础。

图8.5-52　压煮器封头开孔

2007年，中原油田普光气田项目反应炉余热锅炉/汽包，由第一段、第二段余热锅炉和汽包三部分组成，余热锅炉第一段进口端与反应端的出口端用一过渡段直接相连，余热锅炉第一段与第二段平行布置，共12台。接管数量多，与壳体焊接工作量大。在该项目上成功地运用了马鞍形埋弧自动焊技术（见图8.5-53）。

2014年，南化机对普通埋弧焊焊机进行改造，在小车前方安装万向轮进行导向，与自主研发的防缠旋多连杆转动机构配合，动力由埋弧自动焊小车驱动，达到了马鞍形焊接效果。该技术成功应用于中天合创甲醇洗涤塔项目，甲醇洗涤塔共4台，每台筒体上共有22个嵌入式的接管，接管外径为$549\sim1088mm$，如果采用全焊条焊，单个接管外口焊接需要6个班次12名优秀焊工。采用改造的马鞍形自动焊焊接，单个接管外口需要4个班次6名焊工，比手工焊的方式节省一半焊工，效率和质量得到了大幅度提高。

2019年，在自行改造马鞍形焊设备的基础上，为全面实现接管与壳体焊接的机械化，又购买了马鞍形埋弧自动焊专用焊机，提升自动化水平。

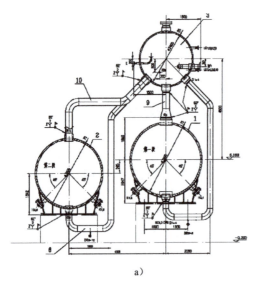

a) b)

图 8.5-53　余热锅炉接管自动焊

a）余热锅炉/汽包装置总图　b）产品马鞍形焊接

5.3.2.7　管子对接自动钨极氩弧焊技术

2006 年，美国杜邦项目中有两台反应器，其换热管是由两种材质的管子 SA-213 TP316L 和 SB-676 对接拼焊而成。材质为 316L 的换热管长度为 5545mm，材质为 SB-676 的换热管长度为 916mm，两种换热管的规格均为 $\phi38.1mm×2.5mm$，数量达 15000 根。虽然拼接工作量巨大。但真正难点是焊后要保证拼接后换热管的直线度，需采用稳定性高的管子氩弧焊自动焊接技术，因此南化机与江苏昆山华恒焊接设备有限公司共同研发，对管子对接自动钨极氩弧焊技术进行攻关，通过调整焊接参数、坡口角度、钝边尺寸、组对间隙等多种措施进行试验，最终不但使焊缝外观成形和内在质量达到了要求，而且完成了直径为 $\phi32mm$ 的"通棒试验"，满足了换热管任意 915mm 直线度公差在 0.762mm 内的要求。

5.3.2.8　MAG 焊技术应用介绍

2014 年，中天合创甲醇洗涤塔项目，共 4 台，壳体材质是 09MnNiDR 低温钢，壳体壁厚 95mm、直径 4000mm，设备总长 86374mm。该项目塔盘支撑圈、内件、外部预焊件及吊柱部件焊接工作量巨大，因工期紧、任务重，采用传统的焊条电弧焊焊接生产效率低，无法满足进度要求，因此采用熔化极活性气体保护电弧焊（MAG）。它是在氩气中加入少量的氧化性气体（氧气、二氧化碳或其混合气体）混合而成的一种混合气体保护焊，由于混合气体中氩气占的比例较大，故常称为富氩混合气体保护焊。采用 MAG 焊，生产效率大大提升至原先 3～4 倍的水平，且节约成本，满足生产进度要求。

5.3.2.9　MIG 焊技术应用介绍

2014 年，南化机承制的气冷甲醇反应器是中天合创项目中的关键设备，采用德国鲁奇公司专利，在国内属首次制造。该反应器结构复杂，管箱是渐开线式结构，其焊接空间狭小，上下距离 110mm，垂直横向距离 270mm，焊条或焊枪无法运条和摆动，焊接过程中焊缝无法观察，并且焊接位置呈不规则变化。针对上述难点，南化机技术团队分析了几种常用焊接方法的优缺点，考虑采用 MIG 焊，改进了焊枪结构使之满足小空间的焊接，利用磁力小车可以在不规则工件爬行的特性，模拟管箱侧板弯制了渐开线轨道，使磁力小车沿着弯制的轨道稳定行走，再将焊枪固定到磁力小车上，同时对磁力小车加装焊枪上下和前后调节机构，实现了渐开线管箱侧板与管板角焊缝的自动化焊接，解决了气冷甲醇塔管箱部件的焊接难题，这一创举得到鲁奇专家的赞许。

5.3.3 热处理技术发展

伴随压力容器产品制造的需要，自 20 世纪 60 年代起，南化机开始发展压力容器热处理的装备、技术。起初拥有的压力容器热处理设备都是用耐火砖堆砌的简易煤气炉，有 8m×3.5m×3.5m 条形炉、ϕ3.5m×3.5m 罩式炉等，靠手动调节煤气阀来控制炉温，热处理工艺仅凭工厂经验而已，并无规范作为依据。受热处理装备所限，稍大一点的容器热处理炉满足不了，只能土法上马，采用在焊件内部或外部整体加热。

南化机不断创新、发展热处理技术，1975 年，公司为解决 20 钢薄壁管 −20℃低温冲击韧性不合格的问题，创造性地发明了 20 钢"重复韧化处理"新工艺，成功地解决了 20 钢薄壁管低温冲击难题，该成果获得了江苏省科学大会奖。

承压设备焊后热处理方式可分为整体焊后热处理、分段焊后热处理、局部焊后热处理。其中整体焊后热处理又分为将焊件装入封闭炉内整体加热、在焊件内部或外部整体加热，条件许可时应采用炉内热处理。1976 年公司对两台规格分别为 ϕ2200mm×33000mm、ϕ2200mm×30000mm，壁厚分别为 28mm 和 30mm，材质为 16MnR 的 CO_2 吸收塔，利用高温烟气法对塔进行整体焊后热处理，并取得了成功，这也是国内首例采用高温烟气法对立式塔器进行整体焊后热处理，该成果获得全国科学大会奖。高温烟气法是利用轻柴油为加热介质，用高压喷嘴将燃油雾化，然后在燃烧室内燃烧，将产生的高温烟气送入塔内，利用高温烟气对塔壁进行加热。20 世纪 70～80 年代南化机采用高温烟气法对大批球罐进行了整体焊后热处理。

20 世纪 80 年代以前，公司热处理装备、技术比较落后，温度控制基本靠手动完成。1982 年，南化机开始设计制造全硅酸铝纤维型台车式热处理炉，1985 年底建成。新建成的电阻炉，有效加热区 17m×5.5m×5.8m、加热功率 2600kW、台车载重量 200t、最高加热温度 750℃、26 个加热区，采用计算机集散控制。该炉投入使用以后，热处理温度控制真正实现了自动化。该炉属于当时国内为数不多的大型硅酸铝纤维热处理炉，增强了南化机制造大型压力容器的能力，主要用于压力容器的焊后热处理，基本满足了南化机 80、90 年代压力容器热处理的要求。

90 年代末，南化机制造了数台直径 3600mm、总长 25000mm 加氢反应器。当时 17m 炉不能满足加氢反应器的炉内整体焊后热处理要求，采用分段焊后热处理。南化机通过炉口和所对应的设备内部用硅酸铝耐火纤维封堵、炉内近炉门区域辅助电加热、在炉外部分设备用硅酸铝耐火纤维保温、在炉外部分设备支撑摆放在滚珠或滚柱上等措施，解决了实施分段热处理的难关，保证了设备质量。

2001 年，南化机为扬子石化公司制造的 20 万 t/年聚乙烯反应器，反应器总高 35500mm，小端直径 5029mm，大端直径 7804mm。由于设备所限，直径 7804mm 的大端无法在 17m 炉内热处理。南化机现场搭建尺寸为 ϕ10000mm×5000mm 的拼装炉，采用框架式电加热器，总功率 1500kW。在拼装炉内对筒节分别进行热处理，然后对筒节合拢缝进行局部热处理。局部热处理采用履带式陶瓷电加热器加热，解决了大型容器的热处理问题。

2003 年，为满足特材制造要求，南化机又建造了 15m 台车电阻炉，15m 炉有效加热区为 15m×5m×5.5m、加热功率 4500kW，后改造为天然气炉，台车载重 200t、最高加热温度 1100℃、27 个加热区，主要用于材料热成形后恢复力学性能的热处理，如正火、淬火、回火、固溶处理等和厚壁筒节温成形。

同年南化机为镇江索普制造了一台闪蒸罐，材料为哈氏合金 B-3，其中一段 ϕ3700mm×9.5mm×3400mm 筒体和封头焊件需要固溶热处理。该段固溶处理的难点在于大直径薄壁筒体在 1100℃左右加热及高温淬入水中快速冷却会产生较大的变形；工件在 1100℃左右高温要快速下水，否则工件表面可能会生成"火裂"；为避免加热过程中硫污染，最好在中性的电炉加热。为解决以上难题，公司专门制作了吊装工具，筒体加装防变形胎具，解决了变形问题；制作了大型冷却水槽，摆放在 15m 炉的边上，尽量缩短工件由 15m 炉台车转移至冷却水槽的时间，防止产生"火裂"；利用 15m 台车电阻炉加热，解决了硫污染。利用以上措施成功地对该部件进行了固溶处理，工件的变形量及各项性能指标均满足要求。

南化机在压力容器制造研发过程中，也不断地攻克材料热处理难关，尤其是特殊材料的热处理。对于爆炸复合管板，爆炸复合后需要做恢复力学性能热处理，热处理既要保证基层锻件的性能又要满足复层耐蚀要求。南化机通过摸索，成功解决了锻制管板 SA-516 Gr.70 复合 SAF-2205、SA-350 Gr.LF3 复合 SAF-2507 双相钢等热处理难题，并攻克了文丘里洗涤器 S31803 双相不锈钢 60mm 厚壁封头、锥体的固溶处理及大型薄壁双相钢封头固溶热处理防变形等难关，积累了丰富的制造经验。

随着压力容器大型化，17m 炉已不能满足生产需求，2006 年南化机又建造了 30m 台车电阻炉，有效加热区 30m×8.5m×9.0m、加热功率 5600kW、台车载重 800t、最高加热温度 750℃、40 个加热区，炉顶安装 12 台大功率搅拌风机，炉温均匀性可达 ±15℃。30m 炉基本解决了南化机压力容器焊后热处理的设备问题。

2012 年在内蒙古制造基地又建造了一台大型台车式天然气炉，该设备有效加热区 25m×6.0m×6.5m、台车载重 450t、最高加热温度 750℃，配套进行大型厚壁容器的热处理。

2015 年，南化机为中天合创项目承制两台丙烯塔，丙烯塔尺寸为 ϕ6600mm×52mm×9900mm、材质 Q345R，分三段在厂内制造炉内整体热处理后，到现场卧式合拢，需对两道合拢缝进行局部热处理。现场搭建尺寸为 36445mm×8315mm×7820mm 的拼装炉，采取防变形措施，使用 14 台 40 万大卡燃油燃烧器，热处理取得了满意的效果。

近年来，南化机制造了一批环氧乙烷装置核心设备 EO 反应器，尤其是为福建联合石化制造的两台环氧乙烷反应器，设备直径 8m、反应器壁厚 126mm、长 20m。EO 反应器制造过程中需要解决两个热处理难题：管板与筒体焊后热处理管板变形问题、厚壁筒体合拢缝局部焊后热处理内外壁温度均匀性问题。通过合理装炉、控制好升降温速率及工件出炉温度，热处理后管板的变形较小并满足了穿管要求。其次是对直径 8m、壁厚 126mm 的反应器筒体合拢缝的局部热处理,采用履带式陶瓷电加热器进行双面加热,环缝内外壁温度均匀且满足焊后热处理工艺要求。

南化机拥有比较完整的热处理装备,多年来通过对碳素钢和低合金钢、不锈钢、镍基合金等材料进行模拟焊后热处理或恢复力学性能热处理的研究,做了大量工艺评定试验,积累了丰富的经验,保证了压力容器的制造质量,同时也为新产品的研制开发提供了可靠的技术支持。

5.4 南化机压力容器制造装备发展的历程

5.4.1 扎实的起步

南化机原址在南化公司氮肥区七号门内,沿马路两旁有厂房、库房、办公楼等建筑物(见图 8.5-54)。

图 8.5-54 初建厂房

永利铔厂时期的铁工房分金属切削和铆焊铸锻两部分。切削设备有大落地卧式车床 1 台,2m 立式车床 1 台,6m 龙门刨床 1 台,普通铣、刨、钻及车床各数台,滚齿机 1 台;其中有些机床是从国外购进的旧设备,采用无轴皮带传动。铆焊铸锻设备有大小滚板机各 4 台、剪冲机 1 台、电焊机 10 余台、冲天炉 2 台、半吨电炉 4 台、小型热处理炉 1 台、500kg 空气锤 1 台。直至新中国成立前夕,加工手段及能力无很大变化。新中国成立以后,在 3 年恢复时期和第一个五年计划期间,铁工房扩建成永利宁厂机械分厂,购置了一批机床,自行设计、制造了滚轮架、卧式层板包扎机等一些铆焊设备,工厂规模、生产能力有了一定的扩大。

5.4.2 艰难的提升

1958 年,南化机开始在大厂镇姜桥村北开辟新厂区。1959 年,生产的任务也日益繁重。国家计划将其建成一个年产 3 万 t 化工机械和 3 万 t 钢铁的大型企业,并开始兴建新厂房及炼钢、炼焦设施,边建设,边迁移。旋因国民经济遇到暂时困难,国家实行调整方针,扩建计划停止实施,炼铁生产亦停止。1960—1975 年,在缺少投资的困难条件下,用填平补齐的办法逐步增置装备,扩大生产能力。1978 年,由于大型化肥装置设备国产化的需要,国家拨款 1000 万元,用以购进日本产的 135 精密镗铣床、6.5m 双柱立车,德国和瑞典产的滚齿机和插齿机,以及磨齿机等多台大型精密机床,提高了精密加工能力。

南化机的老容器厂房见图 8.5-55。

5.4.3 自我壮大

进入 20 世纪 80 年代，南化机产品开始进入大型、重型、高压设备领域。经过"七五""八五"的技术改造，制造能力和制造水平都得到了较大的提高，具备了制造国际先进水平的大型化肥设备的能力。这期间，南化机厂区占地面积达到 47 万 m^2，拥有建筑面积 12 万 m^2，有四个铆焊车间、四个加工车间、一个热处理车间，最大起吊能力 410t，另有工具、锻

图 8.5-55　老容器厂房

造、机修等配合生产车间。南化机立足自力更生，自主革新，自行设计、制造和安装了 2500t 水压机（冲压），3600t 水压机（锻压），多层钢板包扎机，250t、400t 大型滚轮架，5500mm×5500mm×17000mm 电加热热处理炉，1000mm 深孔钻床及 100mm 厚板卷板机，重型 X 射线探伤室，5t 炼钢炉等一大批新的大型工装设备，还彻底改造了已有 50 年历史的大落地车床。其中部分设备见图 8.5-56。

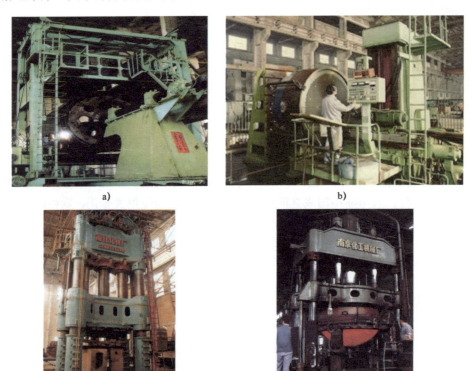

图 8.5-56　20 世纪 80 年代南化机部分设备

a）大型多层包扎机　b）1000mm 数控深孔钻床　c）3600t 水压机　d）2500t 水压机

1986年，在研制大型横向冲刷型硫酸余热锅炉的过程中，遇到了弯管技术难关，2000多根弯头，管子直径与弯头半径之比为1:1.3，用一般的国产弯管机弯制难以达到外商工程标准规定的公差，而进口特种弯管机价格高达每台12万美元。为攻克这一技术难关，南化机在只花了13000元人民币购置的国产弯管机上进行技术改造，自行设计、制造安装了小曲率弯管装置，弯管质量符合工程技术标准，可与引进的同类产品媲美。这一装置荣获国家专利。在聚酯设备的开发制造过程中，又专门研发了适用于弯制聚酯盘管的弯管设备，解决了盘管弯制的难题。

与此同时，南化机集中有限的资金进口了一批专用检测仪器和设备，包括光电直读光谱仪、美国瓦里安公司4MeV直线加速器、ASME冲击试验机、日本产液压胀管机等。全厂精、大、稀、关制造和检测设备共计118台，为开发新产品创造了必要条件。

到"八五"完成，南化机80%以上的金属成形作业已具备机械操作手段，成形能力大幅提升。其中大型包扎机最大包扎直径可达4m；卷板机最大卷板能力为热卷110mm，冷卷55mm，最大宽度可达3000mm；2500t水压机最大冲压能力达到球封头直径2800mm、厚度125mm，椭圆封头最大冲压能力直径3400mm、厚度40mm；液压深孔胀管能力为压力260MPa以上，胀管部分最大距离深度15m。

金属切削装备方面，拥有各种切削性能的机床近千台，机械加工手段齐备。主要加工能力有普通车床加工特殊工件能力，其中重型车床最大加工件外径1650mm，中心距8000mm，最重工件为高压容器筒节，重达10t；专门用于加工轴类（如压缩机活塞杆）的车床中心距最大达8000mm；立式车床工作台直径4000mm，最大车削直径6500mm，最大工件高度3500mm，最大工件重量60t，附加仿形胀模装置，可加工直径4500mm以下的椭圆形和半球形封头的曲面；最大刨削长度6500mm；拥有固定式卧式镗床，镗杆直径160mm，工作台6000mm×3800mm，除了加工内圆外，还可对组装后的换热器筒体法兰平面进行二次加工；还拥有复合镗铣床，铣轴直径×镗杆直径为200mm×135mm，工作台3000mm×3000mm，横向行程1500mm，最大承载能力为30t；深孔钻削能力为最大钻孔深度1000mm，钻孔孔径$\phi 10 \sim \phi 50mm$，垂直度误差$\leq 0.5‰$，表面粗糙度$\leq 1.6\mu m$；配套进口的插齿机、磨齿机、滚齿机，能够加工模数18以下、8级精度以内的各种齿轮；材料最大剪切能力厚20mm，宽3000mm；最大火焰切割能力厚125mm，长宽不限；最大等离子切割能力厚80mm，长宽不限；有万能工具磨床、光学曲线工具磨床、光学坐标镗床、卡规磨床、铲齿机等机床，除制作通用刀具外，还用于自制专用螺纹加工、齿轮加工的量规和刃具。

焊接装备方面通过研发与采购相应焊接设备，实现了高强度钢层板和厚板焊接的全部自动焊，开发了不锈钢板的自动焊；氩气保护焊也得到普遍推广，从用于焊缝打底，发展到管子-管板的焊接，从普通材料焊接发展到高等级不锈钢材和异种钢材间的焊接，从手工氩弧焊发展到自动氩弧焊，并拥有较大规模的焊接试验室；配置20t变位机、伸缩臂操作架、带极堆焊机三机联用，实现了球封头内表面不锈钢带极堆焊；与哈焊所联合研发了窄间隙自动焊机，焊接厚度可达300mm；与哈焊所联合开发了小孔径内管自动堆焊机，在上海金山石化加氢精制反应器的小直径管子内壁堆焊上进行了应用。

热处理装备方面，为满足大型设备整体热处理、大件热处理技术，设计制造了台车式热处理炉，最大工件重量380t，宽5500mm，高5800mm，长17000mm，最高温度

750℃，自动温控。为进行局部热处理，配有履带式电加热器，电加热能力240kW。为满足机械零件热处理，配置了各种加热炉，设备有箱式炉、盐炉、井式炉，根据高温、中温、低温不同工艺和不同规格、尺寸工件的需要，其中用于长轴渗氮的井式炉炉膛尺寸为ϕ1300mm×6000mm；配用渗氮罐尺寸为ϕ1000mm×5000mm，360kW，最高温度1000℃；用于大件高温的井式电阻炉炉膛尺寸为ϕ2500mm×2000mm，400kW，最大工件重量20t，最高加热温度1200℃。为调质处理大型锻件，配置了淬火槽，直径2400mm，深5500mm，泵能力为30t/h。具备等离子喷涂技术，可在金属表面喷涂各种高级耐磨材料。配置了60kW和100kW各一台高频淬火机床，用于工件表面处理。还有磷化处理专用设备，用于工件表面特殊处理的工艺。

理化分析及试验装置方面，化学分析除配有全套常规分析仪器，包括电子天平、X射线分析仪等外，采购的英国希尔格公司E983C型光电直读光谱仪，可对钢、铁、铜、铝、镍、钛6个基体进行定性、定量分析，检出量为十万之一，设有36个通道，一次可同时分析24个元素，特别是对钢中微量元素测定准确度高、速度快。金相分析除有全套常规仪器外，还有高温金相显微镜、铁素体检查仪等专用仪器，并配备了真空镀膜机反拍仪，可进行现场金相复膜，对材料或设备产生裂纹、腐蚀、过烧，在不损坏设备和不移动设备的情况下，对上述缺陷部位进行复膜，并对复膜进行一系列金相分析，为失效分析提供准确依据。金属材料常规试验，从试样加工到力学分析、化学分析、金相分析，在各道工序上进行全封闭，从而避免管理上带来的试验失真，做到既快又准。力学试验设备有100t万能材料试验机、冲击试验机两台，可进行常温和低温冲击试验，其中1台进口Tinius Olsen公司ASME专用冲击试验机（见图8.5-57）。另外，还有各种型号的硬度计等。

无损检测设备方面，新建的最大透照室有效尺寸为长40000mm、宽6000mm、高10000mm，照相台车承载350t，配备美国瓦里安直线加速器，能力为4MeV，透照厚度为50～250mm（见图8.5-58）。另外检测设备还有超声波探伤仪13台；磁粉机4台，最大电流4000A；X射线机13台，能力分别为400kW和250kW；同位素剂量：铱192为100居里，钴60为70居里。

图8.5-57　ASME冲击试验机

图8.5-58　美国瓦里安4MeV加速器

计量设备主要有2m测长机、激光经纬仪、万能测长机、滚刀检查仪、渐开线齿轮检查仪、光学投影仪等。

起重设备方面,有桥式起重机 20 多台。在最大的铆焊车间,主跨配有最大吊重 250t 的桥式起重机和最大吊重 160t 的桥式起重机各一台,最大起吊能力达到 410t。

5.4.4 跨越发展

为适应压力容器厚壁、大型化发展的需要,南化机又进一步对工厂材料成形、起吊、加工等装备和厂房制造能力做了新建、提升。

1999—2003 年,南化机先后投入 3600 万元,新购国产化第一台宽 4000mm、冷卷 160mm、热卷 250mm 厚的大型卷板机,并与卷板机配套建设一座 5m×5.5m×15m 电加热热处理炉,加热温度达 1100℃,一方面用于温卷成形的钢板加热,一方面用于特材的固溶处理,后期改造为天然气炉。还采购了大型数控水下等离子切割机;6000mm×6000mm 大型平面数控钻;4000mm×4000mm 的大型高速平面钻;承重 60t 焊接变位器;加工长度达到 150000mm,用于加工聚酯设备主轴的卧式车床;国内首台胀管压力达到 500MPa 的超高压液压胀管机;600t 重型滚轮架;一批检验设备,如氦检漏仪、便携式光谱仪等(见图 8.5-59 ~ 图 8.5-64)。

图 8.5-59 数控切割机

图 8.5-60 氦检漏仪

图 8.5-61 160/250mm 大型卷板机

图 8.5-62 5m×5.5m×15m 热处理炉

图 8.5-63　超高压液压胀管机

图 8.5-64　水下等离子切割机

为制造贵重不锈钢和有色金属设备，南化机于 2003 年专门建成投产了一个标准的特殊材料车间（见图 8.5-65），总面积 8000m²。为使厂房内少尘、无风、无铁离子污染、温度和湿度可控，厂房四周窗户全封闭，只配有换气扇，地面全部采用水磨石，施工区内铺设橡胶和不锈钢工作台用以制造和堆放半成品工件，卷板机上辊采用聚氨酯包覆，每台焊机配有除烟尘装置，所有工装、夹具和吊具采用无铁离子材料，厂房大门非进出大件一律不开，人员进出另走设有隔离室的小门。

2005 年又实施了投资额约 8700 万元的"重型铆焊厂房及大件码头技术改造"项目，新建成长 153m、跨度 35m、总高度 29m、可进行大型压力容器组装、压力试验的重型铆焊厂房（见图 8.5-66），厂房内布置双层结构 300t 桥式起重机和 100t 桥式起重机各两台。300t 桥式起重机布置在轨顶标高约 18.5m 的高层轨道；100t 桥式起重机布置在轨顶标高约 12m 的低层轨道。厂房地面设置千吨级设备用专用轨道，总起重能力超过 600t。端部配套建设一个 8.6m×9m×30m 大型电加热退火炉（见图 8.5-67）和一座 8.6m×9m×30m 无损探伤室，配备钴 60 射线源、DZ-6/1000 直线加速器，且与千吨级设备专用轨道相接。厂房内配置相关的自动焊平台、1200t 重型滚轮架等铆焊配套设备，大大提高了工厂生产效率、制造能力和市场竞争力，也提高了产品质量，降低了生产成本，促进了压力容器制造新技术和新工艺的引进和开发。

为与制造的千吨级设备配套，又将公司

图 8.5-65　特材车间

图 8.5-66　重型铆焊厂房

货运码头进行改造，使其承载能力达到了1000t，面积4000m²，从而具备大型或超大型设备起吊装载能力，解决了南化机大型设备的运输问题。

经过前面两期的装备、技术改造，南化机在铆焊能力上有了很大提升，但在机械加工装备上还存在突出问题：大部分加工装备是"六五""七五""八五"期间购置或自己设计、制造的，使用年代久、状态不稳定；加工厂房起吊能力严重不足；机床加工尺寸和承载能力不能满足大型、重型零部件加工的需要。

图 8.5-67　8.6m×9m×30m 热处理炉

2008 年南化机实施了投资额约 1.82 亿元的"重型加工技术装备改造及鄂尔多斯制造基地建设"项目，新建成长 180m、跨度 28m 的重型加工厂房，配置 150t、75t 桥式起重机各两台；德国 TBT 三轴数控深孔钻一台，最大钻深 1200mm，主轴 1 工作范围 6000mm×4500mm，主轴 3 最大工作范围 6000mm×5300mm；ϕ10000mm×4000mm 重型数控立车一台；ϕ200mm 数控落地重型镗铣床一台等大型加工设备（见图 8.5-68～图 8.5-71）。后期又陆续补充添置了弯管自动堆焊机、窄间隙自动焊机、管子-管板自动焊机、小管堆焊机等一批高效焊接设备。

图 8.5-68　重型加工厂房

图 8.5-69　DVT1000 数控立车

图 8.5-70　TBT 三轴数控深孔钻

为配套中天合创项目建设，同时辐射内蒙古周边地区，2008年开始建设内蒙古鄂尔多斯制造基地。长198m、跨度35m的厂房两跨，配置300t、100t、50t桥式起重机各一台；5m×25m探伤室、6m×6m×25m台车式天然气热处理炉一台；160mm×4000mm大型滚板机一台；φ6500mm立式车床一台等一批装备。

南化机长期重视产、研合作，共同开发新工艺、新设备，革新行业制造水平，相继与哈尔滨焊接研究所、浙江大洋公司、昆山华恒等科研单位和兄弟企业合作开发了相关焊接、成形设备。主要有1995年与哈尔滨

图 8.5-71　FBC200 数控镗铣床

焊接研究所合作开发30°弯管焊机和窄间隙焊机；2004年与哈尔滨工程大学合作开发了火焰切割机器人和焊接机器人；2005年与大洋液压胀管设备制造厂合作开发500MPa的超高压液压胀管机；2006年与昆山华恒焊接股份有限公司合作开发管子管板熔化极气体保护自动焊，用于普光气田一段余热锅炉的焊接；2012年与唐山开元焊接设备有限公司合作开发单电双丝埋弧自动焊；2015年开始与昆山华恒公司合作开发系列管子管板内孔焊枪头，2017年开发出可以焊接管板厚度达300mm、实现自熔不填丝焊工艺、管壁厚度可达3.7mm的内孔焊枪头。

5.5　南化机压力容器国产化材料的研究与应用

南化机从发展初期开始，就一直专注于国产化材料的开发与使用，创下了多项国内首次使用的纪录。

1951年试制成功球墨铸铁，用于气缸套、活塞环，添加少许铜，可增加耐磨性能，使用良好；也可制造管道、阀、管件及其他代替铸钢的零件。

1952年，支援抗美援朝前线，制造高射炮底座球铁大转盘数十套，对解决当时全国铸钢能力不足的困难，起到了一定的作用。

1952年试制成功含硅14.5%～16%、含碳0.5%～0.8%的高矽铸钢耐酸材料，1953年正式用以制造酸管、酸阀、酸泵及浓缩塔等高矽钢设备，对大连化学厂硝酸系统恢复生产起了重要作用。

1957年，试制成功铬镍不锈钢，即苏联18-8型铬镍不锈钢（Cr18Ni8），是主要耐酸钢之一，用以制作氨合成塔内部零件以抗氢腐蚀；但硫酸系统的设备如分离机零件使用不甚满意，后续在合金中加入3%的钼，试用效果很好。

1958年，永利宁厂扩建硝酸车间，需用大量的镍铬不锈钢。因镍缺少，经设计改用Cr-17铬钢代替（含铬16%～18%，无镍，含碳≤0.12%），经过试炼，制造酸泵、酸阀及管件，耐蚀试验结果满意，为国家节约了大量贵重金属。

1958年，为制造稀硫酸设备，在国内第一次试炼成功镍铬钼铜合金钢（即K合金），

成分为碳（C）≤0.13%，硅（Si）≤1.25%，镍（Ni）20%，铬（Cr）24%，铜（Cu）3.5%，钼（Mo）2.0%，能抗稀硫酸的腐蚀，强度、加工性能极佳，制造阀、泵、管件效能很好。

1958年又试验在铬-锰-氮不锈钢片中加入少量钼、铜，探索这类钢种对不同浓度、不同温度硫酸的耐蚀性能。同时试验完全不加镍的一种钢种，其成分百分比为锰（Mn）7.5%～10%，铬（Cr）17%～19%，铜（Cu）3.5%，钼（Mo）2.0%，无镍，经用浓度2.0%～68%、温度60～106℃的硫酸进行试验，腐蚀速度为每年0.016～0.0588mm，属于耐蚀等级，可以代替K合金。

同年，在不锈钢中增加锰（Mn）、氮（N）成分，减少镍（Ni）含量，代替18-8不锈钢，使用情况良好。成分百分比为：碳<0.10%，锰7.5%～10%，镍4%～6%，铬17%～19%，氮0～2.5%，如另添加钼2%～3%，可用于尿素设备。

1980年起精心研制，通过冶炼、铸造、锻造、焊接及腐蚀试验等炼成超低碳铬镍铜全奥氏体不锈钢（DoCr20Ni25Mo4.5Cu2），能耐硫酸、磷酸腐蚀，用其制造硫酸泵，在含氟硫酸中具有较好的耐蚀性能。

1981年南化机与太原钢铁公司、冶金部钢铁研究院、化工部第四设计院、化工部化机研究院等单位合作，开展国产尿素级不锈钢的科研、试验、试制和试用工作。当年12月，南化机与太原钢铁公司签订了试制尿素专用00Cr17Ni14Mo2钢（316L改良型）中板的供货协议。1983年太原钢铁公司提供了10t多8mm厚1600mm×4600mm热轧中板，南化机对钢板进行了检验，除个别炉号化学成分稍有偏差和外观稍差外，耐蚀试验合格、平均年腐蚀率小于0.1mm，焊接性能良好，焊接接头的耐蚀性良好，基本符合尿素装置高压设备衬里不锈钢材的要求，有的已达到国外进口同类钢材的水平。1986年，南化机用这批钢板作衬里，制成我国第一台国产尿素级不锈钢衬里的ϕ1400mm尿素合成塔，1988年4月25日在本溪化肥厂投产，经过三年多的使用，设备运行正常，性能指标达到设计要求，1991年通过专家鉴定，并获化学工业部科学技术进步二等奖。

1986年，研炼成Km合金（00Cr26Ni20Mo3.5Cu1.5N），具有良好的耐蚀性能和一定的耐磨性能，尤其是能抗较高的氯离子点腐蚀性能，其综合力学性能好，并具有较理想的制造工艺性能（能铸、能锻、能焊），又因材料中采用氮元素取代部分贵金属镍，生产成本较低，用此材料制成湿法磷酸装置关键设备轴流泵，达到国外同类不锈钢的水平，用户评价为"国内同类泵中最好产品"。

1996年，研制成功新型耐酸钢S-801（超低碳含钼奥氏体不锈钢），克服了K合金易产生晶间腐蚀、热塑性差的缺点。

2004年，开展钛/不锈钢氩弧钎焊技术攻关，成功制造PTA装置中多台钛换热器，使PTA装置中钛设备国产化率大大提高。

2006年与舞阳钢厂合作，将其国产化的SA-203 Gr.E材料用于低温甲醇洗装置，制造了惠生南京工程有限公司的H_2S浓缩塔和工艺气吸附器，实际板材和焊接接头 −101℃夏比V型缺口冲击吸收能量大于标准要求的27J。

2009年，南化机在EO反应器的国产化研制中，开展了主体材料国产化研究工作，与中石化工程建设公司、南京工业大学、舞阳钢厂对国产板材13MnNiMoR作为EO反应器的壳体用材料开展了材料合乎使用性研究，针对EO反应器工况，对13MnNiMoR材料成分和性能进行优化，控制其碳当量元素CE（%）≤0.56%，保证材料的可焊性；调整Si

和P含量，降低板材的裂纹敏感性；为满足设备高温工况，要求其350℃的高温屈服强度R_{eL}应大于325MPa。南化机又对13MnNiMoR钢焊接工艺性能做了进一步研究，按EO反应器预定工艺施焊进行温度场测量（见图8.5-72），开发建立了13MnNiMoR钢厚板焊接温度场数值模拟分析模型；建立了对接焊缝应力场分布分析的二维平面有限元模型，建立了轴对称筒体对接焊残余应力数值模拟分析模型，验证了多层多道窄间隙焊接工艺制订合理，应力分布在合理区域内；采用对比分析法掌握了不同焊接线能量及焊后热处理温度对残余应力的影响（见图8.5-73），表明焊接线能量的增加使焊后残余应力呈微弱降低趋势，焊后热处理温度在620℃时，焊接残余应力降幅最大，以此制订焊接热处理工艺；并根据拟定的焊接热处理工艺，进行13MnNiMoR在服役环境下SCC敏感性试验，结果表明国产化材料13MnNiMoR及其焊接接头在其250℃锅炉水的服役工况环境下，几乎不发生SCC现象，电化学腐蚀性能研究结果表明焊后热处理工艺制订合理，可提高其耐蚀性能。上述研究验证了南化机采用国产13MnNiMoR代替SA-302 Gr.C作为EO反应器壳体材料的可行性。同时，南化机又对国产20MnMoNb锻件进行了化学成分和性能优化，使其满足EO反应器工况。

图8.5-72　焊接温度场测量

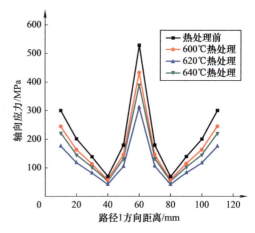

图8.5-73　不同热处理温度下轴向残余应力

与壳体材料相配，可采用碳钢管作为EO反应器换热管，但换热管内装有催化剂，在每次装填和更换催化剂时，内壁要进行工作量非常巨大的喷砂除锈处理，并造成换热管壁厚减薄，所以须采用厚壁碳钢管，也增加了设备重量；而采用奥氏体不锈钢管，则面临与低合金钢壳程筒体因线膨胀系数差异造成温差应力大而引起换热管失稳问题。为此选择S31803双相不锈钢作为换热管材料。南化机又进行了国产双相钢管与进口管的试验对比，发现采用进口管坯国内轧制，钢管性能满足要求，与进口管相比，其线膨胀系数更接近低合金钢壳体材料，完全可以应用到EO反应器制造中，减轻了设备重量，也降低了制造成本，为EO反应器的国产化奠定了基础。

2014年，与江阴兴澄特种钢铁有限公司合作，首次开发了154mm厚临氢用ASME SA-387 Gr.22 Cl.2板材，单张板重达50t，用于制造金陵石化直径4600mm加氢反应器，这也是南化机制造的最大厚度和最大直径板焊式加氢反应器。

2015年在为中天合创鄂尔多斯煤炭深加工示范项目360万t/年甲醇合成装置制造甲醇

反应器时，专利商鲁奇公司要求壳体材料采用 ASME SA-387 Gr.11 Cl.2，材料力学性能需满足 −18℃夏比冲击试验 $KV_2 \geqslant 54J$，国外厂商无法满足这一条件。南化机与江阴兴澄钢厂合作，开发了满足技术标准的 138mm 厚 SA-387 Gr.11 Cl.2 国产板，顺利完成了设备制造。

5.6 南化机压力容器检验、检测技术

5.6.1 理化检验技术发展

南化机从 20 世纪 50～60 年代开始理化检验技术的发展。针对化学分析是湿法手工操作，样品检测周期长，一个样品甚至个别元素分析需要 3～5 天才能完成的状况，技术人员开展了快速分析技术创新活动，先后完成了"碳素钢和不锈钢的快速分析""有色金属的快速分析""球墨铸铁中稀土镁的快速分析""奥氏体不锈钢中铁素体评定快速方法""球墨铸铁球化金相图谱""20 低温钢冲击方法试验"等适合化工机械制造的多种检测方法。

1972 年开始，用了一年的时间，完成了"碳的非水滴定法"，解决了不锈钢中超低碳含量的测定。

1973 年，解决了 20 钢在 −20℃的低温环境冲击试验，开创了低温设备材料冲击韧度试验的先河。

1975 年，首次研发出硝酸纤维素真空制膜技术，实现在现场设备上进行缺陷部位金相组织复膜，现场金相检测技术开始得到应用。

1976 年采购天津光学仪器的钢铁看谱镜，通过光栅分光可以快速分辨碳钢、合金钢、高合金钢等材料，最早实现了制造现场材料的分类和控制。

1980 年购入大型摄谱分析仪，采用碳棒电极装填金属屑与纯铁电极产生高能火花放电、感光板曝光的方式，实现一次激发曝光精确分析材料中的 Cu、Cr、Ni、Mo 等多种微量元素。

1980 年，首次采用休伊试验方法检查尿素合成塔内衬板材耐蚀性能，完成试验方法的优化，试验装置从蛇形冷凝到直形冷凝再到指形冷凝不断改进，温控方式从沙盘调温到电子控温再到联动控制，试验样品数量从 3 组、5 组到 30 组再到 50 组不断扩大。

因为休伊试验的时间长达 240h，随着试验量的加大，为了缩短检验时间，加快制造周期，南化机开展了 316L 改良型不锈钢晶间腐蚀倾向试验前宏观筛选新方法的研究。316L 改良型不锈钢虽经轧制、氧化，但在酸洗、钝化的处理过程中，却与金相试样抛光后进行浸蚀有相似之处，仍然能十分清晰地显露不锈钢的晶粒特征；加之不锈钢在冶炼、热处理工艺制度方面若控制不严格而显示不同的金属光泽特征。针对不锈钢表面不同的形貌特征，进行了用 10～160 倍双目体视显微镜观察钢材轧制表面形貌特征的体视筛选和肉眼直接观察钢材表面金属光泽程度的宏观筛选法。试验表明，通过筛选的，休伊试验也能通过；通不过筛选的，休伊试验也无法通过。由此，节省了时间，避免了时间、人力及物力上的损失，为南化机尿素合成塔的制造缩短时间周期、保证质量起到了作用（见图 8.5-74、图 8.5-75）。

伴随着 ϕ2800mm 尿素合成塔等大型尿素系列产品制造，一些先进的检测设备在南化机开始应用，如便携式硬度测定仪、铁素体测定仪、放射源 X 射线荧光分析仪、光栅摄谱分析仪等。

图 8.5-74　光电直读光谱仪

图 8.5-75　休伊试验装置

1986 年引进 Tinius Olsen 公司的 ASME 冲击试验机，使得实验室可以首次使用 ASME 标准进行材料验收，也是国内为数不多的具有 ASME 冲击试验机的厂家之一。

1991 年首次使用电解抛光技术为上海高桥石化聚合反应釜内壁进行整体电解抛光，最终表面粗糙度达到 0.1μm，电解抛光技术从样件走向产品。

1994 年进口英国希尔格公司 E983C 型光电直读光谱仪，可对钢、铁、铜、铝、镍、钛 6 个基体进行定性、定量分析，检出量为十万分之一，设有 36 个通道，一次可同时分析 24 种元素，材料分析技术开始从湿法分析向仪器分析转变。

1996 年进口日本奥林巴斯光学显微镜，在南化大化肥项目金相检测中，图片质量得到外方认可。

2006 年又采购德国 Spectro Lab 大型光电直读光谱仪，拥有 64 个通道 30 种元素的检测能力，一次激发可以同时分析多达 28 种元素的含量。对于镍基材料，8 种镍基检测组别实现从纯镍到镍基合金成分分析的全覆盖，为公司研发和生产蒙乃尔合金及其他镍基合金等材料设备提供精确检测。

为了提高质量控制水平，提高检测效率，又采购了手持式 X 射线分析仪，半定量进行材料合金元素检测，后续又采购了移动式全定量光谱仪，具备了无须取样直接在工件上进行成分检测的快速分析方法，提高了生产效率，为国产化 EO 反应器换热管等重大设备的制造发挥了重要作用（见图 8.5-76、图 8.5-77）。

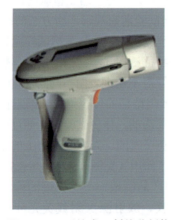
图 8.5-76　手持式 X 射线分析仪

图 8.5-77　移动式全定量光谱仪

2015年进口蔡司光学显微镜和软件分析系统，可以实时评定和传输，实现远程金相组织评价和信息共享。

伴随制造过程中采用的特种材料，还开展了盐酸、三氯化铁高氯介质腐蚀试验及ASME 262晶间腐蚀试验、硫酸-硫酸铁腐蚀试验等多种试验，完成新型氧氯化反应器、醋酸酐反应釜等设备的哈氏B-3合金、904L、2205等材料的检验工作，积累了丰富的经验。

5.6.2 无损检测技术发展

南化机是全国压力容器和锅炉制造企业最早开展无损检测技术开发和应用的三家企业之一。20世纪60年代初期，南化机自主在射线检测、超声检测、磁粉检测和渗透检测等四大常规检测技术方面进行深入研究，培养了具有一定专业水平的无损检测专业人员和实际应用经验。

20世纪60年代中期，南化机在国内最早开展了对放射源同位素Ir192检测焊缝的研究，总结和积累了放射源同位素应用于压力容器焊缝检测的可行性方案和操作规程。

20世纪70年代，随着南化机对四大常规无损检测技术深入研究和实际应用的不断总结，积累了丰富的检测经验，为各省市大型压力容器制造企业培训了大量无损检测技术人员。

1982年，南化机1人获得全国第一批无损检测高级人员资格证。20世纪80年代南化机共有3人获得全国无损检测高级人员资格证，并且负责和参加国家射线检测高级人员培训和考委会工作。

1984年，南化机建成并开始使用江苏省最大的可防护4MeV直线加速器及200Ci放射性同位素Co60的透照室。该透照室安装和使用了南化机国内首创的门机联锁和人机联锁加速器安全保障装置，实现了透照室全方位视频监控和剂量报警监控。1989年南化机实现了射线检测室内化，基本消除了夜间现场拍片检测人员易受辐射危害的隐患。2000年又新建一座可防护6MeV直线加速器的透照室，实现了放射源防恐防盗库警联网报警的专业化源库管理，做到了安全规范用源。

管板焊缝检测的场景可见图8.5-78、图8.5-79。

图8.5-78　6MeV直线加速器管板焊缝射线检测

图8.5-79　管板焊缝TOFD检测

1988年，南化机进一步开始对100Ci以上放射性同位素Co60透照大壁厚焊缝的技术进行试验，根据放射性同位素Co60射线性质、散射线的防护、胶片选用和暗室处理等特点，总结出一套完整的透照方法和双胶片透照技术，首次实现了大壁厚尿素合成塔设备环焊缝全厚度透照和现场远程控制Co60透照技术，有效地控制了大壁厚焊缝的质量。双胶片透照技术已被NB/T 47013.2—2015《承压设备无损检测 第2部分：射线检测》采用。

1996年，通过对加速器透照技术的研发，拓展了应用领域，结合ASTM标准要求，为铁路、汽车等行业解决了因铸件形状复杂造成的壁厚差范围大、检测困难的问题。如一批出口美国GE公司的铁路运输列车底盘车架，车架前部与后部均为实体与空心腔体相连，最小厚度为20mm，最大厚度为230mm，针对这个问题，南化机有效地研制出发挥最大加速器透照宽容度技术和精确确定曝光量方法，26件底盘车架的7884张底片全部满足ASTM标准要求，产品检测合格后发往美国。

1997年，南化机为依维柯汽车曲轴国产化制造做出了巨大贡献。当时曲轴铸造成形经精加工后无法判定内部质量状况，经常发生断轴现象。南化机针对曲轴形状复杂、厚度差大等特点，从选择源种类、胶片种类、清晰度、对比度、灰雾度、反差等方面开展了试验。特别是曲轴不仅形状复杂，而且曲轴上有钻孔和凸台。南化机检测技术人员开展了"加速器副线束对曲轴螺旋面成像"研究，采取"定位定量散射屏蔽工装法""曲面补偿法"等方法试验，最后成功完成了曲轴射线检测。依据此项检测结果，依维柯汽车曲轴制造工艺进入了世界先进行列，为国产化打下坚实的基础。

2000年，南化机又与江苏省锅检所合作开发管子-管板角焊缝γ射线检测技术。通过对产品的一系列透照试验和验证，不断分析总结试验过程中出现的各种问题，经过几年的探索，最终制订出了科学规范的管子-管板角焊缝γ射线照相要求。2007年南化机通过该项检测技术成功为拜耳（上海）聚合物有限公司光气项目空气热交换器的管子与管板角焊缝进行了γ射线检测，确保了焊缝质量。

2004年，借鉴前期研发的管子与管板角焊缝γ射线照相技术，南化机又自行研究出采用微焦点Ir192同位素对管子与管板内孔焊对接焊缝检测技术，并首次运用到硝酸吸收塔ϕ25mm×2mm管子与管板内孔焊焊缝射线检测，确保了焊缝质量。

2006年，南化机协助江苏省首届无损检测技师培训工作，其中南化机主办了"放射源和直线加速器大壁厚容器焊缝透照检测""螺栓齿根缺陷超声波检测""高温高压容器深槽焊缝磁粉检测"等检测专业课程和实际操作的培训。

2007年，南化机无损检测技术人员承担了《无损检测员（中级）》国家职业资格培训教程编制工作。

2007年，针对大壁厚斜面焊缝的超声检测缺陷定位精确性进行攻关研究，探索出先修正声束折射角，再计算缺陷深度和水平位置的方法，并在气化炉、煤粉锁斗等容器中得到很好的验证，成功解决了大壁厚斜面焊缝超声缺陷精确定位问题。

2008年，南化机就开始引进和研发TOFD（超声衍射时差法）检测技术。初期重点研发TOFD与RT和UT在焊缝检测中缺陷检出率和准确率方面的比对，此后又着重于在斜面焊缝、不等厚焊缝、嵌入式接管焊缝等特殊结构对接焊缝TOFD方法的运用研究，并于2009年在国内首台EO反应器395mm厚管板拼接焊缝检测和存在斜面的筒体与封头焊缝检测中开始运用。

2017年，研发出采用加速器对45°斜插管座角焊缝射线检测，并成功地运用到脱硫反应器中6个45°倾斜接管座角焊缝检测（见图8.5-80、图8.5-81）。

图 8.5-80　斜接管焊缝射线检测　　　　图 8.5-81　管子/管板射线检测

同年，为了提高检测灵敏度和几何清晰度，提升底片影像质量，同时提高检测效率，降低检测成本，针对管子-管板内孔焊这种焊接结构型式，经过大量试验，总结出采用棒阳极X射线机检测的透照工艺，并将此工艺首次运用到杜邦兴达加热器上。与γ射线照相技术相比，该工艺检测方便、效率高、缺陷检出率高、安全环保。

2018年，又开始引进PA（超声相控阵技术）检测方法。目前已对厚度12～163mm的各类型焊缝试板进行了检测试验。

5.6.3　压力容器制造检验技术

南化机在20世纪90年代开始进行聚酯成套设备反应器的研制开发，反应器结构复杂，其中立式的酯化反应器，壳体为304不锈钢，体外有L形304不锈钢热媒夹套，壳体内部有数组热媒加热盘管、导流筒及搅拌系统。缩聚反应器为一端驱动单轴系的卧式反应器，工作状态为高温、真空，壳体结构为304不锈钢外带304不锈钢的通热媒的L形夹套，轴系为DIN1.4122实心轴悬挂数组304大型圆盘，结构更为复杂，轴系与壳体采用轴封密封。制造过程中搅拌系统和轴系的垂直度、同轴度是保证设备质量的关键点。随着聚酯设备制造量的加大，如何准确、便捷地测量同轴度、垂直度成为一个急需解决的难题。2003年南化机开发出了专用激光指向仪，直接用激光模拟出工件中心位置，对于立式反应器，检查搅拌器基座和导流筒垂直度，对于卧式反应器，检查设备主轴两端轴承支座同轴度，取得了良好效果，并推广应用于四喷嘴气化炉喷嘴组焊同轴度检查，保证了设备质量（见图8.5-82）。

在容器的泄漏检验方面，1995年，南化机就将卤素检漏应用于压力容器制造的质量控制。随着聚酯设备的研制开发，聚酯设备结构复杂，一旦发生泄漏，修理非常困难。卧式反应器轴系又是在高温真空状态下运行，对密封性有很高的要求。为了保证设备制造质量，南化机开始在聚酯反应器的制造中尝试采用氦检漏检测技术进行密封性能检查。

从 1996 年购进第一台氦检漏仪（法国 ALCTEL 型号 ASM120）起，通过多年的改进和创新，氦检漏技术已成功应用于聚酯设备密封性能的检查中，并在化工装置在役设备的检查中发挥了作用。1999 年，对重庆 816 厂进口的意大利二氧化碳汽提塔进行检查，为厂方后续的修复工作创造了条件，得到用户好评。现氦检测已在南化机 EO 反应器、换热器等关键设备的制造过程中普遍使用，通过自制工装进行管子/管板焊缝检查，保证了设备制造质量（见图 8.5-83）。

图 8.5-82　激光指向仪垂直度检查

图 8.5-83　管子/管板氦检漏

5.7　南化机标准化研究与发展

南化机在压力容器制造过程中，一直注重企业标准化的建设与发展，通过自我发展和引进吸收，编制了多项企业产品标准，作为产品设计、制造和检验的依据。20 世纪 80 年代，以大型尿素设备国产化为契机，凭借消化、吸收国外大型尿素装置和对国内 ϕ1400mm 尿素合成塔技术改造积累的丰富经验，编制了尿素高压设备系列制造、检验标准。

1984 年编制了厂标《ϕ1400mm 尿素合成塔技术条件》，同年报批为江苏省企业标准；同年编制了系列尿素高压设备制造检验方法标准 ZBG 93001—1984《尿素高压设备制造检验方法　超低碳奥氏体不锈钢晶间腐蚀倾向试验的试样制取》、ZBG 93002—1984《尿素高压设备制造检验方法　超低碳奥氏体不锈钢晶间腐蚀倾向试验》、ZBG 93003—1984《尿素高压设备制造检验方法　超低碳奥氏体不锈钢的选择性腐蚀检查和金相检查》、ZBG 93004—1984《尿素高压设备制造检验方法　不锈钢带极自动堆焊层超声波探伤》和 ZBG 93005—1984《尿素高压设备制造检验方法　尿素合成塔氨渗漏试验方法》。

1987 年，又对上述五项标准进行修订，形成了 ZBG 93001—1987《尿素高压设备制造检验方法　超低碳奥氏体不锈钢晶间腐蚀倾向试验的试样制取》、ZBG 93002—1987《尿素高压设备制造检验方法　超低碳奥氏体不锈钢晶间腐蚀倾向试验》、ZBG 93003—1987《尿素高压设备制造检验方法　超低碳奥氏体不锈钢的选择性腐蚀检查和金相检查》、ZBG 93004—1987《尿素高压设备制造检验方法　不锈钢带极自动堆焊层超声波探伤》和 ZBG

93005—1987《尿素高压设备制造检验方法 尿素合成塔氨渗漏试验方法》。

1988 年完成国家标准 GB 9842—1988《尿素合成塔技术条件》编制工作，该标准于 1990 年获化学工业部科技进步二等奖。

2002 年结合国内技术发展，开展五项标准修订工作，并编制完成 HG/T 3172—2002《尿素高压设备制造检验方法 尿素级超低碳铬镍钼奥氏体不锈钢晶间腐蚀倾向试验的试样制取》、HG/T 3173—2002《尿素高压设备制造检验方法 尿素级超低碳铬镍钼奥氏体不锈钢晶间腐蚀倾向试验》、HG/T 3174—2002《尿素高压设备制造检验方法 尿素级超低碳铬镍钼奥氏体不锈钢的选择性腐蚀检查和金相检查》、HG/T 3175—2002《尿素高压设备制造检验方法 不锈钢带极自动堆焊层的超声检测》和 HG/T 3176—2002《尿素高压设备制造检验方法 尿素高压设备氨渗漏试验方法》。后续南化机继续跟踪国内外尿素装置发展动态，在 2004 年和 2018 年相继完成 GB/T 9842—2004《尿素合成塔技术条件》和 GB/T 9842—2018《尿素合成塔技术条件》的编制工作。

由于在聚酯设备制造过程中积累了丰富的氦检漏经验，南化机又将这一检验方法推广应用到尿素设备制造检验中，2009 年编制完成了 HG/T 4080—2009《尿素合成塔氦渗漏试验方法》。

2010 年，南化机将五项尿素检验标准升级为国家标准，2014 年氦渗漏试验方法也升级为国家标准，至此形成六个尿素高压设备检验方法标准，分别为 GB/T 25151.1—2010《不锈钢带极自动堆焊层超声波检测》、GB/T 25151.2—2010《尿素级超低碳铬镍钼奥氏体不锈钢的选择性腐蚀检查和金相检查》、GB/T 25151.3—2010《尿素级超低碳铬镍钼奥氏体不锈钢晶间腐蚀倾向试验》、GB/T 25151.4—2010《尿素级超低碳铬镍钼奥氏体不锈钢晶间腐蚀倾向试验试样制取》、GB/T 25151.5—2010《尿素高压设备氨渗漏试验方法》和 GB/T 25151.6—2014《尿素高压设备氦渗漏试验方法》。

多年来，南化机在压力容器制造方面积累了丰富经验，除了编制尿素高压设备相关制造检验标准外，还参与起草编制了多项国家、行业标准，主要有《压力容器安全技术监察规程》1990 版、GB 150.4—2011《压力容器 第 4 部分：制造、检验和验收》、GB/T 30583—2014《承压设备焊后热处理规程》、NB/T 47013.8—2012《承压设备无损检测 第 8 部分：泄漏检测》、NB/T 12001—2015《甲醇合成反应器制造技术条件》和 NB/T 12002.1—2015《煤气化炉制造技术条件 第 1 部分：水煤浆气化炉》等。

5.8 南化机压力容器发展其他事项介绍

5.8.1 南化机获奖情况

南化机在国家重大技术装备国产化研制工作中，已有 26 项重大产品填补了国内空白；25 项获国家级奖励，其中包括 3 项国家科技进步一等奖、3 项国家科技进步二等奖、3 项国家科技进步三等奖、1 项国家重大技术装备国家嘉奖、1 项国家重大技术装备成果特等奖、4 项国家重大技术装备成果一等奖、1 项国家重大技术装备成果二等奖、3 项国家级新产品奖、1 项国家技术开发优秀成果奖、1 项国家发明四等奖、1 项国家质量金质奖章、3 项全国科学大会奖；10 多项产品创造了"中国企业新纪录"。

1）南化机获国家级奖励情况见表 8.5-36。

表 8.5-36　南化机获国家级奖励一览表

序号	年　份	获奖项目名称	奖励等级
1	1978 年	内置式透平压缩机	全国科学大会奖
2	1978 年	4Cr25Ni20 奥氏体耐热钢离心铸造炉管	全国科学大会奖
3	1978 年	大型压力容器整体热处理	全国科学大会奖
4	1985 年	"红三角"牌尿素合成塔	国家金质奖章
5	1987 年	52 万 t/年尿素成套装置	国家重大技术装备国家嘉奖
6	1988 年	ϕ2800mm 尿素合成塔	国家技术开发优秀成果奖
7	1988 年	ϕ2800mm 尿素合成塔	国家科技进步三等奖
8	1989 年	52 万 t/年 CO_2 气提法尿素装置机械设备	国家科技进步一等奖
9	1991 年	四川化工总厂 20 万 t/年合成氨装置	国家重大技术装备成果特等奖
10	1991 年	吴泾 30 万 t/年合成氨完善化装置	国家重大技术装备成果一等奖
11	1991 年	川化组合式氨冷器	国家重大技术装备成果一等奖
12	1991 年	中原化肥厂高温变换炉	国家重大技术装备成果一等奖
13	1991 年	川化转化器废锅	国家重大技术装备成果二等奖
14	1991 年	川化高压蒸汽过热器	国家重大技术装备成果一等奖
15	1992 年	30 万 t/年合成氨出口气锅炉给水预热器	国家科技进步三等奖
16	1993 年	四川化工总厂 20 万 t/年合成氨装置	国家科技进步一等奖
17	1994 年	尿素二氧化碳汽提塔	国家级新产品称号
18	1995 年	尿素高压（甲铵）冷凝器	国家级新产品称号
19	1995 年	加氢反应器弯头内壁自动堆焊工艺及设备	国家发明四等奖
20	1996 年	NC 新型轴-径向氨合成塔内件	国家科技进步三等奖
21	1998 年	TC620-32-12 透平循环压缩机	国家级新产品称号
22	2003 年	10 万 t/年聚酯成套技术	国家科技进步二等奖
23	2007 年	20 万 t/年聚酯四釜流程工艺和装备研发	国家科技进步二等奖
24	2008 年	30 万 t 合成氨成套技术与关键设备开发研制及应用	国家科技进步二等奖
25	2014 年	极端条件下重要压力容器的设计、制造与维护	国家科技进步一等奖

2）南化机获省部级奖励情况见表 8.5-37。

表 8.5-37　南化机获省部级奖励一览表

序号	年　份	获奖项目名称	奖励等级
1	1990 年	《尿素合成塔技术条件》（GB 9842—1988）	化工部科学技术进步二等奖
2	1990 年	湿法磷酸装置用轴流泵材料 Km 合金的研制	化工部科学技术进步三等奖
3	1991 年	30 万 t/年氨合成塔出口气锅炉给水预热器	化工部科学技术进步二等奖

(续)

序号	年份	获奖项目名称	奖励等级
4	1991年	20万t/年硫酸废热锅炉	江苏省科学技术进步三等奖
5	1991年	30万t合成氨装置高温变换炉	"七五"科技攻关重大成果奖
6	1992年	6L2K氮氢压缩机铝合金活塞研制	化工部科学技术进步三等奖
7	1992年	四川化工总厂年产20万t合成氨国产化装置	化工部科学技术进步特等奖
8	1992年	60万t/年纯碱装置直径3.2m重灰煅烧炉	化工部"七五"全国化工消化吸收国产化优秀项目奖
9	1992年	组合式氨冷器	化工部"七五"全国化工消化吸收国产化优秀项目奖
10	1992年	吴泾化工总厂30万t/年合成氨装置完善化	化工部"七五"全国化工消化吸收国产化优秀项目奖
11	1992年	中原化肥厂高温变换炉	化工部"七五"全国化工消化吸收国产化优秀项目奖
12	1992年	20万t合成氨国产化装置	化工部"七五"全国化工消化吸收国产化优秀项目奖
13	1994年	48万t/年尿素高压冷凝器	江苏省科学技术进步三等奖
14	1995年	国产尿素级不锈钢00Cr17Ni14Mo衬里ϕ1400mm尿素合成塔	化学工业部科学技术进步二等奖
15	1995年	宽带极高速堆焊技术开发应用研究	机械工业部科学技术进步三等奖
16	1995年	NC型轴-径向氨合成塔内件	化学工业部科学技术进步二等奖
17	1997年	高压冷凝器	1991—1996年江苏省科技成果向生产力转化优秀项目奖
18	1997年	加氢精制反应器	江苏省科学技术进步三等奖
19	1997年	透平循环压缩机	江苏省科学技术进步三等奖
20	2001年	10万t/年聚酯成套技术	中石化科技进步一等奖
21	2011年	压力容器全寿命风险控制的设计制造技术及工程应用	安徽省科技进步一等奖
22	2013年	极端条件下重要压力容器的设计、制造与维护	中国机械工业科学技术特等奖
23	2014年	大型环氧乙烷反应器研制	中石化科技进步二等奖
24	2014年	抗硫高压分离器研发	中石化科技进步三等奖
25	2018年	普光气田大型硫磺回收装置余热锅炉研制与应用	中石化科技进步三等奖
26	2019年	面向重大承压设备本质安全的焊接形性调控关键技术	中国石油和化学工业联合会科技进步一等奖

5.8.2 与国外工程公司合作项目

1）1979年，与荷兰凯洛格大陆公司合作，采用斯塔米卡邦专利技术为镇海30万t合成氨、52万t尿素大型化肥装置和乌鲁木齐石化总厂制造ϕ2800mm尿素合成塔。

2）1988年，与意大利斯纳姆（Snam）公司合作，为中原化肥厂按照Snam工程标准设计制造了氨汽提工艺流程用直径2.2m尿素合成塔。

3）1989 年，与德国伍德公司合作，为中原化肥厂一次制造合成氨Ⅱ类设备 17 项、23 台。

4）1989 年，与日本三菱重工株式会社合作，为按照国际化肥生产最新工艺设计的大型化肥装置国产化样板工程——四川化工总厂年产 20 万 t 合成氨改造工程制造 3 台关键设备：二段转化气余热锅炉、高压蒸汽过热器、组合式氨冷器。

5）1997 年与德国 TGE 公司合作，为台塑工业公司制造六台出口新加坡的亚洲最大地埋式储罐。

6）1997 年与韩国现代工程公司合作，为陕西化肥厂和平顶山尿素厂制造了尿素合成塔及甲铵分离器。

7）1997 年与意大利斯纳姆公司合作，为淮南化学工业有限公司制造尿素合成塔、换热器等 5 台设备。

8）1997 年与日本三井工程造船公司合作，为新加坡 SMM 项目一次性制造容器、塔器、换热器等 76 台设备。

9）1997 年与美国通用电气公司合作，为新庇隆公司制造燃烧室外壳 1 台。

10）1998 年与日本三菱重工合作，为印尼 AMJ 项目制造容器 24 台。

11）1998 年与韩国现代重工公司合作，为印度 ONGC 项目制造双相钢分离罐 6 台。

12）1998 年与意大利斯纳姆公司、新庇隆公司合作，为南化大化肥项目制造反应器、冷凝器、油站 3 台。

13）1998—1999 年与美国 APCI 公司合作，为南化大化肥项目制造容器、换热器、冷箱 15 台。

14）2000 年与韩国现代重工公司合作，为荷兰 VEBA 项目制造分离罐 15 台。

15）2000 年与新加坡杜邦化纤有限公司合作，为新加坡 4904 杜邦项目制造 9 台储罐。

16）2000 年与日本富士过滤器公司合作，为其制造高压容器 1 台。

17）2001 年与意大利 OM 公司合作，为其制造扬子石化 20 万 t/ 年聚乙烯项目的聚乙烯反应器 1 台。

18）2004 年与英国石伟亚洲公司合作，为扬子 - 巴斯夫 IPS 项目制造储罐 2 台。

19）2004 年与日本日挥公司合作，为扬 - 巴乙二醇项目制造塔器、反应器 18 台。

20）2004 年与法国德希尼布（远东）工程公司合作，为扬 - 巴合成气装置制造反应器、塔器 6 台。

21）2005 年与德国欧萨斯公司合作，为上海联合异氰酸酯化工项目制造换热器 3 台。

22）2007 年与美国杜邦公司合作，为沙特阿美 PZB4P003 项目制造反应器 1 台。

23）2007 年与拜耳（上海）聚氨酯有限公司合作，为拜耳 MDI-NAU 项目制造换热器 2 台。

24）2009 年与中海壳牌石油化工有限公司合作，为其中海油壳牌扩建工程制造换热器 16 台。

25）2009 年为空气产品公司制造储罐、后冷却器等设备 3 台。

26）2009 年与拜耳（上海）聚氨酯有限公司合作，为其 TDI 项目制造塔器、氨节能器等设备 7 台。

27）2009 年开始与美国 SD 公司合作，为采用其环氧乙烷专有技术的企业制造 EO 反应器,目前已为扬子石化、武汉石化等企业制造 10 余台 EO 反应器。

28)2009 年,与 TREMA 公司合作,为神华宁煤煤制烯烃项目气化装置制造文丘里洗涤器和分液罐各 10 台。

29)2010 年与 BP 公司合作,为其在比利时的 BP Chembel NV GEEL 工厂制造 1 台 PTA 干燥机。

30)2014 年,与鲁奇公司合作,为采用其甲醇合成工艺技术的企业制造气冷、水冷甲醇反应器,目前已为中天合创能源有限公司、中安联合煤化工公司等企业提供了多套反应器。

31)2018 年,与壳牌公司合作,为采用其环氧乙烷专有技术的中科炼化制造 1 台 EO 反应器。

(本章由中石化南京化工机械有限公司撰写)

第6章 二重（德阳）重型装备有限公司压力容器发展史（1987—2018年）

6.1 二重装备压力容器发展基本情况

6.1.1 二重装备名称、隶属关系演变以及生产能力情况

二重（德阳）重型装备有限公司（以下简称"二重装备"）原名为第二重型机器厂，位于四川省德阳市珠江西路460号，创建于1958年，1971年建成投产，截至2018年末，占地260万 m^2，企业总资产近108亿元，现有员工6440余人，其中工程技术人员2000多人，是中国最大的重大技术装备研制基地之一（见图8.6-1）。

1958年，国家计划委员会以〔58〕计区顾字957号文复一机部，同意西南重型机器厂在四川德阳进行建设准备工作。10月13日，破土动工建设重机厂。

图 8.6-1 二重（德阳）重型装备有限公司

1959年，一机部〔59〕机保字第10号文通知：同意将"西南重型机器厂筹备处"改为"德阳重型机器厂"。6月6日，中共中央以中发〔59〕525号文批准西南重型机器厂计划任务书。规模：年产冶金、矿山、起重、锻压等设备12万t，备品1万t，外供铸锻件、焊接件等11万t。分两期建设，第一期规模为6万t。

1960年，12月9日，一机部三局转发文件，同意将"德阳重型机器厂"改为"第二重型机器厂"。

1971年1月，第二重型机器厂全面投产。

1993年8月18日，被列为全国120家试点大型企业集团之一的中国第二重型机械集团正式宣告成立。

1998年，注册成立了中国二重集团有限责任公司，被国家确定为57家计划单列企业集团。

1999年，被中央列为39家关系国家安全和国民经济命脉的重要骨干企业之一。

2002年3月23日，二重集团（德阳）重型装备有限责任公司成立。

2007年9月25日，二重集团（德阳）重型装备股份有限公司正式成立。

2013年7月3日，经国务院批准，中国第二重型机械集团有限公司与中国机械工业

集团有限公司实施联合重组，重组后的新集团沿用"中国机械工业集团有限公司"名称，中国第二重型机械集团有限公司成为中国机械工业集团有限公司核心业务子公司。

2018年2月5日，二重（德阳）重型装备有限公司由中国第二重型机械集团有限公司主业改制成立。2018年3月19日，经国务院国资委批准，二重装备、中国重型院、中国重机共同成立集科工贸一体的国机重型装备集团股份有限公司（以下简称"国机重装"）。再由国机重装出资新注册设立二重（德阳）重型装备有限公司，用于承载原二重集团（德阳）重型装备股份有限公司所有资产、人员、资质、体系及业务等，二重装备成为国机重装制造板块子公司。

二重装备的历史沿革可见图8.6-2。

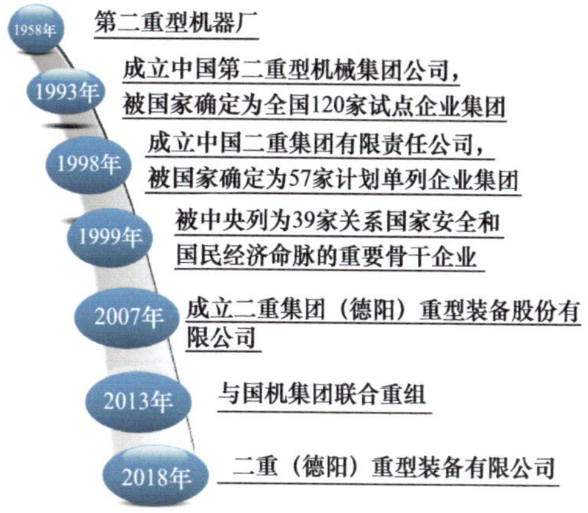

二重装备隶属于国机重型装备集团股份有限公司，是国家重大技术装备制造基地。60年来，二重装备先后为国内外市场提供了超过200万t的重大技术装备，在国民经济和国防建设中发挥着战略性、基础性重要作用。

二重装备具备提供900t钢水、700t钢锭、500t铸件、400t锻件的能力，是世界重大技术装备领域少数具备极限制造能力的企业。二重装备主业涵盖大型成台（套）装备和大型铸锻件、核电及重型压力容器、大型传动件装备制造，可为冶金、矿山、能源、交通、汽车、石油化工、航空航天等重要行业提供系统的装备制造与服务。

1958年	第二重型机器厂
1993年	成立中国第二重型机械集团公司，被国家确定为全国120家试点企业集团
1998年	成立中国二重集团有限责任公司，被国家确定为57家计划单列企业集团
1999年	被中央列为39家关系国家安全和国民经济命脉的重要骨干企业
2007年	成立二重集团（德阳）重型装备股份有限公司
2013年	与国机集团联合重组
2018年	二重（德阳）重型装备有限公司

图8.6-2　二重装备的历史沿革

二重装备具有强大的产品研发、设计和制造能力，旗下有国家级技术中心、博士后科研工作站和大型铸锻件数值模拟国家工程实验室等科研开发依托机构，其中重型机械设计院、重型压力容器与核电技术研究所、大型铸锻件研究所、工艺研究所、计量技术所等多个专业研究院所，集产品设计与开发、新材料与新工艺研究与试验、检测与检验为一体，能为新产品和新技术开发提供强大技术支撑；通过"一个中心，两个基地"（成都工程研发中心、德阳重型装备基地和镇江出海口基地）的成功实施，形成了从基础研究、数值模拟、物理模拟、产品试制到批量化制造完整的新产品研发体系。

在成台（套）装备制造领域，二重装备是冶金成台（套）装备和智能化锻造装备工程总包的核心供应（服务）商；在大型铸锻件领域，二重装备是AP1000、华龙一号、CAP1400为代表的第三代核电机型全套铸锻件和关键零部件重要供应商，是中国唯一能够提供"三峡级"70万kW水电机组全套铸锻件和批量生产百万千瓦级超超临界火电机组关键成套铸锻件的供应商；在重型压力容器领域，二重装备具备制造单台2500t级以上超大尺寸、超厚重型压力容器整体装备制造能力，是中国大型核电、化工重型压力容器的骨干供应商；在大型传动件领域，二重装备是大型冶金、水利传动件装备制造的优势企业和中国主要的大型风电增速机、风机主轴和风机偏航变桨系统制造基地。

在压力容器制造领域，中国二重重型压力容器年产能可达5万t，以冶炼、锻造、焊接、加工、检验直至总成的锻焊结构重型石油化工容器设备综合制造能力已达国内领先、世界一流的水平。

6.1.2 二重装备压力容器设计、制造资质情况

1987年，中国二重压力容器设计、制造资质通过国家劳动人事部、机械工业部、化工部联合审查，取得了由劳动人事部颁发的三类（含一、二类）压力容器设计、制造许可证。期间共经历7次换证、1次补证。于2010年通过了压力容器应力分析设计（SAD）的许可审核，取得SAD类压力容器分析设计许可证。现有A1、A2（高压容器限单层）、SAD设计许可证，A1、A2（高压容器限单层）制造许可证（见图8.6-3、图8.6-4）。

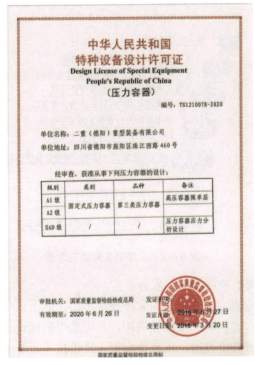 

图 8.6-3　压力容器 A1、A2、SAD 设计许可证　　图 8.6-4　压力容器 A1、A2 制造许可证

1997年，以美国ASME总部伯纳先生为组长的联检组，对二重集团公司进行了ASME联检。经全面审核，集团公司顺利通过ASME联检。取得了美国机械工程师协会（ASME）颁发的压力容器（U）、应力分析压力容器（U2）设计制造授权证书和法规钢印（见图8.6-5、图8.6-6）。

1997年，经过中国新时代质量体系认证中心和中国机械工业质量认证中心联合审核，二重质量体系符合GB/T 19001和GJB/Z 9002标准要求，ISO9000质量认证获一次性通过。

2007年，二重顺利通过了由美国ASME总部组织的ASME核证取证的联检审核，成为国内重机行业第一家取得ASME核电规范产品认可的企业和供应NPT证书的企业，取得了ASME颁发的核电N、NPT、NS法规钢印和授权证书（见图8.6-7）。

2007年获得ISO14001环境管理体系认证证书，并于2017年获得OHSAS18001职业健康安全管理体系认证证书。

1987年，国务院机电产品出口领导小组和经济贸易部批准第二重型机器厂为出口基地企业。国家计量局认可第二重型机器厂取得计量一级合格证。

图 8.6-5　ASME 压力容器"U"证书　　　　图 8.6-6　ASME 压力容器"U2"证书

图 8.6-7　ASME 颁发的核电 N、NPT、NS 法规授权证书

1989 年，在全国机械电子工业出口工作会议上，二重厂被评为机电部"百家出口先进企业"。

1990 年 2 月，中国首台大型化工高压容器 105-D 卧式氨合成塔外壳，在二重厂研制成功，并通过国家鉴定。该设备重 184.4t，长 22m，直径 2.4m。该设备的制造成功，标志着二重厂已跨入制造重大化工设备的世界先进行列。

1990 年 3 月，由机械电子工业部和核工业总公司联合领导并组织的核电设备承制资格评定会在二重厂召开并宣布：二重厂已具备承制秦山核电站二期工程 2×600MW 核电大锻件和基本具备承制反应堆压力容器的资格。

1992年，二重厂船用铸锻件继取得英、美等5国船检认可后，10月底又取得了日本海事协会NK认可。至此，二重厂成为国内取得船用铸锻件国际认可国别最多的厂家。

1995年4月，国家核安全局向二重集团公司颁发了"900MW核电设备制造资格许可证"。

2000年7月，国家外经贸部向集团公司颁发了〔2000〕外经贸合证字第1401号《国外承包工程劳务合作经营许可证》，二重正式获得了国家赋予的"外经权"。

2001年8月，二重被国家知识产权局、国家经贸委确定为全国第一批专利工作试点企业。2002年，"中国专利技术产业化示范区二重专利园"授牌仪式在德阳隆重举行，二重成为首家被授予此牌的企业。并于2007年4月被国家知识产权局列入首批"全国企事业知识产权示范创建单位"。

2006年9月，二重获评"国家认定企业技术中心"。

2007年，二重获批建立大型铸锻件数值模拟国家工程实验室。

2008年，被确定为国家开展创新型试点工作的企业，被国家人力资源和社会保障部确认为第一批国家高技能人才培养示范基地。

2010年，"二重"商标获得"中国驰名商标"称号。

2011年，二重被国家科技部等有关部门正式认定为国家级创新型企业，并被授予"全国文明单位"称号。

2012年，中央文明委正式授予二重"全国文明单位"奖牌。

6.1.3 二重装备压力容器设计、制造工艺部门简介

1. 二重压力容器设计工艺部门

从1987年到2004年是二重压力容器的初步发展阶段，该阶段的压力容器设计由二重机械设计院锻压室压力容器设计组负责，产品制造工艺分别由二重工艺所和焊接分厂工艺技术科等技术部门负责。2005年10月，为适应公司产品结构调整，大力发展核电和压力容器产品制造领域，调配各部门技术骨干，成立了重型压力容器与核电技术研究所（简称"核容所"）。

二重装备的压力容器（石化容器产品、核电容器产品和军工容器产品）设计、工艺、研究开发工作由核容所负责。核容所是公司下属处级科研单位，主要从事压力容器和核电的技术准备、科研开发和技术服务等工作，核容所设有产品设计、机械加工装配工艺、焊接热处理工艺（包含焊接组、热处理组、主管道项目组）等专业室。

核容所下设"国家能源极端装备虚拟制造重点实验室"，于2011年11月经国家能源局批准设立，实验室立足于解决能源行业重大装备国产化难题，利用重点实验室平台，在设计、铸造、锻造、热处理和机械加工等各专业开展能源科技核心技术攻关、关键工艺试验研究、重大装备样机及其关键部件的研制与检测试验、引进技术消化、吸收、再创新等方面的工作，为高效率、低排放的项目建设和改造提供优质产品，取得了不错的成果。

2. 二重压力容器材料研究部门

二重装备的压力容器材料研究主要由大型铸锻件研究所承担。大型铸锻件研究所早期名称为德阳大型铸锻件研究所，是中国第二重型机械集团公司的直属研究所。从1980年起，该所负责承担公司科研发展规划、技术交流、科研成果的检定、产品的创优、大型铸锻件标准的翻译、编制以及大型铸锻件文献资料的编辑出版等方面技术工作，并担任了全国重型机械大型铸锻件行业情报分网网长，负责协调行业内各单位之间的情报工作。1982年

2月由机械工业部审批和调整,德阳大型铸锻件研究所开始负责全国重型机械大型铸锻件行业的管理工作。1989年成立中国重型机械大型铸锻件行业协会后,协会秘书处的挂靠单位即德阳大型铸锻件研究所。德阳大型铸锻件研究所建立初期设置12个科室、3个职能组、1个资料室、1个试验车间和1个加工车间,1997年为适应经营生产的需要,增加了1个经营科,1998年为适应工作需要,科室进行了调整,变更为9个科室(分别为工艺研究室、轧辊研究室、电站研究室、化学实验室、金属材料研究室、强度实验室、情报标准室、经营科),4个职能组(分别为行政组、管理组、计调组、财务室),1个质量监督检测站,1个试验车间。

1999—2005年经过了一系列的调整后,大型铸锻件研究所下属的4个科室,分别为理化室、科研室、表面处理室、情报室和1个德阳市机械、冶金产品检测中心。

2007年,二重获批建立大型铸锻件数值模拟国家工程实验室,并从德国亚琛工业大学引进具有国际先进水平的锻造塑性成形数值模拟技术(软、硬件)。该技术针对锻造过程中塑性变形开展物理和数值模拟,可以实现塑性成形的组织模拟,指导大型锻件的工艺设计和工艺优化。同时,组建的工程实验室装备了铸造工艺数值模拟软、硬件,可以开展大型铸件的成形虚拟制造及工艺设计和研究。

2011年底,由于公司改制,大型铸锻件研究所归入二重集团铸锻钢事业部。2014年根据需要,大型铸锻件研究所再次独立为二级单位,下设炼钢科、铸造科、锻造科、热处理科、机加科、国家工程实验室、情报室、综合科。2015年二重集团铸锻公司成立,大型铸锻件研究所并入铸锻公司管理,下设炼钢科、铸造科、锻造科、热处理科、机加科、国家工程实验室、行业室。2018年二重(德阳)重型装备有限公司成立,根据工作需要,行业室划出,大型铸锻件研究所下设炼钢科、铸造科、锻造科、热处理科、机加科、国家工程实验室共计6个科室,现有技术人员132人,正高级工程师3人,高级工程师21人。大型铸锻件研究所经过多次变化,但始终承担着二重大型铸锻件材料研究的任务,负责压力容器材料的开发与工艺优化。

6.2 二重装备压力容器设计及制造工艺技术的发展

6.2.1 二重装备压力容器研制起步

从1987年到2004年是二重压力容器的初步发展阶段,设计制造的主要产品包含氨合成塔、储气罐、人造水晶高压釜等。其中最具代表性的有:为四川化工总厂设计制造的20万t/年氨合成塔外壳,荣获1991年国家科委颁发的"七五"科技攻关重大成果奖、1992年化工部特等奖、1993年国家科学技术委员会一等奖、1991年机械电子工业部二等奖等;设计制造的ϕ250mm、ϕ280mm、ϕ300mm和ϕ400mm等多种规格的人造水晶高压釜,包括通孔与盲孔、螺纹与卡箍、内测温与外测温等多种结构型式,都获得用户和劳动部门一致好评,其中ϕ250mm人造水晶高压釜1990年获得国家科委颁发的科技成果奖,ϕ300mm人造水晶高压釜1988年获四川省优质产品称号,ϕ400mm人造水晶高压釜1991年获四川省优质产品称号,ϕ400mm人造水晶高压釜1992年获得机械电子工业部三等奖。

1. 20万t/年氨合成塔外壳研制

四川化工总厂20万t/年合成氨装置改造工程"复肥基础设备的研制"是国家"七五"

期间的重大技术装备科技攻关项目,"卧式氨合成塔材料制造工艺研究"是其中的子课题,该项目对发展国民经济、发展农业生产具有重大意义。过去,这类大型化工容器多靠进口,国家花费了大量外汇,况且这些设备大多数已服役多年,接近设计使用寿命,面临更新改造的问题,今后再要靠国家花费大量外汇向国外购买合成氨成套设备是不现实的,国家已下决心,要进行大化肥设备的国产化研究。根据中央对引进技术、引进设备国产化指示的精神,决定由第二重型机器厂来承制20万t/年氨合成塔外壳。20万t/年氨合成塔外壳图样和技术要求从美国凯洛格大陆公司引进,由日本日立造船株式会社负责设计及生产内件,化工部第八设计院对设计图样、技术文件、标准进行翻译,然后交由第二重型机器厂设计转化后投料研制。

本项目采用 SA-508 Cl.3 钢及其配套制造技术,制造锻焊结构的氨合成塔外壳,在国内尚属首次,它要求在冶炼、锻造、机械加工、焊接、热处理等方面具有较高水平,必须达到美国 ASME 规定和日本日立造船的图样技术要求,并符合我国容规要求。二重正是从这几个技术关键出发,对氨合成塔外壳进行研制的。

自1989年1月化工部第八设计院(简称"化八院")供图齐全至氨合成塔外壳装配试压历时13个月。在此期间,二重厂克服了材料供应、加工工艺等各方面的重重困难,进行了十多项技术攻关,解决了生产中的各种难题50多个,终于在1990年2月完工,制造出完全符合图样和技术标准的优质氨合成塔外壳(见图8.6-8、表8.6-1)。氨合成塔外壳是各兄弟单位与二重共同努力的结果,也是全国一盘棋精神的产物。氨合成塔外壳研制成功,为二重厂今后开发大型化工设备乃至核电设备,在生产组织及制造技术上积累了很多宝贵的经验,也是我国在大型化肥设备国产化方面迈出的可喜的一步。

图 8.6-8 整装待发的氨合成塔外壳

表 8.6-1 四川化工总厂 20 万 t/年氨合成塔技术参数

规 范	ASME 第Ⅷ篇第Ⅱ分篇 1986 年版及 1987 年冬季增补		
设计压力 /MPa	15.60	设计温度 /℃	316
操作压力 /MPa	13.99	操作温度 /℃	271
最高允许工作压力 /MPa	16.18	水压试验压力 /MPa	20.48
焊缝系数	1.0	腐蚀裕度 /mm	1.5(内侧)
最低许用温度 ℃	0	容积 /m³	97.8
工作介质	N_2、H_2、NH_3	容器类别	Ⅲ类
结构型式	锻焊卧式结构	主体材料	SA508 Cl.3
壁厚(筒体/封头)/mm	112/65、82	筒体内径 /mm	ϕ2400
0℃冲击试验要求	三个平均值均不低于 41J,允许一个最低值不低于 34J	设备总重 /t	约 184.4
		设备总长 /mm	约 22590

氨合成塔外壳包括封头、六节筒体和密封法兰，一端封头与筒体相焊，另一端由法兰与筒体用 44 个合金钢双头螺柱连接，壳体上还包括人孔及其他接管法兰等。所有焊缝焊接完毕进行 RT、UT、MT 探伤，RT 合格率达到 98% 以上。端盖采用双锥环密封，密封面上缠以石墨带，增加了密封的可靠性，且便于装拆，成本低，而且避免了过去采用衬铝垫密封带来的制造困难。

由于氨合成塔外壳的制造难度大，为了给加工制造留有较多时间，必须设法压缩前期技术准备的周期，二重采用交叉重叠作业：

1) 在设计部门转化图样的同时，将原图分发给冷、热加工、质检等部门，对氨合成塔外壳的结构、技术要求进行消化熟悉，使工艺及材料准备等前期工作可先行一步。

2) 为了争取时间，设计部门不等全部图样入库，先出筒体图，使热加工工艺工作可以和设计转化工作同步进行，缩短了整个技术准备的周期。

3) 设计部门在设计转化氨合成塔外壳的图样时，仔细、全面审查核对了全部图样的尺寸及技术要求，发现问题就及时与化八院商量，以质量为重，一丝不苟地对待设计转化工作，图样完成后经化八院校对认可会签。经生产实践证明，我们的设计转化工作不仅满足了制造周期的需要，而且基本上做到了准确无误，为氨合成塔外壳研制成功提供了重要保证。

4) 日立造船株式会社除提供氨合成塔外壳的设计图样外，还随图提供了产品必须遵循的 19 份美国凯洛格大陆公司的技术要求及 ASME 有关规范。为了避免因标准、技术要求太分散而造成制造、检验的疏漏，影响产品的质量。我厂集中技术力量，将上述"技术要求"、"规范"、"标准"及我国的"容规"加以归并集中，汇编成"锻件""焊接""无损探伤"三册标准，并经化八院审核会签。氨合成塔外壳制造、检验要求均以此为依据，便于施行，便于检验。

为了生产出合格的 SA-508 Cl.3 钢，采用电炉、平炉经钢包精炼和二次真空处理生产的钢锭内部质量好，夹杂物含量和气体含量低。钢锭经 120MN 水压机下料后，锻造成需要的形状，然后进行热处理，以满足其力学性能。首次确定了碱性平炉低磷操作方法，使粗炼钢水的含磷量小于 0.008%（图样要求不大于 0.025%），通过 LRF 炉抽真空精炼，排除钢液中的 H、N、O，净化钢液，满足了产品的技术要求。该项目共投入 SA-508 Cl.3 钢锭 133t 1 支，115t 4 支，80t 2 支。封头用坯料发往舞阳钢厂轧板，再转兰石热压成形。

利用 20m 重车、9m 立车，解决了大直径密封面的加工精度问题；利用大型落地镗床铣削加工出高精度螺纹盲孔 M105×3mm。大直径密封件双锥垫 $\phi2432mm$ 的加工成功，不仅保证了设备总体密封性能，也填补了国内空白（当时国内双锥垫最大 $\phi2000mm$）。

精加工后的筒体、法兰、封头均采用当时先进的窄间隙埋弧焊技术，此种方法能减小热损伤，焊接变形小，焊缝金属纯净。焊接后采用了远红外局部热处理的技术，这种技术是为了提高断裂韧度、降低残余应力水平，以增强其抗脆断的能力，软化材料组织和消除其应力腐蚀开裂的可能性。焊接过程还采取了一定的工艺措施来保证筒体环焊缝内外错边量，容器的直线度和同轴度在固定的范围内。

氨合成塔外壳是按照国际标准进行制造的，它的研制成功，为二重厂核电设备制造奠定了良好的基础。经专家组评审，一致认为：材料满足标准要求；锻造质量高；机械加工攻克了密封槽、大直径细牙螺孔加工等技术难关；焊接成功地运用了窄间隙埋弧焊和远红外局部热处理技术，保证了环焊缝的质量，使得射线探伤一次合格率达 98%；对角焊缝的变断面在超声波探伤方面做了大胆尝试，收到一定成效，最终检测结果显示各项技术指标均达到或超过标准要求，达到 80 年代国际同类产品的水平。该项目获得了化学工业部特等奖、国家科学技术委员会一等奖、机械电子工业部二等奖（见图 8.6-9～图 8.6-11）；设计分析与焊接工艺研究获得机械电子工业部三等奖（见图 8.6-12）；作为研发集体的二重获得国家荣誉奖（见图 8.6-13）。

图 8.6-9　化学工业部特等奖证书

图 8.6-10　国家科学技术委员会一等奖证书

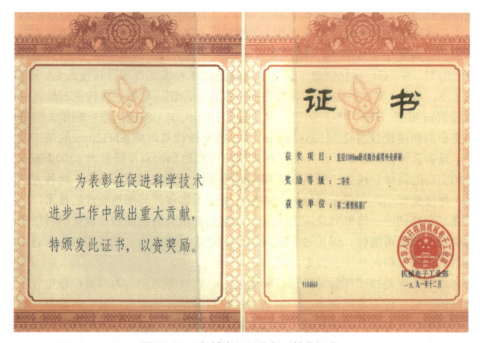

图 8.6-11　机械电子工业部二等奖证书

图 8.6-12　机械电子工业部三等奖证书

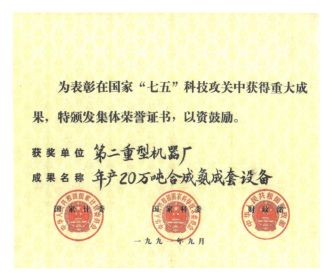
图 8.6-13　国家颁发的集体荣誉证书

2. 人造水晶高压釜研制
—— φ300mm 人造水晶高压釜

人造水晶的用途非常广泛，已成为发展电子工业及军事工业不可缺少的材料之一，同时在通信设备、钟表、玩具等制造业中也大量应用。人造水晶高压釜就是生产人造水晶的专用设备，属超高压容器。人造水晶高压釜是用热液法生长水晶的超高压容器，在高温高压条件下运行，承受交变载荷，内壁受碱性溶液腐蚀，工况极为恶劣，而安全可靠性又要求很高，加之内孔细长且技术条件严格。为了保证设备安全、长期、稳定地运行，除了要求先进的设计结构外，用于水晶釜的锻件应具有高的冶金质量、致密的锻造组织及良好的热处理综合力学性能，因此设计制造难度很大。二重厂从 1984 年开始生产通孔结构型式的各种规格的人造水晶高压釜，1990 年 5 月，国产最长高压釜在二重厂打压成功。该产品直径为 250mm，长度为 11.5m，属我国首创。

1986 年开始生产盲孔结构的高压釜，其规格有 φ250mm、φ300mm、φ400mm 三种十几台产品。其中 φ300mm 规格从 1986 年投料生产了 10 台。φ250mm 人造水晶高压釜获得国家科技成果证书（见图 8.6-14）。

高压釜采用盲孔结构，制造过程有以下困难：热处理性差，即调质处理时釜体内底部的气体不易排出，从而影响釜体的力学性能；加工工艺困难，尤其是釜底，即釜体底部内径过渡处的圆角的加工精度不易保证。但盲孔釜体结构在生产中安全可靠，底部不会出现泄漏现象，相对来讲生产效率高，工作安全可靠，但制造难度很大。故大直径（内径≥300mm）

图 8.6-14　人造水晶高压釜获国家科技成果证书

盲孔高压釜，国外只有美国、日本两国生产，国内尚属首创。

ϕ300mm 盲孔式高压釜（见图8.6-15、表8.6-2）是在吸取国外先进技术的基础上，结合国内实践经验自行设计研制的，突破了材质、加工、检测及水压试验等多方面的关键技术。从1987年首批出口罗马尼亚5台，随后又陆续在国内销售，这些釜经受了长时间生产实践的考验，运行情况良好，用户评价很高，并于1988年获得四川省优质产品称号。此项目产品设计先进、性能优良、安全可靠、质量高、能耗低，填补了国内空白，技术已达到80年代国际先进水平。

表8.6-2　ϕ300mm 人造水晶高压釜技术参数

设计压力/MPa	145	设计温度/℃	400
釜体内径/mm	ϕ300	有效长度/mm	6000
工作介质	1～1.2N 的 NaOH 溶液	容积/m³	0.424
容器类别	超高压	材质	33CrNi3MoVA

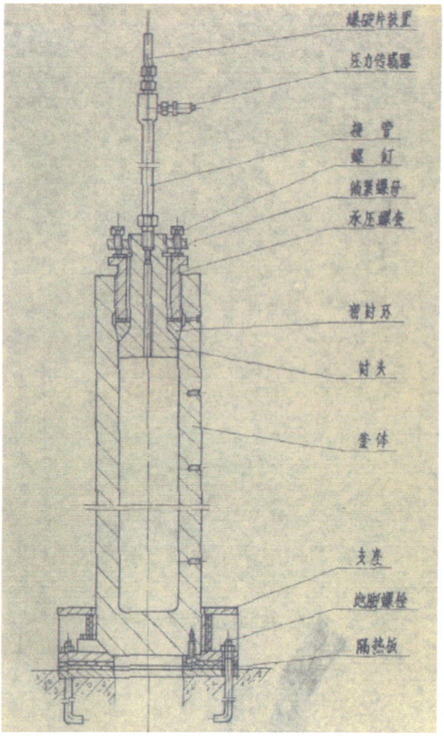

图8.6-15　ϕ300mm 人造水晶高压釜

釜体从毛坯开始到组装试压共28道工序，包括了热处理、超声波探伤（纵、横探）、内外孔磁粉探伤（采用专门的釜体内孔磁粉探伤装置）、制取试样检验、镜检、孔直径检测、壁厚检测、内壁抛光等，特别是孔底不允许有刀纹不匀、孔底中心不允许有死点等。

锻件冶炼与铸锭时的工艺特点：

1) 电弧炉采用氧化法冶炼工艺；
2) 熔化后期着重去磷操作；
3) 还原期综合脱氧；
4) 氧化末期和还原期电磁搅拌；
5) 真空滴流除气。

锻件锻造时的工艺特点：

1) 钢锭快速加热；
2) 坯料镦粗，强力拔长；
3) 渐进送料拔长成形，精锻出成品。

ϕ300mm 水晶高压釜与国外同类产品相比，有以下特点：

1) 由于设计先进、结构合理，对材料、制造及检验诸项要求严格，产品质量高，并在国内首先采用爆破片为安全附件，因此安全可靠。国内外时有高压釜事故发生，损失惨重，但二重厂生产的 ϕ300mm 高压釜从未发生过任何事故。

2) 比日本 JSW 生产的同类型高压釜壁薄、重量轻（约轻40%），运行电耗低，升温降温时间短，从而可降低水晶成本和缩短水晶生长周期，提高水晶年产量。

3）盲孔结构使用可靠，无釜底泄漏问题，性能优良，经济性好。反之，若采用通孔结构就易出现釜底泄漏。一旦泄漏，重则使设备报废，轻则重新堵底，中断水晶生产，造成重大损失。

4）用压力传感器测量釜内压力，操作人员不必接近高压釜，既方便，又安全。

ϕ300mm 高压釜为我国 20 世纪 80 年代新产品，完全可以替代进口产品，满足国内市场的需要，可为国家节省进口此类设备的大量外汇（该设备价格比进口设备价格约低一半），并可出口创汇，有显著的经济效益。本成果获得 1988 年四川省优质产品称号（见图 8.6-16）。

——ϕ400mm 人造水晶高压釜

为满足国内对超高压设备日益增长的需求，而国内又无专门的设计、制造单位，经机电部批准，由二重厂引进美国国民锻造公司的人造水晶高压釜的设计、制造技术，并进行技术人员培训。

通过对引进技术的消化、吸收，二重厂进行了 ϕ400mm 人造水晶高压釜的转化设计和试制（见图 8.6-17，参数见表 8.6-3）。

图 8.6-16　四川省优质产品证书

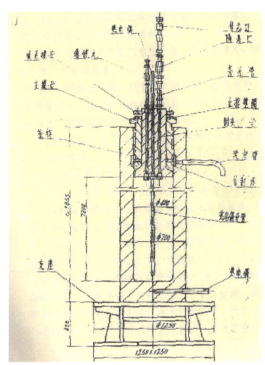

图 8.6-17　ϕ400mm 人造水晶高压釜

表 8.6-3　ϕ400mm 人造水晶高压釜技术参数

设计压力 /MPa	150	设计温度 /℃	425
釜体内径 /mm	ϕ400	有效长度 /mm	7200
工作介质	1～1.25N 的 NaOH 溶液	腐蚀裕度 /mm	1
容器类别	超高压	材质	22Cr2Ni4MoVA
容积 /L	905	设备重量 /t	约 17

该产品于 1988 年试压成功，为当时世界上最大的人造水晶釜，从而在设计、制造方面填补了国内空白。

ϕ400mm 水晶高压釜是按照美国 ASME 规范的要求，采用先进的应力分析方法进行计算，釜体及其他主要受压元件选用专用的高强度低合金钢，综合力学性能好，釜体壁薄，降低了电能消耗,设备重量也轻(相对于同规格的日本釜)。高压釜的关键技术如釜盖承载螺纹经优化设计,采用 36°旋合面和 7°承压面的锯齿形螺纹,使用安全可靠,又便于装拆,解决了人造水晶高压釜长期以来开釜不易的难题。

二重厂在研制过程中,突破了新钢种的冶炼、大型盲孔锻件热处理、深孔加工、检测和 90℃水压试验等关键技术,主要受压元件材质性能好,制造精度高,装配质量好。经过两年多的正常运行证明其性能优良,安全可靠,技术水平已达到 20 世纪 80 年代国际先进水平,可以替代进口。

二重厂首次承制 22Cr2Ni4MoV 钢,在冶炼、锻造、热处理方面都采用了以往从来没有用过的新技术或新方法,全面满足了美国 NF 公司 ϕ400mm 釜标准、技术要求。冶炼采用碱性电弧炉冷装、氧化法冶炼,铸锭采用注入法和翻包法,再加上其他手段,最终使得成品中硫和磷含量达到 0.006% 和 0.008%。由于锻件的质量好,省掉了小件投制用料,提高了钢锭的利用率,达到 69%,锭身利用率达到 92%。为达到在高温阶段完成主变形,有效地解决"锻透"问题,同时充分利用材料高温塑性,在避免锻造开裂和变形不均的前提下,工艺规定钢锭倒棱后,上、下大压下量拔长,然后再滚圆拔长,保证一火锻出成品,防止晶粒粗大。

该釜在设计、试制过程中主要技术工作有:图样、标准转化;釜体材料国产化;釜体立式淬火方案的制订;机械加工专用工装国产化设计和制造;试压工装制造;无损探伤检测技术掌握等。

1991 年 5 月 28 日,二重厂开发生产的 ϕ300、ϕ400mm 人造水晶高压釜通过省机械厅、西南交通大学、重庆大学等 7 个单位组成的联合鉴定组的鉴定,技术水平达到 20 世纪 80 年代国际先进水平。其中,ϕ400mm 高压釜的制造成功填补了我国的空白。该项目 1992 年获四川省新产品开发一等奖和机电部科技进步三等奖,获得四川省优质产品称号(见图 8.6-18、图 8.6-19)。

图 8.6-18 机电部科技进步三等奖证书

图 8.6-19 四川省优质产品证书

6.2.2 二重装备压力容器技术全面发展

从 2005 年至今是二重压力容器的快速发展时期，二重先后成功研制出了 2.25Cr-1Mo、2.25Cr-1Mo-0.25V 材质的超厚壁加氢反应器用材料，成功地开拓了国内加氢反应器市场，成为国内制造厚壁加氢反应器实力最强的企业之一。压力容器产品涵盖炼油、乙烯、煤制油、煤液化、化工行业、特种材料、海洋军工试验装置等众多领域，已成功制造出 300 余台重、大型压力容器产品。锻焊容器最大壁厚达到 530mm，板焊容器最大壁厚达到 200mm，材质涵盖 2.25Cr-1Mo-0.25V（12Cr2Mo1V）、2.25Cr-1Mo（12Cr2Mo1）、1.25Cr-0.5Mo-Si（14Cr1Mo）、SA-336 Gr.F12（15CrMo）、SA-516 Gr.70（Q345R）、SA-765 Gr.Ⅲ（08Ni3D）、复合板 SA-387 Gr.11+TP347、复合板 SA-387 Gr.12+T410S 等，主要产品包含加氢精制/裂化反应器、变换炉、热高压分离器、循环氢脱硫塔、焦炭塔、PTA 溶解加氢反应器、高压反应釜、深海试验压力筒、低温洗涤器等。先后设计出了多台加氢反应器和高压容器产品，设计能力得到大幅提高。

6.2.2.1 压力容器自主设计技术的发展

从 2005 年至今，二重装备共自主设计压力容器产品百余台，成功设计并研制出了 1.25Cr-0.5Mo-Si 材质的 PTA 溶解加氢反应器，成功地开拓了国内 PTA 溶解加氢反应器市场，成为国内设计制造 PTA 溶解加氢反应器实力最强的企业之一。设计产品材质涵盖 2.25Cr-1Mo-0.25V、2.25Cr-1Mo、1.25Cr-0.5Mo-Si、15CrMo、20MnMoNb、复合板 14Cr1MoR+TP347、Q345R（HIC）、16Mn、Q345R、Q245R 等，设计主要产品包含加氢精制反应器、热高压分离器、循环氢脱硫塔、冷高压分离器、PTA 溶解加氢反应器、凝析油加氢反应器、高压反应釜、深海试验压力筒等。

二重装备在 SAD 分析设计方面具有较强的实力，是西南地区具有分析设计资质和能力的少数几家企业之一。同时二重装备具备 ASME N、U、U2 产品的设计能力。

近年来我国石化容器正不断朝着大型化方向发展，设备规格和重量均不断增大。为了节约制造成本，控制设备重量，石化项目的大型容器基本上都使用分析设计方法进行。应用分析设计方法进行压力容器设计，是国际上重型压力容器设计的通行方法，也是国家容标委着力推行的更科学的设计方法，是节能降耗、降低设备制造成本、提高经济效益和产品竞争力、跻身国际市场的决定性环节。

二重装备十分重视压力容器的法规、标准的学习、研究和应用。采用 JB 4732—1995《钢制压力容器——分析设计标准》进行分析设计可使压力容器更加安全可靠、更加经济合理。为顺利取得压力容器应力分析设计证书，二重在 2009 年 8 月就采购了应力分析计算软件 ANSYS，并多次派遣设计人员到 ANSYS 软件公司学习该软件的使用方法和实际设计计算经验，完成 SAD 类压力容器分析设计试设计产品，并于 2010 年 12 月顺利通过专家审查，取得压力容器应力分析设计证书，使公司石化容器的设计技术水平登上了一个新台阶。

二重装备典型自主设计压力容器业绩：

1）2007 年为腾龙芳烃有限公司自主常规设计了 3 台高压容器，分别是循环氢脱硫塔、冷高压分离器和循环氢入口分液罐。

2）2012年为山东久利化工有限公司20万t/年白油项目装置设计制造了两台加氢反应器，加氢反应器是装置中的关键设备，其中一台是加氢预精制反应器，材质为2.25Cr-1Mo-0.25V钢板，内径2200mm，壁厚130mm，切线长25920mm；另一台是加氢异构降凝反应器，材质为12Cr2Mo1R钢板，内径1800mm，壁厚136mm，切线长18540mm。根据技术协议要求，两台设备均须按JB 4732—1995《钢制压力容器——分析设计标准》进行设计，分别对顶部人孔、冷氢口、裙座热箱、支撑环等部位采用应力分析设计方法确定经济合理的结构尺寸，通过应力强度计算和评定，满足各项指标要求。该项目是二重取得压力容器应力分析设计证书以来的首个自主分析设计项目，对扩大二重核电和容器市场竞争力发挥了较大的作用。

3）2013年为东方电气集团东方锅炉股份有限公司科研试验新区设计了一台高压贮气罐，该设备壳体采用两个半球形封头组焊而成，材质为13MnNiMoR钢板，内径2500mm，壁厚103mm。按照用户要求，该设备须按JB 4732—1995《钢制压力容器——分析设计标准》进行设计，采用ANSYS应力分析设计软件对人孔、进出气接口等部件进行校核，使设备安全可靠。

4）2013年，二重按照JB 4732—1995《钢制压力容器——分析设计标准》利用ANSYS软件为中石油宝鸡石油机械有限责任公司深水模拟试验项目设计制造了一台深水高压模拟试验舱。该设备为快开卡箍式结构卧式容器，舱盖与筒体间采用O形圈+挡圈的密封结构，材质为20MnMoNb锻件，内径2500mm，壁厚230mm，总长约8135mm。采用ANSYS应力分析设计软件对卡箍、人孔、舱盖及筒体部位进行校核和评定，优化结构设计尺寸，满足设备使用要求。该试验装置的成功运行，为二重取得了良好的经济效益和社会效益，用户十分满意。

5）2013年为四川晟达化学新材料有限公司100万t/年PTA装置设计制造了一台溶解加氢反应器，该设备是二重承接的第一台自主设计PTA溶解加氢反应器，设计标准为JB 4732—1995《钢制压力容器——分析设计标准》。设备材质为1.25Cr-0.5Mo-Si锻件，内径4000mm，壁厚160mm，切线长14300mm，采用ANSYS应力分析设计软件对封头与筒体连接处、接管与壳体连接处、裙座与封头连接处、内部支撑凸台等部位进行应力强度计算和评定，确定经济合理的结构尺寸。该设备的成功制造，对后续二重陆续获得PTA溶解加氢反应器设计制造合同产生了积极作用，为二重取得了较好的经济效益。

6）2014年与中国船舶重工集团公司第702研究所联合设计制造了深海模拟试验项目930压力筒，该设备为国家863计划海洋技术领域"深海潜水器技术与装备"重大关键项目，其设计压力为90MPa，使用环境是9km深度海洋，温度接近于0℃，内径3m。为满足极端环境要求，设备采用锻焊形式容器，为快速装卸，设备结构采用平盖+剪切块结构，筒体材料选用20MnMoNb锻件。参照JB 4732—1995《钢制压力容器——分析设计标准》进行分析设计，筒体壁厚530mm，达到或超过国内外制造厂的制造能力极限。该产品为二重承制的国内壁厚最厚的深海探测装置承压设备，制造技术与能力达到世界最先进水平。

7）2014年为重庆市中工新材料有限公司设计制造了两台高压反应釜，该设备设计压力达到63MPa，设计温度450℃，且属于疲劳设备，必须按JB 4732—1995《钢制压力容器——分析设计标准》进行分析设计。该设备壳体材质为12Cr2Mo1V锻件+哈氏合金堆焊，内径 1000mm，壁厚 243mm，采用 ANSYS 应力分析设计软件对人孔法兰、封头、裙座等部件进行应力分析和校核，优化结构设计，使设备安全可靠。

8) 2015 年，二重按照 JB 4732—1995《钢制压力容器——分析设计标准》利用 ANSYS 软件为中核武汉核电运行技术股份有限公司设计了主泵水力部件静压试验装置，该装置设计压力 23MPa，介质为水，采用 O 形圈密封结构，材质为 20MnMoNb 锻件 + E309L，主要用于核电主泵水力部件的技术研究。

9) 2016 年为嘉兴石化有限公司 120 万 t/年 PTA 项目设计制造了一台溶解加氢反应器，该设备材质为 1.25Cr-0.5Mo-Si 锻件，内径 5400mm，厚度 234mm，切线长 11400mm，重量 650t。根据技术协议要求，该设备须按 JB 4732—1995《钢制压力容器——分析设计标准》进行设计，采用 ANSYS 应力分析设计软件对接管、裙座热箱等部位进行应力强度计算和评定，确定经济合理的结构尺寸。该产品为二重承制的国内壁厚最厚的 PTA 溶解加氢反应器。

6.2.2.2 二重装备研制的重大压力容器产品

1. 首台立式高压液氢容器

2002 年 9 月，二重承接制造的 2m³ 立式液氢高压容器是航空某领域的重要设备，也是二重承制的首台立式高压液氢容器（见图 8.6-20、表 8.6-4）。容器分为内容器和夹套两部分，内容器的工作温度为 -253℃，夹套工作温度为 -196℃。要求焊缝和热影响区的低温夏比冲击在液氮、液氢温度下冲击吸收能量 KV>28J。在此温度下承受 20MPa 的高压，对母材和焊缝的超低温性能要求严格，液氢容器一旦发生泄漏或爆炸，会造成灾难性事故。该设备于 2004 年 2 月正式交付使用。

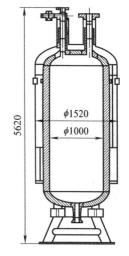

图 8.6-20 立式高压液氢容器

表 8.6-4 立式高压液氢容器技术参数

设计压力 / MPa	20	工作压力 / MPa	18
壳体材料	国产锻件 0Cr18Ni9	内径 /mm	ϕ1000
设备总长度 /mm	5620	全容积 /m³	2
焊接接头系数	1.0	封头结构型式	椭圆形封头
容器结构型式	带夹套锻焊容器	容器类型	立式容器
设备净重量 /t	12.161		

设备主要特点：

1) 通过查阅 ASME 规范及国外其他相关资料，同时在材料的冶炼中对碳含量提出更严格的要求来保证材料的低温韧性，提出只进行低温液氮（-196℃）夏比冲击试验，试验中适当提高其冲击吸收能量，以保证液氢（-253℃）试验结果满足设计要求。

2) 对材料 0Cr18Ni9 进行冷作硬化，提高材料强度性能来满足螺栓设计强度要求。

3) 设计专门的起吊工装，明确起吊位置及运输装夹部位，保证产品安全生产和运输出厂。

4) 首次采用"EAF 初炼→LRF 中真空精炼→真空浇注→芯杆吹氩并氩气保护浇注"

工艺流程进行 0Cr18Ni9 锻件的生产。

5）液氢容器的锻件是当时国内冶炼和锻造的最大的 18-8 型不锈钢钢锭。

6）实现了国内温度最低、壁厚最厚的高压液氢容器的焊接。选择的 316L 型焊接材料，实现了超低温领域不锈钢焊条的国产化。

7）根据容器的结构特点和采用的焊接工艺方法，优化设计了主环缝的坡口形式，实现 110mm 深坡口主焊缝的单面焊双面成形打底焊。

8）封头首次用不锈钢整体锻件加工成形，椭球面的加工采用五段圆弧对标准椭圆加以拟合的方法，利用机床现有直线和圆弧插补功能弥补了机床局限，提高了效率，表面尺寸达到图样设计要求。

9）用几何作图法对焊接坡口加工轨迹的三维坐标点进行提取，用 G64 编程命令克服刀具小距离走刀下机床惯性冲击的不利因素，并采用设计专用刀具、忽略盘刀加工时刀具干涉等方法，粗精加工时使用不同的数控程序，即由于各加工点处于不同的等高面点上，为减小开始切削时对刀具空行程，采用了不同的粗加工程序，当刀具走完一个整圆而不存在空行程后即采用同一精加工程序。

10）首次采用 -196℃ 液氮对容器进行深冷处理。

2. 首台热高压分离器

二重在中石化物资部和中国石化工程建设公司（以下简称"SEI"）的大力支持和帮助下，于 2004 年 7 月与海南实华炼油化工有限公司（以下简称"海南炼化"）签订了两台热高压分离器（201-D-114A/B，主要参数见表 8.6-5）的制造合同。该设备的制造合同，标志着二重正式进入了炼油核心设备的制造领域。

表 8.6-5 热高压分离器技术参数

设计压力 /MPa	17.64	设计温度 /℃	375
工作压力 /MPa	16.8	工作温度 /℃	360
工作介质	油、氢气、硫化氢	容器类别	Ⅲ类
壳体材料	2.25Cr-1Mo，内壁双层堆焊 6.5mm 的 E309L+E347		
规格尺寸 /mm	$\phi 2800 \times (168+6.5) \times 7500$		
容器结构型式	锻焊容器	设备净重量 /t	155.7

中石化在海南炼化续建项目的 15 套工艺装置中，采用当时国际上技术先进、生产可靠、环境友好的工艺技术来加工进口含硫原油，以实现生产过程的清洁化，生产油品质量达到欧Ⅲ排放标准，污染物排放控制在国家和海南省的有关法规及标准规定的范围内，从而最大限度地减小对海南岛环境的影响。而两台热高压分离器（201-D-114A/B）就是 310 万 t/ 年催化原料预处理装置的核心设备。热高压分离器（201-D-114A/B）的内径 2800mm，筒体厚度 168mm，壳体材料 2.25Cr-1Mo，内壁双层堆焊 6.5mm 厚的 E309L+E347，表层 E347 的有效厚度 3.0mm，设备的设计单位为 SEI。热高压分离器（201-D-114A/B）于 2006 年 2 月交货，并于 2006 年 9 月随着 310 万 t/ 年催化原料预处理装置一次开车成功，装置的处理能力达到了设计指标，并生产出高品质的燃油。

设备主要特点：

1）每台热高压分离器（201-D-114A/B）由上、下球形封头、筒节和下过渡段组成，且采用 Y 形过渡段实现了壳体与裙座之间对接焊接的连接；

2）人孔和所有开口处的法兰连接的密封面形式为采用八角垫密封的 RJ 型，人孔和所有开口处的法兰形式都采用整体法兰（IF）或带颈对焊法兰（WN）；

3）优化设计了焊接坡口形式，提高了焊接效率，保证了焊接接头质量；

4）制订了专用的冶炼工艺，实现了 2.25Cr-1Mo 成品锻件的 P 为 0.004%～0.005%、S 为 0.002%～0.004%、As 为 0.005%～0.007%、Sn 为 0.004%～0.006%、Sb 为 0.001%～0.002%、J 系数为 50～60、X 系数为 7.5～8.5、T/2 取样处 -30℃ 的 $KV \geqslant 140J$，晶粒度 6.5 级，以上这些指标都达到或接近世界先进水平；

5）创新了锻造工艺，采用了收口套锻造技术成功地锻造了过渡段锻件；

6）攻克了 2.25Cr-1Mo 的焊接技术及其内壁堆焊 E309L+E347 的双层堆焊技术，实现了壳体内壁的带极自动堆焊、小直径接管内壁自动堆焊、壳体环焊缝交流窄间隙埋弧焊、接管马鞍型焊缝的自动焊；

7）海南炼化两台热高压分离器（201-D-114A/B）制造成功，标志着二重完全掌握了 2.25Cr-1Mo 钢的冶炼、锻造、热处理、焊接和不锈钢双层堆焊技术，为二重进入加氢反应器的制造领域奠定了坚实的技术基础。

3. 首台加氢反应器

二重为了进入炼油行业的核心设备——加氢反应器的制造领域，在首台炼油设备——海南炼化的两台热高压分离器的技术准备、各项焊接工艺评定和壳体锻件的生产顺利推进的情况下，于 2005 年 2 月与上海石化股份有限公司（以下简称"上海石化"）签订了一台加氢精制反应器（R-2101）的制造合同。

为了提高柴油的油品质量，降低柴油燃烧后释放的硫氧类气体和生成的有害颗粒物质，从而减小对汽车造成的严重危害和汽车尾气排放到空气中造成的严重污染，提高柴油的安全稳定性和燃烧性能，上海石化决定对现有炼油装置中的柴油加工装置进行技术升级改造，新增加一套国内最大的柴油加氢精制装置——330 万 t/年柴油加氢精制装置，通过加氢精制的工艺将分馏出的柴油中含有大量的硫、氮等有害元素去除掉，从而生产出符合欧Ⅲ排放标准的精制柴油，甚至要求只需对装置略做调整即可生产出符合欧Ⅳ排放标准的柴油。而加氢精制反应器（R-2101）是该装置的核心设备。

加氢精制反应器（R-2101）的内径 4600mm，筒体厚度 150mm，壳体材料 2.25Cr-1Mo，内壁双层堆焊 6.5mm 厚的 E309L+E347，表层 E347 的有效厚度 3.0mm，设备的设计单位为 SEI，主要参数见表 8.6-6。

表 8.6-6 加氢精制反应器（R-2101）技术参数

设计压力 /MPa	9.3	设计温度 /℃	435
工作压力 /MPa	8.7	工作温度 /℃	最高为 406，最低为 305
工作介质	油、氢气、硫化氢	容器结构型式	锻焊容器
壳体材料	2.25Cr-1Mo，内壁双层堆焊 6.5mm 的 E309L+E347，表层 E347 的有效厚度为 3.0mm		
规格 /mm	$\phi 4600 \times (150+6.5) \times 15280$		
设备总长度 /mm	26467.5	设备净重量 /t	458.9

加氢精制反应器（R-2101）于 2006 年 11 月交货，而安装了加氢精制反应器（R-2101）的 330 万 t/年柴油加氢精制装置于 2007 年 6 月一次开车成功，装置的处理能力达到了设计指标，并于投产当日生产出符合欧Ⅲ排放标准的高品质精制柴油。加氢精制反应器如图 8.6-21 所示。

设备主要特点：

1）加氢精制反应器（R-2101）是当时国内制造的直径最大的薄壁锻焊结构加氢反应器。该反应器由上、下球形封头、多个筒节和上、下过渡段组成，且采用 Y 形过渡段实现了壳体与裙座之间对接焊接的连接，而球形封头采用整张钢板热冲压成形。

2）人孔和所有开口处的法兰连接的密封面形式为采用八角垫密封的 RJ 型，人孔和所有开口处的法兰形式都采用整体法兰（IF）或带颈对焊法兰（WN）。

3）由于筒体外径达到了 $\phi 4913\text{mm}$，已接近了公司现有的最大水压机——125MN 水压机的开档尺寸，因此为了顺利锻造该反应器的筒节和过渡段，将 125MN 水压机的四个立柱上的保护套拆除，并用钢板制作的筒体代替四个立柱上的保护套，以便于 125MN 水压机在锻造筒节和过渡段时不损伤四个立柱，从而首次在 125MN 水压机上实现了筒形锻件的极限锻造。在 125MN 水压机上极限锻造筒节如图 8.6-22 所示。

图 8.6-21　加氢精制反应器

图 8.6-22　锻造中的加氢反应器筒节

4）由于五个筒节锻件和两个过渡段锻件都是在 125MN 水压机上极限锻造出来的，在最后一火次锻造时操作空间有限，又是首次进行极限锻造，无实际操作经验可借鉴，因此操作人员无法控制筒形锻件的外形形状，致使部分筒形锻件锻造完毕后两端面为一个倾斜面，故部分筒形锻件按正常加工后的长度满足不了图样的要求。为了确保该反应器按期交货，中石化物资部及时召集 SEI、上海石化、监造单位的相关人员和国内炼油设备的相关专家在公司召开了极限锻造筒形锻件形状不规则的分析会。公司相关技术人员汇报了该反应器筒形锻件的锻造情况，并提出了所有筒形锻件在粗加工时多留余量，部分筒形锻件的两端面可以带黑皮进行性能热处理，待性能热处理并检验合格后，根据每个筒形锻件的实际长度确定每个筒节和过渡段的加工长度。与会人员针对公司提出的方案进行了深入的讨论，一致同意了公司提出的方案。公司按上述方案加工每个筒节和过渡段，并根据每个筒形锻件能够加工出的实际长度和反应器的切线长度及开口接管在筒体上的焊接位置,确定了每个筒节和过渡段的精加工长度,确保了所有筒节和过渡段组焊后的长度满足了设计图样的要求,避免了再多锻制一个筒节的问题,从而确保了该反应器按期交货。

5)在锻件的性能热处理时,采用了防变形热处理技术,设计制造了135t的两点吊具,成功地完成了大直径薄壁筒形锻件的性能热处理,实现了性能热处理时大直径薄壁筒形锻件的变形量在工艺控制范围内,保证了大直径薄壁筒形锻件的制造质量。

6)利用锻件毛坯的余量加工出了筒体内壁Cr-Mo钢催化剂支撑凸台,避免了因筒体内壁堆焊的Cr-Mo钢催化剂支撑凸台而容易导致使用过程中凸台圆角处产生裂纹的问题。

7)采用先进的加工工艺方法,设计了专用的工装,成功地实现了在普通镗床上加工法兰梯形密封槽的加工难题。

8)加氢精制反应器(R-2101)制造成功,标志着二重完全掌握了2.25Cr-1Mo钢大型加氢反应器的制造技术,为二重进入2.25Cr-1Mo-0.25V钢大型加氢反应器的制造领域奠定了坚实的技术基础。

4. 首次现场组焊的加氢反应器

2006年二重承制的神华煤制油化工有限公司煤直接液化项目(先期工程)加氢改质装置加氢精制反应器、加氢改制反应器共两台反应器,因受道路运输条件限制,无法整体制造,只能厂内分段制造并炉内热处理后发往现场进行组焊。这两台反应器(见图8.6-23、表8.6-7)是神华煤直接液化项目中的关键设备,由SEI设计。

图8.6-23 神华煤直接液化项目(先期工程)加氢反应器

表8.6-7 神华煤直接液化项目(先期工程)两台加氢反应器技术参数

设计压力/MPa	14.7;14.5	设计温度/℃	435;435
工作压力/MPa	14;13.8	工作温度/℃	409;405
工作介质	油气、氢气、硫化氢	设备总长度/mm	29824.5;22634
容器类别	Ⅲ类	容器结构型式	锻焊容器
壳体材料	2.25Cr-1Mo锻件+E309L+E347双层堆焊		
规格尺寸/mm	φ3400×(176+7.5)×19690;φ3000×(154+7.5)×12910		
设备净重量/t	442.185;254.609		

煤直接液化是煤炭转化的高技术产业,发达国家将其作为重要的能源储备技术,投入大量资金和人力,开发了几种现代煤直接液化工艺。在中国发展煤炭液化技术和进行产业化发展,将推动中国煤炭工业的产业结构调整、行业技术进步、传统产业改造,同时还将带动和促进煤化工的科研和技术开发、机械及化工装备制造业、工程施工业、催化剂产业等相关技术和产业的发展。

设备主要特点：

1）首次实施 2.25Cr-1Mo 锻焊结构容器的现场组焊工作，顺利完成加氢精制反应器、加氢改制反应器共两台容器的制造。

2）首次实现筒体环焊缝采用衍射时差法超声检测（TOFD）代替射线检测（RT）。

3）制作专用局部热处理炉，实现总装焊缝的局部热处理。

5. 首台加钒钢加氢反应器

在制造了上海石化柴油加氢项目、神华集团煤制油项目和腾龙芳烃项目的多台 2.25Cr-1Mo 钢大型锻焊加氢反应器后，二重完全掌握了 2.25Cr-1Mo 钢锻焊加氢反应器的全套制造技术，并能够熟练地批量生产 2.25Cr-1Mo 钢锻焊加氢反应器，获得了行业内一致赞誉。同时通过对 2.25Cr-1Mo-0.25V 钢的锻件制造技术和焊接技术进行了大量的科研攻关，掌握了 2.25Cr-1Mo-0.25V 钢的锻件制造和焊接工艺，具备了 2.25Cr-1Mo-0.25V 钢锻焊加氢反应器的制造能力。中石化物资部与 SEI 充分评估了二重 2.25Cr-1Mo 钢锻焊加氢反应器的制造技术水平和制造能力，确定二重可以参与承制天津石化 100 万 t/年乙烯及配套项目炼油工程的 180 万 t/年加氢裂化装置中两台 2.25Cr-1Mo-0.25V 钢锻焊加氢反应器制造的投标。二重于 2006 年 12 月中标了天津石化的加氢精制反应器、加氢裂化反应器共两台 2.25Cr-1Mo-0.25V 钢锻焊加氢反应器。

天津石化新建 100 万 t/年乙烯及配套项目炼油工程建设完毕并投产后，天津石化炼油一次加工能力将达到 1500 万 t/年。其中 180 万 t/年加氢裂化装置是 100 万 t/年乙烯及配套项目炼油工程关键装置，在整个项目中该装置既是对油品的深加工，又起到为 100 万 t/年乙烯装置提供原料的作用，且加氢精制反应器和加氢裂化反应器两台 2.25Cr-1Mo-0.25V 钢锻焊加氢反应器是 180 万 t/年加氢裂化装置的核心设备。

加氢精制反应器和加氢裂化反应器两台 2.25Cr-1Mo-0.25V 钢锻焊加氢反应器于 2008 年 9 月交货，并于 2009 年 12 月随着 180 万 t/年加氢裂化装置一次开车成功，装置的处理能力达到了设计指标，并于投产当日生产轻重石脑油、航空煤油、柴油和作为天津石化 100 万 t/年乙烯项目乙烯装置原料的尾油。加氢精制反应器见图 8.6-24，加氢裂化反应器见图 8.6-25，主要参数见表 8.6-8。

图 8.6-24　加氢精制反应器（502-R-101）

图 8.6-25　加氢裂化反应器（502-R-102）

设备主要特点：

1）加氢精制反应器（502-R-101）和加氢裂化反应器（502-R-102）都由上、下球形封头，多个筒节和上、下过渡段组成，且都采用 Y 形过渡段实现了壳体与裙座之间对接焊接的连接，而球形封头都采用整张锻板热冲压成形。

表 8.6-8 设备主要技术参数

技术参数名称	加氢精制反应器	加氢裂化反应器
设计压力 /MPa	17.7	17.7
设计温度 /℃	454	454
工作压力 /MPa	16.8	16.6
工作温度 /℃	最高为 406，最低为 305	最高为 435，最低为 375
工作介质	油、油气、氢气、硫化氢	
壳体材料	2.25Cr-1Mo-0.25V，内壁双层堆焊 7.5mm 的 E309L+E347，表层 E347 的有效厚度为 3.0mm	
规格尺寸 /mm	ϕ4000×（224+7.5）×17240	ϕ3800×（213+7.5）×17840
设备总长度 /mm	28050	28739
全容积 /m³	253	233.5
容器类别	Ⅲ类	
容器结构型式	锻焊容器	
设备净重量 /t	614.7	626.2

2）优化了 2.25Cr-1Mo-0.25V 钢的冶炼、锻造和热处理的工艺，实现了 2.25Cr-1Mo-0.25V 钢成品锻件 P $\leq$ 0.010%、S $\leq$ 0.008%、As $\leq$ 0.006%、Sn $\leq$ 0.003%、Sb $\leq$ 0.002%、H $\leq$ 0.7×10⁻⁶、O $\leq$ 15×10⁻⁶、N $\leq$ 80×10⁻⁶，且 Ti、Al、B 等微合金化元素的控制达到国外同类纯净钢的先进水平。锻件 T/2 取样处 -30℃的平均 KV $\geq$ 200J，回火脆化敏感性极低，锻件的其他各项性能指标均达到了国内外先进水平。

3）创新了过渡段的锻造工艺，采用了双边对称收口的锻造技术成功地锻造了上、下过渡段锻件。

4）创新了球形封头性能热处理后温校圆的工艺，实现了在不破坏球形封头性能和不产生裂纹的前提下在水压机上进行温校圆，解决了 2.25Cr-1Mo-0.25V 钢大型薄壁球形封头在性能热处理后封头端口处圆度严重超标的难题。

5）进行了 2.25Cr-1Mo-0.25V 钢的主焊缝和不锈钢的堆焊等各种类型的焊接工艺评定，并通过了中石化物资部组织的国内专家的评审，评审专家一致认为所有焊接工艺评定的各项性能指标和检测结果均达到了国内外同类钢制造厂的水平，部分数据优于国外同类钢的制造厂。

6）创新了壳体主焊缝的焊接工艺，采用了主焊缝回火焊道的焊接技术，实现了焊后热处理后主焊缝的表面硬度值低至 190～205HBW，低于产品技术条件要求的 $\leq$ 235HBW，同时满足了产品技术条件要求的焊后热处理后主焊缝的抗拉强度值 $\geq$ 610MPa。同时优化了窄间隙焊接坡口的形式，解决了低热输入量（19～23kJ/cm²）下壁厚达 227mm 时筒体环焊缝的窄间隙埋弧焊的技术问题，保证了筒体环焊缝的焊接接头抗回火脆化敏感性较好。

7)自主设计制造了大型筒体粗加工铣削装置,提高了筒体锻件粗加工效率,解决了制约生产进度的瓶颈,满足了产品的生产进度。

加氢精制反应器(502-R-101)和加氢裂化反应器(502-R-102)的制造成功,标志着公司完全掌握了 2.25Cr-1Mo-0.25V 钢大型加氢反应器的制造技术,为公司大批量制造 2.25Cr-1Mo-0.25V 钢大型加氢反应器奠定了坚实的技术基础,以满足炼油行业在产品升级改造项目中大量急需 2.25Cr-1Mo-0.25V 钢大型加氢反应器的要求,从而实现了公司产品结构的转型升级,推动了我国石油化工行业的跨越式发展。

加氢精制反应器(502-R-101)和加氢裂化反应器(502-R-102)安装完毕后,通过了SEI、安装单位、监理公司和用户的联合检查和鉴定,各项指标均达到了设计要求,产品的制造质量达到了国外同类产品的技术水平。两台反应器自投产以来,安全可靠、运行情况优良,获得了用户的赞誉,并获得了四川省 2011 年科技进步三等奖,其获奖证书如图 8.6-26 所示。

6. 首台转动容器金川公司中压转动反应釜

为了打破国外对羰基镍产品的市场垄断,提升我国镍工业发展水平,满足我国高新技术领域对羰基镍产品的急需,金川公司依靠自身的科技力量,经过多年的科技攻关与工业试验,在已有的 500t/ 年羰基镍试验装置的基础上,开发出具有自主知识产权并适合大规模工业化生产的 1 万 t/ 年羰基镍生产技术,中压转动反应釜就是该羰基镍生产技术的核心设备。中压转动反应釜(见图 8.6-27、表 8.6-9)的设计单位为东华工程科技股份有限公司(以下简称"东华科技")。

图 8.6-26 四川省科技进步三等奖证书

图 8.6-27 中压转动反应釜

固体的羰基镍是一种无毒、对碳钢和非金属材料无腐蚀的金属产品,而羰基镍气体对人却是一种剧毒气体、对碳钢和非金属材料具有强腐蚀性。羰基镍在中压转动反应釜内是以气体状态存在的。为了保护人民的生命和财产安全,防止环境污染,羰基镍在工业化生产时必须做到"零泄漏",因此对中压转动反应釜的制造提出了更高的技术要求。

为了保证中压转动反应釜的产品质量,缩短该反应釜的制造周期,在中压转动反应釜前期的技术攻关阶段,金川公司邀请了二重的技术专家参与了中压转动反应釜前期的技术攻关。最终获得了金川公司和东华科技的认可,公司于 2008 年 6 月中标了金川公司的三台中压转动反应釜。

表 8.6-9 设备主要技术参数

设计压力 /MPa	9.0
设计温度 /℃	260
工作压力 /MPa	8.0
工作温度 /℃	140～250
工作介质	水淬合金、羰基镍、羰基铁、一氧化碳、氮气
壳体材料	13MnNiMoNbR，内壁双层堆焊 6mm 的 E309L+E347，表层 E347 的有效厚度为 3.0mm
规格尺寸 /mm	ϕ2800×(86+6)×11590
设备总长度 /mm	15572
全容积 /m³	70
容器结构型式	板焊容器
容器类别	Ⅲ类
充装量 /t	114～144
设备净重量 /t	288.3

三台中压转动反应釜于 2010 年 2 月交货，通过了金川公司、东华科技、安装单位和监理公司的联合检查和鉴定，各项指标均达到了设计要求，产品的制造质量达到了国外同类产品的技术水平。自装置投产以来，安全可靠、运行情况优良，获得了金川公司的赞誉。

设备主要特点：

1）每台中压转动反应釜都由釜体、传动装置、托轮装置、挡托轮装置、喷油润滑装置、齿圈、滚圈、万向联轴器和内件等组成。

2）每台反应釜的人孔和所有开口处的法兰连接的密封面形式都为无垫片密封的 Ω 密封形式，且密封面处的 Ω 密封环采用焊接连接进行密封，而人孔和所有开口处的法兰形式都采用整体法兰（IF）或带颈对焊法兰（WN）。

3）每台反应釜的齿圈与釜体采用柔性连接，由弹簧板、连接板、齿圈垫板、止动垫板、螺栓、螺母、垫圈组成。

4）每台反应釜的滚圈与釜体采用刚性连接，由滚圈垫板、楔铁、挡块和支板组成，将滚圈与釜体的装配精度调整到设计图样要求后，将楔铁、挡块和支板牢固地焊接在釜体的滚圈垫板上，其结构如图 8.6-28 所示。

5）进行了低合金高强度钢 13MnNiMoNbR 和 20MnMoNb 主焊缝和国产不锈钢焊材的堆焊等各种类型的焊接工艺评定，确定了这两种低合金高强度钢的焊接工艺参数和热处

图 8.6-28 滚圈与釜体的连接

理工艺参数，掌握了这两种低合金高强度钢的埋弧自动焊和手工焊的焊接技术，保证了这两种低合金高强度钢焊接接头的质量。

6）创新了装焊工艺，采用专用的工装和激光跟踪仪进行釜体的筒体和球形封头组焊，解决了釜体组焊后筒体和球形封头的同轴度≤2.0mm 的难题。

7）创新了装配工艺，采用激光跟踪仪进行精确测量，准确地调整滚圈与釜体连接处楔铁的楔入量，保证反应釜装配后齿圈和滚圈的径向跳动公差和端面跳动公差。

8）优化了反应釜的试运转工艺方案，解决了反应釜在试运转时进气口法兰密封面端和出气口法兰密封面端的径向跳动量和轴向跳动量检测难的问题。

三台中压转动反应釜的制造成功，标志着二重完全掌握了低合金高强度钢 13MnNiMoNbR 和 20MnMoNb 的容器制造技术和国产不锈钢焊材的内壁堆焊技术，体现了二重在机械制造行业和容器制造领域的综合实力处于国内外领先水平，为二重的容器产品从炼油行业向化工行业延伸奠定了坚实的技术基础。

7. 超厚 16Mn 冷高压分离器

2010 年二重承接的中国石油化工股份有限公司安庆分公司含硫原油加工适应性改造及油品质量升级工程 200 万 t/年重油加氢装置冷高压分离器（171-D-105），是国内首台超厚 16Mn 锻焊结构冷高压分离器，由中国石化工程建设公司（SEI）设计。主要参数见表 8.6-10。

表 8.6-10 冷高压分离器（171-D-105）技术参数

设计压力 /MPa	18/−0.1	设计温度 /℃	230/50
工作压力 /MPa	16.9（最高）/15.8（正常）	工作温度 /℃	50
工作介质	油、H_2S、油气、水等	容器类别	Ⅲ类
容器结构型式	锻焊容器	设备净重量 /t	277.365
壳体材料		16Mn Ⅳ +E316L 单层堆焊	
规格尺寸 /mm		$\phi 3600 \times (267+4.5) \times 6600$	

设备主要特点：

1）本设备是国内首台超厚 16Mn 锻焊结构冷高压分离器，通过优化炼钢及锻造工艺，采用电炉 +LF/VD 真空精炼工艺冶炼成功，制造出性能热处理厚度超过 300mm 的 16Mn Ⅳ 锻件，锻件所有性能指标均达到标准要求。

2）合理选择焊接材料，优化焊接工艺，实现 267mm 厚 16Mn 锻件筒节之间环缝的窄间隙埋弧焊，焊缝一次性合格。

3）容器壳体内壁单层大面积带极堆焊 E316L 成功，堆焊后经检测，堆焊厚度、铁素体数及堆焊层结合面 UT、表面 PT 无损探伤满足图样技术要求。

8. 首台双超加氢反应器

加氢反应器属于清洁能源的高端装备，主要用于重质油的裂化和脱硫或煤液化等工艺过程，它能生产出清洁、高质量的汽、柴油和化工原料，属于高技术、高附加值、低排放产品，不仅是石化行业的核心设备，也是衡量一个国家综合技术水平的标志性设备之一。由于石油是不可再生资源，且优质原油的供应量越来越少，重质油或超重质油的裂化工艺和煤气液化工艺等新技术需不断创新。为了满足经济发展对清洁燃料的需求，国内外开始建设能将原油吃干榨净的超大型化、更高参数的裂化和脱硫或煤液化等装置，装置的加氢反应器也向超大直径超大壁厚方向发展。

为了满足国内对超大直径超大壁厚加氢反应器（以下简称"双超加氢反应器"）的需要，中石化于2009年10月启动了双超加氢反应器制造的技术攻关。由中石化重大办牵头，依托金陵石化和扬子石化的渣油加氢装置项目，中石化洛阳工程有限公司（以下简称"LPEC"）、中国石化工程建设有限公司（SEI）、中国二重、中国一重、金陵石化和扬子石化共同参与攻关，进行内径5400mm筒体厚度至少为340mm的2.25Cr-1Mo-0.25V钢制双超加氢反应器的材料及成套制造技术的研究。

二重在进行了2.25Cr-1Mo-0.25V钢双超加氢反应器的材料研究时，专门冶炼并浇铸了一只340t的钢锭，并用该钢锭锻造和加工了内径5350mm（局部内径5280mm）、长度2360mm、厚度430mm（局部厚度500mm）的筒体锻件，筒体锻件经性能热处理后在两端分别取试环进行力学性能试验。

双超加氢反应器的试验筒体力学性能试验用试样分别在试环的外表面、四分之一处、二分之一处、四分之三处进行纵向取样和横向取样。检测项目有室温拉伸、454℃的高温拉伸、-30℃ KV_2 冲击试验、回火脆化倾向评定试验、表面硬度、晶粒度、夹杂物、金相组织，并进行了全断面的室温弯曲试验。2.25Cr-1Mo-0.25V钢双超加氢反应器试验筒体于2011年5月30日通过由中石化重大装备国产化办公室组织的国内专家的鉴定（见图8.6-29、图8.6-30）。

图 8.6-29 双超加氢反应器试验筒体锻造

图 8.6-30 带缓冲环的双超加氢反应器试验筒体

二重依托扬子石化200万 t/年渣油加氢处理装置的四台2.25Cr-1Mo-0.25V钢锻焊超大直径超大厚度加氢反应器项目，在双超加氢反应器的试验筒体通过了中石化组织的专家鉴定后，启动了扬子石化双超加氢反应器的投料。扬子石化200万 t/年渣油加氢处理装置是当时国内建设的单系列最大的渣油加氢处理装置，其四台2.25Cr-1Mo-0.25V钢锻焊双超加氢反应器的设计单位都为LPEC。

四台2.25Cr-1Mo-0.25V钢锻焊双超加氢反应器于2011年5月交货，整个装置于2014年7月一次开车成功，装置的处理能力达到了设计指标，并于投产当日生产出合格加氢常渣、柴油和石脑油3个产品。四台2.25Cr-1Mo-0.25V钢锻焊双超加氢反应器如图8.6-31所示，主要参数见表8.6-11。

a)

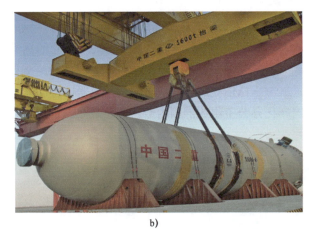

b)

c)

d)

e)

图 8.6-31 双超加氢反应器

表 8.6-11 双超加氢反应器技术参数

技术参数名称	第一加氢反应器	第二加氢反应器	第三加氢反应器	第四加氢反应器
设计压力 /MPa	19.53	19.53	19.53	19.53
设计温度 /℃	454	454	454	454
工作压力 /MPa	18.6	18.2	17.7	17.1
工作温度 /℃	440	440	440	440
工作介质	油、油气、氢气、硫化氢			
壳体材料	2.25Cr-1Mo-0.25V，内壁双层堆焊 6.5mm 的 TP.309L+TP.347，表层 TP.347 的最小有效厚度为 3.0mm			
内径 /mm	ϕ5400	ϕ5400	ϕ5400	ϕ5400
切线长度 /mm	8800	12700	15100	15100
设备总长度 /mm	20788	24758	27158	27158
全容积 /m³	291	381	437	437
筒体厚度 /mm	340+6.5 的堆焊层	340+6.5 的堆焊层	340+6.5 的堆焊层	340+6.5 的堆焊层
容器类别	Ⅲ类			
容器结构型式	锻焊容器			
设备净重量 /t	702.9	896.5	1016.5	1018.6

设备主要特点：

1）进行了超大直径超大壁厚的 2.25Cr-1Mo-0.25V 钢筒体锻件的冶炼、锻造和热处理技术的攻关，掌握了超大直径超大壁厚的 2.25Cr-1Mo-0.25V 钢筒体锻件性能均质化的技术，将 2.25Cr-1Mo-0.25V 钢厚壁筒形锻件的淬透性提高至 425～500mm，远高于国外所达到的厚度，且锻件热处理后的力学性能优于国外招标。筒形锻件的性能热处理如图 8.6-32 所示。

图 8.6-32 筒形锻件的性能热处理

2）研发了倒 Y 形过渡段锻件的收口锻造技术，解决了双超加氢反应器下过渡段锻件的制造难题。

3）研发了封头板坯锻件的制造技术，解决了双超加氢反应器的球形封头成形时所需的超大宽度板坯锻件的制造难题。

4）在国家钢铁材料测试中心进行了用 420t 钢锭锻制的 2.25Cr-1Mo-0.25V 钢筒体锻件的高温蠕变和高温持久试验，454℃高温产生 0.01%/1000h 蠕变率的蠕变应力值为 311MPa，482℃高温产生 0.01%/1000h 蠕变率的蠕变应力值为 227MPa；454℃高温的 10^5h 持久强度值为 296MPa，482℃高温的 10^5h 持久强度值为 230MPa。

5）研发了双超加氢反应器 2.25Cr-1Mo-0.25V 钢 400mm 厚埋弧焊和 310mm 手工焊的成套焊接技术，实现了超深坡口的窄间隙焊机埋弧自动焊和马鞍形焊机埋弧自动焊，解决了双超加氢反应器的焊接难题。

6）研发了90°弯管整体自动堆焊技术，首次在国内实现了90°弯管整体弯制成形后的内壁堆焊，解决了90°弯管整体成形后内壁堆焊的制造难题。90°弯管整体弯制成形后和内壁堆焊如图8.6-33所示。

7）研发了超大壁厚焊接接头TOFD检测技术和焊接接头的横向裂纹检测技术，制作了350mm、600mm厚TOFD检测对比检测试块和380mm厚横向裂纹检测TOFD试块，实现了超大壁厚焊接接头用TOFD检测代替RT检测，解决了双超加氢反应器主焊缝的检测难题。

扬子石化四台双超加氢反应器的制造成功，标志着二重完全掌握了双超加氢反应器的成套制造技术，为二重大批量制造2.25Cr-1Mo-0.25V钢双超加氢反应器奠定了坚实的技术基础，以满足炼油行业在产品升级改造项目中大量急需超大型加氢反应器的要求，推动了我国加氢反应器的制造技术从追赶到领跑方向发展。

扬子石化四台双超加氢反应器安装完毕后，通过了扬子石化、LPEC、安装单位和监理公司的联合检查和鉴定，各项指标均达到了设计要求，产品的制造技术水平达到了国际领先水平。四台双超加氢反应器自投产以来，安全可靠，满足了工艺操作条件、原油劣质化要求以及生产负荷，运行过程无异常变形、渗漏现象。经历一个生产周期后，对四台双超加氢反应器进行了全面检测，未发现任何超标缺陷，且各项性能均满足设计技术要求，具备了长周期运行的条件，达到了预期目标，获得了中石化和扬子石化的赞誉，并获得了四川省2015年科技进步三等奖，其获奖证书如图8.6-34所示。

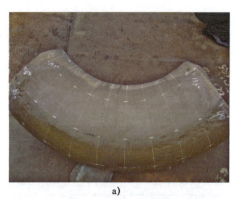

a)

b)

c)

图8.6-33　90°弯管整体弯制成形后的内壁堆焊

9. 首台超厚壁海洋承压设备930压力筒的研制与应用

930压力筒为国家863计划海洋技术领域"深海潜水器技术与装备"重大关键项目，用于模拟海底9km深度的工作环境，满足压力90MPa、规格3m的试验体模拟试验。二重以签订的中国船舶重工集团公司第七〇二研究所深海探测装置中的930压力筒的设备制造为依托，针对目前国内深海超高压环境模拟试验装置存在的不足，开展了深海超高压环境模拟与检测试验装置的制造技术研究，突破了大直径超高压模拟试验用承压设备的关键制造技术，为我国深海潜水器等深海装备研发和检测试验提供深海超高压环境模拟试验检测平台，形成重要的技术支撑。

930压力筒设计压力90MPa，使用环境是模拟9km海洋环境压力，温度接近于0℃，内径3m。为满足极端环境要求，设备采用锻焊形式容器，为快速装卸，设备结构采用平盖+剪切块结构，筒体材料选用20MnMoNb锻件。参照JB 4732《钢制压力容器——分析设计标准》进行分析设计，壁厚达到530mm（见图8.6-35、图8.6-36、表8.6-12）。承压设备筒体壁厚530mm，达到或超过国内外制造厂的制造能力极限。通过本项目的研制，二重攻克了超厚壁锻件的制造、焊接、热装、整体加工以及无损检测等技术难点，成功掌握了超厚壁承压设备制造的核心技术，总体技术达到国际先进水平。

目前930压力筒已成功完成4500m载人潜水器钛合金球壳安全性的多次考核试验，为载人球壳的安全性评估提供了重要的试验数据，将为以后"蛟龙号"载人潜水器载人球壳提供重要的试验装备，满足我国高端装备制造领域（如海洋工程装备产业、军工产业、深海钻采产业等）的发展需求，对我国重大工程的发展具有重要意义。

图8.6-34 双超加氢反应器获奖证书

图8.6-35 筒节锻造

图8.6-36 筒节热处理

表8.6-12 930压力筒主要技术参数

设计压力/MPa	90	设计温度/℃	20
最高工作压力/MPa	90	最低工作温度/℃	0
工作介质	淡水	壳体材料	20MnMoNb锻件
容器结构型式	套合式锻焊容器	设备净重量/t	538.765
规格尺寸/mm	φ3000×530×9334		

设备主要特点：

1）通过对壁厚 640mm 模拟筒体锻件试样性能结果的分析，制订出筒体锻件合理的制造工艺参数，成功完成壁厚 530mm 的 20MnMoNb 筒体锻件的制造。

难点：

——筒体壁厚 530mm 超出了 NB/T 47008《承压设备用碳素钢和合金钢锻件》规定的该种材料的壁厚上限 500mm，锻件厚度将达到 560～580mm，要求淬透和锻透，同时材料在近超高压条件下使用，在要求心部强度满足 610MPa 的前提下，还必须保证低温 0℃的冲击吸收能量大于 41J，使得在超厚壁锻件情况下，很难同时满足其力学性能。

——锻件要求满足 UT 检测 I 级合格，筒体锻件均采用 300t 级大锭型。大钢锭的凝固特点以及材料本身的属性决定了钢锭内部偏析大，锻件均质性很难保证。

关键技术：

——为提高锻件心部性能，进行了直径 9000mm× 深度 8000mm 淬火水槽的建造，该水槽可调节水温最低达到 9℃，实现 4500m^3/h 的水循环量。

——实现纯净钢制造，大幅度降低钢中 P、S、Sn、As、Sb、H 等有害元素的含量；制订合适的合金元素配比，保证 C 含量达到 0.20%～0.23%，Mn 含量达到上限。

——进行晶粒细化处理，使晶粒度达到 6 级以上。同时，合理选择热处理制度，获得了良好的综合性能，确保锻件心部性能满足要求。

——采取措施精确控制出钢温度及浇钢温度，及时足量地加入发热剂和保温材料，减轻偏析。

——设计专用工艺及工装方案，采用合理的锻造加热温度、保温时间、主变形方式保证锻件均匀锻透。

2）完成 600mm 深坡口窄间隙焊的模拟试验，优选了焊接材料和工艺参数，实现壁厚 530mm 筒体焊缝的焊接。

难点：

——筒体焊缝深度达到 530mm，TOFD 和 UT 检测质量等级均为 I 级，焊缝质量要求高。传统的窄间隙埋弧焊设备只能焊接 350mm 深度的对接坡口，无法实现 530mm 深坡口连续焊接。

——20MnMoNb 锻件材料强度高，淬硬倾向大，深坡口拘束力大，焊接过程中易产生冷裂纹。

关键技术：

——选用低 H、低 P、低 S 的小线能量进口焊材，保证焊接工艺性，同时防止裂纹产生，并进行焊接工艺评定试验，确定合适的焊接参数保证产品焊缝的强韧性。

——采用专用 600mm 深坡口窄间隙焊机焊接，优化坡口形式和尺寸，以降低缺陷产生的概率和焊接残余应力，提高焊接连续性，不仅保证了焊接质量，而且焊缝一次焊接合格（见图 8.6-37）。

3）计算出大直径厚壁筒体热装最佳过盈量、加热温度及加热时间，采用可调垫铁和限位块确保筒体的垂直度，并设计出尺寸检测工装实现高温下的快速套合。

难点：

——筒节三与热套套筒采用过盈配合，热装筒体直径达到 4060mm，壁厚 370mm，其热膨胀情况无成熟经验,需对过盈量、加热温度及加热时间进行准确计算验证。

——由于热装筒体直径大,确保热装筒体的垂直度及确保高温下热装筒体的快速对中都很困难(见图8.6-38)。

图8.6-37 930压力筒焊接

图8.6-38 筒体热装

关键技术:

——通过查阅资料、总结以往经验及试验验证,成功掌握了热装筒体的过盈量、加热温度及加热时间。

——采取措施,利用可调垫铁和限位块确保热装筒体垂直度及装配位置要求。

——设计出大尺寸筒体尺寸检测工装,成功实现了高温下快速的尺寸通过性检测,确保了热装需要的足够胀量间隙。

4) 研制专用工装和刀具,确定相关的制造工艺和参数,完成了930压力筒的整体加工(见图8.6-39)。

难点:

——设备焊后热处理后需要整体加工,各单件的基准均发生变化,设备水平及垂直基准均需重新建立;设备高度9400mm,外径4800mm,重量463t,找正装夹难度高,对加工设备的系统刚性及切削过程中稳定性要求高。

——整体加工时,设备的重量及高度均接近16m立车加工高度及承载上限,只能在低速区进行切削,且刀架最大悬伸为2900mm,刀具最大切深245mm,而密封面的尺寸精度及表面粗糙度均要求很高,很难满足其精度要求。

关键技术:

——采用激光跟踪仪检验与镗床相结合

图8.6-39 整体加工

的方式，为立车加工建立水平与垂直方向基准。

——设计了专用支撑环、加高支撑架工装，以保证设备加工过程中的稳定性；设计专用刀具、刀杆，以满足椭圆环槽和密封面加工性能要求。

——采用合理的制造工艺，并对各加工部位进行模拟试验加工，确定相关的切削参数，以满足图样加工精度要求。

5）通过对超过标准覆盖厚度范围焊缝 TOFD 检测能力的研究，实现了对 530mm 超厚焊缝的无损检测。

难点：

——筒体焊缝要求进行 TOFD 和 UT 检测，筒体焊缝厚度达到 530mm，超出目前国内射线设备检测能力的最大范围（国内最大射线检测能力 12MeV 电子加速器，设计最大穿透厚度 420mm），且超出 NB/T 47013.2 标准规定的射线检测厚度 400mm 范围。

——筒体焊缝厚度同时超出 NB/T 47013.3 标准规定的 TOFD 检测厚度 400mm 范围和 NB/T 47013.10 标准规定的超声波检测厚度 500mm 范围。

关键技术：

——制作 600mm 试块，完成了对 600mm 焊缝 TOFD 检测能力的研究。

——采用 TOFD 并结合常规超声波检测对 530mm 焊缝进行检测，TOFD 采用双面检测技术，在焊缝内、外表面分别进行检测，单面检测深度为 350mm，并对盲区进行补充检测。对于常规超声波检测，参照 ASME 标准中的规定制作相应的超声波检测对比试块。

该项目获得 2018 年中国机械工业集团科技进步三等奖（见图 8.6-40）。

10. 210 万 t/年延迟焦化装置焦炭塔

二重 2012 年 12 月 7 日与中石化镇海炼化分公司签订的两台 210 万 t/年延迟焦化装置焦炭塔（见图 8.6-41，表 8.6-13），是二重首次生产薄壁超大型复合板制焦炭塔，针对当时国内薄壁超大型复合板制焦炭塔制造技术的不足，开展了相关的制造技术研究。焦炭塔由 SEI 设计。二重通过对板焊裙座和分瓣拼接式锥体直段热装参数进行模拟验证，确定了大直径、薄壁、板焊裙座壳与锥形筒节紧贴搭接结构的制造参数、制造工艺和检验方法；严格控制分瓣锥体的成形质量、制订合理的组焊方案以及拼接焊缝的表面处理技术，实现了超大型焦炭塔薄壁板焊裙座和分瓣拼接式锥体直段的热装。优选了焊接材料和工艺参数，实现 SA-387 Gr.12 Cl.2 母材上镍基的带极堆焊和混合气体保护的药芯焊

图 8.6-40　930 压力筒获奖证书

图 8.6-41　现场吊装中的焦炭塔设备

丝堆焊，并通过优化成形和焊接工艺方案，实现了椭圆形封头（12mm+12mm+1mm）和锥体（12mm+8mm+6mm+3mm）的成形和装焊，实现了筒体环缝埋弧焊，保证了封头、锥体与筒节之间装配精度。设计专用滑动装置和防变形装置，完成了焦炭塔分段立式热处理，保证了总装的顺利进行，实现了椭圆形封头及锥体上 A、B 类焊缝 PWHT 前后的 RT 或 TOFD 检测，通过了焦炭塔的整体压力试验。

表 8.6-13　焦炭塔技术参数

设计压力 /MPa	0.69	设计温度 /℃	475（顶部）/505（底部）
工作压力 /MPa	0.1	工作温度 /℃	最高为 449
工作介质	焦炭、油气、蒸汽等	设备总长度 /mm	40774
全容积 /m³	2471	容器类别	Ⅲ类
容器结构型式	板焊容器	设备净重量 /t	580.366
规格尺寸 /mm	φ9800×（56+3）×27000		
壳体材料	国产复合钢板 SA-387 Gr.12 Cl.2+TP410S		

该项目的产品于 2014 年 10 月在中石化镇海炼化分公司重油加工结构调整改造项目 210 万 t/ 年延迟焦化装置成功投产运行。

设备主要特点：

1）通过对板焊裙座和分瓣拼接式锥体直段热装参数进行模拟验证（见图 8.6-42），确定了大直径、薄壁、板焊裙座壳体与锥形筒节紧贴搭接结构的制造参数、制造工艺和检验方法；严格控制分瓣锥体的成形质量、制订合理的组焊方案以及拼接焊缝的表面处理技术，实现了超大型焦炭塔薄壁板焊裙座和分瓣拼接式锥体直段的热装（见图 8.6-43），且贴合率超过了规范要求。

图 8.6-42　模拟件热装

2）通过优化成形和焊接工艺方案，实现了分瓣椭圆形封头和分瓣锥体的成形和装焊，保证了封头、锥体与筒节之间的装配精度；设计出专用防变形装置，实现了筒体环缝埋弧焊。

3）制作专用热处理炉，以满足分段工件的立式热处理要求。设计专用滑动装置和防变形装置，热处理时将工件立式放于滑动装置上，使工件在受热过程中各方向均能自由延伸，有效控制了工件在热处理时的变形，保证了总装的顺利进行。总装的环焊缝采用远红外电加热方式进行热处理（见图8.6-44）。

图8.6-43　产品热装

最终在厂内完成了整体试压工作，首次实现了焦炭塔整体交货（见图8.6-45）。

11. 首台低温钢容器

2015年二重承接了大连中远船务有限公司4台注射气体压缩吸入涤气器的制造，该项目是二重首台套出口巴西石油公司的容器项目，也是二重迄今为止提供的国内最厚的首套船用低温高压压力容器。

注射气体压缩吸入涤气器（见图8.6-46、表8.6-14）是FPSO（即海上浮式生产储油船）上配置的关键设备。FPSO是目前海洋工程船舶中的高技术产品，广泛应用于远离海岸的深海、浅海海域及边际油田的开发，已成为海上油气田开发的主流生产方式。FPSO通常与钻井平台或海底采油系统组成一个完整的采油、原油处理、储油和

图8.6-44　产品热处理

图8.6-45　整体组装的焦炭塔

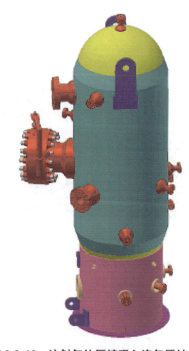

图8.6-46　注射气体压缩吸入涤气器结构图

卸油系统，把来自油井的油气水等混合液经过加工处理成合格的原油或天然气，成品原油储存在货油舱，到一定储量时经过外输系统输送到穿梭油轮。

表 8.6-14 注射气体压缩吸入涤气器主要技术参数

设计压力 /MPa	44.293	设计温度 /MPa	−100/97
工作压力 /MPa	24.960	工作温度 /MPa	40
工作介质	注射气体、H_2S	设备总长度 /mm	6630
容器结构型式	锻焊容器	设备净重量 /t	60.145
壳体材料	国产锻件 + E309LMo+E316L 双层堆焊		
规格尺寸 /mm	$\phi1494\times(245+6)\times3410$		

巴西石油公司项目共 4 台注射气体压缩吸入洗涤器，采用锻焊式制造结构，主体材料是 SA-765 Gr.3（简称 3.5Ni 钢），即可用于 −100℃的有强制韧性要求的压力容器部件用低合金钢锻件，内径 1506mm，筒体壁厚 245mm，封头壁厚 135mm，内壁堆焊 6.5mm 不锈钢堆焊层（E309LMo+E316L）。法兰材料为 SA-522 Type Ⅰ，即可用于 −196℃的低温用 9Ni 合金钢法兰锻件；S.S316L 内件为进行气液分离的规整叶片组件；密封面形式为 10000# 级 SPO 紧凑型法兰密封。

为了满足该项目产品需要，二重主要研发成果如下：

1）研发出 3.5Ni 低温大锻件用钢，产品质量达到了国外同类产品的领先水平，形成二重拥有自主知识产权的制造技术。

2）研发出的一整套合理优化的适用于大厚壁 3.5Ni 低温钢焊接制造工艺（包括大厚壁 3.5Ni 钢的焊接、3.5Ni 钢与 9Ni 钢异种钢焊接、3.5Ni 钢上不锈钢的堆焊等技术），并将埋弧自动焊成功应用到大厚板上，获得强度适中、韧性良好的焊接接头，极大提高了生产效率，产品质量达到了国内外同类产品的领先水平，这不仅在国内该领域压力容器制造上尚属首次，而且在国际上也达到了领先水平。

3）取得了容器制造的 BV 证，打破了国外对厚壁低温高压容器的垄断，实现厚壁低温高压容器制造（包括母材锻件和焊接材料）的国产化，不仅填补了国内该项技术的空白，同时达到了国际领先水平。

设备主要特点：

1）设计方面：在 9Ni 钢材料法兰颈内壁断口附近预先堆焊不锈钢层，焊后热处理后再使其与开口法兰或接管对接焊接，避免 9Ni 钢材料法兰经历热处理；设计设备开口充氮盲板，实现特殊密封形式法兰盲板国产化；优化了气液分离的规整叶片内件组件及其支持件的结构；部分零件的代用设计，解决了国外采购困难的瓶颈。

2）材料方面：首次研制出世界首套 SA-765M Gr.Ⅲ 钢低温涤气器全套大锻件，并按照 ASME 标准和用户技术条件开发出 −101～−80℃的 3.5Ni 型低温压力容器钢及配套制造工艺参数，实现批量化制造，标志着中国二重在 3.5Ni 低温大锻件用钢关键技术研究上取得重大突破，填补了国内 3.5Ni 低温钢制造的空白。

3）焊接方面：首次自主研发出一整套合理优化的适用于大厚壁 3.5Ni 低温钢焊缝焊接的制造工艺，在 245mm 厚 3.5Ni 低温钢上运用后，获得强度适中、韧性良好的焊接接头，各项性能指标满足设计技术条件的要求；首次成功研发出在大厚度 3.5Ni 钢上应用埋弧自动焊的焊接技术，极大提高了生产效率，且整个焊接接头性能良好，焊接接头合格率达 99.5%；首次自主研发出 3.5Ni 钢与 9Ni 钢的异种钢焊接技术，填补了二重在该焊接技术领域内的空白；首次自主研发出 3.5Ni 钢上（E309LMo+E316L）不锈钢堆焊技术，解决母材高镍含量对不锈钢堆焊层的影响，填补了二重在该焊接技术领域内的空白；首次实现厚壁低温钢容器使用焊接材料国产化，焊缝各项性能指标优良；自主设计制造的各种辅助工装，简单有效，保证了产品焊接工作的顺利进行。该设备制造过程见图 8.6-47。

图 8.6-47 注射气体压缩吸入洗涤器制造过程

12. PTA 溶解加氢反应器的设计与制造

精对苯二甲酸（PTA）是聚酯工业的原料。近年来，由于我国聚酯工业的高速发展，造成 PTA 严重短缺。目前国内 PTA 的年需求量已超过世界产量的 1/3，大量依赖进口。为了增加国内的 PTA 产量，近年来，国内不断新增 100 万 t 级以上的 PTA 装置，每年约有 3～6 套新项目开建。PTA 行业发展势头良好。

目前国内市场上的 PTA 装置专利技术主要由英威达公司和中国纺织工业设计院掌握。中国纺织工业设计院在国内申请了专利技术，其设备的设计由该公司自己完成，不需要外包设计。该公司设计的 PTA 反应器二重已成功制造过两台，分别为 60 万 t 精对苯二甲酸工程 PTA 主装置和 150 万 t 精对苯二甲酸工程 PTA 主装置中的 PTA 溶解加氢反应器，但未进行自主设计。英威达是工艺包专利公司，负责提供 PTA 装置的专利技术和工艺包。该公司的专利技术占据了 PTA 行业大约 70% 的份额。较中国纺织工业设计院的技术，英威达公司的 PTA 设备结构更为复杂，内件要求更高。二重装备已成功设计和制造了四川晟达、远东仪化、江阴汉邦、浙江嘉兴以及江苏虹港项目的 PTA 溶解加氢反应器，掌握了 PTA 自主分析设计和制造技术。嘉兴石化有限公司 220 万 t/ 年 PTA 项目溶解加氢反应器（见图 8.6-48、表 8.6-15）是目前国内所设计和制造的内径最大、壁厚最厚的 PTA 装置设备。

a)

b)

图 8.6-48　PTA 装置溶解加氢反应器
a）现场安装图　b）现场吊装作业

设备主要特点：

1）该设备为自主分析设计，需要对设备法兰、筒体、封头进行强度计算，对开口进行补强计算，另外还要对设备结构高应力区进行应力分析计算。设备上封头接管较多，彼此相接较近，需要通过详细的应力分析才能完成。

表 8.6-15　PTA 装置溶解加氢反应器主要技术参数

设计压力 /MPa	12.8	设计温度 /℃	350
工作压力 /MPa	8.7/8.1	工作温度 /℃	最高为 286
工作介质	水、氢气、对苯二甲酸、CO_2	设备总长度 /mm	24211
容器结构型式	锻焊容器	设备净重量 /t	649.393
壳体材料	1.25Cr-0.5Mo-Si Ⅳ +E309L+E347		
规格尺寸 /mm	$\phi5400\times（234+9.5）\times12200$		

2）设备制造难点在上封头，封头为"1+6 瓜瓣"拼接方式，先温成形，成形后再拼接焊接（见图 8.6-49）。封头上异形接管多，焊接难度大，通过优化成形和焊接工艺方案，实现了分瓣封头成形和异形接管的装焊，保证了封头的成形和装配精度，并设计出专用防变形装置，保证了异形接管与封头焊后良好的外形尺寸。

3）设备主体材料为 1.25Cr-0.25Mo-Si，材料淬透性差，大壁厚下材料性能更是难以保证，通过不懈的攻关试验，最终得以满足用户要求。

13. 首台沸腾床渣油加氢反应器：一段加氢反应器

炼油过程中，原油经过蒸馏加工之后剩余的残渣（即渣油）占 50% 左右，因此对渣油进行加工是石油工业发展的需要，目前渣油加工的技术主要为渣油加氢处理技术。提高渣油转化率是目前石油化工行业发展的必然趋势，而沸腾床渣油加氢技术在处理渣油时，渣油的转化率可达 85%，远高于固定床渣油加氢技术 40%～50% 的渣油转化率。因沸腾床渣油加氢装置生产效率较高，生产成本较低，使得沸腾床渣油加氢技术发展最快。

中国石化镇海炼化分公司（以下简称"镇海炼化"）正是在此基础上，对炼油老区进行结构调整和提质升级时，决定新建一套 260 万 t/ 年沸腾床渣油加氢装置。该套渣油加氢装置既是目前世界上沸腾床渣油加氢技术年处理能力最大的装置，也是世界上单套年处理能力最大的渣油加氢装置，采用法国 Axens 公司的专利技术。该套渣油加氢装置建成投产后，可最大程度地提高渣油转化率，降低延迟焦化的负荷，更好地适应原料性质变化，提高轻质油收率，形成镇海炼化炼油板块新的效益增长点，使中国石油炼化工艺技术跻身世界先进行列，有力支撑国家能源战略的实施。

图 8.6-49　封头瓜瓣焊接

镇海炼化 260 万 t/ 年沸腾床渣油加氢装置中最核心的设备为两台加氢反应器。二重于 2016 年 9 月承制了该装置中制造技术难度最大的一段加氢反应器，设计单位为 LPEC。一段加氢反应器于 2018 年 4 月交货，并于 2018 年 5 月吊装就位（见图 8.6-50、表 8.6-16）。

图 8.6-50　一段加氢反应器

设备主要特点：

1）一段加氢反应器进料口、沸腾泵吸入口和沸腾泵返回口共三个管口采用不锈钢直管段与外部管道进行等厚度的对接焊接，催化剂排出口、催化剂加入口和排放口共三个管口采用从国外进口的不锈钢卡兰与外部管道连接，其余管口和两个人孔的法兰连接的密封面形式都为采用八角垫密封的RJ型，所有人孔和开口处的法兰形式都采用整体法兰（IF）或带颈对焊法兰（WN）。

2）一段加氢反应器具有如下四个特点：

——重量最大。该反应器的净重量为2391t，是当时世界上已安装就位的最重加氢反应器。

——材料要求较高。该反应器的工作介质为 H_2、H_2S、NH_3，还含有一定的环烷酸，因此该反应器与工作介质接触部分的材料都

表8.6-16 一段加氢反应器主要技术参数

技术参数名称	一段加氢反应器
设计压力/MPa	21.43/-0.1
设计温度/℃	468/-7
工作压力/MPa	19.24（底部）/18.75（顶部）
工作温度/℃	434
工作介质	HC、H_2、H_2S、NH_3
壳体材料	2.25Cr-1Mo-0.25V，内壁双层堆焊7.5mm的TP.309L+TP.316L，表层TP.316L的有效厚度为3.0mm
规格尺寸/mm	ϕ4850×（322+7.5）×45520
设备总长度/mm	71415.5
容器类别	Ⅲ类
容器结构型式	锻焊容器
设备净重量/t	2391

是316L，且316L的Mo含量≥2.5%，故反应器所使用的316L材料（包括钢板、钢管和堆焊焊材）都需要专门定制，且应满足Mo含量≥2.5%的要求。同时要求筒节、球形封头和过渡段用2.25Cr-1Mo-0.25V钢锻件的UT检测的质量等级为Ⅰ级。

——结构复杂。该反应器在筒体的不同部位设置了ϕ50mm、深237mm的盲孔，且要求盲孔在同一方位角处。同时上封头上设置了7个不同公称直径的开口接管，下封头上设置了11个不同公称直径的开口接管。内件的分配盘和循环杯结构独特，分配盘提升管数量为1006个，循环杯提升管数量为40个，仪表的套管多，且需固定在反应器内。

——制造技术要求高。所有内件在出厂前必须装焊就位，且内件不允许参与壳体的最终焊后热处理，而所有承压焊接接头必须在最终焊后热处理后再次进行TOFD检测或RT检测，因此该反应器必须分三段制造，各段组焊后单独进行最终焊后热处理，热处理后再次进行TOFD检测或RT检测，并装焊相应的内件。同时要求在用户安装现场吊装就位后，内件的降液管和分配盘的制造精度非常高，要求降液管的垂直度偏差每300mm长度不得大于1mm，降液管总长41200mm的垂直度总偏差不得大于41mm；要求分配盘ϕ4610mm的上表面必须水平，分配盘上表面任意两点的最大高度差不大于6mm；循环杯提升管的垂直度偏差每100mm长度不得大于0.5mm。

3）采用"快速精准法"的技术方案在较短的制造周期里制造了世界上同类型加氢反应器中重量最大、长度最长的超大型石化设备，制造周期比国外同类型加氢反应器至少缩短了四个月。

4）进一步优化了2.25Cr-1Mo-0.25V钢的冶炼、锻造和热处理的工艺，实现了2.25Cr-1Mo-0.25V钢的筒节、球形封头和过渡段的成品锻件UT检测的质量等级全部达到了Ⅰ级要求，468℃的高温抗拉强度和高温屈服强度全部达到了设计技术条件的要求，保证了壳体锻件的性能和产品质量优于国内外已经制造的同类型加氢反应器。

5)设计了专用刀具,编制了专用数控加工程序,实现了在普通数控龙门铣镗床上加工出了接管法兰的异形焊接坡口、分配盘的超长径比孔(孔的深度与直径之比达到了6)和筒体上数个ϕ50mm的盲孔。

6)攻克了高 Mo 含量 316L 的堆焊难题,在世界上首次实现了 2.25Cr-1Mo-0.25V 钢上堆焊 316L 后堆焊表层的 Mo 含量≥2.5%的要求。

7)设计了专用工装,创新了内件的装焊工艺,巧妙地解决了分配盘和循环杯在装焊过程中分配盘上的提升管容易损坏和薄壁的循环杯容易变形的难题,快速精准地实现了分配盘和循环杯的装焊工序,极大地缩短了分配盘和循环杯的装焊时间。分配盘上装有提升管的示意图如图 8.6-51 所示。

8)创新了小直径管道的焊接工艺技术,实现了内径为 ϕ38.2mm 的核源保护套管焊接后内侧单边焊缝余高小于 0.1mm 的要求,确保了 $S\phi$38mm 金属球顺利地通过核源保护套管的对接焊接接头处,解决了国内外无法整根制造长度超过 20m 的小直径厚壁无缝钢管的难题。核源保护套对接焊缝打底焊接完成的焊缝如图 8.6-52 所示。

图 8.6-51 分配盘与提升管装配

图 8.6-52 核源保护套管的打底焊缝

9)优化了制造工艺和无损检测工艺,设计了专用工装,解决了焊后热处理后 A 类、B 类焊接接头的 TOFD 检测或 RT 检测、各段壳体组焊后车间的行车不能起吊、各段壳体组焊后环焊缝的局部最终焊后热处理、总装组焊工位处地基的承载等制造难题,实现了 A 类、B 类焊接接头在焊后热处理后的 TOFD 检测或 RT 检测、各段壳体高效快速精准地组焊、超重超长容器在不能移动的情况下分段组焊后环焊缝的局部最终焊后热处理(见图 8.6-53)、容器的水压试验,确保了容器的产品质量和制造进度。

10)采用液压顶升技术和液压板车的升降功能(见图 8.6-54),实现了超重超长容器的装车发运,解决了超重超长容器的装车难题(见图 8.6-55)。

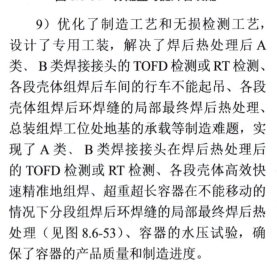

图 8.6-53 分段组焊后环焊缝的局部最终焊后热处理

a)   b)

图 8.6-54 液压千斤顶的顶升

一段加氢反应器的制造成功，标志着公司完全掌握了技术水平高的超大型复杂加氢反应器的制造技术，创造了同类型加氢反应器单台重量最重、长度最长、技术要求最高、制造难度最大、工艺最复杂的多项世界纪录，其制造技术水平展现出公司超强的重装设备制造能力，树立起公司发展新的里程碑，为公司加快产品升级、提升核心竞争力提供了坚强的保障。

图 8.6-55 一段加氢反应器的装车

这台加氢反应器投入使用后，将为我国油品提质升级、推动中国石油炼化技术跻身世界先进行列提供强有力的支撑，成为国家能源安全和美丽中国建设名副其实的"国之重器"，为我国石化产业蓬勃发展增添了新的动能。

14. 首台极限锻焊渣油加氢反应器

浙江石油化工有限公司（以下简称"浙江石化"）在渔山岛舟山绿色石化基地分两期建设 4000 万 t/年炼化一体化项目。其中双系列的 500 万 t/年渣油加氢装置采用了美国 UOP 公司的 RCD Unionfining+RFCC 专利技术，装置共有 10 台锻焊加氢反应器，其内径都为 5800mm，最厚两台的筒体壁厚达到了（352+6.5）mm，筒体锻件达到了现有水压机的锻造极限，属于超大直径超大厚度的极限锻焊加氢反应器。10 台锻焊加氢反应器的设计单位为中石化洛阳工程有限公司（以下简称"LPEC"）。

二重于 2016 年 12 月承制了浙江石化 4000 万 t/年炼化一体化项目一期工程的 500 万 t/年渣油加氢装置第Ⅱ系列的五台 12Cr2Mo1V 钢极限锻焊加氢反应器，于 2018 年 5 月交货，并于 2018 年 6 月全部吊装就位。12Cr2Mo1V 钢极限锻焊加氢反应器如图 8.6-56 所示，主要参数见表 8.6-17。

设备主要特点：

1）五台 12Cr2Mo1V 钢极限锻焊加氢反应器的球形封头都采用整张锻板热冲压成形。

2）第三加氢反应器Ⅱ的内径为 5800mm、筒体壁厚达到了（352+6.5）mm，该加氢反应器是当时世界上直径最大、壁厚最厚的锻焊加氢反应器。

a) b)

图 8.6-56 浙江石化加氢反应器

表 8.6-17 浙江石化加氢反应器主要技术参数

技术参数	第一加氢反应器Ⅱ	第二加氢反应器Ⅱ	第三加氢反应器Ⅱ	第四加氢反应器Ⅱ	第五加氢反应器Ⅱ
设计压力/MPa	21.9/−0.1	21.4/−0.1	20.9/−0.1	20.4/−0.1	20.0/−0.1
设计温度/℃	430/177	435/177	454/177	454/177	454/177
工作压力/MPa	19.21	18.75	18.24	17.73	17.28
工作温度/℃	390	397	410	411	416
工作介质	油、油气、氢气、硫化氢				
壳体材料	12Cr2Mo1V，内壁双层堆焊 6.5mm 的 TP.309L+TP.347，表层 TP.347 的最小有效厚度为 3.0mm				
内径/mm	φ5800	φ5800	φ5800	φ5800	φ5800
切线长度/mm	12500	12500	12500	12500	12500
筒体厚度/mm	330+6.5 的堆焊层	330+6.5 的堆焊层	352+6.5 的堆焊层	344+6.5 的堆焊层	338+6.5 的堆焊层
设备净重量/t	944.7	944.7	993.1	976.2	965.8

3）优化了 12Cr2Mo1V 钢的冶炼工艺，保证 12Cr2Mo1V 钢锻件成品化学分析中 S 为 0.001%～0.002%、P 为 0.004%～0.005%，使得材料的纯净度更高。

4）优化了 12Cr2Mo1V 钢的锻造工艺和性能热处理工艺，实现了超大直径超厚筒节锻件和过渡段锻件的极限锻造，确保筒节锻件和过渡段锻件性能的均质性，筒节锻件和过渡段锻件的室温性能及高温拉伸性能远高于设计技术条件的要求，筒节锻件和过渡段锻件的 UT 检测的单个缺陷当量平底孔直径的质量等级、由缺陷引起的底波降低量的质量等级、密集区缺陷当量直径的质量等级、密集区缺陷面积占检测总面积百分比的质量等级都为Ⅰ级。

5）优化了 12Cr2Mo1V 钢的焊接工艺，设计了超大厚度焊接坡口形式，提高了 12Cr2Mo1V 钢超大厚度焊接接头的焊接效率，确保了 12Cr2Mo1V 钢超大厚度焊接接头的无损检测一次合格。

6）五台 12Cr2Mo1V 钢极限锻焊加氢反应器的制造成功，标志着公司完全掌握了超大直径超大厚度 12Cr2Mo1V 钢极限锻焊加氢反应器的制造技术，创造了锻焊加氢反应器直径最大、厚度最厚、锻件 S 和 P 的含量最低的多项世界纪录，推动了公司在冶炼、锻造、热处理、焊接、无损检测等技术方面的不断创新，使公司的加氢反应器制造技术水平达到了国际领先水平,展现出公司超强的重装设备极限制造能力,为公司加快产品升级、提升核心竞争力提供了坚强的保障。

五台 12Cr2Mo1V 钢极限锻焊加氢反应器安装完毕后,通过了浙江石化、LPEC、安装单位和监理公司的联合检查和鉴定,各项指标均达到了设计要求,产品的制造技术水平领先于国外同类产品。

6.3 二重装备压力容器材料的研制与应用

6.3.1 二重装备加 V 钢材料的研究

高温、高压和高氢分压的加氢装置大型压力容器锻件的主导材料(母材)过去一直是采用号称王牌钢的 2.25Cr-1Mo 钢,20 世纪 80 年代以前主要用于壁厚 280mm 以下的加氢反应器锻件。随着石油精炼装置向高容量、大型化发展,加氢反应器的服役条件更加恶劣。若以此材料生产壁更厚的锻件,心部会析出铁素体,致使材料的高温强度和韧性不能满足要求。因此几十年来国外对 2.25Cr-1Mo 钢材料的研究和工艺优化从未停止过。伴随制造技术的进步,对钢的微合金化、纯净度、均质性、抗氢性和其他综合性能都在不断地进行改善和提高。但是,随着加氢工艺技术的进步,特别是渣油加氢改质和煤加氢液化工艺的不断发展,加氢装置的规模大型化,使反应器的锻件截面尺寸增大,而且加氢设备的使用条件趋于更高温度,进一步提高了对锻件的技术要求。仍采用传统的(也称标准型的)2.25Cr-1Mo)材料已经难以适应发展需要。

故 20 世纪 80 年代以后,日本和美国都率先大力开展新型加氢反应器材料的研制。在众多的升级试验材料中,3Cr-1Mo-0.25V-Ti-B(日本)和 2.25Cr-1Mo-V(美国)两种新材料,则成为众望所归最具潜力的新宠。

新钢种添加了适量的 V、Ti、B,能显著提高钢的淬透性,必然成为大容量大型加氢反应器用钢的方向。新钢种降碳,保证其良好的可焊性;降硅,提高其抗回火脆性的能力;而特别增加的 V、Ti、B 是为了提高其淬透性,细化晶粒,强化金属基体。新钢种的淬透性、抗拉强度、屈服强度、高温强度大幅提高,有良好的韧塑性和抗回火脆化敏感性、耐氢蚀性、焊接性能都很好。

大型煤液化装置和热壁加氢反应器尽管反应介质不同,但其压力容器用钢在国内外研究与应用已基本趋向一致,即采用具有更高强度和在高温下具有更好性能(高温蠕变性能),同时在低温下也具有更好冲击韧度以及抗回火脆性、抗氢脆能力的加钒和微合金化的 2.25Cr-1Mo-0.25V(F22V)或 3Cr-1Mo-0.25V(F3V 或 F3VCb)钢。

加钒改进型 2.25Cr-1Mo-0.25V 钢与标准型的 2.25Cr-1Mo 钢或增强型的 2.25Cr-1Mo 钢以及新发展的 3Cr-1Mo-0.25V 系列钢相比,有以下突出特点:通过微量合金化提高钢的淬透性和钢的强度等级($R_{p0.2} \geq 415\text{MPa}$);具有较高的抗高温蠕变性能,使材料的使用温度也提高一个等级(482℃);具有较高的抗回火脆化能力;具有更好的抗氢侵蚀、氢脆和氢致裂纹的能力;具有非常高的抗不锈钢堆焊层剥离性能。

由于具有上述的优点,故在 20 多年的发展中,加钒改进型 2.25Cr-1Mo-0.25V 钢逐步取代了 3Cr-1Mo-0.25V 钢,成为大型加氢反应器和煤液化反应器的主要用钢,已列入 ASME SA-336/SA-336M 标准(F22V),可以说将热壁加氢反应器锻件用钢发展推进到第四代。

为适应国家产业、产品发展的需要,尽快进入"煤炭气化、液化"及特大型加氢反应器制造这一新领域,建立制造石油化工压力容器生产基地,特别是针对锻焊结构加氢反应器一类的高、精、尖产品,从只能提供低附加值锻件向生产高附加值的整台产品发展,推动焊接水平的提高,以及为核电产品的开发都是非常必要的,为此,二重在2001年进行"大型煤液化装置(加氢反应器)研制"的新产品研发立项,项目编号为J508-3,主要目的是为开发并批量生产大型煤液化装置(加氢反应器)而进行2.25Cr-1Mo-0.25V钢材料及配套焊接材料与工艺研究。

四川省科技厅于2006年2月15日在中国第二重型集团公司主持召开了"煤液化或加氢用超纯净钢材料开发及大型筒体制造技术研究"鉴定会。试验研究结果得到了全国石化设备设计、制造专家的充分肯定,使二重集团公司拿到了2.25Cr-1Mo-0.25V钢制加氢反应器制造的入门证,试验研究达到了预期的结果。形成鉴定意见如下:

中国二重集团公司研究开发的"煤液化或加氢用超纯净钢材料开发及大型筒体制造技术研究"达到了研制大纲要求。研究开发的2.25Cr-1Mo-0.25V钢锻件和焊接接头及堆焊层完全能满足工况为高温、高压、煤液化反应器或大型热壁加氢反应器制造的技术要求,研制水平达到国际先进水平。采用该研制技术组织生产的加氢反应器已取得较好的经济效益和社会效益,填补了四川省煤液化或加氢反应器等重型锻焊结构化工容器制造技术方面的空白。主要研制成果及技术创新如下:

1)通过对新型的2.25Cr-1Mo-0.25V钢进行大量的材料基础性试验研究,提出了合理的炼钢、锻造和热处理工艺方案。以83t钢锭研制成功1:1的模拟产品筒体件,顺利完成工业性生产试验,考核了冶炼、锻造、热处理等工艺的可行性。

2)通过模拟件的全面解剖试验和大量数据证明,筒体锻件的各项考核性能均超过大纲规定指标,特别是韧性储备远远高于技术条件要求,表现出优良的综合性能。

3)冶炼工艺摒弃传统的VCD而采用欧洲最先进的铝复合脱氧新工艺,使钢锭的纯净度达到国际先进水平。钢中微量有害元素P、S、As、Sn、Sb控制及钢中氢、氧的控制达到国外同类产品的先进水平,钢中氮的控制与国外同类产品相当,达到了超纯净钢的要求。

4)筒体锻件的力学性能从近冒口端到近水口端,从表层到中心(分五层),无论是切向、纵向和径向的拉伸、低温冲击都比较均匀,具有优良的均质性。钢的脆化倾向评定试验表明,母材具有极低的回火脆化敏感性。

5)对新型的2.25Cr-1Mo-0.25V钢进行了大量的焊接性试验和焊接工艺性试验,确定了焊接材料和合理的焊接工艺规范。

6)通过模拟筒体的焊接和全面解剖,见证焊缝的各项性能指标,试验结果表明焊缝的各项性能指标远远高于技术条件的要求,焊缝金属的回火脆化系数低($X \leqslant 7.70 \times 10^{-6}$);具有好的常温、高温力学性能和良好的韧性;模拟筒体焊缝脆化倾向评定试验表明,焊缝具有极低的回火脆化敏感性。

7)不锈钢堆焊层的化学成分和各项性能良好,完全满足技术条件要求。

该项研究成果获得四川省2006年科技进步三等奖。

6.3.2 二重装备 1.25Cr-0.5Mo-Si 钢材料的研究

2011 年以前国内生产的 PTA 产品锻件中，1.25Cr-0.5Mo-Si 钢低温冲击韧度往往难以达到设计院所要求的力学性能指标。主要原因有三点：一是对低温冲击韧度的要求不断提高；二是该钢种淬透性很差；三是设备产品的壁厚不断增大，导致冷却条件却越发恶劣。

随着石化技术不断进步，设计院对石化压力容器的技术要求不断提高，对于低温冲击韧度的考核也越来越严苛。表 8.6-18 列举了与 1.25Cr-0.5Mo-Si 钢成分相似的 ASME SA-182M Gr.F11 钢、JB 4726—2000 中的 14Cr1Mo 钢的低温冲击韧度要求，并与国内某设计院对该钢种提出的相关技术要求进行了对比。

表 8.6-18 低温冲击韧度技术要求的变迁

技术要求	试验温度	取试位置	平 均 值	单个试样允许最低值
SA-182M Gr.F11	−18℃	$T/4×T$	≥54J	≥48J
14Cr1Mo	20℃	$T/2×$ 面	≥41J	≥28J
当前设计院要求	−20℃	$T/2×T$	≥43J	≥34J

2011 年，二重开始对 1.25Cr-0.5Mo-Si 钢的三点问题进行研究，着重对低温冲击韧度开展了试验。

1）通常说来，试验温度越低，取试样位置越靠近心部，材料的低温冲击韧度越差。目前设计院规定的试验温度与取试样位置均更为恶劣，虽然冲击吸收能量的验收指标稍低，但根据以往生产中积累的经验，这对低温冲击韧度达标并无实质帮助，通过常规手段要达到设计院的要求十分困难。

2）较低的合金成分限制了该钢种的淬透性。1.25Cr-0.5Mo-Si 钢相对目前常用的 2.25Cr-1Mo 钢及 2.25Cr-1Mo-0.25V 钢的合金含量低，因此淬透性差。研究表明，淬透性强烈地影响该钢种的低温冲击韧度。在相对恶劣的取试样位置要获得要求的低温冲击值，需要精心设计成分和编制热处理工艺。

3）容器壁厚过大，心部低温冲击韧度难以保证。从目前的国外相关资料来看，考虑到 1.25Cr-0.5Mo-Si 钢淬透性较差，容器用钢板的厚度一般不超过 100mm。但随着压力容器不断大型化，锻件厚度越来越大，目前锻件厚度已经超过 200mm，部分甚至接近 300mm。要在这样的厚度下使得性能合格，二重不断开展了更多的工艺性研究和试验。

在新的技术条件要求下，1.25Cr-0.5Mo-Si 钢锻件的制造面临诸多困难，技术资料储备十分匮乏。二重结合在制项目，收集生产中得到的数据，分析汇总，制订合理的热处理方案，具体内容如下：

1.25Cr-0.5Mo-Si 钢锻件的低温冲击韧度难以达标主要是由于淬透性低引起的，而淬透性受到该钢种化学成分的限制，较难调控。针对这一问题，从成分控制和组织优化两方面同时入手，一方面设计更加合理的内控成分，一方面通过锻造、热处理工艺优化，实现组织优化，从而提高其低温冲击韧度。采用弃置的 1.25Cr-0.5Mo-Si 钢筒体开展一系列试验研究，分析该筒节的化学成分、力学性能等，以期掌握提高该钢种的低温冲击韧度的方法。根据试验得到的数据调整热处理方案，在江苏虹港项目的生产中，不断进行数据采集和反馈，最终形成了能够支撑 1.25Cr-0.5Mo-Si 钢锻件稳定生产的可靠技术方案。

厚壁 1.25Cr-0.5Mo-Si 钢锻件研究成果已成功应用于二重承制的虹港石化、远东仪化石化、腾龙芳烃石化、嘉兴石化、汉邦石化等多台 PTA 项目的制造。

6.3.3 大型厚壁容器 16Mn（HIC）钢材料力学性能的研究

近年来，冷高压分离器作为加氢装置的重要设备之一，向着更大型化、厚壁化方向发展。其反应器仍然采用能抗氢诱导裂纹（HIC）和硫化氢应力腐蚀裂纹（SSCC）的 16MnR（HIC），其壁厚已达到 260～280mm。同时，防止冷高压分离器氢脆、氢腐蚀、硫化氢腐蚀等严重损伤，并防止突发事件造成材料破坏，国外专利商不断吸收世界最新研究成果，对大型压力容器材料的纯洁度、均质性和综合力学性能等提出极为苛刻的要求。

为了满足用户苛刻的技术条件，找出影响大型厚壁容器 16Mn（HIC）钢性能的主要因素，二重对 16Mn（HIC）钢的化学成分、热处理制度、截面与力学性能进行了研究。

1. 16Mn（HIC）材料主要技术要求

16Mn（HIC）钢筒体锻件（厚度大于 102mm）的化学成分要求见表 8.6-19。

表 8.6-19　16Mn（HIC）钢筒体锻件的化学成分要求　　　（质量分数，%）

化学元素	C	Si	Mn	S	P	Cu	Cr	Ni	{O}	Ceq
熔炼分析	≤ 0.20	0.20～0.40	1.20～1.30	≤ 0.005	≤ 0.008	0.20～0.30	≤ 0.30	≤ 0.20	≤ 0.004	
成品分析	≤ 0.20	0.20～0.40	1.15～1.35	≤ 0.005	≤ 0.008	0.20～0.30	≤ 0.30	≤ 0.20	≤ 0.004	≤ 0.43

注：1. Ceq =C+Mn/6+（Cu+Ni）/15+（Cr+Mo+V）/5。
　　2. 钢中 Cr、Ni、Cu 含量之和不大于 0.60%。
　　3. 最高 S ≤ 0.002%。

经最终热处理的锻件应按 JB 4726—1994《压力容器用碳素钢和低合金钢锻件》附录 A 的规定，即周向、T×T/2 取样，同时试验样坯需经 620℃×4h 和 620℃×14h 模拟焊后热处理，力学性能满足表 8.6-20 规定。

表 8.6-20　16Mn（HIC）钢筒体锻件的力学性能要求

检验项目	16Mn（HIC）锻件
R_m/MPa	450 ≤ R_m ≤ 550
$R_{p0.2}$/MPa	≥ 275
A_5（%）	≥ 20
KV_2（−30℃）/J	≥ 41（三个试样平均值）、≥ 31（一个试样最低值）
硬度 HBW	≤ 200

注：一组试样包括一件常温拉伸试样、三件 −30℃ 夏比冲击试样。

锻件晶粒度应符合 GB 6394—1986《金属平均晶粒度测试法》的规定，晶粒度不大于 5 级；每件锻件进行抗氢诱导裂纹（HIC）试验及抗硫化物应力开裂性试验。

2. 主要制造关键点

由于用户对 16Mn（HIC）钢锻件要求心部必须有良好的强韧性，即 T×T/2 取样、经

620℃×14h 模拟焊后热处理条件下，强度达到 $R_{p0.2} \geqslant 275MPa$、$R_m = 450 \sim 550MPa$；经 620℃×4h 模拟焊后热处理条件下，−30℃时 $KV_2 \geqslant 41J$，这就存在以下制造关键点：

1）为提高大型、厚壁容器锻件的心部−30℃冲击性能，在标准成分不变的情况下，要保证低温冲击值，就必须降低 C、Si、Cr、P、S、O、N 等对冲击不利元素的含量，而增加 Mn、Ni 等有利元素的含量。

2）由于大型、厚壁容器锻件淬透性限制、回火时间较长，以及满足 620℃×4h 和 620℃×14h 模拟焊后热处理条件，为了防止强度的降低，就必须提高能够耐高温的 C、Cr、Mo 等元素的含量。

3）为防止 HIC 和 SSCC，用户技术条件对钢的碳当量（Ceq）和主加合金元素（Mn）进行了限制。为满足 16Mn（HIC）钢强度，可以提高碳当量和提高 Mn 元素含量来满足。但若 C=0.17%～0.19%（标准上限）、Mn=1.20%（标准中上限），二者的碳当量之和已达 0.37%～0.39%，而标准要求 Ceq ≤ 0.43%，这就必然要求 Ni、Cu、Cr、Mo、V 元素只能达到 0.05% 以下，而一般废钢 Ni、Cu ≤ 0.10% 就很困难，更何况 Cr、Mo、V 元素的整体要求。后与设计反馈，调整 Ceq ≤ 0.48%，解决了上述问题。

综上，必须在不降低材料焊接性能、满足抗 HIC 和 SSCC 要求，并满足其他力学性能指标的基础上进行化学成分、热处理工艺优化。

3. 材料特性的研究

16Mn（HIC）的强度与碳当量有较大的对应关系，其强度可以通过调整碳当量满足，这样既可以确保碳含量不超上限，冶炼时易于控制，也可以发挥其他元素的优势。随着锻件厚度的增加，钢心部冷却能力的下降，其可强化的相份数减少，强度降低；如果要满足其原有的力学性能，必须提高其碳当量以增加钢的淬透性。

$R_{p0.2}$ 与碳当量有较强的对应关系，不当的碳当量可能造成强度的不合格，而 R_m 与碳当量有一定的对应关系，二者随着厚度的增加其对应关系增强。当壁厚在 230mm 时，钢的 $R_{p0.2}$ 具有较大的调节范围，可通过碳当量和热处理两种手段进行调节；而壁厚在大于 300mm 时，钢的冷却速度受到限制，$R_{p0.2}$ 可调节范围大大减小。

生产发现，Mn 是 16Mn 钢提高强度最有效的元素之一，除了起强化基体的作用外，还能有效提高钢的淬透性。当 Mn 达到 1.20%～1.30%，才能保证 $R_{p0.2} \geqslant 275MPa$ 要求。

将材料参照美国腐蚀工程师协会（NACE）标准 TM0284—2003 进行 HIC 试验，试验初始时，H_2S 饱和 0.5% 冰醋酸+5%NaCl 混合溶液的 pH 值为 2.8，试验后溶液的 pH 值为 3.6，温度为 25±3℃，试验时间为 720h。结果显示 16Mn（HIC）筒体锻件抗氢钢抗硫化氢环境氢致腐蚀性能良好，HIC 试验的三项指标（CSR、CLR、CTR）均为零，试样外表面未发现鼓泡现象。

依据国标 GB 4157—2006 进行 SSCC 试验，试验初始时，H_2S 饱和 0.5% 冰醋酸+5%NaCl 混合溶液的 pH 值为 2.7，试验后溶液的 pH 值为 3.8，温度为 24±3℃，平行试样数目 3 件，试验时间为 720h。结果显示，所有试样均未发生开裂，16Mn（HIC）筒体锻件抗氢钢抗硫化物应力腐蚀门槛应力大于 248MPa。

6.3.4 低温钢容器材料的研制

长期以来，国产低温用钢，尤其是大型锻件制造瓶颈一直制约我国低温容器的发展。

由于国内工艺、材料研究的相对落后,以及3.5Ni钢相变复杂和制造难度大等原因,再加上国外对大型铸锻件的材料研制和工艺技术均采取严密的封锁,我国的低温钢制造领域相对落后,主要限于制造薄壁容器(100mm以下),且往往依赖进口材料。

二重依托巴西石油公司项目,按照ASME的材料要求,开展了内径1506mm、壁厚245mm的SA-765M Gr.Ⅲ(简称3.5Ni钢)筒体锻件的研究,保证-100℃时有好的韧性。

由于承接的SA-765M Gr.Ⅲ低温钢锻件属厚壁(热处理厚度将达到285mm以上)小直径(直径小于2100mm)细长(4300mm)锻件,临近现有设备、热处理调质吊具、材料的极限,使得提高锻件低温韧性的工艺措施受到限制,给制造提出极大挑战;为解决制造过程中的技术难题,重点针对-100℃低温韧性、晶粒细化、厚壁钢均匀性等难点技术进行攻关。

经过攻关,开发出-101~-80℃的3.5Ni型低温压力容器钢、280mm厚截面SA-765M Gr.Ⅲ钢淬透性与均质化锻件、冶炼、锻造、热处理等创新技术。突破了大厚壁3.5Ni型低温钢制造、细长(4300mm)小直径(直径小于2100mm)筒体立式淬火、3.5Ni钢细长空心锻件锻造、热处理工艺稳定化与晶粒度控制、纯净钢冶炼等一系列材料、制造技术难题。所研制的3.5Ni低温钢大锻件多项指标均填补国内空白,拥有完全的自主知识产权,居国际领先地位,获得用户的高度赞誉。

1. 材料技术性能指标

锻件的化学成分见表8.6-21。

表8.6-21　SA-765M Gr.Ⅲ钢锻件化学成分　　　　（质量分数,%）

化学成分	分析方法	
	熔炼分析	成品分析
C	≤0.20	≤0.20
Mn	≤0.90	≤0.90
P	≤0.020	≤0.020
S	≤0.020	≤0.020
Si	0.15~0.35	0.15~0.35
Ni	3.3~3.8	3.3~3.8
V	≤0.05	≤0.05
Al	≤0.05	≤0.05
Cr	≤0.20	≤0.20
Mo	≤0.06	≤0.06
Cu	≤0.35	≤0.35

SA-765M Gr.Ⅲ钢锻件经3个周期的模拟焊后热处理(595±5℃×11.4h),按照ASME规范第Ⅱ卷SA-765M第6节两端相对180°取样,力学性能见表8.6-22。

2. 难点和主要研究工作

SA-765M Gr.Ⅲ钢,属3.5Ni铁素体型低温压力容器钢,是-120~-80℃石油和空分制氧设备以及合成氨设备中的甲醇洗涤塔、H_2S浓缩塔、CO_2塔等大型乙烯装置容器设备外壳和部件的主要用钢。-100℃低温冲击指标成为 3.5Ni 钢制造的关键难题,也是低温容器安全使用的最为重要的指标,因 3.5Ni 钢相变复杂和制造难度大等原因,国内低温钢制造一直没有突破,处于 80mm 以下的钢板开发阶段,大型乙烯装置低温压力容器用钢多依赖进口。锻件研究更属全新领域。

表 8.6-22 SA-765M Gr. Ⅲ 钢锻件的力学性能

项 目	数 值
室温抗拉强度 R_m /MPa	485～655
室温屈服强度 $R_{p0.2}$ /MPa	≥260
室温标准 50mm 的延伸率 A（%）	≥22
室温断面收缩率 Z（%）	≥35
-100℃ 夏比（V 型缺口）冲击吸收能量 /J	三个试样平均值≥20 允许其中一个试样值≥16
硬度 HBW	≤265

注:按 SA-370 进行硬度检测,检测的试件应经 1 个周期的模拟焊后热处理。

同时,SA-765M Gr. Ⅲ 钢低温涤气器外壳锻件外形特殊,属厚壁(热处理厚度将达到 285mm 以上)小直径(直径小于 2100mm)细长(4300mm)锻件,临近现有设备、热处理调质吊具、材料的极限。其锻件大型化和厚壁化尚属国内首次,使得提高锻件低温韧性的工艺措施受到限制,给制造提出极大挑战,其制造难点包括:

1）二重首次制造 ASME SA-765 钢种,技术指标极高,严格按照 ASME SA-765 取样,要求 -100℃ 的冲击韧度指标达到:三个试样平均值≥20J,一个试样最低值≥16J,并要求满足适当强度。需要进行新材料研制。

2）锻件精加工厚度为 245mm,调质厚度达到 285mm,其淬透性较差,限制了锻件性能的提高。

3）锻件外形特殊,属厚壁、小直径(直径小于 2100mm)细长(4300mm)锻件,超出现有热处理调质吊具极限,采用卧式淬火势必淬透性不足,必须设计专有的热处理淬火冷却吊具。如何控制工件热处理淬火过程中稳定、变形和满足快速淬火的要求,也是锻件制造过程中的一个难点。

4）该锻件要求进行细长筒体锻造,合金元素较高,高温塑性较差,锻造拔长时,易出现马蹄形和锻造裂纹,控制较难。

为了克服难点,保证锻件满足预期的使用要求,首台大型低温容器用锻件采取了制造保证措施,并相应开展 SA-765M Gr. Ⅲ 低温钢锻件及配套焊接材料与工艺的研制工作:

1）查阅相关的文献资料,根据目前 SA-765M Gr. Ⅲ 低温钢材料研制经验提出锻件的内控成分,将有害元素 P、S、As、Sn、Sb、O、H 等元素降到最低,同时提高淬透性元素的含量。

2）开展了"SA-765M Gr. Ⅲ 低温钢锻件的研制"攻关工作,以解决基础性材料与制造工作,重点针对 -100℃ 低温韧性、晶粒细化、厚壁钢均匀性等难点技术进行攻关。

3）3.5Ni 低温用钢首次制造,无相关类似钢种经验,为了确保工艺的可行性,投制了

一件尺寸为 $\phi1520/\phi2110\text{mm}\times2160\text{mm}$ 的 83t 等比例模拟件进行试制。

4）立式淬火吊具抱紧装置设计、制造。SA-765M Gr.Ⅲ 钢筒体与封头锻件批量化制造技术研究。

5）2014 年在完成试制件的同时，继续优化工艺，开展 SA-765M Gr.Ⅲ 钢容器、8 件封头稳定化的制造，以及 4 套接管、法兰批量开发工作。

6）进行容器的焊后热处理研制工作。

生产结果表明根据研究结果所制订的工艺是合理的，过程控制是成功的，从后工序质量反馈信息也充分说明钢锭质量良好，成分控制合理，达到了产品质量要求，巴西超低温钢项目炼钢工艺技术攻关取得了成功。图 8.6-57、图 8.6-58 为制造过程中的照片。

图 8.6-57　锻件筒体调质

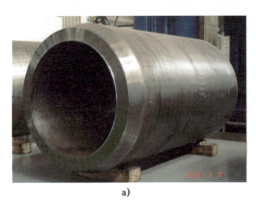
a)

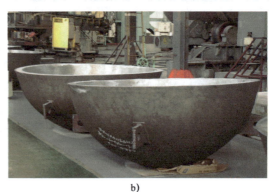
b)

图 8.6-58　筒体、封头产品图
a）筒体　b）封头

6.4　二重装备压力容器技术改造和工艺装备的发展

6.4.1　厂房技术改造

6.4.1.1　德阳重型容器厂房（见图 8.6-59）

随着二重压力容器产品制造技术的发展，在充分利用二重的生产能力和技术优势的基础上，为承制各类大型锻焊结构化工容器和核动力容器，根据国家发展和改革委员会发改工业〔2004〕2015 号《国家发展改革委关于中国第二重型机械集团公司提高国家重大技术装备设计制造水平改造项目可行性研究报告的批复》以及四川省经济委员会文件川经技改备案〔2006〕30 号《关于中国第二重型机械集团公司重型容器分厂二期技术改造项目备案通知书》，针对重型压力容器生产中的焊接、机械加工等主要生产能力的薄弱环节，及其相应的公用配套设施进行技术改造。在德阳生产基地新建了重型容器厂房一期工程和二期工程。

图 8.6-59 德阳重型容器厂房

重型容器厂房一期工程于 2003 年正式开始建设，2005 年建成全面投产。建成后的重型容器主体厂房面积 14400m²，包括 36m 跨 180m、33m 跨 240m，主体厂房内设置焊接、机械加工、热处理、水压试验等工位，配套建有办公楼、热处理炉、9MeV 高能射线探伤室、喷丸室、水处理站、循环水池等压力容器生产所需的配套设施，新增建筑面积共 25331m²，新增起重运输、焊接、机械加工、热处理、喷丸、清根磨锉机等工艺设备以及 9MeV 直线加速器、多通道数字超声波探伤仪、X 射线荧光分析仪、氧氮分析仪等检测设备共计 224 台套。

重型容器二期厂房 2006 年 12 月正式开始建设，至 2012 年 12 月底建设完成，建成后的重型容器二期主体厂房（33m×96m+36m×96m+24m×120m），配套职工休息室、6MeV 高能探伤室及办公室、热处理炉基础及炉子间、焊材库、区域工程、60#、62#、63# 铁路线改造等项目，共计完成建筑面积约 14128m²；新增起重运输、焊接、热处理、6MeV 直线加速器、Co60γ 射线探伤机、Ir192γ 射线探伤机、（320V、250V）X 射线探伤机等 15 种 62 台设备。

建成后德阳重型容器厂房具备容器主体生产厂房面积 25000m²，包括 36m 跨 300m、33m 跨 336m、24m 跨 120m。起重能力 550t、360t、250t、200t、150t、100t、50t。

6.4.1.2 镇江基地重型容器厂房

2008年，二重在江苏省镇江市新增土地1150亩，新建核电、石化容器和成套产品等产品精加工及组焊、组装车间，新增建筑面积10万 m²，新增起重设备（其中最大起重设备起吊能力850t）、超级加工中心、数控立车、数控镗铣床等加工设备，自动磨锉机、液压胀管机、变位器、封口自动氩弧焊机和大型焊接设备及热处理炉等关键生产设备，建设3万～5万t重件码头及3000t内河物流码头，新增35kV降压站、3～5km厂内运输铁路等配套设施。通过江苏镇江重型装备精密组装发运出海口基地建设，形成年产5套（含德阳制造基地制造能力）核电锻件、1万t大型石油化工设备、7000t其他产品和3～4套冶金等成套产品组装能力，以满足我国核电和石化等行业对装备的大型化、高效化要求，极大地提高了国际竞争能力。

镇江基地于2008年开工建设，2012年建成投产，投资近40亿元，占地3000亩，由重装码头和陆地工厂两大部分组成（见图8.6-60）。拥有超大型石化容器设备、核电设备、重大成套装备、海洋资源开发设备的超强制造能力。具有年吞吐量达130多万t的中转运输能力，是长江岸线上国际一流的特大、超限重型装备制造基地和重大件江海联运的现代物流中心。其中，镇江基地重型容器厂房（见图8.6-61）主体厂房4连跨厂房面积65000m²，包括3跨36m×360m以及1跨33m×380m，厂房起重能力1700t，配备850t、500t、320t、200t等共16台起重设备，配套建有职工休息室、热处理炉、12MeV高能射线探伤室及办公室、喷丸室、水处理站等压力容器生产所需的配套设施，以及近百台高端焊接设备和机械加工设备。

图 8.6-60 二重镇江基地

a)

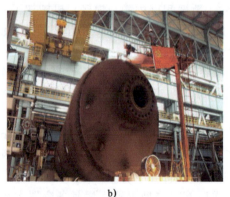

b)

图 8.6-61 镇江基地重型容器厂房

6.4.2 制造及工艺装备能力

6.4.2.1 冶炼能力

目前,二重的冶炼技术和能力均处于国内领先、世界一流水平。通过合理组织,具备一次性提供 1000t 钢水的冶炼能力,成功冶炼 650t 钢锭。采用高功率电炉粗炼钢水、钢包炉真空精炼、真空注锭工艺,可冶炼加钒钢、铬钼钢为代表的各类容器用钢。主要冶炼设备见表 8.6-23 及图 8.6-62～图 8.6-65。

表 8.6-23 二重装备主要冶炼设备

序号	设备名称	规　格	数量	投产年限	备　注
1	80t 电炉(EAF)	极限容量 120t	1	2006 年	
2	60t 电炉(EAF)	极限容量 90t	1	2008 年	
3	40t 电炉(EAF)	极限容量 60t	1	2006 年	
4	10t 电炉(EAF)	极限容量 13t	1	2006 年	
5	40t 钢包精炼炉(LRF)	极限容量 60t	1	2006 年	
6	150t 钢包精炼炉(LRF)	极限容量 170t	2	2006 年	双工位
7	真空铸锭室	200t	4	1985 年	
8	真空铸锭室	400t	1	1985 年	
9	真空铸锭室	650t	1	2006 年	
10	真空铸锭室	100t	4	1985 年	
11	500kg 蒸汽喷射泵		1	1985 年	

图 8.6-62　150t LRF 钢包精炼炉

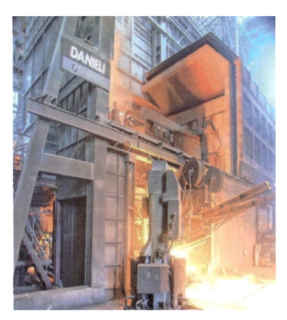

图 8.6-63　80t 电弧炉

图 8.6-64　650t 真空铸锭　　　　图 8.6-65　五包浇筑壮观场景

6.4.2.2　锻造能力

目前，二重可锻造 650t 钢锭，生产 400t 级锻件，年产锻件 12 万 t。160MN 和 125MN 双万吨水压机形成世界一流的超强锻造能力。

主要的锻造设备：

（1）160MN 水压机（见图 8.6-66）

公称压力：160MN

最大锻件重量：400t

最大环形件：ϕ7500mm

最大筒形件：ϕ7100mm

（2）125MN 水压机（配 400t 操作机，见图 8.6-67）

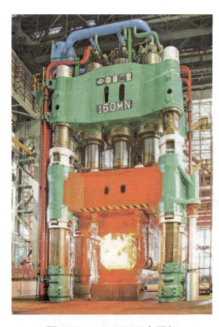

图 8.6-66　160MN 水压机　　　　图 8.6-67　125MN 水压机

公称压力：125MN

最大锻件重量：300t

最大环形件：ϕ5800mm

最大筒形件：ϕ5100mm

二重自主设计、制造、安装的全球最大的800MN大型模锻压机（见图8.6-68），主要产品覆盖航空航天、石油化工和能源等重要领域。

6.4.2.3 机械加工能力

二重的机械加工设备数量多、规格全、等级高，加工能力和水平均国内领先，数量众多的立车形成年400件以上筒节的加工能力。拥有 ϕ180mm、ϕ200mm、ϕ250mm、ϕ260mm 数控落地铣镗床，5m×17m 数控龙门铣镗床群，ϕ9m 重型内外立柱数控立车；ϕ16m、ϕ14m、ϕ9m、ϕ6.3m、ϕ5m、ϕ4m 数控立车，ϕ6.3m、ϕ9m 普通立车等各种立车40多台；ϕ9.6m、ϕ16.5m 数控组合机床，ϕ3.15m×33m 重型车床，ϕ5.5m×20m 重型数控车床，数控加工中心和上千台各种小型加工设备（详见表8.6-24、图8.6-69～图8.6-71）。极限加工能力：

立车：最大加工直径16m，最大高度12.5m，最大承重650t；

卧车：最大加工直径5.5m，最大长度33m，最大承重500t。

图 8.6-68　800MN 大型模锻压机

表 8.6-24　二重主要机械加工设备

序号	设备名称	型号	数量	规格
1	数控双柱式立车	NC ϕ10/14	4	工作台：ϕ10m，加工尺寸：ϕ14m×6.3m
2	数控立车	TVM450/S-63/30	2	加工尺寸：ϕ9.6m×9m，承重：320t
3	数控双柱式立车	DKZ6.3	10	加工尺寸：ϕ6.3m×2.5m
4	数控动梁龙门铣床	5.5A.R.M.M	1	5500mm×17000mm
5	数控动梁龙门铣床	4.5 Master head	2	4500mm×17000mm
6	数控龙门铣镗床	20-10FP500CNC	1	5000mm×17000mm
7	数控龙门铣镗床	XKA2150×170	1	5000mm×17000mm
8	ϕ260mm 数控落地铣镗床	W260HB/NC	2	主轴直径：ϕ260mm，工作台尺寸：20000mm×6000mm，承重：120t
9	ϕ250mm 数控落地铣镗床	W250HB/NC	2	主轴直径：ϕ250mm，工作台尺寸：20000mm×6000，承重：80t
10	ϕ200mm 数控落地铣镗床	W200HB/NC	4	主轴直径：ϕ200mm，工作台尺寸：6000mm×7500mm，承重：60t
11	ϕ160mm 数控铣镗床	NS231F4-12.05	6	主轴直径：ϕ130mm，工作台尺寸：1800mm×2000mm，承重：25t

图 8.6-69 φ13m 重型数控立车

图 8.6-70 φ16m 双立柱重型数控立车

6.4.2.4 成形及焊接能力

二重拥有以重型卷板机、ESAB 公司焊接设备为代表的、满足各类容器制造要求的成形和焊接装备（见表 8.6-25、图 8.6-72～图 8.6-76），拥有一大批高水平、高技能的成形、组装和焊接操作者队伍，能力和经验可满足各类容器制造要求。

图 8.6-71 φ260mm 数控落地镗床和 φ16m 数控立车组成数控联合加工中心

表 8.6-25 二重主要成形和焊接设备

序号	装备名称	规格型号	备注
1	窄间隙焊机	MKG-1400	
2	窄间隙焊机	Cab 600C 6m×6m	
3	窄间隙焊机	HNG-S600	
4	窄间隙焊机	HNG-300	

（续）

序号	装备名称	规格型号	备注
5	交直两用窄间隙焊机	HSS-300/250W（MKG-1400）	
6	双丝窄间隙埋弧焊机	HSS-300W 6m×6m	
7	窄间隙MAG焊接系统	MAG-300	
8	8m×10m窄间隙焊机	CaB 815 10m×8m MTR	
9	8m×6m带极堆焊机	CaB 600M 6m×8m MTR	
10	带极堆焊操作机	CaB 460 4m×5m	
11	带极堆焊操作机	CaB 460 7m×5m HCJ	
12	90°弯管内壁堆焊机	WGHJ-2	
13	直弯管内壁堆焊机	ARC-GND-1	
14	小管内壁堆焊机	HZU-350S	
15	马鞍形埋弧自动焊机	MZMA1600×180-E	
16	深孔内壁TIG CO_2堆焊机	HZV-350S	
17	热丝TIG自动焊接系统	CNEG	
18	TIG焊接用直流电源	P30068	
19	焊接变位器	250t	
20	翻转式变位器	150t	
21	焊接变位器	120t	
22	焊接变位器	100t	
23	焊接变位器	60t、30t、10t	
24	焊接滚胎	可防窜动	80t/150t/200t/350t/400t/500t/800t/1000t/1250t/1500t/2000t/2500t/3000t
25	三辊卷板机	200mm×4000mm、220mm×4000mm	进口

图 8.6-72 筒体内壁堆焊

图 8.6-73 封头内壁堆焊

图 8.6-74　ESAB 窄间隙焊接

图 8.6-75　德阳基地数控三辊卷板机（一）　　图 8.6-76　德阳基地数控三辊卷板机（二）

6.4.2.5　热处理能力

二重具有先进的热处理工艺技术，技术能力达到国内和世界领先水平。拥有高等级的热处理设备，热处理炉、淬火水槽和油槽规模能力国内居首。与容器相关的主要热处理炉和淬火系统见表 8.6-26 及图 8.6-77～图 8.6-81。

表 8.6-26　二重热处理炉

序　号	设备名称	数　量	规　格
1	大型性能热处理炉	2	7.5m×7m×14m，温控精度 ±5℃
2	大型性能热处理炉	2	7m×6m×14m，温控精度 ±5℃
3	大型性能热处理炉	3	6.5m×6m×12m，温控精度 ±5℃
4	大型性能热处理炉	1	6m×6m×10m，温控精度 ±5℃
5	大型性能热处理炉	1	6m×5m×9m，温控精度 ±5℃
6	环形热处理炉	1	ϕ6.5m×6m，温控精度 ±5℃
7	性能热处理淬火系统	1	淬火水槽 ϕ9m×8m 循环水量 4500t/h 淬火行车 320t

（续）

序号	设备名称	数量	规格
8	性能热处理淬火系统	1	淬火水槽 φ8m×8m 循环水量 3000t/h 淬火行车 250t
9	焊后最终热处理炉	1	最大规格 30m×10m×11m
10	台车式 1 号热处理炉	1	8m×9m×30m，最大工件重量：2000t
11	台车式 2 号热处理炉	1	9m×10m×15m，最大工件重量：1200t
12	台车式 3 号热处理炉	1	6.5m×7m×12m，最大工件重量：800t

图 8.6-77 镇江基地台车式热处理炉

图 8.6-78 局部热处理

图 8.6-79 现场立式热处理

图 8.6-80　封头淬火处理　　　　　　图 8.6-81　筒体淬火处理

6.4.2.6　理化检验试验能力

二重具有完备的理化检测能力，涵盖产品理化试样的加工、热处理、化学分析、力学性能检测、金相分析，拥有各类检验设备 200 余台，已经通过中国合格评定国家认可委员会（CNAS）认可和美国国家航空航天和国防合同方授信项目（NADCAP）认证，检测能力居于国内同行前列，完全可以满足产品理化检测的需要（见表 8.6-27 及图 8.6-82～图 8.6-85）。

表 8.6-27　二重理化检测设备

设 备 名 称	型 号 规 格	用　　途
全谱直读电感耦合等离子发射光谱仪	IRIS Intrepid Ⅱ XSP	定量光谱分析
等离子发射光谱仪	Optima 7000DV	定量光谱分析
X 射线荧光分析仪	AXIOS	定量光谱分析
多基体光电直读光谱仪	LAB LAVM10	定量光谱分析
高频红外碳硫分析仪	CS200	碳硫分析
高频红外碳硫分析仪	CS600	碳硫分析
氧氮分析仪	TC-600	氧氮分析
氢含量分析仪	RH600	氢含量分析
电液伺服疲劳试验机	INSTRON 8801	低频疲劳试验
电液伺服疲劳试验机	INSTRON 8802	低频疲劳试验
电液伺服疲劳试验机	INSTRON 8803	低频疲劳试验
高频疲劳试验机	370.10 型	高低频疲劳试验
高频疲劳试验机	QBG-100	高频疲劳试验
电子万能试验机	CMT5305	室温和高温拉伸
微机控制电子万能试验机	UTM5305	室温和高温拉伸
万能材料试验机	WDW-300C	室温拉伸
万能材料试验机	WAW-600B	室温拉伸

（续）

设 备 名 称	型 号 规 格	用 途
冲击试验机	SI-1M	冲击试验（步冷试验）
冲击试验机	ZBC2452-C	冲击试验（步冷试验）
摆锤式冲击试验机	PTM2302	冲击试验（步冷试验）
落锤试验机	WCJ-1100	落锤试验
低温箱	XD-45-150F	低温冲击试验
高温蠕变持久试验机	RDL-50	蠕变持久试验
数显维氏硬度计	FALCON505	维氏硬度测试
数显布氏硬度计	400HBS-3000A	布氏硬度测试
数显洛氏硬度计	9000RS	洛氏硬度测试
扫描电子显微镜	VEGA3-LMH	微观断口分析
能谱仪	Bruker Nano GMBH Quantax 200 Xflash 5010	微区成分分析
金相显微镜	DMI5000M	金相分析
金相显微镜	OLYMPUS GX51	金相分析
显微硬度计	BUEHLER Micromet 6040	显微硬度试验
铁素体含量测定仪	MP30E-S	铁素体检测
金相试样磨抛机	MP-2A	晶间腐蚀
模拟热处理炉	MR-20	步冷处理
高精度程控热处理电阻炉	RX3-18-12	热处理

图 8.6-82 光电直读光谱仪

图 8.6-83 X 射线荧光光谱仪

图 8.6-84　全谱直读电感耦合等离子发射光谱仪

图 8.6-85　摆锤式冲击试验机

6.4.2.7　无损检测能力

目前二重拥有超声、磁粉、射线、TOFD 和相控阵等各类先进的无损检测设备，设备种类多、功能覆盖面广，能满足各种类型产品零件的检测要求；拥有优秀的检测人员，掌握了各种先进的检测技术（见表 8.6-28 及图 8.6-86）。

表 8.6-28　二重重要的无损检测设备

序号	名　　称	型　号	数量	备　　注
1	9MeV 直线加速器	DZ-9/3000	2	透照厚度 76～400mm
2	12MeV 直线加速器	DZ-12/5500	1	透照厚度 76～450mm
3	6MeV 直线加速器	DZ-6/1000	2	透照厚度 76～300mm
4	γ 射线探伤机	YG-60S	1	透照厚度 120mm
5	γ 射线探伤机	Co-60（200Ci）	1	透照厚度 120mm
6	γ 射线探伤机	YG-60S（100Ci）	1	透照厚度 120mm
7	γ 射线探伤机	YG-192S	1	透照厚度 80mm
8	γ 射线探伤机	YTS-3	1	
9	γ 射线探伤仪	TS-IA	1	
10	X 射线探伤仪	XXG-2505	2	
11	X 射线探伤仪	XXG-3205	2	
12	Z-Scan UT 超声检测仪	ZSUT-8LN	1	
13	TOPAZ 相控阵超声检测仪	TOPAZ 32/128PR	1	
14	相控阵超声检测仪	OmniScan	1	
15	相控阵超声检测仪	Phascan	2	
16	超声波探伤仪	HG-D100	7	

(续)

序号	名称	型号	数量	备注
17	超声波探伤仪	HG-D102C	8	
18	超声波探伤仪	HS511	11	
19	超声波探伤仪	HS616e	8	
20	超声波探伤仪	USN60	4	
21	超声波探伤仪	PXUT-360B+	6	
22	中心孔磁粉探伤设备	ISOTEST 100 SONDER	1	
23	磁粉探伤仪	HG-AFO	7	
24	磁粉探伤仪	HG-CT-Ⅱ	12	
25	磁粉探伤仪	MP-A2L	12	
26	三相全波整流移动式磁粉探伤仪	FWDC-4000	5	
27	无损探伤透照室	—	3	12m×12.5m

6.4.2.8 运输能力

二重德阳基地主要采用公路运输，采用液压组合式挂车。镇江基地码头 1 万 t 级重件吊装泊位，利用重型容器厂房的 2 台 850t 桥式起重机，具备一次装卸单重 1700t 设备的能力；3 万 t 级重件滚装泊位，具备 2000t 级以上设备滚装能力；5 万 t 级海船泊位，具备散装和集装货物装卸能力。实现货物的江、海、公路、铁路联运和中转（见图 8.6-87）。

图 8.6-86 12MeV 透照室（12m×12.5m×27m）

图 8.6-87 重型压力容器装船

6.5 二重装备压力容器检验技术发展

6.5.1 二重装备理化检验技术发展

二重理化检测技术始于 20 世纪 60 年代，至今已有 50 余年，先后为国家多项重点工程提供理化检测技术支撑和检测业务，参与编制行业标准、二重标准数十项。在铸锻件、模锻件等理化检测领域有强劲的技术实力与丰富的经验。目前共有理化检测人员 75 人，其中高级工程师 8 人，工程师 8 人，技师 7 人，持证人员 42 人。

二重建厂时，锻冶处 5 室进行理化检测，后来更名为中心实验室，1982 年归于大型铸锻件研究所，2012 年归于检测中心。自 20 世纪 60 年代末至 90 年代初，先后引进苏联大型摄谱仪、测微光度计、美国贝尔德 DV-2 光电直读光谱仪、美国力可公司 CS44 高频红外碳硫仪、TC136 氧氮分析仪、RH402 氢分析仪、PE702 原子吸收光谱仪、荷兰飞利浦 PW1606 X 射线荧光光谱仪、岛津扫描电镜、膨胀仪等大型精密仪器，检测范围覆盖矿石、铁合金、黑色金属、高温合金等领域。这期间，先后为二重的葛洲坝项目、宝钢 2050 生产线、5m 轧机、攀钢酸洗机组、川化 20 万 t/年合成塔等重点项目提供了检测支撑。

2000 年以后，随着二重生产结构的战略转型，在技改及以后的能力建设过程中，又先后引进 LAB LAVM10 多基体光电直读光谱仪、AXIOS X 射线荧光光谱仪、IRIS Intrepid Ⅱ XSP ICP 全谱直读电感耦合等离子发射光谱仪、CS200 红外碳硫仪、OPTIMA 7000DV 全谱直读电感耦合等离子发射光谱仪、RH600 定氢仪、TC600 氧氮仪、CS600 红外碳硫仪、INSTRON 8800 全系列疲劳试验机、INSTRON 示波冲击试验机、MTS 高周疲劳试验机、Leica DMI5000 金相显微镜、Linseis 膨胀仪、Tescan 扫描电子显微镜等各类分析仪器，新增了铜合金、铝合金、钛合金、耐火材料等检测能力，并承担公司内部环境监测任务，是重机行业内检测范围最广的实验室之一。

2014 年 3 月，二重检测中心首次取得 CNAS 证书（证书号 CNAS CL3796），并在 2017 年和 2019 年两次顺利通过了复评审（见图 8.6-88）。目前最新 CNAS 证书包括理化、无损、计量和几何量专业，CNAS 证书的取得，标志着中心实验室已建立了符合国际标准的质量管理体系，实验室具备了按照有关国际标准进行校准/检测的技术能力。

图 8.6-88　二重取得的 CNAS 证书

2011年取得Nadcap热处理专业认证，2018年9月，二重装备检测中心成功通过Nadcap材料测试实验室认证，并获得Nadcap材料测试实验室认证证书，标志着公司检测中心理化实验室能力达到了国际认可水平，跻身国内34家Nadcap材料测试实验室之一，具备了执行GB国标和ASTM美标试验方法的能力（见图8.6-89）。

2019年取得商发公司认可。

近年来，通过增能力、提效率、保质量，为二重在核电产品、容器产品、航空产品、冶金装备制造等领域的理化检测做出了卓越贡献。

图8.6-89　二重取得的Nadcap热处理专业认证证书

6.5.2　二重装备无损检测技术发展

二重无损检测技术始于20世纪60年代，至今已有50余年，先后为国家多项重点工程提供无损检测技术支撑和检测业务；先后获得省部级以上技术攻关3项，参与及独立编制国家标准、行业标准数十项。在铸锻件、焊缝、结构件等无损检测领域有强劲的技术实力与丰富的经验。二重无损检测人员最多时，达到157人，目前共有无损检测人员77人，其中正高级工程师2人，高级工程师1人，高级技师14人，技师10人，Ⅲ级持证人员7人，共计Ⅲ级证书10项，技术人员中有四川省无损检测标准化委员会委员及全国无损检测标准化委员会委员。

1979年，先后进口USIP、USM、USK等系列超声波检查设备20多台，20世纪90年代成为$\phi300mm$和$\phi400mm$人造水晶高压釜、加氢反应器、小化肥等超高压、高压容器锻件内部缺陷质量控制的主要检测设备。EZB/N 45《高压釜零部件的超声探伤》和EZB/N 46《高压釜零部件的磁粉探伤》两项标准中主要内容，直接被国家《超高压容器安全技术监察规程》引用，并一直沿用至今。

随设备同时引进超声检测用探头和AVG检测技术，并聘请国外无损检测专家或派出自己无损检测人员进行培训，大大提升了国内大型厚壁锻件超声检测技术，使中国二重超声检测装备和检测技术能力迅速赶上国际先进水平，至今二重常规超声检测AVG检测技术仍保持国内领先水平。

1985年，在国内第一批引进美国瓦里安9MeV直线加速器，1989年用于二重为四川化工集团制造的20万t/年卧式氨合成塔焊缝的射线检测，掌握了厚壁焊缝的射线检测技术。

1998年开始，为了适应二重大规模制造大型压力容器的检测需要，二重无损检测在人员、技术和设备上也进行相应的投入。

射线检测目前有Ir192/Co60射线源、X射线探伤仪、6MeV/9MeV/12MeV直线加速器等射线检测设备。在压力容器厚壁焊缝射线检测应用上，二重无损检测人员不断创新，开展如"大型容器射线检测远程控制""三点布片"等实用性项目的攻关。至今，在厚壁焊缝射线检测技术上，仍保持国内先进水平。

2006 年引进 R/D Tech 公司 MS5800 大型 TOFD 检测设备和 OmniScan 相控阵检测设备，是国内最早应用 TOFD 检测技术的企业之一。当时，国内还没有 TOFD 检测的国家或行业标准，按照特种设备检验规程要求，二重质量部探伤科编制了二重企业标准 Q/EZB 2373.1—2006《对接环焊缝超声波衍射时差技术（TOFD）标准》送全国压力容器标准化技术委员会审查、备案，是国内第一批获得批准的四家企业之一。在内蒙古神华煤制油基地，由于二重制造的大型压力容器焊缝厚度大，普通 X 射线无法满足检测要求，二重采用 TOFD 技术成功完成了异地组装焊缝检测，开启了二重 TOFD 技术应用的先河（见图 8.6-90）。

自 2007 年开始，先后进行了 350mm 厚、600mm 厚 TOFD 检测的应用研究，进行了 250mm、380mm 厚 TOFD 再热横向裂纹检测系列研究，并成功应用于产品上。2017 年，有力支撑了世界最大的容器产品——镇海炼化 260 万 t/ 年沸腾床渣油加氢装置的出产。

2008 年，与四川大学联合开展了回旋体自动超声波探伤技术研究，提高了筒体、轴类件的超声检测效率，获得国家发明专利两项。

在将 TOFD 检测技术应用于现场生产检测过程中，也在开展相控阵检测相关研究，2017 年，成功应用于奥氏体不锈钢焊缝的检测。

2018 年开始，开展马鞍形焊缝相控阵检测技术研究（见图 8.6-91），并取得初步成功，正在制定企业标准，为加强容器马鞍形焊缝的质量控制不断努力。

图 8.6-90　大型容器产品 TOFD 检测　　　　图 8.6-91　马鞍形焊缝相控阵检测研究

目前二重拥有超声、磁粉、射线、TOFD 和相控阵等各类先进的无损检测设备，设备种类多、功能全、覆盖面广，能满足各种类型产品零件的检测要求；拥有优秀的检测人员，掌握了各种先进的检测技术，未来将继续为二重压力容器的制造贡献力量。

6.6　二重装备压力容器标准化研究与发展

6.6.1　二重装备标准化研究与发展概况

二重的标准化工作在工厂兴建之初就已经开始谋划和布局，并随二重发展至今已有

60余年的历史。60多年来，二重标准的体系构成不断丰富、标准层级逐步形成并不断趋向合理，标准体量不断扩大，不断深入参与国家、行业标准化工作，在行业具有较大影响力。

6.6.1.1 标准化组织体系建设发展情况

在企业的生产技术发展中，标准始终与设计、工艺、作业紧密结合在一起，标准体系伴随技术体系发展进步而逐渐形成和不断完善。1958年底，工厂动工兴建，厂技术处立即成立，后升格为技术科，1960年7月，成立了设计研究院，从事非标设备设计和产品设计工作，1982年组建"德阳重型机械设计研究所"，后发展成为重型机械设计研究院，1983年设计研究所发展成为拥有轧钢、锻压、标准化等八个专业设计室和一个试验车间。标准化室成为二重标准化工作的归口管理部门。另外，建厂初期成立了中心实验室，后来发展成为大型铸锻件研究所，1965年，先后在有关的专业处内成立了工艺科、焊接科，后发展成为装备制造工艺研究所和重型压力容器与核电技术研究所。这些技术院所成为标准化技术的重要技术支撑力量。20世纪70年代起，大型铸锻件研究所作为国家大型铸锻件标准行业归口管理单位，负责大型铸锻件的行业标准。80年代起建立了标准化工作委员会工作制度，并按分级归口的原则，成立了机械设计、热加工、冷加工、焊接等专业标准化委员会，标准类别分为公司标准和公司专业标准，2015年起又补充了大量技术操作标准，构建完成公司内部标准的3个层次。"统一管理、分工负责"的标准化原则一直贯彻至今。设立公司标准化委员会，下分设各专业标准化委员会，形成了两个层次的标准化组织管理机构，基本实现了技术各个领域的全覆盖。

6.6.1.2 标准化基础工作

建厂初期到20世纪80年代初期，在产品设计管理、工艺基础工作和新产品技术准备方面做了大量的标准化工作。为了加强设计管理，提高产品的标准化、系列化和通用化水平，编写各种工厂标准、设计手册、设计管理制度、图样管理制度等。20世纪70年代末至80年代初，随着国家实行对外开放政策，二重对国外引进技术进行消化掌握，转化了大量的标准。国外技术的引进和标准的转化对产品设计水平的提高起到强大的支撑作用。在工艺标准方面，在20世纪60年代就编制了零件、部件的分类标准，作为二重编制工艺规程的指导性文件，对冷、热工艺规程的协调对接与相互联系做出了若干规定并编制了焊接工艺的制订原则标准；1972年开始试验研究不锈钢堆焊，技术要求套用美国的核电站压力壳不锈钢堆焊标准，带极埋弧堆焊达到了国际先进水平；1983年12月，从美国国民锻造公司引进了直径为400mm的人造水晶高压釜设备的设计制造技术和标准，并具备了超高压水压试压的工艺方法和规程。

6.6.1.3 标准体系发展完备

20世纪80年代到90年代，通过消化吸收国外先进标准，工厂在1987年编辑出版了《工厂标准手册》（第一、二、三册）、《常用标准简明手册》、《材料手册》，1988年编辑出版了《重型机械工艺手册》，基本配齐了从原材料、零部件、工艺、工装到产品检验的一整套技术标准，初步形成了以产品为龙头的标准化体系，公司标准达560余项。截至

2018年底，形成了完备的技术标准体系，含12卷共近2000项标准。这些标准已成为二重厂进行设计、加工制造、组织协作配套和质量检验的技术依据。在此基础上，又加强了标准的宣传、贯彻工作，建立了完整的全面质量保证体系。在生产的各个环节都严格执行标准，从而使产品质量得到了保证。

二重拥有完备的压力容器设计制造标准体系。在设计标准方面，二重编制了2.25Cr-1Mo-0.25V加氢反应器等设计标准；在产品和材料标准方面，编制了内部钢制压力容器焊接材料选用标准，标准化水平达到行业领先水平；在工艺标准方面，构建了包含压力容器成形、热处理、焊接工艺等全制造流程的工艺标准体系，包含标准共30余项，使整个容器制造流程在标准的控制范围内；在无损检测标准方面，二重构建了适应中、美、欧、日等主要无损检测技术体系的标准体系，汇编了全套共8卷的无损检测标准，其中压力容器相关的无损检测标准共92项，能够按照不同体系进行无损检测，并且研制了大厚焊缝的无损检测标准，检测厚度能达到600mm。

在国家和行业标准方面，牵头编制了JB/T 6400—1992《大型压力容器锻件用钢》，该标准适用于设计压力不大于34.3MPa石油化工大型压力容器锻件用钢，共包含了23种大型压力容器锻件用钢，为压力容器锻件标准化和材料选用提供了重要的指导；牵头编制了NB/T 20006.5—2012《压水堆核电厂用合金钢 第5部分：反应堆压力容器封头用锰-镍-钼钢锻件》等，参与编写了NB/T 20007.43—2016《压水堆核电厂用不锈钢 第43部分：反应堆冷却剂管道接管座用022Cr17Ni12Mo2N奥氏体不锈钢锻件》等。目前，二重牵头或参与制修订的国家、行业标准共计100余项，为行业的技术进步起到了积极的推动作用。

至此，二重建立并完善了以大型双超反应器、沸腾床加氢反应器、大型PTA反应器为代表的锻焊石化压力容器，以主管道、蒸汽发生器为代表的核电核岛主设备以及ASME和RCC-M两个体系为主的全套锻件材料的设计制造和产品、材料标准体系，标准和技术达到行业领先水平。

6.6.2 二重装备制修订的标准

二重装备负责或参与制修订了多项国家、行业标准（见表8.6-29），并系统地制修订了企业标准（见表8.6-30）。

表8.6-29 二重装备制修订的压力容器和核电产品国家和行业标准

序号	标准名称	标准类型	标 准 号	主持或参与	颁布年月
1	压水堆核电厂用合金钢 第5部分：反应堆压力容器封头用锰-镍-钼钢锻件	行业标准	NB/T 20006.5—2012	主持	2012年10月19日
2	压水堆核电厂用合金钢 第6部分：蒸汽发生器管板用锰-镍-钼钢锻件	行业标准	NB/T 20006.6—2011	主持	2011年10月1日
3	压水堆核电厂用合金钢 第7部分：蒸汽发生器筒体用锰-镍-钼钢锻件	行业标准	NB/T 20006.7—2012	主持	2012年10月19日
4	压水堆核电厂用合金钢 第8部分：蒸汽发生器上封头用锰-镍-钼钢锻件	行业标准	NB/T 20006.8—2012	主持	2012年10月19日

（续）

序号	标准名称	标准类型	标准号	主持或参与	颁布年月
5	压水堆核电厂用合金钢 第12部分：反应堆冷却剂泵主法兰用锰-镍-钼合金钢锻件	行业标准	NB/T 20006.12—2011	主持	2011年10月1日
6	压水堆核电厂用不锈钢 第13部分：反应堆冷却剂管道用控氮奥氏体不锈钢锻造管和弯管	行业标准	NB/T 20007.13—2012	主持	2012年10月19日
7	压水堆核电厂用不锈钢 第24部分：反应堆冷却剂泵蜗壳用奥氏体-铁素体不锈钢承压铸件	行业标准	NB/T 20007.24—2013	主持	2013年6月8日
8	压水堆核电厂用不锈钢 第33部分：反应堆冷却剂管道用015Cr17Ni12Mo2N不锈钢管	行业标准	NB/T 20007.33—2015	主持	2015年4月2日
9	压水堆核电厂用不锈钢 第43部分：反应堆冷却剂管道接管座用022Cr17Ni12Mo2N奥氏体不锈钢锻件	行业标准	NB/T 20007.43—2016	参与	2016年2月5日
10	压水堆核电厂用不锈钢 第44部分：反应堆冷却剂波动管用015Cr17Ni12Mo2N不锈钢管	行业标准	NB/T 20007.44—2016	参与	2016年
11	大型合金结构钢锻件 技术条件	国家标准	GB/T 33084—2016	主持	2016年10月13日
12	钢制压力容器——分析设计标准	行业标准	—	参与修订	2018年
13	压力容器封头	国家标准	—	参与修订	2018年

表8.6-30 二重装备制定的本企业压力容器标准

序号	标准号	标准名称	类别
1	EZR/S 1—2015	2.25Cr-1Mo-0.25V加氢反应器设计标准	设计
2	EZR/S 2—2016	12Cr2Mo1钢制压力容器设计制造技术规范	
3	EZR/S 3—2016	抗氢诱导开裂（R-HIC）钢制压力容器设计制造技术规范	
4	EZR/S 4—2017	1.25Cr-0.5Mo-Si钢制加氢反应器设计技术规定	
5	EZR/S 5—2018	15CrMo钢制压力容器设计规定	
6	EZB 220—2012	焊接结构件通用涂装规范	焊接
7	EZH 20—2011	焊接结构件消除应力热处理工艺规程	
8	EZH 21—2016	钢制压力容器主要受压元件坡口形式	
9	EZH 22—2011	钢制压力容器备料通用工艺规程	
10	EZH 23—2016	钢制压力容器筒体成型通用工艺规程	
11	EZH 24—2016	钢制压力容器封头制造与验收通用规范	
12	EZH 25—2011	钢制压力容器常用焊接材料选用规范	
13	EZH 26—2011	钢制压力容器焊接工艺规程	
14	EZH 27—2018	钢制压力容器临时附件装焊工艺规程	

（续）

序号	标准号	标准名称	类别
15	EZH 28—2018	钢制压力容器不锈钢耐蚀堆焊工艺规程	焊接
16	EZH 29—2018	钢制压力容器典型零件内壁堆焊通用工艺	
17	EZH 30—2018	钢制压力容器焊后热处理规范	
18	EZH 31—2016	钢制压力容器耐压试验和泄漏性试验工艺规程	
19	EZH 32—2018	弧焊工考试规则	
20	EZH 33—2018	压力容器焊接工艺评定细则	
21	EZR/Y 1—2012	AP1000压力容器支撑件主要零件机加典型工艺	机械加工
22	EZR/Y 2—2012	CPR1000压力容器异形接管机加典型工艺	
23	EZR/Y 3—2015	压力容器法兰密封槽机加典型工艺	
24	EZR/Y 4—2015	AP1000蒸发器下筒体A机加典型工艺	
25	EZR/Y 5—2015	AP1000蒸发器椭圆形封头机加典型工艺	
26	EZR/Y 6—2015	热段L001A弯管机加工艺	
27	EZR/C 1—2015	压力容器12Cr1Mo1V钢锻件技术条件	热处理
28	EZR/C 2—2015	压力容器12Cr2Mo1钢锻件技术条件	
29	EZR/C 3—2015	临氢容器16Mn（HIC）钢锻件技术条件	
30	EZB 2119.1—2011/ EZB 2119.1—2017	重型压力容器焊接制造劳动定额标准：焊接工时系数	工时
31	EZB 2119.2—2011/ EZB 2119.2—2017	重型压力容器焊接制造劳动定额标准：容器零件的制造时间标准	
32	EZB 2119.3—2011/ EZB 2119.3—2017	重型压力容器焊接制造劳动定额标准：容器零（部）件的组焊制造时间标准	
33	EZB 2119.4—2011/ EZB 2119.4—2017	重型压力容器焊接制造劳动定额标准：容器典型内置件的组焊时间标准	
34	EZB 2119.5—2017	重型压力容器焊接制造劳动定额标准：典型工装件的组焊时间标准	

6.7 二重装备压力容器发展其他事项

6.7.1 二重装备主要科技成果、专利及其获奖情况

二重装备获奖科技成果汇总于表8.6-31，获得的专利见表8.6-32，获奖专利见表8.6-33。

表8.6-31 二重装备压力容器及核电产品获奖科技成果

序号	时间	项目	奖项
1	1990年	20万t氨合成塔外壳	四川省科技进步二等奖
2	1991年	年产20万t合成氨成套设备	国家"七五"科技攻关重大成果
3	1991年	φ2400mm卧式氨合成塔外壳研制	机械电子工业部二等奖

（续）

序号	时间	项 目	奖 项
4	1992年	四川化工总厂年产20万t合成氨国产化装置	化工部特等奖
5	1992年	20万t合成塔厚壁压力容器设计分析与焊接工艺研究	机械电子工业部三等奖
6	1993年	四川化工总厂年产20万t合成氨国产化装置	国家级一等奖
7	1988年	φ300mm人造水晶高压釜	四川省优质产品
8	1990年	GS250型人造水晶高压釜	国家科学技术委员会颁发的国家科技成果证书
9	1991年	φ300mm人造水晶高压釜研制	四川省科技进步二等奖
10	1991年	φ400mm人造水晶高压釜	四川省优质产品
11	1992年	φ400mm人造水晶高压釜	机械电子工业部三等奖
12	1993年	60万kW核电站压力容器用A508-3钢及其配套焊接材料与工艺研究	四川省科技进步一等奖
13	2000年	秦山二期600MW核电稳压器锻件研制	四川省科技进步三等奖
14	2000年	秦山核电二期工程稳压器封头成型研究	德阳市科技进步二等奖
15	2006年	煤液化或加氢用超纯净钢材料开发及大型筒体制造技术研究	四川省科技进步三等奖
16	2009年	CPR1000蒸汽发生器用18MnD5管板锻件研制	四川省科技进步二等奖
17	2009年	CPR1000蒸汽发生器用18MnD5管板锻件研制	德阳市科技进步一等奖
18	2011年	第三代AP1000核电蒸汽发生器管板研制	德阳市科技进步一等奖
19	2011年	天津石化100万t/年乙烯2.25Cr-1Mo-0.25V钢加氢反应器研制	四川省科技进步三等奖
20	2012年	核电机组特大型半速整锻转子锻件制造技术研究与应用	国家能源科技进步一等奖
21	2012年	百万千瓦级大型核电蒸发器成套关键锻件研制	中国机械工业科学技术二等奖
22	2012年	第三代核电AP1000主管道成套设备研制	四川省科技进步二等奖
23	2013年	第三代核电AP1000主管道成套设备研制	国家能源局科技进步一等奖
24	2013年	核电及化工大型压力容器筒节热处理专用环形罩电阻炉项目	中国机械工业科学技术二等奖
25	2017年	第三代核电AP1000蒸汽发生器整体锻造水室封头	四川省科技进步二等奖
26	2015年	超大直径超大壁厚加氢反应器国产化攻关	四川省科技进步三等奖
27	2018年	核能发电机超大型转子锻件制造关键技术及应用	中国机械工业科学技术一等奖
28	2018年	930压力筒制造技术研究及应用	中国机械工业集团科技进步三等奖

表8.6-32 二重装备压力容器及核电产品获得的专利

序号	名 称	专利类型	专利号	授 权 日
1	反应堆主管道热段弯管及其制造方法	发 明	ZL200810300744.X	2009年12月2日
2	组合成型模具	发 明	ZL200810300739.9	2009年12月2日
3	测定无塑性转变温度的方法与装置	发 明	ZL200710048261.0	2009年12月30日

（续）

序号	名称	专利类型	专利号	授权日
4	超声波在线探伤装置	发明	ZL200610021892.9	2010年1月6日
5	回转体工件在线超声波探伤方法及装置	发明	ZL200710201565.6	2010年1月27日
6	一种高氮钢的冶炼方法	发明	ZL200810300678.6	2010年3月10日
7	不锈钢堆焊层保护剂及其制备方法	发明	ZL200810300644.7	2010年4月14日
8	锥形筒体锻件成形过程中间坯和预制坯的设计方法（与中国科学院金属研究所共同申请）	发明	ZL200910011180.2	2010年7月21日
9	核电蒸发器带直边锥形筒体锻件成形工艺及成形装置（与中国科学院金属研究所共同申请）	发明	ZL200910011181.7	2011年2月2日
10	超大型辗环机	发明	ZL201010186082.5	2012年1月25日
11	球瓣端面的加工方法及专用胎具	发明	ZL201010593648.6	2012年1月25日
12	用于确定孔截面中心点的内孔检测装置	发明	ZL200910252256.0	2012年1月25日
13	一种探伤用耦合剂及其制备方法	发明	ZL200710201516.2	2012年5月30日
14	特大型压力容器异形过渡段的锻造成型工艺	发明	ZL201110430437.5	2014年3月19日
15	复合弯曲方法及专用中频弯管机	发明	ZL201110145858.3	2014年4月30日
16	大型锻件内部缺陷分析方法	发明	ZL201210075963.9	2014年7月2日
17	90°弯管的内壁堆焊方法	发明	ZL201310132958.1	2015年3月25日
18	超长焊接同类件的加工方法	发明	ZL201310137007.3	2015年6月17日
19	大型封头一步成形方法	发明	ZL201410030526.4	2015年6月17日
20	直管管坯内壁堆焊后成型90°弯管的方法	发明	ZL201310132655.X	2015年9月23日
21	核电主管道管坯短流程锻造方法	发明	ZL201410356220.8	2016年1月20日
22	定量测定碳素钢或低合金钢中常量元素和砷、锡、锑痕量元素的方法	发明	ZL201310167809.9	2016年2月3日
23	筒形锻件的热锻成形方法	发明	ZL201410411641.6	2016年5月18日
24	带支承与管嘴的大型厚壁封头锻造成形工艺	发明	ZL201410680283.9	2016年5月25日
25	大型钢锭的生产方法	发明	ZL201410550734.7	2016年5月25日
26	高精度特大型工件在线精密测量系统	发明	ZL201310730799.5	2016年6月1日
27	大型空间自由曲面测量方法	发明	ZL201310659652.1	2016年6月22日
28	带内外台阶大型筒体锻件的仿形锻造方法	发明	ZL201511021902.4	2017年7月11日
29	核电稳压器波动管的间隙式制造芯模及制造方法（与中广核工程有限公司共同申请）	发明	ZL201610037825.X	2017年8月4日
30	加氢反应器筒节锻件的热处理方法	发明	ZL201510952418.7	2017年8月25日
31	用于弯直管内壁堆焊的装置和弯直管内壁堆焊方法	发明	ZL201610455018.X	2017年12月8日
32	球环过渡异型筒体锻件的制造方法	发明	ZL201710112574.1	2018年6月19日
33	带直段锥形筒体的仿形锻造装置	发明	ZL201610675926.X	2018年7月3日
34	管道外壁自动抛磨装置	发明	ZL201611186345.6	2018年7月24日
35	大型筒体车、镗组合加工方法及装置	发明	ZL201611175759.9	2018年7月27日

(续)

序号	名称	专利类型	专利号	授权日
36	自动行走管道内壁抛磨装置	发明	ZL201611234869.8	2018年7月27日
37	锻造模具的变形量补偿方法（与重庆大学共同申请）	发明	201810088946.6	2018年10月12日
38	模锻压机行程补偿方法（与重庆大学共同申请）	发明	ZL201810090009.4	2018年11月23日
39	弧线下调式三辊卷板机的上辊平衡装置	实用新型	ZL200820303650.3	2009年9月30日
40	带下辊同步调整装置的弧线下调式三辊卷板机	实用新型	ZL200820303645.2	2009年10月21日
41	封闭筒体内环缝自动堆焊装置的中间机构	实用新型	ZL200820303623.6	2009年9月30日
42	用于对工件进行淬火处理的循环冷却水系统	实用新型	ZL200820303614.7	2009年9月30日
43	用于轴类零件直径测量装置的校对工具	实用新型	ZL200920318157.3	2010年9月29日
44	轴类零件的直径测量装置	实用新型	ZL200920316024.2	2010年9月29日
45	大型壳体件的孔加工装置	实用新型	ZL201020665261.2	2011年7月20日
46	组合开式弯曲模具	实用新型	ZL201120180030.7	2012年1月18日
47	用于模压弯管的组合芯模	实用新型	ZL201120182250.3	2012年1月18日
48	可实现复合弯曲的中频弯管机	实用新型	ZL201120182352.5	2012年1月18日
49	法兰焊接定位工装	实用新型	ZL201020665812.5	2012年2月22日
50	用于重型、细长筒节锻件的立式抱紧与限位装置	实用新型	ZL201320891049.1	2014年7月2日
51	过盈装配系统	实用新型	ZL201320891042.X	2014年7月2日
52	特大型超重钢锭的辅助锻造装置	实用新型	ZL201320891123.X	2014年7月23日
53	淬火池和淬火系统	实用新型	ZL201320890821.8	2014年10月22日
54	主管道与圆形接管嘴焊接的坡口结构	实用新型	ZL201521136712.2	2016年5月18日
55	一种浮动刀柄	实用新型	ZL201621124076.6	2017年3月29日
56	转动设备滚圈与壳体的连接结构	实用新型	ZL201720613697.9	2017年12月12日
57	筒体装焊接管的旋转工装	实用新型	ZL201720614588.9	2017年12月22日
58	薄板结构件预热工装	实用新型	ZL201721895405.1	2018年7月27日
59	加工大直径内孔根部内圆弧的专用刀具	实用新型	ZL201721427037.8	2018年8月21日

表8.6-33 二重装备获奖专利

序号	获奖年度	颁奖部门	奖项名称	获奖专利名称	专利号
1	2003年	国家知识产权局	中国专利优秀奖	钢卷无芯移送式热卷箱	ZL01206244.8
2	2008年	国家知识产权局	中国专利优秀奖	滚切式定尺剪机组	ZL02203540.0
3	2009年	国家知识产权局	中国专利优秀奖	十字轴万向接轴器用十字包	ZL200720201425.4
4	2010年	国家知识产权局	中国专利优秀奖	反应堆主管道热段弯管及其制造方法	ZL200810300744.X
5	2010年	国家知识产权局	中国专利优秀奖	轧机弯辊串辊装置	ZL200510020822.7
6	2010年	德阳市人民政府	德阳市专利优秀奖	立式辊磨机	ZL200710202684.3

(续)

序号	获奖年度	颁奖部门	奖项名称	获奖专利名称	专利号
7	2013 年	四川省人民政府	四川省专利奖（二等奖）	反应堆主管道热段弯管及其制造方法	ZL200810300744.X
8	2014 年	国家知识产权局	中国专利优秀奖	大型轴类零件的锻造工艺	ZL201010616098.5
9	2016 年	德阳市人民政府	德阳市专利银奖	大型机架结构	ZL201010616010.X
10	2017 年	德阳市人民政府	德阳市专利金奖	大型轴类零件的锻造工艺	ZL201010616098.5
11	2017 年	国家知识产权局	中国专利优秀奖	带支承与管嘴的大型厚壁封头锻造成形工艺	ZL201410680283.9
12	2017 年	四川省人民政府	四川省专利奖（二等奖）	大型轴类零件的锻造工艺	ZL201010616098.5

6.7.2 二重装备压力容器及核电产品研制承担课题情况

1）1970 年，第二重型机器厂成功地利用电渣焊新技术，焊接了我国第一台最大尺寸的水轮机大转轮（丹江电站 15 万 kW 机组），热处理后质量鉴定合格。

2）1977 年，用于航空高空模拟试验工程的"SB101"试验舱由第二重型机器厂生产完成，质量达技术要求，次年得到首次全国科学大会的嘉奖。

3）1978 年，第二重型机器厂为葛洲坝电站生产了我国最大的不锈钢转轮体叶片，该叶片单重 42t，制造技术复杂，在选材、冶炼、铸造、热处理、冒口切割、焊补等方面，采用了许多新技术、新工艺，取得了多项技术成果。

4）1984 年，第二重型机器厂生产的 95mm×4000mm 三辊卷板机在杭州锅炉厂一次负荷试车成功。这台三辊卷板机是二重厂自行设计制造的、具有国际先进水平的国内第一台大型半液压卷板机，它的试车成功标志着二重厂为制造压力容器提供装备达到了新的水平。

5）1988 年，第二重型机器厂引进技术生产制造的、具有国际先进水平的锻压设备 MP3150 热模锻压力机，在国家质量奖审定会上荣获国家金质奖章。

6）1989 年，中国当时最大的不锈钢钢锭——59t 的 1Cr18Ni9Ti 锻造钢锭在二重厂浇注成功，钢液实际成分达到了 SUS321 的世界先进水平。此钢锭用于 300MW 核电压力容器的制造。

7）1997 年，二重一举成功浇注了当时我国最大铸钢件——钢水总重量达 530t 的 3500 轧机机架，为我国机械工业铸造史写下了新的一页，标志着二重特大件合浇能力已达到国际水平。

8）1999 年，国家重点科研课题"GH36 合金模锻件低倍粗晶攻关"通过了由国家机械工业部组织的有国家安全局、清华大学、四川联合大学、钢铁研究总院等高等院校和科研单位参加的验收，填补了中国在该领域的空白。

9）1999 年 12 月，二重承担的国内核电重大科研课题——秦山二期 600MW 核电稳压器锻件研制成功，该产品达到国际先进水平。

10）2000 年，国家高度重视的 11 号工程钛合金航空模锻件，在二重万航模锻厂试制成功。

11) 2003年,二重完成了国家重点规划项目"火电设备的高端产品Cr12型转子钢"试验材料的攻关。

12) 2007年10月,二重自主设计制造的160MN水压机成功进行了热负荷试车。其自主锻造的压力为世界最大,可以满足500～600t特大型钢锭锻造的需要。

13) 2008年7月,由二重研制的国内首批两件百万千瓦级核电管板锻件通过检验一次合格,为我国核电设备国产化取得了突破性进展。

14) 2010—2014年,承担四川省科技重大专项"第三代核电关键设备开发及产业化",项目已完成。

15) 2011—2014年,承担四川省科技重大专项"加氢反应器2.25Cr-1Mo-0.25V钢热处理过程相变机制及组织性能关系研究",已于2016年完成验收。

16) 2011—2014年,承担四川省战略性新兴产品项目"百万千瓦级核电大型成套铸锻件研发及产业化"。

17) 2012—2017年,二重配合上海核工院的国家项目06专项课题"中国先进核电标准体系研究-核岛设备专题子专题2",2017年完成能源局组织的专家评审,评审验收任务与财务评审结果优秀。

18) 2014—2017年,二重与上海核工院共同承担的国家科研项目06专项课题"蒸汽发生器长直段锥形筒体研制"2018年已经通过能源局组织的技术和财务验收。

19) 2014—2018年,承担四川省科技支撑计划项目"加氢反应器主焊缝焊材国产化开发及应用研究",该项目研制的"2.25Cr-1Mo-0.25V钢焊接材料"通过中国机械工业联合会组织的专家鉴定:认为此次开发出的具有自主知识产权的焊剂焊丝组合及焊条焊接工艺性能良好,最大/最小热处理状态下常温/高温拉伸性能、最大热处理状态高温持久、-30℃冲击韧度、抗回火脆化性能均满足研制大纲要求,各项性能与进口同类焊材相当。开发出的焊剂焊丝组合及焊条填补了国内空白,达到国外同类产品的先进水平。

20) 2014—2018年,承担四川省重大技术装备创新研制项目"CAP1400主管道热段研制"。

21) 2014—2018年,参研的国家04专项课题"核电大型复杂管件关键制造工艺及应用研究",课题采用先进的挤压工艺进行主管道和波动管管坯制造,具有内部质量优、制造周期短、节能节材等优点,于2018年圆满完成课题全部研究内容,创新成果突出,保证了二重装备核电主管道制造技术始终处于世界领先水平。

22) 2015年,协作中国船舶重工集团公司第七〇二研究所承担了国家高技术研究发展计划("863"计划)项目"深海超高压环境模拟与检测装置深海探测装置"。成功研制了930压力筒深海试验装置。承压设备筒体壁厚530mm,达到或超过国内外制造厂的制造能力极限。通过本项目的研制,二重攻克了超厚壁锻件的制造、焊接、热装、整体加工以及无损检测等技术难点,成功掌握了超厚壁承压设备制造的核心技术,总体技术达到国际先进水平。项目科研成果获得2018年中国机械工业集团科技进步三等奖。

23) 2015—2019年,二重牵头承担的06专项课题大型先进压水堆核电站国家科技重大专项课题"CAP1400冷却剂主管道研制",经国家能源局专家监督评估:顺利完成国核压水堆示范工程1号机组CAP1400主管道研制,为国核压水堆示范工程的顺利建设提供了保障,再一次证明了二重"填补国内空白、引领行业高端"的企业实力,也保证了二重主管道在今后较长时期始终处于国际国内领先水平。

24）2016年，承担四川省重大技术装备创新研制项目"新一代核电关键设备及铸锻件开发"，其中该项目研制的子项：

——"ACP1000蒸汽发生器水室封头"，2016年完成了该水室封头的全套评定，实现世界上首套华龙一号机组ZH-65型蒸汽发生器水室封头专家组评定审查，获得评定证书。该锻件的研制成功，代表着二重具有了批量化生产ACP1000全套蒸汽发生器锻件的能力，为进一步进军核电成套设备做好了准备。

——"第三代核电AP1000蒸汽发生器整体锻造水室封头研制"项目获2017年四川省科技进步二等奖。

——"ACP1000主泵泵壳的研制"，2016年通过中国核动力研究设计院核级设备制品技术评定中心组织的"华龙一号锻造泵壳制造技术评定审查会"的专家审查。获得华龙一号（ACP1000）核电主泵锻造泵壳评定合格证书。

25）2017—2019年，承担并完成国家重大科技专项军品配套科研项目"压力容器带接管嘴508-3钢整体筒节锻件研制"。

26）2018—2021年，承担并完成国防科研项目"高放废液玻璃固化容器的研发、评价和应用项目"。

27）2018—2021年，牵头承担国家重点研发计划项目"航空、核电及石化等领域超大构件高效率低成本制造技术的应用示范"。通过本项目的研究，研制出增材-锻造复合的控形控性技术、制造过程中的形状及组织探测技术、电弧增材制造系统、增材-锻造复合的零件制造工艺及高性能锻模增材制造工艺，在国家重点工程中实现5例以上的工程试用（包括4m以上超大构件），较传统制造技术，性能相当或更优。申报发明专利10项以上，发表论文20篇以上，制定锻造-增材复合制造工艺规范或标准3项以上。取得经济效益2亿元以上，促进了增材技术在航空航天、核电及石化等战略性新兴产业的应用，提升了我国重型装备制造的技术水平。

（本章由二重（德阳）重型装备有限公司撰写）

第九篇

压力容器安全工程科技重大创新成果篇

第九篇 压力容器安全工程科技重大创新成果篇

我国压力容器安全工程科技事业，自改革开放以来，特别是自 21 世纪初以来，取得了突出的科技创新成就，实现了从跟跑、并跑到领跑的跨越。我国压力容器安全工程科技人员始终关注压力容器的设计、制造与维护主题，面向不同发展时期的重大工程科技需求，攻坚克难、砥砺奋进，不断取得重大突破，形成了一系列重大工程科技创新成果。这些成果为我国重要压力容器不再依赖进口和万台设备年事故率下降至工业发达国家最好水平提供了支撑，为科技强国建设做出了卓越贡献。

21 世纪初以来，我国压力容器安全工程科技领域重大创新成果不断涌现、优秀科技人才脱颖而出，呈现出欣欣向荣的发展态势。2014 年，由合肥通用机械研究院牵头，华东理工大学、浙江大学等十家单位共同完成的"极端条件下重要压力容器的设计、制造与维护"项目获得国家科学技术进步奖一等奖。这是迄今为止我国压力容器安全工程科技领域唯一的国家级科技奖励一等奖项目。以该项目成果为标志，我国压力容器安全工程科技达到了国际领先水平。尤其应当着墨载记的是，该项目的前三位完成人陈学东（合肥通用机械研究院）、涂善东（华东理工大学）、郑津洋（浙江大学），分别于 2015 年、2019 年、2021 年当选为中国工程院院士。

本篇着重呈现 21 世纪初以来我国压力容器安全工程科技领域取得的重大创新成果。这些重大创新成果，始终突出"问题导向"，可以概括为五大方向：一是"带缺陷压力容器安全评定"，研究解决"缺陷"对压力容器安全性的影响；二是"苛刻服役环境下压力容器安全保障"，研究解决"腐蚀、高温等服役环境"对压力容器安全性的影响；三是"承压系统工程风险分析与评价"，研究解决压力容器与管道系统风险评价与控制问题；四是"极端条件压力容器设计、制造与维护"，研究解决压力容器重大装备设计制造技术难题；五是"重要领域压力容器装备安全"，研究解决"氢能利用"压力容器装备研制和"石化乙烯裂解"核心装备长周期、高可靠性运行安全保障技术难题。

1. 带缺陷压力容器安全评定

20 世纪 80 年代，伴随改革开放大幕隆重开启，我国经济社会发展如火如荼、日新月异，但压力容器的安全问题也日益突出。由于历史、技术和管理等方面的原因，20 世纪 80 年代之前，我国存在大量带缺陷运行的压力容器（时人称之为"带'病'运行"），恶性事故频发、安全状况堪忧，万台设备年事故率达到 4.0，并且居高不下。为此，合肥通用机械研究院、浙江大学等单位，学习工业发达国家的经验和做法，适时开启了断裂力学在压力容器上的应用研究。国家"六五""七五""八五"科技攻关计划，均部署了带缺陷压力容器安全评定的重点项目。以合肥通用机械研究院（前机械部通用机械研究所、合肥通用机械研究所）和中国特种设备检测研究院（前劳动部/国家质检总局锅炉压力容器检测研究中心）为代表，我国压力容器安全工程科技研究机构开展了持续而广泛的压力容器缺陷安全评定研究。基于"合于使用"原则，制定了我国第一部压力容器安全评定技术规范《压力容器缺陷评定规范》（CVDA—1984），后又增补修订为《在用含缺陷压力容器安全评定》（GB/T 19624—2004）。两部压力容器安全评定技术规范先后得以广泛应用，使得我国承压设备万台设备年事故率逐年下降，在 20 世纪 80 年代末、90 年代初一度降至 2.0 上下。代表性成果"压力容器极限与安定性分析及体积型缺陷安全评估工程方法研究""压力管道安全检测与评价技术研究"，分别获 2001 年度、2005 年度国家科学技术进步奖二等奖。

2. 苛刻服役环境下压力容器安全保障

20世纪90年代以来，由于加工高硫高酸原油，我国压力容器与管道等承压设备服役环境苛刻化等问题日益突出，造成万台设备年事故率上升，在20世纪90年代末一度上升至2.5。腐蚀、高温等苛刻服役环境下承压设备寿命预测与安全诊断成为承压设备安全保障的关键难题。为此，合肥通用机械研究院等单位率先开展苛刻服役环境下承压设备断裂、疲劳、环境损伤（也称"环境断裂"）技术研究与应用。针对炼油与化工行业典型腐蚀介质与高温环境，提出了承压设备应力腐蚀、腐蚀疲劳、应变疲劳、氢损伤、蠕变疲劳、材质劣化等典型失效模式的危险源检测、损伤机理和影响因素分析、完整性评估与寿命预测等工程技术方法，解决了湿硫化氢（H_2S）球罐开裂、再生器硝脆、热壁加氢反应器氢损伤、环氧乙烷（EO）反应器应力腐蚀开裂等苛刻服役环境下重要承压设备检测、诊断、监控等安全保障技术难题。我国压力容器与管道安全保障实现了从单纯的缺陷安全评定（介质环境被视为惰性的）到考虑介质环境作用的缺陷和损伤安全评定（介质环境影响已不可忽略）的转变。上述环境断裂技术研究成果被《压力容器定期检验规则》（TSG R7001—2004）等国家安全技术规范和相关国家及行业技术标准采纳。成果应用使得我国承压设备万台设备年事故率逐步回落至2.0以下。代表性成果"在役重要压力容器寿命预测与安全保障技术研究""高温过程装备结构完整性关键技术及应用"，分别获2005年度、2013年度国家科学技术进步奖二等奖。

3. 承压系统工程风险分析与评价

21世纪初以来，我国石化装置传统安全保障技术重点不突出、安全性与经济性不协调、装置频繁检修短周期运行、风险等级居高不下，成为制约石化装置长周期运行的瓶颈。为此，合肥通用机械研究院、中国特种设备检测研究院等单位，学习工业发达国家先进经验和工程技术方法，开展承压系统工程风险分析与评价技术研究与应用。针对我国与发达国家承压系统运行与管理水平差异，分析了国际通用规范的不足，提出了以剩余寿命为参量的石化装置承压设备失效概率计算方法、考虑高人口密度与低应急保障能力的失效后果计算方法、可接受风险的风险级别判定原则等工程技术方法，开发了具有自主知识产权的应用工具软件和数据库，奠定了我国石化装置工程风险评价的工程技术基础。我国压力容器与管道安全保障，实现了从单台设备安全治理到系统风险控制的转变。基于上述技术成果制定了《承压设备系统基于风险的检验实施导则》（GB/T 26610.1～5—2011）等国家和行业技术标准，相关准则被《固定式压力容器安全技术监察规程》（TSG R0004—2009）等国家安全技术规范采纳，从根本上确立了我国石化装置安全性与经济性相结合的检维修模式。2003年，基于风险的检验技术成果首次在茂名石化乙烯裂解装置上成功应用，创造了石化装置连续安全运行78个月的长周期运行世界最高纪录。我国承压设备万台设备年事故率，因此历史性地下降至0.8上下。代表性成果"大型石化装置系统长周期运行风险的控制与评估关键技术及工程应用"，获2011年度国家科学技术进步奖二等奖。

4. 极端条件压力容器设计、制造与维护

长期以来，由于装置大型化和压力容器原设计边界局限，很多高温、深冷、高压、复杂腐蚀和超大尺度等极端条件下压力容器国内不能设计制造，有的难题在发达国家也未解决。即便如此，国外仍然对我国设置技术壁垒，国家重大工程建设面临困境。为此，合肥通用机械研究院、华东理工大学、浙江大学、中国特种设备检测研究院等单位，按照"拓

边界、修准则、控风险"的总体思路，开展极端条件压力容器设计、制造与维护技术研究，创新提出基于风险的压力容器设计制造工程技术方法，发明了600℃高温临氢环境蠕变疲劳、1500℃真空/大气环境蠕变疲劳、-269℃超低温拉伸冲击、400MPa超高压疲劳等试验装置，并研究揭示了化学场-温度场-应力场交互作用下超出原设计边界的压力容器失效模式，为拓展我国压力容器设计边界提供了技术支撑。基于上述技术成果修订了《压力容器》（GB 150.1～4—2011）等国家和行业技术标准，相关准则被《固定式压力容器安全技术监察规程》（TSG 21—2016）等国家安全技术规范采纳。成果应用解决了极端条件下重要压力容器设计与制造难题，为国家重大工程建设大型关键装备国产化研制做出了重大贡献，使我国压力容器设计制造能力与水平跻身国际先进行列，实现了我国重大压力容器装备不再依赖进口和承压设备万台设备年事故率下降至工业发达国家最好水平0.08以下。代表性成果"极端条件下重要压力容器的设计、制造与维护""重型压力容器轻量化设计制造关键技术及工程应用"，分别获2014年度国家科学技术进步奖一等奖、2017年度国家科学技术进步奖二等奖。

5. 重要领域压力容器装备安全

（1）氢能利用压力容器装备　近年来，在减排降碳的大背景下，国际上掀起了氢能利用的热潮。为实现"双碳"目标，我国也开启了氢能利用的工程示范，并且把氢能产业列为重点支持的战略性新兴产业。氢能利用"气液固"三大路线、"制储运加用"五大环节，都离不开压力容器装备的支撑。为此，浙江大学、合肥通用机械研究院有限公司等单位，开展高压氢脆原位检测、大型高压变压吸附氢气提纯等技术研究，开发加氢站、氢燃料电池汽车用高压氢气储罐和气瓶，实现了关键核心装备自主化。代表性成果"氢气规模化提纯与高压储存装备关键技术及工程应用"，获2020年度国家科学技术进步奖二等奖。

（2）乙烯裂解管式反应器设计制造与维护　21世纪初以来，我国石化乙烯裂解国产管式反应器存在单台规模小、服役寿命短、失效事故多等突出问题。其中服役寿命短的问题尤为突出，引进管材的服役寿命一般为8～10年，国产管材的服役寿命一般为2～3年。为此，合肥通用机械研究院有限公司、南京工业大学等单位，围绕乙烯裂解管式反应器长时服役损伤规律及调控原理，突破失效机理揭示表征、成分组织精准设计、制造工艺精准控制等多项关键技术，建立了长寿命设计制造与维护技术体系，在降低成本和能耗的前提下，系统性解决了长寿命大型乙烯裂解管式反应器设计制造与维护技术难题。成果应用使得我国乙烯裂解管式反应器服役寿命提高到10年以上，达到了国际领先水平。代表性成果"长寿命大型乙烯裂解反应器设计制造与维护技术"，获2023年度国家科学技术进步奖二等奖。

21世纪初以来，我国压力容器安全工程科技重大创新成果具体情况如下（以获奖时间为序）：

1. 压力容器极限与安定性分析及体积型缺陷安全评估工程方法研究——2001年度国家科学技术进步奖二等奖（见图9-1）

主要完成单位：国家质量技术监督局锅炉压力容器检测研究中心、清华大学、合肥通用机械研究所、南京化工大学、天津大学材料科学与工程学院。

主要完成人：陈钢、徐秉业、陈学东、沈士明、岑章志、杨铁成、刘应华、石智豪、霍立兴、谢铁军。

图 9-1　2001 年度国家科学技术进步奖获奖证书

依托项目："八五"国家重点科技攻关计划课题——在役锅炉压力容器安全评估与爆炸预防技术研究（85-924-02）。

国家质量技术监督局锅炉压力容器检测研究中心、清华大学、合肥通用机械研究所等单位，针对压力容器的凹坑、气孔、夹渣、错边、角变形缺陷，提出了结构塑性极限与安定性上下限分析的降维迭代法、无搜索直接迭代法和温度参数法三种数值计算方法，突破了复杂结构极限与安定性分析计算量过大的限制，计算速度达到当时算法的 4～5 倍；通过大量复杂的弹性与弹塑性计算、极限与安定性分析和实验测试，提出了含凹坑缺陷压力容器免于评定条件和塑性失稳评定方法、夹渣压力容器免于评定条件和塑性失稳评定方法，建立了适用于含焊缝缺陷容器疲劳评定的模糊疲劳评定图，提出了在役压力容器常见体积型缺陷工程化安全评估与判废方法。

成果于 1998—2000 年期间在石化、化肥和冶金等行业 500 多家企业的 6000 多台设备中应用，"解放"了一大批超标缺陷。成果被纳入特种设备安全技术规范《压力容器定期检验规则》（TSG R7001—2004），形成国家标准《在用含缺陷压力容器安全评定》（GB/T 19624—2004）。

2. 压力管道安全检测与评价技术研究——2005年度国家科学技术进步奖二等奖（见图9-2）

图9-2　2005年度国家科学技术进步奖获奖证书

主要完成单位：中国特种设备检测研究中心、北京航空航天大学、华东理工大学、清华大学、合肥通用机械研究院。

主要完成人：陈钢、钟群鹏、李培宁、沈功田、康纪黔、陈学东、刘应华、左尚志、徐秉业、贾国栋。

依托项目："九五"国家重点科技攻关计划课题——在役工业压力管道安全评估与重要压力容器寿命预测技术研究（96-918-02）。

中国特种设备检测研究中心、北京航空航天大学、华东理工大学等单位，建立了无需应力计算的工业压力管道危险源辨识评价方法，提出了基于失效概率的在役工业压力管道安全状况等级评定方法，建立了含缺陷工业管道安全评定工程方法，开发了管系结构复杂加载塑性极限与应力分析方法和软件、碳素钢和不锈钢小直径薄壁管的超声检测方法、缺陷高度端点衍射测定方法及其配套探头与试块，研制出便携式手动超声扫描成像检测系统，系统建立了压力管道安全检测与评价方法体系。

成果为政府治理隐患解决了瓶颈性技术难题。在当时我国 80% 以上的工业管道存在超标焊接缺陷、隐患严重、亟待治理的情况下，解决了无技术可用、无标准可依的问题。成果被三项国家标准及法规采用，在全国推广应用，指导全国 1000 多家检测机构对各行业数万家企业的 15 万 km 工业管道开展普查、检测或评估，解决了一系列重大工程检测评价难题，对保障压力管道安全和带动行业技术进步发挥了重要作用，取得了显著的社会效益与经济效益。

3.在役重要压力容器寿命预测与安全保障技术研究——2005 年度国家科学技术进步奖二等奖（见图 9-3）

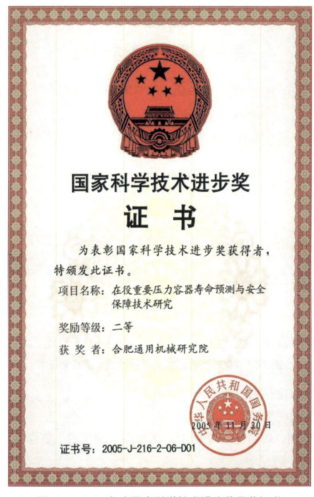

图 9-3　2005 年度国家科学技术进步奖获奖证书

主要完成单位：合肥通用机械研究院、华东理工大学、浙江工业大学、南京工业大学、浙江大学、中国特种设备检测研究中心、安徽工程科技学院。

主要完成人：陈学东、李培宁、陈钢、高增梁、周昌玉、杨铁成、王正东、蒋家羚、关卫和、王冰。

依托项目："九五"国家重点科技攻关计划专题——在役重要压力容器寿命预测技术

研究（96-918-02-04）。

合肥通用机械研究院、华东理工大学、浙江工业大学等单位，针对我国压力容器由于介质环境劣化、超期服役、设备大型化等原因引发的安全保障难题，提出横波超声波方法对480℃高温下的压力容器缺陷进行在线检测，检测精度达到常温下水平；考虑应力腐蚀、腐蚀疲劳、应变疲劳、氢损伤等主要失效模式，提出了压力容器的安全评估与寿命预测工程技术方法，为压力容器合理延寿、避免过早失效与突然破坏提供了依据；解决了腐蚀减薄与泄漏声发射信号识别与评估难题，实现了应用声发射方法的大型储油罐安全性不停产在线检测；建立了一套压力容器延寿与爆炸预防工程技术方法，解决了事先预防、事后控制的技术难题。

成果被国家有关技术规范、国家与行业标准采纳，在多家大型石化企业的高温临氢反应器、球罐、催化再生器等重要压力容器的安全保障中进行了成功应用，确保了重要压力容器的长周期安全使用，取得了显著的经济与社会效益。

4. 大型石化装置系统长周期运行风险的控制与评估关键技术及工程应用——2011年度国家科学技术进步奖二等奖（见图9-4）

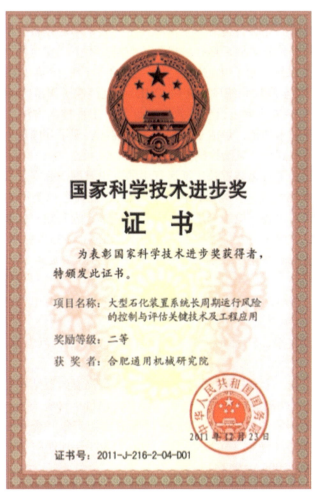

图9-4　2011年度国家科学技术进步奖获奖证书

主要完成单位：合肥通用机械研究院、中国特种设备检测研究院、中国石油化工股份有限公司茂名分公司、中国石油化工股份有限公司青岛安全工程研究院、浙江工业大学、北京华泰恒达安全科技有限公司、大连西太平洋石油化工有限公司。

主要完成人：陈学东、陈钢、艾志斌、寿比南、王冰、贾国栋、韩建宇、牟善军、杨铁成、杨剑锋。

依托项目：①国家国际合作计划——基于风险评价的石化装置与城市燃气储配系统承压设备安全保障关键技术研究（2003DF000044）；②国家攻关计划——城市埋地管道及工业特殊承压设备安全保障关键技术研究（2001BA803B03）；③国家支撑计划——大型高参数高危险性成套装置长周期运行安全保障关键技术研究及工程示范（2006BAK02B02）；④国家863计划——基于风险与寿命的重要压力容器设计制造技术（2007AA04Z430）；⑤国家院所基金计划——长寿命高可靠性大型低温乙烯球罐研制（NCSTE-2007-JKZX-154）；⑥中石化科研计划——高参数典型承压装备长期在线测量监控技术研究（303013），延长在用压力容器安全阀检验周期试验研究（301004），以可靠性为中心的维修技术在石化装置的应用（305034）等。

合肥通用机械研究院、中国特种设备检测研究院、中国石油化工股份有限公司茂名分公司等单位，针对我国石化装置传统安全保障技术局限于单台设备安全治理而忽略系统风险控制，导致装置频繁检修短周期运行、风险等级居高不下、安全性与经济性不协调等突出问题，在国内率先系统开展石化过程装置系统基于风险的检验（RBI）、以可靠性为中心的维修（RCM）、安全联锁系统风险评估（SIL）、完整性操作窗口（IOW）等方面研究，提出了以剩余寿命为参量的承压设备失效概率计算等工程技术方法，开发了应用工具软件，修订了国家安全技术规范，形成了系列国家标准，实现了我国压力容器与管道安全保障从单台设备安全治理到系统风险控制的转变。

项目成果系统解决了石化装置长周期运行中的突出难题，确立了我国石化装置安全性与经济性统一的检维修模式，在当时国内2000余套、涵盖全部类型的大型石化装置上成功应用，实现了我国石化装置检维修理念和方式的变革，为我国石化装置连续运行周期从过去的1年延长到目前的3~6年、检维修费用下降15%~35%做出了贡献。

5. 高温过程装备结构完整性关键技术及应用——2013年度国家科学技术进步奖二等奖（见图9-5）

主要完成单位：华东理工大学、合肥通用机械研究院、上海电气电站设备有限公司上海汽轮机厂。

主要完成人：涂善东、轩福贞、陈学东、阳虹、沈红卫、范志超、梅林波、贾九红、胡明东、周帼彦。

依托项目：①国家"十五"科技攻关项目——典型高温装置结构完整性评价技术研究（2004BA803B02-06）；②高等学校科技创新工程重大项目培育资金——过程装备再制造安全保障技术重大基础问题的研究（704020）；③国家杰出青年基金——高温环境下焊接及涂层结构与时间相关破坏理论（50225517）；④国家863计划课题——先进汽轮机关键部件的全寿命预测技术（2006AA04Z413）。

华东理工大学、合肥通用机械研究院、上海电气电站设备有限公司上海汽轮机厂等单位，面向当时石油化工、煤化工、电力等行业高温过程装备设计制造和运行维护主要依靠经验类比和事后维修，导致其成本高、安全可靠性差的难题，提出了面向失效模式的应力-应变双参数和高温损伤容限设计方法，使高温设备蠕变设计从传统单参量定性考核提升到应力-应变及断裂性能定量控制；建立了时间相关失效评定图技术，实现了高温设备的脆性断裂、塑性垮塌和蠕变破坏多失效模式的协同评价，解决了高温设备中检出缺陷安全性评价的难题。

图 9-5　2013 年度国家科学技术进步奖获奖证书

成果使高温设备蠕变设计从传统单参量定性考核提升到应力-应变及断裂性能定量控制，比传统方法精度提高 10% 以上，实现了高温设备的脆性断裂、塑性垮塌和蠕变破坏多失效模式的协同评价，解决了高温设备中检出缺陷安全性评价的难题，提高了产品的可靠性，缩短了维修周期，降低了生产成本，为推动我国过程装备技术进步发挥了重要作用，应用于中石化、中石油等高温反应器、换热器、高温管线等高温过程装置的安全评价和损伤监测。

6. 极端条件下重要压力容器的设计、制造与维护——2014 年度国家科学技术进步奖一等奖（见图 9-6）

主要完成单位：合肥通用机械研究院、华东理工大学、浙江大学、中国特种设备检测研究院、中国第一重型机械集团大连加氢反应器制造有限公司、中国石化集团南京化学工业有限公司、浙江工业大学、中石化洛阳工程有限公司、中国石化工程建设有限公司、中国寰球工程公司。

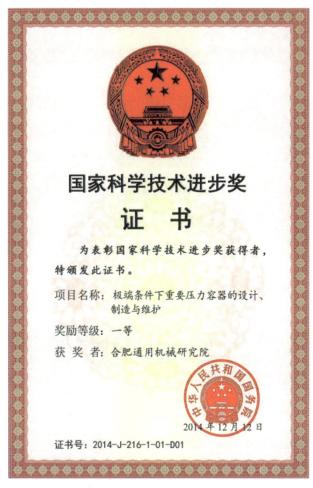

图 9-6　2014 年度国家科学技术进步奖获奖证书

主要完成人：陈学东、涂善东、郑津洋、范志超、轩福贞、寿比南、陈永东、谷文、王冰、陈志平、韩冰、杨国义、崔军、章小浒、李秀杰。

依托项目：①国家 863 计划重点项目——极端条件下重大承压设备的设计、制造与维护（2009AA044800）；②国家国际科技合作项目——以寿命为基准的承压设备设计制造关键技术研究（2006DF73000）；③国家科技支撑计划课题——基于风险与寿命的压力容器计算机辅助设计（CAD）软件开发（2006BAF01A45-07）；④国家科技支撑计划课题——大型高效缠绕管式换热器的研究（2008BAF34B14-2）；⑤科研院所社会公益研究专项——特殊环境重要承压设备安全保障关键技术研究（2004DIB2J051）。

合肥通用机械研究院、华东理工大学、浙江大学等单位，针对能源工业装置大型化和工艺介质含硫含酸加剧，压力容器面临严峻的极端条件考验，导致传统压力容器设计制造与维护技术不能适应这一工程迫切需求的问题，突破"拓边界、修准则、控风险"技术瓶颈,揭示了极端条件压力容器失效模式和机理,建立和完善了极端条件压力容器设计准则和方法,将风险演化与设计制造关联,在国际上首次提出并建立基于全生命周期风险控制的设计制造与维护技术方法,开发出计算机辅助设计软件和数据库,研制6类国产首台套重大装备,部分达到国际领先水平。

成果当时在全国30多个省(自治区、直辖市)石油化工、煤化工、燃气、化肥、军工等领域成功应用,打破了发达国家技术垄断,保障了国家重大工程建设顺利进行;被国家标准规范采纳,标志着我国率先迈入以全生命周期风险识别、预测与控制为基准进行设计制造的新时期,使我国压力容器设计制造能力与水平跻身国际先进行列、重要压力容器基本不再依赖进口。

7.重型压力容器轻量化设计制造关键技术及工程应用——2017年度国家科学技术进步奖二等奖(见图9-7)

图9-7　2017年度国家科学技术进步奖获奖证书

主要完成单位:合肥通用机械研究院、浙江大学、中国特种设备检测研究院、中国石油天然气股份有限公司广西石化分公司、中国国际海运集装箱(集团)股份有限公司、华东理工大学、中国第一重型机械集团大连加氢反应器制造有限公司。

主要完成人:郑津洋、范志超、寿比南、刘玉力、陈永东、周伟明、陈崇刚、惠虎、施才兴、刘农基。

依托项目：①国家 863 计划课题——超大型压力容器轻量化的可靠性设计制造研究（2012AA040103）；②国家国际科技合作项目——重型压力容器轻量化关键技术研究（2010DFB42960）；③国家 973 计划预研课题——典型低合金高强钢材料制备再热裂纹生成机理及预测研究（2012CB626813）；④国家科技部院所基金项目——大型超限压力容器设计制造关键技术研究（2011EG119093）；⑤合肥市自主创新和消化吸收再创新项目——大型重要压力容器轻型化关键技术研究与产业化（合科〔2010〕6 号）。

合肥通用机械研究院、浙江大学、中国特种设备检测研究院等单位，针对油品质量升级、煤炭清洁利用、天然气液化储运等国家战略过程工业装置的压力容器不断大型化、重型化所带来的"超标、超限、超重"技术难题，突破"调强度、创设计、控制造"技术瓶颈，攻克材料许用强度调整对重型容器失效模式与损伤机理影响、传热流动与强度刚度协同设计、应变强化工艺控制等核心技术，建立了一整套重型压力容器轻量化的设计制造共性技术方法，研制出国产首台轻量化大型加钒钢制加氢反应器、国际首台轻量化超大型丁辛醇换热器、国际首台轻量化深冷（−196℃）储运容器。

成果当时在国内压力容器设计制造单位和中石油、中石化等用户企业广泛应用，建立的轻量化设计制造方法为突破设计制造能力瓶颈、提高产品竞争力发挥了关键作用，研制的产品国内市场占有率达 85% 以上，并出口 20 多个国家，推动了我国压力容器绿色制造技术进步。

8. 氢气规模化提纯与高压储存装备关键技术及工程应用——2020 年度国家科学技术进步奖二等奖（见图 9-8）

主要完成单位：浙江大学、合肥通用机械研究院有限公司、西南化工研究设计院有限公司、中国标准化研究院、北京海德利森科技有限公司、浙江巨化装备工程集团有限公司、沈阳斯林达安科新技术有限公司。

主要完成人：郑津洋、陈学东、陈健、王冰、花争立、王赓、韩武林、魏春华、姜将、刘孝亮。

依托项目：①国家 973 计划项目——高压氢系统大型承载件设计制造的基础研究（2015CB057600）；②国家 863 计划目标导向课题——高压容器储氢技术和装备（2006AA05Z143）；③国家 863 计划课题——高压储氢、输氢、加氢安全保障技术装备与应用示范（2012AA051504）。

浙江大学、合肥通用机械研究院有限公司、西南化工研究设计院有限公司等单位，面向氢制取、氢储运和终端用氢等重要环节承压设备研制，针对我国面临高压氢气环境氢脆原位检测和防控能力缺乏、35MPa 以上高压储氢装备空白、变压吸附提纯装备承压低和寿命短等瓶颈问题，解决了高压氢脆原位检测、高安全低成本高压储氢、大型高压变压吸附氢气提纯等技术难题，研制出用于商用加氢站的全球最大 98MPa 储氢高压容器、国内首台用于氢燃料电池汽车的 70MPa 车载碳纤维全缠绕铝内胆高压氢气瓶、用于大规模煤制氢的全球最大 34 万 Nm^3/h 变压吸附氢气提纯装置，实现了关键核心装备的自主可控、批量生产，以及相关国际国内标准从无到有的突破。

项目研制的系列装备在神华集团世界最大煤直接液化项目、上海汽车集团自主品牌氢燃料电池乘用车项目、日本丰田公司在华首座加氢站建设项目、恒逸文莱特大型重整气提纯氢项目、中国运载火箭技术研究院大运载项目等工程中发挥了重大作用，推动了我国氢能产业发展。

图 9-8　2020 年度国家科学技术进步奖获奖证书

9. 长寿命大型乙烯裂解反应器设计制造与维护技术——2023 年度国家科学技术进步奖二等奖（见图 9-9）

主要完成单位：合肥通用机械研究院有限公司、南京工业大学、中国特种设备检测研究院、青岛新力通工业有限责任公司、中国石化工程建设有限公司、中国石油化工股份有限公司、合肥金星智控科技股份有限公司、上海卓然工程技术股份有限公司。

主要完成人：范志超、巩建鸣、陈涛、张锦红、何承厚、周煜、栗雪勇、王辉、刘敬坤、向拧林。

依托项目：①国家 863 计划课题——石化炉管用耐热合金材料基于寿命的设计制备技术（2015AA034402）；②国家重点研发计划课题——乙烯裂解炉管质量性能检测评价与控制技术研究（2017YFF0210402）；③国家重大科学仪器设备开发专项——极端环境承压设备安全性能测试仪器研发、应用与产业化（2021YQ220233）；④国家科技部院所基金项目——国产离心铸造炉管寿命影响因素及控制方法（2011EG219117）；⑤国家科技攻关计划专题——典型高温装备结构完整性技术研究（2004BA803B02）。

图9-9 2023年度国家科学技术进步奖获奖证书

合肥通用机械研究院有限公司、南京工业大学、中国特种设备检测研究院等单位，针对我国反应器存在单台规模小、服役寿命短、失效事故多等突出问题，围绕乙烯裂解反应器长时服役损伤规律及调控原理，突破失效机理揭示表征、成分组织精准设计、制造工艺精准控制等多项关键技术，建立了长寿命设计制造与维护技术体系，在降低成本和能耗的前提下，系统性解决了长寿命大型乙烯裂解反应器设计制造与维护技术难题。

成果在主要制造企业和中石化、中石油等30多家大型企业应用，市场占有率超90%，服役寿命超10年，出口美、英、荷、俄等10余个国家，实现了我国大型乙烯裂解反应器技术从跟随模仿到超越引领的根本转变，带动了反应器设计制造维护国际技术进步，对推动我国乙烯裂解反应器迈向高端具有重要意义。

（本篇由合肥通用机械研究院有限公司刘孝亮、王冰撰写）

第十篇

中国机械工程学会压力容器分会（中国压力容器学会）历届理事长简介篇

第十篇　中国机械工程学会压力容器分会（中国压力容器学会）历届理事长简介篇

王仁东
第一届理事长
任职时间：1980 年 10 月—1983 年 2 月

王仁东（1908 年 3 月—1983 年 2 月），上海市人，应用力学家，教授/博导。1935 年毕业于上海交通大学机械系。历任上海大昌实业公司技术员，汉口既济水电公司副工程师，浙江大学机械系副教授、教授，阿立斯却默斯机械制造公司顾问工程师，美国西北大学机械系客座教授，浙江大学力学系力学教研组主任、化工系化机教研组主任等职务。长期从事化工机械、应用力学的教学和科研工作，创办了浙江大学化工机械专业，推动了中国断裂力学的工程应用，在破碎理论、高压容器强度和断裂力学在压力容器工程的应用等方面均取得重要成果，是中国化工机械学科的开拓者之一。获得"全国科学大会"优秀成果奖。曾担任第五届全国人民代表大会代表、国家科委学科组成员、全国力学学会理事、民盟中央文教科技委员、浙江省科协副主席、浙江省力学学会理事长、浙江省化工学会常务理事、浙江省机械工程学会理事、民盟浙江省委委员等职务。

柳曾典
第一届代理事长
任职时间：1983 年 9 月—1986 年 11 月
第二届理事长
任职时间：1986 年 11 月—1992 年 4 月

柳曾典，1934 年 1 月出生，江苏省镇江市人，压力容器专家，教授/博导。1953 年毕业于华东化工学院（现华东理工大学）化工机械系。历任第一机械工业部大连通用机器厂制罐车间技术组组长、高压容器研究组组长、材料工艺研究室主任，机械工业部合肥通用机械研究所副所长、总工程师，华东化工学院化工机械系教授，华东理工大学机械与动力工程学院教授等职务。长期从事压力容器设计、制造、材料、缺陷评定与失效分析的研究工作，曾主持国内合成氨、尿素、石油加氢与高压聚乙烯生产用压力容器的研制，维纶与顺丁橡胶成套设备的开发，在重要压力容器的研制、压力容器材料与腐蚀、压力容器的缺陷评定与延寿技术等领域都卓有建树，是中国压力容器技术的开拓者之一。获得国家科委科研二等奖、全国科学大会奖、机械工业部科技进步奖二等奖等奖项。曾担任机械工业部技术委员会委员、劳动部锅炉压力容器安全技术鉴定委员会委员、中国机械工程学会第四届和第五届常务理事、中国腐蚀与防护学会常务理事、中国核能动力学会理事、全国压力容器标准化技术委员会顾问、安徽省科学技术协会副主席、国际压力容器技术理事会副主席、国际压力容器理事会亚太地区委员会副主席等职务。

戴树和
第三届理事长
任职时间：1992年4月—1997年4月

戴树和（1923年5月—2013年10月），江苏省如皋市人，化工机械教育家，教授/博导。1946年毕业于重庆国立中央大学（现南京工业大学），获化学工程专业工学学士学位。历任中央大学化工系教师，南京工学院讲师，南京化工学院讲师、教授、化工机械系主任，南京工业大学教授等职务，曾先后在美国罗切斯特大学、康奈尔大学和佛罗里达国际大学进行合作研究。长期从事模糊集理论、人工神经网络、晶界偏析动力学、分形论定量金相分析等技术领域研究工作，率先在我国开展化工设备可靠性工程学的研究工作、构建"化工设备可靠性工程学"、推进风险工程学，在结构强度、静密封、失效分析、疲劳断裂、高温损伤、可靠性工程学和风险工程学等学科领域都做出了重要贡献，是中国化工设备可靠性工程学开拓者之一。获得国家科技进步奖二等奖、三等奖，国家石油和化学工业局科技进步奖一等奖，江苏省科技进步奖一等奖等奖项。曾担任民盟江苏省委主任委员、名誉主任委员，民盟中央委员、常务委员，第五届、第六届江苏省人大代表，第六届全国政协委员，第七届、第八届全国政协常委，第七届江苏省政协副主席，江苏省科技项目评估服务中心决策管理委员会主席，中国化工学会理事，中国化工学会化工机械专业委员会第二、三届理事长，国际压力容器技术理事会理事，全国高校化工机械专业教学指导委员会第一届主任等职务。

李培宁
第四届理事长
任职时间：1997年4月—2001年9月

李培宁，1933年7月出生，四川省成都市人，化工机械专家，教授/博导。1955年毕业于华东化工学院（现华东理工大学）化工机械专业。历任华东化工学院化工机械系教学秘书、副系主任、教授，华东理工大学教授等职务，曾在美国科罗拉多大学、美国国家标准局进行合作研究。长期从事断裂力学、塑性力学、金属断裂疲劳在压力容器及管道的应用理论与技术研究，以及新型高效化工设备的研究及教学工作，提出了适合我国钢材的通用失效评定曲线，创建了防止含周向面性缺陷管道起裂的U因子评定方法，在压力容器结构完整性理论和工程应用的研究领域做出了杰出贡献。获得国家教委科技进步奖三等奖、山东省科技进步奖三等奖、上海市科技进步奖二等奖、轻工业部科技进步奖三等奖等奖项。曾担任中国机械工程学会理事、中国化工学会化工机械专业委员会理事、上海市特种设备管理协会理事长、国际压力容器技术理事会理事及亚太地区委员会委员、第三届和第四届国务院学位委员会学科评议组成员、上海压力容器及压力管道安全保障技术联合研究中心理事长等职务。

第十篇　中国机械工程学会压力容器分会（中国压力容器学会）历届理事长简介篇

张立权
第五届理事长
任职时间：2001年9月—2005年10月

张立权，1937年10月出生，上海市人，压力容器专家，教授级高工。1961年毕业于华东化工学院（现华东理工大学），获化工机械专业工学学士学位；1965年获华东化工学院化工机械专业工学硕士学位。历任一机部通用机械研究所技术员，机械部合肥通用机械研究所室主任、技术副所长、高级工程师、教授级高工，合肥通用机械研究所总工程师等职务，曾在1979—1980年于联邦德国进修。长期从事绕带容器、热套容器和多层包扎容器等研制工作，主持和参加研制了化肥生产装置关键设备——绕带容器、热套容器和多层包扎容器等新型高压容器，主持和参加完成了丙烯腈、聚丙烯等化工装备研制可行性研究和大型装备关键密封技术开发，为重大化工装备自主研发、设计与制造奠定了基础。获得机械部科技进步奖一等奖1项、二等奖1项、三等奖3项，中国机械工业科学技术奖一等奖1项、国防科工委国防科学技术奖二等奖1项、三等奖1项等奖项。曾担任第七届安徽省政协委员、国际压力容器理事会亚太地区委员会委员、国家科学技术奖励机械专业评委会评审委员、全国分离机械标准化技术委员会主任委员、安徽省腐蚀与防护学会第二届理事会副理事长、国家发明奖励评审委员会机械电机评审组委员、国家科学技术奖励机械专业评委会评审委员、第一届全国锅炉压力容器标准化技术委员会顾问、《压力容器》杂志第三届至第六届编委会主任委员等职务。

涂善东
第六届理事长
任职时间：2005年10月—2009年10月

涂善东，1961年11月出生，福建省龙岩市人，化工装备安全技术专家，2019年当选中国工程院院士。教授/博导，工学博士。1982年毕业于南京化工学院（现南京工业大学），获化工机械专业工学学士学位；1985年获南京化工学院化工机械专业工学硕士学位；1988年获南京化工学院化工机械专业工学博士学位。历任瑞典皇家理工学院客座研究员，南京工业大学机械工程学院教授、院长，南京工业大学副校长，华东理工大学教授、副校长等职务。长期从事高温高压设备安全技术研究，创新发展了高温承压设备安全维修、安全评价以及本质安全调控等技术，成功应用于石化、能源等重化工工业领域安全保障工程，为中国万台承压设备事故率逐年下降做出了贡献。获得国家科学技术进步奖一等奖1项、二等奖3项，国家技术发明奖1项，山东省科技进步奖一等奖1项，上海市自然科学奖一等奖1项等奖项。曾担任国际压力容器理事会亚太地区委员会主席、国际机构学与机器科学联合会可靠性委员会委员、先进材料和标准凡尔赛合作组织分技术委员会共同主席、上海市航空发动机工程技术研究中心技术委员会主任、教育部高等学校过程装备与控制工程专业分教学指导委员会荣誉主任委员、中国机械工程学会压力容器分会荣誉主任委员、华东理工大学科学技术协会首任主席、第七届《压力容器》杂志编委会主任委员等职务。

陈钢
第七届理事长
任职时间：2009 年 10 月—2013 年 11 月

陈钢，1958 年 12 月出生，江苏省江阴市人，特种设备安全专家，研究员，工学博士。1982 年毕业于大连工学院（现大连理工大学），获化工机械专业工学学士学位；1987 年获大连工学院化工机械专业工学硕士学位；1994 年获清华大学固体力学专业工学博士学位。历任劳动部锅炉压力容器检测研究中心工程师、副室主任、高级工程师、副总工程师、总工程师，国家质量技术监督局锅炉压力容器检测研究中心、国家质量监督检验检疫总局锅炉压力容器检测研究中心、中国特种设备检测研究中心党委书记兼总工程师，国家标准化管理委员会副主任、党组成员，国家质量监督检验检疫总局特种设备安全监察局局长，国家质量监督检验检疫总局党组成员，国家标准化管理委员会主任（副部长级）、党组书记，国家质量监督检验检疫总局副局长、党组成员，国家市场监督管理总局党组成员（副部长级）。长期从事特种设备安全科学研究、工程实践和组织管理，领导攻关团队圆满完成了一批国家重点科技攻关项目和战略性课题研究，为提升我国特种设备安全领域整体技术水平、防止和减少特种设备事故发生、确保国民经济相关领域的安全生产和公共安全做出了突出贡献。获得国家科技进步奖二等奖 3 项，劳动部科技进步奖一等奖 1 项、二等奖 2 项，安徽省科学技术奖一等奖 1 项，国家质检总局科技兴检奖一等奖 1 项等奖项。曾担任中国人民政治协商会议第十三届全国委员会委员、国家市场监督管理总局第六届特种设备安全与节能技术委员会主任委员、国际压力容器技术理事会理事、中国特种设备检验协会副理事长、中国标准化协会常务理事、中国劳动保护学会常务理事等职务。

陈学东
第八届理事长
任职时间：2013 年 11 月—2017 年 11 月

陈学东，1964 年 8 月出生，安徽省铜陵市人，特种设备设计制造与运行维护安全工程科技专家，2015 年当选中国工程院院士。教授级高工/研究员，工学博士。1986 年毕业于浙江大学，获化工机械与设备专业工学学士学位；1995 年获浙江大学化工过程机械专业工学硕士学位；2004 年获浙江大学化工工程机械专业工学博士学位。历任合肥通用机械研究所技术员、助理工程师、工程师，合肥通用机械研究所研究室主任、高级工程师、教授级高工/研究员，合肥通用机械研究所所长助理、副所长，合肥通用机械研究院（有限公司）副院长、院长（董事长）、党委书记，中国机械工业集团有限公司党委常委、副总经理、总工程师。长期从事压力容器与管道安全科学及工程科技研发与应用，突破苛刻服役环境下压力容器安全保障、承压系统工程风险分析、评估与控制、极端条件下压力容器设计、制造与维护关键难题，为我国重大承压设备自主设计制造和压力容器万台设备年事故率逐年下降做出了突出贡献。获得国家科学技术进步奖一等奖1项、二等奖6项，省部级一等奖20余项等奖项。曾担任中国共产党第十九次全国代表大会代表、第十二届全国人民代表大会代表、中国科学技术协会第十届全国委员会副主席、中国工程院机械与运载工程学部副主任、国家科技重大专项（高端数控机床与基础制造装备）技术总师、国家产业基础专家委员会主任委员、国际压力容器技术理事会亚太地区委员会委员、安徽省第十届和第十一届人民代表大会代表、安徽省科学技术协会第九届和第十届委员会副主席、国家压力容器与管道安全工程技术研究中心主任等职务。

寿比南
第九届理事长
任职时间：2017年11月—2021年9月

寿比南，1957年3月出生，辽宁省沈阳市人，压力容器专家，研究员。1982年毕业于大连工学院（现大连理工大学），获化工机械专业工学学士学位；1995年获清华大学工程力学专业工学硕士学位。历任中石化经济技术研究院压力容器标准化研究所所长，中国特种设备检测研究院副院长兼总工程师。长期从事特种设备安全和承压设备标准化技术领域的研究工作，曾主持并参加了TSG 21《固定式压力容器安全技术监察规程》等30多个特种设备安全技术规范、国家标准和JB/T 4700《压力容器法兰分类与技术条件》等50多个行业标准的编制工作，建立和完善了中国承压设备标准体系，为中国承压设备产业的高速发展奠定了标准技术基础。获得国家科学技术进步奖一等奖1项、二等奖1项，劳动部科技进步奖二等奖1项，机械部科技进步奖二等奖1项，安徽省科学技术奖一等奖3项，国家质检总局科技兴检奖一等奖2项，中国标准创新贡献奖一等奖2项，中国机械工业科学技术奖一等奖1项等奖项。曾担任国家质量监督检验检疫总局特种设备安全技术首席专家、全国锅炉压力容器标准化技术委员会副主任委员兼秘书长、国务院安全专家委员会特种设备分会副主任、ASME CSC（规范标准委员会）委员、ASME第八卷中国国际工作组副主席、ISO/TC 11锅炉压力容器标准化委员会主席、ISO/TC 220深冷容器标准委员会委员等职务。

郑津洋
第十届理事长
任职时间：2021 年 9 月至今

郑津洋，1964 年 11 月出生，浙江省嵊州市人，高压容器和管道专家，2021 年当选中国工程院院士。教授 / 博导，工学博士。1987 年毕业于浙江大学，获化工过程机械专业工学学士学位；1992 年获浙江大学化工过程机械专业工学博士学位。历任浙江大学化工机械研究所讲师、副教授、教授、副所长、所长，浙江大学能源工程学院副院长，浙江大学氢能研究院院长，曾先后在美国橡树岭国家实验室、英国曼彻斯特大学进行合作研究。长期从事氢能储运装备、深冷压力容器、柔性高压复合管和氢安全研究，在储氢高压容器、深冷压力容器、柔性高压复合管等方面，从理论、技术、标准、检测到产品研发和应用取得系统性创新成果，为我国高压储运设备跻身世界前列做出了突出贡献。获得国家科学技术进步奖一等奖 1 项、二等奖 2 项，浙江省科学技术进步奖一等奖 2 项，中国标准创新贡献奖一等奖和国家教委科学技术进步奖等奖项。曾担任国际氢能协会规范标准专委会（IAHE-CSD）主席、国际标准化组织氢能技术委员会（ISO/TC 97）副主席、联合国氢燃料电池汽车安全工作组 UN/ECE/WP.29 HFCV-SGS 专家、国际标准化组织氢能技术委员会（ISO/TC 197）和气瓶技术委员会（ISO/TC 58）中国专家、国际压力容器理事会亚太地区委员会委员、全国氢能标准化技术委员会副主任委员、氢冶金标准联合工作组顾问、国家质检总局特种设备安全与节能技术委员会压力容器分委员会副主任等职务。

（本篇由合肥通用机械研究院有限公司肖必宏、王冰撰写）